哲 学 中 辞 典

哲学中辞典

尾関　周二
後藤　道夫
古茂田　宏
佐藤　和夫
中村　行秀
吉田　傑俊
渡辺　憲正
編

知泉書館

まえがき

　欧米から科学・技術や思想・文化が取り入れられてすでに一世紀半近くが経過し，その間に多くの哲学辞典が出版され，日本の思想・文化に大きく貢献してきた。だが，歴史の動きはたえず新しい事態を生み出し，それを理解し，より深く思考するための新しい手立てをもたえず要請してきた。本哲学辞典は，こうした現代的状況に対応しようとする，一つの新しい企図である。

　前世紀の「社会主義」崩壊以降，新自由主義が主導する「グローバリゼーション」は，世界の経済危機を昂進させ，戦争と暴力の蔓延を招いてきた。さらに，3・11東日本大震災・原発事故は，進行せぬ核兵器廃絶とともに新たに近代文明や人類への深刻な問題を提起している。他方これらに対峙する様々な運動も，環境問題の解決や富と貧困の格差是正を要求する運動，さらに労働の新たなあり方の追求やジェンダー運動，反原発運動として，世界中で高まりつつある。

　本書は，哲学辞典として，こうした激動する現実に思想的に対応しようとする，21 世紀最初の試みである。この哲学中辞典が，哲学・思想の専門家のみならず，広範な読者，とりわけ学生をはじめ若い方々に役立つとすれば，これにすぐる喜びはない。

　以下に本哲学中辞典の特徴を記したい。
1) 哲学をはじめて学ぶ人にも親しめるように，できるだけ平易な記述にするように努めた。また中辞典にもかかわらず，「自由」「自然」「フェミニズム」など大項目（1500 字，3000 字）を多く設定し，「読む辞典」であ

ることを目指した。
2) 本哲学中辞典は，現代の哲学・思想の研究成果を踏まえ，現代への批判的な問題意識を基底において編集した。現代社会の問題を考えたり書物などを読むうえで，マルクス理論や新たに生まれてきている批判的運動と思想に関する基礎知識はきわめて重要であると考え，本辞典の編集にあたっては，他の哲学辞典に比べてこの点を特に配慮している。
3) 項目選定や叙述にあたっては，現在の視点から哲学・思想史の大きな流れの中に適正に位置づけるように努力することにした。したがって，現代に近い時代ほど項目数や記述も多くなるが，当然，その源流である古代や中世の哲学・思想にも十分な意を払った。
4) 項目選定では，狭い意味での哲学にこだわらず，隣接分野のキーワードにも目配りした。紙数の関係もあり，哲学・思想の文献にある程度登場するものに限定したとはいえ，比較的新しい現代の哲学・思想の流れや関心，またそれらに関連する項目，たとえば正義論・平等論関係，環境思想・エコロジー関係，フェミニズム・ジェンダー論関係，生命倫理・バイオテクノロジー関係などの項目について積極的に取り上げた。

なお，本辞典は，当初，21世紀初頭の発刊を予定して編集作業が進められたが，いくつかの事情から長い中断があり本年の発刊となった。結果的に，項目選定のための数年も加えるならば，刊行までに15年以上の年月が経過した。中断をはさんで，出版社も青木書店から知泉書館に代わって2012年に編集作業を再開して，執筆者には大幅な改稿の検討をお願いする項目も生まれ迷惑を

まえがき

おかけしたが，同時にそれは新たな項目を増補する機会になり，哲学中辞典を大幅にアップデートするのに幸いしたと考えている。

　編集委員会として協力いただいた 200 名余のすべての執筆者の皆さんにお礼を申し述べたい。そして，非常に残念ながら，この間に熱心に編集作業に取り組まれた古茂田宏氏が急逝され，共に完成を喜び合えなかったことを，一言ここに記しておきたい。

　最後に，知泉書館社長の小山光夫氏には，中断していた本辞典の意義を理解し出版を快く引き受けて頂いたことに心から感謝の意を表したい。また，粘り強く編集実務に専念して頂いた齋藤裕之氏，さらに青木書店当時の編集担当の角田三佳氏にもお礼を申し上げたい。

2016 年 10 月
編集委員一同

編集委員

尾関　周二　　　後藤　道夫　　　古茂田　宏
佐藤　和夫　　　中村　行秀　　　吉田　傑俊
渡辺　憲正

編集協力者

岩田　靖夫　　　亀山　純生　　　嶺崎　寛子
宮元　啓一　　　村瀬　裕也

執筆者

青木　健	上利　博規	秋間　実
浅野　富美枝	穴見　慎一	有泉　正二
池田　成一	池田　忍	池谷　壽夫
伊坂　青司	石井　潔	石川　光一
石崎　晴己	石飛　道子	石村　多門
泉谷　周三郎	伊勢　俊彦	市川　達人
伊奈　正人	稲生　勝	入江　重吉
岩尾　龍太郎	岩佐　茂	岩田　靖夫
岩間　一雄	岩本　吉弘	上野　卓郎
植村　恒一郎	碓井　敏正	臼杵　陽
梅林　誠爾	江村　栄一	大倉　茂
太田　信二	太田　直道	大屋　定晴
岡部　和雄	小川　晴久	奥谷　浩一
尾崎　寛直	小澤　浩明	尾関　周二
鏡味　治也	景井　充	柏渕　直明
片山　善博	加藤　和哉	加藤　恒男
加藤　哲郎	金井　淑子	鹿野　勝彦
鎌田　繁	亀山　純生	河上　睦子
河津　邦喜	菊谷　和宏	岸本　晴雄

編集・執筆者

北川　東子
木本　喜美子
久保　陽一
黒住　　真
小谷　汪之
小林　　武
斉藤　和也
左近司　祥子
佐藤　和夫
澤　　佳成
志田　　昇
島崎　　隆
庄司　　信
白井　尭子
鈴木　宗徳
髙田　　純
竹内　章郎
田中　昌弥
田中　　一
田平　暢志
津田　雅夫
東　　長靖
豊泉　周治
長島　　隆
中西　新太郎
中村　　正
並木　美砂子
野沢　　協
浜林　正夫

北野　安寿子
清　　眞人
栗田　充治
小池　直人
後藤　延子
小林　春夫
斉藤　日出治
佐々木　能章
佐藤　春吉
塩尻　和子
篠原　敏昭
清水　昭雄
白井　　厚
神野　真吾
平子　友長
高　　哲男
竹内　整一
田中　久文
種村　完司
田丸　敏高
寺田　元一
東方　沙由理
中河　　豊
仲島　陽一
中畑　正志
中村　行秀
名和田　是彦
橋本　左内
早川　紀代

木村　　博
鯨岡　勝成
栗原　　孝
河野　勝彦
後藤　道夫
古茂田　宏
斉藤　悦則
捧　　堅二
佐野　正博
重本　直利
渋谷　一夫
下川　　浩
白井　健二
杉本　隆司
高尾　利数
高取　憲一郎
武田　一博
田中　大二郎
田畑　　稔
都筑　　学
照井　日出喜
戸田　　清
中島　英司
中田　　考
永原　陽子
中山　時勇
新村　　聡
橋本　直人
針谷　　寛

編集・執筆者

日暮 雅夫	K. ヒルディナ	M. フェルケル
深澤 英隆	福田 静夫	福永 真弓
福山 隆夫	福吉 勝男	藤谷 秀
藤野 寛	布施 元	船木 亨
古田 光	H. ブローム	別所 良美
J. ベルント	細谷 実	堀井 聡江
前田 庸介	松井 暁	松田 博
間宮 正幸	三浦 要	三崎 和志
三嶋 輝夫	水野 邦彦	三浦 永光
宮島 光志	宮元 啓一	M. ミロヴィッチ
向井 哲夫	村瀬 裕也	持田 季未子
森下 直貴	森村 敏己	両角 英郎
安川 一	安田 浩	山内 志朗
山口 和孝	山科 三郎	山本 公徳
横田 榮一	横田 貴之	横山 輝雄
吉崎 祥司	吉田 正岳	吉田 健彦
吉田 千秋	吉田 傑俊	李 彩華
鷲山 恭彦	渡辺 治	渡辺 憲正

凡　　例

本辞典の本文は，事項／人名の解説を行う「見出し項目」と「見よ項目」とから構成される。巻末に索引を付す。

I. 項目の配列および構成
1. 項目の配列
項目の配列は，原則として，五十音順配列にしたがった。
  1）同音の場合は，カタカナ・ひらがな・漢字の順に配列する。
  2）外国人名は，ファミリーネームを見出し語として配列する。
2. 各項目の構成
各項目は基本的に，見出し，記事，関連項目，文献，項目執筆者名，から構成される。
  1）事項項目には，必要に応じて，見出しの後に外国語表記を付した。
  2）人名項目には，人名の後に生没年を記した。さらに，中国人名にはピンイン，朝鮮人名にはローマ字表記，カタカナ表記を，人名のすぐ後に付した。
  　　例）董仲舒（とう　ちゅうじょ）Dǒng Zhòngshū 前 179 頃 - 前 104 頃
  　　　　洪大容（こう　たいよう）Hong Daeyong 1731〔英祖 7〕-1783〔正祖 7〕
  3）ギリシア語・ロシア語などは，基本的にローマ字表記に転写した。
3. 関連項目
関連項目は，特に参照すべき項目について，「→」の後に項目名を表示した。
4. 文献

凡例

文献は，特に必要と思われるものに限定して示した。外国語文献の場合，邦訳があるものを中心に記した。

5.「見よ項目」

「見よ項目」の見出しは，検索の便宜を考えて設定したものであり，実際に解説のなされている項目を指示する。

II. 索引

1. 索引の種類

索引は，「事項索引」「人名索引」から構成される。
1) 配列はいずれも，五十音順配列にしたがった。
2) 索引語の後の数字は，本文ページを表示する。
3) 太字は見出し語の出現するページを表示する。

2. 索引の作成基準

索引は，見出し語ページだけでなく，当該事項／人名についてまとまった知見が示されている箇所をも示した。

III. 表記法

1. 本文の表記

1) 原則として，常用漢字・現代仮名遣いを用いた。ただし，正字・旧仮名遣いを使用した例もある。
2) 外国語の片仮名表記は，基本的に原音に近い表記を採用した。

2. 外国語略記

〔英〕英語　　　　〔独〕ドイツ語　　〔仏〕フランス語
〔ギ〕ギリシア語　〔ラ〕ラテン語　　〔露〕ロシア語
〔伊〕イタリア語　〔西〕スペイン語　〔デ〕デンマーク語
〔ハ〕ハンガリー語〔ヘ〕ヘブライ語　〔ア〕アラビア語
〔サ〕サンスクリット語〔パーリ〕パーリ語
〔ヒン〕ヒンディー語
〔ペルシア〕ペルシア語〔アヴェスター〕アヴェスター語
〔中〕中国語　　　〔朝〕朝鮮語

ア

愛 〔ギ〕erōs, philiā, agapē〔ラ〕amor, caritas〔英〕love〔仏〕amour〔独〕Liebe

喜怒哀楽といった諸感情の中で最も中核的な地位を占めるもので，その対象や形態の差に応じて様々な現れ方をし，哲学史的にも多様な概念化がなされてきた。プラトンによれば，愛は「美しいものの中で生殖」しようとする衝動であり，それは情熱的な性愛（エロス）に原型をもちながら，最終的には真に美しいものとしての真理（イデア）を渇望する「知への愛」に至る。プラトンのエロスが垂直的なエクスタシーの様相を呈するのに対し，アリストテレスは，愛を倫理的な器量を等しく具えた者同士に成立する安定的な友愛（ピリア）として捉える。性愛にはある種の排他性と没我性を伴うが，水平的な愛のモデルとしての友愛にはこれがない。キリスト教における最高の徳目たる愛（アガペー）は，このピリアに近いが，イエスの自己犠牲的刑死に象徴される「神の人への無限の愛」と，それを範型とする無条件的隣人愛の思想は一層没我的であり，エゴイズムとネポティズム（身内びいき）を批判する点において人類愛への志向を帯びている。キリスト教が性的なエロスを原罪視しきわめて禁欲的な倫理を説いたことは，エロスとアガペーとの本質的な相克，愛の困難さを示唆している。古代における愛の諸相が，いずれも他なる人格への愛を原型に分析されたのに対し，デカルトやホッブズやスピノザら近代的な感情論の系譜においては，愛は本能的な自己保存欲求の延長線上に把握され，「自己愛」（self-love）——精神病理的な意味でのナルシシズムとは異なる——という，没我的・自己放擲的な愛のモデルからすると語義矛盾とも思えるエゴイスティックな「愛」をも含むものとして発想された。「神に対する知的愛」を説いたスピノザにおいてさえ，その神の認識は最高の自己肯定である。もっとも，カントはこのような愛を「傾向性の愛」として批

判し，人格に対する道徳法則に基づく理性的な愛こそが倫理を成立させるとした点で，キリスト教的なアガペーの思想を継いでいる。これに対しヘーゲルは，人倫的共同体における最初の段階としての家族の形成原理として愛を高く評価したが，その愛は市民社会や国家というより拡大された領域においては紐帯原理としては役立たないとした。以上をまとめると愛は，個別的対象を没我的に渇望するエロス的な二人称的愛（性愛や親子愛），友人や共同体さらには国民共同体や人類にまで広がりうるピリア／アガペー的な三人称的・複数人称的愛，そして，それらの愛の起点をなす自己自身への配慮という一人称的愛という錯綜した構造をもつと言える。

→アガペー，友愛

［文献］D. ド・ルージュモン『愛について──エロスとアガペ』上・下，平凡社ライブラリー，1993；E. フロム『愛するということ〔改訳〕』紀伊國屋書店，2020。　　　　　　（古茂田宏）

間柄→和辻哲郎

アイデアリズム→観念論

アイデンティティ　〔英〕identity〔独〕Identiät〔仏〕identité
エリクソンの自我発達論における中心概念。彼が青年期における自我発達の危機を「アイデンティティの危機」と論じて以来，一般に青年期の心理的，社会的葛藤を論じる際の概念として用いられるようになった。「自己同一性」あるいは「存在証明」と訳されることもある。エリクソンのライフサイクル論（自我の発達段階論）によれば，人は幼児期と子ども期の発達を通して，自他への信頼や社会生活の能力や意欲を獲得するが，青年期においてそれらすべてを再構成し，自己のアイデンティティへと，つまり一貫した自己の存在の意味へと統合しなければならない。青年期とはそのためのモラトリアム（猶予）の期間である。若者はその過程においてアイデンティティ拡散の危機に出会い，しばしば全体主義への傾向を内在させるが，その危機を乗り越えることで人類

の過去を未来へと再結合する役割を果たす。エリクソンは，全体主義に見舞われた20世紀大衆社会の問題を幼児期からの自我発達の問題として捉え，なかんずく青年期におけるアイデンティティ確立の課題に，時代の問題の核心を捉えたのである。エリクソンの議論は，1960年代における若者の激しい社会批判，抵抗運動のなかで広く注目されるようになり，以来，アイデンティティは，現代の先進資本主義国ないし発達した産業社会における若者の危機と抵抗を論じる際の鍵概念となった。その概念は，20世紀後半の消費社会化と情報資本主義化のなかでますます重要になっている。また個人の自我発達が社会的，歴史的な現実性のなかにある以上，アイデンティティはその集団的で歴史的なあり方と不可分である。今日，アイデンティティの概念は個人の発達論の面からばかりでなく，女性や少数民族などマイノリティの集団的アイデンティティの面からも注目されており，そこでは現代における支配と抑圧に抵抗する少数派の人々の自己確認の論理として展開されている。

→エリクソン，自我・自己

[文献] E. H. エリクソン『幼児期と社会』1・2，みすず書房，1977-80；栗原彬『やさしさのゆくえ——現代青年論』ちくま学芸文庫，1994；浅野智彦『「若者」とは誰か——アイデンティティの30年〔増補新版〕』河出ブックス，2015。　　（豊泉周治）

アイロニー　〔英〕irony〔独〕Ironie〔仏〕ironie
人は哲学者に「真理」を知る人の称号を与えたがる。またそうであることを期待し，その教授を乞う。ここで「真理」というのは，通常科学者が実証しうるか否かをもって問題にするような，ある限定された特定の範囲の現象を誕生させた因果連関や法則を指すのではなく，世界そのものの存在理由，人生の意義，善と悪の根本関係，人間性の抱える本質的な問題性や可能性，認識行為における客観と主観の関係の如何，あるいは「政治」「経済」「道徳」「愛」「個人」等々の包括的現象の本質定義を指す。

　ところでその際，古代以来また洋の東西を問わず（たとえば，かのソクラテスにせよ老子にせよ），それらの問題を語る哲学者

の言説は世間の期待を裏切りかねない逆説・皮肉・懐疑・価値のひっくり返しなどに溢れていた。いわく、《真理を知るとはいまだ真理に無知であることを知ること、「無知の知」にほかならない》、《善のうちに悪を見抜き、悪のうちに善を見抜くことのできる者のみが真の善悪を知る》、《蜘蛛がおのれの巣にかかる獲物のみを食するに似て、客観とは主観の網が捕らえ得た客観にすぎず、人はそこに彼が欲するものだけを見聞きするにすぎない》等々。

　哲学者の言説のこうした逆説的スタイル（アイロニー／イロニー）は単にレトリックの一スタイルの問題ではなくして、哲学という思索行為の本質的に批判的な性格・姿勢そのものを表す。哲学は、その時代の権力・支配体制・世間常識が「真理」と見なし、またそう見なすがゆえにもはやその妥当性について懐疑する必要のないもの、むしろ思考する際の「前提」と見なしてきた観念に対する懐疑・異議申し立てであった。それまで通用してきた諸価値に対する「一切の価値の価値転倒」が起きるような人類の思考の大変動期には、哲学の言説スタイルは必ずアイロニカル／イローニッシュなものとなったと言いうる。　　　　　（清眞人）

　アヴァンギャルド　〔仏〕avantgarde
アヴァンギャルドというのは、未知の地を探検調査する先遣隊というのが原義である。元来、フランス革命期の軍隊用語から来たものであるが、19世紀になると、新しい社会モデル探求のための前衛部隊という政治意味が優勢になった。20世紀になるとそれが芸術に転用されて、芸術や芸術家が進歩の担い手となり、よりよき未来の告知者となった。その際、まずは芸術そのものの革命的な革新が問題となった。したがって、芸術上のアヴァンギャルドの概念が一般に広まって使われたのは20世紀初頭のヨーロッパであって、その様々な芸術潮流、キュビズムに始まり、未来主義やダダイズムを経てシュールレアリズムや構成主義に至る潮流を含む。

　その共通点としては、①伝統への断絶と形式の破壊、②集団的性格がある。断絶は、自律的芸術の閉鎖的な全体性を示す制度

や規範に向けられた。アヴァンギャルドは，絵画から始まった。ピカソの「アヴィニョンの娘たち」(1907)とマレーヴィッチの「白い正方形」(1913)によって絵画像の問題が新たに提起された。コラージュによって世俗のものを画像のなかに取り入れることによって，M. デュシャンの「拾い物」(objets trouvés)のように，芸術が冒瀆された。画家たちは，「純粋」絵画を終わらせ，芸術と生活を一緒にしようとしたのだが，これこそアヴァンギャルドのあらゆる潮流の決定的な目標であった。

アヴァンギャルドの第一段階は第一次世界大戦によって終わった。大戦とその終結によって生まれてきた革命的事件と希望によって，ロシアやハンガリー，ドイツではアヴァンギャルドが政治的に過激化していくと共に，破壊から構築へと移行していったが，それには様々な力点の違いがあり，ダダイズムは芸術の破壊にとどまったのに対し，構成主義はドイツではバウハウス運動として展開し，未来主義は，技術や速度を新たな芸術の内容としていった。

アヴァンギャルドが受け入れられるということは，「芸術」を乗り越え，生活と結びつくというアヴァンギャルドの主張が挫折したということになる。つまり，アヴァンギャルドの作品は芸術形式の革新の証として存在しているが，アヴァンギャルドを芸術革新運動に還元することは，政治的・ユートピア的な動機や内容が奪われていくことになって，アヴァンギャルドの意図と反対のものになるのである。ただし，アヴァンギャルドの挫折を論じるよりは，ファシズムとスターリン主義によるその破壊が論じられるべきであろう。ファシズムや亡命，スターリン主義の抑圧をも乗り越えて生き延びたアヴァンギャルドの代表者たちは，20年代の仕事にもはや単純に結びつくことはできなかった。

［文献］レナート・ポッジョーリ『アヴァンギャルドの理論』晶文社，1988；花田清輝『アヴァンギャルド芸術』講談社文芸文庫，1994。　　　　　　　　（カリン・ヒルディナ／佐藤和夫）

アヴィセ

アヴィセンナ→イブン＝スィーナー

アヴェナリウス　Richard Avenarius 1843-1896
ドイツの実証主義哲学者。マッハとともに経験批判論の創始者とされる。彼は，生物学主義的立場から人間の認識作用を分析することによって，主観―客観の分離以前の物でも心でもない純粋経験なるものの存在を主張し，それによって世界を一元的に説明できると考えた。その意味では，物心二元論を超えるとともに，観念論―唯物論の対立も克服した「第三の哲学」と評され，反形而上学の立場を標榜する現代の論理実証主義運動の成立に影響を与えたが，レーニンは『唯物論と経験批判論』において，それが主観的観念論の一変種にすぎないと批判している。
→純粋経験，マッハ
［文献］Avenarius, *Kritik der reinen Erfahrung*, I, II, 1888-90.
　　　　　　　　　　　　　　　　　　　　　　（中村行秀）

アヴェロエス→イブン＝ルシュド

アウグスティヌス　Aurelius Augustinus 354-430
西欧古代のキリスト教思想家，神学者・哲学者，ラテン教父，聖人。ローマ帝国末期，北アフリカでキリスト教徒の母と異教徒の父との間に生まれる。父の死後，知人の援助を受けてカルタゴで学び，古典文化の教養を身につけて，弁論術教師となった。母を通して触れたキリスト教には満足できず，分かりやすい善悪二元論を説くマニ教に入信した。383年にローマへ渡り，翌年首都ミラノの宮廷学校の教授となる。386年，決定的な「回心」（conversio）の体験を経てキリスト教の洗礼を受け，それまでの生活を捨て，故郷で友人たちと修道生活を始めた（帰郷直前に母を亡くす）。その後教会の役職（396年ヒッポ司教）に就き，教会内外の紛争・論争に関わりつつ，著作を執筆。ヴァンダル族に包囲されたヒッポで没した。

　古代哲学を批判的に受容しつつ，キリスト教神学・哲学の基礎を築いた。その膨大な著作は，近現代に至るまで西欧の思想的・

文学的源泉となり,「西欧の父」と呼ばれる。自らの精神的遍歴を神の見えざる導きとして振り返る『告白』,神の三位一体を論じつつ,その「似像」(imago) である人間精神の構造を説く『三位一体論』,西ローマ帝国の崩壊を目前にして,人間の歴史に対する神の関わりを描く『神の国』が三大主著。
〔文献〕『アウグスティヌス著作集』(全30巻〔全34冊〕別巻2) 教文館, 1979-; 山田晶『アウグスティヌスの根本問題』創文社, 1977。 (加藤和哉)

　アウラ 〔独〕Aura〔英・仏〕aura
「オーラ」にあたるラテン語やドイツ語。ギリシア語 aura の原義は,そよ風,吐息。個人や芸術作品,ある種の自然物を包む特別な輝きで,それが包む対象の卓越性,真実性,唯一性を示す。また,オカルト学の伝統では,個人それぞれの肉体内部にある精神的実体から放出されるものとされる。いずれにしても自然科学的に把握される対象ではない。
　アウラの概念はベンヤミンが写真,映画論で使用したことで,芸術作品の特性,伝統的芸術作品と現代の複製芸術との相違を論じる際に用いられるようになった。彼によると,アウラとは「空間と時間から織りなされた不可思議な織物」であり,「どれほど近くにあるものであれ,ある遠さが一回的にあらわれている」ものである。遥かな山並み,木陰を作る木の枝を見ることは同時に「アウラを呼吸すること」である(『複製技術時代の芸術』)。伝統的な芸術作品のまとうアウラは,その唯一性,真正性の証しであり,その礼拝価値を示すものであった。大量複製が可能になり唯一性を失った芸術作品はアウラを喪失するとともに,展示価値という別の価値をもつ。アウラの喪失という事態の中にベンヤミンは現代における芸術の機能転換をみようとした。
　ベンヤミンはこの概念を直接にはルートヴィヒ・クラーゲスから得たと思われるが,同じく〈宇宙論サークル〉に属するアルフレート・シューラーが元だとされる。また,プルーストの考察,ユダヤ神秘主義におけるシェキナーの概念もベンヤミンのアウラ概念に影響を与えている。

アカデミ

[文献] ベンヤミン『写真小史』ちくま学芸文庫, 1998；同『複製技術時代の芸術』(『ベンヤミン・コレクション1』) ちくま学芸文庫, 1995；Peter M. Spangenberg, Aura. in: *Ästhetische Grundbegriffe* (hg. v. Karlheinz Barck et al. Stuttgart/Weimar 2000)；Burkhardt Lindner (Hg.) *Benjamin Handbuch. Leben-Werk-Wirkung*, Stuttgart/Weimar 2006. 　　　　　　　　　　（三崎和志）

アカデミズム 〔英〕academism
プラトンの創設した学園アカデメイアに由来するアカデミー（学術機関）の知的使命（真理探究）と権威を擁護するエートス, 体制。アカデミーの知は, 時評性に富み臨床的なジャーナリズムの知との対比で, 論理的な厳密性や実証性, 体系性を備えるとされる。真理の守護を標榜する立場からして, アカデミズムは, 政治権力からの学問の自律性を保持する使命を担う。しかし, アカデミーの知が政治権力を後ろ盾に官許の学として制度化され, 経済的利害にも左右される事情から, アカデミズムは, しばしば, 権力の支配を知的に権威づけ正当化する役割を演じる。20世紀後半以降, アカデミーの知のこうした変質を批判し, 民間学, 臨床の知, 現実批判と結ぶ知など, オルターナティヴな知の伝統とあり方とが評価され提唱されるようになった。
→知（知識）, 知識人, 教養
[文献] 廣川洋一『プラトンの学園アカデメイア』講談社学術文庫, 1999；鹿野政直『近代日本の民間学』岩波新書, 1983。
　　　　　　　　　　　　　　　　　　　　　　（中西新太郎）

アガペー 〔ギ〕agapē
ギリシア語で「愛」を表すのに三つの言葉がある。すなわち, ピリア (philiā), エロス (erōs), アガペーである。ピリアは友愛を, エロスは愛欲を表すのに対し, アガペーは無私の愛を表す。この用法は新約聖書に顕著で, ヨハネは「神はアガペーである」（第一の手紙, 4：8) と言い, 以後, アガペーはキリスト教徒の生き方の原理となった。この愛は, 自分の好む者に対する好意ではなく, むしろ, 偶然出会う苦しむ他者に我を忘れて駆け寄る共

苦（splagxvizomai）の愛である。キリストは弟子達の足を洗い，奴隷となって他者に奉仕することが「愛」だ，と教えた。
→愛
（岩田靖夫）

悪　〔英〕evil〔独〕Böse〔仏〕mal
【西洋古代・中世】一般に古代ギリシア人にとっては秩序あるもの，形あるものが正，善であり，形なき，無限定なものは悪しきものと考えられたという。プロタゴラスの「人間は万物の尺度である」という語に典型的にあらわれているソフィストらの相対主義からは，善悪の絶対的基準は存在しないということが帰結する。それに対しソクラテスは，善の絶対的基準が存在すると考え，その探求にこそ知の真の意味があるとソフィストを批判する。彼は，人が悪を行うのは善が何かを知らないためであるという主知主義の立場をとる。プラトンはこの善をイデアとして実体化し，この世と別の世界に置いた。その対比で現象界は不完全な（悪しき）場所であり，肉体に発する欲望はイデアを直観しうる理性の支配下に置かれない限り，悪である。唯物論的感覚主義の立場をとるエピクロスは，肉体的快楽それ自体を悪とする考えに反対し，一切の快の基礎としたが，精神的快をその持続性において肉体的快楽に勝るものとする。他方，ストア派は理性が情念に左右されないことにより徳が成立するとし，主知主義の立場をとる。

　アウグスティヌスは，悪を善と並ぶ独立した実体とする善悪二元論をとるマニ教やグノーシス的なキリスト教解釈に対し，悪を善の不在すなわち欠如因とした。神は完全で不変な存在である。世界は神の本質からでなく無より創造されたがゆえに不完全である。この自然悪に加えて，人間は自由意志をもつがゆえに悪をはたらき罪をおかす。しかしこの悪は，自由意志によりなされうる相対善との対比における相対悪であり，神の絶対善を否定するものではない。その意味で絶対悪は存在しない。
【西洋近代】ホッブズは欲求の対象を善とし，憎悪，嫌悪の対象を悪とし，対象自体からは善悪の一般的法則を取り出すことはできないという。彼は善悪の基準を主観的なものと捉え，世俗的欲

アジアテ

望を善悪の基準とした。これとは対照的にカントは人間を「根源悪」をもつ存在，すなわち自由であるがゆえに自愛の原理に従って悪をなしうる存在と捉えた。さらにヘーゲルは，近代的主体の道徳性のありかとしての内面的良心を，「自己を絶対的なものと主張する主体性」であるがゆえに，「善が悪に，悪が善に転倒する，悪のもっとも最高の錯綜した形式」であると捉え，個別的主観性として恣意に陥らざるをえないものとして批判した。ニーチェは，道徳上の善悪とは本来〈優れている〉と〈劣っている〉に由来するものであったが，劣位のもののルサンチマンによってこの序列が転倒され，優れた存在を悪として否定する奴隷道徳が生じたと論じ，弱者の救いを説くキリスト教道徳を徹底的に批判した。

【東洋】仏教では，縁起説において一切の実体的存在が否定される。人間の苦しみは，この真理を知らずに，実体を想定すること，特に自己を一個の実体として想定することに発する。ここに我執が生まれ煩悩が生じる。この考えは，悪は真理に対する無知から生じるという主知主義に通じる。古代日本では，世俗的で感覚的な規範感覚である〈清し〉と〈し〉が道徳的規範としても妥当していた。悪とは穢れであり，人間の本性に由来するのでなく，外部からもたらされ，禊や祓いにより払拭しうるものとされた。

→善，自由意志，ニヒリズム

[文献] 速水敬二『古代・中世の哲学』筑摩叢書，1968；『ホッブズ——世界の名著23』中央公論社，1971；カント『たんなる理性の限界内における宗教』(全集9) 理想社，1974；『ヘーゲル——世界の名著35』中央公論社，1967；ニーチェ『善悪の彼岸』『道徳の系譜』(全集11) ちくま学芸文庫，1993。　（三崎和志）

アジア的生産様式　〔独〕asiatische Produktionsweise
マルクスが『経済学批判』(1859)の「序言」の中で，「経済的社会構成」の相次ぐ諸画期の最初の段階を「アジア的」と表現したことから派生した概念。マルクス自身その明確な定義を示さなかったことから，様々な議論を呼んだ。1920年代，コミンテル

ンの下，中国革命が重要な課題となってきた時，変革の対象たる中国社会をどのような社会と捉えるべきかが大きな問題となった。マジャールはそれを，奴隷制や封建制といった範疇とは異なるアジア的生産様式の社会と規定した。それは中国革命が直接に社会主義革命ではありえないということを意味した。この時の論争はスターリンの指導下に，アジア的生産様式概念が否定されることで終結した。第二次世界大戦後の 1950 年代，アジア的生産様式をめぐる議論が再燃した。今度は主としてアフリカの社会をどう理解するかということをめぐる論争で，ジャン・シェノーなどフランスの研究者が中心であった。

アジア的生産様式概念はヨーロッパとは異質な歴史的展開を示したアジア・アフリカ諸社会の個性を捉えようとする志向をもつものであるが，しかし，「アジア的」という言葉そのものが示しているように，いわゆるオリエンタリズム的限界性を強く帯びている。その意味で，この概念はいまや思想史的検討の対象というべきであろう。

[文献] 福富正実編訳『アジア的生産様式論争の復活』未来社，1969；小谷汪之『マルクスとアジア——アジア的生産様式論争批判』青木書店，1979。　　　　　　　　　　　　（小谷汪之）

アジタ・ケーサカンバリン 〔パーリ〕Ajita Kesakambalin
ケーサカンバラ（Kesakambala）とも言われる。前 6/5 世紀頃のインドの自由思想家で，仏典の中に六師外道の一人として名が挙げられる。苦行者の風習の一つとして毛髪（ケーサ）で作った服（カンバラ）を着ていたとされる。人間は地水火風の四要素から成り，死ぬと個々の要素は各々要素の集まりに帰り，感覚器官は虚空に移っていくとして，唯物論を説いた。死後には鳩色の骨以外何も残らないと，死後の存在を否定する断滅論を説いた。善悪の行為による果報もなく，この世もあの世もなく，父母もないとする無因論を説き，布施も祭祀も供犠も意味がないとした。
[文献] アルボムッレ・スマナサーラ『沙門果経』（初期仏教経典解説シリーズ I）サンガ，2009；片山一良訳「沙門果経」『長部（ディーガニカーヤ）戒蘊篇 I』（パーリ仏典 第 2 期 1）大蔵出版，

アシュア

2003。　　　　　　　　　　　　　　　　　　（石飛道子）

アシュアリー　Abū al-Ḥasan 'Alī al-Ash'arī 873/874-935/936
イスラームのスンナ派を代表する神学派，アシュアリー学派の祖。バスラのムウタズィラ学派で学び，40歳の頃に伝統的立場に回帰したと伝えられる。その後はムウタズィラ学派の理性主義的な神学理論に対抗して，神の属性については聖典に記されたままを信じるべきであるとして「いかにと問うことなく」(bilā kaifah) と主張し，人間の倫理的側面に関しては「行為の獲得論」などの理論をたてた。宇宙論の説明に原子論を採用したことでも知られる。
［文献］al-Ash'arī, *Maqālāt al-Islāmīyīn* (『イスラーム教徒言説集』); Gimaret, La doctrine d'al-Ash'arī (『アシュアリー研究』) Paris, 1990; 塩尻和子『イスラームの人間観・世界観』筑波大学出版会，2008。　　　　　　　　　　　　（塩尻和子）

アソシエーション　〔英・仏〕association〔独〕Assoziation
もともとは仲間 (socius) になること，仲間になった状態を表す。「結社（の自由）」「（観念）連合」「連想（心理学）」「（植物）群集」「連合（野）」「（分子の）会合」「（恒星）連携集団」など，色々な専門用語として様々に日本語訳された。

「蜘蛛をみる」と「恐怖を感じる」など，ある要素的経験が他の要素的経験を「同伴する」ことを「連合」と言う。この「連合」が「どのように」，また「なぜ」生じるかを研究して心や認知の構造を解明しようとする立場は「連合説」(associationism) と呼ばれる。連合説はすでにアリストテレスに見られ，17, 18世紀のイギリス経験論や連想心理学で確立され，現代の学習心理学に続いている。

社会学では，諸個人が特定の利害関心に基づき形成する多様な「利益集団」を総称する場合と，国家領域や営利企業や伝統的中間組織と区別される「自律的連帯集団」を総称する場合とがある。社会運動や社会主義の伝統では，既成の価値や秩序に対抗する諸個人の連合を指し，とりわけ労働者自治による経済的協同組

織を指す。

　ルソーは政治体を「一種のアソシエーション」として編成せよと主張した。トクヴィルは古い中間組織が解体し個人が孤立する民主制社会では，アソシエーションを積極展開しないと，自由や文明は守れないと見た。イギリスで労働者が「アソシエーションの自由」を獲得したのは1824年である。相前後して労働者による経済的政治的文化的アソシエーションが次々創設された。短期に破綻したとはいえ，米英仏などで協働と自治で生産を組織する実践も多く見られた。またオーウェン，フーリエ，フーリエ主義者たち，サン＝シモン主義者たち，ビュシェ，プルードン，ルイ・ブラン，ラドローなど，これらの実験を社会変革と結びつけて意味づける思想家も多く輩出した。マルクスにおいてもアソシエーションが核心的意味を担っていることが明らかになっており，またグラムシの「市民社会」や「陣地戦」とアソシエーションとの関連も明らかにされつつある。

　現在，アソシエーション運動の新しい展開が見られる。アメリカのL. サラモンは「グローバルなアソシエーション革命」の進行を語り，イギリスのP. ハーストなどは「アソシエイティヴ・デモクラシー」の必要を強調している。
→社会主義／共産主義，市民社会，ユートピア社会主義，民主主義
［文献］佐藤慶幸『アソシエーションの社会学』早稲田大学出版部，1982；田畑稔『マルクスとアソシエーション〔増補新版〕』新泉社，2015。　　　　　　　　　　　　　　　　（田畑稔）

　遊び　〔英〕play, game〔独〕Spiel〔仏〕jeu
遊びとは，生活のために直接に必要な活動から区別されて，楽しみのためにそれ自体を目的として自発的に行われる活動をいう。この意味で，遊びは一般に実際的・手段的な活動の性格が強い〈労働〉や，社会的・道徳的な義務・規範に基づく活動から区別される。遊びの哲学・思想として有名なのは，ホイジンガで，近代産業文明は労働を遊びの上位に置いたとして批判し，ホモ・ファーベルに対置して，「遊ぶ人」を意味するホモ・ルーデンス

の人間観を対置した。彼は、古典学者の博学を生かして、人間の一切の文化活動を遊びとの関係で探究し、「人間文化は遊びのなかにおいて、遊びとして発生し、展開してきたのだ」と主張した。その後継者としてはカイヨワがおり、遊びを競争（アゴン）、偶然（アレア）、模擬（ミミクリ）、眩暈（イリンクス）の四つに分類したことで知られている。ホイジンガのさきがけとしては、ドイツの文学者・思想家のシラーがおり、彼は「人間はまったく文字どおり人間であるときだけ遊んでいるので、遊んでいるところでだけ真の人間なのです」（『人間の美的教育について』）と語った。この場合、人間性の分裂と歪小化をもたらす近代文明に対する批判を背景に、人間の全体性を回復するものとして「美的遊戯」に注目し、始まりつつある近代の産業化、官僚化の流れに鋭く反応して「遊戯」という行為に人間の解放のある種のイメージを託そうとした。ちなみに、「遊戯」は元来仏教用語で「一切の束縛を脱して自由自在の境地にあること」を意味した。社会主義やアナーキズムの思想においては、人間解放との関連で遊びと労働との関係をどう考えるかは重要である。また現代社会における遊びの意義が過労死や自由時間の問題とも関係して議論されている。

→労働

［文献］ホイジンガ『ホモ・ルーデンス』講談社学術文庫, 2018；西村清和『遊びの現象学』勁草書房, 1989；尾関周二『遊びと生活の哲学――人間的豊かさと自己確証のために』大月書店, 1992。　　　　　　　　　　　　　　　　　　（尾関周二）

　アタラクシア　〔ギ〕ataraxia
一般的に「乱れていない」状態を意味する古典ギリシア語。とりわけヘレニズム期の哲学においては、様々な煩いや恐怖、不安などから解放された心の平安な状態を表し、人々が目指すべき心境と考えられた。たとえばエピクロス派の人々にとって、アタラクシアとは魂・精神に苦痛のない状態を意味し、身体の苦痛のない状態とともに、幸福を実現するものである。彼らが自然学を学ぶのも、万有も精神もすべて原子から構成されたものにすぎないこ

とを知ることによって，神や死に対する恐怖心を消し去ることができると考えたからである．懐疑主義者たちにとっても，懐疑の目的はこのアタラクシアの状態を得ることにあった．彼らは外界の存在や物事の善悪についての信念・判断を差し控えること（エポケー）によってアタラクシアに至ることができると考えた．
［文献］出隆／岩崎允胤訳『エピクロス——教説と手紙』岩波文庫，1959：A. A. ロング『ヘレニズム哲学——ストア派，エピクロス派，懐疑派』京都大学学術出版会，2003。　　（中畑正志）

　アートマン　〔サ〕ātman
サンスクリット語で，自身を示す再帰代名詞として，あるいは本質，本性の意にも用いられるが，哲学的には自己（自我，魂）を意味し，我と漢訳される．それは自意識の根拠であり，自分を一貫して自分たらしめている自己同一性原理の担い手であり，認識する主体であり，善悪の行為とそれが残す潜在体（業〔カルマン〕，功徳と罪障）の担い手であり，業が結ぶ果報を享受する主体であり，輪廻の主体であるとされる．それは生死を貫いて不死，常住不変である．古い常識的な輪廻説によれば，アートマンが旧い身体を捨てたときが生物の死であり，新たな身体を獲得したときが生（再生）である．前8世紀のシャーンディリヤは，神秘的合一を目指す瞑想の極致において，アートマンは宇宙の根本原理ブラフマン（漢訳語で梵）と同一と見た．これを梵我一如という．流出論的一元論を唱えるヴェーダーンタ学派は，世界流出以前の根本実在としてのアートマンを最高我つまり最高主宰神，流出した世界にある個々の生き物がもつアートマンを個我と名づけ，個我は最高我の部分であるとする．前8-7世紀に活躍してアートマン一元論を唱えたヤージュニャヴァルキヤは，認識主体であるアートマンは決して認識されないとしてそれを世界の外にあるものとした．後8世紀のシャンカラはこの説をもってヴェーダーンタ学説を一新し，アートマンのみ実在で世界は虚妄であるとした．
［文献］宮元啓一『インド哲学七つの難問』講談社選書メチエ，2002。　　　　　　　　　　　　　　　　　　（宮元啓一）

アトミズ

アトミズム 〔英〕atomism〔独〕Atomismus〔仏〕atomisme
アトム，原子（atom）は語源的にはギリシア語由来で，分割ができないものを意味する。古代ギリシアでは，デモクリトス，エピクロスらによって主張され，原子とは，非連続で，それ以上分割不能な最小の粒子であり，不変で，感覚に依存しないとされた。アトミズムとは，そうした感覚に依存しない原子と，原子の運動の場としての空虚（真空）で感覚されるすべての現象を説明しようとする物質観であった。これは，不変の粒子という点で，パルメニデスの変化・運動の否定を，粒子のたえざる運動という点で，ヘラクレイトスの万物流転の思想を受け継いでおり，古代ギリシア哲学の両極をなす思想の統一といえる。しかし，感覚される現象と原子という二分をもたらした。その後中世においてアトミズムはその唯物論的性格，無神論的性格からキリスト教神学とはあい入れず，排斥された。近代では，近代個人主義（individual も分割できないものの意）の成立のなかで，アトミズムは復活し，ブルーノ，ガリレオ，F. ベーコン，ガッサンディらによって主張された。そうした主張を踏まえて「粒子哲学」を提唱したボイルは，アリストテレス由来の形相―質料説では物質の変化を説明しえない，なぜある形相が消え，別の形相が現れるのかを説明できないと批判し，物質の変化を原子の組み合わせの変化として説明するアトミズムを主張した。しかし，甘い，白いなどの眼前の具体的，感覚的な性質は，原子の組み合わせの構造から説明できると可能性を主張するのみであった（これは，現代自然科学でも困難である）。感覚的な現象とかかわらず，知性で把握すべき物質の本質として捉えられた原子はその位置を座標上の 1 点として表されることにより，アトミズムは解析力学と結びつき，機械論的世界観の柱となり，数学的，力学的な因果的必然性をもった機械論的決定論とも結びついていった（ラプラスの悪魔）。また，アトミズム的世界観は個と全体という問題に絡み，個々の原子の振舞いを探求することで，世界のすべてを把握できるという個の優位を主張し，全体は部分の総和以上という立場と対立する。今日の素粒子論をこのアトミズムの伝統の上で考える場合もあるが，素粒子の生成・消滅，素粒子をさらに分割し

たクォークの想定，エネルギーや場との関わりなどをみると，単純には，古代，近世のアトミズムとは重ならない。アトミズムとのアナロジーで，単位的な経験命題を原子命題とする論理的アトミズムがある。
［文献］Andrew Pyle, *Atomism and its critics*, 1995；出隆／岩崎允胤訳『エピクロス——教説と手紙』岩波文庫，1959；マルクス「デモクリトスとエピクロスの自然哲学の差異」（全集40）大月書店，1975。　　　　　　　　　　　　　　　　　　　（稲生勝）

アドラー　Alfred Adler 1870-1937
オーストリアの医師，心理学者。下層社会の人々への医療を通して早くから社会主義に関心を示し，社会医学の創立に努力した。後に神経医になり，精神分析学のサークルでフロイトと活動を共にしたが，袂を分ち〈個人心理学〉を提唱。劣等感，共同体感覚，勇気づけなど独自の理論的概念を示し，その立場から教育の改革に希望を託して自ら数々の実践を行った。共同体感覚は「私たちの教育や人生の中の最も重要な部分」とされる。彼の〈個人心理学〉はこんにち再評価され，教育・臨床の領域で応用されている。
［文献］アドラー『個人心理学講義——生きることの科学』一光社，1996；同『子どもの教育』一光社，1998。　　　（間宮正幸）

アドラー　Max Adler 1873-1937
オーストリア・マルクス主義の社会哲学者，左翼社会主義政治理論家。『マルクス研究』第1巻（1904）の序文を起草し「マルクスなきマルクス主義」へのこの学派の原理的な態度を表明した。彼は，カントの超越論的方法によるマルクス主義の認識論的基礎づけを試み，意識の形式の超主観的性格の主張によって社会的次元の推論のための道を開き，これと結びついた「社会的アプリオリ」を発見した。同時に「物質的」なものは人間によって形作られ，人間は「精神的に活動的」だから「精神的関係」であり，「社会化した人間の生活連関」が経済とイデオロギーの統一連関だとした。一方，国家論における民主主義と独裁の論争で「政

治的民主主義」と「社会的民主主義」の概念分析的方法を用いて「プロレタリア独裁」を擁護した。近年の研究ではシュティルナーとの連関が注目されている。
［文献］M. Adler, *Ausgewählte Schriften*, hrsg. V. N. Leser und A. Pfabigan, Wien, 1981；A. Pfabigan, *Max Adler — Eine politische Biographie*, Campus Verlag, 1982. （上野卓郎）

アドルノ　Theodor Ludwig Wiesengrund Adorno 1903-1969
恵まれた音楽的環境に育ったアドルノは，若き日に出会ったベンヤミンの微細なものを凝視するミクロロギー的方法や，作曲家アルバン・ベルクの「極小的移行」の方法の影響のもとで，微細なものや特異的なものを安易に飛び越えてしまうような普遍化・全体化する思考を批判し，逆に普遍的全体性の不十分さを暴露する「崩壊の論理」の可能性を追求した。この考えは，フランクフルトの社会研究所で所長を務めるホルクハイマーとの協働により「批判理論」として先鋭化される。

ヒトラー政権の魔手から逃れてアメリカに渡ったアドルノとホルクハイマーは『啓蒙の弁証法』を共同執筆し，形式的合理性と神話的暴力の結びつきという革新的なファシズム批判を試みた。第二次世界大戦後二人はドイツに帰ったが，アドルノは生き残った者の使命として「ファシズムとは何であったか」を執拗に問い続け，戦後の文化にも潜在しているファシズム的暴力性を告発し続けた。哲学領域では，「存在の声を傾聴」し「本来性」へと立ち帰ることを説いてナチズムとの親近性を示したハイデガー哲学が，いかに思考に不可欠な批判的契機を見失わせてしまうかを痛烈に批判した。晩年に書かれた『否定弁証法』はアドルノの思想の集大成ともいうべき書であり，特に第二部「否定弁証法　概念とカテゴリー」ではアドルノの思想の核心が述べられている。

総じて，アドルノは少年時代に過ごすことができた豊かな文化的経験が無残に破壊されてゆく事態を目の当たりにし，多くの人の命が奪われていったことへの悲痛な思いを胸に抱きながら，一方では伝統的哲学との対決を通して悲惨な事態の進行を少しでも阻止するために哲学はいかなるものであらねばならないかを示そ

うとし，他方では社会的現実が引き起こす矛盾をすくい取って表現にもたらす芸術の可能性を強調した。

1970年以降の文化変容に照らせば，アドルノの文化批判は必ずしも現代に通用するとは言い切れない面がある。その例としてジャズ批判がしばしば挙げられるが，本質的な問題はアドルノがモードジャズ以降を知っていたか否かではなく，マスメディアによる大衆的な文化受容に対する批判である。ただし，不定形なものを自己反省的に統御して表現することを創作者に要求し，鑑賞者も創作者と同等以上の洞察力をもって作品を理解することを要求することは，厳し過ぎるかも知れない。

アドルノの誕生日である9月11日には三年ごとにアドルノ賞が授与されており，ハーバーマス，ブーレーズ，ゴダールに続いて，2001年にはデリダが受賞した。デリダの脱構築は，アドルノの思想と多くの点において共通する面をもつが，1980年以降社会問題・国際問題への積極的な発言を繰り返し，文化を汚染（contamination）と見るデリダの思想は徹底したモダニストとしてのアドルノ像とは異なった新たなアドルノ理解に光を当てている。

→否定弁証法

［文献］アドルノ／ホルクハイマー『啓蒙の弁証法』岩波文庫，2007；アドルノ『否定弁証法』作品社，1996；同『アルバン・ベルク――極微なる移行の巨匠』法政大学出版局，1983；同『美の理論〔新装完全版〕』河出書房新社，2007；小牧治『アドルノ』（Century Books 人と思想）清水書院，1997；M. ジェイ『アドルノ』岩波現代文庫，2007；細見和之『アドルノ――非同一性の哲学』講談社，1996。　　　　　　　　　　　　（上利博規）

アナーキズム 〔英〕anarchism 〔仏〕anarchisme 〔独〕Anarchismus

アナーキズムは「無政府主義」とも訳されることが多いが，ギリシア語の語源からすると，a(n) + archos，すなわち，支配者や権威者がいないことを意味する。権威主義的支配秩序や支配者を否定して，積極的に自治を目指そうとする思想や運動を言い表す。

アナキズ

このことから,アナーキズムは,統治のない無秩序状態を目指す暴力的運動だと否定的なニュアンスで語られることが多かった。アナーキズムが肯定的に語られるようになってきたのは,近代国家の成立とフランス革命以降に個人を社会の主体と見なす思想や運動を通じてのことだといってよい。近代社会にあっては,諸個人は他人を害さない限り自由な主体として活動できる権利をもつとし,国民を主権者と宣言する。しかし,実際には,国民国家による権力の集中を招き,とりわけ「近代化」され,「文明化」された政治支配制度が確立するまでは,徴兵,教育,納税,戦争などによって強権的支配が行われることが多かった。そのようななかで,フランス革命の「自由・平等・友愛」の理念に基づく個人の尊厳,人間の自由の尊重を基礎として,近代国家の中央集権的なあり方に鋭い批判を投げかけたのがアナーキストたちであった。

したがって,この主張の最も大きな特質は,反権力主義であり,あらゆる形の集権主義に反対して,個々人が自分たち自身を統治するような「連合」主義的な原理に向かおうとすることである。同じく,資本主義を原理とする近代国家への批判と変革を目指したマルクス主義に対しては,国家廃絶のためとはいえ,中央集権的なプロレタリートの独裁を認める思想のゆえに,当初から鋭い対立をはらんできた。アナーキズムの思想家としては,フランス革命期に『政治的正義』(1793) を書いたゴドウィンが知られるが,大きな政治的運動となったのはバクーニンやプルードンといった,マルクスと論争し,敵対した思想家たちと,それに対応する19世紀の労働運動や革命運動であった。第一インターナショナルにおいて,バクーニンは一切の国家権力を否定し,「人民国家」といえども独裁であるとして,その破壊を主張した。その後,19世紀末頃より,フランス,スペイン,イタリアなどの労働組合運動のなかに,議会闘争を拒否するアナルコ・サンディカリズムが次第に力を増し,ロシア革命,スペイン内乱などで大きな運動となった。他面,クロポトキン,ガンディーらの思想家たちは,近代科学と結びついた工業化や生活を覆う近代社会の基本的傾向に警告を投げかけ,分業によって破壊されない自律的な

個人の生活の構築を訴えた。さらに，今日の社会のあり方を最も鋭く批判する思想家たちにアナーキズム的な傾向が強くある点は注目すべきである。今日でも，チョムスキー，ブクチン，シモーヌ・ヴェイユ，ラッセルなどアナーキズム的思想原理をもつ人々が，高度に組織化された現代世界への鋭い批判を投げかけている。

　日本においては，幸徳秋水が，晩年，アメリカ合州国でクロポトキンらの思想的影響を受け，アナーキズムを主張し，議会主義を超えて労働者の直接行動を重視するようになった。幸徳秋水の処刑後，大杉栄を中心に労働組合運動への浸透がはかられたが，アナ・ボル論争の最中，関東大震災での大杉の虐殺によって急速に労働組合運動としては衰退していった。その後，石川三四郎，八太舟三らの理論的発展もあったが，日本のアナーキズム運動で注目すべきは，農民運動と女性運動の分野で，平塚らいてう，高群逸枝，松本正枝などによる創造的で興味深い発展を遂げたことであろう。

[文献]「アナキズム叢書」（全8冊）三一書房，1970-72：松田道雄編『現代日本思想体系16　アナーキズム』筑摩書房，1963。
　　　　　　　　　　　　　　　　　　　　　　（佐藤和夫）

　アナクサゴラス　Anaxagorās　前500頃-428頃
イオニア地方クラゾメナイ出身の哲学者。アテナイに哲学を導入したとされ，不敬神の罪で訴追された。エレア学派の問題提起を承け，生成生滅とは，すべてのものの部分を分有する渾融体たる無限数の〈種子〉の混合分離だとした。種子は究極単位でなく無限分割可能だが，内包される諸部分は独立分離されえないため，この分割は完了しない。各種子はその種子中で数的優勢を占める部分の名で呼ばれる。また運動と知の原理の〈ヌース（知性）〉が種子の原初的混在に渦動を与え秩序化を惹起したとする目的論的説明を行った。

[文献] 内山勝利編『ソクラテス以前哲学者断片集』3，岩波書店，1997。　　　　　　　　　　　　　　　　　（三浦要）

アナクシ

アナクシマンドロス　Anaximandros 前610頃-545頃
ミレトス出身でイオニア学派の哲学者。万物の〈始源（アルケー）〉は質・量ともに無規定・無尽蔵の〈無限定なるもの（ト・アペイロン）〉であり，熱と冷を〈生み出すもの〉がそこから分離するのを起点として世界形成が始まるとした。そして「存在者は時の定めに従い不正への罰を受け償う」と語り，世界の諸過程の実相を，相反する事物同士の規則的侵犯と償却による相互転換とみた。また，人間の起源は異種の生物にあるとする説を含む生物発生論，諸天体は不動の大地を中心とする同心円的な火の環状体からなる宇宙論を唱えた。
［文献］内山勝利編『ソクラテス以前哲学者断片集』1，岩波書店，1996。　　　　　　　　　　　　　　　　　（三浦要）

アナクシメネス　Anaximenēs 前585頃-525頃
ミレトス出身でイオニア学派の哲学者。日常経験から隔絶し過剰に抽象的だったアナクシマンドロスの〈無限定なるもの〉を，改めて経験可能な対象の中に求め，これを無限の〈空気〉と同定した。事物の生成変化を〈始源（アルケー）〉たるこの空気の濃密化と希薄化という運動だけで説明し，質的差異を量的差異へと還元した。空気は，〈生ける自然〉である宇宙世界の活動と生命と秩序の原理であるとし，「われわれの魂は空気であり，それがわれわれを統括しているように，世界全体を気息と空気が包括している」と語った。
［文献］内山勝利編『ソクラテス以前哲学者断片集』1，岩波書店，1996。　　　　　　　　　　　　　　　　　（三浦要）

アナ・ボル論争

日本の労働運動の創生期に，社会変革のあり方，とりわけ，革命運動や労働組合運動をめぐって，アナーキスト（無政府主義者）とボルシェヴィスト（マルクス主義共産主義者）の間で行われた論争。幸徳秋水をはじめとする当初の社会主義運動は，大杉栄の強い指導力もあり，どちらかといえば，アナーキズム的色彩が強かった。しかし，1919年のコミンテルン大会，22年の日本共産

党の成立などを通じて，アナーキストとボルシェヴィストは次第に理論的にも運動としても厳しく対立することになった。

とりわけ，中央集権的前衛政党の積極的な指導を認めるか，プロレタリア独裁を肯定して，中央集権的国家を認めていくかなどについて激しい議論が行われており，労働組合運動での主導権争いも大きかった。アナーキスト側は，1917年のソ連を強権社会だとして強く批判し，それに対して，自由連合に基づく自治協同社会を訴えた。しかしながら，アナ派の大杉栄が関東大震災の時に虐殺されたために，それ以降，ボル派の運動が支配的となっていった。

一旦消え去ったかのように見えるアナ・ボル論争はしばらくして，別の形で始まった。1929年以降，『女人芸術』や『婦人戦線』などの雑誌を通じて，高群逸枝，松本正枝，八木秋子，住井すゑなどの女性アナーキストたちが，山川菊栄に代表されるマルクス主義的な国家観，性愛観，家族観，人間観を激しく批判し，両者の間に鋭い理論的対決が行われた。それは，近代化を事実上肯定するマルクス主義に対して，出産や育児という重要な課題を背負わされてきた女性の立場から，工業発展第一主義によって，人間のもっとも基本的な営みである男女の性愛関係や友情関係，家族や子育てのあり方が歪められている現実を批判し，人間が自ら相互に支え合う生活のあり方を鋭く問題提起するものであった。
→アナーキズム，大杉栄，高群逸枝，山川菊栄，母性保護論争
［文献］小松隆二『日本アナーキズム運動史』青木新書，1972；佐藤和夫『女たちの近代批判』青木書店，2001。　　（佐藤和夫）

アナムネーシス　〔ギ〕anamnēsis〔英〕recollection
「想起」を意味するギリシア語。プラトンは，「探求の対象を知っているなら探求の必要はなく，知らなければ何を探求すべきかもわからない」という議論に対抗するために，オルペウス教的輪廻転生説を援用しつつ，この概念を導入した。人間の不死なる魂は輪廻転生を重ねてあらゆるものを学んでしまっている。よって，探求や学習は，あるものの想起をきっかけとして，忘れていたものどもを次々と想起することにほかならない。イデア想起説で

は，イデアは感覚的事物を通して想起される。われわれは，いろいろの等しいものどもを見て，完璧な「等しさそのもの」（イデア）に思い及ぶが，これはかつて所持していたイデアの知を想起することにほかならない。
[文献] プラトン『メノン』岩波文庫，1994；同『パイドン』岩波文庫，1998；同『パイドロス』岩波文庫，1967。（斉藤和也）

　アナール学派　〔仏〕l'école des Annales〔英〕the school of the Annals〔独〕die Schule der Annalen
20世紀歴史学に多大の影響を与え続けたフランス歴史学者のグループ。アナール（Annale：年報）という名称は，リュシアン・フェーヴル（Lucien Febvre 1876-1956）とマルク・ブロック（Marc Bloch 1886-1944：1943年以降レジスタンス運動に参加，ドイツ軍により銃殺）によって1929年に創刊された歴史学研究誌『経済社会史アナール』（1929-38）に由来する。この雑誌は1946年以降『アナール――経済・社会・文明』と改名して現在に至っている。アナール学派とは『アナール』を拠点にして活動した歴史学者たちの総称であるが，彼らの間には新しい歴史学を樹立するという目標とそのための方法論が共有されていた。第一世代のフェーヴルとブロックは，政治的大事件や大人物の生涯の記述に終始してきた伝統的歴史学（「事件史」の歴史学）に反旗を翻し，①歴史学は同時代の現実が提起する諸問題に応答し，自らも同時代の人々に積極的に問題を投げかけてゆくべきこと（「問題史」の構想），②政治史に著しく傾斜していた伝統的歴史学に代えて，政治，経済，文化，宗教など歴史の中に生きる人々の生の全局面を全体として把握すべきこと（「全体史」の構想）を提唱した。これらの構想を実現するために彼らは，同時代の哲学，地理学，社会学，心理学，経済学，言語学，人類学などとの学問的対話を積極的に組織し，それらの成果を摂取しつつ，また他の諸学問への影響力も強めていった。

　1956年以降『アナール』の編集長を務めたフェルナン・ブローデル（Fernand Braudel, 1902-85）はその主著『フェリペ二世時代の地中海と地中海世界』（1949, 改訂版1966：邦題『地中海』）

において,これまでの人間中心の「全体史」から地理的環境全体の「全体史」へと枠組を飛躍的に拡大し,これと関連して「長期持続」「中期の変動局面」「事件史」からなる歴史的時間の重層的構成の問題を提起した。彼は,「長期持続」の「構造化」の働きによって「深層」「中層」「表層」の三層からなる歴史的社会の重層的構造が形成されると考えた。彼によってアナール学派の第二の全盛時代が築かれた。アリエスも『子供の誕生』(1960),『死を前にした人間』(1977) などの著作で「心性史」の新局面を開いていった。1970 年代以降,ジャック・ルゴフ,エマニュエル・ルロア=ラデュリ,フランソワ・フュレら第三世代の時代となると方法の多様化が進み,一つの学派としてのまとまりは不明瞭になるが,それでも「心性史」および「身体史」など長期持続する歴史の日常的様態への関心,またそのために構造主義人類学,精神分析学,社会学など社会諸科学との連携を持続させるなどアナール学派固有のスタンスは継承発展させられている。
→歴史観,社会科学
［文献］M. ブロック『歴史のための弁明〔新版〕』岩波書店,2004；L. フェーヴル『歴史のための闘い』平凡社ライブラリー,1995；F. ブローデル『地中海』（全 5 冊）藤原書店,1991-95；P. アリエス『子供の誕生』みすず書房,1981；Ph. バーク『フランス歴史学革命』岩波書店,1992；二宮宏之『全体を見る眼と歴史家たち』平凡社ライブラリー,1995。　　　　　　（平子友長）

　アナロジー　〔英〕analogy〔独〕Analogie〔仏〕analogie
類比推理,類推ともいう。二つの異なる事物のあいだに存在する類似点を根拠にする推理のこと。一般的には,「A は a, b, c, d かつ e である」,「B は a, b, c, d である」,だから,「B も e である」という形式をとり,特殊・個別的な知識からやはり特殊・個別的な知識を導く推理である点で,演繹とも帰納とも異なっている。この推理によって得られる結論は蓋然的な確からしさしかもたないが,科学の研究における新事実の解明には,大きな役割を果たすことが少なくない。たとえば,ベンジャミン・フランクリンは雷が電気現象であることをつきとめることによって,避雷

針を発明したが，それは次のようなアナロジーに基づいていたとされる。電気流体は，①光を発する，②すばやい動き，③金属を伝わる，④爆発するときのとどろきや騒音，⑤通過した物体は裂ける，⑥動物を殺す，⑦金属を溶かす，⑧燃えやすい材料に点火する，等の点で雷と一致する。そして，⑨電気は尖った先に引き寄せられる，では，雷もこの性質⑨をもつであろう。こうしたアナロジーの蓋然性をできるだけ確実性に高めるためには，比較される事柄である①〜⑧が推理される事柄⑨と本質的・必然的な関係があることが重要である。したがって，「A子は美人で，スタイルがよくて，大阪出身であり，そして，英語が話せる」，「B子は美人で，スタイルがよくて，大阪出身である。だから，B子も英語が話せるだろう」というアナロジーは成り立たないが，アナロジーがこうした詭弁に使われることもある。

→演繹，帰納・帰納法

［文献］ホリオーク／サガード『アナロジーの力』新曜社，1998。
　　　　　　　　　　　　　　　　　　　　　　（中村行秀）

　アニミズム　〔英〕animism〔独〕Animismus〔仏〕animisme
ラテン語の anima（魂）より宗教人類学者の E. B. タイラーが造語し，1871 年刊行の『未開文化』のなかで用いたことから一般化した用語。古くは「有霊観」とも訳された。タイラーは，宗教進化論的な観念に基づき，宗教の最も原初的な形式を，「霊的存在（spiritual being）への信仰」と見なし，これが人類に普遍的な宗教の起源であると考えた。動植物から無生物に至るまで，存在は固有の霊魂をもち，相互に生命的に関係し合うとの世界像が，タイラーの言うアニミズムの観念世界であり，タイラーによればこうした観念が宗教儀礼をも基礎づけていた。さらに文化進化論をとるタイラーは，多種多様な霊的存在への信仰が，次第に多神教，さらには一神教へと進化してゆくとともに，アニミスティックな観念自体は，潜在化しつつも消えずに残存してゆくと考えた。アニミズム説は，初期の宗教人類学に大きな影響力をもったものの，様々な批判や修正案も出された。なかでも，「霊魂」の「観念」を最も原初的なものとするタイラーの主知主義的傾向を

批判し，万象に宿る生命＝力への畏怖をより先行的・原初的なものとしたマレットらのプレアニミズム説は有名である。またエヴァンス・プリチャードらは，アニミズム的霊魂観をもたない種族の存在を実証的に示した。

このようにアニミズムの語は，人類学や宗教学ではもはや第一線の記述語としてはほとんど使用されなくなったが，一般にはなお「アニミスティックな風土」といったかたちで通俗的に使われがちである。その場合，一神教的有神論や唯物論の立場からは否定的なニュアンスで語られるが，エコロジカルな意識やニューエイジ宗教の台頭を背景に，ヨーロッパでもアニミスティックな意識の再評価が見られ，またわが国では梅原猛の所説にうかがえるように，むしろアニミスティックな感覚や世界像を，自然と人間の共生を可能とする肯定的世界観として捉え直そうとする試みもある。したがって学問的な意味というよりも，世界観的な意味合いにおいて，この語＝概念にはなお哲学的な検討の余地があると言えよう。

［文献］E. B. タイラー『原始文化（抄訳）』誠信書房，1962。

（深澤英隆）

アノミー 〔仏〕anomie〔英〕anomie
無法律状態を意味するギリシア語の anomos から，19 世紀末に E. デュルケムが創出した概念。『社会分業論』(1893) では，社会的諸機能の分化を有機的分業へと統合する道徳的社会規範の不在状態を危機と見なした。『自殺論』(1897) では，社会全体を包摂する規範的価値の消失による個人的／私的欲求の病理的肥大化や不安的な拡散状況を鋭く問題化した。道徳的規範による社会統合を社会統合の本然とする立場から，資本主義的産業社会の成立過程で生じた全体社会的な規範的社会統合の解体と私的利害関心の優位化とを近代社会の病理的事態と捉えた概念である。近代社会に相応する規範主義的社会統合を創造することを目指す，ロマン主義的志向をもつデュルケム社会学独特の用語である。

［文献］デュルケム『社会分業論』ちくま学芸文庫，2017；同『自殺論』中公文庫，1985。

（景井充）

アファマ

　アファマティヴ・アクション→差別

　アフォーダンス　〔英〕affordance
アメリカの心理学者 J. J. ギブソン（1904-79）が生態学的知覚論で用いた造語で，環境内の事物が人間や動物に提供する（afford）「価値」や「意味」のこと。たとえば，崖は「そこからの落下」を，障害物は「衝突」を，開口部は「通り抜け」をアフォードする。彼はこの着想をゲシュタルト心理学の「要求特性」や「誘発特性」から得ているが，アフォーダンスは面の配置や特性からなり環境のなかに客観的に存在する。そして，それは直接に知覚されると考えられる。今日，人工知能や認知科学において注目されている概念である。
［文献］ギブソン『生態学的視覚論』サイエンス社，1985；佐々木正人『アフォーダンス――新しい認知の理論』岩波書店，1994。
　　　　　　　　　　　　　　　　　　　　　　（中島英司）

　アブダクション　〔英〕abduction
パースが科学的探求のプロセスから取り出した事実に基づく仮説形成的推論のあり方で，演繹と帰納と並ぶ三つ目の論理的働きとして提唱した。「演繹はあるものがそうであらざるをえないことを証明し，帰納はあるものが実際にそのような結果をもたらすことを示し，アブダクションはあるものがそうであるかもしれないことを示唆するだけである」。だが，アブダクションは，ある事実からそれとは異なる事実や規則を示唆するので，それは「説明のための仮説を形成する過程」であり，「新しいアイデアを導き出す唯一の論証的な操作」であり，科学的発見の論理，科学的探求の本来の働きであると説明される。
［文献］ウイリアム・H・デイヴィス『パースの認識論』産業図書，1990；米盛裕二『アブダクション――仮説と発見の論理』勁草書房，2007。
　　　　　　　　　　　　　　　　　　　　　　（栗田充治）

アブーバケル→イブン＝トゥファイル

ア・プリオリ／ア・ポステリオリ 〔ラ〕a priori / a posteriori
ラテン語でア・プリオリは「先立つものから」，ア・ポステリオリは「後のものから」の意味。先天的／後天的とも訳される。アリストテレス以来の使用例があり，ア・プリオリとは原因から論証的に知ること（スコラ哲学），あるいは主語の概念に含まれているものを分析的に導出すること（ライプニッツ）を意味し，ア・ポステリオリとは結果から経験的に知ることを意味した。このような用法を認識論的な意味に転換させたのはカントである。カントは認識を構成する要素が経験に由来するか否かを問い，それらが経験に由来せず，認識主観のうちに本質的に備わっている場合（直観形式としての空間と時間，悟性形式としてのカテゴリーなど）をア・プリオリと称した。そしてそれらの形式によって構成された命題をア・プリオリな総合判断と規定し，その構成可能性の問題を探求した。ア・プリオリな諸形式は経験から独立しており，認識の内容に関わるのではなく形式に関わり，経験認識の基底にあってその成立の条件を与える。またア・プリオリは，その条件として純粋性，必然性，普遍妥当性を備えていることが求められる。認識以外の場においても，これらの指標をもつ道徳法則や合目的性などはア・プリオリと呼ばれる。カントのアプリオリズムは認識論的主観主義の立場に基づくものであるが，これに対してア・プリオリを分析命題に限定する立場（論理実証主義），ア・プリオリとア・ポステリオリとの厳密な区別を無意味とする立場（クワイン）などがある。 （太田直道）

アベラール Petrus Abaelardus 1079-1142
中世の初期スコラ哲学を代表する神学者・哲学者。ラテン名ペトルス・アベラルドゥス。唯名論者ロスケリヌスと実念論者シャンポーのギヨームに学んだが師を論破し，独自の立場を確立した。彼の立場は，普遍論争において明確に示されるもので，従来概念論者として整理されてきたが，唯名論的傾向が強い。普遍（例「人間」）とは名辞・ことば（sermo）であって，事態（status）

(例「人間であること」)という共通原因を有することによって成立すると考えられている。なお，この事態は「人間でないこと」といった非実在的なものをも含み，実念論的に解されるべきものではない。また，女弟子エロイーズとの悲劇的恋愛は有名である。

→唯名論と実念論

［文献］沓掛良彦／横山安由美訳『アベラールとエロイーズ 愛の往復書簡』岩波文庫，2009。　　　　　　　　　　（山内志朗）

アーペル　Karl-Otto Apel 1922-2017
規範を討議という手続き的行為によって根拠づける討議倫理学の代表者の一人。1970年代にハーバーマス等とともに語用論的転回を主導し，それによって倫理学の究極的基礎づけを試み，その後さらに討議倫理学を現代社会や応用倫理学の諸問題に適用しながら発展させた。アーペルの理論は，道徳規範の形式的・手続き的な根拠づけを行う「部分A」と，それを法，社会，経済等の歴史的実在的領域に適用しようとする「部分B」とからなる。前者では，道徳原理の究極的な根拠づけと，討議参加者が平等な権利をもつコミュニケーション共同体の成員として相互承認し意思形成に参加することの義務づけが問題となる。

→ハーバーマス

［文献］アーペル『超越論的語用論とは何か？』梓出版社，2013。　　　　　　　　　　　　　　　　　　　　　（日暮雅夫）

ア・ポステリオリ→ア・プリオリ／ア・ポステリオリ

アポリア　〔ギ〕aporia〔英〕aporia
ギリシア語の道，通過を意味する「ポロス(poros)」を否定した語で，「通過不能，困難，難問」を意味する。すべての哲学的探求は何らかの難問の解決を目指すが，古代ギリシア哲学での典型的なアポリアの一例は，こうである。人間は善(益)を求め，悪(害)を避けて行為する。知りながら，悪を求める者はいない。然るに，無抑制(akrasia)とは，悪と知りながら悪を為すこと

だ。飽食が健康に有害だと知りながら、飽食する。このアポリア
に対するアリストテレスの解決は、人間の行為の基本的起動力は
倫理的知識であるが、無抑制者においては、欲望が倫理的知識を
無力化するからである、というものであった。　　　（岩田靖夫）

　新井白石　（あらい はくせき）1657〔明暦 3〕-1725〔享保 10〕
木下順庵門下の朱子学者。将軍家宣・家綱の政治顧問等として貨
幣政策や対外儀礼での将軍「国王化」政策等を推進し、博学によ
る実証的思考・合理的思考を展開した。『古史通』『読史余論』等
の歴史研究では、記紀の文献学的研究を提起して国学の先駆をな
した。そこで、「神とは人」（人々が尊ぶ人間が「加美」）と見な
して神話を人間の歴史と捉え、「天孫降臨」は易性革命による王
朝交代と解釈し、江戸期の歴史政治思想に影響を与えた。宣教師
尋問記録に基づく『西洋紀聞』『采覧異言』等の西洋研究では、
国際的孤立を自覚し地理学的国防論を展開し、キリスト教と切断
して西洋科学・技術を評価し、後の洋学や和魂洋才論の先駆と
なった。
→朱子学、洋学、国学
〔文献〕『新井白石——日本思想大系 35』岩波書店、1975；宮崎
道生『新井白石』吉川弘文館、1989。　　　　　　（亀山純生）

　アラン　Alain 本名 Emile Auguste Chartier 1868-1951
フランスの個人主義的自由主義的哲学者。デカルト流の合理主義
の立場をとり、フランスのモラリストの伝統を受け継いだ執筆
活動を行い、またアンリ四世校などの哲学教師として A. モロワ
や S. ヴェイユ、G. カンギレムなど多くの後進を育てた。社会主
義には同調しなかったが、ファシズムに反対し、反戦平和を訴え
た。彼の哲学は特定の「主義」に帰属させにくく「体系」ももた
ず、対話篇やプロポの形で多く書かれ、「哲学すること」の教師
であり続けた。特に、豊かな内容を既成の概念にとらわれずに論
じた美学・芸術論は、広い影響を与えた。
〔文献〕『アラン著作集』（全 10 巻）白水社、1980-82；アラン
『裁かれた戦争』小沢書店、1986。　　　　　　　（仲島陽一）

アリエス

アリエス→アナール学派

アリスティッポス　Aristippos 前 435 頃 -355 頃
キュレネ（現在の北アフリカのリビアの都市）出身であるが，アテナイに出てソクラテスの影響下にあるグループ（「小ソクラテス派」と呼ばれる）に加わるとともに，ソフィストのもとで学び，自らも各地で教育によって報酬を得るというソフィスト的な活動を展開する。晩年はキュレネに帰還し，その地で「キュレネ派」と呼ばれる学派の確立に寄与した。著作については，何も書き残さなかったという伝承と対話篇数編と三巻の書を記したとする伝承がある。いずれにせよ彼の中心的関心は，いかに生きるべきかという倫理的・実践的な問題にあった。アリスティッポスには一時的・身体的快楽の獲得を究極目的としたという快楽主義がしばしば帰せられるが，むしろその基本思想は，幸福を生きることの目的と設定し，その幸福を構成する重要な一要素として生涯全体を視野に入れての快楽を認めるものであったとも考えられる。さらに，快楽と苦痛をパトス（感受状態）と位置づけ，それを感覚に起因する身体のあるいは魂の運動と考えたことは，孫のアリスティッポスがその中心となって活動したキュレネ派の思想に大きな影響を与えた。
［文献］ディオゲネス・ラエルティオス『ギリシア哲学者列伝』上，岩波文庫，1984；K. Döring, *Der Sokratesschüler Aristipp und die Kyrenaiker*, Wiesbaden and Stuttgart, 1988. 　　　（中畑正志）

アリストテレス　Aristotelēs 前 384-322
【生涯】マケドニアに隣接するスタゲイラに生まれる。父はマケドニア王の侍医。17 歳の時，アテナイに出てプラトンの学園アカデメイアに入門し，以後 20 年間，そこで研究や講義を続ける。この時代に多くの対話篇を公刊している。前 347 年，プラトンの死後，小アジアのアッソスに同僚たちと移り住む。この遍歴時代に動物学の本格的な研究を始める。前 343 年，マケドニア宮廷にアレクサンドロス（13 歳）の教育係として赴任。前 334 年，アテナイに戻りリュケイオンに学校を開設。前 323 年，アレク

サンドロスの死を契機とする反マケドニア運動を避けカルキスに亡命するが,翌年病死する。

【学問】前1世紀中頃,アリストテレスの講義録がアンドロニコスによって編集された。一方で,それまで流通していた対話篇は次第に失われていった。20世紀前半に,対話篇断片をも視野に入れたプラトン主義から経験主義へのアリストテレス哲学の発展説が有力になったが,現在では,何らかの発展はあるとしても,プラトン主義からの独立のみを発展の基準にすることはできないと考えられている。

　アリストテレスは,諸学にはそれぞれ固有の対象と諸原理が存在するとして,学問の体系的分類への道を切り開いた。学問研究の道具とされる論理学の分野では,実体や性質,量などのカテゴリー（述語づけ）の諸形態を分類し,妥当な推論形式を体系化し,学問的論証の構造や弁証術の議論の方法を解明した。理論学の分野では,まず,自然学において,形相・質料,運動,空間,時間など自然学の基本概念を確立し,四つの原因（形相因,目的因,始動因,質料因）に基づいて自然の諸現象を解明した。動物学では,嫌悪感を与える下等な動物にも目的性と美を認識することができるとして,四原因説により動物の器官・発生・運動について解明した。魂論では,感覚や想像や思考の能力について分析し,個人の魂の不死性を否定する一方,普遍的な認識原理としての能動的理性は不滅であるとした。存在者の第一原理を探求する形而上学では,存在者のカテゴリー的な多様性を明らかにして,その中で実体が存在者の原理であることを示し,さらに,個物（感覚的実体）が形相と質料から成り,このうち形相がより実体であることを明らかにした。プラトン的な超越的イデアは詩的比喩であると批判し,形相は個物に内在するとしたが,自然界全体における運動の第一の原因としての神は,質料をもたない純粋現実態であるとした。実践学の分野では,まず,倫理学において,幸福は第一義的には哲学者の観想活動にあり,この活動にできるだけ与るべきであるが,人間である限りは,プロネーシスと中庸の徳に基づいた生活を行うべきであるとした。政治学では,プラトン的理想国の行きすぎた統合を批判し,相対的に自立した有徳

の市民たちから成る理想的なポリス共同体を構想したが，一方では，現実の諸国制を分析しそれらを維持する政策について提言した。制作学の分野では，弁論術において様々な説得の方法について分析し，詩学においては，悲劇を中心に詩の本質と技法について研究した。これら諸学の構築にあたっては，観察事実や一般的通念から出発して，通念に内在する難点を指摘しながら事柄の核心に迫っていく研究方法を採った。古代後期において，アレクサンドロスや新プラトン主義派の註釈によりアリストテレス哲学は復興し，これらを介して，イスラムや中世キリスト教のスコラ学に根本的な影響を与えた。近世哲学はスコラ学と決別したが，本質・実体・属性などアリストテレス的・スコラ的な概念枠は放棄しなかった。19世紀には，古典文献学の隆盛により，ドイツを中心にアリストテレス哲学が復活した。F.ブレンターノは志向性概念の典拠をアリストテレスに認めた。現代でも，「共同体主義」の古典的典拠とされるなど，その生命力は根強い。

[文献]『新版 アリストテレス全集』(全20巻 別巻) 岩波書店, 2013-；山口義久『アリストテレス入門』ちくま新書, 2001；内山勝利編『哲学の歴史1 哲学誕生—古代1』中央公論新社, 2008；G. E. R. ロイド『アリストテレス』みすず書房, 1973；J. L. アクリル『哲学者アリストテレス』紀伊國屋書店, 1985；高橋久一郎『アリストテレス——何が人間の行為を説明するのか？』日本放送出版協会, 2001。　　　　　　　　　(斉藤和也)

アルガゼル→ガザーリー

アルキンドゥス→キンディー

アルケー　〔ギ〕archē〔英〕first principle
「始まり」「元のもの(始原)」という意味をもつギリシア語。ギリシア哲学はイオニア地方のミレトスで活躍した自然哲学者たちに起源をもつ。彼らは，自然界の多様な現象が，不生不滅で神的な始原的物体から生成し，またこれへと消滅すると考えた。彼らの思考の背景には神話的な宇宙生誕論があるとも考えられるが，

自然的世界の多様な現象を自然に内在する統一的な原理によって説明しようとした点において哲学的思考の誕生を告げるものであった。タレスは世界が水からできていると述べた。アナクシマンドロスは宇宙の諸現象がアペイロン（無限定のもの）から生成し消滅すると語った。アナクシメネスはアルケーとしての空気の膨張と収縮によって自然の現象を説明した。
［文献］内山勝利編『哲学の歴史 1　哲学誕生―古代 1』中央公論新社，2008。　　　　　　　　　　　　　　　　　（斉藤和也）

　アルゴリズム　〔英〕algorithm〔独〕Algorithmus〔仏〕algorithme
アルゴリズムとは論理－数学的問題を解決するための一般的で実用的かつ機械的な手続きのことを言い，9世紀前半に活躍したアラビア科学者アル＝フワーリズミー（al-Khwārizmī）の名に由来する。その例には，二つの自然数の最大公約数を求める手続きや数の平方根を求める手続きなどがある。さらに命題論理学の $p \supset (q \supset p)$ のような論理式がトートロジーであるか否かの，真理値表を用いた決定手続きもアルゴリズムの例である。アルゴリズムは電子計算機の計算手続きを与え，そのためにアルゴリズム論は電子計算機の構成にとって重要な意義をもっている。
［文献］デイヴィッド・バーリンスキ『史上最大の発明アルゴリズム――現代社会を造りあげた根本原理』ハヤカワ文庫 NF，2012；リチャード・シェリスキ『コンピュータビジョン――アルゴリズムと応用』共立出版，2013。　　　　　　（横田榮一）

　アルチュセール　Louis Althusser 1918-1990
フランスの構造主義的マルクス主義者。認識「主体」が経験的に与えられた所与としての対象を認識するという経験論的ないし認識論的モデルによる科学的認識の説明を批判し，イデオロギー的な理論の素材に対する働きかけと加工を媒介として，新たな科学的理論が「生産」される「主体も目的もない過程」こそが科学的認識にほかならないと主張した。このような立場から，そのマルクス解釈においては，『経済学・哲学草稿』（1844）に見られる

アルドレ

ような「主体」や「疎外」といったイデオロギー的なカテゴリーに依拠する前期マルクスと，資本主義社会を構成する複雑な過程とメカニズム（構造的因果性に基づく重層的決定）についての科学的理論を確立した『ドイツ・イデオロギー』（1845-46 執筆）以降の後期マルクスとの間には「認識論的切断」が存在することを強調した。

他方でアルチュセールは，実践の場面においては「主体」カテゴリーが不可欠であり，彼が「イデオロギー装置」と呼ぶ家庭や学校や教会のような制度的な場における親と子，教師と生徒，神父と信徒等の間の呼びかけ―応答という形をとる儀式的実践を通じて諸個人がイデオロギー的「主体」となることが，実践「主体」成立の条件であると主張した。

このように何らかの自明な「本質」や「本来性」を備えた「人間」や「歴史」といった解釈学的カテゴリーから出発することを拒否し（理論的反人間主義），つねにわれわれの理論的認識や主体的実践を生み出す客観的条件の分析から出発すべきであると主張したところに彼の理論の特徴がある。

[文献] アルチュセール『マルクスのために』平凡社ライブラリー，1994；E. バリバール『ルイ・アルチュセール——終わりなき切断のために』藤原書店，1995。　　　　　　（石井潔）

アルド・レオポルド→環境倫理学・環境哲学

アルファラビウス→ファーラービー

アルベルトゥス・マグヌス　Albertus Magnus 1200 頃 -1280
ドミニコ会修道士，哲学・自然学・神学者。ドイツのウルム近郊で生まれ，イタリア，ドイツで学ぶ。1245-48 年，パリ大学神学教授を務め，トマス・アクィナスの師となる。48 年，ドミニコ会の学院創設のため，トマスを伴いケルンに赴く。その後，レーゲンスブルク司教，教皇特使等を歴任しながら，学問研究に従事。新たに翻訳されたアリストテレス哲学とアラビア哲学を積極的に研究し，その自然学・哲学を紹介することに努めた。一方

で，新プラトン主義的伝統に立つ神秘神学を展開し，エックハルト等のドイツ神秘主義の源流とされる。
［文献］『盛期スコラ学――中世思想原典集成 13』平凡社，1993。
（加藤和哉）

アレテー　〔ギ〕aretē
ホメロスに現れてくるアレテーの根本の意味は，ある存在者のもつ優れた能力，卓越性を言う。たとえば，馬のアレテーは「速く走ること」，女性のアレテーは「優美なこと」，弓のアレテーは「矢を遠くへ飛ばすこと」である。それゆえ，アレテーは人間のもつ身体的，精神的卓越性のすべてについて語られた。オリンピア競技の優勝者は，体力の点でアレテーの顕現者であり，詩人や哲学者は精神力の点でそうである。しかし，人間の卓越性が身体にではなく，精神，特に倫理的精神にあることが自覚されるに従い，アレテーは勇気，節制，正義，知恵などの倫理的徳をも意味するようになった。
（岩田靖夫）

アーレント　Hannah Arendt 1906-1975
全体主義，暴力，革命という 20 世紀の危機をヨーロッパの伝統のなかで正面から捉え，人間の自由と協同を考えたユダヤ系の政治思想家。ドイツのハノーヴァー近郊で生まれ，ハイデガー，ヤスパースに師事して哲学的教養を身につけていたが，ナチスの権力掌握を機に，亡命生活に入り，1951 年にアメリカ合州国で市民権を得るまでの 18 年近くを無国籍者として過ごした。第二次世界大戦終了後，『全体主義の起源』(1951) の出版によって一挙に世界的な名声を確立し，それ以降，『人間の条件』(1958)，『イェルサレムのアイヒマン』(1963)，『革命について』(1963)，『精神の生活』(1978) などの著作で注目を集めたが，とりわけ，89 年の東西冷戦終了後，20 世紀がはらむ危険を鋭く認識した思想家として，大きな尊敬を受けている。ナチズムとスターリン主義がなぜ生まれたかという問題を，ヨーロッパ近代化の過程の前提に立ち返って鋭く考察し，プラトンからマルクスに至るまでのヨーロッパ政治史の流れの中に，全体主義を生み出す思想的起源

アンガジ

を探った。
　とりわけ，近代社会が全体として労働を賛美して消費社会を生み出し，人々がバラバラに孤立化させられていく傾向のなかに，全体主義の流れの危険を捉えた。人間の活動を「労働」「仕事」「活動」の三つに分け，古代ギリシアの民主政に示されるように，経済的利害にとらわれないで，協同を求めて営まれる人間の政治活動の重要さを強調した。また，近代社会の流れが，批判的にものを考える人間の能力の衰退をもたらし，人間同士の共に生きる協同の場としての政治的空間を消失させていると考え，人間がもつ根源的な力として，「始める」力を強調した。なかでも，一人ひとりの個人が新しい世界を作り上げていくという思想の強調は，20世紀の政党政治の限界を乗り越える新しい政治的空間の形成の提起として，市民運動をはじめとするこれまでとは違う人間のつながりを求める人々の大きな可能性を示している。
〔文献〕アレント『人間の条件』ちくま学芸文庫，1994；同『過去と未来の間』みすず書房，1994；同『精神の生活』上・下，岩波書店，1994；同『革命について』ちくま学芸文庫，1995。
（佐藤和夫）

　アンガジュマン 〔仏〕engagement
日常語として基礎となる意味は，〈財産を抵当に入れて，あることを果たすことを誓う〉ということ。そこから転じてサルトル哲学の基礎概念となる。サルトルにあって自由とは，個人が否応なく投げ込まれている独自極まる状況を，そこから自己欺瞞的に逃避するのではなく（＝それへと自己拘束し），それを真正面からいっそう深く全面的に我が身に引き受け（＝能動的に参加し），その状況が自分に提起する問題に全面的に応答しようとする試みにほかならない。状況はつねに一回的で独自であり，出来合いの解答モデルは存在しない。真の応答は，つねに新たな独自な答えの創造，賭け，責任の敢取といった側面を伴っている。この点でサルトルの文学的立場をも示す。
（清眞人）

アンスコム　Gertrude Elizabeth Margaret Anscombe 1919-2001
イギリスの哲学者。オックスフォード大学卒業後，ケンブリッジのウィトゲンシュタインのもとで学び，オックスフォード大学研究員，のちケンブリッジ大学教授。古代，中世哲学にも通じ，英米哲学の支配的潮流に挑戦する問題提起をしばしば行う。行為の因果説批判と，徳倫理の立場からの近代道徳哲学批判はことに大きな影響を与えた。ウィトゲンシュタインの遺稿管理人として，彼の著作を世に出すのに尽力。自身はカトリックで，生命を尊重する信念から反戦活動や人工中絶に反対する行動にも加わった。夫は，彼女と同じくカトリックで哲学者のギーチ（Peter Geach, 1916-2013）。
［文献］アンスコム『インテンション――実践知の考察』産業図書，1984。　　　　　　　　　　　　　　　　　　（伊勢俊彦）

アンセルムス（カンタベリーの）　Anselmus Cantuariensis 1033-1109
神学者，聖人。北イタリアに生まれ，神学研究の盛んだったノルマンディーのベック修道院に入り，1060年に副院長，78年に第2代院長。1093年，イングランドのカンタベリーの大司教となり，教会の改革と自立に尽力。「理解を求める信仰」という言葉で知られるその神学の特徴は，神の三位一体について聖書の権威によらず「理性のみ」で論じる『モノロギオン』，神の存在と属性を唯一の論証により理解する可能性を探った『プロスロギオン』等の著作に明らかである。その方法論は，のちのスコラ神学・哲学に大きな影響を与え，スコラ学の父と呼ばれた。
［文献］『アンセルムス全集』聖文舎，1980。　　　　　（加藤和哉）

アンチノミー→二律背反

アンティステネス　Anthisthenes 前445頃-365頃
アテナイの哲学者。弁論家ゴルギアスの影響下にありながら，同時代人たちからもソクラテスに最も私淑したひとりとして認められ，ソクラテスの死にも立ち会ったと伝えられる。ヘレニズム期

以来，シノペのディオゲネスの師でありキュニコス派の始祖と考えられてきたが，近年の研究者たちは必ずしもこのような見方を受け入れていない。現存する作品は，弁論術関係の二篇の断片を除くと，ほとんど逸話とアフォリズムである。それらは，ソクラテスの質実剛健で独立不羈な生き方をアンティステネスが継承し，ソクラテスの一つのイメージとして体現していたことを伝えており，そのことによって彼はキュニコス派やストア派に影響を与えたと考えられる。また彼は，ある事物（a）はその名 'a' によって名指しうるだけで，他のタームによって定義することはできないという見解を主張したとされる。

[文献] ディオゲネス・ラエルティオス『ギリシア哲学者列伝』上，岩波文庫，1984。　　　　　　　　　　　　　（中畑正志）

安藤昌益　（あんどう しょうえき）1703〔元禄16〕-1762〔宝暦12〕

江戸中期の革命的な農民主義思想家・医師。名は正信で昌益は号，他にも確龍堂良中などの号がある。その経歴は不明な部分が多いが，現秋田県大館市大字二井田に生まれ，1744（延享1）年から約15年間，現八戸市十三日町で町医師を開業しながら膨大な著作を残し，58（宝暦8）年に二井田に帰って家督を継いで安藤孫左右衛門を名乗り，62（宝暦13）年に死去したことは，ほぼ確定的である。20世紀の初め，奇しくも同郷の狩野亨吉が150年前の稿本『自然真営道』（全100巻93冊）を偶然に入手し，そのラディカルな農民革命思想の一端を紹介したことによって，ようやく昌益の存在が知られるようになった。稿本『自然真営道』は，1923年関東大震災によって多くの巻を焼失したが，刊本『自然真営道』前編（全3冊），稿本『統道真伝』（とうどうしんでん）（全5巻5冊）などが新たに発見された。近年，昌益については，中国医学の古典に拠る後世家別派の医師味岡三伯に京都で師事していた時期があることがわかった他，長崎でオランダについて学んだ可能性もあるとされている。

　昌益の世界観の基礎は独創的な用語を駆使して表現される唯物論的な自然哲学である。「自然」とは，根源物質である「土」が，

「木」「水」「火」「金」の四行(元素)の「互性」(相互浸透・転化)によって、「転」(天)と「定」(地と海)、「日」と「月」といった大宇宙から、動植物・人体のような小宇宙までを成り立たせ、すべてを連関させながら「自り然る」無始無終の運動のことである。伝統的な五行説を唯物論的に四行説に組み替えることで原理化されたこの能産的な「自然」の理解は、スピノザの「カウサ・スイ」(自己原因)論に似る。自然が「自り感いて」事物を産出する作用は、ひろく「直耕」と呼ばれるが、特に「転」の作用を「定」で受けとめ、人間の生存の基本的必要である「食衣」を満たす人間の「直耕」の労働は、真に「転子」(天子)の名に値するとされる。この「直耕」の尊厳において人間はすべて平等、「男女」は一体であって、人間にはいかなる差別もない。

　また差別がなければ争いもない。かつては人間の世界は、このような「直耕」に基づいて、「転定」・「男女」の無差別一体性を確保しえた平等で平和な「自然世」であった。だが聖人・天子が世に「私法」を布いて天と地、男と女を「二別」して自らを支配者の位置に置き、「不耕貪食」して「転道」を盗み、奢侈・淫楽・遊芸に耽り、貨幣を通用させるなど、不平等と堕落の「法世」(「私法」の社会)が始まった。昌益は、このような独特な「自然法」と「人間不平等起源論」(ルソー)とに立って、儒教・兵学・医学・仏教・道教・神道など、中国、インド、日本で人間の抑圧と搾取を正当化してきたあらゆる神聖イデオロギーの欺瞞を暴き、いわゆる「聖人」たちがつくり出した「不耕貪食」と「二別」の論理を、博引旁証、完膚なきまでに批判し尽くす。日本の支配者も、儒教・仏教などの「偽法」を引き入れ、「不耕貪食」の「失り」を犯し、そのためわが国も、千年このかた、しばしば「寒夏・不穀・干秋・天災・兵乱等の患」に襲われ、「迷妄の国」・「欲心・妄狂」の社会におちいることになったのである。昌益からすると、労働を軸にした農民、生産者の人間的解放の要求は、同時に私的利害による破壊から自然を解放するたたかいに不可分に結びついており、その「法世」批判の言葉の烈しさと徹底性は、一方では幕藩体制下の苛斂誅求、猪の害と結びついて続発する飢饉の悲惨さに対する憤激の強さを、他方では絶望的な現状に

対する変革の要求のラディカルさを反映していた。この「法世」を変革し、新たな「自然世」を実現するために、昌益がその現実的な可能性を示す国として着目するのが、当時の独立革命後のオランダであった（その独立・平和・民主主義の体制は、いささか過剰に評価されている）。もっともわが国にとっては、そこに至るまでの過渡的な社会を構想する必要もあった。昌益の死後、昌益の遺徳を顕彰する石碑が門人たちによって建てられたが、在地の寺社との葛藤に巻き込まれて破壊され、昌益は「忘れられた思想家」（H. ノーマン）としてきびしい体制的封殺の時期を生き延びなければならなかった。

［文献］安藤昌益研究会編『安藤昌益全集』（全22巻 別巻 増補3）農文協，1982-2004；H. ノーマン『忘れられた思想家』上・下，岩波新書，1950；安永寿延編著／山田福男写真『人間安藤昌益——写真集』農文協，1992；R. ザトゥロフスキー『安藤昌益の世界——18世紀の唯物論者』雄山閣出版，1982。

（福田静夫）

暗黙知→ポランニー（M.）

安楽死・尊厳死 〔英〕euthanasia; dignity with death
「安楽死」はもともと安らかで穏やかな死を意味した。原義はギリシア語のエウ（良き）とタナトス（死）からなる。この意味での安楽死は人類の万古不変の願いであり、これを配慮するところに癒しの術としての医療の本質がある。ところが19世紀の後半、科学革命が医学にも及び、社会の近代化が進んで人権意識が広まるにつれて、死に瀕して苦痛に苛まれる患者を医師が死なせる「慈悲殺」へとその意味を変質させた。20世紀の初めにはこの意味の積極的な安楽死を求める家族からの請願や、自殺の権利の承認を求める運動が欧米各地で起こる。1920年にはそれらの多様な運動や思想を集約したビンディングとホッヘの著作『「生きるに値しない命」とは誰のことか』が出版され、一方で自発的な安楽死の法制化運動を促進するとともに、他方でナチスによる非自発的な安楽死政策の理論的な支柱にされた。第二次世界大戦後に

ナチスの所業が判明すると安楽死運動も一時後退したが，1970年代には延命治療の中止を意味する尊厳死（消極的安楽死）運動として復活し，現在では多くの国の医療現場に受け入れられている。ただし，積極的安楽死に関してこれを法律で認めているのはオランダとベルギーに止まる。

　日本社会での安楽死論議の出発点は1962年の名古屋高裁判決に示された6要件である。これが1995年の東海大学付属病院事件の判決では，耐え難い肉体的苦痛，死期の切迫，苦痛を除去する代替手段，患者本人の明示的な意思に関する4要件に圧縮された。また，治療行為の中止（尊厳死），鎮痛の結果として死に至る「間接的安楽死」，積極的安楽死という分類も示された。しかしこれらの要件や分類に対しては現場の医療者からの批判がある。安楽死の問題は医療現場では日常的に直面するが，これに正面から向き合うことへの戸惑いが見られ，ときおり事件として噴出してはやがて忘却されるという事態が繰り返されている。ようやく2007年頃からガイドライン策定の動きも出てきているが，なお一般論に止まっている。それを具体化するためには，患者本人や家族の気持の揺れ動きや，専門家集団の自己規律・相互批判，命の価値の重みと個々人の判断の尊重との両立，などを考慮する必要があろう。

→死，生命倫理

［文献］K. ビンディング／A. ホッヘ『「生きるに値しない命」とは誰のことか』窓社，2001；松田道雄『安楽に死にたい』岩波書店，1997；甲斐克則／谷田憲俊編『安楽死・尊厳死』丸善出版，2012。　　　　　　　　　　　　　　　　　（森下直貴）

イエスキ

イ

イエス・キリスト→キリスト教

イオニア学派 〔英〕Ionian school〔独〕Ionische Schule〔仏〕école ionienne
エジプトやメソポタミア等の近東の先進文明に近い地理的条件を背景に，また自由で理性的な議論を尊ぶ政治的風潮や世俗的なオリュンポスの宗教などを素地として，早くから物質的繁栄と文化的隆盛を享受していた小アジア西岸中部のイオニア地方のギリシア植民都市国家では，前6世紀初頭，イオニア学派と総称される一群の独創的思想家が輩出した。すなわちミレトスでは哲学の創始者タレスを筆頭に，アナクシマンドロスとアナクシメネス，エフェソスではヘラクレイトス，コロフォンではクセノパネスといった人々である。彼らは実用的目的から離れ，世界の諸現象やその形成過程をそれ自体として考察し，理論形成に際しては，従来の神話的自然観に基づく神人同型論を排し，観察や経験を補強材料としながら自然に即した合理的な説明を与えようとした。彼らの思索に共通するのは，複雑多様な世界の形成，変化，運動の根拠やメカニズムを，火，水，空気，土といった単純な原初的・要素的原理たる〈始源（アルケー）〉に基づいて論証的に説明するとともに，これを神的なるものとみて，その所産である世界を人間との類比において〈生ける自然〉と考えていたことである。したがって，彼らの見解を一括して唯物論とするのは誤りであり，また物活論という呼称も本来それが無神論の一形態を表すものである限りで不適切である。イオニア学派の自然学の伝統は，エレア学派のパルメニデスからの矛盾律違反という批判を承けて，論理的検証に耐えうる自然学の再興を目指したアナクサゴラス，エンペドクレス，アポロニアのディオゲネス（空気を始源とする目的論的宇宙形成論を唱えた）等に引き継がれたが，なかで

もレウキッポスとデモクリトスの古代原子論はその一完成形態となった。このイオニア的伝統に対し，自然研究において数学的基礎づけを試みたピュタゴラス派（前6世紀末にサモスから南イタリアへ移ったピュタゴラスが開いた宗教的共同体を母体とする）はイタリア的伝統を形成した。
［文献］内山勝利編『ソクラテス以前哲学者断片集』（全5冊＋別冊）岩波書店，1996-98。　　　　　　　　　　　（三浦要）

異化　〔露〕ostranenie〔独〕Verfremdung
20世紀前半，文学や演劇などのジャンルを中心に展開・理論化された手法である（V. シクロフスキー，B. ブレヒト）。これは，見覚えのあるものの再認識を加重し，芸術作品の幻覚性あるいはその物語世界への感情移入を抑止することによって，受け手には，常識や諸既存状態を疑問視させ，美的革新や社会変革の必要性への覚醒をもたらすという効果を目指す。隠蔽されがちな作品の「構築」をあえて可視化し注目させることが受け手の感受性や思考力，また社会的行動力を高めるものと確信された。近年のマンガや広告デザインなどに見られるように，この手法が，前衛芸術に限られず一般化してきたゆえに，元来意図された効果の逆転も見られる。　　　　　　　　　　　　　（ジャクリーヌ・ベルント）

いき（粋）
江戸後期・文化文政期に遊里という非日常的な生活様式のなかで成立し，やがて江戸庶民全般に広がった美意識。この美意識を，九鬼周造は，解釈学的視点から日本民族独自な存在様式の自己開示として捉えた。九鬼によれば，いきの第一の徴表は，異性との関係における「媚態」である。しかし，この媚態は（一般的な意味で理解されるような）こびることではない。なぜなら，媚態は，異性との距離をできうる限り接近させつつ，それでいてその差が極限に達せざる，そうした「色っぽさ」だからである。この点で，いきは，第二の徴表である「意気地」につながる。すなわち，意気地は異性に依存しない凛とした緊張感をたたえた「張り」である（この点に，九鬼は，武士道の道徳的理想主義をみ

る)。そして，第三の徴表が「諦め」である。諦めは，異性との別れでさえもひとつの運命として甘受し，様々な執着を脱した「あっさり，すっきり」とした瀟洒たる心持ちのことである(その背景には，仏教の宗教的非現実性があるとされる)。まとめていえば，いきは，恋のきまじめさに括弧を施し，張りのある自由に生きる，そうした洒脱な「浮気心」といいう。以上に加えて，九鬼が，いきの自然的および芸術的表現を分析することを通して，いきを単なる視覚だけに限定することなく，聴覚，触覚，味覚，嗅覚をも統合したトータルな美意識として捉えた点も留意してよい。つまるところ，偶然性を強調した哲学者でもある九鬼は，必然性のいわば牢獄ともいうべきものに窒息せずに，自由に生きる庶民の固有なあり方をいきのなかにみたのである。すなわち，いきとは，一元性を軽妙に打破し，二元性の張りのなかに生きる「自律的遊戯」にほかならない。

[文献] 九鬼周造『いきの構造』岩波文庫，1979；倉地克直『江戸文化をよむ』吉川弘文館，2006。　　　　　　　　(木村博)

イギリス経験論→経験論

イコノロジー 〔英〕iconology
ギリシア語 eikōn「像」と「説明，解釈する」という意味の logia に由来。ヴィジュアル・イメージ(図像，美術作品)を特定の時代，地域，共同体の歴史的・社会的・文化的コンテクストに支えられて生み出されるものと捉えて，その解釈を試みる研究。イコノグラフィー(「図像学」)が，美術作品に表された「かたち」に着目し，人物や主題を同定するためのモチーフや構図，特定の概念を表す象徴・アレゴリー等を体系的に解明するのに対し，イコノロジー(図像解釈学)はイコノグラフィーを踏まえつつ，芸術家や享受者が帰属する共同体の慣習や文化的伝統，時に彼ら個人の経験をも精査して，美術作品の「かたち」に込められた意味の解明を目指す。20世紀初頭にアビ・ヴァールブルク(1866-1929)が提唱，その後，エルヴィン・パノフスキー(1892-1968)によって理論的継承と発展が主導された。

［文献］パノフスキー『イコノロジー研究──ルネサンス美術における人文主義の諸テーマ』上・下，ちくま学芸文庫，2002。

(池田忍)

意志 〔英〕will〔独〕Willen〔仏〕volonté
心（意識）の作用は知・情・意に大別されるが，意志は，行為（実践）の方向を選択し，行為に向けて決断（決意）し，行為を制御する。「意志」は「意欲」とほぼ同義であるが，単なる欲求とは異なる（法学では「意思」という表現が一般的）。

行為の際に状況を認識し，善・悪（正・不正）について価値判断を行い，目的を立て，その実現の手段を勘案するためには，知（認識）が必要となる。意志を知からきり離すのは主意主義である。意志はそれ自身では対象に働きかけず，身体の作用を通じて，対象を変化させることができる。

意志と自由の関係については中世以来，論争がある。この論争は，人間の自由意志と神の意志による決定の関係をめぐって行われ，トマス・アクィナスが両者を調停したが，スコラ学内部で論争が再燃し，宗教改革の時期にはルターの決定説とエラスムスの自由意志説とが対立した。近代には，一方で，意志は外的条件から独立して，行為を決断する点で自由であるという説に対して，意志の作用は外的条件によって，また意志に先立つ心的状態によって決定されるという説（ホッブズやヒュームらの決定論）が主張された。カントは自由意志を擁護し，意志が道徳法則を自己立法し，これに服従するという自律のなかに道徳的自由を見出す。

意志の自由についてはドイツでは〈Willkür〉（英語では〈arbitrariness〉）という用語がしばしば使用されるが，これは，選択に基づく任意（随意）という意味合いを含む。ヘーゲルはこれを「恣意（勝手気まま）」と見なし，「意志」から明確に区別する。恣意の立場は行為の条件を度外視し，行為の選択や決断を主張するが，真の意味での意志の自由は，行為の条件や規範への洞察に基づいて，行為を実行することにある。

ショーペンハウアーは「生への意志」を強調した。ニーチェは

これを「力への意志」へと変様させ,主意主義の立場を強調した。
→自由意志,決定論
［文献］ヘーゲル『法の哲学』(世界の名著35)中央公論社,1967；カウルバッハ『行為の哲学』勁草書房,1988；黒田亘『行為と規範』勁草書房,1992。　　　　　　　　　　（高田純）

石川三四郎　(いしかわ さんしろう) 1876〔明治9〕-1956〔昭和31〕
20世紀前半の日本の代表的なアナーキスト,社会運動家である。福田英子,堺利彦などとのつながりもあって,万朝報社,さらに平民社に入社して著作活動をするなかで,足尾鉱毒事件での谷中村支援に向かい,田中正造とも深く関わる。大逆事件以後,日本を抜け出して,カーペンター,ルクリュなどと接触し,大地に根付き,農業を基礎とした自律的な生活へと入っていく。デモクラシーを土民生活と翻訳したように,東京千歳村(今日の世田谷区八幡山)に半農生活をしながら,望月百合子などと共に,『ディナミック』(1929-34)という個人誌を出し続けた。日本におけるアナーキズムが,サンディカリズムとは区別されて,農業に基礎をおいた自給自足の自治主義に強い傾向を示していたことを象徴している。
［文献］『石川三四郎著作集』(全8巻)青土社,1977-79；大原緑峯『石川三四郎——魂の導師』(シリーズ民間日本学者11),リブロポート,1987。　　　　　　　　　　（佐藤和夫）

意識　〔英〕consciousness〔独〕Bewußtsein〔仏〕conscience
人間がもつ知情意などの心的な働きや心的な状態の総称をいう。【意識の起源,形成過程】一般に観念論的意識論は,意識の存在を自明なものとして前提し,意識の特性や構造の説明に終始してしまうが,意識の本質的理解のためには,その起源や形成過程を正しく捉える必要がある。意識は物質的自然から独立して存在しているのではなく,長大な生物進化の歴史を通じて発生した。生物体の代謝・免疫などの複雑な諸システムを土台として,単純な

神経組織（主に自律神経系）が動物において発達するようになり、さらに環境的世界との長期にわたる相互作用の中で、生命維持という目的にいっそう適合した中枢神経系とそのネットワークが形成された。今日の研究では、昆虫や頭足類にも神経節式中枢神経系が確認されており、感覚・知覚の原初的意識の存在を認めることができる。脊椎動物において中枢神経系の発達が急速にすすみ、哺乳類では特に大脳皮質の発達が著しく、表象・記憶などの意識機能が生まれた。人間に近い類人猿には、回帰性ニューラルネットワーク構造の大脳皮質があり、知意情などの点でも、人間と類人猿との間に断絶があるとする見解は維持しがたくなっている。

　人間はこのような生物進化の過程で形成された大脳中枢-神経回路-感覚諸器官を物質的基礎として自らの意識活動を営むことが可能になったが、なお「人間的」意識の成立のためには、自然界における生産的労働、共同の労働や情報伝達および祝祭・儀式から発生した言語、社会生活におけるコミュニケーションなどが不可欠であった。労働と言語的コミュニケーション、社会的文化的な富が人間の意識を多様で高度なものに発展させたのであり、その意味で意識は「文化的進化」の産物にほかならない。

【哲学的意識論の系譜】conscience という仏語は、「意識」と「良心」という両義性をもっているが、思考こそ精神の特徴だとして、この語を広義の意識の意味で用いたのは、デカルトであった。彼にあっては、能動的な意識は意志であり、受動的な意識は知覚であるとされた。ロックでは、観念の起源として感覚と反省の二つが指摘され、これらを含めて人間の精神の中で生み出されるすべてのものの知覚が意識と呼ばれた。カントは、経験的意識と超越論的意識（自我）の区別をたて、一般に人間がもつ表象は経験的に意識されねばならないが、こうした経験的意識も根源的な超越論的意識に関係づけられなければ成立しない、という。人間の経験や経験対象、さらに客観的世界（自然の統一性）も、この意識の統一作用に根拠づけられ、それゆえこの根源意識（統覚）は「自然の立法者」とまで評価されることになった。

　意識ないし自我は、カント後のドイツ観念論の中で、過大なま

での機能と内容を与えられ、ヘーゲルにいたって、意識の経験過程と普遍的精神の自己開示過程とが統合された。カントでは認識論的な意識解釈が主であったが、シェリングやヘーゲルでは、意識を含む精神そのものの遍在性が強調されることによって、存在論的な意識・精神解釈が前面に登場したのである。こうした全知全能的な意識・精神論は、その後マルクスやキルケゴールによってきびしく批判され、具体的感性的人間の意識、主体的実存的人間の意識として捉え直されることになった。なお、20世紀のフッサールでも超越論的意識なる語が登場するが、それは対象や世界の「意味」を構成する主体としての意識を言い表している。現代では、脳神経科学や心理学の発達によって、新しい意識研究の段階が画されつつある。人間の意識が示している、対象反映機能、情報処理機能、計画立案・決定機能、価値・規範設定機能、美的創造機能等々の総体は、哲学的意識論だけでは不十分であり、人間・社会科学の諸成果をも含めた科学的探究の全体でもって解明していかなければならない。

→精神、言語、労働、コミュニケーション

[文献] 戸坂潤『認識論』青木書店、1989;M. ブンゲ『精神の本性について』産業図書、1982;D. C. デネット『心はどこにあるのか』草思社、1997。　　　　　　　　　　（種村完司）

石田梅岩　（いしだ ばいがん）1685〔貞享2〕-1744〔延享1〕江戸時代中期の儒学者で、石門心学を開いた。京都の呉服屋に奉公しながら読書に励み、道とは何かを神道、仏教、儒教と広くにわたって探究した。性の観念で行き詰まった30代半ばに小栗了雲を知り、彼に導かれて天地レベルで性は善であると確信し、45歳で心学を提唱した。人間は天地浩然の気を体内にとり入れて生命を保っている。我と天地は渾然たる一物であると。「一も捨ず、一に泥ず」を堅持し、すべてを心の磨種（手段）としたが、その中でも、易の「一陰一陽これを道という。これを継ぐは善。これを成すは性」という規定を大事にした。一介の商人である梅岩が朱子学を講じたことへの批判はすさまじく、代表作『都鄙問答』は一々それを論破したものである。

イスラム

[文献] 柴田實編『石田梅岩全集』上・下，清文堂出版，1972。
（小川晴久）

意志の自由→意志

イスラーム 〔ア〕Islām
イスラームは6世紀末にアラビア半島西部の都市マッカに生まれたムハンマドが受け取った神の言葉を指針にして生きることを教える宗教である。イスラームによれば，ムハンマドは世界の創造以来，神が人間に正しい生き方を伝えるために選び出した一連の預言者の最後の者であり，最終的な神の教示を伝える者とされる。610年頃から632年に没するまで20年以上にわたって彼に断続的に神が啓示した言葉を集めたものが『クルアーン』といわれる聖典である。そこには神・天使・来世についての記述や，礼拝・巡礼など宗教儀礼の指示，社会的公正を重視した道徳的生活を送るために人間のとるべき心がけや，具体的な行動指針など多様な内容が含まれる。人間が最高の幸福を実現できるようにあらゆる面で恩恵を与えている唯一の神に感謝し，それに相応しい対応を心・言葉・身体の全体で示すことがムスリム（イスラーム信者）の務めとなる。「イスラーム」という語はアラビア語で神への「服従，帰依」を意味し，神に無条件的に従うことを教える，この宗教の基本的な態度を示している。

神の唯一性（タウヒード）の教義は，神は多ではなく一であるという理念的な意味だけではなく，神はすべての最終的権威であり，彼以外のものに権威を認めてはならない，という実践的意味をももつ。これは人間の活動をすべて神の権威の下に統合し，それぞれの行為をその一元的な権威によって価値づけることをねらう法学的思考に結実する。イスラーム法（シャリーア）は命令と禁止の単純な二分法に基づくのではなく，推奨・無記・忌避を加えた全体として5つの範疇から人間の行為を捉える。それゆえ，通常の意味での法律判断のみならず，したほうがよい，しないほうがよいという倫理道徳的判断の領域，さらに，してもしなくてもどちらでもいいと神に定められた自由な行動の領域をも内包す

イタン

る。命令や禁止など神の意思をどれだけ守って生きたかは，その人の最終的運命（楽園での至福あるいは火獄での苦悩）を規定するため，法規範の遵守はこの世の問題だけではなく，同時に人間の来世における救済の問題につながるのである。現代のムスリムたちにとって，思想，政治，経済，社会のすべてにわたる人間の営為がただちに何らかの「宗教」的価値をもつのは，イスラームのこの基本的な考え方に由来する。

　イスラームのすべての知的営為は，神の恩恵にふさわしい人間の対応の仕方，すなわち，この神への絶対的信従，をどのように実現するかに関わっている。神をどう理解するのか，神の意思をどこに見いだすのか，神の意思に従う生き方とは具体的にどうすることなのか，などの問題である。イスラームの歴史的展開のなかで生まれた様々な思想潮流はそれぞれの思想的文化的社会的脈絡のなかでこれらの問題を解決するために構想された。余計な思弁を加えず聖典の記述を文字通り受け取ることが信仰であるという素朴な敬虔主義，クルアーンの記述を整合的に理解しようとする思弁神学（カラーム），古代ギリシアの哲学とイスラームの啓示を接合しようという「哲学」（ファルサファ），人間行動の規範を神の啓示に裏打ちさせようとする法学，瞑想体験を通して神の唯一性を神・人間・世界を包摂する「存在」概念に読み替え，存在者全体の一元的把握へと進む神秘思想など，多彩な思索が行われている。これらはみな，「イスラーム」の語に示される神と人間との関係をそれぞれ異なる立場や方向から解明しているのである。

→スーフィズム，ファルサファ

［文献］H. A. R. ギブ『イスラム入門』講談社学術文庫，2002；黒田壽郎『イスラームの構造』書肆心水，2004；鎌田繁『イスラームの深層——「遍在する神」とは何か』NHK 出版，2015。

　　　　　　　　　　　　　　　　　　　　　　（鎌田繁）

異端→正統／異端

一元論／多元論　〔英〕monism / pluralism〔独〕Monismus /

Pluralismus〔仏〕monisme / pluralisme
一元論は，一つの究極的な存在や原理から世界を説明しようとする立場であり，多元論は，世界を説明するのに，複数の存在や原理を立てる立場である。多元論のうち，二つの存在や原理によって世界を説明しようとする立場は，二元論といわれる。ギリシア哲学では，万物のアルケーを水に求めたタレス，アペイロンに求めたアナクシマンドロス，空気に求めたアナクシメネスのミレトス派は一元論の立場に立っているが，アルケーを土・水・火・空気の四元素に求めたエンペドクレスは多元論の立場に立っている。中世哲学は概して，世界の創造者としての神という一元的原理を設定しながらも，精神と自然との二元的原理の枠内を徘徊している。近代哲学は，人間という一元的原理を出発点に設定しながらも，デカルトは，精神と自然との二つの実体を立てたことによって二元論といわれている。デカルトの二元論を汎神論によって一元論の方向に徹底したのはスピノザであるが，カントにおいては，新たに現象と物自体という二元論的立場が立てられている。カントの二元論を，自我や精神という何らかの精神的主体から出発することによって一元論化したのがドイツ観念論である。ヘーゲルは，客観的観念論の立場から，絶対的精神，その論理的表現としての絶対的理念によって世界を説明しようとした。一般に，観念論は，神や魂といった何らかの精神的なもの・観念的なものを原理として世界を一元論的に説明する。それに対して，唯物論は，自然や物質を原理として世界を説明する一元論的世界観である。しかし，マルクス以前の形而上学的唯物論が社会については観念論的見解にとどまっていたのに対して，弁証法的唯物論は，自然，社会，人間を含め，首尾一貫して世界を唯物論的に把握しており，その点では一元論として徹底されている。
→二元論
（岩佐茂）

一次性質と二次性質→第一性質と第二性質

一と多〔英〕one and many〔独〕Eins und Vieles
古代ギリシアのタレスに始まるイオニア自然哲学者たちは，一つ

の根源的物質から多様な自然が形成され，多様な自然は一つの根源的物質に帰着すると考えていたから，一と多の関係を相即的に把握していた。古代原子論（アトミズム）においても，究極不可分の単位である一者としての原子が宇宙に量的に無限に，つまり多として存在するから，一と多は統一的に理解されていた。しかし，ピュタゴラス派では一と多は対立的な概念であり，これらは二者択一的な関係にあった。後のクセノパネスは宇宙全体以外に神は存在しないと言う意味で「一なる神」を説いたとされる。これを受けて，エレア学派のパルメニデスは，多と空虚と運動を否定し，宇宙全体が一つ＝一者であることを自らの学説の基本に据えた。彼は，われわれの感覚に与えられる多，空虚，非存在，運動を真と見ることを「臆見の道」として否定し，不可分，不生不滅で永遠に不動の一者である存在または純粋有を理性によって感得することを「真理への道」とした。これは多を排除した一の主張であって，非弁証法的な立場にほかならない。この立場は，プラトンを経て，世界を最高の神である完全な一者からの「流出」と見なしたプロティノスらの新プラトン主義に受け継がれていく。

他方では，自然と宇宙が多を内包した一者であると見なす存在論は，特に近代ドイツでは「一にして全て」（ヘン・カイ・パーン）として受けとめられて，人格神論に対立する汎神論の立場を主張するスピノザ主義的な世界観の表明となり，レッシング，ヘーゲル，シェリング，ヘルダーリンらの知識人の合言葉となった。

カント哲学では，一と多は，カテゴリー表のなかの量を表す部門に単一性・数多性・総体性という順序で位置づけられ，いずれも認識主体の思考の枠組または道具と見なされ，主観主義的に解釈されている。これに対してヘーゲルでは，一と多は，物を一重の関係で捉える有論の段階に位置づけられて，対自存在または向自有（Fürsichsein）の規定とされる。つまり，独立した物は一つのもの＝一者という，それ自身のうちに区別を含まない自己関係をもちながら，他方では自らの多くの諸部分を統一した否定的な自己関係でもあり，したがって一と多との弁証法的統一という基

本的立場を主張する。
→カテゴリー
［文献］『ソクラテス以前哲学者断片集』2，岩波書店，1997；プロティノス『エネアデス』エネアス 2-3（全集 2）中央公論社，1987；ヘーゲル『小論理学』上，岩波文庫，1978。（奥谷浩一）

　一般意志　〔仏〕volonté générale〔英〕general will
マルブランシュ，ディドロらによっても使われたが，この語に政治哲学上の重大な意味を与えたのはルソーであり，現在でもその用法が生きている。ルソーによれば，個々人が有する自然的自由と権利の共同体への全面譲渡（社会契約）を通して，「共通の自我」を具えた一個の生命体のごとき共和国が成立する。一般意志とはこの共和国の「共同の利害」のみを志向する集合的意志であり，権力のように委譲・分割されえないとされる。共和国の成員は一面ではこの能動的な主権者（市民）の側面をもつが，依然としてエゴイスティックな欲望主体としては「特殊意志」（volonté particulière）の体現者（臣民）でもある。当然，ある政治的決定に際して己の中のこの二つの意志が対立することがありうるが，特殊意志に固執する者は共同体全体から一般意志に服従せよと強制される。これは「自由であるように強制される」ことなのだとルソーは言う。しかし，「常に公益を目指し」「決して誤らない」一般意志がどのような仕方で表明されるのかは必ずしも明らかではない（個々の成員の投票によって示される特殊意志の総和としての「全体意志」（volonté de tous）ではないとされる）。この点について，ヘーゲルは，ルソーの一般意志論を評価しつつも，それがジャコバン独裁に陥る抽象性をもつと批判した。アーレントは，政治的空間の本質的な「多数性」（manyness）を重視する観点から，ルソーが本質的に単一的な意志主体として国家を表象したこと自体を全体主義的と批判した。徹底的に民主的であろうとする意志がその反対物に転化する逆説を示している点で，いまもなお重い問題を提起していると言えよう。　　　　　（古茂田宏）

イッペン

　一遍　（いっぺん）1239〔延応1〕-1289〔正応2〕
伊予武士越智氏の出身。一遍房智真。法然浄土教と正統派仏教との融合を図った証空（1177-1247）の流れを汲み，熊野権現の夢告により独自の念仏信仰の境地を感得し，生涯定住せずに全国を遊行し，念仏賦算・踊り念仏など民衆に容易な方法で専修念仏を弘めた。一遍は禅宗の影響もあって著作を残さず，民衆の習俗と融合した布教方法をとったため，従来は単なる民衆布教者と誤解されてきた。だが『一遍聖絵』等弟子が編纂した言行録の分析から，一遍浄土教は，中世浄土教の最大課題である民衆救済・悪人往生を証空浄土教の立場から徹底的に追求した結果，天台本覚思想の独特の浄土教的展開ともいうべき固有の教義体系を樹立したことが明らかになった。その核心は，名号（南無阿弥陀仏）の存在を救済・往生の実現そのものと見る娑婆即浄土論にある。そこから，信不信を問わずただ名号札の受領を唯一の往生の要件とする最も徹底した易行論を立てるとともに，諸仏・諸神祇崇拝と念仏信仰との併存融合を積極的に主張し，浄土教における神仏習合を民衆サイドから理論化した。これによって，一遍浄土教は，親鸞浄土教とは異なるタイプの中世民衆浄土教の〈完成〉とも位置づけられる。一遍浄土教（時宗）は，商人や流浪の芸能民，ハンセン氏病患者など社会的疎外者，女性に支持され，全国交通網に沿って民衆世界に広く定着した。中世後期には，「〜阿（弥）」と称する時宗僧が，陣僧等として武士世界で活躍し，能・造園等職能的芸能世界にも大きな影響を及ぼした。
→浄土教，親鸞，法然，本覚論
［文献］『時宗全書』藝林舎，1974；柳宗悦『南無阿弥陀仏・一遍上人』（柳宗悦・宗教選集4）春秋社，1960；大橋俊雄『一遍聖』講談社学術文庫，2001。　　　　　　　　　　（亀山純生）

　イデア　〔ギ〕ideā, eidos〔英〕idea, form
〈idein〉（見る）に由来する〈イデア〉や〈エイドス〉という言葉は，プラトンによって哲学の用語とされる以前から，姿，形，種類などを意味する日常語であった。イデア論成立の第一の要因はソクラテスによる徳の探求にある。正義や美は，完全には知り

イデア

えないにしても、「何であるか」の問いの対象としては存在するはずである。プラトンはこの問いの対象である「まさにそれであるところのもの」を、具体的事物とは異なる、永遠に同一の相を保つ真実在であるとした。たとえば、等しい二本の棒は、ある人には等しく見え、他の人にはそう見えないことがあるが、等そのものが不等であると見えることはあり得ない。等そのものはこれらとは異なる何かである。美そのものや正義そのものについても同様であり、これらは感覚されるものではなく、感覚を契機に知性的に想起（アナムネーシス）されるものである。イデアの想起は、雑多な感覚から、思考の働きによって単一のもの（イデア）を総括する過程でもある。プラトンは、思考の対象であるイデアを感覚やドクサ（思惑）の対象から峻別する一方、感覚される事物の生成と存在をイデアの分有によって説明する。たとえば、美そのものを除く美しいものどもは美そのものを分有することによって美しいとする。この他に、イデアを説明する方式としてイデア範型説がある。これは、生成消滅する事物が実在性と真理性の度合いにおいてイデアに遠く及ばないとしても、イデアを範型として成立する似像であるとするものである。プラトンは、正義や美等のイデアばかりではなく、三角形のイデア、寝椅子や火のイデアなどにも言及する。およそ問答の対象として、自然本来の分節に従って「まさにそのもの」として語られるものについて、イデアは存在するのである。『ティマイオス』では、イデアを範型とした善美なる宇宙の構築が語られる。『パルメニデス』では、イデア論について論理上の不備が指摘されるが、同時に、イデアがなければ思考と問答が不可能であるとされる。伝統的解釈では、プラトンは生涯イデア論を維持していたとされるが、イデア論が『パルメニデス』以降捨てられたとして、断絶を主張する説もある。

→デミウルゴス

［文献］プラトン『パイドン』（全集1）岩波書店, 1975；藤沢令夫『プラトン哲学』岩波新書, 1998；天野正幸『イデアとエピステーメー』東京大学出版会, 1998。　　　　　（斉藤和也）

イデアル

　イデアール・テュプス→理念型

　イデオロギー　〔英〕ideology〔独〕Ideologie〔仏〕idéologie
自立化させられた観念体系（思想）を性格的に表す際の概念。イデオロギー概念を方法的に提起し，近代の哲学や道徳，宗教等をイデオロギーとして規定したのは，マルクス，エンゲルスである。彼らにあっては，イデオロギーは特に現実の諸関係から自立化し転倒された観念体系を意味したが，20世紀には階級意識や虚偽意識と結びつけて多義的に使われた。
【イデオロギー論の歴史】イデオロギーは元もと，デステュット・ド・トラシの提唱した観念学（idéologie）に由来する。トラシは観念学を「観念の起源を探究する学問」と定義していたが，同時に啓蒙主義の抽象的理念に基づいて社会や立法を構想し，ナポレオンに対抗した。このためにナポレオンが観念学者をイデオローグと非難したという歴史的事情から，イデオロギーには空理空論（虚偽意識）という意味あいが付与された。マルクス，エンゲルスは，政治や法律，哲学，道徳，宗教等の社会的意識諸形態からなる観念体系を支配秩序・社会統合に関わるブルジョア的理念（自由や個体性）の自立化に基づく体系という意味でイデオロギーと名づけ，それが歴史と社会の根拠とされる転倒性（虚偽意識性）を批判した。マルクスらによれば，イデオロギーはむしろ人間の生産と交通に基づく市民社会の経済的諸関係を土台として形成されるのであり，それゆえイデオロギー批判は市民社会批判，現実変革へと転化すべきものとされた。ここで問題となっているのは，一般に理論と実践の組み替えである。それまで理論（観念体系）は現実の生活実践に対立し，自立的根拠をもつものと見なされていたとすれば，いまや理論は現実の諸関係（私的所有や等価交換等）を土台とし，それを支配秩序・社会統合と関わらせて表現する観念体系なのであり，この体系を自立化させる場合はイデオロギーであるとされる。他方，マルクスは，プロレタリアの変革理論を現実のうちに生成する変革欲求に基礎づける限り，イデオロギーとは見なさなかった。だが，のちにレーニンはイデオロギーを階級意識一般と結びつけ，マルクス主義をも特定

の階級的利害を表現する限りにおいてイデオロギーと規定し，マルクスらの問題とした理念の自立性や転倒性（虚偽意識性）の契機を消失させた。マンハイムは，個人の利害を隠蔽歪曲するような虚偽的な部分的イデオロギーの概念と階級や集団の意識構造を表す全体的イデオロギーの概念を区別し，マルクスのイデオロギー論が全体的イデオロギー概念の特殊的把握に終わったこと（イデオロギーをブルジョア階級だけに限定した限界）を指摘した上で，あらゆる観念・思想体系を存在被拘束性ゆえにイデオロギーと捉える全体的イデオロギー概念の普遍的把握（知識社会学）を提唱した。

【現代とイデオロギー】戦後，ダニエル・ベルらの唱えた「イデオロギーの終焉」論は，もっぱらイデオロギー概念を階級的イデオロギーの意味において理解し，階級闘争が制度化され，福祉国家や政治的多元主義に関する合意が形成されるならば，イデオロギーは終焉すると主張するものであった。しかし，これは基本的にリベラリズムというイデオロギーを前提した議論であったとも見られる。実際，イデオロギーを宗教や道徳等の観念体系と理解するならば，イデオロギーが今もなお，新自由主義，ナショナリズム，保守主義等として存在していることは疑いない。今日なお，イデオロギー概念はきわめて多義的であり，物象化論や再生産論と結びつけて議論する傾向も生まれているが，それは観念の虚偽性や転倒性の問題を反省するさいに今なお有効性を失わない。

→唯物史観，マルクス，マンハイム

［文献］マルクス／エンゲルス『ドイツ・イデオロギー』新日本出版社，1998；マンハイム『イデオロギーとユートピア』中公クラシックス，2006；ベル『イデオロギーの終焉』東京創元社，1960；アルチュセール「イデオロギーと国家のイデオロギー諸装置」（『再生産について』下）平凡社ライブラリー，2010；イーグルトン『イデオロギーとは何か』平凡社ライブラリー，1999。

（渡辺憲正）

イデオロ

イデオローグ 〔仏〕idéologue〔独〕Ideolog
イデオロギーを積極的に形成する担い手をいう。もともとは，デステュット・ド・トラシらの観念学（idéologie）が自由などの理念に基づいて社会を構想したのに対して，ナポレオンが観念学者たちを「空理空論を弄ぶイデオローグ」と呼んで非難したところに始まる。こうした歴史的事情から，のちにマルクスらは，哲学，宗教，道徳などをイデオロギーと規定し，これを批判するさいに，これらの担い手を「イデオローグ」と呼称したが，イデオロギー概念が多義性を帯びるとともにイデオローグの意味も拡散し，今日では政治的党派の理論家をも指す言葉になっている。
→イデオロギー，デステュット・ド・トラシ，マルクス
［文献］マルクス／エンゲルス『ドイツ・イデオロギー』新日本出版社, 1998。
(渡辺憲正)

出 隆 （いで たかし）1892〔明治25〕-1980〔昭和55〕
岡山県で生まれ，旧制第六高等学校を経て東京帝国大学文科大学文学科に入学し，言語学を専攻するが，翌年哲学専攻に転じ，精力的にスピノザを研究。その根柢には，哲学とは何かを問う問題意識が強烈に伏在していた。『哲学以前』(1921)は，その思索の記録である。その問いは，必然的に哲学の史的起源たる古代ギリシア哲学の研究へと向かわせた。そして，ソクラテスの無知の自覚に始まる哲学的思惟に共鳴しながら，古代ギリシアの社会的問題との関係を基軸に言葉の多元的意味を吟味理解する，タレス以来の古代ギリシア哲学の唯物論的立場からの研究の道を拓いた。また出隆は同じ方法意識に基づいて，戦後民主主義の高揚の中で『変革の哲学へ』(1949)を著し，マルクス主義哲学の立場をとることを公的に鮮明にした。日本哲学会委員長(1956)，日本唯物論研究会委員長(1959)を務めた。
［文献］『出隆著作集』（全8巻 別巻）勁草書房, 1963-73。
(山科三郎)

イド→エス

伊藤仁斎 （いとう じんさい）1627〔寛永4〕-1705〔宝永2〕
江戸時代前期の儒学者。京都の町人（材木商の子）。儒教古学派の祖。別号を古義堂。性を理とする朱子学を廃し，孔子に直接かえり，仁を実践躬行する平易な学を説いた。門弟3000人といわれ，聴講者多数。朱子学から出発するも，性理学に苦しんで病にかかり，老荘や禅，白骨観法を10年近く遍歴した後，すべてを活物とみる運動の立場，高遠さを否定し，卑近なところに道を見る孔子の立場に到達し，孔子と論語を「宇宙第一」の聖人であり書であるとした。なぜなら仁愛を何よりも重んじたからである。三代（古代）無謬説や朱子学を全面批判したところは革命的であった。主著は『論語古義』『語孟字義』『童子問』である。
〔文献〕吉川幸次郎「仁斎東涯学案」（日本思想大系33）岩波書店，1971；黒住真「伊藤仁斎の〝道〟」（『近世日本社会と儒教』）ぺりかん社，2003。　　　　　　　　　　　　　　（小川晴久）

イドラ説　〔ギ〕eidōla〔ラ〕idola〔英〕idols〔仏〕idoles〔独〕Idole
F. ベーコンが，人間の精神が陥りやすい誤謬，錯覚の意味で使用した語。ベーコンは，人間には，知性を誤らせる四種類のイドラがあるという。①種としての人間が備えている感覚や知性の枠組や傾向性を通して世界を判断することから生じる「種族のイドラ」，②各個人の生活習慣や子どものときから受けてきた教育によって抱くようになる「洞窟のイドラ」（命名はプラトン『国家』の「洞窟の比喩」に由来），③人々がそれによって交わる言葉の意味の混乱や不完全さから生じる「市場のイドラ」，④哲学者たちの誤った理論や論証を信じることによって陥る「劇場のイドラ」の四つである。最初の三つは，人間が気づくことなく自然に陥る錯誤であり，「劇場のイドラ」は，哲学者たちの誤った考え方から生じる。真の実在の認識に導く学問を打ち立てるためには，これら四つのイドラの克服が必要であるとベーコンは主張した。

イノウエ

[文献] ベーコン『ノヴム・オルガヌム』岩波文庫，1978。
（河野勝彦）

井上円了　（いのうえ　えんりょう）1858〔安政5〕-1919〔大正8〕

明治・大正時代の仏教哲学者。越後国長岡藩（現・新潟県三島郡越路町）の真宗大谷派慈光寺で誕生。東京帝国大学文学部哲学科に学び，のちに東洋大学の前身哲学館を創設。その著『妖怪学講義録』は合理的な立場から諸種の迷信現象を分析したもので，研究のユニークさから「妖怪博士」と呼ばれた。キリスト教を批判するとともに，仏教の革新に積極的に取り組み，仏教を西洋哲学にも匹敵する優れた哲学理論を含んだ宗教であるとする立場から，それを国権の拡張と国力の涵養のために積極的に活かすべきことを主張。国粋主義者の結社政教社同人。

[文献]『井上円了選集』（全25巻）東洋大学井上円了記念学術センター，1987-2004。
（田平暢志）

井上哲次郎　（いのうえ　てつじろう）1855〔安政2〕-1944〔昭和19〕

筑前国太宰府に生れる。号を巽軒(そんけん)と称した。長崎に遊学ののち東京帝国大学の文科に進学し，1880年，同学科第一回卒業生となる。卒業の翌々年には東大助教授として東洋哲学史を講じた。84年から6年間ドイツに留学。帰国後，ただちに日本人として最初の哲学教授に任命された。教育勅語の半ば公的な解説書である「勅語衍義」や，キリスト教を非国家的宗教として批判する「教育と宗教の衝突」を著し，国家と天皇の至高性を説く，体制イデオローグとしての役割を積極的に果たした。その哲学的立場は実在と現象の相即を説く現象即実在論である。

[文献] 井上哲次郎「教育と宗教の衝突」（明治文学全集80）筑摩書房，1974。
（田平暢志）

イブン＝アラビー　〔ア〕Muḥyī al-Dīn ibn al-'Arabī 1165-1240

代表的なイスラーム神秘主義思想家。イスラーム治下イベリア半

島のムルシアで生まれ，北アフリカ，エルサレム，メッカなどイスラーム世界各地を遍歴した後，シリアのダマスクスに居を構え，同地で没した。「存在一性論」「完全人間論」を創唱したことで広く知られ，その後のイスラーム思想に大きな影響を与えた。「存在一性論」とは，すべてを超越した根本原理を存在（wujūd）と呼び，この存在の顕現によって万物が生起するとする思想的立場。存在は，イブン゠スィーナー以降，本質の偶有・属性であると考えられてきたが，イブン゠アラビーはこの説を否定し，存在こそが，すべての根本原理であると主張した。他方「完全人間論」とは，人間は本来的に創造の全過程を内包する小宇宙であるとする思想。存在論的には，アッラーおよび大宇宙（世界）と照応関係にあるとする。イブン゠アラビー自身もイスラーム哲学に通じていたことは，著作の中で「本性的必然存在者」「第一質料」といった用語を用いることなどから知られるが，その思想は弟子たちによって哲学的体系化を施され，今日まで受け継がれることとなった。イラン革命の指導者ホメイニもまた，この流れに連なる哲学者であった。イブン゠アラビーの思想はまた，ダンテなどヨーロッパ思想にも影響を与えたことが知られている。主著に『メッカ啓示』『叡智の台座』などがある。

→スーフィズム

［文献］Ibn 'Arabi, *The Bezels of Wisdom*, tr. by R. W. J. Austin, Ramsey, N. J., Paulist Press, 1980：S. H. ナスル『イスラームの哲学者たち』岩波書店，1975。　　　　　　　　　　　（東長靖）

　イブン゠スィーナー　〔ア〕Abū 'Alī al- Ḥusayn ibn 'Abd Allāh ibn Sīnā〔ラ〕Avicenna 980-1037

ラテン名アヴィセンナ。イスラームを代表する哲学者・医学者。中央アジアのブハラ近郊で生まれ，各地の宮廷に医者または宰相として仕える傍ら，百数十点の著作を残した。主著は，論理学・自然学・数学・形而上学からなる哲学大全『治癒の書』と，解剖学・病理学・薬学などからなる大著『医学典範』。哲学ではアリストテレス，医学ではガレノスに多くを負っているが，世界観や人間観などについては新プラトン主義の影響も顕著である。まず

存在論では，事物の「何であるか」（本質）とそれが「現に在る」（存在）とを峻別し，事物が存在するためにはその本質に存在を付与する原因がなければならないとする。そして，この因果関係が無限に遡行することは不可能であるがゆえに，世界にはそれ自身によって必然的に存在する第一原因がなければならないとして神の存在を証明した。人間論では，自己意識の分析に基づき，自己（魂）と身体は別個の実体であり，魂は身体の消滅（死）によって消滅することはないとした。また人間の魂は能動知性と呼ばれる上位の知性から流出したものであり，魂の浄化と身体からの分離によって再びその知性と合一することが人間の完成であり幸福であると主張した。彼の著作の多くはラテン語に翻訳され，中世からルネサンスにかけてスコラ哲学や医学などの発展に多大な影響を与えた。

[文献] 五十嵐一訳・解説『イブン・スィーナー——医学典範』（科学の名著8）朝日出版社，1981；イブン・シーナー『魂について——治癒の書　自然学第六篇』知泉書館，2012；同『救済の書』（中世思想原典集成11）平凡社，2000。　　　（小林春夫）

イブン＝タイミーヤ　〔ア〕Taqī al-Dīn Aḥmad ibn Ṭaymīya　1263-1328

ハンバリー派の法学者・神学者。モンゴル軍や十字軍に対するジハード，キリスト教やシーア派の批判，聖者崇拝やスーフィー儀礼の禁止などを主張。イスラーム的倫理を社会に広める実践活動にも携わった。イスラーム法の根本はクルアーンとスンナ（預言者ムハンマドが示した規範）であり，法解釈では直接それらに依拠すべきであるとして，既存の法学派の権威を相対化した。また啓示と理性について，啓示は完全であるがゆえに理性と合致するとして，啓示の優位性と合理性を強調した。しかし過度に哲学的な神学や汎神論については厳しく批判した。彼の断固たる信念と言動は大衆から絶大な支持を受けたが，時の権力者とはしばしば衝突し，最後はダマスクスで獄死した。ワッハーブ派（アラビア半島18世紀～）やサラフィー主義（エジプト19世紀～）など，今日に至るイスラーム改革思想への影響も重要である。

［文献］イブン・タイミーヤ『イブン・タイミーヤ政治論集——イブン・タイミーヤ　シャリーアによる統治』日本サウディアラビア協会，1991（非売品）。　　　　　　　　　　　（小林春夫）

　イブン＝トゥファイル　〔ア〕Abū Bakr Muḥammad ibn ʿAbd al-Malik ibn Ṭufayl〔ラ〕Abubacer ?-1185/86
ラテン名アブーバケル。スペイン出身のイスラーム哲学者。グラナダ近郊に生まれ，ムワッヒド朝に医者として仕えた。学問愛好家であった君主にイブン＝ルシュドを紹介し，有名なアリストテレス註解の執筆を促した。彼の名前を不朽にしたのは哲学寓話『ヤクザーンの子ハイイの物語』で，無人島に生まれた少年ハイイが独力で最高の真理に到達するまでを描く。また，その真理を人々に伝えようとしたハイイの挫折によって，真理（哲学）は少数者にしか理解されず，大衆は宗教的規範（啓示）に従うことでしか救われないことを説いた。医学や自然哲学に関する著作も残したらしいが現存しない。
［文献］イブン・トゥファイル『ヤクザーンの子ハイイの物語』（中世思想原典集成 11）平凡社，2000。　　　　（小林春夫）

　イブン＝ハズム　　Abū Muḥammad ʿAlī ibn Ḥazm 994-1064
コルドヴァに生まれ，アンダルスで活動したイスラームの神学者・法学者・哲学者。その思想は，彼が仕えた後ウマイヤ朝（756-1031）の崩壊前後の動乱期における政治的・社会的なメッセージを含んでいる。法学者としては，クルアーンと預言者ムハンマドの言行（スンナ）のみを法源と見なし，推論を否定するザーヒル派に属し，アンダルスの中心的な法学派であったマーリク派と対抗した。また，こうした伝承主義的立場から反思弁的な独自の神学・倫理思想を展開し，正統神学を批判した。他方で，恋愛論として名高い『鳩の首飾り』のような文学作品も著している。
［文献］ʿAbd al-Majīd Turkī (Abdel Magid Turki), *Polémiques entre Ibn Ḥazm et Bāǧī sur les principes de la loi musulmane*, Alger: Etudes et Documents, 1975.　　　　　　　　　　　（堀井聡江）

イブン゠ハルドゥーン　Abū Zayd 'Abd al-Raḥmān ibn Khaldūn 1332-1406

イスラームの代表的歴史家の一人であり，世界史上最初の社会学者とも言われる。チュニスに生まれ，幼くして諸学を修めた後，北アフリカ，イベリア半島の諸スルタンに仕え，学院での教職に加え大カーディー職にも就いた。隠退後は，浩瀚な歴史書『イバルの書』を著したが，その序文にあたる『歴史序説』の中で，社会集団の連帯意識が歴史を動かす動因となる，との一種の循環史観に立脚する歴史理論を展開したが，それだけにとどまらず政治・社会・経済の分析にも多くの鋭い洞察を示している。彼の思想はマムルーク朝の滅亡とともにアラブ世界では忘れられたが，16世紀末以降のオスマン朝下で再評価されるに至った。
[文献] イブン゠ハルドゥーン『歴史序説』（全4冊）岩波文庫，2001。　　　　　　　　　　　　　　　　　　　　　　（中田考）

イブン゠ルシュド　〔ア〕Abū al-Walīd Muḥammad ibn Aḥmad ibn Rushd〔ラ〕Averroes 1126-1198

ラテン名アヴェロエス。スペイン出身のイスラーム哲学者。コルドバに生まれ，各地で法官や宮廷医を勤める傍ら，哲学・法学・医学などの分野に多数の著作を残した。最大の業績はアリストテレスの著作に対する網羅的な註釈で，イスラームにおけるアリストテレス研究の頂点を示す。この註釈はヘブライ語やラテン語にも翻訳され，中世からルネサンスにかけてのユダヤ教・キリスト教哲学の発展に多大な影響を与えた。他に，ガザーリーの哲学批判書『哲学者達の自己矛盾』を論駁した『矛盾の矛盾』や，法学的見地から哲学研究の必要性を論じた『聖法と哲学の一致』などがある。
[文献] イブン・ルシュド『霊魂論註解』『矛盾の矛盾』（中世思想原典集成11）平凡社，2000。　　　　　　　　　（小林春夫）

今西錦司　（いまにし きんじ）1902〔明治35〕-1992〔平成4〕
昭和期の動物学者・探検家。京都帝国大学農学部で昆虫学を学び，1959年に京都大学人文科学研究所教授。渓流に生息するカ

ゲロウの棲み分けの発見をもとに，生物全体社会を構成する「種社会」とその間の「棲み分け」の理論を主張し，この観点から正統ダーウィニズムの生存闘争中心の進化論に対する独特な批判を展開した。また，野生ニホンザルなどを研究し，個体識別の研究方法を考案し，霊長類学の基礎を築き，国際的に著名な学派を形成した。晩年には自然科学を超える新たな学問として「自然学」を提唱したが，神秘主義的傾向ももった。探検家・登山家としても有名で，日本山岳会の会長も務めた。
→進化（論）
〔文献〕今西錦司『生物の世界』講談社文庫, 1972；『今西錦司全集』（全14巻）講談社, 1993-94。　　　　　　（尾関周二）

意味 〔英〕sense, meaning 〔独〕Sinn, Bedeutung 〔仏〕sens, signification
言語をはじめとする記号によって表され，伝えられる内容。言語の機能は，社会的に共有される客観的な側面をもつと同時に，言語使用の個別的な状況や言語使用者の主観的理解に依存すると考えられる。このことを説明するために，言語の意味を構成する要素を区別し整理する必要が生ずる。そうした理論化の試みの端緒的なものが，フレーゲによる意義（Sinn）と意味（Bedeutung）の区別である。この場合，意義は言語の使用者が理解する認知内容，意味は言語が表示する客観的対象であり，言語表現は意義を媒介として表示対象と結びつく。フレーゲは意義をプラトンのイデアのような客観的実在と考えることによって社会的に共通の意味理解を説明しうるとした。これに対してラッセルのように，話し手が言語によって理解する内容をあくまで各人の経験に依存するものと捉えるなら，現実存在する個別的対象に関して各人がもつ認知内容は人によって異なり，共通の意味理解の確実な保証はないことになる。この問題に対する解決として，意味理解の共通性の基準が，何らかの共通の対象を言語の使用者が精神の作用によって捉えることにあるという一見当然の前提を否定する試みがなされてきた。一つの考え方は，意味がそもそも何らかの実在であることを否定し，意味理解の基準を言語の使用という実践の一

致に求めることである。もう一つの考え方は，意味の同一性の規準を，言語の話し手の理解内容に置くのではなく，客観的な指示対象の同一性に置くことである。20世紀後半の分析哲学的言語論はこの二つの方向に分岐していく。他方，広義における言語の意味作用は，対象や命題の表示だけでなく，言語行為の遂行，たとえば約束や命令を行うという働きを含む。オースティンはこのことに注目し，発話を約束等の行為として特徴づける要素を，狭義の意味（meaning）と区別して力（force）と呼んだ。また，グライスは，言語表現の構造が明示的に現す意味に対して，発話の状況から生成する会話の含意ないし推意（implicature）の存在を指摘した。彼らの問題提起は，近年の語用論研究の展開の発端となる。

(伊勢俊彦)

意味論 〔英〕semantics

記号の働きのうち，記号と表示対象の関係に関わる仕組。C. W. モリスが提唱した記号の一般理論で区分された記号の働きの三つの側面の一つ。たとえば，「木」という記号と実在するものとしての木が結びつくことを可能にするのが意味論的仕組であり，記号体系に即してこの仕組を明らかにするのが意味論研究の課題である。記号論理を例にとれば，述語論理の意味論は，何らかの個体の領域（集合）とそれらの個体や個体の組の集合を記号に割り当てる付値関数の組として与えうるというように，形式言語の意味論は，集合や関数のような数学的仕組を用いて述べられる。記号に表示対象を割り当てる仕方の一つひとつは，モデルあるいは解釈と呼ばれ，記号式の真偽はモデルによって変動する。すべてのモデルに対して真であるような式が論理的真理である。当初，自然言語の意味論も形式言語のそれに倣って構想され，意味論研究の対象は反復可能なタイプとしての言語表現が言語使用の個別的状況と独立にもつ働きに限られると考えられていたが，1960年代後半頃から，個別の発話状況に依存する言語の機能をも意味論的観点から考察する動きが現れた。たとえば，「私」「いま」「ここ」「これ」のような指標語が表示する対象は使用の状況に応じて変動するが，それらの語はやはりタイプとしての共通性をも

つ。このことは，これらの語がもつ一定の意味論的性格が状況に応じて変動する表示内容を規定するという仕方で説明できる。また，オースティンは，言語行為の力という概念を従来の意味論研究が対象とする命題と区別，対比するかたちで導入したが，その後サールらは，力を表示する表現の意味論として言語行為論を再構成しようとしている。さらに，認知意味論と呼ばれる研究は，言語の意味論的機能の土台を求めて心と脳の働きに目を向けるなど，意味論研究は，抽象的記号体系としての言語の範囲を超えて，より広い領域を考察対象とする方向に展開している。
→構文論，語用論
［文献］野本和幸『現代の論理的意味論』岩波書店，1988。

(伊勢俊彦)

イメージ→表象

意欲→意志

イリイチ　Ivan Illich 1926-2002
ウィーン生まれ。神学，技術学，歴史学の造詣が深い異色の思想家。カトリック助任司祭から実践活動家へ転ずる。著作は多岐にわたるが，一つの焦点は『脱学校の社会』(1971)，『エネルギーと公正』(1974)，『脱病院化社会』(1975)の三部作である。産業社会における学校・運輸・医療制度が，制度に依存する他律的な思考を生み出していると分析し，運輸から交通へ，教育から学習へ，治療から治癒へのパラダイム変換の必要を説き，他律的な生活思考からの脱却を具体的実践的に企てた。ヴァナキュラー（自生的）な価値の回復と 共 生 (コンヴィヴィアリティ)を目指し，自律性を保ちうる様々な 代 替 (オルターナティブ)テクノロジーを提起している。イリイチの思想は，先進国主導の開発援助を疑問視する観点から，中南米における教育，宗教運動に，また，ドイツや日本のエコロジー運動に多大な影響を与えた。もう一つの焦点は，西欧の市場経済が離床する以前の賃金に換算されない経済活動や社会領域の意義を問う『シャドウ・ワーク』(1981)，『ジェンダー』(1982)の仕事であ

る。男性が賃労働市場に出るとき，家事労働は影の位置に隠蔽化され，女性は家庭内の単なる商品消費者に変わる。これはフェミニズムとマルクス主義の接点を探る問題提起となった。
→市場経済，家事労働
［文献］イリイチ『エネルギーと公正』晶文社，1979；同『シャドウ・ワーク』岩波現代文庫，2006。　　　　　　　（岩尾龍太郎）

因果応報説→日本仏教

因果性　〔英〕causality〔仏〕causalité〔独〕Kausalität
因果性とは，ある対象（事物）が他の対象を生み出したり，あるいは変化を引き起こすときの対象間の結びつき，換言すれば，原因から結果への関係のことで，因果関係とも言う。ある対象（原因）から他の対象（結果）が必然的に，すなわち法則にしたがって生み出される場合，この法則を「因果律」（law of causality）と言う。因果性は，原因の意味をどのように考えるかによって古来，様々に考えられてきた。アリストテレスは，自然の運動と変化の事実を説明する際に，四原因説，すなわち質料因，形相因，作用因，目的因を説いた。たとえば，ヴィーナス像をつくる場合を想定すると，質料因は素材となる大理石の塊，形相因はヴィーナス像の型，作用因は彫刻家が彫ること，目的因は現実に完成したヴィーナス像である。

近世において物体とその運動だけを前提条件として自然現象を説明しようとした機械論的自然観の代表者はデカルトである。彼によれば，実体のなかで真の意味で存在しているのは神だけであって，精神および物体は神に依存している。精神の本質は「思考」であり，この働きには常に意識が伴っている。物体の本質は「延長」であり，物体は純粋に量的なものとして把握される。また原因は普遍的な第一原因と個別的な原因とに区別される。神が第一原因であり，かつすべてのものの存在根拠である。個別的な原因とは，個々の物体が以前にもたなかった運動を獲得する際の原因のことである。

アリストテレス以降，伝統的に確実性を疑われることがなかっ

た因果性の客観的必然性を根底から崩壊させたのがヒュームである。彼によれば，因果性の観念は対象間の何らかの関係に由来しなければならない。原因と結果と呼ばれている二つの対象に目を向けて，それらが置かれうるあらゆる状況を考察してみると，二つの対象が時間と場所において接近していること，原因と呼ばれる対象が結果と呼ばれる対象に先行していることが見出される。さらに視野を拡げて複数の事例を調べてみると，類似の対象が常に類似の接近と継起という関係に恒常的に置かれていること（恒常的連接）がわかる。また頻繁な反復の後では，対象の一方が現れると，心は習慣（custom）によっていつも伴っている対象を強く考えるようになる。それゆえ，必然性の観念を与えているのは，この印象，すなわち心が決定されているという感じである。したがって，必然性とは，対象のうちに存在するものではなく，心のうちに存在する何かなのである。またヒュームは，原因について哲学的関係と自然的関係の違いに応じて二つの定義を併記している。第一の定義では恒常的連接によって原因を規定し，第二の定義では習慣によって心が導かれるとし，「心の決定」によって原因を規定している。原因の定義は，関係の区分に応じて二つに区分されているが，基本的には同一であると見なすことができる。ヒュームは，原因についての彼の定義を述べたのち，原因には一つの種類しかなく，質料因，形相因，目的因などの区別を主張するのは根拠がないと批判している。カントは，ヒュームによって「独断のまどろみを破られた」が，自然科学の認識の確実性は，理性が自発的に投げ入れるア・プリオリな認識によって保証されると主張した。彼によれば，あらゆる認識は経験とともに始まるが，すべて経験から発するわけではない。われわれには認識のア・プリオリな「形式」があり，これらによって認識が構成される。カントは，この「超越論的認識」によってヒュームの因果性論を克服しようとしたのである。　　　　　　（泉谷周三郎）

隠元　（いんげん）Yǐn Yuán 1592〔文禄 1〕-1673〔寛文 13〕
江戸前期に来日した中国明代の禅僧。日本黄檗宗の開祖。中国福建省福清の出身。29 歳のとき，福建省黄檗山万福寺で出家。

インゲン

1637（崇禎10）年，万福寺の住持となる。中国でも名高い禅僧であったが，54（承応3）年に招聘されて来日，長崎で活動する。58（万治1）年，江戸に赴き，将軍徳川家綱に謁見。幕府から山城（京都府）宇治に土地を与えられ，61（寛文1）年，中国と同名の黄檗山万福寺を創建し，日本黄檗宗の本山とした。明朝風の伽藍・法式勤行，中国語による読経，そして念仏や密教的要素を取り込んだ禅風は，日本の臨済・曹洞両宗にも大きな影響を与えた。また，ともに来日した技術者や文人らによって，建築・書画・詩文，さらには普茶料理・煎茶といった生活文化など，多方面にわたる明朝風の文化が移入された。
［文献］平久保章『隠元』吉川弘文館，1989。　　　（田中久文）

　印象　〔英・仏〕impression〔独〕Eindruck
印象とは，一般には見たり聞いたりしたときに直接的に心に感じ取られたものを意味する。ヒュームは，人間の心に現れるものを知覚と呼び，この知覚を印象と観念に区分している。印象とは，心にきわめて勢いよく入り込む知覚のことで，心に初めて現れるときの感情・情念・情動のすべてがこれに含まれる。観念とは，思考や推論におけるそれらの生気のない心像である。印象と観念の相違は，それらが意識の内容となるときの勢いと生気の程度による。ヒュームによれば，印象と観念とは，感じることと考えることの相違から容易に区別されるが，特殊な場合には両者がきわめて接近することもありうる。たとえば，眠っているときや狂気の場合には観念が印象に近づくことがある。また逆に，印象に生気がなく勢いもないことから観念から区別できないことも起こりうる。次にヒュームは，ロックからバークリへと継承された「単純観念」と「複合観念」の区分を彼の知覚論に導入する。単純な知覚とは，いかなる区別も分離も受け入れない知覚である。複合な知覚とは，これとは逆で，部分に分割され，単純な知覚から合成されたものである。たとえば，リンゴは，複合観念であって，特定の色，味，香りなどが合成されたものであり，それらの性質を区別することができる。また彼は，印象と観念の相互関係を考察する。印象と観念は，勢いと生気の度合いを別とすれば，著し

く類似しており，一方が他方の映像であるように見える。単純な知覚の場合には印象と観念とは互いに対応している。しかし，複合観念のうちにはそれに対応する過去の印象をもたないものもありうる。こうして，印象と観念の原因や結果を調べてみると，「すべての単純観念は，最初に現れるとき，それらに対応し，かつそれらが正確に再現する単純印象から生じる」という原理が導かれる。この原理には，印象が観念に先行する原理とともに，観念は印象の模写であるという原理が含まれており，ヒュームの人間本性学の第一原理と見なすことができる。　　（泉谷周三郎）

インド哲学　〔英〕Indian Philosophy
古い時代に体系的な論理学を生み出した民族はインド人とギリシア人だけである。哲学という営為は，その営為に用いられる論理に対する自覚的反省，つまりメタ論理としての論理学を伴ってはじめて成り立つ。この意味で，世界の哲学はインド哲学とギリシア哲学のみを源泉とする。現に，古代ギリシアではアリストテレス論理学が樹立され，古代インドでは，インド論理学が，また，とりわけ仏教徒によって仏教論理学が開発された。

インドにアーリア人が持ち込んだヴェーダの宗教（通称バラモン教）は，複雑な規定に則って祭式を執行することから出発した。しかし，祭式執行官であるバラモンたちは，ただ祭式を執行するよりも，複雑な規定の由来，本来の意義をよく知った上で祭式を執行するほうが，はるかに祭式の実効性が高まると考え，神話やこじつけ話による祭式解釈に力を注ぎ，ブラーフマナ文献群を生み出した。ここから，知を重視する傾向が一挙に強まり，ついには，物理的に実際に祭式を執行するよりも，祭式にまつわる世界のすべてを知りつくすほうにこそ意味があるとした。実際の祭式を否定して主知主義に徹した末，前8世紀頃に生み出されたのがウパニシャッド文献群である。

ウパニシャッド文献群には数多くの論客が登場し，祭式に用いられることばの真の意味とは何かから始まって，われわれの生命の本質は何か，さらには宇宙の本質は何かをめぐって，盛んに議論をたたかわせた。そして，ウパニシャッド文献群が登場したそ

の当初から,哲学議論を好む王や豪族たちが,そうした論客たちを召集して,哲学議論の御前試合を開催し,優勝者には,たとえば牝牛千頭などという巨額の報償を与えた。そのため,論客たちが知略の限りを尽くして弁論をたたかわせたことはいうまでもない。こうしたなかから,巧みな論争術が編み出されていった。また,御前試合は勝負であるから,勝敗を判定する基準についての決まりも整備されていった。こうして,いやが上にも,論客たちと勝敗判定者たちのあいだで,自他が用いる論理に対する強烈な自覚的反省が行われることとなり,論争術はまもなく高度な体系をもつ論証学へと発展し,さらに,論証学の中枢を占める知識論,つまりわれわれはいかにしたら真理に到達しうるかについての議論が考察の主要関心事となり,後2世紀には,緻密な,まごうことなき演繹論理学の体系が完成するにいたった。こうしたわけで,インド哲学は,きわめて論理学的色彩の濃いものとして展開するのである。

また,祭式執行官を主要な職業として社会の最上位を占めていたバラモンたちは,前6世紀から5世紀にかけて登場した仏教やジャイナ教などの新興宗教勢力によって奪われた失地を回復するために,様々な努力をした。その一つとして,バラモンたちは,彼らが奉ずるヴェーダ聖典(ウパニシャッド文献群も含む)を守るために,ヴェーダ補助学を開発した。補助学の一つが文法学であり,時代と地域によって変遷する自然言語であるヴェーダ語を,まったく変遷することのない確乎不動のものとするためにいくつもの規則を編み出し,サンスクリット語(完成された言語)を構築した。サンスクリット語は,現在に至るまでまったく変化しないで続いているが,この基礎を固めた金字塔的な作品が,前4世紀の天才文法学者パーニニによる文典(『アシュターディヤーイー』あるいは便宜的に『パーニニ文典』)である。これは,使用する記号をまず列挙し,いくつかの運用規則を立て,それのみによってあらゆる文法現象を徹底的に分析的に導き出すという体裁をとっており,世界最古の公理系を示したものだといえる。現代に至るまで,インドの伝統的知識人たちは,幼いころからサンスクリット文法学を頭にたたき込むことを必須の課題と

してきた。つまり、その伝統的知識人のなかでもエリートである哲学者たちの頭のなかには、その文法学に由来する公理系志向が巨大な位置を占めることとなった。そのため、数あるインド哲学の体系は、程度の差は若干あるとはいえ、おしなべて公理系志向が強い。西洋哲学では、公理系というよりも、それに反しがちな弁証法的な発想法が顕著であるのに対し、インド哲学には弁証法的な発想法は希薄であり、哲学系間の論争は、徹頭徹尾、公理系同士のしのぎ合いという体裁をとる。

インドにおける最初の哲学者は、「有（有るもの）は有からしか生ぜず、決して無からは生じない」という論理的反省の上に「有の哲学」を展開したウッダーラカ・アールニ（前8-7世紀）である。彼によれば、世界のすべての事象は、「ただ有る」としかいえない根本有がただ自己のみを契機として流出したものであり、名称によって多者であるかに見えるが、本質的には「有」にほかならない。彼の哲学は、一元論的流出論であるとともに、唯名論でもある。彼よりも一世代後れて登場したヤージュニャヴァルキヤは、自己（アートマン）は認識主体であり、ゆえに決して認識対象たりえない、あえていえば「これは自己ではない、あれも自己ではない」というように否定的命題を連ねるしかない、つまり、自己は「非ず、非ず」としかいいようのないものだと主張した。ウッダーラカ・アールニとヤージュニャヴァルキヤは、後代に強烈な影響を及ぼしたため、ウパニシャッドの二大哲人と呼び慣わされている。

前6-5世紀には、仏教やジャイナ教などが興り、大いに繁栄していった。失地回復を図ったバラモンたちは、それまで野蛮人扱いしていた先住民族の宗教をバラモン教に習合させ、ヒンドゥー教を創り上げていった。そして、そのヒンドゥー教を哲学的に表出するものとして、前2世紀から後4世紀までのあいだに、六つの哲学体系（六派哲学）が整えられ、それらを支える学派の流れが形成された。

まず最初に、前2世紀半ばに、ギリシア哲学のカテゴリー論と原子論を引き継いだものとほぼ断定できるヴァイシェーシカ学派が登場した。彼らは、すべてのものは知られうるし言語表現さ

れうる，逆に知られるものや言語表現されるものはすべて実在するという，徹底的な多元論的実在論を展開した。紀元前後には，ヴェーダ聖典に対する解釈学を出発点としてミーマーンサー学派とヴェーダーンタ学派とが登場した。前者は多元論的実在論の立場を，後者はウッダーラカ・アールニとヤージュニャヴァルキヤの哲学を継承して唯名論的な流出論的一元論の立場をとった。後2世紀には，論証学，論理学を専門とするニヤーヤ学派が登場したが，彼らは形而上学的にはヴァイシェーシカ哲学をほぼ全面的に受容し，大乗仏教の中観派(ちゅうがんは)と激しい論争を展開した。後3-4世紀には，精神原理と非精神原理を峻別して流出論的二元論を展開するサーンキヤ学派が登場し，それにただちに引き続いて，ヨーガという修行法を二元論的に解明しようとするヨーガ学派が登場した。

［文献］中村元『インド思想史〔第2版〕』岩波全書，1968；早島鏡正ほか『インド思想史』東京大学出版会，1982。

（宮元啓一）

インド論理学 〔英〕Indian logic

インド論理学を生んだのは，論証術と認識論である。論理学成立以前の論証術は，医学書『チャラカ・サンヒター』の中にまとめられている。論理学の成立と発達には，観念論の立場をとる仏教と実在論によるニヤーヤ学派の二派の対立が終始関わる。『方便心論』に表される帰謬法的弁証法を用いる，ナーガールジュナ（龍樹，2-3世紀）ら空を説く仏教徒との論争に晒されて，正統バラモン教系統に属して実在論を説く人々（ニヤーヤ学派を形成）に論理的反省が生まれ，真知と偽知を分ける認識根拠（プラマーナ）の整備とそれに基づく五つの式からなる論証（五分作法）が確立した。正しい論証（ニヤーヤ）である五分作法は，論理形式としては前件肯定式を基調とした演繹的論証で，主張，理由，実例，適用，結論の五つからなる。その中で，第二番目の〈理由〉は，認識根拠の〈推論〉（アヌマーナ）と関わるとされ重視された。そのため，特に仏教では論理学を理由の学問（因明）と呼ぶ。推論・論証の根拠となる二つの事象を結びつける関係

は，ニヤーヤ学派では，因果律から抽出した〈不可分離関係〉($p \equiv q : p, q$ は命題，$\equiv$ は論理的等値を表す) を採用し，この関係は知覚されるとして実在論の立場を貫いた。これに対し，大乗仏教のディグナーガ (5-6 世紀) が，五分作法を三つ (三支作法) に略し，論証の論拠となる関係に自然界で経験される法則関係〈遍充関係〉($p \supset q$：つは含意) を採用した。遍充関係は〈理由の三条件〉(因の三相) と名づけられる検証理論により概念的に決定された。彼に対し，ニヤーヤ学派のウッディヨータカラ (6世紀) が認識論的立場から個物主体の論証を展開し，概念主体の論理学を批判した。ウッディヨータカラに対しては，遍充関係を先験的とする仏教のダルマキールティ (7 世紀) が批判して概念的傾向を強め，後に経験によらず概念だけで遍充を決定する内遍充論へと進み，観念論的論理学に結実した。一方，遍充を取り入れたニヤーヤ学派は，13 世紀に新ニヤーヤ学派に移行し，事象を二者の関係に還元する複雑な言語哲学を構築し，これを用いて知覚主体の実在論の立場を遍充概念の定義に徹底させた。

［文献］宇野惇『インド論理学』法蔵館，1996；桂紹隆『インド人の論理学』中公新書，1998；石飛道子『ブッダ論理学五つの難問』講談社選書メチエ，2005。　　　　　　　（石飛道子）

　隠遁の思想　（いんとんのしそう）

隠遁の思想には，主に二つの系譜がある。一つは社会から逸脱した生活に憧れ，僧形となって林野に閑居した貴族や武士たちの思想である。鴨長明，吉田兼好，西行などがこの流れに属し，老荘思想など中国の隠逸思想や仏教的な無常感，伝統的な花鳥風月への憧れなどがみられる。もう一つは玄賓，増賀，明遍などのように，官寺を離れ草庵にこもった官僧たちの思想である。日本では古代から聖・行者などと呼ばれた国家の統制外の民間宗教家がおり，山岳信仰に基づく修行を行っていたが，彼らはそうした境涯に憧れた官僧たちであり，そこには他界志向など強烈な宗教的願望がみられる。しかし中世から近世になると，むしろ隠遁が生活のための手段と化し，文学や芸能の専門家となる者や，高野聖のように商業活動に深く関係する者も現れるようになる。

インネン

[文献] 伊藤博之『隠遁の文学』笠間書院，1988；佐藤正英『隠遁の思想——西行をめぐって』ちくま学芸文庫，2001。

（田中久文）

因縁 〔サ〕hetu-pratyaya

仏教の重要概念で，原因の意。因と縁に分けられ，時に因は結果をもたらす直接の原因，縁は因を助けて結果を導く間接的な原因と説明されるが，しかし，両者区別なく何らかの意味で原因と考えられるものすべてを含めていう場合もある。物事は因果関係の上に成り立っているとする仏教の縁起説に基づいた概念で，縁起そのものを指すこともある。部派仏教の一派，説一切有部は，過去，現在，未来の三世に実有である存在の要素（ダルマ）を数え上げ，これが離合集散することによって一切の現象が成立するとし，原因と結果の種類を〈六因・四縁・五果〉としてまとめた。この場合，因と縁は同じ意味である。最も広い意味では，どのダルマもそれ自身以外のすべてのダルマを原因としていると考え，それを，①能作因と呼んだ。お互い関係しないと思われるものにも，相手の存在を妨げないという意味で消極的な関係を認めた。この結果を増上果と呼ぶ。原因と結果が同時に生ずるものとしては，②俱有因と士用果の組合せが挙げられる。相互に因となり果となる関係で，その中で，心と心作用の関係に限り，③相応因と士用果という。また，原因が結果に先行する関係としては，④同類因と等流果，⑤遍行因と等流果とかが挙げられる。前者は善因善果のように原因と結果が同類のものをいう。後者は遍行の煩悩という強力な煩悩が同類の煩悩や煩悩的なダルマを引き起こす場合をいう。善因楽果や悪因苦果のように，行為（カルマン）とその結果の性質が異なる場合，⑥異熟因と異熟果という。この場合，異熟果はそのまま次の果の原因となることはなくこの関係は一度限りである。結果には，この他，煩悩を離れた涅槃を離繋果として含めるが，これはふつうの因果関係とは別格で原因をもたないとされる。以上の分類とは別に，四縁の分類がある。能作因を詳しく三つに分け，残りの因を（1）因縁の一つにまとめている。（2）増上縁と増上果は①と同じ。（3）等無間縁と増上果は

瞬間的な心と心作用が次々因果の連鎖を作ることをいう。(4) 所縁縁は心・心作用の対象で、果は心・心作用（増上果）である。
［文献］仏教思想研究会編『仏教思想3——因果』平楽寺書店，1978；桜部建／上山春平『存在の分析〈アビダルマ〉——仏教思想2』角川ソフィア文庫，1996。　　　　　　　　　　（石飛道子）

　因縁果→日本仏教

　インフォームド・コンセント　〔英〕informed consent
語義は「情報を得た上での同意」である。最近ではそのまま表記されることが多い。知る権利と自己決定権を二本柱とする。事柄としては 1947 年のニュルンベルク倫理綱領に見られるが、言葉そのものは 1950 年代から 60 年代にかけて北米の医療裁判で定着した。70 年代には患者中心の医療のキーワードとなり、80 年代以降世界の医療先進国に伝播し、医師中心の医療を改革する拠り所となった。ただし、元来が法律用語のため医療現場での受けとめ方は様々であり、解釈の幅が大きい。この言葉をめぐっては他国と同様、日本の医療現場でも表面的な受容や根強い反対論が見られる。患者の人権保護という方向ではとりわけ日本では重要であるが、医療倫理をそれだけで捉えることには無理がある。
→自己決定，生命倫理
［文献］R. フェイドン／T. ビーチャム『インフォームド・コンセント』みすず書房，1994；今井道夫／森下直貴編『生命倫理学の基本構図』丸善出版，2012；香川知晶／樫則章『生命倫理学の基本概念』丸善出版，2012。　　　　　　　（森下直貴）

　陰陽　（いんよう）
儒教用語。陰陽とはもと山の日陰、山の日向（ひなた）である。日が昇れば日陰は後退し日が落ちればふたたび陰が広がる。陰陽の消長は自然界の変動・循環を象徴する。だが陰陽は単に自然現象の表象というだけでなく、柔剛、冷熱、暗明などに拡張され、さらに陽は男性原理、陰は女性原理に配当され、陽は尊く陰は卑しいとされる。変動循環を表現する陰陽は、要素論としての五行（木火土金

インヨウ

水)とともに古典儒教の宇宙人性観の基本枠組をなす。五行もまた五徳(五常とも言う:仁義礼智信)に配当されている。古代中国人は世界の始源として混沌たる未分化状態を想定し,これを「太極」と名づけた。この太極が分かれて陰陽となり,さらに五行となり,陰陽五行が組み合わされて万物が生ずると考えられた。万物は,このようにして多様で変動循環する性格とともに,ある道徳的(男尊女卑に象徴される血縁道徳)性格をももつものと考えられた。これが古典儒教の道徳的宇宙観である。儒教が,男性原理の女性原理への優越を陰陽論という宇宙人性論の次元で説くのは,儒教が原始の母権制を克服することによって成立したアジア的家父長制的思想だからである。なお,五行の循環が宇宙的原理として説かれるのは,現実の王朝交替にもかかわらず儒教秩序そのものは持続することを説く歴史哲学の基礎としてでもある。

→太極,易,周敦頤

［文献］守本順一郎『東洋政治思想史研究』未来社,1967。

(岩間一雄)

ウ

ヴァイシェーシカ学派 〔サ〕Vaiśeṣika
インドの六派哲学のうち,最古の哲学体系を担う学派。前2世紀に,カナーダ仙が,ギリシア哲学との接触のなかから案出したもので,カテゴリー論と原子論を核とする実在論を最大の特徴とする。カテゴリー論は,文法学的な発想をもととして立てられ,実体,性質,運動,普遍,特殊,内属の6つ,あるいは普遍かつ特殊,原因の力能,無力能,無を加えて10を数える。ニヤーヤ学派は,その形而上学の基礎部分の多くをヴァイシェーシカ哲学に負っている。根本テクストは『ヴァイシェーシカ・スートラ』だが,後5世紀の『勝宗十句義論』を経て,6世紀の『プラシャスタパーダ・バーシヤ』がのちの標準となる。
［文献］宮元啓一『牛は実在するのだ！——インド実在論哲学『勝宗十句義論』を読む』青土社,1999；K. Miyamoto, *The Metaphysics and Epistemology of the Early Vaiśeṣikas*, Pune, 1996.

(宮元啓一)

ヴァーチャル・リアリティ 〔英〕virtual reality（VR）
ヴァーチャル・リアリティ（VR）はヘッドマウントディスプレイ（HMD）やデータグローブを装着した利用者が,コンピュータ・グラフィクスなどにより描かれたこの現実とは異なる空間の中に身を置き,その空間内の物体と相互作用できるような技術を指す。この技術は,I. サザランドによる The Sword of Damocles（1968）や,J. ラニアーによる RB2（1989）のに端を発し,航空,医療分野におけるシミュレーションやゲームにおいて実用化されている。VR は仮想現実と訳されるが,virtual（ラテン語 virtus が語源）は本来「形式的には異なるが実質的にはそうである」ことを意味しており,この訳語が適切かどうかには議論の余地がある。またヴァーチャルにはデジタル以前の長い歴史があり,VR

の本質的な固有性はそれらを踏まえて分析される必要がある。フリードバーグは近世ヨーロッパにおける光学史を参照しつつ，ヴァーチャルにはシミュラークルとミメーシスの双方の意味が含まれていることを示している。ベルクソンは記憶を知覚によって現実化されるまでは非物質的な性質をもつ「潜在的（virtual）」なものとして考えた。これがドゥルーズに引き継がれ，彼は潜在性の反対語は現働性（actual）であり，そのどちらもが実在的なもの（real）であるとした。またボードリヤールはヴァーチャルを現実に取って代わる表象（シミュレーション）のカテゴリーに属するものだとした。
→実在，知覚
［文献］フリードバーグ『ヴァーチャル・ウィンドウ——アルベルティからマイクロソフトまで』産業図書，2012；ボードリヤール『シミュラークルとシミュレーション』法政大学出版局，2008。 （吉田健彦）

ヴァナキュラー 〔英〕vernacular
「根付いていること」と「居住」を意味するインド＝ゲルマン語系のことばに由来。ラテン語 vernaculum は，家で育て，家で紡いだ，自家産，自家製を指した。イリイチはこの用語を，交換形式による市場経済が離床する以前の経済領域に埋め込まれていた互酬性の型を再発見し，自生的価値の回復を図るために強調する。またこの用語は，コロンブスの大西洋航海と同じ 1492 年に出版されたアントニオ・デ・ネブリハ「カスティリア語文法典」以来，軍隊を統率するための国家語＝標準語教育によって方言として貶しめられるようになった生活に根ざしたその土地本来の言葉遣いについても使われる。
［文献］イリイチ『シャドウ・ワーク』岩波現代文庫，2006。
（岩尾龍太郎）

ヴァルネラビリティ 〔英〕vulnerability〔仏〕vulnérabilité
「傷つきやすい」「攻撃されやすい」を意味する形容詞〈vulnerable〉に由来し，①人類学・社会学上の概念としては「攻撃誘発性」

「被撃性」などと訳される。ある社会集団において、特定の人がスケープゴートとして排除されるとき、その人がもつ「攻撃されやすい性格」がこれである。しかし、差別を誘発する「徴」（スティグマ）は、当該の社会内部の力学と独立に存在する——たとえば「のろい」「汚い」等が「いじめ」の必然的誘因である——わけではない。②現代フランスの哲学者レヴィナスの独特な用語としては「可傷性」などと訳される。レヴィナスは、「他者」の傷（苦しみ）に直面したときに「私」が否応なく傷つくこと、その他者の「顔」から目を背けることのできない「私」の根源的有責性を、この言葉で表現した。　　　　　　（古茂田宏）

ヴィヴェーカーナンダ　〔サ〕Vivekānanda 1863-1902
近代インドの宗教活動家。本名ナレーンドラナート・ダッタ（Narendranāth Dutta）。ベンガル州はカルカッタ（現コルコタ）の生まれで、父はカルカッタ高等裁判所に属する裕福な弁護士であった。ヴェーダーンタ学派の流れを汲む宗教・社会改革団体ブラフマ・サマージの影響を受け、見神体験を望むなか、1882年に修行完成者として高名なラーマクリシュナに出会う。86年、出家となり、93年、シカゴの世界宗教会議に出席し、ヒンドゥー教の卓越性を力強く説いて一躍有名になる。97年には、ラーマクリシュナ・ミッションを創設し、精力的に欧米で講演しながら多数の著作を残した。　　　　　　　　　　　　　（宮元啓一）

ヴィーコ　Giambattista Vico 1668-1744
人類学的思考を独自の社会存在論に高めたイタリアの哲学者。人類文明の起源については当時、正統神学による神授説の他に、ルネサンス人文主義の「太古神学（prisca theologia）」説（超人的な古聖賢が詩を通じて動物状態にある俗衆を社会生活に導く）とグロティウス、ホッブズなどの新哲学による社会契約説（動物状態においても前提される人間本性によって社会の形成を必然的に演繹する）があったが、ヴィーコはこれらすべてを批判し、一個の怪物にほかならぬ太古の人間たちが、自ら原因も分からぬまま作り出した想像的象徴への偶像崇拝を介して意図せず社会を形成

し，また社会対立を克服するために不断に形成され直す権威ある象徴の変遷が歴史変動の内実を成すとの論理を創始して，人間が常に「意識から独立した社会関係」を結ぶ機構を明らかにした。また神話理解も革新し，太古の神話を歴史事実と捉えるエウヘメリズム（euhemerism 字義解釈），寓意と捉える象徴解釈の両方を斥け，神話を太古の言語と喝破した。さらに，感覚／知性を二分する常識的な認識論をも廃棄し，人間の認識能力を唯一，共通感覚（想像力）に還元し，その志向性の運動を精神の本質と捉えた。また，自然哲学においては，数学を軽視するイタリア「自然哲学」派と物質を幾何学的延長に抽象還元するデカルト派を両面批判し，科学革命を擁護した。

［文献］ヴィーコ『新しい学』上・下，中公文庫，2018；同『新しい学の諸原理［1725年版］』京都大学学術出版会，2018；同『イタリア人の太古の知恵』法政大出版局，1988。（石村多門）

ヴィゴツキー　Lev Semyonovich Vygotsky 1896-1934

ロシアの心理学者。結核のため若くして亡くなった。ヴィゴツキー理論はスターリン時代には弾圧の対象となった。個人間に分かちもたれた心理間機能が個人内部の心理内機能へと内化されていくというメカニズムにより，心は社会的に形成されると考えた。その際，言葉も初めは個人間のコミュニケーションの手段であったが，内化に伴って個人内部の思考の道具となる。また，最近接発達領域という概念により，教育を通しての発達促進の効果を強調した。近年，アメリカを中心としてヴィゴツキー心理学に依拠した社会・文化的アプローチとか文化心理学という潮流が盛んになっている。

［文献］ヴィゴツキー『思考と言語』新読書社，2001；同『教育心理学講義』新読書社，2005。　　　　　　　（高取憲一郎）

ヴィットフォーゲル　Karl August Wittfogel 1896-1988

史的唯物論の立場から市民社会論，中国史を研究。ドイツ，ハノーヴァー生まれ。ハイデルベルク大学でM.ウェーバーに師事。学生時代に労働運動に参加し，1919年，共産党に入党。34年，

ナチスに追われアメリカに亡命。彼の理論はマルクスのアジア的生産様式論の発展とされ，中国を西欧と異なった水利用の社会と捉え，大規模灌漑工事を遂行する専制官僚支配の社会とする「水の理論」を展開。これは，風土論的な把握を越え，権力論となっており，一度，大規模灌漑工事を遂行する巨大専制権力が生まれると，灌漑工事と離れ，自立した巨大権力となるとする。この理論はソ連崩壊の一視角をなすとされる。また，人間—自然関係の問い直しとしても注目されている。

［文献］ウィットフォーゲル『オリエンタル・デスポティズム』新評論，1995。　　　　　　　　　　　　　　　（稲生勝）

　ウィトゲンシュタイン　Ludwig Joseph Johann Wittgenstein 1889-1951

20世紀言語哲学の創始者の一人であり，分析哲学全般に大きな影響を与えた哲学者。19世紀末ウィーンにて鉄鋼業界の大物を父とする，音楽を愛好するユダヤ系の家庭に生まれ，最初エンジニアを志したが，後に数学の基礎や論理学・哲学に関心をもつようになり，渡英してラッセルに師事した。特に，ラッセルの「論理的原子論」の影響のもとに『論理哲学論考』（1918年夏脱稿，1921年公刊）を著し，分析哲学，特にウィーン学団に大きな影響を与えた。この書の公刊によって哲学の問題は解決されたとし，この後，巨額の遺産を捨て去り，田舎の教師になったり僧院の庭師になったりといった放浪を10年近くした。しかし，その後，再びケンブリッジに戻って大学教授を勤めるとともに，数学の基礎をめぐる問題に取り組み，それ以降『論考』の批判的検討を軸に後期の思想を展開した。その代表作は『哲学探究』(1953)である。

　彼の哲学は，『論考』と『探究』の二書によって大きく前期と後期に分けられるが，哲学の問題は言語の問題であるとし，その論理や文法の正しい理解によって問題を解決しうるという基本姿勢は一貫している。しかし，言語観の大きな転換が見られ，前期では写像，後期ではゲームがキーコンセプトとされ，これによって哲学の問題へのアプローチも様相を変える。『論考』では，言

語の本性は世界の事実を捉え，語るところにあるという信念が基礎にあり，文が事実を写す像でありうるための条件が世界と言語のそれぞれの側面において解明され，一種の模写論として真理対応説が提起された。これに対して『探究』では〈言語ゲーム〉という観点が主張され，種々の言語使用の生活実践から意味の問題が論じられた。つまり，前期思想のように言語を事実や思考の表現として捉えるのでなく，「言葉を話すことがひとつの活動あるいはひとつの生活様式の一部をなす」（『哲学探究』）という観点から捉えられる。そして「語の意味とは言語の中におけるその用法である」（同上）といったウィトゲンシュタイン独自の意味論をもとに，心や知識をめぐる諸問題が議論された。
→意味論
[文献]『ウィトゲンシュタイン全集』（全10巻 補巻2）大修館書店，1975-78，1985-88；S. トゥールミン／A. ジャニク『ウィトゲンシュタインのウィーン』平凡社ライブラリー，2001。

(尾関周二)

ウィーナー　Norbert Wiener 1894-1964
生物やコミュニケーション，情報機械などに広くみられる制御に関する理論であるサイバネティックスの創始者。14歳でハーヴァード大学院へ入学し，18歳で修了。その間，動物学，数学，哲学などを学んだが，数学的論理学で博士号取得。その後，イギリスのB. ラッセルのもとに留学。帰米後，哲学の教職が見つからず，マサチューセッツ工科大学（MIT）の数学講師になり，応用数学の道を歩む。第二次世界大戦中，高射砲自動照準機械などを研究。戦後，軍事研究には非協力を宣言する。1948年，情報やコミュニケーションなどの概念を転換させた名著『サイバネティックス』を出版。サイバネティックスは，結果，目的に含まれる情報を原因，手段に反映させるフィードバックの概念を中心に置き，その後，一般システム論と結びつき，生物などの有機的システムの科学的方法となった。その射程は，その後の情報科学よりも広いといわれる。64年，旅先のスウェーデンで急死。
→サイバネティックス

［文献］ウィーナー『サイバネティックス——動物と機械における制御と通信』岩波文庫，2011；同『サイバネティックスはいかにして生まれたか』みすず書房，1956；鎮目恭夫『ウィーナー』岩波書店，1983。　　　　　　　　　　　　　　（稲生勝）

　ウィーン学団→論理実証主義

　ウィンチ　Peter Guy Winch 1926-1997
イギリスの哲学者。ロンドンに生まれ，オックスフォード大学を卒業。ロンドン大学教授などを経て，アメリカに移住。後期ウィトゲンシュタインの哲学を，社会科学，特に人類学などの方法論と絡めて相対主義的な議論を展開した。文化人類学などで研究対象となる，近代社会と大きく違った文化を理解するには，外部から観察するのではなく，それに参加して内側から理解する必要があるという彼の議論は，一方では文化相対主義をめぐり人類学者などから好意的な反応もあったが，他方哲学的には相対主義の一種として，科学の客観性を否定する非合理主義であるという批判を受けることにもなった。
→ 文化人類学，ウィトゲンシュタイン
［文献］ウィンチ『社会科学の理念』新曜社，1977；同『倫理と行為』勁草書房，2009。　　　　　　　　　　　（横山輝雄）

　ヴィンデルバント　Wilhelm Windelband 1848-1915
新カント派（西南ドイツ学派）の哲学者・哲学史家。ポツダムに生まれる。K. フィッシャーに師事。ハイデルベルク大学教授。カントの批判哲学の見地から，人間の営みを普遍的価値（真善美聖）の実現に向かう過程と捉えた。彼はここから「価値哲学」を唱え，すべての事実判断は価値判断によって意味づけられることによって「当為の必然性」を有することができるとした。こうした価値哲学を踏まえて，彼は自然科学と異なる歴史的認識の方法論を求め，歴史的事象には本質的な価値がその根底に働いており，その記述が「価値哲学」の課題であるとした（個性記述学）。また，哲学史研究に問題と概念の歴史的発展という見地を導入

し，その後の西洋哲学史研究に影響を与えた。　　　（太田直道）

ヴェイユ　Simone Adolphine Weil 1909-1943
フランスの思想家，詩人。パリの高等師範学校(エコール・ノルマル・シュペリウール)で哲学を学び，高校教師となるが，工場労働に身を投じる。スペイン内乱が勃発すると政府軍側義勇兵として参戦。ユダヤ人であったため晩年アメリカに亡命するも，ナチス占領下のパリを憂えて帰国の途上，英国で病死した。古典文学に託して戦場の暴力を論じた『イーリアス，力の詩』や，現地文化を〈根こぎ〉にしてしまう欧州の植民地主義政策を批判した『植民地問題』など，人間と社会に対する洞察にみちた著作は，時代の危機を身をもって訴えた真摯な生き方と相俟って，広く感銘を呼んだ。政治思想としての先駆性が近年注目されている。
→労働，戦争
[文献]『シモーヌ・ヴェーユ著作集』（全5巻）春秋社，1967-68；フィオーリ『シモーヌ・ヴェイユ』平凡社，1994。

（持田季未子）

植木枝盛　（うえき えもり）1857〔安政4〕-1892〔明治25〕
明治前期の自由民権思想家。土佐藩士の家に生まれ，板垣退助の側近として，自由党の結成とその発展に参画した。はじめ福澤諭吉の明六社の啓蒙思想家たちの影響を受け，それを通してほとんど独学で西洋近代の民主主義思想を学び，民権運動のなかでその思想を独自のものとして鍛え上げていった。『民権自由論』(1879)は，平易な口語体で，民衆に向かって自由の権利の意義を説いたもので，当時のベストセラーの一つとなった。この書物によって，植木は有数の民主理論家として目されるようになった。また，人民の自由権利の伸張と国家の独立を不可分のものと捉えている点は，当時の民権論とナショナリズムの結合のあり方を示している。『無上政法論』(1880)では，世界における強権支配の現状を改革する道を求めて，「万国共議政府を設け宇内無上憲法をたつ」方策を提示している。そこには，世界平和，戦争廃止への志向が示されている。さらに，立志社の憲法草案として起草さ

れた『東洋大日本国国憲按』(1881)では，中央集権制に対抗して連邦制が構想されるとともに，主権社会と基本的人権の保障が説かれている。なかでも人民の抵抗権，革命権が明文化されていることは，その特色である。総じて植木の思想は，戦後の日本国憲法理念の先駆をなすものであった。
[文献]家永三郎編『植木枝盛選集』岩波文庫，1974：家永三郎ほか編『植木枝盛集』(全10巻)岩波書店，1990-91：家永三郎『植木枝盛研究』岩波書店，1960。　　　　　　　　(古田光)

ヴェーダーンタ学派　〔サ〕Vedāntin
インドの六派哲学のひとつを担う学派で，ウパニシャッド哲学の解釈学から発展した。ウッダーラカ・アールニの流出論的一元論を継承しつつも，ヒンドゥー教の学派らしく，宇宙の根本原理ブラフマンと最高神とを同一視する。開祖とされるバーダラーヤナは前1世紀の人であるが，彼の作とされるこの学派の根本テクスト『ブラフマ・スートラ』が完成するには数世紀かかった。このテクストに初めて全面的な註を著した後8世紀のシャンカラは，ブラフマン＝アートマン(自己)のみが実在で，世界は無明によって流出した幻影で実在性をもたないとする不二一元論を唱え，後世に多大な影響を残した。　　　　　　　　(宮元啓一)

ウェッブ夫妻　〔英〕Sidney James Webb 1859-1947 & Beatrice Potter Webb 1858-1943
イギリスの社会民主主義者。シドニーはロンドン大学に学び植民省などで官職に就き，1884年，フェビアン協会の創設に参加。1922年，労働党から国会議員となり，植民相などを歴任した。ベアトリスは貧民の状態の調査にあたり，結婚後は夫婦で労働問題や社会主義に関する多くの著作を発表。代表作は『労働組合運動史』(1894)でイギリス労働組合運動の最初の通史。熟練工中心の改良的組合主義の立場。1932年，ソ連を訪問して大歓迎を受け，帰国後共著『ソヴィエト・コミュニズム』(1935)を著し，ソ連を「新しい文明」と称えた。
→フェビアン主義

ウェバ

[文献] ビアトリス・ウェッブ『労働組合運動史』日本労働協会,1973。
　　　　　　　　　　　　　　　　　　　　　　　　　（浜林正夫）

　ウェーバー　Max Weber 1863-1920
ドイツの思想家・社会学者。ドイツ歴史学派と新カント派の影響のもと，宗教社会学，経済史，政治論，古代史，法制史，学問論などの領域で業績を残す。特に近代西欧文明の本質について考察する場合，避けて通ることのできない知の巨人である。その主著『プロテスタンティズムの倫理と資本主義の精神』においてウェーバーは，ベンジャミン・フランクリンが説く処世訓のうちに「資本主義の精神」を見出し，その起源には，カルヴィニズムの峻厳なる予定説の教理を前に信徒たちが実行した，世俗内的禁欲，すなわち職業労働が存在することを論証した。また，同論文の末尾でウェーバーは，「鋼鉄の檻」と化した現代の組織化された資本主義においては，「精神なき専門人」が跋扈していることを嘆いてみせるが，彼の『支配の社会学』は，こうした専門的職業人が合理的に編成されて生まれる組織，すなわち官僚制について卓抜した分析を行っている。さらにウェーバーは，社会が全般的に官僚制化してゆくという時代認識を含め，様々な文化諸領域においてそれぞれ「合理化」が進展する事実を，比較文化史的に探求してゆく。その成果が，『宗教社会学論集』全3巻の中心をなす大著「世界宗教の経済倫理」であり，そこでウェーバーは，中国，インド，古代ユダヤのそれぞれの文化圏における，宗教と現世的諸領域（経済，政治等）との関係について考察している。彼の歴史研究の手法は，一般的な法則や発展傾向を抽出することを目指すものではなく，むしろ特定の観点から見て意義深い個別の因果連関を動機理解的に把握すること（理解社会学）を目指し，そこで用いられる概念や法則も，意図的に一面的に構成されたもの，すなわち「理念型」であることが強調される。さらに学問論においては，事実の確定と，その事実についての価値判断とを峻別すること（存在と当為の区別）を求める「価値自由」を主張した。熱烈なナショナリストとして現実政治にも積極的にコミットし，責任倫理を備えた強力な指導者たる政治家の出現に期待するとい

う，きわめて現実主義的な政治論を展開したことでも知られている。
→プロテスタンティズム，官僚制，合理性，心情倫理／責任倫理，脱呪術化，カリスマ，エートス
［文献］ウェーバー『プロテスタンティズムの倫理と資本主義の精神』未来社，1994；同『経済と社会 支配の社会学』Ⅰ・Ⅱ，創文社，1960・62；同『宗教社会学論選』みすず書房，1972。

（鈴木宗徳）

　ヴェブレン　Thorstein Bunde Veblen 1857-1929
アメリカが生み出した最も独創的な経済学者・思想家。利益―損失の計算機「経済人」をモデルにする古典派・新古典派経済学では，生産力＝科学技術発展の原因と結果が分析できないと批判。文化人類学的視点に立つ進化論的経済学を提唱。人間の行為規範は，①無駄を避け，種の存続に役立つものを評価するモノ作り本能，②野蛮時代の武勇，③富＝権力の象徴である私有財産，④社会的地位を象徴する顕示的消費へと累積的に発展するが，進化は時代遅れの制度＝思考慣習を淘汰する半面で，伝統的な精神態度への安直な「退行＝先祖帰り」をもたらす，と独自の累積的社会進化論を展開。プラグマティックな知識ではなく，知的好奇心に基づく知識のための知識が科学である，と主張した。
［文献］ヴェブレン『有閑階級の理論〔増補新訂版〕』講談社学術文庫，2015；高哲男『ヴェブレン研究――進化論的経済学の世界』ミネルヴァ書房，1991。

（高哲男）

　ウォーラーステイン　Immanuel Maurice Wallerstein 1930-2019
世界システム論を提唱した20世紀後半のアメリカを代表する社会学者。1976年からニューヨーク州立大学ビンガム校の教授で，フェルナン・ブローデル・センターの『レヴュー』誌を拠点に，15世紀以降の「中核－半周辺－周辺」構造をもつ近代資本主義世界システムと，その内部での長期の「ヘゲモニーの循環」を論じた。その後国際社会学会会長などを歴任。近代世界を「万物の商品化」に向かう単一のシステムと見なし，国家は他の国家

との関係性において領土をもち，政治・経済・社会・文化といった人間行動の領域も相互依存的だとして，経済学中心の社会科学の再検討を提唱した。主著『近代世界システム』(1974-2011)，『脱＝社会科学』(1991) などで，社会学のみならず歴史学・経済学・政治学等の社会認識の方法論にも大きな影響を及ぼした。
→システム（論），科学論
[文献] ウォーラーステイン『近代世界システム』(全4冊) 名古屋大学出版会，2013；同『叢書　世界システム』1-3，藤原書店，1991-2002。

(加藤哲郎)

ヴォルテール　Voltaire 本名 François-Marie Arouet 1694-1778
フランス啓蒙主義を代表する思想家，文学者。裕福な公証人の子としてパリに生まれ，若くして詩人，劇作家として文壇に登場。それを不満とする貴族との争いが元でイギリスに渡り，3年間滞在。そこで議会政治や信仰の自由等に触れ，その見聞を『哲学書簡』(1734) にまとめた。この頃から各国の王侯，文人などと交流を深め，1749年，プロシアのフリードリヒ2世に招かれたが不和となり帰仏。53年以降，ジュネーヴ近郊のデリース，また60年，フェルネーに移り，最晩年に悲劇『イレーヌ』の上演のためパリに上京するまで「フェルネーの長老」としてヨーロッパ思想界に君臨した。そのためこの時代は「ヴォルテールの世紀」とも呼ばれた。その多彩な知的活動を貫くのは古典主義的教養とロックの経験論やニュートンの自然哲学であり，それらを基礎にカトリックの独断や偏見と闘い，『百科全書』の出版を援助し，カラス事件などその犠牲となった人々を擁護して活躍した。これを機に書かれた『寛容論』(1763) は宗教的狂信に対する鋭い告発であるとともに形而上学的独断に対する断罪でもあった。またボシュエ流の摂理に基づく宗教的歴史観を排し，時代精神を描いた『ルイ十四世の世紀』(1751) や『風俗史論』(1756) は近代歴史科学の先駆けともなった。
[文献] ヴォルテール『哲学書簡』『哲学辞典』中公クラシックス，2005；エイヤー『ヴォルテール』法政大学出版局，1991。

(石川光一)

ヴォルフ Christian Wolff 1679-1754
ドイツの哲学者。ライプニッツの後押しでハレ大学の教授となるが、学問的な対立などで一時期マールブルクに移り、のちハレに復帰した。ドイツ語で哲学を講じた最初の人とされる。学問内容はおおむねライプニッツの哲学を踏襲しているが、ライプニッツが果たせなかった体系的著述を試み、超越的真理から経験心理学に至るまでの広範にわたる多数の著作を残した。その教科書的な書き方のゆえにむしろ広く読まれ影響力は大きかったが、ライプニッツを平板化したとの批判も受けている。カントはしばしば「ライプニッツ＝ヴォルフ哲学」という言い方で呼び、そこに独断的な形而上学の典型を見ている。　　　　　　（佐々木能章）

嘘つきのパラドクス→パラドクス

内村鑑三　（うちむら かんぞう）1861〔万延2〕-1930〔昭和5〕
キリスト教伝道者、思想家。高崎藩士の息子として江戸小石川に生まれる。札幌農学校に学び、そこでキリスト教に入信する。卒業後、水産物と漁業の調査の仕事に就いた後、米国アマースト大学に学ぶ。帰国後、第一高等中学校の教員時代の1891年、教育勅語奉読式で天皇の署名に拝礼する仕方が不適切だとして非難された（不敬事件）。94年の日清戦争の際に「日清戦争の義」を『国民の友』に発表し、日本の戦争を擁護したが、戦勝直後にその誤りに気づき、以後、絶対非戦論を唱えるに至る。日露戦争にもキリスト教信仰の立場から反対の言論を展開した。また彼は足尾鉱毒事件の被害地で調査に携わり、被害農民と農地の惨状を雑誌や講演で訴え、加害企業・古河鉱業とこれを擁護する政府を告発した。彼の活動の中心は月刊誌『聖書之研究』を通してキリストの十字架上の死による罪の赦しと希望を伝え、この信仰による個人の人格形成を通して社会を変革することにあった。彼は農業国デンマークの例を挙げつつ、日本が戦争と植民地支配による商工業の発展を目指すべきではなく、国内の農業の興隆によって「平和的文明国」になるというビジョンを終始一貫して語り続け

た。
[文献] 鈴木俊郎他編『内村鑑三全集』(全40巻) 岩波書店, 1980-84；三浦永光『現代に生きる内村鑑三——人間と自然の適正な関係を求めて』御茶の水書房, 2011。　　　　　　(三浦永光)

宇宙論→コスモロジー

宇宙論的証明→神の存在証明

ウナムノ　Miguel de Unamuno 1864-1936
スペインの哲学者。「98年の世代」と呼ばれる一群の思想家, 文学者たちの指導的存在。1898年の米西戦争敗北後のスペインの混迷のなかで, 祖国再生の課題とともにヨーロッパ文明および合理主義への懐疑を抱いて思索を深め, ドン・キホーテ論を中心とする独自の思想を展開した。彼は, スペインの民族的魂をドン・キホーテ主義と呼び, ドン・キホーテの生涯と死に照らして, 「肉と骨」をもった具体的人間の苦悩, 人格の不滅性への渇望を説いた。その思想は, 『生の悲劇的感情』(1913)によってヨーロッパ全土に影響を与え, 後の実存主義に先駆けるものとされる。
[文献]『ウナムーノ著作集』(全5巻) 法政大学出版局, 1972-75。　　　　　　　　　　　　　　　　　(豊泉周治)

ウパニシャッド哲学　〔サ〕Upaniṣad
現存するインド最古の文献『ヴェーダ』の最後部に位置づけられる『ウパニシャッド』文献の中で説かれる思想, 哲学を指す。バラモン階級のみならず様々な人々が説いた長い年月にわたる思想・物語などの集大成である。「ウパニシャッド」の語は「秘伝」「秘義」の意とされ, わが国でも「奥義書」と訳されてきた。語源的に「(秘密裡に教えを受けるために師の)近くに座すこと」という解釈が与えられるが, 必ずしも師子相承の秘義を示しているわけではない。『ウパニシャッド』は数多く現在200を越えるとされるが, 重要なものは古ウパニシャッドと呼ばれる13ない

し 18 の初期の作品である。中でも『ブリハッドアーラニヤカ・ウパニシャッド』と『チャーンドーギヤ・ウパニシャッド』は現存最古の二大長編作品であり，前 500 年より以前に作成されたと考えられる。ウパニシャッドの思想は，『ヴェーダ』の祭式に解釈を施した『ブラーフマナ』文献に見られるような呪術的要素も残し雑多であるが，全体的にその特徴としては主知主義的，神秘主義的である。中心思想は，宇宙原理であるブラフマンと自己である小宇宙の原理アートマンが同一であるという，〈梵我一如〉の思想である。シャーンディリヤは，微小な心臓内部のアートマンが森羅万象たるブラフマンであると神秘的に説き明かした。ウパニシャッド二大哲人の一人ウッダーラカが説く，「有」を万物の根元とする流出論的一元論哲学では，個体は本質的に最高の実在「有」でありアートマンにほかならないということを「おまえはそれ（最高原理）である」という文によって端的に示すのである。また，もう一人の哲人であり，観念論哲学を説いたヤージュニャヴァルキヤは，認識の背後にひそみ，それ自身は決して客体化されない認識主観を「非ず非ず」のアートマンとして否定表現のみで表し，万有を内部から制御する〈内制者〉を明らかにしている。彼になると明らかに輪廻・カルマン・解脱の思想が見られる。この他に，輪廻の道筋は，プラヴァーハナ王の説く五火・二道説の中に原型を見ることができる。

[文献]『原典訳 ウパニシャット』ちくま学芸文庫, 2013；佐保田鶴治『ウパニシャッド』平河出版社, 1979；辻直四郎『ウパニシャッド』講談社学術文庫, 1990；中村元『ウパニシャッドの思想』（選集 9）春秋社, 1990；服部正明『古代インドの神秘思想』講談社学術文庫, 2005。　　　　　　　　　（石飛道子）

ウルストンクラーフト　Mary Wollstonecraft 1759-1797
女性解放思想を初めて体系的に展開した思想家。ロンドン郊外に生まれ，産業革命の時代に苦難の生涯を送ったが，主著『女性の権利の擁護』（1792）は，キリスト教と啓蒙思想を土台として女性の経済的・精神的自立，財産権，参政権，高等教育の必要などを主張し，女性の従属を説くルソーの『エミール』などの当時

の女子教育書を痛烈に批判している。因襲と闘いながら自立を求め，急進主義者たちと交わり，12冊の著訳書を発表．下層女性を描いた小説『女性虐待』(1798) も近年は注目されるようになった。アナーキストのゴドウィンと結婚し，娘のメアリは『フランケンシュタイン』(1818) の著者である。
［文献］ウルストンクラーフト『女性の権利の擁護』未来社，1980；ゴドウィン『メアリ・ウルストンクラーフトの思い出』未来社，1970。　　　　　　　　　　　　　　　（白井堯子）

ヴント　Wilhelm Wundt 1832-1920
実験心理学の基礎を築いたドイツの心理学者。1879年に，ライプツィヒ大学に世界最初の心理学実験室を創設した。彼は，最初，医学および生理学を学んだが，その後心理学に移り，心理学とは，意識の基本的要素（たとえば，感覚，イメージ，感情など）を記述し，それらの要素から複雑な意識がどのように構成されるのかを明らかにする科学であると主張した。このような方法は，内観分析と呼ばれる。彼の心理学は，その後，ティチェナーの構成主義心理学に受け継がれる。また，その要素主義の側面はゲシュタルト心理学者により批判され，内観分析の側面は行動主義心理学者により批判された。
［文献］W. Wundt, *Grundzüge der physiologishen Psychologie*, 1874；ヴント『体験と認識——ヴィルヘルム・ヴント自伝』東北大学出版会，2005。　　　　　　　　　　　　　　　（高取憲一郎）

運動　〔英〕motion〔独〕Bewegung〔仏〕mouvement
狭い意味では，物体の位置の時間的変化をいい，広い意味では，実在の状態の時間的変化をいう。ヘラクレイトスが「万物は流転する」(panta rhei) と述べ，広い意味の運動が世界の基本であることを示した。アリストテレスもまた運動を事物の変化とその生成消滅，性質の変化，量の変化および場所の変化として広く捉えた。ニュートンは絶対時間と絶対空間における粒子の運動の三法則を提示し，これは，19世紀末まで天体現象およびその他の力学現象一般に対する絶対的な力学理論と見なされてきた。この成

功と原子論とが相俟って運動の意味が粒子の運動に限定されるようになった。これに対して，エンゲルスは『自然の弁証法』のなかで「物質の存在の仕方としての運動」「空間と時間の直接的統一としての運動」など，運動を弁証法的見地に立って広くかつ深く捉えた。またアインシュタインが相対性理論を提示し，時間と空間は粒子の運動から切り離された絶対的なものではなく，物体の運動と不可分であることを示した。

　エレアのゼノンは「飛んでいる矢」も飛んではいないとして運動の存在を否定したが，ヘーゲルは「あるものは一つの同じ今においてここにあるとともにない」と運動を弁証法的に捉えるべきであるとことを指摘した。わが国においても，物体の移動運動を上記の「ありかつない」の矛盾と関連させて考察することの是非について長い間論争が行われてきた。ここでは，「ありかつない」の矛盾を物体の移動運動を認識する際に生じた論理的矛盾であるのか，あるいは物体の移動運動の現実的矛盾であるのか，さらにまた，現実的矛盾であるとしても物体の移動運動の根拠であるか否かについて論争が行われ，結論に達していない。「ありかつない」の矛盾は，単に物体の移動運動にとどまらず，実在の存在様式の変化そのものに関する矛盾であって，その研究は広い意味の運動の弁証法にとって不可欠なものであろう。

［文献］エンゲルス『自然の弁証法（新メガ版）』新日本出版社，1999。
　　　　　　　　　　　　　　　　　　　　　　　　（田中一）

　運命論　〔英〕fatalism〔独〕Fatalismus〔仏〕fatalisme
自分の知識，予測の範囲を超えた出来事が起こり，なおかつ，そこに自分の見通すことのできない力の働きが感じられるとき，それは運命によるものと捉えられる。運命論とは，人間は結局のところ自己の力では変えることのできない運命の力に従うほかないという考えである。古代ギリシアにおいては，三人の女神モイラが運命を司るとされ，これには人間ばかりか神々も従うべきで，それに逆らうことは傲慢として戒められた。ここで運命に従うことは肯定的に捉えられており，これは古代中国における天命の観念と共通する。キリスト教においては見通しがたく非合理な運命

に代わり，最終的に人間を救済へと導く全能なる神の摂理が世界を支配するものとされ，運命論は異端視された。近代においては，世界の運動における必然性の支配を合理主義的説く立場（ライプニッツの予定調和説，スピノザなど）が運命論として否定的に捉えられるようになる。他方ヘーゲルは，運命の受け入れを個体性と人倫的実体との和解と解し，肯定的に評価する。ショーペンハウアーの生きんとする盲目的意志の想定は，人間を翻弄する不可解な力の支配という点で古代的運命論により近く，彼の影響を受けたニーチェの『悲劇の誕生』におけるデュオニュソス的普遍性の称揚から，後期の永遠回帰の真実をそのまま受け入れる運命愛（amor fati）へとつながっていく。ベンヤミンは，近代におけるこの運命論の復活を批判的に捉え，『ゲーテの親和力』で運命を生あるものの罪連関と規定し，近代的個人は十分な主体性をもたぬがゆえに，かえって神話的運命の虜となり滅びる様をゲーテの小説を通して洞察した。また，ハイデガーは『存在と時間』において，現存在は死を単純な運命として引き受けることで実存的とたりうるとし，運命概念を実存思想と接合した。

→決定論，摂理，必然性と偶然性

[文献] 木田元『偶然性と運命』岩波新書，2001；武内義雄『中国思想史』岩波全書，1957；ヘーゲル『キリスト教の精神』平凡社ライブラリー，1997；同『精神の現象学』（全集 4・5）岩波書店，1971・79；ショーペンハウアー『意志と表象としての世界』（世界の名著 続 10）中央公論社，1975。　　　　（三崎和志）

エ

　エアランゲン学派　〔独〕Erlanger Schule
ドイツのエアランゲン大学を中心として 20 世紀後半に展開された科学論の学派。「構成主義」とも呼ばれる。ロレンツェンを創始者として，他にカムラー，ヤニヒなどがそのメンバーである。ロレンツェンは数学基礎論での直観主義における構成の考えを発展させ，論理学においては対話的論理学を展開した。また自然科学ついても，通常の物理学の根底には「原物理学」が存在しており，それが自然科学における測定の客観性を支えているとする。この原物理学が合意や規約ではないことが科学の基礎づけになるとされ，この点でカント以来のドイツ哲学の伝統を受け継ぐエアランゲン学派の構成主義は，英語圏の科学論において，同じく「（社会）構成主義」と呼ばれるクーンや「科学知識の社会学」などが規約や合意といった相対主義的な傾向があるのとは異なっている。
［文献］ロレンツェン『コトバと規範』理想社，1972。

（横山輝雄）

　永遠　〔英〕eternity〔独〕Ewigkeit〔仏〕éternité
人間の誕生と死に代表されるように，存在するものが生成と消滅を避けられないのに対して，いつまでも存在すること，あるいは立ち止まり続けることを表す概念。そこには時間を通じて存在し続けるものという観念だけでなく，時間から独立した意味での永遠も論じられてきた。前者には，「永遠の愛」という言葉に象徴されるように，人間の生活や思想が変遷，変貌していくことに対して，いつまでも続くものへの希求の概念としての永遠が求められるという意味において永遠が語られるし，さらに，変化や生成そのことが起きている，あるいは，起こさせている存在や物質（たとえば，神や宇宙）は永遠であるという考えがある。後者に

あっては，そもそも，そうした観念や概念自体は，論理的真理として時間を超えたものであり，数学的真理や論理的必然性は時間に制約されることなく妥当するものであるとされる。しかし，死ぬことを避けられない人間が，不死の経験を単に彼岸的，宗教的に行うというだけでなく，芸術や哲学的にも経験することは，「立ち止まる今」(nunc stans) として論じられてきた。それは，今という現在の瞬間の充実のなかに永遠の表現を見ようとする考え方で，生の最も充実した瞬間には，時間のなかにありながら，時間が立ち止まり，永遠を経験できるとする思想は，プロティノス以降の神秘思想家だけでなく，キルケゴールから，アーレントに至るまで，様々な仕方で希求され，論じられてきた。

(佐藤和夫)

永遠回帰 〔独〕Ewige Wiederkunft〔英〕eternal recurrence〔仏〕retour éternel

ニーチェの後期哲学の根本思想。「同じものの永遠の回帰」は，「1881年8月初め」にシルス・マリーアで着想された。これは，まず『悦ばしき知恵』(1882) で初めて公にされ，『ツァラトゥストゥラ』(1883-85) の基本テーマとなる。存在の永遠の循環という思想には，キリスト教的歴史観のように，人間の生に意味を与える終末あるいは目的はない。永遠回帰は，宗教的・道徳的価値と意味を剥奪するという意味で極端な形式のニヒリズムであり，この永遠の無意味さの中で生きる強さを示すのが超人である。さらに，永遠回帰は，必然的なものへの愛，運命愛という倫理的態度に関連するとともに，他面では，自然的な世界の運動として宇宙論的な意味ももっている。

(中河豊)

永遠真理 〔英〕eternal truths〔仏〕vérités éternelles〔独〕ewige Wahrheiten

真理は時間に左右されないという点では，すべての真理は永遠である。しかし経験的な真理が，ある特定の事実についての真理であるのに対し，矛盾律や同一律などの論理的真理，また数学的真理は，時間と空間を越えて妥当する真理であるという点で，永遠

真理と言われる。デカルトは，神が世界を創造するとき，たとえば「2 + 3 = 5」が真でないようにすることもできたと主張し，存在だけではなく本質も自由に創造したと，神による永遠真理自由創造説を唱えたが，スピノザやライプニッツは，論理学や数学の真理には神といえども従わざるをえないとデカルトを批判した。この議論はこの世界とは異なる可能的世界において，ニュートン力学などの自然法則の妥当性のみならず，数学や論理学の真理の妥当性も問題になるのかということと関係する。
〔文献〕小林道夫『デカルト哲学の体系』勁草書房，1995。

(河野勝彦)

　永遠の相の下に→スピノザ

　栄西　（えいさい〔ようさい〕）1141〔永治1〕-1215〔建保3〕鎌倉初期の僧。日本臨済宗の開祖。備中（岡山県）吉備津神社の神職の家の出身。14歳の時，天台宗の比叡山で出家，天台教学と密教を学ぶ。1168（仁安3）年と1187（文治3）年に，二度にわたって渡宋。臨済宗黄龍派の禅を受け，日本禅宗の開祖となる。栄西には天台宗を否定する意図はなく，帰国後天台復興の名目で禅宗を広めるが，しかし比叡山の圧力を受ける。1198（建久9）年，『興禅護国論』を著し，仏教界の堕落を批判し，戒律を禅の基礎として説いた。翌年，鎌倉に布教し幕府の帰依を受け，鎌倉に寿福寺，京都に建仁寺を建立。特に建仁寺は天台，密教，禅の三教兼学の道場となる。旧勢力とも和解し，1206（建永1）年には勅命により東大寺勧進職となり，大仏殿の再建に尽力する。1214（建保3）年，将軍源実朝に，自分が将来した茶の効用を説いた『喫茶養生記』を献上した。
〔文献〕平野宗浄／加藤正俊『栄西禅師と臨済宗』（日本仏教宗史論集7）吉川弘文館，1985；多賀宗隼『栄西』吉川弘文館，1986。

(田中久文)

エイゾク

永続革命論→革命

叡 智 界 〔ラ〕mundus intelligibilis 〔独〕Intelligible Welt (Verstandeswelt)〔英〕intellectual world
われわれの理論的認識の対象となりうるのは，感性的直観と悟性的カテゴリーの結合によって与えられる感覚的世界のみであるが，自己の幸福や快といった自然的な欲望を動機とすることなく，普遍的な道徳法則のみを自らの意志の規定根拠とする実践的な道徳的主体である限りにおいては，われわれ人間は積極的な意味で超感覚的な世界としての叡智界の住人であることができるとカントは主張した。彼によれば，自然的な欲望の下にある人間が，他の事物と同様の感覚的対象としての存在者であり，「自然の国」の住人であるにすぎないのに対して，道徳的主体としての人間は，決して他のものの手段とはなりえない目的それ自体という意味での理性的存在者＝人格であり，「自然の国」との類比によって「目的の国」と呼ばれる叡智界の住人として相互に関係を取り結ぶことができるのである。
〔文献〕カント『道徳形而上学原論』岩波文庫，1976；小倉志祥『カントの倫理思想』東京大学出版会，1972。　　　　　（石井潔）

エイヤー　Sir Alfred Jules Ayer 1910-1989
20世紀イギリスの哲学者。ロンドン大学ついでオックスフォード大学の教授。1932年にウィーン大学に留学してウィーン学団と交わり，シュリックやカルナップらに感化された。またラッセルやウィトゲンシュタインの影響をも受けて，36年に『言語・真理・論理』を著し，イギリス哲学界に論理実証主義を紹介・導入した。その主張は，「検証の原理を厳密に適用すれば，観察によって真偽を確かめることのできる経験的命題，ならびに論理学および数学の命題，ただこれだけが有意味となり，神学・美学・倫理学を含む形而上学の命題は，すべて無意味となる」というものである。後年にも基本的にこの立場を貫いた。
〔文献〕エイヤー『言語・真理・論理』岩波書店，1958；同『哲学の中心問題』法政大学出版局，1976。　　　　　（秋間実）

エキ

エウクレイデス（アレクサンドリアの）→ユークリッド

エウクレイデス（メガラの）　Eucleides 前 450 頃 -380 頃
アテナイの西方のメガラ出身の哲学者で，その地に形成されたメガラ派の祖とされる。プラトンの『テアイテトス』での語り手の一人でもある。ソクラテスと親しくその影響を受けるが，パルメニデスの書も研究したと伝えられる。事実，その主張の一つは，善は一なるものでありながら思慮，神，知性などの名で呼ばれており，その反対物は存在しない，というものであった。これは一方でソクラテス的な徳の一性に通ずる主張だが，さらにエレア派の影響の下での一元論的な思考を示唆している。エウクレイデスと彼に続くメガラ派の人々は他の学派への批判に熱心であり，議論の応酬を重ねて争論家とも問答家とも呼ばれるが，そうした議論を通じて，論理にかかわる重要な考察を展開している。
[文献] ディオゲネス・ラエルティオス『ギリシア哲学者列伝』上，岩波文庫，1984；K. Döring, *Die Megariker*, Gruner, 1972.
（中畑正志）

易　（えき）
儒教の経典・五経（易経・詩経・書経・礼記・春秋）の一つで，『周易』または『易経』とも称される。儒教においては，自然界・人間界の万象にわたる哲理を述べた書と見られ，五経の最初に置かれて尊重されてきた。内容は卦爻及び本文（経）とその解釈（伝）から成る。前者はもと古い占筮の書。陰爻と陽爻との3本の線の組み合わせから八卦を，さらにこれを重ねて6本の爻から成る64種の卦を画き，蓍または筮竹を用いて卦を選び，それによって吉凶を予知し判断を下す。経文はそれぞれの卦に与えられた簡潔な説明。後者すなわち「伝」は，象伝上・下，象伝上・下，文言伝，繋辞伝上・下，説卦伝，序卦伝，雑卦伝の10篇より成り，十翼と呼ばれている。そこでは，卦の意味やその配列の理由だけでなく，『易』全体に対する哲学的・倫理的解釈が与えられている。またそこには「太極」「両儀」「道」「器」「形而上」「形而下」など，その後の哲学思想において使用された基本的カ

テゴリーが含まれていることも注目に値しよう。なお，『易』は，後世の思想家・哲学者がこの書物への注解という形で自己の哲学を展開しまたは組織化したという点でも，近代以前の中国哲学史を把握する上で重要な意義を有する。王弼『易注』，張載『易説』，程頤『易伝』，朱熹（朱子）『周易本義』，王夫之『周易内伝』『周易外伝』などはその代表的なものである。
［文献］『周易正義』（『十三経注疏　整理本』）北京大学出版社，2000；『易経』上・下，岩波文庫，1969。　　　　　（村瀬裕也）

エクスタシス→神秘主義

エクリチュール　〔仏〕écriture〔英〕writing
「書くこと」ないし「書きことば」を意味するフランス語。デリダは，「書くこと」や「書かれたもの」の背後にはそれを書く作者の「言いたいこと」が必ず前提されており，読み手の側は書かれたテクストを解釈することによってそのような作者の内面に潜む真理としての「声」に到達しなければならないとする作者−テクスト−読者関係についての図式と，普遍的で歴史貫通的な理性や主体の意識が最も根源的なものであるとする哲学的立場とは表裏一体の関係にあると主張した。彼が，作者の「内面的なるもの＝ことばなきロゴス」の直接的「現前」という意味での「話しことば＝パロール」に対する，特定の構造と具体的な歴史的社会的規定をもつ記号や言語という意味での「書きことば＝エクリチュール」の優位を強調するのは，西欧形而上学の伝統に深く浸透した以上のような哲学的立場を克服するためである。

プラトンにおけるイデアやルソーの言語起原論における諸個人の内面的感情の直接的発現としての音声言語は，それらを具体的な他者たちに向けて叙述するために使用される，特定の構造をもち歴史的社会的に規定された言語からは独立に存在し，かつそのような言語を超越するもの，という位置づけを与えられているが，デリダは，記号と記号との間の「差異」によってしか記号の意味は規定しえないとするソシュールの言語学等の構造主義的主張を踏まえつつ，なおその音声言語優位に対する批判の不徹底さ

を内在的に克服する立場から,理性的真理もわれわれの心も,それらに関する言語表現としてのエクリチュールから切り離すことは不可能であると主張する。「テクストの外には何もない」という挑発的な発言も,このような意味でのエクリチュール優位を強調したものであり,その限りにおいてはハイデガーによる主観性の形而上学に対する批判とも大きな共通性をもっている。
[文献] デリダ『根源の彼方に グラマトロジーについて』上・下,現代思潮社,1976・72;Ch. ノリス『ディコンストラクション』勁草書房,1985。　　　　　　　　　　　　　　　　（石井潔）

エゴイズム→利己主義と利他主義

エコフェミニズム 〔英〕ecofeminism
自然破壊と女性の抑圧には共通の支配構造が存在するという認識に基づいて,生命の支配ではなく生命の尊重によって抑圧からの解放を目指す社会運動。被抑圧者には先住民や土着の民なども含まれることが多い。最初にこの語を使用したのはフランスの作家 F. ドボンヌといわれる。近代社会以降,文化／自然,精神／身体,男性／女性,理性／情動といった二元論が成立し,前者が後者の優位に置かれた。フェミニズムは女性と男性の平等を目指して闘ってきたが,環境問題の深刻化や原発事故,生殖・ゲノムへの人為的介入という新たな局面を経て,本当に問うべきは人間による生命の操作・支配だという見解に達した。

　フェミニズムと同様にエコフェミニズムにはいくつもの潮流が存在する。自然と女性の類似性に秘められた精神性を説くスピリチュアル／カルチュラル・エコフェミニズム,近代のヒエラルキー的二元論の枠組を乗り越えようとする脱構築的エコフェミニズム,資本主義に内在する家父長制的支配構造を批判する社会的エコフェミニズム,女性や自然の担う再生産活動やサブシステンス活動の価値を重視する社会主義エコフェミニズムなどがある。特に社会主義エコフェミニズムは持続可能性を備えた資本主義社会のオルターナティブな構想として注目され,代表的論者として M. メラー,A. サレー,M. ミース,V. シヴァなどがいる。

エコロジ

→エコロジー，フェミニズム
[文献] I. ダイアモンド／G. フェマン・オレンスタイン『世界を織りなおす——エコフェミニズムの開花』學藝書林，1994；C. マーチャント『ラディカル・エコロジー——住みよい世界を求めて』産業図書，1994。 （東方沙由理）

エコロジー　〔英〕ecology〔独〕Ökologie〔仏〕écologie
もともとは生物学の一分野を指す概念で，その場合には生態学と訳される。環境問題や資源枯渇問題の深刻化以降は，むしろそういった問題を解決するような政治・経済・技術，生活・社会・文化を求める思想や運動を指すことが多く，エコロジズムともいう。

【エコロジーの由来】この言葉は，E. H. ヘッケルによってギリシア語の oikos（家）と logos（学問）を語源にしてつくられた（1866）。彼は，生物の種は相互依存・対抗関係にあるというダーウィンの考えを受け継ぎ，形態学や生理学のほかに生物が環境や他の生物と相互作用するあり様を研究する学問の必要性を主張した。この学問によって生物と環境は生態系を形成し自然循環の中で比較的安定的な平衡状態に達することが明らかになった。また，この言葉をアメリカの女性化学者スワローも，環境と生活の科学の創出を通じて大量生産・消費社会を批判する運動を意味する概念として 1892 年に使い始めたと言われている。この影響を受けた R. カーソンは，有名な『沈黙の春』（1962）を書いて農薬の使用が生態系を破壊すると警告したが，同年代に日本でも水俣病に代表される公害問題の深刻化が訴えられた。

【エコロジーの運動と思想の出現】1970 年代に入って，ローマ・クラブの『成長の限界』とそれに触発された国際会議にみられるように，公害の増大，生態系破壊と種の消滅，資源枯渇，人口の増大，第三世界の飢餓など，工業化に伴う地球の危機が指摘されるようになった。こういった背景の中，世界各国でエコロジー運動といわれる政治・社会運動が出現する。この運動は一つのまとまった学説に基づくものではなく，政治，社会，文化におけるエコロジー的感性の表現ともいえるもので，こういった感性をもつ

人々の社会運動といえる。エコロジー運動が対象とする領域は広く、自然保護はもとより公害問題、地域主義運動、有機農業や安全食品運動、核兵器や原子力発電反対、反戦・平和運動、さらには動物解放運動につながっている。この運動が政治的に大きな力を得た例としては、ドイツの「緑の党」などがある。エコロジー思想の源流としては、欧米では古くはR. オーウェン、W. モリス、クロポトキン、近年では、ソロー、A. ハクスリー、E. F. シューマッハーらが挙げられる。また、日本では、江戸期の熊沢蕃山、安藤昌益、さらには足尾鉱毒問題の田中正造などの思想や実践に見られる。現代のエコロジー思想は、20世紀後半以降、ロマン主義、アナーキズム、社会主義、フェミニズム、東洋思想などとも融合して種々の潮流を生み出し、ディープ・エコロジー、ソーシャル・エコロジー、エコフェミニズム、エコソーシャリズム、生命地域主義など様々な展開をみている。さらに、3・11フクシマ以後、エコロジー運動は新たな展開を見せ始めている。
→環境思想、自然
［文献］アンドレ・ゴルツ『エコロジスト宣言』緑風出版、1983；小原秀雄監修『環境思想の多様な展開』（環境思想の系譜3）東海大学出版会、1995；尾関周二編『エコフィロソフィーの現在』大月書店、2001；韓立新『エコロジーとマルクス』時潮社、2001。 （尾関周二）

エコロジー的近代化論 〔英〕ecological modernization theory
環境思想の中で1990年代半ば以降に登場した、エコロジーの問題圏に関し近代以降の社会体制の枠内でその解決を試みる思想潮流である。「持続可能な発展」の理念を踏まえた、先進国の環境政策の理論的背景として影響力は大きく、グローバル資本主義の中でエコロジーをめぐる社会科学の中心理念の一つであると言える。エコロジー的近代化論によると、エコロジーの問題圏解決は、近代において市場と科学・技術の発展を社会の駆動力にしてきたように、近代の延長線上で「超近代化」とも言うべき、市場と科学・技術のさらなる発展によってなされるとする。エコロジー的近代化論の背景としては、アルネ・ネスがディープ・エコ

ロジーを提唱する中で，批判の対象としたシャロー・エコロジーを挙げることができよう。また，エコロジーの問題圏に関しては反近代を標榜する議論が根強くあり，エコロジー的近代化論は，そういった反近代の立場との対抗関係を形成しているとも言える。しかしながら，そういった対抗関係を踏まえながら，エコロジー的近代化論に対して，エコロジーの問題圏は近代への根源的な批判を踏まえてその解決を目指すべきであり，その点においてエコロジー的近代化論は近代への根源的な問いかけが欠如しており，その本質的な解決を遠ざけているという指摘もなされている。
→環境思想
［文献］Arthur P. J. Mol, *Globalization and Environmental Reform: The Ecological Modernization of the Global Economy*, The MIT Press, 2003；丸山正次『環境政治理論』風行社，2006。（大倉茂）

エス 〔独〕Es〔英・ラ〕id
フロイトの精神分析理論によれば，エスは人格の構造および心の構造を構成する三つの領域のうちの一つであり，生物的衝動，生物的動因の貯蔵庫である。エスを背後で動かしているのはリビドー（性欲動）である。エスは無意識のうちに機能し，個人的欲望を衝動的に満たす方向へと突き動かすところの快楽原則により支配されている。エス以外の他の二つの領域は，自我および超自我である。自我は無意識的で衝動的なエスの働きを現実に適応するように調節する役割，超自我は良心とか道徳的禁止機能としての役割をしているとされる。エスは，リビドーというエネルギーを通して人格全体，あるいは心全体のエネルギー源となっている。
→現実原則／快楽原則，フロイト
［文献］小此木啓吾『フロイト』講談社学術文庫，1989；ブロイアー／フロイト『ヒステリー研究〈初版〉』中公クラシックス，2013。 （高取憲一郎）

エスニシティ 〔英〕ethnicity
生活様式・言語等を共有する民族集団＝エトニ（ethnie）において各成員の共有する性質あるいは帰属感覚，ときに民族集団（ethnic groups）そのものを表す。ただし，論者によって定義は様々である。A. D. スミスは，近代的ネイションの形成を論じるにあたって，近代以前の歴史的な共同体をエトニと名づけた。エトニは，血統神話や歴史や独自の文化等を共有し，固有の領域をもつ集団であり，エスニシティはこのエスニックな共同体のアイデンティティを意味する。この場合，エスニシティは，近代的ネイションに先行する歴史的な諸要素を表す。これに対して今日，近代的ネイションが世界の構成単位となったときに，ネイションの内部にネイションに同化されない民族的集団の存在が社会学などで注目されるようになり，先進ネイション内部における自治獲得運動（エスニシティ運動）や分離独立運動，あるいは独立後の新興国における民族紛争など，様々な次元でエスニック集団が問題となった。エスニシティは，このエスニック集団のアイデンティティを捉える概念でもある。
→民族／ネイション，ナショナリズム
〔文献〕A. D. スミス『ネイションとエスニシティ』名古屋大学出版会，1999：関根正美『エスニシティの政治社会学——民族紛争の制度化のために』名古屋大学出版会，1994。（渡辺憲正）

エスノメソドロジー 〔英〕ethnomethodology
アメリカの社会学者ガーフィンケルが提唱した社会学の方法およびその学派。シュッツの現象学に倣って，日常の社会的現実はメンバーの常識的知識によって意味的に構成されるとし，その観点から社会秩序の生成を解明しようとした。ある社会の日常の現実はメンバーの常識的知識によってどのように構成されるのか，その方法（メソッド）を研究するのがエスノメソドロジーである。微視的な視点の限界や実践的な価値へのエスノメソドロジー的無関心が批判されるが，エスノグラフィーや会話分析など，日常の対面状況に関する多様な研究が展開されている。
〔文献〕ガーフィンケル他『エスノメソドロジー』せりか書房，

1987：串田秀也／好井裕明編著『エスノメソドロジーを学ぶ人のために』世界思想社，2010。　　　　　　　　　　（豊泉周治）

　エックハルト　Meister Eckhart 1260 頃 -1327 頃
中世ドイツの著名な神秘主義思想家，スコラ学者，ドミニコ会士。スコラ哲学を基礎に，新プラトン主義の影響を受け，神と人間の神秘主義的合一説を唱えた。ペルソナ的人格性を超えた神性は，否定神学的な意味で「無」であるが，一方で自ら無となった人間の魂（神の火花）の根底において，神の子の生誕が生じるとした。そのラディカルな思想と表現方法により，エックハルトは死後異端宣告を受けたが，その名は符丁のように語られ，ヨーロッパ思想史の各時代で，大きな影響力をもった。ことにドイツ観念論への影響は決定的であり，また 20 世紀にはいってからの生の哲学や実存哲学にも少なからぬ影響を与えている。
［文献］上田閑照『エックハルト』講談社学術文庫，1998。
　　　　　　　　　　　　　　　　　　　　　（深澤英隆）

　エディプス・コンプレックス　〔英〕Oedipus complex〔独〕Ödipuskomplex
フロイトの精神分析理論の核心となる概念。コンプレックスのひとつで「エディプス王」の悲劇（ソフォクレス）に由来。異性の親に向けられる子どもの性愛的感情を指す。陽性，陰性の双方が考えられている。陽性のものは，3, 4 歳〜5 歳頃の幼児は，性の違いに目覚めて母親に性愛的感情を抱き父親に嫉妬するが，父親への敵意のゆえに父親に処罰されるのではないかという去勢不安を抱くというもの。男子は父同一化を行って男性化していくことができるようになるのかなど，心理学的には人間の自我が生涯これをどのように扱うかが重要な課題となる。
［文献］フロイト『夢解釈』（全集 4）岩波書店，2007。
　　　　　　　　　　　　　　　　　　　　　（間宮正幸）

　エートス　〔ギ〕ēthos〔独〕Ethos
ギリシア語のエートスは元来「慣れ親しんだ居場所，故郷」を指

し，転じて「慣習・習俗」，さらに「慣れ親しむことで形成される性格・気質」を意味するようになった。たとえばアリストテレスの「慣れることによる教育」に関する議論は，この意味でのエートスの育成を問題としている。またハイデガーはヒューマニズム書簡の中で，ヘラクレイトスを引きながら「居場所」の意味でのエートス概念について考察を加えている。しかし現在では，エートスは主に M. ウェーバーによって導入された社会学的な概念として用いられることが多い。この用法でのエートスは「ある歴史的な過程の中で形成され，人々を一定の生活様式へと方向づけるような，倫理的な態度・傾向」を指す。その例として，ウェーバーのいう「近代資本主義のエートス」が挙げられる。

　ウェーバーによれば，近代資本主義はその成立に際して，市場や株式会社などの諸制度，また合理的な法や行政，科学技術といった諸条件に加え，近代資本主義に適合的な生活態度を必要とする。しかもこの生活態度は外からの強制ではなく，個々人のうちで内面的・倫理的な支えを見出さなければならない。この「支え」が近代資本主義のエートスであり，プロテスタンティズムがその歴史的基盤を提供した，というのがウェーバーの主張である。また官僚制についても，ウェーバーは個々の官僚が特有のエートスを有することを指摘している。これらの例からわかるように，エートスは倫理学説や宗教上の教義などではなく，現実の歴史の中で人々の生活様式や倫理的態度を一定の方向に形成していく力を意味する。言い換えれば，ウェーバーのいうエートスは人間形成，あるいは広い意味での教育作用に関わる概念であり，その意味では古代ギリシアのエートス概念とも無縁ではないといえる。

［文献］アリストテレス『政治学』岩波文庫，1961；ハイデガー『「ヒューマニズム」について』ちくま学芸文庫，1997；ヴェーバー『プロテスタンティズムの倫理と資本主義の精神』岩波文庫，1989。　　　　　　　　　　　　　（橋本直人）

　淮南子　（えなんじ）Huáinánzǐ
中国漢代の初期，淮南王・劉安（前 179- 前 122）が，食客とし

て彼のもとに集まっていた複数の学者文人（天下方術の士）とともに編著した思想書。別名『淮南鴻烈（わいなんこうれつ）』。道家・儒家・墨家・法家・陰陽家などの諸説から成り，それゆえ「雑家」の書とされるが，全体としては，高誘の序に「その旨，老子に近く，淡泊無為，虚を踏み静を守り，経道に出入す」とある如く，道家の思想を基調としている。嗜欲・思慮を排し，柔弱，無争を以て事変に対処しようというのがその根本趣旨である。これを思想の国家統制（儒教による思想統一）に対する抵抗の書と見なす説もある。
〔文献〕金谷治『淮南子の思想——老荘的世界』講談社学術文庫，1992；楠山春樹『淮南子』（新書漢文大系 34）明治書院，2007。
（村瀬裕也）

エネルギー　〔英〕energy〔仏〕énergie〔独〕Energie
ギリシア語の ergon（仕事）からつくられた語。日常的には，活動力・行動力や気力・精力の意味で解されるが，物理学では，ある物理的状態にある物体がほかに対して仕事をなしうる能力のことを指す。この語は，ヤング（T. Young, 1773-1829）が『自然哲学講義』（1807）のなかで活力（vis viva, mv^2）に対して用いたのが最初であるが，当時は普及せず，1830-40 年代に複数の人々によってエネルギー保存則が発見され，のちに熱力学が形成されるなかでエネルギー概念が明確になるとともに，50 年代になって定着した。エネルギーには力学的・熱・電気・磁気・核エネルギーなど，自然界の諸現象一つひとつに対応して特有のエネルギーの形態がある。そして，こうしたもろもろのエネルギーは，互いに一定の関係で転換し合い，しかもその際，エネルギーは創出されることも消失されることもなく，全体として不変に保たれるという重要な性質がある。この法則は「エネルギー保存則」「エネルギー原理」などと呼ばれており，現在まで，この法則をやぶる実験事実は知られていない。この意味で「エネルギー保存則」は自然界の基本的法則の一つといえ，エネルギー概念は最も基本的な物理量と考えられている。なお，19 世紀後半，エネルギー概念の位置づけをめぐって，力学的量に還元する立場とエネルギーを基本量にして力学を吟味し直す立場とが激しく対立し

た。 (渋谷一夫)

エネルゲイア／デュナミス 〔ギ〕energeia / dynamis〔英〕actuality, activity / potentiality
現実態(エネルゲイア)は可能態・能力(デュナミス)との関係において把握される。たとえば、知識に関して、①知識能力をもつ可能性、②学習による知識能力の獲得、③知識能力の実際の活用、という三段階が考えられるが、②は①に対しては現実態であり、③に対しては可能態である。①から②への過程が運動である。運動は「可能態である限りにおける可能態の現実態」と定義されるが、それは可能態が現実化することではなく、可能態が可能態の様相を保持しつつ顕現することを意味する。この意味において、運動(「学習」や「建築」等)は、終極に達していない不完全な現実活動態であって、それ自身に終極を含む完全な現実活動態(「視活動」や「知識活動」等)とは区別される。また、魂は「可能的に生命をもつ自然的物体の第一の現実態」と定義されるが、この現実態は魂の諸能力を意味する。それらが現実活動して(energein)、栄養摂取や感覚の活動が行われる。宇宙の究極原因である神は、可能態を含まない純粋な現実態であり、永遠に現実活動態にある。〈energeia〉という語は、〈ergon〉(働き)から作られたが、各々のものにおいてはその働きがそのものの終極(telos)にあたることから、〈entelecheia〉(完全終極にある状態)という語も作られた。両語は、用法上は区別されない。
［文献］アリストテレス『形而上学』上・下、岩波文庫、1959・60；藤沢令夫「現実活動態」(『イデアと世界』藤澤令夫著作集2)岩波書店、2000。 (斉藤和也)

エピキュリアン→エピクロスとエピクロス派

エピクテトス Epictetus 50頃-130頃
ストア派の哲学者。プリュギア(現在のトルコに属す)のヒエロポリス(現在のトルコのパムッカレ)で奴隷の身分に生まれるがのちに解放される。ローマではストア派の哲学を学び、アドリ

ア海岸の都市ニコポリス（現在のブルガリア北部）で学園を開設する。エピクテトス自身は，彼の尊敬するソクラテスと同じく何も書き残さなかったが，弟子のアリアノスによる『談話録』(diatribai) とその教えの梗概『手引き』(encheifidion) とが残されている。エピクテトスは，われわれの権能に属することとそうでないことの区別を重視し，前者には判断や感情などの心的機能が，後者には身体や身分，運命が属すると考えた。後者はわれわれの自由にならないため思い悩むことは心の平安を乱すが，与えられる表象（ファンタシアー）の受容と使用の仕方は前者に属するので，表象をよく吟味して適切に使用することが幸福へと通ずる。このような内面的・自律的な生の重要視は，マルクス・アウレリウスやキリスト教の思想家にも影響を与えている。
［文献］エピクテトス『人生談義』上・下，岩波文庫，2020-21；鹿野治助『エピクテートス——ストア哲学入門』岩波新書，1977。 　　　　　　　　　　　　　　　　　　（中畑正志）

エピクロスとエピクロス派 〔ギ〕Epicurus〔英〕Epicurean
エピクロスはヘレニズム期の学派であるエピクロス派の始祖。サモス島で生まれたが父と同じくアテナイ市民であり，彼の最も主要な学園もアテナイに設立されて「エピクロスの園」と呼ばれ，この時代では例外的に，女性や子供，奴隷までもが集う場となった。『自然について』という表題の大著をはじめとして膨大な著作を著したが，現存するのは，わずかの書簡と教説の要約および著作の断片である。ただしルクレティウスの『事物の本性について』など二次的文献が重要な情報を補完している。

エピクロスの自然観はデモクリトスの原子論（アトミズム）の継承と修正の上に成立している。世界は空虚な空間と物理的にそれ以上に分割不可能な原子（atomon）から構成されている。原子はつねに等速で高速の運動状態にあり，その基本的な運動形態は原子の重さによる下降運動であるが，原子の運動にパンクリシス（彷徨・逸脱）が起こるために，原子同士が衝突し世界に存在する諸事物が形成される。このパンクリシスの生起は，世界が因果的に決定されていないこと，そしてわれわれの行為選択が自由

であることの根拠とされる。また原子自身は形と大きさと重さをもつだけであり，色やにおいなどのいわゆる第二次性質に当たるものは，原子の形と結合配列に依存して成立することになる。また，エピクロスの認識論の基礎となるのは，感覚の真理性である。たとえば視覚は，物体の表面から流出した薄いフィルムのような〈像〉を目が受容することによって成立する。このように，諸感覚は感覚器官への刺激情報を解釈したりせずにそのまま記録することによって成立するのでつねに真であり，誤りが起こるのは，そこから外的な事物の本性などについて推論して判断するためである。エピクロスの倫理学は，以上の自然観や認識論と密接な関係にある。人間は自然本性的に快楽を唯一の価値あるいは目的として求める。快楽と苦痛の間には中間的状態は存在せず，快楽がすべての価値の根源である。しかし快楽の積極的追求は危険であるから，むしろ苦痛を最小化することが適切な生き方であり，それは身体的には慎ましく生きることで満足し，精神的には様々な煩いから自由な心の平安な状態（アタラクシア）に至ることによって可能となる。心を煩わす死も，原子の集散の一過程であり，当人には経験されない状態であるので，恐れる必要はない。

　エピクロス派はこのエピクロスを師と仰ぐ学派で，公的な生活から退いて自給自足の共同生活を行った。学派が継続するなかでは，感覚的な快楽の享受を目的とした無神論的思想集団というような誤解もひろまったが，エピクロスの思想を比較的忠実に伝承した結果，ルネサンス期において再度脚光を浴び，その原子論は近世哲学の自然観に大きな影響を与えた。

［文献］出隆／岩崎允胤訳『エピクロス——教説と手紙』岩波文庫，1959；C. Bailey, *Epicurus*, the Extant Remains. Clarendon Press 1926. 　　　　　　　　　　　　　　　　（中畑正志）

　エピステーメー　〔ギ〕epistēmē〔ラ〕scientia〔英〕knowledge, understanding
動詞〈epistasthai〉の原意は「〜ができる」という意味であり，ここから「知っている」の意味をもつようになる。プラトンは，

エピステ

恒常不変に同一のあり方を保つイデアについての無謬の認識であるエピステーメー（知識）と，可感的で生成消滅する事物についての可謬的な認識であるドクサ（思惑）とを峻別する一方，真なる思惑はその根拠を理性的に推論することによって知識になりうるとも言明する。両言明は調停しがたいとの解釈もあるが，思惑の対象がイデアの似象であることを考慮するなら，真なる思惑は可感的事物についての判断に止まる限りでは思惑でしかないが，真実在への探求に向けて，イデアのおぼろげな把握を含む限りにおいては，知識への方向にあると見るべきである。根拠の推論は，悟性的思考段階からディアレクティケー（哲学的問答法）に高まって完結する。悟性的思考（数学）は，感覚的補助（図形）を用いて仮説から結論を演繹する能力であるが，哲学的問答法は，問答の力だけで悟性的思考の依拠する仮説自体の根拠を遡り，無仮説の原理（善のイデア）にまで上昇して，可知的なものすべての本性とそれらの相互の連関を把握する方法である。『ソピステス』など後期著作にその方法の一端が見られる。アリストテレスでは，エピステーメーは，事柄の必然的・永遠的・普遍的なつながりについての論証およびその能力を意味する。あることを知るとは，そのことがある原因によって存在し，他の仕方では存在し得ないと知ることである。このような認識をもたらすのが論証である。原因の認識は，推論の形式から見れば，三段論法における中項の発見である。論証では，ある事柄の全体について，そのもの自体に即してあることが証明される。たとえば，三角形の内角の和が二直角であることは，図形一般や二等辺三角形についてではなく，三角形である限りでの三角形について論証される。論証の諸前提についての証明は無限には遡れないので，それ自体は論証不可能な原理が存在する。幾何学では，基礎定立（点や線の存在），定義，公理（排中律）がそれにあたる。論証の原理は，帰納を通じて理性によって直観的に認識される。自然現象についても，生じる限りの現象の全体について原因が特定できれば，論証的知識が成立するとされる。

［文献］アリストテレス『分析論後書』（新版全集2）岩波書店，2014；天野正幸『哲学の原点』放送大学教育振興会，1999。

エマソン

(斉藤和也)

エポケー 〔英〕epoche〔独〕Epoche
「判断停止」「判断保留」を意味する語。古代ギリシアでは，ピュロンに代表される懐疑派が，幸福であろうとするには，不確実で識別できない物事について判断を下すべきではない，つまり判断停止（epochē）をすべきであり，それによって心の平静（ataraxia）をうることができる，と主張した。また，後期ピュロン派では，懐疑論の組織化がすすめられ，アイネシデモスやアグリッパによって，判断保留の方式が唱えられた。デカルトが，絶対に確実な哲学の第一原理に到達するために，感覚・知識・学問を真ならざるものとして徹底的に疑い，排斥した「方法的懐疑」も，一種のエポケーということができる。デカルトの懐疑的精神を現代において継承し，エポケーに重要な意義を与え，自らが標榜する普遍学の樹立の前提にすえたのが，フッサールである。厳密な理性哲学を構築するには，仮定的な事実に依拠してはならず，あらゆる既成の判断は疑いうるものとして判断停止（エポケー）されなければならない，と彼は考えた。特にエポケーの対象とされたのが，自然的世界を自明なものとして受けいれている常識や科学の「自然的態度」であり，この態度が真の存在と見なしている「自然的世界」であった。フッサールはこれらに対しエポケーを行うことによって，意味付与の主体である超越論的主観性と，この主観性のうちで生成する世界の意味現象を浮かび上がらせた（＝現象学的還元）が，この操作は実在的世界を意味現象に収斂させてしまう傾向を生んだ。
→懐疑論・懐疑主義，現象学的還元
［文献］デカルト『方法序説』（世界の名著22）中央公論社，1967；フッサール『イデーンⅠ』（全2冊）みすず書房，1979-84。
(種村完司)

エマソン Ralph Waldo Emerson 1803-82
米国の詩人，哲学者。宗教上の形式主義を嫌悪し牧師の職を辞して渡欧，トマス・カーライル，ウィリアム・ワーズワースらと親

交をもった。彼の哲学はプラトン,カーライルに大きな影響を受けた。エマソンが理性の直観によって見出した〈大霊〉(oversoul)と呼ぶ世界の究極的かつ普遍的な存在は,人間の精神と合一的であり,世界それ自身もまた人間の精神に属する。彼の哲学が超絶(超越)主義(transcendentalism)と呼ばれる所以である。また,自己の内面と普遍性の一致から生まれる「自己信頼」は,米国の同時代的精神を体現した。その哲学は米国のエコロジー思想の源流であるヘンリー・D・ソローや自然保護運動の父,ジョン・ミューアに影響を与えた。
→エコロジー,自然哲学
[文献]『エマアソン全集〔復刻版〕』(全8巻)日本図書センター,1995。 (福永真弓)

エラスムス　Desiderius Erasmus 1466-1538
オランダのルネサンスを代表するユマニスト。修道士になるが大陸各地を遍歴,聖書研究の研鑽から広く他宗教や古代ギリシア・ローマ文化を吸収して,形骸化した教会を離れ福音主義を唱える一方,筆鋒苛烈に教皇以下特権者たちの腐敗を戯画化・風刺した『痴愚神礼讃』(1511)は空前絶後の震撼を与えた。人間の可能性を謳う『自由意志論』(1524)に基づく「世界の市民」を掲げて人文主義の王者にしてエラスミスムの名称を生んだが,その先鋭さから『奴隷意志論』(1525)でルターから批判を浴び,カトリック側の禁書に遭うも『校訂新約聖書』の刊行(1516)に心血を注ぎ,『格言集』(1500初版)等ヨーロッパ精神と文芸に一大転換を画した。
[文献]エラスムス『痴愚神礼讃(ラテン語原典訳)』中公文庫,2014；金子晴勇『エラスムスの人間学——キリスト教人文主義の巨匠』知泉書館,2011。 (鯨岡勝成)

エラン・ヴィタール→ベルクソン

エリアス　Norbert Elias 1897-1990
ユダヤ系のドイツの社会学者。二度にわたる世界大戦,ユダヤ人

差別に翻弄されて,研究を中断させられて,イギリスで大学の定職を得たのは,50代の後半になってからのことであり,代表作『文明化の過程』(初版1939)が高い評価を得たのは,出版してから30年後の再版以降であった。1977年には第一回のテオドール・アドルノ賞を受けて晩年はヨーロッパでその独創的な社会学が評価された。彼の独創性は,ヨーロッパの文明化の過程というものを,社会的な文化構造全体および諸個人とのダイナミックかつ具体的な関連のなかで明らかにして見せたことである。諸個人の日常の振る舞いである礼儀作法,性的な振る舞いや暴力的行動などが,羞恥心や嫌悪感などを媒介にして,どのように文明化のなかで身につけられていくかを見事に描いている。

［文献］エリアス『文明化の過程』上・下,法政大学出版局,1977・78；同『宮廷社会』法政大学出版局,1981；同『スポーツと文明化』法政大学出版局,1995。　　　　　　(佐藤和夫)

エリウゲナ　Johannes Scotus Eriugena 810頃-877以降
西ローマ帝国崩壊の混乱を免れて古典文化が保持されたアイルランドに生まれ,フランク王国のカール禿頭王の招きで宮廷学校を指導した。独創性ゆえに生前にも異端宣告を受けた。さらに創造と救済という神学的主題に新プラトン主義的世界像を援用する斬新な解釈を与えた対話形式の主著『自然区分論』(『ペリピュセオン』)も,無理解から汎神論的として批判され,13世紀に禁書とされた。偽ディオニシオス・アレオパギテース文献をラテン語訳し,西欧世界への(後期)新プラトン主義思想の移入に貢献した。
→能産的自然と所産的自然
［文献］『カロリング・ルネサンス──中世思想原典集成6』平凡社,1992。　　　　　　　　　　　　　　　(加藤和哉)

エリクソン　Erik Homburger Erikson 1902-1994
ドイツ生まれのユダヤ人でアメリカに移住した自我心理学の立場の精神分析家,また思想家。自我同一性(ego identity)の理論で知られる。ウィーンでA. フロイトらに精神分析の指導を受け児

童臨床に従事。1933年，アメリカへ渡って，文化人類学者と共にインディアンの育児方式の研究を行い，人間発達における精神分析学的・対人関係論的・比較文化論的な考えを提起した。ルターやガンディーに関する心理・歴史的研究は人間と歴史の深い洞察と評価される。若者の異議申し立て運動にも重要な役割を果たした。
［文献］エリクソン『幼児期と社会』1・2，みすず書房，1977・80；同『ガンディーの真理』1・2，みすず書房，1973・74。

(間宮正幸)

エルヴェシウス　Claude-Adrien Helvétius 1715-1771
フランスの哲学者。徴税請負人として財を積む一方で，青年期からフォントネル，ヴォルテール，モンテスキューらと交流を深める。1758年に発表した『精神論』は，唯物論，無神論を説いたとして激しい弾圧の対象となり，翌年焚書とされた。その後この著作に向けられた批判を意識しつつ，さらに議論を発展させた『人間論』を執筆するが，迫害を恐れ出版されたのは死後(1773)となった。感覚論に基づき，身体的感受性に由来する快苦がすべての行動・判断を司るとして，徹底した利己主義に基づく快楽主義を主張。それによれば，人間は自己の快楽の増進に貢献する行為・見解を善，これに反する行為・見解を悪と見なすのであり，この意味で良心，正義の感覚といった超越論的・内面的な道徳律は存在しないとされる。こうした極端な利己主義的な人間観はキリスト教陣営に留まらず，同時代の啓蒙思想家からも多くの批判を浴びたが，その思想は道徳と宗教の分離，すなわち道徳の徹底した世俗化に貢献した。また，徳と悪徳の定義を公益との一致・不一致に求める立場をとるが，その際，公益とは最大多数者の利益であり，その実現が道徳的判断の基準であると同時に立法と教育の目的だとして，ベンサムらイギリス功利主義者に強い影響を与えた。
→ロック，コンディヤック
［文献］エルヴェシウス『人間論(抄訳)』明治図書出版，1966；森村敏己『名誉と快楽——エルヴェシウスの功利主義』法政大

学出版局，1993。 　　　　　　　　　　　　　　（森村敏己）

　エレア学派　〔英〕Eleatic school〔独〕Eleatische Schule〔仏〕école éléatique
南イタリアのギリシア植民都市エレア（ヴェリア）出身のパルメニデスと，その教説に従ったゼノンおよびサモスのメリッソス（前441頃盛年）の三人を総称してエレア学派と呼ぶ。クセノパネスを，その「唯一なる神」という単一神論的主張に基づいて学派の創設者とするプラトン以来の見方は根拠に乏しい。パルメニデスは〈有るもの（こと）〉の本性を，不生不滅，連続不可分，不動完結であると規定し，先行する自然哲学者たちが経験と常識において自明の事柄と考えている世界の諸事物の生成消滅・運動変化が，「有らぬものが有る」という矛盾を不可避的に含意していることを明らかにし，経験的判断基準に拠った彼らの探究のあり方を根本的に批判して自然哲学の存立を脅かした。ゼノンは，実在において運動と多数性が不可能であることを論じて師パルメニデスの思想を擁護した。またメリッソスは，不生不滅たる〈有るもの〉の個々の本性規定（永遠，無限，一，一様，不変，不可分など）を先行規定から順次導出してみせるとともに，実在の非物体性と時空的無限性を新たに主張し，〈非有〉である〈空虚〉の存在を否定することでパルメニデスを補足した。パルメニデス以後は，エンペドクレス，アナクサゴラスの多元論からレウキッポスとデモクリトスの古代原子論に至るまで，いかにしてエレア学派の実在規定を満たしながら自然現象を救うかが重要な課題となる。 　　　　　　　　　　　　　　　　　　　（三浦要）

　エレクトラ・コンプレックス　〔英〕Electra complex〔独〕Elektrakomplex
エディプス・コンプレックスと同様の観念複合体で，ユングが提唱。ギリシア神話に由来する。女児の両親に対する願望や態度。幼児期の女児は初め母親に対して愛着心を抱くが，4〜5歳頃に異性の父親に向かうようになり母親に敵意や恨みを感じる。後に母同一化を行って女性化していくことができるのかどうかが課題

となる。この概念についてはユングとフロイトの考えの違いもあり，今日に至るまで変遷がある。エディプス・コンプレックスに含める場合もある。社会歴史的な女性観にも影響される。
［文献］C. G. Jung, *Versuch einer Darstellung der Psychoanalytischen Theorie*, G. W. Bd. 4, Düsseldorf, 1979.

（間宮正幸）

エロス 〔ギ〕erōs〔英〕love
ヘシオドスの『神統記』では最も古い神の一つで，神々の交合による世界の生成を司る。パルメニデスにも，生成界のすべてを操る女神が，神々の中でエロスを最初に創り，出産と交わりを支配したとの言及がある。エンペドクレスでは，愛（ピリア）の支配の時期に四元素が互いに求め合って混合し様々な生物が生じてくる。プラトンの『饗宴』の物語では，アプロディテ（美の女神）が生まれた祝宴の日，酔いつぶれたポロス（策略・豊富の神格化）にペニア（貧窮の人格化）が臥して身籠もった子供がエロスである。エロスは両親の性質を受け継ぎ，自らは貧相だが美しいものを恋し狙う者である。プラトンは，エロスを身体的欲望から精神的欲求へと昇華させる。エロスは知と無知の中間にあって，知を愛し求める哲学者の姿となる。プラトンの描くソクラテスは，美少年を追い求めながら，実際は，美しい魂を求めてともに善美なるものを探求するエロスの人である。若きソクラテスがある人物から聴いたとされる恋の秘儀では，特定の身体の美に拘泥せず，普遍的な身体の美を求め，さらに，身体の美よりも魂の美を尊重し，哲学的問答にふさわしい相手を得て，人間の営みや知識の美について数多くの美しい言論や思想を生み出しながら美の階梯を上昇していくと，やがて美のイデアを観得する時が訪れるとされる。これが，ルネサンス時代の新プラトン主義者フィチーノがプラトン的愛（Amor Platonicus）と名づけたものである。プラトン的愛とはイデアへの憧れである。美しい人を目にして精神的な愛を抱くのは，生前に天上世界で見た美のイデアを想起し，それに伴う畏怖の情をもつからである（『パイドロス』）。『饗宴』に登場する喜劇作家「アリストパネス」は，エロスとは，本来の

全身を回復するために，失われた自分の半身を求める欲望であると語った。アリストテレスでは，自らは動かされることなく他を動かす不動の動者（神）に，エロスの論理が適用される。愛するものが愛されるものによって動かされるように，天球は不動の動者に動かされるとされる。プロティノスでは，一者からの光によりエロスを得た魂が知性へと純化し，最終的に一者との合一に至るとされる。

［文献］プラトン『饗宴』岩波文庫，1965；同『パイドロス』岩波文庫，1967；藤澤令夫『プラトン『パイドロス』注解』岩波書店，1984。 （斉藤和也）

演繹 〔英〕deduction

いくつかの前提から，観察や経験にたよらずもっぱら論理の規則だけによって結論を導く推理の手続きのこと。この推理では，前提と結論の具体的内容に関わる真・偽は問題にならず，手続きとしての形式上の妥当・非妥当だけが問題とされる。真である前提から，妥当な論理的手続きによって引き出された結論は絶対的に真である。演繹には，一個の前提から結論が導かれる直接推理と，二個以上の前提から結論が導かれる間接推理がある。間接推理の代表が三段論法である。演繹は，論理的手続きとして，帰納に対立させられ，正しい演繹によって得られる知識は絶対的に確かな知識であり，一方，帰納によって得られる知識は蓋然的な確からしさしかもたないとされるが，現実の推理では，両者は車の両輪のように相補的に用いられる。

→帰納・帰納法，真と偽

［文献］沢田允茂『考え方の論理』講談社学術文庫，1976。

（中村行秀）

縁起 （えんぎ）〔パーリ〕paṭiccasamuppāda〔サ〕pratītya-samutpāda

仏教の因果論的概念で，物事は原因があって生ずるということ，および，逆に原因がなくなればその物事もなくなるということ。前者の見方を縁起の順観，後者の見方を縁起の逆観という。縁起

説は，もとはゴータマ・ブッダ（釈迦）が考案したと考えられる四諦の第二諦と第三諦に由来する。すなわち，第二諦は苦集聖諦といい，この世のあらゆる苦は，原因があって生ずる，これは真実であり，その原因とは根本的な生存欲（渇愛，無明）であるということを内容とし，第三諦は苦滅聖諦といい，その原因がなくなれば苦しみもなくなる，これは真実であるということを内容としている。ゴータマ・ブッダは，これをやや詳しく説明するために，苦と根本的生存欲との間に，中間項目（支）を立てることがあった。ゴータマ・ブッダが目覚めた人（ブッダ）となる際に順逆に観じて一切の疑念を払う縁としたのが十二支縁起である。その十二支とは，順観の立場から列挙すれば，無明，行（潜在的形成力），識（判断作用），名色（名称と形態），六入（眼・耳・鼻・舌・身・意の六感官），触（感官と対象との接触），受（感受作用），愛（渇愛），取（執著），有（生き物），生，老死，以上である。これらがもともと具体的に何を意味していたかについては不明な点が多い。ただ，後に説一切有部などは，これを三世両重の因果と捉え，過去世，現在世，未来世にわたる輪廻のメカニズムを示すものと考えた。また一方，前2世紀に成立史の出発点をもつ『ミリンダパンハ』（『ミリンダ王の問い』），およびそのすぐあと成立した般若思想系の大乗仏教では，物事はみな因縁によって生ずるものだから無常であり無我（本体がない）であるという，かつてなかった論法が盛んに用いられるようになった。大乗仏教で最初の哲学学派である中観派を創設したナーガールジュナは空思想を完成させ，物事は因縁生（縁起したもの）であり，永遠不変の独立した本体を欠く，ゆえに空であり，世界の真相は概念や言語表現を超越しているとした。

［文献］宮元啓一『仏教かく始まりき——パーリ仏典『大品』を読む』春秋社，2005；同『ブッダが考えたこと——これが最初の仏教だ』春秋社，2004。　　　　　　　　　　（宮元啓一）

エンゲルス　Friedrich Engels 1820-1895
ドイツ出身の社会思想家，社会主義運動家。K.マルクスとの40年にわたる共同の努力によって，「マルクス主義」として知られ

る一連の理論と運動を成立させた。マルクスの遺稿を用いて『資本論』第二巻，第三巻を完成。マルクス主義経済学形成の主役は明らかにマルクスであったが，唯物史観として定式化されたラディカルかつ歴史的な資本主義批判の思想枠組は，1844-46年の時期に，両者のほぼ対等な協力によって形成された。マルクス主義形成期の単独著作としては，『国民経済学批判大綱』と『イギリスにおける労働者階級の状態』，マルクスとの共同著作としては『聖家族』と『ドイツ・イデオロギー』が重要である。唯物史観は『ドイツ・イデオロギー』でほぼ完成されており，彼らはそこではじめて，自分たちの立場を「実践的唯物論」「唯物論的歴史観」「共産主義」と規定するようになる。中期のエンゲルスは，マルクスの生活援助のため，20年にわたって工場経営者の生活を送った。1870年代から再開された理論研究の産物たる『反デューリング論』『フォイエルバッハ論』『家族，私有財産，国家の起源』は，後のマルクス主義理解に巨大な影響をあたえた。哲学上では，精神に対する物質の一次性・根源性を承認する唯物論とそれを否定する観念論との区分を「哲学の根本問題」と規定し，それと弁証法以前・以後を組み合わせた哲学観を提起するとともに，「転倒したイデオロギー」である旧来型哲学の実証科学への解消を主張した。

　1930年代以降のソ連国定哲学と一党独裁イデオロギー（スターリン主義哲学）は，エンゲルス，レーニン，スターリンの発言を一続きのものとして扱ったが，そのため，スターリン死去以降，エンゲルスとマルクスの見解の異同が，大きな問題とされるようになった。後期エンゲルスは，自然科学の発達によって確証されつつあると彼が考えた弁証法的自然観と自分たちの唯物史観とを「現代唯物論」として総括することを試みたが，その脈絡での発言は，こうした疑問を呼び起こしうる内容をもっていた。しかし，彼が多くの社会領域に応用しながら解説した唯物史観は，国家論を含め，初期に形成された唯物史観のほぼ忠実な展開と見なしうる。
→マルクス，マルクス主義，唯物史観
［文献］『マルクス＝エンゲルス全集』（全41巻 補巻4巻 別巻4

巻）大月書店，1959-91。　　　　　　　　　　　　（後藤道夫）

演算子　〔英〕operator〔独〕Operator
「演算記号」「操作子」ともいわれる。言語学，記号論理学，数学などで用いられる。一般的には，その助けによって所与の形式的表現から別の新しい表現を獲得する際に用いられる記号を意味する。数学ではたとえば，数字を結合する「＋」が，また集合論では「∈（要素である）」などが，それぞれ演算子である。記号論理学では，論理定項は演算子と見なされ，それは論理変項とともに用いられる。「…は必然的である」などは様相的演算子である。いずれにせよ，演算子は形式的表現のなかで重要な役割を演ずるが，それのみでは完全な意味をなさない。　　　　　　　（島崎隆）

厭世主義→オプティミズム／ペシミズム

延長　〔英〕extension〔仏〕étendue〔独〕Ausdehnung
延長という語が，哲学において重要な概念として登場したのは，デカルトにおいてである。デカルトは世界が，思惟実体としての精神と，その属性が長さ・幅・深さにおける延長にある物体的実体とから成り立っているという二元論を説いた。色や匂い，味，熱や冷などの性質は，物体自体には存在せず，単なる精神の中の知覚にすぎないのである。物体は空間と異ならず，空虚な空間は矛盾概念であって理解不可能であり，実在的にも存在しない。デカルトの場合，神は被造物を超越しているが，スピノザにおいては，存在としての実体は神のみであり，思惟とともに延長を神の属性の一つとした。神即延長，神即自然ということになる。これは，中世以来の神の普遍的遍在論とも関わっており，ニュートンが絶対空間を神の感覚中枢であると主張したこととも関係している。
［文献］三宅剛一『学の形成と自然的世界』みすず書房，1973。
　　　　　　　　　　　　　　　　　　　　　　　　（河野勝彦）

エンテレケイア→エネルゲイア／デュナミス

エントロピー　〔英〕entropy〔独〕Entropie
熱力学における状態関数の一つで，系の物質的拡散や熱変換の不可逆的な過程の中で生じる物理量を表す。ドイツの物理学者R. クラウジウスが導入した（1865）。ある系のエントロピー量（s）は，その系のもつ熱量（q）を絶対温度（T）で割ったものである（$s = q/T$）。同じ物質でも，固体より液体，液体より気体の状態の方がエントロピーは大きい。また，二つの物体間で熱交換が行われる場合，高温の物体が失うエントロピーよりも，低温の物体が得るエントロピーの方が大きい。系のもつ総エネルギー量は，エネルギー形態が変化しても保存され（熱力学の第一法則：エネルギー保存則），かつ，そのプロセスは互いに可逆的であるのに対し，系のエントロピー量は，系の熱変換に際して常に増大し，不可逆的過程となる（熱力学第二法則：エントロピー増大則）。宇宙全体で言えば，そのエネルギー量は一定であるが，宇宙のエントロピーは最大値（熱力学的平衡状態）に向かって常に増大している（平衡状態に達すると，再び最小値へとエントロピー縮小に向かうとされる）。このことは，宇宙が歴史（時間）をもち，その歴史は不可逆的過程であることを意味する。
　また，あらゆる化学反応はエントロピー増大の過程であり，生命活動は生体中に増大したエントロピーを環境中に廃棄する活動である。しかし，人類が現在行っている経済活動での資源・エネルギー消費は，きわめて膨大なエントロピー増大をもたらしており，地球環境を不可逆的で再生不可能なランダム状態へと急速に向かわせている。この点はエコロジー論から重大な危険性として指摘されている。特に化石燃料に依存した大規模工業生産や，それに依存した「豊かな」消費生活スタイルは，必然的に環境破壊をもたらさざるをえない。したがって，人類や文明の持続可能な発展のためには，再生可能エネルギー中心の小規模分散型の技術や生産，簡素な生活様式などへの転換が求められている。
→エコロジー，持続可能な発展，オルターナティヴ・テクノロジー

エンペド

[文献] J. リフキン『エントロピーの法則』Ⅰ・Ⅱ, 祥伝社, 1983；P. W. アトキンス『エントロピーと秩序』日経サイエンス社, 1992；エントロピー学会編『「循環型社会」を問う』藤原書店, 2001。　　　　　　　　　　　　　　　　　　　（武田一博）

エンペドクレス　Empedoklēs 前492頃-432頃
シケリア（シチリア）島アクラガス出身の哲学者。宇宙論的詩『自然について』と、魂の輪廻と救済を説く宗教詩『浄め』が断片的に伝存。パルメニデスへの応答として、〈四つの根〉と呼ぶ火、水、土、空気の四要素及び〈愛〉と〈争い〉の二原理を措定。事物の生成消滅を単なる名目として否定し、これを愛と争いによる四根の混合と分離で説明。世界は二原理の交替支配により、四根の完全な融合状態（均質球体）と完全分離状態（球層体）の間を周期的かつ永遠に回帰し、同じ原理が魂の転生と神性回復の円環的運命も支配していると見た。
[文献] 内山勝利編『ソクラテス以前哲学者断片集』2, 岩波書店, 1997。　　　　　　　　　　　　　　　　　　　　（三浦要）

オ

老い 〔英〕aging〔独〕Altern〔仏〕vieillesse

英語では老いを aging というが，老いは単なる加齢ではない。加齢は誕生とともにはじまり，そのなかで生命は成長し成熟し，その後衰退して死に至る。生物学的な老いはこの衰退期を指す言葉である。ところでこの個体生命がたどるプロセスをライフ・サイクル（円環）という。このサイクルといういい方は，個体生命の終わりが別の個体生命の始まりにつながるということからでてくる。このサイクルにおける衰退期は種の立場からするとほとんど意味のない付け足しの期間である。個体生命は自己の生命のコピーを残せば，生物学的な役割を終えるからである。案の定，ほとんどの生物は性的な成熟に達するまでの成長期と生殖活動をする生殖期を加えたものを個体の寿命としている。ところが，人間はこの生物界にあって，生殖期を終えてなお後生殖期という長い期間をもち，しかもそれを徐々に延長させてきた。この生物学的な余分が人間にとってもつ意味は，生物学的にではなく文化的に決定される。伝統社会においては老いは両義的である。棄老が広く実践されているとともに，敬老の観念が頑としてある。老いは生命の立場からは衰弱である一方，文化の立場からは経験や知識の豊かな身体的蓄積でもあるからだ。近代の産業社会は，この蓄積を印刷物や電子情報のなかに疎外し物化するから，老いた身体の社会的意味は薄れてくる。だが，他方でいわゆる先進諸国では社会の高齢化が急速に進んでいる。アリエスの「子供の誕生」のひそみにならえば私たちは「老人の誕生」に直面しているのである。二つの課題が控えている。一つは，社会の圧倒的多数が老いの長い時期を生きることになるとき，これを社会の老化としてネガティヴに捉えるのではなく，積極的な価値として位置づけるにはどうしたらいいのか。第二に，老いの衰えは健康からの一時的な退行ではなく存在そのものに焼きついている。ケアの関係と実

践が必要となる。社会におけるケアの位格をどこまで引き上げるかが課せられている。
［文献］ボーヴォワール『老い』上・下，人文書院，1972；今堀和友『老化とは何か』岩波新書，1993。　　　　　（市川達人）

　王安石　（おう あんせき）Wáng Anshí 1021〔天禧5〕-1086〔元祐1〕
字・介甫，諡・文公，号は半山，また荊公とも呼ばれる。北宋の政治家・思想家・詩人。神宗によって宰相に抜擢され，「均輸法」や「青苗法」などの新法を断行して成果を挙げるが，こうした改革は上層官僚など支配層の利権を奪うので，旧党派の激しい抵抗に逢い，引退を強いられる。その哲学は，万物を「五行」の生成変化によって説明，天道に対する人道の独自性を承認，「性」と「情」との区別を明確化し，善悪の発生を後者にのみ帰するなど，合理的な面が強い。文章家としても著名，また蘇軾と並び北宋を代表する詩人でもある。
［文献］宮崎市定『中国政治論集――王安石から毛沢東まで』中公文庫，1990；東一夫『王安石新法の研究』風間書房，1970。
　　　　　　　　　　　　　　　　　　　　　　　（村瀬裕也）

　オーウェル　George Orwell 1903-1950
イギリスの小説家，ジャーナリスト。大英帝国の植民地支配・圧政や大恐慌下の民衆の窮状などを体験に基づいてレポートし，作家としての位置を確立した。その後，スペイン共和国の防衛に参加し，そこで遭遇した内紛を描いた『カタロニア讃歌』を著し，大戦後，権力を取ったものが民衆を弾圧し，服従させていくプロセスを寓話的に描いた『動物農場』と，反ユートピア社会小説『1984年』で一躍人気作家となった。特に後者は冷戦時代のソヴィエト連邦批判の反共作品としてもてはやされたが，そう単純ではなく，彼独自の自由社会主義思想から，ナチズムを含めた全体主義，ファシズムを批判したものであり，現代政治世界に対する警告でもあった。
［文献］オーウェル『カタロニア賛歌』岩波文庫，1992；同『動

物農場』角川文庫, 1995；同『一九八四年〔新訳版〕』ハヤカワ epi 文庫, 2009。　　　　　　　　　　　　　　　　（吉田千秋）

オーウェン　Robert Owen 1771-1858
イギリスのユートピア社会主義者。協同組合運動の先駆者。1798 年にスコットランドのニュー・ラナークで綿紡績工場を設立し, その経営のかたわら, 1813 年に『社会に関する新見解』, 1820 年に『ラナーク州への報告』を発表して, 労働者への博愛的な労務管理思想から出発した独自の社会主義的ユートピアを構想するに至った。最低 300 名から 2000 名を上限とする人々が住む方形の建物の周囲に農地と工場を配置し, 農工一体の協同労働, 自給自足性の高い協同生活を行うというもの。分配と交換は投下労働量によって測定され, 利潤追求による搾取・貧困・恐慌は消滅し, また現行社会の「悪の三位一体」たる私有財産, 既成宗教, その両者に影響された結婚制度は打破され, 人々は, 人格形成への環境決定論に基づく教育と実生活とによって, 協同の幸福が自己の幸福に通じていることを身につけて,「個人的利益の原理」ではなく「団結と相互の協同」が社会原理となるとした。ニュー・ラナークでの部分的な実践の後, 1825 年にインディアナ州に土地を購入して渡米し,「ニュー・ハーモニー」という名の協同体建設を試みたが, 3 年後には破綻。その後 1830 年代のイギリスにおける協同組合・労働組合運動の勃興のなかで先駆者として尊敬され, 一時指導的役割を果たした。
→ユートピア社会主義
［文献］『オウエン　サン・シモン　フーリエ—世界の名著 42』中央公論社, 1967；オーエン『ラナーク州への報告』未来社, 1970。　　　　　　　　　　　　　　　　（岩本吉弘）

黄金律　〔英〕golden rule
時代や文化, 社会の違いを越えて普遍的に妥当する道徳的原理の定式。狭義には「何事でも人々からしてほしいと望むことは, 人々にもそのとおりにせよ」（マタイによる福音書・第 7 章第 12 節）という聖書の命法を指すが, 広義には, ある特殊な個人に

オウジュ

とって正しいことないし望ましいことが道徳的であると言えるためには、それが同時に人間一般にとっても正しいことないし望ましいことでありうるという普遍化可能性を条件として満たさなければならないという命題のことである。カントの定言命法や規則功利主義的立場からの道徳的議論も、広い意味ではこのような定式を共有していると見ることができる。
［文献］R. M. ヘア『自由と理性』理想社，1982。　　（石井潔）

王充　（おう じゅう）Wáng Chōng 27〔建武 3〕-104 年〔永初 1〕頃

後漢前半期，浙江省会稽郡上虞の人。現代中国では，古代の傑出した唯物論思想家との評価が定着。主著『論衡』全 30 巻 85 編（今本には後世の偽作も混入）。30 年間かけて執筆されたこの書の目的は，当時流行した虚妄の言論の真偽判別基準の確立にあったという。彼は道家の自然観をとり，万物の生成消滅を，天地の交合により生じた気の自己運動で説明し，天の意志を認める目的論的世界観を否定した。経験的事実の証拠と合理的推論とを自覚的に結合し，後漢王朝の御用学問化した儒教の非合理主義理論（予言解読の讖緯説，皇帝の政治と災害異変とを因果関係づける天人相関説，譴告説等）を徹底的に糾弾。孔子や孟子の言行の矛盾，一般社会の迷信や俗説も，鋭く批判した。
［文献］王充『論衡――漢代の異端思想』（東洋文庫）平凡社，1965。　　（後藤延子）

王守仁→王陽明

王船山→王夫之

王廷相　（おう ていしょう）Wáng Tíngxiāng 1474〔成化 10〕-1544〔嘉靖 23〕

字・子衡，号・浚川。明代の政治家・思想家・詩人。宦官劉瑾と対立して幾度か左遷されたが，後に召還されて昇進，政治の浄化に努めた。哲学上は張載の「太虚」説を継承し，「気」一元論の

唯物論学説を掲げた。すなわち，宇宙の根源は「元気」のみ，それを超越した「道」や「理」は存在しないと断定。また「仁義礼智」を「性」とする見解に反対，それを「心」の作用の結果とし，その「心」もまた先験的でなく，経験的習熟によって充実するものとした。ここから学問（講と行）重視の立場が導かれるのは当然である。
［文献］『王廷相集』（全4冊）中華書局，1989；湯浅幸孫『中国倫理思想の研究』同朋舎，1981。　　　　　　（村瀬裕也）

王弼　（おう ひつ）Wáng Bì 226〔黄初7〕-249〔嘉平1〕
字は輔嗣。魏の人。僅か23歳で夭逝した天才的思想家。魏晋玄学の代表者の一人で，清談家でもある。玄学における「有」と「無」をめぐる論争では，先輩の何晏とともにいわゆる「貴無派」に属する。すなわち，彼は老子の「道」概念の解釈を通して，「凡そ有は皆無より始まる」「無の物たる，水火も害する能わず，金石も残う能わず」と語り，「無」を万有の絶対的根源とする立場を打ち出した。なお彼は『老子道徳経注』のみならず，『周易注』や『論語釈疑』などをも著し，儒教の言説を玄学の解釈体系に組み入れた。
［文献］『王弼集校釈』上・下，中華書局，1980；馮友蘭『中国哲学史新編』第4冊，人民出版社，2000。　　　　　　（村瀬裕也）

王符　（おう ふ）Wáng Fú 80〔建初5〕頃-167〔延熹10〕頃
字は節信。後漢の思想家。出自が卑賤であったため，仕官するすべもなく，生涯野に在って思索，自ら「潜夫」と称す。その著書が『潜夫論』と呼ばれる所以である。その宇宙論は，冥々たる「元気」が，自ら変化して清濁・陰陽に分かれ，そこから万物・人間が生まれる，という一種の開闢説である。未だ天人感応説の余韻を残しているものの，人間固有の「道」を「為」に見出し，その能動性を認める。彼はまた，社会の混乱を運命に帰する見解を退け，為政者の帰責性を明確化，この立場から鋭い社会批判を行った。
［文献］侯外廬他『中国思想通史』第2巻，人民出版社，1960。

オウフウ

(村瀬裕也)

王夫之 (おう ふうし) Wáng Fūzhī 1619〔万暦 47〕-1692〔康熙 31〕

字・而農家,号・薑斎,湖南・衡陽の人。明末清初の思想家・哲学者。晩年に隠栖した石船山の地名に因み,王船山とも称される。若くして明朝の崩壊に遭遇するが,侵略者たる清朝政権には最後まで屈伏せず,一時は抗清の兵を挙げるが失敗,39歳以後は僻地に身を隠して節義を全うする。哲学の上では,「気」一元論,つまりは唯物論の立場に立つが,これを朱子学的な客観的観念論のみならず陽明学的な主観的観念論とも峻厳に対置しつつ,独自の学説に磨き上げた。特に主観的観念論の特徴である経験主義・現象主義を批判,一方では私意によって「起滅す」べからざる客観世界の実在性を承認,それに対するに「未知の知」の重要性を謳いつつ,他方では「天道」から「人道」を峻別,意識主体たる人間を当事者とする「人道」の領域の独自性と帰責性を強調した。彼の哲学説中,注目すべき今ひとつの点は,張載の「一神両化」説を継承した弁証法の観点である。すなわち彼によれば,すべての事物はその統一性の内に「両」の契機を含有し,「合」→「分(対→反→仇)」→「成(新たな「合」)」の過程を辿って運動する。彼はさらにこの観点から人間論・教育論・歴史学・歴史哲学・文学論など多方面にわたり豊富多彩な考察を展開した。詩など文芸作品も少なくない。

[文献]『船山全書』(全16巻) 嶽麓出版社,1988-96;高田淳『王船山易学述義』上・下,汲古書院,2000。　　(村瀬裕也)

王陽明 (おう ようめい) Wáng Yángmíng 1472〔成化 8〕-1528〔嘉靖 7〕

中国,明代中期の思想家,政治家。名は守仁,字は伯安,陽明が号。浙江省余姚の人。弘治 12 (1499) 年の進士。王朝権力の重圧の下に窒息させられようとする士大夫の主体性を内面的に確保するために,形骸化しつつあった朱子学の賦活蘇生を図り,心の学,良知の学を樹立した。任侠,騎射,文学,神仙,仏教など道

を求めて彷徨するが，父や祖母への家族愛を断ちがたく朱子学に帰る。36歳，宦官劉瑾の怒りを買い，貴州竜場に流謫される。その極限的状況の中で永年の疑問に解決をづける。永年の疑問とは朱子学の理を自ら体認できないことであった。朱子は理を宇宙自然の法則であり，自然物の探求によって体認出来るとした。陽明は自らの主体性の証としてこの理を体認しようとしたが果たせなかったのである。陽明は，この煩悶に，自らの主体性を証すのは自然物のなかに理を体認することではなく，内外の諸叛乱を前に危機的状況を強めている王朝権力を，自分の心にある忠誠心を働かせて補強すること以外にないと思い至ることによって，決着をつけたのである（竜場の大悟）。中央に復帰して後の教学活動，謀反鎮圧，一揆平定などは，その具体化そのものである。語録『伝習録』は日本にも大きな影響を与えた。

→朱子学，陽明学，知行合一，李卓吾

［文献］岩間一雄『中国政治思想史研究』未来社，1968；同『中国の封建的世界像』未来社，1982；島田虔次『中国における近代的思惟の挫折』（全2冊）（東洋文庫）平凡社，2003。

（岩間一雄）

大井憲太郎 （おおい けんたろう）1843〔天保14〕-1922〔大正11〕

明治期の自由民権運動の思想家，政治家。豊前の農家に生まれ，維新後，箕作麟祥の私塾や大学南校でフランス法学を学び，『仏法政典』（1873），『仏国政法論』（1879-83）などを翻訳し，フランス流の民主主義思想に基づいて藩閥政府の専制を批判するとともに，民権論を士族から平民・農民を重視する方向へと転換しようとはかった。1874年の民撰議院設立論争には，馬城台二郎の名で，尚早論を唱えた加藤弘之に反論した。81年，自由党に加わったが，92年に脱党して東洋自由党を結成。その後，労働問題に関心をよせつつも，国権主義への傾斜を著しくしている。

［文献］平野義太郎『馬城大井憲太郎伝』風媒社，1968；同『大井憲太郎』吉川弘文館，1965；糸屋寿雄編『大井憲太郎と初期問題』青木書店，1961。

（古田光）

オオシオ

大塩平八郎 （おおしお へいはちろう）1793〔寛政 5〕-1837〔天保 8〕
号・中斎，名・後素，字・子起。江戸期・陽明学派の思想家。郷里・大阪にて与力として出世，様々の難事件で功績を挙げるが，38 歳にして職を辞し，学問と教育に専念する。だが 1836（天保 7）年，日本中を襲った凶作飢饉に際し，翌年 1837 年，大阪の民衆の救済と汚吏・富商の誅伐とを目的として反乱の兵を挙げる。乱は一日にして鎮圧され，平八郎父子は自刃し果てる。学者としての彼は，呂坤を介して陽明学に接近，その「致良知」説を徹底し，これに「帰太虚」説を加味して独自性を発揮した。
［文献］大塩中斎『先心洞箚記』（日本思想大系 46）岩波書店，1980；宮城公子『大塩平八郎』ぺりかん社，2005。（村瀬裕也）

大杉栄 （おおすぎ さかえ）1885〔明治 18〕-1923〔大正 12〕
日本の代表的アナーキスト（無政府主義者）。香川県丸亀で職業軍人の子として生まれる。幸徳秋水の影響で無政府主義者となり，様々な労働争議などにかかわる。1910 年大逆事件以降の〈冬の時代〉に，『近代思想』『平民新聞』『労働運動』などで意欲的に理論活動を行い，アナーキズム運動の発展に大きな影響を及ぼす。

個人の生の自由の拡充ということを基本的な前提として，ボルシェヴィズム運動がそうした個人の自由を保証することがないことを鋭く批判した。そうした点から，運動自身が自由を実現するものでなければならないとして，目標や理想のために現状の改革運動を手段化することを強く嫌悪した。

妻保子，伊藤野枝，神近市子の 3 人の女性との交際をめぐって，大杉が刺されることになった 1916 年の葉山「日陰茶屋」事件に代表されるように，彼の姿勢は，男女関係や性関係の改革をも含んだものであって，その意味で，関東大震災において，パートナーとなっていた伊藤野枝ともども虐殺された事件は，社会変革の過程が自由の実現でなければならないという主張への支配者からの強い弾圧の象徴であった。当時の厳しい階級的弾圧のために，当時のアナ・ボル論争では，次第にボルシェビキ側の流れが

強まっていったが，全体主義への強い嫌悪という視点は今日から見て多くの示唆を与えている。
→アナーキズム
［文献］大杉栄『自叙伝・日本脱出記』岩波文庫，1971：同『大杉栄評論集』岩波文庫，1996。　　　　　　　　　　　（佐藤和夫）

　大西祝　（おおにし はじめ）1864〔元治1〕-1900〔明治33〕
同志社英学校に学び，普通科および神学科を終えた。次いで東京大学文学部哲学科に入学し，さらに大学院において倫理学を研究。東京専門学校（現・早稲田大学）に迎えられ，その後高等師範学校倫理科講師となり，さらに新設の京都大学文科大学の学長に内定していたが病を得て37歳で没した。幼児期よりキリスト教の影響を受け，井上哲次郎による国家主義的な立場からのキリスト教批判に対しては，宗教や哲学はあくまでも個人の自由な考究に委ねられるべきことを主張。カント的な批判主義の精神に基づく合理的な批評活動を展開した。また社会の不平等を克服するために社会主義を唱えることの必要性を説いた。
［文献］小坂国継編『大西祝選集』（全3冊）岩波文庫，2014。
　　　　　　　　　　　　　　　　　　　　　　　　　（田平暢志）

　岡倉天心　（おかくら てんしん）1862〔文久2〕-1913〔大正2〕
名は覚三。父親はもと越前福井藩士であったが，藩命によって開港されたばかりの横浜に藩が開いた外国人相手の商舗「石川屋」の支配人となり，横浜に移り住んだ。覚三はその次男としてその地で生れた。7歳の頃から外国人居留地にあった英語塾に通い，英語の読み書きや会話を学んだ。後に東京開成学校に入学したが，開成学校は東京帝国大学と改められその文学部第1期生となった。大学卒業後文部省に入り音楽取調掛に任ぜられるが，程なく内記課勤務となり，主として美術関係の事柄に携わるようになる。文部省の事業として行われていた近畿地方の社寺の宝物調査に従事し，フェノロサとともに古来秘仏として人目に曝すことを拒まれてきた法隆寺夢殿の観音像をはじめて調査した。さらに

政府の美術学校設立の方針に基づき、フェノロサとともに欧米各国の美術教育および美術情勢の調査のため9ヵ月間欧米各国を訪問。美術学校開校後は29歳にして校長に任ぜられたほか、わが国ではじめて日本美術史を講じた。また美術雑誌『国華』を創刊し、日本美術院を創立するなど日本画の伝統の革新を指導した。また『東洋の理想』『東洋の覚醒』『茶の本』などを英文で出版、東洋の精神文明を高く評価する文明論を展開。ボストン美術館の東洋部長など国際的に活躍した。「アジアはひとつ」と唱えたことはよく知られている。
［文献］『岡倉天心全集』（全8巻 別巻）平凡社、1979-81。

(田平暢志)

オカルト 〔英〕occultism
オカルティズムの省略形で、「秘密、隠匿」を意味するラテン語occultumに由来。近代科学が否定した占星術、錬金術、神智学、透視、ポルターガイスト、念力、心霊術、手相占いなどの超常現象とそれに関連する秘術と超能力の総称。自然の客観的法則性を超えて人間の運命や社会現象を操作する霊力を認める超自然的・神秘主義的観念を前提にし、その原理・霊力を利用・操作する超能力行使を中核的信念とする。発生は古代エジプトやメソポタミアに遡るが、ルネサンス期に、キリスト教が異端として排除した神秘主義の中に古代の知を復活再生させる精神運動として興隆し、新プラトン主義を媒介としてルネサンス芸術の理論的背景ともなった。近代科学の黎明期に、自然界の客観的法則性に対抗する心霊研究として再活性化をみる。宗教の近代化とは、呪術性と神秘性と密接に重なるオカルト的要素を排除する過程である。密教、修験は濃厚にオカルト的要素をもつ。
［文献］コリン・ウィルソン『オカルト』平河出版社、1985；マイクル・シャーマ『なぜ人はニセ科学を信じるのか』ハヤカワ文庫NF、2003。

(山口和孝)

荻生徂徠 （おぎゅう そらい）1666〔寛文6〕-1728〔享保13〕
江戸中期の儒学者。幼名は双松、字は茂卿、通称は惣右衛門、号

が徂徠である。 祖父の代から医師を業とし，父は徳川綱吉（当時は館林藩主）の侍医であった。徂徠は1666（寛文6）年に江戸で生まれたが，14歳の時，父が綱吉の不興を買い江戸から追放され，上総国長柄郡本納村（現千葉県茂原市）に移った。25歳の頃，江戸に帰り，芝の増上寺の付近で私塾を開く。学力を認められて，31歳1696（元禄9）年から柳沢吉保に仕え，将軍綱吉にも接近する機会を得た。禄高五百石にまで昇進したが，1709（宝永6）年に綱吉が没して後は，江戸市中で学者として活動した。

　徂徠は，朱子学の道徳と政治との連続的把握を批判し，「道」とは，先王（古代中国の帝王）が天下を治めるために作為した「礼楽刑政」すなわち政治制度のことであるとし，道徳よりも政治の方法に重点を置く。いわゆる徂徠における作為としての政治の発見である。ただし，ここでの政治には，「家業」として道を伝えるものだけが参与しうるのであり，家から自立した個人が参与できるわけではないし，政治＝権力が道徳から独立したのではない。徂徠の政治は，「わざのしかけ」といわれるように，ある「術」である。徂徠の術は山鹿素行の武士道のように武や徳によるのではなく，家産官僚柳沢の家臣としての文人的な統治技術である。それは，人間行動を一定方向へ習慣づけていく長期的なならわしづくりであり，風俗の立て直しである。徂徠にとって立て直されるべきものとされた現実は，質素な理想的な世界がうち続く太平のうちに奢侈放縦に流れ，その結果貴賤の分が厳しくなり，武士が農民から強収奪を行っているという状態である。そこで聖人の作為した理想的制度である質朴な政治に戻そうというのが徂徠の政治の目標であり，城下町（旅宿の境界）に住む武士を農村に土着させるという武士土着論がそのもっとも具体的な内容であった。徂徠の政治は，封建制度の矛盾をその廃棄でなく素朴化によって乗り越えようという復古的なアナクロニズムだったのである。

→朱子学

［文献］『荻生徂徠——日本思想大系36』岩波書店，1973；丸山眞男『日本政治思想史研究』東京大学出版，1952；守本順一郎

オスティ

『日本思想史』未来社，2009。　　　　　　　　　　（岩間一雄）

　オースティン　John Langshaw Austin 1911-1960
1950年代に英国のオックスフォード大学を中心に隆盛を誇った日常言語学派（オックスフォード哲学とも呼ばれる）の中心人物の一人。若くして正教授となり，活動の最盛期のさなかに急逝した。彼の著書はいずれも没後に公刊され，『哲学論文集』（1961）を除いては講義ノートに基づいて編集された。『知覚の言語』（1962）は，知覚にかかわる言語表現の丹念な分析に基づいて，エイヤーらの感覚与件理論を徹底的に批判したもの。オースティンの学説でもっとも影響力が大きいのは，言語使用の行為遂行的性格を発見したことである。事実や情報を表すことだけが言語の機能ではなく，言語を用いること自体がある行為，たとえば約束の遂行である。オースティンは当初，「行為遂行型発言」を「事実確認型発言」から区別するという仕方でこのことを指摘したが，やがて，言明（事実や情報内容を述べること）を含むすべての言語使用を行為として分析するという方針に転換した。言語表現が伝える字義通りの内容＝意味に対して，言語の使用が行為としてもつ特徴は発語内の力と呼ばれ，力によって特徴づけられる行為のレヴェルは発語内行為と呼ばれる。『言語と行為』（1962）としてまとめられたこれらの着想と概念は，彼の学生だったサールらに引き継がれ，言語行為論として体系化されることになる。
［文献］オースティン『知覚の言語』勁草書房，1984；同『言語と行為』講談社学術文庫，2019。　　　　　　　　　　（伊勢俊彦）

　オーストリア・マルクス主義　〔独〕Austromarxismus
第一次世界大戦前アメリカ人社会主義ジャーナリスト，ルイス・ボーダンによって「オーストロ・マルクス主義」と呼ばれた，1890年代前半にウィーン大学の学生となったM.アドラー，K.レンナー，R.ヒルファディングらを中心とする社会主義学生サークルを活動の出発点に，後にO.バウアーを加えて1904年発刊の『マルクス研究』（-1923）や，1907年10月発刊の月刊理論誌『闘争』（-1937）を足場にして一つの思想集団を自己形成した若

きマルクス主義者の理論の総称。彼らは，新カント派哲学やマッハ主義，経済学上のオーストリア学派の限界効用理論，多民族国家ハプスブルク帝国の民族問題，ベルンシュタインらのドイツの修正主義理論などの同時代の理論問題と取り組み，あるいはその影響を受けた。彼らは，接近困難な，不完全な出版の助けを借りてマルクス主義理論を得ようと努めた独学者であり，マルクス主義外部に主要な教養をもち，その教養の継続としてマルクス主義を理解した。20世紀に入るまでヘーゲル主義が大学に存在しなかったこと，オーストリア国民経済学が古典派政治経済学と共通の問題設定をもたなかったこと，「ユートピア社会主義」が発展しなかったことなど，マルクス主義受容にとってのオーストリアの特殊な精神史的状況も，彼らの共通の方法的独自性を生むことになった。しかし，その分析においてオーストリア・ハンガリー帝国の存在意義を過小評価し，経済分析を通して理論的には社会主義革命の必然性を論証しながらも，常に客観主義，待機主義に傾きがちであった。彼らのこの理論傾向は，第二インターナショナル期の社会主義運動において社会改良主義とボリシェヴィズムの間に立つ中間的立場（「第三の道」の提唱）を正当化しようとするものであった。
→アドラー（M.）
［文献］N. Leser, *Zwischen Reformismusus und Bolschewismus—Der Austromarxismus als Theorie und Praxis*, Wien, Europa Verlag, 1968; H. J. Sandkühler / R. d. l. Vega, Hrsg., *Austromarxismus. Texte zu 'Ideologie und Klasenkapf' von Otto Bauer u. a.*, Frankfurt, Europäische Verlagsanst, 1970. 　　　　　　　　　　（上野卓郎）

　オッカム　William of Ockham 1285頃-1347/9
中世後期イギリスのスコラ哲学者，論理学者。若くしてフランシスコ会に入り，オックスフォードで学ぶ。清貧の捉え方をめぐって，異端の嫌疑をかけられ，破門され，バイエルンに逃れる。その背景には，当時の世俗的権力とローマ教会との闘争において世俗側の味方に立ったということがある。思想的には，ドゥンス・スコトゥスの実念論を批判し，真に実在するものは個物だけであ

り，普遍は概念にすぎないという唯名論を展開した。直観的認識としての経験を重視し，近世の経験主義の源流に位置する。オッカムの唯名論は，ヨーロッパ各地の大学に拡がり，近世初頭に至るまで論理学思想における主要潮流となった。
→唯名論と実念論
[文献] 清水哲郎『オッカムの言語哲学』勁草書房，1990。

(山内志朗)

オートポイエーシス 〔英〕autopoiesis〔独〕Autopoiesis
チリの神経生理学者マトゥラーナが，生命システムの有機構成の特性を表すものとして提起した概念。ギリシア語のオート（自己）とポイエーシス（制作）を組み合わせた造語。1980年代前半に社会学者のルーマンがこの概念を全面的に導入して以降，一般システム論の新たな段階を画するものとして一気に広まった。システムの「作動」に即した分析が目指され，システムの「構成素」をシステム自体が再帰的，反復的に産出する，そうした過程のネットワークとしてオートポイエーシス・システムが規定される。そこからシステムと環境の関係，システム同士の関係，システムの「メタモルフォーゼ」「観察システム」等々が，独自に論じられていく。現在，多様な分野で応用・精緻化が図られている。
[文献] マトゥラーナ／ヴァレラ『オートポイエーシス——生命システムとはなにか』国文社，1991；河本英夫『オートポイエーシス——第三世代システム』青土社，1995。 (庄司信)

オプティミズム／ペシミズム 〔英〕optimism / pessimism
一般的にはそれぞれ，楽天主義・楽観論，悲観主義・厭世論などと理解され，古来さまざまな人生態度で表明されているものでもあるが，元来は最善を意味するラテン語 optimus による〈最善主義〉と，最悪を意味する pessimus による〈最悪主義〉が原義である。前者はライプニッツの，後者はショーペンハウアーの哲学説で主要な役割を演じている。ライプニッツによれば，神は世界を最善なものとして創造するにあたり，そこにある悪は世界全体

のために不可欠なものとして容認した。この最善世界説の考え方は弁神論の課題と結びついて，人間の枠を超えたコスモロジーとなっている。つまり世界全体の善のためには人間の利益に制限を加えることも必要になるという思想であって，人間にとってオプティミズムはペシミズムだと言える。しかし「すべてはよし」という表現が独り歩きし，ヴォルテールに揶揄され，人間中心主義的な世界観と解されて，悪い事態も必ず好転するという思想になった。こうしてオプティミズムは楽天主義とか楽観論といわれ，現代の用法へとつながることになる。一方ショーペンハウアーの考えによれば，世界の根源は盲目的で非合理的な生への意志である。その意志から生み出された表象としての世界は時間や空間や因果法則に従う科学的な対象界であるが，もの自体としての意志は盲目的であるがゆえに常に対立に会う。そのため一切の生は苦であるということになる。ショーペンハウアーは苦からの解放の可能性を芸術に託すが，それも所詮は一時的であり，究極の解脱をインドの梵我一如の境地に求める。現実世界を苦に満ちたものとする思想は当時の流行とさえなった。オプティミズムもペシミズムも，それを通俗的に単純化されたまま唱えることはできない。これらはそれ自体論証できるような説ではなく，むしろ世界をどのようなものとして捉えるかという哲学的な態度の表明である。

→ライプニッツ，ショーペンハウアー

[文献] ライプニッツ『弁神論』上・下（著作集 6・7）工作舎，1990-91；ショーペンハウアー『意志と表象としての世界』（全 3 冊）中公クラシックス，2004。　　　　　　　　　（佐々木能章）

　オリエンタリズム　〔英〕orientalism

この言葉は，ジャパノロジー（日本学），シノワズリ（中国趣味），オリエンタリスト（東洋学者）とともに，東洋についての趣味ないし学問を意味していたが，M. フーコーの言説秩序(ディスクール)のイデオロギー分析の手法を受けた E. サイードの決定的著作『オリエンタリズム』(1978) 以来，東洋を紋切型に他者化（一方で悪魔化すると同時に他方で神秘化）する西洋の植民地主義的な言説秩序を

指すようになった。この点で、「文明」と「野蛮」の紋切型二分法の解体を目指すポストコロニアル批評と連動し、西洋＝強者＝男、東洋＝弱者＝女という視座を暴くフェミニズムとも重なる用語である。この用語によって、これまで無意識のうちに文学や美術で表現された西洋中心主義的な文化イデオロギーが明るみに引きずり出されるとともに、いまなお映画やテレビで再生産され続ける紋切型の東洋像も分析の対象となった。理論的には、東洋が西洋を固定的に捉える「オクシデンタリズム」も考えられる。日本の場合、西洋人の眼差しどおりの他者（蝶々夫人）を演ずる「逆オリエンタリズム」と「オクシデンタリズム」の混合イデオロギーが、幕末開国から現在に至るまで、攘夷と脱亜入欧、あるいは「近代の超克」と近代主義の間で揺れている。
→脱亜論、近代の超剋、近代主義
［文献］サイード『オリエンタリズム』上・下、平凡社ライブラリー、1993；彌永信美『幻想の東洋』上・下、ちくま学芸文庫、2005。　　　　　　　　　　　　　　　　　　　　（岩尾龍太郎）

オルガノン　〔ギ〕Organon〔ラ〕Organum
古代から伝統的にアリストテレス全集の冒頭に置かれる6篇の論理学書の総称。「道具」を意味し、論理学を学問全般の「道具」とするペリパトス学派の考えに基づく。日常言語の述定を構成する10のカテゴリーが考察される『カテゴリー論』、文の構成や種類を論じる『命題論』、推論の形式を扱う『分析論前書』、科学的知識を導く論証や探究について論じられる『分析論後書』、弁証術（対人討論の技術）の方法を扱う『トピカ』、ソフィストの「似非」弁証術を扱う『ソフィスト的論駁について』からなる。F.ベーコンの『ノヴム・オルガヌム』はこれに替わる「新しいオルガノン」を意図したのもの。
→三段論法、トポス　　　　　　　　　　　　　　　（加藤和哉）

オルターナティヴ・テクノロジー　〔英〕alternative technology, AT
代替技術と訳される。これまでの化石燃料や原子力に依存した巨

大技術・高度技術に替わって，再生可能エネルギー利用による自然環境との共生を目指す，新しい技術概念。従来型技術は，原発に典型的に見られるように，巨大資本による巨大な設備投資，巨大資本と技術官僚による中央集権的支配，グローバリズムによる地域社会の破壊，資源・エネルギーの浪費と地球環境の破壊・汚染などを特徴としてきたという反省に立って，これからの時代に求められるATは，①再生可能エネルギー利用による，資源・エネルギー節約型で自然環境との共生を旨とする，②巨大な資本を必要とせず，比較的小規模で，どこでも設置でき，素人でも比較的簡単に使いこなせる，③労働集約型で，地域の特殊性に適合し，地域経済密着型である，などを基本的特徴とする。この観点から，太陽光・風力・潮力・地熱・バイオマスなど自然エネルギーを利用した小規模発電，太陽熱・燃料電池などコジェネレーション型エネルギー利用が促進された。これら新技術により，低エントロピーの循環型社会および地域主権型の社会構造への転換が展望されている。もっとも，エコロジー社会の真の実現は，ATだけでなく，われわれの生活様式や行動様式，価値観の転換があって初めて可能となる。
→エコロジー，エントロピー
［文献］E. F. シューマッハー『スモール・イズ・ビューティフル』講談社学術文庫，2000；田中直『適正技術と代替社会』岩波新書，2012。　　　　　　　　　　　　　　　　　　　　（武田一博）

オルテガ・イ・ガセット　José Ortega y Gasset 1883-1955
スペインの哲学者。20世紀を「大衆の反逆」の時代と捉え，貴族主義の立場から大衆社会に対する先駆的批判を唱えた。彼は，ほんらい社会は多数の凡庸な大衆と優れた少数者たる貴族から成るとし，従順であるべき大衆が少数者の支配に反逆し，それにとって代わったことに今日の危機と衰退の原因があるとした。そうした大衆支配を生んだのが，19世紀以来の産業主義と民主主義の拡大だという。その議論は，ファシズムと共産主義が台頭する時代の脅威に対するエリート層の危機感とニヒリズムを色濃く反映しており，後の大衆社会論の一つの範型となった。

オルペウ

[文献]『オルテガ著作集』(全8巻)白水社，1969-70。

(豊泉周治)

オルペウス教 〔英〕Orphism
亡き妻を追って冥界に降った伝説上の詩人オルペウスに仮託された密儀宗教。この宗教活動は前6世紀頃から行われていたと推定される。オルペウス教では，人間はかつて犯した罪のために輪廻転生し，魂の牢獄である肉体に堕ちているが，浄めの贖罪により救われるとして，殺生戒や菜食主義などを実践した。ピュタゴラス派の宗教思想と重なる部分が多く，プラトンにも大きな影響を与えた。オルペウス教では特異な神統記や宇宙生誕論を信奉していた。また，ディオニュソス(ゼウスの息子)を切り裂いて食べたティタン神族がゼウスの雷光に焼かれ，その煙の煤から人類が生じたとする神話があり，これは人間本性の善悪二元性を象徴的に説明している。

[文献]レナル・ソレル『オルフェウス教』(文庫クセジュ)白水社，2003。

(斉藤和也)

恩 (おん)
元来は恵むと同義。仏教の krta (なされたこと)，upakara (利益する) が恩と漢訳され，他者により自分のためになされたことを知り感謝し報いる報恩の意味となり，中国で儒教・道教と結合した四恩思想として展開した。他方では trgnā (渇愛)，priya (肉親の情愛) も恩愛と訳され，悟りの障害とされた。四恩は経典で父母・衆生・国王・三宝の恩等と説かれ，日本でも，在来の自然の恵み (〈原恩〉) の観念を背景に，中世以後典型的な仏教倫理として普及した。中世の武士世界では御恩と奉公の対観念で使用されて具体的権益関係の次元の互恵的報恩思想を形成した。近世では浄土真宗の他力報恩論の民衆的影響もあり，抽象的観念的な一方的報恩思想となった。

[文献]仏教思想研究会『恩——仏教思想4』平楽寺書店，1979。

(亀山純生)

恩寵の光→自然の光／恩寵の光

カ

快/不快 〔英〕pleasure / pain

快/不快は，古代から倫理学説のひとつの根拠とされてきた。仏教では一切が苦に帰着するから快の追求は空しいと考えられたが，古代ギリシア哲学においては，ソクラテスが，快楽を行為の目的とすることは皮膚病を掻き続けるようなものだと揶揄しているものの，別の個所で快/不快のバランスに善があると述べている。アリストテレスも快/不快の中庸に節制の徳を見出したし，エピクロスは幾何学など，快のうちの高貴なるものの獲得を目指すべきとしている。こうした伝統は，中世キリスト教の禁欲主義を経て，ルネサンス以降，ラブレーやマンデヴィルらによる欲望の肯定となって復活した。ただし，快/不快を幸福の概念に結びつけ，倫理学説の根拠に置くようになるのは，功利主義の系譜においてである。ベンサムは，人間経験のすべてが快/不快によって決定されるとし，諸個人の快/不快に法律による苦を介入させることで人間行動を社会全体の善（最大多数の最大幸福）に向かうように修正することができると考えた。ここでは快/不快はある種の経験（情動や感情）というよりも，（生物にも適用可能な）行動を構成する枠組として捉えなおされている。この発想を引き継いだ J. S. ミルは「望ましいものとはひとが現に望むところのものである」と論じ，ギュイヨーは「なしうることはなすべきことである」と主張した。快/不快を倫理学説の根拠とすることは，ひとが現になそうとしていること（衝動）を最大限に肯定すべきであるという主張につながるのである。他方，功利主義とは異なった文脈で快/不快を論じたのは，精神分析を創始したフロイトであった。彼は，人間は快楽原則によって衝動を満たそうとするものであり，その際の障害を回避するために現実原則によって〈自我〉が，またエディプス・コンプレックスによって良心としての〈超自我〉が形成されるとした。それに対し，ドゥルーズ

とガタリが次のように批判している。フロイトは，原理としては衝動を肯定しながらも，それをエディプス・コンプレックスという概念によって家庭内の個人的問題に閉じ込めて，社会のために抑圧することを推奨した。だが，人間の真の姿は，生きようとする衝動に無条件に従うことによって学問的芸術的ひらめきを実現してきたところにあるのである。
→快楽主義，生／生命／生活，欲求／要求／欲望
［文献］ベンサム『道徳および立法の諸原理序説』（世界の名著38）中央公論社，1967；J.-M. ギュイョー『義務も制裁もなき道徳』岩波文庫，1954；G. ドゥルーズ／F. ガタリ『アンチ・オイディプス』上・中・下，河出文庫，2006。　　　　　　（船木亨）

　ガイア仮説　〔英〕gaia hypothesis
アメリカの微生物学者 L. マーギュリスとイギリスの化学者 J. ラヴロックが 1974 年に共同で提出した新しい地球観。地球は，ギリシア神話にちなんでガイア（母なる大地）と呼ばれる。彼らは，これまで生物と地球環境は外面的で静的な関係の内で捉えられてきたと批判し，大気圏や水圏を含む地球表面の物理化学的状態は生命の存在と有機的統一体をなし，全体として一つの自動的調節システムを形成していると主張する。その中で生物も進化してきたし，人間もガイアの一員として地球環境と運命を共にしていると強調される。この説は，とりわけディープ・エコロジーの思想に大きな影響を与えた。
［文献］J. ラヴロック『地球生命圏』工作舎，1984；同『ガイアの時代』工作舎，1989。　　　　　　　　　　　　（武田一博）

　外延→内包と外延

　外延的論理学／内包的論理学　〔英〕extensional logic / intensional logic〔独〕extensionale Logik / intensionale Logik
命題論理学ではその記号表現の外的形式（「～ならば…」「～または…」など）と真理値表（真偽を表す表）に従ってのみその真偽が確定される。述語論理学ならそれが指示する個体のクラスに

よって真偽が確定される。たとえば「P（2 × 2 = 4 である）ならば，Q（雪は白い）」という命題は，要素文（P, Q）が真であるとき，その意味内容（内包）に関わりなく，真であるとされる。このように，PとQの命題の意味内容は違っても，その真理値（外延）が同じであれば，同じ命題として扱う論理学を外延的論理学という。これに対して，要素文において「可能である」「必然である」などの述語をもつ様相論理学は，外延的真理値を確定できないので，内包的論理学である。「Pは可能である」は端的に「P」の命題と同一視できない。義務論理学，時間論理学なども内包的論理学の試みである。
→内包と外延，命題論理学，述語論理学，様相論理学（島崎隆）

外界 〔英〕external world〔独〕Außenwelt
物質的な事物からなる現実の世界がいかにして認識されるかを考える一つの方式は，主観的な意識の内容，特に感覚経験を確実なものと見なし，そこから出発する推理によって世界の存在やあり方に到達しようとすることである。この場合，意識の内容は個人が自らの心のうちに見てとる，その意味で内的なものであるのに対し，物質的な世界は意識の領域の外側にあると想定され，外界と呼ばれる。この図式は，最初に人間を精神的作用の担い手として捉え，生身の身体をもつ物質的な世界の住人としてのあり方を二次的とする心身二元論を前提としており，外界存在の問題は，デカルトにはじまる近世哲学の意識中心の枠組から生じたものである。この問題に対しては，外界の存在を証明しようとする立場，外界の存在を否定する立場，外界は存在するともしないとも言えないとする不可知論の立場のほか，問題の設定そのものが誤っており無意味であるという立場がありうる。つまり，現実の世界が存在し，自分がそのなかで生活し行動することは，哲学的な思考そのものが成り立つための前提だというのである。現代では，このような自然主義的解決が有力であり，外界存在の問題を正面から取り上げる論者は多くない。むしろ問題なのは，外界存在の問題の出発点にある意識の主観的・内面的性質であり，これはいまなお解明を要求している。　　　　　　　　　（伊勢俊彦）

階級・階級闘争 〔英〕class; class struggle 〔独〕Klasse; Klassenkampf〔仏〕classe; lutte des classes

【階級】当該社会が,いくつかの社会集団に分かれ,その間に,支配・被支配,権威・無権威,富裕・貧困など,社会的上下関係が継続的に認められる場合,この社会集団は「階級」と呼ばれてきた。

【歴史的存在としての階級】代表的な階級概念はK. マルクス,F. エンゲルスによるもので,生産手段が共有されない私的所有の社会に適用される。私的所有の社会では,生産手段の所有と非所有によって巨大な社会集団が区別されることが普通であり,これが「階級」であると理解される。諸階級からなる社会が「階級社会」であり,階級同士の闘争は「階級闘争」と呼ばれる。マルクスらは,唯物史観と剰余価値論を応用して,階級を特定の生産様式群の所産と捉え,したがって,一定の条件の下で発生し,やがて消滅するだろう歴史的存在と把握した。私的所有の発生とともに,生産手段を共有する直接生産者からなっていた社会は,基本的な生産手段を大規模に所有する階級と,小規模な生産手段を所有し自分でそれを用いて生産を行う階級と,無所有で他人の所有する生産手段で生産をする階級とに分割される。所有階級は直接生産者たる無所有の階級の労働生産物から,無所有階級の再生産に必要な量(「必要生産物」)を除いた部分(「剰余生産物」)を「搾取」し,同時に,活動できる非労働時間(「自由時間」)を独占して,国家権力を担い,政治的・文化にも「支配階級」となる。

階級社会の誕生によって,富と自由時間は少数の搾取階級=支配階級に集中されるが,このことはその社会全体の生産力を向上させる。治水・灌漑などの大工事は巨大な政治権力と知識なしには不可能であった。逆に,富と自由時間を一部の人間に集中することが,生産力を維持・向上させる妨げとなる諸条件が生まれれば,階級は消滅する。

近代以前では,自由民と奴隷,貴族と平民,領主と農奴,ギルドの親方と職人が挙げられ(『共産党宣言』),近代資本主義社会にあっては,生産手段(資本)を所有する資本家階級と,無所有の直接生産者である労働者階級が二大階級とされる。

カイキュ

【階級闘争】階級社会では，生産力と生産関係との衝突や，商品関係に基づく人間と人間との敵対などは，階級と階級との対立・闘争という形をとって現れることが多い。そのため，階級闘争は，物質的生産の具体的様相を変えるとともに，「社会革命」を引き起こす直接の動因となりやすい。階級対立を一定の枠内におさえつけ，日常的に生産秩序，社会秩序を維持する社会制度が「国家」であり，各種慣行とイデオロギーがそれを補完する。

マルクスは「階級」に二つの意味を与えた。一つは，経済的諸条件，諸利害が客観的に同一であり，他階級のそれと区別され対立している人間集団としての階級であり，もう一つは，互いにつながりあって共同の階級利害を個々の階級構成員の利害に優先させ，共同利害を代表する政治組織をもつ，政治的存在となった階級である。すべての階級は前者の意味で階級だが，後者は，階級闘争の発展の一定の局面で出現する。被搾取階級にとって，自己を後者の意味での階級として形成することが，階級闘争の重要な内容をなす。

社会的対立の要因には性，民族，人種，宗教など，階級対立とはことなる出発点をもつものがある。マルクス，エンゲルスはこうした多くの対立要因が錯綜する事象についても多くの具体的な言及を行ってはいるが，それらの作業を理論的に総括してはいない。その後，このことは彼らの社会把握が「階級一元論」であるという批判をもたらした。

【階級社会論への異論】他方，こうしたマルクス等による階級理解とはことなり，階級あるいは階層を区分する指標として，生産手段の所有ではなく，所有する富の大小，社会的威信，社会的分業上の位置，知的・文化的能力などを用いる立場がある。その多くは，当該社会を全体として区分する継続的な社会的上下関係の定義そのものに懐疑的であり，その結果，社会を多くの階層や人間集団の連続的な集合体とみる見解に親和的である。こうした立場では，「階級社会」や「階級闘争」という概念は意味をもたない。中間部分が多数であるような諸階層からなる社会を想定しても（新中間階級増大論）類似の結果となる。

→階級意識，私的所有，唯物史観

［文献］マルクス『共産党宣言』岩波文庫，1971；マルクス『資本論』（全3巻）大月書店，1968；エンゲルス『家族・私有財産・国家の起源』新日本出版社，1999；ギデンス『先進社会の階級構造』みすず書房，1977。　　　　　　　　　　（後藤道夫）

　階級意識　〔英〕class consciousness〔独〕Klassenbewußtsein
階級社会では，それぞれの階級の社会的生存条件に影響されて，その階級に属する諸個人が独特の「感覚，幻想，考え方，人生観」（K. マルクス）をもち，それらはその階級全体に共有されることが多い。これが階級意識である。階級意識はその階級の社会的位置（利害）を表現しているが，多くの場合それは自覚されておらず，自分が生来もっている信念，信条という転倒した形態で認識される。被支配階級の場合，通常は文化的・イデオロギー的にも従属的位置に置かれるため，その階級意識は支配階級の文化・イデオロギーの影響下に置かれ，自己分裂した，一貫しないものとなる。マルクスは，階級的利害を自覚し当該社会全体の規模で連帯できる水準の階級と，互いに孤立して集団としての実を保てない状態の階級とを区別したが，被支配階級の階級意識もこれに照応して，二つの水準に区分される。マルクスは，資本主義社会において，被支配階級たる労働者階級の階級意識が競争による分断を克服して自覚的・政治的水準に到達すれば，国家権力の担い手の交代が生じ，社会革命が開始されると想定した。これに対し，大衆社会統合の影響を見たレーニン，グラムシは，労働者階級の日常的な階級意識と社会革命に要求される自覚的・政治的階級意識との大きな乖離を想定した運動戦略論を展開した。
→階級・階級闘争，イデオロギー，レーニン，グラムシ
［文献］K. マルクス『ルイ・ボナパルトのブリュメール18日』（全集8）大月書店，1962；グラムシ『現代の君主〔新編〕』ちくま学芸文庫，2008。　　　　　　　　　　　　　　（後藤道夫）

　階級社会→階級・階級闘争

　懐疑論・懐疑主義　〔英〕skepticism〔仏〕scepticisme〔独〕

カイギロ

Skeptizismus

人間の認識能力(感覚・悟性・理性)の限界と無力さを強調し,世界に関する何らかの真理(認知的な真理であれ道徳的な真理であれ)を自分が認識していると主張する人——それは懐疑論との対比でドグマティズム(独断論・定説主義)と呼ばれる——の根拠を徹底して疑い,問い詰めようとする態度。相対主義や不可知論などとも密接に連関する。常識・伝統・神話に対する理性的な挑戦として,真理への高い要求水準を掲げて哲学が誕生したと見るなら,およそ哲学には程度の差はあれ懐疑論的な姿勢があると言える。プロタゴラスやゴルギアスら古代ギリシアにおけるソフィストたち,懐疑論の別名(ピュロニズム)に名をとどめる古代懐疑派の祖ピュロン,その思想を体系化したセクストス・エンペイリコス(『ピュロン主義哲学の概要』)ら,古代哲学史における傍流として位置づけられる人々ばかりではなく,主流をなすプラトンの初期対話篇に描かれるソクラテスの「無知の知」——「私は何も知らないということしか私は知らない」——の自覚のありようにも懐疑主義の原型が見られる。古代懐疑派は,懐疑的精神から最も遠い宗教的信仰(カトリック教会)の絶対性が支配した中世においては影をひそめたが,その権威が揺らいだルネサンス期に,古代ギリシア語文献の復興とともに復活し,聖書(真理)の解釈権を独占していた教会といえども所詮人間の集団に過ぎず,誤りうるという,エラスムスやルターの教会批判へと,ひいては宗教改革・宗教戦争という動乱の時代へと道を開いた。懐疑論の,伝統的権威に対する野党的な現れ方をここに見ることができる。

しかし懐疑論は,あらゆるものに対する懐疑を遂行するので,その遂行主体それ自体にも跳ね返ることになる。教会も所詮は人間集団に過ぎないことをもって教会批判に立ちあがったルターの懐疑論は,では一個人に過ぎぬルターの信仰(信念)がなぜ真理だと言えるのかという逆方向の懐疑に跳ね返る。ここで懐疑論は野党的立場から反転し,体制内穏健改革派のエラスムスや,古代懐疑派の復興者であるモンテーニュのような態度が帰結する。つまり懐疑論の言う通り,絶対的な真理は誰にも捉えられないのだ

とすれば，個々人の主観的信念を押し付け合うよりも，長い歴史の中で広く信じられてきた伝統的信仰に従う方が，世を乱さずに生きる上では賢い道ではないか，という懐疑論の保守主義への転回が生じたのである。こうした懐疑論の伝統回帰志向は，もともとセクストゥスの懐疑論が魂の平静さ（アタラクシア）を目指すものであったことを想起すれば意外ではない。

　ところでモンテーニュの懐疑論の論点は，われわれが知覚している世界の一切が長い夢かもしれないというものであるが，これを全面的に受け止めた上でさらに先へと議論を推し進めたのが，「方法的懐疑」を貫いた果てに「我思うゆえに我あり」という新たなドグマ（定説）に到達したデカルトであった。このように懐疑論の挑戦と格闘しつつ，伝統保守的人生観の水準を超えて新しい主張を積極的に打ち出そうとした哲学的ドラマは，ヒュームの経験論的形而上学批判からショックを受けて「独断論のまどろみ」から目覚めたカントが，認識批判を通して現象世界の再構成を試みたことのなかにも見てとることができる。

　総じて懐疑論には，伝統的ドグマに対する批判的挑戦者という「青年」の姿と，そもそも人間の認識能力は限られているのだから，「絶対的真理」などを自称・僭称して相争うことはやめようと提言する「大人」の姿とが交互に現れ，それはいわゆるポストモダニズムが現代において果たしている役割の二面性とも正確に対応している。それは，狭い意味では懐疑論の自己言及的・自己破壊的な本性と関わることであるが，さらに言えば，哲学という営みの本性自体とも関連しているように思われる。
→不可知論，相対主義
［文献］リチャード・H・ポプキン『懐疑——近世哲学の源流』紀伊國屋書店，1981；J. アナス／J. バーンズ『古代懐疑主義入門——判断保留の十の方式』岩波文庫，2015。　　　（古茂田宏）

　階型　〔英〕type
「自己自身を要素として含まないすべての集合の集合」という概念からラッセルのパラドクスが導かれる。ラッセルはパラドクスが生じたのは階型の相違を無視したからであるとし，個体，個体

カイシャ

のクラス,個体のクラスのクラス等々をそれぞれ階型 0,階型 1,階型 2 等々として階型の区別を導入して階型理論を提出した。しかしこれは意味論的アンチノミーに対処できないので,ラッセルは更にオーダーの階層を導入して,分岐階型理論を提出したが,その際ラッセルは,いかなる命題関数にもそれと同等な述語的命題関数が存在するという還元公理を導入した。ラムゼイはこの公理を不自然であるとして批判し,単純階型理論に戻ることを提唱した。
[文献] ラッセル／ホワイトヘッド『プリンキピア・マテマティカ序論』(叢書 思考の生成 1) 哲学書房,1988；三浦俊彦『ラッセルのパラドクス——世界を読み替える哲学』岩波新書,2005。

(横田榮一)

解釈→解釈学

解釈学 〔独〕Hermeneutik 〔英〕hermeneutics
解釈の理論としての解釈学は,テクスト解釈の技術として,西欧世界において古典解釈学および聖書解釈学として発展を遂げ,近世に入って普遍的解釈学としての成立するに至る。しかし,哲学思想として解釈学が本格化するようになるのは,19 世紀の歴史意識の成立に伴ってシュライエルマッハー以後のことである。そのなかでディルタイは,生の哲学と密接につながった方法・原理としての解釈学を展開し,以後の思想に大きな影響を与えた。彼は,「生」という現実の本質を体験・表現・了解の過程として捉え,理解の理論としての解釈学に,客観化された歴史世界の構造を解明する役割を課した。それは歴史的理性の批判としての性格をもつものであったが,20 世紀に入り解釈学は認識批判を超えて,さらに人間の存在および営為の全般に関わる学としての性格を帯びていく。ハイデガーは『存在と時間』において,人間（＝現存在）が自らの存在了解を明確にする営為として解釈を捉え,解釈を人間存在の根底をなす営みとして性格（＝存在論化）づけた。このハイデガーの企てを承けてガダマーは,より具体的な歴史と伝承のなかに人間の自己了解のあり方を問い直し,「地平の

融合」として過去と現在の対話的構造を捉え，解釈学的実践を位置づけた．解釈学が広く捉え直されるなか，一方では過去に遡って，マルクスやフロイトの思想の解釈理論としての性格・意義が見直されるとともに，他方では人文・社会科学の方法論として多くの学問領域（人類学，精神医学等）のなかに浸透しつつある．こうした解釈学の普遍化と拡大の思想的背景にあるのは，進展する人間的現実の錯綜のなかで，解釈の人間学的意義への着目であり，また，これまで対立的に見られがちであった批判概念との再結合である．今日，批判的解釈学への志向は，文明相互の間の理解，また，他者理解に関わって，〈対話〉の役割と必要性への要請が強まるなか，その名称と関わりなく強まっている．
→ディルタイ，ガダマー
［文献］W. ディルタイ『解釈学の成立』以文社，1981；O. ペゲラー編『解釈学の根本問題』晃洋書房，1977；G. ウォーンキー『ガダマーの世界――解釈学の射程』紀伊國屋書店，2000．

(津田雅夫)

回心　〔ギ〕metanoia〔英〕repentance〔独〕Buße
旧約聖書では，イスラエルの民が神へ立ち帰り律法に即した生き方を回復することであり，全人格的な方向転換が含意される．新約聖書でもその根本性格は継承されるが，新しい要素は，神がイエスの死と復活において究極的な救済を実現したという福音理解である．だがこの信仰は，古代的世界像と不可分であり，ポスト・キリスト教の時代に生きる現代人には，史実としては「知性の犠牲」なしには承認できまい．

この概念の現代的示唆は，各自の世界・人生認識を安易に固定化・絶対化せず，全人格的責任性と倫理性を伴うパラダイム転換に常に身を開いている姿勢への促しであろう．　(高尾利数)

蓋然性　〔英〕probability〔独〕Probabilität〔仏〕probabilité
ありうること，確からしいこと．現象や知識の確実性の度合い．ヒュームは，知識をすべて蓋然的なものと見なしたが，カントは，実然的判断や必然的判断と並べて，「A は B でありうる」と

いう判断を蓋然的判断と呼び，そこから可能性のカテゴリーを導出した。蓋然性とは，ありうることもありえないことも，起こりうることも起こりえないこともありうるということであり，必然性や確実性と対比されて，可能性や偶然性と関わるカテゴリーである。蓋然性が数量化されたものが確率と言われる。（岩佐茂）

階層→階級・階級闘争

懐徳堂　（かいとくどう）
江戸中期，1724 年に大坂の町人によって創設された漢学塾。幕府の官許を得て大坂学問所として公認された。大坂の五同志と呼ばれる五人の有力町人の出資によって設立され，初代学主に三宅石庵を迎えて自由で批判的精神に充ちた学風を形成していった。三宅石庵は浅見絅齋に師事して朱子学を修めた学者であるが，後には陽明学をも学び，学派にとらわれることなく諸学の長所を積極的に取り入れる姿勢を貫き，それは時として「鵺(ぬえ)学問」と非難されることもあったが懐徳堂の学風として受け継がれた。このような折衷的な傾向は東の昌平黌と並ぶ幕府官許の学問所でありながらも，基本的には大坂の町人に支えられて当時としては他に抜きん出た自由な精神をもつ学校であったことと結びついている。その運営の約束事においても学問というものは忠孝をつくし職業を勤めた上で学ぶものであると，実生活が優位することを認めていたし，富者にも貧者にも講席を開いた平等観は「書生の交わりは貴賤貧富を論ぜず，同輩と為すべきこと」とか，講義の開始後に出席した場合には武家方と町人との席次の区別はないと定めた学則にも表れている。このような学風の中から，既存の学問の枠にとらわれない独創性をもった富永仲基や山片蟠桃，草間直方のような町人思想家を生み出すことができたのである。1869 年にその歴史を閉じた。
［文献］湯浅邦弘編『懐徳堂事典』大阪大学出版会，2001。

（田平暢志）

概念 〔ラ〕conceptus〔英・仏〕concept〔独〕Begriff

判断や推理とともに，人間の基本的な思考形式。概念は，事物や事象，それらの過程や関係の本質的な特徴を捉えるものであり，その点で観念や表象とは区別される。概念の形成は言語と深くかかわっている。概念は言語によってあらわされ，言語によってあらわされた概念は名辞といわれる。概念内容である本質的な特徴が概念の内包をなし，概念を適用しうる範囲が概念の外延をなす。概念の内包が限定され豊かになれば，それだけ外延の及ぶ範囲は狭くなる。概念は内包と外延によって確定される。概念は，個別的な事物や事象を捉えた個別概念と個別概念から共通なものを取り出した一般概念とに区別されるほか，外延の範囲によって上位概念と下位概念，あるいは類概念と種概念とに分けられる。しかし，これらの区別は相対的である。たとえば，哺乳類は，人間よりも上位概念であるが，動物よりも下位概念である。

事物や事象が何であるかを判断する場合，概念は判断の構成要素となるが，実験やデータの収集，分析や総合，抽象や概括，比較や類推などの認識活動のなかで行われる様々な判断を通して，事物や事象，それらの過程や関係に関する認識がよりいっそう深まり，それに伴って新しい概念が形成される（たとえば，「体系」の概念から体系の「構造」の概念の形成）。あるいは，概念内容がより豊かにされる（たとえば，原子の内部構造の解明による「原子」概念の豊富化）。

近代の認識論的問題地平においては，概念は実在のうちに起源をもつのか（経験論の問題地平），それとも，主観に本来備わっている形式なのか（合理論の問題地平），その場合，どのような意味で主観に備わっており，実在とはどのように結合するのか（カントの問題地平）が問われてきた。ヘーゲルは，客観的観念論の立場から概念を実在の内的本質として捉えたが，弁証法的唯物論は，思考が客観的な実在の本質を捉えたものが概念であり，概念のうちには実在が反映されていると見なす。

[文献] ヘーゲル『大論理学』（全集 6-8）岩波書店，1956-66。

（岩佐茂）

ガイネン

概念実在論→唯名論と実念論

貝原益軒 （かいばら えきけん）1630〔寛永7〕-1714〔正徳4〕

徳川前期の儒者。博物家・庶民教育家。筑前福岡藩に生れる。広い読書や京都（7年間）ほか各地での遊学等から事実の採取や思考を重ねて幅の広い経験的な学を構築，多くの著作をあらわし，判りやすい啓蒙書を出版した。著作は，儒書，本草書，礼書，随筆，地誌・紀行など諸ジャンルにわたり，実用書が多く，『大和俗訓』『和俗童子訓』『養生訓』など教訓類は「益軒十訓」と呼ばれる。益軒の名でのちに編纂された書も多く「女大学」はその一つ。思想的には，宋明儒学の範疇を大きくは出ないが，形而上学的な原理としての「理」を先立てず，その傾向に疑問を呈している（『大疑録』）。経験知を重んじ，天地の恩に報いるべく天に事(つか)えるなどの内在的・順応的道徳を説く。

［文献］『益軒全集〔復刊版〕』（全8巻）国書刊行会，1973；井上忠ほか編『貝原益軒資料集』上・下（近世儒家資料集成5・6）ぺりかん社，1989；『貝原益軒・室鳩巣——日本思想大系34』岩波書店，1970；『貝原益軒——日本の名著14』中央公論社，1969；井上忠『貝原益軒』吉川弘文館，1989；横山俊夫『貝原益軒——天地和楽の文明学』平凡社，1995；岡田武彦他編著『安藤省庵・貝原益軒』（叢書・日本の思想家9）明徳出版社，1985。

(黒住真)

解放の神学 〔英〕theology of liberation 〔西〕teología de la liberación

ラテンアメリカの貧しい民衆のなかで活動するカトリックの神父たちの実践から生まれてきた新しい神学である。キリスト教の福音の本質を被抑圧状況からの〈解放〉と捉えるところからこの名前が生まれた。しかし，その理論的背景は第二バチカン公会議（1962-65開催）の「現代世界憲章」にさかのぼる。そこではかつての抽象的・強権的な上からの神学を反省し，聖書への立ち返りと現代世界の状況の再認識に基づく「現代化」の方向が打ち出

された。これをうけて 68 年，この精神を具体化すべくコロンビアのメデジンでラテンアメリカ第 2 回合同司教会議が開催されたが，その声明文「メデジン文書」において「解放の神学」と呼ばれる思想の骨格がはじめて現れた。次の三点が重要である。①「被抑圧者の視点」—これこそ聖書の原点であるが，従来教会は「抑圧する側」に加担してきた。②「構造的暴力」—ラテンアメリカの不正義の状況は「制度化された暴力」である。これをなくすには社会科学の援用およびマルクス主義者との共同さえ必要である。③「全人的救い」—基本的人権が奪われているもとでは個人的な魂の救済や来世での至福を説くだけでは不十分で，あらゆる二元論を克服した社会的・「全人的救い」こそ必要である。その後，この神学理論は，「解放の神学の父」とも呼ばれるペルーのグスタボ・グティエレス（『解放の神学』1971）やブラジルのレオナルド・ボフ（『教会，カリスマおよび権力』1981）など，多数の神学者によって一層展開され基礎づけられた。これに対しバチカンは，この神学の行きすぎを懸念し査問などにより牽制したが，その影響は，今日，第三世界はもとより，差別・抑圧・貧困のあるところ世界の各地に大きく広がっている。黒人神学やフェミニスト神学も広義の解放の神学に含まれ，この神学運動は〈第二の宗教改革〉とも称されている。

→キリスト教

［文献］G. グティエレス『解放の神学』岩波書店，1985；フィリップ・ベリマン『解放の神学とラテンアメリカ』同文舘出版，1989；梶原寿『解放の神学』（Century Books 人と思想）清水書院，1997。　　　　　　　　　　　　　　　　　（両角英郎）

カイヨワ

　カイヨワ→遊び

　快楽計算→ベンサム

　快楽原則→現実原則／快楽原則

　快楽主義　〔英〕hedonism〔独〕Hedonismus〔仏〕hédonisme
快楽を善と見なし，幸福とはその追求にあるとする倫理思想。人間のあらゆる行動・判断は快楽の追求と苦痛の回避という快楽原則に従うとする。快楽主義の源流は古代ギリシアに遡る。キュレネのアリスティッポスは徳とは幸福であるとの立場から，快楽の享受が生の目的であるとした。快楽を単なる苦痛の不在とは区別し，現実に感知される感覚的な快楽と捉える彼の立場は主観的・感覚的認識論に基づくとされる。また，エピクロスは真の快楽を平静な心の状態に求めた。一方，近代哲学の流れの中でホッブズ，ロックを経て，とりわけフランス啓蒙思想において快楽主義はキリスト教的禁欲主義へのアンチテーゼとして重要な役割を果たした。快楽が善であるとする立場は，道徳および立法の目的は個々人の快楽の総和の最大化にあるとする功利主義に結びつく。すべての快楽は感覚に基づく肉体的快楽に還元できるとするか（エルヴェシウス），精神的快楽を肉体的快楽から独立したものと考えるか（ディドロ），あるいは，快楽を量的に捉え，計算可能だと想定するか（ベンサム），快楽における質的差異を重視するか（J. S. ミル）に関して議論は分かれるが，いずれの場合も，知的・精神的快楽の存在が否定されるわけではない。また，盲目的快楽追求がしばしばより大きな苦痛を招くという経験を重ねることで，人間は目前の快楽の断念あるいは一時的な苦痛の甘受を学ぶとされ，その意味で快楽主義は必ずしも刹那的快楽の追求を意味しない。快楽主義が道徳の基盤となるには，私的な快楽の追求が社会の道徳的安定と両立することが必要だが，この点についてたとえばドルバックは，社会生活を営む以上，自己の幸福の実現は他者が自分に対して抱く評価に大きく依存するため，人間は他者からの好意を求め，嫌悪されることを避けようとするので

あり，そのための有効な手段は他者の利害に貢献することだとした。そのため自己の幸福の追求という利己的欲求が利他的行動を促すことは可能だとされる。しかし，この場合にも個人は正しく自己利害を認識し，反社会的な快楽追求が結果的に自己の幸福を妨げることを学ぶ必要がある。この意味で教育は重要な役割を担う。その一方で，快楽を目的とした行動はかえって快楽を遠ざけ，苦痛をもたらす傾向があるという快楽主義的逆説も提起されている。

→エピクロスとエピクロス派，利己主義と利他主義

[文献] ウィリアム・トマス『J. S. ミル』雄松堂出版，1987；柘植尚則編『西洋哲学史入門』梓出版社，2006。　　　（森村敏己）

　カウツキー　Karl Johann Kautsky 1854-1938
第二インターナショナルで活躍した理論家。プラハで生まれる。1880年以降，ドイツに在住，マルクス，エンゲルスとも交際があった。1883年にドイツ社会民主党の理論誌『ノイエ・ツァイト』を創刊し，1917年まで雑誌の編集に係わった。また，『剰余価値学説史』などのマルクスやエンゲルスの遺稿を編集し，刊行した。史的唯物論を社会学理論に限定して捉え，当時の民族問題，ユダヤ人問題，帝国主義問題など，現実的諸課題の分析を行った。レーニンによって，一時評価された時期もあったが，『プロレタリア革命と背教者カウツキー』(1918) で批判された。

[文献] カウツキー『エルフルト綱領解説』改造文庫（復刻版），1977；同『倫理と唯物史観』改造文庫（復刻版），1977；同『キリスト教の起源』法政大学出版局，1975。　　　（岩佐茂）

　カウンターカルチャー　〔英〕counter culture
社会統合を担う正統文化としての支配文化の対概念をなし，社会体制や支配文化に対し，多くは，自覚的・意識的に抵抗する文化。対抗文化という観念は，1960年代欧米社会で支配的な地位を占めていた白人中産階級の文化に対する文化的反抗，反体制の自覚的文化形態を示すものとして定着した。

　1960年代以降，高度資本主義社会で展開された対抗文化運動

には，政治的には緑の党に結実するエコロジー運動，黒人意識運動のようにエスニック・マイノリティの文化的解放を目指す運動，自由ラジオ運動，シチュアシオニスト運動，支配的メディア装置による操作・統制を拒絶する運動等々，多様な領域と担い手とが存在してきた。また，対抗文化のそれぞれが拠って立つ思想的背景やその濃度も一律ではない。体制批判を標榜しながらも，その思想的・理念的根拠は漠然としているパンク・ロックのような場合もある。しかし，対抗文化は様々な背景と理由から，大衆社会，大衆資本主義（後期資本主義）段階の支配と抑圧に文化的に抵抗しようとする点で共通の性格をもつ。さらに，大衆社会型統合に対し，とりわけ文化に焦点を絞った抵抗形式が強調されることも，対抗文化運動の特質である。対抗文化は，サブカルチャーと異なり，支配文化に折り合わされず吸収されぬような主張や運動形態を自覚的にもつものと想定されているが，消費社会のもつ差異化の力によって，絶えず部分化され，消費され無力化される危険がつきまとう。

日本においては，60年代末の反戦フォークや70年代の反核運動などと結びついたロックシーンが対抗文化として語られることがあるが，総じて，対抗文化を成立させる社会的土壌は脆弱であり，サブカルチャーとの境界も曖昧である。なお，対抗文化という観念を，その歴史的形成の文脈を離れ一般的意味で用いるなら，前近代の身分秩序への抵抗文化（たとえば反教会の地下文化）や資本主義成立期ブルジョア文化に対する文化抵抗など，種々の反体制文化を一括してその枠内で捉えることができる。
→サブカルチャー，大衆社会，大衆文化，文化
[文献] P. E. ウィリス『ハマータウンの野郎ども――学校への反抗・労働への順応』ちくま学芸文庫，1996；T. Rozak, *The Making of Counter Culture*, University of California Press, 1969；S. Hall/T. Jefferson, *Resistance Through Rituals*, Harper Collins Academic, 1976. （中西新太郎）

カオス／コスモス 〔ギ〕chaos / kosmos
元来，カオスというギリシア語は存在以前の虚無を意味していた

が，やがて無秩序で渾然一体となった状態を意味するようになる。コスモスは秩序であるとともにそれを具現化した世界でもある。カオスに区別が生じそこから生み出された秩序の全体が世界になるという宇宙開闢の図式は，世界各地の創造神話で描かれている。これを哲学的に表現したのが様々なコスモロジーである。まず存在論的なコスモス概念がある。無規定的な素材としてのカオスに対しイデアや形相などの秩序が与えられ，それが一つの有意味な全体を形成するところにコスモスが成立する。この秩序概念はキリスト教の神学的議論に支えられ，近代の科学的な宇宙論＝天文学へと結実する。しかし，近代の認識論的な問題設定においては，感覚的な情報が整序されて知識のレベルで世界が成立する。ここでは認識能力がいわばコスモスの形式的要因にあたり，これによって成立する世界がその内実となる。この世界は必ずしも存在論的な世界の構造と同一である必要はない。むしろその断絶ゆえにこそ人間の知識の積極的意義を示すものである。同時にこの考え方は認識の相対主義の契機を含み，ポストモダニズムにまで流れていく。一方，近年のカオス論は，一定の秩序づけられた初期条件がカオスを生み出すというもので，カオスからコスモスへというのとは逆の方向をもつことになる。

→コスモロジー

［文献］コイレ『コスモスの崩壊——閉ざされた世界から無限の宇宙へ』白水社，1999：ラブジョイ『存在の大いなる連鎖』ちくま学芸文庫，2013。 　　　　　　　　　　　　　　（佐々木能章）

　科学　〔英・仏〕science〔独〕Wissenschaft
【科学とは】平たく言えば，世界のありようを個々の領域ごとに事実に基づき証拠に照らして理づめに明らかにしていこうと努める，人間の認識活動，および，その所産のこと。やや詳しく言おう。人間は，太古から現在に至るまで，生活のなかで出会う自然と社会との様々な事物・現象について，その性質や仕組などをできるだけその大もとにまで遡って明らかにしようと望んで，多かれ少なかれ組織的にまた方法的に努力してきた。そして，その成果として，多かれ少なかれまとまった理論をいくつか生み出して

カガク

きた。これは，全般的な世界観としての哲学とは——関連はするが——区別される，経験的に吟味可能な体系的知識としての〈分科の学〉であった。これが科学である。以下，この文言に補足を加えて科学の諸相を浮彫りにすることを目指す。

【起原と発展】まず，認識活動としての科学について。これは，今日では，世界を精神的にわがものにしようとする人間の様々な企て（芸術または宗教を含む）のうちで最も組織的なものであって，社会的分業の特殊な一分野として確立されており，社会の莫大な公的また私的な資金に支えられ数百万の人々の職業であるなど，一つの大きな社会的制度になっているが，もとはと言えば，人間の実践的な社会的生活過程のなかから生まれ育ってきた目立たない控え目な活動であった。すなわち，人間は，自然を変化させて有用な事物を作り出す物質的生産の過程，および，社会を変革する活動特に階級闘争の過程で，必要に促されて観察・観測・測定・実験・調査などを行い，これによって得た資料を整理し相互に比較し分析し総合することを通して，関心のある事象を説明する仮説を組み立て，これを実践による検証にかけて，必要に応じて修正したり別のものと取り替えたりすることによって，一歩また一歩，その事象の一般的で必然的で本質的な連関（すなわち，法則）を摑み取ることに成功してきたのである。そして，この発展の一定の段階で，いくつかの基本法則に基づいて当の領域の互いに関連し合った諸事象を統一的に説明する体系的な理論を作り上げるまでになった。こうして，力学や天文学など個々の自然科学が，また，経済学や法学など個々の社会科学が，成立したのである。なお，日本で「人文科学」（ドイツではGeisteswissenschaften〔精神科学〕）と括られることのある諸分科（たとえば，言語学や宗教学など）は，社会科学のサブ・グループと解されよう。

ここへくるまでの全過程で，科学は，その時代の様々な意識形態（原始的な擬人的宗教的観念から近代市民社会の社会的な政治的な思想さらには大学の体系的哲学まで）の影響を受け，また逆にそれに影響を与えてきた。この相互作用は，今日も続いているし，これからも続くであろう。

ところで，科学は，人間の実践的諸活動を母体として生まれ，何よりも，実践が提起してきた問題を理論的に解決しようとする努力だという性格をもっているから，実践の質の高度化・範囲の拡大・種類の多様化，および，認識そのものの進展・高度化に伴って，どこまでも進歩発展を続けていく。その結果，今日までに，一方では激しい分化（differentiation）・特殊化（specializaition）が進行するとともに，他方ではかえって逆に，いくつかの分科にまたがった著しい統合（integration）・普遍化（universalization）が進行してきている。後者の例としては，生物物理学・サイバネティックス・情報科学・認知科学などが挙げられよう。

【科学の力とその利用】次に，認識活動の所産としての科学は，文学作品（詩・小説など）や宗教の経典などとは違って，公共的に確認できる客観的事実に基づき（つまり，実証的に），また，論理的思考を駆使して（つまり，合理的に），分科（学際的分科を含めて）ごとに構築された，概念・命題などの体系，すなわち，多かれ少なかれ抽象的な〈言語〉で書かれた理論，である。その力は，仮説として実践による吟味にかけられてこれに合格している限りは信頼してよい，確実な知識だというところにある。人間は，これを様々な仕方で利用して，生産の確保・増大や生活の安全性・快適性の増進などに役立ててきた。身近なところでは，たとえば気象学の知識が日々の天気予報（台風警報や霜注意報やスモッグ注意報などを含む）に活かされている。この場合，気象観測用人工衛星や高空のラジオゾンデ（観測気球）や地上の観測・測定機器やデータ解析のための高速コンピュータなど，現代の科学的技術の最新の成果が総動員されていることに，特に注目しよう。総じて私たちいわゆる先進文明国の住民は，ほぼ400年前のあのフランシス・ベーコン（1561-1621）の想像——自然に関する知識を飛躍的に前進させて人類の福祉の向上に役立てよう，と念じ，その遺作『ニュー・アトランティス』（1627）のなかで多数の未来機器・未来技術を夢想し待望した——をはるかに越える水準・規模・範囲で実現された，すぐれた交通機関・医療技術・情報通信技術などを擁して，〈科学技術文明〉と言われるものを享受している。

カガク

　では，いつから科学は「科学技術」になったのか？
【現代科学技術文明の問題性】自然研究は，近世初頭から 19 世紀後半までの長い間，だいたいの傾向として，物質的生産の現場で提起された技術的諸問題を自分の課題として受けとめ，それを刺激剤また栄養として発展してきた。しかし，それ以後特に 20 世紀半ば過ぎからは，逆に，相対的に自律的な発展をとげてきた自然諸科学の一部の理論が技術をいわば先導する形になり，いわゆる先進資本主義諸国において，その原理や法則の技術的実現つまり製品化を大企業が巨費を投じて追求するという傾向が著しくなった。ここに，〈科学技術〉（正確には，科学的技術）が誕生したのである。

　その結果，現在では，様々な高度な機能を備えた多数の工業製品が日常生活に入り込んで，日ごと月ごと年ごとに私たちの生活様式を変えるまでになっている。巷には消費物資が溢れ，生活の便利度・快適度などは確かに増大した。これによってしかし私たちの〈生活の質〉の向上が実現されているのかどうかについては，議論の余地がある。たとえば，便利度の向上に疑いもなく寄与する交通機関の高速度化や情報通信機器の高性能化などが進むにつれて，勤労者は，ますます忙しく仕事に追い立てられて，仕事を離れてたとえば趣味などで自分を取り戻すのに必要な自由時間をますます失っていく，ということになっているのではないか，などなど。あるいはまた，遺伝子工学の発展とともに生命倫理上の深刻な諸問題が浮上するに至っているといった，この文明の別の側面も，見逃すわけにはいかない。しかし，現代科学技術文明の最大の問題点とは何かと言えば，それは，原子物理学の成果の悪用の産物である残虐な核兵器がまだ廃絶されずにいること，および，「原子力の平和利用」のかけ声で推進されてきた原子力発電所が日本で 2011 年に過酷事故（severe accident）を起こし（9・11），あらためて人類に〈高レベル放射性廃棄物の安全・確実な処理方法がまだ見つかっていない〉という深刻な現実が突きつけられたこと，この 2 点にほかなるまい。

［文献］山崎俊雄ほか編『科学技術史概論』オーム社，1978；B. M. ゲッセン『ニュートン力学の形成』法政大学出版局，1986；

小堀憲編『十八世紀の自然科学』恒星社厚生閣，1957；秋間実／荒川泓「科学」（『日本大百科全書』4所収）小学館，1985；日本科学者会議編『私たちは原発と共存できない』合同出版，2013。　　　　　　　　　　　　　　　　　　（秋間実）

　科学革命　〔英〕Scientific Revolution, scientific revolutions
科学革命という用語は，科学史や科学論の分野においては二通りの意味で用いられている。第一は，近代科学の成立を科学革命とするものである。実際，ガリレオ，デカルト，ニュートンなど16世紀末および17世紀に活躍した近代科学の形成者たち自身も，自らの研究の革命的意義を強調し，それ以前の自然研究との断絶を強調し，自らを近代的であると考えていた。こうしたことを受け，バターフィールドらは，ルネサンスや宗教改革ではなく近代科学こそが中世と近代の画期をなすものであり，近代的地動説，機械論的自然観，自然学の数学化，実験主義など近代科学の成立が歴史的に産業革命と同じような革命的な意義をもつ，と主張した。この意味での科学革命は，一回限りの歴史的現象であるから固有名詞として取り扱われ，英語では大文字で始まる Scientific Revolution と表記される。こうした近代科学の革命性に関しては，インペトゥス理論など中世科学と近代科学の間の連続性，ニュートンの神学的議論や錬金術研究に典型的に見られるような近代科学の形成者たちにおける近代的要素と前近代的要素の混在，近代科学の単一性の否定，社会的影響の限定性などを根拠とした批判がある。第二は，クーンのパラダイム論に基づくもので，科学の歴史的発展の不連続性・非累積性を強調する立場から，フランス革命やロシア革命のような政治における革命と類似の革命が科学においても存在するとするものである。パラダイム論では，天動説→地動説，ニュートン力学→相対性理論，ニュートン力学→量子力学などといった理論発展が，パラダイム間の闘争の結果として古いパラダイムが打ち倒されてそれと両立しない共約不可能な新しいパラダイムが支配権を握る革命的過程として描かれる。この意味での科学革命は歴史上何度も繰り返し起こる現象であるので，英語では普通名詞として小文字で始まる scientific revolutions

というように複数形で表記される。
［文献］シェイピン『「科学革命」とは何だったのか』白水社，1998；クーン『科学革命の構造』みすず書房，1971。

(佐野正博)

科学的社会主義→社会主義／共産主義

科学哲学 〔英〕scientific philosophy, philosophy of science
〈科学的な哲学〉および〈科学に関する哲学〉という二つの異なる意味で使われている。

第一の意味では「科学的な哲学の構築」すなわち「哲学の科学化」の試みが科学哲学とされる。こうした意味での科学哲学は，科学のみが認識としての意味をもつとする科学主義的発想の台頭を契機として登場した。科学主義的発想は，ニュートン力学の確立など自然哲学と自然科学の近代的分離が進むとともに芽生え成長してきたが，19世紀になり気体分子運動論，エネルギー保存則，化学的原子論，元素の周期律，進化論などの科学理論に代表されるような科学的認識の飛躍的進歩が起こるとともに強い影響力をもつようになった。ウィーン学団の主流派は，検証可能性を有意味性の基準とし，形而上学的な哲学は思弁的で無意味であり，科学のみが意味をもつと主張し，「形而上学的ではない哲学」＝「科学的な哲学」の展開を志向した。こうした系譜の中から論理実証主義，分析哲学，日常言語学派などが生み出された。

〈科学に関する哲学〉という第二の意味での科学哲学は，科学的因果性や科学的相関に関する哲学的分析など第一の意味での科学哲学と重なる領域をその内部にもちつつも，自らを「科学を対象とした哲学的考察」として位置づけることで科学と哲学との区別を認め，「哲学それ自体の科学化を志向するものではない」という意味で第一の意味での科学哲学とは異なる。第二の意味での科学哲学はさらに，科学的認識方法としての帰納法とそれに対するヒュームらの哲学的批判，科学的説明の哲学的分析，科学的認識の基礎づけに関する哲学的考察などの，「科学一般に関する哲学的視点からの考察」と，量子力学や相対性理論など「個々の科

学が明らかにした自然のあり方に関する哲学的視点からの考察」（現代的自然哲学）とにさらに分けられる。「科学とは何か？」という問題を科学史・科学社会学などが明らかにした科学に関する経験的事実を基礎として考察するクーンやラカトシュらの科学論が「新科学哲学」と呼ばれることもあるが，哲学的考察としての科学哲学とは相対的には区別すべきである。
［文献］H. ライヘンバッハ『科学哲学の形成』みすず書房，1985；碧海純一ほか編『科学時代の哲学』（全 3 冊）培風館，1964。　　　　　　　　　　　　　　　　　　（佐野正博）

科学論　〔英〕theory of science
広義の意味では，科学哲学，科学方法論，科学史，科学社会学，STS（科学・技術と社会），科学思想史など科学に関するすべての研究が科学論に属する。しかし本来的には，これら広義の科学論的研究によって得られた経験的知識を基盤として「科学と呼ばれているものとは何なのか」を理論的に考察することこそが科学論である。哲学と科学が異なるものとして一般に区別されるのと同様に，科学に関する研究も「哲学」的研究と「科学」的研究に二分される。そして現代物理学における実験家と理論家の社会的分業に端的に示されているように，「科学」的研究はさらにまた「経験」的研究と「理論」的研究とに二分される。それと同様に，科学活動や科学的知識を対象とする「科学」的研究も，「経験」的研究と「理論」的研究の二つに相対的に区別可能である。結果として，科学についての研究は，科学に関する「哲学」的研究である科学哲学や，科学に関する「科学」的で「経験」的な研究である科学史・科学社会学などとは相対的に区別すべき研究分野として，科学に関する「科学」的で「理論」的な研究である狭義の科学論が定義される。ニュートン力学以後の経験的な自然科学研究の急速な拡大・発展とともに自然「哲学」と自然「科学」の相対的分離が 18-19 世紀に社会的に明確になったように，科学史や科学社会学など科学的活動や科学的知識の歴史的・社会的形成過程に関する経験的な科学研究が第二次世界大戦後に急速に拡大・発展を遂げたことで，科学「哲学」と科学論の相対的分離

が20世紀後半に次第に明確に意識されるようになった。クーン，ラカトシュ，ファイヤアーベント，ローダンらは，そうしたことを背景として，科学に関する経験的研究に基づかない（その意味で「科学」的ではない）抽象的で思弁的な科学哲学を批判し，科学に関する経験的研究に基づいた理論的研究活動という狭義の意味での科学論を独立した研究分野として確立したのである。
［文献］I. ラカトシュ／A. マスグレーヴ編『批判と知識の成長』木鐸社，1985；『科学見直し叢書』（全4巻）木鐸社，1987-91。
(佐野正博)

賀川豊彦 （かがわ とよひこ）1888〔明治21〕-1960〔昭和35〕
キリスト教に基づく平和主義的社会運動家。幼くして両親を失い，家の破産，結核などの苦労もあって，キリスト教に接近した。1909年，神戸神学校に在学中に，神戸新川のスラム街に入り込み，最底辺で暮らす貧困の人々と共に過ごし，後のセツルメント運動の先駆けとなる。その後，アメリカのプリンストン神学校への留学を通じて，単に救貧活動だけでなく，現実の貧困を防ぐ社会運動，とりわけ，労働運動が重要であると考えるに至り，「労働非商品」という考えに基づいて，マルクス主義やアナーキズムの労働組合運動とは一線を画した非暴力主義の労働運動を展開した。さらに，日本の生活協同組合運動や農民運動の運動家としてもきわめて貴重な功績を残した。しかし，天皇への敬愛を含んだ思想は戦争協力にもつながった。戦後は，社会党の設立や世界連邦運動を提唱したり，ノーベル平和賞の候補者にもなった。
［文献］賀川豊彦『死線を越えて〔復刻版〕』PHP研究所，2008；隅谷三喜男『賀川豊彦』岩波現代文庫，2011。　(佐藤和夫)

格→三段論法

確実性→蓋然性

格物致知 （かくぶつちち）
もと「大学」八条目——格物・致知・誠意・正心・修身・斉家・治国・平天下——のうち，最初の二条目。先ず問題となるのは「格」字の解釈である。宋学においては，この文字はもっぱら客観的意味に解された。すなわち，程頤は「格」を「窮」と，また朱熹（朱子）は「至」と解し，かくして「格物」を個々の事物に即して一々その「理」に至りつつそれを概括・一般化してゆく帰納的方法として捉えた。では「致知」は如何に解されたか。朱熹によれば，「致」は「推極」を意味し，従って「致知」とは自己固有の知識を道理に沿って推しきわめる演繹的方法にほかならない。「格物」と「致知」とは相互に補完しつつ学問修養の知的方面を代表する。明代の王陽明にあっては，すべての実在は意識現象であり，「物」とは「事」すなわち経験的「事実」にほかならないから，「格」もまた程・朱における如き客観的窮理としての意義を担いえない。かくて王陽明は「格」を「正」と解釈し，「格物」を自分の「心の物」「意の物」「知の物」を「正す」こととして把握した。これと関連し，「致知」もまた「致良知」，すなわち生得的叡智（良知）の妨害なき自発自展の意味に解される。なおこの他，清初の学者・顔元の如く，「格」を「格殺の格」すなわち事物への実践的な働きかけとし，「格物致知」を「手もて其の物を格して后，知至る」と解する特異な解釈例もある。
→程頤，朱熹，王陽明，顔元　　　　　　　　　　　（村瀬裕也）

郭沫若 （かく まつじゃく）Guō Mòruò 1892-1978
現代中国の作家，歴史家，革命家。1923 年，九州帝国大学医学部卒。日本人と結婚。在学中，詩集『女神』刊行，創造社結成。25 年，マルクス主義に共鳴し，河上肇『社会組織と社会革命』を翻訳。26 年，日本に亡命。唯物史観による中国古代史研究のため，甲骨・金石文の読解に着手し，『中国古代社会研究』など

カクメイ

10冊刊行。37年，ひそかに日本を単独脱出して抗日戦争（日中戦争）に参加，周恩来らとともに宣伝活動に従事した。また史劇を多く創作し，民衆の抗日意識を鼓舞。49年，人民共和国成立後は，政治・文芸・学術（中国科学学院院長など）の要職を歴任，また平和運動のため国際舞台でも活躍した。58年，中国共産党に入党。66年の文化大革命開始時の自己批判は有名。
［文献］『郭沫若自伝』（全6冊）（東洋文庫）平凡社，1967-73；郭沫若『歴史小品』岩波文庫，1981。　　　　　　（後藤延子）

革命　〔英〕revolution〔独〕Revolution〔仏〕révolution
一般には，ある事象に根本的な変革をもたらす作用を革命という。農業革命，商業革命，産業革命，文化革命など。今日では，さらに様々な事象について言われるが，ここで問題とされるのは，政治革命ないし社会革命としての革命である。政治革命は，国家権力を階級的に転移させる変革過程を含む限りにおいて，クーデタ（同一階級内部での権力奪取）とも反乱などとも区別される。代表的な事例としては，名誉革命，フランス革命など。社会革命は，政治革命だけでなく，経済的構造（生産様式）における階級的関係を変革する諸過程を含み，社会改革などと区別される。マルクスは，生産諸関係が生産諸力の発展諸形態からその桎梏に転化するときに，社会革命の時期が始まり，経済的基礎の変革とともに，巨大な上部構造全体が覆されること，さらにプロレタリア革命が階級そのものを廃棄すること，を展望した（『経済学批判』序言）。社会革命は一回限りの革命ではなく，政治革命を含む長期にわたる過程（永続革命）であり，じっさい近代の社会革命を考えても，ブルジョア階級が国家権力を掌握し，産業革命や国民文化形成を果たした過程は長期に及んだ。20世紀は帝国主義戦争の下で，社会主義革命が提起され，いくつかの地域で社会主義国家を成立させた「革命の世紀」であった。しかし，社会主義体制はスターリン独裁体制などの多くの問題を惹起し，破綻した。アーレントの『革命について』は，これらの経験に基づいて，諸革命の失敗を論じ，革命が自由な空間を創造するところに意味を認めた。今日，高度に発達した世界資本主義において，

新しい変革＝革命の課題が提起される。このさいに問題となるのは，革命の根拠である。政治革命については，ロック以来，政府に対する抵抗権・革命権が認められてきた。しかし，それは私的所有を「神聖かつ不可侵」とする体制を前提したものである。私的所有と無所有の廃棄を構想する革命は，原理の変革に関わるのである。革命権の基礎づけがなお問題となっていると言わなければならない。
→階級・階級闘争，プロレタリアート，革命権
［文献］マルクス『共産党宣言』岩波文庫，1971；同『フランスの内乱』岩波文庫，1952；アレント『革命について』ちくま学芸文庫，1995。　　　　　　　　　　　　　　　　（渡辺憲正）

革命権　〔英〕Right of Revolution
圧政に対する抵抗権・人民主権を基礎に，政治権力の交替や権力奪取をも民衆の権利として承認し正統化する考え方。17世紀の名誉革命を正当化したロックは革命権の始祖とされ，資本主義社会の根絶を主張したマルクス，エンゲルスやレーニンも革命権の主唱者とされる。ロック『統治二論』(1690)は，政府が市民の信託にそむいて生存権・所有権を侵害した場合，市民はそれに抵抗し，政府を交替する権利を有するとした。抵抗権・革命権の定式として著名なのは，アメリカ独立宣言（1776）である。その論理は，自然権・社会契約から「すべての人間は平等につくられ，造物主によって一定の譲り渡すことのできない権利を与えられている，これらの権利のうちには生命，自由および幸福の追求が含まれている」「これらの権利を保障するために人間のあいだに政府が組織されるのであり，これらの政府の正当な権力は統治されるものの同意に由来する」「どのような政府の形態といえども，これらの目的を損なうようになる場合には，いつでもそれを変更ないし廃止し，そして人民にとってその安全と幸福を最もよくもたらすと認められる形態で政府の権力を組織することが，人民の権利である」と抵抗権が構成される。さらに，政府が「人民を絶対的専制のもとに従わせようとする意図を示す場合には，そのような政府を打倒して自らの将来の安全のために新しい保障機

構を設けることは，人民の権利であり，また義務でもある」と革命権が明記された。革命権は，このように自然法思想・社会契約説による人権・抵抗権を前提とし，人民主権・民主主義の原理と結びついている。問題は，一度成就した革命権力が，人民主権と民主主義の原理に基づく正統性を長期に持続しうるかに帰着する。立憲主義・法治主義をかかげたフランス革命後の近代憲法は，一般に革命権の明文規定をもたず，むしろ，普通選挙権を基礎にした憲法制定・改正手続きのかたちで政治体制の改廃を規定し，非合法の暴力を極小化してきた。ベトナムのホー・チミンがアメリカの侵略に対してアメリカ独立宣言の抵抗権・革命権を手がかりに抵抗し，フランス革命が200年後に，ロシア革命が70年後にその正統性を問い直されたのは，民主主義・人民主権原理の不断の定着の帰結にほかならない。
→権利，人権，人民／国民，民主主義
［文献］ロック『統治二論』岩波文庫，2010；高木八尺／末延三次／宮沢俊義編『人権宣言集』岩波文庫，1957。　（加藤哲郎）

学問→哲学

格率（格律）〔独〕Maxime〔英〕maxim
われわれが自らの行為に課す主観的な規則ないし原理。たとえばわれわれの行為は，われわれがそれらを意識しているかいないかにかかわらず，「困っている人に出会ったら，必ず手を差しのべる」あるいは逆に「自分の利益にならないことはやらない」等の様々な格率を前提としている。カントはこのような格率が単なる主観的原理にとどまらず，同時に普遍的立法の原理としても妥当しうるか否かを，それが道徳的行為を生み出す意志規定の原理たりうるか否かの基準とした。従って，彼の倫理学においては，「自分の利益の実現」といった特殊な目的や条件を一切排除した純粋な普遍性をもつ格率（たとえば「いかなる時にも決して嘘をつかない」）によって規定された行為のみが，道徳法則と一致した道徳的行為であるとされる。
［文献］カント『実践理性批判』岩波文庫，1979。　（石井潔）

確率 〔英〕probability〔独〕Wahrscheinlichkeit〔仏〕probabilité

複数の同種事象のうち,特定の事象が起こる可能性を数量的に表したものであって,より客観的な確率の定義を見出し具体的な事象と確率の対応を研究する分野を確率論という。独立な事象の個数を N,特定の事象の個数を n とする。全事象が独立で,どの事象もより高い頻度で起こる理由が見出されないとき,特定の事象の起こる確率は n/N であると定義する。

確率論は,17世紀頃パスカルやフェルマーがゲームの賭金の分配や勝負に勝つ可能性について考察したのが始まりとされている。具体的な事象の理解に用いる確率論の多くの定理は19世紀までにまとまった。20世紀に入ってからは,確率の客観的な定義を目指す試みが行われ,時系列現象の確率に関する研究が進められている。

古典力学的現象では,その微細な部分まで状態が確定しているがこれを認識することは事実上不可能であり,また必ずしも必要ではないという場合,このような現象の認識の手段として確率を使用する。一方,ミクロの自然の基礎理論である量子力学では,任意の2個の量子的状態がこれら量子的状態で決まるある確率で物理的内容を共有している。また量子的状態が古典的状態に移行するときの移行先は,確率分布する複数の古典的状態である。以上の意味で,確率は実在の存在様式を示す不可欠なカテゴリーになったといえよう。　　　　　　　　　　　　　　　(田中一)

仮言判断→判断

下向→上向／下向

ガザーリー　〔ア〕Abū Ḥāmid al-Ghazālī〔ラ〕Algazel 1058-1111

ラテン名アルガゼル。イスラーム史上最も偉大な思想家,神秘思想家の一人。神学,法学,哲学などを修得し,多くの著作を残した。1091年からニザーミーヤ学院で教鞭をとるが,その後,教

職を辞して，イスラーム神秘思想家として修業と著述に専念した。彼は哲学を十分に修得したうえでイスラーム哲学批判を行ったが，中世の西洋では，その高度の知識から，神学者としてよりも哲学者として知られた。彼はまた，神秘主義的な基盤のうえにイスラーム宗教諸学の改革と復興を試みた。
[文献] Ghazālī, *Ihyā' 'ulūm al-dīn*（『宗教諸学の再興』）；ガザーリー『イスラーム神学綱要』（中世思想原典集成 11）平凡社，2000；同『中庸の神学――中世イスラームの神学・哲学・神秘主義』（東洋文庫）平凡社，2013；中村廣治郎『イスラムの宗教思想――ガザーリーとその周辺』岩波書店，2001；青柳かおる『ガザーリー――古典スンナ派思想の完成者』山川出版社，2014。　　　　　　　　　　　　　　　　　　　　　（塩尻和子）

仮象　〔独〕Schein
一般的には事物の単なる見かけを意味し，真理や本質から区別される。しかし Schein は「輝き」とか「現れ」という積極的意味も含んでいた。ヘーゲルの論理学において，仮象は「本質」において既に没落したはずだが残存している「存在」であると同時に，「本質の自己自身における現れ」をも意味した。マルクスも仮象の成立に――蜃気楼の発生に原因が認められるように――必然性を認めた。ハイデガーの場合，存在者が自己を自ら示すのが「現象」（Phänomen）であるのに対して，存在者が自己をそれがあらぬところのものとして示す可能性が仮象と呼ばれた。しかしニーチェは一切を仮象と見なし，真理と仮象の区別を否認した。
[文献] ヘーゲル『大論理学』（全集 6-8）岩波書店，1956-66；ハイデガー『存在と時間』（世界の名著 62）中央公論社，1971。
　　　　　　　　　　　　　　　　　　　　　　　　（久保陽一）

家事労働　〔英〕domestic labour
広義には，労働力の日常的ならびに世代的再生産活動を総称するものである。女性が家の中でしていることについて，女の使命・役割として排他的に割り当てられてきた事柄について，これを

「家事労働」と捉え直すことによって，近代社会における女性抑圧の物質的な基盤が明らかにされることとなった，マルクス主義フェミニズムが導いた画期的な概念である。「近代家族」と「主婦」を〈発見した〉近代社会において，性差別がどのように近代的に編成しなおされたのか。その女性抑圧の物質的な背景が，家庭内での家事・育児・介護など，労働でありながらアンペイドワーク（支払われない労働）となっていること，すなわち家庭外の生産労働・ペイドワークと家庭内のアンペイドワークとの排他的な性別分業が，女性の自立と両性関係の平等の障壁になっていることの認識が拓かれた。国連女性年を背景とする女性運動の国際的場面では，イギリスのマルクス主義フェミニストによって「家事労働に賃金を！」のスローガンが政治的課題となった。しかし，家事労働有償化要求が，現実的には家事の社会化要求と家事サービス商品化体制を作り出していくことへの疑問も呈され，近年は，単純に「有償化／無償化」の二項対置による議論を超えて，人間の生存に不可欠な領域としてのサブシステンス世界のあり方を問う問題意識とともに，人間諸活動の中でのボランティア活動など，賃金換算になじまない活動の意味づけ，さらにワークシェアリングの考え方などと関連づけた議論の中に位置づけ直されている。日本では，イリイチのシャドウ・ワーク論とその独自のジェンダー論に関係づけられ，性別分業批判に逆行する文脈を導きかねない危うい場面もあったが，ドイツのフェミニスト，M.ミースやヴェールホフたちによって，世界システム化する資本主義の「労働の主婦化」や「貧困の女性化」を読み解くキーワードに発展している。 〔金井淑子〕

仮説 〔英〕hypothesis
理論的な考察を展開し，あるいは現象に対する認識を進めるために仮に設定する命題で，設定時にはその真偽を問わないが，仮説から推論して導かれた結果を検証することによってその真偽を判定する。この考察過程を仮説検証あるいは検証推理という。
　フランクリンは雷現象が電気現象であるという仮説を立て，この仮説が正しければ凧を揚げたとき糸を通して電気が流れてくる

と推論し,実際凧糸に電気が流れてきたことを検証して雷は電気現象であるという仮説が成り立つことを結論した。しかしながら,仮説検証は単純な過程ではなく,いろいろな問題を伴う。ニュートンは「われ仮説を作らず」と宣言したが,この宣言は事実に基づき数学的処理のみで結果を導出していることを強調したのであるが,当然のことながら,彼の研究においてもまた重要な仮説が前提されている。事実,ニュートンは何の疑いもなく時間はすべての物体に共通した絶対的なものであると考えていた。明らかに彼の研究は物体の速さが光速度に比べて小さいという仮説の上に成り立っている。この例が示すように,仮説検証に際しては,多くの仮説が無意識的に前提されているが,当の研究者はこれらを見落しており,推論の過程では何ら考慮していない。この結果,検証の有効性に限界が生ずる。

　仮説検証は非論理的な思考過程である。命題 p を仮定すると命題 q が成り立つとしよう。実験の結果命題 q が成り立つことが分かり,命題 p が成り立つとする。この推論過程は論理式 $(p \supset q \land q) \supset p$ となるが,この論理式が論理式としては成り立たないことを示すのは簡単なことである。端的にいえば,命題 p は命題 q の十分条件であっても必要条件ではないからである。しかしながら,仮説検証に基づく科学研究によって科学的認識が拡大発展していることも疑いえない事実である。これは,科学研究者の中に外的自然に対応した価値システムが形成され,科学的認識の発展とともに次第に拡大深化し,より外的自然に対応するようになっているからである。また個々の仮説検証の過程を受け入れさせるのも,この価値システムである。

[文献] 近藤洋逸／好並英司『論理学入門』岩波全書,1979。

(田中一)

家族 〔英〕family〔独〕Familie〔仏〕famille
【定義】家族に普遍的な定義を与えるのはきわめて難しい。家族は自然的で,不変・普遍的な集団だと思われているが,実際には家族といわれてきた集団の構造,形態,機能,社会との関わり(制度)は歴史とともに変わり,多様なかたちをとってきた。こ

のことは家族という言葉そのものに表れている。家族は血縁・姻縁による親族集団の一部であると当然のように考えられているが，ヨーロッパ語の家族を意味する言葉の由来となっているラテン語のファミリア（familia）は，非血縁の奉公人や家内奴隷を含む一つの家に暮らす人々全体を意味しており，父（pater）や母（mater）も家共同体の権力の担い手を示す言葉であって，必ずしも血縁関係を意味していなかった。今日家族社会学で広く用いられている定義は，「家族とは，夫婦関係を中心として，親子，きょうだいなど少数の近親者を主要な構成員とし，成員相互の深い感情的係わり合いで結ばれた，幸福追求の集団」（森岡清美）というものである。この定義は，歴史的な過程の一形態である現代家族の構造と機能の特徴を表したものであり，それ自体歴史性をもったものである。

【家族研究の始まり】家族は多様な形態をとり，変化し，歴史をもつということを発見したのはヨハン・J・バッハオーフェンであった。F.エンゲルスはバッハオーフェンとルイス・H・モルガンの先行研究に依拠しつつ，私有財産の形成過程で社会の「経済単位」として家族が成立したこと，したがって既存の家族制度（家父長制家族）は変えることができることを論証した。また彼は，家父長制家族が女性の労働を夫に奉仕する私的労役にし，女性を社会的生産から閉め出して夫に扶養される身におとしめ，ここに「妻の公然もしくは隠然たる家内奴隷制が生まれ，これは近代家族のもとでも受け継がれた」こと，したがって「女性の解放には，全女性の公的産業への復帰が第一の前提条件であり，このことはまた，社会の経済単位としての個別家族の性質を廃棄することを必要とする」と述べて，女性抑圧の物質的基礎を明らかにし，後のフェミニズムに大きな影響を与えた。

【フェミニズムにおける家族】現代フェミニズムは，家族を歴史的・社会的にさらに深めて解明した。とりわけマルクス主義フェミニズムは，家族が資本制の外にある自然的な領域ではなく，生命と労働力の再生産によって資本制を補完するサブシステムであること，家族とは性別役割分業により生命と労働力の再生産のための労働を女性が無償で担わされている場であり，女性抑圧の根

源的な場であることを明らかにした。マルクス主義フェミニズムはまた，女性の（生命の）再生産の能力と家族内の無償労働を支配・収奪するシステムが家父長制であり，家族は家父長制の中核的場であって，その根本的な変革なしに女性解放はないと考えた。他方でフェミニズムの家族研究は，少子高齢社会の到来と人権意識の発展と相俟って，これまで私的な問題として無視されてきた家族内部の暴力や人権侵害を社会問題として浮き彫りにした。1994年の「国際家族年」では，「家族のなかの小さなデモクラシー」と「多様な家族の承認」がスローガンとして掲げられ，今日では，固定的性役割やDV，子どもに対する虐待，世帯単位の社会保障の問題性，事実婚と婚外子差別など，家族内部での人権の尊重と多様な生き方が広く議論されるようになった。
→家父長制，再生産（生命の），フェミニズム
[文献] エンゲルス『家族，私有財産，国家の起源』新日本出版社，1999；タルコット・パーソンズ／ロバート・F・ベールズ『家族』黎明書房，2000；上野千鶴子『家父長制と資本制』岩波現代文庫，2009。　　　　　　　　　　　　　（浅野富美枝）

家族的類似性→ウィトゲンシュタイン

ガダマー　Hans-Georg Gadamer 1900-2002
ドイツの哲学者。マールブルク大学に学び，戦後，ハイデルベルク大学の教授。ハイデガーの影響を強く受けながら，独自の哲学的解釈学を展開する。主著『真理と方法』(1960)において，人間の根源的な存在様式そのものとして「理解」を位置づけ，その理解の理論としての解釈学を目指した。理解の運動は，過去の真理要求を現在の状況において創造的に「適用」することであり，また，そのことによって現在の生きられた先入見を普遍的なものへと高めていく「地平の融合」として捉えられた。
[文献] ガダマー『真理と方法』（全3巻）法政大学出版局，1986-2012；加藤哲理『ハンス＝ゲオルグ・ガーダマーの政治哲学——解釈学的政治理論の地平』創文社，2012。　（津田雅夫）

カタルシス 〔英・仏〕catharsis〔独〕Katharsis
浄化・排泄を意味するギリシア語が語源。ソクラテスは魂が肉体から分離して純粋になることを浄化とし，アリストテレスは劇の上演がいたましさと恐れを通じた情念の浄化の達成に通じるとした。J. ブロイアーは催眠術を適用したが，フロイトはそれを批判的に捉え，患者に語ってもらう自由連想法を用いて抑圧されていた記憶を情動とともに呼びさます「カタルシス療法」とした。症例「O. アンナ」というヒステリー患者の治療例が有名。
［文献］アリストテレス『詩学』（全集 17）岩波書店，1972；フロイト『ヒステリー研究』（全集 2）岩波書店，2008。
(間宮正幸)

価値 〔英〕value〔独〕Wert〔仏〕valeur
【価値の定義】尊重されるべき性質，良さ（善さ）。人間の意識は事実についての意識（認識）と価値についての意識（評価）を含む。実践（行為）や意志は価値意識と密接に結合する。価値は生活の諸領域に応じて様々であり，一義的定義は困難である。精神文化における基本価値としてしばしば真（学的価値），善（道徳的価値），美（芸術的価値）が挙げられる。経済においては，人間の欲求を満足させる有用性としての使用価値，商品の交換価値が価値と呼ばれる。経済学的な価値理論から区別するために，価値一般を扱う学を哲学的な価値論（axiology）と呼ぶことがある。
【価値の諸説】①心理学ではしばしば，欲求を満足させるものが価値と見なされ，哲学では快楽主義，功利主義がこのような見解をとる。②分析哲学においては，良さ（価値）は情動（情緒）の表現であるという説が唱えられた（エイヤーの情動主義）。ニーチェやサルトルは実存主義の立場から，価値は主体によって創造されると主張する。③ムーアは，良さ（価値）は，直観（直覚）によって把握されると見なす（直観主義）。③カントは，行為の良さは，欲求を顧みずに道徳法則に従う「良い意志」に由来すると主張した。④新カント派は価値の理想的性格を重視する。特にリッケルトは，意識の世界と実在の世界を超える第三領域に価値が属すと見なす。

カチ

【認識と価値】価値が対象にそなわる実在的，自然的性質であるとすれば，これを認識することができる。ムーアはこのような理解を「自然主義的誤謬」と批判し，価値は独特の直観によって捉えられる非自然的性質であると見なす。ヒュームは，〈べき（当為）〉は〈ある（存在）〉からは導出されないと述べた（ヒュームの説のこのような解釈には異論もある）。カントは，当為の理想的性格を強調し，これを存在から区別した。分析哲学の立場に立つヘアは，価値には，事実として認識される要素（記述的要素）と，これに還元されない要素（評価的要素）があり，後者が核心をなすと見なす。デューイはプラグマティズムの立場から，「望まれたもの」と「望ましいもの」を区別し，価値を後者と見なす。

【価値の客観性】情動主義的倫理学では価値は主観的，個人的と見なされる。価値の客観性を主張する立場として，価値を超越的な（形而上学的）次元（プラトン，新カント派）あるいは存在論的次元（スコラ学）に求める立場，価値を経験的，実在的次元で理解する立場（自然主義，素朴な価値実在論）がある。ムーアはこれらの価値客観論を広義の「自然主義」と性格づけ，その誤謬を（「自然主義的誤謬」）指摘する。ただし，彼においては，価値の客観性がいかに確保されるかは明確でない。

　価値について主観主義と客観主義との偏向を是正するためには，価値は主体と対象との相互作用において成立すると考える必要があろう。価値は，それを担う事物，行為，人格の客観的性質を離れては存在しないが，このような性質がそれ自体で価値をもつのではなく，この性質が主体との関係に入る場合に，価値をもつ。主体の対象に対する価値的関わりは価値意識，評価として明確に現れる。価値の客観性の根拠は一方では対象の実在的性質にあるが，他方では，価値主体の社会的，文化的共同性にある。いずれの根拠が有力かは価値の諸形態（有用価値，健康価値，政治的価値，道徳的価値，芸術的価値等）によって異なる。

　価値の問題は今日の環境倫理学や環境思想において再び脚光を浴びつつある。人間中心主義が，自然の価値を人間と（有用性や評価）の関係で理解するのに対して，自然中心主義は，自然はそ

れ自体で「内在的価値」や「固有の価値」をもつと主張する。
〔文献〕岩崎允胤『現代の哲学的価値論』大阪経済法科大学出版部，1999；牧野広義『哲学と知の現在』文理閣，2004；L. ジープ『応用倫理学』丸善，2007。　　　　　　　　　　　　　（高田純）

　価値意識・価値観　〔英〕value consciousness; view of value
価値意識とは，主体が個々の対象・事柄に対して何らかの価値評価を付与する意識である。たとえば，「彼らのテロ行為は悪い」と私が思うとき，私は彼らの行為がテロであると認識したうえで，対象としてのその行為に悪という価値を付与したわけで，その際の善悪判断を伴う私の意識が価値意識である。価値意識には，善悪の意識のほかに，美醜，正邪，好悪，快苦，聖俗などの意識があり，個人の次元だけでなく，階級や階層，民族や地域集団，宗教的・文化的集団など，様々な集団において共有されたものも見出される。価値観は価値意識と同一に使用される場合もあるが，通常は，個々の価値意識がある程度定まったかたちで持続的に保持され，主体が対象の価値づけを行う際の一貫した基準や枠組となるものである。価値観の軸になるのは，何を最も「よきもの」と考え，何を最も「大切なもの」として生きるかであるが，この内容は親や教師という身近な人間だけでなく，自分の帰属する民族や宗教等の集団の文化的内容，さらに社会全体の政治的・経済的・文化的システムに大きく規定される。したがって，社会全体のシステムや生活構造，人間関係が比較的安定した状況が続くか否かによって，価値観の対立や変化の状況も異なってくる。たとえば，日本においては，敗戦によって天皇中心の価値観が否定され，平和と人権を軸にした価値観への転換が起き，他民族差別や，職業の貴賤，男尊女卑などの古い価値観は勢いを失った。世界的にみれば，ソ連邦崩壊とグローバリゼーション化の急展開の中で，競争，効率を第一に置いた功利主義的価値観が席巻している。他方，ヨーロッパことにアメリカを中心にした先進資本主義諸国本位のこの価値観に対して，利潤追求よりも自然・環境の保護，効率追求より文化・福祉の重視，強者の論理よりマイノリティの尊重，戦争・軍拡より平和・友好等を軸にした価値観

も広がっており，今後，対立を含むこの多元的な価値観の展開が注目される。
→価値，価値判断
[文献] 見田宗介『価値意識の理論——欲望と道徳の社会学』弘文堂，1996；神川正彦『価値の構図とことば——価値哲学基礎論』勁草書房，2000；吉田千秋『もう一つの価値観——流されない〈自分〉を求めて』青木書店，1997。　　　（吉田千秋）

価値合理性→合理性

価値自由→ウェーバー

価値哲学 〔独〕Wertphilosophie
価値問題に関わる原理的な探求を課題とする哲学で，広い意味での価値論と同義に用いられる。しかしこの用語は，19世紀後半の新カント派内で提唱された「価値哲学」を限定して指す場合が多い。その創始者ヴィンデルバントは，存在問題より価値問題を重視し，哲学の主題は道徳や芸術や宗教の根底にある普遍妥当的な価値の探求にあるとした。リッケルトは意識と現実を超越する価値の体系を提起するとともに，文化科学の独自な位置を提唱した。この哲学は一時期の興隆にとどまったが，新たな価値哲学の展開が今日求められている。
[文献] 九鬼一人『新カント学派の価値哲学』弘文堂，1989。
　　　　　　　　　　　　　　　　　　　　　　（吉田千秋）

価値転換→ニーチェ

価値判断 〔英〕value-judgment〔独〕Werturteil
ある対象に主体の何らかの評価を下す判断であり，対象がいかなるものであるかを言明する事実判断（認識判断）と対置される。たとえば，「この花は赤い」という事実の認識ではなく，「この花は美しい」というように，美醜や善悪，正邪などの価値述語を付加する判断である。事実判断が正しいかどうかが求められるよう

に，価値判断にはその妥当性が求められる。これについては，まず，①価値判断は主体の欲求や関心に対象が合致するかしないかによって下される主観的なものであるが，その妥当性は対象の性質や属性に基づくとする説（自然主義的立場）がある。この説は，価値判断の独自性が説明できない難点がある。次に，②価値の普遍妥当性は経験的世界に先立って超越的に成り立っているから，これに基づく個々の価値判断の妥当性が保証されるとする説（プラトンのイデア説，新カント派の価値哲学等）がある。この説では，結局のところ現実世界から離れた神秘的ないし宗教的世界から価値を根拠づけることになると同様に主観的性格をまぬがれない。そこで，③個々の主体においてなされる価値判断の妥当性は，社会的，歴史的に妥当性を確かめられてきた価値内容に基づくとする考えによって，価値判断の客観性を確保する道が，社会学的立場やマルクス主義的立場から目指されている。

（吉田千秋）

価値倫理学 〔英〕ethics of value〔独〕Wertethik
倫理学の主題を価値論的観点から基礎づけようとするもので，19世紀後半のヴィンデルバント，マックス・シェーラー，ハルトマン等の倫理学を指す。その代表者のシェーラーは，カントの道徳法則というア・プリオリ形式に依る形式主義的な倫理学に対して，倫理的財や目的に先立つ客観的でア・プリオリな価値を設定し，宗教的価値（聖）を頂点とする価値序列体系を含む実質的な倫理学を主張した。彼の倫理学は，日本においては和辻哲郎の倫理学に影響を与えた。
［文献］『シェーラー著作集』（全15巻）白水社，1976-80；小倉貞秀『マックス・シェーラー』塙新書，1969。　　（吉田千秋）

カチロン

価値論→価値

学校化→イリイチ

ガッサンディ　Pierre Gassendi 1592-1655

南仏，小村の農家に生まれ，カトリック聖職者，エクス大学哲学教授で，アリストテレスの自然学に反対し，エピクロスの原子論（アトミズム）とキリスト教との接合をはかったフランスの哲学者。パリに出て，デカルト，パスカル，ホッブズらと交わった。デカルト『省察』(1641)への「第五論駁」で有名だが，17世紀を通じて彼の哲学はデカルトのライバルセオリーであった。生得観念を否定し，感官によって与えられた観念を知性が集め，分割，拡大，縮小，複合することによってすべての観念が得られると説いて，ロックに大きな影響を与えた。神や精神，真空や道徳的な善悪といった非物体的，非形象的な観念も，デカルトのように知性だけでそれらの観念を形成できるとは考えず，何らかの感覚的な形象を必要とし，その形象を通してそれらの観念が形成されると考えた。エピクロスの原子論とキリスト教とを折衷するために，原子は不生不滅ではなく，その運動も含めて神によって創造されたものとし，死後の魂の不滅も説いた。モンテーニュや懐疑論的自由思想家に共感を示し，自然認識に関しては，事物の内的な本性を知る「事物の真理」にはいたらず，経験的記述的な「現象の真理」に満足しなければならないと，これまたロックに引き継がれる考えを示した。デカルトのように自然の幾何学化ではなく，光や音，熱や寒の原子など質的な原子を要請して，近代科学の方向とは異なったが，その原子論は，ボイルの粒子論やニュートンの光粒子説に引き継がれた。

［文献］P.-Felix Thomas, *La Philosphie de Gassendi*, Burt Franklin, 1967.
　　　　　　　　　　　　　　　　　　　　　　　　（河野勝彦）

カッシーラー　Ernst Cassirer 1874-1945

ドイツの哲学者。マールブルク大学でコーエンに学び，ドイツ，イギリス，スウェーデン，アメリカの大学で教授となって，アメ

リカで歿した。デカルトやライプニッツなどの近代認識論哲学や数学的・自然科学的思考の構造を研究したのち，それらを，科学的認識に限らない人間の世界了解全体を探究する〈シンボル形式〉の哲学に結実させる。人間は芸術や宗教や神話においてそれぞれ固有の像を形成するが，これをカッシーラーは形態化作用と呼び，精神の根本機能と見なす。精神のこの機能は意識全体を表示するものであり，人間に普遍的な機能とされる。この普遍性は形式に現れるが，それは形式が分解しえない全体であり，多様なものに形態を与える理念的統一だからである。人間は形式に基づき屈折を加えて世界を理解するのであり，この屈折率を示すのが〈シンボル形式〉の哲学である。カッシーラーの哲学は，概念やシンボルを実体ではなく機能と見なし，認識や芸術や神話を人間の精神活動の所産として分析する点で，カントを継承しつつ，その理性批判を文化批判に変換するものといえるが，当然その文化理論では普遍主義の立場がとられている。カッシーラーは記憶をたよりに厖大な古典的著作を引用するほどの博覧強記の哲学史家でもあった。

→シンボル

［文献］カッシーラー『シンボル形式の哲学』（全4冊）岩波文庫，1989-97；同『認識問題』（全5冊）みすず書房，1996-2013。　　　　　　　　　　　　　　　　　　　　　（水野邦彦）

過程　〔英〕process〔独〕Prozeß〔仏〕processus

原語のラテン語 processus はもともと前進または進行という意味をもち，裁判や訴訟における審理とその経過を表す用語として転用された。自然科学では，16世紀前半にパラケルススが化学反応の経過を表す概念としてこれを用いたのが最初とされる。特にヘーゲルは「理念（イデー）は本質的に過程である」として，事物の運動と発展を時間的な継起のなかで全体的かつ動的に表現する哲学的な概念として過程を位置づけしたし，マルクスも「その現実的諸条件の総体において考察されたひとつの発展を表す『過程』という語は全ヨーロッパの科学的用語となっている」として，『資本論』の各章の表題にこれを多用するなど，19世紀には

カテゴリ

科学の用語としても定着することになった。ホワイトヘッドにおいても,過程の概念は,彼の有機体の哲学の基本概念である現実存在の,代替・反復不可能な創造的前進の性質を表す。
→発展
[文献] ヘーゲル『小論理学』下,岩波文庫,1978；マルクス『フランス語版資本論』上・下,法政大学出版局,1979。

(奥谷浩一)

カテゴリー 〔英〕category〔独〕Kategorie〔仏〕catégorie
範疇と訳される。ギリシア語の「訴訟」「述語」を意味するkatēgoria に由来し,アリストテレスが,存在者を最も一般的な規定において述語づける概念,つまり〈最高類概念〉を意味する哲学用語として定着させた。彼は実体・量・関係・場所・時・能動・受動・状態・所有の 10 を存在のカテゴリーとして示した。この見地からすると,彼以前の哲学者,たとえば,イオニア学派の水・火・土などのアルケーやプラトンの最高の類として有・同・異・変など,またインドのヴァイシェーシカ派の実体・性質・作用などもカテゴリーといえる。近代以降,認識論への関心が高まるにつれて,〈存在のカテゴリー〉から〈認識のカテゴリー〉へと重点が移行したが,それを最もよく示しているのはカントである。彼は形式（直観と思惟）と質料（感覚）を区別し,認識を成立させるア・プリオリな思惟（悟性）形式をカテゴリーとして,形式論理学の 12 種類の判断形式に対応する単一・数多・総体,実在・否定・制限,実体・因果関係・相互関係,可能性・現実性・必然性を挙げた。ヘーゲルは,存在と思考の同一性の見地からカントのカテゴリーを認識主観のア・プリオリな形式にとどまらず物自体の形式でもあるとして『論理学』において,「概念の自己運動」を通じてカテゴリーの体系を弁証法的に導出しようとした。また,新カント派などでも哲学は諸科学の範疇論であるとして,種々範疇論が試みられたが,E. ラスクや N. ハルトマンがよく知られている。マルクス主義においてもヘーゲル『論理学』の唯物論的改作を踏まえてカテゴリー論が「弁証法的論理学」として試みられた。また分析哲学などでは,言語論的カテゴ

リーが従来の存在論的・認識論的カテゴリーに先行するものと見なされている。カテゴリーの問題は哲学の根本的な問題の一つとされ，カテゴリーの本質，妥当性，その数などをめぐって種々議論されてきている。
→カント，概念
［文献］アリストテレス『カテゴリー論』（全集 1）岩波書店，1971：カント『純粋理性批判』上・中・下，岩波文庫，1961-62：A. Trendelenburg, *Geschichte der Kategorienlehre*, 1846.
(尾関周二)

カテゴリー錯誤 〔英〕category-mistake
哲学問題の多くは実質的な問題ではなく，われわれの言語の不適切な使用から生じたものだという主張の論拠としてライルによって提唱された用語。たとえば，オックスフォード大学を初めて訪れた外国人が，多くのカレッジ，図書館，運動場，博物館や事務局をみて，「大学はどこにあるのですか」と尋ねる場合のように，異なるカテゴリーに属する言葉を同一カテゴリーに組み入れる誤りがそれであり，デカルト的心身二元論はその誤りの典型だとされる。「心」とは想像する，信じる，知るなど人間の行動傾向につけられた名前にすぎないのに，デカルトでは，それが「身体」と同じ実体的「存在」にされている。ライルは，こうした錯誤を明らかにすれば，伝統的哲学問題の多くは解消するとして，哲学における言語分析の重要性を指摘した。
→カテゴリー，ライル
［文献］G.ライル『心の概念』みすず書房，1978。(中村行秀)

加藤弘之 (かとう ひろゆき) 1836〔天保 7〕-1916〔大正 5〕
明治期の哲学者・政治学者。1873 年，明六社に参加。1881 年に東京帝国大学の初代綜理（総長）となる。但馬国出石藩の兵学師範の子。西洋兵学と蘭学を学び，蕃所調所教授手伝となり，ドイツ学を学ぶ。維新後新政府に採用されたとき，君民共治や万民共治の立憲政体を推す『立憲政体略』(1868) を刊行し，天賦人権説に立った『眞政大意』(1870) や『国体新論』(1875) におい

て，政府が臣民の「生命・権利・私有」を保護するという「安民」策を論じた。だが，明治国家が確立する過程で，加藤は国家主義に転向する。『人権新説』(1882) では，スペンサーの社会進化論に依拠し，かつての天賦人権論を「妄想」として全面的に撤回し，「上等平民」(ブルジョア階級) 養成と自由民権運動の規制を説いた。
［文献］『加藤弘之文書』(全3巻) 同朋舎出版，1990；田畑忍『加藤弘之』吉川弘文館，1959。　　　　　　　　　(吉田傑俊)

　カトリシズム　〔英〕Catholicism〔独〕Katholizismus
本来「普遍的」を意味するギリシア語に由来。キリスト教は，ナザレのイエスを究極的なメシア(ギリシア語では「クリストス」と訳された)と信じたユダヤ教内の一派として発生した運動であった。本来メシアはヘブライ語では「頭に油を注がれた者」の意で，王とか特別の力を授けられた者など，イスラエルの民が危機に立ったときに救済する働きをした者に冠される称号であり，当然ながら複数の人間に与えられた。たとえば，バビロニアに捕囚されていたユダの民に「解放令」を出したペルシア王キュロスもメシアと称えられた。亡国の憂き目に遭い，ギリシアやローマの支配の下にあったユダヤの民は，救済を実現するメシアへの待望を強めていた。自薦他薦のメシアが現れる素地であった。ナザレのイエスは，当時の律法主義に傾いたユダヤ社会の諸矛盾を批判し，疎外された弱者への共感を示しながら，自由な生き方を示唆した。それが反体制運動の一環とされて，反逆罪のかどで処刑された。イエスの直弟子たちは，そのイエスをメシアと受け取り，新しい信仰運動を始めた。最初こういう新しい運動を弾圧していたユダヤ教側の知識人であったパウロは，自分自身の内的葛藤や社会的閉塞状態に由来する諸矛盾に悩み，律法の重荷や悪と死の支配の克服を約束する初期キリスト教の宣教に屈して，キリスト教へと改宗した。パウロは，イエスを唯一のメシアとする思想を構築し，イエスの死と復活に基づく新しい普遍的な救済のシステムという神学を切り開き，初期キリスト教の礎となった。この新興宗教は，ローマ帝国内で疎外や抑圧を受けていた層に訴え

るところ大であり，急速に進展していった。その後，帝国からほぼ250年にわたって迫害されたが，コンスタンティヌス大帝によって公認され，4世紀末には帝国の国教とされた。

　キリスト教会は，ローマ帝国内に進展するにつれて，自らの組織への自信を深め，帝国の権力に庇護されながら「普遍的教会」と称し始めた。しかし東西教会の分裂後，東のビザンティン教会に対抗してローマの司教を唯一の教皇として自らの「普遍性」を主張したことから，西側の教会は「ローマ・カトリック教会」と自称し始めた。
　　　　　　　　　　　　　　　　　　　　　　　　　（高尾利数）

狩野亨吉　（かのう こうきち）1865〔慶応1〕- 1942〔昭和17〕
思想史家・教育者。秋田の大館に儒学者良知の子として生れる。東京大学で数学と哲学を学ぶ。1898年，第一高等学校の校長となり，田邊元や和辻哲郎などを育てる。1906年，京都帝国大学文科大学初代学長となり唯物論的倫理学を講じたが，内藤湖南の教授採用をめぐり文部省と対立し二年後に辞職した。学問的には日本の自然科学史に関心をもち，江戸期の唯物論哲学者安藤昌益，合理的経綸家本田利明，星雲説に類する「混沌分判図説」を考案した志筑忠雄らの業績を発掘した。京大退職以後は，民間で書画の鑑定売買で生計するなかで，近代以前の日本の自然科学や技術や芸能の膨大な文献を収集した。そのおよそ五万冊の著作は現在東北大学図書館の「狩野文庫」に納められる。
→安藤昌益
［文献］『狩野亨吉遺文集』岩波書店，1958；久野収『30年代の思想家たち』岩波書店，1975。
　　　　　　　　　　　　　　　　　　　　　　　　　（吉田傑俊）

可能性と現実性　〔英〕possibility and actuality, reality〔独〕Möglichkeit und Wirklichkeit〔仏〕possibilité et actualité, réalité
可能性とは考えられうること，ありうるということ，起こりうることである。可能性には，論理的にみて単に矛盾なく考えることができるだけの形式的な可能性，現実化しうる条件をもたない抽象的可能性，現実に起こりうる実在的可能性がある。現実

(reality, Wirklichkeit) は，実際にあること，起こっていることを意味し，ふつうは理想に対置されて用いられるが，カテゴリーとしての現実性は，可能性や偶然性，必然性とは異なる存在の様態のカテゴリーとして，現実のあり様を捉えるものである。そこには，real や wirklich がもつ「現実的な」という意味と「真の」という意味の両方が含意されている。ヘーゲルは，「現実的なものは理性的であり，理性的なものは現実的である」と述べ，現実性を真に理性的なものとして把握した。

可能性と現実性とを関連づけて論じたのはアリストテレスである。彼は，多様な運動をデュナミス（可能性）からエネルゲイア（現実性）への転化の過程として捉えた。現実性は可能性が現実化したものである。現実性を本質と現象との統一として捉えたヘーゲルも，アリストテレスのこの観点を継承しながら，現実性を，一定の諸条件のもとで実在的可能性が自ら現実性に転化していく動的な過程として捉えた。抽象的可能性も，一定の諸条件が整えば実在的可能性に転化する。

諸条件の全体は，前提された現実性であるとともに，所産としての新たな現実性を生み出す実在的可能性を構成する。前提としての現実性のうちには実在的可能性が含まれており，所産としての現実性は実在的可能性が実現したものである。前提から所産への現実性の動的な過程を，ヘーゲルは，条件，事柄，活動の三契機で説明するとともに，偶然性に媒介された必然的な過程として捉えた。現実性は必然性と偶然性との弁証法的統一である。弁証法的唯物論も，こういったヘーゲルの観点を継承している。

→必然性と偶然性

[文献] アリストテレス『形而上学』上・下，岩波文庫，1959-61；ヘーゲル『大論理学』（全集 6-8）岩波書店，1956-66。

(岩佐茂)

可能態→エネルゲイア／デュナミス

カバニス　Pierre-Jean-Georges Cabanis 1757-1808
フランス革命期の医学者，哲学者，政治家。独自の生気説で知ら

れるモンペリエ学派の医学を学ぶ。テルミドール反動後の国立学士院第二部会（感覚と観念の分析部会）で，のちの主著となる『人間身心関係論』（1802刊）を披瀝した。感覚論を基礎に，生物器官を構成するミクロな物質に一定の主体性をもった「内的感覚」が存在することを主張し，物質相互の交感に本能を認める唯物論を説いた。身体を起点とした生理学的研究から精神のダイナミズムを確認し，エルヴェシウスの教育論に示唆を受け，身心の習慣づけを通じた新たな「人間の科学」の到来を宣言した。

→生気論，エルヴェシウス，習慣

［文　献］André Role, *Georges Cabanis : Médecin de Brumaire*, F. Lanore, 1994；Martin S. Staum, *Cabanis : Enlightenment and Medical Philosophy in the French Revolution*, Princeton University Press, 1994/2014. （田中大二郎）

　家父長制　〔英〕patriarchy

最広義には，男性による女性支配を可能にする権力関係の総体を指す。文化人類学の領域で父の支配・年長支配を指す言葉としてあったものを，ケイト・ミレットが『性の政治』（1970）で，年齢と性からなる二重の女性支配の制度として定義し直し，第二波フェミニズムの不可欠の概念となった。近代化の遅れや法制度の不備にその原因を帰してきた第一波フェミニズムの性差別認識からのパラダイム転換がそこにはある。ただ，同じく近代社会の編成そのものに根ざした男性支配を読み解く分析概念としてフェミニズムが引き入れたジェンダー概念に比して，家父長制概念は，性抑圧の文化的・社会的，心理的，生物学的などのあらゆる要因が放り込まれるややブラックボックス化した感も否めなかった。次第に，文化・心理主義と物質的基盤の二つの文脈での，すなわちラディカル・フェミニズムとマルクス主義フェミニズムの文脈での理論化が深められた。前者は「近代家族」に照準化し，フロイトの精神分析の文脈からエディプス・コンプレックスを批判的に問い，さらにラカンの精神分析における「父の法」についても，それをファルス中心主義というイデオロギー様式として批判的に見る立場を打ち出す。またフェミニズムの家父長制概念を

軸にマルクス主義を読み直す問題意識から登場したマルクス主義フェミニズムには，性別役割分業と家庭内の女性の家事労働の無償性に女性抑圧の原因を見る「前期」マルクス主義フェミニズムの立場，さらに家父長制と資本制の関係からそれを読み解く「後期」マルクス主義フェミニズムの立場がある。資本制と家父長制を相対的に自律的システムとみる二元論的把握と両者の関係を相互依存的システムとみる一元論的把握など，クリスティーヌ・ディルフィ，ハイジ・ハートマン，マリア・ミースたちにおいて，未決着の争点が存在する。日本語の家父長制は「家」という言葉が女性抑圧の近代的背景への認識につながりにくいことや，や天皇制論争と結びついた概念でもあるとの批判から「父権制」とすべきという議論もあったが，ほぼ家父長制で定着を見ている。

［文献］ケイト・ミレット『性の政治学』ドメス出版，1985。

（金井淑子）

鎌田柳泓　（かまた　りゅうおう）1754〔宝暦4〕-1821〔文政4〕

江戸後期の心学者。紀州湯浅に生れる。10歳の時，京都の医師鎌田一窓の養子となる。一窓は石田梅岩の直弟子から心学を学び，書を著わした人物であり，柳泓も幼少時から養父について心学を学んだ。その思想は終生心学の基本的立場を離れることはなかったが，学問の幅は広く朱子学のみならず仏教や老荘の思想，西洋の天文学や医学の知識にまで及ぶ。特に『理学秘訣』においては宇宙論的な問いから始めて感覚や知覚の成立の原因を仏教の知識を用いながら分析的に解明しようと試みるなど，合理的な探求の精神への接近を伺わせる内容をもっている。

［文献］柴田実校注『石門心学——日本思想大系42』岩波書店，1971。

（田平暢志）

カミ→神

神 〔ギ〕theos〔ラ〕Deus〔英〕God〔独〕Gott〔仏〕Dieu
ユダヤ教，キリスト教，イスラームの神は本質的に同じである。いずれも世界に預言者を遣わし，「神の言葉」を啓示する。イスラームは，ユダヤ教徒とキリスト教徒を「啓典の民」と呼び，他の「異教徒」とは区別する。

ユダヤ教においては，神は「ヤハウェ」と呼ばれるが，モーセの十戒において「神の名をみだりに口にしてはならない」と戒められているので発音しない。ヘブライ語では書く時に母音を用いないので，YHWH（聖四文字）とだけ書く。そのため発音が不明になってしまった。近代になって母音が挿入され，ほぼヤハウェに近い音だろうという。読む場合には「アドナイ」（主）と発音する。『出エジプト記』3：14 では「エヒイェ・アシェル・エヒイェ」（私は有るという者である）と告げた。天地を創造し，保持し，啓示と律法を与え，歴史を通じて救済の意志を貫徹し，終末時には最後の審判を下すとされる。

キリスト教では，ヤハウェが父なる神として，その独り子イエス・キリストを遣わして彼をメシアとして信じる者を救うとされる。また同じ神は聖霊として働きかけ，教会を設立し，終末時まで導くという三位一体の神を信じる。

イスラームでは，最後の預言者とされるムハンマドが，アッラー（「神」の意）からの啓示を受け，神の言葉を朗誦し，それがクルアーンとして記された。天地を創造し，歴史を通じて人間を救済史，終末時に審判を下すとされる。近代以降には，こうした一神教の神を否定する思想も勃興し，無神論も現れてきた。しかしヨーロッパで無神論といえば，基本的にはユダヤ・キリスト教的な神の否定である。

蛇足であるが，日本の神々は根本的に違う理念のものであるので，一概には語れない。本居宣長は，神を「人知を超えた徳（力）を有するもの」という定義をしたが，意外と普遍性のある定義とも言えよう。R. オットーは「ヌミノーゼ」的なものと定義した。C. G. ユングは，Gott は，gött'n（父が子を産むこと）に由来し，

カミソク

「産み出すもの」と定義する。現代でも意義のある定義であろう。
(高尾利数)

神即自然→スピノザ

神の国→キリスト教

神の存在証明 〔英〕argument of the existence of God 〔独〕Beweis des Daseins Gottes 〔仏〕argument de l'existence de Dieu
神が現実存在することの論証。信仰者にとっては不要な議論だが、神学的思索の深まりとともに真剣に議論されだした。アンセルムスは神の概念を「それ以上大きなものが考えられないもの」とし、単に思考においてのみあるものよりも現実に存在するものの方が一層大きいということから、神は現実に存在すると結論する。これに対して、トマス・アクィナスは現実に経験する事物の存在原因や調和からその究極根拠としての神の存在を導き出す。両者の立場はその後にも流れている。デカルトは神の存在証明を三種示す。第一に、私の中にある「無限な実在としての神」という観念の原因は私の外になければならず、ゆえに神は実在する。第二に、私の時間的連続を維持する力は私の内にはなく神に求めざるをえない。以上は結果からの証明である。第三はアンセルムスの説の延長上にあるもので、神が完全であるならば存在するという規定もそこに必然的に属しなければならない、ゆえに神は実在する。カントは経験不可能な対象の存在を論じる理論理性的な方向を独断的形而上学として退け、アンセルムス由来の方法を〈存在論的証明 ontologischer Beweis〉と呼び、一般に概念からその対象の実在は導出できないと主張した。さらに、自然現象の原因の最初に第一原因としての神を求める〈自然神学的証明〉も、宇宙の秩序からその究極根拠としての神を立てる〈宇宙論的証明〉も、存在論的証明の誤りを根底に含むとして、いずれも退けた。その一方で、実践哲学の場面では道徳性の究極の保証としての神の存在を確信し、実践理性によって神の存在が〈要請〉されるとする。この後も様々な形で神の存在についての議論がなされ

るが，存在の意味を問う議論や人間の能力の限界や役割を問う議論として，信仰を離れた問題として論じられることが多い。
→アンセルムス，デカルト，カント
［文献］アンセルムス『プロスロギオン』岩波文庫，1942：デカルト『省察』白水社，1991：カント『純粋理性批判』上・中・下（全集 4-6）岩波書店，2001-06。　　　　　　（佐々木能章）

　カミュ　　Albert Camus 1913-1960
フランス 20 世紀の小説家，劇作家。哲学的試論数編を著す。フランス領アルジェリアの貧しい家に生まれ育ち，少年期より結核に冒される。不条理な世界の不条理性を見据えながら，これを断固として拒否する生き方がいかに可能かを探究する「不条理」（absurde）の思想を説いたが，それは実は，死すべき者たる人間の条件を，永遠の生というキリスト教の誘惑を拒否しつつ，いかに生き抜くかという問題にほかならない。これを集団的なものの中に展開した一種の西欧精神史，『反抗的人間』（1951）は，サルトル一派から，マルクス主義的な革命の展望を否定するものとして痛烈に批判された。
［文献］佐藤朔／高畠正明編『カミュ全集』（全 10 巻）新潮社，1972-73。　　　　　　　　　　　　　　　　　　（石崎晴己）

　カリスマ　〔独〕Charisma〔英〕charisma
神の恩寵によって与えられた特別な資質を表す，キリスト教の用語。ドイツの法制史家ゾームの影響のもと，M. ウェーバーがこれを社会科学に導入して以来，広く用いられるようになった。ウェーバーは「支配」をその「正当性」に応じて三つの類型に分け，「伝統的支配」（家父長制など，支配者が体現する伝統に対する服従）および「合法的支配」（官僚制など，正当な手続きによって制定された法に対する服従）と並ぶ支配の類型として，「カリスマ的支配」を挙げる。これは，支配者たる預言者や軍事的英雄などが天与の資質を備えていることを正当性の根拠とする支配である。カリスマ的支配はあくまで非日常的な支配であり，カリスマの後継者選びが問題となる場合など，それはかならず日

常化(すなわち伝統化や合理化)する運命にある。その際,「世襲カリスマ」(血統によるカリスマの移転)や「官職カリスマ」(官職によるカリスマの移転)といった手段が用いられるとされる。カリスマとは,ウェーバー社会学における支配の変動を説明する鍵概念であり,その後の社会学においても日常/非日常の循環を説明する鍵概念として用いられてきた。また,帝国主義的膨張政策を時代背景として,ウェーバー自身が強力な政治指導者の出現を期待していたという文脈でも,彼のカリスマ論との関連がしばしば言及される。
[文献]ウェーバー『経済と社会 支配の社会学』Ⅰ・Ⅱ,創文社,1960・62。 (鈴木宗徳)

ガリレオ　Galileo Galilei 1564-1642

近代科学の形成に大きな役割を果たしたイタリアの哲学者,物理学者。望遠鏡による天体観測によって月面の凹凸,太陽の黒点,金星の満ち欠けなどの現象を発見し,プトレマイオス的天動説の誤りや天上界の不完全性を経験的に示した。これらにより地動説を擁護するとともに,物体の落下距離が物体の重さには無関係で落下時間の二乗に比例することの発見や,円慣性など円運動の原理による天上界と地上界の運動の統一的説明などでアリストテレス的自然学を批判した。カトリック教会は異端審問所による宗教裁判でガリレオに有罪を宣告した(死後350年経った1992年,ローマ教皇ヨハネ・パウロ2世はその裁判が誤りであったことを認め,ガリレオに対し謝罪した)。
[文献]ガリレオ『新科学対話』上・下,岩波文庫,1937-48;同『天文対話』上・下,岩波文庫,1959-61。 (佐野正博)

カルヴァン　Jean Calvin 1509-1564

フランスの宗教改革者。最初神学と哲学と法学を,次いで人文学を学ぶ。回心を経験し福音主義に転じ(1533),宗教改革者となり,1536年には,『キリスト教綱要』を執筆し有名になる。1537年にジュネーヴに立ち寄ったとき,当地の宗教改革者ファレルの熱烈な懇請を受け,そこで宗教改革に参加した。だが余りにも

厳しい改革を迫ったため追放された。1541年には再度招聘され，「神政政治的」とさえいわれた改革を展開した。

彼は後に「聖書主義」と称される方向を示し，聖書は聖霊自身の証しによって正しく解釈されると主張した（聖霊の内的証示）。神は永遠の救済の計画に基づいて人間を救済に予定する。これが「二重予定説」の発端である。この神の選びに呼応するのが，「召命感」であり，そうした確信に導かれた者たちが教会を形成する。信徒は教会での礼拝に規則的に参与し，神の言葉の説き明かしとしての説教に耳を傾け，聖餐において約束される選びの業に参与し，祈りと勤勉なる生活を通じて，「神の栄光」を証しすべきである。彼はカトリック教会的な秘蹟や祝祭を廃し，降誕・復活・聖霊降臨のみを残した。信徒が選びに与っているか否かは，刻苦勉励を通じての成功によって支えられると説き，礼拝も簡素な形を残すのみであり，怠惰や乞食は法律で禁止された。この方向は後のピューリタンの出現を促し，さらには資本主義を促す根本精神を基礎づけたとされる。彼は膨大な聖書注解を残し，後の改革派教会の内容と方向に決定的な影響を与えた。その論理的で明晰な思考は，後代のフランス語の形成にも大きな貢献をした。

（高尾利数）

カルダーノ　Gerolamo (Girolano) Cardano 1501-1576
イタリア後期ルネサンスの医者・数学者・自然学者。当代一流の医師としてヨーロッパ中の尊崇を集め，あまたの招聘話があったが，長く生地パヴィア大学医学教授の任にあった。後世には三次方程式の一般解法の発見者また確率論の先駆者とも見なされるが，その本質は古代以来の自然哲学の伝統を受け継いだ多面性をもつ典型的なルネサンス人として，占星術師や賭博師などの顔ももち，あらゆる領域の著作がある。魔術と科学の結合した世界観は厳密なものではなく，豊潤にゆるやかに満たされるべきものであり，異教的要素も指摘される所以である。人間観察にも鋭く市井人として波乱の生涯をローマで終えた。

［文献］カルダーノ『カルダーノ自伝』平凡社ライブラリー，1995。

（鯨岡勝成）

カルチュ

カルチュラル・スタディーズ 〔英〕cultural studies
英国のホガート，ウィリアムズ，トムソンの大衆文化研究あるいは労働者階級の文化研究から始まり，ホール，ギルロイらはこれを人種，性差を含めて複数の政治の力線が縒合する場へと拡大した。ジェンダー批評やポストコロニアル批評と連動するが，それらが男性主義(マスキュリニズム)，植民地主義(コロニアリズム)の隠蔽作用に抗うために理論を重視し，正典(カノン)の反転を目指すのに対し，正典の意識なく，テレビ・ラジオ，映画，漫画，ポップ音楽，何でも対象になりうると領域横断的であり，かつ表現を求めて実践的(アクティブ)である。
［文献］上野俊哉／毛利嘉孝『カルチュラル・スタディーズ入門』ちくま新書，2000。　　　　　　　　　　　　　（岩尾龍太郎）

カルト 〔英〕cult〔仏〕culte〔独〕Kult
超自然性やその象徴に対する宗教的崇拝，および，体系化されたその信仰儀礼。教団類型論において，ベッカー（H. P. Becker）は，キリスト教的な伝統に立脚するキルヘ（Kirche）と宗教的な倫理性を共有する信仰組織＝ゼクテ（Sekte）を区分したウェーバーの分類に対して，キリスト教の正統派から分離・独立して個人的な忘我・癒しの体験を強調する個別的宗教形態をカルトと捉え，アメリカで1960年代後半から始まった反体制や人間性の癒し，東洋的神秘主義の新宗教運動やラディカルな集団心理治療，自己啓発セミナー組織等を，宗教諸派から分離してカルトと称した。これら集団は，ドイツ語ではゼクテ（Sekte），フランス語ではセクター（sectaire）で表現される。反社会的・反人権的宗教集団の呼称として使用されることが多いが，定義は明確でない。
［文献］B. ウィルソン『宗教セクト』恒星社厚生閣，1991；山口広他『カルト宗教のトラブル対策』教育史料出版会，2000。
　　　　　　　　　　　　　　　　　　　　　　　　（山口和孝）

カルナップ Rudolf Carnap 1891-1970
ドイツはロンスドルフ（現・ヴッパタール）生まれの20世紀アメリカの哲学者・論理学者。いわゆる科学哲学のもっとも有力な論客の一人。1926年から，ウィーン学団の主要メンバーの一人

として活躍。34年には，諸科学の理論を構文論の規則に従って厳密に形式化することによってその論理的構造を明るみに出す「科学論理学」を提唱した。35年にアメリカへ移住し，シカゴ大学教授となり，41年に帰化。53年からは，カリフォルニア大学教授。この間，40年代に意味論に取り組んだほか，様相論理学の「様相」概念の解釈や「確率」の概念を基礎とする帰納法の形式化などを手がけた。
［文献］カルナップ『カルナップ哲学論集』紀伊國屋書店，1977。　　　　　　　　　　　　　　　　　　（秋間実）

　カルマン　〔サ〕karman
輪廻と並ぶインド思想の重要概念。カルマ（karma）とも。漢訳では業ごうという。一般には行為を意味するが，それだけではなく，行為によって生ずる一種の潜在的な力をも合わせていう。善い行為をすれば善い境涯に生まれ（善因善果），悪い行為をすれば悪い境涯に生まれる（悪因悪果）とする，輪廻と結びついた因果応報の思想を説明するために必要とされた概念である。ある行為を原因として，行為の主体にはその行為の潜在的な力によって一定期間の後（現世あるいは来世に），結果である果報が生ずるとされた。輪廻とカルマンは，古くは『ウパニシャッド』の中にも素朴な形で見られ，後にインド全般に広まった思想である。自らがなした行為の結果は必ず自らが享受するという〈自業自得〉の観念から，結果を享受すべき輪廻の主体について各学派様々な考察が行われた。また，原因である行為は身体による動作（身），口でいう発語（口），心の中の考え（意）に分類され，結果である果報も境涯，寿命，経験に区別されるなど，詳細に分析されていった。このような身・口・意の行為並びにカルマンを形成する潜勢力は，別に行（サンスカーラ）ともいわれ，この語はカルマンと同じように用いられた。また，輪廻を逃れ解脱するためには，これ以上行為による果報を生まないことが必然であるから，真実の知によってカルマンを滅することが求められた。
［文献］アルボムッレ・スマナサーラ／藤本晃『ブッダの実践心理学――業（カルマ）と輪廻の分析』（アビダンマ講義シリーズ

第5巻)サンガ,2009:佐々木現順『業の思想』(レグルス文庫)第三文明社,1980。　　　　　　　　　　　　　(石飛道子)

ガレノス　Galenos 129-210頃

古代ギリシアの高名な医学者。小アジアのペルガモン(現トルコのベルガマ)に生まれ,父の英才教育により多くの学派の哲学を学ぶが,医学に転向,諸国を遍歴ののちローマでマルクス・アウレリウスとその家族の侍医となる。ガレノスの著作は膨大で,そこには医学研究以外にも,哲学や論理学,文法学や弁論・修辞に関する作品も含まれる。彼の医学思想の影響は,ラテン語やアラビア語への翻訳も与って,古代世界全体全体に及んでいる。その著作に見られるガレノスの強い目的論的自然観や原因の諸分類などには,プラトンやアリストテレス,ストア派などの様々な影響が混在しているが,彼の医学の基本的立場はヒポクラテスの医術の継承であり,生理学的には身体の状態を四元のバランスによって説明し,人体のシステムが四つの体液に基づくとする四体液説を採用し,プネウマ(精気)の理論によって血液の循環を考えた(後者の点は,17世紀にハーヴェイによって訂正される)。
〔文献〕ガレノス『解剖学論集』京都大学学術出版会,2011:同『自然の機能について』京都大学学術出版会,1998。(中畑正志)

花郎道　(かろうどう・ファランド)〔朝〕Hwarangdo

朝鮮三国時代(4-7世紀)特に新羅で栄えた花郎徒(貴族の子弟の戦闘エリート集団)を養成する思想。儒・仏・道の外来思想に伝統的なものを加えたもので,一名〈国仙道〉〈風流道〉とも言われる。国王に忠,父母に孝,友には信を尽くし,戦闘では退くことを恥とする。このような精神と体力を鍛えるため,景勝の地(山川)を遊覧し,歌舞音楽にも親しんだ。中心となる花郎は男女を問わず,品行が清く,容姿の美しい者が選抜され(全国で7,8名),一人の花郎の下に数千人の花郎徒が組織されたという。

朝鮮は国土の三分の二が山である。山岳地帯を渉り歩き,一定期間生活する通過儀礼は古代からあったであろう。仏教が入り,景勝の地に寺院が建てられると,山間部の寺をめぐる僧侶の修行

も加味されてくる。花郎,花郎徒は仏教徒でもあり,彼らの指導には高僧があたった。花郎徒には尚武の精神が要求されたが,殺生を戒める仏教の精神が〈殺生有択〉として加わっている(円光法師「花郎五戒」)。花郎徒ならびに花郎道は新羅による三国統一に貢献したが,統一新羅後は需要もうすれ,力を弱めていく。李朝(1392年成立)に入って僧侶が賤民(七賤)の一つに転落するや,花郎は広大(クヮンデ)など芸能人(賤民)の別名に堕ちていった。しかし花郎道は朝鮮固有の愛国精神,風流道として,朝鮮の山川と共に生き続けている。

［文献］李瑄根『花郎道研究』1949；三品彰英『新羅花郎の研究』(三品彰英論文集6)平凡社,1974。　　　　　　　　(小川晴久)

　河上肇　(かわかみ はじめ)1879〔明治12〕-1946〔昭和21〕明治～昭和前期の思想家,マルクス経済学の先導者。山口県生まれ。1902年,東京帝国大学を卒業。在学中は内村鑑三や木下尚江らの講演に感化を受ける。03年,母校や学習院などの講師となり,経済原論や農政学を担当。やがて『日本尊農論』(1905)や『日本農政学』(1906)などの力作を上梓し,農工商鼎立論を主唱した。05年,読売新聞に連載した「社会主義評論」では諸家の社会主義論を批判し,この間絶対的非利己主義の信条を貫くがゆえに,伊藤証信の「無我苑」へ参入するもやがて離脱する道を選んだ。08年,京都帝国大学経済学担当の講師に就任。16年,大阪朝日新聞に連載した「貧乏物語」は大反響を呼ぶが,そのブルジョア経済学の観点が櫛田民蔵らに批判され,これを機に社会主義経済学への関心を深めていく。19年,個人雑誌『社会問題研究』を創刊,以降10余年続刊した。この時期(中期)は,史的唯物論,マルクス主義経済学の研究と普及に貢献した。『資本主義経済学の史的発展』(1923),『経済学大綱』及び『資本論入門』(1928)などの著作は,中期河上のマルクス主義研究の集大成をなしている。28年,官憲の圧力で京大を辞職,実践活動に入っていく。32年には「32年テーゼ」を翻訳し,共産党にも正式に入党するが,33年に検挙され,懲役5年の判決を受ける。37年,出獄後『自叙伝』などを執筆。ようやく敗戦を迎えた後

の46年に病に没した。著作は,同時代日本の知識人のみならず,中国の革命家にも大きな影響を与えている。
[文献]『河上肇全集』(全35巻 別巻1) 岩波書店, 1982-86;住谷一彦『河上肇研究』未来社, 1992;古田光『河上肇』東京大学出版会, 2007。　　　　　　　　　　　　　　　　　　(李彩華)

含意→内含

換位法→変形推理

感覚 〔英・仏〕sensation〔独〕Empfindung〔ギ〕aisthēsis
動物がその身体に備わった感覚器官によって自分の周囲のできごと等に気づく作用,また,気づく内容。自己以外の対象の気づきとして,古くから視覚,触覚,聴覚,味覚,嗅覚の五感が区別されてきた。広い意味での触覚には,自分の身体の状態や運動に気づく自己受容感覚も含まれ,自己以外の対象への気づきと並んで認知と行動に必要不可欠である。人間とそれ以外の動物が共通にもつ感覚の働きと人間に特有の知性的な認識の関係は,古代以来認識論の主要問題の一つであった。一方では,近くから見れば四角い塔が遠くから見れば丸く見えるように,感覚による気づきの内容は主体がおかれた条件によって変動するため,認識の源泉として感覚がもつ信頼性に対する疑いが提出される。他方では,感覚の働きが認識の主体と対象を結びつけるのでなければ,認識の内容がいかにして現実の世界に関わりうるのか謎である。視覚を例にとれば,人間がものを見るとき感覚的に気づく性質には,①大きさや形,空間の中での動きとならんで,②色や表面のテクスチュアなどの質感がある。近代科学は,物質的なものを専ら①の側面から捉え,数学的に記述することによって成功を収めた。ロックは,②の性質の実在性を否定したが,①の性質は実在的なものに属すると同時に感覚内容のうちに示されると考えた。しかし,バークリやヒュームが指摘するように,認識の条件による変動の議論は①にも当てはまるうえ,感覚内容として①と②は一体をなしているから,②の実在性を否定しながら①の認識の直接性

を主張するのは困難である。科学的・理論的認識の内容を感覚に還元しようとする見解は，20世紀にも感覚与件（センス・データ）説としてふたたび現れたが，クワインらの批判を受けてほぼ消滅したと言える。感覚については，理論的認識との関係とならんで，感覚的気づきの内容がもつ生の性質（クォリア），たとえば色がいかにして生ずるのか，近代科学の物質観との関係でも感覚的気づきを基礎づける脳の生理過程との関係でも問題になる。
→第一性質と第二性質　　　　　　　　　　　　　　　（伊勢俊彦）

感覚主義→感覚論

感覚与件　〔英〕sense data
認識の直接の対象を表すために，ムーアやラッセルが用いた語。イギリス経験論の伝統では，直接経験を表すのに感覚，知覚，観念，印象などが用いられてきたが，これらの語の多義性，特に感覚する「働き・作用」とそれによって捉えられる「内容」の双方を意味する欠陥をなくし，作用である感覚（sensation）と区別するためにこの語が導入された。感覚与件は，その認識の真偽を云々する以前の対象として存在する色，音，匂い，手触りなどの直接的経験内容である。認識の対象である物理的対象は，感覚与件を要素とする論理的構成体であると主張することで，「物体は観念の集合」とするバークリ，ヒュームなどの経験論の主張を精緻化しようとしたといえる。
→ラッセル
［文献］ラッセル『哲学入門』ちくま学芸文庫，2005；A. J. エア『経験的知識の基礎』勁草書房，1991。　　　　　　（中村行秀）

感覚論　〔英〕sensationalism〔仏〕sensualisme〔独〕Sensualismus
認識の唯一の源泉を，目や耳などの感官を通して得られる感覚に見出す立場で，一切の本有観念や超越的直観を排する点で広義の経験論に属する。プラトンはソフィストたちを感覚論者と見なし，不可視のイデア世界を否認する者として批判したが，このよ

カンカク

うな対抗関係は古代哲学から形を変えながら続いてきた。近代においては、身体と結びついた曖昧な表象として感覚を低く評価したデカルトに対する反批判として感覚論は鍛えられた。たとえば、四角い窓が遠目に丸く見えたりする「感覚の欺き」が彼の感覚批判の要点であるが、ガッサンディら感覚論者に言わせれば、遠目に見えた窓の丸さを訂正するものは近くで見たときの視覚であるのだから、ある感覚を訂正するものは理性ではなく別の感覚なのであり、遠目に窓が丸く見えたにせよ、そのとき私にとって窓が丸く見えたこと自体は全く誤っておらず、誤りはむしろ、ここからそれが実際にも丸いと判断した理性の早合点にあると言うべきだということになる。感覚論はここから二方向に分岐する。一つは、一切の認識を主観的意識現象の内的記述のうちに限界づけようとするヒューム、バークリの路線であり、もう一つは、いわゆる反省や想像や理性といった一切の認識能力をもこの感覚の堆積や複合という変容として把握しようとするコンディヤックの路線である。

近代の感覚論は、自然科学の発展や光学装置などの発明によって生じた、世界はわれわれが見ているような感覚世界とは似ていないという驚きを前提に発展した。同じ経験論でも、ロックは事物の第二性質（色・音・匂い）と、事物それ自体に内属する第一性質（それ自体は感覚できない光周波・音波・化学物質）とを区別したが、ロックがここから観念の源泉に受動的感覚だけでなく能動的反省能力を加えたのに対し、バークリらはロックの言う第一性質も実際には第二性質にほかならぬとし、意識の外部にある「第一性質」的な世界（物自体の世界）の存在を否認する姿勢を強め、コンディヤックはその反省能力自体も受動的感覚の自律的変容から説明しうるとしたのである。感覚論といえば、後にマッハの経験批判論、ひいてはウィーン学派の実証主義的認識論へとつながっていく前者の路線だけが強調される傾向があるが、感覚の受動性に内在しつつ、そこから高次の能動能力をも説明しようと試み、また、その感覚的地平における視覚と触覚の衝突を契機にして「私の外部」への眼差しをも確保しようとしていたコンディヤックの路線もまた、前者に劣らぬ重要性を秘めていたと言

うべきである。感覚という「下等下賤」な能力に固執する点で，感覚論はいわば「認識の政治学」における民主派であった。なお sensational と並んで感覚的を意味する sensual には性的・官能的という意味があり，感覚主義には上述の認識論的な議論とは別の，快楽主義的倫理学（エルヴェシウス）とつながっていたことも注目される。
（古茂田宏）

感官→感覚

環境決定論 〔英〕environmentalism
何ものも，とりわけ有機体は単独では存在することはできない。私たちが，その何ものかに注目するとき，かならずその周辺に環境と総称される世界が広がり，それとのやりとりや交流が行われている。さて，その何ものかを主体と呼ぶならば，その主体のあり様（性質，変化）はそれ自身の力によることが大きいのか，それとも周りの環境の力によるところが大きいのかが問題となる。後者の立場をとり主体は環境の強い影響のもとに形成されるというのが広い意味での環境決定論である。一言で環境といっても物理環境からはじまって生物学的環境，社会環境まで多様な環境が考えられるが，そのそれぞれにおいて環境決定論が成立する。生物学におけるラマルクの用不用説，ダーウィンの適者生存説など環境圧を組み込んだ進化論，また人間の人種的あるいは個人的特性を決定するものは遺伝ではなく環境であるとする理論，生理学におけるパヴロフの条件反射理論などは環境決定論に数えられる。また社会環境でいえば，18世紀啓蒙期において貧困や犯罪などの原因を個人の努力の欠如に求めるのではなく，社会環境の劣悪さに求める理論があらわれ（コンドルセ，ベンサムなど）やがて社会主義思想を育てていくが，これらも広義の環境決定論に属する。だが，今日もっとも重要な環境決定論は地理や気候を含む自然環境を視野に入れた環境決定論である。英語の environmentalism が環境主義と訳されるとき指示するのはこの自然環境決定論である。地理的，気候的環境がそこに存在するものの性質を大きく左右するという認識は，古くは医聖と呼ばれるヒ

ポクラテスにみられる。彼は『空気，水，土地について』において，人間の健康状態に気候や地理が及ぼす影響，またギリシア周辺の諸部族の生活様式や気質と気候風土との因果関係を考察している。またこれと類似の考え方がアリストテレスの政治学にも瞥見される。啓蒙期にはモンテスキューが，法律や習俗をつくるものは個人の資質ではなく社会の一般的精神であるとし，その一般的精神を決めるものとして気候に注目している。現代では地理的環境というよりはむしろ生態学的環境の重要性がクローズアップされているが，環境因子をどの程度重視するかは依然として問題である。

→風土（論）　　　　　　　　　　　　　　　　（市川達人）

環境思想　〔英〕environmental thought
環境思想は，自然保護の運動に関わる思想としては19世紀にまで遡ることができるが，20世紀後半以降，地球環境問題の深刻さを背景に環境破壊の原因や保護の根拠をめぐって，運動や諸学問において議論が深められる中で，今日の「環境思想」という学際的な学問領域が形成されてきた。環境問題に対して〈思想〉の重要性を最初に強調した論者として歴史学者のリン・ホワイトが有名であるが，彼は「エコロジー危機の歴史的起源」(1967) という論文で，今日の危機の淵源は欧米社会の土台にあるキリスト教思想にあるのではないかとする問題提起をなし，大きな議論を巻き起こした。また，ハーディンの『コモンズの悲劇』(1968) は，環境問題解決をめぐる原理的な思想的問題を提起するものであった。

現代の環境思想は哲学，倫理学をはじめ政治学，経済学，教育学，歴史学，地理学，人類学など種々の学問における環境をめぐる思想的側面を包括するものである。また，そのなかで風土，景観やコモンズ，さらには人間学や農業問題などへの関心と絡んで，既成の学問の一分野を超える形で，「場所の思想」「景観哲学」「環境人間学」や〈農〉の思想」なども語られるなど，環境思想は多様な形態と内容を含んだ大きな思想のジャンルになりつつある。20世紀末になると，資本主義的グローバル化のなかで，

それに適合する「エコロジー的近代化論」と呼ばれる環境思想の潮流が先進諸国を中心に大きな力をもつようになってきている。また，3・11 以降，環境倫理学に関しては，特にその無力さが語られ，一方で，実践的な現実対応を重視する「環境プラグマティズム」と呼ばれる潮流が注目されているが，同時にまた，文明転換の哲学としての環境哲学の重要性が語られてもいる。
→エコロジー，環境倫理学・環境哲学
［文献］小原秀雄監修『環境思想の多様な展開』（環境思想の系譜3）東海大学出版会，1995；シュレーダー＝フレチェット編『環境の倫理』上・下，晃洋書房，1993；尾関周二編著『環境哲学の探求』大月書店，1996。　　　　　　　　　　　　（尾関周二）

環境プラグマティズム→環境思想

環境倫理学・環境哲学　〔英〕environmental ethics / environmental philosophy
環境倫理学は，環境保護にとって有効な倫理を研究する学問であり，応用倫理学の一種とされる。これは，米国の原生自然保護に由来する環境運動の中で，自然保護への倫理的行為の義務づけに理論的関心が高まり，従来の倫理学の枠組の不十分さを反省し，人間以外の自然に，また未来世代に倫理を拡げ，その根拠づけを問うことで生まれた。1970 年代の米国での J. ミュアーら保存主義者と G. ピンショーら保全主義者との論争がその始まりとされ，前者は，自然を原生のままで残すべきと主張し，後者は自然の「賢明な利用」，つまり人間の要求を満たすために計画的に管理されるべきとした。環境倫理学の祖は，「土地倫理」(land ethics) の考えを提起した A. レオポルトとされる。この「土地」とは生態系のことであるが，人間による一方的な土地の利用・処分は不当で，土地の側にも権利を認めねばならないとする。この考えは，後に「自然の権利」訴訟の運動につながって行くと共に，従来の倫理学の立場を「人間中心主義」と呼んで批判し，自らの立場を「自然中心主義」（非人間中心主義）と称する環境倫理学の主流に立脚点を与えた。日本では，加藤尚武がこういった環境倫

理学の流れをわかりやすく三つの基本主張(「自然の生存権」「世代間倫理」「地球全体主義」)にまとめて関心を拡げた。

　環境倫理学の議論の深化の中で自然それ自体に「固有の(内在的な)価値」があるのかどうか、またこの価値は個々の生物に限定されるのか(個体論)、無機物も含めた生態系全体か(全体論)が論争されたが、この問題は応用倫理学の範囲を超えて哲学的な価値論や存在論、進化論思想に議論を広げ、従来の哲学史や非ヨーロッパ思想の抜本的見直しも迫るようになった。また、アルネ・ネスがディープ・エコロジーとしてラディカルな環境哲学を主張し、近代社会システムが環境破壊の大きな原因であることが理解されるにつれて、倫理学的探求の限界が認識されるようになった。こうしたなかでより広く深い視座からこれらを問題にするものとして環境哲学の構築が提起されてきた。環境哲学は、現代哲学・思想において正義論、公共性論が、また共生や文化多元主義が大きな関心になったことと連動するとともに、特に3・11以後は、脱原発を展望するエコロジー社会のあり方の追求の中で大きな役割が期待されている。
→環境思想、エコロジー
[文献]加藤尚武『環境倫理学のすすめ』丸善、1991；ロデリック・フレイザー ナッシュ『自然の権利――環境倫理の文明史』ミネルヴァ書房、2011；尾関周二／武田一博編『環境哲学のラディカリズム』学文社、2011。　　　　　　　　(尾関周二)

　カンギレム　Georges Canguilhem 1904-1995
フランスの科学哲学者・科学史家。アンリ四世高校でアランの薫陶を受け、バシュラールのあとを継いで、科学的概念の形成史としてのエピステモロジー論に関わる研究を行った。バシュラールが物理学や化学を主として扱ったのに対して、カンギレムは医学や生物学を主として扱った。「正常とは何か、病気とは何か」や「生命とは何か」といった問題、意識や意志とは無関係に一定の刺激に対して一定の反応を示す反射の問題など、医学・生物学・生理学における基礎的概念の形成史に関する研究でフーコーやセールらに大きな影響を与えた。

［文献］カンギレム『正常と病理』法政大学出版局，1987；同『反射概念の形成——デカルト的生理学の淵源』法政大学出版局，1988；同『科学史・科学哲学研究』法政大学出版局，1991；D. ルクール『カンギレム』（文庫クセジュ）白水社，2011。

（佐野正博）

　関係・関連　〔英〕relation〔独〕Verhältnis, Beziehung
関係・関連は，複数の対象や事象の間に成立する相互の作用を表す基本カテゴリーである。Verhältnis は「相関関係」とも訳される。世界が様々な部分要素から成ることはたしかであるとしても，部分要素が「実体」として存在し世界が関係的に構成されると見るか，それとも部分要素はあくまで全体世界との関係の中で存在すると見るかは，自明ではない。それゆえ古くから，部分と全体，個別と普遍の関わりが，哲学的に問われてきた（アリストテレス『カテゴリー論』や中世の「普遍論争」など）。近代になり，世界を諸要素に分解し，全体世界の法則を諸要素の関係として理解しようとする科学的思考が優位を占める中で，「関係・関連」は際立った意味をもつようになった。ロックは，単純観念から形成される複雑観念を様相・実体・関係に三区分し，関係の観念として，因果関係，時間および空間の関係，同一性と差異性，比率関係，自然関係，制度関係，道徳関係等を挙げた。ヒュームもまた複雑観念を同様に区分し，特に広義の哲学的関係を，類似，同一，空間および時間関係，量の割合，ある質の程度，反対，因果性の七つに分けた。カントは，関係概念を純粋悟性概念（カテゴリー）の一つと規定し，実体と偶有性，因果性，相互性の概念を包括した。ヘーゲルは関係そのものが現実性をもつことを認めた。新カント派や構造主義以来，関係の第一次性を唱える関係主義も根強い。関係・関連概念に関して哲学的に肝要なのは，それが客観的な対象関係だけでなく，人間主体の対他者関係をも表すということである。ここでは人間主体が自己を他者に関わらせるという能動的な関係行為（Verhalten）が関係として現れる。特に複数形の諸関係・諸関連は，人間の具体的な境遇や事情，生活を表すことがあり，たとえばマルクスは，現実の人間存

カンケイ

在を「社会的諸関係のアンサンブル」と捉えた。自己の関係は，哲学本来のテーマであり，現代ではフーコーなどによって主題的に論じられた。関連（Beziehung）は，ほとんど関係と区別されずに使用されることも多いが，論者によって相互作用や相互関連を表す特殊な意味を帯びる。なお世界を構成するあらゆる事物や事象の相互関連全体を「連関（Zusammenhang）」という場合もある。

→カテゴリー，実体

［文献］ロック『人間知性論』（全4冊）岩波文庫，1972-77；ヒューム『人間本性論』（全3巻）法政大学出版局，2011-12；カント『純粋理性批判』（全集4-6）岩波書店，2001-06。

（渡辺憲正）

関係論理学 〔英〕logic of relations
関係論理学はドゥ・モーガン，C. S. パースや E. シュレーダーらによって根拠づけられた関係の形式的法則性を扱う理論である。関係論理学は単に一項述語の諸性質や諸関係をクラスへの抽象によって扱うのではなく，あらゆる項数をもつ述語を関係へのその外延的抽象において扱う。二項関係は Rxy あるいは xRy と書かれ，多項関係は $Rx1x2\cdots xn$ と書かれる。今日，記号論理学には関係の論理学という部門があるわけではない。関係論理学は古典量化理論から導出されない限りで，公理化された抽象代数として展開されるか，あるいは公理的集合論のうちに埋め込まれる。

［文献］W. C. サモン『論理学』培風館，1975；William Kneale and Marthan Kneale, *The Development of Logic*, Clarendon Press, 1962.

（横田榮一）

顔元 （がんげん）Yán Yuán 1635〔天聡9〕-1704〔康熙43〕号・習斎。清初の思想家。青年期の彷徨の後，最初は司馬光・朱熹（朱子）はじめ宋学系列の学問に沈潜するが，やがて深刻な生活体験を通してそれらの学説の非合理に気づき，弟子の李塨のそれと併せて顔李学と称される独自の学問を形成する。その特徴は，「虚」と「静」を主柱とする支配的な学問に抗し，「実」と

「動」を強調する実践的な学風にある。「気」一元論（唯物論）と一種の「白紙」説を前提とする経験論的認識論とに立脚，人間の大幅な陶冶性を承認，労作教育を提唱した。
〔文献〕『顔元集』（全2冊）中華書局，1987：村瀬裕也『哲学と教育』近代文芸社，1995。　　　　　　　　　　（村瀬裕也）

換質法→変形推理

間主観性→共同主観性

観照（テオリア）→理論

感情　〔英〕emotion〔仏〕sentiment〔独〕Gefühl
感情とは，人間の経験の基本的な構成要素の一つであり，外界の出来事や事象などに対応して生ずる主観的体験，生理的反応，認知的評価，行動・反応から構成されるすべてのプロセスを指している。基本感情には，幸福感，悲しみ，恐れ，嫌悪，怒り，驚きがあり，それに加えて，興味，軽蔑，恥，罪悪感などを含めて考えることもある。感情は，外界に関する認識の形態の一つであるとともに，社会生活を営む上で，対人関係においてコミュニケーションの相手の状態を判断するときの手がかりともなる。日常的には，感情は気持ち（feeling）とほぼ同義語として扱われ，個人の主観的ないし身体的感覚に基づいて生じる感情状態が特に強調されて用いられることが多い。また，急激に生じる反応の振幅が激しい一過性の感情状態を指す場合には，情動（emotion）という語が使われ，「今日は気分が良い」と言い表されるような，ある程度持続する感情を指すときには気分（mood）という。この他，学問，芸術，宗教など文化的価値を有する対象への愛・尊敬などの感情を情操（sentiment），個人の思想や行動に影響を及ぼすような永続的で激しい感情を情念（passion）という。感情研究の先駆者としてダーウィンは『人及び動物の表情について』（1872）を著し，動物と人間の感情表現の研究に基づいて，進化論的な立場から感情が適応機能をもつと主張した。その後に生じ

た，ジェイムズによる感情の末梢起源説（ジェイムズ＝ランゲ説）とキャノンによる中枢起源説（キャノン＝バート説）という感情の体験と身体的変化の体験との関連についての論争は，感情に関する生理心理学的な研究を発展させることとなった．また，行動主義心理学以後の心理学における「認知革命」とともに発展してきた感情の認知論的アプローチは，アリストテレスにルーツをもつ感情は思考を必要とするという基本的立場から，感情には認知的な評価が先行しなければならないと考えた．さらに，最近の社会構築主義的視点からは，感情は社会的，個人的目的に役立つ文化の産物であり，生物学的の現象ではないという主張がなされている．
［文献］コーネリアス『感情の科学』誠信書房，1999；メゾンヌーヴ『感情』（文庫クセジュ）白水社，1955；ガーディナー／メトカーフ／センター『感情心理学史』理想社，1964．

(都筑学)

感情移入　〔英〕empathy〔独〕Einfühlung
ドイツの心理学者・哲学者リップスが用いた用語．他者や生物，自然界の風景や事物などに接したときに個人の内部に生じた感情や意志をそれらの対象に移し入れることによって，自分とは独立に存在しているそれらの対象それ自身が，あたかもそのような感情や意志をもっているかのように感じること．empathy は共感とも訳されることがある．共感とは，他者の心の中に生じていると認知した感情を自分なりに受け止めて，あたかもその人になったかのように感じ，理解しようとすることを指し，感情移入とは逆方向の作用である．
［文献］リップス『心理學原論』岩波書店，1934．　(都筑学)

感情道徳説　〔英〕moral sense theory
道徳の根源が感情の働きにあるとする主張は，三つに分けて考えることができる．つまり，①善悪の判断が，知性よりもむしろ感情の働きに基づくという，道徳の認識に関する主張．②道徳の領域に属する行為を動かすものは感情の働きであるという，行為の

動機に関する主張。さらに，③前述の①の現代的形態として，道徳に関わる言語表現の働きは，話し手の感情の表出にほかならないという，メタ倫理学的主張である。①の意味での感情道徳説は，知性主義的な道徳哲学を批判したモラル・センス学派の流れにおいて明確なかたちをとった。ハチスンは道徳の認識を感覚知覚に似た一種の直覚の働きと考えていたのに対し，道徳判断は感情（情念）にほかならないと主張したのがヒュームである。それによると，道徳感情は，人の性格や性格を表す行為を自己の利害を離れた一般的観点から観察するときに生ずる穏やかな感情である。ヒュームはまた，単なる理性的認識は行為を引き起こすことができないとして，行為の動機の面からも道徳の根源は感情でなければならないと主張した。「理性は情念の奴隷である」という有名な格言がここから引き出される。ただし，ここに表明されているのは，尖鋭な反理性主義の立場というより，人間を動かすものは単なる抽象的推論ではなく，自然に備わった感情を陶冶し制御することが行為を正しく導くために必要だという認識である。この点では，行為の動機から感情を排除することに努めたカントのような立場がむしろ特異だったと言える。③のメタ倫理学的主張は，道徳的言明は検証可能な内容をもたず，真偽いずれとも定めることができない擬似言明だという道徳に関する非認知主義（non-cognitivism）ないし情動主義（emotivism）の立場であり，言語の意味に関する論理実証主義の見解に沿う。この主張の内容は一見ヒュームらの説に似かよっているが，実際には，形式的な意味基準によって道徳の領域を探求の主題から除外しようとする一種の反哲学であり，人間の具体的なあり方の洞察に立脚した道徳哲学を志向する古典的なかたちの感情道徳説とは方向性を異にしている。

（伊勢俊彦）

関心 〔英〕interest〔独〕Interesse〔仏〕intérêt
特定の対象や事象に関わろうとする心の働き。人間の意識は対象に向かい，これを知り利用することを求めるから，関心をもつということができる（対象性）。関心は人間精神と対象世界との結合関係を言い表す概念であり，認識や行為の基本的な特徴を示す

言葉である。関心は主観客観関係を主観の側から成り立たせる働きをもつ。関心には，利害，関与，関知という客観的側面と，注意，注目，興味，欲求という主観的側面とがある。また日常的心意として，気がかり，気づつり，執着といった様態があり，逆に対象から切り離された状態として無関心，無為，無欲，放心などがある。関心が成立するためには，一方でその原動力としての生命的欲求が必要であり，他方で理念や価値規範が必要である。これらの働きなしで心が事物に向かうことはありえない。関心の範囲は心のスケールに対応している。たとえば幼児の関心は身の周りの世界に限定されており，現代人の関心は政治や経済のみならず，グローバルな諸問題への関心や，趣味や芸術への関心などの拡がりを示している。また逆に関心範囲の矮小化も現代では特徴的であり，小世界内部の日常的関心に閉じこもる傾向が顕著である。

　カントは諸能力の関心作用を重視し，悟性による認識的関心と理性による実践的関心とを区別した。両者はともに対象への結合作用としての性格を有するが，前者は諸現象の法則的構成を，後者は叡智的存在（他者）への目的的関心を作用軸とする。またそれとは反対に，美的判断においては主観の反省に専念する「関心なし」の態度を説いた。マルクスは欲求との関係において関心を捉え，それを利害関係的な対象性として規定し，関心の唯物論的根拠づけを行った。現代においてハーバーマスは，関心を「生の連関への引き戻し」と捉え，そこから「認識を主導する関心」による人間の相互行為を基礎づけることへと向かった。また社会学において T. パーソンズらによる分析がある。

[文献] カント『判断力批判』上・下，岩波文庫，1964；J. ハーバーマス『認識と関心』未来社，1981。　　　　　（太田直道）

感性　〔英〕sensibility〔独〕Sinnlichkeit〔仏〕sensibilité
認識能力としては，知性と区別されて，対象の性状を感覚的に捉える能力を指し，実践的ないし道徳的能力としては，衝動や欲望，快苦・喜怒哀楽の感情を意味している。悟性や理性という高次の知的能力と区別して，感性に明確な概念規定を与えたのは，

カントである。対象認識に際して，悟性は自発的であるが，感性は受容的であり，悟性は思考し判断する能力であるが，感性は多様な感覚的素材を悟性に提供する能力だとされた。もちろん，感性と悟性は二大認識源泉であって，いずれが欠けても認識は成立しない。人間の経験は感性の地盤を離れては存在しえない，とする限りで，カントは，従来の純粋理性哲学（ライプニッツやヴォルフ）を批判する立脚点を確保したのであった。とはいえ，感性は経験認識の不可欠の要素と認められたけれども，まったくの受容性と把握されたこと，空間や時間という直観形式が主観にア・プリオリに備わっていると主張されたことは，その後の重大な論争点となった。

　道徳的領域では，カントは，概して感性を理性的意志と対立する低次の能力として捉えている。欲望や感情として登場する感性には，義務や道徳法則に従って行為しようとする純粋な意志を攪乱し動揺させるものという性格が担わされ，道徳的行為の実現のためには，感性はたえず抑止や規制の対象となっている。もっとも，感情すべてが否定的に扱われているわけではなく，実践の動因として「尊敬感情」に重要な役割が与えられていることにも注意が必要であろう。カントの説とは反対に，感性そのものに重要な道徳的意義を与えた哲学者は少なくない。デカルトやロックでは，自然の情念は肯定的に評価され，知性に制御された節度ある感情には，高い道徳性や自由の特性を認めてよいとの主張がある。ヘーゲルは，人間の欲望や情熱こそが，狭い道徳主義的行為では不可能であるような，社会や歴史の重大な変革を生み出したことを明らかにした。さらに，快楽主義やロマン主義，ニーチェの生の哲学などには，情念や欲望のもつ創造性・自己実現性を擁護し賞賛する主張や理論がある。道徳的感性についても，カントの感性論にとらわれない多面的な理論展開が必要になっている。
→悟性，欲求／要求／欲望，快楽主義，ロマン主義
［文献］ロック『人間知性論』（全4冊）岩波文庫，1972-77；カント『純粋理性批判』（世界の大思想10）河出書房新社，1965；ヘーゲル『精神現象学』上・下，平凡社ライブラリー，1997。

（種村完司）

カンセカ

環世界→ユクスキュル

間接推理→推理

桓譚 (かんたん) Huán Tán 前24- 後56
字・君山，中国漢代の思想家。楽官の家を出自とし，音楽・天文・五経に精通，博学の誉れが高かった。著書『新論』の現物は失われたが，他の文献によってその思想を窺うことができる。西漢末より隆盛を極めた図讖や天人相関説のような迷信を批判，当時の唯物論的傾向を代表する。特に自然の目的論的解釈に反対したことは特徴的である。また精神と身体との不可分性——身体への精神の依存性——を高唱して范縝(ぼんしん)の「神滅論」の先駆をなしたことは有名。さらにはその透徹した合理的思惟が揚雄と並んで漢代最大の思想家・王充の批判哲学に影響を与えた点でも，思想史上重要な位置を占める。
[文献] 狩野直喜『中国哲学史』岩波書店，1953；任継愈（編）『中国哲学史』第2冊，人民出版社，1979。　　　　　（村瀬裕也）

ガンディー　Mohandās Karamchand Gāndhī 1869-1948
インド独立運動の指導者でありかつ思想家。尊称はマハートマー（Mahātmā〔偉大な魂の持ち主〕），愛称はバープー（Bāpū〔お父さん〕）。グジャラート州はカーティヤーワール半島のポールバンダルで，小藩王国の大臣の息子として生まれる。ロンドンに留学して弁護士となり，1891年に帰国。1893年に，ある訴訟事件で請われて南アフリカに赴き，人種差別政策に苦しむインド人年季契約労働者たちの人権擁護のために挺身する。彼がそのとき運動の理念としたものがサッティヤーグラハ（satyāgraha〔誓いが真実であることへの徹底的なこだわり〕）である。これは，非暴力・不服従を運動の方法として誓い，いかなる困難があってもその誓いを守り通すことを意味する。これは，守りきられて真実（サッティヤ）となった誓いは，いかなる大願をも成就する絶大な力をもつとする，インド古来の思想に根ざしたものである。また，ガンディーは，個人的にも，不殺生と不姪とを誓いとして立て，終

生これを守り抜いた。そして，徹底的な菜食主義を貫き，また，投薬治療も病原菌という生き物を殺す行為だとして拒否し，妻との性的交渉もいっさい断った。帰国後，インド独立運動の指導者となり，サッティヤーグラハ運動を展開した。彼はヒンドゥーとムスリムの融和に尽力したが，1947年，両者は分離独立，翌年，ヒンドゥー右翼の青年の凶弾に倒れる。
［文献］『ガンジー・自叙伝』（世界の名著63）中央公論社，1967；ガーンディー『真の独立への道』岩波文庫，2001；エリクソン『ガンディーの真理』1・2，みすず書房，1973・74。

(宮元啓一)

カント　Immanuel Kant 1724-1804
ドイツ古典哲学期の哲学者。ドイツ啓蒙哲学を完成させるとともに，ドイツ観念論哲学の創始者となった。プロイセンのケーニヒスベルク（現ロシア領カリーニングラード）に生まれ，生涯同地にとどまった。1740年にケーニヒスベルク大学に入学し，クヌッツェンに師事し，哲学，神学，自然科学などを学んだ。卒業後家庭教師，1755年同大学私講師を経て，70年に論理学・形而上学の正教授となり，精力的な講義活動を展開した。カントの講義は単に哲学関係にとどまらず，数学，自然学，自然地理学，人間学，教育学などにおよび，聴講学生の人気を博した。1786年に同大学総長着任，1796年に退官した。生涯独身を続けたが，昼食には知人や友人を招き，社交生活を楽しんだ。

【初期の哲学】ニュートン的な自然科学とライプニッツ＝ヴォルフ哲学の影響を強く受け，両者を総合することを試みた。初期のカントは，強い科学的探究心に導かれて様々な領域の開拓を試みながら，そこに哲学的原理を探し求めるという啓蒙的な知的態度が顕著であった。さらに彼の思考法の特色は事象を運動と対立において捉えること，そこに総合の可能性を発見しようとするところにある。その点で彼の思考法は弁証法の先駆を示している。この思考法のもっとも顕著な成果は『天体の一般自然史と理論』(1755)であり，この書によって彼は太陽系および銀河の生成を洞察発見し，天文学史上カント＝ラプラス星雲説として知られ

る貢献をなした。その他にも様々な分野で自然哲学的な著述を続けたが、哲学領域では『神の存在論証のための唯一可能な証明根拠』(1763)、『美と崇高の感情に関する考察』(1764)、『視霊者の夢』(1766) などがある。また、読書生活において彼は二人の思想家から決定的な影響を受けている。ルソーからは人間について学び、ヒュームによって「独断のまどろみ」から目覚めさせられたという。1770年に『感性界と叡智界との形式と原理』を著すに及んで、理性の世界の意味と原理、認識における時間・空間の役割、主観の能動性と自由という哲学の根本問題にぶつかり、12年に及ぶ思考葛藤に没入することになる。

【批判期の哲学】1781年にカントは『純粋理性批判』を著し、悟性認識（科学的認識）の構造および理性認識（形而上学）の可能性と限界についての理論（批判哲学）を確立し、哲学の新しい局面を切り開いた。前者の悟性認識論（分析論）においては、①認識は主観の能動的規定によって形成され、対象によって規定されるのではないというコペルニクス的転回を主張したこと、②認識の形成は主観のア・プリオリな諸形式による綜合的統一の過程であるということ、③感性は受容性の能力であり、空間と時間という直観形式のもとで、対象の触発によって認識の素材を受容する働きであるということ、④悟性は概念による綜合的統一の能力であり、根源的な統一能力としての統覚とその表象である自己意識のもとで認識が可能となること、またカテゴリーと諸原則とが認識の客観性と普遍妥当性とを可能にするということなどを説いた。後者の理性認識批判（弁証論）においては、①理性認識は客観的根拠をもたず、必然的に抗争や二律背反に陥らざるをえないこと、②それにもかかわらず人間理性は魂、世界、神という超越的な理念（形而上学の三大課題）を追求したいという欲求をもつこと、しかしそれぞれ自我の実体化、世界における必然と自由との衝突、神の存在証明の不可能という自己矛盾に陥ること、③理論理性の窮地は実践理性によってのみ解決可能であることなどを説いた。『実践理性批判』(1788) においては、カントは人間の自由の意味を道徳的行為の遵守に求め、行為の責任は各人の格率にしたがう選択意志にあること（動機説）を説き、格率（行為の

主観的基準）を道徳法則に合致させることを求めた。また，道徳法則は定言命法（汝は〜すべし）の形で与えられるとし，定言命法に無条件に従うことを道徳的義務と見なした。他方で彼は，人間の自由が理性の自律（アウトノミー）にあることを主張したが，この自由は道徳法則を尊重することと一体でなければならないと主張した。『判断力批判』（1790）では，カントは人間の日常性のなかでの自由と合目的性とを反省的判断力の自己評価能力のうちに求め，一方で純粋な快と調和の表現である美的判断（趣味判断）によって美や崇高の世界が基礎づけられるとし，他方で自然界には目的論的原理が働いており（目的なき合目的性），人間を究極的目的へと導く目的論的判断があらゆる行為において貫かれなければならないことを主張した。このようにしてカントは，その批判哲学において，理論的認識の世界，道徳的実践の世界，そして美と目的のもとにおける反省的判断の世界を根拠づけることを追求したのである。

【後期の哲学】後期のカントは，世界概念としての人間の哲学に関心を寄せ，『たんなる理性の限界内における宗教』（1793），『永遠平和のために』（1795），『人倫の形而上学』（1797），『実際的見地における人間学』（1798），『学部の争い』（1798）などを著した。

［文献］『カント全集』（全22巻 別巻1）岩波書店，2000-06；『カント全集』（全18巻 付録1）理想社，1965-88。　　　（太田直道）

カント＝ラプラス星雲説　〔独〕Kant-Laplacesche Theorie (Nebularhypothese)

太陽系の起源・成因を説明しようとした宇宙進化論の先駆的仮説。カントが『天界の一般自然史と理論』（1755）のなかで構想し，ラプラスが『世界体系解説』（1796）のなかで独立に展開したので，この名がある。ゆるやかに回転運動をしていた星雲状の高温ガス塊が冷却・収縮するにつれてその回転が速まり，遠心力でガス塊の赤道部からガス状物質が次々と環状に分離し，分離した環から惑星が，中心に残ったガス球から太陽が生成したとする。惑星の公転軌道面の一致や公転・自転方向の一致はうまく説

明できたが，太陽系における質量分布と角運動量分布との不一致など物理学的に致命的な欠陥がある。歴史的には宇宙生成を神の手に委ねたニュートンの見解に対する批判という意味がある。
［文献］カント『天界の一般自然史と理論』（全集 2）岩波書店，2000。
(渋谷一夫)

観念　〔英〕idea〔仏〕idée〔独〕Idee
デカルト以後，ロックその他の哲学者においてひろく人間の思惟内容，表象内容を指す言葉。近代のドイツ哲学では「表象」（Vorstellung）がもっぱら用いられる。観念（イデア）が最初に哲学の基本タームとして用いられたプラトンでは，生成消滅する知覚的世界を越えて理性によって捉えられる真実在の普遍的原型を意味していたが，新プラトン主義（プロティノスら）を経て中世になると，このイデアは，神の思惟対象，思惟内容と見なされ，神は事物を「普遍的な原型（＝観念）」によって思惟し，観念によって事物の表象的な認識をもつとされた。デカルトは，この神の思惟対象であった観念を人間の思惟対象に移しかえ，人間の思惟を構成するすべての内容を観念とした。方法的懐疑において疑っている自己の存在を確証したあと，外界や神の認識に至る道は思惟内容である観念を介して行われる。思惟を構成するものである限りでの観念の実在性は精神を原因とするが，観念の内容のもつ実在性は精神以外の外的事物や神を原因とすると見る。デカルトは観念を①思惟や真理，神や三角形などの生得観念，②音，色，太陽などの外来観念，③キマイラ，セイレンなどの作為観念の三種類に分け，真の認識は，明晰判明な生得観念によって得られると考える。ロックにおいても，心の対象であり知識の素材をなすすべてが観念であり，その起源は感官を通して得られる「感覚の観念」か，心の作用の観察から得られる「反省の観念」かのいずれかであり，これらの観念は心が受動的に受けとる観念であり，単純観念と呼ばれる。どの複雑観念も，これらの観念を知性が複合，抽象，関係づけたものである。複雑観念は，①いくつかの単純観念を一つの複合観念に結合することによって作り出される観念で，鉄とか金，人間などの「実体の観念」と，父

殺し，窃盗などの「混合様相の観念」，②二つの観念を結合せずに互いにそばにおいてそれらを眺め比べることによって得られる「関係の観念」，③個々の対象の観念から時間や場所などそれに付帯する事情を切り離し抽象することによって得られる「一般観念」に分けられる。ロックは，このように観念を分類することによって，それらの観念によって得られる知識の確実性を吟味した。観念や概念の考察を哲学の中心課題とするスタイルは，マルブランシュ，スピノザ，ライプニッツ，バークリ，コンディヤック，ヒューム，カントなど，近代哲学の特徴である。
→デカルト，ロック (河野勝彦)

観念学 〔仏〕idélogie〔英〕ideology
起源はカントと同時代のフランス革命期の哲学者，デステュット・ド・トラシ。諸観念の形成と伝達に関する知の総称で，動物学の一部と定義された。生理学的観念学と合理的観念学から成り，それぞれ主たる担い手はカバニス，そしてトラシである。ただし，人間のもつ表象機能の法則を，生理学と感覚論から解明しようとする反形而上学的な姿勢そのものは，当時イデオローグと呼ばれた観念学派の哲学者に共通のものであった。観念学は教育的プログラムを伴い，中央学校など公教育の現場で実践された。
[文献] F. Picavet, *Les idéologues : Essai sur l'histoire des idées et des théories scientifiques, philosophiques, religieuses, etc. en France depuis 1789*, Paris, Félix Alcan, 1891；F. Azouvi, *L'Institution de la raison: la révolution culturelle des idéologues*, Vrin, 1992.

(田中大二郎)

観念連合→連想

観念論 〔英〕idealism〔独〕Idealismus〔仏〕idéalisme
【観念論の基本的性格】最も一般的には，精神的なものと物質的なもののどちらが根源的であるか，という哲学の根本問題に対して，精神的なものの根源性・第一義性を承認し主張する哲学的立場をいう。ただし，世界や事物の認識にさいして，意識や思考と

いう存在やその構成作用がなければ対象の客観性，認識の普遍妥当性も成立しない，とみる意識優位の認識論的立場を観念論と規定し，非物質的な形而上学的実体（神，絶対精神，霊魂など）の存在を認め，それらを第一義的なものと見なして自然や物質的なものに優先させる存在論的立場を唯心論と呼び，両者を一応区別する場合もある。

観念論の起源は，原始社会における大自然との交流・格闘の中から発生した超自然的なものへの畏怖感情や神秘感情，アニミズム的自然観や自然宗教だと考えられるが，一つのまとまった世界観としての観念論が成立するには，原始共同体の崩壊過程で顕著になっていった肉体労働と精神労働との分離，支配―被支配の階級対立が大きな役割を演じることになった。もっぱら精神労働に従事した上層階級や知識人は，人間の精神や思考活動の優越性を強調し，ヒエラルキー的社会秩序の自然性・正当性をうたった。これ以降，世界に対する観念論的な見方や価値観がその時々の社会体制を合理化し，秩序を支える保守思想になりやすい傾向が生じた。もっとも，観念論がつねに保守的な体制維持思想であったわけではない。時代を先取りした理想主義的世界観がしばしば観念論内部にも胚胎し，時代の革新を強力に推進した例も少なくない。

【観念論の歴史，類型】観念論（idealism）の語源ともなっている彼岸的なイデアの実在性を強調し，観念実体としてのイデアを観想することに人生の目的をおいたのは，プラトンであった。古代の哲学，中世の哲学では，一般に，イデアは超自然的で永遠的な実在を意味したが，近世以降の西洋哲学では，認識論の体系的発展の過程で，主として対象に関する観念（感覚・表象・概念など）を言い表すようになった。それとともに，認識主観から独立した事物の実在性・客観性を承認する実在論ないし唯物論と，認識主観なくして事物の実在性・客観性もありえないとする観念論との区別，対立が明確になった。知覚する意識から独立した事物の実在性を否定したバークリ，精神的個体であるモナドの表象作用によって事象の統一を説明したライプニッツなどは，ここでいう観念論のよい例である。さらにドイツの哲学者カントでは，質

料の実在性は承認されるが，それを主観（超越論的自我）が総合的に統一することによって対象の客観性が成立すると説く，「超越論的観念論」の立場がうち出された。カント以後，フィヒテ，シェリング，ヘーゲルなどによって，自我機能の普遍化・実践化がすすめられ，ヘーゲルにいたって，個々人の知的道徳的自我とその形成，社会や歴史を貫く普遍的精神とその啓示，この二つの側面が統合されることになり，プラトンのイデア論が近代的な姿をとって再興された。ヘーゲル自身はこれを「絶対的観念論」と呼んだ。

その主張内容から観念論を分類すると，主観や自我の認識作用・構成作用によって事物の実在性・客観性を説く立場は「主観的観念論」と名づけることができる。バークリがその代表であり，カントもこの傾向に含まれる。精神や観念的実体を自然や社会の成立の根拠だとみる立場は「客観的観念論」であり，プラトン，キリスト教，ヘーゲルなどが典型である。19世紀から今日に至るまで，多彩な哲学流派が輩出しているが，自らを観念論と自己規定している哲学はきわめて少ない。近年では概して主観的観念論の性向をもつ哲学が多いが，基本的に観念論であるかどうかを見定めるには，認識論および存在論のレベルでの本質的特徴を吟味し評価することが必要になっている。

→唯物論，理想主義，ドイツ観念論

[文献] プラトン『パイドロス』岩波文庫，1967；バークリ『人知原理論』岩波文庫，1958；ヘーゲル『歴史哲学講義』（全2冊）岩波文庫，1994。　　　　　　　　　　　　　　　（種村完司）

カンパネッラ　Tommaso Campanella 1568-1639

カラブリアの僻村に生まれ，ドミニコ会の修道士となる。テレジオの感覚論に傾倒した後，ナポリでデラ・ポルタから自然魔術を，ユダヤの律法者から占星術を学び，感覚の底に隠れた能動的な「自知」の存在を主張した。パドヴァでガリレオと親交を深めたが，1594年に逮捕され入牢。4年後に故郷に戻り，スペイン統治下での南イタリアの窮状を見かねて革命を企てるも失敗（1598）。以後27年間の獄中生活に入る。その綱領として神政的

共産制を目指す『太陽の都』を執筆(1602)。また,望遠鏡による「観察」を評価し,天体運動を世界霊魂(共通感覚)によって説明する立場から,地動説を擁護した『ガリレオの弁明』(1616)も公刊する。
[文献]カンパネラ『太陽の都』岩波文庫,1992;同『ガリレオの弁明』ちくま学芸文庫,2002。 (石村多門)

韓非 (かん ぴ) Hán Fēi 前280頃-前233
戦国時代末期の法家思想の大成者。天下統一の達成者,始皇帝の秦の東隣の弱小国,韓の人。君主独裁の中央集権国家の理論を模索。著書『韓非子』55篇には後世の偽作も混入。商鞅の法の欠陥を是正して富国強兵実現の法を提案し,慎到の「勢」説を改変して,凡庸な君主でも統治効果を発揮できる機構を考案,更に申不害の「術」により,君権強化のための官僚操作術,実績精査の昇進システムの確立を主張した。彼の体系的法家思想は,清末まで長く中国国家の統治モデルとなった。人は自分の利益しか考えないとの醒めた人間観,群衆統治には強制力が最も有効であるという機構・制度への信頼,歴史の進歩につれて道徳も変化するとの現実重視など,内容は発展性に富む。 (後藤延子)

韓愈 (かん ゆ) Hán Yù 768〔大暦3〕-824〔長慶4〕
字・退之,また昌黎(しょうれい)と称す。唐代中葉の詩人・文人・思想家。官吏としては,仏教排斥の上表によって憲宗の怒りに触れ,一時潮州に左遷されたほかは,順調に昇進。中唐の代表的詩人であるだけでなく,古文運動の指導者としても著名。思想家としては,儒教を墨守。論文「原道」において提唱された儒教的道統の観点や,「原性」において主張された「性三品」説に見られる通り,その思想は総じて保守的・復古的。思想史上,宋学の先駆者の位置にある。
[文献]星川清孝『唐宋八大家文読本』第1巻(新釈漢文体系70)明治書院,1976;筧文生『韓愈・柳宗元』(中国詩文選16)筑摩書房,1973。 (村瀬裕也)

カンヨウ

寛容 〔英〕torerance〔仏〕tolérance〔独〕Toleranz

今日では「寛大」(generosity) と同義的に用いられるが, 寛容の理念はキリスト教と近代主義との拮抗のなかで成立したものである。キリスト教の歴史は一面において正統と異端との争いの歴史である。それは唯一絶対の超越者を措定し, 人はこの絶対者とは媒介的にしか関係できないとする限り, 神意の解釈をめぐって不可避的に生ずる。宗教改革に揺れた 16 世紀以降カトリック教会の内部に, 同一教会内の教義に関する異論を容認する「神学的寛容」と, 同一国内の非公認宗派の存在を許容する「政治的寛容」という考え方が生まれる。それは「不当, 不正と見なすべきものに目をつぶる」こと, 「悪の放置」であった。しかし, 初期にはカトリックの不寛容の被害者であったプロテスタント側もカルヴァンがセルヴェトゥスを異端として処刑したように, 寛容思想はキリスト教とは本来相容れないものであった。16 世紀の異端観念の相対性を述べ, 世俗権力による異端者処刑を否定したカステリヨンの『異端者論』(1554) に始まり, 宗教を理由にした迫害や政治的権力の侵害を批判したロックの『寛容についての書簡』(1689), 問題を国家権力と個人の内面の問題に移し, 思想・信仰の普遍的な自由と「迷える良心の権利」を謳ったベールの『〈強いて入らしめよ〉というイエス・キリストの言葉に関する哲学的註解』(1686-87) へと至る寛容論の展開は, 18 世紀に旧教に改宗しようとした長男の殺害嫌疑で車裂きの刑に処されたカラス事件を契機に理性の信仰への優位を説くヴォルテールの『寛容論』(1763) に集約され, フランスにおける寛容令 (1787) や政教分離法 (1905) の公布として結実する。そしてこの過程で寛容論自体が変質し, 異端と信仰の自由の承認は宗教や国権の枠を越えた「思想・良心の自由」という民主主義的要求へと転化する。寛容論には元来異論, 少数意見の容認という側面があり, 民族問題, 宗教問題のみならず社会生活の多方面において今日なおその意義は大きい。

[文献] 木崎喜代治『信仰の運命——フランス・プロテスタントの歴史』岩波書店, 1997。　　　　　　　　　　(石川光一)

管理社会 〔英〕administrated society

管理社会という概念は，支配と抑圧の社会形態を表現するが，より一般的には管理のあり様との関わりにおいて社会形態を性格づける概念である。社会，組織が成立するには，人と人の関係および人と物の関係といった具体的な諸関係を，目的にむけて計画し，統制し，操作し，そして協働させるといった管理機能が必要となる。また，いかなる時代・社会においても，人間が働き・生活していく上で，自らの意思決定と行為に対する管理機能が必要となると同時に，人間に対する支配と抑圧の機能の側面も存在する。他方，人間の自由の獲得は，時代・社会ごとの管理の歴史的・社会的あり様との不断の闘いでもある。従って，管理社会のあり様とは具体的な社会諸関係のあり様である。特に，近現代の管理概念は，単に人間の自由の拘束，労働の疎外，そして構想と実行の分離による構想の一方の側での独占という側面のみならず，人間の内発的動機づけ，感覚・感情問題の把握，自己表現・自己実現の発揮を，管理の中身として捉えてきた。今日の管理社会は社会諸関係における個々人の意識・精神の総体の管理をも意味する。このように管理概念が，人格強制的な管理─被管理関係における具体的受容性を特徴とするにとどまらず，意識・精神的な管理─被管理関係における抽象的受容性を特徴としているがゆえに，管理社会の今日的性格はすぐれて文化・思想論的なものとなっている。さらに，人と人との関係がモノとモノの関係として現れる資本主義社会にあって，管理社会の性格は意識の物象化とその物神性の問題として性格づけられる。今日の管理社会の性格は，すぐれて意識のシステム（構造）化であり，いかに目的に向けて能率的なシステムを構築するかといった点から人とモノと情報を扱う社会形態である。こうした管理社会における管理─被管理関係は，商品・貨幣メカニズムを媒介するものから，人間の精神活動を内側から拘束する情報メカニズムを媒介するものへと広く深く展開している。情報化の進展した現代資本主義の下での管理社会は労働者および現代人の内面から管理することをその本質とする。

→官僚制，国家，自主管理，動機，物象化，抑圧

[文献] M. ヴェーバー『支配の社会学』1・2，創文社，1960-62；篠原三郎『現代管理論批判』新評論，1978；M. ポスター『情報様式論』岩波現代文庫，2001。　　　　　　　　　（重本直利）

官僚制　〔独〕Bürokratie〔英〕bureaucracy
官僚制についての古典的な理論を提示した M. ウェーバーによれば，官僚制とは，合理的に制定された形式的規則に基づき明確な権限を与えられた官職の階層的編成からなる組織であり，この意味でウェーバーのいう〈合法的支配〉（合理的な規則への服従に基づく支配）の純粋型である。これに対し，伝統的な「しきたり」に拘束され，明確な権限をともなわない（それゆえ個人への服従か規則への服従かが明瞭でない）官吏制度は〈家産官僚制〉とされ，むしろ〈伝統的支配〉の一類型として位置づけられる。このように，狭義の官僚制は近代に特徴的な組織形態である。また，やはり上の定義から明らかなように，ウェーバーのいう官僚制は国家や自治体などの「公的」行政組織には限定されず，近代の企業や政党，大学なども含む概念である。

狭義の官僚制の特徴としては，①官僚の権限が形式的規則に基づくため官僚個人と官職とが明瞭に区別されること，②同じく形式的規則に基づくために恣意性や非合理性が原則として排除され，組織が予測可能な形で正確に機能すること，さらに③専門的訓練を受けた官僚によって運営されるために他の組織形態に比べて効率的であること，などが挙げられる。そして，これらの特徴によって近代社会においては全般的な官僚制化が進行し，その結果人々が官僚制という〈鋼鉄の檻〉にとらわれ〈精神なき専門人〉と化していく，というウェーバーの悲観的な展望はよく知られている。

他方で，一貫して官僚制を合理的な組織形態と捉えるウェーバーの理論に対しては多くの批判がある。たとえばブラウやメイヨーらは，「合理的」な官僚制的組織が効率的に機能するためにはインフォーマルで「非合理的」な人間関係こそが重要であることを明らかにした。またマートンは，諸条件の変化によって官僚の専門性が「訓練された無能力」に転化し，また規則への服従が

カンリョ

「手段の自己目的化」におちいる，という〈官僚制の逆機能〉の問題を指摘している．
→合理性
［文献］ウェーバー『支配の社会学』1・2，創文社，1960・62；ブラウ『現代社会の官僚制』岩波書店，1958；マートン『社会理論と社会構造』みすず書房，1961． （橋本直人）

キ

気→理気説

義

仁・礼・智と並ぶ道徳の基本的カテゴリーの一つ。一般的には，同音の「宜」字によって解される如く，社会規範との関係における行為の正しさ・適切さ・妥当性を意味する。孟子にあっては，最高範疇たる「仁」が「惻隠」(憐憫)の情の拡充によって成立するのに対し，「義」は「羞悪」の情の拡充によって成立するとされるから，前者よりも一層リゴリスティクな性格において了解されていたのであろう。そのことを示すのは「義」と「利」または「生」との関係をめぐる問題である。儒教以外では，つとに墨子が「義」と「利」の双方を対等に考慮しつつその反戦(非攻)思想を樹立，また政治・道徳の最高規範を「兼相愛・交相利之法」という命題に定式化した。これに対して孔子は「義」を君子に，「利」を小人に配当，両者の間に価値の差異を設けた。孟子はさらにこの立場を徹底し，「義」と「生」とを二者択一的な問題として設定，「義」選択の優越性を謳った。「義」概念をめぐる今ひとつの問題は，それの内・外，あるいは自律・他律の問題である。告子が「仁」を「内(＝内的・自律的規範)」，「義」を「外(＝外的・他律的規範)」としたのに対し，孟子は「義」を「仁」と等しく「内」に属すると主張した。近世の朱熹等も概ね孟子の路線を継承している。なお，明末清初の王夫之が「知を以て義を知り，義を以て知を行う」と述べ，独自の「義内」説を提唱していることは注目に値する。　　　　　　　　　(村瀬裕也)

ギ

偽→真と偽

記憶 〔英〕memory〔仏〕mémoire〔独〕Gedächtnis
経験された内容を保持し，思い出す心の働き。ロックは，心が知覚した観念を維持する把持（retention）の働きを二種類に分け，しばらくそのまま知覚し続ける観想（contemplation）と，一度知覚の対象から消えた観念を再生する記憶とに区別し，記憶をいわば心に印銘された観念の貯蔵所とした。もし記憶がなければ，心は一度に多くの観念を知覚することができないので，心は常に新たに知覚するただ一つの対象しか知覚できず，人間は思考も学習も不可能となる。ヒュームは，人間の心に現れる一切の知覚を，心に生き生きと感じられる原初的な印象とその印象を再び思い浮かべるときに現れる観念とに区別し，両者の違いが「勢いと生気」の違いにあるとしたうえで，記憶を「最初の生気をかなり保っている観念」とし，想像を「生気をまったく失っている観念」とした。記憶では，もとの順序や位置を保持しその実在性に対する信念がもたれるが，想像では，それに縛られず観念を自由に結合組み合わせる働きであり，その内容に対する信念はもたれない。想像と記憶を明確に区別し，記憶のもつ意味に注目したのはコンディヤックである。彼は，現前する知覚が観念連合によってそれと結合した不在の知覚を蘇らせる（想像の働き）が，対象の知覚に言語記号を結合し，この言語記号の自由な使用（記憶の働き）が自由に不在の対象を蘇らせることを可能にし，これによって現前する対象からの思考の自律性が得られるとした。記憶の働きである自由な言語使用がなければ，自律的な思考は成立しない。ベルクソンは『物質と記憶』（1896）で，たとえばテキストを何回も読んで暗唱する習慣的な記憶と，個々の暗唱場面の記憶とを区別した。前者は身体的な記憶であり，後者は精神そのものによる記憶である。記憶については，この他に，知識の生得性についてのプラトンの知識想起説がある。　　　　（河野勝彦）

機会原因論 〔英〕occasionalism〔仏〕occasionnalisme
デカルト哲学の影響下において，デカルトの心身問題の困難を解

決する理論として成立した学説で偶因論とも言い，コールドモア，マルブランシュ，ゲーリンクスなどが主張した。この理論では，いかにして起こるかを知らないものは作用しえないという前提から，精神が全く異なる実体である身体（物質）に直接作用することはありえず，それらが作用し合っているように思われるのは，実は心身に起こることを機会として，真の作用者である神が，それぞれに働きかけているからであるという。ここから精神は真の作用者である神との関係を重視すべきという神中心の道徳が導き出される。
→心身問題　　　　　　　　　　　　　　　　　　（碓井敏正）

機械論的唯物論〔英〕mechanistic materialism〔仏〕matérialisme mécanique〔独〕mechanistischer Materialismus
機械論は，自然現象を，目的因を用いずに作用因によって記述する自然観であり，目的論と対立するとともに，弁証法的な自然観とも対立し，しばしばその前段階と見なされてきた。機械論は元々，自然現象に目的を付与する神や霊魂などを排し，物質と運動のみによって自然を説明したことから，唯物論的傾向を有した。その代表はデモクリトスなどの古代原子論であり，ここに機械論的唯物論は発する。原子論はその後エピクロスやルクレティウスによって継承されたが，キリスト教やイスラムが主流になると弾圧され，その復興はルネサンスを待つこととなった。中世後期からルネサンスにかけて，機械技術が進歩して機械への関心が高まり，とりわけ，時計が機械の理想として脚光を浴びた。こうして，宇宙を神の創造した時計とするメタファーが登場してくる。この自然観の代表者はデカルトで，そこでは，世界が延長実体である物質と思惟実体である精神へと二分され，動物を含む延長実体が機械へと還元された。デカルトにおいては，時計師（神）と時計（被造物）とは厳然と区別されたが，彼の動物＝機械論を発展させて18世紀にラ・メトリが『人間機械論』を発表すると，人間は自ら感じ思考し再生産する機械と捉え返された。こうした自己組織化的契機はディドロ，ドルバックの自然観にも見られ，彼らは古代原子論を発展させて，自然全体を，運動する粒子

キカガク

の自己組織化の産物と見た。こうして，神は不要とされ，デカルトの二元論を破る近代的な「機械論的唯物論」が登場した。そこには，デカルトの機械論同様，還元主義の傾向も見られるが，他方で，それを越えるような自己組織性，創発といった問題系も展開されている。「機械論的唯物論」という通称も含めて，現在この唯物論に対する見直しが迫られているといえよう。
→アトミズム，フランス唯物論，弁証法的唯物論
[文献] ラ・メトリ『人間機械論』岩波文庫，1953；ドルバック『自然の体系』上・下，法政大学出版局，1999-2001；Leonora Cohen Rosenfeld, *From beast-machine to man-machine : animal soul in French letters from Descartes to La Mettrie*, New York: Octagon Books, 1968. （寺田元一）

幾何学的精神　〔仏〕esprit géométrique
パスカルの言葉で，「繊細の精神」(esprit de finesse) と対をなして，認識の仕方の対照的なあり方を示す。幾何学的精神とは，明確に定義された用語から出発し，論理的な推論規則に従って一つひとつ命題を演繹しようとする態度であり，数学のような純論理的な思考になじむ。結果として，常識では思いもよらない結論が導かれもする。これに対して繊細の精神は，事柄をこのように分割せず，一挙に捉えようとする直観的態度で，数学のような少数の原理から組み立てられているような学問では捉えきれない複雑な人間的現象の了解において主に発揮される。この二つの精神を両立させることは困難であるが——もちろん双方とも貧困な人も多い——，それこそが理想的な精神のあり方とされる。
[文献] パスカル『幾何学的精神について』『パンセ』（世界の名著24）中央公論社，1966。 （古茂田宏）

キケロ　Marcus Tullius Cicero 前 106-43
古代ローマの政治家にして著述家。ローマ市南東方のアルピーヌムに生まれ，ローマに出て法廷弁論家として成功，ギリシアに遊学しアカデメイア派のアンティオコスおよびストア派のポセイドニオスのもとで哲学や弁論術を学ぶ。ローマに戻って政治的成功

を収め，カティリナの陰謀を暴露して「国父」の称号を得る。アントニウスを攻撃したが，その部下によって暗殺された。

　キケロ自身は，アカデメイア派の懐疑主義に共感しつつも，倫理学ではストア派の見解を比較的説得的なものとして受け入れていたが，同時にローマ文明のなかに哲学の営みを根付かせるために，ギリシアの様々な立場の哲学を摂取しそれを適切なラテン語によって表現することに努めた。したがってその著作はヘレニズム期の哲学の重要な資料でもあり，キケロによる訳語や造語は現在でも哲学の基本概念となっているものが少なくない。その模範的なラテン語文体と相まって，キケロが西洋思想史に与えた影響はきわめて大きく，アウグスティヌスをはじめとしたキリスト教の教父たちや，エラスムスらのルネサンス期の思想家，さらにヴォルテールやヒュームなどにその影響は明瞭である。
［文献］『キケロー選集』（全15巻）岩波書店，1995-2002。
　　　　　　　　　　　　　　　　　　　　　　（中畑正志）

　魏源　（ぎげん）Wèi Yuán 1794〔乾隆59〕-1857〔咸豊6〕
経世思想家。科挙の挙人合格後，『皇朝経世文編』の編纂にあたり，以後，政治改革プランを研究。江浙地域の地方長官のブレーンとして，海運，塩政，治水策，など次々に提案して，実績をあげた。1840年の阿片戦争では，友人の林則徐と同じ立場をとる。林則徐の西洋事情調査を引き継ぎ，42年『海国図志』50巻を完成（52年に100巻に増補）。目的は，西洋の優れた技術を師として，西洋に対抗するためであった。世界の地理・歴史の解説書として，幕末の日本で愛読された。魏源は，政治に無用な学問を批判し，今文経学派の立場に立つ。儒教の道は永遠不変でも，「勢」は日々に変化するとし，情勢に対応した内政・外交上の変法の必要性を主張するための論理を構築した。　　　（後藤延子）

　記号　〔英〕sign〔仏〕signe〔独〕Zeichen
あるものA（存在，現象）が，①他のものBの代わりをなし（代置性），②Bや別のCを意味ないし指示するが（表現性），③AとA が代置し表現するBやCとの間に必然的関係はなく（恣

意性），④あるコードや文脈に基づいて解釈されて，その意味や指示が成立する（解釈性）とき，そのあるものAは（BやCの）記号と呼ばれる。人間の言語はもっとも典型的な記号である。記号による表現は，その大きな恣意性と文脈依存性・解釈性から，創造性，多様性，多産性を特徴とする。言語は音声や文字によってだけでなく，身振り（手話）やモールス信号，手旗信号などによっても可能である。表情（目や眉や口などの形状）や行動，人間が作り出した人工物も，ある心的状態を表現し，文脈や文化的コードに依存してその意味や解釈が多様に成立する点で，記号である。人間が社会的・文化的に生み出すものはすべて記号的存在である。

　現代記号論は人間の文化現象だけでなく，広く動物や生命現象に至るまで，記号作用を認めている。チンパンジーやゴリラ，ボノボなどは人間の手話や記号を学習・使用できるし，鳥類や海洋性哺乳類なども身振りや音声を通じて互いにコミュニケーションを行っており，動物は立派な記号操作者である。それだけでなく，生体内部においても，たとえば免疫系がある存在（生物，分子）を外的異物か自己の一部かを判別し，免疫反応を亢進（異物を攻撃）するか抑制するかを選択する自己認知活動や，DNAが4種の塩基配列を多様な仕方で読み取り，異なる仕方で自己複製する過程などは，記号過程と理解される。そこでは，生体内のある存在が，外部環境や自己の一定の生存条件を表現していると生体によって理解され，生体の異なる反応が引き起こされるが，その反応は状況（文脈）に依存して多義的であり，分子やその化学的性質がもつ表現内容およびそれが誘発する反応との間の関係は任意的であり，進化を通じて確立されたコードによって規約的に結合されているからである。

→記号論，コード

［文献］T. A. シービオク『動物の記号論』勁草書房，1989；J. ホフマイヤー『生命記号論』青土社，1999；多田富雄『免疫の意味論』青土社，1993。　　　　　　　　　　　（武田一博）

記号論 〔英〕semiology, semiotics〔仏〕sémiologie

記号学とも言われる。古代ギリシアから近代に至るまで長く，記号はある対象（ないし，その心的表象）と必然的に結びついた言語と同一視されてきた。そうした伝統に対し，スイスの言語学者 F. de ソシュールの semiologie（記号学と訳される）は，記号をシニフィアン（記号表現。たとえば聴覚音）とシニフィエ（記号内容。概念や意味）が恣意的に結合されたものとすることによって，記号学を言語学から切り離し（言語は記号の一部とされる），社会心理学へと解き放った。すなわち，記号を成立させるのは社会的慣習ないし規約（合意）でしかなく，記号間で成立する相関関係も，記号が使用されるその都度，心理的に微妙なズレ（差異）を伴うと見なされたからである。したがって語の意味も，あらかじめ与えられた概念（観念）を表現するものではなく，アモルファス（無定形）なものとされた。逆に，自然的絆によってシニフィアンとシニフィエが結合された象徴は，ソシュールでは記号の存在とは見なされない。こうした考えを受け継ぐ大陸系の記号論者（たとえば U. エーコ）は，対象との物理的・実在的関係によって成立するものは記号ではないと斥け，記号を人間の文化現象（コード体系）に限定して理解する。そうした記号観は，より主観主義的な解釈として，すべての現実はテクストにすぎないというポストモダニズムの思想につながった。

他方で，アメリカのプラグマティズム思想家 C. S. パースに始まる semiotics（記号論と訳される）では，記号作用は，あるものが別のある対象を表意（指示，意味）していると解釈（理解，推論）されるところでは，どんなところにも成立すると見なした。すなわち，対象を任意の規約的関係に基づいて文化的コードに従って記述し，理解されるもの（シンボル）だけが記号とされるのではなく，ある対象との直接的・物理的類似性に基づいて表意するもの（イコン）も，対象を因果的法則性によって強制的に指示するもの（インデックス）も，すべて記号と見なされる。記号関係をこのように広く解釈する記号論の流れは現代科学に大きな影響を与え，動物記号論，生物記号論，生命記号論などの新たな学問分野を切り開いた。

キゴウロ

→記号,パース,ソシュール

[文献] F. de ソシュール『一般言語学講義』岩波書店,1972；『パース著作集2——記号学』勁草書房,1986；U. エーコ『記号論』1・2,講談社学術文庫,2013。　　　　　　　　（武田一博）

記号論理学　〔英〕symbolic logic〔独〕symbolische Logik
【概念と構成部分】「数学的論理学」ともいわれる。思考ないし推理などの論理学の対象に,記号的ないし数学的方法を適用した論理学であり,論理計算がその中心となる。諸命題の形式的導出の理論として,命題の現実的内容をまったく捨象し,その外的形式をもっぱら考察する。その中核的部分は,命題論理学（言明論理学）,述語論理学（量化論理学）である。さらにこの部分を基礎として,関係論理学,多値論理学,様相論理学,構成主義的論理学,認知論理学などの多様な試みを含む。さらに名辞論,定義論などの考察も含む。前者の命題論理学,述語論理学の部分は「古典的論理学」と呼ばれる場合があり,二値論理学であり,外延的論理学であり,排中律を肯定する。だが関係論理学以下の試みは,この両論理非古典的論理学」と呼ばれることがある。たとえば,ルカシェーヴィッチの考案した3値論理学は,同時に様相論理学でもあり,真（1）と偽（0）の値のほかに,「可能なもの」（1/2）の値をもつ。この論理学はさらに,ゲーデルの定理に見られるような,形式的体系の性格づけと吟味を行う「メタ論理学」の部分をもつ。この証明論の考察という点で,記号論理学は現代数学と大きく重なり合う。そしてこの論理学が記号体系である限り,「記号論」（構文論,意味論,語用論を含む）を周辺部分にもつ。
【歴史】記号論理学の先駆は「普遍的記号法」を唱えたライプニッツである。従来の伝統的論理学が自然言語から抽出された三段論法を主要対象としていたのに対し,方法論的転換をはかり,思考の単位である命題に,その内容をまったく捨象して数学的・記号的方法を適用したことによってはじめて成立した。ここから逆に記号論理学は,アリストテレス三段論法論やストア論理学の体系上の優秀さを証明することができた。数学との関係でいう

と，数学を理想とするブール／シュレーダーの時期と，逆に論理学が数学を基礎づけるというフレーゲ／ラッセルの時期が区別される。この論理学は現在，数学のみならず，内容を捨象して形式化される限りすべての科学に役立つ理論的装置となっている。
→論理（学），命題論理学，述語論理学
［文献］野矢茂樹『論理学』東京大学出版会，1994：末木剛博『記号論理学』東京大学出版会，1962：I. M. Bochenski, *A History of formal Logic*, Chelsea, New York, 1970. 　　　　（島崎隆）

技術・技術論　〔英〕technique, art; theory of technique
西ヨーロッパの「技術」を表す言葉は，19世紀を境に，手工業技術，工芸，芸術をともに含むartから，おもに近代工業技術を念頭に置いて用いられるtechniqueへと比重を移した。18世紀でも，ディドロは『百科全書』のartの項目において，art liberalのart mecaniqueに対する優位という伝統的評価を逆転させ，art mecaniqueの意義と機能を軸にartの再定義を試み，artは「対象を制作する」という目標に「協働するところの手だてや規則のすべての体系」と規定した。ここでは，artが，工芸，芸術の場合にイメージされやすい，人間の特殊な活動様式そのものではなく，自然の加工における，ある客観性をもった技法や手段に限定されている。19世紀半ば以降，産業革命を契機とする工業生産技術の巨大な発展により，artという用語が美術，工芸に限定されて用いられるようになる一方，techniqueあるいはそれを対象とする知識体系であるtechnologyが近代工業技術を表現するようになり，後には，経営や労務管理，政治，行政，軍事，教育，医療などにおける近代的技法とそこで用いられる新たな物質的諸手段も，工業生産技術とのアナロジーで語られる場合が増えた。したがって，「技術」という用語は，現在きわめて多様な意味とケースに用いられるが，その内容的イメージの発信源は産業革命以降の工業生産技術である。

「技術論」は近代的なtechniqueについての社会科学的・人文科学的な研究・考察であり，自然科学的あるいは工学的な研究・知識体系たるtechnologyと区別される。近代の工業技術は，近

ギジュツ

代社会の「文明」の中心的な要素であるため，社会的な危機の時期には，「文明の危機」の原因を近代技術に求めるタイプや，逆に，国家権力に依拠して技術発展を強力に推進することで危機をのりきろうとするタイプなど，各種の技術論が展開された。

【日本の技術論】1930年代には「唯物論研究会」の戸坂潤，相川春樹，永田広志，岡邦夫らにより，戦間期の社会的危機への反応たる種々の技術イデオロギーを批判するべく，緻密な「技術＝労働手段の体系」説が形成された。相川『技術論』，永田『唯物史観講話』が代表的著作である。マルクスが労働手段を「技術」の本質的・中心的内容と考えていたことは明白であったが，彼らは二つのレベルにわけてマルクスの技術理解を再構成した。まず，労働過程論と唯物史観に即した技術の本質規定の地平では，人間労働にとっての労働手段の本質的意義，手の延長としての労働手段の発生，労働手段の労働対象にたいする規定性，社会関係の「表示器」としての労働手段，労働手段を媒介とした生産諸部門同士の強い相互連関，などが整理され，ついで，資本主義の生産関係の下では労働手段が資本という形態をとるため，技術（＝労働手段の体系）にかかわる現実の諸現象は，所有関係を加えた「具体的歴史的」な解明を必要とする，とされた。現実の技術のあり方，技術開発，技術者の知識や能力などの問題は，所有関係に媒介された具体的な労働力編成の分析を経てはじめて明らかにされるという。なお，労働手段体系説に対抗して第二次世界大戦中に形成された「適用説」は，技術を「人間実践（生産的実践）における客観的法則性の意識的適用」と規定し（武谷三男），技術者，科学者の研究・開発の営為の能動性に技術の本質をみる議論を展開した。

1970，80年代の先進資本主義諸国では，耐久消費財の大量生産職場を中心とした労働疎外問題および環境問題とエコロジー思想の影響で，大量生産＝大量消費の技術や原子力発電などの巨大技術システムへの批判とともに代替技術への関心が高まった。他方，「フォード主義体制」論など，戦後長期好景気における大量生産の技術的基礎と社会システムの上昇的な相互作用，および石油危機後に表面化するその衰退過程に焦点をあてた，経済学的な

議論も活発化した。
→生産様式，技術革命，生産力／生産関係
［文献］K. マルクス『資本論』（全集 23-25）大月書店，1965-67；永田広志『唯物史観講話』（選集 2）白揚社，1948；相川春喜『技術論』（唯物論全書 14〔復刻版〕）久山社，1990；中村静治『技術論論争史』上・下，青木書店，1975；後藤道夫「科学・技術批判とマルクス主義」（『唯物論研究』10）白石書店，1984。

（後藤道夫）

技術革命 〔英〕technical revolution

一般には，蒸気機関から蒸気タービンへ，真空管から半導体へというような，工学上の原理的飛躍を含み，労働生産性の大幅な向上をもたらす技術進歩を指す。個々の領域の技術革命に対し，19 世紀の産業革命における，道具から機械への労働手段の全般的発展と蒸気機関の実用化は，資本主義的生産様式の成立・確立にとって不可欠の，より高次の「技術革命」と見なされる。労働生産性全般の飛躍的向上に加えて，道具の操作における手工業労働者の熟練が，資本家が所有する機械の性能の善し悪しに置き換えられ，技術者と機械体系を間に挟んだ労働者管理・支配が可能になったからである。機械という労働手段は，技術者・管理者と機械に就く通常の労働者との，「純粋に技術的」（マルクス）な分業を生み出すため，資本主義経済に「適合的」であった。マルクスのこうした生産様式理解を延長すれば，社会主義思想，エコロジー思想など，資本主義的生産様式への各種の批判思想は，個々の技術革命にとどまらず，新たな生産様式を生み出しうる技術革命を展望すべきだということになる。それは労働生産性の向上にくわえて，苦汗・単調労働の廃止と労働における自己実現の拡大，管理・被管理の大規模な分業の縮小，環境・資源限界への配慮，生産と消費の分裂の縮小などを課題とすることとなろう。
→唯物史観，エコロジー，分業／分業の廃棄
［文献］K. マルクス『資本論』第 1 巻 13 章（全集 23）大月書店，1965；中村静治『技術論論争史』上・下，青木書店，1975；D. ディクソン『オルターナティブ・テクノロジー』時事通信社，

キジュツ

1980。　　　　　　　　　　　　　　　　　　　　（後藤道夫）

記述の理論　〔英〕theory of descriptions

ラッセルが提出した記述に関する理論。「現在のフランス王は……である」のような文において，「現在のフランス王」は確定記述と呼ばれる。固有名は世界で唯一つの対象を指示するために使用されるが，もし「現在のフランス王」のような確定記述が固有名と同じく世界で唯一つ存在する対象を指示するために用いられるとすると，現在のフランス王という実在しない対象もある意味で世界に存在しなくてはならないことになる。ラッセルは現代論理学の記法を用いて確定記述を含む文を確定記述を含まない文に書き換え，確定記述を消去する。こうすれば，確定記述に対応する存在者を導入する必要はなくなる。

［文献］B. Russell, *The Principles of Mathematics*, Cambridge University Press, 1903, 2nd, George Allen and Unwin, 1937；ラッセル「指示について」（坂本百大編『現代哲学基本論文集I』）勁草書房，1986。　　　　　　　　　　　　　　　（横田榮一）

擬人観　〔英〕anthropomorphism〔独〕Anthropomorphismus〔仏〕anthropomorphisme

人間以外の事象を，人間の性質または行為になぞらえて観察・説明・理解しようとする態度をいう。古代の神話や芸術に多くみられる。科学の発達によって自然の世界の擬人観はしだいに退けられてきた。また宗教的な擬人観のからくりを批判したのは唯物論者フォイエルバッハの功績である。しかし，人間中心主義的な誤った擬人観と，ある意味内容を表現するために意図的に用いる擬人観（擬人法［personification］）とは区別される。後者は，童話や高度な芸術表現の一特性であるし，「太陽がほほ笑む」などの日常語の擬人観（法）は否定しようもないからである。

→アニミズム，神話

［文献］フォイエルバッハ『キリスト教の本質』上・下，岩波文庫，1965；「擬人法」（『レトリック事典』大修館書店，2006）。

　　　　　　　　　　　　　　　　　　　　　　（両角英郎）

基礎的存在論 〔独〕Fundamentalontologie
前期のハイデガーは,存在一般の意味を解明するには,そのように問う(存在を理解しつつ存在者にかかわっている)私たち人間(現存在)の存在(実存)構造を解明することから出発しなければならないと考え,これを基礎的存在論と呼んだ。その際,現存在は世界の内での〈気づかい〉(Sorge)として捉えられ,時間性という仕方でその存在があらわになるとされた。ただし,実存から存在それ自体へと思索を転回させた後期では,存在論という語とともに放棄された。
→ハイデガー
［文献］ハイデガー『存在と時間』(全4冊)岩波文庫,2013；同『形而上学とは何であるか』(全集9)創文社,1985。
(藤谷秀)

基体 〔ギ〕hypokeimenon〔英・仏〕substratum〔独〕Substrat
もともとは,アリストテレスが,「下に置かれているもの」といった意味をもつギリシア語のhypokeimenonに基づいて,様々の性質,状態の担い手として,質料的な意味でも,また個物という意味でも使用した語。のち,諸性質の変化のなかで同一なものにとどまる変化の担い手・諸性質の担い手として実体的な,しかし規定性を欠いた実体といった意味で使われるようになる。なお,アリストテレスは,諸性質の〈もとにあるもの〉といった意味に対応する形で述語に対する主語という意味もhypokeimenonにもたせている。
(太田信二)

北一輝 (きたいっき)1883〔明治16〕-1937〔昭和12〕
戦前の国家社会主義者。本名輝次郎で,新潟県佐渡の酒造家に生まれる。旧制中学中退後「佐渡新聞」に勤め,早くから国家主義と「社会主義」をつなぐ独自の論陣を張る。1904年,上京し東京専門学校(現・早稲田大学)の聴講生となる。1906年,『国体論及び純正社会主義』を自費出版したが発売禁止となる。その後中国革命同盟会に属し,1911年,中国に渡り辛亥革命に参加。日本を盟主とする大アジア主義を提唱する『支那革命外史』

(1921年公刊)の執筆によって，大隈重信らに中国政策の転換を訴えた。1916年に再度中国に渡り五・四運動を経験し，上海で執筆した『国家改造案原理大綱』を，のちに『日本改造法案大綱』(1923)として刊行した。これは，天皇大権を軸とした軍事クーデタによる国家改造と対外膨張を説くもので，日本ファシズム運動の聖典となった。1920年の帰国後は政財界の裏面で暗躍するが，西田悦らを通して次第に陸軍青年将校たちに影響力を及ぼし，1936年に「二・二六事件」への関与の容疑で逮捕され，翌年西田とともに銃殺刑となった。

　北の『国体論』は，天皇主権説や資本家・地主支配の資本主義に対し，社会進化論に立つ社会主義に基づいて「土地及び生産機関の公有と公共的経営」を主張し，『外史』では，中国革命の方向を武断的「東洋的共和制」に位置づけ，従来の「支那侮蔑論」を退け「日英同盟」から「日支同盟」への外交転換を提示した。また，反日・反帝の五・四運動に応えんとした国家『改造法案』は，天皇大権と軍隊のもとに「軍閥・吏閥・財閥」などを排除し，国家の資本経営による生産の合理化と対外進出を企図した。だが，天皇制権力を内包し軍隊を主体とするその「社会主義」は，軍事クーデタに帰結せざるをえないものだった。

[文献]『北一輝著作集』(全3巻) みすず書房，1959-72；渡辺京二『北一輝』ちくま学芸文庫，2007。　　　　　　(吉田傑俊)

北畠親房　(きたばたけ　ちかふさ) 1293〔正応6〕-1354〔正平9〕

南北朝分裂期に南朝方重鎮として伊勢・常陸で活躍し，後醍醐帝没後は吉野で南朝を支えた。南朝の正統性を論証した『神皇正統記』は，「日本は神国なり」の宣言等により，万世一系の天皇制を美化する皇国史観の典拠とされてきた。だが王朝分裂の現実から成立した本書は，単なる南朝擁護論や血統主義的一系論と無縁であり，儒教思想により君徳と「正理」に基づく王朝継続を「正統」とし，理による主体的行為を勧める合理性を含む。そこから，歴代の徳なき天皇の廃帝を正当化し，同時代では君臣共に「正理」に従う公武体制を理想として掲げ，南朝に敵対する足利

幕府だけでなく，鎌倉幕府討伐を企てた後鳥羽上皇や，天皇独裁を目指した後醍醐帝も批判した。
→慈円，道理，水戸学
［文献］北畠親房『神皇正統記』（日本古典文学大系 87）岩波書店，1975；岡野友彦『北畠親房——大日本は神国なり』ミネルヴァ書房，2009。 （亀山純生）

　北村透谷　（きたむら　とうこく）1868〔明治 1〕-1894〔明治 27〕
明治前期の詩人・評論家。小田原生まれ。東京専門学校（現・早稲田大学）中退。自由民権運動での挫折やキリスト教の受容などを経て文学に自己回復の契機を見出し，『楚囚之詩』(1889)，『蓬莱曲』(1891) の出版を皮切りに文学者として近代的な人間探求に出立する。92 年に「厭世詩家と女性」を刊行。精神的価値の意義を説いた恋愛観は島崎藤村ら当時の青年に大きな衝撃を与えた。93 年，藤村らと『文学界』を創刊。同誌に発表した「人生に相渉るとは何の謂ぞ」(1893) では文学効用説に反対し，精神の自由を高らかに掲げた。同年 5 月に執筆した「内部生命論」では，文学における写実派と理想派との差異を強調したほか，内部生命を主観的に観察し，理想の極致を事実の上に具体化する理想派を主張した。94 年自殺。25 年という短い生涯であったが，「日本浪漫派」の先駆者として近代的自我の追求に寄与した功績は大きい。
［文献］『透谷全集〔改版〕』（全 3 冊）岩波書店，1950-55；『北村透谷選集』岩波文庫，1970；色川大吉『北村透谷』東京大学出版会，2007。 （李彩華）

　キッチュ　〔独〕Kitsch
1880 年代，ドイツに初登喝するこの語は，20 世紀を通して国際化した。その際，欧米の文化人は，特定の芸術観を基準に，キッチュをその対極，つまり装飾的で過剰な表現や批判的思考を求めない美，また，他者や異質を自らに同化する快感を狙うものとし，「悪趣味」「際物」「まがいもの」などの意味合いで蔑視した。

キテイ

キッチュは，産業化によって人の疎外を高める大衆文化（Th. W. アドルノ）の文化的特徴と批判されたが（C. グリーンバーグ），西洋近代の再検討に伴い一般大衆の表現として肯定もされた（石子順造）。近年，消費文化や複製メディアの進化による美的価値観の多極化を背景に，キッチュを成立させる欲求の方に焦点が絞られる。　　　　　　　　　　　　　　（ジャクリーヌ・ベルント）

規定　〔英〕determination〔独〕Bestimmung, Besimmtheit〔仏〕détermination

限定とも言われる。内容や範囲を定めることであるが，そのためには，何らかの制限が必要となる。通常，論理学では，ある概念を規定することは，その概念の内容や範囲をはっきりさせて，曖昧さをなくすことを意味する。そのために，上位概念に種差をくわえて定義したり，概念の内容や範囲を限定して他の概念から区別したりすることが必要となる。スピノザは，「あらゆる規定は否定である」と述べ，有限なものは規定であるが，ある規定をおこなうことは他との区別をはっきりさせ，そのことによって他の規定を否定することであると見なした。スピノザのこの考えを高く評価したのは，ヘーゲルである。有限なものである規定を否定することは，その存在を否定して，その非存在を主張するだけではなく，何らかの他の有限なものの規定を肯定することにつながるからである。ヘーゲルにおいては，有限なあるものが限定され，限界づけられると，規定性といわれる。規定性とは，有限なあるものをそのあるものとしている質にほかならず，その質を失えばそのあるものであることをやめる。それゆえ，「論理学」では，質とは，規定された結果であり，規定されてあることであるとされている。マルクスの史的唯物論でも，社会の構造を捉えるうえで，規定の概念は重要な意味をもっている。社会の法的・政治的上部構造は，社会の土台によって制約され，内容的に規定されているというのが土台─上部構造論の主張であるからである。この場合は，社会の上部構造がその土台に規定されることは，土台の質が上部構造に刻印されることを意味している。

［文献］ヘーゲル『大論理学』（全集 6-8）岩波書店，1956-66；

マルクス／エンゲルス『ドイツ・イデオロギー』新日本出版社，1998。
　　　　　　　　　　　　　　　　　　　　　（岩佐茂）

機能→構造／機能

帰納・帰納法　〔英〕induction; inductive method
推理の手続きとしての演繹に対する語で，特殊・個別的な事実から出発して一般的な結論に達する推理のこと。この推理によって導かれる結論は，絶対的な確実性をもたず，たかだか蓋然的な確からしさしかもたない。そうした結論の不確実性のために，古代ギリシアのアリストテレス以来，中世を通して，演繹よりも劣る推理だと考えられていた。帰納の意義が認められるようになるのは近世になって経験的自然科学が発展したことによる。特に，17世紀のF. ベーコンは，演繹重視のアリストテレスの論理学の著作群である『オルガノン』に対抗して，自らの書を『新オルガノン』と名づけ，帰納こそ学問の真の方法であることを主張したが，その流れをさらに進めて科学研究の方法としての帰納法の確立を目指したのは，19世紀のJ. S. ミルの『論理学体系』（1843）であった。

　ミルは帰納法を次のような五つの方法に分類している。①一致法（method of agreement）。これはいわば科学における観察の方法を論理化したものであり，「研究しようとする現象の起こる二個以上の事例が，ただ一つの事情だけを共有しているならば，その事情が研究しようとする現象の原因または結果である」とされる。②差異法（method of difference）。これは科学における実験の方法を論理化したもので，「研究しようとする現象の事例と，それが起こらない事例とにおいて，前者においてのみ存在する一つの事情以外には，他のすべての事情を共有するとき，その一つの事情が研究しようとする現象の結果または原因である」とされる。③一致差異併用法（joint method of agreement and difference）。これは一致法と差異法を同時に適用して，結論の確実性を高める方法で，「研究しようとする現象の起こる二つ以上の事例がただ一つの事情のみを共通にもち，そして，その現象の

起こらない二つ以上の事例が，ただその事情のみを共通にもっておらず，そして両事例群は別に共通する事情をもたないようなとき，上述の事情が研究しようとする現象の結果または原因である」とされる。④余剰法（method of residues）。これは次の⑤とともに原因—結果における量的関係を明らかにするもので，「ある現象のうちから，ある既知の前件の結果として知られている部分を取り去れば，その現象の残りの部分は，残った前件結果である」とされる。⑤共変法（method of concomitant variations）。これは原因と考えられる事情を変化させることが可能な場合に原因-結果の量的関係を明らかにするもので，「ある現象がその強度が変化するにつれて，他の一つの現象もそれに応じてそれ自身の仕方で変化するとき，両現象の間に因果関係を推定する」とされる。

→演繹

［文献］J. S. ミル『論理学体系』（全4冊）京都学術出版会，2020-。
(中村行秀)

機能主義　〔英〕functionalism　〔独〕Funktionalismus
事物を機能（function）に変換し考察する方法的立場。機能とは，関係の見地から見た存在のことであり，実体の見地にたつ存在論と対立する。機能主義は，事物を一定の関係性に変換して捉える。これにより論理的な関係性に立脚した思考が可能になる。とりわけ関数（function）関係への着目は，自然科学の数学化をうながし，数理モデルを運用する精密な実証主義的方法へと機能主義は橋渡しされる。機能主義の発想は近代以前から存在するが，20世紀に機能主義は一つのパラダイムを生み出した。その要点は，一定の関係をなす全体（意識，集団，組織，システムなど）のなかで変化する要素的部分（観念，欲求，役割など）のはたらき（function）に着目することである。これにより機械的な対応や集計・構成により部分と全体の関係を説明することは打開される。心理学では，意識＝観念構成説への批判として，ジェイムズ，デューイらが意識＝機能説を提起した。人類学者ラドクリフ＝ブラウンは，「全体に対する部分の貢献」という画期的定義

を機能に与えた。社会学では，デュルケムらが部分から説明できない全体に着目していた。パーソンズは，一定の目的をもったシステムとして関係的全体を規定し，目的実現のために機能的関係の最適化をはかる制御的な機能主義（構造機能主義）を提起した。パーソンズの議論は，固定化された全体（前提された結果）から，強引に部分（結果を導く原因）を演繹する傾向があったため，一方で部分の自律性やシステムの動態を無視する保守性，他方でシステムを固定化する機能主義の狭隘などが批判され，そして新しい関係性の論理，機能主義の転換が模索された。
→実体，構造／機能
[文献] カッシーラー『実体概念と関数概念』みすず書房，1979；ロムバッハ『実体・体系・構造』ミネルヴァ書房，1999；ラドクリフ＝ブラウン『未開社会における構造と機能』新泉社，1975；パーソンズ『社会体系論』青木書店，1974；南博『行動理論史』岩波全書，1976；鈴木健之『社会学者のアメリカ』恒星社厚生閣，1997；G. クニール／A. ナセヒ『ルーマン社会システム理論』新泉社，1995；伊奈正人『C. W. ミルズとアメリカ公共社会』彩流社，2013。
(伊奈正人)

木下尚江 （きのした なおえ）1869〔明治2〕-1937〔昭和12〕
長野県松本市に生まれる。キリスト教社会主義者，小説家。島田三郎が経営する毎日新聞社に入社。廃娼運動に取り組むとともに足尾鉱毒問題と深く関わる。さらに日清戦争後の軍備拡張に奔る政府を激しく批判して反戦運動，社会主義運動へと進んでいった。1900年に社会主義協会に入会し，翌年には幸徳秋水，安部磯雄，片山潜らと社会民主党を結成，『平民新聞』を中心とする反戦運動に精力的に関わり非妥協的な論陣を張ったが，同時にその反戦思想は小説『火の柱』として作品化された。日露戦争後社会主義運動から離れ，宗教への傾斜を強めていった。
[文献]『木下尚江著作集』（全15巻）明治文献，1968-73。
(田平暢志)

キハン

規範 〔ギ〕nomos〔英〕norm〔独〕Norm〔仏〕norme
欧米語の norm は広義に基準，標準，常態，規則などの意味をもっている。しかし日本語で規範と訳されるとき，それは特に哲学的な意味をもち，思惟あるいは認識における真偽，道徳的行為における正邪，是非，また美的感情における美醜の判断基準を指す。それは私たちの評価作用のなかに働いていて，「事実その通りにあるもの」に対し，評価作用が従うべき「あるべきもの，そうあらねばならないもの」(理念，基準)を指している。「事実」は「〜である (is)」という表現をとるのに対し，規範は「〜すべし (ought)」という表現をもち「義務」「命令」「拘束」「当為」などとして現れるのである。したがって規範はまた事実に対置される価値の世界に属する概念である。ここからまた事実に関わる「記述的 (descriptive) 学問 (一般に科学といわれる)」と価値に関わる「規範的 (normative) 学問 (論理学，倫理学，美学)」という区別が生まれる。ところで個人の立場からすると，価値が希求の対象であるのに対し，規範は行為や判断を外部から拘束または誘導するものとして現れる。このことは西欧語の規範がギリシア語の nomos に由来することからも説明できる。ノモスは元来，習俗からはじまって法やきまりなどの共同社会を支える原理を意味していた。したがってそれは個人に先立ち，あるいは個人の上に立ち，個人が勝手に定めたり修正したりすることのできない客観性をもった行為の基準であった。もっとも古代世界にあって規範は単に社会的な規則をあらわすだけでなく，自然を含む森羅万象の運動と発生，存在理由などをも「〜べき」という形で示す役割を担っていた。伝統社会の世界観たるアニミズムも，規範的な世界認識の一つといえる。しかし，近代になると自然や社会に関する理解は規範概念とは別の法則概念にゆだねられ，規範はもっぱら人間の思惟や行為や感情を統制する原理に限定されるようになる。

（市川達人）

帰謬法 〔ラ〕reductio ad absurdum〔英〕indirect or apagogical reduction
間接還元法または背理法ともいう。ある判断（たとえば「すべて

の花は赤い」）が真であることを証明するために，もしその判断の矛盾対当関係にある判断（「ある花は赤くない」）を真とすると，それから不条理な結論が導かれることを示すことによって，間接的にその判断が真であることを証明する論証の方法。
→対当関係　　　　　　　　　　　　　　　　　　（中村行秀）

　詭弁　〔ギ〕sophiskikē〔英〕sophistry, sophism
外見的に，あるいは形式的に正しそうに見えるが実は成り立たない議論のこと。ギリシアのソフィストがそうした論法を教えたと言われることに由来する語。たとえば，「もし私が試験に受かる運命をもっていれば，勉強しなくても合格する。もし受からない運命をもっていれば，勉強しても無駄である。そして，私は受かる運命をもっているか受からない運命をもっているかのどちらかである。だから，いずれにしても勉強する必要がない」というのはディレンマの論理を使った「怠惰論法」として古くから知られる詭弁である。
→ソフィスト，ディレンマ　　　　　　　　　　　　（中村行秀）

　義務　〔英〕duty〔独〕Pflicht〔仏〕devoir
われわれの意志や行為を拘束する何らかの法則ないし規則によって，必然的に「なすべきこと」あるいは「なすべきでないこと」として指し示される事柄。ギリシアのポリスにおける人為的秩序としてのノモスやキリスト教における神との契約など，特定の文化的宗教的共同体が義務の根拠として前提される場合も，またカントの道徳哲学に典型的に見られるように，そのような特殊な条件を一切捨象した普遍的な道徳法則に義務の根拠が求められる場合もある。

　古代においてはストア派が，共同体的な秩序を越えた自然の秩序を理性によって認識し個体としての自らの情念にとらわれることなく自然と一致して生きることを理想とし，また近代においてはホッブズが，自然状態における果てしのない戦争状態を克服するために，諸個人が自らの自然権を無条件に譲渡することによって取り結んだ社会契約によってはじめて，われわれを普遍的な自

然法に従って行為するよう義務づける国家権力が成立したと主張したが，思想史的にはこのような自然法論が，普遍的法則を根拠とする義務論への道を開いてきた。

　最も純粋な普遍主義的立場から義務論を展開したカントは，われわれの意志がその経験的対象（実質）の特殊性を完全に度外視して，意志の普遍的形式のみを規定根拠とする場合（定言命法）にだけ，そのような意志に基づく行為は「義務からの」行為となりうるとした。そして自らの特殊な利害（傾向性）を意志の規定根拠とする場合には，たとえその行為が外面的には「義務にかなった」ものであったとしても，真の意味での道徳的行為とは言えないと主張し，前者の意味での「道徳性」と後者の意味での単なる「適法性」を明確に区別した。

　このような普遍主義的義務論に対しては，カントが道徳的行為のもつ主体的契機を正しく把握していることを一方では高く評価しつつも，普遍性と特殊性を固定的に対立させるその形式主義の限界を指摘し，より高次の「人倫」的秩序における両契機の統一を図るべきであるとするヘーゲルの批判や，具体的な共同体的規範を欠く抽象的義務論にすぎないとするマッキンタイアらのコミュニタリアニズム的立場からの批判がある。またわれわれに快をもたらす具体的目的の実現へとわれわれを拘束する規則や制裁に義務の根拠を求めるベンサムやミルらの功利主義的義務論も大きな影響を及ぼしてきた。

［文献］ホッブズ『リヴァイアサン』（全4冊）岩波文庫，1954-85；カント『道徳形而上学原論』岩波文庫，1976；A. マッキンタイア『美徳なき時代』みすず書房，1993。　　　　　　（石井潔）

逆説→パラドクス

客体→主体／客体

客観→主観／客観

客観性 〔英〕objectivity〔独〕Objektivität〔仏〕objectivité
人間の主観の働きと対置された，事物や事態の客観的な性状，およびそれをあるがままに把握している認識（判断や命題）のあり方，を指す。デカルトやロック以降の近代的認識論の発展過程で，主観―客観，主観性―客観性の対概念が確立された。客観性をどう理解するかについては，主観による構成作用なしでは客観性が成立しないとみる主観的観念論の立場，超個人的な精神の働きによって客観性が成立するとみる客観的観念論の立場，人間の意識から独立しているが事象の客観性は認識されうるとみる唯物論的立場，などに区別される。しかし今日，記号・数式・概念によって把握される科学的客観性と並んで，人間の知覚によって把握される日常的客観性をどのように位置づけるかという新しい問題が生じている。
→主観／客観
［文献］ロック『人間知性論』（全 4 冊）岩波文庫，1972-77；戸坂潤『認識論』青木書店，1989。　　　　　　　（種村完司）

ギュイヨー Jean-Marie Guyau 1854-1888
フランスの哲学者。エピクロスから J. S. ミルに至る道徳理論やスペンサーの進化論に多くを学びながらも，人間の根柢に〈生〉の働きをみとめた。個人の生は，自己を他者に伝え，拡大し，より大きく普遍的な生と融合することによって，自己を維持し，豊かになる。したがって人間は本質的に社交的であり，喜びや苦しみを他者と共有せずにはいられない。意識や感覚は伝達可能であり，「根よりもむしろ葉によって生きてゆく植物」のように社会のなかで開花するが，これらが指向する目的は生の維持と増大であり，道徳や芸術もこの目的に還元されると論じた。

キュヴィ

→生の哲学
［文献］ギュイヨー『義務も制裁もなき道徳』岩波文庫，1954；同『社會學上より見たる藝術』（全 3 冊）岩波文庫，1930-1931。
（水野邦彦）

　キュヴィエ　Georges Léopold Chrétien Frédéric Dagobert Cuvier 1769-1832
フランスの博物学者，反進化論の立場をとった。比較解剖学を学び，パリ自然史博物館などに勤務。動物の各器官は相互に関連しているとする「器官相関の法則」をもとに化石の断片から全体を復元し，また化石は現存しない絶滅種であるとするなど，実証的にすぐれた業績をあげた。しかし彼はラマルクの進化論に反対し天変地異説を唱えた。動物界を脊椎動物，軟体動物，体節動物，放射動物の四つに分け，それらは相互に全く異なるとするキュヴィエの説と，全動物に共通のプランがあるとするジョフロア・サン＝ティレールの説との間で 1830 年にパリでアカデミー論争が起こり，これには晩年のゲーテも大きな関心をよせた。
→進化（論），ラマルク
［文献］アペル『アカデミー論争——革命前後のパリを揺がせたナチュラリストたち』時空出版，1990。
（横山輝雄）

　救済　〔英〕salvation〔独〕Erlösung〔仏〕salut
古代イスラエルにおいては，すべてはユダヤの民がエジプトにおける奴隷状態から，神ヤハウェによって，モーセを介して救出されたという歴史的出来事に発する。この民が最小・最弱で取るに足りない民であったがゆえに無条件で愛され選ばれ救い出されたのである（『申命記』7:6-8）。以後救済は常に歴史的現実と関連する。その後にモーセを介して律法（トーラー）が与えられた。その遵守は，救済の条件ではなく，いわば報恩としての応答と解された（『詩篇』19 章）。
　だが民は，以後出現した多くの預言者らの批判や警告を無視し続け，結局紀元前 6 世紀に異教的諸帝国に滅ぼされ捕囚の民となる。亡国の民は，その原因を律法の不履行に見て，以後その厳格

な遵守を誓う。こうして律法の厳守を主眼とするユダヤ教が出現した。律法主義が救済の条件に変質し，律法遵守を軸に「義人」「罪人」概念が疎外・差別・自己義認を助長した。さらに続くギリシア，ローマの支配下，終末的メシアを待望するメシアニズムが生まれ，現世的な救済から個人的・超越的な救済を希求する方向が顕著となった。

ナザレのイエスは，そうした諸矛盾の下で疎外されていた民に，ヤハウェ本来の無条件の祝福・救済観を告げ，桎梏に変質した律法主義からの解放と，彼が「アッバー」（父ちゃん）と呼んだ神の無条件の愛に立ち帰り，自由と喜びに満ちた生の回復を訴えた。だが彼は，終末論的・黙示録的救済者メシア＝キリストと信じられ，神秘化・神格化されていく。原始キリスト教の誕生である。パウロは，この方向を組織化し，ユダヤ教的枠を越える普遍的（カトリック）救済観・教会観を確立し，正統神学の基礎を据えた。

後にローマ帝国のイデオロギーとして国教化されたキリスト教は，さらに制度化され，ローマ教皇を頂点とする唯一絶対のヒエラルキー的救済の制度となる。しかし，宗教改革→ルネサンス→啓蒙主義の過程で，現実世界からの批判と抵抗に遭い，世俗化の波を被り続け，救済の現実的・社会的再解釈を迫られていく。そうした「ポスト・キリスト教の時代」の救済理念が模索されざるをえない。
（高尾利数）

キュニコス派 〔ギ〕Cynicoi〔英〕Cynics
前四世紀のギリシアにはじまる思想運動。キュニコスとは「犬（キュオン）のような」の意で，頭陀袋をかぶり樽に住んだと言われるシノペのディオゲネスが自ら「犬のディオゲネス」と称したことに，おそらくは由来する。ソクラテスの心酔者アンティステネスが伝統的にこの派の祖とされてきたが，彼はむしろ先駆者と言うべきであり，実質的にはディオゲネスがこの派の基本的な方向を定めたと考えられている。彼は富や地位などの通念的な価値や一般的社会道徳を拒否するとともに，理論的考察よりも身体的鍛錬と質素な生活を通じて自律的な自己の実現を目指した。

キュレネ

キュニコス派の哲学が「徳への近道」と称されるようになったのはこのためである。キュニコス派はまた，想像上の相手との対話と多くの逸話や比喩からなる「ディアトリベー」というスタイルの形成に貢献し，著作形式の点でもその後の思想や文学に大きな影響を与えている。ちなみに，「シニカル」(cynical) とは世俗的なものに対する彼らの冷笑的態度に由来する。

[文献] ディオゲネス・ラエルティオス『ギリシア哲学者列伝』中，岩波文庫，1989；R. Dobbin ed., *The Cynic philosophers : from Diogenes to Julian*, Penguin classics, 2012. （中畑正志）

キュレネ派　〔英〕Cyrenaics

その名称どおり，キュレネ（現在は北アフリカのリビアの都市）出身の思想家が主要なメンバーであったヘレニズム期の学派。アリスティッポスをその創始者として前三世紀初頭から約150年あまり続いた。この派に属する人々は，行為や生き方に対して強い倫理的関心をもち，とりわけパトス（感受状態）としての快楽と苦痛を重視しこれを幸福と密接に関係づけている点で，全体として快楽主義的である。ただし快楽の理解や幸福との関係づけはこの派の内部でも様々であり，ソクラテス派のアリスティッポスは幸福に貢献する要素として快楽を認め，その快楽を得るために哲学的な知を重視したが，孫のアリスティッポスは，現に感じるそれぞれの身体的な快楽こそが行為の目的であると主張し，またテオドロスは悦びこそ最高の善であり，快楽と苦痛は善と悪との中間状態であると考えた。また彼らが，われわれは外的な事物のあり方や他者の心的状態には接近できず自分自身のパトスのみを把握できると考えたことは，古代の懐疑主義の成立と展開に重要な関係をもつと考えられる。

[文献] セクストス・エンペイリコス『学者たちへの論駁』3，京都大学学術出版会，2006；ディオゲネス・ラエルティオス『ギリシア哲学者列伝』上，岩波文庫，1984。　　　（中畑正志）

共感　〔英〕sympathy〔独〕Sympathie

他人と同じ感情を知覚すること。同感。18世紀イギリスの道徳

感覚学派の哲学者，特にヒュームとアダム・スミスは共感を重視した。ヒュームは，他人の表情や境遇を観察して得られる感情の観念が自分自身の感情に転化するときに共感が成立すると主張。アダム・スミスの共感では，観察者は，想像上で当事者と境遇を交換するときに当事者の感情に似た同胞感情を知覚し（同胞感情としての共感），さらに観察者の同胞感情と当事者の感情の一致を知覚するときに当事者の感情を適正として是認する（是認としての共感）。

［文献］アダム・スミス『道徳感情論』上・下，岩波文庫，2003；新村聡『経済学の成立』御茶の水書房，1994。（新村聡）

狂気　〔英〕insanity〔独〕Wahnsinn〔仏〕folie
哲学とは理性の追求である。この定義からいえば，狂気ほどに哲学にとっての敵，精神の反対形態はないということになろう。ところが，興味深い逆説とは次のことである。すなわち，哲学の伝統ほどに，世間に通用する「狂気」の観念の妥当性に疑いの眼差しを向け，世間が「狂気」と蔑むものなかにこそかえって真理へと人間が接近するうえでの貴重なる示唆を見出し，「狂気」を罵倒しておのれを「理性」と見なす世間がかつぎまわるその「理性」なるものが我知らず陥っている「狂気」を逆に批判し，「狂気」と「理性」の単純な二分法に異議を唱えてきたものはないのだ。

　一例を引こう。既に古代ギリシア哲学の雄たるプラトンは『パイドロス』のなかで「神的狂気」という問題を提出し，こう述べている。「ひとがこの世の美を見て，真実の《美》を想起し，翼を生じ，翔け上がろうと欲して羽ばたきするけれども，それができずに，鳥のように上の方を眺めやって，下界のことをなおざりにするとき，狂気であるとの非難を受ける……美しき人たちを恋い慕う者がこの狂気にあずかるとき，その人は『恋する人』と呼ばれるのだ」と。

　こうしたプラトン的観点は，明らかにニーチェに引き継がれ，彼のいう「力への意志」の思想のなかに継承された。そこでは，世間あるいはキリスト教道徳の「理性」を超越した善悪の彼岸に

キョウサ

立つ「超人」の生きる生命力の奔出は，それこそが人間を宇宙との直接的融合へと導き，最高の強度をもった存在性をその人間に付与することで，彼・彼女を「超人」に変貌させるものと考えられている。19世紀末の西欧を文化的に領導した後期ロマン派の諸思想家は，分析主義的で功利主義的なブルジョア的な「啓蒙」的人生観への強烈な反発を梃子にして，一様にこうした「神的狂気」の観念に親愛感を抱いた。それは，資本主義が人間に強制する「合理主義化」された生のもつ内的貧困さや疎外性に対する批判が，非合理主義・神秘主義への強い傾斜を伴いながら展開し，かえってそれがファシズムに誘引される心性を誕生させるという，いまもなお繰り返し形を変えて再生産される問題の最初の現れにほかならない。ミシェル・フーコーの名を高からしめた『狂気の歴史』のなかにも明らかにこの問題の文脈が流れ込んでいる。

(清眞人)

共産主義→社会主義／共産主義

共時言語学→通時言語学／共時言語学

教条主義→ドグマティズム

共生 〔英〕symbiosis〔独〕Symbiose
「共生」という語はもともと生物学で異なった種の生物同士が相互に利益を与え合う symbiosis に由来する。また，仏教の輪廻思想を背景にした「共生（ともいき）」に由来するともいわれる。ただ，20世紀後半に日本で多く語られた思想としての〈共生〉は，それらを背景にしつつもエコロジー的・社会哲学的な独自の意味をもっている。まず，共生の思想として語られる〈共生〉の一般的な意味は，お互いの異質さを尊重しあって共に生きるということで，単に相互の不干渉をも意味する共存とは区別される。共生は大きく人間と自然の関係と人間と人間の関係の二方面に分けられる。前者は，環境問題等で「自然との共生」の思想として語られ，原始時代への回帰を意味するような「自然への没入」で

もなく，また近代産業文明に顕著な「自然の支配・搾取」でもなく，人間を含めた生態系の維持を重視しつつ，そのためにも人間による自然の制御をも踏まえた自然の尊重の思想といえる。人間同士の共生は，特によく話題になった思想である。背景には日本人の「単一民族国家意識」が在日韓国・朝鮮人や外国人労働者への差別を引き起こしていることがあるが，共生への関心は世界的な多文化主義の流れの一環ともいえる。その場合，多数者がマイノリティの文化や習慣を排除したり同化しようとしたりするのでなく，異質性，差異性を尊重して社会的文化的に平等な関係を形成していくことを意味する。従ってまたこの思想は差異への権利と対等であることの承認という点で，性差や障害者など種々の差別との関係でも語られる。なお，共生の思想には種々のタイプがあるが，主要な対立は共生を共同性に対立するものとして考えるのか相互補完的に考えるのかという点にある。

→共同性，多文化主義

[文献] 花崎皋平『アイデンティティと共生の哲学』平凡社ライブラリー，2001；尾関周二『現代コミュニケーションと共生・共同』青木書店，1995；同『多元的共生社会が未来を開く』農林統計出版，2015；井上達夫『共生の作法』創文社，1986。

(尾関周二)

教相判釈 （きょうそうはんじゃく）
仏教として伝承されている種々の教説（教相）について，特定の立場から優劣・深浅・先後などに判定と評価を加えて組織体系化する（判釈）こと。一般に「教判」と略称される。教判は宗派形成のための基礎理論として南北朝から隋唐代にかけて，数多くつくられた。所依の経論を最上位に置き，他の諸経論または教説をそれに従属させ，それによって，全仏教におけるその宗派の位置づけを明確に示す。たとえば天台の教判では『法華経』，華厳宗の教判では『華厳経』が最上位を占める。律蔵に基づく律宗，教禅二教の判別による禅宗，顕密二教の判別に基づく密教，聖浄二門の判別に基づく浄土教など，いずれの宗派の成立にも，独自の教判意識がはたらいていると考えてよい。

キョウツ

→日本仏教 　　　　　　　　　　　　　　　　　　（岡部和雄）

共通感覚 〔ギ〕koinē aisthēsis 〔ラ〕sensus communis 〔英〕common sense

「コモン・センス」という英語はいわゆる「常識」という意味で通常使われるが，そのもとになったギリシア語の「コイネー・アイステーシス」は，それとは全く異なる意味をもっていた。アリストテレスの『霊魂論』（〔ギ〕*Peri Psychēs*, 〔ラ〕*De Anima*）において，色や音や匂いといった感覚は，それぞれが視覚・聴覚・嗅覚といった固有の感覚器官（目・耳・鼻）に対応するのに対して，運動や形や数や大きさといったものは，視覚をはじめとする五感に共通して感受されるという意味で共通感覚対象であるとされた。こうした対象を捉える共通感覚は，それゆえ，感覚であるという意味で魂の受動的な働きではあるが，個々の感覚を統合するという機能を帯びるという意味では，感覚と理性との媒介者の役割を与えられたといえよう。このような感覚論・認識論の文脈での「共通感覚」は，後の中世スコラ哲学に継承された。

一方，現代における「常識」という意味での「コモン・センス」は，古代ローマの弁論術において現れた。共通感覚のラテン語訳〈sensus communis〉は，キケロにおいてはその認識論的な意味を失い，弁論家は哲学者のように民衆に背を向けて孤独な思索に没頭するのではなく，常に民衆の判断に寄り添いながら司法的判断を下すべきだという文脈で使われている。こうした「常識」概念は，聴衆に訴えかける弁論術や修辞学の伝統としてヨーロッパの隠れた知的水脈をなし，このような態度を忌避したデカルトに対抗して近代における修辞学的知性の復活を唱えたヴィーコによって，復活した。これはまた，カントの『判断力批判』におけるセンスス・コムニス（Gemeinsinn）への着目にもつながっている。

この二つの「コモン・センス」を近代において統合したのが，スコットランド常識哲学の祖，トマス・リードである。リードは，個々の感覚要素をばらばらに分解することによって知覚成立を説明しようとしたことが，「非常識」な独我論に陥ったヒュー

ムやバークリの誤りであるとし、具体的な知覚の成立の現場にすでにある外的世界の実在への確信を、人間本性に基づくアリストテレス的共通感覚から捉えなおそうとした。その際、リードは日常言語の分析を通してヒュームたちの「観念の理論」の虚妄を暴こうとしているが、まさにこの日常言語への着目こそは、キケローヴィーコ的な共通感覚＝常識という文脈においてなされていると考えられる。戸坂潤が鋭く見抜いたように、「常識」の複雑な様相を捉えるためにも、共通感覚の概念史は示唆的である。
〔文献〕中村雄二郎『共通感覚論』岩波現代文庫、2000。

（古茂田宏）

共同主観性 〔独〕Intersubjektivität〔英〕intersubjectivity
相互主観性、間主観性とも言われる。単独の主観を越えて、多数の主観に共通して知覚され、理解されているあり方を指すが、この語に特に重要な意味を与えたのは、現象学者のフッサールである。後期のフッサールは、生活世界を主題とする現象学を提起し、この世界が唯一わたしの自我に対してのみ対象になっているのではなく、他の多くの自我の対象でもあり、「われわれにとっての」世界であること、生活世界はすべての人にとって共同主観的に同一である、換言すれば、世界は共同主観的に構成されている、と主張する。自己と他者とを包含するこうした共同的な主観と、世界および対象との関係が生活世界の基本構造の一つであり、その解明が重要なテーマとされたのである。しかし、超越論的主観性による対象構成の立場を捨てなかったフッサールにとって、この共同主観性の成立がいかにして可能かは、他者経験の説明または他我の構成の問題を含むだけに、解決の容易ならざる難問となった。彼自身は「類比」ないし「自己投入」のような議論を用いて他我構成の説明をはかったが、成功しているとはいえない。この課題はその後の多くの現象学者たちによって引き継がれることになった。

共同主観性ないし相互主観性の主張は、同時代の人々が共有する言語・文化・規範・社会的経験などの形成過程や普遍性を説明する上で有効な説となりうるが、それをいわゆる認識論や真理論

のレベルにまで拡張することには大きな問題がある。共同主観に基づく真理の説明は，諸科学の目的である客観性の主張としばしば対立し，概して相対主義の立場と結びついている。実在的世界の一定の構造や法則の究明がテーマになっているとき，それは多数の人々が共通にいだいている共同主観的な表象や理解に帰着するものではない。むしろ，背後にあって共同主観性をささえ，それを可能にしている，実証的事実に裏づけられた客観性こそが注目されなければならない。共同主観性は，今日しばしば科学性や客観性を否定する見地として持ち出されることが多いが，共同主観によるコミュニケーション的行為を重視するJ. ハーバーマスの「真理＝合意」説にも，この傾向がある。

→客観性，相対主義

［文献］フッサール『ヨーロッパ諸学の危機と超越論的現象学』中公文庫，1995；ハーバーマス『コミュニケイション的行為の理論』（全3冊）未来社，1985-87。　　　　　　　（種村完司）

共同性　〔英〕cooperation

社会的存在である人間の相互関係に特徴的なあり方として，多くの社会理論で異なる仕方で説明されるが，しばしば近代の支配的な社会関係と見なされる交換・契約関係と対比的に類型化される。共同の観念は，事実上，社会性一般と等値されるほど広い意味での「人間的つながり」として漠然とイメージされており，その社会関係としての特質に関する理解は論者によって異なる。相互扶助原理（mutualism），友愛（friendship）や連帯（solidarity），互酬性（reciprocity），アソシエーション等々の類縁観念それぞれと共通性をもちながら，それらよりも広い関係性として了解され，多義的に使用される。

共同性が社会成員の相互扶助的で共感的なあり方を指して用いられる場合，共同性観念は理念的に望ましいものと想定され位置づけられている。この意味での共同性観念は社会哲学，政治哲学における理念的規範として機能してきた。この場合，社会がその実現を目指すべき人間的な関係の性格を示すのが共同性というあり方とされる。

このような共同的関係を社会編成の核心的紐帯に位置づける社会思想・社会構想は，第一に，経済的搾取と商品関係を核にした社会組織を否定する点で，第二に，国家権力による社会統合ではなく人々の横断的で水平の関係形成を志向する点で，資本主義秩序に対するアンチテーゼの意味を帯びている。マルクスがその意義を積極的に評価した協同組合がたとえばそうであり，協同組合社会主義の思想系譜（レヴィ＝ストロース）や福祉国家思想における連帯主義の要素，ウィリアム・モリスのコミュニズム思想など，広く，社会主義，共産主義思想の内には，共同性の理念が含まれていた。

　人々の共同的関係が理想化される度合いは，共同性の内容をどう捉えるかによって異なる。相互扶助的な関係を人間（動物）の本性と捉える立場（クロポトキン）では，共同観念が，弱肉強食の生存競争を当然視するマルサス主義的社会像への対抗理念として位置づけられる。これに対し，人間にとって不可欠の条件として「他者とともに在る」（共在性）という事実を挙げるだけであれば，その内容に理念的な意味は含まれていないようにみえる。ただし，この場合でも，「他者とともに在る」ためには，他者に対する何らかの配慮や共存のルールが必須である以上，共在性にも何らかの規範的次元が存在する。

　市場を通じた交換関係が優越する資本主義的近代にあっても，各種の友愛団体や地域コミュニティにおける共同的関係は存続する。共同性が現存することは，この理念が具現化しうる根拠となり，共同性理念の此岸性を示すと同時に，現存する共同的関係をもっぱら肯定的性格のものと誤認させる根拠にもなる。あらかじめ善なる関係と規定された共同性が，その下で生きる成員にとって抑圧的に作用しうる共同的関係の現実的位相を看過するからである。リベラリズムに立つ社会論は，これを，加入・離脱の自由がない非自発的な関係だとして批判する。

　共同的諸関係を核とする社会構想へのもう一つの批判は，共同性が成立する範囲には限界があり，そこから排除される存在を必然的に措定せざるをえない点に向けられる。共同的たりうる他者を普遍的に想定できるか，できないとすれば排除された他者の存

キョウド

在をどう捉えるかという問いが生まれる。

　共同性理念に対するこれらの批判は，フランス革命において掲げられた平等，友愛（共同），自由観念の相互関係を，近代社会批判の理念として問い直す思想的課題につながっている。社会的存在である人間がどのように社会的でありうるかを，資本主義的社会諸関係の支配に対する対抗の視点から究明するという課題であり，共同性理念に含まれる，非市場関係，権力的統合の否定という特質と，これを具現化する関係性（相互扶助等）の強調とは，この課題を解く上で有意義な示唆を与えている。
→共同体／共同社会，ゲマインシャフトとゲゼルシャフト，コミュニタリアニズム，互酬性，アソシエーション，クロポトキン，友愛
［文献］クロポトキン『相互扶助論〔増補修訂版〕』同時代社，2012；中久郎『共同性の社会理論』世界思想社，1991；レーヴィット『共同存在の現象学』岩波文庫，2008；喜安朗『近代フランス民衆の〈個と共同性〉』平凡社，1994；Irs Marion Young, *Justice and the Politics of Difference*, Princeton University Press, 1990.
　　　　　　　　　　　　　　　　　　　　　　（中西新太郎）

　共同体／共同社会　〔英〕commune / community〔独〕Gemeinde / Gemeinwesen / Gemeinschaft〔仏〕commune / communauté
人間相互の関係における共同性を基礎とした団体あるいは社会を表す概念。ただし，近代的私的所有成立以前の共同所有を基礎とする集合体を記述的に表すか，共同所有に基づく将来社会を理念的に表すかによって，性格がまったく異なる。人間は本来社会を構成して存在しており，このゆえに人間を共同的存在とし，人間がつくる集合体を共同体と言うこともあるが，一般には，記述的概念か理念の概念かに区別される。しかも，共同体／共同社会に対応する様々な欧語が示すように，意味するところは記述的概念だけに限定しても多様である。
【歴史的共同体／共同社会】人間は歴史的に，狩猟段階の原始的社会から，牧畜・農耕段階に至るまで，基本的に生産手段（主に

土地）の直接的領有ないし共同所有に基づいて共同社会を形成してきた。同時に牧畜段階以後は富の格差を生み出し，社会を支配統合する国家＝政治的共同体（ポリスなど）を成立させた。マルクスは『経済学批判要綱』（1857-58）において，男女両性からなる経済的再生産組織である Gemeinwesen［共同社会］と男性中心の政治的組織である Gemeinde［共同体］とを区別して，共同所有（Gemeineigentum）を基礎とする第一形態（アジア的形態等）と，私的所有地とポリスの共同体的所有（Gemeindeeigentum）からなる古典古代的形態，個人の所有地と共同地からなるゲルマン的形態など，資本制的生産に先行する諸形態を論じ，これらの共同体／共同社会の解体として資本制的生産を把握した。歴史を共同体／共同社会から私的所有に基づく利害社会に至る過程として捉える構想は，歴史学や社会学でもよく知られている。たとえばテニエスの「ゲマインシャフトからゲゼルシャフトへ」図式，戦後日本で論じられた「（村落）共同体から市民社会へ」図式，など。

【近代哲学の共同体論】近代は，身分制社会を否定し，人間の本性に基づいた共同体をつくる構想を様々に生み出した。ホッブズ，ロックらの社会契約説が提起した「コモンウェルス」も一つの共同体である。あるいはカントが『人倫の形而上学』で示した根源的契約に基づく「市民社会」も，一つの公共体＝共同体の構想と見なしうる。ヘーゲルも『法の哲学』で，市民社会の批判から政治的な「人倫的共同体」を語った。この人倫的共同体は，近代の私的所有に基づく市民社会を前提しつつ，普遍的意志に基づいて政治的に統合を図ろうとする理念的な「共同体」概念であった。他方，オーウェンやフーリエらは，ニューハーモニー，ファランジェなどと呼ばれる「協同社会（association）」を構想した。マルクスもまた，今日の政治的共同体が階級的利害を共同利害にまで高めた「幻想的共同制社会（illusorische Gemeinschaft）」にすぎないと批判し，私的所有を廃棄してこそ「真の共同制社会」に至ると主張した。

【現代の共同体主義】現代でも，資本主義に対する批判から，多様な共同体論が提起されている。コミューン主義やコミュニタリ

キョウト

アニズム(共同体主義)が代表的なものであるが,市民社会論,保守主義,ナショナリズムなども「公共圏」「共同体」の立ち上げを提起する限り,何らかの共同体主義を含む。今日の共同体主義が共通して抱える問題は,私的利害と物象化によって覆われた現代社会において,共同体立ち上げの根拠をいかにして基礎づけるかである。保守主義やナショナリズムはこれについて過去の民族的文化や伝統に遡るが,過去の原理は今日の共同体の根拠にはならない。コミュニタリアニズムは,各個人が特定の社会的文化的脈絡をもつ共同体(Community)の中で存在し,共通善などの紐帯で結ばれているとの前提に立つ。しかし問題はCommunityが果たして「共同体」でありうるのかどうかにある。

→市民社会,コミュニタリアニズム

[文献]マルクス／エンゲルス『ドイツ・イデオロギー』新日本出版社,1998；マルクス『経済学批判要綱』(資本論草稿集1-2)大月書店,1981-97；テンニエス『ゲマインシャフトとゲゼルシャフト』上・下,岩波文庫,1957；デュルケム『社会分業論』上・下,講談社学術文庫,1989。　　　　　　(渡辺憲正)

京都学派

狭義には,戦前大正・昭和期の京都帝国大学哲学科の教授であった西田幾多郎やその後継者の田邊元や和辻哲郎などの哲学を指すが,総称としては,彼らの弟子である第二世代も含められる。すなわち,高坂正顕,高山岩男,西谷啓治,鈴木成高などの十五年戦争期の「世界史の哲学」グループや,逆に天皇制ファシズムに抵抗した三木清や戸坂潤などの自由主義者や唯物論者も含む。京都学派の主な主題は,「絶対的」弁証法,それに基づく「歴史的世界」論,さらに「近代の超克」論などと規定できるが,その展開には第一世代と第二世代,第二世代の右派・左派などにそれぞれ連関と断絶が存在する。つまり,京都学派は西田哲学を中心としてヘーゲル学派にも擬せられる学派をなす。

　第一世代の西田哲学は,「無」や「場所」の論理によって,仏教・儒教などの東洋思想と西欧哲学を融合し,パトスとロゴスの統合を図ろうとした。それは,主客合一の「純粋経験」から

始め、「無」的場所において主客合一的に「物を創造する」という「行為的直観」による、「絶対弁証法」的「歴史的世界」の形成論に至った。西田哲学は全体として個と全体（類）の即時的統一を目指すものであったが、田邊は、西田の「無」が無媒介的として、個と全体（国家）を媒介する「種」的契機を対置した。種とは、国家の社会的基礎としての「血と土」たる民族を意味した。また、和辻は、独自に日本的なものの解明を企図し、「間柄」や「風土」の現象学的分析によって日本的ゲマインシャフトを合理化した。それらは、近代日本に内在した哲学・倫理形成の志向をもちつつも、その根強い非マルクス主義または反マルクス主義の観点から、国家主義への傾斜を内包した。第二世代は、天皇制ファシズムによる十五年戦争の進行下に左右に分裂する。「世界史の哲学」グループは、西田の「歴史的世界」形成論をヘーゲル的民族史観と融合させ、アジアの盟主としての日本の対英米戦争を肯定し近代の超克論に向かった。他方、三木や戸坂は、西田哲学などとの苦闘をへて唯物論・マルクス主義に立ち、ファシズムに抗戦し獄死したのであった。全体としての京都学派の究明は、現在の哲学のなお重要な課題の一つである。
→西田幾多郎
［文献］藤田正勝編『京都学派の哲学』昭和堂、2001；吉田傑俊『「京都学派」の哲学』大月書店、2011。　　　　　（吉田傑俊）

教父　〔英〕Fathers of the Church
「教会の父祖」の意味で、1世紀末から8世紀頃、キリスト教の教えの確立に寄与し、自らも聖なる生涯をおくったとされる人々。ローマ帝国のキリスト教公認（313）以前では、迫害のもと殉教したヘレニズムの知識人が多く、護教論を著して信仰の正当性を主張するなどした。4世紀以降は、公会議における論争や著作を通して、その後のキリスト教思想に広い影響を与えた人々が出た。著述言語により、ギリシア教父（ユスティノス、オリゲネス、ニュッサのグレゴリウスなど）とラテン教父（テルトゥリアヌス、ヒエロニュムス、アウグスティヌスなど）とに区別される。

キョウヤ

[文献] K. リーゼンフーバー『西洋古代・中世哲学史』平凡社ライブラリー，2000。
(加藤和哉)

共約不可能性 〔英〕incommensurability
もともとは数学上の用語で「複数の整数の間に1以外の公約数すなわち共通因数がない」ことを意味し，「既約分数は分母と分子がincommensurableなのでそれ以上約分できない」というように使用される。そこから転じて科学論では，競合する複数の科学理論の間の優劣を共通の尺度や土俵の上で比較検討できない，という意味で用いられている。クーンやファイヤアーベントらは，科学理論の共約不可能性という主張によって，科学理論の真偽が事実との一致・不一致によって決まるとか，科学理論の優劣を事実との一致の度合いによって比較可能であるとする伝統的考え方を否定するとともに，理論選択の客観性を否定した。クーンは共約不可能性の具体的内容として，パラダイム変化にともなって生じる①「科学的とはどのようなことか」という科学の規準＝定義の変化，②「地球」や「運動」などといった観察用語や理論用語の意味変化，③知覚や観察の内容変化という三つを挙げるとともに3番目をもっとも根本的なものとしているが，ファイヤアーベントは2番目のみに限定すべきだとしている。またクーンは地動説と天動説を共約不可能性の例に挙げているが，ファイヤアーベントはニュートン力学と相対性理論など世界全体を包括的に取り扱う普遍的理論の間の関係に共約不可能性の議論を限定すべきだとして反対している。

[文献] Howard Sankey, *The Incommensurability Thesis*, Avebury, 1994.
(佐野正博)

教養 〔独〕Bildung〔英〕culture
ドイツのビルドゥング概念は18世紀後半ヘルダーやフンボルト等の新人文主義やドイツ観念論の思想家のなかで確立した。それは，各人がそのかけがえのない個性を真・善・美の諸領域にわたって調和的に発展させ完成を目指すことである。それに先立って，中世においては神と魂が一致するという神学的意味をもち，

また啓蒙主義ではほぼ教育と同意義で用いられた。カントの啓蒙哲学，ヘルダーの人間性の形成論，ゲーテの教養小説『ヴィルヘルム・マイスター』は，人間が自分の能力を多面的に調和的に発展させることを模範としている。『ヴィルヘルム』が内面性や芸術のうちに自己を形成しようとするのに対して，ヘーゲルは教養を当時勃興しつつあった近代市民社会と関連させてその多層性を描き出した。ヘーゲルにとって教養とは，諸個人が自分の直接的な自然性を否定し共同的な普遍性に至ることであり，公共性を形成することである。そこでは，教養の理論・知識における面だけではなく，労働を通じた実践的側面も重視された。さらにヘーゲルは，教養のなかに，市民社会のもつ分裂・疎外を表すという精神史的意味を与えた。『精神現象学』の「精神」章の「疎外された精神」は「教養」の副題をもち，主体が社会に妥当するために教養を獲得しながら分裂をも深めて行く姿を描いている。フンボルトの教養概念は19世紀のドイツの大学の理念となって制度化され，大学卒業生を中心に「教養市民層」を生み出し，彼らは知的エリートとしてドイツの中心的支配層となった。その点，教養は，諸個人をその身分的出自から解放する啓蒙主義的な役割をもちながらも，教養市民層というエリートが権力を独占するための特権装置でもあった。19世紀後半に「文化」（Kultur）がむしろ教養に取って代わるようになったが，教養市民層が生み出した社会制度から芸術に至るまでの文化が今日言うハイカルチャーの中心要素をなしている。今日，教養概念は特権的な排他性を克服しようとするカウンターカルチャーや多領域のメディアにおけるものへと拡大して理解しなければならない。

［文献］ゲーテ『ヴィルヘルム・マイスターの遍歴時代』上・中・下，岩波文庫，2002；ヘーゲル『精神の現象学』上・下（全集4・5）岩波書店，1971・79；野田宣雄『ドイツ教養市民層の歴史』講談社学術文庫，1997；文化論研究会編『文化論のアリーナ』晃洋書房，2000。　　　　　　　　　　　　（日暮雅夫）

虚偽　〔英〕falsehood〔独〕Falschheit
虚偽は，正しくない言明や信念であり，真理と表裏の関係にあ

る。真理が，①対応説，②明証説，③実用説，④整合説，などの視点から説明されるのに応じて，虚偽も，「誤り」「ウソ」「虚偽論法」などと呼ばれる。虚偽は，①基本的には，言明や信念が事実と一致対応していないことを意味する。②人間は，真理を求めながら，依存的なものを自立的なものと見なしたり，特殊を普遍と見なしたりすることで，虚偽を真理と取り違え，自らの信念とする。人間が陥る虚偽の信念は，「誤り」(error) と呼ばれる。デカルトの『省察』は，人間が，物事を明晰判明に認識していない場合にも，その理解力の限界を越えて真理を得ようとする大きな意志をもつことに，誤りの原因を求める。③虚偽も，真理と同じく，有用である。他者の信念を誤らせたり，急場をしのぐために意図的に使われる虚偽は，「ウソ」(lie) と呼ばれる。芸術や文芸の「虚構」(fiction) の中にも，虚偽が使われている。虚構は，それを構成する人にもそれを楽しむ人にも，虚偽であることが知られている。④一見正しいように見えて整合的でない論証は，「虚偽論法」(fallacy) と呼ばれる。「雨が降れば土がぬれる，土がぬれている。故に，雨が降った」は，演繹的推論の規則に反した虚偽論法の一つ（後件肯定の虚偽）である。他者を欺いたり不当に論破するために意図的に利用される虚偽論法は，「詭弁」(sophism) と呼ばれる。

虚偽の研究は，認識論や論理学，また倫理学にとって重要である。アリストテレス『詭弁論駁論』は，虚偽論法の系統的な分析である。F. ベーコン『ノヴム・オルガヌム』は，人間がいわば宿命的に陥る誤りを「種族のイドラ」「洞窟のイドラ」「市場のイドラ」「劇場のイドラ」に分類し，こうしたイドラに気づくことが誤りに陥らないための救済策となると説く。正反合の弁証法を主張したヘーゲルや「誤りから学ぶ」方法を説いた K. ポパーは，虚偽をその反駁とともに真理認識の一要件と見なす。また，K. マルクスと F. エンゲルスのイデオロギー論や，それを発展させた G. ルカーチの虚偽意識論も，虚偽研究の側面をもつ。

→イデオロギー，真理

［文献］G. W. F. ヘーゲル『小論理学』上，岩波文庫，1978；K. ポパー『客観的知識』木鐸社，1974；亀山純生『うその倫理学』

大月書店，1997。 （梅林誠爾）

清沢満之　（きよざわ まんし）1863〔文久3〕-1903〔明治36〕
尾張藩下級武士出身の真宗大谷派の僧。東京大学で宗教哲学を専攻後，東本願寺系の尋常中学校長を務め，高倉大学寮で西洋哲学史や宗教哲学を講じる一方，教団改革運動を志したが挫折した。結核や家庭問題に悩み，阿含経，エピクテトスの語録を愛読し，『歎異抄』によって他力信仰への回心を体験した。後に東京へ移り寓居（浩々洞）に依り雑誌『精神界』を主宰し「精神主義」を主唱して宗教運動を起こし，多くの宗教者を育てた。『歎異抄』と親鸞の近代的発見者とされ，西洋哲学と結合して絶対他力信仰を内面的主体確立と結びつける思想は，本願寺系教団の教学近代化だけでなく，現代に通説化した内面主義的親鸞論の確立に大きな影響を与えた。
→三木清，鈴木大拙
〔文献〕大谷大学編『清沢満之全集』（全9巻）岩波書店，2002-03；藤田正勝他『清沢満之』法蔵館，2002。　　　（亀山純生）

虚無主義→ニヒリズム

ギリシア哲学　〔英〕Greek Philosophy
【初期ギリシア哲学】前6世紀初頭，イオニア地方の商業都市ミレトスにおいて，知的好奇心に溢れた雰囲気のもとで，タレスをはじめとする「自然学者」たちは，神話的世界観を背景にもちつつも，これから脱却して，自然界の現象を自然に内在するものに基づいて説明し始めた。彼らは，宇宙の森羅万象が生命をもった「元のもの（アルケー）」から生じたとして，自然現象の多様性を統一的根拠に基づいて把握する端緒を切り開いたのである。同世紀半ばにイタリアで形成されたピュタゴラス派は，各人の魂が輪廻転生から脱却し，本来の神性へと回帰するために，コスモス（宇宙の秩序や調和）の把握を通じた魂の浄化を目指した。数比的な宇宙構造の把握と魂の不死説はプラトンに影響を与えることになる。前5世紀に差しかかる頃，ヘラクレイトスは，世界の

変転・循環・対立の内奥にあって，これらに均衡と調和を与えている普遍的な理法（ロゴス）の存在を説いた。同じ頃，存在の多数性や生成変化の概念を否定したエレア派が登場し，自然学者たちの説明の論理的難点を指摘した。エンペドクレスやアナクサゴラスらの多元論者やデモクリトスらの原子論者による生成変化の説明は，エレア派の論理を事実と和解させる試みであった。

【古典期】前5世紀中葉，アテナイを中心として，ソフィストや弁論家による啓蒙的な言論文化が開花したが，一方で，利己的欲望の正当化や価値の相対化も進行していた。ソクラテスは哲学を魂の問題に集中させ，魂をできるだけ優れたものにするために，問答法によって自他を吟味し続けた。その問題圏の中から思索を開始したプラトンは，存在と価値の根拠として知性にのみ把握可能なイデアを立て，これを認識した哲学者がポリスを導くことが理想だとして，哲学に基づく政治・社会の根本的改革を目指した。プラトンは，多くの先行思想を取り入れ，それらを深化させながら，哲学的思考の原型を創出した。前4世紀中頃，プラトンの学園に学びながらも独自の学派を創始したアリストテレスは，学問全体の体系化と諸分野における専門化のための基礎を築いた。理論的思考と経験主義的資質により，先行学説や観察事実を丹念に検討し問題点を明らかする探求方法を開発するとともに，西洋哲学を根底において規定する哲学的諸概念を創始した。

【ヘレニズム期】前4世紀末以降，ポリスの自立性は失われ，人生の不確実性に対する不安の時代へと移行する。アリストテレスが創設したペリパトス派は自然学研究を推進するが，学問的には衰退していく。プラトンが創設したアカデメイア派は，懐疑主義の拠点となる。原子論的自然観を採用したエピクロス派は，死の恐怖の無意味性を主張して魂の平静さを追求した。宇宙万有はロゴスにより予め定められた因果的必然性の下にあるとして，摂理的自然観に立ったストア派は，自然と理性に合致した生き方により，情念に動かされない魂の状態を目指した。ストア派のもとで自然法の思想が確立した。ストア派の独断主義を批判した懐疑主義派も，判断保留からもたらされる魂の平静さを求めた。前3世紀以降，エジプトのアレクサンドリアでは，科学研究が理論と応

用にわたって発展した。
【ローマ帝政時代】共和政末期，ローマを代表する知識人キケロがギリシア哲学をローマ化することに寄与した。後期ストア派は倫理的方面の議論を発展させた。他に，中期プラトン主義，新ピュタゴラス主義，ユダヤ神学などが展開するが，3 世紀には，これらとも関わりながら，一者からの世界の流出と一者との魂の神秘的合一を説くプロティノスの哲学が成立する。彼はプラトン主義に立脚し，アリストテレスの概念をも駆使しながら，この独創的な世界図式を説明した。この流れを汲む新プラトン主義の哲学は，5 世紀半ば，プロクロスによって体系化されるが，プロティノスを除いて，この学派には神秘的な呪術への傾倒が見られる。529 年，ローマ皇帝によるアカデメイア閉鎖令が出され，やがて，ギリシア哲学の幕が降ろされることになる。
[文献]『哲学の原型と発展 哲学の歴史 1―新岩波講座・哲学 14』岩波書店，1988；内山勝利編『哲学の歴史』第 1・2 巻，中央公論新社，2007-08；アームストロング『古代哲学史』みすず書房，1987；加藤信朗『ギリシア哲学』東京大学出版会，1996；岩崎允胤『西洋古代哲学史』I・II，未来社，1995。　　　（斉藤和也）

キリスト教　〔英〕Christianity〔独〕Christentum
「キリスト」とは本来ヘブライ語の「メシア」（原語では「マーシアハ」に近い発音）のギリシア語訳。原義は「頭に油を注がれた者」の意。古代イスラエルの民が危機に瀕した際に，王や特別の能力を授けられた人物が，その頭に聖油を注がれて「聖別」された。それがメシアである。当然ながらメシアは複数であり，あくまで人間にすぎない。たとえば，紀元前 6 世紀に，バビロニアに捕囚されていたユダの民に「解放令」を出したペルシア王キュロスもメシアと称えられた。

　紀元の転換期に生まれたナザレのイエスは，律法主義（煩瑣な律法の諸規定を厳格に遵守することによって神の祝福が得られるという主張）の下で疎外されていた弱者や病者や女性の側に立って，ユダヤ社会の諸矛盾を指摘し，多くの「しるし」（奇跡）によって，自由で新しい生き方を訴えたらしい。

キリスト

 イエスの直弟子たちは，彼をメシアと受け入れた。この段階では彼らがイエスを最後絶対的で唯一のメシアとしていたのではないであろう。その限りでは彼らはユダヤ教の枠のなかにいた。いわば「イエス・キリスト派」であった。しかしこういう解釈を迫害していたパウロが，自分の内面的・社会的矛盾に悩んで，突如として原始教会の宣教を受け入れ改宗し，イエスを「唯一の主」とする教義を整理し（コリントI, 8：5-6），「異邦人のための使徒」としてヘレニズム世界に伝道した。このパウロの思想が，初代キリスト教会の正統的なものになった。

 やがてローマ帝国による250年にわたる迫害を潜り抜けて，自己発展と防衛のために次第に組織化を進めたキリスト教は，コンスタンティヌス大帝によって公認され（313），4世紀末には帝国の国教となった。この頃までには，自らを「カトリック」と呼ぶようになった。この語はギリシア語で「普遍的」の意であり，基本信条である『使徒信条』では，「公同の教会」と訳される。この段階ではまだ東西教会は分裂していないので帝国下のすべての教会が属していた。

 1054年の東西教会分裂以後は，西側がローマ・カトリック教会と，東側はギリシア正教と称して現代に至っている。そのため「カトリシズム」と言えば，前者の組織や思想を意味する。その特徴は，ローマの司教を教皇と呼び，「神およびキリストの代理者」の権威をもち，「天国の鍵」を占有し，七つの秘蹟を介して信徒の上に君臨する聖職者による管理を行う。秘蹟の中心は，ミサと告解であるが，ミサは「最後の晩餐」に由来し，人の罪の赦しと復活による永遠の生命を保証するパンとブドウ酒が，聖職者の祝福によって生けるイエス・キリストの肉体と血に変化し，参会者に救済を保証するとされる。告解とは，信徒が聖職者に罪の告白をするとき，その罪の赦しを具体的に与える儀式である。その他の秘蹟も，聖職者の司式の下で永遠の効力をもつものとされる。こうして全世界の信者は，教皇の権威の下に統率され，永遠の祝福を保証されるという。世俗の政治権力も，この宗教的権威の下にあり規定される。これを「教皇・皇帝主義」と称する。

 これに対して東方ギリシア正教は，最高位の大司教も皇帝の権

威の下にあるとされる「皇帝・主教主義」である。こうした伝統は，単に聖書によって基礎づけられるのではなく，聖書に先立つ「聖なる伝承」に依拠するとされる。　　　　　　　　（高尾利数）

キリスト教社会主義　〔英〕Christian Socialism
18世紀末に，一般の社会主義に刺激を受けて，キリスト教側からも正義や公正を実践すべきだとの立場が提唱されるようになった。教会密着型，批判的形態，離反型など様々であったが，穏健すぎて妥協的だと批判されたり，逆に熱狂的ラディカリズムに近付いたり多様であった。しかしマルクス主義的なものから見れば，科学性や論理性に弱く，階級意識も希薄と批判され，大衆的運動には発展できなかったので，次第に衰退していった。

　だが共産主義的革命が崩れ去った今，社会主義における人間の尊厳，有限性，弱さ，悪への傾きなどの深刻な反省が深められるとき，ニヒリズムとエゴイズムを克服し，人間の尊厳や自由をどう基礎づけるかが大問題になっているとき，この流れの社会主義が何を語れるかは，大いに注目されるべきであろう。（高尾利数）

義理と人情
もともと朱子学における「義理学」は，道義を極め人間としての道を求める普遍的道徳原理の学問を意味した。日本の近世封建制の展開の中で，これが義理と人情への分離という独特な変容を遂げた。義理は人々が身分や親子・男女関係に対して強制される社会的規範であるが，人情は義理を超える人間的な情愛を示す。封建社会の完成のなかで，人々は武士階層も含め形骸化した義理に拘束され続ける一方で，町人層は自からの生活に基づく内面的価値としての人情を形象化しようとした。このとき生じる義理と人情の葛藤を文学化したのが，近松門左衛門の浄瑠璃であった。義理を超え人情で結ばれ心中に終わるその物語は，封建社会への消極的抵抗を示す。

［文献］R. ベネディクト『菊と刀』講談社学術文庫，2005：源了圓『義理と人情——日本的心情の一考察』中公文庫，2013。
　　　　　　　　　　　　　　　　　　　　　　（吉田傑俊）

キルケゴ

キルケゴール　Søren Aabye Kierkegaard 1813-1855
世俗化が進む19世紀前半のデンマークに生きたキリスト教哲学者。市民社会と癒合するキリスト教とそのイデオロギー，とりわけドイツ観念論哲学を厳しく批判した。処女作『イロニーの概念について』の中で，プラトンのイデア論を批判する一方で，ソクラテスのイロニー（アイロニー），即ち絶対的否定性を高く評価するが，これは，ヘーゲルを批判しつつ弁証法は継承し，質的対立を媒介不可能なまでに尖鋭化するという自らの姿勢の表明でもあった。キルケゴールはキリスト教徒であることの困難さを強調する。聖書の字句や歴史の進歩への信頼を客観主義として退け，信仰主体の内面の心理の劇にこそ注目する（「主体性が真理である」）。信じるとは「あれか／これか」の選択を迫られ，不安に恐れおののきながらも決断することだ。希望を抱きうるためには人は絶望をくぐり抜けていなければならない。絶望は人間の自己自身との関係の失調に由来するのだが，否定性を孕んだこの自己関係を，キルケゴールは倫理性の核心と見なす。他者と共有される普遍的な生の次元に赴くのではなく，ただ一人自己自身の救いへと切実に関心を集中することが要請されるのであり，それは，人間が「実存」しているからにほかならない。「実存する」とは，「人が単独で儚くこの時の世に生きるしかない」という否定的な事実を表す概念だ。この「自己自身の否定的現実との情熱的な関係」の喪失を，キルケゴールは同時代のロマン主義的思潮の内に突き止め，「美的な生き方」として弾劾した。その批判は，享楽にうつつを抜かすドンファン的生き方に始まり，世界史の思弁に我を忘れるヘーゲルの歴史哲学にまで及んだ。キルケゴールの思考は，宗教に関心を集中するものでありながら近代的だ。中世のキリスト教共同体を懐古せず，むしろ，時代の水平化傾向をすら，人をさらに孤独へと追い込むことで生の実存の真剣さを回復するチャンスであると捉える。市民社会に対するキルケゴールの批判は，マルクス主義と結びつく素地を有し（サルトル，アドルノ），20世紀初頭，ヨーロッパ社会が「西洋の没落」への予感に震える中で，実存哲学（ハイデガー）や弁証法神学（バルト）の内に深い共感を見出すことになった。

→弁証法,実存
［文献］『キルケゴール著作集』（全21巻 別1巻）白水社,1962-68；『原典訳記念版 キェルケゴール著作全集』（全15巻）創言社,1988-2011。　　　　　　　　　　　　　　　　（藤野寛）

儀礼　〔英〕ritual〔独〕Ritus〔仏〕rite
社会的生活習慣や伝承から生まれた,文化的に意味をもち繰り返される形式的・身体的行動。宗教や社会行事において儀式として見られるばかりでなく,行為者間のコミュニケーションを成り立たせるものとして現代社会においても日常的に見受けられる。前者には,祈祷,祭祀,葬送,通過儀礼,農耕儀礼などがある。後者には,挨拶,感謝,佗び,招待,贈与などがあり,相手に対して敬意を表し相互行為を行う準備があることを示す。デュルケムは,儀礼がもつ社会を凝縮させる意義に注目したが,アメリカの社会学者ゴッフマンは,人がその参加する儀礼の数と種類によって差異化され階層化される側面に注目した。
［文献］ゴッフマン『儀礼としての相互行為』法政大学出版局,2002。　　　　　　　　　　　　　　　　（日暮雅夫）

金芝河　（きん しが）Kim Jiha 1941-
現代韓国を代表する詩人・思想家。金芝河はペンネーム,本名は金英一。全羅南道木浦出身。曽祖父,祖父とも東学に参加,父も左翼に属す。高校時代から詩を書き,ソウル大学では美学を専攻した。1970年,風刺詩「五賊」を雑誌『思想界』に発表。『思想界』はこれがために廃刊。この筆禍事件のため彼は一躍有名になる。1974年,民青学連事件で死刑判決を受け,1980年12月に釈放されるまで5年9ヶ月投獄される。1971年4月,カトリックに入信していたが,獄中で死に直面して,西大門刑務所の鉄窓の僅かな土の中にも植物が芽を出し,花をつけるのを発見し,生命の絶対性に目覚める。以後,仏教（参禅）にも親しみ,ついに東学思想を中核にして生命思想を構築。出獄後は健康と生態系を守る市民運動や人類を救う文化運動（律呂思想,新しい文芸復興）を展開している。対立物（西洋と東洋など）の統一を東洋や

自国の思想（神話を含む），陰陽原理の陰に求めているのが特徴である。
［文献］『金芝河作品集』（全2冊）青木書店，1976。（小川晴久）

近思録 （きんしろく）Jìnsīlù
朱熹（朱子）および呂祖謙（東萊）の編集に成る，北宋の四人の学者，すなわち周敦頤，程顥，程頤，張載の語録。題名は「博く学んで篤く志し，切に問いて近く思う。仁その中に在り」という『論語』の言葉に因んでおり，徒らに高遠に走らず，身に引きつけて近切に思惟することへの編集者たちの思いが託されている。宋学の全体像を把握する上で適切な書物として，日本でも江戸時代に広く普及した。
［文献］『近思録』（新釈漢文大系 37）明治書院，1975；陳栄捷『近思録詳註集評』台湾学生書局，1992。　　　　　（村瀬裕也）

近代化／近代化論　〔英〕modernization / modernization theory〔独〕Modernisierung / Modernisierungstheorie〔仏〕modernisation / théorie de modernisation
近代化とは，現代に至る数世紀間の社会の歴史的変化を前近代社会から近代社会への移行として把握する際に用いられる概念であるが，具体的には西洋資本主義の市場経済システムの世界的拡大（世界市場の形成）を背景にした西欧諸列強の経済的・政治的・軍事的・文化的支配力のグローバルな拡大過程である。近代化は同時に，西欧諸国による植民地化ないし従属化の脅威に晒された諸地域からの反応を喚起し，国際的経済競争に耐えられる国民経済を構築し，自民族の経済的政治的利益を最終的には軍事に訴えてでも貫徹できる強力な国民国家を構築する過程でもあった。1917年ロシア革命と共に始まり，主として東欧からアジアにまたがる諸地域で展開され，1991年ソ連邦の崩壊と共に歴史的存在を終えた社会主義体制も，それが歴史的に果たした機能に着目すれば，資本主義とは別の形態を取った近代化の試みとして理解することができる。近代化は，経済システムとしては産業化（工業化）とそれを可能にするインフラストラクチュアの整備を意味

し，政治システムとしては国民国家（理念的には近代法体系と普通選挙権を伴う議会制民主主義）の樹立を意味し，価値規範としては個の自立，人格の尊厳などの個人主義的規範意識および合理主義（「呪術からの解放」ウェーバー）の普及，契約に基づいて目的合理的に行動する人間の育成などを意味する。社会学においてはこの過程を総括して「ゲマインシャフトからゲゼルシャフトへ」（テニエス），「機械的連帯から有機的連帯へ」（デュルケム），「帰属原理から業績原理へ」（パーソンズ）などの定式化が試みられてきた。これらの諸契機は西欧に特有の歴史的文化的背景の産物であるため，非西欧諸地域の近代化過程は，当該諸地域における歴史的文化的伝統に規定されて複雑な様相を帯び，かつ元来異質な諸文明の接合が強制されるがゆえに，西欧の近代化には見られない大きな犠牲を伴った。

　近代化論は広義には，上記の西欧化＝近代化を不可避であると見なす社会科学の諸理論全体を指す。しかし日本において近代化論は特殊な二つの意味をもって使われてきた。第一は，戦前の天皇制を「半封建」と規定した講座派マルクス主義の理論を継承して，戦後日本における下からの民主化運動の理論的基礎づけを提供した丸山眞男，大塚久雄，川島武宜らを代表とする戦後初期の理論と思想を近代化論と呼ぶ。第二の用法として，1955年以降の日本経済の奇跡的な高度経済成長を背景にして，明治以降の日本の近代化を連続的発展過程として把握し，これを非西欧地域における近代化の成功モデルとして称揚する理論・イデオロギーを近代化論と呼ぶ慣行が1960年代以降定着する。後者の近代化論は，ケネディ政権下に駐日大使を務め，自らも著名な日本研究者であったライシャワーらによってアメリカから導入され，その影響力は同時進行した日本経済の持続的高成長，日本的経営の成功などに支えられ，1980年代にはJapan as No. 1のイデオロギーにまで持ち上げられた。しかしいわゆるバブルの崩壊とその後の日本経済の長期低迷は，この種の近代化論のイデオロギー的性格を露呈する結果となった。

→ウェーバー，エリアス，オリエンタリズム，技術革命，管理社会，官僚制，近代主義，ゲマインシャフトとゲゼルシャフト，工

キンダイ

業社会,合目的性,合理性,講座派と労農派,国民国家,個人主義,産業革命,資本主義,市民社会,自由主義,消費社会,世俗化,戦後民主主義,脱呪術化,道具的理性,ナショナリズム,ブルジョアジー／プロレタリアート,文明,丸山眞男,民主主義
［文献］大塚久雄「近代化の人間的基礎」（著作集 8）岩波書店,1969；『丸山眞男集』（全 16 巻 別巻）岩波書店,1995-97。

（平子友長）

近代主義

日本語の近代主義は,芸術運動上のモダニズムと区別され,マルクス主義と並んで日本の戦後思想に強い影響力をもった思想潮流を指すことが多い。代表的の論者に丸山眞男,大塚久雄,川島武宜,日高六郎などがいる。侵略戦争を引き起こした戦前の開発独裁型国家とそれを支えた政治的・倫理的エートスおよび人間類型への,痛烈な批判・反省の意識がその共通の原点である。市民社会のレベルで公共性を形成する内面的規範と能力をもち,国家に対する強い自立意識をもった「市民」の形成を主張し,さらに,それに照応する家族や地域社会などの近代的あり方,および技術的・中立的な近代国家像を提起した。「講座派」理論――「半封建」的要素と資本蓄積との相乗作用による特殊に野蛮な日本資本主義という把握――の圧倒的な影響とともに,M. ウェーバーへの強い関心が特徴的である。近代主義の「市民」概念は,日本の前近代的要素と「大衆社会の病理」との両面を批判する概念装置であった。彼らは,日本の社会主義的変革を支持し,戦後マルクス主義と同様,「近代」の実現と「近代」を超える社会主義社会の実現の両者を予定調和的に理解していた。1950 年代までは,「階級」と「民族」という集団的変革主体が中心であることも容認されていた。実際の社会運動で「市民」中心が主張されるのは 1960 年代後半以降である。1964 年,日高六郎は,多くの問題を抱えた「近代」という「駅」を下車せず「通過」するのが日本のマルクス主義で,不愉快ではあっても「下車」を主張するのが「近代主義」,という区分を述べるとともに,保守派が「産業化的近代化論」を主張し始めたことを重視し,これに対抗する「民主

化的近代化論」の再確認を主張した。近代主義は60年代を通じてマルクス主義との共同から離れるが、その内部でも、①産業化的近代化に「近代」の実現を見るか否か（60年代）、②60年代後半以降の経済大国化と消費社会化を肯定的に受け止めるか否か（〜70年代）、③新自由主義思想を肯定するか否か（80年代以降）、などによる分岐を重ねた。

→近代化／近代化論、丸山眞男、講座派と労農派

[文献] 丸山眞男『現代政治の思想と行動〔新装版〕』未来社、2006；大塚久雄『近代欧州経済史序説』（著作集2）岩波書店、1985；日高六郎「戦後の『近代主義』」（『戦後思想と歴史の体験』）勁草書房、1974；後藤道夫「戦後思想」（渡辺治編『現代日本社会論』）労働旬報社、1996。　　　　　　　　（後藤道夫）

　近代の超克

十五年戦争末期の対米英戦争が開始された時点での二つの座談会、「世界史的立場と日本」（『中央公論』1942年1月、4月号、43年1月号）と「近代の超克」（『文学界』1942年10月号）によって提起された思想標語。ここで展開された近代の超克論は、日本型「近代化」の自己破産的総括の意味を示すものでありつつ、実際には十五年戦争の肯定イデオロギーとして機能した。前者は、狭義の京都学派の高坂正顕、鈴木成高、西谷啓治、高山岩男が参加し、後者には、前者から鈴木と西谷が、「日本浪漫派」や「文学界」同人の小林秀雄、河上徹太郎、亀井勝一郎などが参加した。前者の座談会が強調したことは、高山の『世界史の哲学』を機軸として、「アングロ・サクソン的な世界秩序」に対して「歴史的生命の立場から戦う」こと、そのために日本が、「大東亜共栄圏」内の諸民族に「民族的な自覚」を与えるということであった。後者の意図を端的に示すのは、鈴木成高「『近代の超克』覚書」（前記『文学界』に掲載、ただし座談会には欠席）である。それによれば、「近代の超克といふことは、例えば政治においてはデモクラシーの超克であり、経済においては、資本主義の超克であり、思想においては、自由主義の超克を意味する」とした。

キンディ

　近代の超克論は,「脱亜入欧」的近代化を展開した日本のアジア侵略におけるアジア諸国と民衆,また西欧帝国主義との対立と矛盾の本質を露呈した議論であった。それは,第一に,西欧近代の正負を区分することなく,日本の近代化過程の矛盾をいっさい西欧近代原理に帰したこと,第二に,日本の方向について,帝国主義間の戦争の論理としてはアジア植民地国の立場に立ち,侵略戦争の論理としてはアジア独立の「盟主」を担わせるという,欺瞞的二重論理を構築したことにある。文明と「抑圧」を同時に強制する〈近代〉自体のもつ様々な側面との抗争は現在の世界的な課題であり,「近代の止揚」と方向づけられるべきであるが,近代の超克論は近代の鬼子としてのファシズムに帰着するものとなった。
［文献］高坂正顕他『世界史的立場と日本』中央公論社, 1943；河上徹太郎他『近代の超克』冨山房百科文庫, 1979；竹内好「近代の超克」（全集 8）筑摩書房, 1980。　　　　　（吉田傑俊）

キンディー 〔ア〕Abū Yūsuf Ya'qūb ibn Isḥāq al-Kindī〔ラ〕Alkindus 801 頃 -866 頃
ラテン名アルキンドゥス。イスラームにおける最初の哲学者で,アラブの名門に生まれたことから「〈アラブ〉の哲学者」とも呼ばれる。アッバース朝の首都バグダードで活躍。ギリシア語文献のアラビア語訳を指導するとともに,アリストテレスや新プラトン主義の思想を研究し,哲学・数学・天文学・音楽学・医学・占星術など幅広い分野に著作を残した。その多くは散逸したが,影響は後代のキリスト教徒やユダヤ教徒にも見られる。真理は時代や宗教を超えて普遍的であるとする立場から哲学とイスラームの教えとの調和を説き,またイスラーム哲学者としては例外的に,世界は神によって無から創造されたとする「無からの創造説」を唱えた。
［文献］キンディー『知性に関する書簡』（中世思想原典集成 11）平凡社, 2000。　　　　　　　　　　　　　（小林春夫）

禁欲主義 〔英〕asceticism

より高い宗教的境地ないし精神的理想に到達するためには，自らの肉体的，心理的欲望を否定ないし抑制しなければならないとする思想的立場。イスラム教徒のラマダンにおける断食やいくつかの宗教に見られる聖職者の独身主義という形をとった性的禁欲などの宗教的禁欲から，ウェーバーが世俗内禁欲と呼んだ日常生活における倹約や節制に至るまで，その実践的形態は多様である。ヨーロッパ語の語源は訓練するという意味をもつギリシア語 askeō であり，運動競技者や兵士の自己鍛錬を原義とする。哲学的には，新プラトン主義やストア主義など諸個人の欲望よりも高次の理念や普遍的法則を重視する立場と親和的である。

［文献］ヴェーバー『プロテスタンティズムの倫理と資本主義の精神』岩波文庫，1989。 （石井潔）

ク

ク

苦（く）〔サ〕duḥkha
インドの宗教，哲学が重視した概念。前8-7世紀に広まった輪廻思想のなかで，宗教家や哲学者たちは，輪廻的生存が基本的に苦にほかならないと見た。ゴータマ・ブッダ（釈迦）の時代には，苦である輪廻からの解脱を求めて出家する人が多数出たが，彼が開いた仏教は，とりわけ苦を教義の中心に据えて強調した。単純にいえば，最初期の仏教は，苦を徹底的に観察，考察する苦観に始まり苦観に終わるとさえいえる。苦観の中心は四諦（苦，苦の原因，その滅，そうする方途についての真実）を観ずることであった。この世のすべては苦であるとする苦諦では，苦は具体的には四苦八苦として考察される。それは，生苦（誕生するときの苦），老苦，病苦，死苦，以上で四苦。これに，愛別離苦（愛するものと別れる苦），怨憎会苦（嫌いな人と付き合う苦），求不得苦（求めるものが得られない苦），五陰盛苦（身心が活動していること，つまり生きていることそのものが苦だということ）を加えて八苦とするものである。苦観を補強するものが無常観である。人生の無常を看過していると，無常の現実を突きつけられたとき，人は哀しみ，苦しむ。この無常観をさらに補強するものが非我観（無我観）である。身心のいずれも常住不変の自己（アートマン）でないことを確認するのがその目的である。〈一切皆苦〉〈諸行無常〉〈諸法無我〉〈涅槃寂静〉は，古来，仏教の四法印（四つの基本命題）とされるが，これらはみな苦からの最終的な解放（解脱）を主題にしたものである。ヒンドゥー教側でも，たとえばニヤーヤ学派のヴァーツヤーヤナ（後4-5世紀）は，解脱とは，苦の最終的な止滅のことであると強調する。彼によれば，この世には楽もあるではないかと考えるのは誤りで，楽を得るために苦があり，楽を失うこと，あるいは楽を失うことを怖れることも苦である，つまり苦の原因は苦であり，すべての楽は苦に貫

かれているとする。そして，彼は，いかに蜂蜜が甘美なものであっても，毒入りの蜂蜜は毒であるという例を出す。唯物論はやや例外として，インドのすべての宗教，哲学は，苦からの解脱を目標とする。 (宮元啓一)

空海 （くうかい）774〔宝亀5〕-835〔承和2〕
平安初期の著名な学僧。真言宗の開祖。諡号(しごう)は弘法大師。讃岐（香川県）に生まれる。姓は佐伯(さえき)，幼名は真魚(まお)。15歳のとき伯父につれられて京都に上り，大学明経科で儒学を学ぶが，やがて仏教を志して転向した。四国にもどり阿波（徳島県）の大滝岳や土佐（高知県）の室戸岬で虚空蔵求聞持法などの修行にはげんだ。また南都の諸大寺で仏教学を学び，24歳のとき『三教指帰』を著し，儒教・道教・仏教の優劣を論じた。これは彼の出家の宣言書といわれる。その頃から密教に深い関心を寄せ，804〔延暦23〕年，31歳のとき入唐し，長安にとどまる。青竜寺で恵果から正統の真言密教を学んだ。恵果の師は有名な不空三蔵である。空海はインド伝来の最高の密教学を身につけ，806〔大同1〕年に帰国した。嵯峨天皇の庇護のもと，真言宗の発展につとめた。最澄とその弟子たちに灌頂(かんじょう)を授けたのもその頃である。816〔弘仁7〕年，43歳のとき高野山（和歌山県）に金剛峯寺(こんごうぶじ)を創建し，真言密教の根本道場とした。823年，50歳のとき京都に東寺（教王護国寺）を勅賜された。真言宗の密教が「東密」と呼ばれるのはこの東寺の名に由来する（天台宗の密教は「台密」）。この間に多くの門弟を育て，教団の基礎を確立した。主な著作には『弁顕密二教論』『即身成仏義』『十住心論』などがある。空海によれば，顕教は応身仏の説法であるが，密教は法身仏の説法であり，密教のほうがはるかに優れているとする。社会事業に力をつくし，民衆の教化もおこたらなかった。それが今日の大師信仰のみなもとである。詩文や書道にすぐれ多くの名品を残した。わが国最初の私学「綜芸種智院(しゅげいしゅちいん)」をつくり教育面での功績も大きい。
→日本仏教，密教
〔文献〕『弘法大師空海全集』（全8巻）筑摩書房，1983-87；宮坂宥勝『空海——生涯と思想』ちくま学芸文庫，2003；高木訷

クウカン

元／岡村圭真編『密教の聖者 空海』吉川弘文館，2003。

(岡部和雄)

空間 〔英〕space〔独〕Raum〔仏〕espace
物体が存在していない（しかし占めることのできる）相当に広がりのあるところ。①空間をめぐる考察は，哲学の歴史とともに古い。たとえば，アナクシマンドロスのト・アペイロンは，その広がりに限りがないという条件で，空間の無限性という観念を早くも含意していたことになる。②空間の問題性を最初に明確に浮かび上がらせたのは，無数の原子が空虚な空間のなかで運動しているとする，デモクリトスの構想であった。「空虚な空間」とは，しかし，存在の否定としての虚無にほかならず，そのような虚無が〈ある〉とはどのようなことか。実際，アリストテレスやデカルトは，真空の存在を否定した。アリストテレスでは，空間とは個々の物体が占有している場所（トポス）であったし，デカルトでは，実体としての物体が「広がり」をもっていた（物体＝延長）。③物体の空間的位置についても論じられた。〈宇宙の中心〉の存在を自明としたアリストテレスでは，個々の物体の位置について語ることには意味があった。物体とは独立に存在している「絶対空間」を想定したニュートンでも，そうであった。しかし，ライプニッツは，空間を相対的・関係的に捉えて「諸物体の共存の秩序」（つまり，物体相互のつながり）とする立場から，そのように語ることには意味がない，と主張した。この考えは，空間そのものの実在性を否認して，空間の観念性という観念につながるものである。カントは，空間とは，時間と並んで，外界の認識が成立するために必要な主観の側の条件としての「直観の形式」である，とした。④カントは，また，ユークリッド幾何学を唯一の真正な物理的幾何学である（その全命題がこの世界の空間的諸関係に必然的に妥当する）と保証した。しかし，彼の死後，非ユークリッド幾何学がユークリッド幾何学と完全に同じ権利をもって存立できることが明らかになり，さらにそのうちの一つリーマン幾何学がアインシュタインの一般相対性理論において曲率をもった物理的空間での物質の振舞いの記述に利用されるに

及んで，ユークリッド幾何学の特権的地位についてのカントの見解は，根底から崩れた。

そして，一般に幾何学の性格についての，また物理的空間と幾何学との関係についての，次のような新しい洞察が生まれることになった。——どの幾何学も無矛盾の公理系から出発して構築された論理的形成物にほかならず，それ自体では物理的内容をもっていないが，特定の物理学理論に採用されることによって物理的世界の認識に役立てられる可能性は，つねにある。

[文献] 内山勝利編『ソクラテス以前哲学者断片集』1・4，岩波書店，1996・1998；デカルト『哲学原理』ちくま学芸文庫，2009；「ライプニッツとクラークとの論争文」（『ライプニッツ論文集』）日清堂書店，1976；マッハ『時間と空間』法政大学出版局，1977；A. Einstein, *Geometrie und Erfahrung*, Verlag von Julius Springer, 1921; H. Reichenbach, *Philosphie der Raum-Zeit-Lehre*, Verlag von Julius Springer, 1977. （秋間実）

空思想 （くうしそう）
紀元前後に成立したインド大乗仏教の流れの一つである般若系思想で唱えられた考えで，ナーガールジュナ（Nāgārjuna〔漢訳で龍樹〕後50-150頃）が自ら築いた中観派の哲学の中核をなし，後世に大きな影響を与えた。すべての事象は因縁によって生じたもの（縁起）であり，無常であり，永遠不変の独立した本体を欠いている（無自性，無自体）ということを別に表現したものが，「すべての事象は空（śūnya）である」という命題であり，空であることを空性（śūnyatā）という。空であるというのは，中身が空っぽであるという意味であり，無いということではない。たとえば，中に人のいない家は空であるが，家が無いわけではない。この空という概念は，インド人が世界で初めて発見したゼロの概念と通じ合うものである。たとえば102という数表記は，十の位は自然数1から9を欠いていることを示したものであって，十の位が無いといっているのではない。ところで，われわれは，様々な個物を「牛」とか「馬」とかと呼ぶ。前4世紀に完成したサンスクリット語文法学と前2世紀に確立したヴァイシェー

シカ学派の哲学に由来する．インド人の伝統的な考えによれば，そう呼ぶ根拠は，「牛」と呼ばれる個物すべてに共通の属性である実在としての普遍，つまり牛性であるとされる．そして，その，個々の一群の個物に内在する普遍は，永遠不変，常住の独立したカテゴリーであるとされる．ところが，空思想の唱道者たちは，すべての事象は縁起ゆえに常住の本体をもたないとするので，そのような普遍を実在とは認めず，われわれが誤って捏造（虚妄分別）したものにすぎないとする．したがって，彼らによれば，「牛」とか「馬」とかの概念や言語表現は，何ら内実がない，つまり空であるとする．つまり，世界の真相は，概念や言語表現（合わせて「言語」ないし「世俗」）によっては捉えられないというのである．ナーガールジュナは，言語道断の真実を第一義諦，〈言語〉による真実を世俗諦と呼んで二諦説を展開し，第一義諦（空）に照準を合わせながら言語（仮）を展開すること，これこそが，仏教古来の中道の本筋であるとした．
［文献］梶山雄一編『般若思想』（講座大乗仏教2）春秋社，1983．
　　　　　　　　　　　　　　　　　　　　　　　（宮元啓一）

偶然性→必然性と偶然性

偶像崇拝　〔英〕idolatry〔独〕Götzendienst〔仏〕idolâtrie
神的な対象を具象化した彫像・画像・器具等を崇拝すること．原始人にみられるフェティシズム（物神崇拝）に起源をもつ．宗教と技術の高度化につれて崇拝対象も動物形態から人間形態へと変わる．しかし，神像は神そのものではないから，一般に高等宗教では偶像崇拝は否定される．その際，偶像崇拝と象徴表現との区別が必要である．さもなければイスラームは別として，イエス像・マリア像を認めるキリスト教，多数の仏像を有する仏教は偶像崇拝となり，宗教芸術の価値が否定されるからである．
→シンボル，イコノロジー
［文献］宮田光雄『平和のハトとリヴァイアサン——聖書の象徴と現代政治』岩波書店，1988；M. G. ムジ『美と信仰——イコンによる観想』新世社，1994．
　　　　　　　　　　　　　　　　　　　　　　　（両角英郎）

偶有性 〔ギ〕symbebēkos〔英〕accident

もともとはアリストテレスに由来する概念。後世のより整理された意味では，偶有性を意味する英語の accident からも知ることができるように，〈たまたま偶然的に〉，〈付随して〉，あるいは〈自体的に〉ではなく〈付帯的に〉，当のものに属している性質といった意味。実体―属性というカテゴリー連関のなかに位置づけるとすれば，属性がそれなくしては実体が考えられない本質的性質であるのに対して，偶有性は実体と必然的な結びつきがなく，〈たまたま〉そうであるにすぎない性質である。「色白の医師」といった場合，〈自体的には〉患者を健康にする医師が，〈たまたま〉色白であるといったように。　　　　　　　　（太田信二）

苦行　(くぎょう)〔サ〕tapas

瞑想によるヨーガと並ぶインドの修行法。最初は，幻覚剤ソーマがインドで入手できなくなったアーリア人の宗教的エリートであるリシ（聖仙）たちが，その代替物として開発した。断食や無理な姿勢を取り続けるなど多種ある。前6世紀以降，苦行は，輪廻からの解脱を求める出家たちが，輪廻の源泉である欲望を制圧する手段として用いられるようになる。仏教の開祖ゴータマ・ブッダ（釈迦）は，苦行を捨て，瞑想を採った。一方，苦行は，それを行ずることで蓄積される厖大な験力（タパス）によって神々を脅かし，大願を獲得するための取引材料とされた。今日では，苦行を行ずる修行者は少数派である。　　　　　　　　（宮元啓一）

クセノパネス　Xenophanēs 前570頃-478頃

イオニア地方コロフォン出身の詩人・哲学者。ギリシア宗教の伝統的な神人同型論を批判し合理的な単一神論を唱えた。至高神は永遠不変で一であり知性的存在で，その全一的〈ヌース（知性）〉により絶対確実な知識を得るが，人間は真実に似た思惑をもつのみとする。人知の限界に関するこの主張は不毛な懐疑論や不可知論にとどまるものではない。彼は人間の自発的で継続的な探究による真の知識への接近の可能性を認め，観察経験の積み重ねが妥当な推測と整合的理論の展開を可能にするとし，実際，土と水を

クセノポ

〈始原（アルケー）〉と捉え，イオニア学派に連なる二元論的自然学を構想した。
[文献] 内山勝利編『ソクラテス以前哲学者断片集』2, 岩波書店，1997。
（三浦要）

クセノポン Xenophōn 前430頃-355頃
クセノポンの作品は哲学的にはプラトンに比べ凡庸と評されることが多いが，的を射た指摘も少なくない。『ソクラテス言行録』から二点だけ挙げれば，まず，身につけた徳を維持し続けるためには体の鍛錬同様に不断の努力が必要であり，それを怠る時には喪われてしまうとの，おそらくはプラトン『ゴルギアス』(460b-c)におけるソクラテスの主知主義的な徳理解に対する批判（I-ii-19以下）が重要である。次に，無神論者のアリストデモスに対して，前歯と奥歯など人体諸器官の合目的性と天体の運行の規則性に注意を促し，それが偶然ではなく神々の配慮に因るものであるとする指摘（I-iv-2以下）は神的デザイン論の先駆とも言え，高く評価されるべきである。
[文献] 内山勝利訳『ソクラテス言行録』1, 京都大学学術出版会，2011；David Sedley, *Creationism and its Critics in Antiquity*, University of California Press, 2007.
（三嶋輝夫）

具体的概念→抽象的概念／具体的概念

グノーシス主義 〔英〕gnostics, gnosticism
グノーシス（gnōsis）とはギリシア語で「智慧」の意。紀元の境目前後に地中海世界において広く見られた一種の思想運動で，光と闇，天と地，肉と霊などの二元論的な思考を特徴とする。特に「ソフィア神話」が有名。ユダヤ教や正統キリスト教における女性蔑視的傾向に抵抗して，智慧を女性の原理の顕現として捉える傾向を示す。それは『マリア福音書』において見られる。そこではマグダラのマリアがイエスと同等の智慧をもつと描かれている。1945年に発見された関連の諸文書は『ナグ・ハマディ写本（文書）』と呼ばれて，この派の福音書などを含んでいる。女性原

理の復権という方向が示されている。　　　　　　　　（高尾利数）

　熊沢蕃山　（くまざわ　ばんざん）1619〔元和5〕-1691〔元禄4〕
江戸前期の陽明学者。名は伯継，字は了介，蕃山は号。京都に生まれる。1634年，岡山藩主池田光政に仕えたが4年後致仕し，中江藤樹に学んだ。45年，ふたたび岡山藩に仕え光政側近として活躍，番頭(ばんがしら)三千石に進んだ。近世大名制のもとで，武士の受録者層化のなかで失われていく武士の主体性を外様大名の視点から陽明学的なエートスで守り，番頭としての地位からは朱子学的な規範主義をも重視し，さらには，下層のものの実情に目配りをする政治的なリアリズムをもち，人の心情にも理解を示した。外様大名番頭という位置から陽明学的視点を凝縮的に結晶させた人物である。
→陽明学，中江藤樹
［文献］『熊沢蕃山——日本思想大系30』岩波書店，1971；守本順一郎『日本思想史』未来社，2009。　　　　　　　（岩間一雄）

　公羊学派　（くようがくは）〔中〕Gōngyángxuépài
公羊学は，『春秋公羊伝』（魯国の歴史を書いた『春秋』の注釈書）を基礎に展開した。経学としては今文学(きんぶんがく)の立場。公羊学派は政治的関心が強く，『春秋』の文章に盛られた「微言大義」に拠って，そこから時代にあった意味を引き出し，現実の政策を意義づけようとした。天下一統の理念をもつ。前漢に盛んであったが，途中衰え，19世紀になると復活して，清朝考証学にとってかわった。清末では，康有為(こうゆうい)が公羊学とヨーロッパの社会進化論とを結びつけて政治改革を企てるなど，大きな影響力をもった。前漢の董仲舒(とうちゅうじょ)，後漢の何休(かきゅう)，清末の魏源(ぎげん)，譚嗣同(たんしどう)，梁啓超(りょうけいちょう)などがいる。
→経学，董仲舒，康有為，魏源，譚嗣同，梁啓超
［文献］何休原／岩本憲司『春秋公羊伝何休解詁』汲古書院，1993；日原利国『春秋公羊伝の研究』創文社，1976。（小林武）

グラムシ

　グラムシ　Antonio Gramsci 1891-1937
グラムシはイタリアのサルディーニア島に生まれ，苦学してトリノ大学文学部に進学した。彼は自由主義哲学者クローチェおよびその師のマルクス主義哲学者ラブリオーラから大きな影響を受けた。トリノは当時フィアット自動車をはじめとする先進的工業都市で，労働運動や社会主義運動も高揚していた。グラムシは在学中から社会主義運動に参加し，1917年のロシア革命の影響のもとでトリノの工場評議会運動の理論的指導者の一人となり，さらにレーニンの主導下に結成されたコミンテルン（第三インターナショナル）の路線に共鳴し，イタリア共産党結成に参加し，コミンテルン執行委員に選出された。彼は，1924年の総選挙で下院議員に当選したが，26年11月，議員としての不逮捕特権があるにもかかわらず，ファシズム政権によって逮捕され，特別法廷で20年余の禁固刑判決を受けた。グラムシは37年4月に釈放されたが，病状悪化のため同月末急逝した。享年46，事実上の獄死であった。彼は獄中で執筆許可を獲得し，33冊の『獄中ノート』（翻訳ノート4冊を含む）と600通以上の『獄中書簡』を遺した。彼はマルクスやクローチェなどを研究し，ラブリオーラの「実践の哲学」を継承しつつ，自らの哲学を「実践の哲学」論として発展させようとした。彼はマルクスの「フォイエルバッハ・テーゼ」などを哲学的探究の指針とし，「実践の哲学」が「理論と実践との統一」の哲学であり，したがって「哲学内部の改革」だけにとどまらず，「哲学を超える哲学」「現実変革の哲学」であることを強調した。さらに「実践の哲学」の中核はヘゲモニー概念であるが，彼はそれを政治的指導能力だけではなく文化的・知的指導能力として，国家論，市民社会論，知識人論，政党論，陣地戦論などと関連づけて探究し，特にヘゲモニー創造，普及の担い手としての知識人を「有機的知識人」として重視し，「伝統的知識人」（聖職者など）と区別した。「知のペシミズム（悲観主義），意志のオプティミズム（楽観主義）」という言葉は，青年時代からの彼のモットーであるが，それは危機のなかに潜在する発展のための好機を認識する意志と知性を磨くことの重要性を示唆したものであり，「実践の哲学」の核心ということができる。

[文献] G. フィオーリ『グラムシの生涯』平凡社，1972；松田博『グラムシ思想の探究』新泉社，2007；松田博編訳『知識人とヘゲモニー 「知識人論ノート」注解』明石書店，2013。（松田博）

　クリステヴァ　Juria Kristeva 1941-
ブルガリア出身のフランスの思想家，精神分析家。25 歳で渡仏留学しゴルドマン，R. バルトのもとで学び，若くしてフランス思想界で頭角を現す。知的活動は記号学，精神分析さらに小説にも及び，著書は 20 冊を越す。『テル・ケル』誌を主催するソレルスと結婚。記号分析学を提唱，「意味生成」概念において記号学の脱構造主義化を図る独自の理論を作り出し，精神分析学に移行しつつ，「過程にある主体」「ポリロゴス」「アブジェクション」さらに「想像的父」等の概念を提起し，前エディプス期の融合した他者としての「母」の分析へ，さらに「愛」や「倫理」について，独自の理論で思想界を挑発し続けている。リュス・イリカライ，エレーヌ・シクスーとともに，フランス「差異派フェミニズム」の潮流を創ってもいる。
[文献] クリステヴァ『ポリローグ』白水社，1986；同『恐怖の権力』法政大学出版局，1984；西川直子『クリステヴァ――ポリロゴス』講談社，1999。　　　　　　　　　　（金井淑子）

　クリュシッポス　Chrysippos 前 280 頃 -206 頃
小アジアのキリキア（現トルコ南東部）に生まれ，アカデメイア派の懐疑主義者アルケシラオスとストア派のクレアンテスに学ぶが，後者の跡を継いでストア派の三代目の学頭となる。ギリシア語に堪能ではなかったという伝承にもかかわらず，著作量は膨大で，パピルス 705 巻に及ぶと伝えられる。そのまま現存する作品はないが，「クリュシッポスがいなければストア派は存在しなかったであろう」と語られるように，初期ストア派の最大の哲学者であったため，つづくストア派とその批判者による数多くの引用から思想を窺い知ることができる。クリュシッポス自身はキプロスのゼノンを権威として扱っているが，レクトン（語られうるもの）の概念に基づく論理学と意味論の展開，把握的表象を基礎

とした認識論の構築など，ストア派の理論的体系を整備確立した。したがって，その思想は初期ストア派の哲学の実質を構成していると言える。
［文献］『初期ストア派断片集』2・3・4，京都大学学術出版会，2002-05。
（中畑正志）

グリーン　Thomas Hill Green 1836-1882
イギリス理想主義を代表する哲学者で，「新ヘーゲル主義」者。社会有機体論的な立場からイギリス哲学の伝統的な経験論を批判した。個人主義的で放任主義的な自由主義が社会の分裂と不平等を激化させ，労働者・下層民衆の貧困と諸困難をもたらしていることに憤激し，自由主義の革新を企てた。自由は単に強制の不在にすぎないものではなく，諸個人の人格的実現と社会における共通善の実現を目指すものであり（消極的自由から積極的自由へ），国家はその成員が人格的自由を実現するさいの障害を除去するという役割をもつ（自由放任主義から国家の介入主義へ），所有権といえども不可侵ではないとするその説は，L. T. ホブハウスら19世紀末「新自由主義」(New-liberalism) の形成に大きな影響を与え，自由主義の社会的自由主義への転換を基礎づけた。
→自由主義，社会的自由主義，コレクテヴィズム（集団主義）
［文献］グリーン『政治義務の原理』駿河台出版社，1953；若松繁信『イギリス自由主義史研究』ミネルヴァ書房，1991。
（吉崎祥司）

グルントヴィ　Nikolaj Frederik Severin Grundtvig 1783-1872
近代デンマークの思想家，聖職者，詩人で，キルケゴールの同時代人。書物よりも，語られる「生けることば」(det levende ord) による相互作用を原理として伝統的ルター派神学を批判，信仰自由運動を展開し，また信仰から世俗を解放して，シェリングから継承した直観知やヘルダーから得たヒューマニズムを導入した。彼の基本思想「生の啓蒙」は国民高等学校に具体化され北欧諸国の政治，社会，文化形成に貢献し，自然の歩みを尊重する教育思想は教育に多大な影響を及ぼした。日本では20世紀初頭の日本

デンマーク運動とともに「農村文化の父」として紹介され，その後忘却されたが，近年，北欧への関心の高まりとともに，彼の再評価がなされている。
［文献］*N. S. F. Grundtvig Værker i Udvalg I-X*, 1940-49；グルントヴィ『世界における人間』風媒社，2009；同『生の啓蒙』風媒社，2011；同『ホイスコーレ』上・下，風媒社，2014・15；H. コック『グルントヴィ』風媒社，2007。　　　　　（小池直人）

　クローチェ　　Benedetto Croce 1866-1952
イタリアの自由主義的な「新観念論」（Neo-idealismo）の哲学者・歴史家，ナポリ大学教授。ヘーゲル哲学を学び，ラブリオーラを通してマルクス思想を知る。1910 年に上院議員，ジョリッティ内閣の下で 20-21 年に文相。ジェンティーレと共に雑誌『批判』（1903-44）を主宰，「精神」の物質的・政治的過程に対する自立性を主張し，「差異」の弁証法に立つ「自由主義」に拠り，ジェンティーレのファシズム，行動主義に対立する。実証主義・マルクス主義に批判的で，「絶対的歴史主義」を対向させた。1944 年，反ナチの国民解放委員会に参加。文学批評・美学の分野でイタリア文化に大きな影響を与える。
［文献］クローチェ『思考としての歴史と行動としての歴史』未来社，1988；青木巌『イタリア哲学の主流』第一書房，1938。
　　　　　　　　　　　　　　　　　　　　　　（福田静夫）

　グロティウス　　Hugo Grotius 1583-1645
独立革命後のオランダでは，議会貴族の共和主義と総督のポピュリズムが対立したが，前者の側で活躍。後発海運国オランダの暴力的な商権拡大を擁護した『捕獲法論』（1604-06 執筆），『自由海論』（1609）を著す。1619 年，共和派貴族の失脚とともに死刑宣告を受け，脱獄して亡命。該博な古典知識に拠りつつも近世国家主権の擁護に努め，人文主義的懐疑論に対しストア的独断論に立った。奴隷所有を含む所有権の絶対性を論証演繹して「自然法学のデカルト」の名を得，また古代ローマ法学では私法を意味した万民法を国際法として改作（『戦争と平和の法』1625）。主権

を絶対化したその自然法理念が三十年戦争後の絶対王政の国際秩序として体制化するにしたがい,「国際法の父」と称えられた。
[文献] グロティウス『戦争と平和の法〔復刻版〕』(全3冊) 酒井書店, 1989。　　　　　　　　　　　　　　　　　　(石村多門)

　クロポトキン　Pjotr Aljeksjejevich Kropotkin 1842-1921
ロシアのアナーキストであり,幸徳秋水や大杉栄などの日本の無政府主義運動家に強い影響を与えた思想家,革命家,地理学者であった。ロシアの名門貴族の生まれで,地理学の研究を進めながら,次第にバクーニンをはじめとするアナーキズム運動に近づいた。パリ・コミューン後のヨーロッパ旅行のなかで,「ジュラ連合」というアナーキズム運動組織とつながって以降,イギリスやスイスを拠点として,革命運動を続けた。
　クロポトキンの思想の特徴は,ダーウィンの進化論や18世紀啓蒙思想に強い影響を受けながらも,生存競争よりも,むしろ,相互扶助の思想を進化の要素として強く主張したことにある。動物にも存在する相互扶助の要素は,中世の農村社会などで豊かに花開いていったのであり,貧しい農民や職人の相互扶助の同業組合や都市の自治が豊かな文化を生み出したという。こうした農業を基礎にした共同自治の流れが,工業と商業を基礎にする近代国家によって衰退させられ,偏狭な個人主義が支配的となったという。近代国家の中央集権的な都市文化によって,人々の同胞愛と相互扶助の精神が歪められることに強い批判を向けた。ロシア革命後にロシアに戻ったが,強い中央集権に向かうボリシェヴィキ革命(十月革命)の路線とは,対立した。
→アナーキズム
[文献] クロポトキン『相互扶助論〔増補改訂版〕』同時代社, 2012:ナターリヤ・エム・ピルーモヴァ『クロポトキン伝』法政大学出版局, 1994。　　　　　　　　　　　　　　(佐藤和夫)

　クワイン　Willard Van Orman Quine 1908-2000
20世紀アメリカの論理学者・哲学者。1948-78年,ハーバード大学教授。古くはカントに由来し,カルナップをはじめとして論

理実証主義者たちも自明としてきた「分析的命題と総合的命題との峻別」という考えに疑問を投げかけ，数学と経験科学との境界を廃棄し，ひいては，科学と形而上学との間にあると考えられてきた境界がぼやけることを明らかにした。また，そもそも一つひとつの命題が単独で検証されたり反証されたりする，という考えそのものにも反対して，「外的世界についてのわれわれの言明は，一つの集まりとしてだけ感覚的経験の審判を受けるのだ」とするホーリズム（全体論）を提唱した。

［文献］クワイン『ことばと対象』勁草書房，1984；同『論理的観点から』勁草書房，1992。 （秋間実）

桑木厳翼 （くわき げんよく）1874〔明治7〕-1946〔昭和21〕新宿区牛込に生れる。東京帝国大学文科大学哲学科に進み，ケーベルや井上哲次郎に学んだ。1906年，京都帝国大学教授となりドイツに留学，後に井上哲次郎の跡を継いで1914年，東京帝国大学哲学科主任教授となる。日本におけるカント研究の先駆的役割を果たした。彼によれば，従来の哲学は考察の対象を主観の外部に，客観主義的に捉えてきたが，真の哲学問題とは主観を離れた実在を研究することではなく，物と我との関係を我の内部において考察するところにある。しかもそれは主観主義を超えた，我の真の意味を研究することである。文化哲学への関心が深く，その合理主義的，自由主義的な立場から社会問題へも接近して黎明会運動に参加しただけでなく，唯物論研究会にも名を連ねるなど啓蒙哲学者として活動した。

［文献］桑木厳翼『カントと現代の哲学』岩波書店，1917。

（田平暢志）

クーン Thomas Samuel Kuhn 1922-1996
アメリカの科学論者，科学史家。科学の実際の歴史とより適合した科学論を構築しようという視点からパラダイム論を展開した。科学の連続的＝累積的進歩を否定する一方で，ある一つのパラダイムの中における科学の累積的進歩（パラダイムによる業績認知機能），および，パラダイム交代という科学革命による非連続的

=非累積的な科学進歩を主張した。クーンは科学的認識活動および認識結果を科学者集団による社会的なものとすることで、認識論的には相対主義を打ち出す一方で、価値論的には科学を擁護しようとした。
[文献] クーン『科学革命の構造』みすず書房, 1971；同『科学革命における本質的緊張』みすず書房, 1998。　　　(佐野正博)

群集心理　〔英〕psychology of crowd 〔仏〕psychologie des foules
群集（群衆）とは、事故や災害、あるいは共通の動因などによって、不特定多数の人間が、特定の場所に集合している状態をいう。群集心理の主な特徴は、ル・ボンによれば、衝動性、非暗示性、感情性、非論理性、匿名性などである。群集に巻き込まれた個人は、論理的な自己判断を下すことができなくなり、恐怖や不安からパニックを起こして、非合理的な行動に走ったりしがちである。今日のような情報化社会では、マス・メディアによる情報操作によって群集心理が人為的に引きおこされる危険性にも注意しなければならない。
[文献] ル・ボン『群衆心理』講談社学術文庫, 1993。(都筑学)

ケ

経学 (けいがく)
儒教の聖典（経書）の創造的解釈学。経は縦糸、恒久の規範の意味。経学は、経書中の絶対的真理解読の学問であり、経書の字句が一定である以上、新事態の出現につれて、主観的解釈を余儀なくされ、経書の権威を背景に、自己の主張を語ることになる。経学は、前漢武帝期の儒教の官学化、五経博士の設置に始まり、1905年の科挙の廃止で終了。漢代以来、字体の違う二つの経書の系統があり、各々の学問を今文経学、古文経学と呼ぶ。清末の今文経学は、西洋近代との遭遇の中、現状打開の道を探る要求から復興し、康有為の『孔子改制考』(1897)がピークであり、最後でもある。異質の価値体系が、経学の自己拡大作用の能力の限界を超えたわけである。　　　　　　　　　　　　　　　（後藤延子）

契機 〔英〕moment〔独〕Moment
契機とその対である〈統体性〉ないし〈総体性〉(Totalität) は、類似した〈全体と部分〉と同様に何らか統一的なものとそれを構成しているものにかかわるカテゴリーである。この両者は、部分と契機に即していえば次の点で区別される。すなわち、諸「部分」が、たがいに無関係に存在しているものが、それらに外的な要因によって「全体」へとまとめられるものであるのに対して、「契機」は、〈多様の統一〉として固有の質的規定性をもった統一態である「統体性」の内在的・必然的構成要因であり、統体性内部において、諸契機自身がたがいにそれら自身に即した必然的・有機的連関を形成しているという点である。
→全体と部分　　　　　　　　　　　　　　　　　（太田信二）

経験 〔英〕experience〔独〕Erfahrung〔仏〕expérience
近代ヨーロッパ哲学史のなかでキーワードとして経験の概念が重

要な意義をもったのは次の二つの哲学的エポックである。

　第一の時期は、17世紀から18世紀にかけていわゆる大陸合理論とイギリス経験論の対決という形で哲学的思考が展開した近代初期であり、そこでは経験の概念はもっぱら知識の起源を問う認識論上の概念として問題にされた。デカルト、スピノザ、ライプニッツらは人間の精神には生得的に理性が植えつけられており、この生得的理性に依拠することで外的自然を貫く客観的な理性的法則秩序の真の認識に到達できると考えた。こうした大陸合理論の立場は、たしかに一方ではデカルトの方法的懐疑の立場が示すように中世的秩序を正当化する知に対して激しい批判を加えるものであったが、他方では人間の理性は神から授けられたものとして神が創造した世界を貫く理性と本質的に同一のものであり、したがって外的自然の真の認識は生得的に保証されているというキリスト教的中世の神学的観念を引き継ぐものでもあった。

　これに対して、ロック、バークリ、ヒュームらのイギリスの経験主義者は認識の唯一の起源は経験（感覚や知覚）であるとして、生得観念の存在を否定した。その場合、経験を行う以前の意識をまったき白紙状態（タブラ・ラサ）と考え、この白紙状態の意識に経験が認識を書き込んでゆくと考えたロックの主張に典型化するように、意識それ自体の存在は意識の担い手たる現実の諸個人の生きた存在性──生きる主体として、外的自然、社会（他者）並びに自己自身に様々なレベルでの実践的諸関係を結ぶところの──から抽象された純粋意識（意識一般）として、かつまたその起源においては経験から構成されるのであって決して経験を構成するわけではない受動的な意識として、発想された。

　この合理論と経験論との対決において中心軸に置かれた問題は、経験論は認識の発生を説明することはできるが、近代自然科学の営為を根拠づけるような必然性と普遍性を有する法則的知識を基礎づけることができないという問題であった。経験からする帰納的結論は高い蓋然的認識を打ち立てることはできても、決して厳密な意味での必然的普遍妥当的認識には到達できないからである。カントのいわゆる批判的・形式的合理主義の立場は両者の対立を調停して、対立を超える総合的な立場を打ち立てようとす

る試みとして位置づけられる。

　ところで，第二期とは生の哲学の登場とともに始まる。たとえばジンメルは経験を構成する超越論的図式の働きを取り出したカントの立場からヒントを受けながら，「人格的ア・プリオリ」という概念を提起する。それは，ある一人の個人が行う独自な世界経験の特殊な構造を明らかにするための方法的概念である。経験とは，世界ならびに他者との交渉においてその主体の「人格的ア・プリオリ」によって個性的な仕方で有意味化された現実の経験にほかならず，彼の遭遇した外的現実が彼という実存のなす意味投企によって隈取りを与えられコンテクスト化されたものとして，同時に彼の実存の抱える中心的な問題性を自らのうちに映し出してもいるものなのである。そのようなものとして，経験はその実存的被制約性において個人の人格的な「運命」の問題とも深く結びつく。かかる観点は生の哲学の先駆者たるニーチェにまで遡るものであり，またその後ハイデガーが「世界－内－存在」の概念を通して追求しようとした問題を先取りするものでもある。もはや意識はロック的なタブラ・ラサとは発想されない。意識が何かを経験するとき，意識は既にその経験に先立っておのれの生（存在）の歴史と現に生きている実践的諸関心の双方の中に埋め込まれていて，かかる事情が彼の中に産み出す「体験の構造」（シェーラー）に基づいておのれの経験を成立させる。かくて，要求される認識論的反省はまさにこの経験の独自性を構成する先験的構造を批判的に対象化することになる。こうして第二期において経験の概念は現象学，実存哲学，精神分析学，諸社会科学等々との切り離しがたいつながりのなかで問題にされることとなる。
　　　　　　　　　　　　　　　　　　　　　　　（清眞人）

敬虔主義　〔英〕pietism〔独〕Pietismus
17世紀末から18世紀初頭にドイツのプロテスタント教会に影響を与えた潮流。ルター派が教義の固定化に陥り，いわゆるルター派正統主義となり，活気と内面性を失っていったとき，カルヴァン派や神秘主義にも促されて，敬虔な心情・良心・自己吟味を中心に実践も重んじた覚醒運動の一つ。シュペーナーが最初の推進

者。後にハレ大学神学部がこの説を認め，A. H. フランケが指導者となり，内面の敬虔と社会的実践を結びつける運動として多くの人々を惹きつけた。シュライエルマッハーやカントにも大きな影響を与え，ドイツ精神史に重要な貢献をした。教育の領域では，ツィンツェンドルフ伯の「モラビア兄弟団」もこれに呼応していた。

(高尾利数)

経験主義→経験論

経験批判論 〔独〕Empiriokritizismus
ドイツの哲学者アヴェナリウスを創始者とする実証主義の認識論の一形態。マッハの認識論もこれに含まれる。われわれに直接事実として与えられているのは感覚だけだとし，それを「純粋経験」または「世界要素」と名づける。物はすべてこの要素の複合であるが，要素それ自体は主観でも客観でもない両者に中立的なものとされる。その点で，この説は，唯物論と観念論の対立を超えたと主張されたが，要素とされる純粋経験が感覚なのだから主観的観念論の一形態にすぎないと批判される。19世紀後半ドイツ，オーストリアで流行し，論理実証主義運動だけでなく，20世紀初頭のロシア・マルクス主義哲学の修正主義的運動にも影響を与えた。
→マッハ，アヴェナリウス
［文献］レーニン『唯物論と経験批判論』（全2冊）（国民文庫）大月書店，1953・55。

(中村行秀)

経験論 〔英〕empiricism
人間の知識の根源は経験を通じてえられる外来的なものにあるとする立場。理性自身が精神のうちに見出すものに知識の根源を求める合理論に対立する。経験論的な要素はあらゆる時代の哲学に認められるが，体系的に展開されたものとしては，17-18世紀の古典経験論と20世紀の分析哲学に属するものが挙げられる。
【古典経験論】古典経験論は，ロック，バークリ，ヒュームという，広義の英国文化圏に属する三人の哲学者に代表され，フラン

ス啓蒙思想やカントはじめその後の哲学思想に大きな影響を残した。古典経験論の出発を動機づけたのは，当時の新しい自然科学の，世界は物質粒子の相互作用からなるという粒子論的世界観と実験的方法である。ロックは，知識を物体の感覚器官への作用の結果として捉え，知識の生得性を否定するとともに，科学的世界像のなかに人間の認識の働きを位置づけようとした。同時に，観念の理論というデカルトと共通する枠組を採用したことで，バークリやヒュームによる懐疑論的問題の展開を用意した。ロックは感覚の観念が実在的な物体のもつ第一性質を示すと考えたが，バークリやヒュームは，第一性質と第二性質の精神の抽象作用による分離という主張に対する批判を梃子に，個別的な観念から物質の理論的概念を引き出す困難を指摘して，観念が実在の表象であることを否定し，観念が物質的原因をもつことをも否定または保留した。バークリが認識の対象の実在性の支えを神の精神の作用に求めたのに対し，ヒュームは人間の思考と行動の源泉を精神の本能的な働き（自然本性）に求め，人間の自然本性に関する経験的探究を哲学の課題とした。

【経験論の現代的展開】19 世紀の経験論的傾向の哲学者には J. S. ミルらがいるが，20 世紀に入り，言語の意味の問題を軸とした再構成を経て，経験論はふたたび有力な哲学の潮流となる。ケンブリッジにいたムーアとラッセルは，英国でも支配的となっていたヘーゲル的観念論を批判し，感覚的認識の直接性，所与性をふたたび主張した。ラッセルらはまた，記号論理学を道具に言語の意味構造の解明を目指し，意味は感覚与件をはじめとする直接的な見知りの対象から構成されるとした。ラッセルは，数学と論理についてはプラトン主義をとり，抽象的な対象の見知りを認めていたが，論理的対象の実在を否定するウィトゲンシュタイン『論理哲学論考』の論理観に影響を受けたウィーンの論理実証主義者たちは，文ないし命題の実質的な意味内容はそれを検証する感覚的経験に完全に還元できると主張した。

　論理実証主義者のグループとしての活動はナチスのオーストリア併合に前後して終息するが，第二次世界大戦後の分析哲学は論理実証主義に対する批判を軸に展開し，経験論哲学はさらに新た

な形態をとることになる。後期のウィトゲンシュタイン，またその影響をも受けたオックスフォードを中心とする日常言語学派は，言語の働きを形式的な分析によって共通の本質に還元する企てを拒否したが，その拠り所となるのは人間の言語使用に関する個々の経験的事実の収集であった。また，ハーバードのクワインは，個々の文の一つひとつが感覚的経験によって直接に検証されることを否定，人間の認識を体現する理論やそれを表現する言語は一つの全体として経験の裁きを受けるという全体論を主張し，理論や言語的枠組の選択がもつプラグマティックな性格を指摘した。クワインはまた，科学が描き出す物質的な世界のなかから人間の認識がいかに発生するのかを解明する「自然化された認識論」を提唱している。　　　　　　　　　　　　　（伊勢俊彦）

傾向性〔独〕Neigung
カントが人間の行為の一つの特徴として指摘した概念。傾向性とは習慣的となった感覚的欲望のことであり，人間に自然的に備わっており，行為を強く規定するものである。またそれは盲目であり，理性と対極の位置にある。傾向性そのものに善悪はなく，道徳的に無記である。傾向性が倫理的問題となるのは，それが道徳法則に背反し，人間を反道徳的行為に導く場合である。道徳的行為は選択意志が自らを道徳法則に向かうように強制する（義務）ことによって成り立つ。傾向性にはこの自己強制（義務）を萎えさせ，道徳を放棄させるという弱さがあるのである。カントは反道徳的となった傾向性を「悪への性癖」と呼んで，このような性癖から逃れられない人間の弱さを「根源悪」と見なした。
　　　　　　　　　　　　　　　　　　　　　　　　（太田直道）

経済人→ホモ・エコノミクス

経済的社会構成体→社会構成（体）

啓示〔ギ〕apokalupsis〔英〕revelation〔独〕Offenbarung
神が自分の意志や計画を何らかの方法で人間に示すこと。聖書で

は，尋常ではない出来事，地震，雷鳴，夢，天からの声，神の使い，天使，幻，内的洞察など多様な形態が見られる。モーセの場合などには，「神と顔を合わせて語った」という表現もあるが，「神顔を見て生き続ける者はいない」「神の後を見た」などの表現もある。

それらは他の多くの宗教の場合とも重なるが，独特なのは預言者（ナービー）の場合である。それは先見者（ローエー，ホーゼー）とは違い，今現在，神の言葉を預かって告げる使命を受けた者であり，内容は審判，正義と公正と憐れみという倫理的・人格的要素が重要である。そこでは，歴史を通じて神の救済の意志が貫徹するという「救済史」（Heilsgeschichte）観が重要である。新約聖書においては，キリストであるイエスの言葉と生涯の出来事（特に磔刑の死と復活）そのものが啓示であるとされる。

それはさらに終末観とも連関し，歴史を通じて働く「聖霊」が重要な要素をなす。これらが総合的に関連づけられるところに，ユダヤ教，キリスト教，イスラームという一神教に共通する独特な把握が見られる。その活動は人間の能力の働きとは見なされない。 （高尾利数）

繋辞 〔英〕copula
連語，連辞ともいう。伝統的形式論理学では，すべての命題を「AはBである」「AはBでない」のように，主語（A）と述語（B）をもつ形式で表現するが，この形式における「である」「でない」のように命題の主語，述語のあいだの関係を示す言葉が繋辞である。「AはBより大きい」のように，表現のなかに繋辞が表れない命題もあるが，伝統的形式論理学では，この命題は，「AはBより大きいものである」という命題と見なし（「標準形式」にするという），この命題も，主語，述語および繋辞によって構成されているとする。
→命題，主語と述語 （中村行秀）

ケイシキ

形式合理性／実質合理性→合理性

形式社会学→ジンメル

形式主義 〔英〕formalism〔独〕Formalismus
一般には内容を軽視して形式や建前にのみ捕われる思考法ないし立場をいうが，哲学においては，主にカントおよびカント主義において，経験的内容よりも思惟の諸形式を重視する思想的立場を指す。カントは，認識の普遍妥当性がその内容（経験的な感覚や直観などの認識素材）によって得られるのではなく，主観のア・プリオリな諸形式，すなわち直観形式（空間と時間）および悟性の形式（カテゴリーと判断形式）によって得られると考えた。認識論上のこのような考え方を形式的主観主義という。彼は実践哲学の領域においても，行為の普遍妥当性は行為主体における実践理性のア・プリオリな形式，すなわち道徳法則（定言命法）によって得られるものと考え，また行為の道徳的責任はその結果の内にではなく，行為主体の選択意志の内にあると考えた。この考え方は倫理学における形式主義の発端となっている。さらに彼は美学において，美は対象の内容に関わるのではなく，むしろ内容への関心から離れ，主観の純粋な形式的適意（純粋快）において成り立つとした。この考え方から形式美学の潮流が生まれた。数学基礎論においては，ヒルベルト（David Hilbert 1862-1943）における，数学を公理系によって規定される形式的な演繹体系とした公理主義の立場をいう。 （太田直道）

形式と内容 〔英〕form and content〔独〕Form und Inhalt〔仏〕forme et contenu
形式は事物の存在様式や秩序をなし，内容は事物の実質をなす。現代科学では，事物の体系は諸要素と，それらの結合としての構造とからなると説明されており，これによると，形式は構造を，内容は諸要素の全体を指すといえる。

　アリストテレスは「形相と質料」の関係について考察した。家を例にすると，骨組みが「形相」（エイドス〔ギ〕eidos）であり，

素材が「質料」（ヒュレー〔ギ〕hylē）である。エイドスはプラトンのイデアと関係する。家のような人工物の場合は，人間が形相を目的とするが，自然物も形相（目的）を内在させており，結局は神がその最終的な創造者である（目的論）。〈eidos〉と〈hylē〉はラテン語でそれぞれ〈forma〉と〈materia〉と訳された。古代と中世では形相が事物の本質をなし，優位にあり，質料は受動的，付随的であった。

　F. ベーコンは形相を法則と捉え直した。近代においては，〈forma〉は「形式」を，〈materia〉は「内容」を意味すると理解された。経験論において形式は外面的な形態や形状と見なされ，内容が重視された。カントは，素材としての感覚与件にア・プリオリな認識形式が加わることによって，事物は構造をもつものとして現象すると見なした。

　ヘーゲルによると，内容は質料とは異なって，形式を内在させている。ただし，すべての場合に内容が，それにふさわしい形式をもつのではなく，不完全なものにおいては形式と内容とにズレがある。

［文献］ヘーゲル『小論理学』下，岩波文庫，1978。（高田純）

形式論理学　〔英〕formal logic

人間が思考する，つまり，概念をつかって判断，推理をする場合，その思考の意味・内容とは区別できる思考の形式が存在する。たとえば，「すべてのMはPである。すべてのSはMである。だから，すべてのSはPである」という三段論法の推理は，S，M，Pがどんな内容の概念であっても成り立つという形式をもっている。つまり，「すべてのイヌはネコである。すべてのウサギはイヌである。だから，すべてのウサギはネコである」という推理は，その意味・内容としては誤りだとしても，推理の形式としては妥当である。反対に，「ある哲学はためになる。すべての学問はためになる。だから，すべての学問は哲学である」という推理は，その各々の判断の意味・内容が正しいように思われても，推理の形式としては妥当ではない。このように，思考の意味・内容を無視し，その形式上の妥当性成立の要件だけを研究す

る論理学が形式論理学である。形式論理学は，古代ギリシアのアリストテレスに始まり，17-18世紀に一応の完成をみたが，19世紀末から20世紀にかけて，その形式を記号化することによって新しいタイプの形式論理学である記号論理学が誕生し発展してきている。その関係で，古いタイプのものは「伝統的形式論理学」と呼ばれることがある。
→真と偽，記号論理学
［文献］ショルツ『西洋論理学史』理想社，1960。 （中村行秀）

形而上学 〔ギ〕ta meta ta physika〔ラ〕metaphysica〔英〕metaphysics〔独〕Metaphysik〔仏〕métaphysique
哲学には知の探求という性格があるが，そうした知の成り立ちをなす原理や構造に関する研究を指す。ヨーロッパにおけるmetaphysicaという言葉の起源は，アリストテレスの講義草稿をローマ時代に編纂した際に，自然学（physica）の後に（meta）置かれたものという編纂上の意味でつけられたものだったが，そこで扱われている問題が存在を存在たらしめる原理の研究という「第一哲学」の内容を含んでいたために，自然学を超えた（meta）という意味で使われるようになった。とりわけ，ヨーロッパの伝統においては，アリストテレスとの深い関連で，存在そのものを問う作業が「存在論」として形而上学の中心に置かれ，存在のあり方を探る基本的カテゴリー，実体と偶有性，原因と結果，可能性と現実性，一と多などの意味や関連を探る研究が，論理学とも結びついて行われてきた。

ヨーロッパでは，キリスト教神学との強いつながりの中で，神の存在を正当化するための議論として形而上学が存在してきたが，ルネサンス以降の人間中心主義と近代の科学技術の発展によって，現世主義と経験実証主義が強まり，人間の科学的知識や経験によって確かめられないものを形而上学的といって，批判，拒絶する流れが急速に進んだ。なかでも，18世紀のフランスを中心とする唯物論は，現世の生活と人間理性を大胆に肯定し，神を否定ないしは不要として，反形而上学の立場を強くとった。とはいえ，近代思想の総括的表現とも言うべきカントの思想におい

ては，人間の認識の範囲，妥当性などについて吟味をした上で人間認識の限界を超える問題の追求という形で，自由や不死といった問題の重要性を論じ，形而上学の人間的意味が提起された。

19世紀後半から20世紀までの実証的科学万能的傾向の中で形而上学は検証の対象になり得ないとして批判の対象となり，マルクス主義などにおいては，現実の問題に取り組まない議論のあり方を形而上学的と非難する流れも強かったが，認識に還元されない人間の生きる意味の探求や，個々の科学が前提としている仕組や認識を問い返す作業は，常に，形而上学的な性格をもっている。

［文献］アリストテレス『形而上学』上・下，岩波文庫，1959・61；カント『純粋理性批判』上・下，以文社，2004。

(佐藤和夫)

芸術　〔英・仏〕art〔独〕Kunst（ギリシア語の technē が起源）芸術は，Kunstの訳語として用いられるようになったが，Kunstあるいはartは，人為の術といった意味のギリシア語のテクネー，そしてラテン語のarsへとつながる語である。その術のうち，模倣（mimēsis）のテクネー（technē）が，われわれが考える芸術に近いとされる。芸術は中世においては，精神に関わる詩や音楽と肉体的な技能と結びついた彫刻や絵画は分けられ，前者は自由学芸として大学で学ばれ，後者は職人のギルドの世界が担うこととなる。肉体のテクネーとして劣位に置かれた美術が，ギルドから切り離され，独立した価値を認められるようになるのはルネサンス以降である。レオナルド・ダ・ヴィンチは度々絵画を「精神的なもの」と主張し，製品を製作する職人の位置づけからの格上げを目指した。宗教的説話を伝達するメディアとしての絵画や彫刻は，その本来の機能とは別に，個性をもった画家，彫刻家が生み出す色彩や形態のもたらす特別な視覚経験を提供するものとして位置づけられていき，多くの「天才」を生み出していく。こうした視覚の優位性は，世俗権力者たちの自らを飾る欲望とも結びつき，国王や国家の営むアカデミーが芸術を取り仕切るようになり，特にフランスでは美術学校，展覧会（サロン），アカデミー

の三者による制度が確立し，芸術の再生産の仕組として機能する。

　17世紀後半，市民革命により近代的個人が成立し，封建的軛から自由になった代わりに，他者との差異を根拠とした社会的承認を得るための努力が個々人に求められるようになる。ここにおいて芸術には，自己表現のメディアとしての新たな意味が付与されるようになり，個人の内面を重要視するロマン主義芸術が成立する。表現の動機や根拠は，宗教や道徳の伝達にではなく，自己の内奥にある感情や精神に求められていく。また差異に重きを置く傾向は，新しきものの称揚へと結びつき，19世紀中頃以降のレアリスムや印象主義とアカデミー，サロンとの対立に，さらには20世紀はじめのアヴァンギャルド芸術へとつながっていく。同時に，カントらの認識論から美を定義する立場が確立されていくと，芸術は感性に関わる認識として美と結びつけられ，自律的な性質を強め，芸術であること以外の目的をもたない純粋芸術が，デザインや工芸などの応用芸術より高く位置づけられるようになる。こうした状況の中で19世紀から20世紀にかけては，「…主義」と名づけられた多種多様な芸術実践が展開されていく。また，真理探究という科学的方法とも合流し，それらの取り組みはモダニズムへとつながり，特に美術においては，その還元主義的な傾向が顕著に現れ，色彩や形態による自律性が目指され，抽象へと至り，ミニマリズム，概念芸術を生み出していく。

　こうした芸術の展開は，当然，非専門家には理解しがたいものとなる。A. ダントは「アートワールド」という言葉で，その閉じた世界を説明し，芸術理論（文脈）を知らなければ，作品は理解されないと指摘した。ただし，生活世界と芸術との境界を無くす取り組みも，1960年代のフルクサスの運動や，70年代のヨーゼフ・ボイスの「社会彫刻」，ニコラ・ブリオーが90年代に指摘した関係性を生起させるリレーショナル・アートの登場などに見られ，アートワールドから一般社会へと歩み出る傾向は強まっているとも言える。その際，芸術は自律性を放棄し，明確な機能が期待されることになるが，それは，対象のもつ多様性を開示し，その可能性を受容する寛容性を醸成するといった芸術体験が

もつ特質である。これはデュシャンをはじめとするダダイズムやシュルレアリスムの作家たちが20世紀初頭に示した，対象を既存の文脈から切り離し美的対象として見る行為（found object）を発展させたものと言える。

［文献］佐々木健一『美学事典』東京大学出版会，1995；チャールズ・テイラー『自我の源泉——近代的アイデンティティの形成』名古屋大学出版会，2010；ニクラス・ルーマン『社会の芸術』法政大学出版局，2004。　　　　　　　　　　（神野真吾）

　芸術至上主義　〔仏〕L'art pour l'art
芸術至上主義とは，第一には，19世紀前半に（フランスの）ロマン主義から生まれてきた考え方であって，芸術，とりわけ文学に対して，美以外の目的を求めないという考えを主張するものである。ドイツの古典主義およびロマン主義に光を当て，傾向芸術との対比で生まれてきたこの文学的主張は，貴族主義や教会を援護するようなあり方に対立するだけでなく，また，芸術をブルジョア的道徳や有用かどうかで見る考え方に従属させることに対しても反対しており，それ自身が社会批判的な中身を有していた。文学として頂点をなしたのは，フローベルや，ボードレール，ゴンクールが活躍した1830年から1870年の時期である。もっと広範な意味では，芸術が自己完結的，自律的であるべきだと要求するなかで，芸術至上主義は唯美主義的な主張を掲げるに至り，生活世界を審美化しようという試みにおいて，象徴主義や世紀末芸術，ユーゲントシュティルというヨーロッパの異なる芸術潮流を含み込むことになった。エリート主義的で閉鎖的なこの傾向は，唯美主義の歴史上，文学というものを，世界からの逃避物であり，芸術の自己満足への後退とする非難と結びつけられることとなった。　　　　　　（ホルガー・ブローム／佐藤和夫）

　形象　〔英〕image, figure〔仏〕image, figure〔独〕Bild, Figur
形象（image）は，最広義では何らかの形を意味している多義的な用語である。古くは，対象物からそれと類似のエイドーラ（形象）が発出されて人間がそれを受け取り，認識が成立するという

ケイソウ

古代ギリシア哲学の説（デモクリトス）に image の原型がある。エイドーラ説はスコラ哲学では species（スペキエス，形象）の説となり，感性的形象と知性的形象が区別された。形象は認識論においても，芸術論においても用いられる概念である。形象は，客観的な像であれ，心像であれ，いずれにしても個別的・具体的な像の形をもって一般的なものをも表現するという特徴がある。芸術的形象の場合には客観的・具体的な作品において一般的な理念が表現されている。Image という用語の他に，figure も芸術と関わりのある言葉として形象と訳され使用されることがある。figure はラテン語の fingo（形成する）に由来する言葉である。figure は形姿，修辞的文彩，図形，などの意味で用いられ，レトリック論における重要な概念のひとつである。ある何ものかを別のもので〈〜として〉表現する営みは，比喩や芸術的表現活動の根底に存在している。具象的な形を生み出す芸術活動は，あるものを〈〜として〉理解する人間の認識の営みとも根底で通じている。その意味で，形象は芸術的表現活動であるとともに，感性的認識と概念的認識の両者に関わる重要な位置を占めている。
［文献］「デモクリトス」，内山勝利編『ソクラテス以前哲学者断片集』4，岩波書店，1998。　　　　　　　　　　　　（吉田正岳）

形相と質料　〔ギ〕eidos kai hȳlē〔英〕form and matter
アリストテレス哲学の基本概念。ある事物を知るとはその原因を知ることであるが，自然物，人工物いずれについても，探求されるべき原因は四つある。机は木材（質料因）から製作されるが，素材の単なる集積ではなく，一定の形態（形相因）をもつ。その形態は一定の使用目的（目的因）を実現する機能をもち，この形態をもつ物を職人（始動因）が製作する。子供は父親の精子（始動因）が母親の月経（質料因）に作用して誕生し，成人（目的因）へと向かって成長して，成熟時には人間の本質的な諸特徴（形相因）を実現する。形相概念はプラトンのイデアに由来するが，アリストテレスは，個物こそ実体であるとして，個物から離れて存在するとされるイデアを否定した。個物は形相と質料からなる結合体であり，個物が「これ」として指示されるのは内在し

ている形相による。形相は質料を離れては存在しないが，思考により抽象され，個物の本質の説明方式の内に記述される。これは，個物の本質を為すものとして，その存在と一性の原因である。質料概念は実体の生成を説明するために，生成の基体をなすものとして導入された。個物は質料から生成するが，第一義的には形相から生成する。机の製作の始動因は，製作者の心の中にある机の形相（本質）である。また人間の誕生の始動因は，親個体に内在している形相である。このように，現実態にある存在（形相）によって可能態にある存在（質料）から現実態にある存在（個物）が生成するという意味において，形相が個物の生成の第一義的な原因である。生成消滅するものはすべて質料をもつが，質料には階層があり，個物の質料は結合体の機能を担い得る最近の質料が指定される。斧の質料は切る機能を担い得る硬度をもった金属であり，金属の質料は水である。動物個体の質料は運動と知覚を担い得る諸器官である。諸器官の質料は肉や骨であり，これらの質料は四元素である。四元素は，熱—冷，乾—湿の二対の基本性質の可能な四つの組み合わせとこれらの性質の基体（それ自体は無規定な質料）から成り立つ。天体を構成する物体は無限に円運動する第五の単純物体であるアイテールである。

［文献］アリストテレス『自然学』（全集3・新版全集4）岩波書店，1968・2015：同『形而上学』上・下，岩波文庫，1959-60。

（斉藤和也）

啓蒙思想 ［英］Enlightenment ［仏］Lumières ［独］Aufklärung

【18世紀西欧の思想運動としての啓蒙】理性的自立，伝統・権威・宗教の批判，社会進歩の実現といった理念を有して，18世紀西欧で展開した思想運動である。しかし，同じ「啓蒙」といっても各国ごとにその内実は異なっており，従来フランス啓蒙をモデルに一元的に論じられがちだった啓蒙思想について，現代では多元的な視角から見直しがなされつつある。見直しはさらに，「啓蒙」という独語のAufklärungの訳語にまで及んでいる。事実，それと仏語のLumièresとでは意味が大いに異なり，その意味で，

ケイモウ

この思想運動を「啓蒙」と総括すること自体にも問題がある。

【フランス啓蒙】Lumières は，神との関係を抜きに水平的に相互に関係し合う生身の人間たちの知の交錯を表す。そこでは，独語のような「啓蒙的」教育的性格は前面に出ていない。それは，市民がカフェや劇場やサロンといった市民的公共圏で交流し合い，その交流の中で新たな知や感性を生み，それらを編集・出版し，その過程で古い知や感性を批判していく動きであった。それを代表するのが『百科全書』の出版であり，現在の NGO 活動を先取りするようなヴォルテールの冤罪事件への介入であった。それを担ったのは大学人ではなく，出版界と深く結びついた在野の文筆家たちであった。彼らは進取の精神に富み，ニュートンやロックに代表される，進んだイギリスの思想や科学を積極的に受容した。また，ヨーロッパ以外の異文化の知——とりわけイエズス会士がもたらした中国の知は重要——を受け入れて，キリスト教を中心とするヨーロッパの知を相対化した。こうして，間文化的で批判的な世俗的知や感性を広め，アンシアン・レジーム（旧制度）の土台を掘り崩した。

【ドイツ啓蒙】それに対し Aufklärung には，上からの教化を通じて責任主体を生み出すという性格が強い。それゆえ，その標語は「知る勇気をもて」（カント）となる。大学人は市民的公共圏から切り離されがちで，理性によってすべてを知りすべてを支配するような「普遍学」を構想した（ヴォルフなど）。他方で，同じく理性に依拠しながら，講壇哲学のこうした行き方を「独断」と批判し，理性と経験との再結合を模索したり（カント），演劇を通じて宗教対立を理性的に克服しようとしたりする動きもあった（レッシング）。また，「通俗哲学」として軽視されるが，出版文化やカフェに依拠する思想運動も展開された。いずれにせよ，理性主義がその共通の特徴である。

【スコットランド啓蒙】18 世紀にエディンバラやグラスゴーで展開された思想運動で，経済発展と道徳性との両立という課題に取り組んだ。フレッチャーから始まり，ハチスン，ヒューム，A. スミス，ファーガスンへと展開した。彼らは，シャフツベリの「道徳感覚論」を発展させ，利己心，徳，国富の関係を追求した。

そこでは、上からの理性的教化ではなく、文明社会が生み出す同感が利己心と一致するとする水平的方向で、問題の解決が模索された。

【歴史汎通的な啓蒙】 啓蒙は 18 世紀西欧の運動に留まらない。前近代的社会を近代化することが問題となるところでは、どこにも Aufklärung は存在する。日本では、文明開化が問題となった明治初期に福澤諭吉や明六社などがそれを展開した。他方、異質な市民同士の集う場所があり、そこでの対話を通じて自己相対化と新たな普遍性の追求がなされるところでは、Lumières もまた歴史汎通的に存在する。現在の世界に求められるのは後者の「啓蒙」である。

→百科全書派（アンシクロペディスト）、自由思想家

［文献］P. ゲイ『自由の科学』1・2, ミネルヴァ書房, 1982-86；カッシーラー『啓蒙主義の哲学』上・下, ちくま学芸文庫, 2003；ホント／イグナティエフ編『富と徳——スコットランド啓蒙における経済学の形成』未来社, 1990。　　　（寺田元一）

ケインズ　John Maynard Keynes 1883-1946

20 世紀を代表する経済学者。ケインズ革命と呼ばれる経済理論・政策の大転換を遂行。1883 年、ケンブリッジに生まれる。ケンブリッジ大学で数学を専攻。学生時代に哲学サークル「ソサエティ」で倫理学者 G. E. ムーアの影響を受ける。卒業後、インド省に勤務してインドの通貨・金融問題を研究。学生時代以来、確率論の研究を続け、ロック、ヒュームの経験論とラッセル、ホワイトヘッドらの分析哲学を基礎として、命題間の論理的関係について考察した。ケンブリッジ大学へ戻って金融論を講義し、1913 年に『インドの通貨と金融』刊行。15 年に大蔵省に入って活躍し、19 年のパリ講和会議で対独賠償をめぐって辞任。その経緯をまとめた『平和の政治的帰結』が大ベストセラーとなった。23 年『貨幣改革論』で旧平価による金本位制復帰を批判。30 年に『貨幣論』刊行。36 年の『雇用・利子および貨幣の一般理論』は、不完全雇用下における雇用量決定の理論を提示し、ケインズ革命の書として知られる。古典派が、供給がそれ自らの需

ケガレ

要を生み出すというセイ法則に基づいて自由放任を主張したのに対して，ケインズは，需要が供給を決定するという有効需要の原理に基づいて有効需要管理政策を提唱。戦後のケインズ主義的福祉国家を基礎づける理論となった。
［文献］ケインズ『雇用・利子および貨幣の一般理論』上・下，岩波文庫，2008；伊東光晴『ケインズ』岩波新書，1962。

（新村聡）

ケガレ→霊

華厳思想 （けごんしそう）
狭義には『華厳経』に説かれる思想をいうが，一般的には，華厳宗の思想すなわち華厳教学を指す。「華厳」とは様々な華で荘厳されたところの意味で，ビルシャナ仏のさとりの世界を象徴する。悟りをひらいた仏陀の眼に映じた清浄な世界が描かれている。そこには現実の差別や争い，愛憎がない。一瞬は永遠であり，一木一草に無限を含む。どんな個物も独存することなく，無限の相依相待の関係性（重重無尽の縁起）の中にある。華厳宗で完成したこの縁起説（法界縁起）は縁起説の中でもっとも大がかりで，全宇宙的な広がりをもつ。仏性の顕現の縁起として性起説もある。華厳宗の東大寺は総国分寺として諸国の国分寺の頂点に置かれ，律令国家を宗教の面から支えたといわれる。（岡部和雄）

ゲシュタルト心理学 〔独〕Gestaltpsychologie〔英〕Gestalt psychology
ヴントの内観心理学，その後を継いだティチェナーの構成主義心理学の，意識は基本的要素の総合から構成されるという考えに対する批判として20世紀の初めにドイツにおいて生まれた。ゲシュタルトという言葉は，要素に還元できない一つの全体がもつ構造特性，あるいは体制化された構造という意味である。全体特性が部分や要素に還元できない例として，ウェルトハイマーが1912年に行った仮現運動の実験がある。この実験は，暗室内において，細長い光の帯aを瞬間的に提示した直後に，同じく細長

い光の帯 b を瞬間的に提示すると，われわれは二つの光刺激が別々に光ったとは知覚しないで，光の帯が移動したと知覚するのである。その他の例としては，われわれはメロディーを聴いたときに，個々の音の総和以上の何ものかとしてメロディーを全体的に知覚するのである。ゲシュタルト心理学は，主には知覚，思考の領域の研究が中心であったが，レヴィンのグループダイナミックス研究など社会心理学分野へも展開されていった。ゲシュタルト心理学者の中心メンバーがユダヤ人であった関係で，その多くがナチズムの台頭とともにアメリカへと亡命を余儀なくされ，アメリカの地で当時の行動主義心理学との統合が進み，やがて表舞台からは消えていった。

［文献］ケーラー『ゲシタルト心理学入門』東京大学出版会，1971：コフカ『ゲシュタルト心理学の原理』福村出版，1998。

（高取憲一郎）

解脱 〔サ〕vimokṣa, vimukti, mokṣa

「解き放たれること」「逃れること」の意の漢訳。インド思想・宗教においては，輪廻から逃れること，苦から逃れること，また，心の迷いである煩悩の束縛から解き放たれることなどと説明され，輪廻を脱して心に迷いがなくなった平安の境地，悟りの状態という宗教的極致を示す。古代には「不死」と称された。仏教では涅槃ともいわれる。サーンキヤ学派などで説かれるように，寿命は過去のカルマン（業）によって決められているので，解脱した後もすぐ死ぬことなく寿命が尽きるまで生き続けるが，その状態を〈生前解脱〉と呼び，死んで肉体の滅んだ最終的な解脱を〈離身解脱〉と称して区別する。

［文献］仏教思想研究会編『仏教思想8——解脱』平楽寺書店，1982：アルボムッレ・スマナサーラ／藤本晃『ブッダの実践心理学——心所（心の中身）の分析』（アビダンマ講義シリーズ第3巻）サンガ，2007。

（石飛道子）

ケッカセ

結果説→動機説と結果説

決疑論 〔ラ〕casuistica〔英〕casuistry〔独〕Kasuistik
中世末期以降のカトリック教会において支配的であった道徳理論。個々に異なる行為の状況に対してどの道徳規範を適用すべきかは必ずしも明確でなく，また一見複数の規範が対立する道徳的葛藤の場面もある。そこで，個別の判断や行為に一般的規範を適用する仕方を分類，整理して，典型的な「事例」（casus）を提示するものである。中世において，信徒の罪の告白を判定する司祭のために事例集が作られたことに由来する。すべてを類型的事例によって判定しようとする厳格主義に陥り批判を受けたが，複雑化する現代社会においては，道徳的価値の動揺に苦しむ現実の個人に対する補佐的役割も期待されている。　　　　　（加藤和哉）

決定論 〔英〕determinism〔独〕Determinismus〔仏〕déterminisme
世界のあり方や人間の行動は，先行条件によって決定されているとする考え方で，この理論では偶然や人間の自由意志が否定される。そのため人間が負うべき行為の責任をどう評価するかという問題や，神が決定者とされる場合には神と地上の出来事との関連をどう解釈するかといった問題が生じる。歴史的には古代哲学においてすでに決定論の主張が見られるが，決定論が明確な形をとるのは中世におけるキリスト教の神の全能を根拠とする理論においてである。神が全能であればすべてを予知し，決定することができるはずであり，それが出来ないとすれば神の全能に反することになるからである。神的決定と自由意志との関係は，カトリックとプロテスタントの教義の対立とも関わって深刻な意味を有した。近世においては，スピノザは汎神論的立場から決定論を説き自由意志を否定したが，ライプニッツは自由意志と神の決定との調和を試みた。またホッブズは存在するのは物質と運動だけであるという立場から，神を議論から排除したうえで自由意志を否定し，近代的決定論の地平を拓いた。18世紀のフランス唯物論（ディドロ，ドルバック，エルヴェシウス）ではさらに体系的

に機械論的環境決定論が展開された。決定論との関係で重要なのが，自由意志や自由の理解であるが，「自由は必然性の洞察のうちにある」としたヘーゲルに代表されるように，哲学の歴史では自由と決定論（必然性）を両立させる考え方が主流である。なおカントのように，自由意志を道徳的責任との関係で救うために，道徳の世界（叡智界）を必然性が支配する事物の世界（現象界）から分離する二世界説を説く考えもある。社会構成体の土台である経済関係が政治的，イデオロギー的上部構造のあり方を基本的に決定すると見なす史的唯物論では，個人の行動や考え方が経済的（階級的）社会関係によって規定されると考えるが，同時に個人の能動性や歴史における偶然性を認める点で，機械的決定論とは異なっている。
→必然性と偶然性，法則　　　　　　　　　　　　（碓井敏正）

ゲーテ　Johann Wolfgang von Goethe 1749-1832
ドイツを代表する詩人，小説家，劇作家。同時に，評伝，批評，自然研究にも従事し，またヴァイマル公国の宰相として政治や行政にも関与し，近世から近代への転換期を身をもって生きた。フランスやイギリスに比していまだ統一国家が存在せず，約300の領邦国家に分かれていた18世紀半ばの自由都市フランクフルト・アム・マインに富裕な市民の家系に生まれ，多感な青年期に法律学の勉強とともに発表された小説『若きウェルテルの悩み』（1774）と戯曲『ゲッツ・フォン・ベルルヒンゲン』（1773）によって，『群盗』（1781）の劇作家シラーとともに一躍，当時の新しい文学運動「疾風怒涛」（Sturm und Drang）の旗手と見なされるようになる。1775年に若きヴァイマル公に招かれて10年間，作家としてより行政官・政治家として尽力するが，1786-88年のイタリア旅行を契機に政治の世界から距離をとるとともに，ギリシア・ローマの古典古代文化とルネサンス芸術に触れ，その後に完成された戯曲『タッソー』（1790）や『タウリスのイフィゲーニエ』（1790）などはドイツにおける古典主義文化を代表する作品と見なされるようになる。だが自然研究や文学芸術論，哲学的思索と多岐にわたる関心は創作にも反映し，近代理性批判の書

321

ともいえる小説『親和力』(1809)はロマン派にも近接する。また若い頃に着手し，終生をかけて完成させた劇詩『ファウスト』(1806・31)には，そういったゲーテの諸相が反映しているといえよう。

［文献］『ゲーテ全集』(全15巻 付巻) 潮出版社，1979-92；柴田翔『内面世界に映る歴史——ゲーテ時代文学史論』筑摩書房，1986；道家忠道『ファウストとゲーテ』郁文堂，1979。

(鷲山恭彦)

ゲーデル→不完全性定理

ケプラー　Johannes Kepler 1571-1630
ケプラーの三法則で知られるドイツの天文学者。ケプラー以前は天動説論者であれ，地動説論者であれ，天体運動を複数の円運動の組み合わせで説明しようとしていたが，ケプラーは望遠鏡を用いた精密な天体観測データに基づき，惑星運動が楕円軌道として説明できることを示した。惑星の公転周期の二乗が公転半径の三乗に比例することの発見は後のニュートンの万有引力の法則を根拠づけるものとなった。他方でケプラーは，天球に接する正多面体というモデルで惑星の数および公転半径の比を説明するなど幾何学主義的立場からの法則探求も行っている。

［文献］ケプラー『宇宙の神秘』工作舎，1983；同「新しい天文学」「世界の調和」(世界大思想全集31) 河出書房新社，1963。

(佐野正博)

ゲマインシャフトとゲゼルシャフト　〔独〕Gemeinschaft und Gesellschaft
テニエスの用語。社会における人間の結合様態を表現した概念。ゲマインシャフトは共同社会，ゲゼルシャフトは利益社会と訳されることが多い。この二種類の結合様態は，本質意志と選択意志という意志の二類型と対応している。本質意志とは，人間に内在する性質としての意志である。それをもとにした，感情，習慣，伝統，信仰の共有による結合様態がゲマインシャフトである。そ

の典型は，家族，民族，村落，教会などである。選択意志とは，契約，利害，打算など，諸個人が利己的な利益を求めて行動する意志である。選択意志に基づく結合様態がゲゼルシャフトである。国家，会社，学校などが典型的である。これらの対となる社会的結合の関係性を表現する概念は，コミュニティとアソシエーション，都市と農村などとも関わり，社会学の基礎概念となっている。

［文献］テンニエス『ゲマインシャフトとゲゼルシャフト』上・下，岩波文庫，1957。　　　　　　　　　　　　　　　　　（中村正）

ゲーム理論　〔英〕game theory

複数の行動主体からなる社会における意思決定の相互依存関係を数学的に分析する理論。J. フォン・ノイマンと O. モルゲンシュテルンの共著『ゲーム理論と経済行動』（1944）の刊行後，広範な学問分野で応用されている。ゲームにおいては合理的な意思決定を行うプレーヤーが，ルールに従って自らの利得を最大化するように戦略を決定する。ゲーム理論は道具的合理性を前提するという特徴をもつものの，たとえば個人的合理性と社会的合理性が対立する「囚人のジレンマ」など，環境問題や社会主義の基本構造を研究する際の有効な分析手段を提供している。

→合理性，利己主義と利他主義，ホモ・エコノミクス

［文献］岡田章『ゲーム理論〔新版〕』有斐閣，2011；ノイマン／モルゲンシュテルン『ゲームの理論と経済行動』（全3冊）ちくま学芸文庫，2009。　　　　　　　　　　　　　　　（松井暁）

ゲーリンクス　Arnold Geulincx 1624-1669

ゲーリンクスはマルブランシュと並ぶオランダの機会原因論者で，機会原因論の立場から神中心の倫理学を説いた。人間の精神に起きる現象は，神の作用の機会としてより，無限な神の作用を限定するものとして位置づけられており，神と人間精神との本質的同一性が説かれる。その点でスピノザの汎神論に接近している。またライプニッツが使用した二つの時計の比喩を用いたのはゲーリンクスであるが，ライプニッツの予定調和の鍵がモナドの

自発性にあるのに対し，ゲーリンクスの場合には，二つの時計が同じ時を打つように定めた神の偉大さが，もっぱら強調される。
→機会原因論　　　　　　　　　　　　　　　　　　（碓井敏正）

ゲルツェン　Aleksandr Ivanovich Gertsen 1812-1870
ロシアの思想家，作家。モスクワ大学時代にサン＝シモンらの社会主義思想に傾倒。流刑に処せられた後，ヘーゲル哲学を「革命の代数学」と見なす解釈に到達。また哲学と自然科学の総合を目指し，『自然研究書簡』（1844-45）を書いた。西欧に亡命（1847）後，プチ・ブル的な西欧文化に絶望し，ロシアの共同体原理と西欧の個の原理を同時に満たす社会を，ロシアの農村共同体を基盤に創設するという「ロシア社会主義」を説き，ナロードニキ主義の先駆者となった。ロンドンで「自由ロシア出版所」を設立し，ロシア国内の反政府運動を助けた。思い出を綴った『過去と思索』はロシア散文の最上のものといわれる。
［文献］ゲルツェン『過去と思索』（全3冊）筑摩書房，1999；長縄光男『評伝ゲルツェン』成文社，2012。　　（清水昭雄）

ゲーレン　Arnord Gehlen 1904-1976
ドイツの哲学者。1934年ライプツィヒ大学教授。以降ケーニヒスベルク，ウィーン，戦後はアーヘンなどの教授を歴任。主著は『人間』（1940）。他に『原人と現代文明』（1956），『モラルと超モラル』（1970）などがある。M. シェーラーを受けて「哲学的人間学」を大成した。「未確定動物」という根本直観に立ち，生物としての生存条件を考察するなかで「欠陥動物」「過剰衝動」「世界開放性」「負担免除」「訓育動物」などの概念をもって，人間の基本特徴を一元論的に把握した。また，社会制度の発生についても「演出的-前呪術的行動」から独特の論理を展開し，欲望に対する歯止めのない現代文明を批判しつつ，フロイトに対抗して禁欲を強調した。
［文献］ゲーレン『人間——その性質と世界の中の位置』世界思想社，2008；同『原始人と現代文明』思索社，1987。
　　　　　　　　　　　　　　　　　　　　　　　　（森下直貴）

権威 〔英〕authority〔独〕Autorität〔仏〕autorité

自発的な同意ないし服従を引き出す能力または関係。強制力による威嚇を背景にして受容、服従をさせる権力と区別される。政治的権威、社会的権威、専門の権威などに分類される。政治的権威とは、権力に対する自発的服従、服従義務を引き出す能力または関係であり、たとえば日常生活においても、自ら判断するのではなく政府の言うことに従う場合にみられる。同じように、子供が親や先生、上級生の言うことに従う場合、教祖のお告げに信者たちが従う場合（社会的権威）、医師や科学者の情報に人々が信頼をよせる場合（専門的権威）、など、様々な権威への服従が見られる。これらの例に見られるように、権威の根拠は政治的な象徴や価値、絶対的な依存状態、非合理的な啓示、専門的で高度な知識など、様々であり、また権威の担い手も、個人、役割、制度と様々である。

しかし、理論的には権威はつねに権力との関係において論じられてきた。たとえばアーレントによると、近代以前の西欧における権威という概念は古代ローマの都の神聖な創設に由来する。そして、この祖先崇拝を中核とした宗教と伝統と権威の三位一体に支えられた元老院の権威は、後にキリスト教の権威という形で中世に受け継がれ、あらゆる道徳の基礎となっていたが、近代における世俗化の流れの中で消滅したという（「権威とは何か」）。近代以降は、権力と権威の関係はより密接になる。この一端を示したのがフーコーの権力論である。それによれば、権力は、主に労働をモデルとした規律＝訓練という方法を通じて、男と女、家族、教師と生徒、知る者と知らざる者の間の権力関係を規定したという。これに対して、支配に歪められていない自由なコミュニケーションを、近代が産んだ新しい理性的な規範とし、それによって権力や権威主義に対する批判的解明を提起しているのがハーバーマスである。

→国家，規範

［文献］小川晃一『政治権力と権威』木鐸社，1988；H. アーレント「権威とは何か」（『過去と未来の間』みすず書房，1994）。

（福山隆夫）

原因と結果 〔英〕cause and effect〔独〕Ursache und Wirkung〔仏〕cause et effet

原因と結果は対概念である．原因は，事物や事象の変化を引き起こすものを言い，結果は原因によって引き起こされた状態を言う．古くは，アリストテレスが質料因，形相因，動力因，目的因の四原因を指摘し，結果はこれらの原因によって形成されると見なすとともに，運動の究極原因となる「不動の動者」（神）を第一原因と見なした．近代では，力学の発展を背景にして，異なった諸事象の間で，一方が他方に時間的に先行しながら，両者の間に必然的連関がある場合，先行する事象が原因で，後続する事象が結果と見なされた．この原因と結果の必然的連関が因果性と言われる．原因と結果の関係は，単に post hoc（これのあとに）につきるものではなく，propter hoc（これゆえに）という生起の連関である．

ヒュームは，諸事象の post hoc だけを認めて，propter hoc を，つまり原因―結果の因果連関を否定した．それに対して，カントは因果連関を擁護したけれども，客観的な諸事象のうちにではなく，諸事象を構成する思考のカテゴリーとして因果連関を認めた．ヘーゲルは，客観的観念論の立場から原因―結果の因果連関を存在するものに内在する客観的なものとして捉えるとともに，諸事象の相互作用を重視する弁証法的観点から原因は結果を引き起こすだけではなく，結果は原因となった事象に反作用を及ぼすから，原因―結果の因果連関は，諸事象の相互作用の一側面だけを捉えているにすぎないと見なした．

力学の発展は，ある原因がある結果を引き起こすというように，単純な原因―結果の因果連関の観念を生み出したが，実際には，諸事象が相互に連関し，相互に作用し合っている以上，ある事態（結果）を引き起こす原因は一つだけではない．そのため，弁証法的観点からは，ある事態（結果）を引き起こす要因として，外的原因や内的原因，主要な原因や副次的原因を区別して論じる場合もある．

［文献］ヒューム『人間本性論』（全3巻）法政大学出版局，2011-12；カント『実践理性批判』（全集7）岩波書店，2000；

ヘーゲル『大論理学』（全集 6-8）岩波書店，1956-66。（岩佐茂）

限界状況　〔独〕Grenzsituation

客観的認識や操作的支配の対象とはもはやなりえず，偶然的で有限な自分固有の存在（実存）が直面させられる状況として，ヤスパースが強調した。偶然的な歴史的規定性・死・苦悩・争い・責めなど，生きていくうえで不可避的に伴う言わばハムレット的状況であり，それを直視することによって本来的な実存の覚醒が可能になり，自らの状況を限界づけている他者との真の実存的交わりも開かれるとされる。実存思想においては，キルケゴールの「不安」やハイデガーの「死への先駆」など，限界状況と同様の概念が重要な役割をもつ。
→ヤスパース
［文献］ヤスパース『世界観の心理学』創文社，1997；同『実存開明　哲学 II』創文社，1964。　　　　　　　　　（藤谷秀）

源空→法然

言　語　〔英〕language〔独〕Sprache〔仏〕langage, langue, parole

言語とは，通常人間が相互にコミュニケーションをしたり，物事を考えたりする際の音声，文字，身振りなどの記号の体系をいうが，また，それによる活動や行為それ自体をも意味する。言語には人間の歴史の中で自然発生的にかたちづくられ日常使用する〈自然言語〉と特定の目的のために人工的につくられた〈人工言語〉がある。言語は人間に固有のものとされる一方，ミツバチ，イルカ，サルなど様々な動物にも存在するものとして「動物言語」と呼ばれ，言語習得の実験などで類人猿の言語能力も究明されているが，人間言語における意味の諸様相の分化や文法性との対比では萌芽的なものといわざるをえない。また人間言語には「二重分節」という性格が指摘されるが，これは有意味な最低単位である形態素（ほぼ単語に相当）はさらに音素に分解されるという，語彙と音韻の二重のレベルで分節が存在していることを意

味し，類人猿の音声には同様のものは認められない。人間の定義として「言葉を話すヒト」(homo loquens) とされるように，人類の起源における言語の獲得は，労働の進化との複雑な相乗作用のもとに猿から別れて人間として形成されていく上で決定的であったと考えられる。したがって，言語は人間のコミュニケーションや思考にとって本源的なものといえるので，言語をコミュニケーションや思考の単なる道具のように捉える言語道具説の立場は一面的な言語観といえる。そもそも人間意識の成立と言語は不可分な内的連関の関係にあるといえるからである。この点で，マルクスの次の言葉，「言語は意識と同じだけ古い——言語とは，実践的な意識であり，他の人間たちのためにあってこそ，はじめてまた，私自身のために現存する現実的な意識である」(『ドイツ・イデオロギー』)は含蓄がある。ただしかし，言語と意識が内的に連関しているとはいえ，カントの影響を受けた言語学者フンボルトやウォーフらの言語相対性論のように，言語が意識を全面的に規定し，言語の違いによって世界観が相違してくるかのように主張するのは極端といえよう。また，言語の「階級性」が旧ソ連において問題になり，スターリンは言語を中立的な道具のように主張したが，言語が対象の反映のみならず生活の種々の関心を反映している以上，何らかの階級的性格を投影することは否定できないであろう。教育社会学者バジル・バースティンは，学校教育において話される言語の影響と生徒の出身階級の違いを調査・研究して中産階級と労働者階級に特徴的な言語をそれぞれ「精密コード」(elaborated code)，「制限コード」(restricted code)と呼んだ。言語学の研究は，言語の構造を主に扱う共時言語学と言語の歴史変化を扱う通時言語学に大きく分けられ，前者は，音韻論，文法論，意味論の三分野に分けられる。隣接領域としては，言語社会学，言語心理学，言語人類学などがある。

→言語哲学，言語起源（論），コミュニケーション

[文献] ソシュール『一般言語学講義』岩波書店，1972；尾関周二『言語と人間』大月書店，1983；レフ・ヴィゴツキー『思考と言語』明治図書，1962。

(尾関周二)

言語起源（論）　〔英〕origin of language〔仏〕origine des langues〔独〕Ursprung der Sprache

言語の起源への関心は古く，近代以前は神から言語を人間に与えられたとする言語神授説が支配的であった。近代啓蒙期の 18 世紀において，キリスト教批判や新たな人間探究と絡まった仕方で，言語起源論に大きな関心がもたれ一大論争になった。コンディヤックは，経験論の立場から言語の人間的起源を最初にまとまった仕方で論じて口火を切った。彼は自然状態における動物同然の二人の人間（男女）を仮定し，彼ら相互の交渉において〈欲求〉から発せられる一方の叫び声と身振りは他方が知覚するための「自然的記号」となるとしてその自然的発展を辿る。これに対してルソーは飢えや渇きのような欲求は「動作言語」を生み出すかもしれないが，音声言語を生み出すことはないとして，対人関係における愛憎等々の感情，即ち〈情念〉こそが言語の起源にあるとする。これらに対してヘルダーは，動物言語と本質的に区別される人間言語の発生の原点には，人間のみに固有とされる〈内省〉があるとする。この論文は，1769 年，ベルリンのアカデミーの懸賞に応募して最優秀に選ばれた論文であり，ジュースミルヒの言語神授説をも批判したものである。その他，フィヒテやアダム・スミスなどにも言語起源論という名のついた論文があることからその関心の広がりが理解されよう。ダーウィンの進化論の後は，人間と動物の連続性を前提にしつつ霊長類学，言語学，哲学等で議論が展開されているが，哲学者の主な見解としては，次のようなものがある。カッシーラーの弟子のランガーは言語起源を〈祭式〉に求め，ミードは〈シンボル的相互作用〉に求めた。ベトナムのチャン・デュク・タオはマルクス主義と現象学を統合する視点から労働の起源・発展との関係で言語と意識の起源に関して詳細な探究をした。今日でも，類人猿，言語習得，脳，人工知能などの研究と関係してこの問題は大きな関心がもたれている。
→言語哲学，言語

［文献］ルソー『言語起源論』岩波文庫，2016；チャン・デュク・タオ『言語と意識の起源』岩波現代選書，1979；尾関周二『言語と人間』大月書店，1983。　　　　　　　　　　（尾関周二）

言語ゲーム 〔英〕language-game〔独〕Sprachspiel

後期ウィトゲンシュタインの哲学・言語観の本質を示す鍵概念で，日常会話から学問的論述に至るまで，すべての言語活動は〈言語ゲーム〉として捉えられるという主張である。これは，前期の『論理哲学論考』における，言語の本性を専ら世界の事実を写すことにあるとする言語観を批判する過程で形成されたもので，最終的には後期を代表する『哲学探究』において結実したものである。言語ゲームはまた，「言語とそれが織り込まれた諸活動からなる全体」とされ，われわれの生活形式の一部であることが強調される。また，他方では，こうした言語のあり様を見て取るための比較対照として原初的で単純化された言語形態が考案され，これも言語ゲームと呼ばれる。従って，言語ゲームは事実概念と方法概念という両義性をもつといえる。特に，言語ゲームとしての言語活動が人間の生活形式の多様性に根ざした自然史に属する事実概念でもあるとされたことは重要である。この視点によって，この概念は分析哲学の展開に大きな影響を与えただけでなく，哲学を超えて言語学，社会学，政治学などの分野にも影響を与えることになった。ただし，言語ゲームの規則は数学などの場合も含めて不変である必要はないことから，哲学的には相対主義へ道を開くという批判もある。捨て去られた前期の言語観と後期の言語観を統一しうるような言語観の構築が課題ともいえよう。

→ウィトゲンシュタイン

［文献］ウィトゲンシュタイン『哲学探究』（全集8）大修館書店，1976；黒田亘『経験と言語』東京大学出版会，1975。

(尾関周二)

言語行為（論） 〔英〕speech act theory

イギリスの分析哲学者のオースティンによって創始された言語理論で，J. R. サールに継承された。オースティンは，古来からこれまで哲学者は発言を事実の記述や叙述と考え，その真・偽にもっぱら関心を寄せてきたが，しかし，「結婚を約束します」や「あなたに感謝します」といった，何かを約束したり，感謝や命

名したりする際の発言は，事実の記述ではなく発言それ自体が〈約束〉や〈感謝〉の行為であるとした。前者を〈事実確認的発言〉，後者を〈行為遂行的発言〉と呼び，後者では前者と異なり真・偽ではなく，適切（happy）・不適切（unhappy）が問題になるとして対照的に区別した。後に別の視角からも言語行為を〈発語行為〉，〈発語内行為〉，〈発語媒介行為〉という三重の行為として捉え，そのうち発語内行為は〈約束〉や〈感謝〉といった遂行力をもつことを強調した。このように，話すことがそれ自身社会的行為を遂行し社会的事実をつくりだすことでもあるという主張は，分析哲学関係の哲学者のみならず，ハーバーマスのような社会哲学者にも大きな影響を与え，彼の「コミュニケーション的行為の理論」の構築に寄与した。また，哲学以外にも社会学や文学理論，文化人類学などに広範な影響を与えることになった。
→コミュニケーション，コミュニケーション的行為
［文献］J. L. オースティン『言語と行為』講談社学術文庫，2019：J. R. サール『言語行為』勁草書房，1986。　（尾関周二）

言語哲学　〔英〕philosophy of language

言語の本性・起源・意味などを研究する哲学の一部門の名称であり，言語分析を中心に哲学的問題を解明しようとする現代哲学の一流派である「言語主義哲学」（linguistic philosophy）から区別される。言語の哲学的研究は，言語が労働と不可分に人間の起源に関わっていることからも明らかなように，人間研究の，また文化や社会の研究の本質的な一側面をなす。

　言語への哲学的関心は古く，古代ギリシアやインドにおいてすでにまとまったものがみられる。特に有名なのはプラトンの『クラテュロス』で，名称とその意味との関係如何をめぐって対話が行われているが，またインド哲学の文法学派における絶対者の本質を言語と見なす考え（「語ブラフマン論」）も有名である。中世のスコラ哲学者たちはアリストテレスのオルガノン（論理学的著作）を引き継ぎつつ聖書解釈の議論とも関連して種々の記号や文法の研究を深めた。近代においては，言語起源論が一大論争点になったが，その中で中世以来の言語神授説が克服され，近代的な

人間観を背景に新しい言語観が生み出されてくる。この論争には，コンディヤック，ルソー，ヘルダーをはじめとする多くの哲学・思想家が参加した。ヘルダーを継承したフンボルトは19世紀に現代にも影響力をもつ言語哲学の研究をなした。彼は，言語を世界観的レベルに高め，言語の本質は外的世界を反映するのではなく創造的に構成する内的形式である点にあり，言語の違いによって異なった世界観が獲得されることを主張した。この考えは新カント派哲学者カッシーラーによって継承され，彼の『シンボル形式の哲学』の核となっているが，文化人類学者のサピアやウォーフらの言語相対性論（サピア＝ウォーフの仮説）などにも大きな影響を与えた。カッシーラーの先の著作とちょうど同じ1920年代にウィトゲンシュタインの『論理哲学論考』が刊行され，英米の言語主義哲学の成立に大きな影響を与えた。この本は，言語の本質をフンボルトなどとは反対に世界の事実を要素的に模写する点に見ており，数学的論理学の基礎づけを意図している。これはまた，言語起源論と並ぶ近代におけるもう一つの言語関心である〈普遍記号学〉と呼ばれる諸学問の体系的な〈記号化〉の試みや，イギリス経験論に主に見られた認識批判としての言語批判を現代に集約的に継承するものといえる。

現代における言語への哲学的関心には言語学の発展も大きく関係している。ソシュールによって主張された，個人の発言としてのパロールと一種の社会制度としての言語体系（ラング）との区別は，構造主義などの今日の現代思想を生み出すもととなったものであり，またチョムスキーによる言語の生得性の主張は経験論と合理論をめぐる哲学的議論を改めて呼び起こした。マルクスやエンゲルスにも，言語を「意識の現実性」や「共同性」と関係づけるなど，ヘーゲルの言語哲学を批判的に継承した多くの重要な見解があり，一時期マルクス主義はイデオロギー論とも関係して言語への強い哲学的関心をもっていた。言語についての極端な階級性を主張するマール学派，またスターリンによる学派の全面否定のなかでその関心が低下したが，最近はコミュニケーションへの関心や社会理論の再構築との関係で，労働とともに言語への哲学的関心も高まりつつある。

→言語,言語起源(論),言語行為(論)
[文献] ウィトゲンシュタイン『論理哲学論考』岩波文庫,2003:カッシーラー『シンボル形式の哲学』(全4冊)岩波文庫,1989-97:尾関周二『言語と人間』大月書店,1983。(尾関周二)

言語分析 〔英〕analysis
言語を手がかりに日常的な思考のもつれや哲学的な謎を解きほぐそうとする哲学の方法ないし態度。一切の事物を覆い尽くす体系の構築(たとえばヘーゲル主義)に代わる哲学のあり方を表すものとして,20世紀を通じて英語圏を中心に展開した哲学の潮流(分析哲学)の鍵概念となったが,「分析」の具体的なあり方は必ずしも一様ではない。ムーアにとって分析とは,概念や命題の正確な定義を与えることであり,こうして「善」を有益さや満足によって定義できないことが道徳哲学上の自然主義を批判する論拠となる。ラッセルによれば分析とは言語の表層的形式に隠された命題の論理的形式を明らかにすることであり,記述の理論がその典型である。しかし後期のウィトゲンシュタインや日常言語学派以降,多くの分析哲学者は,概念の本質を定義によって明らかにすることや,命題の論理構造を一様な手法の適用で取り出すことの可能性を疑うようになった。彼らにとって分析とはむしろ,言語の使用の多様なあり方の一つひとつを,丹念に分類し記述する作業となる。たとえばウィトゲンシュタインによれば,言語とは(自らがかつて考えていたように)単一の論理形式に貫かれた体系ではなく,ゆるやかに重なり合い結びつき合った(「家族的類似性」)言語ゲームの集まりである。分析概念のこうした変遷自体が,分析哲学の主題の展開を表している。 (伊勢俊彦)

言語論的転回 〔英〕linguistic turn〔独〕Wendung zur Sprache
「20世紀は言語の世紀である」などという表現とともに,現代哲学の動向を示す用語。近代哲学では,デカルト,ロック,カントらに見られたように,意識,観念,精神などが哲学の中心概念であったが,そうしたテーマも実は言語を抜きにしては語れず,言語は単に真理を伝える透明な媒体でも道具でもないという了解の

もとにこの転回が始まった。前期ウィトゲンシュタイン，ウィーン学団（カルナップら）など，おもにオーストリアで始まった第一次言語論的転回では，新しい記号論理学を基礎とした言語によって，おもに言語記号と世界の関係（意味論）が議論された。「あらゆる哲学は『言語批判』である」（ウィトゲンシュタイン）とされ，従来の形而上学の言語が徹底して批判された。そしてアメリカのプラグマティスト，ローティによって言語論的転回という用語が普及した。オースティンの言語行為論，後期ウィトゲンシュタインの言語ゲーム論など，第二次言語論的転回では，従来の言語哲学を乗り越え，より豊かな日常言語に考察の目が向けられ，さらに語用論の立場から，コミュニケーションにおける言語に関心がもたれた。アーペルの理想的言語ゲーム論とともに，ハーバーマスのコミュニケーション的行為の理論は，その大きな継承である。
→コミュニケーション，言語，言語行為（論）
［文献］『言語論的転回——講座現代思想4』岩波書店，1993；ヴィトゲンシュタイン『論理哲学論考』法政大学出版局，1968；ハーバーマス『コミュニケイション的行為の理論』上・中・下，未来社，1985-87。　　　　　　　　　　　　　　（島崎隆）

原罪　〔英〕Original sin〔独〕Erbsünde
『創世記』3章に起源をもつとされる罪観で，アダムとエヴァが禁断の木の実を食したときから全人類に遺伝される根源的罪のこと。この物語を「堕罪物語」と解するのは，西欧キリスト教の伝統であり，ユダヤ教においては人間の自立過程に避けられない重さと責任の問題とされる。使徒パウロは，原罪がアダム以来継続され，それが死の原因であると捉えた。ローマ・カトリック教会においては，その内容の本質は「情欲」（concupiscentia）とされ，人間の性行為を通じて遺伝されるという。イエスの母マリアは，この原罪を免れているという教義（無原罪の御宿り）が，1854年にカトリック教会により告知された。

　ルターは原罪を否定し，内容は「自己追求」（Selbstsucht）と主張した。これは実存主義的解釈の先駆になったとも言われる。

ゲンシメ

(高尾利数)

原始共同体→共同体／共同社会

現実原則／快楽原則　〔独〕Realitätsprinzip / Lustprinzip〔英〕reality principle / pleasure principle
フロイトは，人間の心の構造をエス，自我，超自我の三つの部分から成るものと考えた。エスは，本能的性欲動の源泉であり，それは，不快を避け快を求める快楽原則により支配されている。そのために，非論理的思考や非現実的思考，また不道徳的行動や衝動的行動をもたらす。それに対して，自我は快楽原則で動くエスを抑制して，現実原則に従って現実との適合を図るように機能する。人間の発達にともなって，自我の機能のほうがエスの機能を上回るようになるが，それにともない快楽原則よりも現実原則のほうが優位を占めるようになる。そのために，本能的な衝動の直接的な充足を求めるのではなく，欲求の充足を将来に延期したり，別の方法を工夫したりすることができるようになる。
→エス，フロイト
［文献］小此木啓吾『フロイト』講談社学術文庫，1989；ブロイアー／フロイト『ヒステリー研究〈初版〉』中公クラシックス，2013。
(高取憲一郎)

現実性→可能性と現実性

現実態→エネルゲイア／デュナミス

原子命題　〔英〕atomic sentence
ウィトゲンシュタインの『論理哲学論考』の冒頭に「世界は事実の集まりであって，物の集まりではない」という命題がある。世界はこれ以上分析できない単純な実体からなる，相互に独立な諸々の原子的事実とこれらの複合としての諸事実からなる。このような考えはラッセルの論理的原子論に流れ込んでおり，ラッセルの論理的原子論において，それ以上他の命題に分析できない最

も単純な要素命題（elementary proposition）が原子命題と言われ，他の諸命題は原子命題の複合および一般化として構成される。この論理的原子論の考えはカルナップの意味論においても見いだされる。
→ウィトゲンシュタイン，論理的原子論
［文献］バートランド・ラッセル『論理的原子論の哲学』ちくま学芸文庫，2007；ウィトゲンシュタイン『論理哲学論考』岩波文庫，2003。　　　　　　　　　　　　　　　　（横田榮一）

厳粛主義／厳格主義→リゴリズム

現象／本質　〔英〕appearance / essence〔独〕Erscheinung / Wesen
現象とは，対概念としての本質との関連において捉えられた外的なものとして，感覚・知覚を通してわれわれに与えられ，また直接的な経験の対象となるもののことである。したがって，現象は，こうした特徴にしたがえば，われわれの前に直接的に現れている個別的なもの，偶然的なもの，可変的なものという意味をもつ。他方，本質は，現象の対概念として，個別的なもの等としての現象に対しては，普遍的なものという意味をもち，外的なものとしての現象に対しては内的なものという意味をもっている。さらに，偶然的なもの，可変的なものとしての現象に対して，つまり偶有性と対をなすものとしてみれば，本質は，必然的なもの，不変的なものであり，当のものをそのものたらしめる，そのものに固有の性質を意味する。

本質と現象との関係およびそれぞれの存在の仕方をめぐっては，様々な捉え方が哲学史上存在した。一つには現実の個物を超越したイデアとしての本質とそれの模像としての現象というプラトン的な二元論的把握と，それに反し，本質のそうした超越性を否定し，現実の個物への本質の内在を説くアリストテレスの一元論的な本質―現象観がある。また，本質と現象との二元論的把握に立つだけではなく，本質としての物自体（Ding an sich）は認識できないとするカントの不可知論的理解に対して，「本質

は現象しなければならず」、そしてまた本来の認識活動は「現象を通して本質を認識する」ことであるとするヘーゲルの反不可知論的な一元論的理解がある。唯物論的弁証法の見地からすれば、こうしたヘーゲルの把握は、客観的存在である現象は、それ自体が客観的なものである本質が現れ出たものであるという見地に立脚しつつ継承されることになろう。その上で「もし事物の現象形態と本質とが直接に一致するならば、すべての学問は余計なものとなろう」(マルクス) という指摘に示されているように、本質と現象との区別と同一性の見地から、現象を通じた本質の媒介的認識が認識の課題となるのである。 (太田信二)

玄奘 (げんじょう) Xuánzàng 602〔仁寿 2〕-664〔麟徳 1〕
唐代の著名な西域求法僧。中国人の訳経僧。国禁を犯して出国し、最新の仏教学を求めて陸路インドに向かう。この旅路で得たインド・西域の貴重な情報を、帰国後まとめ『大唐西域記』を書く。ナーランダー寺の戒賢法師に就いて唯識法相の学を修得する。太宗の保護のもとに、招来した大量の仏典を翻訳し、それは 75 部 1330 巻に上った。『大般若経』600 巻、『阿毘達磨大毘婆沙論(あびだるまだいびばしゃろん)』200 巻、『瑜伽師地論(ゆがしちろん)』100 巻など大部な経論の翻訳に力量を発揮した。語学的に正確な訳文をつくるという大原則を堅持して難解な論書類を次々に完成させた。地誌『大唐西域記』は 19 世紀半ばにはフランス語に訳され、以後さかんになる列強の西域探検事業において、有力な道標として活用された。
→日本仏教, 密教
〔文献〕前嶋信次『玄奘三蔵──史実西遊記』岩波新書, 1952
(岡部和雄)

現象学 〔独〕Phänomenologie〔英〕phenomenology〔仏〕phénoménologie
【現象学の基本性格】「現象学」という語としては、意識の経験ないし精神現象の体系的な叙述を目指したヘーゲルの『精神現象学』が有名であるが、今日では、ドイツの哲学者 E. フッサール

が20世紀初めに創始し、学問諸分野に大きな影響を与えている現代哲学の一学派を指している。

初期のフッサールは、主に心理主義に対する批判を通じて、西洋の合理論哲学の伝統を受け継ぐ普遍的な理性哲学の実現を目指したが、同時に単なる論理主義にとどまらず、むしろ論理の基礎に純粋体験をおき、この体験のアプリオリな本性を解明することによって、「厳密学」を構築しようとした。だが、アプリオリなものを人間の意識や体験のうちに根拠づけようとした点に、現象学の濃厚な主観主義的性格が示されることになった。中期のフッサールは、現象学の方法的核心である「現象学的還元」を提唱し、この方法によって、既成の信念や思想を批判的に吟味し自律的な主体を築くための立脚点を確保しようとした。しかし他方、超越論的意識の領域を開くとされたこの還元の方法は、自然や社会の諸存在、経験的諸科学の成果などを、もっぱら意識にとっての「意味」に変容させてしまう、という結果を招いた。

【経験の理論と生活世界の現象学】フッサールは、超越論的意識による意味付与の構成的作用に基づいて、人間の経験や対象的世界の成立を説明したが、構成されるものは実在的対象ではなく、対象の意味内容である点に特徴がある。志向する意識（ノエシス）と志向される対象（ノエマ）との相関が意識の一般構造といわれ、この構造の解明が現象学の重要な課題となった。しかし、後期のフッサールは、超越論的主観性による対象構成という、主観的観念論の立場に一定の修正を加え、主観ないし自我のあらゆる経験を成り立たせている「生活世界」を重視する立場に進んだ。この生活世界は、諸科学が構成する論理的世界とちがって、自我自身の知覚や行為によって直観できる最も明証的な世界と見なされた。この生活世界の意味や構造の探究が哲学のテーマになることによって、主観の構成作用以前にすでに与えられ自我の働きを動機づける感覚的な諸契機が再評価された。フッサールの生活世界の現象学は、「共同主観性」の説、近代科学批判の主張とともに、その後の現象学運動の新たな展開を準備した。

【フッサール以後の現象学】フッサールが創始した現象学は、彼の生前から多くの哲学者に影響を与えた。現象学を哲学的人間学

の方法としてとり上げ，倫理学・宗教哲学・知識社会学に適用したM. シェーラー，現存在の解釈学として現象学を発展させたM. ハイデガーなどが有名である。しかもハイデガーにおいては，フッサール的な現象学と，キルケゴールに始まる実存哲学とが融合され，「実存の現象学」が成立した。この方向が，第二次世界大戦後，フランス実存主義の哲学者たち，特に J.=P. サルトルやM. メルロ＝ポンティによって継承され，独自の展開をみせた。サルトルは，中期フッサール哲学にみられる超越論的意識の能動性を重視し，現象学的心理学の立場から，情動や想像の意味の研究を進め（『想像力』『想像力の問題』），メルロ＝ポンティは，後期フッサールの生活世界論を継承し，世界についての原初的な知覚体験や身体行為の意味を解読することを目指した（『知覚の現象学』）。また，A. シュッツの現象学的社会学，L. ビンスワンガーや E. ミンコフスキーの現象学的精神病理学，さらに最近の多くの現象学的身体論・行動論などにみられるように，現象学と他の経験科学との連携が進んでいることも近年の特徴である。
→解釈学，実存主義，生活世界
［文献］フッサール『論理学研究』（全4冊），みすず書房，1968-76；同『ヨーロッパ諸学の危機と超越論的現象学』中公文庫，1995；メルロ＝ポンティ『知覚の現象学』（全2冊）みすず書房，1967-74；新田義弘『現象学』講談社学術文庫，2013。

(種村完司)

現象学的還元 〔独〕phänomenologische Reduktion
フッサールが現象学の方法として用いた語。厳密な理性哲学の実現を目指したフッサールは，明晰判明で確実な基礎をうるために，自然的事物を疑いもなく客観的存在として受けいれている「自然的態度」，およびこの態度に基づく世界についての存在信憑や諸判断を，肯定も否定もせず「遮断」ないし「括弧入れ」することを要求した。いわば常識や科学への懐疑であり，判断停止である。われわれ人間は，ある事がらを可能だとか現実的だとか判断したり，ある存在について確信したり疑惑を抱いたりするが，そのような判断や信念が生まれてくる基体こそはもはや疑いえな

ゲンショ

いものであり，意味発生のこうした基体を，フッサールは「超越論的意識」と呼んだ．いっさいの存在・判断・学問を遮断し保留して，超越論的意識の領域と，そこで成立する自然や社会の非実在的な現象（広義の意味）へと目を向け直すこと，この手続きが「超越論的還元」である．また，事象の本質を追求しようとする現象学にとっては，本質直観に基づいて事実的なものから本質の把握へと至る「形相的還元」も必要であり，一般にこの二つの還元が現象学的還元といわれている．しかし，前者の超越論的還元こそ現象学の方法の核心であり，狭義の現象学的還元とされた．なお，後年のフッサールは，自然的態度に対してではなく，もっぱら自然を対象的に捉える「自然主義的態度」に対してこそ還元を行うべきことを主張している．

→エポケー

［文献］フッサール『イデーンⅠ』（全2冊）みすず書房，1979-84；メルロ=ポンティ『知覚の現象学』（全2冊）みすず書房，1967-74． （種村完司）

現象学的社会学→シュッツ

検証可能性 〔英〕verifiability
論理実証主義では，ある命題が真であるか偽であるかを問う前に，それがそもそも有意味であるかどうかを，すなわち，経験的に検証可能である（＝確かめることができる）かどうかを，まず問題にすることが必要であって，ただ有意味な命題についてだけその真偽を問えるのである，と主張された．このように，「命題の意味」とはその検証可能性のことであり（シュリック），「経験的に」とは，感覚器官（および，その補助手段としての各種の器具・装置）を用いて，ということである．そこで，たとえば，〈これこれの地点でこれこれの時刻に地震が起きた〉という命題は，その当否を公共的に経験的に確かめることができるから，有意味な命題であると言える．ところが，伝統的な哲学に登場してきた「自然は他在という形式における理念である」といった命題はそうではなく，その真偽が問われる以前にそもそも無意味（形

而上学の命題）なのである。しかし，〈地球からは見えない月の裏側に高さ 5,000 メートルの山がそびえている〉という命題にしても，人類が人工衛星を打ち上げる技術をまだ手にしていなかった時代には，その当否を経験的に確かめることができなかったわけだから，やはり意味のない命題とされるほかなかった。ただし，話はこれで終わったのではなく，〈なるほど技術的検証可能性はまだないけれども，原理的ないし論理的にはこの命題も検証可能であるとしてよいのではないか〉，という様に議論は続けられたのであった。これは，つまり，〈検証可能性の基準を緩めて，有意味な命題の範囲を拡げよう〉という提案の一種にほかならない。この種の提案を含めて，いわゆる「意味の経験主義的基準」をどう定式化するかをめぐって活発に論じられたが，意見の一致は得られなかった。その結果，どの基準をとるかは選択に任されることになった。厳格な基準をとれば，独我論につながる極端な感覚的実証主義となり，極めて緩い基準をとれば，形而上学の命題までも有意味となりかねない。という次第で，はじめは非常に意気込んで始められたこの探究も，結局は腰くだけの状態で打ち切りになってしまった。

［文献］M. Schlick, Meaning and Verification, in : *Gesammelte Aufsätze 1926-1936*, Hildesheim, 1969；大森荘蔵「論理実証主義」（碧海純一ほか編『科学時代の哲学』I 培風館，1964）。（秋間実）

現象主義 〔英〕phenomenalism
意識に捉えられる事柄を現象と呼ぶことは，通常，現象を通じて把握されるべき実在との区別を前提とするが，現象と実在を別々のものと考えることをやめ，実在の事物についての想念は現象から構成されたものであり，存在するものは現象のみであるとするのが現象主義の主張である。主観的な意識を出発点とする近世哲学の立場を一つの方向に徹底した考え方。極端な場合は，物質的事物が現象と別個に存在しないだけでなく，意識の作用を支える精神的実体も存在せず，心や人格も現象からの構成物であり，すべての存在は根底的には物質的でも精神的でもないという中性一元論が主張されることもある。　　　　　　　　　（伊勢俊彦）

ゲンシロ

   原子論→アトミズム

   源信　（げんしん）942〔天慶 5〕-1017〔寛仁 1〕
大和国占部氏出身。比叡山で良源（912-985）に師事し官僧として名声を得たが，後年は横川恵心院に隠棲し恵心僧都とも呼ばれた。源信は天台宗の正統的立場を保持し『一乗要決』等を著したが，慶滋保胤（931?-1002）らと念仏講を起こし，山の念仏から隠遁者の里の念仏へ展開する天台浄土教の確立者とされる。主著『往生要集』は阿弥陀浄土への往生を説いて地獄と極楽の具体相を描き，各種絵巻等の地獄極楽イメージの元となって「厭離穢土欣求浄土」の観念を流布し，その後の浄土教の日本定着と民衆化に大きな影響を与えた。天台浄土教が天台本覚思想を母胎として民衆展開した際，『観心要略集』等の著作が源信に仮託されたのもその現れである。
→浄土教，法然，本覚論
［文献］叡山学院『恵心僧都全集』思文閣，1971；小原仁『源信』ミネルヴァ書房，2006。　　　　　　　　　　　（亀山純生）

   言説→ディスクール

   現存在　〔独〕Dasein
「現実存在」や「定在」と訳される伝統的な哲学概念とは異なり，前期のハイデガーが，私たち人間に特有な存在の仕方として強調して用いた概念。「現にそこに（da）」とは，世界と自己自身の存在が〈世界－内－存在〉という仕方であらわになっている事態を指す。またそれは，情状性（Befindlichkeit）・理解（Verstehen）・語り（Rede）によって本質的に構成されているという。後期では，人間の存在性格というよりもむしろ，存在自体が自らを贈与し明るみにする場として解釈された。
→ハイデガー
［文献］ハイデガー『存在と時間』（全 4 冊）岩波文庫，2013；同『「ヒューマニズム」について』ちくま学芸文庫，1997。
　　　　　　　　　　　　　　　　　　　　　　（藤谷秀）

限定→規定

ケンブリッジ・プラトン学派 〔英〕Cambridge Platonists
17世紀英国の哲学者のグループ。もっともよく知られた人物はカドワースで，主著は『宇宙の真の知的体系』(1678)。他に J. スミス，ウィチカット，カルヴァウェル，H. モアらがいる。彼らはピューリタン出身で，大半はケンブリッジ大学のエマヌエル学寮に学んだ。プラトン主義思想に依拠し，精神の作用を物質の運動に還元するホッブズの唯物論に反対して精神の物質に対する優位を主張。道徳哲学に関しては理性主義の立場をとり，カルヴァン派の主意主義，反理性主義をも批判した。
〔文献〕新井明／鎌井敏和編『信仰と理性――ケンブリッジ・プラトン学派研究序説』御茶の水書房，1988。　　　　（伊勢俊彦）

権利 〔ラ〕ius 〔英〕right 〔仏〕droit 〔独〕Recht
法によって与えられた各法主体の力。法は単なる命令ではないのであって，各主体にその意思によって自由に処分できる利益範囲が権利として与えられるのが通例である。多くの西欧語において「法」と「権利」とは同一語であり，区別する必要のあるときは「法」を「客観的意味における法」，「権利」を「主観的意味における法」という。法と権利は不可分であり，法は権利の体系である，という法観念においては，国家権力も「権限」の体系として，権利とのアナロジーで構成される。

　権利が与えられるとは，具体的には裁判という機構を通じて権利者が自分で権利を実現できる仕組が存在していることを指す。時代により地域によって，それぞれの社会の構造にしたがって，法の客観的規則としての側面が前面に出る場合と，主観的権利としての側面が前面に出る場合とがある。前者は専制的な政治体制であって，国民に権利とその実現を保障するよりは支配者の意思を規則ないし命令として社会に貫徹していくことが法の役割となる。これの逆の極端は，西欧中世の場合であって，法は貴族たちの個別に認められた特権の束へと解消し，客観的な規則としては存在しない。

ゲンリ

　マルクス主義においては，商品生産社会において物が抽象的な価値となることに照応して，人間が商品所有者として抽象的な法人格となることに着眼し，その「物神的性格」をブルジョア法批判の中軸に据える議論が有力である。法は等しいものと等しいものとを交換するという「ブルジョア的権利の狭い地平」（マルクス『ゴータ綱領批判』）にとどまる限りついてまわるとされる。ここに法の歴史的性格が見出され，したがってまた「法の死滅」の展望が語られたのである。

　現代の法理論や正義論においては，個人の不可侵の自由を保障する制度装置としての権利が重視されている。特にリベラリズムの立場においては，民主的多数派の決定によってさえも侵害しえない基本的人権が哲学的に正当化される。この立場は，現代国家においては単なる思想ではなく，制度化されている。日本では裁判所の違憲立法審査権（憲法81条）がそれであり，社会の大多数の意思に逆らってでも個人の人権は擁護されるのである。

→法，人権

［文献］パシュカーニス『法の一般理論とマルクス主義』日本評論社，1967；ウェーバー『法社会学』創文社，1974；ロールズ『正義論〔改訂版〕』紀伊國屋書店，2010；ドゥウォーキン『権利論』木鐸社，2003。　　　　　　　　　　　（名和田是彦）

原理　〔ラ〕principium〔英〕principle〔独〕Prinzip〔仏〕principe

世界を成り立たせている根本的なもの，あるいは思想を体系的に展開するための最初のもので，体系はこの原理から展開される。一元論は，一つの原理から世界を説明するが，多元論はいくつかの原理を設定する。唯物論は，物質を原理とするし，観念論は何らかの観念的なもの（神，精神，意識）を原理とする。デカルトのように，精神と自然をそれ自身で存立する実体と見なすのは世界を二つの異なった原理によって説明しているので，二元論と見なされる。最初の哲学者と言われたミレトス派は，世界を説明する原理として，万物のアルケーを求め，それをタレスは水，アナクシマンドロスはト・アペイロン，アナクシメネスは空気と考え

た。アリストテレスの，自ら動かないで動かすものとしての不動の動者は，存在の運動を説明する最初の原理であった。中世では，世界の創造者としての神が原理に据えられている。デカルトの「我思う，故に我有り」は彼の哲学の原理であったし，Ch. ヴォルフのA＝Aという同一律やフィヒテの自我は，自らの思想を展開するための原理であった。ヘーゲルでは，体系の原理としての端緒（始元）は，体系展開のなかで自ら根拠づけられていくものと見なされている。　　　　　　　　　　　　　　（岩佐茂）

原理主義　〔英〕fundamentalism
広義には，近代啓蒙主義における理性主義・合理主義の諸原理や聖なるものの私的領域化に対抗して，宗教的価値に基づく伝統的生活様式に対する世俗的価値の浸透に過剰な危機意識をもって現れた急進的宗教復興運動。反知性主義で過激な政治手法・暴力的行為を通じて，聖なる世界への脅威者を中和し，カリスマ指導者の下での熱狂的宣教と犠牲的献身をもって聖なる世界の実現をラディカルに求めようとする。一般的に，宗教の反世俗的側面には原理主義的傾向が見られるが，宗教社会学では広義の適用を避ける傾向にある。マスコミや政治の世界では，「テロ」「不寛容」「戦闘的」等の宗教過激主義に対するラベリング機能をもつ用語。原義は，19世紀後半期のアメリカにおける労働運動の激化，カトリック教徒の大量移民という社会状況と自由主義的批判聖書学の興隆に対抗して発生した千年王国待望の保守的宗教運動の自称であり，聖書の絶対無謬性，処女懐胎，キリストの復活と終末再臨，代理贖罪の五原理を"Fundamentals"と題する出版物で主張したことに由来する。エバンジェリカル（福音主義派），バプテスト派が中心勢力で，1920年代に，公立学校から進化論授業を追放した「猿裁判」勝訴で社会的勢力として登場した。30年代からは，反知性主義・極端主義を脱する大衆化路線をとり始め，大量出版物宣伝，広範な青年教育，大量宣教活動を展開する。グラハム（Billy Graham）のラジオ宣教やキャンパス・クルーセード等に代表され，50年代には，進化論や無神論批判を軸に反共主義運動を狂信的に担い，70年代以降，世俗的ヒューマニズム，

共産主義，フェミニズム，人工妊娠中絶，ホモ・セクシュアルの承認，学校祈祷の排除等を伝統的宗教価値への脅威として攻撃した。80年代，新宗教右派の主要勢力としてレーガン大統領出現に寄与した。ファルエル（Jerry Falwell 1933-2007）が創設したモラル・マジョリティはその典型だが，現代では，キリスト教連合や南部バプテスト協議会など政治的・宗教的統率をなす。またイスラーム社会における多様な近代化，世俗化の動きに対して，教義の厳格な実践復興運動を指導したイランのホメイニ師（Āyatollāh Khomeinī 1902-1989）によるシーア派革命（1979）後，イスラーム諸国に起こった超保守的・軍事的イスラーム運動に対する他称用語でもある。アフガニスタンのタリバン，スンナ派のモスリム同胞運動（Muslim Brotherhood），インドのヒンドゥー・ナショナリスト組織等がそれである。しかし，イスラーム教自身が原理主義とする説や，イスラーム教穏健派と反体制・暴力的なものを区別し，後者を原理主義とする説もあり，アメリカ原理主義とイスラーム急進派に対する呼称の間には概念的共通性はなく，宗教横断的あるいは通文化的概念ではないとする説もある。

[文献] M. Martin & R. Scott, *Fundamentalisms Observed*, Univ. of Chicago Press, 1991；小川忠『原理主義とは何か』講談社現代新書，2000。　　　　　　　　　　　　　　　　（山口和孝）

権利問題／事実問題　〔ラ〕quid juris/ quid facti

元々は法律用語であり，何が正当であるかという問題と何が事実であるかという問題を区別するために用いられた言葉。カントは，いかにして認識は可能であり普遍妥当性をもつことができるかという，認識の根拠づけへの問いを権利問題と呼び，どのような内容の認識であるかという，認識の経験的問題を事実問題と称した。彼の批判哲学は認識の事実問題に関わるのではなく，その根拠を問う権利問題を理論的課題とする。個々の認識がではなく，およそ認識の可能性と限界への問いが権利問題であり，この問いに答えることが彼の哲学の基本的課題である。このような彼の哲学的立場は批判主義哲学とも称せられる。カントによる権利

問題への注目は，とりわけイギリス経験論の認識論に対する批判に結びついている。ロックに代表される経験論的認識論においては，知性は「何も書き込まれていない白紙」であり，「一切は経験から」得られるとされ，認識の経験的出生が主張されるが，これでは権利問題は発生せず，ヒュームが主張するように「習慣」のみが普遍性の根拠となる。したがってイギリス経験論に対するカントの思想的対置が権利問題という思想的構図を促したと考えられる。 　　　　　　　　　　　　　　　　　　　　（太田直道）

権力　〔英〕power〔独〕Macht〔仏〕pouvoir
権力は，勢力，影響力，強制力，権威等と重なり，支配，政治，国家，正統性等と関わる論争的概念である。古典力学の力の概念の転用で，狭義には政治権力を指すが，労働力，軍事力，説得力などへと広がる。物理学の力の概念がベクトル量で表示されるように，社会科学でも，経済力のGDP，軍事力の兵器保有等，量的指標で示されることがある。このような素朴な権力観は権力実体説と呼ばれ，経済的富や軍隊・警察等の権力手段を権力と見なす。マルクスは疎外論・物象化論や国家の「幻想的共同体」論で権力論の基礎を示唆していたが，レーニン以降のマルクス主義の系譜では，国家権力を階級支配の道具と捉え権力奪取を軍事的強制力の掌握と考えるような実体説的権力観をもたらした。しかしラスウェル（Harold Dwight Lasswell, 1902-1978）が政治権力を教会における徳義，家庭における愛情等になぞらえ，マルクス主義の系譜でもグラムシが合意調達能力としての「ヘゲモニー」の概念を提起したように，人間社会における力は，権力保持者Aから放射されるエネルギーであるよりも，AとBとの関係性においてAを受容するBの期待・要求やイメージの媒介を経る。ウェーバーの「ある社会関係の中で抵抗を排除してまで自己の意志を貫徹させるチャンス」を基礎に，ダール（Robert Alan Dah,l 1915-2014）は「さもなければBがしないような何かをさせる限りにおいて，AはBに対して権力を有する」という権力関係説を定式化し，20世紀後半に支配的になった。同時にダールの権力関係説も，AやBが自己の利害関心に基づき発議し決定す

る理念的デモクラシーを所与とするため，バカラック＝バラツ (Peter Bachrach & Morton S. Baratz) は争点を隠蔽する「非決定」の権力，アジェンダ・コントロールの権力関係を提示した。さらにルークス (Steven Lukes, 1941-) は，ダールらの一次元的権力もバカラック＝バラツの二次元的権力も共にA・Bの明確な意図を前提にする難点を問題にし，第三次元の権力，争点化以前に潜在的紛争の存在を隠蔽し消失させる洗脳権力・イデオロギー権力を論じた。フーコーはこの視点を逆転させ，力関係の無数の連鎖としての不可視の権力イメージを提示し，ベンサムのパノプティコン（一望監視装置）を規律・訓練の権力と位置づけ，学校・病院・インターネット等に分散的でネットワーク的な権力論を応用する道を拓いた。にもかかわらず，狭義の政治権力を問題にする限り，マルクスやウェーバーの権力観の根底にあった「正統的な暴力の独占」の問題は重要性を失っていない。

→権威，国家，ウェーバー，フーコー

［文献］杉田敦『権力』岩波書店，2000；スティーヴン・ルークス『現代権力論批判』未来社，1995。　　　　　　　　（加藤哲郎）

コ

孝 → 忠孝

業 → カルマ

行為 〔英〕action〔独〕Handeln / Handlung
人間に特有な意味と結びついた行動を，生物一般の行動（behavior）から区別して「行為」という。行為は，刺激に対して反応する行動ではなく，社会的動物である人間の特殊な行動であり，したがって社会関係の分析の起点となる。ウェーバーによれば「『行為』とは，単数ないし複数の行為者が行為に主観的意味を結びつけるとき，その限りでの人間の行動を指す」（『社会学の根本概念』）。行為の主観的意味が他の人々の行動に関係づけられるとき，行為は社会的行為となる。ウェーバーの定義以来，行為の概念は社会学の方法的基礎となり，その後の社会学理論の主流は行為と主観的意味をめぐる諸理論の展開であった。なかでもパーソンズは行為者の主観的観点に注目して，ウェーバーの行為論から目的—手段の図式を取り出し，行為者，目的，状況，規範的志向を四要素とする単位行為の理論に社会科学の方法的基礎を求めた。社会は目的—手段の図式で分析される諸行為のシステムとして把握され，パーソンズはそこで生成する社会秩序に関する分析的理論の構築を目指して，さらに単位行為の理論から行為の一般理論および社会システム論へと進んだ。パーソンズにおいて行為論がシステム論に帰着したのに対して，同時期にウェーバーの理解社会学を現象学の観点から分析し，行為の理論を生活世界の意味構成の問題として継承したのがシュッツであった。ここでは行為は，行為者の主観的意味に即して理解可能な行為であり，社会的行為は相互に理解可能であることを前提とする行為である。シュッツはウェーバーにおいて追究されなかった行為の意

味理解の分析を進めて，日常生活の世界が自他の行為を相互に類型的に理解し合い，相互に関係づける間主観的な意味の世界であることを明らかにした。こうしてウェーバーの行為論は現象学的社会学やエスノメソドロジーへと継承され，システム論に対抗するもう一つの潮流を形成することになった。

[文献] ヴェーバー『社会学の根本概念』岩波文庫，1972；パーソンズ『社会的行為の構造』（全5冊）木鐸社，1976-1989；スプロンデル編『社会的行為の理論論争——A・シュッツ=T・パーソンズ往復書簡』木鐸社，2009。　　　　　　（豊泉周治）

行為的直観→西田幾多郎

工業社会　〔英〕industrial society
産業社会ともいう。それ以前の農業中心の社会と対比され，産業革命の後，機械制大工業として発達した工業とりわけ製造業が諸産業のなかで規定的な位置を占め，経済構造と社会構造の全体がその影響下で作り変えられた社会を指す。19世紀前半以降の先進資本主義社会を生産力構造の側からながめた言葉といってよいが，ソ連の工業化以降は，「資本主義」という理解枠組を超えた社会概念，社会段階概念として，マルクス主義の社会理解に対抗する形で精緻化される（R. アロン）一方，さらに工業社会を超えるとされる「脱工業社会」（D. ベル）あるいは「脱資本主義社会」（R. ダーレンドルフ）の社会段階への移行を説明する基礎概念という扱いを受けている。アロンは，工業社会を「技術的，科学的ないしは合理化的社会」と規定し，そこにいくつかのタイプを想定するとともに，「経済成長モデル」「経済成長段階」という概念を導入して，経済成長に焦点を合わせた議論を展開した。工業社会論，脱工業社会論のバックグラウンドには，M. ウェーバーの合理化と官僚制の理論，E. デュルケムの「有機的連帯」の社会理論などとともに，合理性と専門知識を備えた産業者が支配する社会として，サン=シモンが軍事的社会と対比しながら提唱した産業主義社会論などがある。ソ連社会主義の崩壊により，資本主義に対抗的であろうとしたソ連圏が，労働力編成を含

む生産力構造の面でも，大衆消費社会への志向という面でも，資本主義世界システムの特殊なサブシステムという歴史的位置を超えられなかったことが示された。ソ連の生産力構造とそれに規定された文明の特質は，長期的・大局的に見れば，資本主義からの「借り物」であった可能性が高いため，あらためて，両体制を貫く概念としての工業社会（脱工業社会）という規定の再検討が迫られよう。

→生産力／生産関係，生産様式，技術革命

［文献］マルクス『資本論』（全集 23-25）大月書店，1965-67；R. アロン『変貌する産業社会』（選集 2）荒地出版社，1970；D. ベル『脱工業社会の到来』上・下，ダイヤモンド社，1975。

（後藤道夫）

公共性　〔独〕Öffentlichkeit〔英〕publicness, public sphere
【公共性の概念と公共圏】ギリシア的由来によれば，公共性とは，共に生きる人々の世界における万人に開かれた，共通のもの（the common）をめぐる政治的活動のことである。日本では従来，公共事業といった用法に見られるように，公共性はしばしば国家ないし公権力の営みと同義に扱われてきた。ところが今日，国の公共事業について公共性が厳しく問われているように，もはや公共性は一義的に国家に収斂するものではない。公共性の規定そのものが現代における主要な思想的，政治的な争点となっており，公共性の概念は，あらためて国家の営みとは異なる公共性の領域，「公共圏」の問題として論究されるようになった。そうした公共性論の起点となったのが，ハーバーマスの市民的公共性論である。ハーバーマスは，市民の討議による政治的な意見・意思形成を可能とする政治的・文化的なコミュニケーションの領域，およびその理念を，市民的公共性（圏）と呼んだ。かつて 17・18 世紀のヨーロッパ市民社会の成立期，市民はサロンやカフェに集い，市民の権利要求を公然と国家に対して論議し始めた。そこに成立したのが，「政治的に論議する公衆」によって公権力が制御されるという市民的公共性（圏）のモデルであった。ハーバーマスはそのモデルに，国家のテクノクラシーに抵抗して政治的に機

コウキョ

能する市民社会の理念を見いだした。だが、国家と市民社会の相互浸透が進む後期資本主義のもとで、福祉国家の発展とともに論議する公衆は文化を消費する大衆へと変質し、市民的公共性（圏）は衰退したというのが、1960年代当時の『公共性の構造転換』(1961)の主張であった。

【新たな公共圏の可能性】今日、公共性（圏）が広く社会的関心を集めている状況は、ハーバーマスが市民的公共性（圏）の衰退を論じた1960年代とは大きく異なっている。当時、公衆のモデルとされたのは財産と教養を有したかつてのブルジョア市民層であり、市民社会とは市場を原理とするブルジョア社会（bürgerliche Gesellschaft）であった。たしかに古典的な市民社会とブルジョア市民層の公共圏はすでに過去のものである。だが、20世紀後半の福祉国家の成熟と危機を経て、今日あらためて市民社会の再生が注目されるようになった。いまや市民社会はブルジョア社会ではなく、シビル社会（Zivilgesellschaft）となり、市民運動や市民サークルの例のように、国家からも市場からも相対的に独立した市民の自発的な結合関係（アソシエーション）を意味するようになった。ハーバーマスも1980年代末以降、かつての議論を修正して、このシビル社会のなかに新たに自律的になった公共圏の可能性を認めている。かつてのブルジョア社会に代わって、「自由な意思に基づく非国家的かつ非経済的な結合関係」が新たな公共圏の母胎となり、自発的な組織と運動に基づいた公共的なコミュニケーションによる政治的な意見・意思形成の機能を再生せうる、というのである。

日本では公共性という言葉は依然として国家の営みを強く想起させる。その理由は、かつての市民的公共性の伝統を欠き、また今日なお自律的な公共圏の胎動が脆弱であることによる。しかし1990年代以降の社会変動のなかで、国家および市場システムと生活世界との矛盾が広く自覚されるようになり、NGO（非政府組織）やNPO（非営利組織）あるいは各種ボランティアなどアソシエーションの活動もしだいに活発になっている。そうしたなか、公共性（公共圏）についての新たな関心の高まりが見られる。

→アーレント，市民社会

［文献］アレント『人間の条件』ちくま学芸文庫，1994；ハーバーマス『公共性の構造転換（第 2 版）』未来社，1994；齋藤純一『公共性の政治理論』ナカニシヤ出版，2010。　　（豊泉周治）

　工作人→ホモ・ファーベル

　講座派と労農派

戦前日本の革命の戦略を確定する前提となる天皇制国家の性格，日本資本主義の特殊な構造，その基礎をなす寄生地主制の性格をめぐって 1920 年代後半から続けられた，いわゆる日本資本主義論争において，対立した二つの学派を指す。1927 年末に発表され日本共産党の綱領的な位置をもったコミンテルンの 27 テーゼは，日本の現状を以下のように規定した。明治維新により日本の国家権力は大地主，「王党」など封建的な勢力の手中に握られたが，日本資本主義はその封建的要素を利用して急速度な発展を遂げ，今や天皇制の「政府は資本家と地主のブロックの手中にある」，したがって当面する革命は国家権力の封建的残存物を一掃し農業問題の解決を目指すブルジョア民主主義革命であると。こうした共産党の見解に批判的な大森義太郎，山川均，猪俣津南雄，荒畑寒村らが集まって 27 年末に雑誌『労農』が創刊された。このグループが労農派と呼ばれるようになる。労農派は，日本資本主義は第一次世界大戦後独占資本の段階に入り本格的な帝国主義の特徴を備え，国家権力はいまや独占ブルジョアジーの掌握するところとなり，地主ももはや独立の一階級として政権を握る能力をもたず，封建的絶対主義勢力もイデオロギー的残存物に過ぎず，当面する革命はブルジョアジーを主導勢力とする帝国主義支配のブロックを打倒する社会主義革命であると主張した。それに対し 27 テーゼを擁護して労農派批判の論陣を張った野呂栄太郎の主導下で，共産党の戦略を実証する日本資本主義分析を目指して，『日本資本主義発達史講座』（全 7 巻，岩波書店，1932-33）が刊行された。『講座』に参加した山田盛太郎，平野義太郎，服部之総，小林良正，羽仁五郎らが講座派と呼ばれた。講座刊行

のさなか,27 テーゼをさらに明確にし,日本の権力は,絶対主義的天皇制,地主的土地所有,独占資本主義の三つの構成要素からなるとし,日本の革命は天皇制を打倒し地主制を転覆するブルジョア民主主義革命によってのみ達成されることを訴えた32 テーゼが出され,講座派の見解を補強した。その後,講座派と労農派は,様々な論点にわたり活発な論争を繰り広げたが,36 年『講座』執筆の主要メンバーである平野,山田,小林らが,さらに 37 年末以降,大内兵衛ら労農派のメンバーが治安維持法で検挙されて,事実上収束を余儀なくされた。しかし,大塚久雄,丸山眞男,川島武宜をはじめ,多くの社会科学者は,この論争,とりわけ講座派の理論的影響を強く受けて,戦時下も研究を続け,戦後社会科学の基礎を築いた。

[文献] 小山弘建編『日本資本主義論争史』上,青木文庫,1953;守谷典郎『日本マルクス主義理論の形成と発展』青木書店,1967;長岡新吉『日本資本主義論争の群像』ミネルヴァ書房,1984。　　　　　　　　　　　　　　　　　　　　（渡辺治）

孔子　（こうし）Kǒngzǐ 前 552/ 551-479
魯国（現・山東省曲阜）昌平郷の生まれ。名は丘,字は仲尼。儒教の創唱者。孔子の伝記や思想を知る資料としては,孔子後学によって編集された『論語』が最も信用がおけ,『春秋三伝』や『孟子』などがそれに次ぐ。それらによると,孔子は下級士族の出身で貧しく,政治に関与したのは 50 歳になってからであり,司空（土木局長）・大司寇（司法長官）などを歴任したが,政治改革に失敗して 14 年間にわたる遊説の旅に出た。しかし,その政治の理想が実現されることはなく,晩年は教育に従事した。孔子は,弟子が三千人いたと伝えられるが,中でも「六芸」に通じた者が 72 人と言われるように,教養に基づいた政治的人材（つまり後世の官僚）の育成を目指した。孔子の理想は道徳政治の実現であり,道徳と政治を不可分の関係で捉えて,「これを道びくに徳を以てし,これを斉うるに礼を以て」する政治を説いた。政治の方法としては,有徳の「君子」が「小人」を導くべきだと考えたので,「君子」の教養として必要な『詩経』や『尚書』（とも

に儒教経典)や礼楽,「孝」「悌」や「忠」「信」といった道徳について教えた.また周初の家族制を理想として,家族道徳を国家政治の基礎に据え,「孝」を軸にした道徳を天下に拡大しようとした.それゆえ,普遍的な徳目である「仁」は「孝」を根本にしており,無差別平等の博愛ではない.そして道徳政治を実現するために「礼」の実践を説き,社会生活の安定を考えた.行為を「礼」という様式にしたがって外面から規範づけ,内面的な道徳的自覚だけを説く弱点を補おうとした.そのためには,社会生活を富ませて心に道徳を顧みる余裕をもたせる必要があると見たのである.また孔子は「怪力乱神を語らず」とか「未だ生を知らず,焉んぞ死を知らん」と言ったように,超越的存在や死の問題については語らなかった.孔子の思想は,孟子や荀子などに受け継がれて発展し,約二千年間にわたって中国の政治・社会原理の祖型を提供した.
→仁,礼,儒教・儒家,孟子,荀子
[文献] 加地伸行全訳註『論語』講談社学術文庫,2004;武内義雄『論語之研究』(全集 1) 角川書店,1978;木村英一『孔子と論語』創文社,1971.　　　　　　　　　　　　(小林武)

洪秀全 (こう しゅうぜん) Hóng Xiùquán 1814〔嘉慶 18〕-1864〔同治 3〕
広東省花県の出身.名は秀全.太平天国の指導者.初め郷塾の教師をしていたが,四度も科挙に失敗,落胆して 40 日ほど瀕死の状態にあった時,メシアとして清朝を倒し,民衆を救済すべしとの啓示を得た.ロンドン教会の布教用小冊子『勧世良言』などを読んでいたことも影響している.1845 年に「原道救世歌」を書いて,個人の倫理と四海兄弟の思想を説いた.1851 年,キリスト教の影響を受けた太平天国を樹立して,自ら天王と称した.1853 年,理想社会を描いた『天朝田畝制度』を公布した.これは公正で平和,かつ共産的な共同体を説く大同思想の伝統を受け継ぐものであるが,実施されなかった.太平天国はナショナリズムの点で,近代の革命思想に影響を与えた.
[文献] 洪秀全「原道救世歌」(原典中国近代思想史 1) 岩波書店,

コウジュ

1976；小島晋治『洪秀全と太平天国』岩波書店，2001．

（小林武）

公準 〔ラ〕postulatum〔英〕postulate〔独〕Postulat
議論の出発点として要請される基本的命題。ユークリッド（エイクレイデス）の『幾何学原本』（『原論』紀元前 300 頃編集）では，たとえば「等しいものから等しいものを除去すると，残りは等しい」といった共通概念（公理［axiōma］）の他に，点，線，円などに関する五つの要請（公準［aitēmata］）が掲げられている。平行線に関する第 5 公準は他の公準と比べて複雑であったために，他の公準から導出しようとする多くの試みが行われたが，非ユークリッド幾何学の発見によって，第 5 公準が他の公準から独立であることが示された。公準は公理と同じく，自明の真理とされたこともあるが，公理と同様証明不可能でありながら，自明性を有しない原理が公準（要請）と呼ばれることもある。しかし，現在では，公理と公準は区別されずに用いられる。
→公理
［文献］レーモンド・ルーイス・ワイルダー『数学基礎論序説』培風館，1969：『ユークリッド原論〔追補版〕』共立出版，2011．

（横田榮一）

恒真式→トートロジー

公正 〔英〕fairness, equity〔独〕Billigkeit〔仏〕équité
倫理学用語としての公正は，一般には権利や義務あるいは利益や負担の配分，人格の処遇などにおいて公平かつ正当，明白かつ偏りのないことを意味するが，特に正義の概念と密接な関連をもっている。あれこれの正義が公平性をもつかという問いがこの場合の公正の概念であり，その意味で公正は正義の構成要素であるといってもよく，また正義が何かしら平等を前提する限り平等概念の一要素でもある。たとえばアリストテレスの正義は奴隷階級を排除した限りでの平等を意味していたが，人間の普遍的平等性を前提したものではないという点では公正を欠く。また功利主義が

コウセイ

最大多数の幸福のために少数者の犠牲を許容するのは不公正であり、善はすなわち正義であると見なすのは正義の構成要素としての公正を見落としている。現代思想において公正概念に注意が払われるようになったのは、J. ロールズによる「公正としての正義」の理論の提起以後のことである。ロールズは少数者や弱者が差別され抑圧されることのない社会形成の基本的原理として、平等な基本的自由（第一原理）と、恵まれない状況にある人々の境遇の改善および機会均等の確保（第二原理すなわち「格差原理」および「公正な機会均等の原理」）を内容とする「正義二原理」を提示したが、この原理の正当性が、人々が納得し承認せざるをえない論拠に基づかなければならないことはいうまでもない。そこでロールズは社会契約説的な手法を駆使して、自身が置かれている境遇をまったく知らない（「無知のヴェール」）という状態（「原初状態」）を仮定してそこから出発した場合、自身が置かれているかもしれない不利な状況をも勘案して、人々が自覚的に選択するに違いない社会の一般的編成原理を導き出した。正義二原理のこの論証は、公正な条件と公正な手続きのもとで全員の合意によって選択される正義の原理は結果においても公正である、という厳密な手続き的公正の原則に基づいており、ロールズの正義論の正当性と普遍性を担保するものとされる。ちなみに、公正としての正義の理論においては、生来の才能・能力の差異も社会の「共通資産」と見なされて、格差原理の理論的根拠をなしている。
→正義，平等，ロールズ
［文献］アリストテレス『ニコマコス倫理学』京都大学学術出版会，2002：ロールズ『公正としての正義』木鐸社，1979。

（吉崎祥司）

構成主義 〔独〕Konstruktivismus
構成（Konstruktion）とは，互いに異なるものを一つのものに組み合わせ総合することをいうが，哲学や科学における立場としての構成主義は，認識や理論体系をその組成や構築の面から論じることによってその特質を捉えようとする考え方をいう。構成が成り立つためには諸要素があらかじめ認められていなければならな

いが，構成は，その要素となる概念，記号，図式などを組み合わせ，一つのシステム的な体系に組織するプロセスを意味する。類似の言葉である総合（Synthesis）は，諸要素を集合し，一つの全体的統一にまとめあげることをいい，構成よりも一般的であり，緩やかだといえる。構成の反対は分解であり，総合の反対は分析である。また構成は認識主観の能動性に基づくことから，主観主義の思想的系譜に属する考え方である。①カントは学的認識，とりわけ数学的認識が構成主義の方法によって成立すると主張する。「哲学的認識は概念による理性認識であるが，数学的認識は概念の構成による認識である」。概念を構成するとは，それらの概念に対応する直観を提示することによって概念を相互に結合することを意味する。数学においては，たとえば三角形の内角の和が二直角であることを理解するには，この判断が直観（純粋図式）において捉えられていなければならない。このことはカントが構成を，概念と図式とを結合させることによって総合する働きと解し，そこに数学的認識の必然性の根拠を見ていたことを示している。カントによれば，哲学はこのような構成的方法をもたないために学として混乱した状態にあり，認識論的構成主義によって基礎づけし直されなければならないという。②フッサールは，生活主体としての意識の秩序化が，自我の関与なしに遂行される受動的構成という時間流の作用によって可能になることを主張し，そこから生活世界の論理を基礎づけようと試みた。③科学論における構成主義は，P. ロレンツェン（1915-1994）らのエアランゲン学派の主張をいう。公理的な命題を無批判に持ち込む論理主義の立場に対して，彼らは自然的な直観を重視し（直観主義），直観から構成的に組み立てられる理論のみが正しい手続きを踏んでいると主張した。

(太田直道)

構成的原理／統制的原理 〔独〕konstitutives Prinzip / regulatives Prinzip
カント哲学における概念や能力の使用上の権能についての区別。構成的とは認識において経験の諸対象を規定し，条件づけ，体系化する主観の力や性格をいう。カントの思想においては，認識は

主観が諸現象を総合的統一へともたらすことによって成立するとされる。構成的原理はこの認識構成の基礎にあり，その枠組を与え，骨格を形成する方式を言い表す言葉である。具体的に，主観において構成的原理を有するものは，感性における直観形式と悟性におけるカテゴリーおよび数学的原則であり，これらは単に多様であるにすぎない対象を秩序づけ，客観的で体系的な認識へと組み立てる働きをもつ。それゆえ構成的原理は客観的認識の形成原理に等しく，それを主観のア・プリオリな諸形式が担うとされるのである。このように客観的認識における普遍妥当性が主観の諸規定によって構成されることを主張するのが，構成説であるが，カントの認識論はこの認識構成を支え遂行する構成的原理を具体的に提起し，展開するところに重点がある。これに対して，統制的原理は客観的認識の圏域を越えた理性的世界に向けられた原理であり，およそ理性の働き全般の基本的性格を言い表し，対象を構成するのではなく，単にその運動方向を規制し，条件づけ，整序する限りにおいてその権能が認められるという原理である。統制的原理は認識や行為において，「あたかも〜のように」(als ob) という形で主観を導く。理性の諸理念は認識を形成する働きをもつのではなく，認識そのものを制御し，究極目的に向けて内的に照明を与えるという役割を担う。また反省的判断力は態度や行為を美と目的の規準のもとに導き判定するという働きをもつから，これらの働きもまた統制的と称せられる。（太田直道）

構造／機能　〔英〕structure / function〔仏〕structure / fonction
社会学における構造／機能の定義は一様ではない。仮に定義するならば，「構造」とは，システム全体がもつ，その各要素には還元できない性質のうち，相対的に変化しにくいものを指し（変化しやすいものを「過程」と呼ぶ），「機能」とは，システムもしくは構造の諸部分が担う，システムもしくは構造の維持に貢献する働きのことを指す。両概念は，パーソンズやマートンが構造−機能主義の方法を主張して以来，特にマクロ社会学における主要な分析装置となった。社会学における「機能」を重視する立場は，スペンサーの社会有機体説に萌芽的にみられ，これをデュルケム

コウゾウ

の『社会分業論』が発展させた。デュルケムは，分業には経済的機能のほかに社会を連帯させる機能があることを指摘し（のちにマートンの言う「顕在的機能」に対する「潜在的機能」），行為者の功利的・目的志向的行動には還元されない，社会がもつ機能の分析に道を開いた。しかし，パーソンズらにより直接影響を与えたのは，むしろマリノフスキーやラドクリフ＝ブラウンの機能主義人類学である。マリノフスキーは，進化主義的もしくは伝播主義的に人類史を再構成するそれまでの人類学を批判し，婚姻や親族などの諸制度が，当該社会全体のなかで果す機能の重要性を主張した。ラドクリフ＝ブラウンは，生物有機体のアナロジーを用いて，全体に対する部分の貢献という観方を定式化した。しかし，両者が後続する世代に与えた影響のうち最大のものは，未開社会と近代産業社会を共通の方法で研究する姿勢であった。パーソンズは，これらの成果を一般システム論と接合することによって，独自の社会システム論を確立するが，その理論は社会を静態的に把握するものと批判され，その後，構造−機能主義は──後期のパーソンズ自身を含めて──構造の変動を理論に組み込む努力を続けている。その一方，フランスではレヴィ＝ストロースが構造主義人類学を確立する。インセスト・タブー（近親相姦の禁忌）について，機能主義の場合は，近親相姦は遺伝的に悪いためにそうした社会は滅びたと，適者生存の原理によってこれを説明するが，レヴィ＝ストロースは「婚姻交換」という「構造」によってこれを説明した。しかし構造主義もまた，その共時的構造の強調が静態的であると批判されている。加えて，「機能」を強調する立場の問題性は，全体として維持される「システム」もしくは「構造」が，それ自身あたかも目的志向的な存在であるかのように描かれてしまうことにもある。パーソンズの構造−機能主義を批判する（前期の）ルーマンは，機能−構造主義を主張し，現存する構造さえも，「複雑性（複合性）の縮減」というシステムを安定化する戦略のうちの──別様でもありうる──ひとつに過ぎないと主張した。
→機能主義，構造主義，システム（論），社会システム論，ポスト構造主義

［文献］ルーマン『目的概念とシステム合理性』勁草書房，1990；富永健一『現代の社会科学者』講談社学術文庫，1993。

（鈴木宗徳）

黄宗羲 （こう そうぎ）Huáng Zōngxī 1610〔万暦38〕-1695〔康熙34〕
字・太冲，号・南雷・梨洲。明末清初の思想家・学者。明末には腐敗した明朝政権と，満清の侵入後はこの侵略者と闘い，清朝政権樹立後は，政治活動からは退いたものの，その政権の籠絡を拒否，学術研究に専念した。哲学上は陽明学系統の主観的観念論の影響を脱しなかったが，社会的現実への洞察は鋭く，主著『明夷待訪録』においては，封建君主制の根底的批判を含め，近代民主主義の萌芽とも言える斬新な政治・経済政策を提唱，また特に学校制度に関しては「天下を治むるの具」としての学校の自治を謳うなど，驚くべき見識を示し，中国のルソーと讃えられる。
［文献］『黄宗羲全集』（全12冊）浙江古籍出版社，2005；黄宗羲『明夷待訪録』（東洋文庫）平凡社，1964。　　（村瀬裕也）

構造主義 〔仏〕structuralisme〔英〕structuralism
一般に一つの言葉は一つの対象や観念と対応し，言語総体は一つ一つの言葉の総和であると考えられているが，言語学者ソシュールやヤコブソン（Roman Osipovich Jakobson 1896-1982）は，一つの言葉は語相互の論理的関係が作り出す差異の体系において意味が与えられると考えた。

　ヤコブソンはロシア・フォルマリスムの影響を受けて1928年に「構造言語学」を提唱したが，人類学者レヴィ＝ストロースは1942年ヤコブソンに出会い，その方法を取り入れて1959年に『構造人類学』を刊行した。決定的だったのは，レヴィ＝ストロースが1962年に『野生の思考』の「歴史と弁証法」でサルトルの『弁証法的理性批判』（1960）を批判したことである。それは単にサルトルの実存主義の批判であるにとどまらず，近代以降意味の基底（sub-ject）として考えられてきた主観・主体が実は中心をもたない構造の産物にほかならず，歴史の弁証法的発展

は西欧中心主義の「神話」に過ぎないことを指摘するものであった。ここに人々はルネサンス以降の人間中心主義とは異なる新しい思想としての構造主義の誕生を見た。

『野生の思考』に続いて1965年にはマルクス主義者アルチュセールが『マルクスのために』『資本論を読む』を，1966年には精神分析家ラカンが『エクリ』を公刊したことにより構造主義は新しい思想としてブームになった。そのため，1966年のフーコーの『言葉と物』，1967年のR. バルトの『モードの体系』，1969年のクリステヴァの『セメイオティケ』もすべて一括りに構造主義とされるという行き過ぎも起こった。

構造言語学が言語を対象から切り離して差異の体系から考えたように，構造主義者たちは事実的社会関係と論理的社会構造とを区別する。たとえば，父−母−子という三角構造は，具体的なあるいは想像的な父，母，子ではなく，象徴的でトポロジー的構造を意味している。つまり，「語と対象」「語とイメージ」ではなく，語相互の差異的な「関係価値」が重要なのである。また，構造は無時間的で静的な秩序ではなく，将棋の駒やトランプの絵札の価値・意味がゲームの遂行において初めて与えられるのと同様に，満たされることのない「余白」によって開始されるゲームにおいてそのつど差異を産出する。

［文献］ドゥルーズ「何を構造主義として認めるか」（『ドゥルーズ・コレクション1─哲学』）河出文庫，2015；フーコー「構造主義とポスト構造主義」（ミシェル・フーコー思考集成Ⅸ）筑摩書房，2001。　　　　　　　　　　　　　　　　　　（上利博規）

構造的暴力　〔英〕structural violence
ノルウェー出身の社会学者・国際政治学者で，平和研究の創始者の一人であるJ. ガルトゥング（Johan Galtung 1930-）が提起した概念。平和研究における平和概念は，1970年代以降に顕在化した南北問題に取り組む中で，その射程を大きく拡大させた。それまでの平和概念は，冷戦構造と核戦争の危機を背景として，端的には戦争の不在を意味し，物理的ないし直接的暴力の存在しない状況を指していた。ところが，南北問題が関心を集めるに至り，

支配と従属を孕む社会構造そのものが生み出す暴力が問題視されるに至った。その中で彼は，貧困，失業，飢餓，病気，政治的抑圧，犯罪，差別，教育の剥奪など，社会構造の中に組み込まれ，人間の潜在能力の実現を阻害する間接的・非物理的剥奪や抑圧を捉えて，構造的暴力という社会学的概念を創出した。そして，この構造的暴力からの解放を平和の実現された状態とする平和概念が生まれた。彼は，旧来の平和を消極的平和，基本的人権の保障を現実化しようとする新たな平和概念を積極的平和と名づけ，その実現に向けて精力的な努力を傾注している。彼の問題意識は，個々の人間がその潜在的能力の開発を自由に行うことのできる状況を保証することこそ安全保障だとする，A. センの「人間の安全保障」概念へ結びついていった。世界的規模で新自由主義化が進み，構造的暴力論が指摘した搾取・浸透・分断・辺境化が深化している今日的状況において，この概念の批判的有効性が改めて発揮されなければならない。

［文献］ガルトゥング『構造的暴力と平和』中央大学出版部，1991；同『ガルトゥングの平和理論——グローバル化と平和創造』法律文化社，2006；A. セン『不平等の再検討——潜在能力と自由』岩波書店，1999。　　　　　　　　　　　（景井充）

構想力〔英〕imagination〔独〕Einbildungskraft〔仏〕imagination
直接的に感覚がなくとも対象をイメージする能力。一般には「想像力」といわれるが，ドイツ哲学に深い影響を被った近代日本の知的世界では「構想力」という独自の用語が定着した。哲学史の上ではアリストテレスが『霊魂論』のなかで感覚対象が消失しても残る形象作用を「ファンタシア」(phantasia) とし，それが感覚に随伴し，判断をも導くところから，その形象作用を感覚と思考とを媒介する共通感覚によるものと考えた。この思想は近代哲学にも継承される。カントは『純粋理性批判』において感官および「統覚」と並んで心的諸能力の三つの根源的源泉に構想力を数え上げ，「直観において対象が現前していなくとも対象を表象する能力」と規定し，その働きによって感覚的な多様性がひとつの

形象として超越論的に総合されるとした。この能動的な総合の能力は「産出的構想力」と名づけられ，単に経験的，心理的な作用にすぎない「再生的構想力」とは区別された。前者のような構想力（想像力）の能動的機能への注目は20世紀においてもなされた。サルトルはフッサールの現象学的方法にしたがいながら，想像された形象を「準観察」の所産として現実の知覚から区別し，それが時には現実以上の実在感をもつとした。また，同時代の日本では三木清が構想力を原理とする独自な哲学体系の構築を試みた。彼はアリストテレスやカントを踏まえて構想力にロゴスとパトスとを統一する「形の論理」を指摘しながら，それを単に認識論や芸術的創造の論理としてではなく，神話，制度，技術，経験，言語を包括する行為と社会創造の論理であることをも解明し，その延長上にユートピア的なものも位置づけた。だが，構想力は神でも動物でもない人間に固有の中間的な心的能力であるため，非現実性，非完結性，不安定性などの側面を含まざるをえず，それが独自な機能を果たすといっても，生きた有益な文化的，社会的原理であるには現実と理念との双方からの絶えざる吟味が必要となる。その意味で，構想力が感性や理性など他の人間的諸能力の同伴を要することも否めない。

→共通感覚，ユートピア

［文献］カント『純粋理性批判』上，岩波文庫，1961；サルトル『想像力の問題』（全集12）人文書院，1975；三木清『構想力の論理』（全集8）岩波書店，1985；滝浦静雄『想像の現象学』紀伊國屋新書，1972。　　　　　　　　　　　　　（小池直人）

公孫竜　（こうそん りゅう）Gōngsūn Lóng 前320頃-250頃
戦国時代の思想家，恵施と並び，名家の代表的人物。兼愛の立場から偃兵を説くなど，反戦思想家・平和活動家としての一面を有す。名弁家としては，「白馬は馬に非ず」とか「堅は未だ石とともに堅たらず」とか，一見常識を破る議論を展開するので詭弁家とも言われたが，しかし論理学史の上では，個物と一般（普遍），概念の外延と内包との区別を問題にした点で重要。なお荀子の如き「正名」派からは「名を用ふるに惑いて以て実を乱る」と非難

された。

[文献] 天野鎮雄『公孫竜子』明徳出版社，1967；大浜晧『中国古代の論理』東京大学出版会，1959。　　　　　　（村瀬裕也）

洪大容 （こうたいよう）Hong Daeyong 1731〔英祖 7〕-1783〔正祖 7〕

李朝後期を代表する実学者で，天文学者。字は徳保。号は湛軒。実心実学の提唱者。35 歳のとき冬至使の随員として北京に行き，ドイツ人の天文台長らと交流。孔子の教えと六芸の学を内実とする古学を慕い，解釈学に終始して実行の弱い朱子学には批判的であった。「半分わかったら，その半分だけでも実行してみよ，そうすれば残りの半分もわかり，十全な認識となる」という実践重視の認識論は，陽明学に近いが，陽明学の主観主義は批判した。代表作は実翁と虚子の対話形式による宇宙無限論を展開した『毉山問答』。他に経世時務策の『林下経綸』，実用数学書『籌解需用』。北学派（夷狄からも学ぶ派）のリーダーであった。
[文献] 全集『湛軒書』影印，韓国景仁文化社，2001；金泰俊『虚学から実学へ――十八世紀朝鮮知識人洪大容の北京旅行』東京大学出版会，1988。　　　　　　　　　　　（小川晴久）

交通（マルクスの）　〔独〕Verkehr〔英〕intercourse

20 世紀後半以降，哲学思想界において近代批判と関係して言語論的転回やコミュニケーション論的転回がしばしば語られ，こういった流れの中でマルクスにはコミュニケーション論はなく，それがマルクスの限界といわれてきた。しかし，マルクスにおいて現代のコミュニケーション論が関心をもつ事柄の多くは，「交通」（Verkher）という概念のもとで語られている。『ドイツ・イデオロギー』における「物質的・精神的交通」概念は，ソ連型マルクス主義によっては，後に「生産関係」として語られる概念の未熟な形態とされてきたが，実はこの交通概念は，かなり広い意味合いをもった独自のカテゴリーとして，ある社会形態のもとで諸個人が互いに物質的・精神的に交わり通じること一般を意味している。したがって，市民社会と同じような意味で使われるレベルか

らもっと具体的な個々人の間の交流，即ちコミュニケーションのあり方というレベルに至るまで広く含んでいる。『ドイツ・イデオロギー』では，交通概念はしばしば「生産と交通」という対比的な言い方がされ「交通形態」「交通関係」「交通様式」などの表現にも見られるように，生産・労働に関わるカテゴリーと並ぶ大きな独自の包括的なカテゴリーとして主張されている。特に興味深いのは，「個人としての個人の交通」という言い方で，交通における解放が労働における解放に照応しているとマルクスが考えていることである。この交通概念には，コミュニケーションの疎外や解放というような，人間観と関わるマルクス独自の視点や，史的唯物論の再構築や「アソシエーション」の理解に連関していく重要な視点がある。
→コミュニケーション，アソシエーション，市民社会
[文献] マルクス／エンゲルス『ドイツ・イデオロギー』合同出版，1992；尾関周二『言語的コミュニケーションと労働の弁証法』大月書店，2002；田畑稔『マルクスとアソシエーション』新泉社，1994。　　　　　　　　　　　　　　　（尾関周二）

後天的 →ア・プリオリ／ア・ポステリオリ

行動主義 〔英〕behaviorism
ヴントの内観心理学およびティチェナーの構成主義心理学の内観分析という方法が非科学的であると批判して，アメリカにおいて20世紀初頭に起こった学派である。直接的には，ワトソンによる「行動主義者の見る心理学」(1913) という論文が行動主義宣言と見なされている。それは，科学的心理学とは観察不可能な意識などを研究対象とするものではなくて，客観的な観察可能な行動のみを対象とすべきものであり，心理学の目的は刺激（Stimulus）と反応（Response）の間の法則性を明らかにすることであると考える。その後，行動主義は主に動物を研究対象にした学習心理学分野を中心にして，アメリカ心理学の主流派となった。しかし，ワトソンやソーンダイクに代表される初期行動主義に代わって，1930年代以降は刺激と反応の間を媒介する有機体

(Organism) 内部の過程（たとえば目標や状況の認知，態度，価値観など）を無視することはできないという新行動主義と呼ばれる新たな潮流が起こった。この立場は，初期の行動主義が，S-R 説と言われるのに対して S-O-R 説と言われる。代表的な新行動主義者としては，トールマンとかハルらが挙げられる。新行動主義は，有機体内部の過程を無視しえないものとしたという点で，1960 年代に起こった認知革命，およびその後の認知心理学を準備したとも言える。一方，新行動主義とは一線を画しながら，ある意味ではワトソンの行動主義をさらに徹底して押し進めたのはスキナーである。スキナーの立場は，ラディカル行動主義とも言われるが，刺激と反応の関数分析による行動の予測を心理学の目的と考えた。その意味で，認知心理学とはまったく敵対するものであるが，スキナー箱を用いたオペラント条件づけとか，実験的行動分析という手法は，動物を対象にした比較心理学などで現在でも有効な研究方法として用いられている。

［文献］ヘッブ『行動学入門〈第三版〉』紀伊國屋書店，1975；スキナー『行動工学の基礎理論』佑学社，1976；ワトソン『行動主義の心理学』河出書房新社，1980。　　　　　（高取憲一郎）

幸徳秋水　（こうとく　しゅうすい）1871〔明治 4〕-1911〔明治 44〕

日本の社会主義運動の先駆者の一人。高知の出身で，本名は伝次郎。少年期から自由民権運動に関心をもち，上京し同郷の中江兆民に師事して影響を受ける。社会主義に進み，万朝報社に入る。1901 年，安部磯雄・片山潜・木下尚江などと日本最初の社会主義政党である社会民主党結成に参加するが，結社は禁止される。1903 年，堺利彦と平民社を結成し，『平民新聞』において激しい日露戦争反対を唱えた。この間，『廿世紀之怪物帝国主義』(1901) において先駆的な帝国主義批判を展開し，『社会主義真髄』(1903) では唯物史観に立って本格的な社会主義論を主張した。また，1904 年の『平民新聞』一周年記年号に，堺利彦とともに『共産党宣言』を初訳した。1905 年，弾圧による『平民新聞』終刊後，入獄を経て半年あまり渡米した。渡米中，クロ

ポトキンの思想やアメリカ労働運動の影響を受け、アナルコ・サンディカリストに変貌した。帰国後は、ゼネラル・ストライキを中心とする直接行動主義をとり、1906年に結成された日本社会党では、合法的議会主義をとった片山潜らと対立した。1910年、社会主義運動一掃を図った権力は、天皇暗殺計画という「大逆事件」をフレームアップ、翌年、幸徳は11名の同士とともに絞首刑に処された。幸徳の言行にはエリート的志士仁人的スタイルも指摘されるが、その論説や大逆事件などによるその後の知識人への影響はきわめて大きい。

→中江兆民、社会主義／共産主義

［文献］『幸徳秋水全集』（全9巻 別巻2 補巻1）明治文献、1968-73；糸屋寿雄『幸徳秋水研究』青木書店、1967。　　（吉田傑俊）

幸福　〔ギ〕eudaimonia〔英〕happiness〔独〕Glücklichkeit〔仏〕bonheur

「幸福」という用語は、善き生活を送ろうとするわれわれがつねに目指すべき「最高善」という無条件に肯定的な意味で用いられる場合と、「道徳」的原理が有すべき普遍性を欠くという点で、われわれの実践を導く最高原理とはなりえない個別的一時的の「快楽」ないし「楽しみ」にすぎないものという二次的な位置づけを与えられる場合とがある。

ギリシアのポリス的秩序を前提とするアリストテレスにとっては、そのような秩序のもとで「快楽」(hedone) を感ずべきことに快楽を感じ、また苦痛を感ずべきことに苦痛を感じる生活こそが、「卓越性＝徳」(arete) を備えた善き生活にほかならず、またそのような生活を送ることが「最高善」としての「幸福」(eudaimonia) であった。そして、知性に基づく「観照」(theoria) 的快楽を最高のものとするわれわれが感ずべき快楽の秩序へと市民たちを「習慣」(ethos) づけることが立法者たるポリスの統治者たちの任務であり、このような意味で倫理学は政治学の一部であると考えられていた。

これに対して、ヘレニズム期に入ると、ポリス崩壊に伴って秩序ある快楽とそれに支えられた善き生活という意味での「快楽」

と「徳」との調和に基づく「幸福」は見失われ，主に個人の「快楽」に依拠することによって「幸福」を目指すエピクロス主義と，そのような主観的個別的な「幸福」を目的とすることを拒否し，人類的世界市民的観点から普遍的な自然法的秩序に従った「徳」を備えた生き方を理想とするストア主義への分裂が顕著となった。

近代においてエピクロス主義を自覚的に継承したエルヴェシウスと，それを洗練された功利主義的「幸福」論に発展させ，「最大多数の最大幸福」を基本原理として打ち出したベンサムの場合には，立法とそれに基づく様々なレベルでの「制裁」（sanction）を通じて諸個人が公共善をなすことを自らの「快楽」と見なすことができるような条件を作ることが決定的な意味をもつとされた。この点で，アリストテレス的な政治と倫理の統一のもとでの「幸福」追求と共通する面がある。しかし他方で，何が自らにとっての「快楽」であるかを最終的に判断する主体はあくまで諸個人であるとされており，カントが強調しているように，「道徳」が主観的な「快楽」の一般的規則という意味での「幸福」を超える普遍的妥当性を要求するものだとすれば，功利主義的「幸福」論はわれわれの実践の最高原理としての要件を満たしていないとも言える。

[文献] アリストテレス『ニコマコス倫理学』上・下，岩波文庫，1971・73；カント『実践理性批判』岩波文庫，1979；森村敏己『名誉と快楽——エルヴェシウスの功利主義』法政大学出版局，1993。　　　　　　　　　　　　　　　　　　　　　（石井潔）

幸福主義　〔英〕eudaimonism〔独〕Eudamonism〔仏〕eudemonisme
われわれの実践の目的または動機，あるいはその双方を規定すべき最高原理が「幸福」であるとする理論的立場。狭義の快楽主義と区別されるものとしての幸福主義の特徴は，個別的一時的な「快楽」ではなく，それらの間に何らかの秩序ないし序列を設けたり，あるいはベンサム的な「快楽計算」にみられるような総和のメカニズムを利用することによって導出された，より総合的

な概念としての「幸福」に原理的な位置づけを与えるところにある。

「快楽」一般を無条件に肯定するのではなく、ギリシアのポリス的秩序に支えられた、「快楽」を感ずべきことに快楽を感じ、また苦痛を感ずべきことに苦痛を感じる「卓越性＝徳」を備えた善き生活こそが「最高善」としての「幸福」であるとしたアリストテレスや「最大多数の最大幸福」を立法の第一原理としたベンサムはこのような意味での幸福主義を代表する思想家である。

カントは、諸個人の「傾向性（＝快楽）」の一般化されたものにすぎない「幸福」原理をわれわれの実践の動機＝意志の規定根拠の最高原理とすることに、道徳法則のもつべき普遍性を侵害するという理由で反対するという点では、反「幸福」主義の立場に立つが、「徳」と「幸福」の一致としての「最高善」の実現という観点から、われわれの実践の帰結として幸福の来世における保証が実践理性によって「要請」されると主張する限りにおいては、必ずしも幸福主義を全面的に否定しているわけではない。

[文献] アリストテレス『ニコマコス倫理学』上・下、岩波文庫、1971・73；カント『実践理性批判』岩波文庫、1979。（石井潔）

構文論 〔英〕syntax, syntactics
C. W. モリスが提唱した記号の一般理論で区分された記号の働きの三つの側面の一つ。記号と記号の結合において、何が適切であり何が適切でないかを支配する仕組。たとえば「象は鼻が長い」は日本語の文として適格だが、「長いが鼻は象」は文としてのまとまった働きをもたず、語の羅列にすぎない。このような判断を支える規則的な仕組が日本語の構文論ないし文法である。形式言語では記号結合の適格さは明確に定式化された規則によって定められるが、自然言語における記号の結合を支配する仕組は、話者自身が意識的には捉えておらず、それを明らかにすることは経験科学的な言語研究の課題である。
→意味論，語用論　　　　　　　　　　　　　　（伊勢俊彦）

合目的性 〔英〕finality, purposiveness, teleonomy〔独〕Zweckmäßigkeit

あるものがその目的にかなった構造，機能をもっていること。一般には，手段が，目的に合っていること（外的合目的性）。また，生物体などのように，部分が全体に，あるいは，部分同士が相互に適合していること（内的合目的性）。つまり，相互に目的であり，手段である場合も，合目的性を有しているといわれる。たとえば，キリンの首は長いが，首が長いためには，全身にそのための機構が求められる。長い首は，頭の位置を高くするが，その高い頭に血液を送るため，強い心臓をもち，高い血圧が必要である。さらに，キリンは水を飲むときなど，頭を下げるが，その際，急激に頭にその高い血圧の血が流れ込み，そのままなら，脳溢血になってしまう。そうならないため，キリンの頭の入り口の血管には，キリン特有の弁があり，脳内の急激な血圧上昇を避けている。もちろん，キリンは，首が長いこと自体が目的なのでなく，逆に，そうした全身を支える食物の補給のために首が長いともいえる。こうした合目的性は，自然，人間，社会に広く見られる。ただし，因果性に基づく近代の機械論では，扱いにくいものだった。カントは，合目的性を自然に見出しつつも，それを主観的であるとし，現象界は因果必然の世界とした。機械論の立場に対しても，合目的性を説得力をもって説明したのが，ダーウィンの自然選択説といわれる。つまり，合目的性をより有したものが生存競争を勝ち抜くのに有利だから，この世の生物は，合目的性を有しているという説であり，生物進化の根本をなすとした。弁証法の立場から，ヘーゲルは，相互に目的であり，手段であるような合目的性を有するものこそ生命，有機体であり，実在している理念とした。今日では，一般システム論やサイバネティックスも，合目的性の議論といえるし，生物進化論でも改めて問題となっている。

→目的論

［文献］鈴木茂『偶然と必然』有斐閣選書，1982；S. J. グールド『ニワトリの歯——進化論の地平』上・下，ハヤカワ文庫 NF，1997。　　　　　　　　　　　　　　　　　　　　（稲生勝）

康有為 (こう ゆうい) Kāng Yǒuwéi 1858〔清咸豊 8〕-1927〔民国 16〕

戊戌変法の理論家。広東省出身のため，早くから西洋の脅威に敏感。家族からの科挙合格の期待に苦悩し，仏教，道教にも熱中した。1879 年，香港訪問以来，西洋近代の学問に開眼。1888 年，変法要求を上書，不首尾に終る。帰郷して私塾万木草堂を開き，梁啓超ら優秀な学生の協力の下，儒教教義により知識人を説得できる変法理論の形成に没頭した。今文経学に依拠して，公羊学の三世進化説と『礼記』礼運篇を結びつけ，孔子の真の理想は大同社会の実現だとして，立憲共和制を正当化した。1895 年，日清戦争の敗北を機に政治活動を再開。1898 年，光緒帝を擁して絶対主義的近代化を推進したが，西太后を中心とする保守派のクーデタで失敗し，亡命。辛亥革命後は孔教国教化に奔走した。
［文献］日原利国編『中国思想史』下，ぺりかん社，1987。

(後藤延子)

公理 〔ラ〕axioma〔英〕axiom〔独〕Axiom

公理はもともと議論において議論参加者の一人によって要請される命題を意味した。この前提の選択には恣意的選択の要素があったが，プラトンがその恣意性を除去した後，アリストテレスにおいて，明証的かつ証明の必要がない命題を意味することになる。これによって公理は演繹科学の基礎におかれるようになった。ユークリッド（エウクレイデス）の『幾何学原本』（紀元前 300 頃編集）では，共通概念が公理（axiōma）と呼ばれた。自明の真理としての公理の理解は，リーマンらによる非ユークリッド幾何学の発見によって急速に失われ，演繹科学の出発点であり基礎としての公理は仮説的性格をもつものと考えられるようになる。この方向を押し進めたのはヒルベルトの形式主義である。
→形式主義
［文献］彌永昌吉／赤攝也『公理と証明──証明論への招待』ちくま学芸文庫，2012；『ユークリッド原論〔追補版〕』共立出版，2011。

(横田榮一)

功利主義　〔英〕utilitarianism
【古典近代の功利主義】翻訳や日常語の問題も絡んで日本では，功利主義は拝金主義と同一視されがちである。だが，エルヴェシウスやイタリアの刑法学者ベッカリーアを先駆とし，ベンサムが集大成した古典近代の功利主義は，統治＝法の原理また道徳原理として構想された。基本的枠組において二元論である功利主義は，一方では，目的論的当為的原理であり，立法行為などの統治行為を，私利＝自己利益に奔らせず，最大多数の最大幸福（最大幸福と略）と等置される功利（効用）を目的にすべきだとする。しかし他方で功利主義は，自然的存在論的原理であり，最大幸福（功利）を，快を求め苦を避ける人間の自然的構造に基づく個人の快苦原則により常時量的に規定されるとする。なおベンサムは，強度・持続性・確実性・遠近性・多産性・純粋性・範囲の七つを快苦の尺度とした。

上記の二元性にはまた，功利主義における全体性・公共性論と個人主義・アトミズムとが，さらには，大多数の庶民の幸福を志向する主張と自然的構造に基づく諸個人の平等性・別個性の主張とが対応してもいる。これらは，人間を快苦の受容器とみる平板な人間把握と一体だが，道徳的な善や悪を快苦（功利）に還元する現実的な主張でもある。快苦などの一見「自然的」に見える自然主義的規定に依拠するがゆえに，功利主義は，一般的な倫理学説では当然の存在と当為との乖離を解消したことにもなるが，この点が，他方では，事実（存在）から規範（当為）を導く自然主義的誤謬として批判されもする。

さらにベンサム的な快苦原則は，産業ブルジョアジーを根底で支える私的所有の安全という資本主義的要請と合体してもいた。この点では，いわば社会工学的な法的管理・外的裁可による人為的な利害の一致と，資本主義的で自由競争的な自然的利害の一致とが相互補完的に把握されて古典近代の功利主義が成立したとも言える。それゆえベンサムは，往時のイギリス社会改革派の哲学的急進主義の領袖とされると共に，資本主義の代弁者として「自由，平等，ベンサム」（マルクス）と形容されもする。

【その後の功利主義の展開と現代】ベンサム後，弟子のJ. S. ミル

が，肉体的なものに傾斜した量的快楽主義を修正し，精神性重視の質的快楽主義を功利主義の本質とした。また功利主義は，超越性に依拠する自然法などの市民革命の原理を否定しつつも，人間の自然的構造へ依拠するがゆえに，この功利主義の現実性・解放性がオーウェンなどのユートピア社会主義につながった。20世紀を迎えて以降，当初は対象の性質とされていた快苦を，諸個人毎に異なる選好関数が規定するとした，効用主義・福祉主義（welfarism）と重なる主観性重視の功利主義も登場した。さらに功利主義は，個別行為の功利性を判定する行為功利主義と諸行為の規則自体の功利性を吟味する規則功利主義とに，また，快楽（功利性）総量を核とする総計的功利主義と個々人の快楽の平均を核とする平均的功利主義とに，区分されもする。

しかし現代では，新自由主義に傾斜しがちなものも含む自由主義と功利主義との関連が興味深い。つまり，全体性・公共性論という色彩の強い最大幸福論としての功利主義は，個人的善など個人主義を重視する自由主義によって批判されるが，他方では，個人主義さらにはアトミズムに依拠する功利主義が，この自由主義と一体的に把握される。これらの点から，現代倫理学全体の軸が功利主義への賛否に求められることもある。なお，ヘーゲルの『精神現象学』精神の章の有用性論（Nützlichkeit）は，功利主義解釈として今なお有意義である。
→ベンサム，ミル，最大多数の最大幸福
［文献］ベンサム『道徳および立法の諸原理序説』／J. S. ミル『功利主義論』（世界の名著49）中央公論社，1967；ヘア『自由と理性』理想社，1982。　　　　　　　　　　　（竹内章郎）

公理主義　〔英〕axiomatism
公理的方法（axiomatic method）とは，論理学や集合論や数学の諸分科，物理学の一部で使用されている理論構成の方法を言う。はじめに，体系における原子記号と式を形成するための形成規則，無定義語と演繹規則および公理が導入されて，公理以外の体系のすべての命題（定理）が演繹される。理論を公理的に体系化すれば，この公理化された体系に関して，ある公理の他の公理か

らの独立性や無矛盾性，完全性を証明することができる。これらは体系内の定理と区別されてメタ定理と呼ばれる。公理的方法の最初の例は，ユークリッド（エウクレイデス）の『幾何学原本』（紀元前300頃編集）である。『幾何学原本』では，5つの公準と5つの公理が与えられ，幾何学と数論が体系的に編成された。1899年に，ヒルベルトは，『幾何学の基礎』において，『幾何学原本』の公準に相当するものを無定義概念として導入し，無定義概念に関する公理を導入して，幾何学を公理的に体系化した。ヒルベルトはまた，集合における矛盾の発見によって生じた数学の危機に応答して，数学を，公理的方法を用いて形式的に体系化し，無矛盾性を証明して数学を救おうとする形式主義の立場を表明し，物理学を含めてあらゆる厳密な科学が公理的に編成されるべきとする立場を表明した。公理的方法は理論構成の一つの方法であるが，主義としての公理主義とは，科学理論は公理的方法によって構成されるべきとする立場を意味する。

[文献] 彌永昌吉／赤攝也『公理と証明——証明論への招待』ちくま学芸文庫，2012；『ヒルベルト 幾何学の基礎／クライン エルランゲン・プログラム』（現代数理学の系譜7）共立出版，1970。　　　　　　　　　　　　　　　　　　（横田榮一）

合理主義／非合理主義　〔英〕rationalism / irrationalism〔仏〕rationalisme / irrationalisme〔独〕Rationalismus / Irrationalismus
合理主義とは，人間の本来的なあり方を理性的存在と捉え，理性的認識に基づいて社会や生活のあり方を導くことを目指す立場であり，非合理主義とは，人間や世界を理性によっては割り切れない存在と見なし，理性や科学とは別の原理に基づいて世界を解釈したり行動したりする立場。自らを「非合理主義者」と自称することは少なく，合理主義の立場からそれに反する人々を非難して発せられる場合が多いが，自ら反理性主義や反科学主義を標榜する場合もある。合理主義は，西洋近代に特徴的な態度であって，ルネサンスが多分に含んでいた魔術的な要素を一掃し，理性をもった人間が自然と社会に対する透明な認識を獲得し，世界の制御，設計を目指す態度であり，デカルトにその典型を見ることが

できる。非合理な錬金術や占星術，魔術を否定して科学が形成されたのである。この近代合理主義は，18世紀啓蒙思想に引き継がれ，信仰においても理神論など理性宗教が唱えられたが，他方でこれに反し，詩的空想や精神的直観によって生の全面的な解放を求めるロマン主義の流れが現れた。直観主義を唱えるシェリング，生への根源的な盲目の意志を説くショーペンハウアー，力への意志を説くニーチェ，信仰の理性化に反対し実存的な信仰を求めたキルケゴール，また存在の理性化を批判し直観による生きた実在の把握を唱えたベルクソンもこの流れに入る。合理主義，啓蒙の立場は，社会の理性化＝合理化が人間の自由や平等を進め，幸福を約束するものと考えるが，ホルクハイマーやアドルノはナチス体験から合理主義が逆に非合理主義や神話，野蛮に転化することに警鐘を鳴らし，フーコーもまた合理化が社会や人間の抑圧を生むとの近代批判を行った。これに対してハーバーマスはコミュニケーション的合理性を対置して，理性の批判的機能に望みを託そうとする。

→合理論 　　　　　　　　　　　　　　　　　　　　（河野勝彦）

合理性　〔英〕rationality〔独〕Rationalität〔仏〕rationalité
合理性という概念はきわめて多義的である。その多義性は，語源であるラテン語のラチオ（ratio）がすでに「計算」「考慮」「根拠・理由」「方法・手段」など多義的な言葉であったことからも容易に理解されよう。

【近代以前の合理性】歴史的には，合理性は第一に人間の知的・精神的な特性を指す言葉として用いられた。このことは，ラチオがギリシア語のロゴス（logos）の訳語として定着したことを背景として，たとえばアリストテレスにおける人間の定義「ロゴスを有する動物」がアウグスティヌスの「理性的動物」（animal rationale）に引き継がれる，という関係に見ることができる。さらに中世には，合理性は啓示と対比されることを通じ，人間の知性の有限性を示す言葉としても用いられることとなった。

　他方で，やはりラチオを歴史的背景として，合理性は論理的・形式的な整合性を指す数学的な概念としても用いられた。たとえ

ばライプニッツは「rational」という言葉を数学的な意味で用いているし，現代でも〈有理数／無理数〉（rational / irrational）という言葉にその含意を見ることができる。

【近代の合理性】近代に入ると，合理性はもはや〈神の啓示〉対〈人間の有限な知性〉という対立軸には置かれず，〈感情や信仰〉対〈理性〉という対立軸に位置づけられるようになる。また意味内容もこれに対応して，感情や迷信などに左右されない意識的なあり方を指すようになっていく。この意味での合理性を最も明瞭に定式化した一人として，M. ウェーバーが挙げられる。

　ウェーバーによれば，外的な強制や感情などに制約されない限り，人間の行為は意識的に設定された目的を一定の手段によって追求するという形をとる。こうした目的に対する手段選択の適切さとしての合理性，すなわち目的合理性がウェーバーの提示する第一の合理性概念である。他方，たとえば法律や行政規則が一義的に規定され論理的に矛盾なく体系化されている場合，ウェーバーはこれを形式合理性と呼ぶ。すなわち概念の一義性や論理的な一貫性・体系性としての合理性である。

　そしてウェーバーは両者の密接な関連を指摘する。たとえば近代の資本主義において経済主体が目的合理的に行為するには，形式合理的な法や規則に基づく司法や行政の予測可能性が必要とされる。あるいは形式合理的な規則に従って活動する近代の官僚制は，この規則がもたらす正確性・予測可能性によって目的合理的に機能しうる。同時にウェーバー自身が〈目的合理性〉と〈価値合理性〉，〈形式合理性〉と〈実質合理性〉という対概念を提起したように，上記の合理性が様々な価値や実質的な理念を犠牲にするという傾向もまたウェーバーの指摘するところである。

【合理性批判】以上の意味での合理性は近代において中心的な位置を占めてきたが，これに対する批判も数多くなされている。たとえばアドルノらフランクフルト学派は，このような合理性が人間と自然を支配する圧倒的な力をもちながら，その無内容さゆえに非人間的な目的に奉仕してしまうという〈道具的理性〉の問題を批判している。また同じくフランクフルト学派の第二世代にあたるハーバーマスも，近代社会において支配的となった合理性の

あり方を批判し，より広い基盤から合理性概念を捉え直すべきとして〈コミュニケーション的合理性〉の概念を提示している。
→官僚制，道具的理性，コミュニケーション
[文献] ヴェーバー『社会学の根本概念』岩波文庫，1972；ホルクハイマー／アドルノ『啓蒙の弁証法』岩波文庫，2007；ハーバーマス『コミュニケイション的行為の理論』上・中・下，未来社，1985-87。　　　　　　　　　　　　　　　　　（橋本直人）

合理論 〔英〕rationalism〔仏〕rationalisme〔独〕Rationalismus
認識論において知識の起源を感覚・知覚におく経験論に対して，知識の成立根拠を経験から独立した理性能力におく立場。合理論の典型はプラトンに見られる。プラトンは，真の実在であるイデアの世界は，感覚ではなく魂に生得的に備わるイデアの想起によって知られるとした。真の実在の認識が知識であり，感覚で捉えられる現象界は真に有るものではないゆえに，そこでは知識（エピステーメー）は成立せず，臆見（ドクサ）しか得られないとした。真の実在の知識は，理性によって知られるという立場である。この立場は，デカルト以来，大陸合理論として，スピノザ，ライプニッツなどに継承された。デカルトにとって，世界の本質と法則は，それらの観念が同時に人間精神に刻印される仕方で神によって創造されているので，人間は生得観念によって世界のア・プリオリな認識が可能である。スピノザ，マルブランシュ，ライプニッツも基本的にこの線で考えた。それに対し，ロック，バークリ，ヒュームなどのイギリス経験論は，生得観念を否定して認識の起源を経験におき，自然認識についても厳密な知識は得られないとして，大陸合理論を批判した。ロックにおいて知識とは，観念間の一致・不一致の知覚であり，ヒュームにおいても知識は観念間の関係の知覚であるが，自然的事物の認識には，それらの必然的関係の知覚は得られないので蓋然的な認識で満足するしかないとして，人間は世界の本質認識には至りえないという懐疑論，不可知論に傾くことになり，こうしてニュートン力学など自然学の学としての成立可能性が問われることになった。合理論

の伝統のなかで育ったカントは，ヒュームの因果性批判の警鐘によって独断の夢から醒まされて，純粋理性の独断的使用をいましめて，知識の成立における経験の不可欠を説くとともに，その経験そのものがプラトンやデカルトの生得観念の系列に属する純粋直観や純粋悟性概念によって構成されるとして，合理論に近い立場から両者を総合した。ただカントは，人間認識は世界の本質認識には至らず，経験の対象である現象しか認識しえないとして超越論的観念論の立場をとった。
→合理主義／非合理主義　　　　　　　　　　　（河野勝彦）

五蘊　（ごうん）〔パーリ〕pañca skandhā〔サ〕pañca skandhās
身心を構成する五つの部分を意味する仏教の用語。五つとは，色（rūpa）蘊，受（vedanā）蘊，想（saṃjñā）蘊，行（saṃskāra）蘊，識（vijñāna）蘊のことである。最初の色が身体を指し，残りの四つは心の認識過程の一つひとつに対応する。すなわち，受は，対象を捉えて受け入れる作用であり，想は，対象情報の内容を識別する作用であり，行は，識別された対象情報を記憶と照合する作用であり，識は，「これは〜である（でない）」と判断する作用である。ゴータマ・ブッダ（釈迦）は，しばしば人が誤って自己（アートマン）だと見る身心のどの部分も永遠の自己ではないとする五蘊非我（無我）説を説いた。
〔文献〕水野弘元『仏教要語の基礎知識』春秋社，1972。
　　　　　　　　　　　　　　　　　　　　　　（宮元啓一）

コーエン　Hermann Cohen 1842-1918
新カント派（マールブルク学派）の代表的哲学者。アリストテレス，プラトン研究を土台にしつつ，カント解釈において独自の論理主義的見解を打ち立てた。真の哲学は，数学を模範とする学的・論理的精神によって打ち立てられなければならないとした。思惟には創造的な産出力があり，表象に対して「考え入れる」という働きが加わることによって認識が形成されるとした。すなわち，認識を，純粋思惟が自らの内容を流動的に産出しつつ，客観化していく運動によって生成するものとし，この運動過程を「経

験」と定義した。ここから彼は, 自然科学的認識に対して, その基底となる純粋な学的認識を, カントの批判哲学の立場（構成主義）から樹立しようと試み,「純粋認識の論理学」「純粋意志の論理学」「純粋感情の論理学」という三つの精神的生産一般の世界, すなわち科学, 道徳, 芸術の基礎理論を体系づけようとした。
→新カント派 （太田直道）

顧炎武　（こえんぶ）Gù Yán-wǔ 1613〔万暦41〕-1682〔康熙21〕
江蘇省崑山県の人。名は炎武, 字は寧人。亭林先生と呼ばれた。明末清初の大学者。経学(けいがく)の立場としては, 朱子学を奉じたが, 清朝考証学の先駆でもある。反清復明の志から清朝の招きを断り各地を遊歴した。社会に対する実践的関心が強く, 士人（中国の伝統的支配階層）に廉潔さを求めた。また明代の学問を空疎だと批判して, 儒教経典に基づいて実証することを説いた。「小学」（伝統的な中国語学）に基づくその経学や「実事求是」（事実に即して真理を求める）の実証的態度は, 戴震(たいしん)などに大きな影響を与えた。政治論では, 中央集権制の弊害を見て, そこに地方分権的要素を加えることを説いた。
→経学, 朱子学, 戴震
［文献］顧炎武「亭林文集（抄）」「日知録（抄）」（『明末清初政治評論集——中国古典文学大系57』）平凡社, 1971；清水茂訳注『顧炎武集——中国文明選7』朝日新聞社, 1974。 （小林武）

古学派
江戸時代, 朱子学や陽明学などに反対して, 儒教の古典への復帰を標榜した学者たちの総称。ただしその思想内容には個人または流派によって大差がある。その嚆矢たる山鹿素行は, 朱子学的な理気二元論を排し,「理」の実体性を否認してこれを「条理」と解するが, さりとて完全な「気」一元論には立たず,「理気妙合」論に終っている。またその道徳論も,「礼」を軸とし「君臣上下の道」を明確化した武士道徳の面が強い。京都の町民・伊藤仁斎は, 理気二元論を完全に排除, 唯物論的な「一元気」説と弁証法

的な「活物」説を提唱し，人間論においては朱子学的な生得決定説を退けて「性−道−学」のトリアーデに立つ後天形成説を掲げ，道徳論においては徒に「死道理」を墨守する規範主義を排して「慈愛」の充実態たる「実徳」としての「仁」の重要性を強調した。その学風は長子・東涯や弟子・並河天民に継承される。幕府の老中・柳沢吉保に仕えた荻生徂徠は，「自然」から「作為」への転換点に立つ思想家と評されるが，しかし「作為」の主体は古代の先王であり，その「道」は現実の「礼楽刑政」に具体化されているとするから，人間のあり方に関しても，仁斎とは異なり外的規範重視の傾斜が強い。またその学説は「物」や「事」を重視する実証主義的傾向と鬼神や占筮への迷信および「天」に関する神秘的観念とが混在している。その実証主義的側面は太宰春台の経済論に継承された。　　　　　　　　　　　　　　（村瀬裕也）

コギト・エルゴ・スム　〔ラ〕Cogito ergo sum〔仏〕Je pense, donc je suis
「私は考える，ゆえに私は存在する」。デカルト哲学の第一原理。絶対確実な真理から他のすべての真理を演繹的に導出することを構想したデカルトは，ほんのわずかでも疑いうるものはすべて，絶対的に偽として退ける方法的懐疑の道において，考えている私の存在は，どんなに疑いをたくましくしても疑いえない存在であるとして，これを哲学の第一原理とした。デカルト以後，哲学は主観的な意識（コギト）の立場から出発し，いかに客観へ至るかという仕方で展開された。バークリやヒュームの主観的観念論，現象学や実存主義もこの意識の立場である。ただフッサールやサルトルは，「意識の確実性」と実体としての「私の存在」との間には飛躍があるとしてデカルトを批判する。　　　　　（河野勝彦）

五行　（ごぎょう）〔中〕wǔxíng
木・火・土・金・水の五要素が，自然界と人間界とを通貫して循環するという原理。古くは『尚書』洪範篇・『春秋左伝』などに見られる。五要素は王朝・季節・方位・五色・五穀・五味など，自然界や人間界の物事にそれぞれ配当された。五要素の循環につ

いて，相勝説と相生説などがある。相勝説は，土—木—金—火—水の順に，前者に打ち勝って後者が現れると考え，相生説は，木—火—土—金—水の順に生成すると考える。五行説は戦国時代の陰陽家によって陰陽の概念と結びつけられて，王朝交替の歴史理論となった。それ以降，中国人の世界観の基本となり，中国の政治や社会に大きな影響力をもった。
→陰陽
［文献］冨谷至・吉川忠夫訳註『漢書五行志』（東洋文庫）平凡社，1986；武田時昌編『陰陽五行のサイエンス』京都大学人文科学研究所，2011。　　　　　　　　　　　　（小林武）

護教論　〔ラ〕apologetica〔英〕apologetics
ギリシア語の動詞 apologeisthai（自己を弁護する）ないし名詞 apologia（弁明）に由来する語。もともとキリスト教への攻撃に対して，その教えの合理性や可能性の立証を目指すもの。歴史的には，2世紀頃迫害下で異教世界との論争を行ったユスティノス，オリゲネス，テルトゥリアヌスらのキリスト教著作家（教父）のものが有名。西欧世界のキリスト教化以後は下火になったが，近世以降，無神論や世俗主義の台頭に直面して再び関心が高まった（パスカル，キルケゴールなど）。現代では，反キリスト教的立場への論駁よりも，多元的・現代的状況におけるキリスト教の真価や可能性の弁証が重視されている。　　　　　　（加藤和哉）

国学　（こくがく）
江戸中期以降に成立した，歌学と記紀神話の実証的研究に基づき日本的アイデンティティの精神形成を行った学派。封建体制の揺らぎのなかで，国学は勧善懲悪的な儒教イデオロギーに抵抗する側面をもちつつも，「もののあはれ」に示される主情主義的立場をとり，全体として封建支配を「下から」支える服従的観点をもたらしたとされる。国学は，妙法寺住職であった契沖（1640-1701）に始まる。契沖は徳川光圀の依頼による『万葉集』の注釈に従事しその精選本を完成したが，さらに諸古典の注釈に基づく仮名遣いを体系的に解明した『和字正濫鈔』を著した。伝統的歌

コクスイ

学に対して古典に即して古典を理解するという実証的精神が、後の国学にその方向性を与えた。荷田春満（1669-1736）は、『日本書紀』神代巻を中心とする神道研究（『日本書記神代巻箚記』）や『万葉集』を中心とする実証的研究（『万葉集僻案抄』）を行った、神道家にして和学者であった。彼は、特に神道の「道」の復興を説いた。荷田の門人であった賀茂真淵（1697-1769）は、師の死後江戸に行き和学者として活躍した。彼は『源氏物語新釈』『万葉解』などによって万葉集や枕詞の研究を進め、「古代人の心」を知る観点を深めた。晩年には、「作為」的な儒教に対する「天地自然」的な古代日本を対置した。さらに、真淵を師とした本居宣長（1730-1801）は、『古今集』『源氏物語』研究から『古事記』研究に進み、「歌の学」と「道の学」を統合して国学を完成させた。宣長は、歌学において勧善懲悪的な「唐心」を排し主情的な「もののあはれ」による「大和心」を宣揚し、代表作『古事記伝』において「皇国の神の道」を「天地の道理」と規定するに至った。国学は、さらに、宣長死後にその門人となった平田篤胤（1776-1843）に独自に継承される。平田は、死後の霊は「幽冥」界へ行くとする死後安心論（『新鬼神論』）や儒教・道教・洋学の古伝説再編（『古史成分』）を企図したが、その復古神道論はやがて尊王攘夷運動にも影響を与えることになった。

→本居宣長、大和心

[文献] 芳賀登／松本三之介校注『国学運動の思想』（日本思想大系 51）岩波書店，1971；松本三之介『国学政治思想の研究』未来社，1951；丸山眞男『日本政治思想研究』東京大学出版会，1952。　　　　　　　　　　　　　　　　　　（吉田傑俊）

国粋主義　（こくすいしゅぎ）
広義には、ナショナリズムの一形態で、国家・民族の歴史的・文化的価値・政治的特殊性に排外的優位性をおいた偏狭的、超国家主義的性格をもつ思想と運動。狭義には、源流を尊王攘夷思想に発し、明治中期、極端な欧化主義や条約改正への反動として三宅雪嶺、志賀重昂、陸羯南らが主張した政教社・日本新聞社系の日本民族卓越思想の系譜を指す。当初は、政府の欧米追従的外交政

策に対して対外硬派路線をとる一方，対内的には特権資本家を攻撃した。日清・日露戦争を経て，高山樗牛，木村鷹太郎，井上哲次郎らの日本主義は帝国主義的な様相を呈し，宗教論・哲学論においてキリスト教攻撃を主導した。岩野泡鳴，三井甲之らの新日本主義は，哲学・芸術において日本文化の主体性を強調した。第一次世界大戦後の階級矛盾の激化，自由主義・社会主義思想の高揚期に，これに暴力的に対抗する大日本国粋会（1919），国本社（1924）等の右翼諸団体が「国粋保存」を大義として結成され，任侠と皇国主義と反共が結合した偏狭な愛国主義に堕した。昭和期に入ると，皇国史観を軸に資本主義批判，農本主義的主張を加える形でファシズム思想化し，軍国主義の暴力性を思想的に支えながら，超国家主義に転化した。蓑田胸喜，三井甲之ら原理日本社の皇国史観が典型。皇国史観は，国粋主義の天皇中心思想の歴史的展開である。

→国体思想（國體思想），ナショナリズム

［文献］丸山眞男『現代政治の思想と行動〔新装版〕』未来社，2006；安丸良夫他校閲『宗教と国家——日本近代思想大系 5』岩波書店，1988。　　　　　　　　　　　　　　　（山口和孝）

国体思想（國體思想）　（こくたいしそう）
一般的には，国家構成の政体と国柄に関する国民の精神的・倫理的観念を表す。歴史的特殊性においては，近代天皇制の政治的支配を正当化する国家観。万世一系の天皇絶対の権威の神国観，忠孝道徳を至高徳目とする家族国家観など神話と前近代的心情を媒介にし，明治以降の天皇制国家支配形態の優位性を喧伝した。水戸学の尊王攘夷論で体系化され，吉田松陰ら幕末の志士を通して明治維新の思想的原動力となる。明治憲法下で，教育勅語，軍人勅諭や，尊皇，敬神崇祖，惟神の道を説く国家神道を通して国民教化に多大の影響を与えた。治安維持法（1925）は，極度の政治的意味合いを強め，左翼思想弾圧の国体明徴運動とともにファッショ的抑圧性をもった。国体護持が軍部・右翼専制の根拠とされ，戦後処理の段階でもポツダム宣言受諾に国体護持を条件とするなど，戦後政治体制への連続性と心情的基礎を残存させ

た。
［文献］石田雄『明治政治思想史研究』未来社，1954；里見岸雄『国体学総論』展転社，2005。　　　　　　　　　（山口和孝）

　国民→人民／国民

　国民国家　〔英〕nation state
一定の領土内で統一的な政治権力によって統治されている「国民」によって構成される国家。「国民」（nation）とは「民族」とも訳せる言葉だが，国民国家における「国民」の一体性は，自然的所与ではなく，単一民族によって構成されている国民国家はほとんど存在しない。また共通の言語という特徴づけも，同じ言葉（たとえばドイツ語）が複数の国民国家で話されている事実や，一つの国民国家（たとえばカナダやスイス）で複数の言語が使用されている事実をみれば，明らかに適切ではない。一定の地理的領域内で組織された政治権力のもとで様々な経済的政治的社会的文化的軍事的等々の経験を共有することを通じて「国民」が形成されるのである。

　国民国家は近世ヨーロッパで形成されていった。各国の市民革命はその重要な契機であったし，またナポレオンの侵攻と制度の画一化への反発は国民意識の形成の重要なバネとなったといわれる。しかし，19世紀前半くらいまでの国民国家は，実質上は旧貴族層や市民層などの社会の上層によって構成されていたに過ぎない。19世紀後半期における資本主義的発展の矛盾が労働者層の運動の激化として現れ，さらに二度の世界大戦で社会の全階層が戦争に動員されたことによって，すべての国民を政治社会の正規のメンバーと見なす（普通選挙権）とともに最低生活を実質的に保障する体制（福祉国家）に基づく国民統合が推進された。また20世紀にはアジア・アフリカ・ラテンアメリカ地域で新しい国民国家が多く生まれた。20世紀は国民国家が地球上の国家の普遍的な存在形態として普及した世紀である。しかし，同時に20世紀末以来「国民国家の黄昏」についても語られるようになってきている。一方で対内的には，マイノリティ問題や一定地域の

コクミン

分離独立の要求を不断に抱えている国民国家もあるし，福祉国家政策が財政的に維持しがたくなることによって国民国家の大衆統合力が弱体化している。他方対外的には，経済のグローバル化と，これと関連したEUなどにみられる国民国家の連合組織の強化によって，国民国家が自由にすることができる資源が縮小している。

［文献］福田歓一『デモクラシーと国民国家』岩波現代文庫，2009；塩川伸明『民族とネイション』岩波新書，2008；ベネディクト・アンダーソン『想像の共同体——ナショナリズムの起源と流行』書籍工房早山，2007；スーザン・ストレンジ『国家の退場——グローバル経済の新しい主役たち』岩波書店，1998。

(名和田是彦)

国民道徳論

一般的に言えば，道徳に関して，類的な普遍性（人類の視点）よりも種的な特殊性（国家・国民の視点）を重視する倫理観。井上哲次郎の『勅語衍義』『教育と宗教の衝突』，井上円了の『日本倫理学案』，西村茂樹の『日本道徳論』などに淵源。また「教育勅語」や『国体の本義』（文部省）などによって国定イデオロギーとしての強制力を付与された。国家主義的な社会有機体説と儒教的な忠孝規範と国学的な（神話的）天皇絶対観との融合を特徴とし，「日本精神」論や「皇道哲学」などと結合，日本型ファシズムの道徳観として展開する。アカデミズムにおいても，たとえば和辻哲郎の「国民的当為」論や「尊皇」思想，高山岩男の「事実主義」や「文化類型学」などに刻印を残す。1990年代，国民道徳論は，いわゆる「自由主義史観」——日本帝国主義の侵略戦争を正当化する「史観」——を掲げた運動のなかから浮上，教科書作成問題と関連してこの運動と結びついた西部邁の『国民の道徳』（2000）はその代表的著作。民主主義・進歩主義・福祉国家論・平和主義・市民主義・ヒューマニズムに対する嫌悪を表明，そこに流れる道徳観を斥け，「公」と「私」との機械的分離を論拠として，いわゆる「公」に偏執した天皇崇拝と保守主義と国家への忠誠義務とを基本とする道徳観を提唱する。なおそこに

おける人権軽視やエリート主義などの論調も無視することができない。　　　　　　　　　　　　　　　　　　　　　　（村瀬裕也）

　心の哲学　〔英〕philosophy of mind
哲学の一分野で，心の状態・性質・機能がどのようなものであるか，特にそれらが身体ないし脳とどのような関係にあるかを研究対象とする。後者は，心身問題あるいは心脳問題と言われる。
　プラトンからデカルト，ヘーゲルに至るまで，哲学の中で心は，長らく魂（霊）的存在として，それ自身で思考・意志する非物質的で不死的存在（実体）と考えられてきたが，19世紀末以降，脳科学の急速な発展とともに，脳の状態や機能・性質と関連づけながら，解明や理解が進められるようになった。そうした流れの中で，フロイトがまず無意識の発見を通じて，身体的・本能的なメカニズムの中に人間の意識現象を組み込んだ。ついで20世紀の前半に登場した行動主義は，心を解明不可能なブラック・ボックスと見なし，人間の心理状態をすべて身体におけるインプットとアウトプットに還元して理解できるとした。この心の消去主義に反対した機能主義は，内部状態としての心的状態の独自性を認め，脳の物理状態が遂行する機能とのみ同一視できるとした。それに対し，あくまで心的状態を脳の内部状態として理解しようとする心の唯物論は，脳科学とともにコネクショニズム（PDP理論）やニューラル・ネットワーク理論などによって，心の詳細な理解・説明が可能と主張している。
→精神，心身問題
［文献］P. チャーチランド『認知哲学——脳科学から心の哲学へ』産業図書，1997；T. ノーレットランダーシュ『ユーザーイリュージョン——意識という幻想』紀伊國屋書店，2002。（武田一博）

　古在由重　（こざい よししげ）1901〔明治34〕-1990〔平成2〕
昭和期の唯物論哲学者。マルクス主義哲学の研究と普及に努めた。古在由直（農芸化学者，東京帝国大学総長），豊子（作家，清水紫琴）の次男として，東京府駒場に生れる。第一高等学校理科を経て，1925年，東京帝国大学哲学科を卒業。在学中，粟田

ゴザンガ

賢三,吉野源三郎と親交を結ぶ。拓殖大学,東京女子大学,明治大学などの講師を勤めるうち,新カント派からマルクスの唯物論に移行し,戸坂潤,三木清らとも交流を深める。しかし,日本共産党の国際活動に協力したため,1933年に治安維持法違反で逮捕され,すべての役職を辞任する。1935年,戸坂らの唯物論研究会に参加し,〈唯物論全書〉で『古代哲学史』(1936) を刊行,また『現代哲学』(1937) のなかで当時の観念論哲学の諸形態に鋭い批判的分析を行った。これらの議論は,国際的にも高い水準のものであった。唯物論研究会や京浜労働者グループの反戦運動にかかわり,1938年に検挙されたが,出獄後も「ゾルゲ事件」の尾崎秀実らの救助活動に尽力。敗戦後は民主主義科学者協会の創設に参加し,その哲学部会を指導。専修大学,名古屋大学の教授を経て市部学園短大教授。ベトナム反戦運動,家永教科書訴訟運動などに関わり,原水爆禁止運動の統一に努力していたが,1984年に日本共産党から「除籍」される。戦後の主著『和魂論ノート』(1984) は,人民的和魂のあり方を探った論考を収めたもの。

→唯物論研究会

[文献]『古在由重著作集』(全6巻) 勁草書房,1965-1975;古在由重 人・行動・思想編集委員会『古在由重——人・行動・思想 二十世紀日本の抵抗者』同時代社,1991;小川晴久ほか編『転形期の思想——古在由重記念論文集』梓出版社,1991;岩倉博『ある哲学者の軌跡——古在由重と仲間たち』花伝社,2012。

(古田光)

五山学派 (ござんがくは)

中国の官寺制度にならって,日本の鎌倉と京都にそれぞれ五つの臨済宗の大寺院を選んで序列化した制度を「五山」という。建長寺・円覚寺・寿福寺・浄智寺・浄妙寺が鎌倉の五山であり,天龍寺・相国寺・建仁寺・東福寺・万寿寺が京都の五山である(南禅寺は五山の上に置かれた)。五山の諸派は特に夢窓派と聖一派を中心に大きな門派(学派)を形成し,幕府の外交や文化に絶大な影響を及ぼした。夢窓疎石 (1257-1351) は五山禅林を代表する

禅僧で，膨大な門弟を集め，春屋妙葩，義堂周信などすぐれた人材を育成した。五山はまさしく当時の知的エリート集団という趣を呈した。そこから漢詩文にすぐれた詩僧が続々と輩出し，「五山文学」という独自のジャンルが形成された。また「五山版」というすぐれた出版も行った。
→禅宗
［文献］芳賀幸四郎『東山文化』塙書房，1962。　　（岡部和雄）

互酬性　〔英〕reciprocity

一般的には，物財や役務の贈与交換や相互扶助関係を意味するが，義務性を帯びることから社会統合機能をもつ。社会学では，マルセル・モースによる太平洋岸北西部先住民族の固有文化であるポトラッチ研究が著名であるが，今日の経済人類学を定礎した K. ポランニーが，近代市場経済体制を相対化する問題提起のなかで用いた概念として重要である。彼は，経済過程を制度化し社会統合機能を果たす原理として，互酬性，再分配，交換の三原理を提起した。これにより，市場原理を絶対視せず，異なる社会の経済活動＝財の移動を単元次で比較する比較経済的視点が得られた。互酬性とは，特定の非対称な二点間での相互的な贈与による財の移動であり，しばしば財の移動方向によって移動すべき財が定められている。再分配は，一集団の内部でいったん財が中心へ集められた後に配分されることを指す。交換とは，市場システムを通じて行われる，任意の二点間での財の移動である。彼はまた，経済活動を形式的（formative）と実体的（substantive）に分ける見方を提示した。手段合理性の徹底により最大利潤を目指して社会全体から相対的に自立化し，自己目的化の傾向を示す前者に，社会内部の相互扶助関係の一部として社会の再生産に資する後者を対置した。前者に交換が，後者に互酬性と再分配が対応している。かくして互酬性の概念は，自己目的化した経済を相対化し，社会に埋め込まれた経済を積極的に評価する視点を提起するものである。

［文献］K. ポランニー『［新訳］大転換——市場社会の形成と崩壊』東洋経済新報社，2009：同『人間の経済』1・2，岩波現代選書，

1980：同『経済の文明史』ちくま学芸文庫，2003。　（景井充）

　個人　〔英〕individual〔独〕Individuum〔仏〕individu
「個」とは「区別された一つのもの」で，「個人」とは「一人の人」あるいは「人一人」を意味する。ヨーロッパ言語の該当語句は，ラテン語の〈individuus〉（不可分割）に由来する。その意味を加えると，「区別された不可分割である一人の人間」となる。したがってそれはまず，生物としての基礎的存在様式である〈個体〉を意味する。しかし人間は〈社会的動物〉でもある。他の生物にも「コロニー」や「群れ」を形成するものがあるが，人間におけるそれは次の点で異なる。①社会集団とその中における個人のあり方は，社会の歴史的形態に規定され，その変化に応じて変化する。②集団と個人のあり方は，社会規範や社会意識の中で「文化」として制度化され，③また何らかの形で，個々人において意識されている。したがって「個人」と「社会集団」との関係は，歴史的文化的なものである。たとえば前近代におけるそれと近代におけるそれとでは大きな違いがある。前近代では，「個人」は種族や親族，農村や地域社会等の共同体の中に包み込まれていたが，近代社会の形成発展につれて，その紐帯は弛緩する。個人は人身的身分的拘束から解放されるとともに，市民社会の中へ投げ出され，その収奪と搾取に晒されることになる。こうした状況の中で人々は，生活の維持と人間的尊厳を求め，〈民主主義〉と〈基本的人権〉を追求することになる。個人が〈個人〉として意識され，〈集団〉との関係が主題化してくるのは，こうした市民社会においてである。「個人主義」「集団主義」「家族主義」「社会主義」「国家主義」「全体主義」「民主主義」等々の問題が議論される。21世紀を迎え，国際化の飛躍的な進展により，多様な民族や国家が相互に緊密な関係をもつことになる。こうした事態の中で，「個人」と「社会集団」のあり方に関する問題も，新しい広がりと緊迫度をもって提起されている。
→個体性，集団，個人主義　　　　　　　　　　（岸本晴雄）

　個 人 主 義　〔英〕individualism〔仏〕individualisme〔独〕

Individualismus

そもそも自由と個人の尊厳は近代を告げる思想であり革命を導いたが，19世紀になって反動の側から非難される個人主義が登場した。

【政治的社会的文脈】①19世紀初頭のフランスにおいて保守的な人々が国家擁護を目的に，個人の理性，利益，権利を主張する啓蒙主義者を非難して使い，カトリック復古主義者が社会秩序維持を掲げて，個人の理性を社会の敵として非難するために使った。この語を1820年代に最初に体系的に使用した，サン＝シモン主義者は有機的調和的な社会組織という（保守と共通の）思想を歴史の進歩のために適用して，未来の産業の秩序である普遍的な協同社会を構想し，近代をそれの前史として，すなわち個人主義がひそむ危機的時代（混乱，無神論，エゴイズム）として否定した。個人主義は，フランス語では「個人への関心の集中と社会の意義の喪失や常軌を逸した態度」の意味合いがあるが，逆の積極的な意味もあった。社会主義者の間では自由放任主義の経済学説，資本主義的無秩序状態，社会的原子化，搾取を意味していた（トクヴィルによれば，アメリカ人だけが自由によって個人主義を克服した）。

【哲学的美学的文脈】②個人主義は，19世紀のドイツのロマン主義によって才能や創造力に関わる新しい意味を付与され，人間の個性を強調する積極的な主張となった。個人の固有性，唯一性，人格，無類性，無限性，全体性が追求された。③同じく19世紀にはスイス人がイタリア・ルネサンスの特徴として個人主義を揚げ，解放された個人の自己主張・人格の完全な調和的な発達・私的な性格の三つを結合した。

【資本主義的文脈】④19世紀のアメリカにおいて個人主義は資本主義と自由民主主義とを称賛する言葉になった。それが意味するのは，平等な個人の権利をはじめ自由と友愛の理想が実現された状態である。⑤19世紀のイギリスでは個人主義は大きな役割を果たさず，中産階級の優れた資質と自由主義の特徴を表す名詞であり，また，社会主義者による資本主義の害悪批判の言葉であった。

コスモス

　一般に政治的，経済的，宗教的，倫理的，認識論的，方法論的，に分類される。
→個性，自由主義，民主主義，社会主義／共産主義，アナーキズム
［文献］S. ルークス／J. プラムナッツ『個人主義と自由主義』平凡社，1987。　　　　　　　　　　　　　　　（加藤恒男）

　コスモス→カオス／コスモス

　コスモポリタニズム　〔英〕cosmopolitanism
ギリシア語のコスモス（kosmos〔世界〕）とポリテース（politēs〔市民〕）からなる合成語で，人はみな国籍・人種・階級の別なく同じ世界の市民（kosmopolitēs）だという考え方。ギリシアのポリス崩壊期からアレクサンドロス大王の大帝国成立時，そしてローマへと続く時代背景のもとで，最初キュニコス派によって唱えられ，さらにストア派によって展開された。人間はすべて理性をもち，その限り人間は同一の世界理性に支配されているがゆえに，平等な世界市民だというのである。この考え方は，ローマ支配下のキリスト教のなかでも神の前に平等という宗教的同胞主義として現れた。近代になってこの考え方が積極的な意味をもつのは18世紀の啓蒙主義の時代である。カントの普遍的理性への確信に基づく世界市民的国家の構想はその代表である。これは一部，今日の国連組織に実現されているともいえるが，グローバル化が一段と進む今日の世界状況における〈宇宙船地球号〉や〈地球村〉の思想も，コスモポリタニズムの現代版である。問題は，この考え方が，その掲げる理想主義のもとで民族・国家・階級間の矛盾を覆い隠し，多国籍企業や文化帝国主義の世界支配の補完イデオロギーに陥らないかどうか，ということだろう。
→ストア派，カント
［文献］岩崎允胤『ヘレニズム・ローマ時代の哲学』（西洋古代哲学史2）未来社，1995；カント『永遠平和のために』岩波文庫，1985。　　　　　　　　　　　　　　　　　　（両角英郎）

コスモロジー 〔英〕cosmology〔仏〕cosmologie〔独〕Kosmologie
狭い意味では，宇宙全体の起源，性質，構造，状態，変化などを論ずる天文学の一分野。広い意味では，宇宙観を中心に自然哲学的に考察を加えた議論を指す。人類は，原始以来，自分たちの宇宙における位置を確定したいという欲求から広い意味での宇宙論を考え出したが，天体観測と数学的な手法また哲学的見解を取り入れて，古代ギリシアでは天動説が提唱された。しかし，近代以降，いっそう精密な観測などを介して地動説が主張されるようになり，ニュートンが万有引力によって天体の運動を説明して天体力学が進展するともに機械論的自然観に基づいて力学的物質で構成される宇宙像が樹立された。この宇宙像は，恒星の世界でもニュートン力学の成り立つことが見出されることでいっそう確実なものになった。18世紀後半にハーシェルが島宇宙を発見し，19世紀になって分光学的観測やドップラー効果などによる観測手段の進歩とともに，数多くの新たな銀河の発見や距離の定量的決定などがなされるに至って，宇宙の階層的構造が明らかになった。20世紀になると，相対性理論やハッブルの法則，3K放射の発見などによって，宇宙全体が膨張していることも明らかにされ，現在では，ビッグ・バンによる宇宙生成とその進化という膨脹宇宙論が有力な理論になっている。　　　　　（渋谷一夫）

個性 〔英〕individuality〔仏〕individualité〔独〕Individualität
個体一般について言うが，特に人間的個体・個人の性質，属性，固有の性質，他と区別される特性，性格の特徴，顕著な特性のことを言う。人格的自由と自己発展の意味があり，個人の至高の価値を表す。人間は歴史的に蓄積，継受されてきた素質をもつ個体として生まれるが，個性は生まれつき固定のものではなく社会的なものであり，素質的側面よりも形成される側面の方がはるかに大きい。身体的側面は重要であるが，精神的側面もより重要。人間は生まれつき他の人間や事物と関係をもたざるをえず，前提になる社会的諸関係から成長し，諸個人自身が相互に形成する社会的諸関係に適合し，身体的精神的な素質をもとに社会的諸関係を

通じて形成され成長し発展する。個性は，自然環境と生産諸力の上に，人種，民族，国籍，地域，文化，教育，家族，交友，習慣などの違いによって，政治的，階級的，身分的，職業的，経済的，社会的諸関係および生産諸関係を通じて，歴史的に制約されている。前近代的な諸制約からの解放は，時代の地域的に制限され隠されていた諸個人の能力と個性とを開花させ全面的に発展させるとともに，資本主義的階級的な新たな制約を課すことになる。マルクスらによれば，生産諸力の巨大な発展の条件のもとで，すべての個人・個性の解放のために資本主義的階級的生産諸関係の全面的廃棄・革命的変革と新しい社会的生産諸関係・社会主義・共産主義社会の構築が必要であるとされる。
→個体性，人間的自然・人間性，個人主義
[文献] マルクス／エンゲルス『ドイツ・イデオロギー』新日本出版社，1998。　　　　　　　　　　　　　　　（加藤恒男）

悟性　〔英〕understanding〔独〕Verstand
「悟」は，「ねむりや迷いから覚めて，道理や真理を悟る」ことであるが，哲学用語としての「悟性」は，「識別し，判断し，認識する能力」とされている。「悟性」は，西欧哲学の訳語として普及してきた。その厳密な意味は，それぞれの哲学者の見解に即して理解する必要がある。たとえば，カントにおいては，人間の認識能力を「感性」「悟性」「理性」の三つに区別し，「悟性」は「感性」によって与えられた情報を科学的法則的な概念や判断にまで高めるものとされる。ヘーゲルでは，「悟性」は物事を諸側面や諸契機において捉えるが，その分割に固執するという限界をもち，「理性」がその固定化した分割を解凍・流動化するものとされた。
→知性，感性，理性　　　　　　　　　　　　　　（岸本晴雄）

五大　（ごだい）〔サ〕pañca (mahā) bhūtāni
インドで考えられた5種類の元素。大とは元素のこと。その五つとは，地，水，火，風，虚空(空)で，順に，嗅覚器官，味覚器官，視覚器官，触覚器官，聴覚器官を構成する要素とされる。

ヴェーダーンタ学派は，生き物の身体は，これら五元素よりなり，その混淆比率の違いが個体差であるとする。密教（金剛乗）では，死ぬとわれわれの身体は大日如来の身体を構成する五元素の集合へと帰るとする。つまり，死ぬとは仏になること（成仏）だとされる。日本の鎌倉時代以降に流行した五輪塔という形の墓は，死者と大日如来との合一を示す。日本で死者を俗に仏と呼ぶ根拠はここにある。

［文献］前田専学『ヴェーダーンタの哲学』平楽寺書店，1980；平川彰『インド仏教史』上・下，春秋社，1974・79。

（宮元啓一）

個体化の原理 〔英〕principle of individuation 〔ラ〕principium individuationis

ある個体が他の個体と交換不可能であるものとして，それ自身であることの根拠を示す原理を指す。およそ学問が本質を問うものとするならば，そこで求められるのは個別の事情を超えた一般的普遍的な特質である。しかし具体的な個々の存在者は実際には様々な特定の状態を備えている。たとえば〈人間〉の本質として理性をもつということが挙げられたとしても，実際に存在する人間の理性の能力や程度は様々であり，一定しているわけではない。それでは，個別性を具現化している個体の特定はどのようにすれば可能か。アリストテレスは個体もしくはその本質を第一実体とし，一般的な術語規定の究極の主語の位置に置いた。これは言語的な構造の中に個体の特殊性を位置づけたものである。トマス・アクィナスは形相が共通な規定であるため個体化の原理を質料に求めた。逆にドゥンス・スコトゥスは形相の側に個体化の原理を求め，究極の形相としての〈このもの性〉を想定した。近代以降は個体を本質規定という角度からではなくむしろ存在あるいは実存の基底として出発点に置くような思考が登場する。その際にはしばしば個体は人間としての自我の存在と同列化されて論じられる。個体化の原理をめぐる議論は，以上の立場の間で揺れ動きながら，個をめぐる思索の性格を決するものとなっている。

→個人，個体性

［文献］山内志朗『存在の一義性を求めて——ドゥンス・スコトゥスと13世紀の〈知〉の革命』岩波書店，2011．

(佐々木能章)

個体性 〔英〕individuality〔独〕Individualität〔仏〕individualité

「個体」は，生物においては，空間的に自立した生存と生殖の単位であり，「個体性」はそのような存在様式を問題にする概念である。「個体性」は一般に植物では不明瞭であり，動物でも原始的なものにおいては明瞭でないものもある。「個体性」はまた，個体の「固有の性質」を指す場合もあり，種類共通の性質を前提とし，個体特有の性質を意味することになる。この場合，それは観察者の視座にも左右される。たとえばサルの個体識別が問題となる場合は，外見的特異点を確定すればよいが，その身体的特性全般が問題となる場合は，より総合的な把握が求められる。「個体性」は「個性」と同義であることもあり，とりわけ人間の場合そうである。

→個体化の原理，個性 (岸本晴雄)

国家 〔英〕state〔独〕Staat〔仏〕état

【支配と共同】国家は一般に，ある地域の住民を統治する権力をもった機関を指す。多くの民族を支配した古代の専制帝国，古代ギリシアのポリス，近代の国民国家，広大な海外植民地を有した19世紀のイギリス帝国などもすべて国家である。前近代社会の国家機関の主な担い手は，言語，慣習，宗教，文化などを共有する同じ民族（エスニシティ）からなる場合が多く，それぞれの国家はそうしたエスニックな共同性と密接不離なものと想定されていた。これに対し，ヨーロッパにおける近代国家形成期の国家概念においては，排他的な権力への住民の服従とそれを通じた相互の安全確保という基準が突出した位置をもち（マキァヴェリ，ホッブズ），住民の共同性は，国家を軸として新たに構成されるものと見なされた（社会契約説）。国家が有する権力の排他性とその基盤・根拠を表すのが「主権」の概念であり，近代国家

は，各種の権力が重層的に輻輳する封建社会の国家と異なり，主権国家として考えられた。資本主義的市場経済の展開とともに，近代国家が維持される基盤である住民の経済的・社会的相互依存性（市場と市場に媒介された社会的分業）が，国家そのものから区別された「市民社会」（経済社会）として意識され（アダム・スミス，ヘーゲル），社会は国家と市民社会の二元的構成で理解されるようになった。近代国家は，国家への服従による相互の安全確保という契約を守る「市民」共同体を成立させるとともに，共同資産たる市民社会（経済社会）の守護者たるべきものとなった。

【国民と主権】国民は，近代国家の権力関係を受容し，かつ，統一した市場経済の担い手たりうる水準に，言語，身体，文化，習慣等を近代国家によって陶冶・一体化させられた住民団であり，そうした住民団を有する主権国家は国民国家と呼ばれる。当該社会の住民の末端までもが国民の一員としての実質をもつのは，先進諸国の場合でも 19 世紀末からの列強帝国主義の時代である。国民にはエスニシティを異にする住民が含まれる。しかし，国家が国民を教育する「標準」たる言語，文化，習慣はそこで最有力なエスニシティのものであり，国民の成立は，特定のエスニシティへの他のエスニシティの同化・従属を意味することが多いため，近代国家とその下の市民社会は，エスニシティ同士の優劣と同化をめぐる紛争を免れない。

なお，市場経済における資本の行動はもともと強い国際性をもつため，主権国家の排他的統治の原則はこれと衝突する。広義の帝国主義はその衝突・軋轢を，資本の本国である強国が国家権力を動員して予防・解決・処理しようとする衝動と行動であり，弱小国の国家主権は事実上のフィクションとなる。

【マルクスの国家把握】19 世紀初期まで，近代国家は人間社会の歴史の完成態あるいは目標と考えられていた。これに対して K. マルクス，F. エンゲルスは，近代国家を実現する「政治的革命」によっては，すでに問題視されていた市民社会の現実的諸矛盾（労働者の貧困等）の解決が不可能なことを主張し，近代市民社会とその「上部構造」たる近代国家をともに超える，より根本

的な社会変革（＝共産主義革命）を提唱した。彼らの唯物史観によれば，国家一般も歴史的に発生し消滅する存在である。分業と私的所有の発生により，古来の共同体が解体して，階級対立に代表される深刻な社会的敵対関係が一般化したため，武力を独占してその敵対・衝突を一定の枠内に抑え込み，社会的秩序を維持する特殊な機関（＝国家）が発生した。同時に，分業における相互依存関係の維持，共同の生産手段・生活手段の管理，社会の維持に必要な諸業務や知識の伝承なども，共同体の手から国家に移され，国家は社会に不可欠の「普遍性」をもつ存在（公共的存在）となった。国家がもつ公共性は，国家に集中・媒介された共同性にほかならない。国家は階級対立のただ中で成立する上部構造であるため，そこで最も強い力をもつ階級（通常は搾取階級）の影響下に入り，搾取階級は公的機関たる国家を媒介とした他階級支配を行う。したがってほとんどの場合，支配階級は国家を通じ，自己の意志を国家の公的な意志として社会におしつけ，国家は階級支配の道具となる。支配秩序への反抗は国家権力によって抑止されるが，これは，搾取階級による私的な暴力行使としてではなく，公共の機関による社会全体のための権力行使として現れる。結局，共同体の解体後，社会が成り立つための各種の人間同士の絆（共同性）は，国家に代表されざるをえないが，それは被支配階級にとっては「幻想的」な共同性にすぎない。

　社会革命を遂行する階級は，自己の利害が社会全体にとって普遍的であることを実証する必要があり，そのためにいったん国家権力を奪取し，支配階級とならなければならない。資本主義社会が生み出す高度な生産力と社会革命によって私的所有が廃止され，階級対立を含む深刻な経済的敵対が消滅して社会の側に共同性が復活するとともに，階級社会の上部構造たる国家は「死滅」する。

　スターリン主義は持続的共産党独裁の擁護イデオロギーとして，マルクス等のこうした国家論を変形・使用した。しかし，本来，マルクス等の国家論は，国家ではなく社会の側における共同性の再建の主張であり，その点では各種のユートピア社会主義あるいはアナーキズムと共通する。

また，先進国型のマルクス主義の最も有力な源流である A. グラムシは，国家権力に関するマルクス等の議論に加えて，階級対立のただ中で社会成員の合意を調達する能力である「政治的・道徳的ヘゲモニー」を重視し，国家を「強制の鎧を着たヘゲモニー」と表現した。
→国民国家，市民社会
［文献］マキアヴェッリ『君主論』岩波文庫，1998；ルソー『社会契約論』岩波文庫，1954；エンゲルス『家族・私有財産・国家の起源』新日本出版社，1999；グラムシ『現代の君主〔新編〕ちくま学芸文庫，2008。　　　　　　　　　（後藤道夫）

国家社会主義　〔英〕state socialism〔独〕Staatssozialismus〔仏〕socialisme d'État
ここでいう「国家社会主義」(state socialism または etatism) とはナチズム（national socialism）のことではなく，ルイ・ブランやラサールなどの既存の国家機構を使って社会主義を実現しようとする思想を指す概念である。19 世紀フランスの社会主義者ルイ・ブランは，普通選挙権を利用して民主的な国家を実現し，国が資金を提供する「社会的作業場」を通じて所得の格差を解消しようとした。実際に，1848 年の二月革命によって「国立作業場」が設置されたが失敗に終わった。「各人からは，その能力に応じて，各人へはその必要に応じて」という言葉は，彼に由来する。ヘーゲルは，国家を「人倫的理念の実現」と見なして理想化したが，ドイツの社会主義者ラサールも，労働者が普通選挙権の導入や「国家援助を受けた生産協同組合」によって，自由の発展を遂行する国家（いわゆる自由な国家）を実現するよう主張した。これに対して，エンゲルスは，「プロレタリアートは，まだ国家を必要とする間は，それを自由のためではなく，その敵を抑圧するために必要とするのであって，自由について語れるようになるや否や，国家としての国家は存在しなくなる」と批判した。ラサールの思想は，親友のビスマルク（ドイツ帝国首相）の社会政策に影響を与えたとも言われている。無政府主義者は，マルクス主義も「国家社会主義」と批判している。また，20 世紀の社会主義

コッカシ

国家が「国家社会主義」と批判されることもある。　　（志田昇）

　国家主義→ナショナリズム

　国家神道　〔英〕State Shinto
広義には，天と地の神の祭り方を定めた大宝律令に始まる神祇制度。一般的には，明治中期以降，古代の民族宗教である神道を再編成して政府が主導した近代天皇制国家の祭政一致体制を指す。復古神道の皇室祭祀化を図り，天皇を最高の祭祀者とし，これを国家行事と関連させ国民に崇拝を強制した。政府は，新設・再編した伊勢神宮・橿原神宮・靖国神社を頂点に，法的・財政的に全国の神社を再編・等級化して保護・監督し，各地における国家祭祀場とした。「教育勅語」を「経典」とし，学校教育と軍隊を「布教所」として，国民道徳・倫理形成の機能を果たした。大日本帝国憲法は，信教の自由を「安寧秩序ヲ妨ケス及臣民タルノ義務ニ背カサル限」と規定したが，国家神道への信仰・崇拝義務を前提とし，この体制の外に位置する諸宗教を淫祠邪教として治安取締りの対象とした。政府は，天理教，大本教，ホーリネス教会，灯台社等を弾圧し，植民地において神社崇拝を強要して他民族を精神的に抑圧した。国民的支持の思想的基盤を欠いて出現した近代天皇制国家が，欧米帝国列強とキリスト教の脅威に対抗して国民国家形成を図るために創設した神話的イデオロギーと，それを実態化する天皇祭祀制度と国家的神社群，およびそのイデオロギー教化の国家的布教機構と思想弾圧システムである。神社に対する国家保護を停止し，政治と宗教を分離した連合軍最高司令官覚書「神道指令」（1945年12月15日）の中で使用された用語として戦後一般化した。「神道指令」によって国家神道は政治制度的には解体されたが，神社本庁を頂点とする戦後の神社組織は，国家神道の歴史観と祭祀思想を継承して，天皇制祭祀の国家的儀式化を企図してきた。
［文献］村上重良『国家神道』岩波新書，1970；安丸良夫他校閲『宗教と国家——日本近代思想大系5』岩波書店，1988。

（山口和孝）

呉廷翰 （ご ていかん）Wú Tínghàn 1490〔弘治3〕頃 -1559〔嘉靖38〕

字・崧伯，号・蘇原。明代の思想家。官吏としては廉潔に徹し，時として上官と争ったりもしたが，山西省の赴任地で凶作に遇った際には，民衆の救済に努め，飢民数十万人の命を救ったという。哲学上では，同時代の王廷相の「元気」説と呼応する形で，「天地の初め，一気のみ」とし，また「理」に関しては，これを「気の条理」として，唯物論的な「気」一元論を掲げた。「性」に関しても「天地の性」と「気質の性」との分離に反対したが，しかし「仁義礼知」を「性」とする点で，王廷相とも，また日本の伊藤仁斎とも異なる。

［文献］『呉廷翰集』中華書局，1984；衷爾鉅『呉廷翰哲学思想』人民出版社，1988。　　　　　　　　　　　　（村瀬裕也）

胡適 （こてき）Hú Shì 1891〔光緒17〕-1962〔民国51〕

安徽省績渓県の人。名は適，字は希彊，適之など。近代中国の思想家・文学者。コーネル大学やコロンビア大学に学ぶ。新文化運動を指導し文学革命を唱えた。「文学改良芻議」で従来の文語体の文学にかわって口語体の文学により思想や情感を表現することを主張した。哲学では，デューイから影響を受け，「大胆な仮説と緻密な実証」という方法論に拠って，孔子や老子・墨子など古典を新しい視点から見直した。リベラルな個人主義者ではあるが，社会と有機的関係をもつ，新しい社会の建設に貢献できる個人という立場をとった。1949年，中華人民共和国の成立直前にアメリカに亡命した。

→デューイ

［文献］胡適「文学改良芻議」（『五・四文学革命集――中国の革命と文学2』）平凡社，1972；胡適撰『四十自述』（吉川幸次郎全集16）筑摩書房，1970。　　　　　　　　　　　（小林武）

古典主義 〔英〕classicism〔仏〕classicisme〔独〕Klassik

〈古典的〉という形容詞は〈第一級の〉を意味するラテン語 classicus に由来し，ルネサンス期以降ヨーロッパ各国語に取り

入れられ,〈卓越した,模範となる〉という意味で用いられた。16-17世紀においてはほぼ古典古代の著作家に限られていたが,18世紀になって各国文学が自らの歴史に自信をもち始めると,自国を代表する作家に拡大して適用されるようになる。だがこの語に新しい意味を付与し,〈古典主義〉なる語の誕生を促したのは,18世紀から19世紀初頭に台頭したロマン主義運動で,ことにドイツ・ロマン主義の主導者シュレーゲル兄弟は,「ロマン的」なものに対比する「古典的」なものを文芸のある様式や潮流の表現へと転換させた。それがフランスに紹介され,ギリシア・ローマの古典古代を範としてそれに比肩しうる文芸を志向し生み出したラシーヌに代表される17世紀のフランス演劇や文学一般に,仮想敵としての〈古典主義〉のレッテルが貼られるようになるが,逆にそのような古典古代を規範とする文芸こそが精華であるとの見方も定着するようになっていく。

それゆえフランスではコルネイユやモリエール,ボワローの17世紀が,ドイツではゲーテのイタリア旅行(1786)からシラーの死(1805)に至る20年間が古典主義の時代といわれるが,逆にイタリアではルネサンス期について古典主義が語られることはあっても,中世において古典作家ダンテを生み出してしまったために古典主義の潮流という感情は希薄であるなど,時代区分においてはその輪郭に曖昧さは残る。だが後世が作り上げた概念で規範的なアカデミズムに陥る危険を孕んでいるとはいえ,古典古代の詩学に依る文学理論や,自然と理性を旗印にした秩序と調和の理念,人間性の涵養という目標などを共通の指標にした古典主義は,各国語による文芸活動を通じて一国のレベルでの統一的な文化を創出しようという志向に裏打ちされた営為でもあった。

［文献］渡辺守章他「古典主義とその対部」(『演劇——フランス文学講座4』) 大修館書店, 1977;ポール・ベニシュー『偉大な世紀のモラル——フランス古典主義文学における英雄の世界像とその解体』法政大学出版局, 1993。　　　　　（鷲山恭彦）

　コード　〔仏・英〕code
「ユスティニアヌス法典」など古代ローマの法体系のことを指し

ていたが、やがて規則・規約といった意味に拡張され、20世紀後半から情報用語として、また言語理論のキーワードとして使用されるようになった。C. E. シャノンに始まる情報理論の用語としては、郵便番号やモールス符号のような略号・信号のことであり、また、それが示す対象・言説との対応表を意味する。対象・言説が隠される点で〈暗号〉としても活用されてきたが、今日ではコンピュータおよびインターネットにおけるあらゆる情報のデジタル・コード化が進行しつつあることから、メディア論等、社会現象の説明にこの概念の影響が現れている。他方、ソシュールの構造主義によって、言語学が語と対象の関係から離れ、自立的に変遷する構造としての音素や語相互の差異と意味の体系が問題とされるようになったのを受けて、従来は言語の働きとされてきたコミュニケーションの現象をコードとメッセージという対概念で捉え直す観点が生まれてきた。たとえば、ヤコブソンは、言語のコードを扱う特別な言語としてのメタ言語について論じている。さらに、コードは言語の使用を規定するにすぎず、その意味で言語の本質とはいえないが、他方では言語とは異なった体系をもち、出来事や行為や言説との直接的連関を有するがゆえに、もっと広く人間経験全般の構成に関わるとする見方もできる。そこから、人間の知覚と表象を歴史発展段階説的に「コード化／超コード化／脱コード化」という概念で解明しようとしたドゥルーズとガタリのコード論の意義を理解することができる。

→記号，情報（理論），文化記号学

[文献] R. ヤコブソン『言語とメタ言語』勁草書房，1984；ウンベルト・エーコ『記号論』I・II，講談社学術文庫，2013；G. ドゥルーズ／F. ガタリ『アンチ・オイディプス』上・中・下，河出文庫，2006。　　　　　　　　　　　　　　　　（船木亨）

ゴドウィン　William Godwin 1756-1836
主著『政治的正義』(1793)によって最初の近代的なアナーキズムを確立したイギリスの思想家。産業革命とフランス革命の二重革命の時代に生き、技術の進歩と民衆の困窮、革命の理想と抑圧の両面を知って、理性の発達によって次第に政府も私有財産もな

い社会に移行すべきことを説いた。資本主義と専制権力の双方に対する厳しい批判である。人間の無限の進歩という思想はマルサスの人口論を出現させ、ロマン派の詩人たちやリカード派社会主義者やオーウェンに大きな影響を与えた。妻はフェミニズムの祖ウルストンクラーフトで、娘は詩人パーシー・ビッシュ・シェリーと結婚したメアリ・シェリー。

［文献］ゴドウィン『政治的正義（財産論）』陽樹社，1973；同『ケイレブ・ウィリアムズ』白水Uブックス，2016；白井厚『ウィリアム・ゴドウィン研究〔増補版〕』未来社，1972。

(白井厚)

コナトゥス　〔ラ〕conatus
〈努力〉と訳されることが多いが、この語を用いたホッブズ、スピノザ、ライプニッツなどにおいては常に二つの系列にまたがる意味が込められていた。一つは物体の自然的運動の保持という意味であり、先行条件により機械的に決定されるヴェクトルとして理解できる。もう一つは心の働きに即して理解されるべきもので、基本的には自己の生存維持を図ろうとする意志であり自覚的な自我にとっては自己実現への働きとなる。二つの意味は、スピノザに倣っていうなら、自己保存の力という点で共通となる。このようにコナトゥスは、物体と精神という近代的な二元論の構図からは相容れない二つの系列が触れ合う場面での存在様式となっている。

［文献］スピノザ『エチカ』上・下，岩波文庫，1951。

(佐々木能章)

コネクショニズム　〔英〕connectionism
PDP（parallel distributed processing 並列分散処理）理論、ニューラル・ネットワーク理論ともいう。1980年代に提出された、人間の認知メカニズムを説明する新しい理論。従来のコンピュータ回路をモデルとした、CPU（中央演算処理装置）をもつ直列逐次処理による記号計算過程モデルに代わって、脳回路をモデルに考えられた。脳の回路は、一つの脳細胞（ニューロン）が数百か

ら数千の他のニューロンとシナプス結合をもち，膨大な並列回路のネットワーク構造をなしている。感覚器官から入力された様々な情報は，それぞれ別々の部分ネットワークで同時進行的に並列分散処理され，それらが相互作用・統合されながら，運動器官へと出力される。ある生物の認知状態は，ある神経ネットワークを構成するニューロン群を流れる電気信号の興奮／抑制の結合（荷重）パターンからなる分散表現の重ね合せとして記述されるが，その結合パターンは可塑的で，経験の都度，書き換えられ，記憶や学習が行われる。このモデルは，コンピュータ上で一定の認知過程を再現可能なことから，理論的に正当化されている。最近は，単に感覚-運動系だけでなく，言語や思考，価値や道徳観など脳の高次認知過程を説明するモデルとしても理論化されている。また，高度な認識や作業を遂行できるロボットや人工知能などへの技術的応用も始まっている。

→人工知能，創発的唯物論

［文献］D. E. ラメルハートほか『PDPモデル——認知科学とニューロン回路網の探索』産業図書，1989；P. M. チャーチランド『認知哲学』産業図書，1997；P. S. チャーチランド『ブレイン・ワイズ』新樹会創造出版，2005。　　　　　　（武田一博）

コプラ→繋辞

個別／特殊／普遍〔英〕individuality / particularity / universality〔独〕Einzelheit / Besonderheit / Allgemeinheit
【概念】個別ないし個体とは，他のものからはっきりと区分されており，「このもの」と指さすことができる経験的存在である（アリストテレス『形而上学』）。そこでは各個体は相互に独立である。個体性にはもともと，「分かたれえないこと」という意味があり，一般的なものから分かたれたのではないという独自性をもつ。特殊には，他のものと比較して，何か異なったものであるという含意がある。特殊が普遍と完全に切断されたとき，それは特に個別といわれる。特殊はまず，上位の普遍者・一般者が限定され何か具体的なものへと分化してきたという意味をもつ。また

特殊は，同列の存在と比較して相互に独自であるという意味も含む。いずれにせよ，特殊は個別と普遍の中間的存在として特殊である。そして普遍は，特殊および個別の対象に共通のものであり，またはそれらを包括する全体性である。

【哲学史的考察】こうした普遍は，はたして実在するのか。世界創造を承認するキリスト教では，この普遍（神）は現実存在より先にあり，それが特殊・個別を創造したとされる。だが一般に，中世後期のスコラ学では，そうした普遍は，単なる思考上の抽象物，または単なる言語的存在と見られた（唯名論の立場）。ここでは，普遍は単なる〈抽象的普遍〉〈共通的普遍〉にすぎない。ヘーゲルは観念論的立場から普遍実在論をとり，同時に「概念としての普遍は普遍であるとともにその反対者〔特殊〕でもある」（『大論理学』）と述べた。つまり普遍はダイナミックに特殊化する存在であり，さらに特殊として実在する。たとえば，生命としての類（普遍）は，生命的個体を産出する過程として実在する。マルクスは唯物論の立場からこの〈具体的普遍〉の弁証法を継承した。たとえば彼は，産業資本はまず資本一般であるが，商業資本，利子生み資本を特殊的に生み出し，同時にそれらと並ぶ特殊な資本であると述べた。

→弁証法，弁証法的論理学

［文献］ヘーゲル『大論理学』3，以文社，1999；見田石介「ヘーゲル論理学と『資本論』」（著作集 1）大月書店，1976。（島崎隆）

コペルニクス　Nicolaus Copernicus 1473-1543

近代に地動説を提唱したポーランドの天文学者。地動説を展開した主著『天球回転論』（1543）は彼の死の直前にできあがったのであるが，その概略を記した『天の運動を説明する仮説の概要』という手稿の写本の流布によってコペルニクスの地動説は広く知られていた。17世紀前半のガリレオの時代においてもまだそうであったが，カトリック教会は地動説という考え方を天体観測の結果をうまく予測・説明するための道具としては容認していた。その限りで地動説の主張が問題にされることはなかった。ただしコペルニクス自身は，道具主義的見解を取らず，地動説が真なる

自然学的理論であると考えていた。
［文献］コペルニクス『コペルニクス・天球回転論』みすず書房，1993。
　　　　　　　　　　　　　　　　　　　　　　　（佐野正博）

　コペルニクス的転回　〔独〕kopernikanische Wendung
カントが，認識の普遍性と必然性が何によって得られるのかという問題をめぐって，それらが実在的な事物の諸関係によって与えられるとする客観説を覆し，主観のア・プリオリな諸形式による規定性を根源的とする立場に転換することを言い表すために用いた用語。カントは『純粋理性批判』第2版序文において，コペルニクスが天体の運行について天動説を180度転回させて地動説を主張したことになぞらえて，認識論の転回を主張した自らの業績を誇ってこのように譬えたのである。したがってカントにおけるコペルニクス的転回とは認識論的主観主義への転回である。客観主義の立場によれば認識主観は客観的対象に従うとされるが，カントはそれを逆転させて対象が認識主観に従うと主張したのである。その場合コペルニクスの太陽にあたる不動のものが何であり，それに認識対象がどのように関わるかについては様々な解釈があるが，主観における「不動の我」としての超越論的統覚が太陽の位置にあり，そのア・プリオリな諸形式が太陽光線であると解釈することができるであろう。カントはまた，コペルニクス的転回の立場を思考における実験的方法と呼び，認識論への科学的方法の導入を強く意識している。実験とは観察主観が対象に対し自らの問いに答えるように操作し強制することであるが，このためには操作主観の不動性と操作対象の可変性とが必要であって，この作業はコペルニクス的転回の具体的遂行にあたる。なおこのようなカントの認識理論から離れて，一般に物事を180度転倒させるほどの大転換のことを，コペルニクス的転回と呼ぶことがある。
　　　　　　　　　　　　　　　　　　　　　　　（太田直道）

　コミュニケーション　〔英〕communication
コミュニケーションは，〈共通のものを作り出す〉といったラテン語「コムニカーレ」（communicare）に由来し，コミューン，

コミュニティといった語とも近縁関係をもっていることに見られるように、もともと、伝達という意味よりも広く、意思疎通や交わりといった人間関係のあり方に関わる意味合いを含んでいる。
【情報伝達と交わりと行為】コミュニケーションに関する一つの代表的な考えは社会心理学や社会学でもよく使用される「情報伝達」として理解するものである。それは〈送り手〉〈メッセージ〉〈受け手〉の三要因から構成される情報伝達の過程と捉えるもので、シャノンらの工学的なコミュニケーション・モデルに由来する。この意味でのコミュニケーションへの現代の大きな関心は、高度情報化社会におけるコンピュータと通信技術の急激な発展による人間・社会への影響である。メディア論からの人類史の再構成や電子コミュニティの思想的意義などが今日さまざまに議論されているが、これはまた、資本主義の新たなグローバル化と対応するもので、コミュニケーションをめぐる現代的問題性と深く関わっている。最初にふれたようにコミュニケーションは元来、〈交わり〉といった意味を含んでいるが、ここから実存哲学者のヤスパースなどは人間の孤独な実存との関係でコミュニケーション（交わり）の意義に注目した。また、コミュニケーションのもう一つの重要な理解としては、社会学者のG. H. ミードや哲学者オースティンによってコミュニケーションが〈行為〉として捉えられたことである。ミードによってコミュニケーションは記号を媒介とする相互行為として捉えられ、社会とはシンボル的な相互行為によって構成されるものとされた。オースティンは言語行為論を主張することによって、コミュニケーションの行為的性格の重要性を明らかにした。以上のようにコミュニケーションについては、伝達性、交わり性、行為性の三側面から総合的に理解する必要がある。
【社会理論】コミュニケーションの視点を社会理論の新たな構築のキーワードとして取り上げた現代の思想家として、ハーバーマスやルーマンがいる。特に前者は、現代社会の根本的な問題性をコミュニケーション的行為によって再生産される生活世界の「内的植民地化」として特徴づけるが、これはコミュニケーションの病理・物象化を意味するものである。ハーバーマスは、マル

クスは社会的実践の概念をもっぱら労働概念で理解しているとして批判したが、じつはマルクスにも労働概念と並んで「交通」（Verkehr）概念があり、コミュニケーションの社会理論にとって重要な意義をもっている。
→コミュニケーション的行為，交通（マルクスの）
［文献］J. L. オースティン『言語と行為』講談社学術文庫，2019；ハーバーマス『コミュニケイション的行為の理論』上・中・下，未来社，1985-87；尾関周二『言語的コミュニケーションと労働の弁証法』大月書店，2002。　　　　　　（尾関周二）

コミュニケーション的行為　〔独〕Kommunikatives Handeln〔英〕communicative act
ハーバーマスが、従来の批判理論やマルクス主義において支配的であった主体・客体関係を中心とする「行為の労働モデル」から、主体・主体関係を中心とする「行為のコミュニケーション・モデル」へのパラダイム転換によって新たな理論（「コミュニケーション的行為の理論」）の展開をはかろうとした際のキーコンセプトである。オースティンの言語行為論やアーレントの人間活動論などが大きな影響を与えたとされる。道具的合理性に一面化された成果志向的な労働・戦略的行為に対して、コミュニケーション的行為はコミュニケーション的合理性に基づく了解志向的行為と規定される。この点と関連してフランクフルト第一世代のアドルノ、ホルクハイマーの限界は合理性を道具的合理性と同一視した点に反合理主義に陥った由縁があるとされる。コミュニケーション的行為は、当事者が何事かについて了解し合う際に、真理性や有効性のみならず、正当性、誠実性といった種々の批判可能な合理的な妥当性要求を行うことに基づく。この了解のためには共有された背景となる知識が必要とされ、生活世界の文化的伝承が不可欠なものとされる。コミュニケーション的行為はまた、了解のみならず社会統合や社会化に関わる社会的行為であり、これらは生活世界の構造上の成分であることから、生活世界はコミュニケーション的行為によって再生産される。生活世界に埋め込まれていた政治経済的な活動は、近代以降、生活世界から

コミュニ

分離し道具的・戦略的行為の自立したシステムを形成する。そして資本の自己増殖を原動力としてそのシステムは肥大化し，逆にその論理が生活世界に侵入し生活世界の再生産を阻害していく。その事態を「システムによる生活世界の植民地化」と呼んで現代の大きな問題性と診断した。ハーバーマスのこの理論に関しては，合理性への関係づけが強すぎるという批判やコミュニケーション的行為と労働との単純な対置が問題であるという批判がある。
→ハーバーマス，コミュニケーション
[文献] ハーバーマス『コミュニケイション的行為の理論』上・中・下，未来社，1985-87。　　　　　　　　　　（尾関周二）

コミュニタリアニズム　〔英〕communitarianism
現代の北米社会で有力な思潮の一つ。社会科学史上の共同体に関わる諸理論との混同を避けて，一般にコミュニタリアニズムと表記するが，共同体論，共同体主義などと訳されることも多い。1970年代のアメリカ思想界に強いインパクトを与えたロールズらの平等主義的ないし福祉国家論的リベラリズムと，これへの対抗思想として甦生したF. A. ハイエク，R. ノージックらのリバタリアニズム（自由至上主義）のいずれをも，個人主義・共通善の狭い設定・権利への偏奇などの点で批判して80年代に登場し，大きな影響力をもった。M. J. サンデル（Michael J. Sandel, 1953-)，A. マッキンタイア，C. テイラー（Charles Margrave Taylor, 1931-)，M. ウォルツァーらが代表的思想家であるが，理論内容には幅がある。共通の基本的な前提は，自由主義（リベラリズム）こそが家族や地域の崩壊，犯罪や暴力の増大，政治的無関心や公共心の衰退，あれこれの精神的退嬰など現在の諸病理をもたらしていると見なすところにある。すなわち，リベラリズムが抽象的な個人を原理的に措定して，自律・選択・自己決定・自己責任等の価値を至上化するとともに，個人を共同体から分離して各人の利己的で排他的な善の追求を許し，道徳や政治に関する合意を不可能にしたところに，現代社会の諸困難の根源があるとされるのである。コミュニタリアンによれば，しかしリベラリズムが

前提する自立した個人とは、じつは空虚な自己・「負荷なき自我」（サンデル）にすぎず、個人がじっさいに自我を形成するのは共同体を通じて、その伝統的文化を介してであり、人間は共同体の伝統的な生活の中ではじめて自立可能である（「位置ある自我」）がゆえに、共同体を回復ないし再建して人々の共通善と各人固有の生き方＝善を一致させることが現代社会の中心的課題となる。コミュニタリアニズムは、ロールズらリベラリズムの側にも一定の修正を余儀なくさせるとともに、90年代以降マルチカルチュラリズム（多文化主義）の思想などに影響を与えていくが、現実の対立的な社会関係の中に共同体を具体的に構想していくことが困難であること、共同体をめぐる権力の分析を欠いていること、現状維持的で保守的なイデオロギーに傾斜しやすく、また個人埋没的な文化を結果しかねないことなどの批判や疑問も提起されている。

→自由主義，新自由主義

［文献］サンデル『リベラリズムと正義の限界』勁草書房，2009；マッキンタイア『美徳なき時代』みすず書房，1993；ウォルツァー『正義の領分』而立書房，1999。　　　　　（吉崎祥司）

コミューン →共同体／共同社会

コメニウス　Johann Amos Comenius, Jan Amos, Komenský 1592-1670

チェコの宗教改革家・思想家・教育学者。その人生の大半を、三十年戦争（1618-48）と引き続く戦乱の時代に亡命者として生きる中で、祖国の独立と世界の平和的秩序の道を探った。彼の生涯を貫く「あらゆる人にあらゆる事をあらゆる面にわたって」（omnes omnia omnino）という基本思想は、そうした時代経験に根ざしていた。現世の諸悪と闘い、人類の破滅を救うためには、男も女もあらゆる人があらゆることを学び知ることが必要であり、そのためには旧来の鞭による教育を改めなければならないとする信念があった。彼には、「知性・意志・能力」がすべての人に共通に内在しているという深い確信があった。

[文献] コメニウス『大教授学』上・下，明治図書，1962；同『世界図絵』平凡社ライブラリー，1995。　　　　（池谷壽夫）

コモンズ 〔英〕commons
コモンズは，共有地や入会地といった自然の資源・環境と共同用益の関係・制度を指す概念である。私的所有の対象ではないコモンズはその過剰利用によって消滅する，と説く「コモンズの悲劇」（G. ハーディン）とは裏腹に，地域の生態系を共同体の生活基盤として，住民がルールやモラルを通じて共同的かつ自治的に，持続可能な仕方で利用・管理する慣習や文化は，世界中に存在したし部分的に現存する。コモンズによって，人間と自然の共生や人間相互における世代内及び世代間の共生は，排他性や従属性を内包しつつ実践されてきた。近代以降，特に資本主義の勃興を準備した本源的蓄積を契機として，コモンズは縮減・解体の一途を辿っていった。しかし，高度経済成長や市場経済的グローバル化を背景にして資源枯渇や環境破壊が深刻化している現代において，コモンズの意義や役割が再認識・再評価され，上記のようなローカル・コモンズとともに，地球の全生命にとっての共通の生存基盤であるグローバル・コモンズにも関心が寄せられる一方，知識や情報の共有・共用の観点から，文化的なコモンズも注目されている。また，共同体に潜在する閉鎖性や拘束性の問題を考慮し，コモンズ研究ないしコモンズ論は公共性を重要な論点として，公共圏論や公共哲学などのエッセンスを摂取しながら，多様な共生へ向けて哲学的・思想的に発展・深化しつつある。
→環境思想
[文献] 多辺田政弘『コモンズの経済学』学陽書房，1990；井上真『コモンズの思想を求めて』岩波書店，2004；三俣学／菅豊／井上真編著『ローカル・コモンズの可能性』ミネルヴァ書房，2010。　　　　　　　　　　　　　　　　　（布施元）

コモン・センス→常識

語用論 〔英〕pragmatics
C. W. モリスが提唱した記号の一般理論で区分された，記号の働きの三つの側面の一つ。モリスによれば「記号の解釈者に対する関係」，より具体的には，記号の働きの，話し手と聞き手の関係を含む，記号使用の場面や状況に規定される側面を指す。たとえば，「私」「いま」「ここ」「これ」のような指標語が表示する対象が使用の場面に応じて変動するしくみが，語用論研究の対象に含まれる。哲学的に重要なのは，言語の機能が，言語表現に内在する意味構造だけでなく言語使用の状況に依存するという日常言語学派の指摘である。ストローソンは，表示対象を欠いた記述句を含む文についてのラッセルの分析を批判し，表示対象の存在は，文の意味に含まれるのではなく，文を適切に使用するための前提だと主張した。問題は，ことばの意味と事実の不一致ではなく，ことばを用いて指示するという行為が，適切な文脈を欠くことである。オースティンもまた，言語使用の不適切さの分析から出発し，言語使用の文脈に依存する言語の機能の諸側面を見出し，発語内の力の概念を中核に言語使用を行為として分析するに至った。グライスは，ことばによって直接言い表されない言外の意味が会話の場面で伝達される仕組を体系的に分析した。彼らの仕事から，推意，前提，言語行為といった語用論研究の主要なテーマが生まれている。
→意味論，構文論
［文献］小泉保編『入門 語用論研究』研究社，2001。（伊勢俊彦）

五倫五常 （ごりんごじょう）
尊卑・長幼の秩序を律する儒教の道徳規範，徳目のこと。五倫とは，君臣に義あり，父子に親あり，夫婦に別（けじめ）あり，長幼に序あり，朋友に信（まこと）ありを指し，これを五常とも言い，また倫常とも呼ぶ。古く書経の「五典」，即ち父は義，母は慈，兄は友，弟は恭，子は孝と規定される家族間の道徳規範を，五常と解したこともある。またその徳目を五常とも呼ぶ。三綱（君臣・父子・夫婦の道

を律する大原則）に仁義礼智信を加えて，三綱五常，綱常と言う。ともあれこうした片務的服従が社会的に強制され，人間の自然な感情が型にはめられて偽善的に流され易くなると同時に，非人道的な残酷さに苦しむ事例も多出し，五・四新文化運動（1910）のなかで，厳しい旧倫理であるという批判を浴びた。（後藤延子）

ゴルギアス　Gorgiās 前 485 頃 -380 頃
シチリア島レオンティノイ出身のソフィスト。弁論でアテナイ市民を驚嘆させたと言われ，エンペドクレスの弟子ともされる。人を言論に秀でた者にすることを教育目標とし，弁論術における修辞的諸技巧の重要性を強調。二弁論の他に，エレア学派への反論として重要な『有らぬものについて，もしくは自然について』の要約が伝存し，そこでは「何も有らぬ。たとえ何かが有るにしても知られえない。たとえ何かが有って知られうるとしても，その知識を他者に伝えることはできない」という，言わば哲学的虚無主義を展開した。
[文献] 内山勝利編『ソクラテス以前哲学者断片集』5，岩波書店，1997。
（三浦要）

ゴルツ　André Gorz 1924-2007
現代フランスのジャーナリスト，評論家。ウィーン生れ。ナチス政権下，スイスに亡命。戦後，フランスで作家としてデビュー。その後，現代産業社会批判の評論活動を積極的に展開し，労働運動やエコロジー運動に大きな影響を与えた。マルクス主義から出発し，ユーゴ型の自主管理社会主義を初期には説いたが，I. イリイチの影響を受け，しだいにエコロジー，脱クルマ社会論などへと進み，晩年には，「産業労働からの解放」や「経済的価値以外の価値のために生きる」ことの重要性など，ポスト産業社会論を展開した。
[文献] A. ゴルツ『エコロジスト宣言』緑風出版，1983；同『労働のメタモルフォーズ』緑風出版，1997。
（武田一博）

コレクテヴィズム（集団主義）　〔英〕collectivism〔仏〕

collectivisme〔独〕Kollektivismus
コレクテヴィズムとは,「日本型集団主義」や「集団主義教育」など文化論的・組織論的な,あるいは教育学的な集団主義(groupism)とは違って,19世紀後半からイギリスやフランスを中心に影響力をもった思想・運動を指す。グルーピズムや社会主義と区別して集産主義,団体主義などと訳されることも多い。この語が一般化したのは,A. V. ダイシーが『法律と世論』(1905)の中で,1825年から1870年までの「ベンサム主義すなわち個人主義の時代」に対して,1865年から1900年までを「集団主義の時代」と特徴づけて以来のことである。「19世紀のアソシエーションの文化」の興隆を背景にもつ。この語はもともとは,「個人主義に対するアンチテーゼ」というほどの意味であり,19世紀の現実の下では自由放任主義に対抗する概念ともなった。政治・経済の指導原理としての個人主義的・自由放任主義的な自由主義がもたらしたものが失業や貧困の増大,不平等や格差の拡大・激化でしかなかったということから,個人主義から集団主義へ,放任主義から介入主義へという流れが社会および思想界で強まり,コレクテヴィズムはヨーロッパ社会を特徴づける一大要因となった。イギリスの場合で言えば,この思想を体現したのは,T. H. グリーンらのイギリス理想主義とその後継者としてのL. T. ホブハウスやJ. A. ホブソンらの新自由主義(New Liberalism)ないし社会的自由主義であった。
→個人主義,自由放任,社会的自由主義
[文献] A. V. ダイシー『法律と世論』法律文化社,1972;椎名重明編『団体主義(コレクテヴィズム)——その組織と原理』東京大学出版会,1985;小関隆『世紀転換期の人びと』人文書院,2000。 (吉崎祥司)

コンヴェンショナリズム 〔英〕conventionalism〔仏〕conventionnalisme
規約主義と訳す。科学理論や数学的命題,論理的推論規則や公理などの真理性・妥当性は,規約によって可能になるという考え方。H. ポアンカレによって最初に唱えられた。たとえばユーク

コンキョ

リッド幾何学の体系は,経験的に構成されたものではない。それが前提する公理は,要請されるだけで証明を必要とせず,体系内の他の命題によってその内容が確定され説明されるだけである。ユークリッド幾何学と異なる規約的原理に基づけば,非ユークリッド幾何学が可能になる。それらは異なる公理系の上に成り立つ,同じ身分の幾何学体系であり,いずれの体系をとるかは真偽の問題ではなく,選択の問題である。ポアンカレは,物理学もまた規約的原理に基づくと主張する。たとえば古典力学の概念(力,質量,運動など)は基本的に規約によって成立しており,経験的に検証／反証されるのは,原理から演繹され,物理現象を具体的に説明する仮説だけである。この規約主義はマッハ主義と並んで,ニュートン力学から相対性理論への転換を準備した(ただし,ポアンカレ自身は相対性理論の立場に立たなかった)。その後,ウィトゲンシュタインは規約主義を言語分析に適用し,独自の言語哲学を主張した。その規約主義は,特にその前期,ある言語において可能な文は,すでにあらかじめその言語の形式的条件(論理)によって限界づけられているという主張に見られる。カルナップらはそうした前期ウィトゲンシュタインの影響の下に新たな論理学を構想し,理論を構成する最小単位としての規約的命題(原子命題)を考え,その論理的構築によって世界の記述は可能になるとともに,文の真理性・有意味性も検証方法の規約性によって決まる,という論理実証主義を展開した。こうした規約主義は,クワインによる「経験主義のドグマ」への批判を通じてしだいに表舞台から退いていったが,その基本的考えは,パラダイム論や相対主義などに形を変えて現代哲学に引き継がれている。
→ポアンカレ,カルナップ,クワイン

[文献] H. ポアンカレ『科学と仮説』岩波文庫,1959;『カルナップ哲学論集』紀伊國屋書店,1977;飯田隆『言語哲学大全』Ⅱ,勁草書房,1989。　　　　　　　　　　　　(武田一博)

　根拠　〔英〕ground, reason〔独〕Grund〔仏〕raison
理由,論拠ともいわれ,帰結に対して用いられる。根拠は,論理的な関係と存在的な関係とにおいて問題になる。論理的な関係で

は，根拠は推論の結論に対する前提を意味し，存在的な関係では，大体において，結果に対する原因の意味で用いられてきた。ライプニッツは，思考の法則として充足理由律を提起したが，彼の場合は，根拠は真理の論理的根拠だけではなく，事実の存在的根拠でもあった。認識根拠と存在根拠とを明確に区別したのは，カントであるが，さらに，ショウペンハウアーは，認識根拠，存在根拠に加えて，生成根拠，行為根拠を論じている。ヘーゲルは，スピノザの自己原因の概念を，因果性の論理の制約性をのり超える根拠の概念として受けとめた。この場合は，根拠は，根拠づけられるものの根底をなすもの（本質的なもの）でありながら，根拠づけられるものによって媒介され，それとの反省関係のなかで論じられる。後期ハイデガーでは，存在の根拠を問うこと自体が形而上学として退けられた。　　　　　　　　　（岩佐茂）

金剛乗　（こんごうじょう）〔サ〕vajrayāna
仏教の密教徒が自らの奉ずる教えを小乗，大乗との対比で呼んだもの。とりわけ後7世紀後半に成立した『金剛頂経』をもって金剛乗が始まる。金剛とは，ダイヤモンド，あるいはインドラ神（帝釈天(たいしゃくてん)）の武器として知られる稲妻のことで，われわれの心の本来の姿であり，また大日如来(だいにちにょらい)そのものと同一視される智慧に譬えられる。智慧は金剛のようにあらゆる煩悩を断ち切るとされる。行者が自らの身体と発語と意識（身口意(しんくい)の三業(ごう)）を規定通りに操作すると，大日如来のそれら（三密）が重なり合わさって（三密加持(かじ)）くる，そのとき智慧が全面的に発現し，煩悩を滅ぼす，これが成仏であるとされる。
［文献］平川彰『インド仏教史』上・下，春秋社，1974・79。
（宮元啓一）

コンシデラン　Victor Prosper Considerant 1808-1893
フランスのユートピア社会主義の一派であるフーリエ派の指導者。ブザンソンのリセに学んでいる時にフーリエの思想に接し，理工科学校卒業と軍役の後にフーリエ派の機関紙の編集に従事。以降フーリエ派の実践的活動の指導者としてその思想の解説と普

及，賛同者の獲得に努めた。1834年に主著『社会の運命』第1巻を出版。フーリエ思想の中の神秘的な情念引力論や特異な性愛論は隠蔽しつつ，労働・才能・資本の三要素を結合して公正な分配の行われる生産者協同体として，そのユートピアを現実化しようとした。また働く者の権利の強調という観点から，特に1840年代には活発な政治活動も展開。1855年，渡米してテキサスで協同体建設を試みるが，失敗して帰国。パリで貧窮のうちに没した。
→フーリエ，ユートピア社会主義　　　　　　　　　　（岩本吉弘）

コンディヤック　Étienne Bonnot de Condillac 1714-1780
フランスの哲学者。グルノーブルに生まれ，パリで学んでカトリックの司祭となるが，勉学中のパリでルソーやディドロらと知り合い，ロックをはじめとするイギリス思想を受容しつつフランス啓蒙主義の理論的代表者へと成長。アカデミー・フランセーズ会員。コンディヤックの哲学は，あらゆる認識の営みをより単純な感覚的経験に還元しようとする徹底した試みである。この傾向は，観念のア・プリオリ性（デカルト）を否定したロックにも見られるが，ロックが様々な感覚経験を組み立てていくその理性的反省能力自体はア・プリオリだと見なしたのに対し，コンディヤックは注意・比較・記憶・推理といった高次の理性機能自体もまた，受動的感覚経験の堆積と変容によって生じるとした。コンディヤックの感覚一元論はしかし，不毛な還元論に陥らず，そうした窮屈な原理からいかに具体的な認識が説明できるかというところで強みを発揮した。特に指摘されるべきは，観念結合（観念連合）の原理，認識の高次化において言語（記号）の果たす決定的な役割，認識の生成において欲求の果たす大きな役割，への注目であった。コンディヤックの思想は，カバニス，トラシらのイデオローグへの直接的影響を通して，フランス革命後の教育政策にも大きな影響を与え，「よく作られた言語」（理想言語）のアイデアは，ラヴォアジェらによる原子記号の組織化などにもつながった。著作は『人間認識起源論』(1746)，『体系論』(1749)，『感覚論』(1754)，『動物論』(1755)，『教程』(1775)，『通商と

政府』(1776),『論理学』(1780),『計算の言語(遺稿)』(1798).
[文献] コンディヤック『人間認識起源論』上・下, 岩波文庫, 1994；同『動物論』法政大学出版局, 2011. （古茂田宏）

コント Isidor Auguste Marie François Xavier Comte 1798-1857 フランスの哲学者, 社会学者. パリの理工科学校(エコール・ポリテクニック)に学び, 1817年から A. ティエリの後を継ぎサン＝シモンの共同執筆者となる. コントの実証主義の出発点は, 革命・戦争で混乱した 19 世紀前半の西欧社会の再組織という実践的関心にある. サン＝シモンが産業の実践的変革を訴えたのに対し, コントはその変革の理論的指針を生み出す思索者(学者)階級の役割を重視した(両者は 1824 年に決別). その指針としてコントが表明したのが「三状態の法則」である. これによれば, 人間精神は歴史的に神学状態(世俗的には軍事体制), 形而上学状態(立法体制), 最後に実証状態(産業体制)の三状態を通過する. これと連動して学問もまず数学が実証的になり, 順次, 観察の発達により天文学, 物理学, 化学, 生物学, 最後に社会現象を扱う政治学が実証化される(実証政治学＝社会学). 彼にとって現在の無政府状態の原因は人々の信じるに足る一般観念の失墜にあり, 上記法則の狙いも思想・言論・信仰の社会的不一致の克服にあった.『実証哲学講義』(1830-1842)では, 造語"社会学"(sociologie)の創設を通した知的統一によりその実現を狙うが, 1847 年の人類教の宣言以降,『実証政治学体系』(1850-1854)では知性よりも社会感情が組織原理として重視される. コントの実証主義は, 神学への信仰が科学への信頼に変化した近代社会で秩序の根拠を常に人々の「信」の次元で追求した哲学といえる.
[文献]『コント・コレクション』(全 2 冊) 白水社, 2013；コント『実証哲学講義(抄訳)』(世界の名著 36) 中央公論社, 1970；清水幾太郎『オーギュスト・コント』ちくま学芸文庫, 2014. （杉本隆司）

コンドルセ Marie Jean Antoine Nicola de Caritat Condorcet

コンフォ

1743-1794
フランスの思想家・数学者。若くから数学の業績が認められ，また〈社会数学〉の名で科学と政治の結合を構想した。啓蒙主義者としてフランス革命に参加，多くの重要法案を起草などしたが，ジロンド党員としてジャコバン党政権に告発され，獄中で自殺した。社会の歴史に法則があり，その把握により未来が予見できるとし，人類史を10の時代に分け，科学の発展とその普及による，〈無限進歩〉の観念を示した。教育論，奴隷の解放や女性の自立に向けた思想でも今日関心がもたれている。
［文献］コンドルセ『人間精神進歩史』（全2冊）岩波文庫，1951；同『フランス革命期の公教育論』岩波文庫，2002。
(仲島陽一)

　　コンフォーミズム　〔英〕conformism
既存の体制や社会システムあるいは集団の支配的な価値や規範に無批判に同調し，これに追従する行動または態度のことで，体制順応主義ともいわれる。フロムやアーレントが論じたように，それは現代の大衆化した社会における支配の特質であり，人々を自我なき自動人形と化し，目に見えない匿名の権威による支配を生む。フロムはそこに資本主義社会における人々の孤独と無力感を捉え，アーレントは人々から共通世界を奪う大衆社会の無世界性の病理を見て取る。いずれも今日なお問われるべき，全体主義の起源に関わる。
→匿名性
［文献］フロム『正気の社会』社会思想社，1958；アレント『人間の条件』ちくま学芸文庫，1994。
(豊泉周治)

　　コンプレックス　〔英〕complex〔独〕Komplex〔仏〕complexe
無意識内の感情を伴う観念複合体のこと。J. ブロイアーによって注目され，ユングが「感情によって色づけされた複合体」と呼んで心理学的概念として通用させた。絡み合って多層構造をなし，統合性をもつ意識体系の中心機能としての自我に働きかける。自我とコンプレックスとの関係が人間の精神生活に大きな影響を及

ぼす。フロイトでは個人がかつて経験した個人的無意識が，ユングでは個人の経験を超えた普遍的無意識が，重視される。心理療法ではコンプレックスの内容が明らかにされていくことが目指される。

［文献］ユング『連想実験』みすず書房，1993：河合隼雄『コンプレックス』岩波新書，1971。　　　　　　　　　　（間宮正幸）

サ

差異 〔仏〕différence〔独〕Differenz〔英〕difference
「差異」という日常語は，デリダ，ドゥルーズ，リオタールたちによって 20 世紀後半の思想の最も重要なキーワードの一つとなった。そこには，言語を差異の体系と考えるソシュールと，西洋哲学史を同一性に基づく理性中心主義として批判するニーチェ-ハイデガーの影響がみられる。

西洋哲学が同一性の哲学であるというのは，ゼノンの運動のパラドクスやソフィスト的詭弁を回避するために，プラトンが普遍的同一性をもつイデアを，アリストテレスが「肯定（である）／否定（でない）」の二元論的論理学を構想したことに見られ，そして方法の懐疑によって明証性を求めるデカルトにも，さらにドイツ観念論の同一性哲学を批判的に継承したヘーゲルが，対話や労働における他者の必然性を認め歴史における精神の運動を説き，同一性からはずれる差異を肯定／否定の二元論に従って「矛盾」へと縮減し，最終的には「同一性と非同一性の同一性」へと行き着いたことにも見出せる。

これに対し，デリダはハイデガーの「存在論的差異」を現前の形而上学批判として捉え直しつつも，始源の回想を説くハイデガーの「差異」概念には「（起源を）遅らせる」（différer）という意味が含まれていないことを批判し，自らは「差延」（différance）という造語を使った。ドゥルーズは『差異と反復』においてニーチェの永遠回帰を差異の産出として捉え，ハイデガーの存在論的差異を差異一般に包摂する。また，リオタールは，理性的な同意形成が内包する言語の抑圧的権力を告発する「抗争」（différend）を求める。

マルクス，ニーチェ，フロイトたちは「力」概念によってダイナミックな地平を開いて，時間や運動の問題を回避してきた西洋哲学のカテゴリー的判断を超え出たが，それはニュートンが「加

速度」と「力」の発見を微分法によって定式化（$F=ma$, 力は質量と加速度の積）してアリストテレスの自然学を超えたのに遅れること300年であった。ドゥルーズが差異（différenciation）を微分（différentielle）と結びつけようとするのも，差異が運動や力と切り離せないからにほかならない。

　差異は「差異とは～である」という同一化する言語的規定を逃れ，常に同一化に抵抗する差異化の働きとして現れる。たとえば，リオタールの言語的な差異化としての抗争がそうであるが，それは語られないものに表現を与えようとしたアドルノの非同一性の哲学にも通じており，アドルノやポスト構造主義者が芸術的表現に関心を寄せるのもそのためである。また倫理における差異化としては，均質的社会における契約的自律の倫理を批判するレヴィナスの他者論やデリダの歓待（hospitalité）論などがある。
→ロゴス中心主義

［文献］ハイデッガー『同一性と差異性』（選集10）理想社，1960；ドゥルーズ『差異と反復』上・下，河出文庫，2007。

（上利博規）

　崔漢綺　（さい かんき）Choe Hangi 1803〔純祖3〕-1879〔高宗16〕

朝鮮開化前夜の気の哲学者。号は恵岡。開城の富豪の家系に生れる。科挙試験を断念して，学問に励み，漢訳された西洋の書物から西洋科学の知識と方法論を精力的に吸収しつつ，新しい気の哲学（『気学』）を構築した。宇宙万物は神気（「神は気の精華，気は神の基質」）の運化（はたらき）からなるとして，天気運化から人間社会の統民運化，個々人の一身運化を説明し，天人合一である天人運化を提唱した。新しいのは人間を「神気に通ずる器機」であるとし，五官を介する経験的認識を絶対的なものとし，〈知覚推測〉の後天性を強調したことである。その世界は34歳の『神気通』と『推測録』（合わせて『気測体義』）で確立していたが，晩年の『気学』『運化測験』『人政』にその成熟した姿を見ることができる。

［文献］『明南樓叢書〔増補〕』（全5巻）成均館大學校出版部，

2002。　　　　　　　　　　　　　　　　　　　（小川晴久）

三枝博音　（さいぐさ　ひろと）1892〔明治25〕-1963〔昭和38〕

哲学，日本思想，科学史，技術史，技術論の研究者。浄土真宗の寺院に生まれ，最初の学問的関心は宗教的合理性の追求にあったが，東京帝国大学西洋哲学科在学中に認識論や現象学などに関心をもつようになった。その後，唯物論にも関心領域を広げ，1932年に岡邦雄，戸坂潤らとともに唯物論研究会を結成し，『唯物論研究』の編集責任に当たった。思想弾圧のため翌年表面的には脱会し，以後はペンネームで寄稿を続けた。代表的著作に『日本に於ける哲学的観念論の発達史』『三浦梅園の哲学』『日本の唯物論者』『技術史』『技術の哲学』などが，編纂書に『日本哲学全書』（全12巻）『日本科学古典全書』（既刊10巻）が，邦訳書にディルタイ『精神科学序説』，アグリコラ『デ・レ・メタリカ』がある。横浜市立大学学長，日本科学史学会会長の在職中に国鉄鶴見事故で死去した。

〔文献〕『三枝博音著作集』（全12巻　別巻：総索引）中央公論社，1972-73・1977；飯田賢一編『三枝博音』日外アソシエーツ，1992。　　　　　　　　　　　　　　　　　　（佐野正博）

蔡元培　（さい　げんばい）Cài Yuánpéi 1868〔清同治6〕-1940〔民国29〕

近代中国の教育家，思想家。浙江省紹興の人。1892年，進士合格。98年，戊戌変法の弾圧に抗議してエリート官僚コースに訣別。帰郷して革新の人材養成に従事した。新しい倫理の樹立のため，井上円了の仏教哲学やスペンサーに関心を示す。1903年，ケーベルの『哲学要領』を日本語訳より重訳，哲学研究のためドイツ語の学習を開始した。1907年，ライプツィヒ大学に留学。最終的な研究テーマは民族学。1909年，パウルゼンの『倫理学原理』を翻訳。1912年，中華民国初代教育総長に就任，美育を重視。信教の自由を唱え，美育を宗教に代えるように主張した。1917年，北京大学総長。1927年，中央研究院院長に就任し，学

術研究の発展に尽力した。
［文献］中目威博『北京大学元総長蔡元培——憂国の教育家の生涯』里文出版, 1998。
（後藤延子）

　再生産（社会／文化の）　〔英〕reproduction
資本主義社会において階級関係が世代間に継続する構造的メカニズムを再生産と呼ぶ。ジェンダー関係, 民族関係など, 社会集団間の非対称・不平等な関係が継続するメカニズムについて用いられることもある。資本主義システムにおける階級関係の再生産が経済構造（土台）に規定されつつも, 自動的に行われるものでない点への着目から, 再生産を媒介する構造, 要因や再生産プロセスの究明が進んだ。マルクス主義哲学者ルイ・アルチュセールは, マルクスの土台—上部構造論に関する独自の理解に立ち, 再生産を媒介する不可欠で核心的な次元として国家・イデオロギー諸装置が存在し作用していることを指摘した。

　社会階級の世代間継承を制度的に媒介する装置として, 英国の学校教育を分析したバジル・バーンスティンは, 教授における言語コードが中産階級に親和的であり, 教育活動に内在的に階級分化が進行すると指摘した。また, ポール・ウィリスは, 中等学校生徒の参与観察から, 正統な学校文化への反発を通じて労働者階級の子弟が親世代の職業的・社会階級的位置を継承してゆくと主張した。フランスの社会学者ピエール・ブルデューは, 主著『ディスタンクシオン』等での分析を通じて, 学校教育のみならず, 出身家族の社会経済的な位置により左右される文化資本の多寡・有無が, 社会階級の差異を再生産するとした。

　これらの再生産論に対し, 階級関係が継続する構造を精緻に分析することにより, この関係を変革するモメントが見失われ, 資本主義的社会構造の永続を主張する帰結に陥るとの批判がなされた。「現存するものの肯定的理解のなかに, その否定と必然的没落についての理解を併せ持つ」というマルクスの資本主義分析の方法的視点とも関わるこの論点をめぐり, 1980年代以降, 再生産論の豊富化が試みられてきた。また, 白人男性を実質上の対象とする階級関係の世代間継続に重きをおく再生産論が, ジェン

ダー関係，民族関係などの独自の位相，階級関係との交錯を看過しているとの批判についても，フェミニズム（アンジェラ・マックロビー），ポストコロニアル理論（ポール・ギルロイ）などの分野で議論が重ねられている。
→アルチュセール，ブルデュー，構造主義，イデオロギー
［文献］ルイ・アルチュセール『再生産について』上・下，平凡社ライブラリー，2010；ピエール・ブルデュー『ディスタンクシオン』I・II，藤原書店，1990；バジル・バーンスティン『〈教育〉の社会学理論』法政大学出版局，2000。　　（中西新太郎）

再生産（生命の）　〔英〕reproduction
（生命の）再生産は，狭義には生殖・出産・哺育など，生物学的に次世代の人間を生み出すことであるが，広義には生命の維持と労働力の再生産を含め，育児，家事，看護，介護など生命に直接関わる人間の営み全般を意味する。F. エンゲルスは『家族，私有財産，国家の起源』（1884）のなかで，「生活資料（物質的富）の生産」と「種（人間）の生産」（再生産）を人間の根源的活動の二側面と規定した。そして，これを分業の最初の形態と捉え，生産力の上昇，私有財産の増大と男女格差の拡大から家族の成立を明らかにし，女性抑圧を解明する理論的基礎を作り上げた。再生産は，次の二点でフェミニズムにとって重要な意味をもっている。第一は，女性が妊娠・出産という固有の再生産機能を有しているにもかかわらず，その機能の主体性を奪われていることである（再生産領域における支配・性支配）。シュラミス・ファイアストーンは，女性の再生産機能という事実が労働の性別役割分業の原因であり，その上に家父長制と性差別が構築されていると考え，女性が再生産手段を掌握したときフェミニストの革命は起こると論じて，性と生殖に関する領域の変革の重要性を指摘した。この意味で 1994 年に世界人口開発会議で提唱されたリプロダクティブ・ヘルス／ライツ（性と生殖に関する健康と権利）の確立は，フェミニズムの核心的課題である。第二は，再生産領域の労働（家事，育児，介護，看護）が性別役割分業により女性に固有の無償労働とされてきたことである。クラウディア・v・ヴェー

ルホーフは,資本主義社会の階級構成は,資本家と生産労働者と再生産労働者という三重構造で成立していると捉え,資本主義は再生産領域から無償で不断に労働力の供給を受けて成り立ち,利益を得ていると指摘した。性別役割分業の廃絶,生産領域と再生産領域の分離システムの組み換えは,フェミニズムのもう一つの核心的課題である。
→フェミニズム,家事労働,家族,ベーベル
［文献］シュラミス・ファイアストーン『性の弁証法』評論社,1972；マリアローザ・ダラ・コスタ『家事労働に賃金を』インパクト出版会,1997。　　　　　　　　　　　　　（浅野富美枝）

最大多数の最大幸福　〔英〕the greatest happiness of the greatest number
社会を構成する各個人の幸福,すなわち各人の快楽と安全の極大化こそ,立法者が顧慮すべき唯一の目的をなすとする功利性の原理を表す。エルヴェシウスの提唱に始まるこの主張は,ベンサムの功利主義が世に広めた。封建制度から古典近代市民社会への移行期にあっても,なお欧州ですら大多数の庶民が不平等下に置かれ困窮している現状に対して,この主張は,J. S. ミルによる修正も伴いつつ,イギリスの哲学的急進派の旗印となり,被治者と統治者との一体化,人民主権論,普通選挙制,新救貧法などチャーティズムと総称される運動を推進した。

しかし他方では,米国憲法(独立宣言ではない)などに取入れられた公共性論としてのこの主張は,最大多数を重視する反面で米国先住民などの少数派の排除につながっていた。さらに現代では,この主張は,最大多数の名の下に個人的善を中心とする個人主義の意義を看過するものだとして,現代の自由主義などからは批判されてもいる。
→功利主義,ベンサム,ミル
［文献］ベンサム『道徳および立法の諸原理序説』,J. S. ミル『功利主義論』(世界の名著49)中央公論社,1967。　（竹内章郎）

サイチョ

最澄 （さいちょう）760〔神護景雲1〕-822〔弘仁13〕

平安時代初期の著名な学僧。日本天台宗の開祖。諡号は伝教大師。近江（滋賀県）の出身で姓は三津首（みつのおびと）。幼名は広野。12歳で行表の門に入り，北宗禅を学ぶ。14歳で得度し，19歳のとき南都東大寺で具足戒を受けた。そののち比叡山に登って草庵をむすび，禅と華厳を学ぶが，法華の一乗思想に傾倒して天台に転向した。桓武天皇の天台振興の政策に呼応して804年に還学生（げんがくしょう）として入唐した。同じ船に留学生として空海がいた。天台山（浙江省）に登り，道邃（どうすい）・行満について天台宗を学んだ。菩薩戒や禅，それに密教も学んだ。806年，年度者2名の申請が認められ，この時点で天台法華宗の開創が公認された。これは南都の仏教界との厳しい対立・論争の始まりでもあった。法相宗の学僧，徳一との間に一乗か三乗かという「三一権実論争（こんじつ）」が行われた。最澄は一乗が真実で三乗は方便（権）であると主張したが，徳一は法相唯識の立場からそれを反駁し，三乗こそ真実であると主張したのである。法相宗は南都六宗の中で，とりわけ大きな力をもち，南都を牛耳る勢いがあった。最澄はこの法相との論争に勝利して，比叡山の新仏教の独立を図ろうとしたのである。しかし出家にあたって南都の戒壇で具足戒を受ける現状では，真の独立はおぼつかなかった。最澄は比叡山に大乗の戒壇を設立する運動を始めたが生前に認可されることはなかった。主な著作として『守護国界章』『法華秀句』『顕戒論』などがある。

→日本仏教，智顗，止観

［文献］『伝教大師全集』（全5巻）世界聖典刊行協会，1975；田村晃祐『最澄』吉川弘文館，1988；大久保良峻『山家の大師 最澄』吉川弘文館，2004。　　　　　　　　　　　（岡部和雄）

サイード　Edward Waddie Said 1935-2003

英国委任統治下のパレスチナでキリスト教徒の家庭に生まれ，カイロで育ち，16歳からアメリカで学び，ニューヨークで英文学，比較文学を教える。『オリエンタリズム』（1978）によって，東洋を紋切型に他者化する西洋の言説秩序のイデオロギーを鋭く指摘したのち，植民地主義あるいは帝国主義と同斑の西欧文化への

批判を続ける。それゆえポストコロニアル批評の旗手といってよいが，ギリシア・ラテン古典に通じ，ジュリアード音楽院で学んだピアノの腕をもつ彼は，めったに見かけなくなった大知識人の風格をもち，政治反動への批判的発言を辞さず，アメリカでパレスチナ人民の代弁を続けた。
[文献] サイード『オリエンタリズム』上・下，平凡社ライブラリー，1993：同『知識人とは何か』平凡社ライブラリー，1998。
（岩尾龍太郎）

サイバー・スペース 〔英〕cyber space
情報によって築かれたヴァーチャル・ネットワーク（仮想空間）が実質上の管理・組織を形成する。この新たな三次元空間をサイバー・スペース（電脳空間）と言う。このことは，具体的人間関係の存在が，資本の運動あるいは企業活動，社会諸活動の成立・維持・発展において果たす機能・役割が少なくなりつつあることを意味する。インターネットなどの情報通信網が具体的人間関係を代替することになっている。たとえば，サイバー・ビジネス，ヴァーチャル・コーポレーションといった電脳空間が事実上のパワーをもった存在として現実的に機能している。ここでは，従来の具体的人間関係のコミュニティに代わってサイバー（ヴァーチャル）・コミュニティが機能し始めている。
→機能主義，ヴァーチャル・リアリティ，情報化社会（重本直利）

サイバネティックス 〔英〕cybernetics〔独〕Kubernetik
アメリカの数学者ウィーナーが提唱した，生物，自働機械などに広くみられる制御や通信に関する総合科学。語源的には，古代ギリシア語の操舵術に由来し，プラトンにも使用例は見られ，また近代ではアンペールも用いたが，今日のサイバネティックスは，一般には，ウィーナーが1948年に提唱した学問体系を指す。技術学的には，①結果に含まれる情報を原因に反映させるというフィードバック原理を中軸にする自動制御理論，②制御に必要な情報の規格化，受容，伝達，貯蔵，加工といった情報理論，③目的達成行動のための最適値決定理論などをもち，自動機械，情報

通信，ゲーム理論，人工知能などに応用されている。しかし，方法論的射程は，もっと広いともいえ，因果必然的な近代の機械論に対し，目標探求を中心におき，制御や通信を相互作用とし，誤差を容認する統計，確率を導入している。目標探求の視点は，生物などの有機的なシステムの合目的性の分析に有効であり，一般システム論とサイバネティックスの融合が進み，システム・サイバネティックスも提唱されている。また，目標からのずれを縮小する自己維持的な負のフィードバックによるシステムの維持機能とともに，目標からのずれを増幅する正のフィードバックも，普通はシステムを破壊するが，新たなシステムの形成へ向かうことがあり，システム形成，自己組織化の理論としてセカンド・サイバネティックスも提唱されている。
→フィードバック，システム（論）
[文献] G. クラウス『サイバネティックスと社会科学』合同出版，1978；N. ウィーナー『サイバネティックス』岩波文庫，2011。

(稲生勝)

堺利彦 （さかい としひこ）1870〔明治3〕-1933〔昭和8〕
明治・大正期の社会主義運動の先駆者の一人。福岡県生まれ。第一高等中学校を中退後，英語教師・新聞記者などを経て社会主義に向かい，『万朝報』記者となる。日露戦争には内村鑑三，幸徳秋水とともに非戦論を展開し，万朝報社を退社する。1903年に幸徳と平民社を創設し『平民新聞』を発行，非戦論や社会主義論を唱え，1904年には幸徳と共訳で『共産党宣言』を初訳した。実践的にも，電車賃値上げ反対運動など社会主義のための運動を指導した。大逆事件後の「冬の時代」には，売文社を創り社会主義の機関誌『新社会』を発行し，第一次世界大戦後の社会運動の高揚期には，日本社会主義同盟を結成し雑誌『前衛』の同人となるなど活動を続けた。1922年の日本共産党の結成に参加したが後に離れ，1927年に山川均・荒畑寒村らと雑誌『労農』を創刊し，無産大衆党，日本大衆党に参加した。共産党からは「解党派」として攻撃されたが，満州事変には全国労農大衆党反戦委員長として反対するなど，終始社会主義者としての実践を一貫し

た。
[文献]『堺利彦全集』(全6巻)法律文化社,1970-71；黒岩比佐子『パンとペン——社会主義者・堺利彦と「売文社」の闘い』講談社,2010。　　　　　　　　　　　　　　　(吉田傑俊)

　搾取→階級・階級闘争

　佐久間象山　（さくま しょうざん）1811〔文化8〕-1864〔元治1〕
幕末の儒学と洋学を究めた思想家。信州松代藩の下級武士の子として生れる。はじめ朱子学を学ぶが，阿片戦争に衝撃を受け対外的な危機意識の下にオランダ語を修得し，西洋の自然科学，医学，兵学などを学び江戸の松代藩邸において西洋砲術の塾を開いた。その塾生には勝海舟，吉田松陰らがいた。松陰の密航失敗に連座して松代藩に蟄居を命じられ，9年後に赦免。翌年幕府の命を受け京都に上ったが，尊攘派によって暗殺された。その思想は「東洋道徳，西洋芸術」という言葉で知られているように，西洋の科学技術の優秀性を認めながら，同時に儒教的な秩序観を離れなかった。
[文献]『象山全集　増訂』(全5巻)信濃教育会出版部,1934-35。　　　　　　　　　　　　　　　　　　　(田平暢志)

　錯覚　〔英〕illusion
知覚された対象の性質や関係（大きさ，形など）が，対象の客観的な性質や関係と著しく異なって知覚される現象をいう。ミューラー・リアー図形などの知覚的な錯覚は錯視（visual illusion）と呼ばれる。このような錯視は，刺激図形の物理的な特徴によって必ず引き起こされるのであり，知覚上の誤りと見なしてはいけない。一方，ススキを幽霊と見間違えるように，個人の内的な欲求や状態によって生じる錯覚もある。また，覚醒剤の使用，慢性アルコール中毒などによって生じる幻覚（hallucination）は，そこに存在しないものが見えるなどの対象のない知覚であり，錯覚とは区別される。　　　　　　　　　　　　　　　(都筑学)

サッカク

錯覚論法 〔英〕argument from illusion
われわれの知覚の対象が物質的事物ではなく，感覚与件（sense data）であることを，錯覚の性質に依拠して論証しようとする議論。通常はまっすぐに見える棒が水の中に入れられると曲がって見え，まっすぐな棒が「正しい」知覚，曲がった棒が「誤りの」知覚（つまり錯覚）と見なされるが，知覚というレベルにおいてはこの両者は本質的には違った種類のものではない。正しい・誤りという知覚に伴うわれわれの信念の違いは，知覚そのものの性質のちがいに基づくものではなくて，われわれの過去における経験に依存するものである。そうだとすれば，「正しい」知覚においても，われわれは物質的事物を直接に経験するのではない。したがって，知覚において直接に経験するものは物質的事物ではなく，両方の知覚に共通する「感覚に与えられたもの」なのである，と主張された。
→感覚与件，錯覚
［文献］A. J. エア『経験的知識の基礎』勁草書房，1991。

(中村行秀)

サディズム／マゾヒズム 〔英〕sadism / masochism〔独〕Sadismus / Masochismus〔仏〕sadisme / masochisme
狭義では，ドイツの精神病理学者クラフト・エーヴィングが，作家のサド（1740-1814）とマゾッホ（1836-1895）に因んで命名した，性的倒錯（加虐性欲・被虐性欲）の2類型。フロイトが，これらを通常の人間にもみられる根源的傾向と見なしたことにより，さらに広い問題連関へともたらされた。フロイトは，乳児の非性愛的な残虐・支配欲求を一次サディズムと呼び，これが母への攻撃という罪の意識を通して反転してマゾヒズムになるとした。いわゆるサディズムとは，このマゾヒズムがさらに外部に反転投影されて成立する二次サディズムなのである。後期フロイトにおいて，この問題は，対象の破壊蕩尽を志向する「死への欲望論」との連関で論じられることになる。哲学的文脈では，サルトルの『存在と無』（1943）における議論が重要である。サルトルによれば，愛とは相手の自由の承認を目指す欲望と，その自由な

存在を自分の所有物にしたいという欲望との原理的な矛盾であるが，この相克を乗り越えようとしてマゾヒズム——他者の主観性（自由）を自己へと同化させようとせず，逆に自己を他者の中で溶解させようとする——が成立する。しかしこの自己の道具化は他者の道具化にしかならず，再び「私をまなざす他者」をまなざし返す立場（サディズム）へと反転し，結局このサド–マゾ関係は無限循環に陥る。このアポリアはまなざしの非対称性というサルトルの前提に由来するが，身体的道具性を帯びた性的存在としての人間にとって本質的な問題を提起してもいる。
→他者，性（セックス）
［文献］フロイト『性欲論三篇』（『エロス論集』）ちくま学芸文庫，1997；サルトル『存在と無』上・中・下，ちくま学芸文庫，2007-08。　　　　　　　　　　　　　　　　（古茂田宏）

サド　Donatien Alphonse François Sade (Marquis de Sade) 1740-1814
フランス革命期から帝政期にかけて活躍した特異な作家。大貴族の家系に生まれるが，当時のリベルタン（自由思想家）の気風のもと放蕩を重ね，風紀紊乱や筆禍により生涯の大部分を牢獄や精神病院で送る。サディズムに名をとどめるように，倒錯的な性的欲望を含む人間の残虐性・破壊性を肯定的に描き，このような「暗黒」を隠蔽する宗教的偽善を嘲笑する無神論的な作品を数多く残した。思想的には，ラ・メトリやドルバックやディドロの唯物論，あるいはヴォルテールらによる宗教批判からの直接的引用に満ちているが，啓蒙思想家たちが全体として，性欲を含む自然的欲望の肯定と，社会的秩序や人間的連帯とを調和的に捉えようとしたのに対し，破壊や死をうちに孕む「非人間的」自然の肯定からあらゆる社会的なタブーを破壊し，社会秩序の否定を導くという独自の論理を展開した。その文学的表現に散りばめられた戯画的なまでに原理的な露悪趣味は，唯物論や無神論がどのようなロジックで反ヒューマニズムにつながるかを辿る上でもきわめて興味深い。バタイユはそのエロティシズム論や蕩尽論においてサドから大きな影響を受け，ラカンはカントの『実践理性批判』

(1788)とサドの『閨房哲学』(1795)を一対のものと捉えた上で，両者を近代的理性倒錯の典型と見なす視点を打ち出すなど，いまなおその注目は途絶えていない。　　　　　　　　（古茂田宏）

佐藤信淵　（さとう のぶひろ）1769〔明和6〕-1850〔嘉永3〕
江戸時代末期の経世思想家。羽後国（秋田）出身。江戸に出て，仕官のために百科の知識を猛烈に吸収した。その中には，当時伝来の最新の天文・地理の知識も多数あった。1829（文化12）年，平田篤胤の門下に入り，古事記や日本書紀の神代記の知識を身につけた後は，日本の神話で最新の地動説的宇宙理解を体系化した『天柱記』や，皇国が万国の根本であるという世界征服論である『混同秘策』などイデオロギッシュな経世論を文化・天保期（1820-30年代）に集中的に叙述した。彼の（他人の学説の）盗癖や経歴詐称は森銑三によって完膚なきまでに立証されたが，皇国神話と科学知識の習合は日本の近代の歩みに合致し，戦前根強い支持を受けた。
〔文献〕森銑三『佐藤信淵』（著作集9）中央公論社，1975；島崎隆夫「佐藤信淵――人物・思想ならびに研究史」（日本思想大系45――安藤昌益・佐藤信淵）岩波書店，1977。　　（小川晴久）

サピア＝ウォーフの仮説　〔英〕Sapir-Whorf hypothesis
アメリカの言語学者で文化人類学者であるE. サピア（1884-1939）とB. L. ウォーフ（1897-1941）に共通する考えで，言語はそれを母語とする人々の思考や行動様式に決定的な影響を及ぼすという仮説。言語が異なれば世界像も異なるという「言語相対主義」の思想である。このような考えはすでにカント主義的な言語哲学者フンボルトによって主張されていたが，二人はそれぞれアメリカ先住民の諸言語の比較言語学的研究を概括してこの仮説に到達した。ただし，それは共同で提出されたものではなく，両者にはニュアンスの違いがある。殊に，サピアの指導を受けたウォーフは師の考えを推し進めて極端な観念論的構成主義を唱えた。彼によれば，この世界は「様々な印象の変転きわまりない流れとして提示されており」，それぞれの言語体系がそれを秩序づける。語

彙ばかりでなく時制のような文法構造の相違も経験を規定すると主張した。この仮説は大きな反響を呼び，確証や反証を意図した新たな研究を誘発した。たしかに，現実の分節化が社会的に形成された言語によって影響を受けることは事実であろう。しかしそのことをもって，言語が世界観を決定すると主張したり，言語相互の翻訳可能性や現実の客観的認識を否定したりすることはできない。
［文献］サピア『言語・文化・パーソナリティ』北星堂書店，1983；ウォーフ『言語・思考・現実』講談社学術文庫，1993。
(中島英司)

サブカルチャー　〔英〕subculture
ある社会ないし社会集団や社会組織において主流をなす中心文化（main cutlture）と対比し，下位に位置づけられる文化を指す。たとえば，若者文化（youth culture）の典型例として引かれるサブカルチャーは，主流文化（major culture）に対する少数文化（minor culture）の一つである。

中心文化がフォーマルな性格を帯びているのに対し，サブカルチャーはより多くインフォーマルで潜在的機能を果たすものと考えられている。中心文化の活動領域から外れたアンダーグラウンド領域を活動場所とするが，サブカルチャー作品やその担い手が中心文化に上昇し吸収されることも少なくない。

「ネクタイをしめる（中心文化）―ジーンズをはく（サブカルチャー）」という対比が示すように，サブカルチャーは中心文化からの離脱や逸脱を示す文化的表現としての機能をもつ。サブカルチャーが，集団的徴表の表示や自己がある集団に帰属していることの表明に利用されるのはこの機能のゆえである。したがって，社会的影響力，権力をもたない集団にとって，サブカルチャーは，潜在的にではあるが，自分たちの共通性を確認させる機能をもっている。しかしまた，サブカルチャーは，中心文化の素材や担い手を供給する一基盤としての性格をもっており，対抗文化（カウンターカルチャー）のように，支配文化に対する意識的拒絶と反抗という性格はもっていない。

サベツ

→文化，大衆文化
［文献］D. ヘブディジ『サブカルチャー——スタイルの意味するもの』未来社，1986；L. Grossberg, *We Gotta Get out of This Place*, Routledge, 1992；A. McRobbie, *Feminism and Youth Culture*, Macmillan, 1991.
（中西新太郎）

　差別　〔英〕discrimination
種々の抑圧とともに，差別は，その解消のために社会変革が要請される最も重要な要因だが，他方で，人類史上，社会的に最も普遍的な現象であるとして，何らかの差別の存在は自明視されることもある（A. メンミ）。大きく分類すると，差別には，①古典近代市民社会以前の封建制度下まで自明視されてきた血縁や身分や世襲財産による差別（天皇制や部落差別など現代日本でもなお未克服なものもある），②今なおその克服が必要な人種や民族による差別（レイシズム），③宗教・門地による差別，④思想信条による差別，⑤性による差別（同性愛者への差別を含むセクシズム），⑥階級（経済）・権力による差別，⑦能力による差別，がある。以上については，何が，またどの程度のことが，差別かが問われ，差別と格差や不平等との相違や関連が問題になったり，積極的差別是正処置（アファーマティブ・アクション）が逆差別として批判されたりする状況もある。

　留意すべきは，本来は差別として捉えるべき経済や階級や権力の格差自体の多くが，資本主義の自明視により差別とされず，変革の対象にされない現状である。また世界的には，アジア・アフリカ諸国家のみならず米国などの「先進国」内でも頻発している上記の②および③の差別があり，「イデオロギーの終焉」という名の下に無視されがちだが，日本の企業社会では憲法すら否定する④の差別もある。これら差別の多くの根底には，資本主義とその市場一般が惹起する差別や大国による小国の差別的支配という歴史的要因に加えて，「先進諸国」と「発展途上国」との間でも，また「先進国」内の新たな階層間格差としても差別を拡大する現代帝国主義および新自由主義に依拠する多国籍企業化がある。

　近年では，上記①～⑥が生まれによる謂れなき差別として，少

なくとも言説上や公式的には正当化されえないのに対して，⑦能力による差別は「謂れある」差別として正当化されがちである——原因が能力であれば，差別は個人の自己責任として当然（謂れある）——，という指摘もある。優生思想と通じ，また高齢者差別（エイジズム）などとしても現れている能力による差別が，本来は共同的に把握されるべき能力概念の不備もあって個人還元主義的に正当化されるだけでなく，その他の差別の多くも能力による差別として正当化されるのであり，この状況が大衆的に受容されがちな差別問題は深刻である。
→平等，救済，階級・階級闘争
［文献］大庭健他『差別——現代倫理学の冒険3』岩波書店，1990；柴谷篤弘他編『差別ということば』明石書店，1992。

（竹内章郎）

サムナー　Willliam Graham Sumner 1840-1910
アメリカの社会科学者。冷厳な科学主義・保守的自由主義に立ち，人為による社会改良や煽動を批判した。進化論の影響下に，適者生存の立場をとる「社会の科学」を構想した。社会淘汰を行う自然法則として「慣習的なもの」に着眼し，自然的欲求が習慣化した民習（folkways）と，それに倫理学的裏づけが与えられた道義（mores）を区別，それらの社会ごとの相対性にも論及した。また，帝国主義やファシズムに厳しい批判を行い，自民族中心主義などの「われわれ意識」を解明するため，内集団・外集団の概念を導入した。
［文献］サムナー『フォークウェイズ』青木書店，1975。

（伊奈正人）

左翼→ニューレフト

サール　John Rogers Searle 1932-
米国の哲学者。オックスフォードに学び，のちにカリフォルニア大学バークレイ校教授。日常言語学派の影響下で出発したが，自身の哲学はむしろ科学主義的自然主義に傾く。意味論の枠組に

よる言語行為論の理論的体系化に取り組んだ初期の業績と，80年代以降の心の哲学の仕事，特に人工知能批判よって知られる。サールによれば，心の状態がもつ意味的性質ないし志向性は，脳の進化過程に根源をもち，コンピューターの行う形式的記号操作からは生じえない。デリダとの論争，大学問題に関する発言など，恐れを知らぬ論客でもある。
[文献] サール『言語行為』勁草書房，1986；同『心・脳・科学』岩波書店，1993。 （伊勢俊彦）

サルトル　Jean-Paul Sartre 1905-1980
『嘔吐』(1938) を代表作とする幾多の小説や戯曲の創作者であるとともに，ハイデガーやヤスパースと並び称される20世紀の代表的な実存哲学者。彼の実存思想は「実存主義」と呼ばれることが多い。青年期以来の文学創作が培った人間観の上に，ハイデガーを独自に摂取し，人間の自己意識性を中核に据え，「存在欲望」からの浄化的解放を展望する独自の人間存在論を『存在と無』(1943) において展開した。人間は自己意識的存在（「対自存在」）であるがゆえに，自分という存在との一致というあり方（「即自存在」）において自分を生きるのではなく，そこから絶えず無化的後退を行い，絶え間なく自分を問題化する関係性のなかで自分を生きざるをえない。だが，そのことによって人間は自分が即自的充実を欠如した半ば無根拠性のうちに宙吊りにされた存在であるという実存的不安を抱えることになる。この不安から抜け出そうと，多くの場合人間は再び自分に即自的な存在充実を与えようとする「存在欲望」に絡み取られることになるが，それは必ずや人間を重大な自己欺瞞に導く。人間の真に自由な生とは，むしろこの「存在欲望」の誘惑からおのれを解放することによってのみ可能となる，とサルトルは主張した。こうした観点から人間の欲望のあり方を批判的に考察する『存在と無』は同時にサルトルの試みた「実存的精神分析」の方法的基礎を据える試みでもあった。

　対独レジスタンス運動への参加経験を契機に，戦後，人間がつねに歴史的＝政治的存在として存在することの抱える問題性に覚

醒し，自分の実存的思索とマルクス主義との統合の必要を痛感するなかで，『弁証法的理性批判』（1960）を著す。また全10巻の『シチュアシオン』（1947-76）において活発な評論活動を展開し，20世紀西欧の左翼知識人の代表的存在となる。他方また，「実存的精神分析」の方法を発展させながら，詩人のジャン・ジュネを論じた『聖ジュネ』（1952）やフローベール論である『家の馬鹿息子』（1971・72）を代表作とする作家論を展開したが，これらの作家論はみな現実界に身を置くことを拒否して想像界に身を置こうとする実存的選択を行った人間に関する実存的精神分析の書であるともいえる。これら後期のサルトルの思索は人間間の「相互性」——自由の相互承認——をモラル的原理に据えて，相互性の感受性を欠落させた「単独者」的世界観や相互性の拒絶として登場する「暴力」のマニ教的論理を徹底的に批判しようとする意志に支えられている。

（清眞人）

参加民主主義→民主主義

サーンキヤ学派　〔サ〕Sāṃkhya
インド六派哲学のうち最も古い伝統をもつ学派で，思想的には，正統派バラモン教に属するウパニシャッド哲学を批判的に継承しつつ，仏教，ジャイナ教などの異端の宗教の出家主義とも共通の要素をもった。ヨーガの行法に理論的な基盤を与えたほか，大叙事詩『マハーバーラタ』の思想的柱となって，ヒンドゥー教にも影響を及ぼした。学派名「サーンキヤ」は「サンキヤー（数）」から派生した語で，分類したものの「列挙」さらには「考察」を意味している。漢訳では数論と称される。伝承では開祖はカピラ（前4-3世紀）とされる。作品としては，ヴァールシャガニヤの『六十科論』の名が知られるが，原本は失われ断片が残るにすぎない。所依の教典になるのは，現存最古であるイーシュヴァラクリシュナ（4世紀）の『サーンキヤ頌』（Sāṃkhyakārikā）である。この書は自ら『六十科論』の綱要書であることを謳っている。学派としては，これ以降，学説的な発展は見られず，ビジュニャーナビクシュ（16世紀）の頃に一時期盛りかえすのみであ

る。この学派の哲学は，仏教思想などと同じく人間の苦を出発点とし，この苦に満ちた輪廻の生存から解脱するために，精神原理である純粋精神（プルシャ）と非精神原理である根本原質（プラクリティ）という二元の実在を分離すること，つまり，純粋精神の独存を説く。純粋精神は精神的で無活動であり，これが非精神的な根本原質と結合することにより，根本原質は次々と現象世界を流出していく。現象界の多様性は，根本原質を構成する三つの要素（グナ），純質，激質，翳質(えいしつ)の比率の違いから生ずる。人間心理を中心に捉えると，現象界は根本原質→思惟機能→自我意識の順で流出し，自我意識は一方では十一の器官（思考器官，五知覚器官，五行動器官）を生じ，もう一方では五つの端的な知覚対象（音・触感・色・味・香）→五元素（五大：虚空・風・火・水・地）というように流出する。また，逆の順序で根本原質へ帰滅するとも説く。このような立場は，結果が原因の中に潜在的に存在しているとするので因中有果論と言われる。

［文献］村上真完『サーンクヤ哲学研究』春秋社，1978；中村元『ヨーガとサーンキヤの思想——インド六派哲学1』（選集24）春秋社，1996。　　　　　　　　　　　　　　（石飛道子）

産業革命　〔英〕industrial revolution

工業生産の技術的過程が人間の筋力と道具を用いる手工業から蒸気機関などの動力と機械を用いる工場制へ転換し，それにともなって工業都市の成立や産業資本家階級と労働者階級の台頭など社会が大きく転換したこと。

　世界最初の産業革命は，イギリスで1760年代に綿工業から始まり，しだいに他産業へ波及して19世紀前半まで続いた。綿工業では，綿糸の不足と価格騰貴が深刻な問題となったため，1760年代以降，ジェニー紡績機，水力紡績機，ミュール紡績機などが相次いで発明され，18世紀の末頃までに紡績業に工場制度が確立した。さらにカートライトの発明した力織機が1820年代から50年代に広く普及して，綿織物業でも機械化が進んだ。その後，産業革命は，製鉄業，機械工業などへ波及し，鉄道と蒸気船の普及は交通・運輸革命をもたらした。

産業革命の結果，手工業的な熟練が不要となって労働が単純化し，成年男子に替わって児童と女子の労働が増加するとともに，労働者の機械への従属化が進み，労働強度が増大して労働時間が長くなる傾向が生じた。

　産業革命の社会的帰結の評価をめぐって，労働条件の劣悪化を強調する悲観説と生活水準の向上を重視する楽観説との長い論争があり，革命と呼ぶほどの急激な変化は存在しなかったという説も主張されている。

［文献］アシュトン『産業革命』岩波文庫，1973；長谷川貴彦『産業革命』山川出版社，2012。　　　　　　　　　（新村聡）

産業社会→工業社会

サン＝シモン　Claude Henri de Rouvroy, Comte de Saint-Simon 1760-1825

フランスのユートピア社会主義者。名門貴族の長男として生まれ，軍隊への入隊，アメリカ独立戦争への参加，フランス革命さなかの国有地売却をめぐる投機，投獄といった奔放な活動の後，1803 年の『ジュネーヴの一住民の手紙』を皮切りに著作活動に入った。1813 年の『人間の科学に関する覚書』など前半期の著作では，人間と社会の研究を自然科学に範を取った実証科学として確立せよと主張する熱烈な科学主義者であり，王政復古期に入った 1816 年の『産業』以降は，生産活動に従事しない貴族や軍人など封建時代以来の無為徒食の支配者の手から，農業者，製造業者，商人などの直接的生産者である「産業者」に政治の大権を移せと主張する「産業主義」者となる。「産業主義」とは，1824 年の『産業者の教理問答』において彼自身が造語した言葉であるが，その理念は，「神学的」―「実証的」という科学上の移行図式と「封建的体制」から「産業的体制」へという移行図式との複合として「実証的産業的体制」と表現されるものだった。そこでは人の人に対する支配としての政治は，経済的生産活動における事物の実証的管理に置き換わって消滅するという。彼の思想は，その死後サン＝シモン派と呼ばれる集団に引き継がれ，

資本主義恐慌の発生という状況の中で所有関係の変革と計画経済化による矛盾の克服というプランに発展していく。
→ユートピア社会主義
［文献］『サン・シモン著作集』（全5巻）恒星社厚生閣，1987-88。
　　　　　　　　　　　　　　　　　　　　　　　　（岩本吉弘）

　サンタヤナ　George Santayana 1863-1952
スペイン生まれのアメリカの哲学者・詩人・評論家。ハーバード大学で，ジェイムズ，ロイス等に学んで哲学の教授を務めたが，アメリカ的生活様式に対する反感と嫌悪を表明して1912年に職を辞し，以後はヨーロッパに住んだ。彼の哲学は，人間の認識は合理的なものではなく，非合理的な本能である「動物的信念」に基づくと主張するものであるが，その一方で，人間は本能と常識によって「本質」と呼ばれる普遍的なものを認識できると主張するプラトン主義的な独特な内容をもっていて，ロマン主義と自然主義を結合する特異な思想家と評される。
［文献］サンタヤーナ『哲学逍遙——懐疑主義と動物的信』勁草書房，1966；タウンゼント『アメリカ哲学史』岩波書店，1951。
　　　　　　　　　　　　　　　　　　　　　　　　（中村行秀）

　三段論法　〔英〕syllogism
伝統的形式論理学における最も典型的な演繹推理で，前提である二つの判断（大前提と小前提）から，その判断の形式だけに基づいて，第三の判断（結論）を導き出す間接推理のこと。たとえば，次のような形をとる。
　1）　すべてのMはPである（大前提）
　2）　すべてのSはMである（小前提）
　3）　だから，すべてのSはPである（結論）
この例におけるSを小概念，Pを大概念，Mを媒概念という。この例では，三つの判断のすべてが定言判断であり，この形の三段論法を定言三段論法と呼ぶ。前提に仮言判断または選言判断を含むものはそれぞれ仮言三段論法，選言三段論法と呼ばれる。
　定言三段論法の格式——三段論法は前提における大概念，小

概念，媒概念の位置の違いによって四つの「格」が区別され，二つの前提と結論が，全称肯定（A判断），全称否定（E判断），特称肯定（I判断），特称否定（O判断）のどれをとるかによって24の「式」に分かれる。格と式の組み合わせによって，形式的には256通りの三段論法が成立するが，このうち正しい＝妥当なものは24組にすぎない。

定言三段論法の規則——次の規則を満たす定言三段論法が妥当性をもつと判定される。①三つの概念でなければならない。②二つの前提がともに否定判断であってはならない。③二つの前提がともに肯定判断であれば，結論もまた肯定判断，前提の一つが否定判断であれば，結論もまた否定判断でなければならない。④媒概念は少なくとも一つが周延されていなければならない。⑤前提において周延されていない概念を結論において周延させてはならない。
→形式論理学，推理，判断，周延　　　　　　　（中村行秀）

サンディカリズム　〔仏〕syndicalisme〔英〕syndicalism
フランス語で組合を意味するサンディカ（syndicat）から作られた用語だが，特に19世紀末フランスの労働運動を支配した思想を指す。労働者解放の道すじは政治権力の奪取によってではなく，労働者自身が生産の場で行う直接行動によって開かれるとする。プルードンからの影響を強く受け，アナーキズムの一発展型としてアナルコ・サンディカリズムとも呼ばれ，あるいはその戦闘的な性格から革命的サンディカリズムとも呼ばれる。20世紀に入ってからはジョルジュ・ソレルがその代表的な思想家となる。労働者は無力な存在ではなく，体制を揺るがす力と新しい社会を担うにふさわしい高い徳性を備えると説く。こうして第一次世界大戦まではサンディカリストが労働運動をリードした。とりわけ，フランス・イタリア・スペインなどのラテン諸国で勢いがあった。ロシア革命後さらに激化したボリシェヴィキとの思想闘争でしだいに後退するが，労働者自身による生産管理，そして労働者を主人公とする社会の実現という夢は，その後も社会主義運動のなかで繰り返し浮上する。アナルコ・サンディカリズムを激

サンバジ

しく批判するレーニンでさえ，その生気はつらつとした戦闘性には学ぶものがあると考えた。
［文献］喜安朗『革命的サンディカリスム』河出書房新社，1972。
　　　　　　　　　　　　　　　　　　　　　　（斉藤悦則）

産婆術→ソクラテス

三宝　〔サ〕tri-ratna, ratna-traya
仏教用語。仏教を成立させる重要な要素を三つの宝に喩えたもの。仏と法と僧の三つをいう。仏は，悟りを開いた教主，法はその教え，僧はその教えを奉ずる教団である。歴史的に見ると，仏教の開祖釈迦と彼の教えと彼の弟子たちの出家集団ということになり，このような三宝を〈現前三宝〉という。また，哲学的には，三宝は別ものではなく本質的に一体であるとして〈一体三宝〉ということが言われる。開祖亡き後末代まで保存する三宝として，仏像と経巻と剃髪染衣の修行僧の〈住持三宝〉が後代説かれた。仏教徒にとって三宝に帰依することが，時代や宗派を越えて最も重要なこととされている。
［文献］水野弘元『仏教要語の基礎知識』春秋社，2006；中村元訳『ブッダのことば――スッタニパータ』岩波文庫，1958。
　　　　　　　　　　　　　　　　　　　　　　（石飛道子）

三民主義　〔中〕Sānmín zhǔyì
孫文の唱えた政治理念。清末の中国同盟会および民国期の国民党の綱領で，1924年に『三民主義』として集大成された。民族主義・民権主義・民生主義の三つからなるが，時期によって内容が変化している。民族主義は，清末の段階では清朝の打倒であったが，後には帝国主義列強からの解放と国内各民族の平等を意味した。ただ，実際には漢族中心主義のきらいがある。民権主義は，最終的な「憲政」段階では主権在民で，国民が平等に参政権をもつことであるが，それ以前の段階では独裁が伴っている。民生主義は，経済的平等を目指す思想で，始めは「地権平均」による土地の公平な分配であったが，後に「資本節制」が加わり大資本の

発生を防止しようとした。
→孫文
［文献］孫文『三民主義』上・下，岩波文庫，1957：横山宏章『孫中山の革命と政治指導』研文出版，1983。　　　（小林武）

シ

シ

死 〔ギ〕thanatos〔英〕death〔仏〕mort〔独〕Tod

死は生あるものにとって不可避である。死は種にも生じるが，有性生殖を行う生物に生じるのは個体の死である。人間にとって死は最重要な問題で，古来，宗教とともに哲学は，この死にいかに対処するかをめぐって展開され，古代ギリシアのプラトン，エピクロス，ストアの哲学では死が大きなテーマとなった。中世ではもっぱらキリスト教が前面に出たが，ルネサンスにはモンテーニュが非キリスト教の立場で死をどのように受容するかを考えた。近代の入口ではパスカルが後の実存主義に近い線で死の不条理と格闘した。死をどう考えるかの典型は，プラトンとエピクロスに見られる。プラトンは，魂の不死という形而上学によって，死を否定した。死は，牢獄としての肉体からの魂の解放，この世からハデス（冥界）への魂の旅立ちであり，哲学は「死の練習」である。この魂の不死の考えは，死後の世界における賞罰の裁きのミュートスを伴い，キリスト教のドグマと結びついて，中世から近代のデカルト，カントにまで生き延びてきた。これに対しエピクロスは，死に対する唯物論の最初の対処の仕方であった。魂はより微細で活発な原子の働きでしかなく，魂の存続はありえない。エピクロスにとって死はなにものでもない。「われわれが存する限り，死は現に存せず，死が現に存するときには，もはやわれわれが存しないから」というのがその理由である。ストア派もまた死と対峙し，死はなにものでもなく，死は恐ろしいという意識が恐怖を呼ぶだけであるとして平静を保とうとした。ストア派は，死の不可避性を運命，摂理として平静に受け止める。死の意志的克服であるが，その底には，万物流転，永遠回帰の宇宙論がある。死は自然の理である。「どのように死ぬかを学ぶこと」が哲学することであると考えたモンテーニュは，エピクロスとストアの知恵から学ぼうとした。他方，死の不条理を前面に据えて格

闘したのがパスカルとハイデガーなど実存の思想家たちである。死は存在の絶滅に至る虚無化をもたらすからである。ハイデガーは，死は，賢者の意志的克服を許す「恐怖」ではなく，対処不可能な「存在の不安」をもたらし，唯一の対処はそれを日常性のなかで紛らわすことでしかないが，これは真実の隠蔽でしかないとして，積極的に死を先駆的に引き受けることによって「死へと関わる存在」としての本来的なあり方を取り戻そうとした。また，死を全的絶滅と捉える立場から，それにもかかわらず生きたという永遠の証を「生きたという事実」に求めるジャンケレヴィッチの考察がある。

［文献］ジャンケレヴィッチ『死』みすず書房，1978。

(河野勝彦)

慈雲 （じうん）1718〔享保3〕-1804〔文化1〕

江戸時代後期の学僧。名は飲光(おんこう)，慈雲は字(あざな)。一般に慈雲尊者と呼ばれている。真言宗に属す。顕密諸宗の教学に広く精通していた。戒律の復興を志し，「正法律」（真言律）を提唱した。また『十善法語』を著し，戒の普及に努めた。特筆すべきは『梵学津梁(ぼんがくしんりょう)』という1000巻にのぼる梵語学の大著を残したことである。この原本が晩年に住した河内の高貴寺に所蔵されているが，残念ながら今日でもこの研究はまだ十分には進んでいない。しかし近代以前のサンスクリット研究の最高峰をなすものであることは疑いない。唐代に義浄が書いた『南海寄帰内法伝』についても詳細な注釈書を残している。国を閉ざした江戸時代にあっても，志はあくまで高く，視野を遠い世界にまで広げた学僧が仏教界にも少数ながら育っていたのである。

［文献］『慈雲尊者全集』（全19巻）思文閣出版，1964-77。

(岡部和雄)

シェストフ　Lev Isaakovich Shestov 1866-1938

本名，シヴァルツマン。ロシア系ユダヤ人の哲学者，文学者。1895年以後，主にスイスで過ごしたが，ロシア革命後ボリシェビキ政権を受け入れず，1919年に亡命。ソルボンヌでロシア宗

ジェイム

教哲学を講じた。フッサールやハイデガーなどと交友関係をもった。人間存在の理性的な意味づけを拒否し，剥き出しのカオスとしての生にとどまりながら，そこから生の意味を求めた。後に神と人との全面的に非理性的で根拠をもたない個人的な出会い（始源的な神的自由）としての信仰の立場を打ち出した。この点でキルケゴールの実存哲学の立場に近い。日本でも昭和初期に知識人に影響を与えた。

[文献]『シェストフ選書』（全13冊）雄渾社，1967-75；シェストフ『悲劇の哲学』現代思潮社，1976。 （清水昭雄）

ジェイムズ　William James 1842-1910
20世紀アメリカを代表する思想家の一人。生理学，医学，心理学の研究から哲学へと思索を進めた。哲学者としてはパースの「プラグマティズムの格率」を採用し，真理の本質に関する理論としてそれを広めた。ジェイムズによれば，実在との一致としての真理とは，「まっすぐに実在あるいはその周辺まで誘導される」その過程を意味し，「実在ないし実在と結びついた何ものかをよりよく扱えるような実在との作業的な接触に至る」という実際的結果をもたらすものである。つまり，真理とは究極的な実体ではなく，「真理になる」動的な過程であり，検証の過程である。そしてジェイムズは，こうした認識の全過程はわれわれの経験の内部でのみ進行すると考え，「根本的経験論」の立場を主張した。ジェイムズの哲学はプラグマティズムと言うよりはむしろ「根本的経験論」と言った方が正確で，彼は原初の実在を「純粋経験」と呼び，そこから主観と客観が立ち現れてくる過程を「現象学」的に考察した。西田幾多郎の関心や1960年代に欧米で生じたジェイムズ思想における現象学的要素を再評価する動きは彼の「根本的経験論」に向けられている。

→プラグマティズム

[文献] *The Works of William James*, Harvard Univ. Press, 1975-88；『ウィリアム・ジェイムズ著作集』（全7巻）日本教文社，1960-62；スティーヴン・C・ロウ編著『ウイリアム・ジェイムズ入門——賢く生きる哲学』日本教文社，2007。 （栗田充治）

シェーラー　Max Scheler 1874-1928
ミュンヘンに生まれる。ディルタイ，フッサールの影響を受ける。ケルン大学教授。現実の「生」をいかに捉えるかを哲学の課題として生の哲学を唱え，精神生活の原理が人間の本質を形成すると主張した。彼はまた，人間精神は宇宙的な生と強い相互依存の関係にあると考え，人間を宇宙的連関のもとに捉えることを唱えた。彼は『倫理学における形式主義と実質的価値倫理学』(1913-16) を著し，生の価値を掲げ，人格とエートスを軸とする倫理学を構築しようとした。その際，カントの形式主義倫理学に対して，生の領域の根底にある諸価値（本質直観）に基づいた実質的でア・プリオリな倫理学を体系化しようとした。具体的には感情や情動の実質的なものを価値によって位階化し，人格価値を頂点とする価値倫理学を体系化しようとした。また知識社会学を構想し，労働・教養・救済という面から社会的存在の意味を再構築しようとした。
［文献］『シェーラー著作集』（全15巻）白水社，1976-80；金子晴勇『マックス・シェーラーの人間学』創文社，1995。

（太田直道）

シェリング　Friedrich Wilhelm Joseph Schelling 1775-1854
ドイツ観念論を代表する哲学者の一人。シェリングは早熟の天才であり，1790年代初頭チュービンゲン神学校でヘーゲル，ヘルダーリンと「精神の同盟」を結び，フランス革命の大きな影響を受けた。若くしてフィヒテ哲学に共感し，立て続けに「超越論哲学」上の論文を執筆した。フィヒテと並んで，自我哲学を展開し，フィヒテを補完するために自然哲学へと議論を展開し，当時の自然科学的諸成果を摂取して（プリーストリ，ラヴォアジェらの化学，ブラウン説などの医学），フィヒテの後任としてイェーナ大学の員外教授となる (1798)。そこでロマン主義者（ノヴァーリス，シュレーゲル兄弟など）との交流を通じ，当時の哲学運動を代表するひとりとなった。超越論哲学と自然哲学の対立を同一哲学によって克服しようとしたが，この営みは体系的に難を残し，シェリング自身1809年に「自由論」を発表した後，歴史哲

ジェン

学に傾斜し、講演と講義において自らの見解を発表するだけになり、世代哲学（Weltalter），啓示と神話の哲学などに関する膨大な草稿を残した。シュトゥットガルト私講義，ミュンヘンではバイエルン皇太子の家庭教師を務め、講義筆記録を残している。未整理の草稿もベルリンに残され（ミュンヘン草稿は第二次世界大戦において消失），現在整理編集され，単行本として刊行され始めている。

シェリングの思想転回の時代区分は，初期（1809まで），中期（1809-1827），後期（1827-1854）に分けられる。初期は更に自我哲学期，自然哲学期，同一哲学期と区分され，中期は世代哲学の時代であり，後期はミュンヘン時代とベルリン時代である。

従来研究史的には後期シェリングの評価をめぐって，大きくマルクス主義的研究と実存主義的研究とに分裂していた。マルクス主義的研究は，ハイネの指摘に従い，1804年までのシェリングを評価し，その後の営みを否定的に評価する。それはルカーチの『理性の破壊』において非合理主義の淵源という評価に定着した。実存主義的研究は，後期を肯定的に評価するものであり，ヤスパース，ハイデガーの研究等があり，実存主義の淵源とする。今日の研究はアカデミー版全集の編集に基づく文献学的研究に焦点が集まり，しかも前期自然哲学が注目されるようになった。

[文献] シェリング「人間的自由の本質について」，「哲学的経験論の叙述」（世界の名著 続9）中央公論社，1974；西川富雄監修『シェリング読本』法政大学出版局，1994；ハイデガー『シェリング講義』新書館，1999。　　　　　　　　　　　　　　（長島隆）

慈円　（じえん）1155〔久寿2〕-1225〔嘉禄1〕
後白河・後鳥羽の王権交代と源氏・北条氏の武権交代が交錯する鎌倉初めの政治変動期に，異母兄の近衛家と摂関権力を争った同母兄兼実の九条家の後見として活躍し，天台座主を四度勤め，後鳥羽歌壇の代表的歌人としても重用された（『拾玉集』）。主著『愚管抄』は日本思想史上の希少な哲学的歴史書として有名だが，末法思想からの仏教的諦観の没落史観と誤解されてきた。だが本書は，反院政・摂関体制・公武協調や九条家の摂関家継承等の正

統性を歴史に即して論証する実践的目的に貫かれ，また内容は貴族主義的ながら，「武者の世」のリアルな時代認識をもち民衆世界に日常化した道理観念を歴史解釈の原理とする点で，中世人の躍動的な歴史意識を反映している。万物有道理の仏教原理の歴史的適用としての「移り行く世の道理」が主題とされ，天皇制度，王法仏法の関係，王・臣・民の器量の相関により区分された七時代各々の特殊な時代の「道理」の「作り替え」過程として展開された。歴史の全過程を貫く「劫初劫末の道理」は，一方で末法史観的な「落ち下がる」過程とされながら，他方では努力により「持ち起こす」道理や，荒廃後に世が興隆する道理等の論点を含む。この歴史観の根底には，仏教の真理は各地の固有の形態で固有の言語において顕現すると見る天台本覚思想・和光同塵の思想が貫かれ，そこから和語・口語が位置づけられ，和歌＝真言論とともに仮名交じり文体が方法的に採用される。
→道理，末法思想，北畠親房
［文献］多賀宗隼編『慈円全集』六丈書院，1945；大隅和雄『愚管抄を読む』講談社学術文庫，1999。　　　　　　（亀山純生）

　ジェンダー　〔英〕gender
【社会的・文化的性差と権力】ジェンダーは，社会的・文化的に構築される性差を指しており，セックス（生物学的性差）とは区別される。第二次世界大戦後の第二波フェミニズムが発見し展開した概念であり，その基本的発想はセックスとジェンダーが必ずしも連続性をもっていないという点におかれている。従来，「男らしさ」「女らしさ」の行動基準や文化規範は男女間の生物学的差異からストレートに論じられてきた。こうした生物学的決定論に対して，第二波フェミニズムは明確に異議を唱え，「男性性」「女性性」という規範，表象は社会的に作り出されたものであり，また歴史とともに変化してきたことを明らかにした。ジェンダーは性差別の解消が可能であることを論じるうえで，欠かすことのできない概念である。では，社会的・文化的コンテクストにおいて性差に基づく分離・分断・分割を引き起こすものはいったい何であろうか。そこには男女間の差異を社会的ハイアラーキーのも

とに組み込み，性差別を正当化する権力関係の作用という問題が介在する。たとえば女性の担う労働領域を低く価値づけ，男性のそれを高く価値づける慣習や，女性労働領域が高い威信と収益を生むようになると男性がそれを独占するに至るという動きは歴史のなかにしばしば見出されるが，そこに作用する男性優位主義の社会規範・制度（家父長制）のもとでの権力関係を看過することはできない。フェミニズムはもともと，家父長制に対する批判を前提においていた。

【近代社会とジェンダー】伝統的家父長制は古い歴史的起源を有しているが，近代社会に至って新たな形態の家父長制が出現した。発達した資本主義社会に共通に見出される「男性は外で働き，女性は家を守る」という近代的な形態での性別分業とそれを正当化する規範の出現をみれば明らかである。近代社会の経済的・政治的ヘゲモニーを握った中産階級がこのジェンダー規範を主導し，社会制度への埋め込みを実践してきた。近代的な性別分業規範の 20 世紀版の言説は，男女間の身体的差異を根拠とする性別役割の分化に相互補完性を見出し，役割は違っても平等であるとする点に特徴がある。これに対抗する上で第二波フェミニズムが見出したジェンダー視点は，性差別の解消は社会的に構築された制度，慣習，人々の行動・思考様式の変革によってなされるという見地を打ち出すうえで画期的なものであった。中産階級が主導したジェンダーに関わる社会規範は，地域差，階級・階層差，エスニシティ差，世代差に基づくヴァリエーションを伴いつつも，なお現代社会の基層部分に食い込み，再生産されている。こうした基層構造を解明し性差別を「自然」視させる言説を批判しその神話性を解きほぐし解体することは，ジェンダー研究にとって今なお要請されつづけている。同時にその変革を促す要因の発見と分析を欠かすことができないため，ジェンダーという分析用具はより磨き上げられ豊富化が図られる必要がある。ジェンダー概念がいったんは区別したセックス（生物学的性差）それ自体も社会的に構築されたものであるという理論的挑戦が，身体論およびセクシュアリティ論においてなされてきている。ジェンダー／セックスの二元論をはじめ，公／私二元論等の，二元論的

思考様式を脱することが依然として重要な理論的課題である。
［文献］A. Oakley, *Sex, Gender, and Society*, Gower, 1985；R. W. コンネル『ジェンダーと権力』三交社，1993；江原由美子『ジェンダー秩序』勁草書房，2001；J. W. スコット『ジェンダーと歴史学』平凡社ライブラリー，2004。　　　　　　　（木本喜美子）

　ジェンティーレ　Giovanni Gentile 1875-1944
イタリアのファシスト的観念論哲学者。1918 年以降ローマ大学教授。1920 年，「行動的観念論」（idealismo attuale）の機関誌『イタリア哲学評論誌』を創刊。1922-25 年，ムッソリーニ政権の文部大臣。ファシスト党に入党。カトリック系私学を導入し，バチカンとの妥協を図る。1925 年，「イタリアファシスト知識人宣言」の中心になり，それに対抗したクローチェと決裂。彼の行動主義哲学は，マルクスの実践をヘーゲル的というよりもフィヒテ的な主観の絶対的行動に読み替え，自我の拡大と自己実現の課題をファシズムの全体主義・拡張主義に重ね合わせる結果になった。イタリアの哲学的伝統の発掘，教育哲学の諸著作，イタリア百科事典の編集（1925-45）などの業績には，評価すべきものもある。1944 年 4 月 15 日，ヒトラーの作った傀儡国家サロ共和国を支持したため，フィレンツェでパルチザンによって殺害された。
［文　献］Guido Oldrini, *La cultura filosofica Napolitana dell'Ottocento*, Editori Laterza, 1973；Eugenio Garin, *Storia della filosofia Italiana*, Vol.3, Einaudi, 1966；上村忠男監修『イタリア版「マルクス主義の危機」論争──ラブリオーラ，クローチェ，ジェンティーレ，ソレル』未来社，2013。　　　（福田静夫）

　シオニズム　〔英〕Zionism〔独〕Zionismus〔仏〕sionisme
シオニズムとはユダヤ人が祖地パレスチナにユダヤ人国家を建設しようとするユダヤ人ナショナリズムの様々な思想・運動の総称である。フランス革命時におけるユダヤ人解放以来，19 世紀末にヨーロッパ，とりわけ東欧・ロシアを席巻した反セム主義に基づくユダヤ人への差別・迫害への対応として起こった。その際，

ジガ

ユダヤ人解放は住んでいる市民社会への同化ではなく，パレスチナ（エレツ・イスラエル）への移民・入植を通じてユダヤ人国家の設立によって達成できるとシオニストは考えた。その諸潮流として，政治的シオニズム，一般シオニズム，社会主義（労働）シオニズム，修正主義シオニズム，宗教シオニズム，文化的シオニズムなどがある。
[文献] ウォルター・ラカー『ユダヤ人問題とシオニズムの歴史』第三書館，1994。
(臼杵陽)

自我・自己 〔英〕I; self〔独〕Ich; Selbst〔仏〕moi; soi〔ラ〕ego

一人称の「わたし」を意味する I, Ich, moi，あるいは人称代名詞の再帰形（自身）を意味する self, Selbst, soi の訳語。いずれも本来は術語ではなく，一般的な人称代名詞であり，術語として扱われるようになるのは近世以後のことである。ソクラテスは，「わたしの魂」の問題こそが哲学の中心課題だと述べたが，このことは哲学史における真に革命的な出来事であった。ソクラテスは，哲学者たちが理性について語りながらそれを客観的実在として捉え，「わたしの魂」のあり方の問題として捉えていないこと（アナクサゴラス）を批判した。彼によれば，哲学の課題は自らの「魂の世話」をすることであり，己れが「善く生きる」ためにすべての行動を律することである。これはまさしく自我あるいは自己のあり方への問いであり，その意味でソクラテスから自我と自己の問題が始まったと見ることができる。その後，キリスト教において罪と内面的信仰の問題が取り上げられるようになると，個我としての「わたし」が神との関係において強く意識されるようになった。アウグスティヌスは『告白』などにおいて，「わたし」としての人間精神の内面性の問題を改めて正面から取り上げた。

また東洋においては，自我の問題は古代インド哲学において盛んに論じられ，自己の内部にある永遠不変の本質，すなわちアートマン（Ātman）をめぐって様々な見解が述べられた。ニヤーヤ学派，ヴァイシェーシカ学派は自我を認識，行為の主体と考え，

ヴェーダーンタ学派とサーンキヤ学派は絶対的な精神原理とした。仏教においては固定的な自我は否定され，むしろ無我が説かれた。

　これらを自我の思想の前史だとすれば，デカルトに始まる自我の哲学はその近代的展開ということができるであろう。デカルトはあらゆる知的な精神活動の根底に「考えるもの」（res cogitans），思惟的自我を想定した。デカルトは「わたしは考える。ゆえにわたしは存在する」という命題を哲学の出発点としたが，その場合の「わたし」が近世哲学における主観性の原理としての自我あるいは自己にほかならない。したがって一人称の「わたし」がことさら自我と呼ばれるのは，これが認識と行為の原理であり，不動の立脚点と見られたからである。デカルトにおいて自我と思惟とは切り離すことができない。自我は考えるものであり，考える限りにおいて考える当のものとしてその存在を疑うことができないもの（実体）である。デカルトはこの考えるという言葉を極めて広い意味で用いた。「考えるものとは何か。すなわち，疑い，理解し，肯定し，否定し，欲し，欲せず，また想像もし，そして感覚するものである」（『省察』）。考えるわたしを人間精神の原理とするという点では，パスカルの「考える葦」も近世における自己の思想表現と見ることができるであろう。ロックやヒュームは，自己を観念の一致不一致によって獲得された知識（ロック），あるいは「知覚の束」（ヒューム）と見なし，経験的なものとし，実体としての自我の思想を斥けた。このような主観性の原理を定式化したのはカントである。カントは認識を主観の形式と能力による総合的統一の過程と考えたが，その場合の総合的統一の軸となり，根源的な原理となるものが「超越論的統覚」であり，「静止するわたし」である。認識が扇の図面だとすれば，統覚はその要である。カントはまた統覚の働きには必ず自己意識が伴っているという。もっともカントは自己意識的な統覚を自我とは呼ばなかった。デカルトの思惟的自我のようにそれが実体化されることを彼は批判したからである。自己意識的な主観性を自我として再び哲学の原理に押し上げたのはフィヒテである。フィヒテは世界を自我と非我とに二分し，両者の拮抗関係から認識と

実践とが捉えられると考えた。ヘーゲルにおいてはこの主観性は意識および自己意識と呼ばれ，自我であるとは見なされない。自我は弁証法的な運動になじまず，主観性が固定されてしまうからである。こうしてドイツ哲学においては，自我の問題は自己意識的な主観性のそれに置き換えられて哲学の中心的課題とされた。

19世紀以降の近現代の思想においては，自我の問題は多極化と混迷のもとに置かれる。キルケゴール，ニーチェ，ハイデガー，サルトル等は実存的な個我の原理を求め，フロイト，ユング，エリクソン，ミード等は心理的社会的な自我や意識の問題を追及した。また現代のポストモダンの思想家たちは自我の解体を目論み，ブーバーやレヴィナスらは自我の新しい顔を模索している。
［文献］プラトン『ソクラテスの弁明』岩波文庫，1964；アウグスティヌス『告白』（全3冊）中公文庫，2014；デカルト『方法序説』岩波文庫，1997；カント『純粋理性批判』上・中・下，岩波文庫，1961-62；フィヒテ『全知識学の基礎・知識学梗概』渓水社，1986；ヘーゲル『精神の現象学』上・下（全集4・5）岩書店，1971-79。　　　　　　　　　　　　　（太田直道）

詩学　〔ギ〕poiētikē〔英〕poetics
詩作の本質と技法についての理論的考察。この言葉はアリストテレスの『詩学』に由来するが，そこでは悲劇を中心に詩作の諸要素が分析される。悲劇とは，一定の大きさをそなえ完結した高貴な行為の再現（ミメーシス）であり，行為の再現とは，出来事の組み立てとしての筋（ミュートス）のことである。よい筋とは，緊密な因果関係により組み立てられた出来事を通じて，それまでの名声と幸運が不幸（受難）へと変転するものである。変転の原因は主人公の性格に由来するあやまちである。予期に反した行為の結果や人間関係の認知と共にこの変転が起こるときに，最も効果的に観客の側に怖れと憐れみの情が惹き起こされ，感情の浄化（カタルシス）が達成される。
［文献］アリストテレース『詩学』岩波文庫，1997。（斉藤和也）

自覚→自己意識

止観　（しかん）〔サ〕Śamatha-vipaśyanā
心を特定の対象に注いで集中させることが「止」であり，正しい智慧により如実に観察することが「観」である。私たちの日常心は内外の対象への欲望・執着により分裂・散乱を起こし，正しい認識や判断ができにくい。それを克服するためにはまず心の集中・安定が必要であり，そのうえに如実智見できる智慧で観察されなければならない。止観の語はインドの古い仏典にすでに用いられていたが，他のインド哲学諸派では用いない仏教独自の用語であった。内容的には「禅定」と「智慧」（定慧双修）に共通するが，中国や日本の天台宗では，これを独自の教理用語として定着させた。智顗(ちぎ)の著作『摩訶止観』『小止観』などに詳述されている。
→禅宗
［文献］池田魯参『詳解 摩訶止観』（全3巻）大蔵出版，1996-98；鎌田茂雄『天台思想入門』講談社学術文庫，1984。

(岡部和雄)

時間　〔ギ〕chronos〔ラ〕tempus〔英〕time〔独〕Zeit〔仏〕temps
時間は，ものの継起の秩序である。太陽や月の運行，それらとシンクロナイズした生命活動，生と死，会話，詩歌や音楽，生産と消費の経済活動，人類や宇宙の歴史など，自然，社会，人文のあらゆる現象がリズムをもち，時間的である。そのため，時間は出来事の普遍的枠組と考えられるようにもなる。I. ニュートン『自然哲学の数学的諸原理』(プリンキピア・マテマティカ)は，外界のなにものとも関係なく，均一に流れる唯一の「絶対時間」を普遍的時間尺度として想定し，あらゆる出来事がそのなかにあると考えた。だが，時間は天体運行や機械時計，キリストの誕生や王の即位などによって測られ，むしろ出来事の順序関係から時間が定義される。G. W. ライプニッツは，ニュートンを批判して，「事物の継起の順序」が時間であるとした。アリストテレス『自然学』の「時間とは前と後とに関

する運動の数である」という定義は，ライプニッツの関係主義に近い。対象が与えられ整除されるための直観の枠組としてのI. カントの時間概念は，可能的経験を含む人間の経験的認識すべてに妥当するア・プリオリと見なされる点で，ニュートン的である。

特殊相対性理論は，同時性の相対性，運動している時計の遅れ，未来へのタイムトラベルなどの帰結を含み，ニュートン的時間概念を退け，時間測定に則して時間を捉える関係主義を支持する。また，一般相対論の宇宙方程式が過去へのタイムトラベルを可能にする解をもつという K. ゲーデルの指摘は，過去，現在，未来という時間の向きがどのように決まるのかという難問を提起している。S. W. ホーキングや I. プリゴジンは，宇宙の因果的構造や熱力学的性質に，時間の向きの実在的根拠を求める。M. ハイデガーは人間の個人的生のあり方から時間を理解し，E. フッサールや大森荘蔵は，アウグスティヌスの時間論に沿って知覚や想起などの観測者の意識作用から時間を捉え，相対論的時間理解には批判的である。

測定に即して時間を理解する関係主義を多としながらも，観測者の意識の近傍の時間だけでなく，生物の時間，人間の社会生活の時間，歴史の時間，宇宙論的時間を解明しつつ，それらを総合的に理解することが重要である。

[文献] アウグスティヌス『告白』上・下，岩波文庫，1976；アインシュタイン『相対性理論』岩波文庫，1988。　　（梅林誠爾）

識　（しき）〔サ〕vijñāna

仏教で多用される言葉。知る作用，あるいは得られた知識を原義とする。ゴータマ・ブッダは，身心がおのれの本体である永遠の自己ではないことを示すために五蘊は非我（無我）であるとしたが，そのうちの識蘊とは，心の一要素である判断作用を示す。大乗の仏教哲学のひとつである唯識説の識は，ときとして言語はvijñapti であり，表象を意味する。唯識とは，世界は表象にすぎないということである。唯識説では，心を表層から深層までの八段階に分け，それぞれを識と呼ぶ。最も深層にあるのが阿頼耶

(アーラヤ) 識であり，ここに蓄積された記憶が発現（転変 てんぺん）したものが世界であるとする。
［文献］平川彰『インド仏教史』上・下，春秋社，1974・79。
(宮元啓一)

シク教 〔英〕Sikhism
インドの宗教のひとつ。バクティ運動のなか，ヒンドゥー教とイスラームとを批判的に統合したカビールを敬愛するナーナク (1469-1538) が興した。「シク」とは，精神的指導者グルの弟子の意であるが，人間のグルはムガル朝などとの確執のなか10代で絶え，あとは，聖典『グラント・サーヒブ』がグルとされた。外的な儀礼のほとんどを無用とし，心の内なる神と向き合い，それと合一せよと説く。カースト制を否定し，浄不浄を問わないため，シク教徒たちは多種の職業に進取の気風をもって取り組んできた。長髪に豊かな髭，そして高いターバンというインド人の海外におけるイメージも，シク教徒の男子のものである。
［文献］前田專學『ヴェーダーンタの哲学』平楽寺書店，1980。
(宮元啓一)

自己→自我・自己

自己意識 〔英〕self-consciousness〔独〕Selbstbewußtsein
17世紀以後，認識論的には自己認識，心理学的には自己感情という意味で〈自分自身の意識〉あるいは〈自我の意識〉という形で問題にされるようになった。この言葉は，ラテン語の知覚に向かう知覚（知覚の知覚）という〈apperceptio〉に起源をもっている。たとえば，カントも対象を知覚するとき，その知覚作用に気づくその意識表象を「統覚」(Apperzeption) として，反省的な自己意識として捉えている。さて，歴史的には，自己意識は，〈自己知〉として，「汝自身を知れ」(gnōthi seauton) を「不知の知」として解釈したソクラテス以来，哲学の根本問題となっている。プラトンは，自己意識を「認識と非認識の認識」とした。しかし，自己意識は近代において，確実な認識（さらには実践）を

基礎づけるものとして，重要な役割を担うことになった。このとき自己意識は，自己への反省作用と見ることができるが，デカルトは，「われ思う，ゆえにわれあり」によって，確実な認識の成立根拠を「われ思う」という思惟実体に見出した。ロックは，自己意識を，経験から得た観念を内観する内省の働きとして捉えている。ドイツ観念論では，自己意識の反省作用を，知の根拠をめぐる，いわゆる〈知の知〉の問題として，さらに発展的に考察することになった。カントは，直観の多様性が悟性によって統一される際，対象に統一を与え，その同一性を保証する働きとして，超越論的統覚を見出し，自己意識の反省構造を明らかにした。フィヒテは，自己意識を反省的であるにとどまらず，産出的に自己を定立するものであるとした。これに対して，ヘーゲルは，自己意識の反省的な構造を歴史的・社会的な文脈で考察していった。〈私が私である〉という自己確信（反省）は，ほかなるものとの関係においてはじめて成り立つ。自己意識を「他者からの自己還帰の運動」として捉え，他者と関わる（経験の）なかで，自己認識の一面性を自覚し撤廃しつつ，新たな自己を創出していく〈自己関係性〉の自覚として捉え返した。このような他者との関係を組み入れて自己意識の成り立ちを捉えていく観点は，マルクスに引き継がれたほか，G. H. ミードやサルトル，エリクソンなどにも見られ，現代精神病理学などにも大きな影響を与えている。

［文献］ロック『人間知性論』（全4冊）岩波文庫，1972-77；ヘーゲル『精神現象学』作品社，1998；真木悠介『自我の起源』岩波現代文庫，2008。　　　　　　　　　　　　　（片山善博）

思考 〔英〕thinking〔独〕Denken〔仏〕pensée
「思考」は，ある事柄についての精神の意識的な取組みであり，その内容は，情報の分析・把握・評価を通じて，そこに意味を発見・創出する行為である。「思考」では，通常「客観的論理的思考」がイメージされがちであるが，それに限定されない。「思考」は「思い考える」ことであり，「考える」は知的論理的性格をもつが，「思う」には感情的な意味が多分に含まれる。精神的操作

のこの過程には，「象徴」「観念」「記号」「言語」等における〈観念や概念〉だけではなく，「図像」「心像」「イメージ」等における〈感覚的諸表象〉も動員される。そしてそこにおける問題把握には，精神活動の諸様式，すなわち，「連想・類推・判断・推理」等関係把握の働き，「質と量」「原因と結果」「現象と本質」等諸種の思考カテゴリー，そしてその枠組に関わっては，「視点・視座」「パースペクティヴ」「パターン」「システム」「ゲシュタルト」「構造」等の思考枠組が働く。そこではまたこの働きを条件づける〈主体的，主観的状態〉も問題となる。たとえば，その人がどのような問題をどのような形で取り扱おうとしているのかという〈問題意識の構造〉などである。そこで善悪・美醜が問題であるのであれば，〈価値的思考〉が求められるし，真偽に関われば〈科学的思考〉が，問題解決に関われば〈実践的思考〉が求められる。取り上げ方も問題となる。すなわち，「笑い話」としてなのか，「世間話」としてなのか，「真剣な話」としてなのか，「学問的な話」としてなのかといった点である。笑い話には「くすぐり」や「落ち」の論理が働くし，世間話には「常識的思考」が大きな位置を占める。真剣な話には「慎重な吟味」が求められるし，学問的な話には問題設定と論証や実証に関わる「方法論的思考」や厳密な「論理的思考」が求められる。思考についての検討は様々な分野でなされているが，哲学とりわけ認識論・論理学と，心理学とりわけ思考心理学で盛んである。前者においては学的認識とそれを支える論理学が中心であり，後者においては思考における人間的条件への広がりが見られる。

→認識論，カテゴリー　　　　　　　　　　　　　　（岸本晴雄）

志向性　〔独〕Intentionalität　〔英〕intentionality
あることについて表象したり，あるものについて願望したりするというように，世界の中の対象や事態に向けられ，それらについて生まれている，意識ないし心的状態の特性を意味する語。すでにアリストテレスやスコラ哲学の中で，意識がこうした志向性をもつことが指摘されているが，19世紀に哲学者ブレンターノによって本格的に「志向性」概念が提起された。彼の説では，心的

ジコウン

な現象が表象・判断・情動の三群に分けられ，それぞれ特有の対象への志向的関係が解明されている。志向性は主に物理現象と区別される心理現象の特質，つまり「……についての意識」を表す語として理解されていたが，現象学者フッサールは，人間の諸体験のうちに含まれる最も根本的な意識作用として捉え直すに至った。ある対象を意味ある対象として捉える（たとえば，ある音の響きを特定の歌手の歌として理解する）ためには，この意識の志向性が不可欠であり，それゆえ「志向性」こそ体験における対象構成の根本条件と見なされた。そして実在的対象と意識との関係ではなく，現象学的還元によって成立するといわれる志向作用と志向的対象との相関がもっぱら論究された。現代では，この志向性概念を意識より外に拡張しようという考えも生まれている。実存的な身体の行為のうちに独自の志向性を認めようとするメルロ＝ポンティ，意識の高次の志向性に対して，その土台となっている身体の低次の志向性に注目するD.デネットなどが挙げられる。
［文献］ブレンターノ『道徳的認識の源泉について』（世界の名著61）中央公論社，1980；フッサール『論理学研究』（全4冊）みすず書房，1968-76。　　　　　　　　　　　　（種村完司）

自己運動　〔英〕self-motion　〔独〕Selbstbewegung
運動は，アリストテレスの定義によれば，変化一般であるが，運動が外部のものによって引き起こされるのではなく，運動しているものそれ自身のうちに源泉がある場合，自己運動といわれる。自然の諸現象の生起をアルケーから説明しようとしたギリシアのミレトス派やヘラクレイトスの万物流転説には，すでに素朴なかたちで自己運動の見地がみられる。それに対して，パルメニデスは，存在の同一性を主張して運動を否定したし，プラトンもイデアによって現実の世界の運動を説明した。ニュートンが，天体の運動が引起しこされる最初の衝撃を神に求めたように，運動の源泉を外的原因に求めていくと，何らかのかたちで神を持ち出さざるをえなくなる。スピノザが自然＝実体を自己原因によって説明したのは，自己運動の考えに通じる。実体をスタティックなものではなく，自ら産出し，産出される主体として捉えたヘーゲルの

場合は，弁証法的見地からはっきりと主体の運動が，主体に内在する矛盾によって説明されている。弁証法的唯物論は，観念論的側面を批判しながらも，ヘーゲルのこうした考え方を継承し，運動を物質の存在様式として，物質と運動の不可分性やその恒存性を主張するとともに，自然や社会における変化や発展の源泉を，その外部に求めるのではなく，それ自身の内部にある矛盾に求める。このような運動のあり方を自己運動として捉えたのが，レーニンの『哲学ノート』である。
→主体／客体
［文献］ヘーゲル『大論理学』（全集 6-8）岩波書店，1956-66。
（岩佐茂）

自己決定　〔英〕self-determination

自己決定という考え方は,「自分自身に対する主権者」というローマ法の観念の伝統にあると見るなら，西洋の社会生活の基底につねに存在していた。しかし，1970 年代に北米で誕生した生命倫理（バイオエシックス）のなかで「知る権利」とともに「インフォームド・コンセント」を支える根拠にされたことによって，医療の中でそれはかつてないほど強力な原理となった。しかも市場経済のグローバル化の波に乗って，「自己所有権」を支えにして一部では切り札的な存在に祭り上げられつつある。自己決定が万能の原理へと押し上げられた背景については次の三点を指摘できる。第一はロックやスペンサー流のリベラリズムを基盤とする英米の法文化の伝統である。もっとも，私事の領域は他者に危害を与えない限り認められるとしても，私事や危害の範囲は必ずしも明確ではない。第二はヨーロッパの哲学伝統の精華の一つとされるカント的な「自律」の理念である。ただし，バイオエシックスでは「理性の普遍性」という観点は落とされ，自発性と意識性に限定されている。第三は人間としての「対等性」を求める格差是正の運動である。そもそもこの運動は人体実験の被験者や患者という弱者を守るためのものであった。しかし，先端医療技術の社会的な受容の際，しばしば強者の論理に転化する傾向もある。

ジコゲン

　生命倫理の原理として哲学的に吟味したとき，自己決定にはいくつかの本質的な問題点を指摘できる。まず，意識的で自発的な状態は病人の常態ではない。自己決定の主体や権利という言説は「市民社会」という理論的仮定の下では成り立つとしても，医療現場には馴染まない。次に，先端医療技術に関して個人の欲望を「自己決定」として擁護すればするほど，身体や生命に対する資源化・部品化・商品化への動きをますます加速する結果を生む。国家による管理や医学の人体部品観から個人を守る考え方としては「自己決定」でなくとも可能であろう。さらに，個々人が自己決定する際には決定を支える実質的な根拠が必要であるが，自己決定という考え方では根拠を相互に探し合うルートも論じ合う場も考慮されていない。要するに，自己決定は権威主義の強い日本社会では重要な考え方であり，徹底的に導入する必要があるとはいえ，上述の限界ゆえにそれだけで医療倫理を支えることはできないであろう。

→生命倫理，インフォームド・コンセント，生命の質，自由

［文献］H. T. エンゲルハート『バイオエシックスの基礎づけ』朝日出版社，1989；吉崎祥司『リベラリズムの岐路』青木書店，1998；森村進『自由はどこまで可能か──リバタリアニズム入門』講談社現代新書，2001。　　　　　　　　　　（森下直貴）

　自己原因　〔ラ〕causa sui

他のものの決定や制約を受けず，自らが原因となって存在し作用するもののこと。唯一絶対の神の性格を現す概念である。アリストテレスでは，自らは動かされずに他者に運動を与える第一動者としての神が想定されたが，スコラ哲学では神は自己の定義の中に存在が含まれると考えられた。スピノザは自己原因すなわち神を「その本質がその存在を含んでいるようなもの，もしくはその本性が存在しつつあるようなものとしてしか考えられないもの」（『エチカ』第一部）と定義し，不動性と同時に必然性との関連においてこの概念を捉えている。　　　　　　　　（碓井敏正）

自己言及 〔英〕self-reference

「自己準拠」「自己参照」とも訳される。哲学,論理学,言語学などの分野で広く使われ,言語表現や事物がそれ自身に関係づけられる現象を意味する。その際,自己言及のなかにパラドキシカル（逆説的）な現象や事物の独自なあり方が現れることがある。「これは文である」は自己言及的だが,パラドキシカルではない。「『決して』と決して口にするな」には,一定の矛盾が見られる。「この文章は虚偽である」はもし虚偽ならば真であり,もし真ならば虚偽であるという意味で,悪循環的なパラドクスが姿を現す。哲学的に,自己原因,自己関係,自己欺瞞などには自己言及的なパラドクスが潜んでいるといえよう。ヘーゲル弁証法も,この点で自己言及的な論理をもっている。それは自己から自己を区別し,その自己へと関係する論理である。さらにまた,システム論における自己組織化,オートポイエーシスの理論は,自己言及的な性質をもつ。この点でルーマンは,生命体,心的システム,社会システムなどの事物に,自己言及的なオートポイエティック・システムを洞察する。事物の自己調整,自律,さらに自己産出には,自己言及的状況が不可欠である。

［文献］ルーマン『自己言及性について』国文社,1996；竹内昭『〈自己言及性〉の哲学』梓出版社,2002。　　　　　（島崎隆）

自己所有（論）　〔英〕self-ownership

身体・能力の個人による所有を基礎とし,これに基づいて財産などの私的所有の正当化をはかる理論。歴史的にはロックに遡る思想であり,封建制度的な人身の拘束や不自由を否定して近代的個人の成立を根拠づけもしたが,同時に,使用人の購買労働を資本家などの自己所有物として正当化した思想でもある。現代では新自由主義やリバタリアニズムの支柱となり,市場によるものなどの不平等を根拠づけると同時に,市民権を根拠づけることも多い。

　リバタリアンなどは,人身の自由や精神的政治的自由などの基本的自由がすべて身体の自己所有権に帰着すると主張し,私の体は私のものだという一見正当化され易い身体の自己所有権と,私

ジコソガ

の労働の成果は私のものだという,これまた正当化され易い労働生産物の自己所有権との連続性を人々の道徳的直観に訴えて正当化する。しかも,すべての社会やすべての人間に関する議論に妥当し,それらのあり方を正当化する根本的な規範論(あるべき論)として成立するかのように主張されるのが,自己所有論である。

しかし,現実の身体・能力は他者による助力や種々の社会保障などの一定の前提があって初めて,身体・能力と言いうるのであり,この点では,身体・能力の共同性こそ先行している。そうした一定の前提の上でのみ立論しうる身体・能力の自己所有論を根本的な規範論とすることは,明らかに誤りである。しかし現代では,私的所有論は,新自由主義などの浸透に伴って,個人の自己責任論の極度な強調と一体化しているだけでなく,選択の自由論の根拠としても称揚されることが多い。

→所有,所有的個人主義,新自由主義

[文献] ロック『統治二論』岩波文庫,2010;マクファーソン『所有的個人主義の政治理論』青木書店,1980;竹内章郎『「弱者」の哲学』大月書店,1993。　　　　　　　　　(竹内章郎)

自己疎外→疎外

自 己 組 織 性 〔英〕self-organity, self-organisation 〔独〕Selbstorganisation

ランダムまたは規則的に運動する要素間の局所的な相互作用から,個々の要素の特性によっては予測できない秩序や構造がマクロレヴェルで自発的に生成してくること。浮遊する水分子から生成する雪の結晶,非生命物質からの生命の誕生,胚発生,神経細胞で発生するインパルスから成立する思考活動,個々の人間・企業の取引から生まれる経済システム等々,様々な領域とレベルで見られる。一見,熱力学第二法則(エントロピーの不可逆的増大の法則)に反する自己組織化と進化がいかにして起こるかは,人文社会科学をも含めた科学の一大テーマである。平衡からかけ離れたシステムではミクロレヴェルでの「ゆらぎ」が増幅されて秩

序が生成しうることを論じたプリゴジンの「散逸構造」論，分子間に生じる協調的振舞いを「協働現象」と呼び，その法則性を探求するハーケンの「シナジェティックス」，化学反応における自己触媒作用に注目し，二重の自己触媒サイクルから成る「ハイパーサイクル」モデルを展開したアイゲン，そして秩序相からカオス相への相転移の狭間に存在する「カオスの縁」こそが活発な自己組織化と進化の生ずる領域であることを明らかにしつつある「複雑系」の科学等が，上記テーマに関する1960年代半ば以降の主だった研究である。これらの議論は経済学や社会システム論等の社会科学やポストモダン思想等にも多大な影響を及ぼしている。

［文献］プリゴジン／スタンジェール『混沌からの秩序』みすず書房，1987；カウフマン『自己組織化と進化の論理』ちくま学芸文庫，2009。　　　　　　　　　　　　　　　　（庄司信）

自己中心性　〔仏〕egocentrisme　〔英〕egocentrism
スイスの心理学者ピアジェは，人間の知能の発達段階を四段階（感覚運動期，前操作期，具体的操作期，形式的操作期）に分けたが，そのうちの前操作期（2歳〜6, 7歳）における知能の特徴が自己中心性である。それは，思考の面では物事を一面的にしか考えることができず，人間関係の面では他者との間に協調的な関係を取り結ぶことができないという特徴を示す。要するに，多様な視点から物事を考えたり，自分以外の他者の立場に立って行動したりすることが困難な段階である。これは，次の具体的操作期（6, 7歳〜11, 12歳）に入ると解消するとされる（脱中心化）。
→ピアジェ
［文献］ピアジェ／イネルデ『新しい児童心理学』（文庫クセジュ）白水社，1969；ピアジェ『知能の心理学』みすず書房，1998。
　　　　　　　　　　　　　　　　　　　　　　（高取憲一郎）

子思　（しし）Zǐsī　生没年不詳
名は伋（きゅう）。子思は字。前5世紀の人。戦国初期の儒者。孔子の孫。

「思孟派」の名があるように，儒家のなかでも後の孟子につながる思想家として重要である。かつて『礼記』の一篇たる「中庸」がその著書とされてきたが，おそらくはその前半部分，すなわち文字通り「中庸」概念をテーマとした部分が子思本来の思想であろう。そこで「中庸」は過・不及なき調和状態としての道徳の極致を指す。「誠」概念をテーマとし天道と人性の関連を説く後半部分は子思後学の手に成ると考えられる。

［文献］『大学・中庸』上・下，朝日文庫，1978；重沢俊郎『原始儒家思想と経学』岩波書店，1949。　　　　　　（村瀬裕也）

シジウィック　Henry Sidgwick 1838-1900
イギリスの倫理学者。ケンブリッジ・トリニティカレジで学び，1869年，同校道徳科学講師，1883年，ケンブリッジ・ナイトブリッジ道徳哲学教授となる。J. S. ミルの思想的課題を引き受け，社会制度の基礎づけという意味合いが強かった功利主義を，個人の道徳の観点から捉え直した。1874年の主著『倫理学の諸方法』では，常識が発展したものとしての哲学的直覚主義（直観主義）の観点から，ベンサム的な量的功利主義における幸福計算（快楽計算）を評価している。彼の倫理学の学問的立場は，ムーアやヘアの倫理学に影響を与えた。なお，女性の大学教育の推進者としても有名である。
→快楽主義，利己主義と利他主義

［文献］Henry Sidgwick, *The Methods of Ethics*, Macmillan & Co., 1907；行安茂編『H・シジウィク研究』以文社，1992。（船木亨）

事実　〔英〕fact〔独〕Tatsache〔仏〕fait
単なる主観的な思い込み，妄想，虚構などから区別される，世界に関する具体的で客観的な，ないし否定しえない認識を一般に事実と言う。それは，①感覚において与えられている1回限りの出来事であれ（生の個別的事実），②繰り返し起こりうる自然の規則的現象であれ（科学的事実），③ある一定の時代（時間）的・地域（空間）的広がりにおいて生起する社会的出来事であれ（歴史的事実），いずれも感覚に与えられ，経験的に捉えられる，覆

すことのできない確かな現象として認識されたものという点で，事実とされる。

　事実のこうした側面を直接表現した思想は，たとえばフィヒテに見られ，彼は理由なしに与えられるもの一般を「事実性」と呼び，人間の自由がその源泉であると考えた。また，ハイデガーやサルトルらは「実存の事実性」を唱え，それは正当化もされず，了解も不可能であり，ただ確認することができるのみ，とした。

　他方，事実は，これ以外ではありえない数学的真理のような論理的必然性とは異なり，偶然的で，起こりえたことと反対のことも可能である。しかし，どんな出来事も生起しさえすれば，何の根拠もなく事実として知覚され，認識されるわけではない。そこには一定の論理的根拠づけが必要である。その根拠づけは，論者によって，あるいは時代によって異なる仕方でなされてきた。古代ギリシアにおいて，プラトンはそれをイデアの分有から説き，アリストテレスは本質ないし形相への帰属性（あるいはその現実態（エネルゲイア）であること）に求めた。近代では，ライプニッツは充足理由律に基づき，事実の根拠づけをある個体概念に包摂される（要素となる）ことによると見なし，カントもカテゴリー（たとえば実体と属性）の図式的関係に立つことによって，ある判断は事実（事実的真理）となると考えた。

　こうした流れを受け，現代において事実は，事実的命題（個々の出来事を記述する命題）によって表現された，実在世界の相関物ないし構造と捉えられるようになった。たとえば，フレーゲは「事実とは文の意義」と見なし，ウィトゲンシュタインは「事実とは文から独立には特定できない」とした。だが，そうした事実と理論との相関性は，従来取られていた事実と価値，事実問題と権利問題などの峻別を次第に掘り崩すことになった。たとえば，パトナムはクワインのホーリズムを受け継いで，事実の価値負荷性を主張し，事実は真である合理的に受容可能な言明の理想化で，その合理性の基準は適切性であり，価値体系に依存すると見なした。また N. ハンソンは，観察事実は言語・知識・仮説に依存して成立すると，その理論負荷性を説いた。

　現代科学でも，ポアンカレが「事実の集積が科学ではない」

ジジツモ

(『科学と仮説』1902)と言うように,理論から独立の「生のデータ」は存在せず,事実は科学によって,実在世界の客観的記述としてはますます理論や実験装置に依存的なものと考えられるに至っている。
→価値,実在,真理
[文献]ウィトゲンシュタイン『論理哲学論考』岩波文庫,2003;H. パトナム『事実/価値二分法の崩壊〔新装版〕』法政大学出版局,2011;N. R. ハンソン『知覚と発見』上・下,紀伊國屋書店,1982。　　　　　　　　　　　　　　　（武田一博）

事実問題→権利問題／事実問題

自主管理　〔英〕self-management〔仏〕autogestion
労働者自らが企業を管理することであり,1970年代フランス・リップ社の労働者自主管理,かつてのユーゴスラビアの分権型社会主義における自主管理が有名。今日では,NGO(非政府組織),NPO(非営利団体)等の市民セクターにおける運営上のもっとも重要な原則として自主管理がとり上げられ議論がなされている。ここでは,市民セクターが自主管理原則の下に,国家セクター,企業セクターとの緊張・対抗関係をいかに維持し機能しうるのかという課題が提起される。問題は,市民セクターがオルタナティブとして機能しうるかどうか,国家および企業セクターとの緊張・対抗関係を維持しつつ社会を発展させうるか否かである。この緊張・対抗関係は,国家および企業セクターの機能と構造を質的に変化させる。市民社会の進展にとって自主管理の形態のあり様は試金石である。こうした性格の自主管理には,現代社会において形成されシステム化された文化(心理,意識,思想,哲学)に対抗する主体的な営みの今日的中身を明確化する課題意識が含まれる。すなわち,社会を対象化し,ただ客観的・構造的にみるだけでなく,今後われわれが企業をはじめとした組織体,さらには社会をどのように形成していくのかという課題意識が含まれるのである。この実践性から,P. F. ドラッカーの「自己管理」,M. P. フォレットの「人々と共にある権力」「連合管理」と

いった組織マネジメント上での具体化も課題になると言える。一人ひとりの労働者・市民が主体的営み（市民事業）という視角からあらゆる分野における自主管理原則の徹底をはかること。21世紀の自主管理は，労働者自主管理の可能性と連携しつつ市民自らの手による管理・組織のあり様の具体性・実践性の中身を問うことになる。

→オルターナティブ・テクノロジー，公共性，市民社会，管理社会

［文献］サラモン／アンハイヤー『台頭する非営利セクター』ダイヤモンド社，1996；フォレット『経営管理の基礎』ダイヤモンド社，1963；ドラッカー『現代の経営』ダイヤモンド社，1996。

(重本直利)

市場経済　〔英〕market economy

生産物が市場で貨幣を介して交換され分配される経済（貨幣経済，商品経済）。生産物が交換されず直接に分配される共同体や，貨幣を使用しない物々交換から区別される。

生産物の交換は，最初は共同体と共同体が接触するところで始まり，しだいに共同体内部に浸透した。物々交換は，交換比率の決定と記憶が煩雑であり，また交換当事者がともに相手の生産物を欲しなければならないという欲望の二重の一致を必要条件とする。こうした物々交換の不便さを解消するために，特定の商品が貨幣（社会共通の価値尺度および交換手段）として使用されるようになった。

貨幣は，当初は商品の交換を媒介する手段にすぎなかったが，やがて貨幣の増殖が自己目的となり，増殖する貨幣としての資本が成立する。古代・中世において，資本は，商品を安く買い高く売って差額の譲渡利潤を得る商人資本か，または貨幣を貸して利子を得る高利貸資本であり，賃労働者を雇用して農工業生産を行う産業資本は存在しなかった。

近代の西欧において，土地囲い込み（エンクロージャー）によって土地を追われた農民が賃労働者となり，産業資本に雇用されて生産を行う近代資本主義のシステムが成立する。その結果と

して，市場が社会の経済活動の大部分を包摂する市場社会が誕生した。K. ポランニー（『大転換』1944）は，自己調整的市場が，本来は商品化になじまない土地・労働・貨幣を商品化する虚構の上に成り立つシステムであると指摘し，「悪魔のひき臼」と呼んだ。

20世紀になると，市場経済内部に多数の巨大企業が出現して強大な力をもつに至り，市場経済に対する国家の規制と介入が増大してケインズ主義的福祉国家が成立する。20世紀末からは，旧社会主義国の市場経済への移行，市場経済のグローバル化，NPO（非営利組織）やNGO（非政府組織）の増加など，市場経済は多彩な様相を示している。

[文献] K. ポランニー『[新訳]大転換——市場社会の形成と崩壊』東洋経済新報社，2009；金子勝『市場』岩波書店，1999；山口重克『市場経済』名古屋大学出版会，2004。　　　　（新村聡）

事象そのものへ　〔独〕zu den Sachen selbst

現象学者フッサールの用いた標語。フッサールは『論理学研究』その他の著書で，「事象そのものと事象に即した研究」の重要性を強調し，既成のいっさいの先入見を退け，恣意的な概念構成を排して，直接的に事象の本質に迫り，それがわれわれに与えられるままに直観し記述すべきことを訴えた。ハイデガーが主著『存在と時間』（1927）の中で，この標語を現象学の原則として定式化したことによって，一般には広く知られ定着するようになった。しかし「事象そのもの」はフッサール思想の変遷の中で必ずしも一義的ではなく，概念自体・命題自体というようなイデア的存在とも理解されたり，超越論的意識の機能，または志向的な意識—対象の相関関係とも理解される余地を残している。

[文献] フッサール『論理学研究』（全4冊）みすず書房，1968-76；ハイデガー『存在と時間』（全4冊）岩波文庫，2013。
　　　　　　　　　　　　　　　　　　　　　（種村完司）

四色党争→主理派／主気派

　システム（論）　〔英〕system; system theory
システム論において，システムとはさしあたり，相互依存関係をもつ複数の要素・部分からなる全体であると定義できる。システム全体の働きは，つねに要素の総和以上のものとされ，個別の要素がもつ機能には還元できない全体性に着目するのが，システム論的思考であると言える。システム論は第一次世界大戦後に生まれたが，そのはるか昔より「システム＝体系」は神学・哲学・自然科学の中心概念であった。たとえば，哲学ではすでにアリストテレスが「全体は部分の寄せ集め以上の存在である」と述べ，社会学ではすでにデュルケムが「集合意識は個人意識に還元できない」と述べていることは，システムの思想史を語るうえで無視できない。システム論は，生物学，生理学，経済学，社会工学などを横断するインターディシプリナリー（学際的）な思想運動であるが，こうした領域横断的な「一般システム論」を構築したのが，理論生物学者のフォン・ベルタランフィである（『一般システム理論』1935）。さらに数学者ウィーナーがサイバネティックスを創始し（『サイバネティックス』1948），両者は相補いながらシステム論を発展させた。この段階でのシステムとは，環境からの入力（input）を出力（output）に変換するブラックボックスであり，システムが備えるネガティブ・フィードバックの働きによって，その状態が均衡・安定するという説明に，焦点が絞られていた。キャノンのホメオスタシスやシャノンの情報科学の影響のもと，サイバネティックスは，情報科学・社会工学をはじめ様々な領域で受容された。しかし，その自動機械をモデルとする枠組の下では，システムはプログラムされた初期設定を自ら変更することができないとされ，70年代以降，これを可能とする「自己組織性」の原理が探求されるようになる。すなわち，溶液が結晶化を始めたり，水が熱対流の循環運動を始めたり，交通の要衝におのずと都市が生まれるなどの現象が，プリゴジンの「散逸構造」や「ゆらぎ」の概念などによって説明されたのである。さらに，神経生理学者のマトゥラーナとヴァレラはオートポイエーシ

スの概念を提唱し(『オートポイエーシス』1973)、この概念によって、たとえば幹細胞がもつ、継続的に増殖することもあれば機能分化することもあるという働きが説明された。これをルーマンは、社会システムによるコミュニケーションの自己産出を説明する際に応用している。かつてシステム論を忌避する者にとって、それは、全体性の高みに立って社会を統御し、内属する個体には秩序維持に奉仕する機能しか与えない理論であると見なされていた。しかし今日のシステム論はもはや、システムの均衡・安定や目的指向性、あるいは環境への単純な適応など、秩序維持的な側面を強調するものではなく、むしろシステムのダイナミックな変容を説明する理論として、その内容を一新している。
→アフォーダンス、自己言及、社会システム論、社会有機体説、人間機械論、複雑系、フィードバック、ユクスキュル
［文献］フォン・ベルタランフィ『一般システム理論』みすず書房、1973。　　　　　　　　　　　　　　　　　　　（鈴木宗徳）

シスモンディ　Jean Charles Léonard Simonde de Sismondi 1773-1842
ジュネーヴに生まれ、フランス、スイスで活動した経済学者。ナポレオン戦争後のイギリスで起こり始め1825年から周期的に勃発するようになる資本主義恐慌をいち早く捉え、資本主義における労働者階級への貧困の強制、生産が社会の消費力を超えて進行することによる全般的過剰生産恐慌の可能性を指摘した。彼はアダム・スミスを師とする自由主義経済学者であるが、この貧困や恐慌は市場の自動調節機能にのみ任せていては解決しないと考え、自ら師の思想からの「転向」と述べる国家の介入の必要性を主張し、その後の社会主義思想にも影響を与えた。20世紀に入ってレーニンがロマン派経済学者の代表として批判した。
［文献］シスモンヂ『経済学新原理』(全2冊)日本評論社、1949-50；同『政治経済学新原理』(上巻1のみ)岩崎書店、1948。　　　　　　　　　　　　　　　　　　　（岩本吉弘）

自然 〔ギ〕physis〔ラ〕natura〔英・仏〕nature〔独〕Natur

【自然という言葉】nature の語源であるラテン語の natura（ナトゥーラ）は，ギリシア語の physis（ピュシス）の訳語であり，その語意からすると，①生まれながらにしてそうである相，即ち本性を意味する場合と，②生まれた所産としての事物の総体を意味する場合がある。同じくラテン語の colere（耕す）から由来した cultra（クルトゥラ）即ち文化（culture），人為的・人工的なものを意味するものに対比される。日本語の今日的な使用の「自然」は，稲村三伯が 1796 年にオランダ語の natuur（ナチュール）に「自然」という訳語をあてたことに始まり，「天地」や「造化」と併用されつつ 19 世紀末に定着した。ただ「自然」はもともと中国や日本では独自の意味合いをもっていたことから，現代もこのニュアンスがある。

【中国・日本の自然観】日本語の「自然(しぜん)」は元来中国語の「自然(ツーラン)」に由来しているが，その意味は，「自分のままである状態」である。老子や道家はこうした状態を理想化して，人間の生き方のみならず天地のあり方として「天地之自然」と言い，「無為自然」を説いた。日本では，道家のこの自然を空海が「自然(じねん)」という言葉で導入して使用した。その後，「自然」を「自ら然る」と動詞的に読んで「自然法爾(じねんほうに)」を説いたのは親鸞である。安藤昌益は『自然真営道』で，「自然真(しぜんしん)」の「自(ひと)り然る」自発・自主の運動を強調した。この「自然真」の真がとれて名詞化され，日本語としても今日の「自然」に近いものが用意されることになった。

【古代ギリシア・中世キリスト教世界の自然観】古代ギリシアでは，多くの自然哲学者が『自然について』という書物を著したが，自然は，一方では万物の自ずから成るさまを，他方では万物をなす元のもの，即ちアルケー（水，空気，火など）を指した。また，人間はこのような自然に包み込まれており，神すらも自然を超越するものでなく，タレスの言葉によれば「万物は神々に満ちている」のである。アリストテレスは，自然を「自らのうちに運動の原理を含むもの」としたが，この場合の「運動の原理」は，位置の運動にとどまらず，生成し発展する生命の原理に近いもので，自然の原型は生命的な目的論的自然といえる。この

シゼン

自然観にギリシア時代に真っ向から対立するものは，デモクリトス，エピクロスのアトミズムの自然観であったが，これも近代のそれと違って，生命論的である。中世キリスト教世界でも目的論的な自然観は継承されるが，いまや神，自然，人間の一体性は解体し自然も人間も神によって創造されたものであり，神はこれから超越するものとされる。人間はまた自然の一部ではなく，むしろ自然の上にあってこれを支配あるいは管理，利用する権利を神から授けられたものとなる。他方で，中世には新プラトン主義の流出説に由来する異端的な汎神論も強力に存在し，近世ルネサンス期のブルーノ，ベーメや近代のスピノザの自然観に連なっている。無限宇宙を主張し火刑となったブルーノは，「生む自然」（natura naturans）を神とし「生まれた自然」（natura naturata）を神の展開とした。

【近代西欧の自然観】デカルトに代表される自然観により，上述の目的論的・生命論的自然観に対して，自然を大文字の〈機械〉としてみる自然観が確立されることになる。これは，自然から生命や目的性を追放するとともに，色や香りといった人間的要素（「第二性質」）を排除し，もっぱら「大きさ」「形」「運動」などのいわゆる「第一性質」に注目し，それを要素に還元し，自然の一切の変化を質料因と動力因によって因果的に説明しようとするものといえる。自然の能動性を全く否定する，こうした機械論的な力学的自然観は，ニュートンによって完成された。これに対して「自然の支配」を主張したF.ベーコンは機械論的自然観からの差異を見せ，自然の自立的な活動性を認めるが，この点は18世紀のビュフォンやディドロに受け継がれる。これらの近代西欧の自然観の基礎には，自然と人間が二元的に対置され，自然が「科学革命」によって新たに形成された近代科学の〈法則〉認識の客観的対象になるとともに，人間と社会の幸福と富のための資源，資本の自己増殖のための搾取の源泉と見なされるようになったという，自然の位置づけの変化がある。

【脱近代的自然観の模索】このような近代の主流的な自然観に対しては，すでに18世紀に種々のロマン主義的な反動が生じるとともに，カントの『判断力批判』における「自然の合目的性」の

シゼン

理念や「神即自然」を掲げるスピノザの再興に触発され,ゲーテの「形態学」,シェリングの「自然哲学」などの試みがなされる。ヘーゲルの弁証法的世界観も機械論的自然観を乗り越え,有機的自然をも階層的に位置づけようとしたものであるが,総体としては絶対的観念論の立場から自然を「精神の自己疎外態」として貶めることになる。これに対して,フォイエルバッハが人間学的自然主義の立場から,またエンゲルスが「自然の弁証法」の立場からその観念論的性格を鋭く批判した。マルクスはエピクロスやフォイエルバッハの唯物論の影響を受けながら,ヘーゲルと格闘し自らの唯物論を確立する中で新たな自然観(および社会観)を確立する。19世紀のもっとも代表的な思想家マルクスとダーウィンは,ともに人間と自然の二元論を乗り越え,人間・社会の発展を「自然史的過程」に位置づけたといえる。ただ,ダーウィンの自然観の場合は,マルサスの影響を受け進化の原動力として「生存闘争」を置いたことに,みられるように,近代資本主義社会のイデオロギーの影響を色濃く残している。マルクスは,労働を「人間と自然の物質代謝」を媒介するものとして位置づけ,社会と自然の複雑な相互・浸透関係の理解のもとに社会の基礎に自然を,また逆に自然を「社会化された自然」の相において捉えようとした。現代においては,環境問題や生命操作の問題などと絡んで,また現代科学の発展,特に生態学や進化論における〈共進化〉や〈自己組織系〉などへの注目から,近代の機械論的自然観の克服へ向けて種々の自然観が提起されている。

→エコロジー,環境思想,自然哲学

[文献]伊藤俊太郎『自然 一語の辞典』三省堂,1999;ゲルノート・ベーメ『われわれは「自然」をどう考えてきたか』どうぶつ社,1998;韓立新『エコロジーとマルクス』時潮社,2001;A. シュミット『マルクスの自然概念』法政大学出版,1973。

(尾関周二)

シゼンカ

自然科学→科学

自然学 〔ギ〕physikē〔ラ〕scientia naturalis, physica
古代から近代初頭にかけての，科学と哲学が未分離であった時代における，自然に関する学問。アリストテレス的自然学は古代や中世のヨーロッパにおいて支配的であったが，中世においてはフィロポヌス，ビュリダン，ニコール・オレムなどアリストテレス自然学への批判があった。「現象を扱う」天文学と「運動の原理を取り扱う」自然学の対立という形で古代にも見られた科学的探求と哲学的考察との相対的分離の傾向は，近代のガリレオやデカルトらによる本格的批判，および，ニュートン力学をはじめとした近代科学の発達とともにさらに進み，結局のところ，自然学は自然科学と自然哲学の二つに分離することとなった。
[文献] グラント『中世の自然学』みすず書房，1982。

(佐野正博)

自然権→自然法・自然権

自然史／自然誌 〔英〕natural history
宇宙進化，地球の誕生，生物進化などを軸として，自然界の歴史的展開を時間にそって記述するのが「自然史」であり，進化論的な発想が現れる19世紀以降のものである。それに対して，それ以前の非進化論的な，したがって非歴史的な形での動物・植物・鉱物や気象現象などの記載を行ってきたのが「自然誌」であり，これは「博物誌」「博物学」とも呼ばれる。以上は日本語における区別である。しかし英語ではすべて natural history と呼ばれており，ラテン語をはじめ他のヨーロッパ語でも同様である。

アリストテレスの『動物誌』も自然誌の一種であるが，古代ローマではプリニウスの『博物誌』が，近代ではビュフォンの『博物誌』(1749-88) が有名であり，いずれも大著である。ビュフォンのものは，まだ基本的には自然誌であるが，自然史の萌芽が見られる。18世紀のリンネによる動物や植物の分類は典型的な自然誌である。19世紀にはパリに自然史（誌）博物館がつく

られ，ラマルクもそこで研究を行った。東洋にも「本草学」をはじめ自然誌の独自の伝統があった。

19世紀に実験生物学が成立し，また20世紀になり分子生物学が展開されると，自然誌（博物誌）的な研究は，科学としての位置が低い，あるいはアマチュアの仕事などとして軽視されるようになった。日本でもかつて学校の教科として存在した「博物」は暗記物であり科学ではないとして，実験生物学中心の科目「生物」にとって代わられた。しかし，20世紀後半の環境問題への関心の高まりなどを受けて，人間と自然との関係を総体的に捉えるものとして，自然誌（博物誌）の再評価も行われるようになってきている。

→ビュフォン，ラマルク

［文献］木村陽二郎『ナチュラリストの系譜――近代生物学の成立史』中公新書，1983。　　　　　　　　　　　　　（横山輝雄）

自然宗教　〔英〕natural religion〔独〕Natürliche Religion〔仏〕religion naturelle

「自然宗教」という日本語は多義的である。ここで問題となる哲学的な意味のほかに，まず初期社会や部族宗教における自然崇拝や，また創唱者によらぬ自然発生的な宗教を自然宗教（nature religion）の用語を以て呼ぶことがある。さらにエコロジー意識やニューエイジ運動などを背景に，今日見られる自然的なものへのスピリチュアルな信仰を，自然宗教（nature-religion）と呼ぶ場合もある。一方哲学の文脈で問題となる自然宗教は，これらとは全く異なる性格のものである（この差違を明確にするために，「自然的宗教」の訳語があてられることもある）。ここで言う自然（的）宗教，とは，人間の自然的本性としての理性に基づく宗教という，啓蒙期ヨーロッパにおいて構想された哲学的宗教観を表す。17世紀当時，ヨーロッパはキリスト教世界の分裂と抗争，あるいは世俗化の進展や世界諸文化の発見などにより，教会的キリスト教の決定的相対化に直面していた。こうしたなかで，いわゆる理神論に代表される自然宗教論者は，擬人神論や歴史啓示に基づく教会的キリスト教を批判し，伝統に先行する人間の生

得の理性から，真なる宗教としての自然宗教を基礎づけようとした。代表的自然宗教論者であるチャーベリーのハーバード（1585-1648）は，自然宗教の五つの根本真理として，神の実在，神崇敬の義務，神礼拝の倫理的性格，悔い改めと購いとしてのその具体化，此岸と彼岸における神の報い，を挙げ，これらの要素を真実の宗教の条件とした。論者により，こうした宗教のミニマルな規定は様々であるが，重要なポイントは，自然宗教はあらゆる実定宗教に先行する超歴史的なものとされ，それゆえに，実定宗教を基礎づけたり，また実定宗教の逸脱（ディドロにとってはキリスト教を含めあらゆる宗教が自然宗教からの逸脱だった）を正す基準となったりしたということである。カントの倫理的宗教論なども，自然宗教論の系譜に立っている。一方，自然宗教論の理性性と主知的性格を最も激しく論難したのはシュライエルマッハーであったが，感情や実定性を強調するとはいえ，その宗教論にも自然宗教論の外枠は保たれている。このように近代以降の宗教哲学は，多かれ少なかれ，自然宗教論のヴァリエーションとも見なしうる側面がある。

→啓蒙思想

［文献］楠正弘『理性と信仰——自然的宗教』未来社，1974。

（深澤英隆）

自 然 主 義 〔英〕naturalism 〔独〕Naturalismus 〔仏〕naturalisme

自然を超えた超越的な神や道徳規範を排して，すべて自然的なものから人間の精神現象や倫理などを説明する立場。哲学の認識論の分野では，人間の認識能力に経験を超えた理性などは認めず，イギリスのD. ヒュームなどに見られるように，認識の源泉を感覚や知覚などの経験に限定する。アメリカではW. ジェイムズが心理学の意識研究をもとに，「純粋経験」を認識の第一次的な素材とする経験論的な自然主義の立場を取った。倫理学における自然主義は，自然を超えた倫理規範を立てる〈超自然主義〉に対して，道徳を人間の自然的な本能や欲望に基づかせる。ジェイムズの影響下にJ. デューイは，道徳的な善を人間の快楽や幸福など

の自然的な欲求に基づかせるプラグマティズムを提唱した。しかし，倫理規範を快楽などの自然的欲求に還元する自然主義は，イギリスの G. E. ムーアによって「自然主義的誤謬」として批判されることになる。その誤謬の原因は，善のような非自然的な倫理概念を快楽のような自然的な質から説明することにあるとされ，倫理規範（「べき」）は事実（「ある」）から峻別されるべきだとされる。これに対しては，倫理規範は快楽や欲求といった「事実」から導出が可能であるとする〈新自然主義〉が提唱されている。それによると，社会の制度的な事実のうちにはすでに道徳的な判断が含まれており，「自然主義的誤謬」の批判は当たらないとされる。倫理規範が経験的事実から説明できるかどうかは，現在でもなお倫理学の論争テーマである。

19 世紀後半に起こった文学運動としての自然主義は，生物学や生理学などの自然科学的な知識を取り入れ，人間や社会の現実をありのままに描こうとするリアリズム文学に現れている。たとえばフランスの É. ゾラ（Émile Zola 1840-1902）は，個人の犯す犯罪を社会環境や遺伝といった社会的・自然的要因によって実証的・科学的に描こうと試みた（『実験小説論』1880）。ゾラの自然主義文学は 1900 年代初期の日本の文学界にも影響を与え，島崎藤村の『破戒』（1906）や田山花袋の『蒲団』（1907）などを生み出すことになった。

→ヒューム，ジェイムズ，デューイ，プラグマティズム

［文献］行安茂『デューイ倫理学の形成と展開』以文社，1988；魚津郁夫『プラグマティズムの思想』ちくま学芸文庫，2006；G. E. ムーア『倫理学』法政大学出版局，1977。　　（伊坂青司）

自然状態→社会契約説

自然中心主義→人間中心主義／自然中心主義

自然哲学　〔独〕Naturphilosophie〔英〕philosophy of nature

自然全体を人間存在も含めて統一的に把握しようとする哲学的理論。その起源はソクラテス以前の古代ギリシア哲学における自

然 (physis) の根源探求にまで遡る。アリストテレスは「形而上学」(meta-physica) に対して,「自然学」(physica) の対象を自然界すべてとしたが, これが後の「自然哲学」にほぼ匹敵する。「自然哲学」(philosophia naturalis) という語を最初に使ったのはストア学派のセネカである。中世において自然哲学は神学の下位に位置づけられたが, 17世紀には自然哲学(自然学)が自然現象を基礎づける科学理論としての役割を担うことになる。デカルトは力学的=機械論的な自然学によって, 自然を延長物体の因果関係として解明し(『哲学原理』1644), またニュートンは万有引力の法則によって宇宙の数学的解明を提唱した(『自然哲学の数学的原理』1687)。他方で, 18世紀末から形成されたロマン主義的な自然哲学は, 機械論的な自然学を批判し, 生命体をモデルとする有機体論的な自然観を提示した。シェリングはスピノザの「産出する自然(能産的自然 natura naturans)」に「有機体」概念を結びつけ, 自然と精神の二元論に対して自然と精神の合一を試みた(『自然哲学考案』1797)。シェリングの自然哲学を踏まえてヘーゲルは, 有機体を媒介にした自然から精神への連続的発展を哲学体系として提示した(「哲学体系」構想Ⅲ 1805/06)。しかし自然哲学はその後, 自然諸科学の進展に対応することができずに形骸化し, その思弁性が実証主義によって批判されるに至った。E. マッハに見られるように, 自然哲学を形而上学的思弁として排し, 科学を自然現象の実証主義的記述に限定する傾向は現代でも根強い。しかしその反面, あまりに個別化した自然諸科学を統合する自然哲学の理論もまた生まれている。A. N. ホワイトヘッドは, コスモロジーの観点から自然を統一的な過程として把握し(『過程と実在』1929), また L. ベルタランフィは生物の有機的システムをモデルに機械論を排した「一般システム理論」を提唱している。

→デカルト, ニュートン, 有機体説, シェリング, ヘーゲル

[文献] 伊坂・長島・松山編『ドイツ観念論と自然哲学』創風社, 1994；G. ベーメ編『われわれは「自然」をどう考えてきたか』どうぶつ社, 1998；伊坂・原田編『ドイツ・ロマン主義研究』御茶の水書房, 2007。　　　　　　　　　　　　　(伊坂青司)

自然の権利 〔英〕right of nature

「自然の権利」とは，人間以外の自然の諸物に，それ自体の固有の内在的価値を見出そうとする立場からの主張。カリフォルニア大学のクリストファー・ストーンが，シエラ・ネバダ山のリゾート開発を差し止めるための最高裁での訴訟に際し，「樹木の当事者適格——自然の法的権利」(1972) という論文を書いて支援したことが始まりとされる。日本でも 1995 年には野生動物を原告とした奄美「自然の権利」訴訟が提訴され，原告適格が最大の争点となった。却下とはなったものの，法的にも自然の固有の価値が認められ始めたことは，自然と人間の共生を作り出す上でもきわめて意義深い。また，単に人権思想の無制限な拡大ではなく，自然を守る上でどうすることがその自然にとってもっともよいかを考えることも，このことばの意味に含まれる。

→エコロジー，環境思想

［文献］ストーン「樹木の当事者適格——自然物の法的権利について」(『現代思想』1990 年 11 月号所収)。　　　　　（並木美砂子）

自然の斉一性 〔英〕uniformity of nature

帰納推理の蓋然的な普遍性を主張するために要請された一般的公理。自然の諸事象は，同一事情のもとでは同様の変化や性質を表すことをいう。J. S. ミルによれば，自然界には様々なレベルにおいて斉一性が認められ，これが前提にされてはじめて枚挙的な帰納推理が成り立つ。そして科学的諸法則はこのような帰納推理の一般的結論であるとされる。斉一性には継起の斉一性と共存の斉一性とがあり，前者は因果関係を，後者は類種の特性を導き出す。しかしミル自身も認めるように，斉一性を保証する客観的根拠はなく，それ自身が帰納法によって知られる他に道はないのである。それゆえ斉一性は，科学的知識の必然性の理由とはなりえず，ただその発見に手がかりを与え，蓋然性を高めるための補助公理というべきである。

［文献］J. S. ミル『論理学体系』（全 4 冊）京都大学学術出版会，2020-。　　　　　（太田直道）

シゼンノ

自然の光／恩寵の光　〔ラ〕lumen natural / lumen gratiae
（自然）理性の光／信仰・啓示の光ともいう。人間の認識力を，光のもとでのみ働く視覚に喩えることは，古代にも見られる（アリストテレス，プロティノス）が，中世スコラ学はこれを発展させて，自然状態における認識と，信仰において神から与えられる認識の説明に用いた。それによると，人間理性が自力では到達できない超越的な自己・世界・神の理解に，啓示を通じて到達するのは，精神に生来備わる自然の光に，神からの恩寵（＝無償の贈与）として別の光が付加されるからである。これらに対して，死後，神の国において与えられるものを，栄光の光（lumen gloriae）という。　　　　　　　　　　　　　　　（加藤和哉）

自然の弁証法　〔独〕Dialektik der Natur, Naturdialektik〔英〕dialectics of nature
マルクス主義の自然観として F. エンゲルスが提示したもの。まず，われわれ自身その一部である自然は，神が創造したものでもなく認識主観の意識の働きに依存しているものでもなく，また，カオスではなくてコスモスである。さて，ここで重要なのは，この自然が，ニュートンが説いた永遠の天体とリンネが説いた不変の生物種とでできているのではない，ということ，またその始まりから現在に至るまで，小さく循環しながら運動しているいつまでも自己同一的な全体ではなくて，万物が互いに連関し合い一定の決まりに従って生成し運動し変化し発展し消滅する，ということである。

自然のこうした弁証法的な見方は，早くもヘラクレイトスなど古代ギリシアの哲学者たちの天才的な直観のうちに現れていたが，そうした全体の姿を構成している個々の事象を説明するのには十分でなく，そのために，これを全体のつながりから切り離して一つひとつ研究する作業に取って代わられるほかなかった。15 世紀後半に始まった本格的な自然研究は，この手法を用いて巨大な成果を蓄積したが，同時に，物を運動しているのではなくて静止していると捉える習慣を，本性上変化するものではなくて固定したものと捉える習慣を，広め定着させもした。若きカント

が1755年に地球と太陽系とを時間のなかで生成してきたものと宣言したのは，このような形而上学的な自然観に最初の突破口を開いた偉業であった。その後，地質学・物理学・化学・生物学などでも，弁証法的な考え方が次第に地歩を占めるようになった。哲学では，特にヘーゲルが強力な弁証法的世界観を打ち立てた。エンゲルスは，その意義を積極的に受けとめるとともに，エネルギー恒存則や生物進化論などに代表される19世紀の自然科学の諸達成をつぶさに検討することによって，自然のなかでは物事が弁証法的に進行していることを確認し，この過程を規定している弁証法の諸法則を取り出そうと努めた。そのなかで最も一般的なものは，次の三つであるという——①量の質への急転，またその逆の急転，②対立物の相互浸透，③否定の否定。エンゲルスは，自然科学者たちが積極的に弁証法を学んで身につけ専門研究の一般的指針とすることによって具体的な研究成果をあげることに，大きな期待を表明した。

［文献］エンゲルス『自然の弁証法〔新メガ版〕』新日本出版社，1999；同『反デューリング論』上・下，新日本出版社，2001；同『フォイエルバッハ論』大月書店，1995。　　　　　（秋間実）

自然法・自然権　〔ラ〕lex naturalis ; jus naturale〔英〕natural law ; natural right〔仏〕loi naturelle ; droit naturel〔独〕Naturrecht ; natürliches Recht

ある社会における正不正を規定するのは実定法であるが，その実定法自体の正不正が問題となるとき地上の法を超えた法という観念が現れる。これが自然法（権）の観念であり，西洋の法・倫理思想の重要な伝統をなしてきた。

　人間たちの思惑から独立した領域としての自然を発見したのは古代ギリシア人であるが，その発見は同時に一見自然な慣習的制度や法が自然なものではないという驚きを伴った。このノモス（法・制度）とピュシス（自然）の緊張関係の自覚は，ソフィストらによるノモスの相対化につながる一方，個々のノモスを超えた普遍的なノモスの探求を促しもした。それはアリストテレスにおける法律的正義と自然的正義の区別にも見られるが，万民

法・普遍法という意味での自然法思想が本格的に深められるのは諸ポリスが崩壊した後のヘレニズム期以降であり,その典型はストア派とりわけキケロである。中世の法思想もまた,このストア派の自然法から強く影響された。その代表者トマス・アクィナスは,神の永遠法,人間的理性の自然法,そして具体的な人定法と,法を三分し,前者から後者への規定関係を強調した。だが古代の自然法がノモスとピュシスの鋭い緊張のなかで模索されたのに対して,中世では現実の封建的秩序を自然法の名において正当化するという護教的傾向を帯びた。これに対し近代の自然法思想は,こうした神学的自然法の論理を覆すところから始まった。この過程で決定的な仕事をしたのがホッブズである。彼の議論は自然法(natural law)というより自然権(natural right)の概念を機軸に展開するが,その基本発想は古代のソフィストやエピクロス派に近く,かつての自然法批判者の議論にむしろ似ている。すなわち古典的な自然法思想が人間の本性的な社会性を想定するのに対して,ホッブズは一切の規範と無縁の利己的な欲望主体として人間を捉えたのである。法や義務に先行する個人の自然的権利,法によって正統化される必要のない無制約の権利というこの考え方は,後のロックの所有権論を含め,近代自然法(権)思想の公理をなしている。古典的自然法論が自然の義務を説くのに対し,近代のそれは自然の権利から出発するのであって,この自然権の主体が,自己利害の計算的理性を通して所有権の相互尊重や契約の遵守といった自然法を発見してゆくというのが近代自然法論の基本な筋立てなのである。それは,諸個人のエゴイズム(幸福追求)の解放が市場機構を通して普遍的な調和と幸福をもたらすはずであるという近代市民社会(資本制社会)のイデオロギーとしてきわめて適合的であり,事実ロックを中心とする自然権論はイギリス・アメリカ・フランスをはじめとするブルジョア市民革命を導く強力な思想的根拠となったのである。こうした近代自然法(権)思想は,その後様々な批判にさらされながらも問題を提起し続けている。第一の批判は,近代自然権論がフランス革命において普遍性のテロリズムに堕したというバークらの批判である。こうした革命独裁への批判として現れた議論は,民族的な伝統や

個々の国家の歴史性を無視した「自然法」の押しつけへの反発としてランケやマイネッケら後のドイツ歴史学派や歴史主義にもつながった。第二の批判は、19世紀以降の実証主義からする自然法批判であって、それは純粋法学を唱えたケルゼンらの法実証主義という形をとって現れた。しかし、歴史相対主義や実証主義からの自然法批判には、安易な「自然」への訴えに対する批判的理性が認められる一方で、現実の法をさらに高い見地から点検しようとする普遍性要求を禁欲・放棄する傾きがあることも確かである。ファシズムの悲劇を防げなかったという歴史を踏まえて、今世紀の後半以降ミッタイスやレオ・シュトラウスらを筆頭として、自然法の新たな復活が唱えられるようになった所以である。
→権利, 正義, 法, 国家, コスモポリタニズム
［文献］H. ミッタイス『自然法論』創文社, 1971；レオ・シュトラウス『自然権と歴史』ちくま学芸文庫, 2013。　（古茂田宏）

自然法則→法則

思想　〔英〕thought〔独〕Denken〔仏〕pensée
思想とは、一般に厳密に体系的ではなくとも一定の世界観・人生観として、対象世界の現実的認識や実践的態度を示すものをいう。思想とは何かを問うとき、それは哲学との関係において明瞭にできる。つまり、哲学が自然・社会・人間とは何かという普遍的問題を論理的かつ〈原理的〉に追究するのに対して、思想はそれらの問題を一定の歴史的・社会的諸条件においてより〈現実的〉に考察する形態といえる。それゆえ、哲学が一般に優れたエリートたちの孤独な思索としてイメージされるのに比して、思想はその現実的な思考形態に対応して社会的・集団的主体性を本質的特徴とする。たとえば、一般にフランス啓蒙思想は啓蒙哲学と表されず、明治期の自由民権思想は自由民権哲学とは呼ばれない。それは、思想が一定の時代と社会からの実際的・大衆的要求から生まれ、それに対応する批判的・集団的性格を示すことによる。

　だが哲学と思想は対立的な側面だけではなく、むろん相補的な

シソウ

側面がある。むしろ思想は，哲学自体が歴史の進展とともに内在的に達成した形態でもある。哲学と思想のこの関係を明確に規定し次のように宣言したのは，若きマルクスであった。「およそ真の哲学はその時代の精神的精髄であるから，哲学とその時代の現実世界とが，内的に，その内容上で，触れ合い作用し合うだけでなく，外的に，その現れの上でも，触れ合い作用し合うときが，必ず来なければならない」(「『ケルン新聞』第179号社説」)。そしてそのことを例証するべく，マルクスはマキャヴェッリからホッブズ，スピノザ，またルソー，フィヒテ，ヘーゲルの名前などを挙げつつ，敷衍する。「[彼らは]国家を人間の目で考察して，神学からではなく，理性と経験とから国家の自然諸法則を展開し始めた。……最新の哲学は，すでにヘラクレイトスやアリストテレスが始めた仕事を推し進めたにすぎない」(同)。ここでマルクスがいう「真の哲学」や「最新の哲学」こそ思想の内容を示すものといえる。それが時代の「精神的精髄」として現実世界と「内容」だけでなく「外的」に，つまり実践的に媒介し合うものと見なし，「神学」からでなく人間の「理性と経験」から国家の諸法則を解明するものであり，また過去の優れた哲学の進展であるとする。ここには，哲学と思想の関係が超歴史性と歴史性，普遍性（または「神学」）と現実性（または「理性と経験」），伝統と継承との対比において明示されている。

このように，思想が哲学の現実的・具体的形態であるのは，哲学の対象と方法の発展自体に拠るといえる。西欧哲学史の展開は，周知のように古代ギリシアの〈自然〉を対象とした「存在論」に始まり，近世・近代にかけては〈人間〉の解明を課題にした「認識論」が展開され，近代から現代には〈社会・国家〉を究明する社会哲学が発展した。だが哲学のこの対象移動は対象間の断絶を意味せず，その具体的な深化過程を示す。デモクリトスのアトム論は現代物理学によって継承され，アテネのデモクラシーの真の実現は現代世界の課題であり続けている。つまり，哲学の対象設定の移動は偶然的ではなく必然的であり，抽象的全体知と具体的個別知の総合としての思想を成立させたのである。そして，この過程を成立させたのも哲学自体の方法的発展であり，マ

ルクスのいう「理性と経験」の拡大であった。それは近代哲学の出発点となった大陸合理論とイギリス経験論のカント的総合や，ヘーゲルやマルクスによる現実世界と人間思考を結節する弁証法的論理の成立に示される。哲学の始源的方法は自ずから「理性」的思考であったが，歴史における認識の進展は世界「経験」の拡大と適用によって真に「現実的・実践的」な思想形態をとるものとなった。ここに，思想とは歴史性・社会性，現実性・実践性を内実とする現代的な哲学形態と規定できるのである。
→哲学，世界観
［文献］マルクス「『ケルン新聞』第179号の社説」（全集1）大月書店，1959；グラムシ『知識人とヘゲモニー――「知識人労働のノート」注解』（『獄中ノート』著作集Ⅲ）明石書店，2013；戸坂潤「哲学の現代的意義」（全集3）勁草書房，1966。

（吉田傑俊）

持続　〔仏〕durée〔英〕duration
持続は一般には時間における継起を通じて一定の対象，表象，体験が時間的に維持されることを言い，この場合時間は数量化でき等質であると考えられる。ベルクソンは，「意識に直接与えられた」真の時間はこうした「知性」や「言語」によって「空間化された」時間ではなく，質的な多様の相互浸透であると論じ，それを「持続」（durée）と呼ぶ。また，自我が持続を内側から生きるような行為こそが自由であり，いわゆる自由と決定論の問題は時間を空間化した上で行為の選択可能性や原因と結果との必然的結合を論じる疑似問題にすぎないとされる。
→時間
［文献］ベルクソン『意識に直接与えられたものについての試論――時間と自由』ちくま学芸文庫，2002；同『意識に直接与えられているものについての試論』（新訳ベルクソン全集1）白水社，2010。

（北野安寿子）

持続可能な発展　〔英〕sustainable development
「将来の世代のニーズを満たす能力を損なうことなく，現在の世

シタイ

代のニーズを満たすような発展」を指す。この概念は国際自然保護連合などが公表した『世界環境戦略』(1980) で最初に示されたが，国連に設置された「環境と開発に関する世界委員会」(ブルントラント委員会) による報告書 "Our Common Future" (1987) で世界に周知された。1992年の「地球サミット」では持続可能な発展を世界的に目指す枠組の構築のため，「環境と開発に関するリオ宣言」と具体的な行動計画「アジェンダ21」が採択された。

この概念が必要となった背景には，資源や環境の有限性・制約性，オゾン層破壊や地球温暖化などグローバルな環境問題が現実に意識される中で，従来の「環境か，開発（経済成長）か」という二者択一を迫る議論では先進国と後発国の対立を解消できず，世代内の不公平（南北格差等）をも温存してしまうという問題があった。そのため「環境」と「開発」をトレードオフの関係で捉えることなく，自然の循環・再生能力等の物理的基盤を破壊せず自然資源のストックを大きく損耗しない範囲内での発展により，世代内の分配の公正と世代間の福祉水準を維持すること（量的追求から質的な幸福追求へ）が政策目標となったのである。ただし，「発展」の概念が曖昧なため，経済成長と解釈されたり，持続可能性の強弱をめぐっても解釈が分かれる状況がある。

［文献］環境と開発に関する世界委員会編『地球の未来を守るために』福武書店，1987。

(尾崎寛直)

四諦 （したい）〔パーリ〕cattāri ariyasaccāni〔サ〕catvāri āryasatyāni

正確には四聖諦。四つの真実の意。仏教の用語。四つとは，苦聖諦（苦諦），苦集聖諦（集諦），苦滅聖諦（滅諦），苦滅道聖諦（道諦）。仏教の出発点である苦観（この世は苦であると徹底的に観察すること）を基礎としたもの。苦聖諦とは，この世が苦だという真実，苦集聖諦とは，原因があって苦が生じ，その原因は根本的生存欲（渇愛）だという真実，苦滅聖諦とは，その原因を滅ぼせば苦はなくなるという真実，苦滅道聖諦とは，ゴータマ・ブッダ（釈迦）が開発した，そのための確かな修行法があるとい

う真実。初期の仏教では，これら四つの真実を繰り返し確認してこそ不動の智慧が得られるとする。
［文献］水野弘元『仏教要語の基礎知識』春秋社，1972；宮本啓一『仏教かく始まりき——パーリ仏典『大品』を読む』春秋社，2005。
　　　　　　　　　　　　　　　　　　　　　　　　（宮元啓一）

　時代精神　〔独〕Geist der Zeit
特定の時代的限定のもとにある民族精神，つまりそれぞれの民族において時代ごとにその都度ほぼ共通に人々の考え方や行動様式を規定するもの。その意味で，ヘーゲルはローマの帝政時代にキリスト教が普及した原因を当時のローマ社会の時代精神に求めた。この時代精神は，人々が皇帝や貴族の権力の下に隷属するようになり，巨大な国家機構の歯車になってしまったこと，すなわち人間の自由の喪失と超越的な権力の支配という特徴をもっていた。この時代の精神に，原罪を負い本質的に無力である人間と全知全能の神との主従関係に基づくキリスト教が適合したことから，キリスト教が当時の人々に受け入れられるようになったとされる。
［文献］ヘーゲル『初期神学論集I』以文社，1973。（久保陽一）

　実学　（じつがく）
一般的には実際生活に役に立つ学問を意味する。しかし何をもって実際生活に役に立つとするかは時代により論者によって意見を異にするため，この言葉によって示される学問の具体的内容は多様である。特にこの言葉が積極的に用いられるのは，社会の変動期において既存の思想や価値観の体系に対する批判的意識が高まったときであり，新しい価値観に基づく新しい思想や学問を主張する人々がその正当性を根拠づけるために用いた価値概念でもある。つまり先行する学問に対し空理空論を弄ぶ虚学として批判する一方，自分の学問こそ道徳的・政治的なものを含む人間の実生活に役立つ学問（つまり実学）であると主張する。中国や朝鮮の儒学思想史においても仏教や老荘思想の観念性に対置される，日用に有用な学問を意味するものとして用いられてきた概念であ

るが，わが国で実学という概念が登場するのは江戸時代の初期，朱子学が本格的に受容されるようになった時期に重なる。その時代の朱子学者として指導的な役割を果たした林羅山は，「夫儒也実仏也虚」と，悟りや彼岸の生活を説く仏教を虚なるものと批判し，現実の社会生活における人倫を説く儒教の教えこそが実学であると主張した。しかしこの朱子学の立場も後に山鹿素行や伊藤仁斎などの古学派からは観念的な弊を帯びていると批判され，日々の行いに現れるもっと実際的な道徳を明らかにするものこそ実学であると言う主張が展開された。さらに荻生徂徠は古の聖人の道を明らかにする学問は「辞と事」と言う事実に立脚すべきであり，そのような事実を重視した実証的な学問こそが実学であり有用性をもつと考えた。徂徠のこのような学問観を受けて，彼以後の思想家たちの多くはその関心を修養の問題から離れて事実の問題，外部の世界に向けるようになった。その一人，山片蟠桃は「学ぶべきものは天文地理と医術なり」と言うように西洋の学問への関心を強め，海保青陵は経世済民という実際的な目的に奉仕することができる，今の世に役立つ学問を実学と考えた。さらに幕末に近づくと国防の危機を解決する実際的な方法として西洋の学問を学ぶ必要があると主張されるようになる。佐久間象山は「漢土の学のみにては空疎を免れず」と，洋学を学ぶ必要を建言。明治に入ると福澤諭吉に代表される啓蒙思想家たちによって，日常生活に有用な学問としての実学の修得が主張された。

［文献］源了圓『実学思想の系譜』講談社学術文庫，1986。

(田平暢志)

実験主義 〔英〕experimentalism

デューイは自身の経験論的立場をイギリス経験論と区別する時，実験主義を表明した。彼は，人間の反省的思考の過程を広い意味で環境に適応する活動と捉え，それを，①疑いの生じる問題的状況，②問題の明確化，③問題解決の仮説形成，④推論による仮説の吟味，⑤実験と観察による仮説の検証，という五段階で説明した。実験主義とは，近代科学の方法を提唱したF. ベーコンにおける「蜂」のように，集めた材料に手を加えて変化させ，自然の

隠れた宝を生み出させようとする能動的，実験的な経験論に立つことであり，また，それは，反省的思考が組織的な協同の活動であることを意味する。
→デューイ
［文献］J. デューイ『思考の方法』春秋社，1950；チャールズ・W・ヘンデル編『ジョン・デューイと実験主義哲学の精神』清水弘文堂，1975。　　　　　　　　　　　　　　　（栗田充治）

　実在　〔英〕reality〔独〕Realität〔仏〕réalité
ラテン語で事物を表す res とその形容詞 realis に由来する言葉で，観念的なものおよび理想的なものを表す idea とその形容詞 idealis に由来する ideality の反対概念である。中世のスコラ学では，実在は人間の意識と観念のなかにだけ存在しているのではなくて，その外部に物として目に見えるかたちで実際に存在していることを言い表す認識論上の概念であったが，その後観念的なものと関係して，意味内容が様々な変容を蒙ることになった。普遍的なものが実際に存在するかどうかをめぐる中世の普遍論争以来，普遍や叡智界が実在するとする立場が実在論（実念論）とされ，物または対象がわれわれの表象のうちに存在する場合にそれが実在するとされたり，またカントが，カテゴリー表の第二部門の質に実在性・否定性・制限性を掲げて，知覚または感性的直観の対象となった質料的な内容を実在性と見なすなど，実在論と観念論または経験論とが対立しながら交差するという傾向も生じた。他方では，実在は真の存在や真実在などの概念に接近して，スピノザの実体に近い意味で理解されることもあり，とりわけ唯物論の側では，意識・精神・思考に対する自然・物質の根源性，意識から独立した物質の存在，意識による物質世界の反映などの認識論的主張と相俟って，たとえばレーニンでは，物質が意識から独立の「客観的実在」として定義される（物質の哲学的概念）など，実在概念が物質的な実体とほぼ同じ意味で用いられた。
→観念，唯名論と実念論，物質
［文献］カント『純粋理性批判』上（全集4）岩波書店，2001；レーニン『唯物論と経験批判論』上・中・下，岩波文庫，1952-

ジツザイ

(奥谷浩一)

実在論 〔英〕realism〔独〕Realismus
世界や観念の実在性を主張する思想。何がどのように実在するかをめぐって，考え方に大きな違いがある。古代ギリシアにおいては，たとえばプラトンのように，現実世界（現象界，感性界）は流動変化する単なる見え姿であり，真に実在するのは叡智界におけるイデアのみとされた。そこでは万物の永遠不変の存在根拠こそが実在するものと考えられた。この見地は新プラトン学派や中世スコラ学でも基本的に受け継がれ，真に実在するのは個物の存在に先立ち，個物の存在を可能にする普遍概念であるという実在論が説かれた。そうした実在論は実念論とも呼ばれたが，普遍は単なる名前にすぎないとする唯名論からの批判を浴び，キリスト教神学の三位一体論の解釈とも相俟って普遍論争が引き起こされた。近世には実在論はそれほど議論されなかったが，18世紀になってカントが自己の哲学を「経験的実在論」と呼んでから，再び実在論が活発に説かれるようになった。ただし，カントが経験的世界の実在性を認めたのは，物自体の世界が人間の認識を超越しているという「超越論的観念論」と抱き合わせであった。ここでも相変わらず世界に実在性を与えるのは，経験を可能にする普遍的概念（カテゴリー）と見なされた。それに対し，認識や経験から独立に物質的世界の実在性を主張する哲学者たちは，唯物論という名称を対置した。20世紀に入って，あくまで唯物論とは一線を画しながら，対象の存在を意識から独立に主張する者たちは，新実在論を展開した。しかし，新実在論者の多くは，外的対象の直接知覚を説く直接実在論の立場をとり，批判的実在論からの批判を呼んだ。その後の分析哲学では，科学理論によって記述された対象の実在性がもっぱら問題とされたが，対象存在のもつ理論負荷性は，ホーリズムやパラダイム論を通じて，内在的実在論へと議論を向かわせた。その中で，あくまで対象世界の理論外的な実在性を擁護しようとする論者は，科学的実在論ないし科学的唯物論として議論を展開している。
→新実在論，批判的実在論（1）（2），素朴実在論

ジッショ

[文献] 山内志朗『普遍論争——近代の源流としての』平凡社ライブラリー，2008；チャーチランド『心の可塑性と実在論』紀伊國屋書店，1986；チャルマーズ『科学論の展開〔改訂新版〕』恒星社厚生閣，2013。　　　　　　　　　　　　（武田一博）

実証主義　〔仏〕positivisme〔英〕positivism
19世紀から20世紀の産業革命期の西洋において有力であった思想。フランスのサン＝シモンとオーギュスト・コントに由来する。コントと交流があったイギリスの経験論者，J. ベンサムやJ. S. ミルも実証主義の思想態度を共有し，福澤諭吉など明治維新期の啓蒙思想家への影響も大きい。コントは，「実証的」は破壊ではなく「組織すること」を意味するとしているが，社会の資本主義的産業化についての高い評価が，実証主義の一つの特徴である。関連して，実学的科学主義の特徴が見られる。自然科学と自然の技術的支配の成功にならって，政治や道徳をも経験科学の域に引き上げ，自然科学と社会科学とを統合した統一科学によって自然と社会の合理的支配を実現することが人間社会の目標であると，コントは考えた。そして，社会は王による神権政治（神学的段階）からルソー的民主主義（社会契約などの抽象的原理に基づく形而上学的段階）を経て，第三の実証的段階（近代産業化社会）へと進歩し，その目標を意識的に追求する時代に達したと言う。こうした進歩史観が，実証主義のもう一つの特徴である。実証主義の特徴は，さらに経験主義にある。経験や観察に基づきながら，現象の規則性を記述することに科学の課題を限り，経験を超えた原理（社会契約，生得的な自然権，物質的あるいは精神的実体など）の探求を形而上学として退ける。実証主義の思想態度は，E. マッハやR. H. L. アヴェナリウスの「経験批判論」に受け継がれ，イギリス経験論とともに，20世紀の論理実証主義の源流となった。

　近代の資本主義社会がもたらした矛盾（不平等，戦争，帝国主義，環境破壊など）から目をそらさなかった人々は，実証主義に対して厳しい批判を加えてきた。中江兆民は『続一年有半』において，実証主義を「現実派哲学」と呼びながら，「現実派哲学」

ジッセン

は精神の働きを経験や観察という主観的な一面に矮小化し，人間精神を世界の自明な道理から遠ざけるものだと批判している。
→コント，論理実証主義
［文献］コント「実証精神論」（中公バックス 46）中央公論社，1980。　　　　　　　　　　　　　　　　　　　　　　（梅林誠爾）

実践　〔英〕practice〔独〕Praxis
実践（praxis）は，古来，観想（テオリア［theoria］）と対比され，経済や政治などに関わる活動という意味で用いられた。観想に携わる哲学者が，実践とどのように関わるべきかは，重要な論点であった。ソクラテスは，アゴラで市民に語りかけ，市民教育としての政治的実践に関わった。ソクラテスが，毒杯による死刑を受け，弟子のプラトンは政治から距離を取りイデアを直観するテオリアに回帰した。しかし，イデアを観て，真理を知った哲学者による哲人政治の理想を唱えた点で，彼も実践を志向していたといえる。アリストテレスは，広い意味の実践を，二つに区分し，テオリア（観想），ポイエーシス（制作），プラクシス（道徳的政治的実践）という三区分を立てたことによって，実践（プラクシス）の意味を変化させた。その後も，実践概念は，制作も政治も含む広い意味を保持してきたといえるが，時に，重要な意味をもって，アリストテレス的な道徳的政治的実践概念が用いられることがある。

　これまで，実践に最も重要な意味を与えてきたのは，マルクスの思想である。マルクスの実践概念は，ヘーゲル哲学の批判的解釈と結びついている。『経済学・哲学手稿』で彼は，ヘーゲル哲学における人間の精神の対象化と疎外の弁証法を，労働による対象化とその疎外の実在的歴史過程の弁証法として解釈した。その際，労働は人間の自由で意識的な共同的な活動とされ，人間にとって本質的な活動力の発揮として理解された。それは，資本主義経済における現実的な労働のリアルな批判的分析の論理であると同時に，広く社会諸制度や文化的所産も含むすべての人間世界の再生産の歴史的過程，社会的物質代謝の全過程が総括される視野を開いた。この意味で，対象化，労働，生産といった概念は，

ジッセン

あらゆる社会的生産物の生産と再生産の活動を含む広義の実践の概念に総括されることになる。実践概念には，社会的行為や政治的実践の意味が含まれている。それは，人間の自由で意識的な世界変革の活動という意味を保持している。マルクスの実践は，関係形成の活動であり，社会諸関係の再生産活動であり，有意味的なコミュニケーション的活動という意味も含意されている。いずれにしろ，マルクスの実践概念は，世界と人間との実践的な相互関係とともに，世界を対象化され固定された相で捉えるのではなく，再生産の過程のなかで動的に捉える視点，その過程を意識的な主体的な世界変革の過程と見なす視点，さらにはその過程は実在的な対象化活動であるという唯物論（実在論）的な視点を，その世界観に与えている点できわめて重要なものとなっている。こうした実践概念の中心的な意義に着目して，「実践的唯物論」という用語が，マルクス思想を特徴づけるものとして語られてきた。マルクスの実践概念の中心的な位置は，彼の「フォイエルバッハに関するテーゼ」で簡潔に表明されている。なお，アリストテレス的実践概念は，マルクス主義との関係でも，注目されてきた。ハーバーマスは，批判理論を基礎づける実践理性の根拠を，道具的行為を意味する制作的な活動（労働）ではなく，コミュニケーション行為に求めた。ハーバーマスに影響を与えたハンナ・アーレントは，マルクスの労働概念を批判し，労働（耐久物を生み出さない）と区別される，仕事（耐久物を作る制作），活動（言論による政治的活動）という概念を提示し，「活動」の自由実現における意義を強調した。それぞれに，その目的に照らして意義ある区別だが，マルクスの実践概念の批判的な世界観的構想が見えなくなっており，マルクスの実践概念の意義を再度救い出しながら，彼らの意図したマルクス主義の弱点への批判を汲み取ることが課題となっているといえる。

［文献］藤沢令夫「実践と観想」（『新岩波講座 哲学 10──行為・他我・自由』岩波書店，1985）；マルクス『経済学・哲学手稿』大月書店，1986；同「フォイエルバッハにかんするテーゼ」（全集 3）大月書店，1963；J. ハーバーマス『理論と実践──社会哲学論集』未来社，1999；同『コミュニケイション行為の理論』

ジッセン

上・中・下，未来社，1985-87；H. アレント『人間の条件』ちくま学芸文庫，1994。　　　　　　　　　　　（佐藤春吉）

　実践的唯物論　〔独〕praktischer Materialismus
フォイエルバッハらの観想的（観照的）唯物論に対して，特にマルクスの「新しい唯物論」を性格づける名称。典拠は，「現実において実践的唯物論者，すなわち共産主義者にとって肝要なのは，現存の世界を変革すること，眼前の事態を実践的に攻撃し，変革することである」という『ドイツ・イデオロギー』の一文にある。「フォイエルバッハ・テーゼ」(1845) によれば，従来のあらゆる唯物論（フォイエルバッハの唯物論も含めて）の主要な欠陥は，「対象，現実，感性がただの客体，または観想の形式の下でのみ捉えられ，感性的人間的活動，実践として，主体的に捉えられていないこと」にある。もとより従来の唯物論も，対象，現実の存在を認め，それを欲求の対象として捉えてそれに関係する感性的人間を前提する。しかし，対象，現実はあくまで与えられた客体であり，人間的活動，実践〔の結果〕としては捉えられない。他方，実践は市民社会の世俗的な商売等としてのみ固定されるから，従来の唯物論では「人間的」な活動は，それと区別される「観想的態度」にのみ限定され，こうして人間のあり方が市民社会の世俗的実践と観想とに二重化される。しかしマルクスによれば，観想もまた市民社会の現実・実践に見合うのであり，それゆえにこの観想的唯物論は市民社会の立場に立つものとされる。問題は，市民社会の現実・実践が生み出す諸問題（貧困や隷属等）をいかに解決するかである。マルクスは市民社会のこの現実を，人間の実践によって形成されたものとして主体的に捉え，それゆえに実践により変革可能な現実として把握し直す。従来の唯物論の問題は，観想的性格のゆえにこの変革的実践の意義を解さないことである。マルクスはこの観想的立場を超えて，市民社会の現実・実践の諸問題を感性的実践によって変革し，これまで哲学一般が理論的に実現しようとしてきた自由や個体性という理念を感性的実践的に実現しようとする。マルクスが「哲学者たちはこれまで，世界を様々に解釈してきただけである。肝心なのは

世界を変革することである」というのも，この脈絡においてのことである。ここにその「新しい唯物論」の立場，すなわち「人間的社会，あるいは社会的人類」の立場がある。そして，それは市民社会の実践原理（私的所有）に対立する人々の感性的変革的実践，運動に結びつけられた。マルクスは，理論と実践に関する従来の了解を根本的に転換したと見ることができる。実践的唯物論はこのことを表す名称である。

　スターリン型のマルクス主義が支配的であったときには，マルクス主義哲学の体系は，弁証法的唯物論と史的唯物論とから構成され，「実践」の占める位置が不明確であった。もちろん従来のマルクス主義においても「変革的実践」の要素がなかったわけではない。しかし，弁証法的唯物論では唯物論と観念論の世界観的対立の下に反映論的認識論が中心に置かれ，史的唯物論も反映論的な脈絡で解釈されて，人間主体は対象を反映する意識に縮減され，実践は反映された真理に基づく実践として，本来とは異なる次元に設定される傾向を帯びた。スターリン批判以後，マルクス主義の性格に関して様々な試み——旧ユーゴスラヴィアのプラクシス派，アグネス・ヘラーらブダペスト学派の議論，あるいは旧東ドイツの「実践」論争，日本の実践的唯物論論争など——がなされ，マルクス／マルクス主義の唯物論の実践的性格がクローズアップされてきた。

→唯物論，唯物史観，実践，土台と上部構造，社会主義／共産主義

［文献］マルクス『経済学・哲学草稿』岩波文庫，1964；マルクス／エンゲルス『ドイツ・イデオロギー』新日本出版社，1998；マルコヴィッチ『実践の弁証法』合同出版，1970；ヘラー『マルクスの欲求理論』法政大学出版局，1982。　　　（渡辺憲正）

実践理性　〔独〕praktische Vernunft〔英〕practical reason
カントによれば，理性は理論的認識の領域においては，感性的直観と悟性的カテゴリーの結合によって与えられる経験的対象を越えたいかなる命題をも導出することができない。しかし，これに対して理性が実践的に使用される限りにおいては，すなわちわれ

われの意志の規定根拠となる限りにおいては，逆に自らの幸福や快といった経験的に与えられる意志の規定根拠を一切排除し，純粋に理性のみによってわれわれの意志を規定することができるとされる。

実践の場面においても，何らかの意志の対象（それが財産であれ名誉であれ）の獲得という動機が意志を規定する場合（仮言命法）には，理性は経験的制約を受けざるをえないが，意志がこのような実質（Materie）を度外視して普遍的な法則の形式（Form）のみによって規定されている場合（定言命法）には，理性は道徳法則のみに従い，経験的制約を受けない自律的な純粋意志として，真の意味での実践理性となる（前者の場合のような理性使用は厳密な意味では実践的とは言えない）とカントは言う。

このような経験的制約を受けない実践理性による意志規定と，それによって生み出される道徳的行為の経験的世界における具体的帰結との関係について，カントはさらに「実践理性の優位」を主張する。すなわち理論的認識の領域において理性が理論的に使用される限りにおいては，経験的に制約されない自由な原因性としての道徳法則や，道徳的行為とそれに必然的に伴うべき帰結としての幸福との統一（徳と幸福の一致）＝最高善の可能性を積極的に定立することはできないが，実践理性はこのような積極的な意味での「自由」および最高善の実現の条件である「霊魂の不滅」と「神の存在」を，実践的見地からの欠くことのできない「要請」（Postulat）として要求することができるという点で，理論理性に対して優位に立つとするのである。

[文献] カント『実践理性批判』岩波文庫，1979；小倉志祥『カントの倫理思想』東京大学出版会，1972。　　　　　　　（石井潔）

実存　〔仏〕existence〔独〕Existenz
哲学用語として元々は，西洋形而上学の理論的基礎となったアリストテレス哲学の立脚した可能的本質の現実化という目的論的運動のパースペクティヴのもとで，可能的存在・本質的（その可能性をおのれの本質とする）存在に対して現にある現実存在や可能的本質を既に実現した実現存在を指す言葉として使われた。しか

ジツゾン

し，今日では人間存在を他の存在（動植物，無機物，等々）から区別して特記する際の用語として使われる。

　この用語法の開始者はキルケゴールである。その場合，この概念が担う意味は旧来の意味からの一種の逆転を蒙る。サルトルは自分の実存思想の核心を「実存は本質に先立つ」という見地において人間を把握する立場と定義したが，この命題の意味は次の主張にある。すなわち，人間は自分をいかなる人格として実現するかを自分に与えられた複数の可能性のなかから選択し自らの責任において実現しなければならない存在であって，前もって自分がいかなる人間であるか（自己の本質）は決定されていないという点において，他の存在と全く異なる。人間とは，おのれの抱く複数の可能性に対して選択的に関わるということなしにはおのれの存在を人間として実現できない存在なのである。人間という存在の最も深刻な現実性，つまりその「実存」性とはここにこそある。そして人間がそのように選択的にしか自己に関われない存在論的な根拠は人間存在の自己意識，主観性に求められた。

　したがって，「実存」の概念において問題となっている本質あるいは可能性とは人間をその生物学的ないし社会学的な一般規定において定義する際に問題となるそれではなくて，その人間を他に代え難い唯一無二なる「個別性」において定義する際に問題となる。西洋の形而上学，言い換えればキリスト教神学の基礎となったアリストテレス哲学においては，各存在者の本質可能性は同時に宇宙全体の目的論的な総体的秩序のなかに神的な理性によって合理的に組み込まれ既に定められているものとして考えられた。だが，キルケゴールが「実存」という言葉で人間存在の現実性を問題にしたとき，そこで問題となっていたことは，人間は自己というこのかけがえのない現実存在，いかなる一般性にも普遍的観念にも解消不可能な自己の生の個別性を，もはやそうした神的理性によって合理的に意味づけられたものとして確信を以て受容することは不可能であるという絶望だったのである。したがってここで，一般性に解消不可能な人間各自の絶対的個別性こそが各自にとっては最も現実的なものであるという意味での「実存」性と，人間の現実性は，彼が可能性に引き渡された存在であ

501

り，自己に対してつねに選択的に関わらざるをえない存在だという点にあるという意味の実存性の主張とが合流することになる。

　こうした「実存」意識の背景を形作っているのはキリスト教の弁神論的伝統である。人間の実存的個別性の意識はつねに神の弁神論的秩序からの疎外やそれに対する背反の意識において培われてきた。それはキルケゴール，ニーチェ，ドストエフスキーなどにおいて最初の決定的な形象化を得，次いでハイデガーやサルトルにおいて哲学的＝人間学的概念へと精錬された。　　（清眞人）

実存主義　〔仏〕existentialisme〔独〕Existentialismus
実存主義が有名になったのは，1945年のサルトルの講演「実存主義はヒューマニズムであるか？」によってである。マルクス主義者たちからブルジョアジーの思想と見なされていた実存主義は，資本家であれ労働者であれ，いずれも人間である限りにおいて成り立つ「人間の哲学」だとする講演であった。サルトルは，そのなかで「実存が本質に先立つ」と述べて，「いまここにあるもの（実存）」として，人間一般の定義（本質）を乗り越えて自らを規定していくものとしての自我のあり方を強調している。

　そこでは，有神論的実存主義者としてヤスパースとマルセルが，無神論的実存主義者としてハイデガーとサルトル自身が挙げられていたが，その後，シェリングやキルケゴールやニーチェといった哲学者たち，カフカやドストエフスキーやカミュといった小説家たちも，この思想的系譜において理解されるようになった。個々の思想としてはそれぞれ異なってはいるものの，彼らには共通して，機械論的な自然科学や理性主義的な社会制度から人間性が規定されることへの反発や，そのなかで生きていくことへの怖れ，また当時の帝国主義的政治状況に巻き込まれつつあることへの不安に対して，どうやって立ち向かいうるかという問題意識があった。とはいえ，ハイデガーは，「ヒューマニズムについて」(1949)という論文において，実存は私的個人的経験にすぎず，人間は「思考する」という本質をもつと反論して，サルトルの実存主義の定義に組み込まれることを拒否している。彼によると，現代人が道具的連関（利用手段）ばかりを思考しているこ

とが問題なのであって，思考は存在へと向かう「脱自」を果たすべきなのであり，自ら（人間）を脱すべきという点でアンチ・ヒューマニズムであっても構わないというのである。

ここで「人間（ヒューマン）」が問題となっているのは，近代初頭から普遍的知識を獲得する主観，民主主義社会を構成する個人とされてきた人間精神の意義が，科学の進歩および大衆社会状況の到来によって見失われつつあったからである。サルトルは，人間精神（意識）は「無」であって，「自由の刑に処せられている」と述べ，未来において社会的なものとして自己を決定する「アンガージュマン」が重要であると主張した。ハイデガーは，宿命としての死を自らの存在において引き受けつつ，待ち受けることによってしか捉えられない「存在」の真理にあずかるべきだと主張した。存在の反対は「無」であり生の反対は「死」であるが，自己の無ないし死を知ることができるいう点で，人間は事物や生物とは異なった比類なきものなのだというわけなのである。このように，両者はそれぞれに精神とされてきたものに特別の席を用意し，精神の，自ら未来へと向かうようなあり方を探究していた。思想において科学が優位を占め，それを信仰のように受け入れる大衆が出現したとき，彼らは人々に対して，自分のあり方を根底から変えていくことを要求したのであった。

実存主義の意義は，自分自身についての思考を通じて，科学的合理的に説明される諸事物や人間関係に対し，それらとは異なった様々な情動的経験があることを教えた点にあったといえよう。この思潮は，その後，実存主義に列せられる，女性の置かれている社会状況と意識を告発したボーヴォワールの思想や，身体や動物の実存を主題としたメルロ＝ポンティの思想を通じて，フェミニズムや構造主義の新たな思潮なかに飲み込まれていったが，実存主義思想が生まれた時代の諸状況は，近代的主体という観点からすると，今日なお一層深刻なものになっているといえなくもない。

→実存

［文献］サルトル『実存主義とは何か』人文書院，1996；ハイデッガー『ヒューマニズムについて』（選集23）理想社，1974；

ジッタイ

シェストフ『悲劇の哲学——ドストイェフスキーとニーチェ』現代思潮社，1968。　　　　　　　　　　　　　　（船木亨）

実体　〔ギ〕ousia〔ラ〕substantia〔英〕substance〔独〕Substanz

実体とは，独立自存の存在である。プラトンは，変化の基にあって変化しないもの（イデア）を考えていた。アリストテレスは『形而上学』で「存在とは何か」という問いを「実体とは何か」という問いに置き換え，実体を考察している。彼は実体を他のいかなる主語の述語とならないもの，主語となって述語とならないもの，根底に横たわっているもの（hypokeimenon），本質的なもの（to ti en einai），形相（eidos）と捉えている。近代においても，実体概念は，重要な役割を果たした。デカルトは，「存在するために，他のなにものをも要しないように，存在するもの」つまり神を実体としたが，他に神の協力に基づいて物体と思惟も実体に加えた。長さ，幅および深さのある延長が物体的実体の本性をなし，思惟が思惟実体の本性をなすと説いた。スピノザは，『エチカ』で，「実体とは，それ自身のうちにありかつそれ自身によって考えられるもの」であるとし，神だけを実体と捉え，万物の第一原因として，すべての万物を神から導き出した。ライプニッツは，物体の延長は無限に分割できてしまうため，その極限を分割できない単位（モナド）に見出した。したがってモナドは，物質ではなく，精神的・理性的な存在であり，作用する力であるとした。世界は，モナドの自己活動を通じて表現されるのである。これに対して，ロックは，実体を経験から生み出された観念であり，実体の観念は，性質を支える何かを想定することから引き出された複合観念とした。カントは，実体を機能的・構造的に捉えて，経験を成り立たせる上での人間悟性の結合形式のひとつに挙げている。ヘーゲルは，『精神現象学』において，「真なるものを単なる実体としてではなく，同時にまた主体として把握し，表現すること」を哲学の課題としているが，このとき実体（主語）は静止したものではなく，述語（他なるもの）と関係する中で変化していく動的な存在，すなわち否定の中で自己を維持していく主

体であると説かれている。
［文献］アリストテレス『形而上学』上・下，岩波文庫，1959・60；ヘーゲル『精神現象学』作品社，1998。　　　　　（片山善博）

質的弁証法　〔デ〕qualitative Dialektik
弁証法という考え方を採用する者は，対立関係にある二つの異なる質から出発し，異なるがゆえに互いを否定し合う両者の間に高次の総合が実現されるという事態を目指す。神と人という絶対的に異質なものの和解・総合をこそ切実な関心事としたキルケゴールにとっては，しかし，その総合を媒介という形で論理的思惟の対象とするヘーゲルの弁証法は，質の差異を量化することによって解消してしまうものと映らずには済まなかった。彼は，ヘーゲルに量的弁証法であるとの批判を浴びせ，自らの立場を質的弁証法と見なした。質的弁証法においては，目指される総合は，論理化に逆らう逆説以外の何ものでもなく，思惟されるのではなく信じられるしかないものである。
→媒介，パラドクス
［文献］キルケゴール『哲学的断片への結びとしての非学問的後書』（キルケゴール著作集 7-9 巻，白水社，1968-70；キェルケゴール著作全集 6-7 巻，創言社，1989）。　　　　　（藤野寛）

質と量　〔英〕quality and quantity〔独〕Qualität und Quantität
【概念】質と量は，弁証法的な対立物の統一の関係をもつ。質とは，あるものをそのものたらしめるものであり，その性質によって他のものから区別される。質はその意味で，事物を具体的に示すものである。「固い」という質をもつものは，その固さによってそのものとされる。これに対し，量はもっと抽象的なものであり，そうした具体的な質をもったもののその質を捨象して，それがどのくらいの大きさかなどを示す概念である。だが，エンゲルスが量質転化の法則（およびその逆）で強調したように，質と量は単に対立し排斥し合うものではなく，量的規定の増大・減少がその質を変化させることがある。水の三態変化（氷→水→水蒸気）がその一例であり，氷が 0 度で溶ければ，今度は逆に水と

いう質のもとで,量的増大が100度までは続けられる。この弁証法的法則は組織の規模の増大が新しい質の組織を要求するというように,社会現象においても見られる。さらにまた,ゾウのように大きなネズミは考えられず,その種固有の大きさというものがあるという事実も,量と質の関連を示す。

【哲学史的考察】アリストテレスは質と量を自らの選んだ10のカテゴリーのなかに属させた。中世のスコラ哲学でいわれるオカルトとは,「隠れた質」という意味であり,この質は容易に顕在化しないものとされた。また,質と性質は厳密には区別されることがある。「性質」という場合,事物が多様に質をもっているということが想定される。そこでは事物は複数の質の担い手である。そして,ロックは広がり,固さ,大きさ,運動,数などの性質を,事物に客観的に属する性質として第一(次)性質と名づけ,色,音,香り,味などを,主観的な性質であるとして第二(次)性質と名づけた。カントは認識のためのカテゴリー表のなかで,量・質・関係・様相の四つの基礎概念を区分した。ヘーゲルは論理学で,量を事物の質にとって無関与の外的規定であるという意味で質のつぎに量を論ずる。だがその量が質とふたたび関連をもつとき,量質転化の法則に示されたように,そこに度量(Mass)という概念が現れるという。事物を根本的に規定する質は,特に本質といわれる。

→弁証法,弁証法的論理学

[文献] ヘーゲル『小論理学』上・下,岩波文庫,1978;岩崎允胤/宮原将平『現代自然科学と唯物弁証法』大月書店,1972。

(島崎隆)

実念論→唯名論と実念論

実用主義→プラグマティズム

質料→形相と質料

質料転換→物質代謝

私的所有　〔英〕private property〔独〕Privateigentum〔仏〕propriété privée〔ラ〕res familiaris, proprietas privata
所有の語源であるラテン語 proprietas は元来「自分のもの」を意味する。所有とは広義には，人間の活動（生活とりわけ生産）の三契機である活動対象・活動主体（自己または他者の身体および人格）・活動（とりわけ労働）そのものに対して「自分のもの」として意志的に関係する（使用・破壊・処分などを含む）ことを意味する。「自分のもの」としての関係は必ず他者からの社会的承認を前提としているが，この承認は事実上黙認される程度のものから，法律（実定法または慣習法）によって厳格に保護される（侵害に対して社会的制裁が加えられる）ものまで種々の段階を区別することができる。社会的承認度の低い事実上の使用・保有を「占有」（Besitz）と呼ぶことに対して，狭義の所有とは「自分のもの」としての関係が法的制裁を伴う社会的制度的承認によって保証されているものを意味する。私的所有の「私的」は〔ラ〕動詞 privare（奪い取る）の完了分詞 privatus に由来し，元来は共有地から「奪われた」土地を意味する。所有の私的性格は，他の共同体成員の利用が排除される点にある。所有は，①法的制度論的観点から「私的所有」―「社会的所有」に分類されるが，同時に②機能的観点から「個人的所有」（das individuelle Eigentum）（生産する諸個人が生産諸手段に対して「自分のもの」として関係すること）―「非個人的所有」に分類できる。こうして所有には以下の四つの範疇が成立する。①社会的個人的所有：前近代社会における共有地・入会地など，社会主義的所有＝個人的所有の再建としての社会的所有（マルクス『資本論』第1

巻)。②社会的非個人的所有：現代資本主義社会における国有財産，旧社会主義諸国における国家的所有。③私的個人的所有：西欧における資本主義に先行する「自己労働に基づく私的所有」。④私的非個人的所有：資本主義的私的所有。

ロックは人間の身体・身体活動＝労働が私的に所有されるがゆえに労働の産物も私的所有となると論じ，これが近代自然法的所有理論の基礎づけとなった。しかしマルクスは，「自己労働に基づく私的所有」の解体，労働主体と生産諸手段の分離こそ資本主義が成立するための歴史的条件（「資本の本源的蓄積過程」）であったことを実証し，資本主義的私的所有の本質を「自己労働に基づく私的所有」の否定＝「他者労働に基づく私的所有」と規定し，これを社会的所有へと転化させることによって初めて生産諸主体の「個人的所有」が再建されると考えた。現代資本主義においては生産の社会化が進展し，巨大経営組織の登場とともに「経営の所有からの分離」が進行し，経営者が会社資産の実質的な処分・運用を決定する力をもつに至り，株式会社制度の普及によって株主＝私的所有者による会社資産の処分が否定されるなど，個別的私的所有権の行使に様々な制限が加えられるようになった。国民国家によって徴収される租税の運用も一定の公共的性格をもつものである。最近ではいわゆるNGO組織の運用する資産・人材の比重が次第に高まりつつある。これらは資本主義的私的所有制度を維持するためにも私的所有の枠内における社会的所有を事実上進展させざるをえない歴史的趨勢を示している。

→アジアの生産様式，アソシエーション，階級・階級闘争，共同体／共同社会，自己所有（論），自主管理，自然法・自然権，資本主義，社会主義／共産主義，社会構成（体），所有，所有的個人主義，生産，ブルジョアジー／プロレタリアート，ロック

［文献］マルクス『資本論』（全3巻）大月書店，1968；同「資本主義的生産に先行する諸形態」（『資本論草稿集』2）大月書店，1993。　　　　　　　　　　　　　　　　（平子友長）

史的唯物論→唯物史観

シーニュ／シニフィアン／シニフィエ 〔仏〕signe / significant / signifié
スイスの言語学者ソシュールが言語の本性を明確に規定しようとして用いた術語。signe は「記号」，significant と signifié は signifier（意味する）という動詞の現在分詞と過去分詞で，それぞれ「意味するもの」と「意味されるもの」の意。言語記号はそれ自身のうちに表現と意味とを合わせもっている。たとえば，「キ」という物理的なオトはそれ自体では言語記号ではない。「キ」というオトが「樹」というモノを表現してはじめて「ことば」になる。ただし，ソシュールは言語記号が結合するのは物理的なオトと物理的なモノではなく，「聴覚映像」と「概念」であると言う。前者がシニフィアン（能記），後者がシニフィエ（所記）と呼ばれる。聴覚映像が概念を指すと言っても，言語記号に先立って既成の観念が存在するかのような考えは斥けられる。能記と所記とは記号の誕生と同時に生まれ，相互に切り離しては考えられない。シーニュ／シニフィアン／シニフィエという対立しながら呼応する三つの術語はこのような関係を示している。さて，そのうえでソシュールは言語記号の特徴を二つ挙げている。①記号の〈恣意性〉。それは能記と所記との間にはいささかも自然的な絆がない，無縁であるという意味である。また，世界のなかに意味の区分を設ける分節の仕方も，その言語を用いる社会で恣意的に定められる。ある記号の意味は，その記号体系内に共存する他の記号との関係からのみ決定される。つまり能記も所記もともに純粋に関係的ないし差異的な存在であり「言語には差異しかない」とされる。②能記の〈線的特質〉。これは言語記号の能記が聴取的性格のものであるから，時間のなかで線状的に展開されるということである。言語記号についてのソシュールの省察はその後の記号論と構造主義に甚大な影響をもたらした。関係の優先性を主張して客観的実在の反映を否定するような議論には異論があるが，言語記号を記号表現（素材）と記号内容（意味）との統一と捉える考えや言語記号の特徴についての指摘は今日ひろく受け入れら

ジネン

れている。
［文献］ソシュール『一般言語学講義』岩波書店，1972。
　　　　　　　　　　　　　　　　　　　　　　　（中島英司）

　自然（じねん）→自然（しぜん）

　支配→国家

　司馬光　（しば こう）Sīmǎ Guāng 1019〔天禧 3〕-1086〔元祐 1〕
字・君実。北宋の歴史学者・思想家・政治家。神宗の時に発生した新党・旧党の政争に際し，旧党派の指導者として，王安石ら新党派による革新的な「変法」に反対，保守的な勢力の擁護に力を尽くす。思想的には「天」の主宰性を強調，人間の貴賤・貧富もすべて「天の命」によるとし，そうした定めを勝手に変えれば必ず「天刑」を被ると説いた。また礼教理念と名分論を歴史的事実によって検証すべく膨大な歴史書『資治通鑑』を著した。
［文献］司馬光『資治通鑑選』（中国古典文学大系 14）平凡社，1970。
　　　　　　　　　　　　　　　　　　　　　　　（村瀬裕也）

　司馬遷　（しば せん）Sīmǎ Qiān 前 145- 前 86 頃
前漢の歴史家・思想家。中国における本格的な歴史学の創始者。若い頃，各地を歴訪，見聞を広める。父・司馬談の死後，父の官職であった太史令に任ぜられ，官府所蔵の史書の編纂に従事。その後，やむをえぬ状況から匈奴に投降した将軍・李陵を弁護したため，屈辱的な宮刑に処せられるが，発奮して『史記』130 巻を完成，「紀伝体」の様式を確立する。歴史家の態度として何よりも事実を尊重し，そのために自由な批判精神を堅持しようとした。その精神は道徳観や社会観（特に経済観）の方面にも及んでいる。
［文献］司馬遷『史記世家』（全 3 冊）岩波文庫，1980-91；同『史記列伝』（全 5 冊）岩波文庫，1975。
　　　　　　　　　　　　　　　　　　　　　　　（村瀬裕也）

ジヒ

芝田進午 （しばた しんご）1930〔昭和5〕-2001〔平成13〕
戦後の代表的唯物論哲学者。戸坂潤の思想を継承し，非ソ連型の独自の理論を〈実践的唯物論〉として展開，『人間性と人格の理論』（1961）にまとめた。また，高度成長期の日本社会と労働・労働者の状況を研究，『現代の精神的労働』シリーズ，『科学＝技術革命の理論』（1979）などを次々に著すと同時に，アメリカ独立宣言やベトナム革命の研究から現代民主主義と人権の体系化を試み，現代の新たな問題を〈核時代・バイオ時代論・平和の哲学〉として提起した。1989年より国立予防衛生研究所（現・国立感染症研究所）移転裁判闘争の先頭に立ち，闘いのなかで2001年没。
［文献］芝田進午『人間性と人格の理論』青木書店，1961；同『人生と思想』青木書店，1989。　　　　　　　　（浅野富美枝）

慈悲 （じひ）〔サ〕maitrī-karuṇā, karuṇā
如来（仏）が生きとし生けるもの（衆生）を救済せんと志すときに起こす「いつくしみ・あわれみの心」。如来は一般に悲智円満と形容されるように，慈悲と智慧が完全に具わった理想の存在とされる。悟りは智慧によって実現させられるが，その悟りを独占せずに他にも分かち与えたいと願う心が，まさしく慈悲にほかならない。

漢訳語としては，「慈」はいつくしみのことで，他者にやすらぎを与えること（与楽），「悲」はあわれみで他者の苦しみをなくすこと（抜苦）である。やすらぎを与えることは，苦からの救済を前提として実現されるわけだから，karuṇāの一語で「慈悲」と訳されることも少なくない。大乗仏教では多くの菩薩たちが登場し，衆生救済の理想像となった。菩薩はその智慧のゆえに輪廻の世界にとどまらない存在とされた。これは渡し船の船頭に喩えられている。しかも菩薩たちは大乗の「空」の体現者であるから，どれほど多くの衆生を救済しても「私が救ってやった」という自意識があとに残ることはないのである。たとえば，観自在菩薩（観音菩薩）は広大な慈悲を有する菩薩とされ，三十三に身を変じて無限の救済力を発揮するさまが仏典（大悲心陀羅尼，法華

シフクセ

経の観音普門品)に描かれている。慈悲の心をもつ人は，他人の苦しみに無関心ではいられない。その人と同じ立場に身を置いてその苦しみを分かち合おうとする(同悲・同苦)。さらにはその人になりかわって苦しみを自身に引き受けようとする(代受苦)。
→大乗，浄土教
[文献]中村元『慈悲』講談社学術文庫，2010。　　(岡部和雄)

至福千年説→千年王国論

思弁　〔ラ〕speculatio〔独〕Spekulation〔英〕speculation
今日では一般に経験によらない純粋な思考による認識を指す。ラテン語の「探査」(speculatio)に由来し，哲学的には二つの伝統がある。①神を見る特定の仕方。「鏡」(speculum)と関連して，神的なものを被造物のうちに，鏡のうちのように見ること。②アリストテレスのtheōriaのラテン語訳としての「理論」。近代になり思弁は批判されるが，ドイツ観念論によって再び高い評価を受ける。ヘーゲルによれば，悟性が諸規定の対立(「三角形」は「円」でない)にとらわれるのに対して，思弁は対立における統一(「円錐形」は「三角形」であると同時に「円」である)を把握しうる。
[文献]ヘーゲル『小論理学』上・下，岩波文庫，1978。
(久保陽一)

資本主義　〔英〕capitalism〔独〕Kapitalismus〔仏〕capitalisme
資本主義とは，資本主義的生産様式が支配的な経済システムを意味し，主要な生産主体が企業形態をとり，企業は利潤原理に従って行動し，生産に必要な諸要素(労働手段・対象・労働力)が市場を通して調達され，生産物もまた市場を通じて各消費主体に分配される全面的な商品市場経済システムを伴う。利潤の源泉は労働者階級の剰余労働が対象化された剰余価値であり，これが資本家階級によって搾取される。剰余価値は，利潤(企業者利得および利子に再分割される)と地代という転化形態をとって現象する。需要と供給は市場における価格変動によって調節され，いわ

ゆる自由競争的市場において各個別経済主体はこの価格決定に影響を与えることができないと見なされる限り，市場メカニズムは「見えざる手」（アダム・スミス）の働きと見なされ，いわゆる近代経済学は需給の市場による決定こそが経済財の「最適配分」を実現すると考えた。他方で，資本主義は，競争の「強制法則」（マルクス）によって各資本家に生産の社会化を強制し，生産規模の拡大，生産手段と労働力の集中・集積を極限にまで推し進め，巨大経営組織を支配的な生産主体として登場させた。この巨大組織を利潤追求のために効率的に運営する必要性から資本主義は，経営学・会計学・労務管理（テイラー・システムがその典型）など経営組織を合理的に経営するための技術学（「合理的官僚制」ウェーバー）を発展させる一方，個別資本によっては調達不可能になった資金を調達するための各種の金融組織（銀行をはじめとする）および株式会社制度を発展させた。すでに資本主義それ自体が，労働者の生産物を資本家が私的所有するという意味で「所有と労働との分離」を原理とするが，株式会社制度はそれを更に「所有と経営の分離」にまで発展させ，巨大経営組織は株主からも自立した経営体となった（いわゆる「法人資本主義」）。資本主義は歴史的に世界市場を発展させ，経済システムとしては世界資本主義として存在するが，他方で国際競争に耐え抜くために（経済的諸利害の対立を軍事的に「解決」するためにも）個別諸資本は国家による各種の保護を必要とし，国民国家システムを（国民国家間の戦争も）発展させた。発展した資本主義諸国における労働運動・労働者政党の影響力の増大を背景にして，労使協調と福祉国家体制が発展するにつれて，資本と労働との階級対立は国際的にいわゆる南北問題の形で展開されるようになった。20世紀後半以降資本主義はグローバル化を急速に推し進め，地球規模の環境破壊や発展途上国の経済的破綻を激化させ，資本・労働力・金融の国際的移動を加速させ，国民国家システムの経済政策の効力を著しく削減させた。このことがEU（欧州連合）など広域的な諸国家の統合への動きを促している。
→ウォーラーステイン，階級・階級闘争，近代化／近代化論，工業社会，国民国家，産業革命，市場経済，私的所有，市民社会，

シミュラ

社会主義／共産主義，中心と周縁（周辺），従属理論，自由主義，レッセ・フェール，生産，帝国主義，ナショナリズム，ブルジョアジー／プロレタリアート，ホモ・エコノミクス，マルクス，見えざる手，レギュラシオン理論，レーニン，労働価値説
［文献］アダム・スミス『国富論』（全3冊）中公文庫，1978；マルクス『資本論』（全3巻）大月書店，1968；マルクス／エンゲルス『共産党宣言』大月書店，1983；ウッド『資本主義の起源』こぶし書房，2001；ウォーラーステイン『資本主義世界経済』1・2，名古屋大学出版会，1987；重田澄男『資本主義を見つけたのは誰か』桜井書店，2002。　　　　　　　（平子友長）

　シミュラークル　〔ラ〕simulacrum〔仏〕simulacre
類似したもの，聖なる像，現れるものを意味する。エピクロスの「エイドーラ」（見られたもの）に由来するルクレティウスの〈模像〉のことでもある。模像とは，たとえば鏡像においては物体の見かけが物体とは別のところにあるとされるように，各物体から剥離して浮遊するとされる視覚的素材のことである。ドゥルーズは，この概念をプラトニズム（イデア説）に対抗するものとして捉えた。プラトンによると，知覚の対象はイデアという真実在の「現れ」として与えられ，同時に善きものとして根拠づけられるが，それに対しドゥルーズでは，善くも悪くもなく，イデアのような背後の実在に対応しないが，錯覚でも幻覚でもないような対象としてのシミュラークルに注目すべきであるというわけである。また，ボードリヤールは，この概念で高度資本主義における商品生産の様相を表現している。
→表象，仮象，感覚
［文献］ルクレーティウス『物の本質について』岩波文庫，1961；G. ドゥルーズ『差異と反復』上・下，河出文庫，2007；J. ボードリヤール『象徴交換と死』ちくま学芸文庫，1992。
　　　　　　　　　　　　　　　　　　　　　　（船木亨）

　市民　〔英〕citizen, burgher〔独〕Staatsbürger, Bürger〔仏〕

citoyen, bourgeois〔ギ〕politēs, astos〔ラ〕civis, urbanus

「市民」とは「市」の構成員を意味するから，「市」の意味の多義性によって「市民」の意味も異なる。西洋の前近代史においては二つの「市」概念が存在した。(1) 都市と農村との経済的分業を前提にした商業・手工業の中心地としての「市」。日本語の「いち」はこれに対応する。更に政治的・宗教的支配者の居城ないし役所所在地（「都・みやこ」）の周辺に商人・手工業者が集住して「都市」（城下町・門前町）が形成された。この意味の「市」は，周囲の農村から地理的に区別され，その構成員も非農耕民からなる都市住民（政治的支配者も含め）の組織体である。(2) 私的経済的領域（家 [oikos]）と峻別された公的政治的領域としての「ポリス」。ポリスは同時に家長でもある市民権保持者たちの自治的な政治的共同体を意味する。ポリスは農村にも都市にも存在したし，その構成員の経済的職業を捨象して彼らの自治参与の政治的権利だけに着目した規定である。この意味で近代西洋語がポリスを〈city state〉（都市国家）と訳したことは誤訳であった。西洋諸語には①，②を区別する用語が存在する。①—②の対比で示すと〔ギ〕asty—polis，〔ラ〕urbs—civitas，〔英〕town—city，〔仏〕ville—cité。「市」の二義性に対応して「市民社会」にも①の系列（〔仏〕société bourgeoise〔独〕bürgerliche Gesellschaft）と②の系列（〔ギ〕politikē koinōnia〔ラ〕societas civilis〔英〕civil society〔仏〕société civile）が区別される。両系列の混同は，①の中世都市が封建領主の支配権から独立して政治的自治権を確立したことにより，①の市民が同時に②の市民にも昇格したことにより前近代においてすでに進行していたが，これを決定的なものにしたものは，近代社会の成立であった。近代社会においては，(イ) 経済が家政（オイコノミケー）の枠を越えて国民市場として発展し，経済それ自体が政治的性格をもつようになり，このことによって「ポリス」成立の前提であった「私的＝経済的」—「公的＝政治的」の二分法が意味を喪失したこと，(ロ) state (état, Staat) としての国家が成立し，②の「市民」の意味が政治的自治権を有する人々の共同体から，国家という単一の主権者に諸個人の政治的権利を完全譲渡した「公民」という意味に変質し

たからである。ドイツ語には②の系列に対応する「市民」の用語が存在しないことが特徴的で，Staatsbürger（公民）とは国法の支配下に対等に服する国家臣民を意味する（カント）。ドイツ社会科学の強い影響下に発展した日本の社会諸科学においても「市民」の二義性の認識はきわめて弱い。

→アーレント，階級・階級闘争，グラムシ，公共性，市民社会，政治，ゾーオン・ポリティコン，ハーバーマス，ブルジョアジー／プロレタリアート

［文献］アリストテレス『政治学』岩波文庫，1961；ブルンナー『ヨーロッパ——その歴史と精神』岩波書店，1974；ヘーゲル『法の哲学』（世界の名著35）中央公論社，1967；アレント『人間の条件』ちくま学芸文庫，1994；マルクス「ユダヤ人問題によせて」，「ヘーゲル法哲学批判序説」（全集1）大月書店，1959；リーデル『市民社会の概念史』以文社，1990；ハーバーマス『公共性の構造転換』未来社，1994。　　　　（平子友長）

市民社会　〔英〕civil society〔独〕bürgerliche Gesellschaft〔仏〕société civile

【西欧における市民社会概念】市民社会概念は，その歴史的変遷に即してきわめて多義性をもつ概念である。第一に，古典古代的概念では，ポリスを表すギリシア語のポリティケ・コイノニア（politikē koinōnia），ラテン語のソキエタス・キウィリス（societas civilis）が示すように，自由で平等な「市民的共同体」であり，同時に公的な政治的組織としての「国家」を意味した。つまり，市民社会＝政治社会（国家）である。第二に，主として17世紀のイギリス政治革命からヘーゲルに至る近代的概念で，市民たる「私的所有者」からなる社会，すなわち「近代ブルジョア的社会」として，非政治的非国家的な市民社会概念である。第三に，マルクスにおける重層的な市民社会概念。それは，まず18世紀に成立した階級的な「近代ブルジョア社会」であるが，同時に，あらゆる時代に国家およびその他の観念的上部構造の「土台」をなす「歴史貫通的市民社会」，さらに，将来社会としての市民社会すなわち「協同体（アソシエーション）」または「共産主義（コミュニズム）」の形態をとる。第四に，マ

ルクスの市民社会論を継承するグラムシの市民社会論のほかに，今日，社会主義体制崩壊後の社会変革の一つの基軸に置こうとする多様な市民社会論がある。

（1）古典古代的市民社会概念。これは，アリストテレスの『政治学』が示すように，「自由人の共同体」「平等な市民を支配の主体とする社会」である。しかし，ここでは，都市（ポリス）と家（オイコス），自由人（市民）と非自由人（奴隷・女性・子供）が区別され，労働と生産から解放され「公的なもの」に関わる前者と，「私的なもの」に留まる後者とが分裂していた。つまり，この市民社会はその理念に反し，その成員たる市民がごく限定された社会であった。

（2）近代ブルジョア的市民社会概念。これは，私的所有者としてのブルジョア的市民層が，国家・政府からの自立を求めて，社会契約説を主軸として形成した。たとえば，ホッブズは，「主権者の無制限の自由」と売買・契約・生業などの「臣民の自由」との両立を説き（『リヴァイアサン』），ロックは，自然権としての「所有権」確保のための市民政府の樹立を主張した（『統治二論』）。社会契約説は「自然状態」と「政治社会」を分離したが，それは社会（ソキエタス）の領域を独自に前提しそれに奉仕する政治的「秩序体」としての国家（キウィタス）を要請するものだった。つまり，市民社会＝政治社会という古典古代的概念は近代イギリス・フランスでは名目的に継承されたが，実質的には分離され，前者の後者に対する優位性が主張されたのである。他方，ブルジョア的社会の醸成を危惧したルソーは，私人から市民への飛躍による共和国や政治体の形成を主張した（『社会契約論』）。この二潮流は，市民的自由主義の伝統が弱かったドイツのヘーゲルによって概念的に整序され，彼は非政治的・経済的市民社会（ブルジョア的社会）と政治的国家を明確に区別し，市民社会の諸矛盾の国家による止揚を説いた（『法の哲学』）。

（3）マルクスの市民社会概念。マルクスはヘーゲルの市民社会から国家へというシェーマを転倒し，国家とは現実的国民生活体としての市民社会の疎外形態であると規定し，ブルジョア社会の内在的止揚に基づく真なる市民社会の形成を方向づけた。つま

り，歴史的発展の土台は物質的な生産・交通関係としての歴史貫通的な広義の市民社会であり，国家諸形態はその上部構造であること，また近代ブルジョア的市民社会を広義の市民社会の一段階と捉え，最終的に「社会による国家権力の再吸収」の方向を提示した。すなわち，マルクスの市民社会論は，第一に，近代市民社会を，商品交換関係と資本―賃労働関係の統一体をなす近代ブルジョア社会として解明し，第二に，この解明を媒介に，「生産と交通」の普遍的過程たる市民社会を「全歴史の真のかまどであり舞台」として摘出し（『ドイツ・イデオロギー』），第三に，ブルジョア的市民社会とその国家の止揚による広義の市民社会の発展を，古典古代的市民社会理念の現実化した将来的市民社会＝「協同体」として規定したともいえる。

（4）マルクス以降の市民社会概念。グラムシはマルクスを継承しつつ，特に現代国家を「政治社会」と「市民社会」の二契機において捉え，市民社会における「知的・道徳的ヘゲモニー」闘争による現代国家の内在的変革と「政治社会の市民社会への再吸収」を提示した。このほか，今日，20世紀の全体主義・大衆社会批判の観点から自由なポリス的政治への主体的回帰を主張するアーレント（『人間の条件』）や，ハーバーマスのコミュニケーション的行為を媒介する市民社会（Zivilgesellschaft）形成の提起（『公共性の構造転換』）など，多様な展開がみられる。

【日本における市民社会論の展開】日本において市民社会論は，戦前の大塚久雄や内田義彦などによるイギリス市民社会論の研究から開始され，戦後に，マルクス主義とともに日本の近代化・民主化に寄与する有力な思想潮流を形成した。日本の市民社会論の特徴は，スミスやウェーバーなどの観点を取り入れながらマルクスの市民社会論の研究も深めた「市民社会派マルクス主義」や，独自な規範的「市民」概念を主軸とした「非マルクス的市民社会派」（丸山眞男や日高六郎など）を形成したことにある。戦後の市民社会派マルクス主義の代表的理論家は平田清明であり，マルクスの市民社会論の把握をめぐり，1970年代以降マルクス主義との批判的論争が行われた。平田の主張は次の諸点である。第一に，マルクスの「市民社会」は所有者としての「私的諸個人」が

自由に交通する社会であり，それは「資本家社会」に転変したが，両者は本質と疎外的仮象として近代社会を形成すること。第二に，マルクスの唯物史観が共同体（共同体的生産様式）から市民社会（市民社会的生産様式）への転変に基づくものであり，共同体に対立するものとしてはブルジョアジーもプロレタリアートも「同市民関係」にあること。第三に，社会主義は「資本家的所有によって形骸化された市民社会」を真正なものにする運動であり，「市民社会の継承としての社会主義」を必要とすること，などであった。これに対して，マルクス主義は，マルクスの市民社会概念を「資本主義社会」もしくは「生産関係」一般と捉える見解が主流だったが，藤野渉などは，「諸個人の物質的交通の全体」「ブルジョア的エゴイスト的人間の社会」「階級社会としてのブルジョア社会」の統一として規定した。両者の市民社会の理解は，全体として，変革対象の重点を「市民」社会に置くか「階級」社会に置くかで分岐したが，今後も，市民性と階級性の統一は社会変革論の目標やその主体形成に関わる重要な理論的・実践的課題である。

→民主主義，マルクス，グラムシ

［文献］リーデル『市民社会の概念史』以文社，1990；エーレンベルク『市民社会論——歴史的・批判的考察』青木書店，2001；平田清明『市民社会と社会主義』岩波書店，1969；藤野渉「マルクスにおける市民社会の概念」（『マルクス主義と倫理』）青木書店，1976。吉田傑俊『市民社会論——その理論と歴史』大月書店，2005。

（吉田傑俊）

ジャイナ教　〔英〕Jainism

前 6/5 世紀，インドで成立したマハーヴィーラを開祖とする禁欲主義的な宗教。ジナ（勝者）という尊称から「ジャイナ」の教派名が生じた。不殺生，不妄語，不偸盗，不邪淫，不所持の五大誓戒の厳守と苦行とによる解脱を説く。教義的には，①霊魂と②非霊魂の二元論を説き，身・口・意の行為によって輪廻の原因である③業物質が漏入し，④霊魂と結びつくことを，⑤抑止，⑥滅することが⑦解脱であるとする七原理と，非霊魂を物質，運動の原

理，静止の原理，空間に分け，霊魂とともに五つを数える存在論がある。哲学的には相対主義の立場を説いた。保守的で厳格な空衣派と寛容的な白衣派の二派に分かれ存続している。

[文献] 中村元『思想の自由とジャイナ教』（選集 10）春秋社，1991；渡辺研二『ジャイナ教——非所有・非暴力・非殺生—その教義と実生活』論創社，2005。　　　　　　　　　（石飛道子）

釈迦　（しゃか）〔パーリ〕Sākiya-muni（釈迦牟尼，釈迦族の聖者）前 560-480 頃あるいは前 460-380 頃

仏教の開祖。ゴータマ・ブッダ（Gotama Buddha）とも。現在のインド国境に近いネパール領に小規模の部族国家を築いていた釈迦族の王子として生まれるが，すぐに母を失い，後妻に入った母の妹に愛情をもって育てられる。16 歳で結婚したが，人生の苦やはかなさを憂う日々を送る。29 歳のとき，男子をもうけてまもなく出家し，乞食遊行の沙門となる。はじめ思考停止を目指す禅定を修め，つぎには激しい苦行に身を挺したが，これでは輪廻の最終的原動力である根本的生存欲（渇愛）を滅ぼす智慧が得られないとし，徹底的に思考する新たな禅定に入り，35 歳のとき，ブッダガヤーの菩提樹の下で最高の覚醒（悟り）を得て目覚めた人ブッダ（仏）となり，輪廻的生存から解脱した。しばしの逡巡の後，説法を決意し，ヴァーラーナシー郊外のサールナートに赴き，かつての修行仲間 5 人（五比丘）を相手に最初の説法を行う。やがて火を拝するカッサパ三兄弟の教団千人や，不可知論を説くサンジャヤの教団 250 人などが彼の弟子となり，仏教教団は活発に布教活動を展開する。当時最強のマガダ国王ビンビサーラから寄進された竹林園やサーヴァッティーの富豪スダナ（別名アナータピンディカ）から寄進された祇園精舎などを雨安居（雨季期間における定住生活）の拠点としながら，80 歳でクシナーラーのサーラ樹の林で入滅するまで，旅から旅の生活を送った。

彼の教えの多くは，当時の出家たちの教えと共通しているが，独自のものもある。まず，それまで輪廻を起こすメカニズムの出発点は意識可能な欲望（貪りと怒り）だとされていたが，彼は，さらにその底部に，ほとんど意識不可能な根本的生存欲があるこ

とを発見した。さらに彼は，根本的生存欲を滅ぼすには，思考停止による欲望の一時的停止や，苦行による欲望抑圧は効果がなく，輪廻と解脱のメカニズムを徹底的に考察して得られる智慧によらなければならないことも発見した。彼による仏教独自と考えられる教えのすべては，そこを根拠とする。　　　　（宮元啓一）

　社会（学）　〔英〕society（sociology）〔仏〕société（sociologie）〔独〕Gesellschaft（Soziologie）
社会という言葉は，society の訳語として明治期に移入され，人々が生活上で取り結ぶ関係全体，および，人々が作り出し，その下で行動する制度，機関，集団等の全体を指して用いられる。空間的時間的まとまりをもつ全体性としての社会表象が浸透するのは資本主義的近代以降のことである。政治社会（political society）という用語法が示すように，近代にあって，ある社会を他の社会から区切る公式の境界は統治権力の及ぶ範囲に基づいていた。主権の及ぶ範囲を明確な空間的境界として規定する近代国家がネイションの政治体（nation-state）として出現したことによって，ネイション・ステイトの境界が社会の境界と見なされ想像されるようになる。

　資本主義的近代における市場経済の進展は，政治社会とは異なる編成原理とこれに基づく関係形成への関心を呼び起こし，政治社会と同義だった市民社会概念に代わり，市場を介して結ばれる交換関係の上に成り立つ市民社会（civil society）概念が登場する（スコットランド啓蒙思想，ヘーゲル『法の哲学』）。市民社会において，社会成員の織りなす関係総体は，欲望，自律，自由，選択等の要素から説明される関係行為の集積として把握された。

　権力が介在する非対称の関係，「自律的」個人の交換関係，このいずれにも当てはまらない共同的関係（社会結合〔sociability〕等）といった，社会関係の異なる次元・領域の発見は，総体としての社会がどう編成され，どのような動因につき動かされ変動するかを問う社会理論を生んだ。19 世紀英国を先頭に進行した産業資本主義が顕在化させた社会矛盾（賃金労働者の大量出現と窮民化，貧困や疫病等の社会問題）を社会改良・革命によって克服

しようとする社会主義（Socialism）思想の内，20世紀以降の社会思想，社会運動に最も大きな影響を与えたマルクスは，資本主義経済それ自体が孕む矛盾（生産力と生産関係の矛盾）が資本家と労働者の階級対立をもたらし，階級間の矛盾と階級闘争とが社会を変動させる根本動因であるとした。また，マルクスは，社会総体の編成について，国家権力の構造と資本主義経済体制の関係に焦点を絞り，経済構造と生産諸関係を土台とし，これに規定された国家構造，政治制度，社会意識・イデオロギーが相対的自律性をもって機能するモデル（唯物史観の定式）を主張した。

ほぼ同時期の19世紀後半，マルクス主義社会理論とは異なる視点と手法に拠る思想として生まれた社会学は，多様な社会関係・社会領域とこれに関わる社会組織，社会的行為・意識の諸様相を固有に「社会的なもの」と捉え，その構造と動態に関する知見を提出した。20世紀前後にデュルケム，ウェーバー，ジンメルらによって学問化・体系化され，社会統計学に基礎づけられた社会調査手法をも取り込んだ社会学は，社会生活，精神生活のあらゆる領域における「社会的なもの」のメカニズムを解く数多の学派を生んでいる。

総体としての社会把握は，社会の歴史的変動に関する問いを不可避とする。マルクスの社会理論は，特定の社会に内在する矛盾が当該社会の転換をもたらすという歴史像（社会発展史観）を伴っていた。これに対し，社会を一つの有機体と見なし，その原理と展開とを論じたハーバート・スペンサーらは，社会の歴史的変化を適者生存の法則が支配する進化過程と見なした（社会ダーウィニズム）。社会学の諸理論もまた，前近代，近代，ポスト近代等の社会システムの展開を論じ，何らかの仕方で歴史性の次元をそれぞれの理論内に導入している。

ネイション・ステイトと国民経済とを単位とした資本主義的近代の社会像は，世界システム論（ウォーラーステイン）等で，その一国主義的な視点の限界が指摘されてきた。今日ではさらに，グローバリゼーションの評価，世界社会論の適否，ネイション・ステイトの機能変容等を検討対象に組み入れた社会概念の構築が迫られている。

→市民社会, 唯物史観, 土台と上部構造, 社会システム論, 国民国家, 社会有機体説, 社会的関係, 社会構成（体）, 社会ダーウィニズム, 階級・階級闘争
［文献］マルクス『『経済学批判』への序言・序説』新日本出版社, 2001；デュルケーム『社会学的方法の規準』岩波文庫, 1978；市野川容孝『社会』岩波書店, 2006。　　（中西新太郎）

社会科学　〔英〕social sciences〔独〕Sozialwissenschaften〔仏〕sciences sociales
社会科学は「社会」を対象とする「科学」であり, 自然科学が自然についてそうであるように, 社会の「合法則性」を前提してそれを探る営みである。諸事象の統一的説明が可能な理論をもち, 同時に, その理論が何らかの実証性, 検証可能性, あるいは実践性をもつことが期待されている点も, 自然科学と同様である。こうした諸特徴をもつ科学の全体が近代社会の産物である。

同時に, 社会科学の対象たる「社会」は, 人間の多かれ少なかれ個性をもった感情, 認識, 意志を伴う行動によって変化を被りながら再生産される点で自然とは異なり, そのため, その法則性の捉え方, および, 理論がもつべき実証性の想定に多様な見解が存在する。哲学, 文献学など近代以前から存在する人文学 (humanities) の系譜を引く諸学は, 社会を対象としているものの, 概ね, 近代の科学が想定する諸条件を自己に要請せず, science たることを自称しない。啓蒙期の諸思想や古典派経済学は, より素朴に自己の営みを科学と考えたが, それは「人間の自然 (nature：本性)」とそれに最も適合的な社会状態, および, それに向かってきたこれまでの歴史を, 実証的かつ理論的に解明できるという確信をもっていたからである。自然科学と社会科学は同様の知的営為と考えられていた。この想定は, 社会科学に関する現代までの実証主義的理解の源泉である。

これを批判し, 社会のあり方の説明原理として想定された「人間の自然」なるものは, 実は存在せず, 時々の社会のあり方は, 物質的生産を基礎とする「人間の生活の生産・再生産」の歴史的蓄積が作り出し, 変化させてきたものだという「歴史の大法則」

を主張したのはK. マルクス，F. エンゲルスである。社会科学の妥当性は，生活の生産・再生産，および，人間の能動的な歴史形成行為において，つまり，社会的実践において実証されるべきもの捉えられた。

マルクスらの想定と異なり，M. ウェーバーは，それぞれの社会についての仮説的な説明原理は認めるが，歴史法則は承認しない。K. ポパーは厳密な「反証可能性」を社会科学に要請し，社会に関する関心の多くを不可知に委ねた。現代では，時の政治権力の政策形成に資する短期的な知識体系として社会科学を捉える，プラグマティックな社会科学観が影響力をもっているが，それは，社会に関する本質的な知へのこうした懐疑と結びついている。

→科学，歴史法則，ウェーバー，唯物史観，階級・階級闘争
[文献] マルクス／エンゲルス『ドイツ・イデオロギー〔草稿完全復元版〕』新日本出版社，1998；マルクス『経済学批判』岩波文庫，1956；カール・R・ポパー『歴史主義の貧困——社会科学の方法と実践』中央公論社，1961。　　　　　（後藤道夫）

社会契約説　〔英〕theory of social contract 〔仏〕théorie du contract social
国家あるいは政治社会形成の根拠を個人の合意（契約）に求める学説で，政治的結合を自然的あるいは宗教的な運命共同体と見なす前近代的考え方や，社会を，個人を超越した存在と考える社会有機体論などに対立する考え方である。先駆的には16世紀にすでに存在していたが，本格的にはホッブズ，ロック，ルソーらによって17-18世紀に主張された学説で，近代市民革命を理論的に根拠づけた点で実践的に重要な役割を果たした。この学説に共通しているのは，社会関係に入る以前に人間は自然状態にあったこと，そこにおける人間が自由で平等であること，しかし自然状態は平和で安全な生活を送る上で不安定な状態であることから，人々が自然権を放棄し，契約を結んで社会状態に入り，政治権力を形成したというところである。

政治権力の成立根拠を自由で平等な個人の契約に求める点で，

神や伝統に権力の正当性を求める王権神授説などと真っ向から対決する点で革命的な意義を有した。ホッブズでは自然状態の闘争的仮説から主権の絶対性に重点が置かれ、絶対主義権力を正当化する中途半端な性格が見られたが（『リヴァイアサン』1651）、この学説を代表するロックでは、市民の自由、生命、財産を守ることが政治権力の目的とされ、権力者がこの目的に反する統治を行った際には、権力を覆す権利（抵抗権）が市民に留保されるとされた（『統治二論』1690）。ロックは特に財産の保護を重視し、その根拠を労働に求めると同時に、財産を有さない者を市民から除外した点に近代ブルジョアジーの積極性と限界が明確に現れている。ルソーでは人々は契約に際して一切の自然権を譲渡し、不可分な一般意志の支配する共同体の一員となり、この共同体においてのみ個人は真に自由な存在となるとした（『社会契約論』1762）。一般意志（主権）は絶対的であり、個人の個別的利害は厳しく排除される。ルソーが理想としたのは、小規模な共同体における直接民主制であり、そのような立場から自己の利害を政治家に代表させる議会制民主主義には批判的であった。この点でルソーの政治学説は、人民主権と結びつく急進的な性格を帯びていた。このように同じ社会契約説の立場に立ちながらも、名誉革命時のイギリス立憲主義の性格を反映して、権力制限的（権力の分立）な議会制民主主義を説いたロックとルソーとでは、政治権力に対する捉え方が根本的に異なっている。この点は民主主義の二つのあり方として今でも問題となるテーマである。

　社会契約説はもともと伝統的権力の正当性を疑い、その権力の根拠を自由で平等な近代市民に求めたフィクションであり、科学的な歴史理論とは言えず、18世紀のスコットランド歴史学派によって批判され、影響力を失うことになる。しかし現代ではロールズが「正義の原理」の確定に際して、契約説的手法を採用している。民主主義を根拠づける方法的な意義は、現代でも失われてはいないと言うべきである。

→ホッブズ，ロック，ルソー

［文献］D. バウチャー／P. ケリー編『社会契約論の系譜——ホッブズからロールズまで』ナカニシヤ出版，1997。　　（碓井敏正）

シャカイ

社会工学 〔英〕social technology, social engineering〔独〕Sozialtechnologie, Sozialtechnik
現在では，システム工学的な社会政策研究一般を指す。哲学的には，K. ポパーが「歴史法則主義」（マルクス主義）の全体的社会革命の考え方（「ユートピア社会工学」）を批判し，対置した漸進的改良による社会改革の考え方を意味する。その骨子は，全体論的な社会組織の一挙革命は，自らの行為の結果（必ず生じる各種の不具合や失敗）から学び，改良する合理的方法を見出し得ないという点にある。理想の一挙的実現戦略は，可謬主義の否定，反対意見の抑圧などを伴うという指摘は一考に値する。これに対して，「漸次的社会工学」は，誤りから謙虚に学びながら，民主主義的手続きのなかで政策修正が可能だとしている。その批判は，マルクス主義にとって多くの学びとるべき視点を含んでいる。
[文献] K. R. ポパー『歴史主義の貧困』中央公論社，1961；同『開かれた社会とその敵』（全2冊）未来社，1980。（佐藤春吉）

社会構成（体）〔独〕Gesellschaftsformation〔英〕formation of society
特に生産様式を基礎に構成される社会構造の総体を表すマルクスの概念。「経済的社会構成（体）」とも表記される。地質学において，各層（Formation）が地層の形成諸段階を示すと見なされるように，各社会構成（体）が各社会の発展段階を歴史的に示すものとされる。マルクスは『経済学批判』序言において，「大略，アジア的，古代的，封建的および近代ブルジョア的生産様式が経済的社会構成の累進的諸時期として示される」という把握を示した。それは，生産様式が人々の諸関係からなる社会を構成する基礎にある，という認識により，特に定住農耕と私的所有成立以後の歴史を，生産様式から生まれる経済的構造を基礎にして類型化したものである。ただし，マルクスは定住農耕以前の原始的な共同諸社会を第一次的社会構成として捉え，この内部にも様々な歴史的構成を区分しており，必ずしも上記の四段階（いまや第二次的社会構成と見なされる）だけから単線的な歴史の発展段階説を提示するものではない。これまで社会構成（体）に関しては，そ

れを「生産諸関係の総体」として経済的に把握する解釈と「土台および上部構造の総体」として把握する解釈が対立してきたが，いずれにしても，生産様式を基礎とする経済的構造によって社会の総体を類型化する際の概念であることが肝要である。
→生産様式，共同体／共同社会，土台と上部構造
［文献］マルクス『経済学批判要綱』（資本論草稿集 1-2）大月書店，1981-97；マルクス「ザスーリチへの回答草稿」（全集 19）大月書店，1968；パンセ編集委員会編『史的唯物論と社会構成体論争』大月書店，1973。　　　　　　　　　　　（渡辺憲正）

社会システム論　〔英〕social systems theory〔独〕Theorie sozialer Systeme
システムとは相互に関連し合う要素・部分からなる複合的全体であるが，そこで特に意識されているのは，全体レベルには個々の要素・部分の性質からは演繹できない「創発特性」が成立していること，逆に要素・部分は全体から切り離しては適切に把握できないこと，要素間の関係は複雑な相互作用関係であること等である。個々人の行為からなる社会もそうしたシステムであると見なすのが社会システム論である。ところで，ルーマンはシステム論の発展を，「全体／部分」を主導的差異とするものから「システム／環境」を主導的差異とするものへ，さらに自己言及的システム論へと整理しているが，20世紀半ばにこの第二段階のシステム論を展開し，社会システム論の確立・普及に決定的な影響を与えたのはパーソンズであり，それをさらに自己言及的システム論として発展させたのがルーマンである。システムは環境から課せられる課題に適応しなければならないという着眼は，自ずと機能主義的発想と結びつき，ここから，進化論的な社会変動論や，経済や政治等の様々な機能的サブシステムが分化し相互にシステム／環境関係をなすという近代社会論等が展開されていった。いずれも既存の社会構造を正当化する保守的理論とかテクノクラートのイデオロギーといった批判を浴びたが，1970年代初頭にルーマンをそのように批判したハーバーマスは限定つきでその有効性を認め，システム論を取り入れた社会理論を展開している。

シャカイ

→システム(論),自己組織性,オートポイエーシス
[文献] パーソンズ『社会体系論』青木書店,1974;ルーマン『社会システム理論』上・下,恒星社厚生閣,1993-95。

(庄司信)

社会主義／共産主義 〔英〕socialism / communism〔独〕Sozialismus / Kommunismus〔仏〕socialisme / communisme
社会主義は,資本主義経済が生み出す激しい階級対立と無政府的な生産を批判し,生産手段の共有(あるいは私有制限)に基づく計画的な生産と平等な分配を主張する思想・運動,および,それらが目指す社会体制を指す。生産手段共有の方法と生産組織のあり方,国家の位置づけ,目指す平等の内容,資本主義社会の変革の方法とその速度,個人主義容認の程度など,いくつかの論点ごとに多くの立場があるため,その主張内容は多様である。マルクス主義系譜の共産主義,アナーキズム,各種の社会民主主義,フェビアン協会の集産主義なども社会主義の一部である。社会主義という語の一般的な使用は1830年前後からであり,R. オーウェン派,サン＝シモン派の影響が大きい。C. フーリエを含め彼らは詳細な未来社会設計図を描き,当時の支配階級を説得しようと試みた。「ユートピア社会主義」と特徴づけられる(F. エンゲルス)ゆえんである。

ラテン語のcommune (共有,共同のもの)を語源とする,語としての共産主義はE. カベーが1840年に用いて普及したとされる。だが,財産共有の共同体を目指す思想そのものは,私的所有への批判として古くから存在した(プラトン『国家』,原始キリスト教,トマス・モア『ユートピア』など)。K. マルクスとF. エンゲルスに影響を与えた1840年代の共産主義は,フランス啓蒙思想における私的所有批判と民主主義論(ルソー,モレリ等)を思想的源泉とする,フランス革命後のバブーフ等の思想(「労働と財産の共同体」)の影響を受けたものであり,下層民衆を担い手として想定した急進的な運動であった。

【マルクス,エンゲルスの共産主義思想】マルクス,エンゲルスは,当時の共産主義運動組織であった「義人同盟」の綱領文書と

して、『共産党宣言』を書いた（1848）。これ以降、〈共産主義〉は主にマルクスらの思想を指す言葉となる。

彼らは唯物史観に基づき、資本主義社会の敵対関係と悲惨を克服する運動の担い手を労働者階級に求めるとともに、共産主義社会への移行が、資本主義経済の矛盾の歴史的展開に即して生ずると主張した。資本主義的生産様式の内部で成立・発展する高度な生産力（機械体系の共同占有と自立した諸個人の発展）を、資本主義的私的所有（商品＝貨幣関係と賃労働＝資本関係）から解放する運動が共産主義であり、そうして始まる新たな社会が共産主義社会だ、という理解である。資本主義私的所有という外皮が破壊されれば、共同占有の実が開花するとともに、個人の自由は、他人を犠牲にせず共同性と矛盾しない真の自由となる。共産主義社会は、個々人の発展と全体の発展が調和する社会とされ、旧来の、個性や能力の差異を認めない道徳主義的、禁欲的な共産主義思想は、「粗野な平等主義」「粗野な共産主義」と批判される。なお、彼らの共産主義論は、古来の共産主義思想の伝統に連なり、眼前の資本主義的搾取の廃棄のみならず、精神労働と肉体労働の分業の廃棄、および、都市と農村の分裂の止揚を主張する。

将来の社会組織として、マルクスらは「アソシエーション」（生産手段の共有に基づく協同組合的な社会）を想定した。ユートピア社会主義の影響である。また、彼らは新たな社会に二つの発展段階を区分した。サン＝シモン派が主張する「能力に応じて働き、労働に応じて受け取る」という社会原則は共産主義社会の第一段階に照応し、「必要に応じて受け取る」という原則が適用できる第二段階は、生産力が高度に発達し分業が廃棄された社会とされる。共産主義社会は激しい社会対立を克服しているため、社会対立を力で抑制・統制する「国家」は死滅する。だが、資本主義から共産主義への移行には、労働者階級による国家権力の奪取と国家を用いた経済制度変革が必要と主張され、即時の国家破壊を主張するアナーキズムは批判される。

【社会主義・共産主義運動の推移】1848年革命の退潮とともに、各国の共産主義、アナーキズム、各種社会主義の運動は後退し

た。労働者階級の運動が再び台頭するのは,19世紀の第4四半期である。エンゲルスの提唱になる「第二インターナショナル」(「国際社会主義者会議」1889)においては,マルクス主義が強い影響力をもった。

　列強帝国主義の時代には,先進諸国の労働者階級は総力戦の担い手を期待され,新たな「大衆社会統合」の対象となった。帝国主義戦争と大衆社会統合への対応をめぐって,社会主義運動と労働運動は大きく分裂する。左派は帝国主義戦争と大衆社会統合の両者に抵抗し,帝国主義戦争を革命へのチャンスと見なしたが,右派は帝国主義戦争を行う自国国家に協力することで,社会改良を前進させる戦略をとった。ロシア革命の後,左派は共産主義を名乗り,右派は社会民主主義を自称した。これ以降,共産主義はロシア革命をリードした左派の思想・運動とソヴィエト連邦の社会体制を指す言葉となる。ソ連は1929年末からのスターリン主導による「大転換」以後,集中的な重工業化を進め,1936年憲法では社会主義の実現を宣言した。ソ連は共産主義思想による新たな社会体制のモデルを自認する。そのため,1989年の東欧革命と91年のソ連崩壊は,世界の共産主義運動を崩壊・転換させる効果をもった。中国,ベトナムなど社会主義を名乗る諸国も,資本主義経済へのソフトランディングの過程にある。ソ連はマルクス,エンゲルスが想定した共産主義社会,あるいはその端緒ではなかったが,このことが,彼らの思想そのものを無意味化するかどうかは明らかではない。ロシア革命の指導者であったレーニンは,晩年,ロシア革命を,後進国であるロシアが社会主義に至る文明的準備を行う,「歴史の順序を逆転」させた革命と見なした(1923)。それに従えば,ソ連,中国などは,後発諸国が資本主義的生産力水準に到達するための,反帝国主義・社会主義志向の開発独裁国家と見なされる。

【福祉国家の発達と後退——社会主義大分裂の条件の消滅】一方,社会民主主義派は,大衆社会統合による秩序安定を目指す支配層との闘争と妥協を積み上げ,1970年代後半を頂点とする高度な福祉国家を実現した。西欧福祉国家はアメリカの反共世界戦略の傘下にあり,第一次世界大戦期の社会主義大分裂の条件は形をか

えて近年まで維持されていた。先進諸国全体を巻き込んだ1968年の巨大な文化的反乱は，エコロジー思想，フェミニズム，文化的多元主義などを通じて，社会民主主義派の少なからぬ部分をラディカル化させた。この反乱は，フォード主義的な大量生産＝大量消費の生産／生活様式への，文化的・社会的反抗であり，高度な大衆社会統合の内側からの批判運動であった。ここで意識された課題の多くは，分業の廃棄と高度な共同性の回復を要請するものであり，伝統的な共産主義の教義に親和的な面をもつ。

1970年代末以降，福祉国家をめぐる社会民主主義派と支配層の妥協体制は，崩壊し始めた。欧米諸国における多国籍資本の典型化・普遍化を軸とした新たな経済段階が出現し，国民経済を基盤としたそれまでのケインズ主義的福祉国家政策は，経営者層の激しい攻撃目標となった。旧社会主義圏の崩壊は，世界市場の規模拡大と経済グローバリズムの深化を加速させ，同時に，先進国国民を資本主義圏に引きつける階級妥協策を不必要とした。社会民主主義派と帝国主義派の妥協の基盤は急速に後退し，社会主義大分裂の歴史条件は後景に退いた。

スターリンによる独裁恐怖政治の実態が明らかにされた1950年代以降，世界の共産主義運動も多様化した。先進資本主義諸国では大衆社会統合による労働者階級の体制内化に対応して，A. グラムシが1930年代に残した，「政治的・道徳的ヘゲモニー」の奪取を目指す「陣地戦」型の変革戦略が大きな影響をもち，1960年代以降は，議会と政治的合意を通じた漸進的社会主義化の戦略が広がった。ソ連崩壊と経済グローバリズムの急拡大は，共産主義派の凋落と社会民主主義派の困難をもたらしたが，21世紀初頭には，1980年代以降停滞していた第三世界諸国の運動を含む，新たな「反グローバリズム」運動が始まり，労働運動と社会主義運動は，国際的な資本規制を本格的な課題とし始めた。社会主義的な将来社会像とそこへの移行戦略についての広い合意はまだ存在していない。

→マルクス主義，ユートピア社会主義，大衆社会，社会民主主義，グラムシ

［文献］マルクス／エンゲルス『共産党宣言』岩波文庫，1971；

エンゲルス『空想より科学へ』岩波文庫，1966；『オウエン　サン・シモン　フーリエ——世界の名著 42』中央公論社，1967；E. ベルンシュタイン『社会主義の諸前提と社会民主主義の任務』ダイヤモンド社，1974；A. グラムシ『現代の君主〔新編〕』ちくま学芸文庫，2008。　　　　　　　　　　　　　　　（後藤道夫）

社会主義リアリズム　〔英〕Socialist Realism
社会主義リアリズムとは，ソ連などの社会主義国において公認された文芸理論である。特に，1932 年にソ連共産党中央委員会でジダーノフによって提唱された社会主義リアリズム論は，大きな影響力をもった。その要点は，①作家は「魂の技師」であり，魂の改造に役立たない作品を書くことは許されない。②社会主義リアリズムの文学は，現実を「客観的リアリティ」として描くと同時に，③それを「革命的発展において」描き，「英雄たち」と「明日の日」を示す「革命的ロマン主義」の文学でなければならない，というものであった。この考え方には，芸術に対する党や国家による注文や検閲を正当化し，政治理論に合わせて現実を描き，未来の展望を示すことまで芸術家に求める点で無理があり，ソ連の芸術の貧困化をもたらした。　　　　　　　　　（志田昇）

社会心理　〔英〕social psychology
Z. バルブーによれば，人間の心理は，社会の歴史的発展によってその構造が規定される。人間はつねに時代の空気（「時代精神」）に触れながら，社会生活を送っている。したがって，人間の心理を明らかにしようとするならば，抽象的な「人間」ではなく，社会・歴史の中で生きている具体的な人間を対象としなければならない。社会心理とは，そうした人間が生活するそれぞれの時代に，彼らが共通してもっている感情・習慣・思想・態度などの全体を指す。このような人間の社会心理を扱う学問が，社会心理学である。そこで取り扱われるテーマは，個人の心理過程（自己，社会的態度・態度変容，帰属意識など），対人的過程（対人コミュニケーション，攻撃，援助，説得など），集団（集団の構造や機能，リーダーシップ，競争・協同，偏見，差別など）か

ら，歴史的・文化的所産としての社会制度，規範，価値体系，生活様式に至るまで，様々なレベルのものがある。社会心理は，社会心理学のみならず，近接領域である社会学や文化人類学によっても研究されてきた。人間の社会心理の研究は，ヨーロッパでは，ヴントの「民族心理学」やル・ボンの「群集心理」にまで遡ることができる。社会心理学の始まりは，アメリカのロス（『社会心理学』）とイギリスのマクドゥーガル（『社会心理学入門』）による著書の刊行（1908）と一般的に見なされる。その後，アメリカでは行動主義の影響を受けて，社会環境から影響を受ける人間の行動・心理に主に焦点を合わせ，実験的な手法を用いてミクロな水準の心理諸過程について研究する「社会心理学」が隆盛となった。また，第二次世界大戦中は，レヴィンのリーダーシップ研究，オルポートの流言研究などを初めとして，社会心理学によって戦時における人間の心理が積極的に研究された。日本人の国民性・心理などの検討に見られる文化的視点や社会問題への理解と援助を切り開くコミュニティ心理学などの実践的視点が，社会心理の重要な視点であるといえる。
［文献］Z. バルブー『歴史心理学』法政大学出版局，1971；南博『日本人論』岩波現代文庫，2006；ダフィー『コミュニティ心理学』ナカニシヤ出版，1999。　　　　　　　　　（都筑学）

社会成層論　〔英〕Theory of social stratification
社会階級（social class），社会階層（social stratum）のような個人や集団が社会で占める地位の上下関係を分析し説明する理論。上下関係は権力，権威，資産によって決定され，世代を超えて維持され，そのあり方は社会に固有の特徴をもつとされる。近年は，情報化，国際化による経済社会の変動により，所得，教育，職業などの社会的資源や社会的機会に接近し，それを獲得する可能性の社会的配分が複雑化し，社会移動，それによる階層の再構成が激しく進んでいる。日本では1955年以来10年毎に財産，所得，学歴，職業，社会的威信，生活様式等からなる複合的な尺度を用いた「社会階層と社会移動全国調査」が実施されている。
［文献］佐藤嘉倫／尾嶋史章，石田浩／中尾啓子／近藤博之，斎

シャカイ

藤友里子／三隅一人編『現代の階層社会』（全3巻）東京大学出版会，2011。　　　　　　　　　　　　　　　　　　　　　（栗原孝）

　社会生物学　〔英〕sociobiology〔独〕Soziobiologie
アメリカの昆虫学者，E. O. ウィルソンが1971年に提唱し，75年から本格的に展開した学説。彼は社会性動物の行動を遺伝子に基づいて説明したが，そこで成功した方法論を人間本性，人間社会の解明にも適用しようとしたため，特に人文・社会科学系の研究者からの批判を招いた。社会生物学の主題は攻撃，性，親による投資，雌雄の繁殖戦略などがある。ここでは「利他主義」の進化を取り上げる。一般に生物は自分の適応度（ある遺伝子型をもつ個体が次世代に残す子孫の数）を上げるという意味での利己的行動をとる。そうでなければ生存して子孫を残すことはできない。ところが，生物の中には，自分の適応度を下げて相手の適応度を高める行動，すなわち利他的行動が見られる。ただし，自分の適応度を下げたとしても，血縁関係にある他個体の適応度を高めれば，その場合の血縁関係の度合いと血縁個体の数を掛け合わせて，これを自分の適応度に加算したもの，すなわち包括適応度はむしろ大きくなる。社会生物学では，こうした血縁淘汰説の包括適応度の概念を用いたプロセスで利他主義の進化が説明される。ドーキンスは，血縁淘汰の単位が集団ではなく遺伝子であることを明確にして，個体レベルで利他的な行動も，遺伝子レベルで見れば利己的であると唱えた。いわゆる「遺伝子の利己主義」ないし「利己的な遺伝子」の理論である。この理論によれば，人間を含む生物個体は遺伝子の「乗り物（ヴィークル）」「生存機械（サバイバル・マシーン）」とされるため，遺伝的決定論ではないかと批判された。同じ批判がウィルソンにも向けられるが，彼は，遺伝子だけで決定されるのではなく文化との相互作用によって人間社会は形成されるとして，後成規則の概念を導入した。つまり彼は文化の特有性を認めながら，文化は遺伝的な基礎をもつシステムであることを強調するのである。しかし，そうした仕方で文化の複雑性を正当に取り扱いうるかという批判もあり，論争となっている。なお，ドーキンスは，「利己的な遺伝子」の理論

とともに，文化的な情報伝達の単位としての「ミーム」を提唱した。この「ミーム」論を強く支持する議論も出ているが，それが文化の複雑性を解明するツールとなるのかどうか，これについての評価は今後，各方面からの検討に委ねられることになろう。
[文献] ウィルソン『社会生物学』新思索社，1999；同『人間の本性について』ちくま学芸文庫，1997；ドーキンス『利己的な遺伝子』紀伊國屋書店，1991。　　　　　　　　（入江重吉）

社会ダーウィニズム　〔英〕social Darwinism〔独〕sozialer Darwinismus〔仏〕Darwinisme sociale
一般には，ダーウィンの生物進化論，特に生存競争と自然淘汰の理論を人間社会に適用するイデオロギーを意味する。これによると，市場における競争原理によって不適格者が淘汰されて最適者が生存するという点に社会の進化があり進歩があるとされ，それゆえ完全な自由放任の経済社会が正当化される。この意味で社会ダーウィニズムは社会進化論の一部であるとも言える。ちなみに，社会に進化論をはじめて適用したのは H. スペンサーである。彼は進化の普遍性を確信し，自然と同じく，社会も単純なものから複雑なものへ，同質的なものから異質的なものへと展開すると論じた。この場合，不適者が除去され適者が生存する社会淘汰の自然な過程に国家は介入すべきでない，とされる。このスペンサー説は特に 19 世紀後半から 20 世紀初頭のアメリカで，カーネギーやロックフェラーなどの資本家に，また，サムナーやウォードなどの社会学者に歓迎された。つまり，スペンサー説を通じてダーウィンの進化論，自然淘汰説が社会に適用されたものが社会進化論であり，そのイデオロギー形態が社会ダーウィニズムなのである。もちろん，スペンサー説と社会進化論は，極度に弱肉強食，優勝劣敗を唱える社会ダーウィニズムと必ずしも同一視することはできない。
[文献] R. ホフスタター『アメリカの社会進化思想』研究社出版，1973；サムナー『社会進化論』（アメリカ古典文庫）研究社出版，1975。　　　　　　　　　　　　　　　　　（入江重吉）

シャカイ

社会的意識／社会的存在　〔独〕gesellschaftliches Bewußtsein / gesellschaftliches Sein
マルクスの唯物史観における基礎的カテゴリー。社会的意識は，一般に社会に関してもつ各個人の意識をいい，特に社会的意識諸形態とは，政治，法律，宗教，道徳，哲学などの，支配秩序・社会統合に関わる意識形態を指す。社会的存在は，各個人の社会的地位や生活諸条件，利害などを意味する。『経済学批判』序言によれば，「人間〔各個人〕の意識が各人の存在を規定するのではなく，逆に各人の社会的存在こそが各々の意識を規定する」のであり，存在と意識は「規定─被規定」関係において把握される。各個人は，意識的な主体であり，意識によって各人の存在を制御する。しかし，意識は各人の存在のすべてを自由自在に形成することができず，むしろ各個人は経済的（階級的階層的），社会的，民族的，国際的等の様々な社会的関係を前提として，種々の社会的存在様態をもって生活しており，それぞれに応じて日常的社会心理，社会的意識，社会思想などを形成する限り，これらは各個人の存在に規定されるのである。この被規定性は，マンハイムの言う「存在被拘束性」にほぼ一致する。ただし，マルクスが問題としていたのは，意識一般ではなく，社会的意識，つまり各個人が社会を構成して生活する際に前提的に共有している意識（たとえば私的所有の意識，権利意識など）であり，特に社会的意識諸形態が支配的な社会的諸関係を土台として形成されると把握するところに，マルクスの独自性がある。社会的意識／社会的存在のカテゴリーは，イデオロギー批判と関連して，哲学的意識論に対しても視座の転換を提起するものであった。歴史的には，レーニンによって社会的意識／社会的存在は反映論の脈絡に置かれ，社会的意識は物質的生活の総体である社会的存在（経済社会）を対象として反映（模写）するものとされてきたが，社会的存在は意識の外部に対象として与えられているのではなく，意識の主体の社会的存在，生活諸条件を意味しており，反映論的解釈は反省を迫られる。なお社会学でも，社会意識論はコミュニケーション論や知識社会学と並ぶ基本的な研究領域であり，研究が蓄積されている。

→唯物史観，イデオロギー，存在被拘束性
［文献］マルクス／エンゲルス『ドイツ・イデオロギー』新日本出版社，1998；マルクス『経済学批判』（全集13）大月書店，1964。
(渡辺憲正)

社会的関係 〔英〕social relations〔仏〕relations sociales〔独〕gesellschaftliche Verhältinisse / Beziehungen

多くの場合，複数形で表現される。一般には人間諸個人の相互作用・相互行為をいい，社会的な諸関係の総体は「社会」に等しい。一般には社会的諸関係は，経済的，政治的，狭義の社会的（social），文化的領域の諸関係に区別される。狭義の社会的な諸関係は，たとえば家族や友人，市民組織などにおける関係を，文化的な諸関係は，たとえば宗教的・芸術的等の諸制度に媒介された諸関係を表す。いずれにせよ，広義の社会的諸関係はこれらの関係の構造的関連として存在する。この意味で社会の関係は各個人の意識や意志を超えて存在する。ただし，社会的諸関係を単に客観的な構造的関連として把握するのは適当でない。なぜなら，それは諸個人の活動によって再生産される力動的関連であるからである。人間諸個人は，社会の中で特定の諸関係を取り結んでおり，諸関係の結節点として存在し，諸関係を再生産していると見ることができる。マルクスはこの意味で，「人間存在は，その現実性においては，社会的諸関係のアンサンブルである」と述べたことがある。諸個人は自立的に諸関係を作り出すことができない。しかし前提された諸関係において自己の諸関係（自己関係）を形成する主体でもある。社会の構造的関連と各個人の自己関係の把握如何によって，様々な哲学，社会思想や社会理論が分岐する。たとえば社会契約説は，諸個人の自己保存を原理として，道徳と政治的合意を通して社会の支配統合を構想する理論であったと見ることができる。近代に至って，共同体的諸関係が解体され，貨幣に媒介された交換関係が発達する中で，社会的諸関係は物象化され，あたかも諸個人から自立化したかの様相を生み出している。もはや人格的諸関係は，物象化された貨幣関係，資本関係に還元され，支配される。この事態において生じる疎外を

シャカイ

捉える視座が求められる。なお，社会学では，社会的関係のカテゴリーとして，結合・同化・統合，分離・対立・闘争などが，M. ウェーバー，ジンメルらによって論じられている。
→社会（学），相互行為，物象化，疎外
［文献］マルクス『資本論　第1巻』（全集23）大月書店，1965；ジンメル『社会学——社会化の諸形式についての研究』上・下，白水社，2016。　　　　　　　　　　　（渡辺憲正）

　社会的自由主義　〔英〕Social Liberalism
近年はリベラル左派を示す用語などとしても用いられるようになったが，歴史的には19世紀末から20世紀初めにかけて思想的・政治的に影響力をもったL. T. ホブハウス，J. A. ホブソンらのイギリス新自由主義（New Liberalism）やL. ブルジョアらのフランス連帯主義（Solidarisme）を嚆矢とする思想運動を指す。イギリス新自由主義（F. A. ハイエクやR. ノージックら現今の新自由主義［Neo Liberalism］とは対極の位置にある）についていえば，1873年の大不況後80年代に噴出した失業や貧困などの社会問題に直面して，労働階層や下層民衆の惨状に有効に対処しえなかった自由党に，その政策基軸としての自由放任主義的個人主義の変更を要求した知識人グループの活動に始まる。T. H. グリーンの古典的自由主義批判を受け継いだホブハウスは主著『自由主義』（1911）において，単なる拘束からの解放だけではなく，人々がともに人間的な成長・発達を遂げることができるような積極的自由を主張し，その実現のためには国家や社会団体が介入して社会的条件を整備する必要があることを強調した。その主な内容は，万人の平等な自由のためには社会的・共同的規制が必要であり，すべての社会的自由は「抑制」に基づくこと，「契約の自由」の規制が必要であり，富の社会的形成（「社会的財産」）を根拠として私的所有も制限されること，「労働権」と「生活できる賃金への権利」が自由権的人権と同等に確立されるべきことなどである。総じて，いわば「自由−抑制（強制）−平等」の三位一体的認識が，「社会的連帯をより確実にする自由の効果」を開示すると見なされる。これらの主張によって社会的自由主義は，自

由党の「リベラル・リフォーム」を主導するとともに,のちの福祉国家を思想的に準備した。その思想内容は,単に歴史的なものにとどまらぬ現代的意義をもっている。
→自由主義,コレクテヴィズム,自由
〔文献〕ホブハウス『自由主義——福祉国家への思想的転換』大月書店,2010；毛利健三『イギリス福祉国家の形成』東京大学出版会,1990。　　　　　　　　　　　　　　　（吉崎祥司）

社会的存在→社会的意識／社会的存在

社会的動物→ゾーオン・ポリティコン

社会民主主義　〔英〕social democracy〔仏〕democratie sociale〔独〕Soziale Demokratie
【成立と展開】現在では,社会政策や労働立法など議会による改良を通じて漸進的に社会主義を実現しようとする非マルクス主義的社会主義の諸潮流を指す。社会民主主義という語は,1848年革命に際してフランスとドイツの急進民主主義グループが自称したことから始まり,1891年のドイツ社会民主党の成立によって一般化したとされる。ヨーロッパの指導的な社会主義政党であったドイツ社会民主党が,当初社会革命を主張するマルクス主義的な「エアフルト綱領」を採択したことから,「第二インターナショナル」期にはマルクス主義とほぼ等置されていく。しかし同党は理論においてはマルクス主義的であったが,実践においては改良主義的であるという二面的性格をもち,またその改良的実践もK.カウツキーの資本主義自動崩壊論の影響もあって不十分なものであった。この矛盾をマルクス主義からの離脱を図ることで解決しようとしたのが,E.ベルンシュタインである。彼はマルクスの資本主義認識と窮乏化革命論・資本主義崩壊論を批判し,階級闘争論・プロレタリア独裁論を否定するとともに,議会活動と社会改良を通じての社会主義の漸次的実現を強調して,第二インターナショナル諸党の改良主義化をリードした。しかし,資本主義先進国におけるこの社会改良を実現する費用が植民地・従

属国の徹底的収奪によって購われるものであった(「内には改良を,外には侵略を」)限り,社会民主主義は本質的に社会帝国主義という性格を帯びることになる。この点を如実に示したのが,第一次世界大戦の勃発に際して第二インターナショナル諸政党が戦争協力の道に踏み込んだことであり,これを契機として社会民主主義の分裂が決定的なものとなる。一方で,革命に勝利したロシアを中心とするマルクス主義的諸勢力が組織したコミンテルン(第三インターナショナル)は,生産手段の社会化を通じた社会主義の実現を主張し,社会民主主義を修正主義として厳しく批判した。他方,ワイマール期に体制与党となったドイツ社会民主党のイニシアティヴのもと,私有財産制度すなわち資本主義を容認しつつ,国家や労働組合による干渉・介入や社会立法を通じて社会的平等の実質化を目指すものとして社会民主主義が再措定される。なお,議会制民主主義の成熟度が高く,マルクス主義からのインパクトが相対的に弱小であったイギリスなどでは,議会における改良を通じた漸進的な社会主義化を追求する社会民主主義的思潮(フェビアン協会など)が独自の展開を遂げていた。

【第二次世界大戦後の社会民主主義と現在】第二次世界大戦後の社会民主主義の基本姿勢は,1951年の社会主義インターナショナル「フランクフルト宣言」や,自由・公正・連帯を基本価値とし,マルクス主義の完全放棄と共産主義への対抗,社会保障の整備,資本主義的な市場経済秩序・競争の肯定とその一定の規制・制御,共同決定への労働者の参加等を掲げた1959年のドイツ社会民主党「バード・ゴーデスベルク綱領」に示されている。これらの命題をほぼ共有しつつ,各国の社会民主主義は(マルクス主義との遠近など)少なからず多様な諸形態で展開し,特にヨーロッパでは社会運動・政治運動の有力な一翼を担うばかりでなく,しばしば政権を獲得するなど強い影響力をもった(「ヨーロッパに瀰漫する社会民主主義」)。しかし,1970年代後半以降の経済危機のもとで新自由主義・新保守主義が国際的に台頭して福祉国家批判を強力に推し進め,イギリス(サッチャー政権)や西ドイツ(コール政権)でも政治的主導権を獲得するという状況のもとで,ヨーロッパの社会民主主義は再生を迫られることにな

る。その自己認識の現れが、いっそうの公平な配分や社会保障の充実、共同決定や市場の制御の強化などに加えて、新たにエコロジー的革新、フェミニズムや南北問題の解決、労働のあり方の変更などを謳った1989年のドイツ社会民主党「ベルリン綱領」である。しかしこうした方向づけは、まだ一部の社会民主主義政党の綱領的提示にとどまり、むしろ新自由主義的グローバリズムの強圧のもとで社会民主主義の新自由主義化が進んだのが、1990年代以降の趨勢であった。イギリス・ブレア政権の「第三の道」路線における新自由主義的経済政策の採用、ドイツ・シュレーダー政権の「新中道」路線における雇用保障・社会保障の新自由主義的改革などがその代表例であり、北欧諸国も例外ではない。しかしまた、そうした傾向への内部的かつ社会的批判の強まりもあり、現在の多国籍企業型資本主義国際経済体制のなかで、現実の政治運動としての社会民主主義がどのような方向に進むのかは、依然として不確かで流動的である。総じて、改良主義的な社会民主主義運動が福祉国家に体現されるような一定の社会的ストックを蓄積し、資本主義のもとでの社会的不平等の多少ともの改善に資してきたこと、そして新自由主義に容易には与しない「社会的ヨーロッパ」の実質を築いてきたことは確かであろう。
→社会主義／共産主義、マルクス主義、修正主義
［文献］ベルンシュタイン『社会主義の諸前提と社会民主主義の任務』（現代思想7）ダイアモンド社、1974；リヒトハイム『社会主義小史』みすず書房、1979；O. ラフォンテーヌ『国境を超える社会民主主義』現代の理論社、1989。　　　　（吉崎祥司）

社会有機体説　〔英〕theory of social organism〔独〕Organismustheorie von Gesellschaft
生物の有機体としてのあり方を社会に適用し、個体の集合としてではなく、有機体をモデルにして社会を理解する理論。個人を社会の単位とする個体主義に対して、有機的全体という視点から社会や国家の構造および変動を解明する。ドイツでは19世紀初めにA. ミュラー（Adam Heinrich von Müller, 1779-1829）が国家＝有機体説によって、機械的な近代国家に対して国家における諸個

人の人格的な関係を主張した。19世紀においてフランスのコントは社会契約説に対して「社会有機体」の名称を初めて用い、実証的方法によって生物界に見られる有機的な秩序として社会を理解する〈社会静学〉とともに、生物の成長発展と類比的に社会を理解する〈社会動学〉を提示した。コントを継承したイギリスのスペンサーは、ダーウィンの進化論を人間社会に適用して、社会を生物界における適者生存と類比することによって〈社会進化論〉を主張した。それによると有機体としての社会は、生物が組織の機能分化によって進化してゆくように、社会組織を分化させながらより高度な産業社会へと進化してゆくという。こうしたスペンサーの社会理論は〈社会ダーウィニズム〉として拡大解釈され、帝国主義の時代における国家間の国際競争原理に応用されることになった。
→有機体説、コント、スペンサー、社会ダーウィニズム
[文献] J. S. ミル『コントと実証主義』木鐸社、1978；挾本佳代『社会システム論と自然——スペンサー社会学の現代性』法政大学出版局、2000。　　　　　　　　　　　　　（伊坂青司）

捨象→抽象

シャドウ・ワーク 〔英〕Shadow Work
近代産業化社会批判の文脈から造語されたイヴァン・イリイチの用語。労働者や学生の通勤・通学に要する時間や教育、医療、交通などサービス機関に依拠する生活そのものが、産業社会の賃労働による財とサービスの生産を支える不可欠の労働部門であること、すなわち支払われない労働として位置づけられ、それゆえに社会的には不可視化されてきているが、産業社会の生産労働を保管する「影の労働」としてあることを析出する重要な概念となっている。影の労働を家事労働に限定しない広がりにおいて捉えた点は画期的であったものの、イリイチの議論には、シャドウ・ワークが産業社会特有の性別役割分業の背景となっていて、主婦という女性の存在に排他的に割り当てられていることに起因する問題への認識は薄い。むしろ近代産業化社会批判を中世農村社会

の雌雄非対称的ジェンダー世界への回帰ともとれる特異なジェンダー論とともに，フェミニズムからは強い危惧ももたれた概念である。
［文献］イヴァン・イリイチ『シャドウ・ワーク』岩波現代文庫，2006。　　　　　　　　　　　　　　　　　　　　（金井淑子）

シャーフィイー　Abū 'Abd Allāh Muḥammad ibn Idrīs al-Shāfiī 767-820
スンナ派（ムスリム多数宗派）の公認四法学派の一つであるシャーフィイー派の法祖とされる法学者。多数説によればパレスティナのガザに生まれ，各地を遍歴したが，晩年を過ごしたエジプトが主要な活動の場となった。初期イスラーム法学を二分していた合理主義的立場と伝承主義的立場との折衷を試み，二つの主著がある。そのうち『リサーラ』は，イスラーム法の法源およびイジュティハード（法判断を定立する学的努力）の方法論の定義を試み，10世紀以後に確立する法理論の先鞭をつけた。他方の『ウンム』は，シャーフィイー派の実定法学の基礎となった。
［文献］Wael B. Hallaq, *A History of Islamic Legal Theories*, Cambridge University Press, 1997.　　　　　　　　　　（堀井聡江）

シャフツベリ　Anthony Ashley Cooper, 3rd Earl of Shaftesbury 1671-1713
イギリスの道徳哲学者。初代シャフツベリ伯爵の孫。幼少の頃ロックから教育を受ける。人間本性論と理神論から道徳哲学を展開した。ホッブズの自然状態論にある利己主義的な人間観を批判して人間の社会性を強調し，利己心とともに社会的感情を自然的感情に含め，両者の調和と公共の利益との関係から道徳性を規定する。さらに，道徳原理を啓示宗教から解放させて理性ある人間の生得的な精神作用に見出し，この善悪を識別する直観的能力を「道徳感覚」と呼んだ。人間を道徳的主体にした思想の背景には，宇宙の調和や自然の美に価値を置く有機体的自然観がある。
［文献］Shaftesbury, *Characteristics of Men, Manners, Opinions, Times,* Cambridge University Press, 1999（『人間・風習・意見・

シャマニ

時代の諸特徴』1711）;*Second Characters or The Language of Forms*, Cambridge University Press, 2013.（『第二記号論』1712）

(有泉正二)

シャーマニズム 〔英〕shamanism〔独〕Schamanismus〔仏〕chamanisme

ツングース語で呪術的職能者を意味する"サマン"の語に由来し，狭くは北アジア地域の呪術的・霊的職能者（シャーマン）の信念体系と実践を意味するが，今日では類似の実践を行う世界中の職能者を指す一般概念となっている。シャーマンは，脱魂や憑依の状態で神や霊と通交し，儀礼的所作とともに託宣や治病などを行う。日本における沖縄のユタや東北の巫女は，シャーマンの日本的形態と考えられる。また現代の都市部にも，シャーマン的職能者は数多く見られ，さらにシャーマニズムの現代版とも言うべきチャネリングといった現象も，かなりの広がりを見せている。

［文献］佐々木宏幹『シャーマニズムの人類学』弘文堂，1984。

(深澤英隆)

シャルダン Pierre Teilhard de Chardin 1881-1955

フランスのカトリック神学者。進化論についての独自の思索で有名。フランスのイエズス会の学校で教育を受け，聖職者としてイエズス会の司祭となった。パリで古生物学の教育をうけ，地質学の研究に従事。中国でも研究を行い，北京原人の発見にも関わる。彼は，ダーウィンの進化論が出た後にキリスト教にとっての難問となった，科学的世界像をめぐる哲学的神学的問題に正面から取り組んだ。信仰の問題を科学とは離れた次元で論じようとする20世紀のキリスト教神学の主流と異なり，進化の事実を承認し，それを目的論的に解釈する。宇宙の進化過程は「オメガ点」という究極目的に向かうものとされる。しかしこのような議論は，科学者から意味のない議論として相手にされなかっただけでなく，カトリック教会からも危険視された。彼はアメリカ合衆国で晩年を送ることになり，またその著作の多くは生前には公刊さ

れなかった。
→進化（論）
［文献］『テイヤール・ド・シャルダン著作集』（全10巻〔全11冊〕）みすず書房，1969-75。　　　　　　　　　　　（横山輝雄）

　主意主義　〔英〕voluntarism〔独〕Voluntarismus〔仏〕volontarisme
主知主義に対立し，知性に対する意志の優位を説く。心理作用のなかで意志をもっとも根本的とみる心理学的主意主義もあるが，哲学的には様々な立場からのものが提示されている。①人間の行為との関連でいえば，広い意味での近代啓蒙主義，プラグマティズムなども，社会改革に積極的に関わる点で，主意主義的である。②人間における倫理ないし道徳的側面からいえば，理論理性に対する実践理性の優位を唱えるカントを批判的に継承したフィヒテは，意志を道徳的世界の根本原理とみた。③キリスト教神学との関連でいえば，主知主義的なトマス・アクィナスを批判したドゥンス・スコトゥスは神における意志の優位を主張した。④意志を自らの哲学の核心に据え，主意主義の哲学を包括的に提示したのはショーペンハウアーである。ショーペンハウアーは，カントが不可知とした物自体を意志として捉えた。この物自体としての意志は，無根拠であり，時間・空間の外にある。しかし，その意志の現象は「個体化の原理」としての根拠律に基づき，表象の形式としての主観・客観の対立を生み出す。すなわち，意志は，現象において自らを客観化することによって，世界の現象とその認識を可能とする。それゆえ，現象とは意志の鏡であり，もっとも一般的な自然力（たとえば重力）から植物や動物を経て人間に至るまでの自然の階梯全体は客観化された意志なのである。この系譜に，従来のあらゆる価値の転換を果たさんとするニーチェの力への意志も属する。
［文献］フィヒテ『道徳論の体系』（全集9）哲書房，2000；ショーペンハウアー『意志と表象としての世界』正・続編（全集2-7）白水社，1972-74。　　　　　　　　　　　　（木村博）

ジユウ

自由 〔英〕freedom, liberty 〔仏〕liberté 〔独〕Freiheit

自由は，人間が世界に対して関わろうとする際に，それが促進的あるいは発展的に実現されていくか，それとも，阻害的あるいは抑圧的な状況が生まれるかということと関連し生まれる観念であり，それに基づいて形成される社会関係や文化的状態を示すものである。自由は，人間が関わる物質的条件に関連して考えられる場合には，必然ないしは必要との対比で語られる。スピノザやヘーゲル，あるいは，マルクス主義などにおいて議論されてきた自由概念では，主として，このように自然に翻弄され，世界に対して主体的に関われずに服従を迫られるケースに対する洞察が問題とされる。すなわち，対象となる自然や社会の法則的必然性を洞察し，認識できないことから不自由が生じるので，対象的世界の法則性が認識され，それを自らによって制御することをもって，自由だと考える。したがって，自由とは，必然性の洞察あるいは，それに基づく自然の支配だという自由観が生まれる。

しかしながら，人間が他者と共存し，そこに打ち立てられる社会や制度などとの関連抜きで生きられない存在である以上，自由の問題は，他者あるいは社会，国家などとの関連でも論じられる必要がある。その意味では，R. ルクセンブルクが，「自由とは，つねに異なる考えをする人の自由である」と述べて，当時の社会主義やマルクス主義的な自由観に欠けがちな問題点を指摘したことは注目に値する。たとえ正しく必然性や法則性を認識したとしても，それが，他の人の視点や問題からは自由とは見えないときもある。その意味で，自由とは，つねに他者との政治的共同関係に関わる問題である。

世界観や価値観の違う人々の共存という意味でのこの自由観は，イギリスを中心とする近代のリベラルな自由概念の中核にあるものであった。イギリスやフランスの近代革命が，支配的な権力をもつ政府や教会などとの対抗関係において進んできたことと深く関連して，J. S. ミルや I. バーリンに見られるように，自由は，権力者の横暴を制限し，多様な価値観や意見の表明の保証を認めることが重視され，束縛や強制「からの自由」であることが強調された。しかし，この「からの自由」はあえて言えば，消極

的であって，圧力や強制がなければ自由だというだけで内容として積極的な意味をもたない。自分たちを束縛する権力への制限を設けることが自由の主要な目的ともなった。近代のリベラリズムに特徴的なのは，自分たちの政治・経済・文化活動への束縛に対する反対であって，全体主義や独裁などの外的な禁止や束縛に対しては積極的であるのだが，自分たちの活動が他者の自由を直接に害さない限り，その内容に無関心になりがちである。

　この意味では，外的な強制にもかかわらず，「意志の自由」や「内的自由」があると言われる場合の自由も，そのなかでの消極的で受動的な表現であり，他者や社会などの外的圧力や禁止にもかかわらず，精神や意志は，そのような外的なものに規定されず，自らの自由を維持できるという考え方である。これは，自由が問題になるのが，元来，世界への関連においてであるのに対し，それへの関わりを放棄したり，神や他の信念体系への関わりにおいてのみ自分の可能性を維持しようとするものである点で本質的に消極的自由であるといえる。

　現代社会にあっては，G. オーウェルや M. フーコーなどによって指摘される管理社会の自由の問題も深刻である。直接的な禁止や束縛はなくても，ある活動をすれば，就職に不利になるとか，社会的に不利になるという状況によって，自らその活動を諦めたり控えたりする場合には，他者から強制されずに自ら自身で決定したという意味では自由だが，結果的には，自己決定という形をとって，社会の管理を内面化して自分の活動を諦めるという自由の制限ないし抑圧が生まれる。それは，政治権力に起因する直接の外的な圧力によるものとは限らないがゆえに，自由の問題をいっそう複雑にしている。インターネットや市場経済活動に代表されるように，そこに参加するかどうかが，建前上は個人の自由に委ねられているが，そこから離れて活動することが実際には著しい不利や困難をもたらす場合には，個人主義的な近代のリベラリズムの自由観では，どうにも抜け出せない自由の困難に陥るのである。

　その点では，K. マルクスが，近代社会において労働者が二重の意味で自由になったとして，一方では，身分社会の拘束から解

放され自由になったと同時に，他方では，自らが生活して，生産できるための生産手段を奪われて，自分の労働力を自ら売る自由しかなくなった状態を指摘したのは興味深い。サルトルの「人間は自由の刑に処せられている」という発言も，究極的にはこの近代の人間のあり方を問題提起しているものといってよい。

それに対して，「への自由」（バーリン）とも称すべき「積極的」自由は，自分の関わりにおいて，自己を表現し，自分自身の意志行為の主体でありたいとする願いと関わる。ここで重要な点は，こうした積極的自由の問題は，結局，他者との共同や共存の問題につながるということである。自分の見解は世界に表明し，他の人に聞かれなければ意味がない。また，自分が主人公として行為したいという願いは，もし，他の人々を制限したり，邪魔したりするとすれば，他者の自由の侵害と結びつき，相互の自由の尊重という問題が生じる。ここでは，異なるものの相互尊重という課題から，共通の守るべきルールとしての法律の制定や，相互の意見を論議し，検討する自由などの問題が生じる。

ヘーゲルのように「最高の共同が最高の自由」と述べたり，アーレントのように「政治の存在理由は自由」だと述べる場合には，様々な形で異なる個人がどのように共存できるかというだけでなく，他者との関わりそのものが，相互の自由の積極的実現や可能性の保証となることとして，自由という問題において語られてきた。つまり，ヘーゲルらは，自由を個人の自由としてのみ捉えるのではなく，共同体や公的領域との関連で考える重要性を提起しているのである。

なお，日本における自由の観念についていうならば，中国に由来する概念としての自由は，「わがまま勝手」と「他のものによって制約を受けない」という二つの意味があった。ただし，日本で自由という概念が大きな問題とされたのは，ヨーロッパの近代の自由をどう受容するかを通じてであったと言ってよい。19世紀の半ばには，オランダ語の文献の翻訳を通じて，自由概念が入っていたが，福澤諭吉は『西洋事情』において，旧来の「我儘放蕩」と理解されやすい傾向を意識的に指摘して，英語で言われる liberty あるいは freedom がこれらとは異なって，「自主任意」

とでも称するべきものだと指摘し、これに対応する適切な訳語がないと述べている。

しかしながら、以降、J. S. ミル『自由論』を翻訳した中村正直が『自由之理』（1872）と名づけたように、自由概念は、自由民権運動の浸透とも結びついて、急速に広がった。なかでも中江兆民は、自由を二つに分け「心思の自由」（リベルテーモラル）と「行為の自由」（リベルテーポリティック）があるとして、前者は、精神が他の制約を受けず、十全に広がって、学問や文化などの創造の源をなすものとし、後者は、行為を他者と共にするなかで生まれるものとして、政治的な概念としての自由を位置づけている。

→自由主義

［文献］J. S. ミル『自由論』岩波文庫、2020；バーリン「二つの自由概念」（『自由論』）みすず書房、1971；アーレント「自由とは何か」（『過去と未来の間』みすず書房、1994）。（佐藤和夫）

　自由意志　〔英〕free will〔独〕freier Wille〔仏〕libre arbitre
自由意志はキリスト教において、神の意志を離れ、独立に思考する人間の能力として問題にされてきた。自由意志を原罪とする説を確定したのがアウグスティヌスである。人間は創造された時から悪をも為しうる意志の自由をもっていたが、楽園にあって神の意志に従っている限りで人間は罪なくしてありえた。ところがこの意志の自由を濫用し、神の意志に反して悪を欲し、罪を犯したため人間の祖先は楽園より追放された。この悪への習性としての自由意志は子孫のすべてに遺伝するために、すべての人間は罪から逃れない。また人間は自己の意志によっては救いにたどり着けず、神の恩寵によってのみ救われるのである。ルネサンス期に至り、ジョヴァンニ・ピコ・デラ・ミランドラが『人間の尊厳について』（1496）において自由意志の肯定的評価を行った。すなわち、他の被造物は与えられた法則に従うが、人間だけは神から与えられた自由意志により、いかなる制限にも束縛されない自由を有する。自由意志は自己の本質を自由に決定する能力として与えられたのであり、人間は堕落して禽獣に等しい存在となること

も，反対に神の国に再生することも自由に決めることができる。自由意志は救いに近づきうる自己決定の能力と捉えられたのである。エラスムスもまた『自由意志論』(1524)において，自由意志に恩寵が内在すると考え，恩寵を主原因，自由意志を二次的原因として，自由意志が救いに与る上で肯定的意義をもつとした。それに対しルターは『奴隷意志論』(1525)で反駁を加えた。彼にとって自由意志は情欲の器官にほかならず，罪を為すほかないものである。さらにカルヴァンはルターの思想を推し進め，世界は神に意志のままに創られ支配されるとの予定説により人間の自由意志を否定した。
→意志，原罪，予定説
[文献] E. ジルソン／Ph. ベーナー『アウグスティヌスとトマス・アクィナス』みすず書房，1981；速水敬二『古代・中世の哲学』筑摩叢書，1968；同『ルネッサンス期の哲学』筑摩叢書，1967。
(三崎和志)

周延 〔英〕distribution
形式論理学の用語。定言判断において，その判断の主張がその主語または述語の外延の全体に及ぶ場合，その主語または述語の概念は周延されているといい，外延の一部にしか及ばない場合を不周延という。「すべての人間は動物である」という判断においては，「人間」はその外延のすべてが「動物」であることが主張されているが，「動物」はその外延の一部だけが「人間」と一致することが主張されている。この場合，主語は周延されているが述語は不周延であるという。一般的に，主語は全称判断では周延されるが特称判断では不周延，述語は肯定判断では不周延だが否定判断では周延される。前提において周延されていない概念を結論で周延させてはならないことは推理の重要な規則である。
→判断，推理，三段論法，内包と外延 (中村行秀)

周縁→中心と周縁（周辺）

習慣 〔ラ〕habitus〔英〕habit〔独〕Gewohnheit〔仏〕

シュウキ

habitude
習慣とは人が繰り返し行う決まった行動形式のこと。集団に対して用いられる場合には慣習(convention)と呼ばれる。習慣は,繰り返されるものではあっても本能そのものに由来するのではなく,学習によって後天的に獲得されその後比較的固定化したものを指す。習慣を獲得することは最初は意識的であるが,後にはそれは身体を通じて自動化される。習慣は,一定の不変性をもつが,同時に意識的に変更可能であるという特徴をもつ。知性的な生活を行うためにはそれにふさわしい諸々の習慣を身に着けることが必要であるとされ,その限り習慣の形成は教育学の分野で取り上げられることがある。哲学史的には,アリストテレスは『ニコマコス倫理学』で,徳を実現するためには知的にそれを知るだけではなく,習慣づけが必要であり,そのためには法律における国家的な指導が行われねばならない,とした。中世スコラ哲学のトマス・アクィナスはこの習慣論を継承し,習慣を倫理的徳の実現として捉え,それを自然への転落ではなく意志的な理性の支配の実現と考えた。イギリス経験論のヒュームは,日常生活の根底にある自然的な信念は習慣によって生み出されると考え,因果性の観念もわれわれの思考の習慣が生み出すものと考えた。カントは,習慣を今までと同じ仕方で今後も振舞おうとする自然的な内的強要であり,人間から道徳的自由を奪うものと考えた。カントの考えによれば徳は習慣のなかにはなく,むしろ定言命法に従おうとする自由な意志に基礎づけられるものである。それに対して,ヘーゲルは,習慣が「第二の天性」(キケロ)と呼ばれることを取り上げ,それが心によって措定された直接性であり感情と肉体を陶冶することと考え,法や人倫の習慣は自由の内容をもっているとした。現代の社会学者ブルデューは行為者において無意識に保持され知覚や行動を持続的に生み出す性向をハビトゥスとし,それが社会構造を再生産するとともにそれを更新するものとしても作用するとした。 (日暮雅夫)

宗教 〔英・仏〕religion〔独〕Religion
人間・社会・自然に対する超人間的超自然的存在(神・仏・霊魂

等）の威力への信仰を核とし，それに関する観念装置（神話・教義），象徴的行為と儀礼システム（礼拝・祭祀），施設と組織（教団や信者）の三要件を通して行われる社会的行為。宗教は文化の成立とともに人間の生活全般を包括する形で登場し，以後文化・社会的行動が分化する歴史的過程を通して世界各地で多様に展開し，政治・経済・社会・倫理・芸術・技術・精神生活等，人間の全活動領域にわたって多様な仕方で影響を与えてきた。それゆえ宗教の形態は多様であり，多面的に分類される。前記三要件が整備された制度宗教と未整備な民俗宗教，創始者が明確な創唱宗教と自然発生的な自然宗教，哲学的教義をもつ世界観宗教と神話宗教・呪術宗教，信仰対象の性格から自然宗教・人格宗教・形而上的宗教，普及の範囲から世界宗教・民族宗教・部族宗教，等々。

宗教学界では宗教の定義は論者の注目点によって多様である。主な類型には，ティリッヒ（P. J. Tillich 1886-1965）：宗教＝生の究極的関心，シュライエルマッハー：宗教＝絶対依存感情，オットー（R. Otto 1869-1937）：宗教＝聖なるものへ恐れと魅惑，デュルケム：宗教＝信念による社会的結合，ミュラー（Max Müller 1823-1900）：宗教＝無限者の認知，タイラー（E. B. Tylor 1832-1917）・フレイザー（J. G. Frazer 1854-1941）：宗教＝タブーと呪術，等がある。これらの定義の背景には宗教形態の多様さとともに，過去における宗教と社会的制度の未分化，宗教と意識・心理の密接な関係，人間固有の現象ゆえの宗教と人間本質論との結合等がある。だが最大の理由は，宗教定義に際して宗教の〈本質〉（本来のあり方＝論者の期待）への問いと，宗教を他の人間的事象と区別する固有の質への客観的問いの無区別にある。前者は古代以来の護教的な宗教哲学の伝統を暗黙裡に前提し，結局は特定宗派を普遍化し，宗教の一面を絶対化して逆に宗教と非宗教の区別を曖昧にする。だが宗教の定義は，政治経済等の社会制度の非宗教化が定着した近現代においてこそ意義がある。それゆえ宗教の定義は，社会の非宗教現象との対比で宗教固有の役割の解明を目的とし，超越者の存否等の形而上学は括弧に入れ，超越者の人間的意味・社会機能の側面から規定されるべきである（冒頭の定義）。

この点では，近代の宗教批判を前提に宗教の人間的意義とイデオロギー的性格を示したフォイエルバッハ，マルクスの唯物論の宗教観が有効である。だが従来のマルクス主義宗教論は，社会主義国家の宗教敵視の影響で宗教＝アヘン論に傾斜し，主にエンゲルスの科学主義的宗教論に依って宗教をもっぱら虚偽意識とし，歴史必然的に消滅する原始的迷妄の遺物・前近代的後進意識・非合理主義と見る傾向があった（近代啓蒙主義やM. ウェーバーの脱呪術化論とも通底）。このような認識論主義的宗教観は，意味と価値の領域も科学的世界に還元し，宗教の意義を自然・社会に対する無力の幻想的補償とのみ見る一面性に陥る。だが科学主義や啓蒙主義的合理主義への反省抜きには意味喪失問題や現代の宗教現象は解明されえず，意味領域での宗教固有の論理・象徴行為の意義の析出は不可能である。それゆえ現代日本の呪術宗教や習俗と一体化した民俗的神仏崇敬の流行，その中での〈無宗教〉意識一般化の〈謎〉の解明や，神仏混淆＝宗教不純論（二重信仰論）の虚構性や天皇教イデオロギーへの有効な批判も困難である。その点で，宗教を本質的に実践と捉え，諸個人の自己確証に人間的意義の基本を見て，宗教の疎外性と人間性の交錯の分析視点を提起したフォイエルバッハの〈実践としての宗教〉観の展開が求められる。

→世界宗教，日本仏教，信仰，聖／俗，救済

［文献］ヒック『宗教の哲学』勁草書房，1994；ロバートソン『宗教の社会学』川島書店，1983；フォイエルバッハ『宗教の本質』（全集11・12）福村書店，1972。　　　　　（亀山純生）

宗教改革 〔英・独〕Reformation

1517年にマルティン・ルターがローマ・カトリック教会に対して公に提出した九十五ヶ条の提題に端を発した教会改革運動。そこには，封建制度の崩壊，商業の発展，都市文化の開花，中間階級の出現，富の蓄積，人文主義の進展などの諸要素が作用していた。J. ロイヒリンのヘブライ語文法の研究，エラスムスのギリシア語新約聖書の出版，グーテンベルクの活字印刷の発明なども貢献していた。

ルターは，厳格な修道士の生活のなかで，いかにして罪の赦しの確証を得られるかに悩んでいたが，パウロの「神の義は福音のうちに啓示される」という洞察に導かれて「福音の再発見」を行う。新約聖書，とりわけパウロの書簡によれば，人間は律法によっては罪人として断罪されるのみであり，キリストなるイエスの十字架の血によってのみ義と認められるのだという理解，つまり「信仰によって義とされる」(信仰義認) という原理に目覚めた。そこから教皇を頂点とする教会組織や，ミサ，告解などの秘蹟も不要であり，免罪符などは認められないという改革運動が始まった。そしてプロテスタント原理「恵み・聖書・信仰によってのみ」が自覚され，ローマ教皇と全面的に対決し，破門されるに至る。特にドイツの多くの諸侯などは，つとに教皇との対立を強めていたこともあり，ルターを庇い自立を主張し始めた。

こうした運動は，たちまち全ヨーロッパに広がり，トーマス・ミュンツァーに率いられた農民戦争にまで発展し，アナバプテスト (再洗礼派) の諸派も勃興して「プロテスタント」(抗議をする者たち) 運動に発展した。

さらにスイスのカルヴァンもジュネーヴを拠点に改革運動を展開し，「聖書主義」「二重予定説」として知られる説を説いた。彼の勤勉と倹約と労働を重んじる倫理の重視は，資本主義的生活・思考様式の形成に資することになった。カルヴァンの流れからは，聖書の逐語霊感説などが生まれてきて，敬虔ではあるが硬直したファンダメンタリズムが生じてきた。この運動は遂には，ローマ・カトリック教会側からの「対抗改革」や，ドイツの人口を半減させた「三十年戦争」に至った。　　　　　(高尾利数)

宗教的複合性　〔英〕syncretism
複数の宗教が歴史的な接触過程を経て融合した結果，相異なる宗教的要素が重層，混淆，習合等の様相を呈する宗教構造。比較宗教学の発展で，異文化接触に伴う文化現象としても使用される。中南米先住民族の土着的神々がマリア信仰に擬せられて表明されるように，民族の宗教の核心を外来宗教の中に変容・残存させるケースや，修験道のように，伝統宗教と外来宗教とが交錯し，融

合ないし折衷する宗教様式・思想がある。神道の神々と外来仏教を並存・融合させる日本仏教思想を形成した本地垂迹説や真言系の両部神道、天台系の山王神道などにみられる神仏習合は、後者の事例の一つ。新興宗教の多くは、既成宗教と民間信仰との重層性・複合性の要素を含んで成立している。
[文献] 義江彰夫『神仏習合』岩波新書、1996。　　（山口和孝）

宗教哲学　〔独〕Religionsphilosophie

宗教哲学は、宗教や神に関する個々の哲学的言明――そのようなものは哲学の始まりからあり、ほとんどの哲学に認められる――ではなく、哲学体系の中の宗教に関する一つの科目を指す。それは18世紀後半に「特殊形而上学」の一科目である「自然神学」の後継科目として設けられ、同世紀末にはカントの道徳哲学的な宗教哲学が現れた。カントの宗教哲学は啓蒙主義的な理神論の流れに属し、宗教の核心を奇跡などの超自然的で不可解な神の作用にではなく、人間の道徳的な心のあり方に認めた。カントによれば、「霊魂の不滅」は、自己愛への傾向を克服して義務を完遂しようとする意志が死後も努力を続けうる前提として、「神」は、道徳性に加えて幸福の要求が満たされうる前提として、実践理性により要請されるものにほかならない。神と隣人に対する愛の命令も実践理性の定言命法と解される。しかしシュライエルマッハーは宗教的な心を道徳的意志の自律にではなく、むしろ絶対者への「依存の感情」に認め、その見地から普遍的な宗教哲学を求めた。若きヘーゲルもカントを批判して、宗教を、人間を包み越えた「生」（Leben）を開示する「愛」から基礎づけた。やがて「生」は「精神」（Geist）に取って代えられ、宗教は、人間による精神の自覚を通した絶対者（「絶対的精神」）の自己認識の一形態と捉えられるようになる。ヘーゲルはこの立場に基づいてベルリン大学で1821年から宗教哲学の講義を行い、まず「宗教の概念」を神、神に関する人間の知、祭祀に関して考察し、次にキリスト教以前の宗教史を述べ、最後にキリスト教を三位一体の教義に基づいて解釈した。彼の優れた洞察の一つは、宗教を国民の鏡と見る点にある。国民は自己が何であるか、自己のアイデン

ティティをそれぞれの神という媒体を通して確認する。しかし20世紀になって形而上学的な概念が放棄され,宗教哲学は心理学や民族学をもとに宗教現象を捉えようとする傾向に取って代られた。

[文献] カント『実践理性批判』岩波文庫,1979;ヘーゲル『キリスト教の精神とその運命』白水社,2012;同『宗教哲学』上,岩波書店,1995。　　　　　　　　　　　　　　　（久保陽一）

集合表象　〔仏〕représentation collective〔英〕collective representation

デュルケム社会学理論における最重要概念のひとつで,最広義には社会的諸制度全般を指す。「個人表象」に対置され,二つの観点を含む。①社会的諸制度が規範的社会統合機能を果たすことを指摘する社会統合的観点と,②社会的諸制度は,非日常的社会現象である「集合的沸騰」を典型とするコミュニオンの規範創造現象に究極的源泉をもち,したがってこの集合態のあり様を代=表象すると見なす,発生(創発)論的観点である。両観点は,社会的諸制度はその拘束力の源泉をコミュニオンにもつがゆえに規範的社会統合を可能とする,という関係で連結している。彼の集合表象論を世俗化と大規模化を遂げた近代社会に即していかに展開するかは,なお今日的課題である。

[文献] デュルケム『社会分業論』上・下,講談社学術文庫,1989;同『社会学的方法の規準』岩波文庫,1978;同『宗教生活の基本形態』上・下,ちくま学芸文庫,2014。　　　（景井充）

集合論　〔英〕set theory〔独〕Mengenlehre

G. カントルは,集合を数学に導入し,基数(濃度)と順序数という概念を基礎に集合論を開発した。彼は,有理数全体の集合や代数的数全体の集合の濃度が自然数全体の集合の濃度($\aleph 0$)に等しいこと,実数全体の集合の濃度が自然数全体の濃度より大きいこと,任意の集合のべき集合の濃度がその集合の濃度よりも大きいことを証明し,ここから$\aleph 0$と実数連続体の濃度の間には中間の濃度は存在しないという連続体仮説を提出した。これを一般

化したのが一般連続体仮説である。ところが，集合論における逆理の発見は，逆理を回避するために，カントルの集合論の公理的編成を促した。公理的集合論の一つ，ツェルーメロ＝フレンケルの集合論（ZF）は，空集合の公理，外延性公理，順序対の公理，和集合の公理，部分集合の公理，置換公理，正則性公理，無限公理の8つの公理をもち，等号をもつ第一階述語論理によって形式化される。ZF では，$A(x)$ を任意の集合論的式とすると，$|x|A(x)|$ の存在は一般には導かれない。これを類として集合から区別して編成されたのが，ベルナイス＝ゲーデルの集合論（BG）である。ツェルーメロは選択公理を用いてカントルの整列定理を証明したが，この選択公理と連続体仮説，更に構成可能性公理が ZF から独立であることが P. J. コーヘンによって証明されている。
［文献］弥永昌吉／小平邦彦『現代数学概説』I，岩波書店，1961；P. J. コーヘン『連続体仮説』東京図書，1972。

(横田榮一)

修辞学→レトリック

自由思想家　〔英〕freethinker〔仏〕libertin, libre penseur〔独〕Freidenker
広義には，宗教を批判し，そこからの自由を主張する思想家全般を指す。それゆえ，未開社会から現代に至るまで自由思想家は存在するが，狭義には，17世紀フランスの「リベルタン」や17世紀末，18世紀前半のイギリスの自由思想家など，18世紀啓蒙思想以前に登場し，キリスト教を批判して思想や道徳の自由を説いた思想家を指すことが多い。まずリベルタンであるが，それは思想や行為が宗教や通念にとらわれていない人のことである。その自由思想（リベルティナージュ）は，精神の独立性，懐疑性，世俗性を特徴とし，ルネサンスと啓蒙を橋渡ししている。ルネサンスがアラビア，ビザンティンの継承発展による古典古代の復興を特徴とするのに対し，自由思想はそうした異文化認識を通じてキリスト教的伝統の否定にまで進み，さらに啓蒙思想は，その自由思想の精髄を利用して，否定から新たな世俗社会の構想，建設へ

と進むといえよう。リベルタンには，ガッサンディ，ラ＝モット＝ル＝ヴァイエ，ノーデ，シラノ・ド・ベルジュラック，サン・テヴルモン，フォントネルなどがいる。彼らの思想は多様であるが，経験論的なアリストテレス主義，イタリア自然主義，原子論，懐疑論，政治的リアリズムなどをルネサンスから継承し，一部ではデカルト主義や医学的唯物論も取り入れながら，博識を背景に折衷的反宗教思想を展開した点が共通している。他方，イギリス自由思想家は，名誉革命後の自由な雰囲気の中で現れた，宗教からの思想の自由を説く，トーランド，コリンズ，ティンダルなどの理神論者や汎神論者のことを指す。彼らは近代科学の成果やロックの経験論を取り入れ，啓蒙思想を先取りするような旧体制批判に着手している。こうした仏英の自由思想家の周辺では，後に「地下文書」と呼ばれるようになる反宗教的な手書き本が生み出されて流布し，啓蒙思想の武器庫ともなった。

→啓蒙思想，ルネサンス

［文献］J. M. Robertson, *A History of Freethought : ancient and modern, to the period of the French revolution*, 4th edition, 2 vol., London : Watts & Co., 1936；赤木昭三『フランス近代の反宗教思想——リベルタンと地下写本』岩波書店，1993；野沢協監訳『啓蒙の地下文書』(全 2 巻)法政大学出版局，2008-11.（寺田元一）

自由主義　〔英〕liberalism〔仏〕liberalisme〔独〕Liberalismus【語義と自由主義の成立】動詞 liberate が示すように，歴史的には圧制や抑圧の支配からの解放を目指す解放思想・反権力の運動として成立した。古典的自由主義，社会的自由主義，その発展としての現代自由主義という展開の系譜を辿ることができるが，現代自由主義では，平等主義的自由主義と新自由主義（Neo Liberalism）ないし自由至上主義（Libertarianism）が対抗する状況にある。自由主義的な思想や運動はもちろん近代に限らず存在していたが，自由主義という語は，19 世紀のイギリスで，いくつかの曲折を経てホイッグ党の通称となった liberals に由来するとされる。近代自由主義の成立の前提は，ルネサンスにおける個人の自由と宗教改革における信仰の自由の要求，そしてブルジョ

ア社会の興隆を背景とした，そうした自由の政治・経済・社会領域への拡張による旧体制秩序の破壊・特権廃止と，個人的自由の政治的権利としての確立である。

【古典的自由主義】この思想運動は理論としては，たとえばイギリスの場合，16・17世紀の自然権論・社会契約説，18世紀の自由放任主義，19世紀の功利主義へと展開し，ひとまず古典的自由主義として完成する。自然権の思想を基礎に，生命や財産を含む包括的な所有と自由とを同一視したJ.ロックは，これを保障するものとして市民的権利や議会制度を要求して自由主義の理論的確立者と目されたが，同時に「自己労働に基づく自己所有」の肯定を通じて事実上無際限の私的所有を容認することで私有財産制度の正当化の定礎者となった。アダム・スミスは産業革命期の資本主義を背景に旧体制を批判し，自律的な市場における自由競争と契約の自由を基底におく経済的自由主義としての自由放任を唱えた。必ずしも意図したものではない（自制されてもいた）としても，彼らの理論が自由主義の個人主義的・原子論的把握を決定づけるとともに，自由主義の経済領域への狭隘化と排他的で利己主義的な資本家的精神を解放する機能を果たしたことは否めない。スミスの立場を継承しつつ，快楽こそが万人にとっての善であり，したがって最大多数の最大幸福の実現が最重要の課題であると主張したJ.ベンサム以降，功利主義が自由主義の主流を占めるようになる。しかし，最大幸福主義の俗流化によって，自然権論にあった個人の天賦の権利といった観念も否定されることになり（人権の相対化），近代自由主義が当初もっていた強烈な人間解放的情熱や道徳的自由の意識，批判的社会性も失われていく。古典的自由主義は市民的自由と政治的民主主義の形成に大きく寄与したが，自由主義の体制化とともに，草創期の自由主義運動を底辺で担っていた民衆の広範な民主主義的な要求と志向は抑止されていく。かくして自由主義は，民主主義的・社会的批判を免れないことになる。

【古典的自由主義の破綻と自由主義の再生】功利主義における古典的自由主義の完成は，しかし同時にその破綻を意味してもいた。経済不況・恐慌に基づく深刻な失業や貧困，階級対立の激

化など19世紀後半以降に噴出する社会問題に対して，個人主義と自由放任主義に固執する自由主義とその政治勢力はまったく無力であった。かくして，自由主義的信条を思想的確信としながらも，自由主義の現状に不満と憤りを禁じえなかったイギリス自由党周辺の急進的知識人グループによって自由主義革新の運動が展開されることになった。J. S. ミルやイギリス理想主義の代表的思想家 T. H. グリーンの影響を受けながら，L. T. ホブハウスやJ. A. ホブソンらに代表される19世紀末の新自由主義（New Liberalism）は，自由主義の修正を求めて社会的自由主義を主張する。人格的自由の実現としての積極的自由の主張，自由の実現のための国家の積極的介入の要求，集団を政治的・社会的主体として積極的に承認するコレクテヴィズムの強調，労働権や生活給の権利の人権としての確立などを主張する社会的自由主義の思想運動は，自由党の政策を変更させ，社会保険制度の整備その他の社会改革を実現させるとともに，自由民主主義，すなわち安定した大衆社会を維持するために民主主義的諸要素を大幅に取り入れた自由主義への転換をもたらした。新自由主義＝社会的自由主義は，やがて社会主義と帝国主義の狭間で現実の政治的勢力としては影響力を失っていくが，福祉国家を準備した思想として現代にまで生き続けているといえる。

【現代自由主義】ところで，もともとスペンサー流の社会進化論に強く傾斜した功利主義が影響力をもっていたアメリカでは，1929年，世界恐慌以降の未曾有の経済的苦境のもとで採用を余儀なくされたニューディール政策が示すように，1930-40年代により社会的な自由民主主義（「ニューディール・リベラリズム」）が主流になっていく。しかし，放任主義的な自由主義（自助と競争・自己責任）の抵抗も依然として強く，白人の支配的階層（WASP）の利害と文化に偏することの多かった自由民主主義体制の基礎は脆弱であった。こうして，少数者や弱者の境遇や命運が配慮されにくい思想風土のもとで諸矛盾が激発したのが，1960年代の公民権運動や社会保障要求運動，ベトナム反戦やフェミニズムの運動，そして「コーポレート・リベラリズム」批判であった。J. ロールズは，自由主義の名のもとで行われてい

る差別や抑圧の思想的根源は，全体の福利という名目のもとに少数者の犠牲を省みない功利主義にほかならないとして，その徹底的な批判を行った。彼の『正義論』(1971) は平等主義的自由主義の構想を体系的に提示するとともに，社会政策論的には福祉国家の擁護論を展開して，国際的に大きな思想的インパクトを与え，R. ドウォーキンから A. センらに至るまで批判的に継承されつつ，現代自由主義の平等主義的理解の太い水脈を基礎づけている。しかし他方では同時に，現代の体制的な政治経済状況のイデオロギー的反映として，古典的自由主義への先祖返りともいうべき F. A. ハイエクや R. ノージックらの新自由主義ないし自由至上主義が威勢をふるっている。その政治哲学的基礎は，個人の権利を絶対視し，あらゆる干渉の極力の排除と国家の最小化を要求するところにある。個人の所有権を神聖なものと見なして福祉国家的な介入を個人の自由の侵犯として拒否し，自由市場と自由競争を至上のものとする新自由主義は，1980 年代以降資本主義国際体制の公認のイデオロギーとして機能している。1980 年代のコミュニタリアニズム，1990 年代の多文化主義（文化相対主義）やポストモダニズムによる批判など，北米における自由主義をめぐる諸営為と諸論争は活気を呈している。ロールズまでを含めて，自由主義は，各人がそれぞれに善く生きることができるような社会的条件の形成をもっぱらの課題として，善と正義の区別および善に対する正義の優先性，価値判断の多様性および各人それぞれの生の構想の最大限の確保と集合的・卓越主義的目標の拒否，最低限の社会的ルールへの公共性の限定などをその基本的枠組としてきた。しかし，フェミニズムやエコロジー，南北問題が先鋭に提起したように，もはやそのような想定では余りに不十分ではないか。むしろ善き生，しかも共に善く生きるという目標に向けて人々の価値選択を吟味し，望ましい社会構造を構想するとともに，個人主義的な権利把握にとどまることなく不平等や差別の克服にコミットする責任ある生き方が求められているのではないか。自由主義内部からも発せられているそうした声にどう応答するかが，自由主義の可能性と限界を占うものとなっていよう。
→自由，平等，社会的自由主義，新自由主義

シュウセ

[文献] ロック『統治二論』岩波文庫，2010；アダム・スミス『国富論』（全4冊）岩波文庫，2000-01；ベンサム『道徳および立法の諸原理序説』／ミル『自由論』『功利主義論』（世界の名著38）中央公論社，1967；ホブハウス『自由主義』大月書店，2010；ロールズ『正義論〔改訂版〕』紀伊國屋書店，2010；ハイエク『自由の条件』（全3冊）（全集I期5-7）春秋社，2007；ノージック『アナーキー・国家・ユートピア』木鐸社，1992。

(吉崎祥司)

修 正 主 義 〔英〕revisionism〔仏〕revisionnisme〔独〕Revisionismus

一般に修正主義とは，広く正当性を認められてきた理論・立場に対して異議を唱えその修正を要求する理論・立場・思想を意味する。しかし修正主義という名称が歴史的に登場し大きな意義を獲得したのは，19世紀末ドイツ社会民主党内部でカウツキーの主張する正統派マルクス主義に反対して，ベルンシュタインがマルクス主義の修正を要求する理論と政策（『社会主義の諸前提と社会民主主義の諸課題』1899）を体系的に提起したときであった。ベルンシュタインの理論と政策は修正主義と呼ばれ，これをめぐって社会民主党内部で引き起こされた論争は修正主義論争（Revisionismusstreit 1896-1903）と呼ばれる。カウツキーらの正統派マルクス主義が資本主義経済システムの自動崩壊と恐慌に続く政治革命に社会主義の戦略的可能性を見出していたのに対して，ベルンシュタインは，カルテルやトラストなどの企業組織や信用制度の発達により資本主義の適応能力が向上したことを重視し，経済危機を待望する社会主義運動論を批判した。社会主義に至る道としてベルンシュタインが重視した方策は，議会・地方自治体・労働組合を通じた日常的な改良運動と民主主義の充実と拡大であった。ベルンシュタインの修正主義は，ワイマール共和国期を経て戦後のドイツ社会民主党の福祉国家構想に結実していった。

20世紀の様々な歴史的コンテクストにおいて，主として歴史学および現実政治において，これまで広く認められてきた歴史解

釈に異を唱える歴史解釈が各国で台頭し，これらは歴史修正主義（historical revisionism）と呼ばれる。フランスでは，1989年フランス革命200年を契機にフランス革命のブルジョア革命としての進歩的性格を否定するフランス革命論が登場した。ほぼ同時期にドイツでは，ナチス・ドイツの戦争責任を否定し，またナチスによるユダヤ人大量虐殺の事実を否定する理論が登場した。これらの主張が歴史修正主義と呼ばれた。日本では，明治維新から1945年に至る日本の朝鮮半島，台湾，満州，中国への経済的・政治的・軍事的支配の拡大を侵略とは認めず，南京大虐殺，従軍慰安婦などの存在そのものを否定する主張が登場した。安倍政権がこの立場を採用したことによって，この歴史修正主義は教科書編集および学校教育において無視しえぬ影響力を及ぼしており，他方で，中国，韓国との平和的外交関係を著しく損なっている。
［文献］ベルンシュタイン『社会主義の諸前提と社会民主主義の諸課題』ダイヤモンド社，1974；山本統敏編『第二インターの革命論争』紀伊國屋書店，1975；高橋哲哉『歴史／修正主義』岩波書店，2001。　　　　　　　　　　　　（平子友長）

重層的決定→アルチュセール

習俗　〔ギ〕ethos〔ラ〕mores〔英〕custom〔独〕Sitte〔仏〕moeurs
ある歴史的・地域的に限定された共同体において大多数の人々が慣習として伝承し守っている行動様式のこと。しきたり，儀礼，儀式，掟，律法，民間行事，祭りなども含む生活様式の全体。道徳を表すギリシア語ethikē，ラテン語moralisがそれぞれ習俗を意味するethosやmoresから生じたことからも分かるように，習俗は道徳の母体であり，法律・社会制度・政治文化などもそこから分化したものである。習俗のもつ特徴を何点か挙げてみよう。①習俗は共同体構成員の共同性の意識を客観的・外面的に表現したものである。諸個人は特定の習俗を維持することで特定の共同体に属することを確認する。個人がその習俗を破るときには，その共同体から制裁を受ける。そして習俗の観点は外面的で

あり，内面の意図を重視する道徳とは異なる。②習俗は共同性を表現するものでありながら，その根拠が曖昧である。それは無意識的に形成され伝承されてゆくのであり，根拠を示さねばならない道徳とは異なる。習俗はその根拠が理性的ではないので，しばしば非合理に映り，宗教的神話によって権威づけされている。③習俗は特定の地域・歴史に限定されており，経験的・相対的・恣意的である。これは道徳が普遍主義的要求をもつこととは異なっている。習俗は妥当範囲が限定されているので，それを一定の範囲を超えて主張すると争いが生じることになる。習俗は，近代に入って理性に基づく道徳が現れ，法，制度等がそれから分離してゆくと弱体化する傾向がある。哲学史的には，古代ギリシアのソフィストたちは，ポリス相互のもつ習俗の相対性を自覚的に表現した。ヘーゲルは，『精神現象学』の「精神」章において，アンティゴネーが，女性の司る「神々の掟」に従って男性による「国家の掟」との軋轢を引き起こして没落し，より抽象的なローマの法的状態が出現する様を描いた。今日では習俗が次第に後退してゆき近代的な道徳に取って代わられる傾向をもつことは否めないが，逆に民俗学のように近代的意識を前提としながらそれを掘り起こそうとする動きもある。

→適法性／道徳性

[文献] ヘーゲル『精神の現象学』上・下（全集4・5）岩波書店，1971・79。　　　　　　　　　　　　　　　　　　　（日暮雅夫）

充足理由律　〔ラ〕principium rationis sufficientis〔仏〕principe de la raison suffisante

ライプニッツが存在の原理としたもので，何ものかがこのようにあるための十分な理由が必ずある，逆に言えば，理由なしには何ものも生じない，という原理。あらゆるものが他の存在と関連しているため，ある事物を完全に規定するためには宇宙全体が理由となる。ライプニッツはこの理由の全系列を時には神と呼ぶ。この意味で，充足理由の原理は神が現実存在の根拠となることをも示す。この原理は，なぜ何ものかがないのではなくむしろ存在するのか，と存在そのものの根拠をも問う。この問いはその後，

ショーペンハウアー，シェリングを経て，ハイデガーにまで引き継がれる。
→ライプニッツ
［文献］ライプニッツ『モナドロジー』（著作集 9）工作舎，1989。
（佐々木能章）

  従属理論　〔英〕dependency theory
レーニンの帝国主義論の系譜を引き継いで，1960 年代後半に現れた第三世界理論。「国連開発の十年」とされた 60 年代に，近代化論に基づいて第三世界（発展途上国）の開発が進められた結果，貿易収支の悪化，対外債務の累積等により第三世界の貧困や経済的従属はかえって深まった。こうした事態を，近代化論と異なり，伝統的社会に固有の「未開発性」としてではなく，世界資本主義体制の開発が生み出した「低開発性（underdevelopment）」として捉えようとしたのが，従属理論である。代表的論者としては，フランクやアミンらがいる。彼らは低開発性を《中心＝中枢》と《周辺》の国際的な従属関係の所産として捉えることで一致している。フランクはそれを「低開発性の開発」と表現し，アミンもまた低開発性の構造を，〈伝統的〉部門と〈近代的〉部門との不均等な生産性，経済システムの非接合（disarticulation），外部からの支配を受ける経済的外向性という視点で把握している。従属理論は以上の認識に立ち，世界市場との断絶により一国的に自立的経済の形成，従属からの解放をはかるという戦略を提起した。NIEs の台頭，南南問題の出現などで妥当性を問われることになったが，グローバル時代の今日でも，ウォーラーステインの世界システム論や文明化批判，ポストコロニアリズム等にその視座は受け継がれていると見ることができる。
→レーニン，帝国主義，近代化／近代化論
［文献］フランク『世界資本主義と低開発』大村書店，1979；アミン『不均等発展』東洋経済新報社，1983；ウォーラーステイン『資本主義世界経済』I・II，名古屋大学出版会，1987。
（渡辺憲正）

シュウダ

集団　〔英〕group
基本的には，相互行為を通して何らかの関係を一定の時間・空間において維持している複数の人々のまとまりを指す。関係のあり方は，役割の分化やその体系化された組織，それを支えるルール，さらに考え方，振舞い方などの文化や「われわれ意識」の共有により定まるが，その性格や程度は様々である。役割の分化と組織化，文化の共有の程度が，集団の時間的維持の可能性を左右する。複数の人々が空間を共有していても役割の分化を伴わない「群衆」「公衆」「大衆」は集合的集団，また学生，専業主婦のような特定の属性を共有するが相互行為を欠く人々のまとまりは，統計的集団と分類される。近代社会の特徴として，地縁・血縁関係に基づく「基礎的集団」よりも，目的に応じて形成される「機能的集団」の比重が高まること，集団が巨大化することなどが指摘されてきたが，その一方で，対面的に相互行為しわれわれ意識をもてる小集団が不可欠なことも見出されてきた。さらに昨今は，グローバル化により国家の全体社会としての自足性が弱まり，国家そのものの地球社会における「下位集団」化もしくは「部分集団」化が加速している。また，消費社会化や情報社会化に伴い，個人化・私化が顕著になり，集団所属の短期化，所属感の希薄化が進む中，目的や関心に応じて新しい関係をつくる可能性も一層増し，これまでにない集団形成が始まっている。
〔文献〕R. M. マッキーバー『コミュニティ――社会学的研究：社会生活の性質と基本法則に関する一試論』ミネルヴァ書房，2009；マヌエル・カステル『都市・情報・グローバル経済』青木書店，1999；野沢慎司『ネットワーク論に何ができるか――「家族・コミュニティ問題」を解く』勁草書房，2009。（栗原孝）

集団主義→コレクテヴィズム（集団主義）

周敦頤　（しゅうとんい）Zhōu Dūnyí 1017〔天禧1〕-1073〔熙寧6〕
中国北宋時代の哲学者。湖南省の人。名は敦頤，字は茂叔，号は濂渓(れんけい)。主著『太極図説』（一枚の「太極図」とその解説）は仏教

的な世界否定に対して古典儒教の宇宙観を手がかりにして世界肯定を打ち出した朱子学の先駆。万物の根源である太極が動・静の状態を繰り返し，動けば陽の気が，静止すれば陰の気が生じ，その陰と陽との変動・結合によって木火土金水の五要素が生れ，太極と陰陽五行（七気）が渾然融合すると，天地が分かれ（尊卑）男女（雌雄）が成立し，万物が生出するとして，宇宙自然と人間とを倫理的実在として統一的に捉える端緒を切り開いた。
→陰陽，朱子学
［文献］守本順一郎『東洋政治思想史研究』未来社，1967。

（岩間一雄）

重農主義〔仏〕physiocratie〔英〕physiocracy
18世紀後半のフランスで，フランソワ・ケネー（Francois Quesnay 1694-1774）と弟子たちによって主張された理論と政策の体系。彼らはエコノミストと自称し，農業を重視して，レッセ・フェール（自由放任）の政策を主張した。重農主義（フィジオクラシー）とは，自然（フィジオ）の支配（クラシー），すなわち神が定めた自然法の秩序を認識して政府による人為的な介入を撤廃することを意味する。

ケネーは，1694年パリ近郊に農民の子として生まれ，外科医として名声を博したあと，国王ルイ15世の侍医となってベルサイユ宮殿に居住。哲学者たちと交流し，フランス経済に関心を深めていった。当時のフランスは，農民に重税が課され，穀物輸出が禁止されて，農業は著しく衰退していた。ケネーは，地代だけに課税する土地単一税を導入して農民を免税し，穀物輸出を自由化して穀物価格を引き上げ，農業の資本主義的発展を実現しようとした。ケネー『経済表』（1758年「原表」，63年「略表」，67年「範式」の総称）は，こうした政策を基礎づけるために，理想王国における循環的再生産過程を一枚の図表に示したもの。ケネーの弟子テュルゴーが財務長官として重農主義の政策を実現しようとしたが，反対にあって挫折した。
［文献］ケネー『経済表』岩波文庫，2013；平田清明『経済科学の創造』岩波書店，1965。

（新村聡）

ジュウブ

十分条件→必要条件／十分条件

自由放任→レッセ・フェール

終末論 〔英〕eschatology
エスカトン（終わりのこと）に関する論。固有な意味では，前2-後1世紀頃に盛んになったユダヤ教的黙示文学（『ダニエル書』『エゼキエル書』など）や，新約聖書の『ヨハネの黙示録』などに見られる。強烈な歴史意識と超越的な神による最終的救済や審判の信仰と結びつくときに典型的に現れる。仏教の末法思想とは根本的に違う。ユダヤ教的意識からは，歴史の最後に救済・審判が到来するという信仰が，メシア待望と結びついた。メシアの原意は，「頭に油を注がれた者」で，イスラエルの民を救済する者のことであるが，歴史の終わりと関連して「その日」「主の日」「怒りの日」などと表現された。新約聖書では，イエス自身の言動は，こうした終末観に強く関連していた。イエスがメシア（＝キリスト）と信じられたことから，「究極的救済と審判」という主題が重要となった。復活・昇天したイエスが終末時に再来し，最後の審判と救済をもたらすという「再臨信仰」（パルーシア）が語られる。特に『ヨハネの黙示録』では，神と悪魔との間の「最終戦争」（ハルマゲドン）が闘われ，イエスが千年間支配するという「千年王国論」が語られる。

聖書の逐語霊感説を信じるファンダメンタリズムの場合には，とりわけ世紀の変わり目などには，しばしばカルト的熱狂が噴出する。また，歴史のテロスとしての理想的共産社会という理念も，世俗化された終末論だと把握される場合もある（ベルジャーエフ）。ヨーロッパ近代では，古代的・神話的終末論は批判されてきたが，19世紀末から二度の世界大戦を経て核戦争の恐怖が増大したときには，世界の終末意識が呼び覚まされカルト的熱狂と結びつくことも見られるようになった。哲学的には，歴史のテロス（目標，究極的意味）をめぐって，ニヒリズムの克服に関わる歴史哲学的考察を刺激することもある。自然科学的にも，宇宙の終焉が語られる場合，目的論的関心が新しい形而上学的思考を

も促しうる。　　　　　　　　　　　　　　　（高尾利数）

自由民権運動

国会開設・憲法制定・地租軽減・地方自治・不平等条約撤廃の要求を掲げ、天皇を権威の源とする有司専制の明治政府に対し、民主主義に基づく立憲制国家を作ろうとした全国的政治運動。市民革命運動の要素をもつのが特徴である。体系的な自由民権思想は欧米から受容したが、国内にもそれを受容できる考え方が芽生えていた。各種の自由を要求した百姓一揆、封建的支配を否定した世直し、天の思想に基づく儒教の革新的解釈、洋学に見られる合理思想の展開、民衆宗教の神の前の人間平等観などである。

　自由民権運動は1874年、板垣退助らの民撰議院設立建白書の提出を起点とし、立志社・愛国社・国会期成同盟結成へと主導した愛国社系政社の潮流、大都市の新聞社・結社や民権派知識人の言論活動を核とする都市民権派の潮流、地租改正反対運動を契機に租税共議権・自由民権思想を受け入れ、社を結んで学習・演説・討論・政治活動を展開した在地民権結社の潮流、が形成される。1880年3月、三潮流はともに国会期成同盟を結成し、2府22県96,924名を代表して国会開設の請願書を提出、却下される。1874-81年の国会開設建白書・請願書の総数は130件、署名者は319,311人以上に上る。1875-87年にわたる民権派の憲法構想は34以上が知られ、人権の無条件保障と抵抗権・革命権を規定した植木枝盛「日本国国憲案」、共和制移行を含む重要国政事項の国民投票を規定した古沢滋と推定できる「憲法草稿評林」、人権保障に優れた配慮を示す千葉卓三郎ほか「日本帝国憲法」（五日市憲法）が代表作である。1881［明治14］年10月2日、国会期成同盟は自由党結成を決議、約一ヶ月をかけ綱領・規則・人事を決定した。その間の国会開設の勅諭は政府の巻き返し策であった。他方、明治十四年政変で下野した大隈重信らは立憲改進党を組織した。明治政府は讒謗律・新聞紙条例・出版条例改正・集会条例（後さらに改正追加）で運動に弾圧を加えた。これに抗して各事情をもちつつ福島事件・加波山事件・群馬事件・秩父事件などの激化事件が発生する。84年、自由党は秩父事件直前に解党

シュウト

したが，民権運動は三大事件建白運動・大同団結運動へと続き，第四議会までの政党活動に影響を与え，民主主義の遺産として現代に至る。
［文献］江村栄一『自由民権革命の研究』法政大学出版局，1984；家永三郎・松永昌三・江村栄一編『明治前期の憲法構想〔新編〕』福村出版，2005；安在邦夫「自由民権運動研究の歴史と現在」，福井淳「近代移行期自由民権運動史研究」(深谷克己編『世界史のなかの民衆運動』〔民衆運動史5〕青木書店，2000所収)；http://www.rekihaku.ac.jp から「研究活動と大学院教育」／「データベース」／「自由民権運動研究文献目録」。(江村栄一)

周濂渓→周敦頤

種概念→類概念／種概念

主観／客観 〔独〕Subjekt / Objekt 〔英〕subject / object 〔仏〕sujet / objet
主観とは感じたり考えたりする認識機能の中心ないし源泉であり，客観は主観による認識の対象を指し，両者は対概念をなしている。ドイツ語の原語である Subjekt / Objekt はラテン語の subjectum / objectum の訳語であるが，後者は今日の「主観／客観」とは異なる意味をもっていた。subjectum はギリシア語の hypokeimenōn のラテン語訳であり，hypokeimenōn はもともと「下に置かれたもの」を意味し，アリストテレスにおいて事物の「基体」という存在論的意味と，命題における「主語」という論理学的意味をもっていた。objectum もギリシア語の antikeimenōn のラテン語訳であり，「向こう側に置かれたもの」を意味した。中世スコラ哲学から近代始めの哲学まで，subjectum は心の外でそれ自体で存在する基体という意味を保持し，objectum はむしろ意識の向こう側に投げられてあるもの，すなわち意識の中の対象，(今日で言えば「主観的な」)観念にほかならなかった。デカルトにおける realitas objectiva (「客観的実在性」) も観念の実在性を意味していた。しかしデカルトの場合，自我によって明晰判

570

明に知られるもののみが存在し，真理であるとされたので，実質的には思考する自我が世界の存在と本質を基礎づける基体となった。カントはこの思想を継承展開し，思考する自我を Subjekt（「主観」）と名づけ，それによって基礎づけられる世界を Objekt（「客観」）と呼び，今日の「主観／客観」の意味を確定させた。ただし客観のうちには私自身の身体や感情も含まれることから，「主観」という語はカントの場合二つの意味で用いられた。一方は世界の内の個人的経験的な意味の主観であり，他方はそれを越えた，一切の客観的世界を基礎づける超個人的超越論的な意味の主観である。前者の意味での「主観」から独立に存在する「客観」は，後者の意味での「主観」によって支えられている。それと共にそのような「客観」のみが実在的かどうか，が問われる。たとえば，後期フッサールは近代科学の「客観的」世界に対して「生活世界」を一層根源的なものと見なした。

→実体，主語と述語，主体／客体

[文献] アリストテレス『形而上学』上・下，岩波文庫，1959・60：カント『純粋理性批判』上・中・下，平凡社ライブラリー，2005；フッサール『ヨーロッパ諸学の危機と超越論的現象学』中公文庫，1995。　　　　　　　　　　　　　　（久保陽一）

朱熹（しゅき）Zhū Xī 1130〔建炎4〕-1200〔慶元6〕
中国，南宋の思想家。宋学の大成者。宋学はその名を取って朱子学とも呼ばれる。字は元晦，仲晦。号は晦庵など。文公と諡され，朱子はその尊称。福建省山間部の尤渓で生まれる。父朱松の死後，仏教に熱中し18歳での科挙応試の際，蔵書は大慧語録一巻だけであったとさえいわれる。19歳で科挙に及第し，24歳で任官して福建省の同安県主簿（帳簿処理官）を務める。そのころ程頤の学統を継ぐ李侗（延平）に師事し，31-32歳の頃しだいに仏教の影響から脱し，40歳頃，北宋以来の宋学を集大成して朱子学（中国封建的思惟）を樹立したといわれている。50歳頃まで家にあり，思索と著述に励む。その後南康軍（江西省星子県）知事などの地方官を歴任し，農村改革に努め当時成長しつつあった封建的小農民（佃戸）の自立と封建的農村共同体の樹立を図っ

シュキハ

た。朱子社倉法は著名であり、その影響は朝鮮、日本に及んだ。65歳、皇帝の政治顧問官に栄進するが、その直言が権臣の怒りを買い中央官を解かれる。その学問も「偽学」の烙印を押されるが、没後正統の座を占め思想界を風靡する。『四書集注』『近思録』などのほか、『朱文公文集』『朱子語類』が伝わる。
→朱子学、仏教、周敦頤
［文献］守本順一郎『東洋政治思想史研究』未来社、1967。

(岩間一雄)

主気派→主理派／主気派

儒教・儒家

儒教は孔子を創始者とする教学体系、儒家はその学派の名称。一般的には、政治上では徳治主義の理想を掲げ、制度上では五倫（君臣・父子・夫婦・兄弟・朋友）の身分秩序を重視し、道徳上では五常（仁義礼智信）の規範を根幹とし、また前漢以降清朝の滅亡に至るまで、国家公認の唯一の学問としての地位を誇った封建教学と見なされるが、しかしその内容および性格は、儒教としての枠組を維持しつつも、時代や社会状況に応じて変容を重ねた。

①原始儒家思想：揺籃から戦国末までの儒教を、前漢以後の儒教（経学）と区別して、原始儒家思想と称する。この時期の儒家は、いわゆる諸子百家のなかの一派であり、その意味では自由思想家の一群であったと言えよう。鼻祖・孔子は、「仁」の徳を掲げる一方、「鬼神」を敬遠し「怪力乱神」を語らず、「知」と学問を重視する合理的な立場を堅持し、多くの弟子を育成した。孔子後学のうち、とりわけ子夏・曾子・子思・子游の学派は重要。理論的に整備された思想としては、孟子および荀子の対蹠的な学説が双璧をなす。

②経学：秦代に一掃された儒教は、前漢に至って復活、五世皇帝・武帝の代に、董仲舒の献策により、国教としての地位を獲得した。これ以降の儒教を経学と呼ぶ。経学とは、「経」と称する儒教の古典籍に対して国定解釈を定める一種の解釈学である。武

帝は「五経博士」を創設して経学を推進，学問の国家管理を断行した。ここに成立した訓詁注釈の学風は，儒教の主流として，封建制度の終焉まで命脈を保った。
③新儒教：宋王朝の成立とともに，従来の訓詁注釈に飽きたらず，これに宇宙論や人性論などの哲学的基礎づけを与えようとする潮流が興った（その萌芽は唐代の古文運動に見られる）。これを新儒教または宋学，あるいは「理学」と呼ぶ。その基本線は，北宋の周敦頤に始まり，南宋の朱熹（朱子）に至って集大成される「理」の形而上学であり，概ね客観的観念論として性格づけられる。だが明代になると，「理」と「心」との乖離が痛感され，観念論の内部で，主観的観念論への転換が遂行される。その高峰に立つのが王守仁の「心即理」の哲学である。これらの観念論的潮流に対して，宋代の張載や王安石，明代の王廷相や呉廷翰や呂坤，清代の王夫之や顔元や戴震らは，「気」一元論に立脚し，哲学的唯物論への大幅の接近を示した。　　　　　　　　（村瀬裕也）

修験道　（しゅげんどう）

日本では古来，山岳は神霊の宿る他界として考えられてきた。そうした山岳信仰が，外来の道教，密教などと結びついて平安時代末に一つの宗教体系となったものが修験道である。修験道では山伏・修験者と呼ばれる宗教的職能者が，山中の修行によって超自然的霊力を獲得し，一般人に加持祈祷を行う。古代から日本には山林修行者が多かったが，平安時代に入り天台宗・真言宗によって密教の山岳寺院が造られるようになると，山岳修行は一層盛んになった。また平安中期には浄土信仰の高まりによって，熊野や吉野への参詣が流行し，これらの霊地の指導者を中心に平安末期には修験道が組織されるようになった。そして中世に入ると，熊野の修験者は天台宗の聖護院を中心に本山派を，吉野の修験者は真言宗の醍醐三宝院を中心に当山派を，形成した。このほか全国の山岳にもそれぞれ独立の宗派が形成された。修験道の修行は，山岳に入って行う「峰入り」が中心である。山岳自体が金剛界・胎蔵界の曼陀羅そのものだと考えられ，山中で護摩を焚いて煩悩を焼尽させ大日如来と一体となって即身成仏を果たすことを目指

シュゴト

す。また着用している衣装もそれぞれ曼陀羅や大日如来，成仏のプロセスなどを象徴していると考えられている。
［文献］宮家準『修験道思想の研究』春秋社，1999；五来重『山の宗教——修験道案内』角川ソフィア文庫，2008。（田中久文）

主語と述語 〔英〕subject and predicate
形式論理学では判断（命題）は「SはPである」または「SはPでない」の形で表される（ふつう，それぞれの語の頭文字をとって，主語はS，述語はPと略記される）。この場合，Sを判断の主語（主辞，主概念），Pを述語（賓辞，賓概念）という。主語は，われわれが判断において，それについてあることを主張するものを指し示す言葉であり，述語は，同じく判断において，主語についてあることを主張する言葉である。「人間は動物である」という判断においては，「人間」が主語。「動物」が述語である。
→判断，繋辞　　　　　　　　　　　　　　　（中村行秀）

朱子→朱熹

朱子学 （しゅしがく）
中国，南宋の朱熹（朱子）による新風の儒学。六朝隋唐の思想界を風靡した仏教に対抗する北宋の周敦頤，張載，程顥，程頤らの思想運動を引き継ぎ，これを集大成したもの。仏教の究極の理想は「不生不滅無差別平等」。だが，それは人間の普通の意識（妄念）を徹底的に否定した後に到達できるとされる観念内の境地であった。宋学の究極の理想は，平等でなく上下身分秩序（君臣父子兄弟夫婦朋友）。これを単に観念内の悟りとしてではなく，現実の世界の中に確立しようとした。個々の事物は，意識の投影でなく現実の存在であり，陰陽五行の様々な組み合わせとして多様で変化するもの。同時にこの個々の事物は，すべて理（上下的分）が内在するものとして等しきもの。朱子学理気論は世界をこのように差異と平等の両面で捉える。この理気論は宋学の考え方を宇宙論のレベルで完成したもの。朱子学とは，この宇宙論を基調にした，人性論，学問論，政治論（君臣論，科挙論），生産

論(農業技術論,共同体論)に及ぶ壮大な体系であり,まさに新しい時代にふさわしい思想体系であった。この思想の歴史的意味を,アジア的惟性としての儒教,古代的惟性としての仏教を乗り越えた封建的惟性として捉えることが可能である。アジアの歴史を世界史の中でどう捉えるかという問題を深めていく端緒が与えられた。
→朱熹,周敦頤,程顥,程頤,陰陽
[文献]守本順一郎『東洋政治思想史研究』未来社,1967。

(岩間一雄)

朱子学派

江戸期,宋学(宋代理学),特に朱熹(朱子)の学説を信奉する学者の総称。藤原惺窩,林羅山を先駆とする。羅山の学統は幕府の学問所・昌平黌を主宰,幕藩体制のイデオロギーとしての位置を確保するが,羅山自身の学説は,一方では客観的な「理」「太極」を肯定しながら,他方ではその「理」を直ちに「我心」に還元するなど,便宜主義的で一貫性がない(「三徳抄」)。京都において,堀川を挟んで古学派の伊藤仁斎と対峙した山崎闇斎は,朱熹を絶対視するリゴリスティックな学風で知られ,その門下から佐藤直方,浅見絅斎,三宅尚斎などを生むが,闇斎自身は後に神道に転身,垂加神道を立てた。木下順庵は,その門下から新井白石,室鳩巣,雨森芳州などの俊秀が輩出したことで注目される。白石は実証的な歴史把握や西欧への開眼によって,鳩巣は,もし『不亡鈔』が彼の真作なら,社会契約説や人間の価値平等観の提唱によって,また芳州は他国への尊重に立った朝鮮との誠実な外交努力によって,思想史に刻印された学者である。また順庵と同門の貝原益軒は,養生論や博物学を含め多数の著書を著した後,晩年には朱子学的二元論に根本的な懐疑を示し,「気」一元論に接近したことで知られている。なお,水戸学,特に前期水戸学も,広義の朱子学派に数えられよう。

(村瀬裕也)

呪術 〔英〕magic〔独〕Magie〔仏〕magie

「呪術」は,19世紀において宗教や科学などと並ぶ人間の根本的

シュジョ

思考・実践様式のひとつとして定式化された。一般に呪術とは，何らかの（どちらかといえば現世的）目的を超自然的・神秘的な存在や力の助力により達成しようとの信念と実践とを表す。J. G. フレイザーは，文化進化論的立場から，呪術を誤った観念連合や因果観念に基づく信念・実践であり，宗教，さらには科学により克服されると説いたが，今日の人類学では，こうした進化論図式は克服され，呪術ないし呪術的という語の安易な記述的使用も否定されている。もっとも社会学などでは，現代という「ポスト世俗化」時代における感性の「再呪術化」といったことも言われている。

→脱呪術化

［文献］フレイザー『初版 金枝篇』上・下，ちくま学芸文庫，2003。

（深澤英隆）

主情主義 〔英〕emotionalism〔独〕Emotionalismus

感情が人間の精神生活の源泉と考え，その意義を強調する立場。主知主義に対する。哲学ではプラトン，アリストテレス，ストア派，ヒューム，ルソーなどが感情の意義を重視したが，それらを直ちに主情主義と見なすことはなく，強いて挙げれば18世紀の感情哲学などを指す。中世の宗教的情操の重視，19世紀末〜20世紀ドイツの芸術教育運動，わが国における大正時代の芸術教育を主張する流れなどは特異な位置を占める。主情主義は主知主義の反動という歴史的側面をもつ傾向がある。

［文献］坂元忠芳『情動と感情の教育学』大月書店，2000；廣川洋一『古代感情論』岩波書店，2000。

（間宮正幸）

主体／客体 〔独〕Subjekt / Objekt〔英〕subject / object〔仏〕subjet / objet

一般に主体は行為や意志の発動者であり，客体は行為や意志の対象を意味する。元来，「主体」という語は中国において帝王の身体を意味していたが，明治になってsubjectの訳語として採用された。ただしsubjectの訳語としては当初西周により「主観」が当てられていたが，西田学派において認識機能の中心ないし源泉

の意味での主観から区別され，意志や行為の発動者という意味で主体が用いられ，それに対応して客体も用いられ，それらの用法が次第に広まった。subject の語源である〔ラ〕subjectum は「基体」を意味していたが，カントによって Subjekt の意味が認識論的な主観に変えられた。しかしフィヒテにおいて理論的自我は，「自我が自己を非我によって限定されたものとして定立する」というように，自我の自己定立すなわち広義の行為の一形態と捉えられるようになった。また客観である非我も「対象」として，すなわち実践に「対して立っている」ものとして行為から基礎づけられた。こうして Subjekt / Objekt を主観／客観としてよりも主体／客体として訳す方がふさわしいことになり，それと同時にドイツ観念論において主体と客体は単に対立しているだけでなく，相互に転換し合う——主体が自己を外化して客体になるとともに，客体のうちに自己を見出す——と見られるようになる。しかもこのような主体から客体へ，客体から主体へという運動は人間に見出されるだけでなく，ヘーゲルにおいては絶対者にも認められるに至る（「真なるものを実体としてだけでなく，主体としても把握し表現すること」）。しかしその後主体を絶対者から再び人間に取り戻そうとする動きが強まる。キルケゴールは教会に取り込まれない単独者の主体性を重んじ，マルクスは宗教，国家，資本による疎外から労働者の主体性を取り戻そうとした。ただしマルクスの場合，ヘーゲルの主体と客体の相互転換の論理が労働による歴史形成の場面で継承されており，現在の主体が前提している客体（原料，機械）は過去の主体の労働の産物であり，その客体に対する労働の結果が未来の主体の前提条件をなすとされる。

→主観／客観

［文献］フィヒテ『初期知識学』（全集 4）哲書房，1997；ヘーゲル『精神の現象学』上・下（全集 4・5）岩波書店，1971・79；マルクス『初期マルクス——「ユダヤ人問題に寄せて」「ヘーゲル法哲学批判-序説」』作品社，2013。　　　　（久保陽一）

シュタイ

主体思想→チュチェ思想

主体性論争
十五年戦争敗戦後の大きな政治的社会的変動を背景として文学・思想・社会科学の広範な領域において「変革主体性」を追究した論争であり，論争自体は 1940 年代後半の数年間で終了するが，その主題は戦後の主要な変革主体であったマルクス主義といわゆる「近代主義」とのその後の対立と分岐を導く重要な論点をもった。論争はまず文学から開始され，戦後の新しい文学創作のあり方を「自己を大衆のなかなるものとして拡大」（宮本百合子「歌声よ，起れ」）する方向（「新日本文学会」派）と，「エゴイズムを拡充した高次のヒューマニズム」（荒正人「第二の青春」）の方向（「近代文学」派）との対立として現れた。これを契機として，哲学と社会科学での論争が展開された。哲学の領域での多岐にわたる論争は，梅本克己と松村一人のマルクス主義哲学における「主体性」論争に集約される。梅本は，マルクスにおける生産による諸個人（＝人間）の成立が「背反する個と全の統一」を孕むとか（「唯物論と人間」），唯物弁証法は「無の哲学」の課題とした「世界の自己規定と個の自己限定との相克の論理」を理論的に閑却すると主張した（「唯物弁証法と無の弁証法」）。これに対し松村は，梅本はマルクス主義の基礎理論に「空隙」を認め「人間規定」によってそれを埋める（「哲学における修正主義」）とか，「歴史的必然」と「自己自身」を切り離す（「『哲学者』の主体性論について」）ものと批判し，梅本もさらに「主体性と階級性」等で反論して，論争となった。両者の直接の対談（「唯物論と道徳」）でも，労働者の主体性を「利己心」からの脱却か「利害の連帯」かのいずれにみるか，並行のままに終った。また，古在由重，松村一人らマルクス主義哲学者と丸山眞男，清水幾太郎ら「近代主義」的社会科学者との論争が「唯物史観と主体性」をテーマに，マルクス主義やプロレタリアがもつ「価値」の存否とその意義などをめぐって討論された。その際，丸山はこの価値を「意志すべき歴史的使命」と捉えたが，松村はそうした「特別な価値」を否定した。さらに丸山はマルクス主義がこの価値を「科

学」や「歴史」に解消すると主張したのに対して，松村は労働者はその「存在」からして社会主義に向かうと強調したが，ここには人間の内在的価値の重視と労働者における存在と価値のアプリオリな接合の観点という対立があった。一般に「主体性」問題は「変革主体」形成に関わって個人か集団か，近代内在か近代超出かなどをめぐってなされるものであり，今なお重要な現代的課題をなしている。
〔文献〕梅本克己「主体性論」（著作集 1・2）三一書房，1977；松村一人『弁証法と過渡期の問題』法政大学出版局，1967；「座談会 唯物史観と主体性」『世界』1948 年 2 月号；古田光「主体性論争」上・中・下，『現代と思想』13-15 号，青木書店，1973-74。　　　　　　　　　　　　　　　　　　　　（吉田傑俊）

シュタイナー　Rudolf Steiner 1861-1925
ドイツ・スイスで活躍した神秘的思想家・社会改革運動指導者で，「人智学」(Anthropolosophie) と呼ぶ霊学を主張した。彼によれば，人間は肉体，魂，霊の三要素からなり，人間本性は，①肉体，②生命体（エーテル体），③感覚体（アストラル体），④「自我」の担い手たる自我体の四つの分肢からなり，この順序にそって人間の発達も行われる。「自我」こそ人間そのものであり，肉体と魂を超えた霊はこの「自我」の中に生きることができるとされる。こうした独特の人間観・発達観に基づいて 1919 年に自由ヴァルドルフ学校が創設され，今日では世界各地で 1,000 校を超える。ただし，彼の独特な宗教観に基づいているので，自由ヴァルドルフ学校を自由学校と見なしてよいかどうかについては議論がある。
〔文献〕『シュタイナー・コレクション』（全 7 巻）筑摩書房，2003-04。　　　　　　　　　　　　　　　　　　　（池谷壽夫）

主知主義　〔英〕intellectualism〔仏〕intellectualisme〔独〕Intellektualismus
人間の心的能力である知情意のうち，知を最上位に置く立場。意志を知性よりも上に置く立場を主意主義（voluntarism），感情や

ジュツゴ

感覚を知性よりも上に置く立場を感覚主義(sensationalism)という。プラトン,デカルトなどの主知主義は,知性,理性の働きによって真理が認識され,意志や感情を導くことができると見なすのに対し,ショーペンハウアー,ニーチェなどの主意主義は知性や理性の働きの根底には意志が働いていると考え,コンディヤック,エルヴェシウスなどの感覚主義は感覚の作用の中にはすでに知性や理性,さらには意志の作用が含まれていると見る。デカルトは,その意志的な懐疑や,神の自由な意志による永遠真理創造説によって主意主義に括られることもある。道徳的な行為を導く原理に知性,意志,感情のどれが主導的な役割を果たすかについても,よく行為するにはよく知ることで十分なのか,理性は意志を動かしうるのかをめぐって上記三者で分かれる。

(河野勝彦)

述語→主語と述語

述語論理学 〔英〕predicate logic〔独〕Pradikatenlogik
記号論理学の中核部分は,命題論理学と述語論理学である。後者は前者を基礎として,さらに命題の主語と述語の部分を区分することによってそれを拡張する。命題論理学だけでは,「すべてのものは死ぬ」から「あるものは死ぬ」という命題さえ導出できない。一階の述語論理は,$F(x)$, $G(y)$ などの論理形式のなかで,F, G (性質を示す述語) と x, y (個体変項) に区分される。$F(x)$ は「x は F である」と読まれる。さらに量化記号(限量記号)といわれる二つの論理定項が導入される。「∀」(すべての,全称記号)と「∃」(少なくともひとつ…存在する,存在記号)である。$(\forall x)\{F(x)\}$ は,「すべての x について x は F である」と読まれ,$(\exists y)\{G(y)\}$ は,「y が G であるような y が存在する」と読まれる。その関係で,個物の範囲を決める有限ないし無限の個体領域が想定される。ここでも命題論理学と同様に,公理系が形成され,その際,命題論理学の公理がそのまま前提される。結果として,述語論理の恒真式がすべて述語論理の定理となる,ということが証明されている。これをゲーデルの完全性定理という。だが

命題論理学と異なり，その式が定理であるかどうかを決める一般的手続きは存在しないので，述語論理の公理系は決定不可能といわれる。いずれにせよ，述語論理学の理論装置によって，三段論法論など，伝統的論理学がどのくらい体系的かがはじめて吟味できたのである。なお二階の述語論理は，一階の述語論理を拡張して，述語変項に対しても，全称記号 ($\forall F$) や限量記号 ($\exists F$) などを付加する段階である。さらに，自然数を含む二階の述語論理では，ゲーデルの不完全性定理によって，その公理の不完全性と決定不可能性が証明された。
［文献］ナーゲル／ニューマン『数学から超数学へ』白揚社，1969。
(島崎隆)

シュッツ　Alfred Schütz 1899-1959
現象学的社会学の基礎を築いた現象学者，社会科学者。ウィーンに生まれ，ナチスのオーストリア占領によりアメリカ合衆国に亡命した。M. ウェーバーの理解社会学の方法をフッサールの超越論的現象学によって哲学的に基礎づけることを目指し，意味的に構成される社会的現実（リアリティ）の現象学的・社会学的分析に先鞭をつけた。彼の理論は，構造−機能主義全盛のアメリカ社会学の時代にあって，日常生活における意味の構成や言語的コミュニケーションの重要性を基礎づける議論として再評価され，構造−機能主義以後の社会学のパラダイム革新に貢献した。
［文献］シュッツ『社会的世界の意味構成』木鐸社，2006。
(豊泉周治)

シュティルナー　Max Stirner 本名 Casper Schmid 1806-1856
ドイツの哲学者。ヘーゲル左派に属し，B. バウアーや L. フォイエルバッハや共産主義，自由主義に対抗して所有，エゴイズム（主我主義）とアナーキズムの哲学を主張。外的権威の全的否定，虚無主義と個人主義が特徴。ニーチェの思想と類似し，実存主義の先駆とも言われる。1848 年の民主主義革命とともに世間から忘却されたがその後「発見」され，欧米，日本に信奉者がいる。マルクス＝エンゲルスが『ドイツ・イデオロギー』で批判した。

ジュドウ

→アナーキズム,個人主義
[文献] M. シュティルナー『唯一者とその所有』上・下,現代思潮社,1967・68;大沢正道『個人主義――シュティルナーの思想と生涯』青土社,1988。　　　　　　　　　　（加藤恒男）

受動→能動と受動

主と奴の弁証法　〔独〕Dialektik der Herr und Knecht
ヘーゲルは,『精神現象学』「自己意識」章 A 節で,人間が自分の自立をいかに実現していくかをめぐっていくつかのテーマを扱っているが,「主と奴の弁証法」は A 節の最終部分で展開される。多くの解釈者がこの部分に着目し人間と社会を捉える方法論として練り上げている。個々の人間が互いに自らの自立性を目指して戦う「生死を賭けた闘争」を通じて,自分の生命を賭けた主と,生命に依存した奴が登場する。主は純粋に自立した存在として〈物と奴〉に対して自分の自立を確信できるが,奴は,〈主と物〉に依存した存在として自立を確信できない。しかし,ヘーゲルの目論みは,主こそが依存的で,奴にこそ自立性の契機があることを暴露することにある。この意味で「主と奴の弁証法」は「自立と依存をめぐる弁証法」と言い換えてもよい。つまり,主の自立性が実は,奴の労働に依存し,その自立性の維持には,奴の承認が不可欠であること,それに対し奴は,死の恐怖の中で,自己へのこだわりを捨て,労働を通じて自己を客観化することを学び取る。奴こそが,労働を通じた自己（自立性）を発見できるとするのである。奴は,〈欲望‐享受〉の連鎖（生命の段階）を超え,抑制的な〈欲望‐享受〉である労働によって,歴史の主体として立てられることになる。主と奴の弁証法は,その後,マルクス主義や実存主義に多大の影響を与えることになる。
[文献] ヘーゲル『精神現象学』作品社,1998;A. コジェーヴ『ヘーゲル読解入門――『精神現象学』を読む』国文社,1987;W. ベッカー他『弁証法の根本問題』晃洋書房,1978。

（片山善博）

シュトラウス　David Friedrich Strauß 1808-1874
ドイツの宗教学者。ヘーゲル左派に属する。テュービンゲン大学で神学を学び，同時にヘーゲル哲学に傾倒した。1835 年に刊行した『イエスの生涯』において，イエスをキリストとするのは，原始キリスト教団の形成した「神話」にほかならないと主張し，「神＝人」説を否定した。これは，ヘーゲル学派内部に論争を巻き起こし，学派を分裂させる一因となった。多くの批判に対してシュトラウス自身は 37 年に『論駁書』を出版し，『イエスの生涯』の改訂をも行って応答した。40-41 年に『キリスト教信仰教義』を刊行。以後も著作活動に従い，ニーチェらに影響を与えた。死後，『シュトラウス全集』が刊行された。
→ヘーゲル左派，キリスト教，バウアー
［文献］シュトラウス『イエスの生涯』（全 2 冊）教文館，1996。
（渡辺憲正）

シュトラウス　Leo Strauss 1899-1971
ドイツに生まれ，アメリカで活躍した政治哲学者。ユダヤ教正統派の家系に生まれ，はじめマールブルク大学で，後にフッサールやハイデガーらのいたフライブルク大学で学ぶ。ナチスが政権を取るに至って亡命し，最終的にはアメリカのシカゴ大学で教鞭をとり，多くの弟子を育てた。古代ギリシア哲学やユダヤ教（マイモニデス）やホッブズらの政治哲学に関する重厚な研究を数多く発表したが，ナチスによる正義蹂躙の体験に基づいて法実証主義や歴史相対主義を批判し，現代における自然法の復活の可能性を模索したことが，その最大の仕事といえよう。レオ・シュトラウス→アラン・ブルーム→「ネオコン」（2000 年前後にアメリカ政界を支配したグループ）といった影響関係は確かにあるが，それだけには収まらない重要な論点を提起している。　（古茂田宏）

主婦論争
戦後日本では 1955 年，1960 年代，1972 年と，三回にわたって「主婦」の社会的位置づけをめぐる論争が起きている。1955 年，石垣綾子「主婦という第二の職業」から始まる第一次論争は，二

つの内容を含んでいた。一つは家制度の廃止など女性の政治的・社会的活動を拡大した民主化過程を背景に，主婦の社会活動をどう評価するかという問題，もう一つは戦後の経済成長における市場と家族の関係に関わる理論上の問題であり，後者では，主婦の家事役割は市場化によって喪失する，あるいは家族は市場を支える愛の共同体であるという理論の提案がなされ，これは戦後家族を「家」からマイホームに転換させた。

主婦を社会的に評価したいという磯野富士子「婦人解放論の混迷」から始まる1960年代の第二次論争は，主として主婦が担当する家事労働の価値をめぐる論争である。主婦年金，出産の国庫負担など多様な論点が提案されたが，最終的に家事労働は使用価値を生むが交換価値は生まないゆえに市場経済に組み込むことはできないという理論に終着した。国際的にみて日本で先駆的に始まった家事労働論は，現在のフェミニズムでは不払い労働として把握され，GDPへの算入の方法が検討されている。60年代は家族が高度経済成長を支える不可欠な要素として配偶者控除などの税制その他，既婚女性を主婦として定置する政策がとられる一方，結婚人口が漸増し既婚女性が家事育児専業，パートタイム労働者，フルタイム労働者と分岐していく時代であった。

1972年の武田京子「主婦こそ解放された人間像」から始まる第三次論争は，主婦専業の既婚者が雇用既婚女性を上回る（1980年代半ばには前者を後者が追い越す）微妙な時期，また主婦の社会活動が地方政治を左右する時期にあって，主婦のアイデンティティをめぐる論争が，どちらかといえば主婦の有用性を確認する方向で展開した。1980年代にアグネス・チャンが口火を切った「子連れ出勤」論争を第四次論争とする論者もいる。戦後日本の一連の主婦論争は，家族と既婚女性の動向が市場並びに政治の動向と不可欠に連動していることを示している。

［文献］丸岡秀子編『日本婦人問題資料集成第8・9巻——思潮（上・下）』ドメス出版，1976・81；上野千鶴子編『主婦論争を読むⅠ・Ⅱ』勁草書房，1982；安川悦子「日本型企業社会と家族問題」（『日本型企業社会と社会政策』）啓文社，1995。

(早川紀代)

シュペングラー　Oswald Spengler 1880-1936
ドイツの文化・歴史哲学者。ハレ大学を卒業後一時期教職に就いたが、ミュンヘン移住後はもっぱら著述生活を送った。第一次世界大戦直後に公刊した『西洋の没落』（第 1 巻 1918，第 2 巻 1922）において，世界の諸文明を成長死滅する有機体として捉えた上で西洋文明の没落を予言し，当時のペシミスティックな気分の中で一躍有名となる。思想史的にはゲーテやニーチェの影響を受けているが，ワイマール民主主義への反動である保守革命の思想に属し，一定の距離を置いてはいたがナチスとも親近性をもった。後にトインビーの文明論・歴史論などにも影響を与えた。
［文献］シュペングラー『西洋の没落』（全 2 巻）五月書房，2007；同『運命・歴史・政治』（実存主義叢書 17）理想社，1967。　　　　　　　　　　　　　　　　　　　　（藤谷秀）

シュライエルマッハー　Friedrich Daniel Ernst Schleiermacher 1768-1834
ドイツの神学者にして哲学者。ハレ大学およびベルリン大学教授。宗教（特にキリスト教）の根源を理論や道徳にではなく無限者に対する〈絶対依存の感情〉に求め，啓蒙主義の宗教批判に対して宗教独自の立場を確保しえたとした。「近代（自由主義）神学の父」とも称される。カント，スピノザ，シュレーゲルらの影響を受け，信仰における主観主義的体験主義，倫理学における個性の完成の尊重，また汎神論的な宇宙観はロマン主義的である。
→神学
［文献］シュライエルマッハー『宗教論』筑摩叢書，1991；同『独白』岩波文庫，1995；B. A. ゲリッシュ『シュライエルマッハー――近代神学の父』新教新書，2000。　　　（両角英郎）

シュリック　Friedrich Albert Moritz Schlick 1882-1936
オーストリアの哲学者。ベルリン生まれ。マックス・プランクのもとで物理学を学び博士学位を取得したあと，次第に哲学に転じた。ロストク大学教授などを経て，1922 年，ウィーン大学教授

(「帰納的諸科学の哲学」講座担任)となる。「首尾一貫した経験主義」の立場から認識問題の研究を続けた。彼の周りに数学者・物理学者・経済学者・哲学者などをメンバーとする討論グループができ，これが発展してウィーン学団 (Der Wiener Kreis) になっていく。36年6月22日，講義のため教室へ向かう途中，階段の踊り場でかつての学生の一人に射殺された。

［ 文　献 ］Schlick, *Allgemeine Erkenntnislehre*, 2. Aufl. 1925 (Neudruck : suhrkamp taschenbuch, 1979) 〔英訳 *General Theory of Knowledge*, Wien/New York 1974〕．　　　　　　　(秋間実)

主理派／主気派　（しゅりは／しゅきは）
朝鮮朱子学の双璧をなす，理を重んじた李退渓（李滉）と，気を重んじた李栗谷（李珥）をそれぞれ支持した二つの学派。前者を嶺南学派，後者を畿湖学派とも言う。その学派間の争いは「四色党争」と呼ばれ，17世紀後半に始まり20世紀前半まで続いた。李退渓は朱熹（朱子）を深く探究また尊敬し，その学説はほぼ同一であったが，晩年の奇高峯との論争の中で，朱子が「無造作」と規定した理を「能造作」するものと捉えて（「理自到」説），当初からの自説の理気互発説を補強した。これに対し35歳下の李栗谷が退渓の理発説に反対し，気発理乗一途説を主張したため，京畿地方で栗谷説を支持した西人党学者たちがすべて退渓説を非難するようになって，両派の論争が開始された。主理派は李葛庵，李寒洲，李華西，奇蘆沙，主気派は宋尤庵，権遂庵，韓南塘，任鹿門が主な学者である。主理派は理先気後，理主気資の主張（李寒洲），理尊気卑，理主気役の主張（李華西），ついには理気の対偶を否定し，気を理中の事物とする奇蘆沙（1798-1875）の唯理論まで突き進む。一方，主気派は栗谷に始まる「心是気」説が「心即気」説（韓南塘）に，「性即理」説が「性即気」という任鹿門（1711-1788）の唯気論にまで突き進む。鹿門は本然の性を否定し，気質の性だけを容認した。両派は四色党争（南人党，北人党，老論党，少論党間の派閥党争）では，主理派が南人党，主気派が西人党とその後身である老論党に分かれ，熾烈な権力闘争をも繰り広げた。南人党が没落したあと，政治的には主気

派が長く権力を独占した。
〔文献〕裵宗鎬『朝鮮儒学史』知泉書館，2007；文玉柱『朝鮮派閥闘争史』成甲書房，1992。　　　　　　　　　　（小川晴久）

循環論法　〔ラ〕circulus vitiosus〔英〕vicious circle, circular argument
論点窃取の虚偽ともいわれる論理上の虚偽の一つ。A という事柄を証明するために前提とされる B という事柄が，A を前提にしなければ証明されないという場合のことである。たとえば，「神の言葉は真である。聖書に書かれているのは神の言葉である。聖書が神の言葉であることは聖書に書かれている。ゆえに，聖書が神の言葉であることは真である」というような論法のこと。「酒の飲み過ぎは身体に良くない」などという論法も「過ぎ」という言葉が「良くない」を含意しているので，循環論法だといえる。
（中村行秀）

準拠枠　〔英〕frame of reference
何々理論，何々の教えによれば，という例を典型として，われわれの認識や評価は，それを型取りあるいは方向づける枠組に基づいて行われる。この枠組自体，特定の視点から関係づけられた関連諸要素の構成体と考えられる。われわれは日常的に，意識的であるか否かに関わらずこうした枠組を用いている。この枠組を準拠枠という。これは人々に共有されていたり個人的であったりするため，共有されない場合相互理解がうまくいかず，意識化される場面が生じる。E. ゴッフマンや H. ガーフィンケルは日常的行為における「枠組」の操作を分析し，構築主義は科学的営為や社会問題について「枠組」の構成過程そのものを扱っている。
〔文献〕R. K. マートン『社会理論と機能分析〔復刻版〕』青木書店，2005；Erving Goffman, *Frame Analysis: An Essay on the Organization of Experience*, Northeastern Univ. Pr., Reprint, 1986.
（栗原孝）

ジュンシ

荀子 (じゅんし) Xúnzǐ 前320頃-前220頃
名・況、字・卿。戦国末期の儒家系列の思想家。中国統一の前夜にあって、「礼義」による社会秩序の確立を主張。同じ儒派でも、多くの点で孟子と対立し、孟子の「性善説」に対して「性悪説」を唱えたことは有名。しかしこれは幾分誇張であって、「性」を単なる「本始材朴」(自然の陶冶性)とする以上、その所説は孟子の「性善説」に厳密な意味で対立する生得決定説とはなりえない。哲学的に重要なのは、唯物論的な天人分離論、つまり「天」と「人」との峻別である。すなわち、荀子によれば、「天」は単に無意識的・無意図的に万物を成就する自然存在に過ぎず、目的意識的な活動によって物事を治めるのはもっぱら人間の職分である。かくして「天」と「人」との旧来の関係は逆転し、人間こそが主体者、自然(天)はその利用対象となる。政治上、厳格な階級制度を唱えたが、しかし世襲制を否定し、もっぱら能力と徳性に基づく人材登用を主張。法の整備を提唱したが、同時に法の運用をめぐる論議の重要性を指摘した。刑罰の厳格化を謳ったが、同時に科刑の際の連座制を否定。経済上富国裕民策を掲げたが、同時に盲目的な自然破壊を戒める。すべて一面性に固執する偏見(蔽)を退け、一面を見ては必ずその反面に眼を配る弁証法的思考を重視した(解蔽)。
〔文献〕『荀子』上・下、岩波文庫、1961・62；重沢俊郎『周漢思想研究』大空社、1998。　　　　　　　　　(村瀬裕也)

純粋経験 〔英〕pure experience〔独〕reine Erfahrung
マッハやアヴェナリウスたちの経験批判論における基本的概念で、主観と客観の区別など、思考・反省による一切の付加物を含まないで、直接に与えられている経験を意味する。その意味では、科学理論はすべて純粋でない経験を対象にする人為的な産物であって、哲学はそのような夾雑物を排除した純粋経験から出発しなければならないと主張された。W. ジェイムズは主観と客観の二元論を克服するために純粋経験という概念を使って「根本的経験論」を展開したが、ジェイムズに学んだ西田幾多郎の『善の研究』(1911)で唯一の真の実在とされるものも「知情意の分離

や主観客観の対立」以前の存在である純粋経験である。
→経験批判論
［文献］マッハ『感覚の分析』法政大学出版局，1971；W. ジェイムズ『根本的経験論』白水社，1998。　　　　　　（中村行秀）

　純粋理性　〔独〕reine Vernunft〔英〕pure reason
カントによれば，純粋理性とはわれわれが経験から独立した超越論的な原理に従って判断する能力である。したがって，仮に純粋理性のみに基づく理論的認識が可能であるとすれば，われわれは神や霊魂の不死といった形而上学的問題について積極的な理論を展開できることになる。しかし，われわれには経験を離れた理性の純粋な使用によってこのような形而上学的認識に到達する能力はないとカントは主張する。なぜなら理論的認識の領域では，超越論的原理に基づいて主語に新たな内容をもつ述語が付加される「ア・プリオリな総合判断」（synthetisches Urteil a priori）が可能なのは，超越論的な時間・空間の直観形式を根拠とする数学と，超越論的な悟性的カテゴリーと感性的直観の結合によって対象を認識する物理学の二つの学の領域に限定されるからである。対象についての積極的な理論的認識を与えるという意味での「構成原理」（konstitutives Prinzip）としての役割を超越論的原理が果たすことができるのは，あくまで数学と物理学によって扱われる経験的対象の範囲内であるというのが，カントの立場なのである。

　しかし純粋理性が理論的認識の領域では積極的な役割を果たすことはありえないと主張する一方で，『純粋理性批判』の弁証論においてカントは，個々の経験的対象を制約する諸条件の総体としての「あらゆる現象の絶対的全体」（das absolute Ganze aller Erscheinungen）なる概念それ自体は，経験的対象には還元されえない理性概念＝「理念」（Idee）であることを強調する。そしてこのような理念は，経験的対象の諸条件の系列が自己完結的なものではありえないことを明らかにすることを通じて，たとえば経験的対象としての自己意識のみが理論的認識の対象になりうるという事実から，現に知覚されあるいは記憶されている私の意識を越えるような魂の存在一般を否定するといった経験論的独断を

シヨウ

防ぐ「統制原理」(regulatives Prinzip)としては，欠くことのできない役割を果たすとされる。

　さらに理性は理論的認識とは区別された実践の領域においては，自らの幸福や快といった経験的に与えられる意志の規定根拠を一切排除し，純粋に理性のみによってわれわれの意志を規定することができる実践理性＝純粋意志としての能力を有すとされる。そしてそのような実践的見地から理性は，理論的認識の範囲内では証明不可能とされた霊魂の不死，積極的意味での自由，神の存在といった形而上学的主張を「要請」することができるとカントは主張する。したがって，カント哲学において厳密な意味での理性の純粋な使用が許されるのは，実践哲学においてのみである。

［文献］カント『純粋理性批判』上・中・下，岩波文庫，1961-62；同『実践理性批判』岩波文庫，1979；N. K. スミス『カント「純粋理性批判」註解』上・下，行路社，2001；H. J. Paton, *Kant's Metaphysic of Experience*, Allen & Unwin.　　　　（石井潔）

止揚　〔独〕Aufheben
ヘーゲルの用語。「揚棄」とも呼ばれる。発展の際に低次の段階のものを否定（廃棄）しながらも，これを高次の段階で保存し，高めることを意味する。ドイツ語の「アウフヘーベン」が，「高め上げる」「廃棄する」「保存する」という意味をもつことにヘーゲルは注目し，この語を独自の用語に仕立てた。それは弁証法を特徴づけるもので，「トリアーデ」「対立物の統一」「否定の否定」などは止揚を含む。（なお，『精神現象学』まではヘーゲルは「アウフヘーベン」を「廃棄」という意味で用いることが多い。）

［文献］岩佐茂／島崎隆／高田純『ヘーゲル用語事典』未来社，1991。　　　　（高田純）

昇華　〔独〕Sublimation〔英〕sublimation
精神分析の用語であり，人が不安な事態や危機的状況に置かれた場合に，無意識的に自我を守ろうとする防衛機制の中の一つである。好ましくない欲動，たとえば性的欲動とか，攻撃的欲動など

が，社会的に受け入れられる目標へと向かい，社会的・文化的に価値あるものへと置き換えられることである。置き換えられる活動には，宗教的活動や芸術的活動，さらにスポーツなどが含まれる。昇華は，潜伏期（小学生期）や思春期（中学生期）で活発になる防衛機制である。その他の防衛機制としては，抑圧，反動形成，抑制，投影，置き換え，退行，補償などがあるが，昇華は一種の置き換えでもある。
→抑圧，精神分析
［文献］小此木啓吾『フロイト』講談社学術文庫，1989；ブロイアー／フロイト『ヒステリー研究〈初版〉』中公クラシックス，2013。　　　　　　　　　　　　　　　　　　（高取憲一郎）

章学誠 （しょう がくせい）Zhāng Xuéchéng 1738〔乾隆3〕-1801〔嘉慶6〕
字・実斎，号・少厳。清代の歴史学者・歴史理論家。41歳にしてようやく進士に合格したものの仕官せず，各地の書院をめぐって学問に専念。地方志（地方史）の編纂に従事した経験に省察を加え，屈指の歴史哲学書『文史通義』を著す。「六経は皆な史なり」という，一種の歴史主義の標榜は有名。史学の基本として事実に即することを重視しつつも，義理（哲学）を欠いた単なる考証学にも批判的であり，また劉知幾の「三長」即ち「才・学・識」の論を承けてこれを精密化した「史徳」論を展開，史学のあり方に示唆を与えた。
［文献］川勝義雄『史学論集』（中国文明選12）朝日新聞社，1973；山口久和『章学誠の知識論』創文社，1998。（村瀬裕也）

使用価値　〔英〕value in use〔独〕Gebrauchswert
物がその属性によって人間の欲求を充足するとき，その物の有用性が使用価値である。アリストテレスが，使用する者にとっての価値と交換する者にとっての価値とを区別すべきであると初めて指摘。この区別はロックを経てアダム・スミスによって定式化され，古典派経済学者が共有する概念となった。マルクスはこの語を有用性だけでなく有用性をもつ物自体の意味でも用いており，

ジョウキ

具体的有用労働が使用価値を生産し，抽象的人間労働が（交換）価値を形成すると主張して，労働の二重性と商品の二要因を関連づけた。
［文献］アダム・スミス『国富論』（全3冊）中公文庫，1978；マルクス『資本論』（全3巻）大月書店，1968。　　　（新村聡）

状況　〔仏〕situationn
サルトルの基本概念。ハイデガーの「世界－内－存在」や「被投性」の概念から深い影響を受けたサルトルにあって自由とは，個人がそこへと投げ込まれ拘束されているおのれの状況を創造的に生きることにほかならない。「状況」の概念は単に個人を包む外的で客観的な状態を指すものではない。どのような相貌，どのような問題を孕んだものとしてその状況がその個人に対して現れているかということのなかに，既に，その個人がどのような価値を選び，どのような生き方をしようとしているかが映現している。どのような状況の内にあるかの分析は，この点で必ずそのような状況を自己に与えている当の主体についてのより深い反省的分析を含む。
→アンガジュマン　　　　　　　　　　　　　　　　（清眞人）

条件　〔英・仏〕condition〔独〕Bedingung
制約ともいわれる。主体や対象を取り巻いている環境はその主体や対象の条件となり，主体の活動や対象を制約し，規定する。主体や対象は，条件によって制約されるだけではなく，条件に影響を与える。特に，主体の活動は条件そのものを変更する。『小論理学』で現実性を条件，事柄，活動によって説明したヘーゲルは，現実そのものの内容（事柄）が，条件を前提にした活動を通して不断に生成することを示そうとした。またこれとは別に，論理学では，命題aがあれば，命題bが生じるという関係がある場合，aはbの条件であるといわれる。　　　　　　　　　（岩佐茂）

条件反射　〔英〕conditioned reflex
1904年頃に，ロシアの生理学者パヴロフによって，イヌを使っ

た消化腺に関する研究をしていたときに見出され，名づけられた現象。パヴロフは，イヌの口の中に肉粉を与える直前に，ベルの音を聞かせるということを何回か反復するうちに，イヌは肉粉が口に入らなくてもベルの音を聞いただけで，唾液を分泌するようになることに気づいた。このように，初めは唾液を分泌させなかった刺激（ベルの音）が，刺激と反応の新たな組み合わせによって唾液を分泌させるようになる現象を条件反射の形成と考えた。条件反射というのは，生物が外界の変化に対して効果的に適応していくことを可能にするメカニズムである。

→パヴロフ

［文献］『パヴロフ選集』上・下，合同出版，1962；パヴロフ『大脳半球の働きについて』上・下，岩波文庫，1975。

（高取憲一郎）

上向 ／ 下向 〔英〕ascent / descent〔独〕Aufsteigung / Absteigung〔仏〕ascention / descent

マルクスが「『経済学批判要綱』への序説」の「3. 経済学の方法」において使用した用語で，マルクス経済学の方法論を構成する主要概念の一つである。論理学的には「上向」とは「抽象的なものから具体的なものへの上向」であり，「下向」とはその逆の過程を意味する。「下向」とは，経済学の対象となる現象（たとえば一国の国民経済）を全体として表象しつつ，その分析によって諸概念を見出し，より具体的な諸概念からより抽象的な諸概念へと抽象化を推し進め，最後に経済学理論の端緒となる最も抽象的な概念（価値，労働など）に至る「具体的なものから抽象的なものへと下向」する方法のことである。「下向」は『剰余価値学説史』では「分析的方法」と呼ばれてもいる。「上向」とは，「下向」によって得られた最も抽象的な概念から出発して，概念を次々に具体化させてゆき，最後に分析の出発点に置かれた「表象における具体的なもの」を「概念的に具体的なもの」として再構成することである。「下向」は「上向」の前提である。17 世紀に経済学が成立する際に歴史的にとった方法は「下向」であった。この前史を踏まえて労働や価値などの抽象的諸概念から国家や世界市場に

まで「上向する経済学の諸体系(アダム・スミス,リカードらの古典派経済学)が始まった。後者の方法が学問として正しい方法である」とマルクスは上掲書で述べた。「上向」は現実的に具体的なものを「精神的に具体的なものとして再生産する」思考のための方法であって,ヘーゲルのようにこの過程を具体的現実それ自体の成立過程と混同してはならない。従来「上向」=「叙述方法」,「下向」=「研究方法」と等置され,これがマルクスの経済学方法論の核心であると説明されることがあったが,これは正確ではない。「叙述方法」が「上向」であることはもちろんだが,それはマルクスが古典派経済学と共有する叙述方法であり,これをもってマルクス固有の方法とすることはできない。他方,マルクスにとって「研究方法」は具体から抽象へと「下向」することよりはるかに複雑な過程であった(『資本論』第 1 巻第 2 版後記参照)。
→抽象的概念／具体的概念,分析と総合,論理的なものと歴史的なもの
[文献] マルクス「『経済学批判要綱』への序説」(『資本論草稿集』1)大月書店,1981;『資本論』(第 1 巻第 2 版後記)(全集23)大月書店,1965;久留間鮫造編『マルクス経済学レキシコン 2——方法 I』大月書店,1980;イリエンコフ『資本論の弁証法』合同出版,1972。　　　　　　　　　　　(平子友長)

邵康節→邵雍

常識　〔英〕commom sense
常識の一般的な意味としては,ある特定の地域・社会・集団(村,国,学会,実業界など)で生活する人々が日常生活の中で形成・承認している見解・考え方などの総体,という説明が妥当なところであろう。常識を個人心理的な意識とみれば,個人の生活体験のじかの反映であるばらばらな実感が,論理的・倫理的な批判と反省をくぐることによって,一定のまとまりをもつに至った意識であり,それは個人の判断力の一要素として機能する。また,一定のグループの人々の社会心理的な意識としてみれば,個々人で

様々に異なる実感がその集団の共通意識的な統一をもつに至った意識であり，それは社会の認識や行動の規範として機能する。

いずれの場合にも，常識としての意識がもつ一定のまとまりは，社会における支配者―被支配者の存在を反映して，現状に肯定的な意識であるものと，現状に批判的な意識であるものとに分かれるが，階級社会では支配階級が教育やジャーナリズムを支配しているために，現状肯定的な常識が支配的な位置を占めることは避けがたい。それにしても，伝承の常識ともいえる「ことわざ」が，しばしば対立するペアからなるように（「虎穴に入らずんば虎児を得ず」と「君子危うきに近づかず」など），社会においても個人においても，矛盾・撞着する意識・判断が平気で共存しているのが常識の特徴なのである。

常識を振り回すいわゆる「常識人」は，撞着する一面だけに固執して他の面に目を向けようとしない「頑固者」であるか，時と場合に応じて撞着する両面を使い分ける「如才ない人」であるかのいずれかであることが多い。こうした常識人が象徴するように，常識にとどまる立場の弱点は，現実の矛盾を克服しないので，一時的・部分的には進歩的に見えることはあっても，根本的には生活の現状に対する批判の態度を欠くことである。このような常識のレベルを突き抜けるところに「哲学」の意義がある。

→共通感覚，ドクサ，常識哲学，哲学

[文献] 戸坂潤『日本イデオロギー論』岩波文庫，1977。

（中村行秀）

常識哲学　〔英〕Common Sense Philosophy
Th. リードを中心とする18世紀スコットランドの哲学の学派。デカルト以来の認識論が前提としてきた観念の理論，その帰結としてのヒュームの懐疑論を批判し，人間に共通に備わった認知機構に基づいて形成され，証明を要しない常識が，哲学的認識の出発点であるとする。こうした立場はヒュームの提起した問題への解答たりえないというカントの批判によって，哲学史上は半ば忘れられた存在だったが，近年は，分析哲学における論理実証主義批判とも相俟って，言語哲学や認知科学との関係で再評価されて

ショウジ

いる。

[文献] 篠原久『アダム・スミスと常識哲学——スコットランド啓蒙思想の研究』有斐閣, 1986。　　　　　　　　　（伊勢俊彦）

小乗　（しょうじょう）〔サ〕hīna-yāna

仏教の流れのひとつで,「劣った教え」が原義。これは, 紀元前後に成立した新興の大乗仏教が, ゴータマ・ブッダ（釈迦）の教えを確かな源流とする旧来の仏教に投げかけた蔑称である。ゴータマ・ブッダが入滅してまもなく, 彼の教えが散逸するのを惧れた第一弟子のマハーカッサパは, 仏弟子を集め, 経典編集・確認作業を行った。これを第一結集といい, 教義に関するところはアーナンダの記憶が, 戒律（出家の生活規律を定めたもの）に関するところはウパーリの記憶がもとにされた。それからしばらくサンガ（出家教団）は一枚岩であった。この間の仏教を初期仏教あるいは原始仏教という。仏滅後約100年の頃, 戒律改革の是非をめぐる論争がもととなって, サンガは, 保守的な上座部と革新的な大衆部に分裂した。これを根本分裂という。このあと両部ともに内部分裂を繰り返し, 最終的には20の部派に分かれたという。こうした形態の仏教を部派仏教という。大乗仏教とは対照的に, 初期仏教, 部派仏教は, 出家至上主義であり, 在家を一貫した方針で指導し組織することにあまり熱心でなく, 裕福な在家信者からの布施を受けながら, 出家一人ひとりが自らの解脱に邁進するものであった。衆生救済のスローガンを高らかに掲げた大乗仏教からは, こうした旧来の仏教の出家たちは, 利己主義であると批判された。しかし, 部派仏教はそれでもインドで盛んに活動した。やがて大乗仏教の唯識哲学へと連なる新しい理論の基礎を築くのに力があったのは説一切有部と経量部であり, インド仏教の最大勢力を誇り続けたのは正量部である。上座部の仏教（テーラヴァーダ）は, 前3世紀にスリランカに伝えられ, 国教とされた。そののち, スリランカでは, 大乗仏教も一時栄えて衰退したが, その衆生救済の理想を上座部仏教は受け容れ, 自己改革した。こうしたスリランカの上座部仏教は, 11世紀以降, ビルマ（現ミャンマー）, タイ, カンボジア, ラオスへと, それぞ

れ新しく興った国家の建国理念として受け容れられていった。こうして，今日，「小乗」としては，南方の上座部仏教のみが生きている。
→大乗
〔文献〕平川彰『インド・中国・日本仏教通史〔新版〕』春秋社，2006。　　　　　　　　　　　　　　　　　　　（宮元啓一）

情緒→情動

象徴→シンボル

情動　〔英〕emotion〔仏〕émotion
一般に，快や不快，喜びや怒り，悲しみや恐怖など，急激に生じ短時間で収まる一過性の感情を情動と呼ぶ。情動の基本的特徴として，第一に，主観的で強い内的経験を伴うこと，第二に，内分泌腺や内臓反応の変化などの生理的活動を伴うこと，第三に，行動的・運動的反応として表出されること，が挙げられる。また，情動の座は，大脳辺縁系を中核とする脳神経回路にある。

こうした情動は，進化論的に古くからの機能であると同時に，緊急事態に対処できる態勢を作る。つまり，情動は適応上合理的で有意義な心理機能であると言える。しかし，情動は，行動や思考を混乱させることもあるので，環境適応的な機能の面からだけでなく，伝染し集合意識をもたらす社会的機能の面からも捉える必要がある。実際，情動表出の仕方は文化や社会によって異なっている。発達的にみると，乳児は大人の世話を受けることによって生活し成長することができるので，はじめ直接環境に働きかけるのではなく，大人に働きかける。情動を洗練させることで大人の世話を引き出す。他の人との情動的つながりは，自我―他者関係を生み出しつつ，意識や表象を発達させる。こうして，情動は，思考やパーソナリティの発達を準備する。　　（田丸敏高）

浄土教　（じょうどきょう）
浄土とは仏・菩薩の清浄な国土のことで，阿弥陀仏の西方極楽浄

ジョウド

土,薬師仏の東方瑠璃浄土,弥勒菩薩の兜率天(とそつてん)(浄土),観音菩薩の補陀落浄土等,種類は多い。だが日本中世以後は阿弥陀浄土に収斂し,浄土教も阿弥陀仏信仰と極楽往生の教えを指すようになった。阿弥陀浄土教は大乗仏教の中で創出され,その哲学的大成者の龍樹(150-250頃)や世親(400-80頃)らが整備した。中国では道教や神仙思想と融合しつつ,慧遠(334-416),曇鸞(476-542),善導(613-81)らにより大成された。日本では,仏教導入時は蕃神としての仏の現世的験力により薬師・観音崇拝等が優勢であり,浄土教は周辺的だった。国家仏教による殺生禁断思想や因果応報思想の浸透で死後の悪果が関心事となり,死者儀礼として阿弥陀信仰も登場したが,なお民衆世界では死後抜苦の地蔵信仰が圧倒的に優勢であり,浄土信仰としても在来の常世観念と融合した弥勒浄土や観音浄土が優勢だった。平安中期以後中世への社会的転換が進み戦乱と災難が列島全土で常態化すると,民衆世界も含めて「厭離穢土欣求浄土」の観念が一般化し,彼岸に至る阿弥陀信仰が圧倒的優勢となりこれらを吸収した。教学的には天台宗で初期から阿弥陀浄土教が一部門と位置づけられたが,良源(912-85)・源信らに仮託されて成立した天台本覚思想によりその民衆化・日本化が確立された(天台浄土教)。他方で,永観(1033-1111)・覚鑁(かくばん)(1095-143)らにより念仏中心の民衆的な南都浄土教・真言浄土教が確立した。これら正統派浄土教は末端僧を全国の荘園開拓に展開し,浄土信仰と在地神崇拝の結合(神仏習合),穢れ・罪観を介した悪人意識の民衆注入,寺社奉仕を核とする階層的諸行往生論で民衆往生・悪人往生を説いて,浄土教を荘園体制イデオロギーと化した。法然・親鸞らは一神教的な専修念仏往生論で善悪平等往生・悪人本位往生を説いてこれと対立したが,異端派として権力的に弾圧された。以後法然・親鸞系浄土教は,民衆の根強い神祇信仰もあって一神教的性格を変質させながら民衆世界に浸透し,一向一揆敗北後の近世幕藩体制の下では新たな正統的浄土教となった(浄土宗・浄土真宗・時宗)。
→日本仏教,日本思想史,法然,親鸞,一遍,彼岸,本覚論
[文献]石田充之『浄土教教理史』平楽寺書店,1962;井上光貞『日本浄土教成立史の研究』山川出版社,1956;黒田俊雄『日本

中世の国家と宗教』岩波書店，1975；竹村牧男『日本浄土教の世界』大東出版社，2002。
(亀山純生)

聖徳太子 （しょうとくたいし）574〔敏達3〕-622〔推古30〕用明天皇の第二子。厩戸皇子、上宮太子、聖王などとも呼ばれた。聖徳太子は諡号である。推古天皇は太子を摂政に任じ，国政に参画させた。「冠位十二階」「十七条憲法」を制定したが，これは中国伝来の儒教・仏教・法家思想などを参考にして役人の心得を成文化したものである。「篤く三宝を敬え」（第二条）は，仏教の信奉を勧めたものである。大国の隋と国交を開き，隋の進んだ制度や文物を摂取しようと努めた。『三経義疏』を著し，法隆寺，四天王寺を創建した。「世間虚仮，唯仏是真」は，妻に語った言葉とされている（天寿国繍帳の銘文）。この言葉には現世の否定の上に，より高い宗教的真理に目覚めて生きようとする，太子自身の深い仏教信仰が示されている。
→日本仏教
［文献］家永三郎他『聖徳太子集』（日本思想大系2）岩波書店，1975；本郷真紹『和国の教主 聖徳太子』吉川弘文館，2004。
(岡部和雄)

承認 〔独〕Anerkennung〔英〕recognition
承認は，ドイツ観念論において，自由と共同をめぐる議論のキーワードの一つとして登場した。これは，「各人が他者と結びつきながら自由でいられる形態は何か」を問うたルソーの社会契約論の課題とも連動する。ここには自己の自由は他者との積極的な結びつきのなかで実現されるという，自由についての考え方がある。フィヒテは，人間が社会において自由な存在者であるためには，相互に自分の自由の一部を「制限」し他者の自由の余地を認めるという，「相互承認」のプロセスが欠かせないとした。そしてこのプロセスを通して理性的な人間は，自由と共同の両立を法状態として具体化した，と説いた。これに対して，ヘーゲルは，フィヒテの「承認」概念が形式的・抽象的であると批判し，より内実のある「承認」概念を構想した。ヘーゲルは，自由の制限に

よって実現される自由は真の自由ではないと考えた。そもそも自由は他者との関係のなかで成り立つ関係概念であり，そのなかで自覚され実現されていくものであった。ヘーゲルは，「承認」について，「イェーナの体系構想」と呼ばれている草稿群や『精神現象学』のなかで論じているが，特に『精神現象学』の中の「承認をめぐる闘争」や一面的な承認関係を扱った「主と奴の弁証法」の記述は，現代思想においても大きな影響を与えている。また『精神現象学』のなかの良心についての記述は，相互的な承認論の具体的展開を示している。

さて，承認は，現代の討議倫理や社会規範論により，個人ないし社会集団はその差異において承認されなければならないという観点から，多様な形で論じられている。たとえば，Ch. テイラーは，他者による承認が個人や集団のアイデンティティに決定的な役割を果たすとし，正当なアイデンティティには，正当な承認関係が必要であることを説く。また A. ホネットは承認に様々な段階（愛，法的，連帯）を認め，承認論をあるべき社会構想の原理として再構築している。正当な承認か公平な再分配というホネットとフレイザーの論争も，現代の承認論をめぐる重要な論点である。

［文献］ヘーゲル『精神現象学』作品社，1998；高田純『実践と相互人格性』北海道大学出版会，1997；滝口清栄『ヘーゲル『法（権利）の哲学』』御茶の水書房，2007。　　　　（片山善博）

情念　〔ギ〕pathos〔ラ〕passio, affectus〔英・仏〕passion〔独〕Affekt, Leidenschaft

情念とは古来，感情の特殊な状態，自分自身でも制御できなくなった暴君的で排他的な感情の状態を意味してきた。それは特殊な対象（たとえば異性や金銭など）への精神の排他的な執着を示し，その対象のもつ価値を極端に偏重するため，精神のバランスを欠いた状態と見なされた。また，何かある情念にとりつかれた状態は，しばしば，神や悪魔など自分のコントロールを超えた超越的な力の作用によるものと観念され，人間の受動の状態と見なされた。情念を意味するギリシア語のパトスは本来，能動に対立

ショウヒ

する受動,すなわち,人間が外的な作用を受けている状態を意味していた。情念についての考察は古代ギリシアから見られる。プラトンは魂を三部分から成るものとし,そのうち情念に相当する気概や欲望を知性によって統御されるべき,魂の下位の部分と見なした。アリストテレスは,情念を快苦が伴うすべての魂の運動とし,情念によって人は動くので,人を情念から全面的に解放することではなく,その適切な支配にこそ徳(中庸)があるとした。ストア派は,情念を魂の,非理性的で自然に反した動きと理解し,魂の病と呼んだ。そして,正しい理性から逸脱した誤った判断が情念の原因であると考えた。キリスト教のなかでは,アウグスティヌスは,情念の無秩序で罪深い動きを原罪の結果と見なした。トマス・アクィナスは,情念を理性の導きのもとに置くことを主張した。近代になると,悪徳,病,罪などのそれまでの低い評価に替わって,人間性と社会の発展にとって情念の有する積極的意義が説かれるようになる。同時に,その語義が非合理的で受動的な魂の運動というものから,主として利己心,野心などの日常的で習慣的な欲望へと転換した。マンデヴィルは,奢侈欲は経済的進歩に,野心は政治的進歩に,名誉心は学問的進歩にそれぞれ貢献すると論じた。ヘーゲルは「情熱無くして世界では偉大なことは何も達成されない」と述べた。青年マルクスは,人間は対象的存在であるという唯物論の立場から,諸々の情念の対象が発達した産業によって現実に生成するときにはじめて人間性は肯定されるとし,私的所有の歴史的意味をこの点の準備に見出している。

→感情,情動

[文献]プラトン『国家』上・下,岩波文庫,1979;マンデヴィル『蜂の寓話——私悪すなわち公益』正・続,法政大出版局,1985・93;マルクス『経済学・哲学手稿』岩波文庫,1964。

(前田庸介)

消費 〔英〕consumption

経済学的には商品の生産過程と対比される商品の使用・利用の局面を指す。人間の生命活動一般が諸資源の消費を伴い,生産過

のうちでも種々の財が消費される（生産的消費）が，資本主義社会では，商品の生産と消費とが社会的に明瞭に区分され，それぞれの領域における活動の性格も区別される。

社会生活全般の商品化が進展し，中流階級や労働者階級にも商品消費の影響が及ぶことによって，消費生活とこれにかかわる諸問題が生活問題として意識されるようになる。フォードのT型に象徴される大量生産方式の普及は，1920年代には，欧米諸国を中心に，大衆消費と呼ばれる大規模な消費拡大を引き起こし，大量生産―大量消費のサイクルに支えられる大衆社会を出現させた。割賦販売，販売店網の整備，製品のモデルチェンジやマーケティング，CM技法の開発など，大衆消費を円滑に実現させるための流通，販売システムの革新もこの時期に始まる。

大衆消費の普及に伴い，その社会文化的特質を究明する消費の理論が生まれる。社会的地位の誇示としての顕示的消費の概念（ヴェブレン），消費主義（consumerism）の性格と評価に関する諸論，消費へと駆り立てられる欲望の分析，消費者の社会的・法的位置づけ（消費者主権）や消費者運動への着目など，消費の理論が対象とする内容は多岐にわたる。商品化の及ぶ範囲が文化や各種の対人サービスへと広がる（文化産業，サービス経済化）につれ，物的財の消費とは様相を異にする消費行動の特質（記号消費等）が，資本主義的近代の消費と区別して捉えられるようになった。また，インターネットを介しての消費行動（デジタル消費）が普及する現在，デジタル化が可能な文化生産物（デジタル・コンテンツ）の商品化と私有とをめぐる社会的矛盾が進行している。このように，消費対象の拡大に伴う消費行動の肥大化は，有限な資源消費の限界をあらわにするとともに，資本主義的近代の消費が前提としてきた商品化という形式の限界をも示唆している。

→消費社会，フォーディズム，大衆社会，情報化社会，ヴェブレン

［文献］ヴェブレン『有閑階級の理論〔増補新訂版〕』講談社学術文庫，2015；見田宗介『現代社会の理論』岩波新書，1996。

（中西新太郎）

消費社会 〔英〕consuming society

消費社会に関する確立した定義は存在しない。大衆消費の出現をもって消費社会と見なす見解では、消費社会は事実上大衆社会と等置される。しかし、ボードリヤールがいちはやく指摘したような消費様式の特質（差異化、記号消費など）、消費社会化の構造に関する分析は、大衆社会化と等置することはできず、大衆社会の消費とは質的に区別される。この解釈に従うならば、消費社会とは、特殊な消費様式を備えた社会のあり様を指すものであり、しばしば、ポストモダンないしレイトモダンの社会的特質として説明される。

消費社会化の進行は、これを成り立たせる産業化および市場化の新たな形態を前提としている。ソフトノミクスなどと呼ばれる知識産業（マッハルプ）、サービス経済、情報・コンテンツ産業の進展がそれであり、これに伴い、対人サービスにおける感情労働（ホックシールド）のような新たな労働形態も広がってゆく。ケータイ、スマホに象徴される情報機器の商品化とCMC（Computer-Mediated Communication）の浸透は、情報を消費の対象として肥大化させるだけでなく、種々の人間関係の構築サービスを普及させることによって、社会生活の様々な領域での人間関係を大きく変容させる。消費社会化の重要な一環であるメディア革新は、情報行動を変化させるのみならず、文化行動全般とそこで取り結ばれる人間関係の様相を変える。

消費社会化は、このように、消費文化の確立を促し、文化の社会的・イデオロギー的機能に新たな性格を加える。その機能を捉える議論には、消費文化の浸透を文化領域の市場化一般と同一視する従来型の批判（大衆文化批判）だけでなく、消費を通じての抵抗や意思表示の可能性が広がるとする肯定的見解（文化ポピュリズム）、消費文化に特有の統合や抑圧的作用への批判など、対照的な把握がある。日本において消費社会の成立をみるのは1970年代から80年代初頭にかけてと考えられ、消費社会化が生産・労働領域における企業主義秩序と結びついて広く深く進行した点に独自性をみることができる。

→消費，市場経済，大衆社会，メディア，ポストモダニズム

ジョウブ

[文献]ボードリヤール『消費社会の神話と構造』紀伊國屋書店,1995；P. Willis, *Common Culture*, Milton Keynes, Open University Press 1990；リッツア『マクドナルド化する社会』早稲田大学出版部,1999。　　　　　　　　　　　　　　（中西新太郎）

上部構造→土台と上部構造

小ブルジョアジー　〔仏〕petite-bourgeoisie
近代資本主義社会における中間階級最下層。メルシエの『タブロー・ド・パリ』(1788)には、この言葉で特定される社会層の記述がすでにある。マルクスとエンゲルスによると、小農民や手工業者などからなる小ブルジョアジーは、資本家階級としてのブルジョアジーから区別される。これは、むしろブルジョアジーとプロレタリアートの間を浮動する社会層であり、競争によりたえずプロレタリアートに転化する。小ブルジョアジーは個人財産に執着し、独立小生産者としての所有のあり方を理想視し、その限りで政治的には反動的ですらあるとされた。近年、この社会層について歴史研究が進められている。
→階級・階級闘争,資本主義,ブルジョアジー／プロレタリアート
[文献]『マルクス＝エンゲルス全集』(全41巻 補巻4巻 別巻4巻) 大月書店,1959-91；渡辺雅男『階級！——社会認識の概念装置』彩流社,2004。　　　　　　　　　　　　（大屋定晴）

小ブルジョア社会主義→社会主義／共産主義

章炳麟　（しょう へいりん）Zhāng Bǐnglín 1869〔同治7〕-1936〔民国25〕
浙江省余杭県の人。字は枚叔、号は太炎。清末の革命家、思想家、中国古典研究の大家。始めは変法自強運動に参加したが、義和団事件の頃より、民族主義の立場を鮮明にして清朝の革命を志した。その思想は当初、社会進化論などの西洋近代思想の影響を受けたが、仏教（特に華厳学・唯識思想）に接近した後は、中国

古典と仏教に基づいて西洋近代思想と対決しようとし,「五無論」や「四惑論」などユニークな思想を展開した。顧炎武に私淑し,考証学者としては戴震などの学派に属す。音韻論や史学・諸子学の方面で優れた業績をあげた。辛亥革命後は,軍閥の跋扈や共産主義の台頭などを背景に,保守化を強めた。

→顧炎武,戴震

［文献］西順蔵／近藤邦康編訳『章炳麟集』岩波文庫,1990；小林武『章炳麟と明治思潮』研文出版,2006。　　　　　（小林武）

情報（理論）　〔英〕information; information theory
【情報の社会性】情報は,一般的には,データ（事実,事柄に関するもの）,データが加工されたインフォメーション（一定の意味を伴ったもの）,インフォメーションが体系化された知識という,三つのレベルでの「知る」ことの内容を意味する。現代において,情報は,人,カネ,物に次ぐ第四の存在として積極的に位置づけられ,情報の社会的・経済的価値が高まっている。また,情報は社会的諸関係,具体的な人間関係を反映しており,関係性の内容の把握が重要となっている。他方,自然的現象としての情報あるいは物質的属性としての情報も存在する。情報の理論経緯からすれば,この後者の概念と理論から,前者の社会的現象としての情報の存在が捉えられるように理論が展開してきたという側面がある。情報理論の創始者 C. E. シャノンは定量的に情報概念を捉え,情報量を $I(E) = -\log_2 P(E)$ 〔ビット〕〈$P(E)$；事象 E の生起確率〉で表し,エントロピーの増大としての不確実性に対して,〈不確実性の減少〉の効果として「知る」という情報の役割を捉えた。この定量的把握は,自己と外界との間で交換・伝達される記号系列という,N. ウィーナーの把握によって,機械系・生命系・人間系における一般理論として広く展開されることになった。それは情報による通信と制御の理論として社会システムの把握へとつながっていく。ここでは伝達される情報に一定の約束事が含まれる。それは,通信システムなどで電気的に伝送・処理され蓄積される有意味な記号集合体,すなわち伝達情報にするための一定の形式が付与されている二進法コード体系に基づく符

号である。A. M. マクドノウによれば，情報は特定の状態における価値評価されたデータのこととされ，経済的価値を含むものになった。こうして情報概念は生産力の発展とともに歴史的・社会的に展開されてきた。それは人間の意識的な働き方（たとえば技能など）が対象化される過程の進展でもある。

【情報概念の拡張】1945 年にノイマン型コンピュータを開発したJ. v. ノイマンは，生物体の中枢神経系の構造と機能における規則性との比較の上で人工オートマトンを考察し，生物体を純粋にデジタル・メカニズム的なものとして捉えた。人工知能は人間行動・意識の機能化・数量化に基づく N. ウィーナーの通信と制御理論（サイバネティックス）の導入を推し進めた。情報化はソフトウェアとハードウェアの両面における技術的発展によって推進され，人間精神の機能主義的解釈を進めることにもなった。情報化の具体的な進展によって，情報概念は，社会・経済の世界的規模での空間的広がりと人間の内面世界での精神的深まりという両側面を伴って拡張されるようになる。この情報のパワーは経済的領域に限られるものではなくなり，情報概念の拡張とともに情報理論も社会的性格として拡張されつつ，特に人工知能論・行動科学論の展開とともに人間精神に深刻な影響を与えている。また，「無体財産」「知的所有」として情報の利用権・使用権が社会的広がりをもって捉えられ，情報そのものが社会的・経済的・財産的価値とに独立に承認がなされる時代となっている。このように情報概念および情報理論は，定量的で自然科学的な把握から社会的・経済的・組織的・人間的な実質の世界に入り込み，それらの使用価値の側面に深く関わる概念および理論として捉える必要性が高まっている。

→エントロピー，サイバネティックス，システム（論），情報化社会

［文献］ウィーナー『サイバネティックス』岩波文庫，2011；ノイマン『人工頭脳と自己増殖』（世界の名著 66）中央公論社，1970；シャノン／ウィーバー『通信の数学的理論』ちくま学芸文庫，2009；ベルタランフィ『一般システム理論——その基礎・発展・応用』みすず書房，1973；竹内貞雄『企業管理と情報技

術』ミネルヴァ書房，1999。　　　　　　　　　　（重本直利）

　情報化社会　〔英〕information society
情報化社会は，「物に対する所有権」から「情報に対する所有権」へ，また有体財産から無体財産へと社会的・経済的価値のウエイトを移行させている社会である。物（ハードウェア）のあり様よりも情報（ソフトウェア）のあり様が人間・人間関係に及ぼす影響を大きくしている社会である。情報の使用・利用それ自体の内容には特定の人と人との関係および人と物の関係が含まれる。個人のもつ情報は様々に処理・操作・管理され人間関係の新たな環境を形成している。たとえば，情報管理は単に個人情報の管理にとどまらず個々人の好み・関心からその人の信用度と信用関係にも及んでいる。個人の信用度は情報履歴として記録され年々蓄積され個人の具体的内容を表現し，この蓄積情報の処理・操作・管理が特定の価値に基づいてシステム化される。こうした中で，人間と情報システムとの目的—手段関係が転倒される。情報化社会では，このような情報システムの社会環境が築かれ，その影響は経済活動から日常生活のすみずみにまで及んでいる。いまや，情報の処理・操作・管理のあり様は決定的な意味をもつ。このことは企業活動とりわけ金融・証券の分野ではいっそう顕著にみられる。金融取引では，情報をめぐるゲーム的環境が形成され，「情報資本主義」「カジノ資本主義」という言葉で表現されるようになる。そこでは情報化は実体経済を変質させ破壊させるほどの力をもつに至る。情報化社会では物も事柄も数値関係に置き換わっていき，人は情報とりわけ数値情報に関心を集中し，人間および人間関係を数値によって理解するようになる。情報ネットワーク上の数値情報によって物と事柄の本質を「わかったつもりになる」という社会環境が形成される。高度に進展した情報化社会の中で，人は物そのもの・事そのことの価値を問うことが少なくなっていき，さらには物そのもの・事そのことを問い疑うという姿勢そのものさえなくなっていく。人は，物と事柄の価値を，それらの情報の内容に基づいて推し量ろうとする。それが情報化社会の常識的態度となる。さらに，情報化社会では，具体性（物

そのもの）と抽象性（情報）が混在一体化し，その境界が不明確になるという新たなリアリティ問題を生じさせている。それは人間の存在性（アイデンティティ）への根本的問いかけでもある。
→道具的理性，自己中心性，ヴァーチャル・リアリティ
［文献］ウィーナー『人間機械論——人間の人間的な利用』みすず書房，1979；ワイゼンバウム『コンピュータ・パワー——人工知能と人間の理性』サイマル出版会，1979；トフラー『第三の波』中公文庫，1982；ストレンジ『カジノ資本主義』岩波現代文庫，2007。　　　　　　　　　　　　　　　　　　（重本直利）

邵雍　（しょうよう）Shào Yōng 1011〔大中祥符 4〕-1077〔熙寧 10〕
字・堯夫，諡・康節。その学説は，漢代の儒者の象数易と道教伝来の先天図とを継承し，それに自己の創意を加味して構成した，「先天学」と呼ばれる一種の易学である。世界の万象，時空の一切を象数の公式に合わせて解釈する仕方は，一個の哲学と呼ぶにはあまりに荒唐無稽であるが，「心は太極たり」「万化万事は皆な心より生ず」といった主観的観念論に立脚しており，宋学形成の一端を担うと同時に，その性格の一面を示すものとして重要な位置を占める。
［文献］川勝義雄『史学論集』（中国文明選 12）朝日新聞社，1973；上野日出刀『伊川撃壌集』明徳出版社，1979。

（村瀬裕也）

剰余価値　〔英〕surplus value〔独〕Mehrwert
本来は，流通に最初に投下された価値の回収分を超える超過分のこと。社会構成員が生産者と非生産者とに分かれる階級社会では，生産者の労働は，労働力の再生産に必要な労働と非生産者に搾取される剰余労働とに分かれる。資本主義社会では，必要労働は労働力の価値を，剰余労働は剰余価値を形成し，さらに労働力の価値は賃金として，剰余価値は利潤・利子・地代として現象する。マルクスは，彼以前の経済学者たちが混同した剰余価値と利潤・利子とを明確に区別して，剰余価値が利潤・利子・地代など

の所得として現象する物象化のメカニズムを考察した。（新村聡）

植民地主義　〔英〕colonialism
植民地を獲得し支配することやそれにまつわる思想や実践の総体。「植民」という人間活動自体は，たとえば古代ローマ帝国の場合のように，近代以前の社会にも見られるが，「植民地主義」とは通常，16世紀以後の近代世界における異民族・異文化集団に対する支配を指し，多くの場合，国外の領域としての植民地の領有とその主権の剥奪を伴うか，あるいはそれを目標とした。より広義には，主権剥奪には至らない従属状態（例：19世紀半ば以降の中国）や，さらには国内の民族的マイノリティに対する征服・支配（例：アメリカ合衆国のインディアン，オーストラリアのアボリジニ）や領土の拡張・併合（例：イギリスのアイルランド支配，ロシア帝国の諸民族支配）も意味する。

　植民地主義は経済的搾取のほか，政治的，軍事的目的，また古くは流刑や移住など様々な目的をもったが，その実践においてはほぼ常に人種主義をイデオロギー的基礎とし，特定の人種・民族・エスニック集団に対する差別の制度化を伴った。

　第二次世界大戦後，多くの植民地が政治的独立を達成（脱植民地化）したが，独立後も続く経済的（また軍事的）従属状態は，1960，70年代には「新植民地主義」として批判された。しかし，1980年代以降，より広く，植民地主義が生み出した「植民地的状況」「精神の植民地化」を問い，植民地・旧宗主国双方の社会に内在化した植民地主義の遺産を溯上に載せる「ポストコロニアリズム」の議論が盛んである。
→ポストコロニアル　　　　　　　　　　　　　　（永原陽子）

徐敬徳　（じょけいとく）Seo Gyeongdeok 1489〔成宗20〕-1546〔明宗1〕
李朝中期の気の哲学者。字は可久，号は花潭。松京（開城）の人。14歳のとき読書によって自ら深く考えることの大切さを知り，18歳のとき『大学』の「到知在格物」（知を実現するのは格物にある）の条を読んで，天地万物の名を書き出し，それを壁に

貼って，一つひとつを思索と観察によって窮(きわ)める生活に入った。まずそれを3年間続け，病を得てもさらに3年続け，計6年間も格物（物の解明）に専念した。読書よりも格物を重視するその実践は彼を気一元の哲学者，象数学的数学者に作り上げた。死ぬ直前に弟子に口述筆記させた「原理気」「理気説」「太虚説」「鬼神死生論」の4篇が彼の到着点のエッセンスである。彼は東方（朝鮮）の邵堯夫（邵康節）と言われた。
［文献］『国訳 花潭先生文集』高麗大學校民族文化研究所出版部，1971。
(小川晴久)

所産的自然→能産的自然と所産的自然

ショーペンハウアー　Arthur Schopenhauer 1788-1860
ドイツの哲学者。主著は『意志と表象としての世界』(1818)。ショーペンハウアーは，カントに倣って，現象の世界と物自体の世界を構想する。しかし，この物自体は，意志と同一視され，身体を介して認識可能とされる。意志はエゴイズムの原理であり，意志の否定の中に道徳が見出される。生きることは苦悩と見なされる（ペシミズム）。人間は，苦悩にみちた世界の一員であることを意識しなければならない（同情の倫理学）。また，この苦悩からの解放，禁欲という観点から仏教が高く評価される（宗教哲学）。同時に，自然と芸術の客観的な考察も一時的な救済を可能とする（美学）。
［文献］『ショーペンハウアー全集』（全14巻 別巻）白水社，1972-75。
(中河豊)

所有　〔英〕property〔独〕Eigentum〔仏〕propriété
生産諸条件や生産物に関する諸個人間の関係を表す概念である。問題となるのは生産諸条件や生産物を誰が有しているかという所有の形態であり，その有無が人々の経済的（階級的），社会的立場を表す重要なメルクマールとなる。所有には私的所有と社会的所有の二つの形態があるが，日常的には私的所有を指す。私的所有の本質は所有物に対する他者の関与を排除し，所有物を自由に

使用する占有にある。特に問題なのは労働と所有との関係であるが、両者の関係には歴史的に重要な変化があり、それが各段階の社会構成体の基本性格を決定している。原始共産制では所有と労働は分離しておらず、所有の主体は共同体であった。これに対して古代奴隷制や中世の農奴制では労働と所有が分離し、支配階級が生産手段（土地）を所有し、労働する奴隷や農奴を人格的に支配することになる。ただ中世キリスト教では、私的所有はキリスト教共同体の紐帯を阻害するものとして、否定的に捉えられた。近代になると、J. ロックが新興ブルジョアジーの立場を代表して、所有権の根拠を労働に求め、所有権の保護を社会契約の最重要課題として位置づけた。また18世紀の革命的思想家ルソーは、社会的不平等の原因として私有財産制度を厳しく批判したが（『人間不平等起源論』1755）、近代資本主義体制における私的所有の矛盾を分析したのはマルクスであった。マルクスによれば資本主義的所有は、労働力以外何も所有していない「自由な」労働者を、資本家が労働力商品として使用することによって完成する。私的所有と労働との分離・対立はこの時点で極まるが、現代では生産手段の集中により、私的所有はその主体が個人から企業、法人など社会的資本の形態へと移行している。所有権は今日、様々な国家的、社会的制約の下に置かれており、絶対的なものではない。生産手段の私的所有を廃棄し、社会的所有を何らかの形で実現しようとするのが各種の社会主義の思想である。20世紀末以降、新自由主義の台頭があり、私的所有権の絶対化を説くリバタリアンの思想も現れた。また生命倫理など従来にはなかった文脈で、自己の身体の所有がどこまで絶対的なものなのかといった問題も問われている。

→労働，自己所有（論）

［文献］シュクレドフ『社会主義的所有の基本問題』御茶の水書房，1973；C. B. マクファーソン『所有的個人主義の政治理論』合同出版，1980；大庭健／鷲田清一編『所有のエチカ』ナカニシヤ出版，2000。

（碓井敏正）

ショユウ

所有的個人主義　〔英〕possessive individualism
J. ロックを典型とする「17 世紀の政治的諸理論」（古典的自由主義）を特徴づけた C. B. マクファーソンの用語。所有的個人主義の説くところでは，人格および能力の所有の基礎をただ自己の内にのみもち，社会に何ものも負うことのない人間は，他者に隷従するいわれはなく（人間を人間たらしめるのは他者の意思への依存からの自由である），独立した自由人として，自発的に市場関係に入り込み，必要なら労働力を譲渡して，自らの利益を得る。政治社会はそうした個人の所有を保護し交換関係を安定的に維持するための人工的装置にすぎない。ロックによる「自己労働に基づく自己所有」の観念が，貨幣の蓄蔵の容認を通して無限定の私的所有の正当化に転化したことはよく知られているが，ロック以後自由主義はその担い手としてのブルジョアジーの活動と一体化して，第一義的に経済的自由主義すなわち排他的で利己的な諸個人の自由放任主義として機能していくことになり，社会的分裂の拡大と自由の強者にとっての特権化をもたらすなど，近代自由主義が当初もっていた人間解放的性格と社会的批判性を失っていく。そして J. S. ミル以降，自由主義のそうしたあり方への批判が内部からも高まり，自由主義の転換がもたらされることになる。所有的個人主義の概念は，古典的自由主義のもつ以上の本質と特質を思想史的に明らかにする意義をもっている。
→自由主義，所有，レッセ・フェール
［文献］マクファーソン『所有的個人主義の政治理論』合同出版，1980；同『自由民主主義は生き残れるか』岩波新書，1978。

（吉崎祥司）

所与→与件

シラー　Ferdinand Canning Scott Schiller 1864-1937
イギリスのプラグマティズムの代表的哲学者。オックスフォード大学で教えた後，1930 年から南カリフォルニア大学に移りアメリカで活躍した。彼は，自ら師と仰ぐ W. ジェイムズの見解を受け入れ，実在とは経験にほかならないと主張して唯物論的進化論

と観念論的形而上学の両方に反対するとともに，自らを「プロタゴラスの徒」と称して「人間は万物の尺度である」という真理の相対主義を主張し，そのプラグマティズムの立場を「ヒューマニズム」と呼んでいる。
→プラグマティズム
［文献］F. C. S. Schiller, *Studies in Humanism*, London : Macmillan and Co., 1907. （中村行秀）

シラー　Johann Christoph Friedrich von Schiller 1759-1805
ドイツの劇作家，詩人，思想家。西南ドイツのヴュルテンベルク公国の田舎町マールバッハに生まれ，その公国の軍医となるも，匿名で刊行してマンハイム国民劇場で上演された処女戯曲『群盗』（1781）が圧倒的な反響を得たことを契機に，1782年自由を求めてマンハイムやドレスデンに逃亡。若きゲーテとともに当時の青年文学運動「疾風怒涛派」の旗手となり，共和制の悲劇『フィエスコの謀反』や市民悲劇『たくらみと恋』，歴史悲劇『ドン・カルロス』を発表。ベートーヴェンの第九交響曲の合唱のテクストとなった『歓喜に寄す』は逃亡時代の友情への記念碑的作品でもある。1787年からヴァイマルに移り，この地でゲーテとの親交も含めて終生，古典的文学の原点を求めた古代ギリシア芸術の研究やカント哲学あるいはドイツ史の考察を行い，『人間の美的教育に関する一連の書簡』『素朴文学と有情文学について』などの美学論文も書き残した。
［文献］新関良三編『シラー選集』（全6巻）冨山房，1941-46；『シラー名作集』白水社，1972；新関良三『詩人シラー――研究と随想』筑摩書房，1967；内藤克彦『シラー』（CenturyBooks 人と思想）清水書院，1994。 （鷲山恭彦）

自律　〔独〕Autonomie〔英〕autonomy
自律とは，一般的には自らの意志や行為が，外在的な諸要因の影響を受けることなく，内在的な原因や法則によってのみ規定されることを意味する。カント哲学においては，何らかの対象（財産，名誉等）の獲得という動機が意志を規定する（仮言命法）限

りにおいては，われわれの意志はわれわれの欲望（傾向性）を支配する自然必然性に従属しているという意味で他律的であるとされる。これに対して，このような意志の実質（Materie）を一切考慮することなく，普遍的な法則の形式（Form）のみによって意志が規定されている場合（定言命法）には，自然必然性の下にある経験的な因果連関によっては制約されない道徳法則を自らの動機として積極的に選び取っているという意味で，われわれの意志は自律的であるとされる。何でも好き勝手に選び取ることができるという意味での無制約的な選択意志（Willkür）なるものの本質は他律にすぎず，道徳法則に自らを拘束すること（＝立法者として振舞うこと）によってこそ，われわれは意志の自律を手に入れることができるというのがカントの立場である。

[文献] カント『道徳形而上学原論』岩波文庫，1976；小倉志祥『カントの倫理思想』東京大学出版会，1979。　　　　（石井潔）

仁 （じん）

中国倫理思想の重要概念。仁とは「人を愛すること」「己れに克ち（己れを克くし）礼に復る」「己れの欲せざるところ，これを人に施すなかれ」などに示される思いやりの心，利己的欲望の抑制，礼儀履行などのことであるが，その根本は肉親への愛であり「孝弟はそれ仁の本か」といわれる。しかし同時に「汎く衆を愛す」ともいわれて，家族の中での愛だけでなく，家族を超えた政治社会の原則としても「仁愛」が援用されている。孟子の仁政などはその実例。清朝末の大同思想においても仁愛政治が理想と考えられ，最近では梁漱冥が仁から血縁的閉鎖性を否定して，人類愛へ飛躍させようと試みた。

→朱子学

[文献] 守本順一郎『東洋政治思想史研究』未来社，1967。

（岩間一雄）

進化（論）　〔英〕evolution; evolutionary theory

進化とは，一般に生物進化のことであり，地質学的な時間経過において生物種が変化していくことをいう。集団遺伝学では，特定

の形質を発現する遺伝子をもつ個体が，それをもたぬ個体より多くの子孫を残し，この形質が集団中に広がることを進化という。しかし，人間の進化を考える場合には，生物進化とはレベルを異にする文化ないし社会の進化が重要となる。かつてベルクソンなどによる生気論的な進化の考え方が現れたが，近年，知性や言語，科学や倫理の進化をめぐる議論が活発に展開されている。

　進化のアイデアはすでに古代ギリシアのアナクシメネスやエンペドクレスに見られる。しかし，アリストテレス哲学とキリスト教の世界観の影響の強い西欧中世には，進化論が登場する余地はなかった。ルネサンス以降の自然科学の発展，さらに啓蒙思想を経て進化論の地盤が用意されていく。近代的な進化論を展開したのはラマルクとダーウィンであったが，ラマルク説は現在では歴史的な意義しか認められない。これに対して，ダーウィンの独創的な貢献は進化の諸機構の解明にあった。彼によると，自然淘汰が生物進化の主要な要因であり，種を変化させる最も重要な機構である。すなわち，生物種の内部での個体の変異，幾何級数的に繁殖する生物の傾向の観察から，限られた資源をめぐる生存闘争が起こり，適応度の高い生物の生存とそれ以外の生物の除去を経て，種は変化することが帰結される。このような「自然淘汰説」を中心にしたダーウィンの進化論をダーウィニズムという。1930年代には，突然変異，遺伝的組換えおよび自然淘汰を進化の本質的要因と考えるネオ・ダーウィニズムが登場した。これはダーウィン説と集団遺伝学を総合したもので，「進化の総合説」とも呼ばれる。60年代には，木村資生が自然淘汰万能論を排し，分子進化の研究から「中立説」を提唱した。

[文献] 八杉龍一『進化論の歴史』岩波新書，1969：エルンスト・マイア『進化論と生物哲学』東京化学同人，1994：入江重吉『ダーウィンと進化思想』昭和堂，2010。　　　（入江重吉）

　神学　〔ラ〕theologia〔英〕theology〔独〕Theologie
本来ギリシア語〈theologikē〉は，神々（theos）の物語（logos）であり，哲学においては形而上学を内容としていたが，キリスト教が自立していくにつれ，その信仰内容についての理論的叙述

と，周囲世界への弁明のための論述の意味になった。中世では，権力のイデオロギーの機能を果たすなかで，哲学は神学の奴婢とされたが，近世に入ると自立し，カントの学部論争に見られるように大学での地位が逆転され始めた。近代には，いずれも「学」としては理性的作業ではあるが，神学はその理性が神に由来すると前提するのに対して，哲学は神的啓示をも批判の対象とし，諸科学，特に自然科学と深く関連しつつ思索しようとしてきた。その流れでは神学は，大学に場をもたない遺物的存在にすら見なされ始めた。現代に至ると，自然科学が諸学の前提とされる傾向が強まり，哲学の自立すら危うくなった。

　現代では，神学はその学性を一般諸学の法廷において裁可されるべきものではなく，もっぱら神の啓示（具体的には聖書と教会の宣教の業）にのみ基づく作業であるとの主張が弁証法神学において強調された（K. バルト）。しかし聖書に関する歴史的・批判的研究の進展は，バルト的な主張の根拠そのものを揺るがし続け，キリスト教唯一絶対主義は根底的に批判されている。もっともバルトは，キリスト教と福音を区別し，キリスト教そのものは相対的で過ち多い人間的業であることを認めているのだが。他方，諸宗教間の対話も進められており，特定の歴史的宗教が排他的に真理を独占するような方向は承認されにくくなっている。

〔高尾利数〕

心学　（しんがく）
心学という語は，中国において，陸象山の「心は即ち理なり」という立場を受け継いで，心こそ是非善悪を判断する主体であると主張した王陽明の学問に対して用いられた。わが国においては，江戸中期の思想家石田梅岩によって創唱され，手島堵庵などに受け継がれて，特に商人を中心とする庶民の世界に広く伝えられていった生活道徳論ないし人生哲学のことをいうが，これは王陽明の心学と区別して石門心学と称されることがある。石田梅岩は1729（享保14）年，現在の京都府亀岡市に生まれ，京都の商家に奉公した後45歳の時初めて自宅に講席を開いたが，それまで特定の人物に師事して学問するという経歴をもたず，生来具えて

いた学問への関心に支えられた自学と，商人としての生活体験に基づいた思索力によって，儒教や仏教に神道を加えた伝統的な学問に新しい解釈を加えて日常道徳を論じた。その主張の中心は私欲を取り払った本然の性としての正直の心と，勤倹の心をもって生活するところに安心と喜びがあるというものであったが，それは封建的な身分秩序，支配秩序を天地自然の理と同等の必然的なものと見なす思想であった。梅岩の後を手島堵庵，中沢道二が継いでその学問は国中に広がっていったが，しかしその思想は社会の通念や常識に従うことを是とする，体制順応的な通俗道徳の傾向を強めていった。

［文献］石川謙校注『石門心学——日本思想大系42』岩波書店，1971。　　　　　　　　　　　　　　　　　　　　　　（田平暢志）

人格　〔英〕person, personality〔独〕Person, Persönlichkeit〔仏〕personne, personnalité
人格を意味する西欧語の語源ペルソナの原義はギリシア演劇における「仮面」（prosōpon）であり，社会的な場において諸個人が果たす役割という含意をもつ。また3世紀のテルトゥリアヌス以降，キリスト教の三位一体の教義において神の唯一の本性に対する「父」「子」「聖霊」の三つの「位格」（persona）を表す語として用いられるようになり，それとの類比によって，人間存在一般に固有な神的本性を付与された個的実体という意味を担う語となった。このように人格という語には本来的に，他者との関わりにおいて自己を示すという対他的な側面と，われわれの内なる本性という対自的な側面が併存している。

　近代の人格論において，その実体的側面を徹底的に批判し，人格的同一性（personal identity）の根拠を意識に求めたロックの影響はきわめて大きい。彼は，法廷において被告の特定の行為に対する責任能力が問われる場合に典型的に見られるように，われわれが他者との具体的な関わりのなかで一貫性をもった「意識あるもの」として振舞うことができるか否かが，その個人について人格的同一性が成立するか否かを決定する絶対的条件であるという立場をとる。したがって彼にとっては，「意識あるもの」として

他者と関係を取り結ぶという主体的実践から切り離された実体的な意味での人格は存在しない。生命倫理学において，このような意味での意識の要素を重視し，胎児や植物状態の人間等に厳密な意味での人格という資格を認めようとしないパーソン論は，ロック的人格論の現代的帰結のひとつである。

これに対してカントは，理論的認識の領域においては，ロックと同じく「私は考える」という自己意識を越えた実体的人格の存在を肯定することを誤謬推理として退けるが，道徳的行為の主体としてのわれわれは，主体たりえない「物件」（Sache）とは本質的に区別された尊厳ある「人格」（Person）として，また決して他のものの手段とはなりえない目的それ自体という意味での理性的存在者として，超感性的な叡智界（目的の国）の住人としての資格を有すると考える。「意識」を人格の条件とするロックとは異なって，道徳的行為の可能性を有する人間は本質的に人格性を備えているというのがカントの立場である。

[文献] カント『道徳形而上学原論』岩波文庫，1976；一ノ瀬正樹『人格知識論の生成』東京大学出版会，1997；エンゲルハート他『バイオエシックスの基礎』東海大学出版会，1988。

（石井潔）

人格主義　〔英〕personalism〔仏〕personnalisme

われわれの人格が，具体的な時代や社会ないし物質的な世界から独立に存在する内的な本質をもつことを前提とし，そのような人格の陶冶や完成それ自体に最高の価値を置く思想的立場の総称。日本においては社会主義と国家主義の対立を越えた非政治的な教養人を理想として掲げた阿部次郎の大正教養主義的な人格主義が，フランスにおいては無限人格としての神と有限人格としての人間を基盤とする E. ムーニエや J. マリタンらのキリスト教的人格主義が，またアメリカにおいては神や人間の人格性の直接的経験を重視する B. P. ボウンや E. S. ブライトマンらの経験主義的な人格主義が，その代表的なものである。

[文献] 阿部次郎『新版 合本 三太郎の日記』角川選書，2008；三島唯義『人格主義の思想』紀伊國屋新書，1969。　（石井潔）

人格の同一性→アイデンティティ

進化論的認識論 〔英〕evolutionary epistemology〔独〕evolutionäre Erkenntnistheorie
1970年代以来，進化論的認識論は認識論における新しいオルターナティヴとして登場した。進化論的認識論には，大きく分けると，二つの相異なる方向性がある。生物学サイドの進化論的認識論にはローレンツ，リードル，フォルマー並びにヴケティツが，他方，科学論サイドではポパーとキャンベルが，それぞれ代表的提唱者として挙げられる。進化論的認識論のルーツは，19世紀の進化論と進化思想，また，進化論の影響を受けた諸理論にまで遡りうる。すでにダーウィンは「精神的なもの」の進化論的説明に広範な経験的基礎を据えていた。一般に進化論的認識論は，「認識の生物学」「生物学的認識論」と呼ばれることからも明らかなように，世界に関する知識を，進化生物学や比較行動学（動物行動学），神経生物学など，総じて進化に関連する諸理論から，さらには心理学，言語学，人類学などから得て，結合し総合する。その意味で進化論的認識論は，「新しい総合」の認識論である。進化論的認識論に対しては，自然主義的誤謬に陥る，プラグマティズムである，などの批判があり，論争が展開されている。
〔文献〕ローレンツ『鏡の背面』新思索社，1996：フォルマー『認識の進化論』新思索社，1995。　　　　　　（入江重吉）

新カント派 〔独〕Neukantianismus〔英〕Neo-Kantianism
19世紀末から20世紀初めのドイツにおいて，カント哲学の再評価という旗頭の下に一連の哲学的主張を展開したグループを言う。その主張の理論的特徴からマールブルク学派と西南ドイツ（バーデン）学派の二つの学派に分けられる。

　新カント派は，自然科学的認識の成果を十分に評価，活用しようとしないヘーゲル主義的観念論とも，また逆に人間の精神活動全体を自然科学的に解明されうる物質的過程に還元し，哲学的認識に固有の領域を認めようとしないビュヒナー，フォークトらの自然科学主義的唯物論とも袂を分かち，人文・社会科学を含む科

学的認識の客観性を「事実」として認めた上で，そのような客観性を保証するわれわれの思考法則ないしわれわれの判断の根底にある客観的価値の，個々の経験を越えた普遍的「妥当性」を解明することが学としての哲学の果たすべき固有の役割であると主張した。

このような主張は，われわれの世界認識，道徳的実践，美的判断等を直観形式やカテゴリー，道徳法則等のわれわれ主体の側のア・プリオリな諸原理との関係において考察するカント哲学の構成主義的な側面を肥大化させる一方で，認識，実践，趣味等のそれぞれの領域内部の矛盾（二律背反論）や領域間の総合（共通感覚や想像力）といった世界観的問題を捨象しており，カント哲学の単純な再興ではないという意味で「新」カント派と呼ばれるにふさわしいものとなっている。

マールブルク学派を代表する哲学者は，H. コーエン，ナトルプらである。彼らの理論的特徴は，「経験は理論のインデックスにすぎない」というコーエンの言葉に典型的に見られるように，客観的認識における経験的所与の役割を極小化し，思考のア・プリオリな法則の普遍的「妥当性」にすべてを還元しようとするところにある。またコーエンは，学としての純粋法学が客観的認識として存在するという「事実」の根拠として，個人の意志と他者の意志との間の一般法則の普遍的「妥当性」を挙げ，彼の提唱する倫理的社会主義をこのような社会的関係の一般法則によって正当化した。この社会主義構想は「新カント派社会主義」と呼ばれ，ドイツ社会民主党のベルンシュタインらの社会主義論にも影響を与えた。

これに対して西南ドイツ学派を代表する哲学者は，ヴィンデルバント，リッケルトらであり，自然科学，歴史科学，芸術学等のそれぞれの学の根底には，普遍的「妥当性」をもつそれぞれの価値領域があり，そのような価値との関係においてわれわれの学的判断の客観性が保証されているとの主張を展開した。ウェーバーの社会科学方法論やハーバーマスのコミュニケーション的行為の条件としての「妥当性」等の議論にも，このような新カント派的価値哲学の影響が見られる。

→構成主義，コミュニケーション的行為
[文献] 高坂正顕『カント学派』弘文堂，1940；Gillian Rose, *Hegel Contra Sociology*, The Athlone Press, 1981；九鬼一人『新カント学派の価値哲学』弘文堂，1989。　　　　　　（石井潔）

神義論→弁神論

真仮偽→日本仏教

人権　〔英〕human rights〔仏〕droits de l'homme
人間が人間らしく生きていく上で不可欠な近代固有の概念で，自然権のように自然法によって保障されると考えられる場合と，憲法などの実定法によって保障されると考えられる場合とがある。近代における権利の宣言は，アメリカの「独立宣言」(1776)やフランスの「人と市民の権利宣言」(1789)などでなされたが，そこにおける権利の主体は中世的身分の制約から解放され，自己利益の追求を正当化された近代的個人である。この点を捉え，マルクスは人権のブルジョア的性格を批判した。人権は近代初期においては財産所有者である成人男性市民に限定されたが，当事者の戦いによって女性や社会的弱者にも拡大していった。人権は最初，信仰の自由をはじめとして，国家権力の介入を排除する自由権的基本権（～からの自由）に重点が置かれていたが，その後資本主義の発展による労働者階級の台頭とともに，参政権や社会権（生存権，労働権，教育権）など20世紀的基本権へと広がっていくことになる。ロシアにおける社会主義政権の成立（1917）にも影響された第一次世界大戦後のドイツ・ワイマール憲法（1919）で，はじめて生存権が明文化された規定となり，社会保障が国の義務となった。現在ではこれらの権利を深め，実質化する人格権や環境権など新しいタイプの権利が問題となっている。人権は近代国民国家の成立とともに確立してきた経緯があり，その保障が各国民に限定されてきたきらいがあるが，グローバル化に基づく世界統合の進行によって，国境を越えた人権保障が世界の大きな課題になってきており，すでに国際人権規約など

シンコウ

をはじめとする各種の人権条約によって人権保障の国際化が進んでいる。一方で，個人主義の行き過ぎと関連して，権利を狭い自己利益追求の道具として捉える社会風潮が先進資本主義諸国を中心として存在しており，これに対しては共同体的モラルを重視するコミュニタリアン（共同体主義者）などからの批判がある。また環境問題の深刻化とともに，自然物にも権利を認めようという考え方も出てきている。
→自然法・自然権，自然の権利
［文献］高木八尺／末延三次／宮沢俊義編『人権宣言集』岩波文庫，1957：大沼保昭『人権・文明・国家』筑摩書房，1998。

(碓井敏正)

信仰 〔ギ〕pistis〔ラ〕fides〔英〕faith〔独〕Glaube〔仏〕foi 宗教的な事象としての神聖なものを信じ，尊敬することを意味するが，一般的にはキリスト教などの既成宗教において，超自然的な神に対する信者の宗教的な心情や行為についていわれる。内容的には，神的なものへの主観的な意識，畏敬や帰依の感情ないしは心情，教義や教説についての知識や支持，祭儀への関わりを含む生活全般に対する自覚的な態度，さらには教団への帰属を支える意識的な行為などを含んでいる。日本には古くから仏教において，仏の教えや菩薩などを信じる清浄な心を意味する「信心」の語があるが，これも今日では，翻訳語に由来する「信仰」の語に包摂されている（一方，「民間信仰」という語もある）。

信仰は，宗教において信者を神に結びつける中心軸をなすものである。キリスト教における信仰は，旧約聖書では神に対する人間の応答（神との契約の遵守）を意味し，新約聖書ではもっぱらイエス・キリストとの人格的信頼関係において成立しうると見なされている。つまりイエス・キリストこそが信仰対象であり，神の受肉および神の死と復活に示される神の愛による救いを信仰内容としている。人間は，有限的であり，過去や現実に縛られており，世界に対する理性的な判断や知識を越えることはできないが，信仰によってのみ，自然や生死や現実性のもつ諸制約を超えて，未来への希望をもつことができる。こうした信仰の立場

は，キリスト教では，あくまで神についての知的な理解からではなく，キリストの呼びかけに答えて自我を放棄し，キリストの愛を信頼し，キリストにならって生きることによってのみ開かれるとされる。この点で，信仰は知識や理性と必ずしも調和的ではない。むしろ〈不合理なるがゆえに信ずる〉という逆説的な表現もなされる。一方で，信仰はあくまで神の方からの呼びかけに対する人間の応答によって成立しているものだとする立場（K. バルト）があるが，他方で，信仰は現実性を超出しようとする点で，超自然的なものを志向する人間の主観的な感情や願望に依拠するものだとみる立場（フォイエルバッハ）もある。

→宗教，フォイエルバッハ，キリスト教

［文献］『西洋思想大事典』2, 平凡社，1990：フォイエルバッハ『キリスト教の本質』上・下，岩波文庫，1965。　　（河上睦子）

人工言語　〔英〕artificial language

日本語や英語のように，自然に発生し，昔から話され使われてきた言語を自然言語といい，これに対し特定の個人ないしグループが意識的に造ったことばを人工言語という。エスペラントのように国際語であることを目指して作られたことばは人工言語の例になるが，論理記号の体系も，かなり昔から構想され，19世紀末から20世紀にかけて実現した人工言語の例である。さらに最近では，コンピュータを操作するための様々な機械語，プログラミング用言語が開発されているが，これも人工言語の例になる。

　自然言語を用いて問題の記述，分析を行うと，議論が不正確になるので，哲学用に人工言語を作らなくてはならないと主張する哲学者のグループを人工言語学派という。すでにライプニッツにそのような考え方の萌芽が見られるが，論理記号の体系をこの哲学用の人工言語だと熱心に主張したことでは，B. ラッセルが有名である。1930年代の論理実証主義者による，やや性急な人工言語の採用を批判し，50年代以降，もっぱら自然言語により記述しようとする日常言語学派がイギリスやアメリカに起こった。しかし，数学や論理学などと同様に，言語学でも新しい記号を作りかつ用いつつ理論展開をする傾向が強くなったのは，自然言語

シンシュ

のみによる記述はあいまいで、人工言語を用いないと、厳密で一義的な記述が困難であるという事情によるものである。（下川浩）

新興宗教
歴史上の始祖を有し、体系化された教義と教団組織を世界的に形成する伝統的既成宗教と区別され、近代以降に成立した小規模宗教団体の総称。社会変動期における既成宗教の権威化・思想的破綻に対して、俗人出身のカリスマ教組の下に、世直し要求、現世利益（げんせりやく）、苦悩救済等を反映した実利的教義、共同体体験の提供と機動的な布教活動を展開し、既成権威に対抗する民衆再生運動の側面をもつものが多い。しかし、宗教本質論からすれば、民間信仰や既成宗教等と質的相違や優劣は存在せず、社会科学的定義は確定していない。社会・文化的文脈の中で特殊に発生する歴史的規定性をもつ宗教運動（佐木秋夫）である。既成宗教に対する社会変動出現時期、組織形態・信仰内容等から新宗教、新々宗教と区分する説もあるが作業仮説的である。日本では、封建社会崩壊の幕末維新期に成立した如来教（にょらい）、黒住教（くろずみ）、天理教、金光教、丸山教、本門仏立宗（ほんもんぶつりゅう）等が源流。資本主義社会の生成・発展に伴う階級矛盾、社会不安に対応して明治中期には大本教（おおもと）が成立し、世直しを掲げ第一次世界大戦前後に急成長した。昭和恐慌期には、生長の家、ほんみち、霊友会等が成立・発展した。帝国主義段階に入ると、近代天皇制の下で抑圧された民衆の世直し願望、小市民的道徳、現世利益を強調しながら民間信仰を含めた諸宗教教義混淆の呪術性・シャーマン性を特徴とする小宗教集団が1000団体以上発生した。これらは、階級矛盾と天皇制の非合理性・抑圧性に対して思想性が脆弱で民衆統合力を欠いた戦前の国家神道体制支配の補完機能を果したが、治安取締り対象とされ、ファシズム期には、大本教、ほんみち、ひとのみち、創価教育学会等は、「治安維持法」違反等を理由に弾圧を受けた。国民的価値が崩壊した占領期には、国家神道の解体、信教の自由保障を背景として「神々のラッシュアワー」（佐木）と呼ばれる乱立状態が出現し、その中で生長の家、霊友会、世界救世教（大本教から分派）、PL教団（ひとのみち系）、立正佼成会（霊友会から分派）が急成

長した。創価学会は、日蓮正宗の在家檀家団体として講和条約後急成長し、現世利益実現を可能とした高度経済成長期には、折伏という攻撃的信者獲得手法と信者動員による選挙活動で公明党の政策進出を図った。他に、代表的なものに妙智会、妙道会、孝道教団、真如苑、善隣会、円応会等がある。神秘現象への傾斜や変身願望、離脱願望、急激な心身変容などを特徴として社会的に疎外された若者を惹きつけた新しいタイプが70年代から登場する。これを社会現象形態の相違から「新々宗教」と分類する見解もある。幸福の科学、世界真光文明教団、崇教真光など。これらのうち、世界基督教統一神霊協会、オウム真理教、サイエントロジー、ハレ・クリシュナなど、閉鎖的環境の中で人格変容を起こさせるマインドコントロール手法によって信者を布教、セールス活動、自己啓発セミナーなどに駆り立てたり、反社会的犯罪を行ったりする狂信的集団を「カルト」と分類するが、宗教学上は誤用。便宜的俗称である。

［文献］高木宏夫『新興宗教──大衆を魅了するもの』講談社，1958；村上重良『近代民衆宗教史の研究』法蔵館，1972；『新宗教事典』弘文堂，1980。　　　　　　　　　　（山口和孝）

人工知能　〔英〕artificial intelligence（AI）
人間の知的活動（認識、理解、記憶、思考、言語表現など）を認知科学に基づき技術的にマシーン上で（部分的あるいは擬似的に）実現しようとする理論・プログラム開発・技術工学などの総称。情報科学やコンピュータ科学が高度に発達し始めた1950年代以降、本格的に研究が開始された。初期にはA. チューリングが「コンピュータは考えることができるか」という形で問題を提出し、それを判定するためのテストを考案した。そして、適切にプログラムされたマシーン上ではチューリング・テストに合格することが可能であり、それは心的状態（思考）を実現することと同じであると主張した。それに対し、H. ドレイファスらは、情報処理過程（計算過程）がどのように適切であろうとも、それを思考過程とただちに同一視できないと批判した。この中で問題は次第に、人間の脳や心の振舞（知的活動）はコンピュータ（計算

過程）と同一か否か，という方向へ進んでいった。その問題に関しては，今日まで論争が続いている。肯定派は，思考過程は予め意味の確定した離散的記号の逐次的計算（直列処理）過程にほかならないという立場（J. フォーダーら）と，一つひとつは意味をもたない信号の並列分散処理過程の総和（ネットワーク状態）として思考過程を捉えようとする立場（コネクショニズム）に二分される。否定派は，J. サールのように，心的状態は脳によって生み出されるが，脳や心における思考過程はいかなる意味でも情報処理（計算）過程ではないと強くAIを否定する立場と，心的状態や思考過程そのものはコンピュータによって完全にはシミュレートできないが，脳内で行われている部分的過程はコンピュータによって擬似的に再現・研究しうると，弱い形でAIを認める，多くの技術者のとる立場に分かれる。この論争には容易に決着が付きそうにもないが，脳内メカニズムの解明が急速に進み，それを（部分的であれ）マシーン上で機械的に実現するテクノロジーがますます進化する中で，AIはますます人間に身近なものになりつつある。

→コネクショニズム，認知科学

［文献］ボルター『チューリング・マン』みすず書房，1995；クレイン『心は機械で作れるか』到草書房，2001；ニコレリス『越境する脳』早川書房，2011。　　　　　　　　　　（武田一博）

人口論　〔英〕population theory, theory of population
広義では人口に関する理論一般，狭義ではマルサス『人口の原理』（1798）の理論。マルサス以前では，古代と近代のどちらが人口稠密かという論点をめぐる18世紀後半の人口論争が有名。モンテスキューとウォレスが近代の人口減少を，ヒュームが人口増加を主張した。マルサス『人口の原理』は，人口が等比数列的に増加し，食料が等差数列的に増加する傾向のあることを公準とする。人口は食料を超えられないので，二つの制限を受ける。第一の予防的制限は結婚の延期で，悪徳の原因となる。第二の積極的制限は乏しい食料，不健康な住居，激しい労働，疫病，飢饉などで，貧困と悲惨をもたらす。マルサスは，批判を受けて『人口

の原理』第2版で道徳的制限（悪徳を伴わない結婚の延期）を追加した。さらにマルサスは，ゴドウィンやコンドルセが主張する理想社会が実現しても人口増加によって必ず崩壊すると批判し，救貧法は人口を増加させるだけで貧困を解決できないと主張した。マルサスの人口論は古典派経済学者が共有する見解となったが，マルクスはこれを批判して，資本主義のもとでは労働節約的な技術革新によって雇用量が減少し相対的過剰人口が生ずるという資本主義的人口法則を主張した。

［文献］マルサス『人口論』中公文庫，1973：マルクス『資本論』（全3巻）大月書店，1968。　　　　　　　　　　　（新村聡）

新実在論　〔英〕new realism

われわれの事物についての認識は認識主体の意識内容であり，認識対象そのものからは区別されるとする認識論的問題設定に反対し，認識主体と認識対象との関係とは独立に実在についての認識は可能であるとした20世紀初頭の英米の哲学者たちの立場の総称。新実在論という名称はホルト，マーヴィンら6人の米国の哲学者たちの同名の共著（1912）に基づく。他に英国においては，彼らにも大きな影響を与えたムーアの「観念論論駁」（1903）や，運動や過程を根源的実在とするアレグザンダーの『空間・時間・神性』（1920），ホワイトヘッドの『過程と実在』（1929）などが代表的著作として挙げられる。思想史的にはリードの常識哲学を背景の一つとし，またオーストリアのブレンターノ，マイノングらの仕事に負うところも大きい。また意識内容—認識対象の二元論を否定するという点では，マッハやW. ジェイムズの立場とも近い。

［文献］E. B. Holt [et al.], *The new realism : cooperative studies in philosophy*, Macmillan, 1912; J. Passmore, *A Hundred Years of Philosophy*, Penguin, 1994：大島正徳『現代実在論の研究』至文堂，1948。　　　　　　　　　　　（石井潔）

シンシュ

新宗教→新興宗教

新自由主義 〔英〕neo-liberalism
リバタリアニズムと重なる場合もある新自由主義は，現代ではフリードマン親子，A. H. シャンド，R. A. エプスタインなどを代表者とするが，元祖は，F. A. ハイエクやミーゼスである。その影響は，単に哲学・思想領域に留まらず，多国籍企業と一体の現代帝国主義の「先進諸国家」とその同盟の不平等な対外・対内の政策原理やこれらに介在する階級的対抗の再強化にも及び，社会変革を求めるある種の知識人にすら浸透している。「規制緩和」などと俗称される市場至上主義的政策として表面化するように，リバタリアニズムと同じく国家介入一切を否定する場合もある。だが現段階の新自由主義は，社会保障的には小さくとも，市場指向の「規制強化」やそのための軍事等の強力な国家を主張する大国主義を含むものが多い。古典的な自由主義の反民主主義的側面を引き継ぎながらも，反福祉国家・反社会的自由主義を明確にして，自由主義以上に，平等への志向一切を攻撃する不平等思想にして，階級格差を再強化する思想である。

　新自由主義は，市場秩序ルール（規則）と一体化した自由を主張し，自生的に成立したとされる市場に適合的な強者に有利で弱者には不利な不平等なルール（支配）を，同一ルールのすべての人への同一適用という一種の「平等」的装いの下に巧妙に強要する。そのため，救貧法的（慈善的）で差別的な「社会保障」を除けば，社会法（権）の大半を否定し，市場と親和的な市民法（権）的秩序による不平等を合理化する。さらに，市場の非人格的過程を強調して市場秩序を絶対化し，自由は市場秩序の外部には存在しないとして，市場秩序に基づく支配的社会の外部を一切認めない。それは，市場以外の人為的秩序や計画全般を否定し，コミュニケーション的領域すら市場内部に包摂するほどに徹底している。したがってまた，市場秩序やコイン投げによる決定のみが「公正・公平」とされ，能力に応じた能力主義的な不平等配分すら否定するほどに，公正・公平は否定される。

　新自由主義はまた，人間の真の陶冶や成長を否定して諸個人の

無知を放置し，市場依存の物象化された「教養や教育」を，さらには物象化された競争をより常態化する。新自由主義は，一見この上なく価値的自由を強調するように見えるが，根底では価値を市場至上主義的な単一価値に還元しているので，実は価値の多様性を極度に消去する思想である。加えて，生まれや運や遺伝特性をも個人の自己責任とする極度の個人還元主義であり，したがってまた，連綿と続く差別・不平等思想たる優生思想の現代版でもある。

→ハイエク，市場経済，リバタリアニズム

[文献]『ハイエク全集』（I 期 全 10 巻 別巻，II 期 全 10 巻 別巻）春秋社，2007-12；フリードマン『資本主義と自由』マグロウヒル好学社，1975；ハーヴェイ『新自由主義』作品社，2007。

(竹内章郎)

人種主義 〔英〕racism〔仏〕racisme〔独〕Rassismus
「人種」の差異に社会的・文化的意味を与える立場。また，その立場から特定の「人種」を差別・排斥・攻撃する態度。今日，「人種」は社会的構築物であり人間の生物学的・遺伝学的差異とは別であるとの認識は広く共有されており，そのような認識に立てば，「人種」の存在を前提とする議論自体が「人種主義」であると言える。しかし，歴史的にみれば両者は同じではない。肌の色や容貌の異なる人間を経験的に区別する概念は，時代や地域を越えて存在したが（たとえば古代ギリシア・ローマの「エチオピア人」，近世日本の「紅毛人」「黒坊」），人類総体を身体的特徴から体系的に分類する近代的「人種」観念は，自然の中の人間の位置を合理的に説明しようとする 18 世紀ヨーロッパの啓蒙思想の中から生まれた。同時代のキリスト教の新たな活性化もあり，「人種」は容易に知性や徳などの内面的価値や美意識と結びつけられ，「白人」を頂点に序列化された。市民的平等の原則が浸透するとともに，それでも解消できない差異としての「人種」への関心は強まり，19 世紀末のナショナリズムと帝国主義の時代には，「人種」は「民族」とも重ね合わされ，民衆を巻き込んだ政治的・社会的実践としての人種主義を出現させた。たとえば，解

放により同化しつつあった「ユダヤ人」が，固有の文化に固執する同化不能な「民族」として，また「鉤鼻」などの身体的特質をもつ「人種」として，攻撃の対象とされた（反ユダヤ主義）。ゴビノーに代表される文明論的な人種論がもてはやされる一方，ダーウィンの進化論を歪曲して人間に適用した「社会進化論」が広く受け入れられ，人類学・医学・優生学などに支えられた人種主義が広がった（科学的人種主義）。人間の生得的差異を問題とする人種主義の論理的帰結は，「劣等な人種」の物理的抹殺であり，20世紀の植民地主義やナチズムはそれを実行した（ジェノサイド）。人種主義はまた，植民地支配を受けた人々の中でも内面化され，エスノセントリズムの構成要因となる場合がある。今日では，人種主義は，素朴に「人種」の優劣を論じるのではなく，「人種」を「文化」と言い換えた文化相対主義の形をとることが多い。

〔永原陽子〕

心情倫理／責任倫理〔独〕Gesinnungsethik / Verantwortungsethik

M. ウェーバーが講演『職業としての政治』で主張した，政治に要請される対立した二つの倫理。心情倫理とは，サンディカリストの倫理や「キリスト者は正しきを行い，結果を神に委ねる」という宗教的絶対倫理が例として挙げられるように，行為そのものに価値を認める倫理を指す。逆に責任倫理とは，行為に随伴する不都合な結果をも予め顧慮した上で行為しなければならないという意味で，行為の結果責任を求める倫理である。政治家には，心情倫理のみならず責任倫理をも併せもつことが求められる。ただし，政治家のみならず一般に，行為に随伴する結果が所期の目的とは対立する可能性を洞察し，対立する諸価値の間で「決断」を為さねばならないことを，ウェーバーはしばしば主張している。こうした思想は，現代を「永遠に決着のつかない神々の闘争」と見なす彼の時代認識に基づいたものである。また，結果への顧慮如何を問題とするこの対概念は，ウェーバーが理念型として用いた社会的行為の四類型のうち，価値合理的行為と目的合理的行為に，内容的に相当する。ただしこれらの概念にせよ，心情倫理／

責任倫理にせよ，その定義が類型論として確定するのは，ウェーバーの最晩年である．心情倫理に限って言えば，この語はそれ以前から宗教社会学の文脈で用いられており，ウェーバーは，現世を志向する宗教（たとえば結果を顧慮するご利益信仰）が内面的に深化してゆく過程を，心情倫理的合理化と呼んでいる．
→サンディカリズム，理念型
［文献］ヴェーバー『職業としての政治』岩波文庫，1980．

(鈴木宗徳)

新新宗教→新興宗教

心身問題 〔英〕mind-body problem〔独〕Leib-Seele Problem
「こころ」ないし精神と，「からだ」ないし身体とは，互いに独立しているのかどうか，一方の働きは他方の働きとどのように関係しているのか，について論究・解明が目指されている哲学の根本問題の一つ．

【心身問題の成立】すでにギリシアのプラトンの思想のうちに，人間の死後も霊魂は肉体を離れて生き続けるという，心身分離（心の不滅を土台にした）の考えが現れているが，心身問題が本格的に哲学上のテーマになったのは，近世のデカルトにおいてである．デカルトは，世界が「思考」を属性とする精神と，「延長」を属性とする物体の二つから成っており，その本性をまったく異にしているために，精神と物体，心と身体は独立した存在だと主張した．ここには，人間精神の根源性・自律性を確保しようという立場と，身体を含む物体すべてを数学的自然学に基づく探求によって解明しようという立場が示されている．しかし，心と身体を互いに独立した別領域に分離してしまうことによって，重大な難問が発生することになった．なぜなら，われわれは日常的に，喜びや悲しみが表情や身ぶりに現れること，肉体の痛みが心の不安や憂鬱と直結していることなど，心身合一の状態を経験しているからであり，心身二元論はこうした日常的事実を説明できないからである．もっともデカルト自身も，心身分離を一応の前提とした上で，精神と身体との相互作用を説いたが，成功していると

はいえない。かくて彼以降、マルブランシュやスピノザをはじめとする多くの哲学者がこの難問解明に向かい、様々な回答が提示されてきた。

【心身問題への諸回答】心と身体との関係についての説には、主に次のようなものがある。両者は互いに独立していて、対応し合う関係にすぎない、とみる「心身並行論」。心身の一方の状態が互いに他方の変化の機会となっている、とする「機会原因論」。両者は独立した存在ではあるが、一方は他方に因果的な作用を及ぼす、という「相互作用論」。心は独立した存在ではなく、身体、特に脳の働きに随伴して生まれる現象にすぎない、とする「随伴現象論」。これ以外に、心と身体との分離以前の中性的な実体を認め、それが心的なものにも物的なものにもなりうる、とみる「中性一元論」や、物質的な世界や事物の実在性を知覚現象に帰着させる「現象一元論」などがある。しかしこれらは、心身問題への回答というより、心身問題を解消する議論にほかならないというべきであろう。それにしても、心の起源を究明せず、心と身体とを独立の存在と見なした上で両者の関係を問う、という問題の立て方自体が疑問視され反省される必要がある。今日では、進化学や脳科学の成果に基づく新たな心身関係論が前進し始めている。

【現代の心身関係論】大脳生理学の発展に伴って、心的現象は大脳の働きの結果にほかならないとする随伴現象論が有力となったが、それを受け継いで、心脳同一説が登場した。心と身体とは因果的に作用し合う存在だという見方を捨て、心的状態は脳の状態に等しい、と主張する説である。心脳同一説は、中枢神経系に精神の座を認める唯物論の立場を代表する。しかし他方で、心と身体は根源的な同一なるものの二つの現れであるという「同一説」の中で、心でも身体でもない中立的なものを前提においた、上記の中性一元論のいくつかの形態も復活している。生命や意識の発生を進化論の観点から明らかにしようとする試みを通じて、「創発的唯物論」が提唱されている。精神的事象を物理・化学法則に還元する物理主義に反対して、精神の非物質性を擁護するとともに、精神の物質的レベルからの創発を認める理論である。今後、

この創発的唯物論を中心として，心身関係をめぐるいっそうの理論展開が進んでいくと考えられる。
→機会原因論，並行論，中性一元論，心脳同一説，創発的唯物論
［文献］ブンゲ『精神の本性について』産業図書，1982；種村完司『心－身のリアリズム』青木書店，1998；ポパー／エクルス『自我と脳』新思索社，2005。　　　　　　　　　（種村完司）

真正社会主義　〔独〕wahrer Sozialismus
フランス社会主義とヘーゲル哲学やフォイエルバッハの人間主義的哲学とを結びつけて 1840 年代「三月前」期ドイツに生まれた社会主義の一流派。社会主義を「真の人間的本質」や「普遍的人類愛」等の哲学の理念の実現という脈絡で解釈し，自ら「社会主義の哲学的基礎づけ」を行ったと称した。主な論者には，『ドイチェス・ビュルガーブーフ』や『社会改革のためのライン年誌』等の刊行物に集まったモーゼス・ヘス，カール・グリュン，ヘルマン・ゼミッヒらがいる。マルクスは『共産党宣言』（1848）他で，そのイデオロギー的性格を批判した。
→フォイエルバッハ，ヘーゲル左派
［文献］良知力編『資料・ドイツ初期社会主義』平凡社，1974。
（渡辺憲正）

心像→表象

身体論　〔英〕body theory
西洋では，霊肉二元論に立つキリスト教の伝統のもとで，感覚や欲望の源である人間身体への否定的な理解が長く続いた。しかし 14 世紀から 16 世紀にかけてのルネサンスにおいて，新しい人間主義の名のもとに，身体に対する画期的な再評価が行われた。肉体の美，情念の善性が，賛美され謳歌されたのである。いわば近世的身体論の登場といってよい。
　哲学的な身体論は，物体および身体の属性を「延長」に求め，精神と身体との独立性と両者の相互作用を主張した，フランスのデカルトに始まる。近代科学の興隆の中で，彼は，数学的機械論

的自然観を有機的な人間身体の把握にまで貫こうとしたが、心身分離を前提とする彼の理論は、後のちまで哲学者を悩ます困難な心身問題を生み出さざるをえなかった。18世紀半ばには、人間を物質的機械と見なし、心を身体の産物と捉えた、ラ・メトリの機械論的唯物論の身体論も出現したが、大陸合理論やドイツ観念論の伝統の中では、理性や精神の過大評価に対して、身体や情念の過小評価が支配的であった。

ヘーゲル以後、フォイエルバッハが掲げた自然性・感性重視の身体論、マルクスによって提唱された実践性・社会性を重視した身体論は、身体論の歴史の上で、優れた画期をなした。マルクスの身体論は、人間的自然（感覚・意志・思考などの心的諸能力、労働し活動する身体的諸能力の全体）が「全世界史の労作」であるとの見地に立って、自然性・意識性・社会性の統合体として身体を捉えている点に、他に類をみない特色がある。人間身体が、自然的かつ文化的性格をもつことが自覚されることによって、生活する身体、労働する身体、スポーツする身体、演技し表現する身体等々、様々な領域の身体論への展開が可能となっている。

なお、今日、現象学の立場からの身体論も一つの有力な潮流をなしているが、その代表としてメルロ＝ポンティが挙げられる。彼の説の特徴は、心と物との二元的な身体解釈を斥け、身体のすべてに精神が拡散していることを主張し、周囲の状況の意味に自覚的または無自覚的に自らを調節していく不断の運動として身体の本性を理解する点にあった。とはいえ、身体の社会的・文化的諸特性や状況への能動性が明らかにされた反面、生理的・自然的側面が著しく軽視されるという弱点を示している。

→ルネサンス、心身問題、実践的唯物論

[文献] 唯物論研究協会編『こころとからだ』（唯物論研究年誌6）青木書店、2001；マルクス『経済学・哲学草稿』岩波文庫、1964；メルロ＝ポンティ『知覚の現象学』（全2冊）みすず書房、1967-74。　　　　　　　　　　　　　　　　（種村完司）

シントウ

シンタクス→構文論

神智学 〔英〕theosophy〔独〕Theosophie〔仏〕theosophie
言葉としては古代からあるが，近世ヨーロッパ以来，ある種の宗教的神秘思想の代名詞として意識的に用いられるようになった。神に関する知を啓示に限定する正統神学に対して，神智学は一般に，内的・外的自然のコスミックな照応や主観的神秘体験において神の秩序と救済の原理が直知される，との立場を表す。近世神智学の集大成は，17世紀ドイツの神秘家ヤーコプ・ベーメであり，その神智論思想は，シェリングの同一哲学やヘーゲルの弁証法的神論に大きな影響を与えた。19世紀に入って，インド的思想の要素を取り入れつつ，ロシア人マダム・ブラヴァッキーを創始者とする，いわゆる近代神智学が成立し，現代のニューエイジ思想などにも影響を与えている。
→神秘主義
〔文献〕ベーメ『アウローラ』創文社，2000；P. ワシントン『神秘主義への扉』中央公論新社，1999。　　　　　　（深澤英隆）

神道 （しんとう）
日本人の固有信仰。外来の仏教や儒教が伝えられる前からあった土着の神観念とそれに基づく宗教的実践，生活慣習などをいう。この信仰内容は，『古事記』『日本書紀』のうちに窺うことが出来るが，両書が仏教を基礎に置く律令体制成立期の撰述であることから知られるように，神道は仏教との関係の中で自らを意識した。『日本書紀』用明天皇の条に「天皇信仏法，尊神道」，同書孝徳天皇の条に「尊仏教，軽神道」とあるのはきわめて示唆的である。以後神道は，仏教・儒教とのイデオロギーの首座争いのなかで，様々な変貌を経過し，明治に至って超宗教的な国家神道の地位に昇るが，敗戦後GHQの指令により，一つの民間宗教として位置づけられることになる。その呼称や内容も，その変貌とともに本地垂迹，垂下神道，復古神道，惟神（かんながら）の道など様々であったが，外国人研究者の〈xintho〉などの表記もあって，神道という呼称が定着した。

シントギ

『古事記』『日本書紀』の中に示されるその信仰内容は，事物の背後に呪霊＝神をみるアニミズム信仰であるが，呪霊はすでにバラバラな無秩序状態から脱却し，一定の秩序化が進んでいる。天上的性格の神や自然の生殖力，生成力を神格化した神々があり，やがて，男女夫婦神が契約に基づいて国土と神々とを生む。この国生みに際して女性神主導で性交が行われたとき不具の子が産まれ，男性神主導でやり直し成功したという物語は，父権と母権との闘争の存在と父権の勝利とを物語っている。この二神の生むアマテラスが，のち二神の生みなした大八島の土地人民を永続的に支配する天皇家の祖先神となるという神話には，生まれた土地人民はそれを生みなしたものが支配してよいという血縁支配のイデオロギーが存在しているし，それは同時に天皇制支配を正当化するイデオロギーでもあった。後それが国家神道として，日本の軍国主義イデオロギーとして猛威を振ったのも偶然ではない。
→神仏習合，国学
[文献] 守本順一郎『日本思想史の課題と方法』未来社，2009；同『日本思想史』未来社，2009。　　　　　　　　　（岩間一雄）

真と偽　〔英〕truth and false
日常的には「真理は一つ」など「いつどこにおいても変わることのない正しい物事の筋道」のように真理―誤謬の意として使われるが，論理学的には，真と偽は判断・命題のもつ性質をいう。判断・命題はそれが表現する事実と一致していれば真，一致しなければ偽である。「この花は赤い」という判断・命題は，この花が赤ければ真，そうでなければ偽である。それに対して，演繹推理が形式的に正しいか誤りか，つまり，推理の規則を犯していないかどうかに関しては，正しい推理を妥当（valid），正しくない推理を非妥当・妥当でない（invalid）という用語で区別する。
→形式論理学，真理，妥当　　　　　　　　　　　（中村行秀）

新トマス主義　〔英〕neo-Thomism〔独〕Neuthomismus〔仏〕neo-thomisme
トマス・アクィナスの説を復活させ，現代の問題を解明しようと

する19世紀後半から興ったカトリック界での哲学運動である。代表者にメルシエ（ベルギー），マリタン（フランス），ジルソン（フランス）らがいる。その学説の基礎はトマスのアリストテレス的・目的論的存在論であるが，特に依拠するのは信仰と理性の明確な区別および両者の有機的な関係の基礎づけである。要は，進化論以後の科学と神学とをどう調停するかであり，これが依然，問題となっているのである。
→トマス・アクィナス，アリストテレス
［文献］ジルソン『神と哲学』行路社，1975：稲垣良典『現代カトリシズムの思想』岩波新書，1971。　　　　　　（両角英郎）

　真如　（しんにょ）〔サ〕tathatā
そのようにあること，ありのままの姿，真実のあり方などが原語の意味。真如という漢訳語は東アジアの仏教圏で広く用いられた。初期の仏典でも，縁起の道理を指す表現としてすでに用いられていたが，大乗仏教の発展とともに使用される頻度が著しく増大した。ほとんど同義のtattva（真理）はインド哲学諸派でもよく使われたのに対して，tathatā（真如）の方は仏教以外で用いられなかった。なお，「諸法実相」「実際」「法性」「法界」などの仏教術語も，その内容からすれば，真如に近いといってよい。鈴木大拙はこの語をsuchnessと英訳している。迷妄を断ち切った立場に立ち，曇りのない清浄な眼で観察すれば，ありのままの姿のうちに真実がまざまざと顕現しているのである。
［文献］平川彰『大乗起信論』大蔵出版，1973。　　（岡部和雄）

　信念　〔英〕belief〔仏〕croyance〔独〕Glaube
信念とは，一般にはある教理や思想などをかたく守って譲らない毅然たる心的態度を意味する。ヒュームは，因果性の分析の中で信念について独自の見解を提示している。彼によれば，事実に関する知識の典型である因果関係が信念の対象である。最初にある対象を思い，その後で同じ対象が存在すると考えるとき，われわれは最初の観念に何の付加も変更も行っていない。たとえば，神のことを考えるとき，神についての単なる想念と神の存在につい

ての信念では，その人が抱く神の観念には少しの増減もないが，神の存在の単なる想念と神の存在についての信念とでは大きな相違がある。その相違とは，その観念を思い抱く仕方にある。したがって，信念は対象を思い浮かべる仕方を変えるもので，観念に勢いと生気を付加するものである。ヒュームによると信念とは，「現前する印象と関係をもつ，すなわち連合された生気ある観念」と定義される。信念の成立の原因と考えられるものは，現前する印象である。現前する印象に基づくすべての信念は，過去における多くの印象およびそれらの連結と反復による習慣から生じるのである。ヒュームはこのように信念を解明したが，この議論では，信念を人生における重大な活力と見なす展開とはそりが合わないと批判されることもある。

(泉谷周三郎)

心脳同一説 〔英〕mind-brain identity theory

心に関する唯物論の一つで，あらゆる心的状態や過程は脳状態や過程と同一であると主張する理論。1960年代以降，英米の科学哲学者たちによって盛んに論じられた。この説は，同一性の理解をめぐって激しい論争を巻き起こし，異なる主張となって分岐対立していった。最初に提出された議論は，心的事象についての言明（たとえば「私は痛みを感じている」）と，ある脳過程についての言明（「脳神経線維Cが発火している」）はともに有意味であり，かつ，相互に翻訳可能である。つまり，二つの言明が指示している意味は厳密に同一であり，それらが指示する存在は「話題に中立的」（topic-neutral）だと主張した（J. J. C. スマートら）。それに対し第二の立場は，両者の言明は厳密な同一性を意味しない，と理解するものであった。前者の言明は後者に還元され，消去されねばならない。心的状態の日常言語的言明は，いかなる実在的対象をも指示しないとされるからである。この立場は，心的存在の独自性を結局のところ認めないため，物理主義的（強）還元主義ないし消去主義と呼ばれる（R. ローティ，P. K. ファイヤーベントら）。第三は，心的状態が事実上遂行している機能（たとえば言語の産出，離散的記号の計算過程）とタイプないしトークンにおいて同一であれば，脳だけでなくあらゆる物理的存

在の機能状態と同一である（多型実現）と見なす立場（H. パトナムら）。さらに第四は，心的状態や過程は脳状態や過程として科学理論によって説明されなければならないが，しかし，心的なものが存在論的に消去されたり，物理的状態・過程・機能に還元されることには反対する，つまり，心的存在や状態の固有性を承認し，それを記述するのは独自の心の科学理論でなければならない，と主張する立場。これは弱還元主義，創発主義的同一説と言える（M. ブンゲら）。心脳同一説はこのように見解が互いに対立していったため，80 年代以降，しだいに用語としては使われなくなった。

→機能主義，創発的唯物論，コネクショニズム

［文献］ボースト編『心と脳は同一か』北樹出版，1987；アームストロング『心の唯物論』勁草書房，1996；信原幸広編『シリーズ　心の哲学』（全 3 冊）勁草書房，2004。　　　　　（武田一博）

神秘主義　〔英〕mysticism〔独〕Mystik〔仏〕mysticisme
語源となる mystike/mystica は，元来古代の秘儀宗教と関わる語彙であり，その後は否定神学＝神秘神学や，聖書の秘められた意味を表す語であった。ここから近世になって，正統神学と異なる，直接的神体験（神秘体験）に基礎をおく思想・実践を，「神秘主義」の名をもって呼ぶようになった。18 世紀には，新旧両キリスト教の枠組を超えたキリスト教神秘主義の伝統といったものが観念されてくる。さらに 19 世紀になると，キリスト教にとどまらず，古今のあらゆる宗教伝統に神秘主義が「発見」されるに至る。この 18 世紀以来の神秘主義の観念には，明らかに啓蒙の伝統に対する対抗性が見られる。

　19 世紀以来人口に膾炙した神秘主義の概念は，何らかの神秘的・脱我的体験において神や絶対者に触れ，あるいはそれらとの合一の経験を得，それに基づき神や実在についての直接知を獲得するに至る宗教性・宗教実践を表す。こうした体験は，修行の果てに獲得される場合もあれば，突発的経験の場合もある。いずれにせよその体験知は自己確実的なもので，伝統依存的というよりも伝統を逆に実証するものである。また諸伝統の神秘主義は相互

に著しい類似性をもつとされ、キリスト教神秘主義、イスラム神秘主義、ヒンドゥー教神秘主義等々の本質的一致、ということが語られる。

近代哲学史は、この神秘主義の観念と両義的な関係にある。カントはその内面主義にもかかわらず、認識限界を語ったことにおいて、決定的に反神秘主義的である。これに対しいわゆるドイツ神秘主義の伝統の再解釈を形而上学構築の核心においたドイツ観念論の伝統は、近代神秘主義の観念と無縁ではない。19世紀末以来の文化批判や生の哲学と神秘主義の伝統との結びつき（ジンメル、ベルクソン、ハイデガー等）は顕著である。このように、神秘主義の観念は近代以降、世俗化と伝統的宗教の失墜を補完する、エキュメニカルで文化批判的な意味合いをもって用いられてきた。今日の宗教研究では、こうした神秘主義概念の歴史性や、神秘体験・神秘主義の伝統による被規定性に関心が向けられている。

→スウェーデンボリ

［文献］アンダーヒル『神秘主義』ジャプラン社、1990。

（深澤英隆）

神仏習合 （しんぶつしゅうごう）

日本の固有信仰である神道と大陸伝来の仏教とが融合した結果生み出された宗教現象。本地垂迹説などがその典型である。仏教を主導理念とする律令体制が、壬申の乱（672）降の天武天皇の神仏融和策によって確立されるように、古代的連合原理である仏教が在来の土着信仰とそれを支える勢力を包摂することこそが、日本の古代律令体制にとって、至上命令であった。当初、反目し争い合っていた寺社は、天武の両教重視策以後本格的に接近を始め、個別的にも接近融合して行く。宇佐八幡宮が仏教と接触して神宮寺を建立したことなどが地方における典型例である。土着的要素が次第に古代的方向に包摂されていく経過をそこに見ることが出来るだろう。朝廷の積極的な習合政策と相俟って、神前読経、神宮寺建立が、全国的に広がる。習合がさらに進むと、本地垂迹説が行われるに至る。本地垂迹とは、本地＝インドにおける

仏陀が衆生済度のために日本の神となって現れるという説であり，神と仏との一体化がさらに進むが，それは地域に新しい勢力が台頭し始めていることの表現でもある。武士の帰依を受けた八幡大菩薩，熊野権現などがその実例である。1868年，復古神道を目指した維新政府は神仏分離令によって神仏を分離し垂迹思想を否定したが，民衆の神仏観においてその間の原理的差異はあまり意識されることなく現在に至っている

→神道，修験道

〔文献〕守本順一郎『日本思想史』未来社，2009；高橋美由紀『概説日本思想史』ミネルヴァ書房，2005。　　　（岩間一雄）

新プラトン主義　〔英〕neoplatonism

プロティノスの哲学を基本的な動因として成立した古代後期の思想動向を指すが，「新プラトン主義」という名称は19世紀に与えられた。この派に属する人々はプラトン哲学の継承を意図していたものの，ペリパトス派やストア派，ピュタゴラス主義などにも大きく影響されている。プロティノスは，ローマで学園を開いてこの派の基本となる思想を提示した。すなわち世界は究極原因である〈一〉を頂点として，〈一〉，知性，魂という三つの基礎実在（hypostasis）とそれと対比される可感的世界から構成され，各階層はより上位の原理から発出する。その弟子の一人ポルピュリオスは基本的にそれを継承するが，プラトンとアリストテレスの注解という研究伝統をこの派に確立した。3世紀シリア出身でありその地に学園を開いたイアンブリコスは，ポルピュリオスの弟子であるが，降神術の重視など神秘主義的色彩をいっそう強めた。学園アカデメイアでも新プラトン主義が支配的になり，なかでも5世紀のプロクロスは新プラトン主義の神学に学問的な体系化を与えた。またアレクサンドリアでもアンモニオス，シンプリキオスらが活躍し，精緻なアリストテレス註釈などを残している。

この学派は，ユスティニアヌスによるアテナイのアカデメイアの閉鎖で組織的には終焉を迎えたが，その後も西欧思想史の重要な源泉の一つであり続けた。新プラトン主義者の一部はキリスト

教に批判的であったにもかかわらず、その影響はアウグスティヌスをはじめとしたキリスト教教父たち、ユダヤ思想家、さらにイスラムの哲学者をはじめとして中世思想全体に顕著であり、さらにフィチーノなどのルネサンスの思想家、さらにはヘーゲルをはじめとしたドイツ観念論にも及んでいる。

[文献] 水地宗明／田之頭安彦訳『プロティノス全集』(全4巻別巻) 中央公論社, 1986-88；水地／山口／堀江編『新プラトン主義を学ぶ人のために』世界思想社, 2014。　　　　(中畑正志)

人文主義→ヒューマニズム

新ヘーゲル主義　〔英〕Neo-Hegelianism〔独〕Neuhegelianismus〔仏〕neo-hégélianisme
19世紀末から20世紀初頭にかけて興隆したヘーゲル哲学復活の運動と思想。ヘーゲルの死後ヘーゲル派は右派、左派、中間派に分裂した。左派の一部はフォイエルバッハやマルクス、エンゲルスのように唯物論へ向かった。また、当時の自然科学の発展を背景に実証主義も強まり、ヘーゲル哲学の影響は低下した。19世紀中頃には新カント派が登場したが、その形式主義的傾向に不満をもつ人々はヘーゲルの再評価に向かった。ドイツでその先鞭をつけたのはディルタイである。彼は生の哲学の立場に立ち、歴史のなかに普遍的法則を見出すヘーゲルを批判しながらも、ヘーゲルにおいて生の社会性や歴史性が重視されていることに注目した。ディルタイによる初期ヘーゲルへの注目はヘーゲル研究に新しい動向をもたらした。1930年の「ヘーゲル国際連盟」の結成によってヘーゲル・ルネサンスの運動が高揚した。しかし、新ヘーゲル主義は統一的な潮流を形成することはなかった。この立場に立つ多くの学者はヘーゲルの閉鎖的体系、論理中心(汎論理主義)、絶対的観念論に対しては批判的である。新ヘーゲル主義は第一次世界大戦以後ヨーロッパ各国に拡大した。イタリアではクローチェが、ヘーゲルが歴史の発展の原動力を対立のなかに見出したことを批判し、それぞれの発展段階は相互に区別されるにすぎず、固有の意味をもつと見なした。フランスではコイレやコ

ジェーヴらがその後のヘーゲル研究の基礎を据えた。イギリス，オランダ，デンマーク，ロシアなどでもヘーゲル研究が活発になった。

→歴史主義

(高田純)

進歩 〔英〕progress〔仏〕progrès〔独〕Fortschritt
進歩を意味する〈progress〉は，元来は単なる物理的移動（ラテン語の「前に歩く」progredior）を指し，価値的な意味をもたなかった。つまり「歴史の進歩」といった肯定的なニュアンスを帯びた「進歩」の観念は，ヨーロッパ近代においてはじめて成立し，19世紀に絶頂に達した，それ自体歴史的な観念なのである。歴史が進歩するか否かは指標の取り方によるが，さしあたり進歩の観念は自然科学的な知識の増加，人間による自然支配力の増大の自覚によってもたらされた。『学問の進歩』(1605)の著者F. ベーコンにおいてはアリストテレスなどの古い権威はもはや尊敬されず，近代人の方が古く老練なのだ（「古代は世界の青春期」）という逆説が自覚された。人文的学芸の領域や習俗の廉直さといった観点からみれば歴史は進歩どころか退歩しているという反論も根強かったが，全体としては人類の進歩という観念が次第に広まっていく。学芸の進歩をめぐる新旧論争が17・18世紀フランスの思想界を二分したが，最終的にはフォントネルらの近代派がボワローらの古代派を打ち破った。また道徳的評価に関しても，近代市民社会の倒錯を告発したルソーのような例外はあるものの，そうした否定的契機を含みつつ自立・拡大する市場の調整能力（スミス）が最終的には普遍的人類史に向けて人間を解放するだろうというシナリオ（カント，コンドルセ）が支配的になっていった。こういう進歩史観はヘーゲルの歴史哲学を経て，資本の文明化作用を強調するマルクス主義（生産力の発展史観）に継承され，またコント，スペンサー，J. S. ミルを経てプラグマティズムにも継承されて今日に至っている。だが20世紀における二つの世界大戦の悲惨な経験や，社会主義の実験の壮大な失敗などもあって，進歩というモダンの「大きな物語」（リオタール）は終焉したという主張が，現在ではむしろ強まっている。こうし

た進歩への懐疑はすでにベンヤミンの『歴史哲学テーゼ』（遺稿 1940）にも表明されていたが，人類を解放するはずの巨大な生産力自体が地球環境そのものを破壊し，あるいは南北問題に顕著な人間の不平等がむしろ極大化しつつある現代，それは重大な問題をわれわれに突き付けている。

→進化（論），歴史観

［文献］E. R. ドッズ他『進歩とユートピア——ヒストリー・オブ・アイディアズ 14』平凡社，1987；市井三郎『歴史の進歩とは何か』岩波新書，1971。　　　　　　　　　　（古茂田宏）

新保守主義　〔英〕neo-conservatism

保守主義は，欧州などでは，救貧法的ではあれ弱者保護を自らの高貴な義務とすることがあるが，日本では多くの場合，明治憲法復活，天皇制などの封建遺制への回帰や貴族主義的伝統に拘泥し，時には戦前の軍国主義の復活をも主張して，民主主義や平等主義に敵対する思想を指す。これに対して，新保守主義は，多国籍企業化を通じての現代帝国主義の進展，すなわち，軍事強化に担保された「先進国」の近現代国家体制とこれによる市場至上主義に資する思想であり，世襲制などの遅れた伝統を使ったり，国旗国歌法制定（1999）のように国家意識の高揚を目指すこともあるが，その根幹は，戦前への回帰などではなく，あくまで，新自由主義とも共通して，世界的規模での多国籍企業化と市場化の中で新たに，階級間格差や階層間格差を拡大する点にある。これらによって民主主義と平等主義に保守主義以上に敵対するのが新保守主義である。

特に，19 世紀末以降徐々にではあれ形成されてきた福祉国家と社会保障制度の改廃によって，中小農工業者や「社会的弱者」への保護を縮小・解体するだけでなく，労働法制の脆弱化や公教育のスリム化など，総じて税と公共性に基づく社会法（権）的領域の縮小，もしくはこの領域の，市場と個別利害に依拠した市民法（権）領域への転換を推進している。これらを通じて，「先進国」内の格差だけでなく，一時は縮まりかけた「先進国」と「発展途上国」との格差を再拡大させようとしている点も，新保守主

義の特徴である。

→保守主義,新自由主義,伝統

［文献］渡辺治／後藤道夫編『講座現代日本』（全4巻）大月書店，1996-97。
（竹内章郎）

　シンボル　〔英〕symbol〔独〕Symbol〔仏〕symbole
象徴と訳されることもある。シンボルは言語学・宗教学・社会学・文化人類学など種々の分野で用いられる概念であるが，哲学的にはカッシーラーとランガーの理論が注目される。カッシーラーによれば，人間は世界を捉えるときに，数学のように概念記号によって抽象的に認識することもあれば，言語や芸術や神話のようにシンボルによって形態化して把握することもある。個々の芸術や神話や宗教はそれぞれ固有のシンボルをつくる。このシンボル形成における人間の共通性を浮き彫りにするところにカッシーラーの主眼がある。たとえば言語には，物事を表示する機能と物事を意味する機能があるが，シンボルは後者の〈意味する〉という精神の根本機能の多様な現れにほかならない。この普遍的なシンボル機能の文法ともいうべきものを探究するのがカッシーラーのシンボル理論である。カッシーラーを継承したランガーによれば，人間は経験や感覚与件をシンボルに転換する。これは受動的なものではなく，意味ある世界を構成する本質的な観念化作用であり，合理性の基礎をなす。ランガーはシンボルを，主に言語に基づく論述的シンボルと，感覚的感知に基づく現示的シンボルとに分ける。前者は表示作用をもち，思想を表現する。後者は言語の投影が不可能で純粋に含蓄的な意味体系で，身ぶり・イメージ・儀式・音楽・絵画・十字架などがこれにあたる。シンボルは人間の経験を貯蔵しており，思考よりもひろく，その限界は人間の表象能力の限界を意味する。人間はシンボルによって世界の表象を形成し，自我を定位させ，経験を定式化するというのである。こうしたシンボル理論は，言語や科学的概念に限らず人間の表象機能を幅ひろく分析する道を開き，のちの文化記号学に受け継がれた。

→カッシーラー

シンボル

[文献] カッシーラー『シンボル形式の哲学』（全4冊）岩波文庫，1989-97；ランガー『シンボルの哲学』岩波文庫，2020；竹内芳郎『文化の理論のために』岩波書店，1981. 　（水野邦彦）

シンボル形式→カッシーラー

人本主義→ヒューマニズム

人民／国民　〔英〕people / nation〔仏〕peuple / nation〔独〕Volk / Nation〔露〕narod / natciia
人民とは，国家形成に先行し，国家形成の基礎をなすと見なされる（したがって特定の民族を想定する）人間集団をいう。この意味で，それは国家の形成を前提した概念である「国民」「市民」「臣民」などとは区別される。人民が哲学思想史上で特に問題とされたのは，近代の社会契約説においてである。ロックは，人民を社会契約の主体として，あらゆる国家権力（立法権・行政権・司法権・外交権など）の根拠を与える存在と捉え（人民主権：sovereignty of the people），この脈絡で，Salus populi suprema lex（人民の福祉こそ最高の法）を掲げて人民の革命権などを認めた。この人民主権論は，ルソー，ベンサムなどに及ぶものであるが，しばしば国民主権論と混同して解釈される。他方，国民は国家の構成員を指す。ただし，原語の nation は近代に限っても「民族」「国家」などと多義的であり，定義が困難である。一般に経済学や国際法学，ナショナリズム研究などでは，ネイションは，一定の領域を占め，多民族を国家に統合し，統一した経済圏を形成した政治的経済的統合体をいい，必ずしも構成員すなわち国民だけを意味しない。通常「国民主権」と訳される sovereignty of nation も，対外主権としては国家が代表するネイションの主権を意味し，国家に吸収される可能性を孕む。
→市民，市民社会，国民国家
[文献] ロック『統治二論』岩波文庫，2010；ルソー『社会契約論』岩波文庫，1954；シィエス『第三身分とは何か』岩波文庫，1950；杉原泰雄『国民主権の研究――フランス革命における国

民主権の成立と構造』岩波書店, 1971。 (渡辺憲正)

ジンメル　Georg Simmel 1858-1918
ユダヤ系ドイツの社会学者, 哲学者。移民論, 都市論, ジェンダー論, 流行論, 貨幣論など, 現代の基本問題を先駆的な形で論じた。社会を相反する諸原理のダイナミズムのなかで捉え, 矛盾する現象の核心を記述するための「エッセー的思考スタイル」を確立した。根底には「生命の形而上学」があり,「生の自己超越」というキータームで境界存在的な人間のあり方やポストモダンの道徳の可能性を論じている。ベルリンの著名文化知識人であったが, 雑誌『ユーゲント』に寄稿するなど広く芸術活動にも関係した。表現主義運動の哲学的マニフェストともいえる『現代文化の葛藤』や演劇論「俳優の哲学」は, 芸術を生命の自己発現形態として捉える。
［文献］『ジンメル・コレクション』ちくま学芸文庫, 1999；『ジンメル著作集』（全12巻）白水社, 1975-81。 (北川東子)

親鸞　(しんらん) 1173〔承安3〕-1262〔弘長2〕
下級貴族日野氏出身とされる。当初比叡山で下級僧として正統派浄土教を修行したが, 法然に入門し, 恵信（1182-1268頃）と公然と結婚し専修念仏に徹して国家弾圧を被り, 35歳で僧籍を剝奪されて越後流罪となった。以後「非僧非俗の禿」と自称して在俗生活に徹し, 42歳頃, 関東に移住し常陸で主著『教行信証』等を選述し専修念仏の哲学的深化と民衆布教に務めた。60歳頃, 帰洛し著作活動と共に, 弾圧等で混乱する東国念仏集団を指導した。民衆の生の現場から悪人往生を自身の問題として深め, 正統派の教学的批判に応えつつ法然の万人平等往生論を哲学的に深化させて, 悪人正因論と往相還相回向論に立つ独自の浄土教を確立した。その核心は往生不可の悪人自覚と往生確実の確信を同一とする矛盾的信仰（二種深信）にあり, そして, それはインドの世親・中国の曇鸞等に依りつつも天台本覚思想の影響下で, 弁証法的論理（顕彰隠密・「即」の論理）や経典の独創的解釈（転釈）によって, 他力の絶対化と信仰の主体化の相即的発展として基礎

づけられた（三願転入の論理）。これにより在俗生活の専修念仏を現実の真仏教と基礎づけた点（在家主義仏教）に，親鸞最大の思想史的意義がある（仏教の根本枠組をなす出家主義の初の理論的否定）。そこから本願の前の絶対平等（念仏共同体）を説き，僧の存在（権威）・自力往生論（貴族・富者の優位）・諸行往生論（神仏習合）を徹底的に否定した。それは正統派浄土教の呪縛の中で自己を最下の悪人と絶望する民衆を弥陀の本願に適う無上の存在とし，逆に正統派の階層往生論で上位往生者とされ善人を自認する支配層を往生不可とする根本的価値転換を意味した。親鸞浄土教は下層民衆に受容されたが，同時に往生目的の悪行を勧める造悪無礙論等の誤解を生んだ。権力的弾圧と民衆の根深い神祇信仰により親鸞後の教団は変質し，特に近世以後親鸞は本願寺等体制的教団の開祖として伝説化された。明治になり清沢満之・木下尚江ら哲学者・知識人により『歎異抄』を通じて近代的個の自覚者親鸞・民衆解放者親鸞として発見され，西田幾多郎・三木清・倉田百三等近代の哲学・文学や社会主義運動にも大きな影響を与えた。

→法然，一遍，蓮如，浄土教，日本仏教

［文献］『親鸞聖人全集』（全9巻）法蔵館，1969-70；三木清「親鸞」（『現代日本思想大系 33 三木清』）筑摩書房，1966；服部之総『親鸞』（全集 13）福村出版，1973；赤松俊秀『親鸞』吉川弘文館，1961；亀山純生『〈災害社会〉・東国農民と親鸞浄土教』農林統計出版，2012。　　　　　　　　　　　　（亀山純生）

真理　〔ギ〕alētheia〔ラ〕veritas〔英〕truth〔独〕Wahrheit〔仏〕vérité

正しい知識や言明を真理という。正しさの判定基準の違いにより，種々の真理観が生まれる。①対応（correspondence）説は，〈実在との一致〉を規準とする。知識や言明は，実在と一致しているとき真，そうでなければ偽である。多くの哲学者や科学者が認める客観的真理観であり，アリストテレス『形而上学』にも，「有るものを有ると言い，有らぬものを有らぬと言うは真である」とある。②明証（evidence）説は，〈主体による認識の明証性〉

を規準とする。R. デカルト『方法序説』には、「私たちがきわめて明晰判明に捉えることはすべて真である」とある。明証説も、探究者の合理的な同意を真理と見なす合意（consensus）説も、真理の定義というより、主体が真理を認識する方法の面から真理を特徴づけている。③実用（pragmatic）説は、「観念はそれを信じることが生活にとって有益である限りにおいて『真』である」（W. ジェイムズ『プラグマティズム』）と、真理を〈知識の実際的・実践的有効性〉の面から特徴づける。④整合（coherence）説は、他の言明と合致し矛盾しないという〈言明の論理的性質〉によって真理を特徴づける。

　以上の真理観はそれぞれ、異なる側面から真理を特徴づけており、相互補完的である。だが、明証的知識も、有益で整合的な知識も、実在との一致を欠く限り真理とは言えない。対応説を真理の定義の核心におき、そこから他の真理観を理解するのが適切である。現代英語圏の言語哲学に受容されている A. タルスキーの真理概念も、形式化された言語に相対的に定義されるという点で整合説に近いが、アリストテレスの対応の真理を基にしている（タルスキー「真理の意味論的概念」）。唯物論の真理概念も、外的実在との一致としての対応の真理を基本にしており、その一致を「反映」という主体の認識のあり方から特徴づけ、そして真理を認識しているかどうかは「観想の問題ではなく、実践の問題である」（マルクス「フォイエルバッハに関するテーゼ」）と主張する点においては実用説との関連が見られる。また、特殊な時代・社会に実際に獲得される真理は相対的なものであり、その批判的蓄積によって客観を完全に捉える絶対的真理に接近することができるという主張も、主体の真理認識のあり方についての説明である。

→虚偽、認識、認識論、反映論　　　　　　　　　　　（梅林誠爾）

真理関数　〔英〕truth function
記号論理学の論理式はそれ自体、一定の規則に従って配列された有意味な表現であるが、その真偽は未確定である。だがたとえば、〜〜$p \supset p$（pでないことはないならばp）という論理式に

おいて，その命題変項 p に真か偽の値を充当すれば，規則に従って全体の値が決まる（この場合，式全体はつねに真となる）。こうして論理式は，数学同様に，変項に真か偽の値を入れると，式全体の値（真理値）も決定されるので，これを真理関数という。真理関数のアイデアは，ウィトゲンシュタインが明示していた。

→命題論理学，論理定項／論理変項

［文献］ヴィトゲンシュタイン『論理哲学論考』法政大学出版局，1968。

(島崎隆)

心理主義〔英〕psychologism〔独〕Psychologismus
心理学主義ともいうが，社会現象を個人の心理という側面からのみ説明する立場をいう。たとえば，少年非行とか児童虐待等の逸脱現象をもっぱら個人の心の問題，あるいは心の闇というような問題として捉えて，社会システムの側から解明するというアプローチには重きを置かない立場。心理主義は，社会学，社会心理学，政治学，経済学などにおいてもしばしば見受けられるが，古くは，行動主義心理学とかフロイト主義，および新フロイト主義が，最近ではユング派心理学とか様々な精神医学的見解がそれに相当する。

→論理主義

［文献］古在由重ほか編『講座マルクス主義哲学 4――現代の観念論哲学』青木書店，1969：ザゾ『心理学とマルクス主義』大月書店，1978。

(高取憲一郎)

人倫〔独〕Sittlichkeit
ヘーゲルにおいては，「人倫」は「道徳」（〔独〕Moralität,〔英〕morality）から区別され，共同体や社会，それらの秩序や規範を意味する。漢語の「人倫」はもともと共同体（特に家族）およびその秩序や規範を意味した。日常のドイツ語では〈Sittlichkeit〉と〈Moralität〉の間に意味の基本的相違はなく，カントフィヒテはしばしば両者を同義に理解している。ヘーゲルは，〈Sittlichkeit〉が，習俗（慣習）を意味する〈Sitte〉に由来することを念頭に置く。近代の「道徳」は多くの場合に個人主義的であり，その基本

は個人の幸福（経験論）や個人の完全性（合理論）に置かれる。カントは自律を強調したが，これは形式的，抽象的なものとされた。しかし，ヘーゲルによると，個人は共同体から離れて生きることはできず，義務の内容は共同体から与えられ，真の自由も共同体において実現される。

　ヘーゲルの『法哲学』では，人倫は家族，市民社会，国家の段階をなす。家族においては各成員の間に愛の結合があるが，市民社会（経済社会が基礎）においては各個人の間の有機的結合が失われ，個人は原子化するが，個人の労働は分業と交換の一環を担うことを通じて，社会的意義を得る。人倫の最高段階は民族共同体としての国家であり，そこでは，自発的に活動する個人相互の有機的結合が回復される。ヘーゲルは『精神現象学』では特に古代ギリシアのポリスを「人倫の国」と呼ぶ。彼は最初はポリスを，個人と全体が調和した状態として理想化したが，そこでは個人の自覚や自立の欠如に気づき，個人の自覚や自立を含む新しい共同体の構想へ向かった。

［文献］岩佐茂／島崎隆／高田純『ヘーゲル用語事典』未来社，1991。　　　　　　　　　　　　　　　　　　　　　　　（高田純）

　神話　〔英〕myth〔独〕Mythus / Mythos〔仏〕mythe
ギリシア語の語源 mythos は「語ること」と関係しているが，時代とともにこの語は一般名詞として，ある種の語りや語られた事柄を意味するに至った。その一般的特徴は，世界や人間，特定の社会集団，あるいは事物など，現実の様々な事象の起源や由来を語り，また行為規範を根拠づける物語，といったものである。古来人間集団は例外なく，何らかの神話を有しており，また神話はつねに儀礼行為と密接な関係を有してきた。その先後関係についての議論はともかくとして，両者が渾然と結びついて伝承されたことは，神話が社会集団のアンデンティティ形成と統合に決定的な意味をもっていたことを示している。神話のいま一つの特徴は，それが「真実」として信憑されたものであり，そうであってこそ共同体的機能を果たしえた，という点である。たとえば「伝説」は，史実により密接しているが，それだけに事物を超越的に

根拠づける力はない。「昔話」は、超歴史的ではあるが、「むかしむかし」に起こった典型的かつ娯楽的な物語である。これらに比べると神話と同定されるものは、宇宙や歴史の始源を語る聖なる物語であり、超越的真実のオーラを帯びて伝承・享受されるものである。ところで哲学は、ある意味でミュートスをミュートスとして同定するロゴスの営みにより開始される、ということもできるだろう。その意味では、哲学はつねに脱神話化の哲学であり、同時にミュートスを外化し、ロゴスと対比することで、自己同一性を獲得してきた。「現代の神話」や「政治神話」と言ったときに、ある種の「誤って信憑されているフィクション」が含意されるのは、こうした批判的ロゴスの視座による。古代より現代の諸流派に至る神話学（mythology）は、その時代時代の学問的ロゴスから、神話の本質や生成を了解する試みであった。これと一部重なりつつ、哲学者たちも神話の理解に取り組んできた。とりわけシェリング、カッシーラー、現代ではヒュプナーなどが、単なる啓蒙的批判にとどまらない神話の奥深い研究を行っている。神話的なるものは、今日でも文学や大衆文化に満ち満ちており、またミュートスとロゴスの関係も、実はつねに相対的で流動的であることを忘れてはならない。

→ロゴス，哲学

［文献］松村一男『神話学講義』角川叢書，1999；K. ヒュプナー『神話の真理』法政大学出版局，2000。　　　　　（深澤英隆）

ス

推理 〔英〕inference
一つ以上の真,または真であると仮定された判断(前提)から,他の判断(結論)が真であることを導き出す思考作用のこと。演繹的推理と帰納的推理に大別されるが,さらに前者は,前提となる判断が,一つである場合の直接推理と,二つ以上である場合の間接推理に分けられる。ふつう,推理とは,真なる前提から真なる結論を導き出す論理的手続きを指すが,対当関係のように,ある判断の真によって他の判断の偽を,あるいは,ある判断の偽によって他の判断の真を導き出す場合も広い意味の推理に含まれる。
→演繹,帰納・帰納法,対当関係　　　　　　　(中村行秀)

スウェーデンボリ Emanuel Swedenborg 1688-1772
スウェーデンの神秘主義者,自然科学者。教会監督の子であったが,各地で数学や天文学を学び,王立鉱山学校の要職に就く。また大脳作用の意味についての最初の知見を公開した。だが1743-45年に神秘的経験を経て,科学的知識の限界を感じ,心霊現象の研究を進め,聖書研究に没頭した。天界・霊界との交流を説き,教会の三位一体は否定したが,心の内部の愛・智慧・活動という三位一体を示唆し,鉱物・植物・動物という三段階もそれに呼応すると解した。彼の霊視や幻視は,カントの『視霊者の夢』(1766)で批判された。しかし彼は,自分の使命を信じ,『天界の奥義』『天界と地獄』『神の摂理』などを著した。スウェーデンボリの死後,彼の思想の共鳴者によってロンドンに「新エルサレム教会」(1783)という会が,アメリカに「スウェーデンボーグ教会」(1817)が設立された。その思想は,ゲーテ,イェイツ,ブレイクなどに深い影響を与えた。　　　　　　　(高尾利数)

数学基礎論 〔英〕foundations of mathematics〔独〕Grundlagen der Mathematik

デデキントは有理数の集合を用い，切断という概念によって無理数を定義した。こうして19世紀後半には数学に集合概念が導入され，カントルが集合論を展開した。ところがこの集合論の中に，また値域を導入したフレーゲの体系の中に，ラッセルのパラドクスという逆理が発見された。この矛盾は，集合論の言語が数学の一般的な言語となっていたために，数学界に衝撃を与え，人々に数学の基本的諸概念や論理操作への反省を促し，ここに数学を矛盾から解放するという意図をもって数学基礎論が生まれた。その一つの立場はラッセルによって代表される論理主義である。ラッセルは，数学に矛盾が生じたのは数学的対象の階型の違いを無視することに由来すると考え，階型理論を展開した。しかし，ラッセルは還元公理や無限公理といういささか不自然な公理を導入せざるをえなかった。もう一つの立場，ヒルベルトの形式主義は数学を公理的に形式化して無矛盾性を証明しようとしたが，ゲーデルの不完全性定理によって彼のプログラムはそのままの形では実行不能であることが明らかになった。ブラウアーの直観主義は数学に矛盾が生じたのは排中律の無制限な使用に由来するとし，それの使用を制限しようとした。ただし，直観主義にも難点があった。すなわち，もし古典数学に矛盾が生じれば，直観主義数学にも矛盾が生じることが証明されたのである。

→階型，不完全性定理，公理主義，論理主義

[文献] 前原昭二／竹内外史『数学基礎論入門』ちくま学芸文庫，2017；新井敏康『数学基礎論』岩波書店，2011。　　（横田榮一）

崇高　〔英〕the sublime〔仏〕le sublime〔独〕das Erhabene

崇高概念についての議論は，古くは（偽）ロンギノス『崇高論』（1世紀）がある。修辞学的，文体論的観点から崇高を扱ったものである。その後，崇高概念は神，あるいは神に比する存在についても使われた。近代美学で美との対比で崇高概念が確立されたのは，E. バーク『崇高と美の観念の起源』(1756)による。そこでは，崇高は恐怖，不安，驚愕，といった情念を引き起こすも

のであり，美は愛らしさの情念を引き起こす，小さなもの，滑らかなものを対象とする，また心理学的観点から，崇高は自己保存（維持）に，美は社交に対応するとされる。バークの影響のもと，I. カントは『美と崇高との感情性に関する観察』(1764) を著し，さらに『判断力批判』(1790) の崇高論において崇高概念の独自の美学的位置づけを行った。カントはバークの崇高論における心理学的傾向を批判し，崇高を道徳的概念との親近性において捉えた。ヘーゲルはカントの崇高概念を批判し，象徴表現において崇高を捉えた。現代の欧米における崇高概念は，「政治の美学化」，政治と美学との関係を中心にしつつ，文学，芸術，心理学，言語論など多くの分野で議論されている。崇高概念は論争の的となっているが，いずれもカントの崇高論が議論の参照点とされている。

→美

［文献］ロンギノス『崇高について』（『古代文芸論集』所収）京都学術出版会，2018；バーク『崇高と美の観念の起源』みすず書房，1999；カント『判断力批判』上，以文社，1994；ドゥギー他『崇高とは何か』法政大学出版局，1999。　　　　（吉田正岳）

鄒韜奮　（すう とうふん）Zōu Tāofèn 1895〔光緒 21〕-1944〔民国 33〕

福建省永安県の出身。原名は恩潤，字は谷曾。筆名は韜奮・木旦・笑世・愚公など多数。民国期のジャーナリストで政論家。上海南洋公学，上海セント・ジョーンズ大学卒業。『教育与職業』や週刊『生活』の編集に携わった。1933 年，魯迅らとともに中国民権保障大同盟に参加して執行委員となったが，迫害されてロンドンに亡命，35 年に帰国した。36 年，全国各界救国連合会執行委員となり，内戦を停止して，一致して救国することを説いたが，沈鈞儒らとともに逮捕された（「抗日七君子事件」）。抗日戦争が勃発すると，釈放され『抗戦』などを編集して抗日活動に従事した。39 年，抗日に消極的な国民党から弾圧され，41 年，香港に逃れた。1943 年，癌におかされ，翌年，死去。

［文献］穆欣編『中国に革命を――先駆的言論人　鄒韜奮』サイ

スケプテ

マル出版会,1986；韜奮基金会韜奮著作編訳部・鄒嘉驪編著『韜奮年譜』(全 3 巻) 上海文芸出版社,2005。　　　　　(小林武)

スケプティシズム→懐疑論・懐疑主義

スコラ学　〔英〕scholasticism
「スコラ」の原義は「学校」(ラテン語 schola) で,「スコラ学」とは文字通りには「学校的学問」「学者的学問」を意味する。歴史的には,西欧 13-15 世紀を中心に行われた学問や著作に特有の形式を指す。その特徴は,ある問題に対する既存の諸見解を賛成・反対の立場に整理しつつ,弁証的に真理を発見していくものである。キリスト教神学ないしこれと密接に結びついた哲学を指す場合が多いが,実際には当時の学問全般に共通の方法であった。

スコラ学の先駆として前スコラ学 (800-1050) と呼ばれるのは,カール大帝とその後継者による学問・教育の復興期 (カロリング・ルネサンス) のもので,中世最初の独創的哲学体系とされるエリウゲナの『自然区分論』等がある。初期スコラ学 (1050-1200) は,アンセルムスの「理解を求める信仰」という神学観,アベラールの『然りと否』に代表される弁証的方法等,スコラ学の基礎が築かれた時代である。12 世紀には,人文主義的古典研究を興したシャルトル学派,神秘主義を特徴とするサン・ヴィクトール学派などが現れた (12 世紀ルネサンス)。盛期スコラ学 (1200-1350) においては,アラビア経由のアリストテレスの学問体系の移入,大学の成立などをきっかけに,スコラ学が制度的に確立した (著述形式,学問区分,学習課程,学位等)。パリを中心に一つの知的空間が形成され,以降の西欧の文化的基盤となった。13 世紀には,R. ベーコン,ボナヴェントゥラ,トマス・アクィナスなどが現れた。キリスト教信仰を前提にしないギリシア・アラビアの学問の流入は,しばしば反発を招いたが,一方で,信仰の擁護や神学の体系化のために哲学的諸学の有用性を認め (「哲学は神学の婢女」),両者の総合を図る立場もあった。14 世紀では,ドゥンス・スコトゥス,オッカムらが知られるが,哲

学研究の進展につれ，信仰の問題に哲学を活用することに慎重な立場が強まり，近代における信仰と理性の分断を準備することになった。後期スコラ学（1350-1500）は，形而上学的・体系的な思弁から離れて混迷し，やがて新たな知の再生（ルネサンス）を唱える人文主義者たちの登場により，終焉を迎えた。
［文献］アラン・ド・リベラ『中世哲学史』新評論，1999；ジョン・マレンボン『後期中世の哲学 1150-1350』勁草書房，1989。

(加藤和哉)

図式　〔独〕Schema〔英〕scheme

ギリシア語の schēma を語源とし，一般に図によって示された事物の形態や様式のことをいう。カント哲学においては，図式は認識を担う2つの異種的な能力，感性と悟性とを媒介し，両者を結合するものとして考えられている。認識においては，直観形式である空間・時間と悟性形式であるカテゴリーとが結合しなければならないが，それぞれの形式に同種的でありながら両者の橋渡しをすることができる第三者が図式とされる。図式は単なる図（絵）ではない。図は感覚的なものであり，橋渡しの役割をすることができない。たとえば，三角形の概念を具体的にイメージする場合，「三角形」は概念であり，紙に描かれた三角形は感覚的な図である。ここでは概念としての「三角形」に具体的な形象を与えるある総合規則が働いているものと想定される。これが「構想力の超越論的総合の規則」としての超越論的図式である（いわば三角形の完全モデルのようなもの）。図式はカテゴリーを感性化し，経験の場面で理解できるものとするが，同時に感覚的なものを単なる多様から認識された形象として有意味化させ概念化させる。また構想力は心の内部に表象を産出させる能力であるが，この産出は時間形式に従ってなされるから，構想力の図式機能は超越論的時間規定とも称される。

(太田直道)

鈴木正三　（すずき しょうさん）1579〔天正7〕-1655〔明暦1〕

三河武士として徳川家康・秀忠に仕え関ヶ原・大阪の陣等で軍功

をあげた。その後出家し，島原の乱後は天草で『破吉利支丹』を著してキリシタンの改宗に努力し，晩年は江戸で『万民徳用』等民衆布教用の仮名書き著作を多数残した。その中で禅と念仏を勧めつつ，仏教の隠遁主義を批判して四民の生業を仏の働きの具現と見て，職業実践が仏道修行だと説いた。近代には，鈴木大拙らの念仏と禅の相即論の先駆とされた。また，職業倫理の内に信仰の核心を見る点でウェーバー流のプロテスタンティズム倫理と類似した，後の近江商人の宗教的職業倫理の先駆とされた。だが，その思想の母胎は世俗現象に仏の顕現をみる中世以来の天台本覚思想・禅念仏兼修論にあった。

→本覚論

[文献] 鈴木鉄心編『鈴木正三道人全集』山喜房仏書林，1962；加藤みち子『勇猛精進の聖——鈴木正三の仏教思想』勉誠出版，2010。

(亀山純生)

鈴木大拙　(すずき だいせつ) 1870〔明治3〕-1966〔昭和41〕本名は貞太郎。東京大学在学中円覚寺に通い禅を体得して大拙を名乗る。渡米して東西の宗教哲学を研究し仏典『大乗起信論』等を英訳し，帰国後も英文誌刊行や海外講演等により仏教思想の紹介に生涯尽力し，現代西欧の仏教関心の礎を築いた。大拙は，同郷石川県人で四高以来の親友・西田幾多郎との思想的交流の中で，東洋仏教の核心に精神・物質の二元論を超えた精神的境位を見て，「霊性」(spirituality) の自覚，「即非の論理」を独自に展開し，それを禅と念仏の相即として深化させた。主著『日本的霊性』はその精髄だが，「大地性」を軸とした太古との連続的日本精神史としても，また戦争末期での排外主義的な復古的日本精神批判としても注目される。

→西田幾多郎

[文献] 久松真一他編『鈴木大拙全集〔増補新版〕』(全40巻) 岩波書店，1999-2003；竹村牧男『宗教の核心——西田幾多郎と鈴木大拙に学ぶ』春秋社，2012。

(亀山純生)

スターリン主義 〔英〕Stalinism

ヨシフ・スターリン（1879-1953）は，ソ連共産党の指導者。1922年，党中央委員会書記長となる。レーニンの遺書で「粗暴さ」を批判されたが，失脚を免れた。1924年『レーニン主義の基礎』を著し，先進国で革命が起こらなくても，ソ連だけで社会主義体制を確立できるとする一国社会主義論を提唱。この立場から，トロツキーら「左派」を退けた。「左派」の追放後，ブハーリンらを「右派」として退け，一転して急速な工業化と農業集団化の路線を採用した。1934年のキーロフ暗殺事件後，「大粛清」を行った。39年，独ソ不可侵条約を結んだが，41年，ドイツがソ連に攻撃を開始すると，「大祖国戦争」を呼びかけ，勝利に導いた。1953年病死。死後，56年に「個人崇拝」が批判された。

「スターリン主義」とは，スターリンの思想と事業の特徴を示す用語である。その特徴として以下の点が挙げられる。①彼は社会民主主義をファシズムと同列のものと見なし，「社会民主主義主要打撃論」を唱えた。②彼によれば，プロレタリアート独裁は，「本質的には」共産党独裁であり，党が意志を決定し，労働組合などの大衆組織が党の「伝導ベルト」の役割を果たすとされた。③彼は，共産党を「一枚岩の組織」と見なし，少数派の見解を討論ではなく，組織的排除によって克服するよう主張した。さらに，社会主義建設が前進するにつれて階級闘争が激化するとして，一切の批判勢力に大弾圧を加えた。晩年のレーニンは，すでにソ連が「官僚的に歪められた労働者国家」であると述べていたが，この肥大化した官僚機構を人格的に体現したのがスターリンである。④彼は，民族〔露〕natsiaを「言語，地域，経済生活および文化の共通性のうちに現れる心理状態の歴史的に構成された堅固な共同体」と狭く定義した。彼は大ロシア民族主義の立場から少数民族集団を迫害した。彼の指導の下で，「プロレタリア国際主義」とはソ連中心の大国主義の別名となった。

哲学の分野では，『弁証法的唯物論と史的唯物論について』（1938）などの著作がある。その特徴は，①弁証法の核心とされる対立物の統一を「対立物の闘争」に単純化したこと，②史的唯物論を自然現象に関する弁証法的唯物論の「拡張」または「適

用」と見なしたこと，③レーニン主義を「帝国主義とプロレタリア革命の時代のマルクス主義」(『レーニン主義の基礎』)と規定した上で，弁証法的唯物論は「マルクス＝レーニン主義党の世界観」であると主張したことなどである。
[文献] メドヴェージェフ『共産主義とは何か——スターリン主義の起源と帰結』三一書房，1973；中野徹三／高岡健次郎／藤井一行編『スターリン問題研究序説』大月書店，1977。

(志田昇)

ストア派 〔ギ〕Stoa〔英〕Stoics〔独〕Stoiker〔仏〕stoïciens 前4世紀末に古代ギリシアに始まる学派でヘレニズム期の主要な思想の一つ。キュプロス島キティオンのゼノンを創始者とすると伝えられる。名称はゼノンがアテナイのアゴラ（市場のある広場）の「彩色柱廊」（ストアー・ポイキレー）と呼ばれる公共施設で教育したことに由来する。そのような場での講義を通じて，ゼノンはそれ以前の哲学学派に比べてより多様な人々に教育する機会を得た。事実ストア派は，様々な国家・民族・階層の出身者によって形成され，またそれぞれの仕方で展開されている。その多様性をもつ世界観の基本を要約すれば，世界全体が，神的なロゴスが浸透し規定する有機体であり，人の幸福はこの世界を貫くロゴスに従って生きることによって実現する，ということになるだろう。

創始者ゼノン自身の思想的貢献は資料的制約もあり明確ではないが，基礎理論はクリュシッポスにおいて確立された。ストア派の哲学は自然学・論理学・倫理学に区分されるが，最も論争となったのはその認識論である。認識論においてはストア派は確実な認識の可能性を擁護した。われわれの判断は魂の受け取る表象に対して同意を与えることによって成立するが，表象のなかで「把握的表象」（カタレープティケー・パンタシアー）が外的な事実を表す「真理の基準」となる。表象に基づく判断は命題の形式をとるので，ストア派の論理学は命題論理となっている。

ストア派の自然観および存在論は物理主義的である。作用し作用を受ける機能をもつものこそ存在するのであり，それは物体に

ほかならない．したがって存在全体は，作用原理としての神と被作用原理として質料（素材）から成立しており，世界は有機体で空間的だけでなく時間的にも相互に緊密に織り合わされているので，その展開はあらかじめ決定されており，さらに一つの周期を終えたのちには同一の過程を再現してゆくとされる．

ストア派の倫理学は，通念の上では価値があるとされる富や健康は本来善悪無記で中立的であり，徳のみが善であり悪徳は悪であるという原理に基づいて成立している．それゆえ徳に従って生きることこそ，ストア派が実践的にも目指した「自然に従って生きる」という幸福な生き方の実現を可能にする．しかし感情（パトス）がそのような正しい生き方や行為の選択を妨げるので，感情に支配されていない状態としてのアパテイアを実現することによって初めて幸福が可能となるとされる．

［文献］中川純男他訳『初期ストア派断片集』（全5冊）京都大学学術出版会，2000-06． 　　　　　　　　　　　　（中畑正志）

　ストローソン　Peter Frederick Strawson 1919-2006
英国の哲学者．オックスフォード大学教授．若くしてラッセルの記述の理論を批判し，日常言語学派の立場を代表する論文「指示について」（1950）を発表．『個体と主語』（1959）では，常識的思考の存在論的枠組の記述という仕方で，形而上学の再生を試みた．「自由と怒り」（1962）では，決定論と道徳的責任という問題に，人間が他の人間の行為に対してとる態度という角度から新たな照明を当てた．日常言語学派の運動が終息したのちも，言語と思考の現実に即した記述というアプローチによって，多くの業績を残した．

［文献］ストローソン「指示について」（『現代哲学基本論文集 II』勁草書房，1987）；同「自由と怒り」（『自由と行為の哲学』春秋社，2010）． 　　　　　　　　　　　　（伊勢俊彦）

　スピノザ　Baruch de Spinoza 1632-1677
ユダヤ系オランダ人哲学者．独特な汎神論的哲学を打ち立てた．神秘主義的要素と同時に，近代的な要素を併せ持った思想家であ

る。スピノザは裕福なユダヤ人商人の子に生まれるが，富の追求を虚しいものとして家業を継がず，ユダヤ人社会からも離れて孤独な学究生活を送る。スピノザを有名にしたのは『神学・政治論』（1670）である。本書と『国家論』（1677）においては，オランダ社会の進歩的性格を反映して，社会契約説的思想，自然権や言論の自由，学問・芸術の自由の擁護，民主主義の優位性などの近代的政治理念が説かれている。しかしこのような政治的主張により，彼は当時オランダを支配していた正統派カルヴィニストからは危険人物と見なされることになる。主著の『エチカ』は倫理学を意味しているが，本書ではスピノザの全哲学が，公理，定理という幾何学の形式をかりて体系的に展開されている。スピノザ哲学の核心は汎神論にある。この思想ではキリスト教の超越神論とは異なり，神は全存在に内在すると考えられる。ただし神は個々の存在と等置されるのではなく，存在全体が神と見なされる。この考えが彼を徹底した決定論に導くことになる。すなわち神の特徴が永遠性と不動性にあるとするスピノザは，世界には偶然的なものは何も存在せず，一切は神の必然性により一定の仕方で存在や作用へと決定されていると考えるのである。決定論では人間の自由は否定されるように思われるが，彼は，必然性は自由とは矛盾せず，むしろ自己の本性の必然性によって存在し，活動することの内にこそ真の自由があるとする。倫理の基礎となる感情のコントロールについては，十全な観念を感情に対して形成することによってその受動性を克服し，能動感情へと変えることが可能となるとされる。それはまた神への知的愛へと導く。感情といえども神の本質の一定の表現だからである。知的な愛による神との合一こそ，スピノザの宿命論的倫理学の究極の目的である。
→能産的自然と所産的自然，自己原因，並行論
［文献］スピノザ『エチカ』上・下，岩波文庫，1975；同『国家論』岩波文庫，1976；同『知性改善論』岩波文庫，1968；同『神学・政治論』上・下，光文社古典新訳文庫，2014。（碓井敏正）

スーフィズム 〔英〕Sufism〔ア〕taṣawwuf
イスラームにおいて，内面性を追究しようとする営為。しばし

ば「イスラーム神秘主義」と訳されてきたが，神秘主義的側面以外に，倫理的側面，民間信仰の側面をも含みもつことに注意する必要がある。スーフィズムは成立当初，実践を重んじ，反知性的な態度をとったが，後には新プラトン主義を中心とする哲学と結びついた思弁を展開するようになった。ギリシア哲学を継承したイスラーム哲学（ファルサファ）は，スーフィズムと結びつくことによって，ヨーロッパにおける発展とは異なる，イスラーム世界独自の展開を見せた。イスラーム世界は大きくスンナ派とシーア派に分けられるが，スンナ派においては，ファルサファはスーフィズムの名の下に命脈を保ち，他方シーア派においてはファルサファ・スーフィズム・シーア派神学が混淆して神秘的哲学を築き上げた。アリストテレス哲学を受け継いだ逍遙学派（マッシャーイーユーン［mashshā'īyūn］）に対して，スーフィズムと混淆した哲学をイルファーン（'irfān, 叡智学）の語で代表させることができる。その潮流は，シャイフルイシュラーク・スフラワルディー（1191年没）の照明哲学，イブン＝アラビーの存在一性論，それらを統合したイラン・サファヴィー朝（1501-1736）下のヒクマト哲学に辿ることができる。本質と存在のいずれが先在するかという哲学的議論に関して，イルファーンの潮流は存在の先在を唱えたことで知られる。イルファーンの高度な思弁的哲学そのものは知的エリートの専有物であったが，その精神はスーフィー詩の形を通して民衆の間にも広まることとなった。
→イスラーム，神秘主義，倫理学
［文献］東長靖『イスラームとスーフィズム——神秘主義・聖者信仰・道徳』名古屋大学出版会，2013；ティエリー・ザルコンヌ『スーフィー——イスラームの神秘主義者たち』（「知の再発見」双書152）創元社，2011。　　　　　　　　　　（東長靖）

スフラワルディー　〔ア〕Shihāb al-Dīn Yaḥyā ibn Ḥabash al-Suhrawardī 1154-1191
イスラームの神秘哲学者で「照明学派」の創始者。イラン北西部のスフラワルドに生まれ，法学と哲学を学び，スーフィーとしての修行を積んだ。その後各地を遍歴したが，彼の才能を妬んだア

レッポの法学者たちにより不信仰者として告発され、処刑された。彼はイブン＝スィーナーに代表されるアリストテレス学派の哲学を批判的に受容し、それと自らが神秘体験として観照した光の世界観とを統合しようとした。主著『照明哲学』によれば、世界の原点には「光の中の光」と呼ばれる一者が存在し、世界はこの一者から階層的に発出する無尽の光として把えられる。物質界はそうした光の影像であり、物体はそれぞれの種に応じたイデア的光の支配下にある。そして人間の本質である魂は自他を照らす光であるが、身体と関わることにより物質界から様々な影響を受けている。したがって人間はその魂を身体的束縛から解放し、純粋な光の世界（知性界）に還帰しなければならないが、そのためには哲学的思惟とともに修行によって拓かれる精神的照明が不可欠であるとした。また彼は、クルアーンに描かれた身体の復活や、預言者や聖者に現れる様々なヴィジョンが現出する場として、物質界と知性界の中間に「イメージの世界」を置いた。彼の哲学は古代の叡智の復興を目指したものであり、ピュタゴラスやエンペドクレスをはじめ、ゾロアスター教の天使論やインドの輪廻説などの影響も見られる。上記の主著の他に、アリストテレス学派の哲学を体系的に論じた『開示の書』や、人間の魂の遍歴について象徴的に述べた『西方への流刑の物語』など40数点の著作を残した。彼の没後、「照明学派」と呼ばれる一連の哲学者が輩出し、主要な著作には繰り返し註釈書が書かれた。その伝統は16世紀のモッラー・サドラーを経て、今日のイランにまで受け継がれている。

［文献］スフラワルディー『光の拝殿』（中世思想原典集成11）平凡社、2000。　　　　　　　　　　　　　　　（小林春夫）

スペンサー　Herbert Spencer 1820-1903
非国教徒のイギリス人だったこともあり、初期には、国家機構の縮小やホーリズムの廃棄と共に、個人の善と社会の善とが合致する理想としての個人主義を主張した。ラマルク主義を支持しつつダーウィン主義を受容するという矛盾の下にあったが、進化論を社会に適用し、人間による進化の予見可能性を重視し、個人主義

を完成させるものとして，また，秩序一切の発展法則を与えるものとして，適者生存を軸とする社会進化論を唱えた。後期に至り，進化的発展論からすれば一層の自由放任へ向うはずの往時のイギリスの実態が国家介入的であったため，この実態と社会進化論との接合を図り，社会制度論に重きを置く社会有機体説に傾斜したが，生じたものすべてを受容せざるをえない社会進化論は，社会制度論とは矛盾せざるをえず，彼の理論は首尾一貫しないままに留まった。

→社会ダーウィニズム，ダーウィン

［文献］スペンサー『科学の起源』『進歩について』（世界の名著36）中央公論社，1970。　　　　　　　　　　　　（竹内章郎）

スミス　Adam Smith 1723-1790

古典派経済学の創始者。経済学の父。『国富論』の著者。1723年にスコットランドの港町カーコーディに税関吏の子として生まれる。14歳でグラスゴウ大学に入学し，フランシス・ハチスンから道徳哲学を学ぶ。40年にオックスフォード大学ベイリオル・カレッジに入学し，古典と近代の哲学・文学の読書に励む。46年にスコットランドへ戻り，48-51年にエディンバラで修辞学・文学と法学を主題とする公開講義を行う。51年，グラスゴウ大学論理学教授に就任，翌年道徳哲学の講座に移る。スミスの道徳哲学講義は，①自然神学，②倫理学，③正義論（狭義の法学），④行政論（経済学）の四部門に分かれていた。倫理学の講義が元になって59年に『道徳感情論』が刊行され，行政論の講義が発展してのちに『国富論』となった。『道徳感情論』では，シャフツベリ，ハチスン，ヒュームらのいわゆる道徳感覚学派の見解を発展させて，正邪善悪の価値判断は利己心や理性によってではなく道徳感情によってなされると主張し，道徳感情の源泉を共感から説明した。64年にグラスゴウ大学教授を辞任，青年貴族バックルー侯爵の旅行付き添い教師として大陸に渡り，パリでケネー，テュルゴー，ヴォルテール，ディドロ，ダランベールらと交流した。66年に帰国後，『国富論』の執筆に専念し，76年に刊行。各人が法を守りながら自由に利益を追求すれば市場の競争

を通じて国民の富が実現することを論証し,重商主義の保護貿易政策を批判して経済的自由主義の政策を主張した。78年にスコットランドの関税委員となり,90年没。二大主著のほか,50年代に執筆され没後の95年に遺稿を編集して刊行された『哲学論文集』には「天文学史」「芸術論」「古代論理学史」などの哲学研究が含まれている。またスミスの講義に出席した学生が筆記したノートが発見され,『法学講義』『修辞学・文学講義』として刊行されている。
〔文献〕アダム・スミス『道徳感情論』上・下,岩波文庫,2003:同『国富論』(全3冊)中公文庫,1978:同『哲学論文集』名古屋大学出版会,1993。 (新村聡)

スラヴ主義と西欧主義 〔露〕slavianofilstvo i zapadnichestvo 〔英〕slavophilism and westernism
スラヴ主義は,ロシア(スラヴ)文化のなかに西欧文化より優れた原理を見出し,それに基づいて階級対立のない調和ある独自の社会をロシアに創造しようとした一種の保守的なユートピア思想であり,その古典的な形態は1840年頃に生まれた。主要な提唱者はI. キレーエフスキー,ホミヤコーフ,アクサーコフ兄弟,サマーリンなどで,同じ時期に生まれた西欧主義と対立した。スラヴ主義は優れた原理として,理性のみならず精神の全体性(全一性)を重視する正教の精神,愛によって自由と統一が併存する正教会のあり方,それらが現実化したとされる農村共同体原理や正教専制国家の理念などを挙げた。しかし,1861年の農奴解放後,近代化が現実的な課題になると,スラヴ主義は理念性を失い,民族拡張主義である汎スラヴ主義に転化していった。一方,西欧主義は,近代西欧社会を模範にロシア社会を発展させようとしたもので,中心人物はグラノフスキー,カヴェーリン,ベリンスキー,初期のゲルツェンなどである。西欧派に共通するのは,個人の人格の尊重,西欧近代市民社会への高い評価,西欧文化の普遍性の承認である。彼らは政府主導の改革の不徹底さが明らかになると,穏健な改革路線をなおも支持する自由主義者と,革命路線の支持者(ゲルツェンなど)に分裂した。

［文献］A. Walicki, *The Slavophile Controversy*, Oxford, 1975；V. ゼンコーフスキイ『ロシア思想家とヨーロッパ——ロシヤ思想家のヨーロッパ文化批判』現代思潮社，1973。　　（清水昭雄）

セ

性 (せい)

儒教用語。人性に関して古くは孟子の性善説, 荀子の性悪説が有名である。性善説とは仁義礼智という儒教的善への萌芽が人間のなかに本性として備わっているとするもの。これに対して, 荀子の説は, 礼による人間の教化の重要性を強調するために人の心の悪を説くもので, 人間の心に備わる善への可能性を否定するものではない。また, その善の内容も孟子の説く儒教的善と本質的に異なるものでなかった。両説は, 儒教的善が, 人間の自然なものと認定できる度合いの相違を示すものであって, 人間性への取り立てて深い考察を含むものではない。その後, 仏教・道教の否定的な人間理解との思想的な格闘ののち, 宋代に至って打ち出された儒教の側の人間理解の核心に据えられるのが「性」である。朱熹(朱子)によれば, あらゆる物は気によって形成されるが, 同時にそこに理が宿っており, その理こそ人間本来の性であり, 純粋至善なものである。実際の人間においては, 理に由来する本来性(本然の性)が, 気に由来する情欲その他(気質の混濁)によって覆い隠され, 本来的な善性が現れない場合が多い。よって, この気質の混濁を克服する学問修養が必要になり, 学問修養によって気質の混濁を払拭すれば, 本来の善性が現れ, その身は聖賢の域に達するという。こうした朱子学人論の先駆として, 北宋の程兄弟や張載などの人性論があり, それらは, 気質の混濁をぬぐい去られたものとしての人性を善と考え(性即理), 気質によって混濁された人間の自然のままの心をそれ自体としては, 悪であると考えた。むろん, 心を形作る気が澄明を得れば善なる性が自ずから現れるから, この場合, 心は性であり善である。これに対して朱熹と別派をたてた南宋の陸九淵やその系譜を引く明の王陽明らは, 人間の心をそのままに理と考える。一方が, 全体的なバランスの取れた思考であるのに対して, 他方は, ある特殊

状態を一般化する思考である。陸の心即理は自分の管理が行き届いた小世界を念頭に置いたものであり、王のそれは、すべて人間を善たらしめずにはおかないという実践的姿勢の表現であった。
→朱子学、程顥、程頤、陸象山、王陽明
〔文献〕守本順一郎『東洋政治思想史研究』未来社、1967。

(岩間一雄)

性（セックス）　〔英〕sex, gender, sexuality〔仏〕sex, genre, sexualité
20世紀後半のフェミニズム理論や性科学、フーコーの系譜学によって、性は三つの概念に分節化されて考えられるようになった。第一に、「セックス」は性染色体等によって判別されている生物学上の雌雄の区別である。第二に、「ジェンダー」は、男／女らしさ、男／女役割などを生み出す社会的体制であり、そこから生み出された男女の意味や定義である。二つの概念間の関係については、必然的つながりを主張する立場（この立場だと両者の分節化は不要になる）から、まったく偶然的なつながりでしかないとする立場まで、多様な見方がある。第三に、「セクシュアリティ」とは、セックスとジェンダーに関わる領域における欲望や快楽、規範、行為などの総体（性現象）を指示する概念である。フーコーは、それらが総体としてまとまりをもって意識され人間主体の本質的なアイデンティティを成すものとなり、セクシュアリティという用語で括られたのは、近代中葉からだと指摘した。以上が通説であるが、1990年代にジュディス・バトラー（Judith Butler 1956-)が、現在、人々が信じている染色体レベルでの自然の区別に基づくセックスという概念も、20世紀後半に出てきた分子生物学の知によって構築されたものであり、ジェンダーばかりではなく生物学的な意味でのセックスも文化的社会的に構築された性別であると主張し、論議を引き起こした。このバトラーの主張は、フェミニズムが採用したセックスとジェンダーの切断戦略の陰で、セックスとセクシュアリティとの切断が曖昧になり、セクシュアリティ（たとえば性的指向）をセックス（たとえば生殖）に基礎づける手口が続いていることに対する攻撃であ

る。セクシュアリティを自然的所与でなく社会的に概念構築されてきたものとして構築主義的に捉えるフーコーの路線の徹底であるにとどまらず、セックスをもそれと同様に解していこうとする極論に至っている。
→フロイト，フーコー
［文献］フーコー『性の歴史Ⅰ　知への意志』新潮社，1986；S. ヒース『セクシュアリティ』勁草書房，1988；J. バトラー『ジェンダー・トラブル』青土社，1999。　　　　　　　　（細谷実）

　生／生命／生活　〔英〕life〔独〕Leben〔仏〕vie
生／生命自体を科学的に定義することは難しい。というのも，生命とは何かという問いには，生命活動を営むものという循環が入るからであるが，現在の生物学などでは，DNAに基づく自己複製機能と代謝機能をもつものを当てることが多い。とはいえ，細胞をもたずに他の生物を利用して増殖するというウィルスを生物に入れるかという問題に代表されるように今のところ，すべての生命現象を生命の定義によって網羅することはできていない。人間にとって，生きているものと死んでいるものとの区別は決定的に大きなものであるので，広義には誕生と死の間に生命体が行う全体の営みのことを指すと定義することも可能かもしれないが，それ自体，生命体が前提とされており，困難は同じである。そうした議論のなかで，生気論的な説明と機械論的な説明が長く存在してきた。前者は，生命体には，何らかの生命力や生命原理が存在するというものであり，古代ギリシアでは，プシュケーがそうした説明に利用された。他方，デカルトの機械論に代表される議論は，究極的には，生物と非生物の区分を消してしまうことになるので，逆に，人間を論じる場合には，再び，霊魂とか心を想定することになる。ディドロのように，人間の生命の説明を神学から抜け出させようとして，「石が感じてなぜいけない」と問うても，それは無機物から，有機物，さらに人間に至る物質存在の連続性を説明する意味では有効だが，人間が他の生物として区別される原理の説明が必要になる。

　こうした区別の必要性は，すでに古代ギリシアの頃から明確で

あり，アリストテレスは，それをビオスとゾーエとに分けて論じた。この場合，ビオスは人間社会に関わる生命活動（それを生活と名づけることも可能である）だが，ゾーエとはそうした人間社会の生きる営みからはずれた生命活動を示すといってよい。ゾーエの次元で考えれば，生命体の死は代謝機能の停止という程度に見られることであって，物質の一変化にすぎないが，ビオスとしての生命体の死は，他者と生きる共同的存在としての人間，アリストテレスの言葉でいえば，ゾーン・ポリティコン（ポリス的動物）としての存在そのものの終焉である。

　人間の生は，一方では，人権概念に代表されるように，ホモ・サピエンスとして生まれてきた限りでの人間の生命体の全体を，動物やその他の生命体とははっきり区別するように定義されてきた。しかし他方，逆に，そのような定義がなされる限り，いつでも，その定義からはずされる存在としての人間が作り出される危険性をもっている。古代ギリシアのゾーオン・ポリティコンとしての人間観では，生命体の維持のために働かなければならないと定義された人間，たとえば女性や奴隷は，実は狭義の人間には入れられてこなかった。とはいえ，ポリスの中での人間の生活という高次の人間生活が，それ自体，その存立のためには，生命維持の活動を絶対的に必要としていたという意味で，人間の生から，生命維持の活動としての労働をはずすことは不可能であり，不可欠の一部である。

　アーレントは，その意味で，人間の営み（生活）の条件として，「労働」「仕事」「（政治的協同）活動」を挙げた。「労働」や「仕事」だけでなく，人間が互いを認め合いつつも，共同的・公的「活動」の経験を奪われたときには，人間は，狭義の意味では「生きて」いないという問題の指摘である。そのために，古代において，ポリスに暮らす市民の生活とそれ以外の人間の生活が区別され，卓越した意味での人間的な営みとして，話し合いと公的な「活動」が人間であることの重要な条件とされた。こうした公的生活が背景に退いた中世ヨーロッパでは，主として，「観想的生活」と「実践的生活」が区別された。これは，現世の生活と神に向かう宗教的生活との区別に基づくものであった。

近代になると，科学技術革命と資本主義の勃興，発展による物質生産力の急速な上昇に伴って，それまでは，人間が生きることという意味では蔑視されていた労働と商品経済活動が，逆に，人間生活の中核に入り込むようになった。人間は，近代においては，「アニマル・ラボランス（労働する動物）」「ホモ・ファーベル（制作する人間）」「ホモ・エコノミクス（経済人）」などというように，労働や仕事，経済によって定義されるようになり，アリストテレスの定義で使われた政治的（＝ポリス的）という概念さえも，経済と結びつけられて，経済活動に深く関わる問題として理解されるようになった。

　こうした人間生活の功利主義的で機械論的かつ物質主義的な理解に対しては，様々なかたちで反発が生じ，たとえば20世紀の前半には，ニーチェ，ベルクソン，ディルタイらに代表される「生の哲学」が主張された。彼らは，人間の精神や文化において現れる経験の独自性を強調したが，それは，後のナチズムやファシズムの発展につながるヨーロッパ文明の危機意識の一つの表現でもあった。マルクスは，人間が労働生産を営むことによって，世界を作り上げるとともに人間自身の生活を作り上げていく過程を見ていたが，逆に，資本主義という仕組の中では，人間の生活自体が「疎外」され，生活自体が貧困化され，動物的生存の水準におとしめられていく過程を指摘した。さらに，生産力の増大が生活の豊かさを生み出すためには，生命の再生産のために強いられる必要労働時間の縮小が絶対的に必要であり，その上でのみ「自由な国」の生活が展望されると述べている。その意味で，物質的生活や経済生活の重要さを認めつつも，人間生活の豊かさがその次元を超えたところで形成される必要を見ていた。とはいえ，19世紀から20世紀全体をかけて，世界は，近代化という資本主義的文明化の巨大な力の中で，社会主義を目指すとする国々まで含めて，物質的生活の肯定が進んだだけでなく，消費生活水準の向上をもって生活の豊かさと見なす根深い傾向をもってきた。

　このような近代の生活の理解は，人間生活に根底的な変容を生み出すことになった。このことは，アーレントによっては，人々

の協同的活動の場をなす公的領域の衰退として論じられ，M. フーコーにおいては，人々が発達した市場経済の中で，生命の生存に振り回される「生政治」として指摘された。そのような状況にあっては，個々人が孤立したままに（したがって，ビオスの可能性を失ったままに），生物的生存の危機に振り回されかねず，それは20世紀の経済好況期には，大衆社会，消費社会の生活として現れ，逆に，国民国家がこうした大衆社会状況を維持できないときには，ファシズム期に象徴されるように，国民国家の外側にユダヤ人や外国人労働者，難民などが排除され差別の対象となったのである。このような状況はアガンベンによって，社会的・共同的な空間から排除される強制収容所の生活を通してゾーエの空間，「剥き出しの生」を表す現代の象徴として描かれている。古代ギリシアにおいては，人間の生がビオスとゾーエに分けられ，生命生産のための家族という私的領域の生活とポリスという公的生活の領域が峻別されたが，近代において市場的領域が生活のなかに大きく侵入することによって大きな変容が生み出され，両者が自律的空間としては機能しなくなった。ハーバーマスは，経済的利害や行政組織が，これまでの私的領域と公的領域に侵入していく事態を「生活世界の植民地化」として表現している。他方，医療技術や生命操作技術の発展と社会福祉政策の進展が，生物体としての人間の生の存続と，人間の尊厳をもった生活の保障との間にも乖離を生みつつあり，「生活の質」（QOL）といった問題提起によって，生物としての生存と人間らしい生活との関係が論じられている。さらに，生活の豊かさを単にGDPや商品の消費量によるのではなく，個々人の能力や生活条件に応じて人間の生活の質を考えるA. センらのケイパビリティ（capability）の問題提起などによって，人間的な生活とは何か，「人間の安全保障」がどのように可能かなどの生活の具体的探求が進行している。

［文献］アリストテレス『政治学』岩波文庫，1969；アレント『人間の条件』ちくま学芸文庫，1994；ハーバーマス『公共性の構造転換』未来社，1994；同『近代――未完のプロジェクト』岩波現代文庫，2000。　　　　　　　　　　　　　（佐藤和夫）

聖／俗 〔英〕the sacred / the profane

聖と俗をめぐる考察が主題化されるのは，19世紀中期以降の人類学・民俗学・比較宗教研究の発展によって宗教の相対主義的認識が深まって以後のことであり，本格化するのは20世紀に入ってからである。現代的な聖俗論は，旧約聖書学者ロバートソン・スミス（William Robertson Smith 1846-94）が，代表作『セム族の宗教』（1889）などで展開した未開宗教研究を通じてタブー（taboo）に宗教の起源を措定したことに，その発端をもつ。タブーは，禁止を通じて聖と俗，清浄と不浄を分割するからであり，ここに神観念と聖なるものとの分離が方向づけられた。ここから，聖俗論は現象学的展開を見せていく。神学者R.オットー（Rudolf Otto 1869-1937）は，聖観念が宗教にとって本質的要素であることを認めた上で，合理的思惟や外的観察によっては捉えられない非合理的で直接的な，畏怖と魅惑の両義的感情の体験自体を聖なるものと捉え，「ヌミノーゼ」（das Numinose）と名づけた。20世紀の宗教学者M.エリアーデ（Mircea Eliade 1907-86）は，「聖なるものの顕現」なる現象を提起して「聖体示現」（hierophany）と呼び，宗教現象全般を貫く原理とした。聖なるものと直結した「宗教的人間」（homo religiosus）は，俗なる空間の中のどこにでも「聖なる空間」を創造することができ，コスモスとカオスを分節化していく。これら現象学的宗教哲学が個人的経験として「聖なるもの」を捉えるのに対し，「聖なるもの」を社会的・共同主観的現象と捉えたのが，原始社会の宗教生活を素材として宗教生活の原型を捉えようとしたE.デュルケムであった。デュルケムは，聖と俗の二大範疇への世界の分割を，あらゆる宗教を貫く世界構築の原型と見た上で，聖なるものの社会統合機能に着目するとともに，その発生源として「集合的沸騰」現象を提示した。聖なるものの創造を通じた聖と俗への世界の創造的分節化は，個々人による内面的所業ではなく，それ自体社会的・共同主観的な所産だとするのである。デュルケムの聖俗論は，社会的世界の意味構成を生成論的に追究したピーター・L・バーガー（Peter Ludwig Berger 1929-）の現象学的社会学に継承され，世俗的な意味と制度と規範の世界であるノモスのカオス化

を防ぐために，より高次な意味秩序として構築されるのがコスモスであるとする，コスモス／ノモス／カオス論へと受け継がれている。

［文献］オットー『聖なるもの』岩波文庫，2010；同『聖と俗——宗教的なる物の本質について』法政大学出版局，1969；デュルケム『宗教生活の基本形態』上・下，ちくま学芸文庫，2014；バーガー『聖なる天蓋』ちくま学芸文庫，2018。　（景井充）

性悪説→性善説と性悪説

西欧主義→スラヴ主義と西欧主義

西欧マルクス主義　〔英〕Western Marxism
旧ソ連時代の「マルクス＝レーニン主義」，第二インターナショナルの修正マルクス主義と区別され，戦間期からから現在に至るまでヨーロッパで発展してきたマルクス主義の流れを指す。主な理論家としては，コルシュ，ルカーチ，グラムシや，ホルクハイマー，アドルノ，ハーバーマスをはじめとするフランクフルト学派，ルフェーヴル，サルトル，アルチュセールなど。西欧マルクス主義という名称は，メルロ＝ポンティによれば，カール・コルシュが最初に使ったとされる。しかし理論上最も影響力の大きかった著作はルカーチの『歴史と階級意識』（1923）である。ルカーチは，M. ウェーバーの合理化論を受け継ぎ，労働の否定的側面を取り上げた。すなわち，『資本論』の物象化現象の指摘と結びつけることにより，ルカーチは思考方法としての合理的機械化と計算可能性の原理，それに対応する生活様式や労働様式の体系としての官僚主義，そして近代諸科学の科学主義，実証主義の原理を，みな物象化と言う基本現象から統一的に説明したのだった。物象化論のモチーフはその後フランクフルト学派に受け継がれた。ホルクハイマーとアドルノによる『啓蒙の弁証法』（1947）における啓蒙の概念そのもの，文化産業論，ホルクハイマーの『道具的理性批判』（『理性の腐蝕』）における理性概念の物象化論による批判，さらには1968年の世界的な学生運動を中

心とした変革の時期にアメリカで大きな影響力をもったヘルベルト・マルクーゼの『一次元的人間』(1964) など，これらはみなウェーバーの合理化論からルカーチを経た主題を受け継いだものである．これに対し，物象化論を「システムによる生活世界の植民地化」として受け継ぎつつも，コミュニケーション的合理性を備えた主体の相互行為によって政治的批判は可能であるとし，理論と実践の関係を説明し直したのがハーバーマスのコミュニケーション的行為の理論であり，物象化論の影響を脱し，近代思想と改めて接合されたマルクス主義思想はここでまた新たな変化を迎えた．
→ルカーチ，グラムシ，フランクフルト学派
[文献] アンダースン『西欧マルクス主義』新評論，1979．

(福山隆夫)

性格 〔英〕character 〔独〕Charakter 〔仏〕caractère
刻み込まれたもの，彫りつけられたものを意味するギリシア語を語源とし，一般には人や事物に関する特性を指す．翻訳上の経緯がありわが国では翻訳漢語の人格とともに明治末期に定着．漢語では「ひとがら」「性質」を表す．従来は人格を人について価値的な意味で用い，性格を人や事物を含む対象について価値的な意味をもたせずに使っていた．しかし今日，アメリカでは character を使用せず，心理学では人格に代ってパーソナリティを使用することが多くなり，これまでのように判然としない状況はなくなりつつある．個々人を他から区別する心理的特性はギリシア時代から関心がもたれ，テオプラストスの『いろいろな性格』(*Charaktēres* 邦題『人さまざま』) などによって知られてきたが，概念が多義的であることは古くから指摘されてきた．イギリスの経験論哲学者，フランスのモラリストらはしばしば性格について論じた．カントは『純粋理性批判』で「人間学的性格叙述」を著し「個人の性格」など性格を論じている．これらの影響を受けてドイツでバーンゼン，クラーゲスらにより性格学が発展した．性格の類型研究は多々あり，ユングは元型を重視し，ワロンは発生的方法をとって論じた．

→人格,パーソナリティ
[文献] ユング『タイプ論』みすず書房,1987:ワロン『児童における性格の起源』明治図書出版,1965。　　　　(間宮正幸)

生活→生/生命/生活

生活世界　〔独〕Lebenswelt〔英〕life-world
後期フッサール現象学の中心概念の一つである。1930年代に『ヨーロッパ諸学の危機と超越論的現象学』のなかで定式化された。フッサールは自然主義的態度と自然的態度とを区別し,前者は自然科学によって構成される物理的自然に対するものであるが,後者はそれ以前に前提される根源的な日常的な生活に対するものである。この後者の態度に対して現れるのが生活世界である。生活世界は,いつでもそこにあり,あらかじめわれわれの直接の経験にとって存在し,すべての諸学のための基盤となる。科学的客観的世界は,根底にある生活世界から構成されたものである。フッサールは『危機』のなかで,ヨーロッパ諸学の危機を,ガリレオ以来の物理的客観主義による生活世界概念の喪失に求めた。かくて生活世界概念はヨーロッパ諸学をその危機から回復する使命を荷わされたのである。生活世界は,知覚的経験を生み出し科学的認識を生み出す源泉であるとともに,科学的認識を包摂した歴史的・文化的世界でもある。この両義性のなかに生活世界概念をめぐる循環を見出すことができる。フッサールの生活世界論は,後世の哲学思想に大きな影響を与えた。メルロ゠ポンティは生活世界概念のなかにそれまでのフッサールの基礎づけ主義の破綻を読み取り,『知覚の現象学』の中で,生活世界における身体をもった主体の経験の緻密な叙述を行った。フッサールの弟子A. シュッツは生活世界概念を社会的世界の観点から解釈し,文化的知識の在庫と考えた。シュッツの影響を受けながらその生活世界概念の文化論的偏重を批判したのが,J. ハーバーマスである。ハーバーマスは,意識哲学に立脚する主観主義的な生活世界概念を批判し,コミュニケーション的行為論を中心としてそれを再構成した。ハーバーマスは生活世界の要素として,言語と文化

の他に，制度的秩序やパーソナリティ構造も挙げた。ハーバーマスは社会を，生活世界と，権力と貨幣をメディアとする行為連関から成り立つシステムとの二層から把握し，現代社会の病理現象を，「システムによる生活世界の植民地化」として把握した。
→現象学，フッサール
［文献］フッサール『ヨーロッパ諸学の危機と超越論的現象学』中公文庫，1995。　　　　　　　　　　　　　　（日暮雅夫）

生活様式　〔英〕life-style〔独〕Lebensstil
消費を中心とする生命・生活の再生産の歴史的あり方を包括的に捉える概念で，通例，生産様式に対応するものとされる。一般に生産様式が物質的生産と労働に基づく生活の被規定性を説くのに対して，生活様式においては，生産様式との関係のなかで消費生活や家族生活の独自の問題が分析される。生産様式に偏りがちなマルクス主義の議論を，大衆消費社会状況下でのトータルな生活の把握へと展開しようとするものである。その点で生活様式は，現代の消費と生活の実態に迫りつつ，生命・生活の再生産の階級的・構造的な側面に注目する概念である。以上は経済学的観点からの議論だが，これに対して社会学的な観点から論じられる場合には，ウェーバーが消費スタイルの社会的評価（「名誉」）によって生活様式（Lebensführung）を定義したように，生活の階級的・構造的な被規定性よりも，集団の文化的・価値的な特性が強調される。近年では「生活様式」ではなく，「ライフスタイル」の用法で用いられることも多く，その場合には，文化的・価値的特性の集団性の意味は弱くなり，個人の選好と嗜好の面が強くなる。ライフスタイルの変革によって個人の価値選択に依拠した新たな社会形成の可能性が期待されるが，一方そこでは生活様式の階級性が個人の選択に還元される危険性もある。
→文化
［文献］角田修一『生活様式の経済学』青木書店，1992；大久保孝治『日常生活の探求——ライフスタイルの社会学』左右社，2013。　　　　　　　　　　　　　　　　　　　　（豊泉周治）

正義 〔英〕justice〔独〕Gerechtigkeit〔仏〕justice

アリストテレスによれば，徳とは卓越した行為の仕方であるが，なかでも他人との関係における徳を正義という。他者を媒介（配慮）した善きこと・もの（善）という意味では，「自分のものでない善」（共通善）と見なすこともできる。正義は，法との関係では，実定法に内在する理念としての法的正義であるが，同時に，実定法やルールの正当性・不当性の判定に根拠・基礎を与える理念（「自然的正義」）としては，法的正義を超える。法的正義は，たとえば基本的人権という思想・理念によって根拠づけられ，権利という形態をとって現実化される。古くから倫理学の主要な問いの一つであった正義は，プラトンの場合，社会の諸階級がそれぞれ自らの本分を果たすことであり，これによる社会的調和の実現が正義に適うことであった。正義を体系的に考察したアリストテレスの中心命題は「各人に彼のものを与えよ」（「分配的正義」）である。いったい何が「彼のもの」なのか，誰がそれを判定するのかなどの難問を残しつつも，不当な利得や損失，不均等を正す「匡正（矯正）的正義」の概念と合わせて，彼の考察はのちの時代の正義論の展開を規定した。正義の前提が万人平等であることを明確に主張したストア派や中世スコラ哲学の正義概念彫琢の努力を経て，近代正義論は社会のブルジョア的編成と軌を一にしつつ，私的所有との関連で把握されていくようになる。包括的な所有（property）の確保こそが自由の基本条件であると見なしたロックは，自己所有＝私的所有を正義に適うものとし，これを保障する法秩序と公権力を求めることで近代正義論の前提を提示した。そしてA. スミスでは，社会を維持するための権利一般の侵害の防止が正義とされ，配分的正義は後景に押しやられたが，ベンサムにおいてはさらにその権利もが相対化され，善すなわち快楽の最大化が正義であると見なされるようになる。これらの議論に対してマルクスは，私的所有の維持を目的とする正義論を欺瞞的と見なし，また，一般に正義のような抽象的概念に基づく社会構想を批判した。その後，功利主義の支配的影響力や実証主義的風潮の強まりの中で実質的な正義論は低迷していたが，その復権をもたらしたのがロールズの『正義論』（1971）の刊行で

あった。個人の自由の確保とその実現のための公共的配慮の形成を同時的に追求しようとするロールズの正義論は、現代思想の中心的な論争点の一つとして批判と継承の活発な議論をもたらしているが、そこでの焦点は真の平等とは何かという正義論の初発からの問いである。
→徳，善，功利主義，公正，平等，ロールズ
［文献］アリストテレス『ニコマコス倫理学』京都大学学術出版会，2002；ロールズ『正義論〔改訂版〕』紀伊國屋書店，2010；藤川吉美『正義論の歴史』論創社，1984。　　　　（吉崎祥司）

生気論　〔英〕vitalism〔仏〕vitalisme〔独〕Vitalismus
生命現象を説明するのに、物理や化学に還元できない原理や力を認める立場。元々は、デカルト以来の機械論に反対し、「被刺激性」（ハラー）や「感受性」（モンペリエ学派）に生命の固有性を認める 18 世紀後半の生命科学の一大潮流であった。その後、この概念が拡張され、遠くはアリストテレス、20 世紀においては H. ドリーシュやベルクソンの生の哲学までも含む立場となった。その結果、科学者などからは、生命力という非科学的原理に立脚する、アニミズムなどと区別できない前近代的理論とされるに至った。現代では、元々の生気論に戻って、その生命観を構造的、関係的なものとして捉え返す作業が進められている。そこで強調されているのは、生気論が当時の科学と結びついた科学的自然像であったこと、「被刺激性」や「感受性」は、ア・プリオリな形而上学的原理ではなく、「繊維」を単位とする身体の複雑な構造連関の中に定位することなどである。生気論は、モンペリエ学派と関係の深かったディドロなどフランス唯物論者にも影響を与えており、同様の視角からフランス唯物論の見直しも開始されている。
→機械論的唯物論，物活論
［文献］R. Rey, *Naissance et développement du vitalisme en France*, Voltaire Foundation, 2000；ハンス・ドリーシュ『生気論の歴史と理論』書籍工房早山，2007。　　　　（寺田元一）

制作→ポイエーシス

生産 〔英・仏〕production 〔独〕Produktion
生産とは，人間が自然を含む諸環境に働きかけ，何らかの意味で価値のあるものを生み出すことを指す。生み出す対象として，生活手段，サービス，芸術作品などがまず想起されるが，さらに大きく見ると，人間は人間的生活そのものを生産し続ける存在として捉え返される。

F. エンゲルスは，歴史の究極的規定要因として「直接的生活の生産と再生産」を挙げ，それが「生活手段の生産」と「人間自体の生産，つまり，種の繁殖」からなると述べた。生活手段の生産には，直接の生活資料だけでなく，生産手段，および，それを使う生産者の知識・技能の生産も含まれる。人間自体の生産は，生殖，出産，哺育，教育，育児，家事，各種ケア等からなっている。直接的生活の生産は，この二つの生産が循環し支え合う「再生産」として持続するものでなければならない。この再生産の総体は，生産を可能にする諸環境，および，生産がそれに即した形で行われる生産諸関係・社会制度の再生産を伴う。さらに，こうした直接的生活の生産・再生産を内容的に反映し秩序づける機能を中心に，非「直接的」な生活の生産・再生産，すなわち，文化，イデオロギー，教育，社交，政治，軍事などの活動が行われる。社会はこれら全体の生産・再生産によって維持され，変化し続ける。

マルクス，エンゲルスによれば，人間の生活全体の生産・再生産全体を変化させる規定的要因は，生活手段の生産・再生産の変化である。たとえば，生活手段の生産力が上昇すれば，他の人々が生産した生活手段を専ら消費し，それによって生じた自由な時間を非「直接的」生活の生産に用いて，社会秩序を管理し支配する人々（＝支配階級）が生まれる。歴史上の「文明」は，生活手段の生産活動を免れた人々が自由時間（＝活動できる時間から直接的生活の生産に必要な分を除いた時間）を独占してはじめて生じたものである。また，生活手段の生産が商品生産として行われ，生産する人・時・所とそれを消費する人・時・所との分離が

拡大すると,「生活手段の生産」の組織と「人間自体の生産」の組織が分離し, 前者に男性を, 後者に女性をあてる性別役割分業が徹底される条件が生ずる。加えて, 発達した商品社会では, 流通する商品のみが「富」と見なされるため, 前者は「富」を生み出すが, 後者は「富」を消費するもの, すなわち社会的「非」生産, という位置を押しつけられる。

発達した商品社会では, 生活手段の生産はその消費を直接の目的としたものではなく, 貨幣との交換が目的となる。貨幣蓄積には限度がないため, 生活手段の生産は, 生活の生産・再生産全体への配慮から切り離された, 自己目的としての活動となる。一方では, 富と貧困の同時拡大が生じ, 他方では, 膨大な無駄と経済的混乱, 資源・環境を含む再生産の諸条件の消尽が生ずる可能性が高くなる。「富」は, 生活の生産・再生産の循環全体の豊かさから切り離された, 商品・貨幣の量へと狭隘化する。

マルクスによれば, 直接的生活の生産は, 必要な生活資料等を生み出し, 次世代を産み育てる活動であるため, それに費やされる活動の負担を軽減し（時間短縮等）, 分担することはできるが, それらの活動の「目的」そのものから自由になることはできない。他方, 生活手段の生産に費やされる時間が大きく短縮されて, 自由時間の独占が再び緩和・消滅すると（階級の消滅）, 非「直接的」生活の生産・再生産は,「支配」の手段という社会的機能を後退させ,「自己目的」としての自由な人間活動の領域となるとされる。

→再生産（社会／文化の）, 再生産（生命の）, 消費, 物象化, 生産力／生産関係

[文献] エンゲルス『家族, 私有財産, 国家の起源』岩波文庫, 1965；カップ『私的企業と社会的費用』岩波書店, 1959；後藤道夫「マルクスにおける科学と生産」（『現代と思想』26号, 青木書店, 1976）。

（後藤道夫）

生産関係→生産力／生産関係

　生産手段　〔独〕Produktionsmittel〔英〕means of production
K. マルクスの概念。物質的財貨の生産に必要な諸要素の中で，人間の労働を除いた，物的な諸要素の全体を指し，労働手段（道具，機械，工場の建物，土地など）と労働対象（原料，材料など）を含む。農業では，農地，農機具，肥料，種子，潅漑設備，収穫物倉庫などの全体が生産手段である。社会と歴史の理解において生産手段の概念が重要なのは，社会における生産手段の所有のあり方（＝所有関係）が，その社会の経済構造の中心的要素だからである。資本主義社会では，生産手段は資本という形をとり，その所有者は資本家だが，その生産手段を用いて実際に生産をするのは，それを所有しない労働者である。こうした資本家と労働者の関係が，資本主義社会における所有関係の中軸となる。一般に社会が，生産手段を所有する人間と所有しない人間とに別れた状態が私的所有であり，生産手段を社会成員全体が共有する状態が社会的所有である。私的所有の社会では，所有関係によって社会がいくつかの人間集団に区分されるが，これが階級である。マルクスは，生産手段の所有のあり方のうちに，社会構造全体の「最奥の秘密，隠れた基礎」が見いだされると述べた。
→唯物史観，階級・階級闘争，私的所有
［文献］マルクス『資本論』（全集 23-25）大月書店，1965-67：エンゲルス『反デューリング論』上・下，新日本出版社，2001。
（後藤道夫）

　生産の社会化　〔英〕socialisation of production〔独〕Vergesellschaftung der Produktion
資本主義経済の下ではいかなる生産物も，集団的作業によってのみ使用できる機械群を用いた，多くの人間の協業・事業場内分業によって生産されるのが普通であり，その原料，部品，生産に用いる機械等もまた同様である。生産物に生産者個人の名を記すことが不可能な，多数の人間の関与による生産を社会的生産といい，生産がそのようなものへと変化することを生産の社会化とい

う。資本主義経済では生産の社会化が大きく進むが，他方で，生産手段の所有にしたがって生産の指揮・管理の権限と生産物の取得は私的，排他的である。K. マルクスは，資本主義経済を，社会的生産を基礎とする私的所有と特徴づけたが，そのうちの社会的生産という基礎部分を，次の社会形態に受け継がれ開花する要素と見なした。資本主義の下での生産の社会化は，集団労働によってしか用いることができない労働手段体系を発達させ，集団労働を拡大し，他の生産部門との労働内容上の関連を発達させるが，労働集団を組織し，指揮・管理を行うのは雇用主であるため，労働集団の共同性は労働者への強制として現れ，労働者は自分の労働を自分でコントロールできず，労働に即した個性や能力を発展させることは難しい。マルクスにあっては，生産手段の社会的所有への転化は，労働領域における共同性と個性の両者を実現する条件と見なされている。なお，生産の社会化は，別の用法として，生産手段の私的所有から社会的所有への転化を意味する場合もある。

→生産力／生産関係，労働，分業／分業の廃棄，所有

［文献］エンゲルス『空想より科学へ』岩波文庫，1966；マルクス『資本論』第1巻13章（全集23）大月書店，1965。

(後藤道夫)

生産様式 〔独〕Produktionsweise〔英〕mode of production
一般に，人間の社会的生産は，生産諸力の要素をなす生産手段（労働対象および労働手段）と労働力との結合によって行われる。この結合の仕方を生産様式という。この結合には技術的レベルと社会的レベルが区別される。技術的レベルの結合とは，道具や機械などを通して労働対象と労働力が結合される合目的的過程を指す。社会的レベルの結合は，たとえば古代で言えば，土地などの生産手段と奴隷の労働力とが奴隷所有者の支配関係において結合される過程を指しており，ここに特定の生産諸関係が現れる。生産様式は，個々の個人の意志や意識に左右されない生活の基本条件をなし，それゆえに人間と人間の他の諸関係を形成する客観的な基底をなす。このことをマルクスは「物質的生活の生産様式は

社会的, 政治的および精神的生活過程一般を制約する」(『経済学批判』序言) と述べた。またマルクスは歴史の諸段階も生産様式と結びつけて,「大略, アジア的, 古代的, 封建的および近代ブルジョア的生産様式が経済的社会構成の累進的諸時期として示される」という把握を示した。生産様式は, 社会構成の原理を示す客観的徴表をなすのである。生産様式に関しては, これまでアジア的生産様式論争や歴史的発展段階説に関する論争などがあった。

→生産力／生産関係, 社会構成 (体), 土台と上部構造

［文献］マルクス／エンゲルス『ドイツ・イデオロギー』新日本出版社, 1998；マルクス『資本論』(全集 23-25) 大月書店, 1965-66。　　　　　　　　　　　　　　　　　　(渡辺憲正)

生産力／生産関係 〔独〕Produktionskräfte / Produktionsverhältnisse 〔英〕productive forces / relations of production
唯物史観において, 社会的生産の主要な契機を表す基礎概念。生産諸力／生産諸関係と, 複数形の表記も多い。生産力は実体的には, 生産手段 (労働対象および労働手段) と労働力という諸要因からなる。生産とは, この生産手段と労働力の結合過程である (なお,「労働の生産力」という場合, 生産力は一単位あたりの労働生産性を表す)。この結合の仕方を生産様式というが, この様式には, 必ず生産手段の所有関係に基づく人間と人間の諸関係が現れる。たとえば資本制的生産様式では, 資本家のもつ生産手段と資本家に雇用された労働者の労働力とが結合されて生産と再生産が行われ, 資本家と労働者との諸関係を基礎に, 交換その他を通して社会的諸関係が形成される。こうした人間と人間の諸関係を生産諸関係という。生産諸関係の基本となるのは, 生産手段の所有関係である。歴史的には, 古代の奴隷制, 中世の農奴制, 近代の資本制の階級的諸関係などが生産諸関係の類型として区別される。マルクスは『経済学批判』序言において, 社会の物質的生産諸力が既存の生産諸関係と矛盾するようになること——生産諸関係が生産諸力の発展諸形態からその桎梏に転化すること——を語っている。生産諸力の発展は富の蓄積をもたらすが,

これは必ず階級的な生産（所有）諸関係の中で階級的に対立してなされ，それゆえに普遍的富裕ではなく，生産様式の合理化，リストラ等を必然化し，生産手段の破壊，労働能力の貧困化（諸能力の跛行的発達・喪失等）と隷属化などとして現れる。つまり生産諸関係はかえって生産諸力の発展を制約するのであり，ここに階級的対立を顕在化させるのである。それゆえマルクスは「このときに社会革命の時期が始まる」と述べている。社会革命はこの脈絡では生産諸力の解放を意味したから，歴史的にはマルクス主義においても生産諸力の無限の発展を肯定する傾向（生産力主義）が存在した。しかし今日では，生産諸力そのものの質を問い，生産諸力の無制約的発展を想定する社会構成について反省する傾向が強くなっている。それは多くの対象的富（生産諸力の成果）が，かえって環境破壊等によって人間存在そのものを脅かしかねないものに転化したからである。地球環境問題，各国間の所得格差等の現象によって，改めて生産諸力と生産諸関係の矛盾が問われている。

→生産様式，生産手段，所有，土台と上部構造

［文献］マルクス『資本論』（全集 23-25）大月書店，1965-66；『マルクス・カテゴリー事典』青木書店，1998。　　　（渡辺憲正）

生産力主義→生産力／生産関係

政治　〔英〕politics〔独〕Politik〔仏〕politique
政治は，国家における権力の担い手と国家施策をめぐる争いの領域を指す。政治制度はこの争いのルールを制度化したものである。決定した国家の担い手と国家施策は，国家がもつ権力によって社会成員に強制される。政治制度が安定している場合，政治的決定に従うことを義務とする意識が一般的となり（政治的権威，正統性），国家権力の直接の発動の機会は減る。なお，権力を伴わない種々の人間集団の共通意志決定のプロセスにも「政治」を用いることもあるが，主たる用法ではない。

　権力を伴う国家の存在は，社会成員の間に調整しがたい利害対立があることを示す。利害対立があっても，社会的分業の再生産

などの「共同利害」は維持されなければならない．だが，その維持の活動を，利害対立の渦中にある社会成員が直接に担うことは困難であるため，「共同利害」の維持は，社会から外見上切り離されて，社会成員にその意志を強制できる権力をもった特殊な機関たる国家の機能となる．K. マルクスは国家を「市民社会における敵対関係の公式の要約」と呼んだが，その際，近代市民社会における敵対関係の中心は，商品＝貨幣関係と階級関係に求められ，民族間，男女間，産業間，地域間などの利害対立もこれらと関係づけて理解されている．

　国家は社会の共同利害を維持する機関として承認されるため，政治は，「公的」「普遍的」あるいは「共同的」な何物かを維持する場での争いという形式をとる．個々の社会成員あるいは集団の個別利害も，普遍化された形式で表現されなければ国家意志となることはできない．政治は，国家意志のなかにどのような個別利害が貫かれるか，自己の利害を他に「普遍」化するものは誰か，をめぐる闘争である．普遍化は抽象化された言葉，概念を用いて行われるため，政治は，宗教，イデオロギー，法などの精神的構築物をその不可欠の要素とする．

　強い利害対立の下では，社会の中で最も力の強い集団（≒階級）の利害が普遍化されることが普通だが，力関係によって，この普遍化が含む他集団との「妥協」の程度は変わる．「政治的支配」は，自己の利害を普遍的な国家意志として他の集団に強制することである．他方，政治的に支配される集団は，他に共同利害を維持する存在がないため，国家を社会の共同性を担う存在と見なし，政治的支配を受け入れることが通常である．この意味で国家は「幻想の共同体」である．

　強い階級は，その成員の個別利害を超える階級的利害を自覚し，表現し「普遍化」するが，被支配階級の利害は潜在的な形をとることが普通であり，個人の状況を超えた階級意志が表明されることはむしろ例外である．そのため，被支配階級にとっての政治は，自己の利害を一般的な言葉で表現し，政治の地平に押し上げる過程に努力の大半が費やされる．

　「共同利害」実現の諸領域は時代とともに変るが，一般的には，

セイジ

生産手段と生産物の所有に関わる制度の形成・維持，対外防衛，防疫，基礎的生産条件の確保（河川改修，水利の確保，暦の維持等），流通条件の確保（交通，貨幣管理，度量衡や取引ルールの整備等）などがある。第二次世界大戦後の先進資本主義諸国においては，政治制度としての自由民主主義の定着と並行して，景気循環の調整と資本蓄積の促進，および，大衆社会統合に必要な諸機能（社会保障，労働規制，都市政策，初等中等教育等）を国家が担うようになり（「現代国家」），政治のアジェンダは大きく広がった。

　マルクスによれば，社会成員間の強い利害対立が緩和されると，強制力を伴う国家なしに，社会がその内部で共同利害を維持・調整できる可能性が生ずる。この場合，「政治」は，権力性のない，社会成員同士の調整，協議，合意獲得の努力へと転化する。これは国家の社会への「再吸収」である。個別利害と個性の表出は，権力性を伴わないがゆえにより旺盛に行われ，共同性を形成・確証する場としての新たな公共的討議が開花することになろう。

　なお，利害対立と関連させた政治理解とは異なり，強い利害対立の有無にかかわらず，公共の場での議論に参加し，公的存在としての自己を示すことを「政治」とし，政治的存在（ポリス的存在）たることを人間の本質的規定とするH.アーレントの主張がある。

→国家，共同体／共同社会，階級・階級闘争，大衆社会，アーレント

［文献］マルクス／エンゲルス『ドイツ・イデオロギー〔草稿完全復元版〕』新日本出版社，1998；ウェーバー『職業としての政治』岩波文庫，1980；グラムシ『現代の君主〔新編〕』ちくま学芸文庫，2008。　　　　　　　　　　　　　　　（後藤道夫）

政治的動物→ゾーオン・ポリティコン

性自認→性（セックス）

精神　〔英〕spirit〔独〕Geist〔仏〕esprit
ヘブライ語の ruah，ギリシア語の pneuma，ラテン語の spiritus など「精神」を示す語の原義は「息」「風」であり，それが内的な生命や力を明示的に表す現象として解されたことから，個別的な人間や生物の命ないし心理的状態を指すと同時に，そのような個別的な存在者を越えて遍在し，世界全体を支配する霊的＝神的原理という意味を有するようになった。「我思う故に我あり」というテーゼに示されるように，われわれの個別的な自己意識において，物体とは区別された実体としての精神を考察したデカルト哲学の場合にも，精神の能力としての理性や意志に関しては神と人間が連続性を有することが前提されており，遍在する神的原理としての精神という意味が見失われているわけではない。

　しかしながら，デカルト以降の近代哲学においては，とりわけ英国経験論を典型とする精神の「意識」化が進み，われわれの意識とそれによって知覚される世界との関係を主題とする認識論的問題設定が支配的となった。それに伴って精神を唯一の実体である神＝自然の「様態」であるとするスピノザ的汎神論に見られるような，世界全体の霊的＝神的原理としての精神との関連において個物を位置づけようとする存在論的問題設定は背景に退く。また，ルターやカルヴァンらの宗教改革の思想的指導者たちは，聖書解釈の正当性の根拠を既存の教会組織や伝統的解釈にではなく，個々の信仰者の内面において自明な真理として意識される「精霊」（der heilige Geist）の証言に置いたが，このような信仰の内面化も精神の「意識」化の一形態であると言ってよい。

　ヘーゲルは，近代哲学に特徴的なこうした精神の「意識」化とスピノザ的な汎神論の理論的統一を図ることによって，「精神」という概念に再び中心的な位置を与えようとした。論理―自然―精神という体系構成をとる彼の哲学において，最高の次元に位置づけられた精神は主観的精神，客観的精神，絶対的精神のそ

れぞれの段階において，歴史，国家，宗教等の具体的な諸形態をとる体系の一契機であると同時に，論理と自然という他次元をも含むその体系全体を通じて自らの内的矛盾を乗り越えつつ自己展開を遂げる根源的実在でもある。そして精神の「意識」化もその自己展開過程の不可欠なモメントの一つとして提示される（「意識の経験の学」としての『精神現象学』）ことになる。
［文献］デカルト『方法序説』岩波文庫，1997；ヘーゲル『精神の現象学』上・下（全集 4・5）岩波書店，1971-79；小川弘『哲学から信仰・宗教を見る』あずさ書店，2002。　　　（石井潔）

精神科学　〔独〕Geisteswissenschaften〔英〕moral sciences〔仏〕sciences morales
19 世紀後半ディルタイ（1833-1911）によって創始された哲学的立場を指す。ドイツ語の Geisteswissenschaften は元来は J. S. ミルの moral sciences の訳語として採用された用語であった。しかし人類や諸民族の歴史を各時代の理念・精神の客体化として把握するドイツ特有の「精神史」（Geistesgeschichte）ないし「理念史」（Ideengeschichte）の伝統を継承するとともに，同時代の新カント派の学問方法論，つまり事象の厳密な因果法則的連関の「説明」を目的とする自然諸科学と事象の個性的な歴史的文化的意味の「理解」を目的とする文化諸科学とを峻別する立場を受け入れ，精神科学は歴史的文化的諸事象の「理解の学」として特殊ドイツ的な発展を遂げていった。ディルタイの貢献は，学問方法論・認識論に終始した新カント派とは異なり，歴史・文化を理解する認知的営為をも人間の生の全体性の契機として把握する「生の哲学」を導入して，「精神科学」における主観・客観の対立図式を克服する方向を提示したこと，またシュライエルマッハーによって聖書および古典文献学を解釈するための技術学として創始された「解釈学」（Hermeneutik）を，「生〔認識者〕が生〔生の表現（Ausdruck des Lebens）としての歴史的文化的対象〕を理解する」ための方法論として精神科学の哲学的基礎づけにまで拡大・彫琢したことである。ディルタイの確立した精神科学の方法論は，M. ウェーバーの理解社会学，ハイデガーの現象学的解釈

学，ウンガーらのドイツ文芸学等，20世紀ドイツの哲学・社会思想・社会諸科学・歴史学の展開に決定的影響を与えた。
→解釈学，ガダマー，シェーラー，シュライエルマッハー，新カント派，生の哲学，体験，知識社会学，ディルタイ，哲学的人間学，道徳哲学，ニーチェ，ハイデガー，文化科学，民族精神，了解，リッケルト，歴史主義，歴史哲学
［文献］ディルタイ『精神科学序説』1・2（全集1・2）法政大学出版局，2003-06；同『歴史の構造』冨山房，1940。（平子友長）

精神的労働と物質的労働　〔英〕mental labour and physical labour〔独〕geistige Arbeit und materielle Arbeit
精神労働と肉体労働（körperliche Arbeit）ともいわれ，分業の根源的な形式を意味する。前者は政治，学術文化，技術開発，教育，宗教など人間による生産活動の支配・制御あるいは固有の精神世界の形成を目的とし，後者はより直接的に，生活の必要の充足を目的とする。人間の労働は頭で観念され，表象された目的が身体活動を通じて物質的成果になって現れることを特徴とするので，労働を統合・制御する観念的，精神的な契機とこれを客観化，具体化する身体的，物質的な契機とが区別され，この両契機は精神的労働と物質的労働のそれぞれの内部にも含まれる。これら労働の両契機は物質的生産力の一定の発展段階において根源的に分離し，精神的労働を独占する階級・階層が物質的労働に携わる階級・階層を収奪・搾取する関係やジェンダー差別による支配・被支配関係を成立させるとともに，都市と農村，文明と野蛮，「北」と「南」といった地域的な分裂をも作り出す。資本主義的生産様式の発展した地域では物質的生産力の高度な発展が単純な物質的労働の領域を縮減し，疎外された形態ではあるが，労働を総体としてテクノロジーに依存した精神的過程に変化させる。それは労働者が知的に発達し，物質的の労働の全体を統合・制御する客観条件を生み出すとともに，自由時間の獲得，つまり物質的労働の外部の精神的活動に携わる可能を生み出す。さらにマルクスが主張した「連合した生産者」による生産の社会的・理性的制御が実現されれば，物質的労働の内部で精神的労働と物質的

労働とは現実に統合され，分業の根源的な形式が廃棄される。しかしながら，現代では生産力主義と結合した科学技術崇拝によって，通常は物質的労働に付随してなされるシンボル操作が特権化されており，労働の精神的側面と物質的側面は依然として分離され，階級・階層的，地域的分裂がむしろグローバルに拡大している。自然の多様性に対応する物質的労働の多様性は必ずしも効率的ではなく，商品化にも馴染まないが，しかしそれは歴史貫通的な人間的生活の基本条件であり，さらにエコロジカルな視点からもますますその重要度を増している。このことから生産力主義を前提としない精神的労働と物質的労働の統合が多様な形態で探求されることになる。その事例として，外部文明に過度に依存しない内発的発展理論，ウィリアム・モリスらの「アーツ・アンド・クラフツ運動」，さらにグルントヴィの民衆啓蒙の理念などが挙げられる。

→労働，生産力／生産関係

[文献] マルクス／エンゲルス『ドイツ・イデオロギー』新日本出版社, 1996；『ラスキン　モリス——世界の名著 41』中央公論社, 1971；芝田進午『人間性と人格の理論』青木書店, 1961；R. ライシュ『ザ・ワーク・オブ・ネーションズ』ダイヤモンド社, 1991；O. コースゴー『光を求めて——デンマークの成人教育 500 年の歴史』東海大学出版会, 1999。　　　　（小池直人）

精 神 分 析　〔独〕Psychoanalyse〔英〕psychoanalysis〔仏〕psychanalyse

無意識の心理過程を研究する方法であり，パーソナリティ理論，人間発達の理論，また，心理療法の技法でもある。オーストリアの精神科医，フロイトにより確立され，20 世紀の西欧精神史に大きな影響を与えた。幼児期において，子どもと両親との間の人間関係から引き起こされる，特に性欲動による，エス，超自我，自我の間の葛藤が未解決のまま，無意識の中に残される。フロイトは，それが不安を呼び起こし，成人後の神経症の原因となると考えた。そしてそれを分析する方法として，自由連想とか夢分析，転移が用いられた。また，フロイトは人間の発達段階とし

て，口唇期（乳児期），肛門期（幼児期），エディプス期（幼児後期），潜在期（児童期），性器期（思春期，青年期）を区分した。それぞれ，子どもが母親との親密な人間関係を経験する時期，トイレの訓練などの社会的要求を課される時期，異性の親への性的願望から生ずる葛藤を経験する時期，性的エネルギーが潜伏していて，社会性の発達する時期，性的衝動の高まる時期に対応している。しかし，1907 年にウィーン精神分析学会として設立され，やがて国際精神分析学会（初代会長はユング）として組織され団結していた精神分析の潮流も，やがて，フロイトのリビドー＝性欲動中心の見解をめぐって，ユングやアドラーが袂を分かつことになり分裂に向かう。さらに，それらの内部においても様々な分派を生むことになり，今日では，多様な展開を見せている。ユングや A. アドラー以外のその他の潮流には，アンナ・フロイト，エリクソン，マーラーらの正統派・自我心理学派，メラニー・クラインに始まる対象関係学派，ホーナイ，サリヴァンらの対人関係学派，コフートの自己心理学派，フロムのネオ・フロイト派，などがある。
→フロイト，ユング，アドラー（A.）
［文献］小此木啓吾『現代の精神分析——フロイトからフロイト以後へ』講談社学術文庫，2002；フロイト『新版　精神分析入門』上・下，角川ソフィア文庫，2012；河合隼雄『日本人の心を解く——夢・神話・物語の深層へ』岩波現代全書，2013。

（高取憲一郎）

生成　〔英〕becoming〔独〕Werden
アリストテレスは，変化，すなわち一般的にいえば何ものかにおいて何かが何かへと変わることを基本的には 4 つに分けているが，〈生成〉は，性質に関する変化，量に関する変化，さらに場所に関する変化，つまり移動と並んで，実体の変化に関するものとされている。すなわち，アリストテレスにとって〈生成〉とは，実体の〈非存在〉から〈存在〉への運動・変化を意味している。この場合を含めて，広義には，生成は〈消滅〉と対比されるが，ヘーゲルは生成ないし成（Werden）を無（非有）から有へ

の移行である〈生起〉(Entstehen) と,有から無(非有)への移行である〈消滅〉(Vergehen) という二つの相反する契機からなるものとしている。これはヘーゲルが,成を,有と無との動的な統一,両者の不断の相互転化と捉えるからにほかならない。こうした把握は,矛盾律の絶対化に基づいて〈有るものは有り,有らぬものは有らぬ〉という存在の同一性を主張するパルメニデスの静止の見地に対して,いわゆる〈万物流転〉をいうヘラクレイトスに代表されるイオニア的な運動の見地を継承するヘーゲルの思想に基づくものであるということができよう。有と無との統一としての成は,ヘーゲルにとって,有と無という「端的に分離されているように見えるものが,それ自身によって,またその運動のなかで相互に移行し合う」運動として,弁証法のいわば最も純粋な,最も基礎的なものなのである。　　　　　　　　　　(太田信二)

生成文法　〔英〕generative grammar
1950年代中頃にアメリカの言語学者 N. チョムスキーが提唱し,以後多くの研究者の支持を集めている文法の考え方。文法とは,ある言語の「文法的に」正しい文をすべて,かつそれだけを作り出し,各文の構造的な特徴を示しつつ作り出す仕組(=規則の体系)であるとし,その構築を目標とする考え方。文体的な違いなどは除き,規則体系を適用して,文の基本的な構造を作り出すことを生成する (generate) という。言い換えれば,有限個の規則によって無数の文を演繹的に生成する仕組が生成文法である。最初期には意味を捨象して文の形だけに注目していたが,その後意味と音を関係づける構文論を中心とし,意味論や音韻論も含めた包括的な体系を文法と呼ぶように修正されてきた。チョムスキーらは,言語使用者がそれを自覚はしていなくとも備えている「知識」と「それを記述した理論」との双方を両義的に生成文法と呼んでいる。その体系の実際の枠組としては,チョムスキーの統率・束縛理論ばかりでなく,幾通りかのものが提唱されている。
→論理実証主義,記号論理学　　　　　　　　　　(下川浩)

性善説と性悪説

「性善説」の最初の提唱者は孟子である。ここで「性」とは人間の生得的本性の意味。孟子によれば、人間はある事態に直面すると、その心に「惻隠・羞悪・辞譲・是非」などの感情を生ずる。それは思慮の働く以前の瞬間的な反射として生起する心理現象であるから、人間本来の資質の純粋な発露と見なされよう。そしてその資質は、これに「拡充」の努力を加えさえすれば、その方向に「仁義礼智」の四徳が実現されるのであるから、いわば四徳の端緒（四端）である。換言すれば、かかる端緒は天与の資質として万人に具わり、あらかじめ「仁義礼智」の実現を準備するものなのである。ここからして孟子は人間の「性」は善であると結論する。宋代の朱熹（朱子）は「理・気」二元論の立場から孟子の説を解釈し直し、「仁義礼智」こそが万人の先験的に内具する「性」であり、「惻隠・羞悪・辞譲・是非」はそれの現象としての「情」にほかならぬとして、一層形而上学的性格の強い性善説を打ち出した。総じてこれらの性善説は、人間の徳性に関する生得決定説であり、また善に関する自然法的把握であると言えよう。このような「性善説」に対置されるのが、通常は荀子の提唱に帰される「性悪説」である。『荀子』書の「性悪篇」に限って見れば、そこでは確かに「性悪説」が謳われている。しかし彼の論旨を子細に見れば、彼の所謂「性悪説」なるものが、必ずしも孟子の「性善説」と対照をなすような命題でないことが分かる。すなわち荀子の論旨は、「性」とは人間に与えられた自然の生存本能に過ぎず、もし教養を施されぬまま放置されるならば「結果」として悪に陥る、という点にあるのであるから、文字通りの「性（＝本来性）悪」説とは言いがたい。彼にあっては、善悪の問題はむしろ後天的な形成作用および形成要素としての「偽（＝人為）」の側にある。その要諦は、善悪に関する人間の未決定性（陶冶性）の認定と学問による後天的形成の重要性の指摘にあると言えよう。但し荀子と同じく生得決定説を拒否した後世の学者たち（王夫之や戴震など）は、儒家としての建前から孟子の性善説を採用したので、その理論構成には解釈上の労を要する微妙な屈曲を免れなかった。

セイド

→性（せい） （村瀬裕也）

制度　〔独〕Institution〔英・仏〕instiution
制度は，言語を典型とする記号やシンボルからなるという点で，自然的・物質的次元の実在性に対比すればフィクショナルであるが，記号動物としての人間にとって別種の生存環境を形成するという意味で第二の自然ということができ，独自のリアリティと論理・法則をもつものとして現れる。制度の本質的性格の理解には，語源であるラテン語 institutio がもつ二重の意味——ある社会的な規則や体系を人為的に制定する行為と，その行為の帰結として制定された規則や体系そのものをも意味する——が，そのまま役立つ。すなわち，制度は，その動的な生成・再生成過程と，それ自体がもつ静的な存在性格を重ね合わせて理解する必要がある。後者については，①ある特定の社会の広範囲に一般化しており，強い規則性をもつ，②それゆえ，特定の個人の思想的・感情的恣意を越え，随意的な操作や変更を受け付けないという意味で，個人にとって外在的である，③また，個人の誕生の前にも死後にも存続する歴史的存在であるという意味でも個人に外在している，④したがって認識論的には客観的存在としての地位を与えられる，⑤正当性を主張する公的・道徳的権威や権力によって強制力を付与されており，逸脱に対しては様々な程度の制裁が加えられる，といった性格を指摘することができる。制度が人間にとって疎遠な超越的存在と捉えられ物象化される可能性は，こうした対人間的な根本的性格によるが，元来制度が人間による歴史的・社会的・共同的創作物であることを忘れてはならない。制度は確かに個人を超越してはいるが，無意識的な習俗から意図的な立法行為に至るまで，すべて人間社会の共同的意志や能動性の自己客体化の成果にほかならず，自然史的過程の所与性とは異なるリアリティをもつ。したがって制度分析の視角は，現存制度の所与性に立つそれ自体物象化的な機能的・静態的分析にとどまっては，疎外態を招来することとなる。むしろ，制度の生成・再生成と存続の過程の中に人間と制度の〈創る—創られる〉関係を捉え，人間による制度の主体的・歴史的変動の可能性を見出すもの

でなければならない。社会制度が人間の集団的生活にもたらそうとする統合的秩序は、その人間的価値をめぐってつねに反省的対象とされねばならない。
［文献］デュルケム『社会学的方法の規準』岩波文庫，1978；パーソンズ『社会体系論』青木書店，1974；中村雄二郎『近代日本における制度と思想』未来社，1967。　　　　　（景井充）

正統／異端〔英〕orthodox / herecy〔独〕Orthodoxie / Ketzerei〔仏〕orthodoxie / hérésie〔露〕ortodoksalnost / eres〔ギ〕orthodoxia / airesis〔ラ〕orthodoxia / haeresis
「正統」とはギリシア語のオルトドクシアで「正しい教説」を意味する。「異端」を意味するギリシア語，ハイレシスは元来「選び」（choice）を意味し，さらに「学派」（school），「宗派」（sect）をも意味するようになった。初期キリスト教会が旧約・新約聖書の解釈をめぐってグノーシス派をはじめ各種の有力学説に分裂し，この解釈論争がアリウス派を異端として破門した第一ニカイア公会議（325）において最終決着を見るまでの歴史的過程において，ハイレシスが専ら「異端的教説」のみを意味するように変化した。カトリック教会の歴史において異端審問の宗教裁判が行われ，異端の宣告を受けたものの多くは焚刑などの極刑に処せられた（フス1415年，ジャンヌ＝ダルク1431年など）。漢語では儒者が老・荘・墨など儒以外の諸子百家を異端と呼んだ。仏教で異端に対応する用語は異恵，異解，異流などである。

　同一の宗教・学派・政党などの社会集団の内部でその集団を結束させる核となる教説・教義・教典などの解釈をめぐり，集団内部における権力闘争と結合した解釈論争が展開される場合，論争当事者たちは自己の確信する解釈を「正統」，対立諸派閥の主張する解釈を「異端」と呼び合うことが多い。「正統」の座をめぐる論争に勝利することは当該組織内部における権力を獲得・維持するための最重要事であり，この論争に敗れた集団とその教説には「異端」の烙印が押され，処刑などの迫害，組織からの追放・除名・処罰などの制裁が与えられることが多い。異端は同一の教団内部における異説である点で，異教（paganism, Heidentum）

とは区別されるが，ユダヤ教の異端からキリスト教やイスラム教が，ヒンドゥー教の異端から仏教が，カトリック教会の異端から新教・プロテスタント諸教会が発展したよう，異端と異教の境界は歴史的に常に流動的である．ある教団・学派の創立者の死後の後継者争いは「正統—異端」論争・闘争の形態をとることが多い．マルクス主義の内部では，エンゲルスの死後（1895）直ちにカウツキーとベルンシュタインとの間で論争された「修正主義」論争がその最初の形態であった．しかし最大かつ最も悲劇的な「正統—異端」論争・闘争は，レーニン死後（1924）スターリンが権力を確立してゆく過程で，彼のライバルであったすべてのボルシェビキ党指導者・学者が異端の烙印を押され（メンシェビキ主義，トロツキー主義，ブハーリン主義等），ナチスによる侵略の危機が切迫する状況下で「ナチスのスパイ」という判決によって銃殺されたことである．
→キリスト教，カトリシズム，ドグマティズム，グノーシス主義，宗教改革，スターリン主義，千年王国論，フス，プロテスタンティズム，ムハンマド，マルクス主義，ユダヤ教
［文献］堀米傭三『正統と異端——ヨーロッパ精神の底流』中公文庫，2013．　　　　　　　　　　　　　　　　　（平子友長）

生得観念　〔ラ〕idea innata〔仏〕idées innées〔英〕innate ideas〔独〕angeborene Ideen
「本有観念」とも言い，精神自体が生まれながらにもつとされる観念．合理論によって唱えられた．プラトンは，人間の魂は不滅であり，真実在の世界であるイデアの世界から転生してきたものとして，知識は外的経験からではなく，魂が内的に想起する生得観念によって得られるとする知識＝想起説を唱えた．デカルトもこの立場に立って，外的経験の対象の観念を「外来観念」，怪物や空想的世界の観念を「作為観念」とし，思惟や真理，神や数学的対象の観念を「生得観念」とした．ロックなどの経験論者は，この生得観念を認めず精神は白紙（タブラ・ラサ）の状態で生まれてくるのであって，神や数学的対象の観念も，経験的対象の観念を抽象，変形して形成したものであると批判した．外的対象の

作用に合わせて精神に内在する観念が知覚されると見る知覚の因果説の立場に立つデカルトには，すべての観念が生得観念であるという広い意味での生得観念説がある。チョムスキーは，人間のもつ言語能力が生得的な能力であるとして，デカルトの生得説を復活させた。
→デカルト，ロック，合理論，チョムスキー　　　　　（河野勝彦）

　西南ドイツ学派→新カント派

　青年ヘーゲル派→ヘーゲル左派

　性の自己決定権→性（セックス）

　生の哲学　〔独〕Lebensphilosophie〔仏〕philosophie de la vie
「生」の概念を思想原理に据えて，19世紀末から20世紀初頭にかけてドイツを中心に，またフランスのベルクソンの思想とも深く連動呼応して起こった広範な思想潮流。ドイツの中心的な思想家は，ディルタイ，ジンメル，シェーラーなど。特筆すべきことの一つは，ニーチェがこの思想潮流の最も重要な先駆者として認められたことである。単に哲学にとどまらず，20世紀初頭のヨーロッパにおける芸術（特に表現主義），宗教思想（神秘主義やキリスト教批判と結びついた東洋思想の発見や再評価）ならびに様々な社会運動（たとえばドイツ青年運動や性解放やフェミニズム運動など）にも重要な影響を与え，文字通り当時の「時代精神」となった。

　重要なことは，「生」の概念が，近代ヨーロッパ文化のもつブルジョア的性格——その人間観の功利主義的な性格——とそれに深く結びついているひたすらに「自然の支配・操作」を目指す科学技術主義的性格に対するいわば自己批判の欲求（さらには，その基礎にあるキリスト教的な自然観，生命観あるいは性意識に対する自己批判の欲求）と深く結びついていることである。この思想潮流の代表的思想家たちは一様に生の自発的で創造的な性格を強調し，固定した存在に対する「生成」の優位を主張した。ま

た生は本質的に「全体直観」的な総合的方法でのみ把握可能であって決して機械論的な要素主義的な分析的方法では捉えられないことを強調し，人間固有の「歴史」的事象を問題にする際は，近代自然科学をモデルにする「説明」的アプローチの妥当性を否定して，人間的＝歴史的事象の「個体性」を全体直観することを基礎に据える解釈学的な「理解・了解」の方法をとることを提唱した。そして，近代自然科学の認識方法を絶対化することの中から生まれてきた当時の認識論中心主義的な哲学のあり方を批判して，あらゆる人間の知覚・認識行為はその認識主観の生きた経験（体験）のあり方によって根本的に方向づけられており，真の認識論的反省とはその認識主観が暗黙のうちに依拠している根源的な「体験の構造」（シェーラー）を批判的に対象化することであると主張し，人間の生きた経験の構造を究めようと内的な時間意識の構造を問題にした。

　これらの点で，生の哲学の行った探究は同時代のフッサールの現象学とも深い類縁性をもっている。ハイデガーの『存在と時間』における試みにも多大な影響を与えていることはいうまでもない。さらに，生の哲学の総体が近代ヨーロッパ文明の自己批判というモチーフによって決定的に駆動されているという点で，それは当時日本哲学の固有性を模索していた，西田幾多郎を師と仰ぐいわゆる「京都学派」の哲学者に対しても重大な影響を与えることになった。　　　　　　　　　　　　　　　（清眞人）

生物多様性→エコロジー

生命→生／生命／生活

生命地域主義　〔英〕bioregionalism
生命地域主義とは，北米を中心に展開する地域社会の自治を目指す環境運動であり，またその運動実体を支える思想である。1977年，生態学者レイモンド・F・ダスマンと環境活動家のピーター・バーグによって提唱された。生命地域主義は，アメリカ合衆国における対抗文化（counterculture）の流れを受け継ぎ，一

方的な自然の搾取によって，自然のみならず人間性をも破壊する大量消費社会およびそれを支える現代の市場メカニズムを批判する。そして，人間がその潜在能力を十分に発揮し，また自然と長く共存しうるような，地域自治および地域内自給経済を特徴とする人間社会を求める。そのため，生命地域主義は，独自の〈生命地域〉(bioregion) を設定し，自然に関する生態学的・経験的知識を積み，生態系の一員として地域に土着することを目指す。〈生命地域〉とは，河川の流域，山脈，植物相，動物相といった生態学的・地理的境界と，歴史的に営まれてきた自然調和的な人間の文化が示す境界によって区分される地域である。

→エコロジー，ソーシャル・エコロジー

［文献］P. Berg, and R. F. Dasmann, "Reinhabiting California", in *The Ecologist*, No.7, 10, 1977; M. V. McGinnis ed., *Bioregionalism*, London, Routledge, 1999. （福永真弓）

生命哲学→生命倫理

生命の質 〔英〕quality of life, QOL
原語の「ライフ」は一般に生命・生活・人生などを幅広く指すから，これに応じて「質」も多次元的な意味合いをもつ。日常的には質の高い生活・暮らしを漠然と指す。この言葉が専門用語として最初に用いられたのは経済学・社会保障論の分野である。19世紀の末から20世紀にかけて貧困観が転換し，多様な形態の「福祉国家」が模索されるなか，最低生活水準との絡みで「生活の質」が問われた。「豊かな社会」の到来以降は心の豊かさや生きがいに関心が移り，哲学・宗教的な文脈での「人生の質」が問われている。特に「生命の質」という表現は医療領域固有のものである。1960年代以降，医療資源の配分やターミナルケアとの関連で「生命の神聖さ」(sanctity of life) に依拠する延命至上主義を批判し，生命の人為的な終結を容認する方向で使われ始めた。この言葉はとりわけ安楽死/尊厳死と結びついているが，中絶や生殖医療の分野でも「自己決定」の考え方と一緒になって広まり，優生思想絡みの懸念と批判を呼び起こしている。他方，病

気の予後や日常生活動作との関連では,「クオリティ・オブ・ライフ」という表現が医療・介護の専門用語として一般化している。略すと QOL になる。いずれにせよ,生命の存在（がある）と機能（である）とを区別し,前者の質を他者が決めることはできないという見地に立って,医療から経済学や哲学・宗教までを包括する「生の質」の見方を提出することが哲学に求められている。
→安楽死・尊厳死,生／生命／生活
[文献] ビンディング／ホッヘ『「生きるに値しない命」とは誰のことか――ナチス安楽死思想の原典を読む』窓社, 2001；シンガー『生と死の倫理』昭和堂, 1998。　　　　　　（森下直貴）

生命倫理　〔英〕bioethics

【言葉の意味】ギリシア語の〈bios〉（生命）と〈ēthika〉（倫理）を合わせた「バイオエシックス」の訳語である。この言葉は元来,資源枯渇や環境汚染で危機に瀕した人類の生存を考える環境倫理（V. ポッター）とか,生命科学に対する文明論的反省（ヘレガース）とかを意味していた。ところが,1978 年に『生命倫理百科事典』が刊行され,生命科学研究と臨床とヘルスケア政策／制度に関する倫理と定義されるに及んで,以後はもっぱらこの狭義の意味で用いられるようになる。しかし生命と科学技術との関係全般を問題にする限り,生命倫理と環境倫理とを総合する文明論として捉え直される必要がある。なお,日本語で「バイオエシックス」と表記する場合,特に北米生まれの生命倫理を指し,生命倫理一般から区別されることが多い。

【誕生と展開】生命倫理の柱は,医療技術の革新が進行する環境下で求められる研究倫理と臨床倫理とヘルスケア倫理である。まず,第二次世界大戦中のナチスによる人体実験がニュルンベルク法廷で裁かれ,以後の研究倫理を方向づける「ヘルシンキ宣言」を生んだ。また,医療技術の進展とともに医療紛争が増え,法廷で「インフォームド・コンセント」の法理が形成された。さらに,延命技術,遺伝子操作,体外受精や臓器移植などの先端医療技術が人々と社会に困難なジレンマを突きつけ,新しい倫理の

考え方が求められた。以上の動きが合流し，公民権要求や性解放などの格差是正運動と呼応しつつ，1960年代から70年代にかけて「自己決定権」を原理に掲げる草の根運動が北米で展開された。これらの運動の集大成として既述の『生命倫理百科事典』が刊行された。これをもって学問としてのバイオエシックスが誕生し，1980年代には世界の医療先進国に輸出された。T. ビーチャム／Ch. チルドレスの著作が代表的な教科書である。しかしとりわけ1990年代になると，学問としてのバイオエシックスに対して，方法論をめぐり臨床現場やフェミニズムからの批判，「自己決定」の普遍主義に対する多文化的な批判，先端医療技術の国家管理や商業化に対する姿勢への批判，専門主義化への批判などが投げかけられた。

【日本での状況】1970年代末に木村利人と岡村昭彦がバイオエシックスを「人権運動と公共政策」として紹介した。他方，武見太郎は独自の「生存科学」を唱えた。生命倫理という言葉がマスコミに登場するのは1980年代半ばである。80年代末までには脳死・臓器移植をめぐる懇談会や，全国規模の学会・研究会が結成された。一般の新聞紙上に生と死をめぐるトピックスが載り，患者中心の医療や全人的医療という言葉が見え出す。また，1982年の徳島大学医学部を皮切りに，全国の医系大学に倫理委員会が設けられた。生命倫理という言葉は1990年代後半には市民権を得たと言えるが，全体としてアメリカの後追いの感を否めず，これには反発や批判も多い。バイオエシックスとは違う生命倫理が模索されている。

【課題】バイオエシックスを支えているのは「自己決定権」という考え方である。これを拠り所にして，伝統的な職業倫理に対抗する「患者中心主義」の医療倫理が唱えられた。この患者中心主義はたしかに医療倫理の重要な要素ではあり，個々の患者の人権を守るという点ではとりわけ日本の医療現場に必要である。しかしその要素だけで医療倫理が尽くせるわけではない。他方，公共政策の面でバイオエシックスが実際に果たしている役割は，先端医療技術を摩擦の少ない形で社会に定着させることであり，結果として生命と身体の資源化・商品化を促進することである。要す

るに,バイオエシックスをモデルにする生命倫理には医学や生命をめぐる哲学的反省が欠落している。この反省に基づいて,身体と生命に対する操作化・資源化・商品化を通じて〈健康への欲望〉が際限なく駆り立てられている現実に抗し,個人・市場・国家・専門家集団それぞれの倫理を立て直すことが求められている。
→自己決定,インフォームド・コンセント,バイオテクノロジー
［文献］ジョンセン『生命倫理学の誕生』勁草書房,2009；ビーチャム／チルドレス『生命医学倫理』麗澤大学出版会,2009；今井道夫／森下直貴編『生命倫理学の基本構図』丸善出版,2012。

(森下直貴)

生理学的唯物論 〔独〕physiologischer Materialismus
生理学などの人間の身体についての科学的知識を基礎において展開される唯物論の一形態。唯物論には様々な形態のものがあり,哲学的な形の古代唯物論もあるが,近代では何らかの科学に基礎をおくものが多い。その中で,物理学,化学——たとえば原子論(アトミズム)——による唯物論,あるいは経済学などによる史的唯物論(唯物史観)などから区別されるのが,生理学的唯物論である。これは人間の精神活動が近代生理学の発達によって科学的に解明できると思われた19世紀に現れた。ビュヒナー,フォークト,モレシュコットなどの議論がそれであり,単に「科学的唯物論」といわれたり,またその後の史的唯物論者から「俗流唯物論」(vulgärer Materialismus)と呼ばれたりした。しかし,ディドロの唯物論などにも生理学を重視する傾向がみられ,また現代の「心の哲学」での脳科学などをもとにした「自然主義」は,生理学的唯物論と呼ばれてはいないが,似た発想がみられる。
→唯物論
［文献］ランゲ『唯物論史』(全3冊)丸善,1928-32。

(横山輝雄)

世界観 〔英〕world view 〔独〕Weltanschauung 〔仏〕vision du

monde

「世界観」とは,世界についての見方である。人間は何らかの形で「世界」についての意識をもつ。それはその人の生活と社会的影響の中で形成される。人間精神にとっての世界観の必然性は,その〈複眼構造〉にある。すなわち,人間の精神活動は,〈巨視的総体的視座〉と〈焦点を絞った特定の問題〉を極とするダイナミックな関係の中で働くのであり,世界観は最高の〈巨視的総体的視座〉ということである。それは,自然観,社会観,人間観,価値観等を含む世界総体についての見方である。しかしそうであるからといって,それは知識の総合として単なる「世界像」であるのではない。その中心にその人の〈世界に対する基本的態度〉がある。すなわち,①世界認識への基本視点,②価値評価の基本枠組,③生活実践への基本態度ということである。第一の〈世界認識への基本視点〉は,現実を直視するのか観念的解釈に終始するのか,世界を可知的なものと見るのか不可知なものと考えるのか,といった基本問題を含む。第二の〈価値評価の基本枠組〉という点は,世界と自分を肯定的に位置づけるのか否定的に捉えるのかといった形で分岐する。第三の〈生活実践への基本態度〉は,この世界に積極的に挑戦していくのか消極的受動的態度で臨むのかといった点である。世界観については,歴史上さまざまな見解と議論が展開されてきた。宗教的世界観と哲学的世界観,唯物論的世界観と観念論的世界観,形而上学的世界観と実証の世界観,個々的にはマルクス主義,現象学,実存主義,プラグマティズム等。それぞれにそれぞれの世界観があり,また個々の哲学者においてもそれぞれの世界観がある。21 世紀を迎えたが,山積みになっている問題に対する展望を与える世界観の新しい展開が求められる。

→人間観,価値意識・価値観 （岸本晴雄）

世界市民主義→コスモポリタニズム

世界宗教 〔英〕world religion
ユダヤ教や神道のように特定の民族の救済・民族的自覚を標榜す

セカイセ

る民族宗教に対して，教義的実践的に民族的特殊性を否定し民族の差異を超えて世界・万人の普遍的救済を標榜する宗教。キリスト教・仏教・イスラーム等が代表的なものとされ，高度な普遍（主義）的哲学を有して普遍宗教（universal religion）とも言う。啓蒙主義的宗教観では宗教を進歩主義的に序列化し，未開宗教，民俗宗教，民族宗教に対して高等宗教・高次宗教等とも言われたが，現在では文化相対主義の中で無意味化した。世界宗教は歴史的には先行の支配的民族宗教の批判として発生し，キリスト教は，民族・特定地域を超えたローマ帝国等の統一国家の成立や交易圏の拡大を通して広範な民族・地域に伝播して〈世界宗教〉化し文化交流の媒介となった。世界宗教は地域を超えた世界観念を形成し，古代中世の大帝国の統治や他民族支配の思想的道具になったとされるが，特にキリスト教は近代以後も植民地支配や各地の〈文明化〉・市場社会化・グローバリゼーションのイデオロギーとなってきた。他方，仏教はその脱世俗の枠組により逆に固有の世俗的世界観をもたず，各地の在来宗教・習俗と融合して多様な民俗的形態をとり，M. ウェーバーが言う世界宗教の特質（世界化指向。経済・政治等の脱呪術化や世俗化との緊張関係）もない。イスラームも現代では単純に民族主義を超えているとは言えない。その意味で世界宗教の概念と思想的意義は再検討を要する。

→宗教，キリスト教，仏教

［文献］ウェーバー『宗教社会学論選』みすず書房，1972；ヒック『宗教の哲学』ちくま学芸文庫，2019。　　　　　（亀山純生）

世界精神→時代精神

世界像→世界観

世界－内－存在　〔独〕In-der-Welt-sein
私たち人間が，「世界から独立に」ではなく，本質的に「世界の内に」存在していることを強調した前期ハイデガーの造語。人間存在を世界に向き合う孤立的な主体と見なす傾向にある近代哲学

を批判する意図が込められている。その「世界」とは，存在者総体というよりも有意義性の連関全体として捉えられ，この連関の内に存在するからこそ私たちは存在者と出会うことができるとされた。ゲシュタルト心理学・ユクスキュルの生物環境論・フッサールの生活世界論などとも親近的な概念。
→ハイデガー
［文献］ハイデガー『存在と時間』（全4冊）岩波文庫，2013；同「世界像の時代」（『杣径』全集5）創文社，1988。（藤谷秀）

責任倫理→心情倫理／責任倫理

セクシュアリティ→性（セックス）

セクストス・エンペイリコス Sextos ho Empeiricos 2-3世紀懐疑主義の哲学者であり，その名が示すように経験派（エンペイリコイ）の医学者。その生涯の詳細は不明である。現在に伝わる著作は，彼の考える懐疑主義の基本的立場を第一巻で表明している『ピュロン主義哲学の概要』，および独断論的な教説の論駁と様々な学問についての批判的吟味からなる『諸学者の論駁』である。いずれもそれ自体が一級の知性の作品であるだけでなく，古代の諸学派の見解についての情報の宝庫でもある。セクストスは，万事が不分明であるがゆえに判断保留（エポケー）すべきであることを主張するが，さらにアカデメイア派に真実の把握は不可能であるという立場を帰して，そのような断定をも差し控える自らの懐疑論を区別し擁護する。そのように全面的に判断を保留し，ただわれわれに現れるものに従うことで，心の平安（アタラクシア）という幸福に至ることができると考える。16世紀に刊行された『ピュロン主義哲学の概要』の原典とラテン語訳は，西欧の思想界に決定的な影響を与え，モンテーニュ，デカルト，ガッサンディ，ヒュームら多くの思想家が懐疑論をその思想の中心部分でそれぞれの仕方で引き受けることになる。
→エポケー，懐疑論・懐疑主義
［文献］セクストス・エンペイリコス『ピュロン主義哲学の概要』

セクト

京都大学学術出版会，1998。 （中畑正志）

セクト→カルト

世俗化 〔英〕secularization〔独〕Säkularisierung〔仏〕séculari-sation
宗教的世界観に基づく権威や価値，形而上学的な超越的価値の権威が，宗教的観念・支配・制度から離脱して，その呪術性・神秘性や象徴的支配性から解放されていく社会・文化・政治の近代化の過程。政治の領域では，政教分離による国家の脱宗教化，医療・科学等の領域では，天地創造から進化論への自然世界理解の転換，産業革命に至る近代合理主義の発展，神の名と教会の支配による教育からの解放，自然の客観的法則性と理性による人間理解の哲学的世界観の発生等として現象する。ベッカー（H. P. Becker, 1899-1960）は，これを「隔絶された神聖性」から「開かれた世俗社会」への社会の連続的発展過程と捉えた。他方，ウェーバーは，宗教が脱呪術・脱神秘化する方向を近代化と規定しながら，世俗化の進展とともに，価値の多元的状況＝「神々の永遠の争い」が出現し，生の「意味喪失」をもたらすとした。宗教の世俗化は，宗教が専有していた人間本性の文化・哲学を宗教から剥離させ人間の知性と感性に委ねると同時に宗教自体を純化する歴史的過程でもある。世俗化の結果，宗教として何が残るかが宗教存立の課題となる。1970年代の既成宗教離れとカルトの出現をめぐって，世俗化を宗教の衰退，社会統合力の喪失とみる宗教衰退論と社会変動に対応して宗教は変容・復興し，その社会統合力機能には普遍性があるとする宗教変容論との間で世俗化論争が展開された。宗教変容論は，人間存在や社会統合と宗教は不可分として宗教不滅論に連なる。
→宗教，カルト
［文献］森安達也『近代国家とキリスト教』平凡社ライブラリー，2002；ハーバーマス／ラッツンガー／シューラー編『ポスト世俗化時代の哲学と宗教』岩波書店，2007。 （山口和孝）

積極的自由／消極的自由→自由

絶対空間／絶対時間　〔英〕absolute space/absolute time
ニュートンが主著『自然哲学の数学的諸原理』（1687）の中で空間と時間に与えた概念。通常観察される物体の運動は時空の座標系をどのように設定しても記述でき，その限り基準系に相対的である。その意味で時間も空間も，そしてその両者によって記述される運動もすべて相対的だとされる。これに対して，いかなる物体やそれらの運動とも一切無関係に，あらゆる方向に一様に無限に広がる不動の空間を絶対空間と呼び，永遠の過去から永遠の未来へ一様に流れる時間を絶対時間と呼んだ。これによって，思想史的には中世までの宇宙の階層的秩序が破壊され，均質的な自然像の基礎が置かれ，同時に自然法則の普遍性が保証されることになった。哲学的に見るならば，絶対空間／絶対時間は自然の個々の事物の存在形式として客観的性格を与えられたことになる。これに対しては，空間や時間を事物の存在の秩序と考えるライプニッツとの間に論争があった（ライプニッツ＝クラーク論争）。カントは空間と時間を直観の形式とすることによって認識主観の側に定位したが，同時にそれは人間の側から見ればア・プリオリな形式であるということでその限りの実在性の基礎とされた。これはいわば絶対空間／絶対時間の人間化である。ニュートンの絶対空間／絶対時間説は，アインシュタインが相対性理論を唱えるまで，近代的な自然像を支える概念としての役割を果たしてきた。
→ニュートン，空間，時間，相対性理論
［文献］ニュートン『自然哲学の数学的諸原理』（世界の名著 26）中央公論社，1971；コイレ『コスモスの崩壊——閉じた世界から無限宇宙へ』白水社，1999。　　　　　　　　（佐々木能章）

絶対主義　〔英〕absolutism〔独〕Absolutismus〔仏〕absolutisme
封建制から資本主義への過渡期に現れる国家形態。領主権力が解体していく段階でこれを王権に統合して作り出された専制的支配

ゼッタイ

体制。かつては封建領主とブルジョア階級との勢力均衡の上に成り立つ例外国家と規定されていたが,最近の研究は封建国家の最終段階と規定するようになり,その枠内で富国強兵政策をとり,産業育成も行ったとされる。身分制議会を廃止し常備軍と官僚制を整えるのが一般的だが,イギリス・テューダー絶対王政は例外的。フランス・ブルボン王朝,プロイセンの啓蒙君主制,ロシアのツァーリズム,日本の明治国家などがこれにあたる。
[文献] 柴田三千雄『フランス絶対王政論』御茶の水書房,1960;下山三郎『明治維新研究史論』御茶の水書房,1966。

(浜林正夫)

絶対精神→ヘーゲル

絶対知 〔独〕das absolute Wissen
ドイツ観念論の用語で,自己と異なる対象に関する知とは異なり,対象において自己を確認する知を意味する。フィヒテの知識学(1801/02)によれば,絶対知は対象の知を基礎づける立場として直観によって示されるが,絶対者とは区別される。シェリングの同一哲学では絶対知ないし絶対的認識は,そこで絶対者が示される知的直観である。ヘーゲルの場合,絶対知は対象意識の根拠づけとして自己意識(対象において自己を意識する)であると同時に,絶対者自身の自己意識でもある。しかしそれは知的直観によって現れるのではなく,対象意識から出発しその形成を経て,——『精神現象学』では——宗教の後で良心と宗教の立場の回顧を通して達せられる。
→直観,自己意識
[文献] フィヒテ『1801/02 年の知識学』(全集 12) 哲書房,2007;ヘーゲル『精神の現象学』上・下(全集 4・5)岩波書店,1971-79。

(久保陽一)

絶対的他者性 〔デ〕den absolute Andethed
神が,人間とは質的に異なる存在であり,だからこそ人間に救いをもたらすことも期待されうるのだとすれば,その質的差異こそ

は，人間にとって絶望の理由ともなれば希望の前提ともなりうるものだろう。現代社会の特徴を水平化の内に見たキルケゴールは，人と人だけでなく，人と神の関係についてすら，その差異性，他者性を薄め，だからこそ和解が容易に可能であるかのように説く言説を厳しく批判した。宗教に固有の超越的次元を正しく確保するためにこそ，キルケゴールは神の絶対的他者性を強調したのである。現代の，たとえばレヴィナスの思考は，この論点を，すでに人と人の間，倫理的次元に発掘しようとする試みであると理解することも可能だろう。
→差異，他者
［文献］キルケゴール『哲学的断片』（キルケゴール著作集 7-9 巻，白水社，1968-70；キェルケゴール著作全集 6-7 巻，創言社，1989）。　　　　　　　　　　　　　　　　　　　　　（藤野寛）

絶対と相対　〔英〕absolute and relative〔独〕Absolutes und Relatives〔仏〕absolu et relatif
絶対とは，何ものにも依存したり，制約されたりすることなく，独立的で，それ自身において完全であること，相対とは，他者によって制約され，条件づけられていることを意味する。両者は，対立し合う概念である。哲学史上では，絶対者の存在が存在論的に問われ，神が絶対者と見なされてきたが，絶対者が一切の相対的なものを超越して存在すると解釈される場合と，一切のもののうちに内在すると解釈される場合とがある。弁証法的唯物論の立場では，物質の具体的運動には様々な形態があり，それぞれの運動は条件づけられているので相対的であるが，物質以外のものによって運動が引き起こされているのではなく，具体的運動を通して物質が自己運動しているという点では運動は絶対的であると見なされる。また，科学的真理は，対象をどの程度深く認識しているのかという点ではつねに条件づけられており，相対的であるが，その範囲で真理であるということが変わらないという点では，絶対的であると見なされる。
→弁証法的唯物論，自己運動　　　　　　　　　　　　　　（岩佐茂）

セッチュ

折衷主義 〔英〕eclecticism 〔独〕Eklektizismus 〔仏〕éclectisme

日本語で，折衷主義と言えば，様々な思想や理論を恣意的に寄せ集めて，つなぎ合わせるやり方やそれに基づいて生まれた理論や思想を示す。したがって，思想を欠いた無原則な立場のように考えられている。しかしながら，ヨーロッパの伝統においては，eclecticism という言葉の語源は，ギリシア語の eklektikos にあって，それは，最良のものを選択するという意味である。その意味で，対立するものを融合させるだけの混合主義（syncretism）とは異なる思想である。折衷主義を最も高く評価した思想家は，近代においては，ディドロである（他に V. クーザンが挙げられる）。ディドロの『百科全書』の記述によれば，折衷主義とは，あらゆる権威や伝統，偏見などに拘束されず，自分自身で考え「自分の経験と理性の証言」によるもの以外には認めない自前の思想を作ろうとする態度である。したがって，何らかの学派や思想集団が何かの権威や共通の思想原理を共通に認めている限りにおいては，それは折衷主義とは決定的に異なるものであり，あらゆるものを吟味の対象として疑い，自分の吟味によってのみ真理を認める点で懐疑的精神とも一致するという。

歴史的には，3，4世紀を中心に，エジプトでアレクサンドリア学派と呼ばれたグループが，キリスト教やエジプトの宗教など様々な宗教やイデオロギーのが存在する中で，独自の哲学を築こうとしたところから始まる。彼らは，そこで虐殺された女性哲学者ヒュパティアに代表されるように，科学的精神の中からプラトンやアリストテレスの思想を吟味していた集団であった。ディドロは，このように自らの吟味によって思想を構築しようと 16 世紀以降に登場した人物として，ブルーノ，ベーコン，デカルト，カンパネッラ，ホッブズ，ライプニッツなどを挙げている。

折衷主義は，これまで信じられてきた理論枠組が新しい社会文化の到来によって揺るぎ始めたときに，様々な現実についての知見の中から，新たな自前の思想を作ろうとして生まれる態度とも考えられる。逆に，マルクス主義やキリスト教神学のように確たる体系と信念に基づいている側からは，新たな模索をする思想は

しばしば折衷主義として非難されるという歴史を繰り返してきた。
［文献］ディドロ「折衷主義」（著作集 2 哲学Ⅱ）法政大学出版局，1980。　　　　　　　　　　　　　　　　　　（佐藤和夫）

　説明　〔英〕explanation
一般には事柄の意味・内容をよく分かるように人に解き明かすことであるが，近代自然科学の進展とともに，科学的説明の本質・性格を解明することを目指す理論が出されてきた。そうした説明理論は，すでに古代のアリストテレスの三段論法による論証のうちに見られるが，19 世紀には J. S. ミルによって一般法則に基づく演繹的説明の意義を中心に体系立って論じられた。他方，後発の歴史科学の科学性を裏付ける理論として，法則的説明に対して意味的了解の方法が対置させられてきた。今日，法則的説明の主流はヘンペルによる演繹的推論を中心とするカヴァー法則モデルであるが，それは説明の基礎（説明項）である一連の出来事と説明対象（被説明項）である出来事を包摂する法則について，その包摂の条件を提示する形で示される。彼は演繹的法則的モデルのほかに帰納的統計的モデルも挙げているが，その根拠については疑問も出されている。歴史科学や目的論的説明については，意図や意味的了解を組み込むかたちでの説明が試みられつつある。さらに，説明と了解の背景的な設定に戻ると，科学的説明の自明性や歴史性が問われるなか，改めて説明の基礎にある了解の根底性が注目される。
→了解，ミル
［文献］ヘンペル『科学的説明の諸問題』岩波書店，1973；フォン・ウリクト『説明と理解』産業図書，1984。　　（津田雅夫）

　摂理　〔英〕providence〔独〕Vorsehung
予定とも深く関連する概念で，予定が人間の生において働くあり様を表現するもの。典型的な表現は，「神を愛する者たち，つまり，御計画に従って召された者たちには，万事が益となるように共に働くということを，わたしたちは知っています」（『ローマ

書』8：28)。人間の自由な愛，神の救済の計画と保持の確信が内容である。理神論と運命論，自由と従順，審判と保持，混乱と配剤などのいわゆる対立概念が，創造の秩序の下で統合的に考察される場合に，弁証法的に思考される神学的表現である。予見（Vorsehung）が深く配慮（Fürsehung）と関連させられることへの「信頼」（真実）と「感謝」の表現と言えよう。　（高尾利数）

　セネカ　Lucius Annaeus Seneca 前1頃-後65頃
ストア派の哲学者であるとともに，政治家であり詩人でもあったローマの思想家。父親のセネカと区別して小セネカと呼ばれる。スペインのコルドバに生まれ，ローマで哲学や修辞学を学ぶ。ネロの若年時代の教師であり，ネロの皇帝即位後もしばらくはよき助言者であったが，皇帝との関係冷却後は政治から身を引き執筆生活に入る。しかし陰謀事件への加担をネロから疑われて死を命ぜられ自決する。著作は，倫理道徳に関わる対話篇や論文および多数の書簡と，『自然研究』などの哲学的著作，ギリシア悲劇の翻案である劇作品が現存する。セネカの思想は，ストア派の倫理学を基調としながら，プラトンやエピクロスの哲学にも学び，さらに現実のローマの政治や倫理規範との関係づけを図るものである。彼は，ストア派の哲学のある部分が必要以上に細かな理論的詮索を行っていることを批判し，理論的分析は現実の実践に結びつくべきであると主張した。また彼自身の魅力的な修辞と文体は，厳格すぎるように見えるストア派の倫理学を一般の人々に対していっそう説得力あるものとしている。
→ストア派
[文献]『セネカ哲学全集』（全6巻）岩波書店，2005-06。
　　　　　　　　　　　　　　　　　　　　（中畑正志）

　ゼノン（エレアの）　Zēnōn 前490頃-430頃
エレア学派の哲学者でパルメニデスの弟子。二律背反に訴える論法で師の思想を擁護する論考を著したとされるが，その著作からは，「存在が多であるなら，それは大きさをもたぬほど小さくかつ無際限に大であり，また数的に有限でありかつ無限である，と

いう両立不能な結論が生じる」と論じて存在の多数性を論駁する断片が伝存するのみである。アリストテレスは，運動の前提となる時間・空間の無限分割が可能な場合も不可能な場合も背理が帰結することを示す「二分割」「アキレウス」「矢」「走路」の四つのパラドクスをゼノンの運動論駁論として報告している。
→エレア学派，パラドクス
［文献］内山勝利編『ソクラテス以前哲学者断片集』2，岩波書店，1997。　　　　　　　　　　　　　　　　　　（三浦要）

　ゼノンのパラドクス→パラドクス

　セマンティクス→意味論

　セン　Amartya Sen 1933-
インドに生まれ，少年時代に餓死者300万人のベンガル大飢饉を経験した。市場を絶対視して数理モデルに拘泥する新古典派経済学を内部から革新して，アローの不可能性定理の一層の展開やパレート原理と個人の自由との両立不可能性の厳密な証明を行う一方，ロールズ以降の種々の平等論の検討を踏まえて，倫理学・正義論として，また国際的な格差測定の基礎理論として，基本的潜在能力の平等論を構築した。これは，従来の平等論が物象化された物質的財の平等と，主観性に流れた効用の平等とに両極分化していたことを批判し，平等論の中核を，財と効用の間にある人間の基本的能力が諸個人の善き生に資することに求めた理論であり，能力次元にまで踏み込んだ平等論として意義深いが，コミュニケーション的内容を含む主体−主体間での能力に関わる平等論にまでは至ってない。
→平等
［文献］セン『合理的な愚か者──経済学＝倫理学的探究』勁草書房，1989；同『不平等の再検討──潜在能力と自由』岩波現代文庫，2018。　　　　　　　　　　　　　　　（竹内章郎）

　善　〔ギ〕agathon　〔ラ〕bonum　〔英〕good　〔独〕Gut　〔仏〕

ゼン

bien

善は「よい」行いか,あるいはその行為の「よい」結果か,もう少し広く,「よく」生きることの三つを意味する。「よきもの」としてわれわれが求めるものは「価値」であるが,「善」は道徳的価値を指す。そうすると,「善」について,「よい」という形容詞的性質,「よく」という副詞的性質,「よきもの」という実体的性質の三つ内容とその関連が問われ,また,それら三つに共通する「よさ」そのものの内容とその根拠が問われることになる。

道徳的な「よきもの」はまずは「徳」である。思慮において「よく」考えることは「知恵」であり,戦闘等行為において意志の力により「よく」行動することは「勇気」であり,生活場面で情念や欲望を「よく」コントロールすることは「節制」である。プラトンはこの三つの徳を統括する最高の徳として「正義」を挙げ,現実の働きや結果に関わりなく「正義」の「よさ」を「イデア」として究極的に満たす観念的実在が厳然として存在し,われわれはそれを基準(理想)として初めて現実の政治や家政を運営できると考え,それを「善のイデア」と呼んだ。

孟子は,性善説の立場から,人は皆,あわれみを感じ,悪を憎み,人に譲り,是非を判断する四つの心の働きをもって生まれており,「よいこと」をしようとする心をもつと考え,それら四つの心を育てて「仁・義・礼・智」の「四徳」を実現することで人格を完成できると考えた。

ところで,「善」という言葉はもともとサンスクリットで「善業」を意味する言葉の漢訳語であるが,インドではカルマン(業)の思想のもとに,「よいこと」をすればよい結果がもたらされ,「悪いこと」をすれば悪い結果がもたらされると考えられた。よい結果の最上のものは「天界」で来世を迎えることである。釈迦もカルマン思想を受け継ぎ,「諸悪莫作,諸善奉行,自浄其意,是諸仏教」(悪をやめ,善をなし,自ら心を浄めなさい,これが諸仏の教えである)と説いた。具体的には「不殺生,不偸盗,不邪淫,不妄語,不飲酒」の「五戒」や「無貪,無瞋,無癡」(欲望を絶つ,嫌悪を絶つ,迷妄を絶つ)の「三善根」が説かれた。しかし,天界に生きることはまだ輪廻の流れにとどまることであ

り，仏教が目標とする涅槃の境地は，本来は善悪の彼岸にあると考えるのが正しいであろう。

ユダヤ教は神ヤハウェの掟である律法を守ることを「よい行い」として重んじたが，イエス・キリストは律法を厳格に守るパリサイ派を偽善者と呼び，正義の形式よりも神の愛を信じる心を重んじ，隣人愛を説いた。イエスを救世主と信じるキリスト教は「信仰，希望，愛」の三つを基本的な徳として挙げる。

近代に入り，カントは，上記のような諸々の徳はそれなりに「よきもの」であるが，それらの徳を通じて善を行おうとする意志がなければ「よきもの」として全うしないと考え，そうした「善意志」(guter Wille) こそ無条件に，かつ，それ自体として「よきもの」だと考える。善意志は義務に基づいて自らの行為を律する意志であり，定言命法の形で示される道徳法則に従う意志である。カントは道徳性の最も大切な原理は善意志の自律性であると考えた。他方，功利主義は，社会的場面で公共善を考える場合，すべての人に共通してわかりやすい性質である快苦を基準とし，当該の問題に関係する当事者の「最大多数の最大幸福」を原理とする「快楽計算」によって公共善の実体を測り，利害関係の入り交じる社会的諸問題を解決する方向を見出すことを提案した。「快楽計算」の中身や方法については様々な批判があるが，功利主義のこの提案は現代の経済学や政策科学に引き継がれている。

→徳，正義，功利主義

［文献］プラトン『国家』上・下，岩波文庫，1979；カント『人倫の形而上学の基礎づけ』『実践理性批判』（全集 9）岩波書店，2000；ベンサム『道徳および立法の諸原理序説』／ミル『功利主義論』（中公バックス 49）中央公論新社，1979。（栗田充治）

センケン

先験的→超越論的

選言判断→判断

戦後民主主義
総称としては、第二次世界大戦後の日本における民主主義の形成発展と擁護の思想・制度・運動の総体を表す。その基軸は、戦後1947年に制定された日本国憲法の主権在民・平和主義・基本的人権などの民主的諸原則の制度的定着と発展にある。狭義には、60年「安保闘争」をその頂点と見なし「高度経済成長」期以前に限定する観点もあるが、戦後民主主義は、アジア侵略加害と原爆被害などによる敗戦への反省を主軸として、「平和と民主主義」を価値規範として保持する限り現在に継続する。すなわち、戦後初期には反戦・反基地運動、中期には反公害・生活擁護を中心とした革新自治体運動として、そして現在も人権拡大・環境保全などの国民的運動として展開されてきた。

戦後民主主義は当初から外的・内的に大きな試練の中で展開した。外的には、アメリカの冷戦戦略への転回によって、日本が1951年の「独立」とセットに結ばれた「日米安保体制」の下に「アジアの反共基地」化したことにある。アメリカが日本を政治的・経済的に規制する「安保体制」は、これ以降「憲法体制」を一貫して空洞化するものとして機能してきた。内的には、戦後民主主義が、「反封建」と資本主義的「近代化」の両側面を内包して出発したことにある。すなわち、それは戦後啓蒙主義としての「近代主義」とマルクス主義による「前近代の克服」と「近代の実現」に向かう共同から出発したが、両者は安保闘争とその後の高度経済成長期すなわち本格的な近代化の時期に分解した。前者は主として経済成長に収斂する「産業化的近代化」に向かい、自立的「市民」による「永久革命」民主主義論を提起するその一部の左派（丸山眞男など）やマルクス主義者は、「近代」の枠組を超える「近代化」の徹底としての「民主化」の追求を継続した。戦後民主主義は、今日まで国家による戦争を阻止し、それによって大きな経済発展を実現した。だが、1990年代以降の本格

的な新自由主義による「グローバル市場化」路線とそれを国家主義的に補完するネオ・ナショナリズムの勃興のなかで，自覚的労働者・市民・知識人を中心とする革新勢力は，日本の民主化路線の再構築が迫られている。
→民主主義，マルクス主義，近代主義
［文献］丸山眞男『現代政治の思想と行動〔増補版〕』未来社，1964；渡辺治編『現代日本社会論』労働旬報社，1996；吉田傑俊『丸山眞男と戦後思想』大月書店，2013。　　　　　（吉田傑俊）

潜在意識　〔独〕Unterbewußtsein〔英〕subconsciousness
フロイトは人間の心を，意識と前意識と無意識の三層から成るものと考えた。そのうちの，前意識あるいは無意識の同義語として，潜在意識という言葉が用いられる。前意識は意識のすぐ下の層に位置し，当面は意識されてはいないが思い出そうとすれば比較的容易に思い出せるものである。そして，ふつうの状況下では思い出すのがきわめて困難な考えや動機が存在するが，それらの位置しているのが無意識という層である。無意識の層の中にある考えを想起するのが困難であるのは，それが意識の層にある考えと大きく矛盾していることによる。これは，意識と前意識，意識と無意識の間に検閲というメカニズムが働いて，無意識の中にある欲動的な考えを抑圧しているためである。
→無意識
［文献］小此木啓吾『フロイト』講談社学術文庫，1989；ブロイアー／フロイト『ヒステリー研究〈初版〉』中央クラシックス，2013。　　　　　　　　　　　　　　　　　（高取憲一郎）

禅宗　（ぜんしゅう）
中国で隋代から唐代にかけて成立し，日本に伝わった仏教の一派。同時期に成立した，天台・華厳・浄土などの諸宗の教学体系とは異なり，言語による教えに依存せず，心そのものを直接指示して悟らせるという「以心伝心・教外別伝・不立文字・直指人心・見性成仏」を説く。坐禅の実践を中心とするが，生活全体もまた修行の一環であるとし，「作務」（日常の労働）を重視する。

そのため、生活規範としての「清規」も発達した。また単純な言語否定論に立つのではなく、祖師の行動・問答・言句などを記した「公案」が修行上の指針として重視されるように、既成の概念枠を破る働きをなす言語はむしろ多用される。特に修行者と指導者との間になされる「問答」はもっとも重要な教化の方法とされる。霊鷲山で説法した釈迦が黙って華をつまんで大衆に示すと、弟子の摩訶迦葉だけがその真意を悟って微笑し、仏教の神髄が彼に伝えられたという「拈華微笑」の故事が、伝説的には禅宗の始まりとされる。摩訶迦葉から28代を経た達磨が5世紀後半中国に渡り、禅宗の初祖となったとされている。しかし実際に禅宗の基礎が築かれるのは、達磨から6代を経た唐代の慧能（638-713）によってである。慧能の禅は中国南部で流行したので南宗の「頓悟禅」（修行の階梯を経ずに直ちに悟りに至る禅）と呼ばれ、神秀が開いた北宗の「漸悟禅」（漸次に高い悟りの境位に進む禅）と並び称された。しかし、その後は南宗禅が主流となり唐末から5代にかけて五つの派が登場する。まず慧能門下の南岳懐譲の弟子馬祖道一が洪州宗を、同じく慧能門下の青原行思の弟子石頭希遷が石頭宗をそれぞれ開く。さらに洪州宗からは潙仰、臨済の二宗、石頭宗からは曹洞、雲門、法眼の三宗のつごう五宗（「五家」）が分派する。また宋代には臨済宗が楊岐、黄龍の二派に分かれ、先の五家と合わせて「五家七宗」となる。日本では鎌倉時代に栄西（1141-1215）が臨済宗を、道元（1200-1254）が曹洞宗を伝えた。禅宗は文学・美術・建築をはじめとして日常生活全般に大きな影響を与え、日本の中世文化の発展に寄与した。さらに江戸時代には明の禅僧隠元（1592-1673）が黄檗宗を伝えた。近代においては、西田幾多郎が自らの禅体験を哲学に生かそうとし、西谷啓治は西洋の否定神学や神秘主義と禅との共通点を探ろうとした。また鈴木大拙は禅の思想を世界に紹介した。

［文献］宇井伯寿『禅宗史研究』I-III、岩波書店、1966;『鈴木大拙全集〔増補新版〕』（全40巻）岩波書店、1999-2003。

（田中久文）

全称判断→判断

全真教
中国 12 世紀前半（南宋時代），金（女真族の国）の支配下にあった山東地方で興った道教の一派。道士・王重陽によって創立される。儒教・仏教・道教を三足の鼎とし，その円融を唱える。宇宙と人生の本源たる「真道」すなわち「性命」を悟り，「神仙」の境地に至ることを目的とするが，その際，従来の道教と異なり，呪術によらず，禅風の打坐と，利他的な行為を修行の方法としたところに特徴がある。七真人と言われる弟子たちによって広く伝播，元代に隆盛，近代まで命脈を保った。
［文献］窪徳忠『道教と中国社会』平凡社全書，1948；同『道教史』山川出版社，1977。　　　　　　　　　　　　　（村瀬裕也）

戦争　〔英〕war〔仏〕guerre〔独〕Krieg
人類はチンパンジーとの分岐から約 700 万年，現生人類（ホモ・サピエンス）の成立から約 20 万年を経過した。いつ頃から戦争（政治集団，特に国家間の武力闘争）をしていたのか。佐原真は世界で 8000 年ほど前から，日本で 2000 年ほど前からと推定した。弥生時代に戦争も輸入されたと思われる。北京原人，ネアンデルタール人，縄文人などには，殺人はあっても戦争はなかっただろう。富や権力の格差の増大，領土や資源などの争奪動機の発生，つまり階級社会の成立が戦争の必要条件をなす。

　かつては「戦争は人類の本能」という言説が流行した。人類の近い親戚（ネアンデルタール人など）はすべて絶滅したが，遠い親戚が二種類残っている。チンパンジーでは「殺人」（男性集団間の殺傷を含む）が見られるが，ボノボでは「殺人」は皆無である。

　カントは『永遠平和のために』で，戦争を廃絶するための国際連合を構想した。クラウゼヴィッツは『戦争論』で，戦争は他の諸手段による政治の継続であること（シビリアン・コントロール），また人民は侵略者に対して武装蜂起することを主張した。ガルトゥングは，戦争の不在が必ずしも平和を意味しないことを

指摘し，構造的暴力（差別，抑圧，格差，貧困，環境破壊などを含む）の概念を提示した。

近代において「戦争の工業化」が進み，破壊力は増大した。第一次世界大戦では死者の大半が軍人であったが，第二次世界大戦，朝鮮戦争に至って民間人比率が増大し，ベトナム戦争では大半が民間人であった。2003年のイラク戦争や，2014年のガザ戦争でも同様である。

19世紀末から「戦争犯罪」（民間人攻撃，捕虜虐待，特定兵器使用など）の概念が提示され，ニュルンベルク裁判・東京裁判で定着した。しかし，第二次世界大戦については，七三一部隊（細菌兵器など）や原爆投下など，最大級の戦争犯罪が免責されたままである。ICJ（国際司法裁判所）は米国が敗訴しても効力がなく，ICC（国際刑事裁判所）に米国は未加盟である。「民衆法廷」や核兵器廃絶などの平和運動が続けられている。

→構造的暴力，平和

［文献］佐原真『戦争の考古学』（佐原真の仕事4）岩波書店，2005；松木武彦『人はなぜ戦うのか──考古学からみた戦争』中公文庫，2017；高柳先男ほか「戦争」（『大百科事典』第8巻）平凡社，1985；ボーマン／ルッツ=バッハマン編『カントと永遠平和──世界市民という理念について』未来社，2006。

（戸田清）

全体主義 〔英〕totalitarianism〔独〕Totalitarismus〔仏〕totalitarisme

全体主義は，20世紀の政治的歴史のなかで特筆すべき経験のひとつである。それがもたらしたホロコースト，強制収容所，戦争，数々の残虐行為などの厄災は，人類に癒しがたい傷を残した。全体主義の究明は現代史の課題であり，その克服は哲学にとっても避けて通れない課題である。ドイツのナチズム，イタリアのファシズム，日本の天皇制，ロシアのスターリニズムが全体主義として一括されるが，全体主義の概念は固定したものではない。ファシズムという言葉がしばしば全体主義と混用されるのは，おそらくムッソリーニの登場がナチスよりも早かったせいで

あろう。20世紀のはじめ，技術の進歩と工業化による近代化の急激な展開がかつての共同体的統合を失わせると感じられ，その喪失が政治と社会の双方にとって危機的なことだという感情と認識が広まった時期，ヒトラー，ムッソリーニらの覇権の確立が生じたのである。全体主義をめぐる議論には歴史的な変遷がある。日独伊が枢軸国をなしていた時代とそれらが壊滅した第二次世界大戦以降で大きく異なり，共産主義体制を含んだ意味で用いるか否かが論争点となって，概念が変遷した。

全体主義という言葉そのものはすでに 1920 年代から使われている。イタリアでファシズムが成立した当時，非マルクス主義的思想家たちは，ファシズムを民主主義に対する敵と見なし，コミュニズムと同列に置いて全体主義と呼んだ。一方，自由諸国内のマルクス主義的思想家や共産主義（コミンテルン）側は，ファシズムは資本主義の危機から生じた政治体制であり，支配階層のヘゲモニー復興のために現れるものと考えた。コミンテルン側はナチズムに対しても全体主義とは呼ばず，ファシズムの別形態と定義していた。しかしスターリンのソ連が 1939 年ドイツと不可侵条約を結ぶと，西側では共産主義とナチズムは同じコインの裏表にすぎないという認識が支配的になった。戦後，冷戦下の国際政治状況において，全体主義はその意味で盛んに用いられ，修辞性が強い言葉となる。戦後早い時期に書かれたハンナ・アーレントの歴史書『全体主義の起源』(1951)は，全体主義を左右両陣営に共通する出来事として，また国民国家から必然的に生来する結果と考えて，賛否両論を巻き起こした。

全体主義で問題になっているのは対外的政策ではなく国内体制で，政治形態と社会形態の間の不一致を一気に国家によって解消しようとする意図が特徴である。カール・シュミットは，全体主義を「国家と社会の完全な同一性」と定義した。同一性を維持しようとすれば，言論の自由等は抑圧されざるをえない。そこに生ずるのは，政治学者カール・フリードリヒが「六つの兆候」として指摘する通り，公式のイデオロギー，大衆を基盤とする唯一の政党，恐怖政治，コミュニケーションの独占，暴力の独占，経済の中央統制という事態である。いちじるしい全体主義国家は過去

のものとなったかに見えるが、資本主義が進行する大衆社会において、それはいつでも再発する可能性がある。21世紀に入っても、日本やロシアにおいて、その復活の兆しがなくはない。「全体主義政権がその隠れもない犯罪性にもかかわらず大衆の支持によって成り立っていたという事実は、われわれに非常な不安を与える」というアーレントの指摘は、今日の不安でもある。
→大衆社会、ナチズム、天皇制
[文献] アーレント『全体主義の起原』(全3冊) みすず書房、1972-74；丸山眞男『現代政治の思想と行動』未来社、2006；シュミット『政治神学』未来社、1971；同『独裁』未来社、1991；J. Friedrich, "The unique character of totalitarian society", *Totalitarianism*, Harvard University Press, 1954；アドルノ『否定弁証法』作品社、1996；トドロフ『極限に面して——強制収容所考』法政大学出版局、1992。　　　　　　　　　(持田季未子)

全体と部分　〔英〕whole and parts 〔独〕Ganze und Teile
日常的にも頻繁に使用される全体と部分というカテゴリーは、部分は自分がその要素をなす全体との関係においてのみ部分としての意味をもち、逆に全体も自分がそれらをまとめ上げる部分との関係においてのみ、初めて全体という意味をもつ相関的な概念である。ヘーゲルがいうように、部分からいえば、「全体は部分から成立する。したがって全体は部分を欠いてはありえない」し、逆に全体からいえば「全体が部分の関係を形成する。全体がなければ部分は存在しない」(『大論理学』)のである。

全体と部分についての理解は、両者の関係をどのように考えるのかに応じて大きくは二つに分けられる。第一は、全体は、それを構成する諸部分の寄せ集めにすぎないとする機械論的、要素論的見方である。時として、〈デカルト以来の近代合理主義〉という形で近代の自然観等が批判される場合に、その根底にあるとされる考え方が、部品としての部分と積み木細工のようにそれらの部品が組み立てられた全体という、こうした全体―部分理解である。ヘーゲルも、こうした機械論的な把握に対して、全体は相互に独立して存在しているものを、外的に一つにまとめ上

げたものにすぎず，たかだか諸部分の「死んだ，機械的集合体（Aggregat）」，諸部分の単なる総和（Summe）であり，このような「外的で機械的な関係は」生命や人間の精神，社会などの「有機的生命を真の姿において認識するのには不十分なものである」と批判している（『大論理学』『小論理学』）。

　他方，何らかの意味で部分の総和を超えた独自の特性を全体に認める考え方が存在する。その場合〈生気論〉的な原理を想定する立場のような非合理な神秘化に陥る傾向も見られるが，全体をヘーゲルのいう〈多様の統一〉として，すなわち統体性（Totalität）として，そして部分も単なる部品的なものとしてではなく，〈契機〉として把握する立場がある。
→契機　　　　　　　　　　　　　　　　　　　　（太田信二）

　全体論→ホーリズム（全体論）

　先天的→ア・プリオリ／ア・ポステリオリ

　千年王国論　〔英〕Chiliasm, millenialism〔独〕Chiliasmus
新約聖書の『ヨハネの黙示録』20章に基づいて，終末時に神が悪魔を捕らえ千年間封じ込めるので，復活した聖者たちがイエス・キリストとともに支配し，至福の時代が続くとする論。『創世記』の天地創造物語の1日を千年として世界史を捉えることに由来。T. ミュンツァーや再洗礼派に影響を与えた。現代でも比較的小さな，ファンダメンタリズム的傾向の諸教派において信じられているが，大方の教会は象徴として解釈している。

　マルクス主義の歴史のテロスとしての共産社会という理念も，世俗化され比喩化された千年王国論と解釈されうる。（高尾利数）

　占有→所有

ソウガク

ソ

宋学 (そうがく)

中国,宋代(960-1279)に興った学問文化の全体を指す。特に仏教,道教との思想的格闘を経て復興された新儒教が中心であり,Neo-Confucianism と称される。また,その集大成である朱子学のことをいう場合が多い。漢から唐にかけては,思想的生命力を失った儒教に代わって,新しい律令的古代世界の理論的基礎づけを行う仏教・道教が全盛を極めた。こうした風潮の中から道教・仏教を排除し,伝統教学である儒教を民族の正統思想として復興させたのが宋学である。宋学は従来の五経中心に対して四書(大学・中庸・論語・孟子)を中心とする義理の学であり,従来の理論的弱点を補強した宇宙と人性を貫く形而上学であった。唐代の韓愈らの先駆的な仏教批判や北宋の范仲淹,欧陽修らの道統を受け継いだ周敦頤によって宋学が始まり,その弟子程顥,程頤がその基礎を固めた。同代に邵雍,司馬光,王安石,蘇軾,張載らが輩出した。南宋の朱熹(朱子)は,周,程の学を中心に,北宋諸儒の学術を取捨して宋学を集大成した。陸象山心学は朱子学と並立する別の一派であるが,これもまた宋学の中に包摂される。仏教から宋学への転換を,古代的な人間否定の世界観から,人間肯定,ただし上下的分という枠内での人間肯定を打ち出す封建的世界観への転換であるとする見方も生まれており,アジアの思想を世界史的視野の中でどのように考えるのかを,さらに深める必要がある。

→朱子学,周敦頤,張載,程顥,程頤,陸象山

[文献] 守本順一郎『東洋政治思想史研究』未来社,1967。

(岩間一雄)

臓器移植→脳死・臓器移植

想起説→アナムネーシス

総合→分析と総合

総合判断／分析判断 〔独〕synthetisches Urteil / analytisches Urteil〔英〕synthetic judgement / analytic judgement
カントによって立てられた判断の形式と役割についての区別。言明はある事柄（主語）を述定する（述語）ものであるが，述語で述べられる事柄が主語に含まれる場合を分析判断，主語に含まれず付け加えられる場合を総合判断という。分析判断はたとえば「うそつきは事実を偽る」のように術語概念は主語概念のうちに含まれており，つねに（ア・プリオリに）真であるが認識を拡張しない。カントはこれを解明判断とも呼んでいる。これに対して総合判断は，「太陽は石を温める」のような場合であり，その真偽を決定するには事実による検証が必要である。それゆえすべての事実判断，すなわち経験判断は総合判断である。総合判断は認識を付加増大させるから拡張判断とも呼ばれる。ライプニッツは両者の関係を「理性の真理」と「事実の真理」と名づけて，後者の論理的根拠を求めたが，カントは総合と真理とが必然的に結びつく可能性を求め，「いかにしてア・プリオリな総合判断は可能か」という問いを理論哲学の最高課題として立て，その解決に学的認識の帰趨がかかっていると考えた。つまり分析判断と異なり，認識の拡張に不毛に終るのではなく，認識を前進させながらしかも必然的であり，普遍妥当性を有する判断の可能性を問うた。その場合彼は，すべての数学的命題はア・プリオリな総合判断であり，それゆえ数学は学問として成立していると評価した。そして形而上学（哲学）もまた，「ア・プリオリな総合判断」が成立しなければならないことを課題として求めたのである。

（太田直道）

ソウゴコ

相互行為　〔独〕Interaktion〔英〕interaction
主体間の相互的な関係を成立させる行為。初期のハーバーマスが労働の対概念として用いたことで、社会哲学上の概念として注目されるようになった。労働は、自然を客体として人間（主体）が道具を用いてこれを加工する過程であり、これに対して相互行為は、主体としての人間が他の主体（他者）に対して主に言語を用いて働きかけ、関係を取り結ぶ行為である。言語を用いた相互行為（コミュニケーション的行為）が、その後のハーバーマスの批判理論の主導的概念になったことはよく知られている。この点では、G. H. ミードのコミュニケーション理論が先駆的な位置を占める。では、なぜ労働と相互行為とが根本的に区別される必要があったのか。そこには、西欧における目的合理化の進展と道具的理性の支配（テクノクラシー）に対して、いかにして批判の理論を再構築しうるかという問題があった。生産力の発展がおのずから解放につながるというマルクス主義の議論は、すでに西欧の現実の前で限界を露呈していた。そこでハーバーマスは、ヘーゲルからマルクスへと継承された労働の概念のなかに未分化なままに総合されていた相互行為の概念を取り出し、そこに批判と変革の理論を再構築しようとしたのである。その延長上に、システムと生活世界を対概念とする後のハーバーマスの社会理論も成立している。
→コミュニケーション的行為
[文献] ハーバーマス『イデオロギーとしての技術と科学』平凡社ライブラリー，2000；伊藤勇／徳川直人『相互行為の社会心理学』北樹出版，2002。　　　　　　　　　　（豊泉周治）

相互作用　〔独〕Wechselwirkung〔英〕reciprocity
交互作用または相互行為とも訳される。一般的な意味では、二つのもの同士がお互いに原因であるとともに結果でもあるというように働きかけ合う関係である。たとえば、地球は月の軌道を決定する原因であるが、月は地球に対して潮の干満という形で反作用を及ぼすし、ある民族の国民性と風習はその国の政治体制の原因でもあるとともにその結果でもある。だから、われわれの認識が

深まると，原因から結果への一方的関係にとどまらず，作用と反作用との複雑な交替関係識へと進まなければならない。

　カントでは相互作用は，カテゴリー表のなかの量・質・関係・様相の四つの部門のうちの関係のなかに，実体と属性，原因と結果に次いで位置づけられ，因果関係を前提としつつもこれよりも高次のものとされたが，いずれも悟性の働きの主観的な枠組または道具にすぎない。ヘーゲルの論理学では，相互作用は本質論の最後で論じられ，カントとは逆に，実在そのものの客観的な諸規定である。ヘーゲルによれば，因果性はしばしば原因と結果との分離として理解され，原因と結果の無限の連鎖という悪無限をもたらし，有限な自然認識である。自然を総体として見れば，原因は同時に結果でもあり，結果はおのれの原因へと反作用するから，相互作用は単純な因果性を超えており，「完全に展開された因果性」である。だから，ヘーゲルによれば，われわれは単に相互作用にとどまっていてはならないのであって，歴史的・弁証法的発展の論理としての「概念」へと至らなければならないとされる。

→カテゴリー，因果性，概念

［文献］カント『純粋理性批判』上（全集 4）岩波書店，2001。ヘーゲル『大論理学』中・下（全集 7・8）岩波書店，1966・61。

（奥谷浩一）

相互主観性→共同主観性

操作主義　〔英〕operationism, operationalism
アメリカのノーベル物理学賞受賞者ブリッジマン（P. W. Bridgman, 1882-1961）が提唱した方法論的見解。概念とはそれに対応する一連の測定操作に含まれる規則によって定義されるべきとする立場。具体的な操作の手続きを述べることが可能な概念だけが科学で用いることができる概念である，と主張する。物質概念のようにどの操作ともつながりのない概念は無意味であり，科学において使用してはならないとされた。19 世紀後半に発達した熱力学における研究方法やアインシュタインの相対性理論な

ソウシ

どに強く影響を受け, 行動主義心理学に大きな影響を及ぼした。
［文献］ブリッジマン『現代物理学の論理』新月社, 1950。

(渋谷一夫)

荘子 (そうし) Zhuāngzǐ 生没年不詳
荘子は基本的には宋 (戦国時代の一国) の人。「商丘」(現在の商丘市) や宋に関わる逸話が『荘子』の中には多い。魏 (荘子の時代首都は現在の開封に遷都) の宰相恵施は友人であった。その活動時期は諸説があるが, 恵施との交流をみれば, 紀元前4世紀の後半ということになろう。「貴斉」と評され, 普通荘子の先駆といわれる稷下の学者団駢は荘子よりも後の人である。『荘子』のテキストとしては内篇・外篇・雑篇からなる郭象注本が流布している。郭象は52篇の古本を整理し,『山海経』などと関連する部分を削除して, 33篇にまとめたという。『荘子』のどの部分が荘子自身の思想か議論があるが, 内篇が中核, 外篇・雑篇は荘子の後学の作といわれる。「寓言」の文が多いのが文体の特質。荘子の思想は寓言で表現されており, 思想を体系的に把握しがたい面がある。荘子自身は世俗との関係を否定し, 宇宙の根源としての「造物者」などとの一体化を説き, 特に生老病死の問題について生と死の斉同説を唱えた。『荘子』の天下篇に示される『荘子』の思想の概略や『淮南子』の俶真訓・精神訓は, 荘子学派の後学の思想に関する体系的研究の参考になると思われる。しかし, 人は社会のなかで生活せざるをえないから, 荘子の後学は「内聖外王」つまり君主の人格理想の提示に見られるような, 入俗への模様替えを行う。
［文献］『荘子』内篇・外篇・雑篇, ちくま学芸文庫, 2013。

(向井哲夫)

想像 〔英・仏〕imagination 〔独〕Einbildung
現前しないものを思い描くこと。想像は一方では, 実在するものの認識と区別される, 主観的な心の作用を指す。この意味では, 想像は, 感覚の働きに対立する。他方, 想像は, 認識を含む広い意味での思考の対象を, ありありと, 具象的な形で現れさせ

る作用をも指す。この意味では，感覚の働きも想像を土台にしている。合理論の立場から見れば，ものの本質を捉えるのは知性であり，想像が示す具象的な性質は単に偶然的なものだが，経験論の立場から見れば，精神がもののあり方を把握するために想像の働きが不可欠である。このように，認識と思考において想像が果たす役割は様々な側面から捉えられ，たとえばヒュームは，想像を，実在に対応しない複合観念を構成する働きとして感覚や記憶と区別する一方で，想像の働きが，人間の思考と行動の根本的な条件であるとも論ずる。ヒュームによれば，原因と結果の結びつきや，物的な対象の精神からの独立性は，現前する観念のうちに，単なる理性によって見て取られるのではない。精神に現前するものを現実存在として意味づけ，それらの間に意味のある連関を見出すのは，想像の働きであり，日常の思考や行動はそれに依存している（想像を経験的認識の対象を構成する根源的な精神の作用とするヒュームの見方は，カントの考え方とも関連が深いが，カント哲学に関連する議論ではEinbildungの働きに「構想力」という訳語が通常あてられる）。思考の対象を構成する想像の役割はヒュームが論じた以上に広い領域に及ぶ。不在なものを現前させ，存在していないものを生成させる探求や製作の実践は，現前するものの認識と並んで人間の思考と行動の重要な部分であるが，いまだ現前していない対象を意識のなかで構成し，実践を方向づけるのも想像の働きである。また，客体としての対象の把握に止まらず，人間と人間の共同的関係の基礎にある同等の存在としての相互の承認も，想像の働きなしには成り立たない。想像は，人間の思考と行動を導く事物の意味づけの根底にあり，有意味なものの世界を境界づける働きと言える。

→構想力 （伊勢俊彦）

創造説 〔ヘ〕bara〔英〕Creation〔独〕Schöpfung
聖書の創造説は，思弁的あるいは自然科学的な関心から生じたものではない。それは古代イスラエル民族が，エジプトでの奴隷状態から神の一方的な愛のゆえに救出されたという歴史的記憶に発する信仰告白的なものである。素材としてはメソポタミアの創造

神話を用いているが，万物がその神に由来し保持されているという信頼の表白である。この表現を実体化すれば過去の神話として今日的関連を失うし，自然科学的にも妥当すると主張すれば範疇誤謬に堕する。現代米国で勢いづいている「創造科学」が典型である。真っ当な神学的意識においては，人間の歴史には神の救済の意志が貫いているという信仰が，万物にも通底しているという感謝と讃美の表白である。だからヘブライ語では，天地創造物語には，神の創造行為にのみ用いられる独特な動詞バーラーが用いられているのであり，内容的に神の自由な恩寵，選び，予定，摂理などと不可分なのである。それゆえ創造説は，神がモーセをエジプト脱出の指導者として選んだ際の「しるし」＝「燃えているがなくならない柴」のなかから，自らを「有る者」として告げた独一なる神ヤハウェと不可分である。まさにパスカルのいう「哲学者の神ではなく，父祖の神」として「かけがえのない」神なのであり，ゆえにハイデガーの「存在」とも重ならない告白論なのである。

(高尾利数)

創造的進化 〔仏〕évolution créatrice〔英〕creative evolution
ベルクソンの生の哲学の主要概念であり，第三の主著『創造的進化』(1907) の表題。ベルクソンは不可逆な流れとしての持続と「生命の躍動」(élan vital) とから進化を考察する。ダーウィンやラマルクらの進化論諸説の批判検討を通して，偶然に変異が積み重なると考える機械論と，擬人的・観念的な目的論とは，互いに独立な進化の発展線上に同じ器官が形成されることを十分に説明できないゆえに，ともに乗り越えねばならないことが説かれる。ベルクソンによれば，進化とは「生命の原衝動」(élan original de la vie) が植物と昆虫と脊椎動物へ，それぞれ固着性，直観，知性を獲得しつつ放射状に分化していく非決定的な創造的な過程である。
→ベルクソン，持続，進化（論）
[文献] ベルクソン『創造的進化』ちくま学芸文庫，2010；同『創造的進化』（新訳ベルクソン全集 4）白水社，2013。

(北野安寿子)

想像力→構想力

相対→絶対と相対

相対主義 〔英〕relativism〔独〕Relativismus
認識の真理性や行為の善さは，それを判断する個人の特性や社会の文化的，時代的準拠枠に依存し，準拠枠が異なるのに応じて様々な真理や善がありうるという考え。相対主義は，真理や善を否定するニヒリズムとも，真理や善の認識可能性を否定する懐疑論とも異なるが，時代と社会を越えて普遍的に妥当する絶対的な真や善を退ける点で，それらと共通する。真，善のどの価値を問題にするかにより，認識的相対主義，道徳的相対主義が区別され，何に対して相対的と考えるかに応じて，主観的相対主義（プロタゴラス），社会的相対主義（T. クーン），言語相対主義（B. L. ウォーフ），文化相対主義（P. ウィンチ），歴史相対主義などが区別される。

哲学史は，相対主義を，その批判的役割とともに，絶対主義との対抗関係において理解すべきことを示唆している。プラトンは，プロタゴラスの主張「人間は万物の尺度である」に代表されるソフィストたちの相対主義を批判して，絶対的な真理や善を求めた。カント認識論は，普遍的に妥当する真理を基礎づけようとした点で絶対主義的だが，真理を人間精神の構成と見なす点では，今日の相対主義につながる。1960 年代以降，ある科学理論の真理性はそれを担う科学者集団とその準拠枠に依存し，準拠枠が異なる科学理論は「通約不可能」（incommensurable）であるという Th. クーンのパラダイム論に促されて，認識的相対主義は，近代科学を単純に肯定する論理実証主義の絶対主義を批判してきた。また，道徳的・文化的相対主義は，近代以前の非西洋の価値を劣ったものと見なす西洋グローバリズムを批判して，未開社会の道徳も非西洋的生き方も，それぞれの社会や文明に内在的な合理性をもつと主張する。相対主義は，一面で批判的機能を発揮しているが，準拠枠の集団内在性を強調し，異なる準拠枠間の合理的コミュニケーションを不可能と見なす点において，多様な理論

や価値の並存を追認するだけに終わる恐れもある。異なる準拠枠や価値観の間の，異なる文明の間の合理的コミュニケーションの可能性を探ることが，重要であろう。
→パラダイム論，絶対と相対
［文献］クーン『科学革命の構造』みすず書房，1971；ウィンチ『社会科学の理念──ウィトゲンシュタイン哲学と社会研究』新曜社，1977；唯物論研究協会編『相対主義と現代世界』（唯物論研究年誌2）青木書店，1997。　　　　　　　　　　（梅林誠爾）

相対性理論　〔英〕theory of relativity〔独〕Relativitätstheorie〔仏〕théorie de la relativité
ミクロとマクロにわたるすべての物理現象を認識する理論的枠組であり，アインシュタインが提示した理論。相対性原理と光速度不変の原理を土台とする。座標系を異にしても物理法則が同一の形式をもつとするのが相対性原理である。光速度不変とは，どの慣性系（外から作用を受けない物体に対して等速度で移動している座標系）から観測しても光の速さが同一値をとることをいう。この結果，ある慣性系から見たとき他の慣性系の時間の進みは$\sqrt{1-(v/c)^2}$倍と遅くなる。vは2つの慣性系の相対速度，cは光速である。この結果，時間は絶対的なものではなくなり，相対性理論は四次元時空における物理法則の形式的同一性をもたらす。これが特殊相対性理論である。これに対して，相対性原理を任意の加速度運動している二つの座標系からみた物理法則の形式的同一に拡張した理論が一般相対性理論である。きわめて短い時間をとれば，任意の座標系は慣性系と見なすことができるので，一般相対性理論は特殊相対性理論を出発点として構成されている。

　アインシュタインは光速度不変を示すマイケルソン・モーレの実験結果について知らなかったが，ニュートンの運動法則とマクスウェルの電磁理論が互いに異なる変換法則に従うという矛盾を解決すべく苦闘したのである。この矛盾はいわば時代の課題であった。今日では一般相対性理論が量子力学と整合しないとされており，その統一理論の構築が現代の課題となっている。相対性理論は物理学を越えて広く20世紀の思想に多くの影響を及ぼし

てきた。

[文献] 内山龍雄『相対性理論入門』岩波新書，1978；ディラック『一般相対性理論』ちくま学芸文庫，2005。　　　（田中一）

　創発的唯物論　〔英〕emergent (or emergentist) materialism
唯物論の一形態。この説によれば，物質世界の存在の仕方は単一ではなく，物理的，化学的，生物的，社会的，心（意識）的などの階層構造をなすが，それぞれの存在レベルは質的多様性をもち，独自の法則が支配していて，互いに還元不可能であると見なされる。他の存在レベルや法則に還元できない固有のあり方が，創発性と名づけられる。創発的唯物論は，特に心や精神現象を唯物論的に説明する理論として用いられる。つまり，精神的なもの（意識，思考，感情，感覚など）は脳細胞（ニューロン）という物質的存在によって生み出されるが，それは物理化学的・生物（生理）学的存在やその法則に還元できない，独自で固有の性質をもつものとされるのである。その創発性は，膨大な脳細胞からなるニューラル・ネットワークが長い生物進化の複雑なプロセスの中で獲得した，環境や自己に関する高度の認知能力として見出される。しかし，創発的唯物論者の中には，世界の質的多様性を平準化する存在論的還元主義には反対するが，物質科学の用語や理論によって説明可能とする「認識論的還元主義は受け入れる」論者（M. ブンゲ）もいれば，心的なものはあくまで物質的法則に従わず，その概念や理論は物質科学に還元不可能と見なす論者（J. サール，G. M. エーデルマン）もいる。
→心脳同一説，コネクショニズム

[文献] ブンゲ『精神の本性について』産業図書，1982；サール『マインド——心の哲学』ちくま学芸文庫，2018；エーデルマン『脳から心へ——心の進化の生物学』新曜社，1995。（武田一博）

　贈与と交換　〔英〕gift and exchange〔仏〕don et échange〔独〕Gabe (Schenkung) und Austausch (Tausch)
贈与は，二つの主体（個人や集団）の間において一方から他方へ財を片務的に移動させる行為・現象のことを指すが，通常は，反

対方向へ財を移動させる行為・現象としての返礼を暗黙的に前提とする。このような互酬的な関係としての贈与は，人間社会に共通して存在するが，（等価的な）財を双務的に移動させる行為・現象としての交換（特に，市場における商品交換）とは次の二点において異なる。第一に，商品交換においては双方向の行為全体が単一の行為をなすが，贈与においては双方向の行為それぞれが独立的に成立する。第二に，商品交換においては行為の際にのみ（対称的な）関係性が発生するが，贈与においては行為後も（非対称的な）関係性が持続する。加えて贈与には，このように互酬性を帯びることの他に，家族や共同体といった親密な関係における共同寄託のように無償性を特徴とすることも含まれる。近代以降の資本主義社会において主流的に見出される商品交換に対して，非近代的な社会（特に，原始的な共同体）において重要視される贈与は，B. マリノフスキーや M. モース，K. ポランニー，C. レヴィ゠ストロース，G. バタイユらの代表的論者によって注目され研究されてきた。たとえばポランニーは，贈与を通じて財が集団における中心の一点に向かった後に再び移動する「再分配」を「互酬」（互酬的な贈与）と「交換」（市場における商品交換）に加えて，財の移動の仕方を社会の統合形態として三つに類型化し，人間社会における商品交換や市場経済を相対化した。そして，交換を商品交換に限定せず，上記のような財の移動の仕方をいずれも広義の交換における一形態として理解したとき，交換に着目することは人間の相互関係に重点を置くことである，という事実が鮮明化される。このことからたとえば，近年，柄谷行人が提起しているような，社会構成体の歴史を「交換様式」から把握する方法は，唯物史観や生態史観，環境史観などにみられるような，人間の対自然関係に基軸を据える方法を補完する役割を果たすことになるだろう。

［文献］モース『贈与論 他二篇』岩波文庫，2014；K. ポランニー『人間の経済』（全 2 冊）岩波現代選書，1980；柄谷行人『世界史の構造』岩波現代文庫，2015。　　　　　　　　（布施元）

ゾーオン・ポリティコン 〔ギ〕zōon politikon〔英〕political

ソガイ

animal
この言葉は，政治的動物あるいは社会的動物と訳される場合が多いが，意味的には前者より広く，後者より狭い。アリストテレスによれば，生活の必要から最小の共同体（共同関係）であるイエが生じ，その分家集団としてムラが生じて，さらに，いくつかのムラから集住によってポリスが生じる。イエは生殖の必然性に基づく夫婦関係と，生活の必然性に基づく主人奴隷関係からなる。ポリスは，生活の完全な自足のために生じたが，一旦生じたポリスは「よく生きる」ために存在する。この目的は，人間の自然（本性）に根拠がある。群集的動物は鳴き声による快苦の相互伝達まではできるが，言葉をもつ人間は，それを越えて，利害や正邪善悪の観念を共有する。これらの観念の共有がイエやポリスを作る。イエは生活の必要を満たす私的共同体であるが，公的な共同体であるポリスでは，市民同士は互いの倫理的性格を気遣い合う。単なる交易や同盟の関係がポリスと言えないのは，ポリスが本質的に「よく生きる」ことを目的とする倫理的共同体だからである。市民たちは，優れた指導者たちの賢慮（プロネーシス）に導かれて，人間として倫理的に完成する。アリストテレスにおいて，事物の自然（ピュシス）とは，第一義的に，事物の完成した状態を意味する。つまり，人間存在がポリスの公的な活動を通じて完成するという意味において，人間は自然本性においてポリス的な動物なのである。

［文献］アリストテレス『政治学』第1巻（新版 全集17）岩波書店，2015；同『政治学』京都大学学術出版会，2001。

（斉藤和也）

疎外　〔独〕Entfremdung〔英〕alienation〔仏〕alienation
人間自らのつくり出したもの（たとえば政治的国家，貨幣等）が人間自身に対立して現れる事態をいう。元もとは「他者のものにする」という意味であり，物件や権利の譲渡（ラテン語 alienatio）の脈絡で使われた。これを特に哲学的概念として用いたのが，ヘーゲル，ヘーゲル左派およびマルクスらである。たとえばヘーゲルは『精神の現象学』の「自己疎外的精神」におい

て，かつての共同社会が解体され，個人と世界（社会）が対立するに至った段階で，世界が諸個人の活動の成果であるにもかかわらず，疎遠なものとして現れることを疎外と捉え，各個人が自己を商品等として外化（他者化）し疎外し，対象的世界と関わりながら教養形成を遂げていく近代的な個人のあり方を問題とした。ヘーゲル左派に属するフォイエルバッハは『キリスト教の本質』において，神的存在は人間の類的本質が対象化され疎外されたものであり，それゆえ疎外された類的本質の返還によって人間は真の共同を実現すべきであることを論じた。初期マルクスの『経済学・哲学草稿』（1844）は，市民社会批判の脈絡で労働の疎外を論じ，労働者は私的所有の関係において，自己の労働および労働生産物に対して，それが他者に属するものとしてあるように関係するのであり，この関係の再生産によって他者の支配に服属するという，疎外の関係が成立することを示し，この疎外の廃棄として，すなわち私的所有の廃棄として，共産主義を構想した。マルクスの疎外概念がフォイエルバッハらの疎外概念と同じように「人間の本来性」を表す本質概念を前提したものであるか否か，に関しては，いまでも解釈が分かれる。これは現実に対する批判根拠をいかに捉えるかの理論的問題である。なお，疎外と関連した概念として，外化（Entäusserung）や譲渡（Veräusserung），物象化等がある。外化は，他者の必要を充足する商品の生産に見られるように，人間諸力の発現が他者の介在する外在的な過程として現れることを意味するが，疎外と同じ意味で使われることも多い。

→ヘーゲル左派，マルクス，対象化，物象化

［文献］マルクス『経済学・哲学草稿』岩波文庫，1964；マルクス／エンゲルス『ドイツ・イデオロギー』新日本出版社，1998；マルクーゼ『初期マルクス研究』未来社，1961。　　（渡辺憲正）

俗 →聖／俗

即自／対自／即且つ対自　〔独〕an sich / für sich / an und für

sich

ヘーゲルにおいて弁証法を特徴づける用語で，基本的には副詞であるが，抽象名詞としても使用される。ドイツ語の日常的用法では，「アン・ジッヒ」(an sich)は「それ自体で」「それだけで」「もともと」という意味を，「フュア・ジッヒ」(für sich)は「それだけで」「独立に」という意味をもち，両語に意味の大差はない。ヘーゲルは，「フュア・ジッヒ」が「自分に対して，自分に向かい合って」という原意をもつことに注目する。ただし，ヘーゲルにおいて「アン・ジッヒ」と「フュア・ジッヒ」は多義的であり，機械的に「即自」と「対自（向自）」と訳せない場合もある。

「アン・ジッヒ」は①潜在的，萌芽的あり方，②素朴な客観的あり方，③非自立的，無自覚的あり方を意味する。「フュア・ジッヒ」は①顕在的あり方，展開されたあり方，②自分に関わる主体的あり方，③自立的，自覚的あり方を意味する（なお，意識をもたない事物について対自的を自覚的と理解するのは不適切である）。「即且つ対自」は即自と対自を総合し，止揚した最高の段階であり，自覚的かつ客観的な，すなわち絶対的なあり方を意味する。

哲学史においてはカントの「物自体」(Ding an sich)という用語が有名である。フィヒテは自我について「フュア・ジッヒ」を「自分に対して，自覚的に」という意味で用い，ヘーゲルはこの用法を踏まえている。

なお，『精神現象学』までの時期のヘーゲルの著作では「アン・ジッヒ」が意識から独立に「それ自体で」という積極的意味で使用されるのに対して，「フュア・ジッヒ」は「それだけとして，孤立して」という消極的意味で用いられることがある。

［文献］岩佐茂／島崎隆／高田純『ヘーゲル用語事典』未来社，1991。

（高田純）

属性　〔ラ〕attributum〔英〕attribute〔独〕Attribut
一般的な意味では事物がもつ特徴的な性質を指すが，西洋哲学においてはいっそう限定された意味をもち，アリストテレス以来の

ソクノリ

概念史がある。アリストテレスでは，諸性質の担い手である基体（ヒュポケイメノン）がもつ付帯的または偶然的な諸性質とされるものが属性に相当するが，スコラ哲学を経由して近世哲学になると，属性概念は，とりわけデカルト，スピノザ以降，他のものによっては限定されず「それ自身において存在し，それ自身によって考えられる」，いわゆる自己原因としての実体が具えていて，実体の本質を構成すると認識される諸性質を指すようになった。デカルトでは，無限実体＝神とは区別された，精神と身体＝物体という二つの有限実体に対応して，思考する働きが優れて精神の属性とされ，延長が身体＝物体の属性と見なされた。またスピノザでは，事物の内在的原因としての唯一の無限実体＝神は無限に多くの属性をもつが，これらのうち人間が認識しうる属性は二つしか存在せず，それが思考と延長である。そして，思考の具体的形態である観念，欲望，意志，感情，そして延長の具体的形態である位置，形状，運動などは，実体の変様，すなわち実体を一定の仕方において表現するものとして，様態と呼ばれる。ヘーゲルにおいても，実体－属性－様態は，区別されるとともに互いに密接に関連し合う諸概念として位置づけられる。
→実体，様態
［文献］デカルト『省察』ちくま学芸文庫，2006；スピノザ『エチカ』上・下，岩波文庫，1975。　　　　　　　　（奥谷浩一）

即の論理→日本仏教

ソクラテス　Sōkratēs　前 469-399
石工ソプロニコスと産婆パイナレテの子。三度の国外への従軍以外はアテナイを離れたことがなかった。重装歩兵として従軍したことから一定の財産があったと見られる。晩年の貧乏生活は自ら選んだ道であった。子供の頃から，行動が適当でない場合，それを制止する声（ダイモーンの合図）が聞こえることがあったという。アリストパネスの『雲』（前 423 上演）では，無駄話をする空論家として描かれる。彼を取り巻くサークルには，のちにスパルタの支持の下で民主制を転覆した 30 人僭主体制（前 404）の

首謀者となる者たちもいた。民主制が回復したあと，涜神罪で訴えられて死刑判決を受ける（前399）。ソクラテスは何も書き残さなかったが，その哲学を探る資料は，プラトンの初期対話篇，特に『ソクラテスの弁明』や『クリトン』に残されている。ソクラテスは，デルポイの神託をきっかけに，善美なる事柄についての知は神のものであり，人間に可能なのは無知の知（自覚）であって，倦む事なき探求が人間の務めだと考えるようになった。大切なことは，ただ生きることではなく，よく生きることであり，吟味のない人生は生きるに値しないとして，各人の魂をできるだけ優れたものにするために，勇気，節制，正義，知恵など，魂の善さを構成する徳について，友人たちとの問答を通じて探求を重ねた。そして，徳は知であると考えていたので，これを獲得する方法として，お互いの考えを吟味・反駁し合うことを実践した。だが，彼の問答の反駁的な手法が人々の中に敵意を作りだし，冤罪を招くことになった。ソクラテスが事実上可能であった脱獄の勧めを拒否して死刑判決を受け入れたのは，言論に生きた自らの生涯に背馳しないためであった。不正行為は自らの魂を破壊する行為であり，自己にとって害悪であるから，いかなる場合にも不正行為をしてはならないとのこれまでの原則に基づき，一旦下された判決を無効にする脱獄行為は法律に対する不正行為であるとの判断から，脱獄をしてはならないとの結論を下したのである。

[文献]『プラトン全集』1，岩波書店，1975；プラトン『ソクラテスの弁明・クリトン』講談社学術文庫，1998；田中美知太郎『ソクラテス』岩波新書，1957；岩田靖夫『ソクラテス〔増補〕』ちくま学芸文庫，2014。　　　　　　　　　　（斉藤和也）

俗流唯物論→生理学的唯物論

素材→形式と内容

ソーシャリスト・エコロジー　〔英〕socialist ecology
C. マーチャントの用法でエコ社会主義と同義。以下の特徴をも

つ。①マルクスの自然史の思想から人間（社会）と自然との物質代謝関係を重視。それゆえ②中心―周辺間の格差を利用する為に生じる資本主義経済下での自然環境，人間の破壊は環境問題として同根である。③その改善には資源を消尽しつつ地理的・空間的に無限に拡大しようとする資本増殖運動下での様々な疎外から人々を解放し，人間を主体とした生産・精神活動を基盤とする社会への転換が必須で，④その為に小規模な共同体における自治（民主主義）と生産活動が重要とする。論者に J. B. フォスター，J. コヴェル，J. オコンナー（米），A. ゴルツ（仏），D. ペッパー（英）など。
［文献］A. ゴルツ『エコロジスト宣言』緑風出版，1983；J. コヴェル『エコ社会主義とは何か』緑風出版，2009。　　（澤佳成）

　ソーシャル・エコロジー　〔英〕social ecology
ソーシャリスト・エコロジー（エコ・マルクス主義）と並んで左派環境思想の潮流のひとつ。エコ・アナーキズムともいう。米国のブクチンが 1971 年に提唱した。資本主義の枠内での改良を主張するリベラル環境主義や，人間中心主義的思想・感性の超克を強調するディープ・エコロジーと異なり，左派環境思想は資本の論理と国家の論理を克服する根底的な社会変革によって「生態的に持続可能で社会的に公正な地球社会」の構築を目指す。なかでもソーシャル・エコロジーはあらゆる支配・ヒエラルキーの克服と地域自治主義に力点がある。なおブクチンの共同研究者ビール（Janet Biehl）は自己の立場を「ソーシャル・エコフェミニズム」と規定する。
→ブクチン，ディープ・エコロジー
［文献］マーチャント『ラディカル・エコロジー』産業図書，1994；ドブソン編『原典で読み解く環境思想入門』ミネルヴァ書房，1999；コヴェル『エコ社会主義とは何か』緑風出版，2009。　　　　　　　　　　　　　　　　　　　（戸田清）

　ソシュール　Ferdinand de Saussure 1857-1913
スイスの言語学者。ジュネーブに生まれ，ジュネーブ大学で一年

間理科系の講義に出席したあと,1876 年からドイツのライプツィヒ大学で言語学を学び,1879 年,彼の唯一の著作である『インド＝ヨーロッパ諸語における母音の原初体系に関する覚書』を出版した。これは,インド＝ヨーロッパ諸語のもとになったインド＝ヨーロッパ祖語の母音体系についての重要な業績である。ソシュールは,1881-91 までパリの高等学術研究院で教えたあと,ジュネーブ大学でサンスクリットと比較文法の教授となった。ソシュールは上掲書の他には著作を書かなかったが,その講義は学生たちに大きな影響を与え,彼の死後,C. バイイおよび A. セシュエという二人の弟子が講義のノートやそれ以外の資料をもとに,『一般言語学講義』(1916) という講義録を出した。この本では,ソシュールの言語に対する構造的な考え方が説明されており,そこで提出された様々な概念は,構造主義的言語研究の基礎となった。後年プラハ言語学派（音韻論）やコペンハーゲン言語学派（言理学）などに大きな影響を与え,構造主義言語学の原点と見なされている。その構造主義的理論は言語学にとどまらず,文化人類学（レヴィ＝ストロース）,哲学（メルロ＝ポンティ）,文学（R. バルト）,精神分析学（J. ラカン）といった様々な分野において継承発展され,20 世紀人間諸科学の方法論に大きな影響を与えた。なお 1955 年以降,R. ゴデルによって発見された未刊手稿や講義録などにより,それまでのソシュール像は大きく修正されてきている。

［文献］ソシュール『一般言語学講義』岩波書店,1972；同『自筆草稿「言語の科学」』(『一般言語学』著作集 I) 岩波書店,2013。　　　　　　　　　　　　　　　　　　　　（下川浩）

措定→定立

ソフィスト 〔ギ〕sophistēs〔英〕sophist〔独〕Sophist〔仏〕sophiste
ソフィストとは特定の学派ではなく,前 5 世紀から 4 世紀頃にアテナイを中心に興った古代ギリシアにおける思想動向であり現象である。sophistēs という語は元々特定の活動における知者を

意味していたが，前5世紀になると，都市をめぐり報酬と引き換えに一定の事柄を教授する一群の職業的教師を指すようになった。彼らの活動はその時代の民主制の発展と結びついている。市民に平等の権利と言論の自由が付与されるとともに要職が治国斉家の才に秀でた者に委託される民主制では，家柄や財力に関係なく政治的・社会的能力さえあれば立身出世が可能だった。そしてこのような能力の中核を担うのが言論の術である。「なぜわれわれは，人間に対する唯一の支配者たる弁論術を学び報酬を支払うということをせずに，他のすべての学問研究に邁進するのか」という問い（エウリピデス『ヘカベ』）は，この時代の弁論術への信頼と新教育への期待を反映しており，これに応えて登場したのがソフィストである。〈ノモスとピュシス〉の対立を背景に不動の規範や真理に代わって主観的な恣意や思惑が現れ，その都度の状況や目的に相応する言行を良しとする風潮のなかで，彼らが教育目標としたのは，該博な知識と言論を駆使して，絶対的規範や伝統的価値を批判的に吟味し，自己の立場を主張して他者を説得する実践的な弁論の能力（これを彼らは人間の卓越性の実質と見なした）を授けることだった。彼らの中には詭弁を弄し極端な反道徳主義を唱える者もいたが，基本的には人間教育に関する態度は実用主義的であると同時に啓蒙主義的であったし，また人間性を擁護した弁論術中心の教育理念は普遍的教養と人文学の伝統として近代まで受け継がれた。だが，技術に偏し，教育の根幹にあるはずの人間の本来の卓越性（徳）に関する真の理解を置き去りにして真理の仮象のみを提示するソフィストを，プラトンやアリストテレスは偽の知識を扱う詐欺師と批判，これがその後のソフィストに関する否定的評価の主因となった。

→ゴルギアス，プロタゴラス

［文献］内山勝利編『ソクラテス以前哲学者断片集』5，岩波書店，1997。　　　　　　　　　　　　　　　　　　（三浦要）

素朴実在論　〔英〕naïve realism
外界の事物はわれわれに知覚されるそのままの姿で存在しているとする主張。ほとんどの哲学的理論は，こうした主張を退けた上

に展開されてきた。哲学サイドから与えられた naïve（無邪気・幼稚な）という形容がそのことを示している。たしかに，曲がって見える水のなかの棒がそのままの姿で実在していると考えるのは幼稚だからである。しかし，こうした考えを哲学とは別の領域のものとして切り捨ててきたことが，哲学に対する「現実離れ」という批判を招く理由の一つであったことも否めない。われわれの生活のほとんどは「素朴実在論」で営まれているからである。素朴実在論は，哲学的には，ただ「幼稚」と排斥するのではなく，より詳細な検討・批判を要する問題だといえる。近年の進化生物学では，素朴実在論的な錯視・錯覚も，人間の長い進化の過程で環境に対する適応の結果として獲得された知覚情報処理過程として，その意義が見直されている。
→錯覚論法，感覚与件，反映論
［文献］サール『マインド――心の哲学』ちくま学芸文庫，2018；一川誠『錯覚学――知覚の謎を解く』集英社新書，2012。
（中村行秀）

ソリプシズム→独我論

ソレル　Georges Sorel 1847-1922
45歳まで土木技師として過ごし，趣味的な哲学研究からプルードンの研究を経て，独自の社会主義思想の構築を始める。社会主義を科学にしようとするマルクス主義に反対し，社会主義は「詩」であり「神話」であるからこそ輝くと考える。崇高なるものへの献身と英雄的な戦闘によって，民衆は躍動する生命体となる。プロレタリアートはゼネスト（総罷業）によって，自らの力を感得するとともに平穏への堕落から脱することができる。この主張によってソレルはサンディカリズムの形而上学者とも呼ばれる。
→サンディカリズム
［文献］ソレル『暴力論』上・下，岩波文庫，2007。（斉藤悦則）

ゾレン

ゾレン→当為

ゾロアスター教 〔英〕Zoroastrianism 〔アヴェスター〕Māzdayasna〔ペルシア〕Din-e Zartošt
紀元前10世紀頃,イラン高原東部に現れた教祖ザラスシュトラ・スピターマが,イラン人の牧畜社会に対して説いた教えを核にした宗教。教祖個人は,アフラ・マズダーへの帰依と,善悪二霊の宇宙的闘争を唱え,倫理的二元論に立脚した一神教を構想したらしい。教祖没後,教勢は次第に西進してイラン高原西部にいたマゴス部族を包摂し,彼らがゾロアスター教の神官階級を形成することになった。その後,イラン系のアケメネス王朝(前550-前330)およびアルサケス王朝(前247-後224)の支配階級の宗教となり,西隣の地中海世界の思想と相互に影響し合う。たとえば,ユダヤ教・キリスト教の悪魔論や終末がゾロアスター教起源であると指摘されている。サーサーン王朝時代(224-651)にはペルシア帝国の国教になり,神官階級マゴスがイラン社会で絶大な影響力を振った。姉妹宗教のバラモン教と同様,ゾロアスター教も厳格な階級制度を敷き,最上位に位置する神官階級と王族が社会の権威を二分していたと考えられる。この頃が,『アヴェスター』の文字化,ギリシア哲学・インド思想の吸収,ゾロアスター教法の整備など,この宗教の知的活動のピークであった。しかし,651年にイランがアラブ人のイスラーム教徒に征服されると,教徒数は極端に減少し,以後はヤズド地方およびインド西部で細々と生き延びるだけになった。
→パールシー教
[文献] 青木健『ゾロアスター教』講談社選書メチエ,2008;メアリー・ボイス『ゾロアスター教——3500年の歴史』講談社学術文庫,2010。　　　　　　　　　　　　　　　　（青木健)

ソロヴィヨフ　Vladimir Sergeevich Solov'yov 1853-1900
ロシアの宗教哲学者,詩人,政論家。修士論文で「西欧哲学の危機」を著し,スラヴ派に近い立場から出発した。その後実証主義的思潮に反する壮麗な観念論的体系(「全統一理論」)を作り上

げ，世紀末から20世紀初頭ロシアにおける宗教精神復興（ロシア・ルネサンス）の先駆けとなった。哲学，科学，神学を総合する「自由神智学」と，経済社会，政治社会，教会を総合する「自由神政制」を提唱し，後者の立場から東西教会の統一を図ったが，失敗した。媒介的な概念であるソフィア（世界霊魂）を介して人間が神的なものに統一されるという『神人論講義』が有名。また，人生で三度ソフィアに邂逅するという神秘体験をもった。
［文献］『ソロヴィヨフ選集』（4冊）東宣出版，1972-73；御子柴道夫『ウラジーミル・ソロヴィヨフ――幻視者・詩人・哲学者』岩波書店，2011。　　　　　　　　　　　　　　（清水昭雄）

尊厳死→安楽死・尊厳死

存在　〔ギ〕einai〔ラ〕esse〔英〕being〔独〕Sein〔仏〕être
「存在」（ないし「有」）とは「ある」ということを指す。多くの印欧語において，「存在」を表す語（英語のbe動詞など）が重要な役割を担っているため，古来，「存在」はヨーロッパ哲学の主題となった。たとえば，アリストテレスにとって「存在」とは，対象がどのようであるか（述語づけられるか）ということであり，実体・質・量・関係などの最高類（カテゴリー）に分類された。神の「存在」問題（また個体がいかにして「存在」可能かという問題）を中軸として展開された中世哲学においては，現存・実存（existentia）という意味での「存在」が中心問題となった。近代哲学の有力な潮流では，「存在」は認識主観によって表象される対象的存在として，認識問題の後景に退けられる傾向がある。さらに，存在問題の復興と刷新を企てたハイデガーにとって「存在」とは，それによって（あるいはその理解によって）私たちのすべての認識や行為が可能になるような条件である。しかし，こうした議論の歴史を通して「存在」が一貫した意味をもっているのか，その歴史を統一的な「存在論」の歴史として描くことができるかどうかは，実のところ曖昧である。それは，「(A)がある」も「(AはBと同一)である」も「(Aはpという性質)である」も，おしなべて「存在」という哲学用語に名詞化されて

論じられてきたことが主たる原因といえよう。とはいえ,「存在」というタイトルのもとで主に論じられてきたのは,相互に関連し合う次のような問題である。第一は,「真に存在しているのは何か」あるいは「この世界は本当はどのようであるか」という問題であり,世界観・宇宙観の問題に連接する。これについては,古代ギリシア以来,「存在」は永遠不変とする立場と「生成変化」こそが世界の真相であるとする立場が対立し,またそれとも関連して,真の実在をめぐって一元論・二元論・多元論などの哲学を生んできた。第二に,意識(精神・思考・知覚なども含め)との対比において「存在」は,意識の内と外およびその関係という問題を表示するタイトルとなる。すなわち,「意識が存在を規定するのか,それとも存在が意識を規定するのか」という様に問題が立てられる。物質的存在が意識を規定するという考え方が唯物論であるが,この立場から前者は観念論とされる。第三に,「当為」(べきこと)との対比において,「存在」(あること)は変更不可能な所与である。「自然の法則と自由の法則は異質である」「あるからあるべきは導かれない」などの見解は,当為と存在を峻別する立場であるが,これに対しては,両者の相互媒介を強調する立場が対立している。

→意識,存在論,ハイデガー

[文献] 山本光雄編訳『初期ギリシア哲学者断片集』岩波書店,1958;アリストテレス『形而上学』(全集 12) 岩波書店,1968;ドゥンス・スコトゥス『存在の一義性』知泉学術叢書,2019;レーニン『唯物論と経験批判論』上・中・下,岩波文庫,1952-53;ハイデッガー『形而上学入門』(全集 40) 創文社,2000;クワイン『論理的観点から』勁草書房,1992。　　　　　(藤谷秀)

存在被拘束性　〔独〕Seinsgebundenheit

マンハイムらの知識社会学における基本概念。マンハイムによれば,あらゆる観念／思想は,それをもつ主体の存在位置(欲求・利害・地位など)によって制約されている。このことを存在被拘束性という。こうした視座は,すでに F. ベーコンのイドラ論やコンディヤックらの認識論,マルクスのイデオロギー論などに見

られる。マンハイムは，マルクスのイデオロギー概念がまだ特定の階級（ブルジョア階級）に限定された特殊的なものであると批判し，イデオロギー概念を一般に存在被拘束性によって定義するに至った。知識社会学は，このイデオロギー概念に基づいて，各人の観念／思想等（イデオロギー）を存在位置と関連づけて分析する没価値的研究であるとされる。
→知識社会学，イデオロギー
［文献］マンハイム『イデオロギーとユートピア』中公クラシックス，2006。 （渡辺憲正）

存在論 〔ラ〕ontologia〔英〕ontology〔独〕Ontologie〔仏〕ontologie
最も広い意味では「存在一般」について論じること。ただし，「存在」という語の多義性に応じて「存在論」もまた多義的であらざるをえないため，ここでは「存在論」という語の展開を追う。

「存在論」というヨーロッパ哲学の用語は，「諸存在者」（onta）と「言葉・論理」（logos）の合成語として 17 世紀に作られた。初出は，ゴクレニウスの『哲学辞典』（1613）とされるが，「存在するもの一般を扱う学」という意味で自覚的に用いたのはデカルト派のクラウベルクである（「存在論」は「存在智」（Ontosophiae）とも呼ばれた。『基礎哲学または存在智』1647）。その後，哲学用語として一般化されるのは 18 世紀以降（とりわけドイツ）であり，ヴォルフやその後を継いだバウムガルテンらのヴォルフ学派による。彼らは，人間認識の第一原理を探究する形而上学を，神・自然・人間を対象とする神学・宇宙論・心理学と，およそ存在しうるもの一般を対象とする「存在論」という部門に分けた。その際，存在一般は，矛盾律・充足理由律に従い，本質と属性・様相（必然―偶然など）をもち，現実存在はその可能性の完成と捉えられるなど，アリストテレス哲学や中世スコラ哲学の伝統を踏襲するものであった。これに対してカントは，批判的理性の立場からヴォルフ学派のナイーブな独断性を斥け（対象が認識に従うというコペルニクス的転回），「存在」はリ

ソンザイ

アルな述語ではない（「存在する」は性質の一種ではない）とする議論を展開したが、それとともに「存在論」自体も後景に退いた。その後の19世紀哲学思想においても、「存在論」は積極的な役割を演じていない。たとえばヘーゲルは、存在・実体・主体といった概念について論じたものの、「形而上学」や「存在論」を、思考の抽象的規定を素朴に物の規定と見なす無邪気な態度とした。また、実証的な自然科学の発達に依拠した哲学思想（唯物論思想も含めて）にとっても、「存在論」は観念的な思弁として乗り越えられるべき哲学であった。

しかし20世紀に入ると、主に現象学や実存哲学において「存在論」という語が再びポジティブな意味で用いられるようになる。たとえばフッサールは、対象の本質に関わる学を本質学＝存在論とし（対象一般の本質に関わる形式的存在論と物質・生命・精神など実質的対象の本質に関わる領域存在論）、それらが経験に先立って意識においていかに構成されるかを論じる現象学を構想した。ハイデガーは、世界の内で存在者に関わりつつ実存する人間において「存在」が前もって了解されているとし、その存在構造を分析すること（基礎的存在論）によって存在の意味を探究しようとした。「存在論」のこうした復興を促したのは、すべての対象認識について自然科学をモデルとすることに対する批判（科学の基礎づけという問題設定も含めて）、とりわけ科学的認識の対象に還元されない人間存在（社会や歴史という存在も含めて）の特有性という問題意識、さらに近代哲学思想に特徴的な認識論的問題設定（認識主観によって表象される対象としての客観という二元論的構図）に対する批判などからであった。その際、古い「存在論」とは異なり、存在を開示する場として人間存在（志向的意識・現存在・実存など）に依拠している点に特徴があり、このことが現象学的還元や解釈学という方法の構想にも反映している。他方、こうした議論に対しては、基本的に科学的認識をモデルとする立場から、論理実証主義や分析哲学による強い批判がなされた。「存在」は何らかの対象に述語づけられるようなものではなく、あくまで命題の形式である。それゆえ、存在を命題内容であるかのごとく扱う存在論は、存在を一つの存在者に

してしまう誤りを犯しており，有意味な言明とは見なされないというのである。

　このように，存在論の復興か拒絶かという対立は，20世紀ヨーロッパ哲学の基本状況の一つを形作ってきた。言い換えれば，「存在論」には哲学的な態度決定が含まれているということである。何であれ何かが存在するのだから，存在について論じるのは最も普遍的な事柄を考察することだという主張（「存在論」自体の正当性）は，一見自明なことのように見えるが，実はそうではない。そもそも存在一般は私たちが有意味に語ることができるような何かなのか，といった問題をただちに引き起こすからである。それゆえ「存在論」とは，哲学体系の確固たる一部門というよりもむしろ，かつてカントが形而上学をそう評したように，依然として哲学の「戦場」を表す語と言えよう。
→存在，フッサール，ハイデガー
［文献］フッサール『イデーン』（全5冊）みすず書房，1979-2010；ハイデッガー『カントと形而上学の問題』（全集3）創文社，2003；カルナップ『カルナップ哲学論集』紀伊國屋書店，1977。
　　　　　　　　　　　　　　　　　　　　　　（藤谷秀）

　存在論的／存在的　〔独〕ontologisch / ontisch
ハイデガーが強調した区別で，存在論的差異（ontologische Differenz）とも言われ，存在者と存在の区別に対応する。ハイデガーは，何らかの「存在者」を認識したり出会うことができるためには（存在的関係），「（何かが）ある」こと自体についての理解（存在論的関係）がなければならないと考え，この理解を手がかりに存在の意味を解明しようとした。後期では，存在自体を存在者（たとえば神）の方から考えてしまう西洋形而上学を，存在忘却の歴史として思考する観点となった。
→ハイデガー
［文献］ハイデガー『存在と時間』（全4冊）岩波文庫，2013；同『同一性と差異性』（選集10）理想社，1960。　　（藤谷秀）

ソンザイ

存在論的証明→神の存在証明

尊王攘夷論 （そんのうじょういろん）
尊皇攘夷論とも表す。明治維新を導く政治理念としての役割を果たした。尊王論自体はもと中国の儒学に由来する観念であるが，幕末に台頭した尊王論は，徳川幕府がその支配秩序を安定させるために天皇の権威を尊崇する政策をとっていたことと，それが儒教的名分論と結合することによって本格的に形成され，さらには本居宣長などによる天皇の絶対化と国学的尊王論の定式化を通して天皇の観念的な権威を高めるものになった。そのような背景のもとに幕末の混乱期には国内の政治的統合の結節点として一層天皇の地位が権威づけられ尊崇の対象となった。そして対外的な緊張関係の中で登場してきた排外主義としての攘夷論と結びついて，倒幕の指導理念となった。
［文献］遠山茂樹『明治維新』岩波現代文庫，2000。（田平暢志）

ゾンバルト　Werner Sombart 1863-1941
ドイツの経済学者，社会学者。初めマルクスの影響を受けたが，後に離反し民族社会主義を説く。資本主義を多面的・統一的に把握しようとして理解社会学的方法を導入した。「贅沢」，戦争，ユダヤ人などが資本主義発展に果たした役割をも重視して，プロテスタンティズムの禁欲倫理のみを強調するM. ウェーバーとは対立的な立場に立つ。晩年にナチズムに接近する傾向を示し，戦後は影響力を失った。1980年代以降の消費社会論の興隆のなかで再評価の動きが起こった。
［文献］ゾンバルト『恋愛と贅沢と資本主義』講談社学術文庫，2000；同『ブルジョワ——近代経済人の精神史』講談社学術文庫，2016；同『戦争と資本主義』講談社学術文庫，2010；同『ユダヤ人と経済生活』講談社学術文庫，2015。（池田成一）

ソンビ（精神）　〔朝〕Seonbi (Jeongsin)
朝鮮で真の学者を指す固有語，またその学者精神。特に在野で学問的に専念した学者で，存在そのものが社会指標となった人

物，またその生き方を指す。義（正しさ）に生きる君子を内実とするが，官職に就かず，学問（読書）に専念したため，貧しさをもう一つの特徴とする。朝鮮では「貧は士の常」とされており，この「士」がこれに近い。18世紀の実学者，朴趾源の作「原士」と「許生伝」がソンビの生き方を見事に描いている。「原士」では士が次のように規定される。「それ士は下は農工に列し，上は王公を友とす。位を以てすれば無等なり，徳を以てすれば雅事なり。一士読書すれば，沢は四海に及び，功は万世に垂る」と。真の学者であれば真理を探究することにのみ関心があって，恐れるものは何もない。その学問の成果は全世界に，また万世に及ぶと。「許生伝」は10年計画で学問に専念していた許生が，貧しさに耐えかねた妻の「いっそ泥棒でもしたらどうですか」という悪罵に負け，7年目で学問を断念し，その成果を実地に活かして大成功を収める話であるが，真の学者には貧しさがつきものということをよく示している。ソンビという言葉は上に述べた肯定的な側面だけでなく「働かないで貧乏をもたらす者」という否定的な側面も大衆的にはもつ。それは許生の妻の側からのイメージである。

［文献］小川晴久「実学と読書」（『朝鮮実学と日本』）花伝社，1994；李章熙『朝鮮時代ソンビ研究』博英社，1989。

（小川晴久）

孫文 （そんぶん）Sūn Wén 1866〔同治5〕-1925〔民国14〕広東省香山県の人。字は逸仙，号は中山。清末・民国の革命家，政治家。ハワイの学校に学び，1892年香港の西医書院を卒業，澳門で医師を開業したが，清朝に失望し革命を志して興中会を結成した。辛亥革命（1911）に至るまで，清朝打倒の蜂起を繰り返し試みた。1906年，中国同盟会総理。1912年，中華民国臨時大総統。民国初期には，帝制復活や軍閥抗争の混乱の中で革命の理想を追った。1919年に中国国民党を結成した頃より対日批判を強める。1921年頃より，国共合作の立場に立って，軍閥と帝国主義の打倒を唱えた。彼の思想は，具体的には三民主義と五権憲法に見ることができる。三民主義とは，民族主義・民権主義・

民生主義である。すなわち，植民地支配から脱して，漢族を軸にモンゴル・チベット・回・満州の諸民族が連合して独立国家を建設すること，最終的な「憲政」段階における国民の政治参加，土地や資本の不平等を可能な限り抑制して経済的平等を目指すことであるが，時期によってその内容は変化している。五権憲法とは，1905年に公表された政府の組織原則であって，行政・立法・司法の三権に，中国の伝統的な官僚制と不可分である考試・監察の二権を加えたものである。ただ，民権主義といっても，デモクラシーそのものではなく，軍政－訓政－憲政の三段階を経て実現されるという条件が付き，また「先知先覚」（賢人）が「後知後覚」（民衆）を導くという伝統的な支配の型も残っている。
→三民主義

[文献]『孫文・毛沢東——世界の名著64』中央公論社，1969；『孫文選集』（全3巻）社会思想社，1985-89；藤井昇三『孫文の研究』勁草書房，1983。　　　　　　　　　　　　　　（小林武）

タ

多 → 一と多

大アルベルトゥス → アルベルトゥス・マグヌス

第一次集団と第二次集団 → 集団

第一性質と第二性質 〔英〕primary qualities and secondary qualities
ジョン・ロックは，ボイルの影響もあって物体について粒子論をとり，物体について人間が抱く観念のうち，物体自身にその類似物をもつ延長，形，運動，数，固体性などの第一性質の観念と，単に心の中にのみあって物体にその類似物をもたない光，色，音，匂い，味などの第二性質の観念とを区別した。第一性質は，物体自身に内在するのに対し，第二性質は物体の諸部分のもっている第一性質がわれわれの感官に働きかけて心に様々な感覚を産み出す力能（power）でしかない。ロックはさらに，物体の第一性質が他の物体の第一性質に作用してそれを変容させる力能を第三性質と考えているが，これは物体間の相互作用を引き起こす力能である。第一性質と第二性質の区別は，ガリレイやデカルトも行っており，科学的実在論の立場に共通する見方である。
→ロック，デカルト
［文献］ロック『人間知性論』（全4冊）岩波文庫，1972-77。
（河野勝彦）

大概念 → 三段論法

太極 （たいきょく）
儒教用語。古代中国人は宇宙の始源を問い，宇宙がある混沌たる

タイグウ

未分化状態から始まったと考えた。そして，その混沌未分化状態を「太極」と名づけた。この混沌未分の太極は，うちに宇宙の秩序を孕んでいて，やがて秩序的に整序された世界へと進む。すなわち，太極は二つの大いなる規則である「両儀」に分かれる。「太極あり，是れ両儀を生ず」（易繫辞上）。この両儀は陰陽に等置され，陰陽はさらに男女，天地に配当される。天地や男女の関係が上下的な血縁的秩序であることはいうまでもない。このことから古代の中国人は，宇宙万物を家父長制的な血縁的秩序を投影して捉えたことが分かる。
→陰陽　　　　　　　　　　　　　　　　　　　　（岩間一雄）

対偶　〔英〕contraposition
「AであればBである」という命題に対して，「BでなければAでない」のように，元の命題の主語と述語の両方を否定して，入れ換えた命題を，元の命題の対偶という。対偶の関係にある二つの命題は，一方が真であれば他方も必ず真である。だから，ある命題が真であることの証明が難しい場合には，その対偶の命題が真であることを証明してもよい。また，この元の命題「AであればBである」に対して，「BであればAである」という命題を「逆」，「AでなければBでない」を「裏」と呼ぶが，元の命題が真であっても，逆と裏の命題は真になるとは限らない。
→対当関係　　　　　　　　　　　　　　　　　　（中村行秀）

体系　〔英〕system〔独〕System
ある事象が単独にあるいは偶然に存在するのではなく，他の事象と必然的な連関においてあると共に，それら事象（要素）が一つの全体をなす場合，その全体が体系と呼ばれる。ただし要素が全体に統合される仕方は様々である。類のもとに種が位置づけられたり，根本命題から派生的命題が導出されたり，原理と要素との間に循環が認められたりする。哲学においてもアリストテレスの諸学の分類，デカルトやスピノザの演繹的体系，ヘーゲルの円環的体系など，体系への志向は存在した。しかし現代では絶対的必然的普遍的なものよりも有限的偶然的個別的なものが重視される

ことから,体系に対して批判的な傾向が強い。
→構造／機能
［文献］デカルト『哲学原理』ちくま学芸文庫,2009;ヘーゲル『エンチュクロペディー』(世界の大思想 II-3)河出書房新社,1968。　　　　　　　　　　　　　　　　　　　　（久保陽一）

体験　〔独〕Erlebnis〔英〕experience
自らの身をもって経験したことという意味で一般的な用語として定着しているが,狭義の哲学用語としては,ディルタイの生の哲学の中心概念をなす。彼は「生」の現実を構成するものとして,体験・表現・了解の連関を取り上げ,その構成を問うた。体験はそうした連関のうちにあるものとして,主観的で閉鎖的な経験ではなく,その多様な表現を介して相互に了解される性格をもっており,客観化された表現形態による了解の可能性が重視される。同時に体験は,人間的経験の全体を指すものとして,生きられた世界そのものであり,知的な側面だけでなく,感覚的・情動的・意志的な諸側面を含み込んで成立している。体験主体は,したがって,近代認識論における意識的・反省的な主観の地平を超えて存在するものとして,フッサールの生活世界といった概念に接近するものである。また,こうした体験の全体的性格は,なによりも歴史世界の形成のうちに見られるものとして,ヘーゲル的な客観的精神を引き継ぐものとなり,ガダマーの言う歴史的伝統のうちに生きる対話的主体につながっていく。要するに体験の概念は,意味を了解しつつ生きる表現主体の世界を起点および基底において捉えたものである。
→ディルタイ,解釈学
［文献］ボルノー『ディルタイとフッサール』岩波書店,1986;塚本正明『生きられる歴史的世界――ディルタイ哲学のヴィジョン』法政大学出版局,2008。　　　　　　　　　　　（津田雅夫）

タイコウ

対抗文化→カウンターカルチャー

対自→即自／対自／即且つ対自

大衆社会 〔英〕mass society〔独〕Massengesellschaft〔仏〕société de masse
1935年にK.マンハイムが用い普及した用語。一部の名望家だけではなく，労働者や小農民，零細商人などからなる「大衆」が，国民国家の公民としての資格をもつ通常の社会成員と見なされ，社会全体の経済的・政治的・文化的状況もその動向を媒介としてはじめて決まる，そうした社会状況（社会段階）を指す。大衆社会以前の公民は「財産と教養」をもつ名望家であり，19世紀中葉までの西欧市民社会における「市民」もその一類型であった。その数は，当時のイギリス議会が「上層一万人」のものといわれ，日本の帝国議会議員第一回選挙の有権者が約45万人であったように，ごく限られたものであった。19世紀後半，J. S. ミルは社会成員の範囲の拡大の必然性を洞察し，それが自由主義の政治体制と政治思想に及ぼす多様な影響を原理的に考察した。自由民主主義の政治体制は，自由主義体制の大衆社会版である。M. ウェーバーが扱った官僚制と合理化の問題も，大衆の参加による，社会諸制度，社会諸組織の巨大な変容に由来する。大衆社会への移行は，一方で社会の「民主化」（K.マンハイム）の過程であるとともに，他方では，社会の動向を左右する大衆の要求と行動を資本主義社会の秩序の枠内に押さえこむ，新たな「大衆社会統合」の形成過程であった。大衆社会への移行を促した歴史要因は，19世紀第4四半期からの列強帝国主義の出現と，増大した労働者階級の社会的要求への妥協の必要とである。大量の労働者を帝国主義戦争に動員するには，参政権の拡大，「国語」を含む最低限の教養確保のための初等教育，その国の「国民」たる自覚を涵養できる程度の生活保障と権利保障が必要であった。「国民」の一員という意識が社会成員の末端まで及ぶのは大衆社会以降である。

社会主義左派（共産主義派）は，大衆社会統合と帝国主義戦争

の両者に反対したが,労働運動主流と社会主義右派（社会民主主義派）はその枠内での民主化と社会改良の道を選択した。共産主義派内部でも晩年のレーニンと A. グラムシは,先進諸国における民主化と大衆社会統合の二重過程に即した「ヘゲモニー」闘争を主張した。

　日本,ドイツ,イタリアなど上からの産業化,近代化を急いだ国々では,帝国主義戦争におけるナショナリズムの大衆の普及と利用を行いながら,同時に大衆社会統合が未成熟で不安定であったため,全体主義が形成された。K. マンハイム,E. レーデラー,E. フロム,H. アーレントなどの大衆社会論は,民主化を肯定しながらも,名望家社会の成員に比して道徳,教養,社会的紐帯をもちにくい不安定な「大衆」という視点から全体主義を解明する試みである。孤立し無力で不安定な群衆という「大衆」像は,第二次世界大戦後のアメリカにも適用され（D. リースマン,C. W. ミルズ）,1950,60 年代の日本では,変革主体として楽天的に解釈された労働者階級像（戦後マルクス主義）に対する異論,警告として主張された（日高六郎）。大衆が本来的に愚昧であり,非理性的存在であるという立場から,民主化の過程そのものへの反発を示す大衆社会論があり（オルテガ・イ・ガセット）,H. アーレントは,政治領域への大衆の生活欲求の噴出そのものを強く批判した。なお,19 世紀のブルジョア革命期には貴族主義的な大衆参加批判があり,これは全体主義分析・批判と並んで,大衆社会論の発生源の一つとなった。

　第二次世界大戦後の先進諸国では長期の経済成長が続き,大量生産＝大量消費の「豊かな社会」が出現し,発達した福祉国家を典型とする,安定した大衆社会統合が形成された。だが,経済成長の終焉に始まる経済グローバリズムの急展開と新自由主義政治の主流化により,1970 年代末以降,先進諸国における大衆社会化の長期トレンドは逆転した。階層分化が進展し,同時に「国民としての平等」を支えてきた各種の社会装置,国家装置が破壊され,大衆の社会参加の実質は収縮し始めた。

→マンハイム,ウェーバー,グラムシ

［文献］マンハイム『変革期における人間と社会』（全集 5）潮

タイシュ

出版社，1976；コーンハウザー『大衆社会の政治』東京創元社，1961；後藤道夫『収縮する日本型〈大衆社会〉』第3章，旬報社，2001。
（後藤道夫）

大衆文化　〔英〕mass culture
クラシック音楽に対するジャズやポップ・ミュージックのように，高級文化（high culture）に対比させて大衆が享受する文化を指す。大衆文化という観念が生まれた背景には，20世紀初頭から1920年代にかけての文化変動——新聞，広告，通信販売の普及，映画，ラジオの出現などにより中産階級や労働者階級向けの商業文化が広まったこと——が存在していた。この文化変動は大衆社会化と深く関わっており，歴史的には，民俗文化（folk culture）や民衆文化（popular culture）と区別される勤労大衆向けの新しい文化という特徴をもっている。

大衆文化の普及は，既存の文化秩序を破壊するものとして保守的文化論者（オルテガ，T. S. エリオット）から非難された。フランクフルト学派など左派の文化論も，総じて，大衆文化が民衆を堕落させ新たな文化的支配をもたらすとして，批判的立場をとった。しかしベンヤミンなど，大衆の文化的位置を組み換える可能性を大衆文化に認める考え方も存在している。

大衆文化は，大衆国家への国民統合を進める有力な文化的手段として支配層に利用されてきた。少年向け冒険読み物，大衆歌謡，日本のラジオ体操，『ランボー』『トップガン』といった映画など，帝国主義意識の鼓舞や戦争への国民動員，国家主義・排外主義感情の醸成にとって，大衆文化の果たす役割は大きい。また，男女間のジェンダー格差・差別を意識のうえで固定化させ強化させる上でも，大衆文化は強い文化的影響力をもち続けてきた。大衆社会における支配文化の統合機能にとって，大衆文化は欠くことのできない文化装置であり，文化的再生産に寄与するものとなっている。

日本における大衆文化の初期的形成は，ラジオ放送が開始され，モガ，モボに象徴される都市消費文化の流行が始まった1920年代半ばに求められるが，大衆文化の本格的開花は大衆社

会化が確立した高度成長期のことである。
→大衆社会,キッチュ,フランクフルト学派,ベンヤミン,アドルノ,ホルクハイマー
［文献］ホルクハイマー／アドルノ『啓蒙の弁証法』岩波文庫,2007；ベンヤミン『複製技術時代の芸術』晶文社,1999；R. ホガート『読み書き能力の効用』晶文社,1974；石川弘義編『大衆文化事典』弘文堂,1994。　　　　　　　　　　（中西新太郎）

対象　〔ラ〕objectum〔英〕object〔独〕Objekt, Gegenstand〔仏〕objet
主体・主観（subjectum）に対立した概念であり,それとの相関で用いられる。元々の意味は,subjectum の前に投げ出されたものを指し,その意味では,objectum は,客体とも訳される。対象には,観念的対象と実在的対象とがあるが,実在的対象をどのように了解するかは,哲学的立場によって異なる。唯物論は,対象を主体とは独立に存立する客観的なものと見なすとともに,実践や認識,価値評価の対象として捉える。主観的観念論は,対象の客観的独立性を否定し,不可知論はそれを問うこと自体を無意味なことと見なす。
→主観／客観,主体／客体
［文献］ヘーゲル『大論理学』（全集 6-8）岩波書店,1956-66；マルクス『経済学批判要綱』（資本論草稿集 1-2）大月書店,1981-97。　　　　　　　　　　　　　　　　（岩佐茂）

大乗　（だいじょう）〔サ〕mahā-yāna
仏教の流れの一つで,「偉大な教え」を意味する。紀元前後,インドで,旧来の仏教の外側から民衆仏教運動がわき起こり,その運動の担い手たちが自ら奉ずる教えを大乗と称し,旧来の仏教を小乗（劣った教え）であると批判した。逆に旧来の仏教からは,大乗は釈迦の教えに基づかない（大乗非仏説）と批判された。大乗仏教は,釈迦の偉業を讃える仏伝やジャータカ（釈迦の前世物語）などの作品を生み出した讃仏運動（讃仏乗）の一環として行われてきた仏塔崇拝を母胎として,主として在家が中心となって

生み出されたものである。そして，当時，ヴィシュヌ神などによる絶対的な救済を説いて民衆宗教として成功を収めていたヒンドゥー教の影響を受け，大乗仏教は，超越的な仏や菩薩(ぼさつ)の慈悲による万人救済主義のスローガンを高く掲げた。大乗仏教最古の超越的菩薩である観音菩薩は，明らかにヴィシュヌ神をモデルにしたものである。大乗仏教は，旧来の仏教を難行道であると批判して易行道(いぎょうどう)を主張し，ただ仏・菩薩に祈るだけで救済されるとする一方，操作主義的易行道である神秘主義を醸成し，呪文や呪法を多数開発した。その極みが7世紀に成立した金剛乗，つまり密教である。また，大乗仏教は，かつては仏となる前のゴータマ・ブッダ（釈迦）のみを指していた菩薩ということばを，自利（自らの成仏）と利他(しゅじょう)（衆生救済）とをともに遂行すると誓ったすべての人に適用した。そして，旧来の仏教では，釈迦以降，はるか未来に弥勒仏(みろく)が登場するまで，どれほど修行して解脱(げだつ)して涅槃(ねはん)に至ろうとも，人がなれるのはアルハット(あらかん)（阿羅漢）と呼ばれる最高位の聖者の段階にとどまり，決して仏にはなれないとされていたのに対し，大乗仏教は，すべての人は仏になれると説き，すべての人には仏になれる素質があるとする仏性(ぶっしょう)思想，すべての人は本来的に仏と変わらないとする如来蔵(にょらいぞう)思想，永遠の昔からじつはみな仏なのだとする本覚(ほんかく)思想を次々と生み出した。大乗仏教は，アジアの全域に広まったが，今日生き残っているものは，中国仏教，朝鮮（韓国）仏教，日本仏教，ベトナム仏教，チベット仏教である。
→小乗，釈迦
［文献］平川彰『インド仏教史』上・下，春秋社，1974・79。

（宮元啓一）

対象化　〔独〕Vergegenständlichung
主体が自己のうちにあるものを対象のうちに客体化して，表現すること。フォイエルバッハが用い，マルクスが労働の対象化として『経済学・哲学草稿』でカテゴリー化した。労働だけでなく，対象（客体）へ働きかける実践的活動は，対象化活動である。主体の対象への働きかけそのものが対象化と言われる場合（広義）

と，その働きかけの一側面である主体の客体化が対象化と言われる場合（狭義）とがある。対象化活動は，目的意識的な活動として対象に能動的に働きかけるが，そこには，主体と対象の相互作用がある。主体―客体の弁証法は，この相互作用を捉える論理であり，主体の客体化と客体の主体化という二つの側面の統一である。主体は，対象化を通して自己を対象のうちに表現し，そのことによってまた対象を我がものとして獲得し，自己自身を確証する。ヘーゲルの場合は，客体化されたものは主体にとって不可避的に疎遠なものになるので，対象化は外化と言われている。マルクスの場合は，私的所有の下で，労働の対象化が労働する主体にとって疎遠になり，対立する事態が分析され，それが疎外された労働として捉えられる。疎外は，対象化の一形態である。
[文献] マルクス『経済学・哲学草稿』岩波文庫，1964。

（岩佐茂）

大正教養主義

元来「教養」とは英語 "culture" やドイツ語 "Bildung" の和訳であり，明治以来の「修養」に代わる新時代の言葉として登場した。一時期まで「教化」や「陶冶」という訳語も併存したが，最終的に『岩波哲学辞典』(1922) が現れる頃には，「教養」が哲学用語として定着した。奇しくも大正教養主義を先導したのは岩波文化人であり，哲学教師ケーベルを深く敬愛する門下生たち（安倍能成，阿部次郎，和辻哲郎ら）であり，彼と縁の深い夏目漱石や寺田寅彦の影響力も大きかった。その思想的な特徴は，古典的教養の重視，国家や民族よりも個性や普遍性の尊重，文芸に対する憧憬，そして非政治性などである。だが，昭和初期にマルクス主義が台頭すると，その思想的な輝きを失うことになる。ちなみに，三木清は戦時下に大正期の知的状況を回顧して，そこに「教養思想」を見て取った。そして盟友の唐木順三は，『現代史への試み』(1949) の中で大正期の「教養派」を主題的に論じて，むしろその高踏的な傾向を「形の喪失」として批判した。この論考を嚆矢として，まず文芸論の分野で「大正（期）教養派」や「教養主義」が論題となった。さらに 1980 年代に「教養」教

育の改革が焦眉の問題となると,一躍「大正教養主義」が議論の的となった.そして今日,研究教育の国際化という荒波に揉まれて,戦後日本の高等教育が抜本的な見直しを迫られるに及んで,1世紀前の大正教養主義は重要な研究課題となっている.

（宮島光志）

対象言語とメタ言語 〔英〕object language and metalanguage
A. タルスキーや R. カルナップによって用いられた術語.意味論において論議の対象となっている言語を対象言語,対象言語の真偽や使用上の規則を論じる言語をメタ言語（高次言語）という.たとえばある日本語の語句の意味を同じ日本語で説明する場合,そこには言語の階層の高次化が生じる.すなわち,メタ言語は対象言語に含まれるすべての意味範疇を含み,かつ,それよりも高次の範疇を含まなければならない.メタ言語的操作は小児の言語習得にとっても不可欠な役割を果たしている.
［文献］カルナップ『意味論序説』紀伊國屋書店,1975；ヤコブソン『一般言語学』みすず書房,1973.　　　　（中島英司）

大正デモクラシー思想
1910年代から1920年代前半にかけての大正時代に見られる政治・文化思想をいう.この時代は日本資本主義が一応の確立を遂げ,軍閥政治の台頭前の狭間にある相対的に安定した時期であり,全般に学問や文化が高揚した時代である.思想の特徴としては,市民的個人的意識の自覚,政治的な権利と参加への要求の高揚,文化主義・教養主義の流行などが顕著である.また政治運動や文芸思潮と結びついたこともこの思想の特徴であり,この時代の文化状況（大正文化）と密接につながっている.政治思想としては,吉野作造の民本主義,美濃部達吉の天皇機関説をはじめ,福田徳三,大山郁夫,長谷川如是閑,石橋湛山などの論客がいる.また社会主義思想も台頭し,河上肇,堺利彦,大杉栄らが活躍した.女性の政治参加では平塚らいてう,および青踏社の運動が,また労働運動,農民運動では友愛会,日本農民組合などの運動があり,さらに全国水平社などの活動が興ったが,これらはデ

モクラシー思想の土壌となったものと考えられる。有島武郎や武者小路実篤らの白樺派による人道主義の活動，和辻哲郎の哲学や新カント派の受容，津田左右吉や柳田國男の国民生活，民俗学の仕事も注目されよう。　　　　　　　　　　　　　　（太田直道）

　戴震　（たいしん）Dài Zhèn 1723〔雍正2〕-1777〔乾隆42〕字・東原。清代中葉の学者・哲学者。数度にわたる科挙の試験はいずれも失敗，最後に特別の配慮で進士待遇の官職を与えられ，四庫館の纂修事業に携わるが，過労が災いとなって病没。考証学者としての戴震の研究は古典の訓詁のみならず，地理学・数学・天文学など広汎に及んでおり，当時はこの方面に世評が傾いていたが，しかし彼自身はこの方面を「肩輿の隷」として貶視し，「道」の闡明すなわち哲学方面こそ「乗輿の大人」と自負していた。その哲学は反朱子学・反形而上学の意識に貫かれた唯物論として特徴づけられる。すなわち彼は，朱子流の「理」を，自己の臆見の実体化とそのその心への先験的内具，と規定した上で，その非真理性と併せて人間抑圧的な性格を指弾する。存在論上では気一元論に立つが，その際「理」を「分理」と「条理」の二面から捉えたところに特色がある。価値論上では，哲学的諸概念を「実体実事を指すの名」（事実概念）と「純粋中正を称するの名」（価値概念）に分類して両者の区別と連関を追求。倫理学上では，生存欲を中心とする民衆の欲望を肯定，「仁」を「其の生を遂げんと欲して，亦人の生を遂ぐ」という「黄金律」風の意味に解釈し，知性における自他への可逆的思慮の重要性を指摘，主知主義的傾向の倫理観を打ち出した。
［文献］『戴震全集』（全6冊）清華大学出版社，1991-99；村瀬裕也『戴震の哲学——唯物論と道徳的価値』日中出版，1984。
　　　　　　　　　　　　　　　　　　　　（村瀬裕也）

　大前提→三段論法

　対当関係　〔英〕opposition
主語と述語が同じで，量（全称か特称か）と質（肯定か否定か）

のどちらか，または両方が異なる二つの判断の間の真偽関係を判断の対当といい，それには次の四種類がある。①矛盾対当：「すべてのSはPである」と「あるSはPでない」との真偽関係，または，「すべてのSはPでない」と「あるSはPである」との真偽関係。この関係では，一方が真なら他方は必ず偽，一方が偽なら他方は必ず真である。②反対対当：「すべてのSはPである」と「すべてのSはPでない」の真偽関係。この関係では，一方が真なら他方は必ず偽であるが，一方が偽でも他方が真とは限らない。③小反対対当：「あるSはPである」と「あるSはPでない」との真偽関係。この関係では，両方とも真でありうるが，両方とも偽ではありえない。④大小対当：「すべてのSはPである」と「あるSはPである」との真偽関係，または，「すべてのSはPでない」と「あるSはPでない」との真偽関係。いわゆる全体と部分の関係を意味し，この関係では，全称判断が真ならば特称判断も真，全称判断が偽なら特称判断は真偽不明，特称判断が真なら全称判断は真偽不明，特称判断が偽なら全称判断も偽である。この対当関係に基づいて既知の判断から未知の判断の真偽を決定するのが演繹推理の一つである対当推理である。
→演繹，推理 （中村行秀）

退廃→デカダンス

大陸合理論→合理論

対立 〔英・仏〕opposition〔独〕Gegensatz
対立は，一般的には，単に互いに否定し合うだけではなく，相互に否定し合いながら，同時に相互に前提し合っている関係を意味する。「対立物の統一と闘争の法則」といった表現からも知られるように，対立は，矛盾の論理と並んで，現実の事物の運動・発展に関する学としての弁証法において中心的な意味をもっているが，関連した諸概念との関係をも含めて，対立の意味の区別を明確にすることが重要である。この点では，区別，対立，矛盾等々といったカテゴリーを体系的展開の中に位置づけようとしたヘー

ゲルの試みが評価されよう。対立概念そのものの区別ということでいえば、大きくは形式論理学上での対立と現実における対立とが区別されるが、後者は、さらに、相互前提、相互依存という特徴が基本をなす〈抽象的現実的対立〉と相互否定が基本をなす〈現実的対立〉すなわち〈矛盾〉とに大枠としては区別される。なお、哲学史上では、中世末期のニコラウス・クザーヌスにおける〈対立物の一致〉（coincidentia oppositorum）の見地が知られている。
→矛盾概念／反対概念、矛盾
［文献］見田石介「対立と矛盾」（著作集 1）大月書店、1976。
（太田信二）

対立物の統一→弁証法

対話　〔英〕dialog〔独〕Dialog
最広義の対話は、最広義のコミュニケーションの範囲と重なり合うだろう。ただし対話は対面的なニュアンスが強いが、コミュニケーションはマスコミなども含む広い概念である。古典ギリシア語の dialogos は、ディア（分けて、分割して）＋ロゴス（言葉、言論）からなり、動詞の legō は、「言う、話す」という意味をもつ。したがって、「対話」は相互に言論を分割し合う営みであり、ソクラテスの唱えたディアレクティケー（問答法）とも語源的に深い関わりをもつ。ソクラテスでは対話は彼の哲学そのものであり、対面的なコミュニケーションのなかでしか哲学的真実は語られないのである。プラトンの問答法（総合と分割の方法）は、ソクラテスを継承しながら、イデアという真理の学問的把握の方法ともなった。古代ギリシアにおける対話や弁論術の重視がポリスにおける直接民主制に由来することは注目に値する。その後、対話が哲学の中心舞台に上がったのは、ルネサンスの時代である。ブルーノ、ガリレオらの対話的文献が示すように、そこでは過渡期にふさわしい方法が採用された。

　いずれにせよ、対話では基本的に対面的な関係を前提として、対話者の相互性が重んじられる。それは言葉を中心媒体として、

だがそれに尽きない魂相互のコミュニケーションといえるだろう。こうした対話から発して，より広く，会話，議論，論争，ディベートなども対話のなかに含まれる。ドイツ語で Dialogik といわれるとき，それは論争の方法を意味する。そして対話の相手として，人間に限らず，動物・植物などの自然，芸術作品なども想定される。ひとは雲とも対話できる。近代で対話を重視したのは，「真の弁証法は，我と汝の間の対話である」（『将来哲学の根本命題』）と述べたフォイエルバッハである。ブーバーは，「我と汝」の間に真の人格的対話を構想し，「我とそれ」の間で相手を道具化する対話を批判的に描き，「対話の哲学者」と呼ばれた。
→コミュニケーション，弁証法
［文献］ブーバー『我と汝・対話』岩波文庫，1979；リベラ『対話――理論と実践』あかし書房，1981；島崎隆『対話の哲学〔増補新版〕』こうち書房，1993。　　　　　　　　　　（島崎隆）

ダーウィン　Charles Darwin 1809-1882
イギリスの博物学者，進化論者。はじめエディンバラ大学医学部に入学したが，中途退学し，ケンブリッジ大学で神学を学ぶ。在学中しだいに地質学，動物学に関心をもち，卒業後機会を得て，海軍の測量船ビーグル号に博物学者として乗船し，ほぼ5年間にわたり南半球各地の地質，動植物を観察した。特に航海中に訪れたガラパゴス諸島で特異な動植物に出会ったことは，その後の生物進化の研究に至る決定的とも言える出来事であった（ダーウィンは『自伝』で，ビーグル号の航海が彼の全経歴を決定したと述べている）。帰国後，種の起源や変化に関する研究を続け，人為淘汰によって家畜や農作物の新しい品種を得る育種学，さらにマルサスの人口論などから示唆を受けて，進化要因としての自然淘汰を中心とした進化論を確立した。

ダーウィンの進化論はつねに人間論との密接な関わりで研究されており，大きく三つの時期に区分される。第一期は，1837-39年の頃で，この時期，ダーウィンは，いわゆる『人間，心および唯物論ノート』の略称で呼ばれる数々のノートを残した。ダーウィンは当時，種は変わりうると確信するようになると，人間も

同じ法則に服するはずだという信念を避けられなかったと『自伝』で回顧している。第二期は、ダーウィンが『種に関する大著』(*Big Species Book*) を書き始めてからこれを中断し、そのアブストラクトとして『種の起源』を書き上げた時期、すなわち 1856-59 年の頃である。第三期は、ダーウィンが人間の起源と歴史に対して本格的に光明を投じたものである、『人間の由来』初版、さらに『人間と動物における感情の表現』が出版された 1871-72 年の時期である。この第三期においてはじめて、ダーウィンの人間論の全体の輪郭、体系的な記述が明らかになる。なお、ダーウィン自身の見解とはまったく異なるが、のちに、その進化論を直接に人間社会に適用する社会ダーウィニズムが登場した。
→進化（論）
［文献］『ダーウィン自伝』ちくま学芸文庫，2000；八杉龍一『ダーウィンの生涯』岩波新書，1950；トール『ダーウィン——進化の海を旅する』創元社，2001。　　　　　（入江重吉）

タウトロジー→トートロジー

他我　〔英〕alter ego, other self, other minds〔独〕das fremde Ich〔仏〕autrui
人は、自分を外界や他人から区別し、まとまりをもつ主体として意識する。そして、自分と同様に他人もまたそうした主体であると意識する。これが自我と他我の関係であり、他人の自我は自分にとっては他我となる。人は、意識を個人内のものとして捉え、意識は直接経験していることであると確信している。そして、他人にも同様の意識があるが直接知ることはできないと思っているので、自我は他我をどのようにして認識できるのかという「他我問題」が生じる。それに対して、類推や感情移入、了解等々による哲学的な説明がなされてきた。しかし、自我と他我の関係については、初めに自我が成立し、やがて自我が他我を認識するようになると考えるより、初めから自我と他我とを不可分な存在として考える方が、子どもの発達の事実に即している。ワロンは、

まったく周囲の大人の世話に依存している乳児が，自我とその不可分の補完者である他者とが一体化している原初的な感受性の段階から，姿勢や情動表現を介して，交替遊びや言語の発達を通じて，自分に属するものと他人に属するものとを区別するようになり，個体意識と集合意識とを多様化させる拡大した段階までを明らかにしている。
→自我・自己，他者
［文献］ワロン『身体・自我・社会——子どものうけとる世界と子どもの働きかける世界』ミネルヴァ書房，1983。（田丸敏高）

高野長英 （たかの ちょうえい）1804〔文化1〕-1850〔嘉永3〕
江戸時代後期の医師，蘭学者。奥州胆沢郡水沢（岩手県水沢市）に生れる。江戸に出て医学を学ぶが，さらに長崎でシーボルトの鳴滝塾に入塾。シーボルト事件（1828）が起こるに及んで連座を恐れて長崎を去り，江戸の町医師となって診療を行う傍ら生理学の研究に取り組み，わが国で初めて生理学を論じた『西説医原枢要』（1832）を刊行した。さらに『西洋学師ノ説』を著し医学だけでなく西洋の学術に対する強い関心を示している。蛮社の獄が起こるとこれに連座して幕政批判の罪で投獄されたが脱獄。姿を変えて江戸に潜み医業を営んでいたところを役人によって襲われるところとなり自ら命を絶った。
［文献］『渡辺崋山・髙野長英・佐久間象山・横井小楠・橋本左内——日本思想大系55』岩波書店，1971。（田平暢志）

高群逸枝 （たかむれ いつえ）1894〔明治27〕-1964〔昭和39〕
日本における女性史の創始者として重要な研究を基礎づけるとともに，平塚らいてうらとも協力しながら，多様な女性運動に関わった人物。熊本県の校長の娘として生まれ，若くして詩人や評論家として活躍したが，その後，上京して，文壇に登場して積極的な活躍をした。生涯にわたるパートナーとなった橋本憲三との恋愛や共同生活を通じて『恋愛創世』を著し，女性の性を大胆に

肯定した「新女性主義」を唱えた。

この「新女性主義」においては，女性の社会的な進出や平等を求める「女権主義」に代わって，男性支配の強権主義，言い換えれば，経済発展を至上視する社会のあり方そのものを批判し，月経，妊娠，出産といった女性が背負っている営みが低く評価されるあり方に抗議した。1930 年には，そうした運動として『婦人戦線』を発刊して，育児や家族生活が十分に人間的な営みとなるために，積極的な性の自由，結婚の否定などを論じ，それとの不可欠なつながりで無政府主義を唱えた。

高群は，その後，世田谷の「森の家」と名づけた家に門外不出を宣言して閉じこもり，女性史の確立のために研究と著述に集中した。その成果は，『母系制の研究』『招婿婚の研究』などの著作として結実し，これまでの男性中心の歴史を覆す新たな歴史記述の試みが基礎づけられた。とはいえ，このような高群の議論は，結果的に熱狂的な戦争協力にも結びつくことになり，日本の近代の女性運動のあり方に大きな課題を残すことにもなった。

→フェミニズム

［文献］『高群逸枝全集』（全 10 巻）理論社, 1965-67；鹿野政直／堀場清子『高群逸枝』朝日選書, 1985。　　　　（佐藤和夫）

　高山樗牛　（たかやま ちょぎゅう）1871〔明治 4〕-1902〔明治 35〕

明治の思想家，文芸評論家。山形県鶴岡市に生まれる。東京大学文学部哲学科を卒業。大学在学中に執筆した小説『瀧口入道』が新聞の懸賞小説に入選。卒業後雑誌『太陽』の主筆となり評論活動を展開，やがて「日本主義を賛す」を書いて建国の精神に則った国民道徳を日本主義という名の下に主張した。しかしその超国家主義的な思想は吐血という個人的な体験とニーチェの思想との出会いによって，あらゆる価値に優越した個人の幸福を讃える個人主義へと傾斜していった。彼の思想的な変転は日本的近代の矛盾を映すものであった。

［文献］『樗牛全集　註釈改訂』（全 7 巻）博文館, 1925。
　　　　　　　　　　　　　　　　　　　　　（田平暢志）

タグチウ

田口卯吉 (たぐち うきち) 1855〔安政2〕-1905〔明治35〕
明治期の啓蒙思想家。自由主義経済学を導入し,文明史家,ジャーナリスト,政治家としても活躍した。幕臣の子として江戸に生まれる。号は鼎軒。維新後,大蔵省翻訳局上等生徒となり,経済学および文明史を研究。最初の著作『日本開化小史』(1877-82)は,バックル,ギゾーらから学んだ文明史観を,古代から徳川幕府滅亡までの日本の歴史に適用した,画期的な労作であった。また,『自由交易経済論』(1878)では,アダム・スミス流の自由主義経済学に依拠した,自由放任論を唱えた。79年には『東京経済雑誌』を創刊し,自由主義の立場から保護貿易論や政府の経済政策を批判した。
〔文献〕『鼎軒田口卯吉全集』(全8巻) 1927-29;田中浩「日本の〈アダム・スミス〉田口卯吉」(『近代日本と自由主義(リベラリズム)』)岩波書店,1993。　　　　　　　　　　　　　　　　(古田光)

多元論→一元論／多元論

タゴール　Rabīndranāth Tagore (Ṭhākur) 1861-1941
近代インド最大の文学者。ベンガル州のカルカッタに,著名な宗教思想家を父として生まれる。彼の名は,ベンガル語読みではロビンドロナト・タクル。彼は,ややもすれば否定的に見られがちだったインドの伝統のなかから良質な部分を再発掘し,良質でない部分を近代精神によって改革しようとし,独自の新しい思想運動と芸術運動を展開した。若い頃からインドの古典文学に親しんでいたが,イギリス留学などを機に西洋のロマン主義の影響を受け,伝統を踏まえながらも斬新な詩を精力的に書いた。1901年,シャーンティニケータン(シャンティニケトン)に総合教育施設を作り,自然のなかでの全人教育と周辺農民の自立のための農村改革運動を展開。1913年,アジア初のノーベル文学賞を受ける。
〔文献〕『タゴール著作集』(全11巻 別巻) 第三文明社,1981-93。　　　　　　　　　　　　　　　　　　　　　(宮元啓一)

他在 〔独〕Anderssein

ヘーゲル哲学の用語。他であることという意味であるが，他者（他のもの）の意味でも用いられることがある。あるものは有限なものとして他者との連関のうちにある（空間的並存）とともに，他者になる存在である（時間的変化）。このように，あるものは自らの否定としての固有の他者をもつが，他在の契機は，あるものを限界づけるものとして，あるもの自身のうちにすでに含まれている。ヘーゲルは，また自然を他在の形態における理念として捉えた。自然は，理念が自ら外化して生じるものであるが，自らに対立するものとして，本来のあり方を失った疎外された精神であると見なされる。

［文献］ヘーゲル『大論理学』（全集 6-8）岩波書店，1956-66。

（岩佐茂）

太宰春台 （だざい しゅんだい）1680〔延宝 8〕-1747〔延享 4〕

江戸中期の儒者。荻生徂徠の弟子。名は純，春台と号した。朱子学的秩序が崩れ始める現実を，法治によって補強しようとするのが徂徠学であり，これを継ぐ春台は徂徠学の経世論の面を主とした。徂徠が旅宿の境涯にある遊民を「人返し」によって土着させようとしたのと同じように，春台もまた「民を治る道は，土着を本とす」として，完全に徂徠の説を継承しているけれども，それはいわば理想論であって，現実の領主経済の窮乏を前にすると，「国家を治る上策にはあらねど」としつつも藩営商業の励行を説いた。この理想論と現実論との間には決定的な矛盾があり，儒教的経世論の終焉が示されている。

→荻生徂徠，朱子学

［文献］守本順一郎『日本思想史』未来社，2009。 （岩間一雄）

他者 〔英〕the other〔仏〕l'autre, autrui〔独〕die Andere

他者とは形式的には，同定された存在者（自己同一的存在者）に対する他の存在者のことである。同定は他と区別することでもあるから，自己や他者という概念は，同定（自己）／に対する／他

という関係によってのみ意味を成す。ヨーロッパ近代以降の哲学では，自己同一的存在者としての「私」（自我）に対する他の存在者（他我）の関係を問うという文脈で，他者の問題が立てられた。人である他者もまた，「私」ではないもう一人の「私」であるように見えるが，いかにしてその他我を認識できるのか，といった具合にである。こうした問題設定は，自己関係性（自分自身を意識する自分）によって自己同一的存在者としての「私」を仕立てること（たとえばデカルト「私は思うがゆえに存在する」），あるいは本来は「私／あなた／彼女（彼）」という人称関係においてのみ意味をもつ「私」を，この関係から切り離してそれだけで存在する大文字の「私」（自我）として仕立てることによっている。このような「私」にとって他者は，「私」ではない存在という，「私」の絶対性を脅かす不気味な（あるいは謎めいた）存在として現れる。この脅威から逃れようとすれば，たとえば「感情移入」によって「私」の認識世界に他者を取り込む（フッサールなど），あるいは自他が分化する以前の身体経験の次元を呼び起こす（メルロ＝ポンティなど）ことで，他者の他性を乗り越えることになるが，本来，他性なしに自己性は成り立たない以上，自己同一的存在者である「私」の解体を孕むことになろう。だがこうしたパラドクスは，他者をもっぱら認識の対象とするところから生じる。他者への関わりは，「魂への態度」（ウィトゲンシュタイン）や「応答（責任）」を呼び起こすこと（レヴィナス）として，実践的・倫理的関係として理解すべきであろう。だとすればそこには，誰が主体となって誰を他者と見なしているのかという社会的現実が反映される。主体のモデルが歴史的に「大人の，理性的な，十分な能力のある西欧の男」（イリガライ）であるなら，他者とは，社会的な権力関係・差別・排除を再認識するための合図でもある。

→自我・自己

［文献］レヴィナス『全体性と無限〔改訂版〕』国文社，2006；イリガライ「他者の問題」（棚沢直子編『女たちのフランス思想』）勁草書房，1998；コノリー『アイデンティティ＼差異――他者性の政治学』岩波書店，1998；ベンハビブ『他者の権利――外

国人・居留民・市民』法政大学出版局，2006。　　　（藤谷秀）

　タタリ→霊

　多値論理学　〔英〕many-valued logics〔独〕mehrwertige Logik
古典二値論理学では，命題は真か偽かのいずれかであるとされる（二値原理）が，多値論理学においては，命題は二つの真理値以上の真理値をとることができるという立場から出発する。この立場を動機づける議論にはいくつかのものがある。たとえば，未来の出来事に関する命題は現時点で真とも偽とも決定されていないがゆえに，そうした命題には真とも偽とも異なる第三の値が割り当てられなければならないという議論，空な表示を含む言明は真でも偽でもなく，第三の値をもつ，という議論，これまでに決定されていない数学の命題に対しては，第三の値が割り当てられるべきであるといった議論がある。多値論理学の発想は，すでにアリストテレスに見られるが，その最近の発展は1920年代のルカシェーヴィッチの仕事から始まる。ルカシェーヴィッチは，真と偽の他に真偽不定を加えて三値論理学を展開した。真を「1」によって，偽を「0」によって，第三の値を「1/2」によって表示すれば，ルカシェーヴィッチの三値論理学では，たとえば $p \supset q$（pならばq）の真理値表は次のようになる。

p \ q	1	1/2	0
1	1	1/2	0
1/2	1	1	1/2
0	1	1	1

［文献］赤間世紀／宮本定明『ソフトコンピューティングのロジック』工学社，2008；ヤン・ルカシェーヴィッチ「命題論理の多値の体系についての哲学的諸考察」（『論理思想の革命——理性の分析』）東海大学出版会，1972。　　　（横田榮一）

ダツアロ

脱亜論　（だつあろん）

福澤諭吉が『時事新報』(1885〔明治18〕年3月16日号)に掲載した社説の題名であるが，福澤諭吉の国権主義や帝国主義的側面を端的に表すのみならず，一般に日本の近代化過程たる「脱亜入欧」路線を表現する。福澤はここで，日本が「既に亜細亜の固陋を脱して西洋の文明に移りたり」という観点から，「今日の謀を為すに，我国は隣国の開明を待て共に亜細亜を興すの猶予ある可らず，寧ろ其伍を脱して西洋の文明国と進退を共にし……正に西洋人が之に接するの風に従て処分す可きのみ」とする，西欧帝国主義の路線を主張した。「脱亜論」は，李氏朝鮮で1882年7月に親日＝改革派が政府の要職から排除された「壬午事変」に続き，84年12月に起きた「甲申事変」すなわち金玉均や朴泳孝など「開化派」によるクーデタの失敗後に執筆された。それゆえ，この議論が，開化派の動向に理論的実践的にコミットしていた福澤の「挫折感と憤激の爆発」であり，また福澤の攻撃目標は朝鮮や中国の体制イデオロギーとしての「儒教主義」にあり，「脱亜」を脱「満清政府」や脱「儒教主義」とみるとき「適切」であるとする観点がある。しかし，福澤の脱亜論の萌芽は中国を「至強至尊」とし日本を「自由の気風」とした『文明論之概略』(1875)にすでに見られ，その後の日清戦争を「文明と野蛮」の戦争と捉えた限り，〈文明＝西洋〉からする帝国主義的方向の提示とみなければならない。

→福澤諭吉

[文献] 福澤諭吉「脱亜論」(全集10；選集7) 岩波書店，1961，1981；竹内好「近代の超克」(全集8) 筑摩書房，1980。

（吉田傑俊）

脱工業化社会→工業社会

脱構築　〔仏〕déconstruction〔英〕deconstruction

構築(construction)でも破壊(destruction)でもない脱構築は，ハイデガーの(存在の歴史の)「破壊」(Destruktion)と「解体」(Abbau)というラディカルな問いからヒントを得たデリダが，

ロゴス中心主義としての西洋形而上学を批判するために用いた考え方である。したがって，「脱構築とは何か」という普遍的本質を問う形而上学的問いは回避されなければならず，また脱構築は階層秩序を転倒するために主体が自由に用いることが可能な方法でもない。

　早くから閉鎖（clôture）を問題にしてきたデリダは，その囲い込みをいかにして外に開くかという問いを立てることはせず，逆に外部の汚染から純粋な内部を守っているように見える境界がいつどのようにして与えられるかを問う。脱構築とは，境界に立ちながら内部と外部とが実は絶え間なく絡み合っているその様子を見届けることにほかならない。そのためにデリダは差延や散種という言葉を使って，エクリチュールは形而上学的な本質への問いを無効にし，プログラムや意図をつねに既に裏切っていることを示そうとする。すなわち，起源としての作者はつねにテクストに遅れてやってくるものであり，またテクストは作者の手から離れて「私生児」を生み続けるものであるとする。

　脱構築の「脱」（dé-）という接頭語は単なる否定を意味し，構築物に寄生しているように思われることもあるが，ハイデガーの「破壊」「解体」「形而上学の克服」が単なる否定ではなかったように，脱構築もまた肯定である。デリダにとって西洋形而上学の脱構築的読解は，同時に現代社会が潜在的に抱えているロゴス中心主義の脱構築という政治実践であった。脱構築が政治実践でありうるのは，掟の脱構築が掟の根拠・起源であるはずの「正義」を「来たるべきもの」として書き込み直すという倫理的実践だからである。「脱構築は正義である」と語るのもこの意味であるが，この場合の「ある」は脱構築の普遍的本質ではなく，「来たるべきもの」（à venir）の倫理的要請を示している。

→デリダ，ロゴス中心主義

［文献］デリダ「〈解体構築〉déconstruction とは何か」『思想』No.718，岩波書店，1984-4；同『法の力』法政大学出版局，1999。　　　　　　　　　　　　　　　　　（上利博規）

ダツジュ

脱呪術化　〔独〕Entzauberung
宗教が呪術的な救済手段を否定してゆく世界史的な過程を表す言葉。M. ウェーバーによれば，脱呪術化の萌芽はすでに古代ユダヤ教において現れ，その最も徹底した形態が，聖礼典による救済を一切拒否する禁欲的プロテスタンティズムであったとされる。ウェーバーはこの語を「世界の脱呪術化」として用い，近代化に伴う世界観の転換を示す概念として広く知られている。脱呪術化の徹底は，呪術が前提としていた，自然現象の背後にはその「意味」が存在するはずであるという信仰を破砕するとともに，これに代わって，人間による自然の統御という思想と，自然科学がもたらす進歩への信仰を成立させた（主知主義的合理化）。これによって自然と世界から意味が喪失し，ひいては，人間の人生が無限に続く進歩の一部分に過ぎないとされることによって，人生の意味さえも失われてしまったと，ウェーバーは述べている。
→合理性
［文献］ヴェーバー『職業としての学問』岩波文庫，1980。

(鈴木宗徳)

妥当　〔英〕validity〔独〕Gültigkeit
われわれの論理的判断の「妥当性」が事実としての個々の判断の心理的過程からは独立の領域に属するという主張は，ロッツェが最初にその哲学の中心に置いたものであり，後に新カント派に引き継がれ，さらにフレーゲらによって洗練化された現代的な記号論理学の理論的起源ともなった。

ロッツェは，自然科学が対象についての客観的認識を与えるのに対して，そのような対象の価値や意味あるいは認識それ自体の「妥当性」について解明するのは哲学の役割であるとし，すべてを哲学的に説明しようとするヘーゲル的な観念論とも，またすべてを自然科学的説明に還元し，哲学固有の領域を認めない実証主義とも異なる立場をとった。

新カント派は，人文・社会科学を含む科学の客観性を「事実」として認めた上で，そのような客観性を保証するわれわれの思考法則や判断の根底にある客観的価値の「妥当性」を哲学的に探究

しようとした。理想的なコミュニケーション的行為の条件として「三つの妥当要求（「真理性」「正当性」「誠実性」）」を掲げるハーバーマスの主張にも，このような新カント派的問題設定の影響を見て取ることができる。

記号論理学においては，「A ならば B である」→「A である」→「故に B である」といった推論は，A，B の具体的な内容に関わらず「妥当である」とされるが，このように経験の内容にではなく，経験の一般的形式に「妥当性」の基準を求めようとする傾向も，広い意味でロッツェ以降の「妥当性」論を継承するものと言える。

→記号論理学，真と偽

［文献］京都哲学会編『ロッツェ』宝文館，1917；九鬼一人『新カント学派の価値哲学』弘文堂，1989。　　　　　　（石井潔）

田中王堂　（たなか おうどう）1867〔慶応 3〕-1932〔昭和 7〕武蔵国入間郡中富村（埼玉県所沢市中富）に生れる。東京英和学校（後の青山学院）や東京専門学校（後の早稲田大学）で学んだ後，アメリカに渡りデューイの教えを受ける。1897 年，9 年間のアメリカ留学ののち帰国。わが国最初のプラグマティズムの哲学者として，W. ジェイムズやデューイらの思想を紹介した。早稲田大学教授として哲学を講じ，正宗白鳥や石橋湛山の思想形成に影響を与えた。彼の思想の中心は個人主義にあり，『徹底的個人主義』を著わし，個人主義の徹底こそが国民と国家の生活を改善し，発達させる基本であると主張。また文明の単線的な発展史観に反対し，その多元性を尊重する立場から日本独自の文明の樹立の必要性を唱えた。

［文献］『田中王堂著作集』（全 6 巻）学術出版会，2010。

（田平暢志）

田中正造　（たなか しょうぞう）1841〔天保 12〕-1913〔大正 2〕
明治期の政治家・社会運動家，公害運動の先駆者。名主の長男として生まれ，当初自由民権思想の普及につとめ 1890 年の第 1 回

総選挙で衆議院議員に当選。91年，はじめて足尾銅山鉱毒問題を議会で取り上げた。渡良瀬川流域での鉱毒による漁業・農業の大きな被害に対して，村民の請願運動と議会活動の両方によって被害民救済と足尾銅山の操業停止を訴えた。請願運動が弾圧されると，議員を辞職し1901年には明治天皇に直訴を試みたが果たせなかった。その後，谷中村に移住し，渡良瀬川の治水をはかるため同村の強制廃村を実施しようとする政府に抵抗するさなか病死した。正造の思想は今日環境思想の先駆としても評価されている。たとえば治水に関して堤防万能主義の西洋式治水に反対し，治水のみならず治山をも重視する「水系一貫の思想」に基づく低水法を主張したが，この背景には近代産業主義批判につながる自然観・人間観がある。人間は思い上りを棄て「万物の奴隷でもよし，万物の奉公人でもよし，小使でよし」とし，「万事万物に反きそこなわず，元気正しく孤立せざること」といい，自然の中で様々なものの恵みを受けながら生かされている存在であることの自覚を強調した。

→エコロジー，自由民権運動

[文献]『田中正造全集』(全19巻 別巻) 岩波書店，1977-80；小松裕『田中正造の近代』現代企画室，2001。　　　(尾関周二)

田中智学 (たなか ちがく) 1861〔文久1〕-1939〔昭和14〕
江戸日本橋に生れる。幼くして父母を亡くし，葛飾郡の日蓮宗妙覚寺にて得度し智学の名を授かった。その後宗門の体質に疑問をもち還俗。日蓮宗を離れて在家の信仰者を組織し在家主義の仏教運動に取り組んだが，日蓮の『立正安国論』の護国の教えに導かれて立正安国会を設立し，さらに同会を国柱会と改称して独自の日蓮教学に基づいて，当時台頭しつつあった国家主義に呼応する運動を広げていった。彼の影響を受けたものの中には高山樗牛や，さらに後には井上日召や石原莞爾などのほか多くの軍人，右翼指導者がいる。

[文献] 田中香浦『田中智学』真世界社，1977。　　(田平暢志)

田邊元 (たなべ はじめ) 1885〔明治 18〕-1962〔昭和 37〕
京都帝国大学教授として，西田幾多郎とともに京都学派の領袖の役割を果たした哲学者。田邊は当初，新カント派に立脚した科学論や数理哲学に関する研究，カントの目的論やヘーゲルの弁証法に対する分析と解釈をすすめ，「絶対弁証法」と称する立場に立った。さらに西田の無の哲学を批判して，当時隆盛を極めたナショナリズムの意義を受けとめ，民族・国家・階級などの「種的なもの」の構造と存在理由を解明する社会哲学＝「種の論理」を提唱した。しかし，国家の絶対性・根源性を強調するに至った彼の思想は，結局天皇制ファシズムへと吸収された。第二次世界大戦後，田邊は過去の思想を自己批判し，キリスト教と親鸞の他力宗教に依拠した「懺悔道としての哲学」の立場に身を置いた。
→京都学派
［文献］『田邊元全集』(全 15 巻) 筑摩書房，1963-64；藤田正勝編『田辺元哲学選』(全 4 冊) 岩波文庫，2010。　　(種村完司)

タブー　〔英〕taboo, tabu〔独〕Tabu〔仏〕tabou
禁忌とも訳されるこの語はミクロネシア語やポリネシア語に由来する。ある特定の事物・人間・場所に接近すること，特定の食べ物を食べることを禁止する現地人の習俗を意味する。タブーはある部族を象徴する動物・植物等であるトーテムと関連する。トーテム部族内では，トーテム動物を殺し食うことの禁止，トーテム内婚姻の禁止がタブーである。フロイトは，タブーをエディプス・コンプレックスに引き寄せて解釈し，人類が遊牧民時代に，女性を独占する原父を兄弟たちが殺し食った後，後悔の念にさいなまれ父の代替としてのトーテム動物を食うことを禁止したという仮説を立てた。
→トーテミズム
［文献］フロイト『トーテムとタブー』(著作集 3) 人文書院，1969。　　　　　　　　　　　　　　　(日暮雅夫)

タブラ・ラサ　〔ラ〕tabula rasa
「ぬぐわれた書板」を意味し，人間が観念を心に刻印されて生ま

れてくるという生得観念説に反対して，人間の心は生まれたときはいかなる観念ももっていない「白紙」の状態であるという経験論の考えを述べた言葉。『人間知性論』(1689) でロックは，デカルトやケンブリッジ・プラトン学派の生得観念説を論駁し，知識の起源が経験にあることを，その知識を構成する観念のすべてが経験に由来することを示すことによって説明した。ただし，ロックは観念の生得性を否定したが，知性能力の生得性は積極的に認めており，またすべての観念が経験から直接与えられるとは言っていない。直接与えられるのは単純観念のみで，その単純観念を知性が様々に関係づけ，合一することによって複雑観念や抽象観念など，すべての観念を作ると主張する。
→生得観念，ロック
［文献］ロック『人間知性論』(全4冊) 岩波文庫, 1972-77。
(河野勝彦)

ダブルバインド 〔英〕double bind
イギリスの人類学者ベイトソンが提唱。二人あるいはそれ以上の人間（一人を「犠牲者」と呼ぶ）の間で生じる事態であり，二つの相反するメッセージ（第一次禁止命令「～せよ，さもなくば，あなたを罰する」，第二次禁止命令「私の禁止命令におとなしく従ってはならない」）が，「犠牲者」に対して同時に繰り返して発せられる事態を指す。その場から逃れることを禁ずる第三次禁止命令も同時に発せられることもある。ベイトソンは，ダブルバインドを統合失調症の発生原因と仮定した。こうした二重拘束的な状況は，日常場面においても現れうる。
［文献］ベイトソン『精神の生態学』新思索社, 2000。(都筑学)

多文化主義 〔英〕multiculturalism
ある特定の社会内で，あるいは国際関係において，エスニック集団や民族の文化的自律性・異質性を承認し尊重する立場およびこれに基づく実践。多文化主義は社会の国民国家 (nation state) 的文化統合に対し，少数エスニック集団の文化的自律を要求する。同時に，文化のグローバル化に晒される地域文化，民族・国民文

化の自律性を承認する。多文化主義は近代西欧文化を暗黙の内に普遍的価値基準と見なす西欧中心主義への懐疑と自己反省から生まれ，サイードなど非西欧知識人によるオリエンタリズム批判やポストコロニアリズムに対する思想的応答の側面をもっている。

複数言語教育など，エスニック・マイノリティの社会的・文化的差別を解消しようとする多文化主義の実践は，民主主義理念の深化や福祉国家における平等観の発展に寄与したが，米国における強制バス就学（busing）の挫折に見られるように，異なるエスニック集団の棲み分けと隔離を克服できていない。

多文化主義の立場に基づく複数文化の承認は，民族ないしエスニック集団の間に存在する社会的不平等を事実上容認する危険性を孕んでいる。また，学校内でのチャドル着用の是非が問われたフランスのベール論争に見られるように，社会文化制度の普遍的基準と文化的アイデンティティとの関係をめぐる困難な諸問題が存在している。人権理念のように国際関係においても妥当性が貫かれるべき基準があるという普遍主義と，各社会・文化集団の文化的自律性を承認する相対主義との間には矛盾があり，両者の関係の理論的・思想的整理はなお未解決の課題である。

なお，近年急激に進行している文化のグローバル化が孕む文化帝国主義の側面に対し，多文化主義はその思想的ポテンシャルを問われている。文化のグローバル化をめぐって，文化のハイブリッド性（hybridity）を評価する立場と，帝国主義性を批判する立場との分岐が存在する現在，多文化主義は理論的にも実践的にもその深化を求められている。

→エスニシティ，マイノリティ，ポストコロニアル，人種主義
［文献］キムリカ『多文化時代の市民権——マイノリティの権利と自由主義』晃洋書房，1998；ベンハビブ『他者の権利——外国人・居留民・市民』法政大学出版局，2006；バリバール『ヨーロッパ市民とは誰か——境界・国家・民衆』平凡社，2008。

〔中西新太郎〕

ダランベール　Jean Le Rond d'Alembert, 1717-1783
有名な「ダランベールの原理」を力学の基礎として提示し，

ニュートン力学の解析力学化を進めた数学者。ディドロとともに『百科全書』の編集者となり,数学関係の項目を執筆するとともに,18世紀の『方法序説』(デカルト) ともいうべき『百科全書序論』(1751)を執筆。彼の哲学は,他の百科全書派同様に,F.ベーコンやロックの経験論の影響を受けるとともに,数学者らしく解析を重視し,すべての現象を一つの方程式に表すことを究極の理想とした。また,『百科全書』項目「コレージュ」で当時イエズス会士が主導した中等教育を批判するなど,社会批判においても啓蒙思想家として重要な役割を果たし,コンドルセなどに大きな影響を与えた。
→百科全書派(アンシクロペディスト)
[文献] ディドロ/ダランベール編『百科全書——序論および代表項目』岩波文庫, 1971;Véronique Le Ru, *D'Alembert philosophe*, Paris: J. Vrin, 1994. (寺田元一)

タルスキー Alfred Tarski 1902-1983
ポーランドの論理学者・数学者。ワルシャワに生まれ,1939年,アメリカに移住。1942年カルフォルニア大学教授。タルスキーはルカシェーヴィッチ,レスニエフスキー,コタルビンスイキーに学び,ワルシャワ学派の有力な成員となり,ゲーデル以後20世紀の最も重要な論理学者・メタ数学者であると称される。タルスキーの最も有名な業績は『形式言語における真理概念』(1931) であり,ここにおいて彼は,形式化された言語に対する真理述語の厳密な定義を与えている。彼の業績は多岐に渡り,様相論理学・直観主義論理学のトポロジーによる解釈,多値論理学に対する意味論の研究,定義可能性,決定可能性,モデル理論の体系的研究などがある。
→様相論理学, 多値論理学
[文献] アルフレッド・タルスキ「真理の意味論的観点と意味論の基礎」(坂本百大編『現代哲学基本論文集〈2〉』)勁草書房, 1987;山岡謁郎『現代真理論の系譜——ゲーデル, タルスキからクリプキへ』海鳴社, 1996。 (横田榮一)

ダルマ（法） 〔サ〕dharma, dharman

インド思想において最も重要かつ多義なる用語。ダルマは，語根 dhr-（保つ，支持する）から派生し，『リグ・ヴェーダ』においては，万物を支配する理法，宇宙秩序（リタ）を守り支えるために神々が従う「法則」「原理」「秩序」であり，神々にそうさせる力でもあった。神々は与えられた固有のダルマに従って宇宙秩序を支えることから，ダルマは神々の「つとめ」であり，必ず神は自らのダルマに従いつとめを果たすので，これは神の「本質」「特性」の意味をもった。『ブラーフマナ』祭式文献になるとダルマは「祭式」を意味し，さらに『マヌ法典』などが整備されると，祭式を媒介として，人間社会の秩序を保つ「社会制度」「社会規範」あるいは，「習慣」「風習」の意となり，カースト身分制度を支える個々人の「義務」や「つとめ」「本分」，さらには「美徳」「善行」「正義」の意味ももった。仏教では，「法」は重要な語であり，まず三宝の一つに挙げられるように，仏の「教え」を指す。具体的には経典類を意味している。次に，法は仏陀の教えの根源にあって支える「因果の理法」を意味し，それは哲学思想上の「真理」とされる。社会に適用されると，法は人倫にかなう「徳」である。仏教特有の用法としては，法は「事物」「存在するもの」を意味する。現象世界を成立させ支える「存在の要素」であって，それ自体は独立に存在するものであり，それらが寄り集まって現象世界を形作るのである。五位七十五法などにまとめられる。この他，法は心の対象，思考の対象を指すことがある。哲学学派にとっては学説の中心課題を指し，たとえば，祭式を専門に扱うミーマーンサー学派では「法の考察」といえば「祭式の考察」を指しているし，実在論によって形而上学を構築したヴァイシェーシカ学派でも，法は六つのカテゴリーを中心にした学説を指す一方，性質（グナ）の分類の一つとして「功徳」の意味で用いられた。哲学全般の用語としては，「基体（ダルミン）」と対で用いられる存在論的な用語「属性（ダルマ）」が重要である。また，ジャイナ教では「運動の条件」たる実在である。

[文献] M. und W. Geiger, *Pāli dhamma*, München, 1920：渡瀬信之『マヌ法典』中公新書，1990：『ヤージュニャヴァルキヤ法典』

タルムド

(東洋文庫)平凡社,2002。　　　　　　　　　　　(石飛道子)

タルムード　〔ヘ・英〕Talmud
旧約聖書の最初の5冊は「モーセの五書」とも呼ばれる成文律法 (Torah) は，ユダヤ教の基本となる神の言葉であるが，前5世紀から後2世紀までにトーラーについての解釈が行われ，口伝律法が生まれ，ミシュナー（学び，繰り返し）と呼ばれた。これの注解が4世紀末にまとめられ，ゲマラ（完了）が生まれた。5世紀頃から，ミシュナーを中心に置き周囲にゲマラとその後の多くのラビたちの注解を配した膨大な書物が編纂されたが，これをタルムード（学習）と言う。

タルムードにはエルサレム・タルムード（5世紀）と，バビロニア・タルムード（6世紀）の二つあり，後者は約250万語もあり代表的なもの。ユダヤ教徒の生活全般にわたる諸項目が網羅されており，宗教を初め生活のあらゆる面にかかわるもので，ユダヤ教徒の全生活の基礎になっている。そのため権力と結びついたキリスト教会は時代を通じて，この書を破壊しようとしてきた。

(高尾利数)

タレス　Thalēs　前624頃-546頃
ミレトス出身でイオニア学派の哲学者。アリストテレス以来，伝統的に哲学の創始者とされている。幾何学定理の発見，政治活動，前585年の日蝕の予言，水路の掘削など多彩な活動が彼の名の下に伝えられており，既に前4世紀頃には総合的な知の体現者として七賢人の一人に数えられていた。アリストテレスは自己の原因論に基づき，タレスが〈水〉を万物の〈始源（アルケー）〉としたと認定した。〈水〉を素材因とした上で「万物は水である」という説をタレスに帰するのは牽強だが，水の三態や生物の栄養物と種子に関する経験的事例の観察，「大地が水に浮かんで静止している」という近東由来の見解等を通じて，たしかに彼は水の根源性や創出性を洞察し，水を少なくとも事物の源と考えていたと言える。アリストテレスの報告によると，タレスは，無生物と見える磁石も鉄を動かすがゆえに魂を有しており，また万物は

神々に満ちている，とする見解ももっていた。これを神話的説明の残滓と見ることもできようが，非擬人的で自然化された神概念を提示するとともに，自然世界の中に生命と運動の内在的原理を承認した点で，明らかにタレスは旧来の神話的自然観と一線を画し，新たな合理的自然観へと踏み出している。
→イオニア学派
［文献］内山勝利編『ソクラテス以前哲学者断片集』1，岩波書店，1996。　　　　　　　　　　　　　　　　　　　（三浦要）

譚嗣同　（たん しどう）Tán Sìtóng 1865〔同治4〕-1898〔光緒24〕
湖南省出身。高官の子であったが，武術を修め，市井の任俠と交友。1894年の日清戦争の敗北を機に，科挙受験と訣別。宇宙と人間性の本質の探究により中国の問題点に迫るため，キリスト教，近代自然科学，康有為の今文経学，仏教の研究に没頭し，『仁学』（1897）を完成した。宇宙に遍満するエーテルの働きを「仁」とし，中国と外国，男女，上下序列，自他，の四差別の解消を説く。特に儒教の道徳規範を徹底的に批判。その変革は，資本主義的近代化を志向するものであった。彼の最終目標は，「妄(みだ)りに分別を生ずる」意識の断滅による一切平等世界の実現にあり，仏教を最上の宗教と見る。湖南省の変法で活躍し，北京の戊戌(ぼじゅつ)変法に参加し，クーデタ後に亡命を拒み，流血の意義を信じ刑死した。
　　　　　　　　　　　　　　　　　　　　　　　（後藤延子）

単純観念　〔英〕simple idea〔仏〕idée simple
ロックの経験論的認識論の用語。ロックによる単純観念の定義は，①たとえば氷の一片に感じる冷たさや堅さなど，一つの均質で分割できない現れとしての観念と，②心に直接受動的に与えられる観念，の二つがある。ロックはすべての知識が経験に由来することを，知識を構成する観念が経験に由来することから論証しようとしたが，すべての観念が直接経験に与えられるとは言わない。経験に直接与えられるのは単純観念のみであり，他の複雑観念は単純観念を知性が様々に複合，比較，抽象することによって

得られる．単純観念は，①色，音，匂いなどの単一の感官から得られる観念，②空間，形，運動などの複数の感官から得られる観念，③知覚，思考，意志などの反省だけから得られる観念，④快，苦，力能，存在，単一性などの感覚と反省の両者のすべての回路から得られる観念に分けられる．
→観念，ロック
[文献] ロック『人間知性論』（全4冊）岩波文庫，1972-77．

(河野勝彦)

単称判断→判断

単子論→モナド論

単独概念→概念

単独者 〔デ〕den Enkelte

孤独，単独であることは，通例，この世での幸福という観点からすればむしろ避けるべき境遇であり，これを目指すべき理念として掲げることは倒錯であると言われても仕方がない．しかし，キルケゴールにとって，信仰とは，信者が集う教会や市民社会，さらには歴史といった生の一般的次元においてではなく，個人がただ一人その内面で神と向かい合うことを通してのみ可能となる出来事であった．つまり，単独性とは信仰の場としての内面性に関わる境位であって，外的に社交的な生と必ずしも両立しないわけではない．しかし，キルケゴール自身は，晩年，デンマーク国教会に論戦を挑んで孤立無縁の状況に陥り，外的生においてもこの理念を実践して生きることになった．
→市民社会，個人
[文献] キルケゴール『恐れとおののき』（キェルケゴール著作全集3巻）創言社，2010；同『瞬間』（全集15巻）創言社，2000．

(藤野寛)

タントリズム 〔英〕Tantrism

中世インドを特徴づける，宗派や哲学派の枠を超えた宗教運動。ウパニシャッドや初期の仏教が現世を苦として否定し，ヴェーダの祭儀に代って梵我一如や縁起などの真理の探究を重視したのに対して，タントリズムは現世肯定的傾向，儀礼重視（さらに儀礼を行う行為主体の重視），究極的存在を表現するシンボルの使用（マントラやリンガなど），究極的存在を直証するための実践（ヨーガや性的儀礼）を重視するといった特徴をもつ。宗教の大衆化に応える形で登場し，仏教の密教化と並行して発展を遂げ，9-12世紀にピークを迎えた。タントラという語は，性的儀礼を重んずる教典の呼称に由来する。

［文献］定方晟「タントリズムの宇宙観」（『インド宇宙誌』）春秋社，1985；立川武蔵『女神たちのインド』せりか書房，1990；伊藤武『図説 ヨーガ大全』佼成出版社，2011。　　（石飛道子）

知（知識） 〔英〕knowledge〔独〕Wissen〔仏〕savoir; connaissance

感情や意志と並ぶ心（意識）の基本要素。知の作用（〔英〕know〔独〕wissen〔仏〕savoir）の結果や内容が「知識」である。知は広義には認識と重複するが，狭義には理性や知性に基づき，感覚や知覚から区別される。知はドクサ（臆見）や信念とは異なり，確実な認識である。古代ギリシアでは知はエピステーメーと呼ばれた。学は体系的な知である。

中世には知（哲学）と信仰（宗教）の関係が論争点となった。最初は，アウグスティヌスに代表されるように，信仰を知よりも優位におく見解が支配的であったが，中世の中期にトマス・アクィナスは知と信仰を両立させようとした。しかし，中世末にはスコラ学の内部で，知を信仰から独立させる動きが強まった。近代において知の意義を強調したのは，デカルトから始まる合理論とドイツ観念論である。後者に属すフィヒテは哲学を知の知（学）という意味で知識学と性格づけ，ヘーゲルは，哲学によって絶対知に到達すると見なした。

現代になると，知を優先させる立場や，全体知を目指す立場に対する批判が強まる。分析哲学は知を論理や言語に還元し，知を形式的なものと捉える。しかし，知の役割を現実の社会生活のなかで理解する動向も顕著となる。マルクスとエンゲルスは知を社会における実践と結合したものと見なしたが，マンハイムも，知が存在（社会的存在）によって拘束されていることを明らかにした（知識社会学）。プラグマティズムは知を個々の行動の道具と見なす。ウィトゲンシュタインは後期には言語ゲームを生活の文脈のなかで捉えようとした。現象学を主張したフッサールも後期には，知の背景をなす生活世界に注目した。解釈学の立場に立つガダマーも晩年に了解を世界経験と生活実践の全体と見なした。

感性を重視する立場からは，知（理性）を人間の営みのなかで特権化しようとすることは知による人間の感性（感情，身体）の抑圧を招くという批判が出されている。フランクフルト学派は，知による支配はテクノロジーや社会機構による人間の抑圧につながると指摘する。フーコーも知の暴力的性を批判する。
→感情，意志，知性，知能
［文献］ホルクハイマー／アドルノ『啓蒙の弁証法』岩波文庫，2007。　　　　　　　　　　　　　　　　　　　　（高田純）

　チェルヌイシェフスキー　Nikolai Gavrilovich Chernyshevskii 1828-1889
ロシアの革命家，哲学者，経済学者。クリミア戦争後の改革期に急進的民主化運動の指導的思想家と目された。農村共同体を生産協同組合化することで，資本主義段階を飛び越えたロシアの社会主義化が可能であると考え，その実現のためにツァーリ政府打倒の革命的秘密結社の創設を目指したが，逮捕され四半世紀に及ぶ流刑に処せられた。以後，革命家の模範となった。資本主義の飛び越え理論という点から，ゲルツェンと並んでナロードニキ主義の先駆者といわれる。哲学的には戦闘的唯物論の立場に立ち，美学ではベリンスキーの立場を受け継ぎ，経済学では独自の資本主義批判によってマルクスに賞賛された。
→ナロードニキ
［文献］チェルヌイシェフスキー『何をなすべきか』上・下，岩波文庫，1978-80；金子幸彦他『チェルヌイシェフスキーの生涯と思想』社会思想社，1981。　　　　　　　　　　（清水昭雄）

　知覚　〔英・仏〕perception〔独〕Wahrnehmung
視覚・聴覚・触覚などの感覚器官の働きを通して，対象の諸性質やある対象を直接的に捉える認識活動をいう。ただし「感覚」が色・音・味などの個々の性質を捉えるのに対して，「知覚」は対象を，その諸性質を具えた一つのまとまりとして捉える，という特性をもっている。哲学史の中では，感覚的な知覚をもとにしてなされる事物・事象に関する知的な認識や価値的な認識を，広く

知覚と呼んだこともある。知覚は，概念的思考と比べて，対象や環境世界を生き生きとより直接的に把握する意識の反映活動である。

感覚と知覚との関係については，一方に，感覚は受動的で単純な要素であって，それらの集合ないし総和によって知覚が成立する，と考える経験論的連合主義や精神物理学の立場がある。他方に，知覚は要素には分解できない一つの意味的全体を表現している，と見なす現象学やゲシュタルト心理学の立場がある。知覚が表現している意味を認め，感覚を究極の単純な要素とは考えず一種の部分知覚と理解し，諸感覚の有機的な総合として知覚を理解することが正しいと考えられる。また，知覚は，事物の個々の性質や量だけではなく，様々な「関係」——量的な大小，質的な異同，空間的な配置，量的・質的な変化——，さらに時間的な継起や因果性なども捉えていることに注意が必要である。もちろん，知覚自身はこれらを十分に識別できず，それを概念化し一般化するのは思考する知性の役割となる。

知覚という認識作用をどう理解するかをめぐっては，主観の独自の形式や作用を媒介としながらも諸事象の性質・関係を直接的に捉えるとみる「直接知覚説」，知覚とは刺激を通じて受けとった外的対象の感覚与件ないし観念についての知識であるとみる「知覚表象説」，主観と客観とを区別せず外的対象は知覚に等しいとみる「現象主義的知覚説」等があるが，今日では「直接知覚説」が有力である。最近の知覚論としては，脳神経科学と結合した知覚の情報処理機能の研究（認知科学的知覚論）や，直接知覚説の立場に立ち，環境の中での人間の合目的的な行動と関連させて知覚を探究するJ. J. ギブソンの生態学的知覚論などが注目されている。

→感覚，知性，ゲシュタルト心理学，現象主義

［文献］ロック『人間知性論』（全4冊）岩波文庫，1972-77；メルロ＝ポンティ『知覚の現象学』（全2冊）みすず書房，1967-74；種村完司『知覚のリアリズム』勁草書房，1994。（種村完司）

力への意志　〔独〕Wille zur Macht〔英〕will to power〔仏〕

volonté de puissance
ニーチェの後期哲学の根本概念。人間も含め、すべての存在の根底にある動因。純粋な道徳的、社会的、美的、宗教的動機からの行動に見えても、これの根底には「力への意志」がある。典型的には、「力への意志」は、偉大な人間を通じて表現される創造的力であり、ルサンチマンに由来する「善」と「悪」を超えて自律的に判断する力、新たな価値の創造、美として現れる。『曙光』(1881)で、「自己保存」「生への意志」という現状維持的な概念にかえて「力の感情」と、力の強化、増大が現れる。これは、『ツァラトゥストゥラ』(1883-85)で「力への意志」という明確な表現を得る。
［文献］ニーチェ『ツァラトストラかく語りき』上・下、新潮文庫、1953。　　　　　　　　　　　　　　　　　　（中河豊）

智顗　（ちぎ）Zhiyǐ 538〔大同4〕-597〔開皇17〕
中国隋代を代表する学僧。天台宗を独立の仏教宗派として大成した人。天台大師と尊称される。師の慧思に就いて止観を学び、金陵で法華経や大智度論を講じたが、のちに天台山（浙江省）に入り、そこでの修行を通して独自の壮大な仏教体系（天台教学）を完成させた。これには南朝の理論優位の仏教と北朝の実践優位の仏教が見事に統合され、教と観を兼ね備えた仏教（教観二門の仏教）となり、南北を統一した隋王朝にふさわしい雄大な仏教学となった。五時八教という天台の教判も整えられた。智顗の講義を筆録してまとめたのは弟子の灌頂(かんじょう)である。主な著作に『法華玄義』『法華文句』『摩訶止観』（天台の三大部といわれる）がある。
→最澄、止観
［文献］佐藤哲英『天台大師の研究――智顗の著作に関する基礎的研究』百科苑、1961。　　　　　　　　　　（岡部和雄）

知行合一　（ちこうごういつ）
陽明学の命題の一つ。知ることと実行することとは本来ひとつのことだ、ということ。朱子学の知先行後論的な傾向がその規範主義化とともに空理空論に流れたことの批判として主張された。事

チザム

上磨錬が強調され,実践躬行(きゅうこう)が重視されたのはもちろんであるが,王陽明の「行」には,単に外的な行動だけでなく,人間の心の働き,好悪の情や心に兆す意欲・思念なども含まれる。意欲・思念のなかには,すでに是非善悪が萌しているのであるが,陽明によれば,心に具わった知覚能力が,ただちにその善悪を察知し,悪であればこれを未然に克服するという。知行合一といわれる所以である。
→陽明学,王陽明
[文献] 岩間一雄『中国政治思想史研究』未来社,1968。

(岩間一雄)

チザム Roderick Milton Chisholm 1916-1999
現代アメリカの哲学者。分析哲学の立場に立ちながら,その還元主義と外在主義を批判し,ブレンターノの現象学,トマス・リードの常識哲学,ライプニッツの形而上学などを総合した新しい分析哲学を目指した。自己は感覚的経験に還元されない,直接内的に知られうるものであり,外的対象はそうした自己(意識)の志向性に依存して成立している。したがって,外的世界についての知識の確実性も,自己知の直接的明証性および自己の信念を正当化する文脈の中で基礎づけられると,徹底的に内在主義を説いた。
[文献] チザム『知覚――哲学的研究』到草書房,1994;同『人と対象――形而上学的研究』みすず書房,1991。 (武田一博)

知識→知(知識)

知識学 〔独〕Wissenschaftslehre〔英〕science of knowledge
知識学は西洋思想史上 J. G. フィヒテによって代表される。フィヒテの哲学は自ら述べるように「自由の体系」である。「自由」は主体(自我)の自己定立の能力に関わり,具体的には「創造的に新たなものを生み出しながら自立的に生きる」(『ドイツ国民に告ぐ』)点にその本質がある。歴史的社会的現実と密接に関わり「自立的に生きる」ことの確証表現として自由論が体系的に展開

されている。その際の原理論・基礎論が知識学にほかならない。知識学は時代の推移と関わり、生涯で20回余り書き改められ、それが原理となって政治論、法・国家論、歴史論、宗教論、道徳論、教育論などが展開されており、これら全体が「自由の体系」を構成している。
〔文献〕フィヒテ「全知識学の基礎」(全集4) 哲書房、1997。
(福吉勝男)

知識社会学〔英〕sociology of knowledge〔独〕Wissenssoziologie
広義の知識ないし認識成果(意識・観念・思想・世界観)を、それ自体として自立したものと見なさず、それを規定すると思われる社会的存在との相互規定関係を探求する社会学の一分野。

文化社会学の一部として知識社会学を創始したシェーラーは、知識は神学的・形而上学的・実証的という発展段階を辿るとするコントの「三状態の法則」を批判し、知識を宗教的・哲学的・科学的という共時的な三形態に捉え返すとともに、下部構造による上部構造の一方的規定というマルクス主義のテーゼを修正して、理念や衝動も含む「実在因子」との相互規定関係において知識を捉えようとした。

マンハイムは、シェーラー知識社会学の非歴史性を批判するとともに、存在が意識を決定するとするマルクス主義のイデオロギー論(特に、観念形態は階級的に制約されるとするルカーチの階級意識論)の党派性を、歴史主義の観点から批判・拡張し、知識や思想はすべて何らかの社会集団や社会的諸条件による規定を免れないとする「知識の存在被拘束性」を主張した。この立場から、マルクス主義自体も「特殊的イデオロギー」として相対化され、「普遍的イデオロギー」という見地が示される。すなわち、知識社会学自身も含めたすべての知識と認識は、その担い手の社会的存在に関連づけられ、特定の「視座構造」(Struktur)に基づく認識として相対化されるのである。ここから、非党派的・脱政治的な知識社会学が現れる。多様な視座からの多元的な認識を動的に比較・総合する「相関主義」により相対主義を克服すること

で，その認識の妥当性の根拠が担保されるとし，その社会的基盤として，利害超越的に「自由に浮動するインテリゲンチャ」が求められた。

知識社会学はアメリカに渡り，R. K. マートンにより経験的研究において展開させられる。彼は，知識社会学から認識論を外し，大衆社会の世論における知識の伝達・機能・影響などの経験的研究を行って知識社会学をマス・コミュニケーション論へ展開させた。社会学それ自体の社会的存在性を批判的に問題化する「社会学の社会学」「反省的社会学」や，広く科学の社会的文脈を探求する「科学社会学」は，知識社会学の特筆すべき展開である。

→マンハイム，シェーラー，存在被拘束性

［文献］シェーラー『知識形態と社会』上・下（著作集 11・12）白水社，1978；マンハイム『知識社会学の問題』同文館，1946；マートン『社会理論と社会構造』みすず書房，1961；徳永恂編『知識社会学』（社会学講座 11）東京大学出版会，1976。

（景井充）

知識人　〔英〕intellectual〔仏〕intellectuel〔独〕Intellektueller
20 世紀において，「知識人」という言葉を「体制批判者」という特有の意味において輝かせたのは戦後のサルトルの生き様であった。元来の社会的身分としての「知識人」の仕事とは，その識字能力を通して仕える相手が《神》であれ《王》であれ，支配者たる権力の正当化をイデオロギー的に調達することにあった。サルトルは，支配的イデオロギー・制度化された思考の果敢な批判こそをおのれの固有な仕事とする，これまでとはまったく正反対の「知識人」像の象徴となった。彼は，かかる仕事を果たすためには「知識人」は批判者として自分が単独者となることを恐れてはならないと説いた。すなわち，「知識人」は支配階級の権力を離脱しているだけでなく，いわゆる反体制組織の権力からも離脱した孤独な「裏切り者」であり，「誰からも委任されざる者」でなければならない，と。

とはいえサルトルが象徴となったこうした「知識人」像は，洋

の東西を問わず実は哲学の歴史の緒元から知的批判者たる「哲学者」をかたどる原像としてあったといいうる。老子はその「無為自然」の思想においてつねに政治的＝権力文化の拒絶者・批判者として登場し続けたし，ソクラテスは毒杯を飲むという代償を払っても批判者たることを止めなかった。また旧約聖書における預言者たちは，神ヤハウェの最も忠実なる僕として現れるようでいて，ヤハウェからもユダヤ民衆からも「裏切り者」と罵られようとも孤独におのれの信じるところを説き，その孤独性においてこそ神と民衆との間をつなぐ「執り成し役」を果たした。

　いうまでもなく，サルトルの直接の前身は，その活動がフランス革命を思想的に準備することになるディドロ，ヴォルテール等いくたの「啓蒙哲学者」の知的伝統である。この点でいえば，サルトル的「知識人」像はフランス革命を嚆矢とする近代西欧の革命運動の誕生と表裏一体の関係にある。人民大衆こそが歴史の主人公であるという思想なくして，その人民大衆にもっとも誠実なる知的応答者として身構えようとするサルトル的「知識人」像は出現しない。この問題関連から，もう一つ注目すべきは，アントニオ・グラムシのいう「有機的知識人」（人民大衆と大知識人を媒介する存在として）の思想であろう。人民大衆が真に革命の主人公となり，その革命の成果を誰であれ「権力者」によって簒奪されないためには，人民大衆の知的＝文化的成長が不可欠である。その成長の直接の援助者としていかに優れた「有機的知識人」層が分厚く形成されねばならないか，ここにグラムシの問題意識があった。
　　　　　　　　　　　　　　　　　　　　　　　　（清眞人）

　知性　〔英・仏〕intellect〔独〕Intellekt
「知」とは，対象の性質や本質についての知とそれについての評価や判断であって，「知性」とは，そのようなことをつかさどる精神的能力とされる。「知情意」という精神の分析把握があるが，「知性」は，ここでは「感情」や「意志」との対比の中で捉えられる。「知的な人」「情緒的な人」「意志の人」といった具合である。「知性」については，古今東西さまざまな見解がある。「知性」が，どのような問題を軸に捉えられているかという点で整理

をすると，①実在的なものの科学的論理的把握，②人情や人道，社会道徳を主題とする把握，③超越的なものの直覚知を中心とする把握，ということになる。日本において，③のような見解はなじみが薄い。しかしヨーロッパの思想においては，"intellect" という概念はしばしば③の意味で使われる場合がある。基本概念の翻訳における困難のひとつは，ヨーロッパにおける思想展開と言語の分化発達と，日本におけるそれとの相違に起因することが多い。英語の〈understanding〉〈intellect〉〈intelligence〉への訳語の配当にも難しい問題がある。それぞれへの配当は，通例「悟性」「知性」「知能」となっているが，常識的な日本語のセンスからずれるところもある。さらにヨーロッパ哲学内部においても，それぞれの位置づけの相違という問題があり，このことを念頭におかなければ理解の難しい場合もある。
→悟性，理性 （岸本晴雄）

地政学 〔独〕Geopolitik〔英〕geopolitics
地理的要因・環境を国際政治の動因として重視し，自国の安全保障を理由に近隣諸国への侵略・征服を合理化した理論。19世紀末にドイツのラツェル（F. Ratzel 1844-1904）は国家有機体説に基づく『政治地理学』(1897) を著し，イギリスのマッキンダー（H. John Mackinder, 1861-1947）やアメリカのマハン（A. Th. Mahan, 1840-1914）らも海洋国家論の立場から地理的要因を重視した。これらを発展させて，第一次世界大戦中の1916年にスウェーデンのチェーレン（R. Kjellén 1864-1922）が『生活態としての国家』(Der Staat als Lebensform) の中で地政学の語を用い，ナチス・ドイツでハウスホーファー（K. Haushofer, 1869-1946）が，植民地帝国と人種主義に結びつく「生活圏」(Lebensraum) 概念に体系化した。国家を民族的・精神的特徴をもった有機体と見なし，ゲルマン民族の生活圏に中東欧を組み込むことによりヒトラーの侵略政策を合理化し，また日本の「大東亜共栄圏」構想にも影響を与えた。そのため第二次世界大戦後は地政学を公然と唱える議論は衰退したが，冷戦時代のパワー・ポリティクスにおけるドミノ理論など現実主義の言説には地政学の

影響を残した。日本でも，日米安保条約の「極東」条項解釈や「シーレーン」「周辺有事」概念のなしくずし的拡張などに，地政学的発想がみられた。冷戦崩壊後は，I. ウォーラーステインらがブローデル『地中海』(1949) を継承した新しい地政学を提唱し，軍事的イデオロギー的バイアスを薄めた地政学も復興している。
→ナチズム
［文献］曽村保信『地政学入門〔改版〕』中公新書，2017；ウォーラーステイン『ポスト・アメリカ——世界システムにおける地政学と地政文化』藤原書店，1991。　　　　　　　（加藤哲郎）

　知的直観→直観

　知能　〔英・仏〕intelligence〔独〕Intelligenz
「知能」とは知る能力のことである。それは，事象や事柄の性質や特質や本質を理解する能力，あるいは問題を解決したり，利用可能性や利用方法を発見・発明していく知的能力を指す。そこには，①学習能力，②認知能力，③問題解明能力，④知的技術的対応能力等が含まれる。知能の評価が問題となる場合には，知の基本的一般的能力だけでなく，知能の特殊相も問題となる。知能についての研究は，知能検査等への関わりもあり，心理学の分野で盛んである。そこでは知能の定義，分類，因子分析，発達過程や段階等が検討されている。
→知性　　　　　　　　　　　　　　　　　　　　（岸本晴雄）

　チャーチ→カルト

　チャーティズム　〔英〕chartism
1836 年から 19 世紀中頃にかけて闘われたイギリス労働者階級の男子普通選挙権獲得運動。1832 年の選挙法改正が中流階級までしか選挙権を広げなかったので 36 年にロンドン労働者協会が結成された。協会は 38 年人民憲章（ピープルズチャーター）を発表し，男子普通選挙，毎年選挙，無記名投票，議員歳費の支給，議員の財産資格の撤廃，議員定数不平等の是正という 6 項目要

求で全国的に署名運動を展開した。40年には全国憲章協会も結成された。署名は39年，42年，48年と3回議会に提出。いずれも否決されたが，6項目要求は「毎年選挙」を除き，20世紀初頭までにいずれも実現された。
[文献] 古賀秀男『チャーティスト運動の研究』ミネルヴァ書房，1975。 　　　　　　　　　　　　　　　　　　（浜林正夫）

忠→忠孝

中概念→三段論法

中観派 （ちゅうがんは）〔サ〕Mādhyamikā
インドにおける大乗仏教最初の学派で，ナーガールジュナ（Nāgārjuna〔龍樹，150-250頃〕）を開祖とする。彼は，般若経典群ですでに説かれていた空思想，すなわち，もろもろの事象はすべて縁起するものであって，常住の本体をもたない（空である）とする考え方を，反論理学の立場から表明した。すなわち，彼は，実在論的な哲学諸派の説を，自ら立論することなく，ただひたすら帰謬法で論駁するだけという論詰（ヴィタンダー）論法で論破することによって，おのずからいっさいの事象の空性を立証した。たとえば，「去るもの」はすでに「去るもの」であるがゆえに「去ることがない」，ところがものは「去る」，ゆえに去るものには常住の本体がないから空である，とする。あるいはまた，「見ること」は「見られるもの」以前には成り立たず，「見られるもの」は「見ること」以前に成り立たない，つまり両者は相互依存（相依）の関係にあるから，「見ること」も「見られるもの」も，実体的にはありえない，つまり空であるとする。後者の論法について，実在論哲学を奉ずるニヤーヤ学派は，「見られるもの」は，たとえば（見られる）水がめに対するメタ概念に過ぎないのであって，自然概念である水がめが空であるとするのは詭弁であるというような論法で反撃した。ナーガールジュナは，この世の真相は空性であって概念と言語表現を超えたものであるとし，この立場の真理を勝義諦（第一義諦）であるとし，そ

のことを概念と言語表現を用いて示す立場での真理を世俗諦であるとし，二諦説を唱えた。後6世紀，ナーガールジュナの主著『根本中頌』への註を著すにあたって，論詰のみを武器とするブッダパーリタと，自説を立論するバーヴィヴェーカとが対立した。前者は帰謬論証派（Prāsaṃgika）と呼ばれ，後者は自立論証派（Svātantrika）と呼ばれる。中観派の哲学は，チベット仏教で最重視された。中国で成立した三論宗（さんろんしゅう）は，ナーガールジュナの『十二門論』『根本中頌』への青目（しょうもく）による註である『中論』，およびその弟子アーリヤデーヴァの『百論』，以上三つの論書を根本テクストして成立した。
［文献］平川彰『インド仏教史』上・下，春秋社，1974・79。
　　　　　　　　　　　　　　　　　　　　　　　（宮元啓一）

忠孝　（ちゅうこう）

忠と孝はもともと儒教における道徳規範である。孝は父子関係や祖先崇拝を主としつつ，すべての人倫を律する原理であり，忠は対人的道徳性一般を表すものであったが，しだいに君臣関係を律するものとなった。ただし，日本では忠孝関係が相克するとき，孝が忠に優先された。徳川幕藩体制においては君臣関係が父子関係と一体化され，忠孝道徳が封建イデオロギーとして，武家のみならず一般民衆のなかにまで浸透した。幕末の水戸学派は「忠孝一致」の対象を朝廷に集中化したが，明治国家においてはさらに孝が天皇への忠に収斂された。すなわち戦前の天皇制国家では，「教育勅語」（1890）を軸とする国民道徳論の展開によって，「忠良ノ臣民」が理想的国民像とされた。
［文献］山田洸『近代日本道徳思想史研究』未来社，1972。
　　　　　　　　　　　　　　　　　　　　　　　（吉田傑俊）

中国哲学

(1) 先秦時代（- 前221）：古代奴隷制の崩壊過程のなかで，呪術的世界観から解放された，幾分とも合理的な学問の形態が実を結び始めたのは，春秋時代の後半頃。戦国時代になると，中央権力が弛緩して言論の自由が進んだこと，また各国の君主が新たな統

治原理を求めて学問を尊重したことなどが幸いして,様々な傾向の多数の思想家や学派が輩出,空前の活況を呈する。それらは諸子百家と呼ばれ,また九つの流派(九流)に分類される。なかでも孔子を鼻祖とし,子思・孟子や荀子の学説へと展開した儒家,兼愛と非攻(侵略戦争反対)を掲げて活躍した墨家,「道」の絶対性と無為自然の処世観を説く道家,法治思想を掲げた法家などが有力な流派である。

(2) 秦代(前221-前207):秦の始皇帝による天下統一とともに,百家斉放の時代は終焉し,法家思想の採用により思想統一が断行される。李斯の上奏に基づく「焚書坑儒」,項羽の咸陽宮放火による官府所蔵の図書の焼失により,学術的に多大の被害があったと言われる。

(3) 両漢時代(前206-後220):王莽の新国を挟んで,前漢(西漢)と後漢(東漢)に分かれる。前漢の文帝・景帝の頃より,学問,特に儒教再興の気運が高まる。初期の儒者としては,陸賈,賈誼が有名。武帝の時代に,董仲舒の建議により儒教が国教化され,ここに儒教の典籍への注釈学としての「経学」が成立する。経学者のなかでは,前漢の劉向,後漢の馬融,鄭玄,何休らが思想史的に重要である。この時代の独創的思想家・哲学者としては,前漢の揚雄,後漢の桓譚,そして大著『論衡』を著して卓越した批判哲学を展開した王充が光芒を放つ。なお,漢初に成立した『淮南子』,前漢の大歴史家・司馬遷の『史記』なども豊富な思想を含む。

(4) 六朝時代(221-587):三国から隋の統一に至る期間。経学の系譜では,王粛,杜預,皇侃らが活躍。しかし時代の不安を反映して,独創的な思想の主流は,道家の系統を引く「玄学」に移った。哲学的には,何晏,王弼,向秀,郭象らの「無」と「有」をめぐる思索が一つの焦点をなす。また「竹林の七賢」と称される阮籍,嵆康,山濤,向秀らは,清談の風を好み,自由な思索を展開した。他方,この時代は,裴頠の「崇有論」や范縝の「神滅論」のような特色ある唯物論思想を生み出した点でも注目される。また劉勰の『文心雕竜』はこの時代の美学的思惟の水準を誇示して余りあろう。六朝時代のいま一つの潮流は仏教である。学

術面・思想面では鳩摩羅什（くまらじゅう），僧肇（そうじょう），道生（どうしょう）らが活躍した。
(5) 唐時代（618-904）：経学の分野では，太宗の命により『五経正義』が成立。孔穎達（くようだつ），顔師古らの学者がこれに従事。初期の思想家としては，運命論や迷信に反対した呂才が注目される。仏教では，玄奘によって『成唯識論』が編訳され，また慧能によって禅宗が創始された。文学の領域では，杜甫の「三吏三別」「兵車行」や白居易（楽天）の「新楽府」が詩による思想表現に道を開いた点で注目される。中唐以降は，詩人としても著名な韓愈や柳宗元らが古文を復興して思想的・哲学的論文を著す。このうち韓愈・李翺（りこう）は観念論的傾向を，柳宗元・劉禹錫（りゅううしゃく）は唯物論的傾向を代表する。
(6) 宋時代（960-1279）：哲学史上におけるこの時期の画期的出来事は，北宋の周敦頤（しゅうとんい），程顥（ていこう），程頤（ていい），張載，及び南宋の朱熹（朱子）による宋学の成立と展開である。特に程頤から朱熹につながる路線，すなわち形而上の「理」と形而下の「気」との二元論による世界解釈（客観的観念論）は，宋学の理論的基軸として重要。これに対して李覯（りこう），王安石，張載らは，この時期の唯物論的傾向を代表する。このうち張載は，存在論上は明確に「気」一元論を打ち出したが，認識論・人性論では二元論に傾斜，朱熹の体系に包摂される。なお朱熹と同時期の陸象山の「心学」や，陳亮，葉適らの功利説（しょうてき）も，この時期の注目すべき成果である。
(7) 明時代（1368-1644）：明は蒙古族の元を駆逐して建国された王朝。官学としては朱子学が採用されるが，その哲学を心と理の乖離として苦しむ人々も現れ，主観的観念論への転換が遂行される。この方向は，陸象山の心学を継承した陳白沙，湛甘泉によって準備され，王陽明に至って高峰を極める。その後，陽明学派は右派と左派に分裂，後者の路線では王畿（竜渓）や王艮（おうこん）（心斎）が学問を民衆に近づけた。また何心隠や李卓吾によって反封建思想が掲げられ，王廷相，呂坤（ろこん），呉廷翰（ていかん）らによって唯物論の方向が深化された。
(8) 清時代（1644-1911）：明末清初には，異民族政権の侵略と支配に抗する形で，黄宗羲，顧炎武，王夫之，顔元らが活躍。黄宗羲は卓抜な政策論及び思想史の集成によって，顧炎武は実事求

是を旨とする実証的学風によって、王夫之は高度の唯物論および弁証法論理を基軸とする雄大な学問によって、顔元は実践的学風と独自の労作教育論によって知られる。しかし清朝政権が安定した支配を確立するにつれ、考証学が学界を風靡、閻若璩、恵棟、銭大昕、王鳴盛、戴震、段玉裁、王念孫、王引之など多数の学者が輩出。このうち、清代中葉の戴震は、考証学に止まらず、反朱子学に立った緻密な哲学体系を樹立、唯一独創を誇った。その後の思想家としては、章学誠、焦循、末期には魏源、龔自珍などが注目される。

(9) 民国——近代化と反植民地闘争の時代（1912-1949）】戊戌新政には、康有為、譚嗣同、梁啓超らが参加。その失敗後、『仁学』で有名な譚嗣同は処刑され、近代化の過程での最初の犠牲者となった。清朝の滅亡前後、近代化に寄与した人としては、進化論の紹介者・厳復、近代美学の定礎者・王国維、革命思想家・章炳麟、「三民主義」の主唱者・孫文が重要。五四運動のなかからは、魯迅や周作人らの文学者とともに、優れた思想家・哲学者が輩出、このうち陳独秀、李大釗はマルクス主義の導入に、胡適はプラグマティズムの導入に携わる。マルクス主義の展開には、このほか惲代英、李達、毛沢東、艾思奇、胡縄らが寄与。独創的な哲学体系の樹立者としては、「新理学」を提唱した馮友蘭、論理主義と実在論に立つ金岳林、「新唯識論」を掲げた熊十力らが著名。なおこの過程で、李大釗、惲代英、聞一多など高潔の士が、反動や暴漢の手で犠牲となった。

(10) 中華人民共和国（1949- 現在）：解放後、マルクス主義が主流となり、艾思奇や李達らによって体系化が推進される。また過去の遺産の継承が重視され、中国哲学史の分野では、馮友蘭、侯外廬、容肇祖、任継愈ら多数の学者が貢献した。なお毛沢東思想は、過度の神格化により、その欠陥が拡大。文化大革命は哲学の分野にも多大の被害をもたらしたが、その終息後自由と状況が回復。蔡儀や王若水らによって初期マルクスが再評価され、北京大学では疎外問題やヒューマニズムについての研究も行われた。このほか、蔡儀や朱光潜らの美学書が相継いで刊行されたのもこの期間の特徴である。さらに王玉樑、李徳順、袁貴仁らによる

哲学的価値論の研究も最近の重要な収穫であると言ってよい。なお，朱謙之，王守華，卞崇道らによる日本哲学史の研究も，将来の学術交流に展望を開くものとして，是非ここに書き添えておきたい。
（村瀬裕也）

中国仏教 （ちゅうごくぶっきょう）
中国に伝来・受容され独自の発展・変容を遂げた仏教をいう。中国人が中国人のために築き上げた仏教の全体像を指す。仏教はインド起源の世界宗教であるから，中国人にとっては外来の宗教であった。中国には古く先秦時代から様々な思想家（諸子百家）が現れ，儒家・道家をはじめとする古典哲学が発達していた。自国の伝統文化に自信と誇りをもっていた彼らは，意識の底では仏教を「西域の宗教」として蔑視していた。特に仏教は出家を標榜し「剃髪」を勧めていたため，家族制度を破壊し，孝の倫理に背く危険な宗教として，官僚や知識人たちから警戒された。中国に仏教が定着・発展するためには，このような仏教排斥の風潮にどう対処しうるかが課題であった。歴史的には次の5つの時代に区分される。
①伝来・受容の時代（後漢・三国・西晋），②研究時代（東晋・南北朝），③成熟・完成の時代（隋・唐），④継承・浸透の時代（五代・宋・元・明），⑤衰退・受難の時代（清・現代）。

中国仏教の特色は以下の通り。①あらゆる仏典を漢字・漢文によって翻訳したこと。漢訳大蔵経が成立した。翻訳事業は一千年以上にわたって続けられ，はじめは筆写によって，宋以後は木版刊行によって伝承された。②訳された仏典への注釈や研究が学僧たちによって盛んに行われた。③様々な教相判釈に基づいて多くの学派や宗派が形成された。天台・華厳をはじめとする諸宗の教学体系は中国的思惟の巨大な遺産となった。④仏典を要約した「抄経」や中国人の手による「偽経」も必要があればつくられた。⑤厖大な仏教文献群に押しつぶされそうになった人の中から，それらの権威を否定し，それらに媒介されずに仏教の真髄に迫ろうとする人々が出現した（禅宗の「不立文字」あるいは「頓悟」，出家者の作務を修行と認めた「清規」の成立）。⑥祖師の言行録

を記した「語録」が数多くつくられ,聖典化して大いに尊重された。⑦坐禅をしたり,念仏を唱えたりする実践的仏教が多様な展開を見せた。阿弥陀信仰や観音信仰のような仏教も庶民のあいだに定着・流行した。⑧中国文化の各分野(朱子学・道教・文学・中国語・音韻学・水墨画・天暦数・医学など)に仏教が及ぼした影響は決して少なくない。

[文献] 鎌田茂雄『中国仏教史』岩波全書,1978。 (岡部和雄)

抽象 〔英・仏〕abstraction 〔独〕Abstraktion

対象のある要素や側面,性質に特に注目して,それを取り出す思考の働き。抽象は,判断,推論,演繹,帰納などと並ぶ思考の重要な働きであり,科学的認識にとっては不可欠なものである。対象からある要素や側面,性質を取り出すことは,他の要素や側面,性質を捨象することでもあるので,抽象と捨象とは,同じ思考の働きの表裏の関係にある。科学的認識は,抽象によって対象の本質的な側面を取り出そうとするが,このことは,対象の非本質的な側面を捨象することでもある。抽象が対象の普遍性・本質性・必然性を捉えている限り,それは対象から遠ざかるのではなく,対象の認識の深まりを示すことになる。抽象の対概念は,具体である。両者の弁証法的関係についてはヘーゲルが論じ,それをマルクスが継承した。マルクスは,経験的な具体的表象を思考によって分析し,抽象的な単純な諸規定を取り出した後で,再び思考によって,抽象的なものから具体的なものに上向して,現実を「多くの規定と関係よりなる豊富な総体」として精神的に再生産することを重視し,この方法を『資本論』のなかで用いた。

→抽象的概念/具体的概念,上向/下向,方法(論)

[文献] ヘーゲル『大論理学』(全集 6-8)岩波書店,1956-66;マルクス『経済学批判要綱』(資本論草稿集 1-2)大月書店,1981-97。 (岩佐茂)

抽象的概念/具体的概念 〔英〕abstract concept / concrete concept

形式論理学において概念の種類を区別するための用語としては,

具体的・有形的な事物についての概念（たとえば、「人間」「石」）を具体的概念といい、具体的・有形的な事物から切り離された属性についての概念（たとえば、「人間性」「固さ」）を抽象的概念という（他に、一般概念、単独概念、集合概念、関係概念などの種類がある）。弁証法的論理学では、事物を全体として、他事物との連関において捉える概念を具体的概念、反対に全体との関係から切り離されて一面的に捉えられた事物や性質の概念を抽象的概念という。
→抽象　　　　　　　　　　　　　　　　　　（中村行秀）

中心と周縁（周辺）　〔英〕center and periphery
空間論としての中心地論を確立したドイツの地理学者クリスタラーによれば、地域の中心としての都市は政治的、経済的に周縁とは異なる機能を集積し、周縁と相互に補完しつつ発展してゆく。地域空間の条件が均等であれば、そのような中心は他の中心と等間隔に（蜂の巣状に連続する正六角形各々の中央に）分布することになる（『都市の立地と発展』1933）。一方歴史学においては、発展段階的に近代化の過程を捉える史観に対抗する従属理論（dependency theory）の立場から中心—周縁の関係が論じられてきた。従属理論はラテンアメリカをはじめアジア、アフリカなどの周縁的諸地域における貧困その他の問題の源が、中心としての近代以降の西欧資本主義諸国の支配・搾取にあると見なし、周縁の中心に対する従属性は通時的に蓄積される結果、より強まってゆくとした（代表的な著作としてフランク『世界資本主義と低開発』1967）。またアメリカの歴史学者ウォーラーステインの世界システム論（theory of the world system）においては、16世紀以降、世界は西ヨーロッパを中核（core）とする1つのシステムとして編成され、その周辺に半辺境（semi-periphery）、辺境（periphery）が配置されて、経済的に中心が辺境を収奪する関係が成立するが、それは必ずしも政治的な支配を伴う帝国の形状を意味せず、また各地域の中核ないし辺境としての性格は、通時的には可変的でありうるとされた（『近代世界システム』1974）。この世界システム論の背景には、フランスの歴史学者ブローデル

による 16 世紀ヨーロッパと世界の関係の変化の把握（アメリカを支配下においた西欧の勃興と地中海世界の没落）がある。ところで中心—周縁の関係は，必ずしもつねに前者による後者の一方的支配，収奪として捉えられるわけではない。周縁ないし辺境は，しばしば中心とは異質で独自な性格を保持する空間であり，また複数の中心からの影響が及ぶ境界（frontier）でもありうるから，そこは変革の原動力を生み出す可能性が，中心以上に高い場として捉えることも可能であり，また必要である。（鹿野勝彦）

中性一元論 〔英〕neutral monism
唯物論，観念論，二元論に反対して，究極の実在は物質でも精神でもなく両者に中立な素材であり，物質と精神の区別はその中立的素材の集められ方・配列の違いにすぎないとする説。ペリー（Ralph Barton Perry），ホルト（Edwin B. Holt）などのアメリカの実在論者たちや，一時期の B. ラッセル（『心の分析』1921），W. ジェイムズに代表される。しかし，彼らが言う中立的素材とは，感覚や純粋経験であり，その意味ではこの説が観念論の一変種であり，感覚を「世界要素」とし，それが心的関係において現れるか物的関係において現れるかが，精神と物質の違いだとするマッハの経験批判論の系列に属している。
→感覚与件，純粋経験，経験批判論
［文献］ラッセル『心の分析』勁草書房，1993；マッハ『感覚の分析』法政大学出版局，1971；大島正徳『現代実在論の研究』至文堂，1948。　　　　　　　　　　　　　（中村行秀）

中世哲学 〔英〕medieval philosophy
西欧中世期（9-15 世紀）の思想的営み全般を指す場合が多いが，中世の時代規定や哲学の概念規定の違いによって，様々な捉え方がある。
【概念】もともと「中世」とは，ルネサンスの人文主義者たちによって，理性の時代である近代とその理想とされた古典古代とを隔てる「間の時代」として否定的に規定された概念である。そこでは，キリスト教信仰の支配の下，理性の自立的な営みとしての

「哲学」は不在であったとされた(「中世暗黒時代」)。これに対して 19 世紀以降，歴史学における中世再評価と連動して，独自の哲学的営みの存在が主張されるようになった。特に新トマス主義ないし新スコラ主義は，トマス・アクィナスを中心とするスコラ学の思索が，現代的諸課題にも解答を与えうる「永遠の哲学」であると主張し，中世哲学研究の勃興をもたらしたが，他方で，安易な現代化として批判も受けた。

現在では，中世におけるギリシア・アラビア哲学の註釈や研究，ならびに，それらの影響を受けた人文主義者たちの思索，さらには哲学を使用してキリスト教信仰の理論化や神学の体系化を追求した神学者の思索等を合わせて，「中世哲学」と呼ぶ場合が多い。さらに 20 世紀後半からは，従来の理解が，西欧キリスト教思想に偏っているという批判がなされ，同時代のビザンツ(東ローマ)帝国やイスラーム諸地域の哲学，さらにはユダヤ教の哲学等も視野に入れたものになりつつある。なお，中世哲学の基本問題を確定した思想家として教父を中世哲学史の冒頭に置くことも多かったが，その生涯や教養が基本的に古代世界のものであることから，一応区別するのが現在では一般的である。

【ラテン哲学】西ローマ帝国の崩壊 (5 世紀) 以降 9 世紀頃までの学問状況についてはほとんど知られていない。フランス南部やアイルランド等で発達した修道院において保存されていたと考えられる古代文化の遺産(書物と学問)が，再び光を浴びるのは，カール大帝 (742-814) による学問・教育の復興(カロリング・ルネサンス)以降である。スコラ学は，まず神学の道具としての論理学の研究を発達させ，ついで 12 世紀以降，イスラームを介したギリシア哲学の流入により，多方面にわたる哲学研究が盛んになった。哲学が，理性を超える次元に属する信仰内容の理解を追求する道具として用いられる(「哲学は神学の婢女」)一方で，神学的問題設定は，哲学固有の諸領域においても，存在，普遍と個，超越と内在，無限と有限，永遠と時間等の主題をめぐる豊かな思索を生み出した。ただし，トマスをはじめとした神学者たちによる哲学の広範な使用にも関わらず，ギリシアやイスラーム由来の哲学は「異教的」であるとしてしばしば糾弾の対象となっ

た。この紛糾の解決が、神学と哲学を分離することで図られたことにより、中世哲学独自のかたちが失われ、理性のみに依拠することを掲げる近代哲学が準備されることになった。

【ビザンツ・イスラーム・ユダヤ教哲学】ビザンツ帝国において存続していた古代の哲学諸学派は、キリスト教国教化に伴う哲学諸派の禁令（529年のアテナイの諸学校の閉鎖令等）以降、辺境の地ハラーンやサーサーン朝ペルシアで活動を続けた。ヘレニズム化されたエジプト、シリア、ペルシアなどを支配下に収めたイスラーム諸国においても、哲学は継承され、バグダードや南スペインのコルドバ等を中心に、9-12世紀頃に全盛期を迎え、イブン＝スィーナー（アヴィセンナ、980-1037）やイブン＝ルシュド（アヴェロエス、1126-1198）が登場した。また、ヘレニズム時代に始まるユダヤ教哲学も、イスラーム哲学の影響下に発達し、イブン・ガビロル（「アヴィケブロン」1021-1051）、マイモニデス（1135/8-1204）等を生み出した。いずれも翻訳を通じて、西欧のスコラ学に多大な影響を与えた。一方、ビザンツ帝国でも宮廷学校等において続けられた古典研究は、トルコによる征服（1453）後亡命した知識人たちによってイタリアにもたらされ、ルネサンスの引きがねとなった。

→哲学、哲学史、教父、スコラ学、イスラーム

［文献］ジルソン『中世哲学の精神』上・下、筑摩叢書、1974・75：アラン・ド・リベラ『中世哲学史』新評論、1999。

（加藤和哉）

中道 （ちゅうどう）〔サ〕madhyamā pratipad〔パーリ〕majjhimā paṭipadā

仏教の重要概念。仏教の開祖ゴータマ・ブッダ（釈迦）は、自らの体験をもとに、快楽原理に従う世俗生活からも、また出家となるもいたずらに身体を苛むだけの苦行からも離れたところにこそ、輪廻の最終的源泉である根本的生存欲求を滅ぼす智慧を生み出す修行法があると説いた。これを苦楽中道という。のち、物事の有無を断定的に捉え、そのことに執着することを戒める有無中道が説かれる。さらに、大乗仏教になると、中観派は、この世の

真相はことばと概念を超えていること（空）を見据えつつ，しかも正確にことばと概念（仮）を活用するところに中道があるとする。
[文献] 平川彰『インド仏教史』上・下，春秋社，1974・79。
（宮元啓一）

中庸
①徳目の一つ。中国ではもと『論語』の語に由来し，一般に過不及無しとか不偏不倚とか言われるが，単なる算術平均ではなく，その都度主体的に選択される節度・調和を指す。この点はアリストテレスも同様で，中庸（mesotēs）は，算術的比例における「中」項とは異なり，特にわれわれへの関係における「中」，すなわち超過と不足という二つの悪徳に対して，徳が発見し選ぶべき状態である。②儒教の古典『礼記』の一篇。宋以来，「大学」篇とともに「四書」の一冊とされ，学問・教育上特別に重視される。
[文献]『大学・中庸』上・下，朝日文庫，1978；アリストテレス『ニコマコス倫理学』上・下，岩波文庫，1971・73；山本命『道徳の原理と人間存在』理想社，1969。　　　　（村瀬裕也）

チュチェ思想　〔朝〕Chuche Sasang
漢字では「主体思想」と書く。朝鮮民主主義人民共和国の支配イデオロギー。スターリンの死後，朝鮮革命論と共に登場し，人間の意識性を強調するところに特徴がある。マルクス主義のレーニン的段階を超え，社会主義・共産主義建設における思想革命の重要さを解明した新しい段階の理論と自負する。
　「人間は自主性と創造性，意識性をもった社会的存在である」「社会の存在にとって自主性が生命であり，肉体的生命よりも社会的・政治的生命がより重要である」というテーゼを中心に，集団主義（人民大衆が主人公），人間中心主義（すべてを決定するのは人間）などの特徴をもつが，チュチェ思想の一番の矛盾は「党と領袖に対する忠実性がチュチェ革命観の核心である」とする〈領袖論〉――人民大衆が革命性を発揮するには正しい指導

チュリン

を受ける必要がある——である。領袖論は自主性を真っ向から否定する。この矛盾が顕在化するのはチュチェ思想が1967年5月以降「唯一思想体系」という別名をもってからである。金日成の思想以外は知る必要がないという金日成の絶対化と共にチュチェ思想の健全な要素が発揮されなくなっていった。
［文献］金正日『チュチェ哲学の諸問題』（白峰文庫）チュチェ思想国際研究所，1986；ハンナ・アーレント『全体主義の起原』（全3冊）みすず書房，1972-74。　　　　　　　　　（小川晴久）

チューリング・マシーン　〔英〕turing machine
英国の数学者，A. M. チューリングが1939年に提案した普遍的計算機（抽象的コンピュータ）の数学モデルであり，観念上の機械，すなわち，与えられた数学問題の解法作業を最も単純で一般的な算法（アルゴリズム）に還元したモデルである。また，自己維持のための情報処理システムであるオートマトン（automaton）の原型であり，実際のコンピュータと多くの類似性をもち，本体とテープとヘッドから成り立っている。有限個の内部状態をもつ本体に，一本の両側に無限に伸びているテープを付加し，ヘッドはテープの区画中の記号を読み書きし一区画ずつ左右に移動できる。こうしたチューリング・マシンは計算可能性の概念を定義するために用いられ，計算理論，コンピュータ言語理論に大きな影響を与えた。
→オートポイエーシス，言語分析　　　　　　　　　（重本直利）

超越／超越的→超越論的

超越論的　〔独〕transzendental〔英〕transcendental
カントの批判哲学の基幹概念。彼の認識理論の要点は，主観のア・プリオリな諸形式が経験の諸対象に適用されることによって必然的な認識が形成されるとするところにあるが，この認識の可能性と条件とを示す議論のレベルが超越論的と呼ばれる。すなわち超越論的とは，主観のア・プリオリなレベル（直観形式あるいはカテゴリー）が経験のア・ポステリオリなレベルと結合するこ

とによって，普遍性と必然性を確保しながら経験を拡張するという，学的認識の可能性を根拠づけるための，方法概念である。そしてこのような認識において，ア・プリオリなレベルがその根底に働いていることを認めるのが超越論的哲学の立場である。具体的には，超越論的問題は直観形式（空間と時間）と純粋悟性概念（カテゴリー）という主観の諸形式が，それとは異質のものである認識対象になぜ，どのように，どこまで関わるのか，その結果生まれた認識がどのような普遍性と客観性とをもつことができるかということを問う。さらにその場合，主観の諸形式はア・プリオリであり，経験的対象を越えるが，独立自存（超越的［transzendent］）に存するのではなく，いわば対象と密着し対象に適用されてはじめてその存在意味が認められるような仕方で存在する。超越論的は経験的レベルを越えてはいるが，経験的レベルに密着し，その普遍化のための礎を与えるという水準を保っている。フッサールにおいては，超越論的は客観的経験的内容を捨象した（現象学的還元）上での意識体験の純粋構造（志向性）を言い表す概念として用いられる。　　　　　　　　　（太田直道）

張横渠→張載

張載　（ちょう　さい）Zhāng Zǎi 1020〔天禧 4〕-1077〔熙寧 10〕
字・子厚，横渠(おうきょ)先生と称された。北宋の思想家・哲学者。宋学の創始者の一人に数えられるが，程顥(ていこう)・程頤(ていい)とは異なり，「気」一元論を唱え，唯物論の傾向を示す。すなわち「無」や「空」の観念を否定，宇宙を「太虚」における「気」の聚散によって説明し，その際，物の孤立を否定，運動の根因を「一神両化」に求めるなど，弁証法的観点を打ち出す。ただし認識論では「聞見の知（経験知）」と「徳性の知（先験知）」との，また人間論では「気質の性」と「天地の性」との二元論に傾斜，その側面によって朱子学に組み込まれる。著書『正蒙』『易伝』等。
［文献］『太極図説・通書・正蒙』岩波文庫，1938；山根三芳『正蒙』明徳出版社，1970。　　　　　　　　　　（村瀬裕也）

チョウジ

超人　〔独〕Übermensch〔英〕overman〔仏〕surhomme
ニーチェの後期思想の根本概念。『ツァラトゥストゥラ』は，人間が「超克されなければならないもの」であるとし，「超人」の主題を提示する。超人という概念は，常に自己をのりこえていく人間の創造的次元を意味している。超人は，「神は死んだ」ことを前提とし，もはやこの世のものではない希望を信じることなく，「大地」に忠実であるとされる。また，超人は，意味と価値を失った「永遠回帰」の中で生きる強い存在であるとともに，宗教的，道徳的価値を転倒し，新たな価値を創造する。
→永遠回帰
〔文献〕ニーチェ『ツァラトストラかく語りき』上・下，新潮文庫，1953。　　　　　　　　　　　　　　　　　　（中河豊）

超絶主義→エマソン

徴表　〔英〕note, mark〔独〕Merkmal
noteもmarkも日常用語としては「特徴」と訳されて，「他と比べて特に目立つ点」の意味で用いられるが，形式論理学では「徴表」という訳語をあてて，事物がどのようなものであるかを示し，その事物を他の事物から区別する性質を意味する。属性と呼ばれることもあり，ある事物または概念になくてはならない徴表の総体が「本質的属性」＝「内包」である。
→概念，内包，属性　　　　　　　　　　　　　　（中村行秀）

直接推理→推理

直覚→直観

直覚主義→直観主義

直観　〔英・仏〕intuition〔独〕Anschauung
推理や論証を介しない直接的な認識。「直覚」とも呼ばれる。感覚的直観と知的直観が区別される。ラテン語の〈intuitio〉は元

来,なにかを「見て取る」「注視する」という意味であったが,なにかを直接的に洞察するという意味に転化した。理性は,推理による〈ratio〉と,それによらない〈intellectus〉を含むが,〈intuitio〉は後者と結合され,知的直観という意味で,〈ratio〉より高次のものと見なされた。

デカルトにおいては確実な認識は直観的なものである。スピノザにおける最高の認識は,「万物を永遠の相で見て取る」というものであるが,これも直観的なものである。経験論の立場に立つロックも論証的な知よりも直観的な知が確実であると見なす。

これに対して,カントは直観を感覚的なものと理解し,概念(悟性)と対比する。彼は知的直観を神のみに可能と見なしたが,フィヒテとシェリングは人間の知的直観を復活させた。フィヒテにおいては自我の自己活動を自覚するのが知的直観であり,シェリングにおいては対象を産出する認識が知的直観である。ヤコービは,神は論証的な知によってではなく,感情や信仰(信念)によってのみ把握されると見なす(直接知)。ヘーゲルは知的直観や直接知を批判し,概念的把握という労苦を経ることによって絶対者に到達することができると主張した。

なお,ムーアのように,価値についても直観による把握を基本とする立場がある。
→直観主義　　　　　　　　　　　　　　　　　　　（高田純）

直観形式　〔独〕Anschauungsform
カントは,『純粋理性批判』において,感性的直観には空間と時間という形式的枠組が存することを主張した。感性は対象に触発されることよって心に表象を受け取る受容性の能力であるが,この受容作用が直観と呼ばれる。直観には経験的直観と純粋直観とがある。前者は感覚であり具体的な個々の経験において生じるが,後者は経験に基づかず,主観のア・プリオリな性格に根ざしたものである。この純粋直観は個別的内容を何らもたず,単に形式的であり,現象の形式的枠組となるものである。このような感性的直観の純粋形式には二つあり,それらは空間・時間だとされる。逆にいえば,空間と時間は客観的な実在ではなく,経験的概念

でもなく,主観の外的および内的直観の根底にあるア・プリオリな表象である。すなわち空間と時間は直観形式であり純粋直観であるが,人間精神に固有のものであり,認識する人間を離れては何ら存在も意味ももたないものとされるのである。カントはこのように空間と時間の主観的形式性を説いたが,このことは初期における空間時間の客観的実在性の考え方からの転回(コペルニクス的転回)を経た批判期の主観主義の立場をよく表している。直観形式としての空間と時間は感性の形式であるが,これに対応する悟性の形式がカテゴリーであり,両者が結合して人間認識のア・プリオリな枠組を形成するというのがカントの見解である。

(太田直道)

直観主義 〔英〕intuitionism〔独〕Intuitionismus〔仏〕intuitionnisme
直観(直覚)を意識(広義の認識)の基本作用と見なす立場。直接知を強調するヤコービがこの立場に属す。現代ではベルクソンが,持続する生の内部に入り込む高次の認識を直観と見なした。倫理学の分野では,ムーアが,色(たとえば赤)は定義できず,直観によってのみ把握されるのと同様に,良さ(価値)も直観によって把握されると主張した。数学においては,オランダのブラウワー(1881-1966)が,数学の基礎をなすのは形式的な論理ではなく,直観であると見なした。
→数学基礎論,論理主義 (高田純)

チョムスキー Noam Chomsky 1928-
現代アメリカの言語学者,哲学・思想家。1950年代アメリカで支配的だった構造言語学を批判し,〈変形生成文法〉と呼ばれる独自の理論を打ちたて,ソシュール以来の言語学の歴史に革命をもたらしたとされる。日本語や英語といった言語における文の構造の違いは〈表層構造〉であり,〈深層構造〉としては人類に普遍的で共通であるとして,前者を後者の〈変形〉の結果と捉えるとともに,無限に多様な文を生み出すことのできる人間の言語能力(competence)を解明しようとした。チョムスキーは,この能

力をさらに人間に生得的と主張し，自らの立場を近代のデカルトの合理哲学の系譜に位置づけたため，経験論と合理論をめぐる哲学的論争を引き起こした。また言語研究は人間精神の研究の一部をなし，究極的には生物学の一部をなすと考えるため自然科学と同一の方法で追求して行かねばならないとする彼の理論は誕生以来多くの関心を引き，哲学，人文科学，情報工学，人類学などにも大きな影響を与え，今日でも活発な論争を引き起こしている。なお，若い頃からアナーキズムなどの急進的な思想に傾倒したこともあり，政治や社会問題への関心が非常に強い。ベトナム戦争や2000年のテロ事件に関してもアメリカの支配権力を厳しく批判するなど，人間の自由と創造性への抑圧に対して鋭い問題提起を行っている。
→生成文法，言語哲学，アナーキズム
［文献］チョムスキー『デカルト派言語学』みすず書房，1976；同『言語と精神』河出書房新社，2011；同『覇権か生存か——アメリカ帝国主義の戦略と人類の未来』集英社新書，2004。

(尾関周二)

　地理的唯物論　〔独〕Geographischer Materialism
環境決定論の一形態。気候などの地理的環境が人間の生活や文化，社会変化の遅速，社会組織のあり方などを決める決定的要因であるとする立場。ドイツのC. リッターの人文地理学から始まり，R. チェレーンの地政学などが含まれる。地理的唯物論は今日の環境の時代においてきわめて魅力的ではあるが，地理的要因がそこに暮らし生息するものの一義的な決定因をなすことは，生態学の世界でも厳密には成り立たないことが知られており，ましてや人間社会においてどこまで通用するかは疑問である。
→環境決定論，地政学　　　　　　　　　　　　　(市川達人)

通時言語学／共時言語学 〔仏〕linguistique diachronique / linguistique synchronique〔英〕diachronic linguistics / synchronic linguistics

言語学は，そのアプローチの仕方から，二つに大別しうる。この区別を最初に提唱したのはソシュールである。言語は時とともに変化する。言語の変化を扱うアプローチの仕方を通時言語学（または史的言語学，歴史言語学）と呼ぶ。言語は，変化の速度に違いはあるが，音韻，構文，語彙および意味の全面にわたり変化するので，それぞれの面の変化が研究の対象となる。しかし，ある言語についてその変化の研究が可能になるためには，その言語の二つの異なる時期の姿が分かっている必要がある。その際の，ある一定の時期のある一つの言語に関してその構造などを研究するアプローチの仕方が共時言語学と呼ばれる。通時言語学の一つの分野で，個々の単語などの語源を追究する分野を語源学と呼ぶ。同一の言語から分岐して成立した複数の言語あるいは方言の比較により，もとの姿（祖語）や分岐の過程を推定したり，あるいは同一の言語から分岐した可能性のある複数の言語を比較したりして，それらが同一の言語から変化してきた，系統的親近関係のある言語であることを証明しようとする分野を比較言語学と呼ぶ。個別言語の構造の研究は，言語そのものの有する三つの側面に応じ，音韻論・構文論・意味論に分けられる。言語（方言）が変化する際，隣接する言語（方言）からの影響を受けることがしばしばある。特に，語彙変化などにそのようなことが多い。単語などの地域的伝播の姿を解明しようとする分野が言語地理学と呼ばれる。話し手と聞き手の社会的関係や日常的あるいは儀式的場面の違いによる話し方の相違を研究する分野を語用論と呼ぶ。

(下川浩)

津田左右吉 （つだ そうきち）1873〔明治6〕-1961〔昭和36〕　歴史学者。東京専門学校（現早稲田大学）政治科卒業。1918-40年，早稲田大学教授。著作『文学に現はれたる我が国民思想の研究』（1916-21）は，古代から近代までの最初の日本思想史研究であり，特に民衆の文芸や民俗に基調をおいた学問的考察として先駆的な意義をもつ。さらに，『神代史の新しい研究』（1913），『古事記及日本書紀の新研究』（1919），『日本上代史研究』（1930）などの記紀研究は，精密な実証によってそれが天皇制の系譜を含め歴史的事実の記述と見なせないことを解明した。これが皇室の冒瀆として，津田の主著は1940年に発禁，42年には出版法違反で有罪となった。だが，戦後の津田は，逆に反唯物史観と天皇制擁護の観点から『国民思想の研究』はじめ著作の大幅な改訂作業を行ったが，日本的知識人の注目すべき一形態である。
[文献]『津田左右吉全集』（全28巻 別5巻）岩波書店，1963-66；家永三郎『津田左右吉の思想史的研究』岩波書店，1972。
（吉田傑俊）

津田真道 （つだ まみち）1829〔文政12〕-1903〔明治36〕　幕末の洋学者。明治期の啓蒙思想家，官僚。美作国（岡山県）津山藩出身。1850年，江戸に出て箕作阮甫と伊東玄朴に蘭学を，佐久間象山に兵学を学ぶ。57年，蕃書調所教授手伝並となり，西周と親交を結ぶ。62年，西らとともに幕府派遣の初の留学生としてオランダに赴き，フィセリングについて五科（性法・万国公法・国法・経済・統計）を学び，1865年，帰国。1868年にフィセリングの法学講義の翻訳『泰西国法論』を刊行。日本初の西洋法学紹介書となる。その後，維新政府に出仕し，元老院議官，衆院議員，貴族院議員などを歴任し，男爵，法学博士となった。また73年には明六社に参加し，文明開化を鼓吹した。彼の哲学思想は，幕末の「性理論」以来唯物論的傾向の強いものであったが，オランダ留学中にコントの実証主義，ミルの功利主義の影響を受け，晩年には，スペンサー批判を介して，独自の哲学的唯物論を展開した。
→明六社

ツリ

［文献］『津田真道全集』上・下，みすず書房，2001；桑木厳翼『明治の哲學界』中央公論社，1943；大久保利謙編『津田真道——研究と伝記』みすず書房，1997。　　　　　　　　（古田光）

ツリー→リゾーム／ツリー

ディアレクティク→弁証法

ディアレクティケー→問答法

定位 〔独〕Orientierung
定位とは，一般に未知の場所で何かを手がかりに方位（元来は特に東方）を定めることである。哲学史では，感性的経験を超える問題に関しては理性の主観的原理（あるいは理性的信仰）を道標にすべきだというカントの議論（「思考の方向を定めるとは」）が有名。また，このカントからも影響を受けたヤスパースは，科学的な世界認識から全体的な存在そのものの感得へと超越していく思考の運動を「哲学的世界定位」と呼んだが，これは超越者に対する「哲学的信仰」を道標とした定位と言えよう。
[文献] カント「思考の方向を定める問題」（全集 12）理想社，1966；ヤスパース『哲学的世界定位』創文社，1964。（藤谷秀）

程頤 （ていい）Chéng Yí 1033〔明道 2〕-1107〔大観 1〕
中国，北宋の儒学者。名は頤，字は正叔。伊川先生と呼ばれた。兄の程顥（明道）とともに二程といわれる。洛陽の人。程頤は現象を陰陽二気によって捉えるとともに，陰陽二気の背後に陰陽を陰陽とする理の存在を想定した。理は自然界の物理であると同時に人間界の道理でもあった。人間の性について天から与えられた理そのものである「本然の性」と気に由来する「気質の性」とを区別した。「気質の性」は気の清濁によって善悪が分かれるため「居敬」「窮理」などの修養が必要であるとした。朱子学理気論の直接的な先駆者である。
→朱子学，程顥
[文献] 守本順一郎『東洋政治思想史研究』未来社，1967。

テイイセ

(岩間一雄)

程伊川→程頤

デイヴィドソン　Donald Herbert Davidson 1917-2003
米国の哲学者。カリフォルニア大学バークレイ校教授。言語哲学と心の哲学の両分野で最も影響力の大きい，現代の英語圏の哲学者の一人。意味の理論では，真理概念を中心に据える外延主義と，言語に先立って分節された所与を否定するホーリズムをクワインから受け継ぐ。心の哲学では，行為の理由の説明を出来事の間の因果関係の記述とする，行為の因果説と，物理的（物質的）な出来事を基礎的存在者として想定し，これらの一部は心的（精神的）な性質をももつが，心的な性質は法則的に把握できないとする，非法則論的一元論をとる。
→ホーリズム（全体論）
［文献］デイヴィドソン『行為と出来事』勁草書房，1990；同『真理と解釈』勁草書房，1991。　　　　　　（伊勢俊彦）

ディオゲネス（シノペの）　Diogenes 前 412/403-324/321
キュニコス派の祖と目される古代の哲学者。黒海の南岸のシノペに生まれるが，追放されてアテナイに出る。キュニコス派の名称は，おそらく彼が自らの生き方を犬（キュオン）のそれに喩えたことに由来する。ディオゲネスについて伝えられるのは，その特異な生き方や思想を伝えるきわめて豊富で多様な逸話や伝説と箴言であり，その歴史的事実を特定することは困難であるが，世間的な慣習や取り決めにしたがって生きることを拒否し，自律的で自然的欲求に従う生き方を追求したことはたしかであり，ストア派をはじめとするヘレニズム思想に影響を与えている。慣習（ノミスマ）を改変せよとの神託を通貨（ノミスマ）の変造の命令と誤解したという伝承，出身を問われて「コスモポリテス（世界市民）」と答えたという逸話などは，真偽はともかく，文化的なアイコンともなった彼の生き方を物語っている。
→キュニコス派

［文献］ディオゲネス・ラエルティオス『ギリシア哲学者列伝』中，岩波文庫，1989。　　　　　　　　　　　　（中畑正志）

　ディオゲネス・ラエルティオス　Diogenēs Laertios 300 頃 -350 頃

『哲学者たちの生涯』（邦題『ギリシア哲学者列伝』）の著者。この書には，西洋古代哲学者 84 人のゴシップめいた伝記から学説の要約までが収録されており，現在元(もと)の著作が失われた哲学者たちについて貴重な情報を提供している。これらの情報は，ヘレニズム期に広く流通していた様々なソースの記述を要約し張り合わせたものと考えられている。著者自身について知られていることはきわめて少ないが，本書の記述からは，エピクロス派に好意的であったと推定され，ストア派についての説明のほか，多くの引用は重要である。

［文献］ディオゲネス・ラエルティオス『ギリシア哲学者列伝』（全 3 冊）岩波文庫，1984-94。　　　　　　　（中畑正志）

　定義　〔英〕definition

日常的には「ことばの意味を定めること」を意味しているが，論理学では「概念の内包を決定すること」を意味する。概念の内包とはその概念の本質的徴表の全体のことであるから，定義とは，概念の本質的徴表を明らかにすることにほかならない。したがって，定義は，定義される対象の本質を明らかにして，この対象は何かという問いに解答を与えると同時に，定義される対象と他の対象との違いを明らかにするという働きをもつ。しかし，ある概念の本質的徴表のすべてを挙げることはきわめて複雑で多岐にわたる作業で，実際的には不可能な場合も多い。そこで，論理学では別のいくつかの方法が定式化されている。①「人間とは理性的動物である」という定義のように，「人間」の類概念である「動物」に，人間と同じ種概念に属する他の動物との違いを示す「理性をもつ」という性質（種差）を加えて定義する「類概念＋種差」という定義の方法，②幾何学で「円とは，一定点から等距離にある点の軌跡」と定義されるように，ある概念の作られ方を示

すことによって定義する「発生的定義」,③学校教育法・第一条に「この法律で,学校とは,小学校,中学校……とする」とあるように,学校という概念の外延のすべてを挙げることによって定義する「枚挙による定義」などが代表的な定義の方法である。また,いずれの方法によるにしても,定義であるためには犯してはならない規則も定式化されている。①定義される概念と,定義する概念の外延は等しくなければならない。「人間とは動物である」(定義する概念の外延が広い)も,「動物は人間である」(定義する概念の外延が狭い)も定義としては正しくない。「人間は理性的動物である」によって,両方の外延が一致するわけである。②定義される概念を,定義する概念のなかに含ませてはならない。「真理とは真なる認識のことである」などがこの規則を犯す循環的定義である。③定義は否定的であってはならない。「勇気とは臆病でないことである」は定義とは認められない。しかし,「禿げ頭とは毛のない頭である」,「独身者とは結婚していない人のことである」のように,否定的にしか表現できない事例の場合は定義と認められる。
→類概念/種概念,内包と外延,徴表　　　　　　　(中村行秀)

定言判断→判断

定言命法　〔独〕kategorische Imperativ〔英〕categorical imperative

カントによれば,理性的存在者としてのわれわれの意志規定には,何らかの意志の対象(財産,名誉等)の獲得を目指し,それを条件として特定の行為へとわれわれを拘束する命法という形をとる場合と,そのような意志の実質(Materie)を一切考慮することなく,普遍的な法則の形式(Form)のみによってわれわれの意志を拘束する命法という形をとる場合とがある。われわれの意志がわれわれの欲望(傾向性)を支配する自然必然性に従属しているという意味で他律的であり道徳的ではありえない前者のような場合と,われわれの意志が普遍的道徳法則のみによって規定されているがゆえに道徳的でありうる後者のような場合は厳密に

区別されなければならないというのがカントの立場である。われわれの「信用を失うことによって不利益をこうむることを避けたいならば、嘘をつくべきではない」という命法は前者の例であり、「不利益を避けたいならば」という具体的目的の実現を条件とする仮言命題の形をとるがゆえに「仮言命法」と呼ばれる。これに対して、行為の帰結としての利益、不利益とは無関係に（たとえ不利益であろうと）、「嘘をつくべきではない」という格率（われわれが行為の指針とする主観的実践原理）が同時に人間的実践一般の普遍的法則ともなりうることのみを根拠としてわれわれの意志を拘束する場合には、このような命法は端的に特定の行為を指定する定言命題の形をとるがゆえに「定言命法」と呼ばれる。

この定言命法をカントは「君の意志の格率が、常に同時に普遍的立法の原理として妥当しうるように行為せよ」という基本方式によって表すが、相対的な価値しかもたない実質的対象が意志の規定根拠となることを拒否し、絶対的目的としての人格のみにその地位を認めるという点から見れば「君自身の人格およびあらゆる他人の人格のうちなる人間性を常に同時に目的として取り扱い、決して単に手段として取り扱わないように行為せよ」という方式によっても、また道徳法則の立法者として主体的に振舞う理性的存在者という側面から見れば「目的の国における立法的構成員として行為せよ」という方式によっても、表すことができるとされる。

→道徳法則（道徳律）

［文献］カント『道徳形而上学原論』岩波文庫、1976；H. J. ペイトン『定言命法』行路社、1986。　　　　　　　　（石井潔）

程顥　（てい こう）Chéng Hào 1032〔明道1〕-1085〔元豊8〕
中国、北宋の儒学者。名は顥、字は伯淳。明道先生と呼ばれた。弟の程頤（伊川）とともに二程といわれる。洛陽の人。朱子学形成の先駆者。のち朱子学理気論において完成されるところを、大づかみに提示している。まず現実を陰陽二気による万物の生々そのものと捉え仏教的な現実否定からの転換を果たし、そこに貫く

テイコウ

秩序を天理と呼び,生々のはたらきを仁として,朱子学的宇宙論を用意した。さらにその中に生きる人間の本来性を仁と合致するものと捉え,その本来性の実現をもって学問の目的とすることで,朱子学人生論,学問論を用意した。
→朱子学
[文献] 守本順一郎『東洋政治思想史研究』未来社,1967。

(岩間一雄)

抵抗権→革命権

帝国主義 〔英〕imperialism
【語意】語源のラテン語 imperium は,ローマ帝国時代以後,ローマによる他民族支配と国内の専制的権力行使を指す。「帝国主義」の語は,19世紀前半期から中期のフランス,イギリスで,「帝国」と理解された自国の領土,支配地域,勢力圏にそれ以外の地域を組み込んでいく国家行動,あるいは,そうした国家行動を主張する思想・政治潮流という意味で用いられ始めた。そして,それは,19世紀の第4四半期以降の列強帝国主義の時代に,ホブスン,ヒルファディング,レーニンなどによって,植民地の獲得競争と再分割闘争をめぐる,先進諸国国家の内外への異常な権力行使のあり様と,それを引き起こす経済的基盤の分析(国内消費の過少,独占資本の形成,利潤率の低下,資本過剰など)を含んだ社会科学概念として拡張された。
【列強帝国主義の理論】レーニンは,産業資本に代わる独占資本と金融資本の支配,資本輸出の重要な位置,国際的トラストによる世界分割の完了などが,植民地再分割をめぐる先進諸国同士の闘争・戦争を必然化すると主張し,そうした独占資本主義の段階を帝国主義と規定した。同時に彼は,帝国主義本国が国民を総力戦に協力させるべく,大衆社会統合を開始したことを重視し,その流れに順応する右派社会主義者との闘争を強調して,帝国主義戦争に反対する国内反乱と植民地人民との共同闘争を呼びかけた。1960〜70年代まで第三世界に共産主義運動が強い影響力をもったのはそのためである。なお,レーニンらの理解によれば,

19世紀半ばまでは非帝国主義の時代と見なされるが，実際にはイギリスの植民地獲得はこの産業資本主義の時代にも大きく進んでおり，さらに，他民族支配も植民地支配という形態によって行われただけではなく，自由貿易を強制する「非公式の植民地」（＝勢力圏）の拡大としても行われた（イギリスの「自由貿易帝国主義」）。

【植民地なき帝国主義】植民地の政治的独立が一般化した第二次世界大戦後も，旧植民地国の経済的・政治的従属は新たな条件下で再生産され続けたが，アメリカのニューレフト史学は，そうした戦後の新たな支配＝従属関係を，「自由貿易帝国主義」のアメリカ版と規定した。新たな「アメリカ帝国主義」の国家行動は，耐久消費財の大量生産＝大量消費を実現する生産力水準を背景に，ソ連圏を封じ込めつつ，自由市場秩序と資本の安全を世界的に確立するための，ドル体制の形成・維持を含む内外への多様な権力行使と理解された。第二次世界大戦後の「植民地なき帝国主義」を理解する枠組としては，ほかに，「新植民地主義論」「新従属理論」などがある。1970年代末からは，大企業の多国籍企業化と経済グローバリズムの急展開により，先進諸国における企業と国民国家の関係が変わりはじめ，国際的な高密度の自由通商の維持・拡大が世界的な支配＝従属関係の焦点となった。ソ連の崩壊により，1990年代以降，多国籍企業段階の新たな「帝国主義」の政治・軍事体制がその姿を現したとする見解も出されている（湾岸戦争，イラク戦争）。それによれば，多国籍企業段階の自由貿易帝国主義は，アメリカの強力なヘゲモニーの下に先進諸国が参加した「帝国主義同盟」によるものと捉えられる。

→レーニン，資本主義

［文献］レーニン『帝国主義論』（国民文庫）大月書店，1961；E. J. ホブズボーム『産業と帝国』未来社，1984；T. J. マコーミック『パクス・アメリカーナの五十年』東京創元社，1992；後藤道夫／伊藤正直『現代帝国主義と世界秩序の再編』（講座現代日本2）大月書店，1997。

（後藤道夫）

テイザイ

定在 〔独〕Dasein
ラテン語 existentia のドイツ語訳で，定有，現存在とも訳される。もともとヘーゲルの用語で，あるものが具体的に存在しているあり方を指して言われている。存在は，抽象的に有ること一般と見なされ，無とともに，成を構成する二契機とされているのに対して，定在は，成が静止したあり方として，質をもった規定された存在と見なされる。つねに生成・消滅という自己変化と他の定在との関係のなかで考察される。ハイデガーの場合は，Dasein はおおむね現存在と訳されるが，世界内存在としての人間の具体的あり様を指す用語として用いられている。
［文献］ヘーゲル『大論理学』（全集 6-8）岩波書店，1956-66；ハイデガー『存在と時間』（全 4 冊）岩波文庫，2013。（岩佐茂）

丁若鏞（てい じゃくよう）Cheong Yagyong 1762〔英祖 38〕-1836〔憲宗 2〕
李朝後期の実学の集大成者。字は美鏞，号は茶山，堂号は与猶堂。若くして李星湖の学問の影響を受け，水原城を築くとき西洋の起重架説に基づいて滑車轆轤を作り貢献した。1801 年の辛酉教獄（カトリック大弾圧）で康津へ流され，18 年間も流配生活を送った。しかし逆境が彼の学問を鍛え，従来の学問（朱子学＝性理学，訓詁学など）の批判の上に，実践的な修己治人の学を構築した。修己の学の面では，仁義礼智が心の中に核として内在しているのではなく，人間の具体的実践によって実現するものとした。天を理と捉える朱子学に反対し，人格神的なものと捉える視点で『中庸』などを再解釈した。治人の学では『経世遺表』（制度論）と『牧民心書』（治者論），『欽欽新書』（裁判批判論）の有名な一表二書を著した。
［文献］丁若鏞『与猶堂全書〔増補〕』（全 6 巻）景仁文化社，1982。　　　　　　　　　　　　　　　　（小川晴久）

ディスクール 〔仏〕discours〔独〕Diskurs〔英〕discourse
「言説」「談話」等の訳語が通常あてられている。言語学的には，具体的なコミュニケーションの場における，文よりも長い言語上

の単位を指し，個別的な文の語彙論的，統語論的な分析等によっては把握することのできない言語的特性の分析対象となるもの。言語表現のうち，それが使用される文脈や発話者相互の関係のなかに置くことによってしか理解できない側面に注目するところから，より一般的には，狭い意味での言語表現だけではなく，われわれの文化や思想全般を，具体的な社会的背景やそこでの様々なレベルにおける力関係によって生み出されたものないしそれらの反映と見なす場合に，たとえば「啓蒙主義的ディスクール」「精神分析学的ディスクール」という形で用いられる。その限りにおいては，社会的に形成された意識形態という意味でのイデオロギーや Th. クーン的な意味でのパラダイムといった用語と厳密には区別されないことも多い。

　後者のような意味でのこの用語の使用法に大きな影響を与えたフーコーは，普遍的に妥当する客観的真理のみを目指しているかのように一般には見なされている知（savoir）の領域の背後にも，それを生み出す特定の社会や文化において他者たちを支配し抑圧しようとする力（puvoir）への意志が常に働いていることを強調した。たとえば精神分析学的な「知」の背後には，他者に自らの性的欲望について積極的に語らせることを通じて「内面」なるものを作り出し，それを通じて支配を貫徹しようとする牧人＝司祭型の（pastoral）権力が存在するとされる。このようなフーコー的ディスクール批判は，資本家階級と労働者階級といったマクロな支配―被支配関係よりも，あらゆるレベルの「知」に浸透しているミクロな支配を主題的に取り上げている点で，マルクス主義的なイデオロギー批判とは区別される。また客観的な真理の存在を否定し，「知」についての構成主義的立場をとる点では，科学的知識の社会的被拘束性や理論負荷性を重視する知識社会学的／科学哲学的立場（ウィトゲンシュタイン等）やあらゆる理論を「物語」（narrative）に還元するリオタール的ポストモダニズムとも共通する面が多い。

［文献］フーコー『性の歴史』I-IV，新潮社，1986-2020；ハーバマス『近代の哲学的ディスクルス』（全2冊）岩波書店，1990；J.-F. リオタール『ポスト・モダンの条件』水声社，1989。

ディツゲ

(石井潔)

ディーツゲン　Peter Joseph Dietzgen 1828-1888
ドイツの社会主義者。ライン地方の皮なめし業の小親方。〈半日研究半日労働〉で独学に努め，フォイエルバッハ，マルクスと文通。『資本論』刊行後ほどなく，異色の「書評」を発表。独力で展開した認識論を，マルクスの激励を受けて刊行。1868年以降労働者運動で活動した。エンゲルスによって，マルクス，エンゲルスとは「独立に」「唯物弁証法」を発見した労働者と評され，19-20世紀転換期の社会主義運動では，主に認識論の面で影響を及ぼし，論争を呼んだ。社会理論では，労働の社会化を軸に主体・客体関係を捉え，生産者の自覚的共同の途を描いた。
[文献] ディーツゲン『人間の頭脳活動の本質——純粋理性および実践理性の再批判』未来社，1978；Gerhard Huck, *Joseph Dietzgen (1828-1888): Ein Beitrag zur Ideengeschichte des Sozialismus im 19. Jahrhundert*, Klett-Cotta, 1979. （針谷寛）

ディドロ　Denis Diderot 1713-1784
生地ラングルで中等教育を受けた後，1728年パリに出て高等教育を受ける。ソルボンヌで神学を学ぶが，その後，劇場やカフェ通いをする一方で，生活のため，数学の出張教師や翻訳業に従事。イギリスの思想や科学の紹介者となる。1746年『哲学断想』を匿名で出版。また，1747年にはダランベールとともに『百科全書』の共同編集者となり，フォリオ版で本文17巻，図版11巻の大著を，途中出版禁止処分を受けながら刊行（1751-1772）。1749年に『盲人書簡』を出版し，無神論を展開。その後も，『ダランベールの夢』（1769-77頃）や『生理学要綱』（1774頃-80年代初頭）などで，当時の医学や化学の成果を取り入れて，物活論的色彩を有する唯物論を展開した。このような自然哲学に関わる仕事とともに，多くの対話的文学作品を執筆。主要なものに，ヘーゲルやマルクスに高く評価された『ラモーの甥』（1760年代〜晩年），『運命論者ジャックとその主人』（1770年代〜晩年）。また，1760年代を中心に『サロン』（1759, 61, 63, 65, 67, 69な

ど）や『絵画論』（1767）など美術批評でも活躍。1773-74 年にかけて，エカテリーナ女帝に招かれてロシア宮廷に滞在し，哲学者として啓蒙専制君主に提言するが，徒労に終わる。その苦い経験を背景に『セネカ論』（初版 1778，第 2 版 1782）などを執筆。また，レーナル『両インド植民史』（第 2 版 1780）に執筆協力するなど，1770 年代には政治的著作を多数著した。ディドロの仕事は広範囲にわたるが，一貫して，自然ならびに社会の統一性と多様性を総合的に捉えようと努めた。そして，全体と個，物質と感性，自然と文明，自由と必然，理性と情念，主人と召使いといった対立をめぐって，当時の最先端の学問や芸術を自在に摂取しつつ，読者を問いの渦に巻き込むような独自の対話的思考を展開した。娘のヴァンドゥール夫人の家に代々伝わった手稿・写本が戦後発見され，それを元に新『ディドロ全集』（1975 〜）が構想され，フランスで刊行中。同時に，死後エカテリーナ女帝の許に送られた写本も注目され，そうした写本研究から，従来知られていなかった後期や晩年の著作の種々のヴァージョンの比較研究，とりわけディドロの政治思想の研究が進んだ。また，ディドロがほぼ同じ内容の断片を種々の著作で変奏する「断片的書法」も注目され，ディドロ研究はこの半世紀で面目を一新した。

→フランス唯物論，百科全書派（アンシクロペディスト）

［文献］『ディドロ著作集』（全 4 巻）法政大学出版局，1976-2013；田口卓臣『ディドロ 限界の思考――小説に関する試論』風間書房，2009；佐々木健一『ディドロ『絵画論』の研究』中央公論美術出版，2013。　　　　　　　　　　　　　（寺田元一）

ディープ・エコロジー　〔英〕deep ecology

ノルウェーの哲学者アルネ・ネス（Arne Næss, 1912-2009）によって提唱された環境哲学・思想・運動。1970 年代以降の環境運動の高まりの中で，ネスは論文「シャロー・エコロジーとディープ・エコロジー」（1973）において，既存のエコロジー運動を人間中心主義的で現在の文明・社会を前提とした「浅いもの」（shallow）と断じ，近代文明批判を志向するラディカルな運動を「ディープ・エコロジー」と命名しその哲学的考察を

行った。もともとネスはウィーンで言語哲学を研究するなどノルウェーの著名なアカデミックな哲学者であったが，環境問題の高まりの中で自らもダム建設反対運動などの実践を通じてディープ・エコロジーを提起した。この思想がアメリカの活動家に大きな影響を与え，これにヨガや禅などを重視するニューエイジ運動の影響とも絡んで，神秘主義的な形態も含めた多様な潮流が生み出された。それらに共通の究極目標は「自己実現」と「生命中心主義的平等」(biocentric equality) とされた。前者は私の小さな自己を「大きな自己」である自然へと一体化していくことであり，後者はすべての生命体が平等の権利をもつことを意味している。ディープ・エコロジーの功績は環境問題へのラディカルな問いかけを通じて近代文明批判を行ったことにあるが，その潮流の一部にある極端な生命中心主義の主張や人類の人口を減少させる主張，また総じて意識変革の面が強い点などが批判されている。
→エコロジー，環境思想
［文献］アルネ・ネス『ディープ・エコロジーとは何か』文化書房博文社，1997。　　　　　　　　　　　　　　　（尾関周二）

程明道→程顥

定理　〔英〕theorem〔独〕Lehrsatz
数学，形式論理学，その他の厳密な科学においては公理的方法が用いられるが，それは少数の無証明の公理と，一定の規則によって導出された多くの命題とからなる。この場合，公理および規則から導出ないし証明された命題を定理という。たとえばユークリッド幾何学は，点，線，円などの基本的用語を定義し，いくつかの公理を定め，そこからできる限りすべての真なる命題（たとえばピュタゴラスの定理など）を導出し，公理的体系をつくろうとする。公理系は形式的な記号体系のみに適用できるから，スピノザが哲学的著作『エチカ』をこの公理的方法で体系化したのは，擬似的なものである。　　　　　　　　　　（島崎隆）

定立　〔英〕thesis〔独〕These〔仏〕thèse
論理学では，立てられたある命題を意味する。これと反対の命題は「反定立」（〔独〕Antithese）である。カントは，正命題と反命題が両立するような状態を「二律背反」（〔独〕Antinomie）と名づけた。初期のフィヒテは，定立と反定立を越える「総合」（〔独〕Synthese）を重視した。ヘーゲルがいう「止揚」はこれを踏まえたものである。ギリシア語の〈thēsis〉は，「立てる」という意味の動詞〈tithenai〉から派生した。ある命題を「立てる」（〔独〕setzen）ことが「定立化（措定）」と訳されることがある。フィヒテとヘーゲルは定立化をより広い意味で用いる。フィヒテは，「自我は自分自身と非我を定立する」と述べる。彼においては，定立を行うのは人間に限定されるが，ヘーゲルにおいては，事物自身も定立を行うとされる。
→止揚
［文献］岩佐茂／島崎隆／高田純『ヘーゲル用語事典』未来社，1991。　　　　　　　　　　　　　　　　　　　　　　（高田純）

ディルタイ　Wilhelm Dilthey 1833-1911
ドイツの哲学者。生の哲学の代表者の一人であり，哲学的解釈学の確立に努める。ハイデルベルク，ベルリンの大学に学び，以後，各大学の教職を歴任の後，ベルリン大学教授。『シュライエルマッハー伝』（1870）等の思想史研究を行いながら，同時に，精神科学の基礎づけに取り組む。最初の主著『精神科学序説』（1883）における「内的経験」という意識の事実への徹底から，現実の過程としての「生」の立場へと進み，その背後に遡ることなく「生を生そのものから了解」しようと試みた。個々の生の体験と理解の関係についての問いを深め，解釈学の問題領域に接近した。晩年の未完稿『精神諸科学における歴史的世界の構成』（1910）では，精神科学の本質を，体験・表現・了解の関連のうちに見て，それを歴史的世界の構造のうちに具体化しようとした。体験の歴史的・構造的な連関を重視し，表現理解の客観性・妥当性を問い，歴史的理性批判を企てた。その解釈学は，客観化された生（＝客観的精神）とその表現についての歴史的認識の学

を志向するものとなった。以後，ミッシュ等のディルタイ学派が作られ，前期ハイデガーやガダマーの解釈学に大きな影響を与えるとともに，今日でも再評価の試みがなされている。
［文献］『ディルタイ全集』（全11巻 別巻）法政大学出版局，2003-；西村皓他（共著）『ディルタイと現代——歴史的理性批判の射程』法政大学出版局，2001。　　　　　　　　（津田雅夫）

ディレンマ　〔英〕dilemma
「両刀論法」ともいわれる。日常的には「あちらを立てれば，こちらが立たない」という板挟みの窮地の意味で用いられるが，論理学では，二つの仮言判断を大前提とし，選言判断を小前提にする三段論法のこと。たとえば，ビルで火災にあった状況で，「もし私が部屋にとどまれば焼死する。もし私が窓から飛び下りると墜落死する」（大前提），しかるに，「私は部屋にとどまるか，窓から飛び下りるかしか道がない」（小前提），だから，「私は焼死するか，墜落死するかである」（結論）のような論法である。両刀論法（ディレンマ）は，形式的には誤りでない場合でも，内容的に誤りで詭弁に使われることがある。両刀論法が詭弁にならないためには，①小前提が強選言（可能な選言肢がすべて挙げられていて，選言肢は相互に排斥的）であること，②大前提の前件と後件の関係に必然性があること，③小前提は大前提の前件を肯定するか，後件を否定するかのどちらかであること，という三条件を満たさなければならない。
→三段論法，判断，詭弁　　　　　　　　　　　　　（中村行秀）

テオリア→理論

デカダンス　〔仏〕décadence
デカダンスという観念は，円環的な歴史観からとられたものであるが，19世紀の後半に，ボードレールやフローベルなどによって芸術上の論争が行われるなかで変容を遂げて肯定的な価値に変わった。退廃的生活経験に現れる文化的危機を意識することから美の感受性の高揚が生まれてくる。美的な仮象と美的なものとさ

れた存在の世界のなかで，人工的なものを目指して生きるというその主張（ユイスマンス『さかしま』1884）からすれば，デカダンスの文学潮流は審美主義に数えられる。（歴史的な）退廃と（美的な）収穫という相反する価値感情に基づくデカダンスの観念は，1880年代の「退廃の10年」の終った後にも，様々な議論とつながっていった。ニーチェに倣って，第一次世界大戦の勃発までは，時代の兆候を包括的に診断する主導的なカテゴリー（トーマス・マン『ヴェニスに死す』1912）となった。爛熟文化の神経症的様相や現実逃避主義への傾向によって，デカダンスの道具化は闘争概念となり，そのために，デカダンス芸術は「堕落」または「退廃」的だと病理扱いされたり（ノルダウ），「非合理」でヒューマニズムの流れに反対するもの（ルカーチ）だという風に特徴づけられた。　　　　　（ホルガー・ブローム／佐藤和夫）

デカルト　René Descartes 1596-1650
西洋中世の学問的権威であったアリストテレス＝スコラの哲学を批判し，物質と精神の二元論によって機械論的自然観による自然の技術的支配と主観的意識の哲学的立場を切り開いた近代哲学の父。
【生涯】フランス，トゥール近くのラ・エー（現在はデカルト市）に高等法院官の子として生まれ，イエズス会の学院でギリシア・ラテンの古典やスコラ哲学を学び，後に法学や医学も学ぶが，学問的な満足を得られず，「書物の学問」を捨てて「世間という大きな書物」から学ぶため，ヨーロッパ各地を旅し，当時始まったドイツの三十年戦争に参加したりもした。22歳のとき数学を自然研究に応用する着想を得て，普遍的な学問方法論を『精神指導の規則』に記す。32歳でオランダに移り住み，形而上学，自然学の研究を行い，アリストテレスの自然学に代わる地動説を含んだ新しい自然学を『世界論』として公刊しようとするが，ガリレイが逮捕された報を聞き，公刊を見合わせる。以後，『方法序説』(1637)，『省察』(1641)，『哲学原理』(1644)，『情念論』(1649)を出版する。スウェーデン女王の招きで移り住んでいたストックホルムで没す。

デカルト

【良識の方法論】「良識はこの世で公平に配分されている」(『方法序説』)。真理の認識能力である理性(良識)は,すべての人に等しく備わっている。要は,この能力をよく用いるかどうかである。そのためには,問題を単純なものに分析し,明晰判明な単純なものの認識から複雑なものへと上向し総合してゆくことによって問題を解くことができるという分析と総合の方法を提示した。これは,同時代イギリスのフランシス・ベーコンの実験による帰納法と対比される真理探究のための学問方法論である。

【コギトの哲学】デカルトの哲学は,「われ思う(コギト)の哲学」であり,上記の方法論を形而上学に応用したものである。「一生に一度は,すべてを根こそぎくつがえし,最初の土台から新たに始める」(『省察』)ことが形而上学の課題である。少しでも疑いうるものは偽として退ける方法的懐疑,誇張された形而上学的懐疑によって,絶対に疑いえない確実な真理からすべての学問を基礎づけようとする。身体を含めた外界の存在や数学的真理は,感覚の誤り易さや,夢の仮説,欺く神の仮説によってその真理性が疑われるが,私の存在は疑いえない。「わたしは考える,ゆえに私はある(コギト・エルゴ・スム)」という命題は,哲学の第一原理となる。私の意識作用,私が意識していることの確実性である。この原理から神の存在とその誠実性,精神と物体(身体)の実在的区別を証明することによって,数学や自然学,医学や機械学,道徳を演繹的に基礎づけていこうとした。

【機械論的自然学】思惟する精神と延長する物体は異なった実体であり,自然界にはいかなる精神的な原理も存在しない。これは,実在的性質や実体的形相を認めていたアリストテレス的自然像の根底的な否定であり,自然には,目的因も形相因もなく,作用因と質料因しかない。物体について,大きさ,形,運動という純粋数学の対象しか認めず,光や色,音や匂い,味や熱は,物体の諸部分の大きさ,形,運動の多様性に対応する精神の様態にすぎない。物体は,内的な運動原理をもたず,外力が働かない限り等速直線運動を続ける(これはニュートンにより古典力学の慣性法則に定式化される)。また,その中に何もない空虚や不可分なアトムは,人間知性によって表象不可能であるゆえに概念的に矛

盾しておりその存在はアプリオリに否定される。
【道徳】デカルトは，心身分離，物心分離を徹底したスピノザやマルブランシュと違って，意志的な身体運動や外的感覚知覚や身体感覚において見られる両者の相互作用，合一を認める。精神は身体に緊密に結びついているゆえに，感覚や情念をもつ。怒りや憎しみ，妬みなどの情念を意志的にコントロールすることは難しい。しかしデカルトはまた，情念は本性的にはすべて善であり，その誤用や過度を避ければよく，「情念によって最も多く動かされる人々が，この世において最も多くの楽しさを味わいうる」ともいう。デカルトは愛の情念において，部分としての個人がときとして自己を捨てて，他者や全体としての社会のために献身することを可能とすると考えている。デカルトの道徳は，自己や他者を尊重し，自己の自由意志を善く用いようとする確固とした決意をもつことにあり，これを「高邁の心」と呼ぶ。
→合理論，二元論，方法的懐疑，コギト・エルゴ・スム
［文献］『デカルト著作集』（全4巻）白水社，1973；『デカルト全書簡集』（全8巻），知泉書館，2012-16；『デカルト──世界の名著22』中央公論社，1967；デカルト『方法序説』岩波文庫，1997。　　　　　　　　　　　　　　　　　　　（河野勝彦）

適者生存→進化（論）

適法性／道徳性　〔独〕Legalität / Moralität
人間の行為の正当性を示すためにカントが用いた用語。カントによれば，人間の行為には二つのレベルがある。一つは外的行為が合法的であるか否かが問われるレベルであり，他は行為の規定根拠（動機）が道徳法則と合致するか否かが問われるレベルである。前者が行為の適法性の問題であり，後者が道徳性の問題である。またその現実的な形態が法と道徳である。適法性が成り立つのは，事実としての行為が他者に影響を及ぼすこと，行為が選択意志をもつ主体の間の関係においてなされること，行為の意図や目的が問われないことが条件であり，それゆえ法は「一方の選択意志が他方の選択意志と自由の普遍的法則に従って統合されるこ

とができるための諸条件の総体である」(『人倫の形而上学』)と規定される。それに対して道徳性は，自由な選択意志による行為が法則（定言命法）に一致することを要求するが，それは内的である限りにおいてであり，義務（徳義務）として行為者自身に理解されることによって成り立つ。また行為の内的動機は目的をもつから，道徳性は目的とも結びつく。それゆえ道徳性においては，同時に義務として問われる人間性の目的が何かということが問われなければならないが，カントはそれを「自己の完成―他人の幸福」の実現と規定した。

→カント，義務

［文献］カント『人倫の形而上学の基礎づけ』（世界の名著 32）中央公論社，1972。

(太田直道)

テクノクラシー 〔英〕technocracy

技術と経済に専門的知識をもち，合理的思考を身につけた技術者，専門家が政治・行政・経済を支配する状態，あるいはそれをよしとする主張を指す。1920-30 年代アメリカでは，テクノクラシーが反資本主義な立場に基づいて主張されることが多く，特に 1929 年の世界大恐慌以降，広く影響を与えた。現在では，テクノクラートという語は技術的知識，専門的技能の高い官僚，管理職一般を指す。テクノクラシーは，そうしたテクノクラートの機能拡大の趨勢を描写・分析する概念にもなっている。

［文献］ヴェブレン『技術者と価格体制』未来社，1962；ベル『脱工業社会の到来』上・下，ダイヤモンド社，1975。

(後藤道夫)

デステュット・ド・トラシ Antoine-Lois-Claude Destutt de Tracy 1754-1836

フランス革命期の哲学者，政治家。革命期は推進派として人権宣言採択に関わり，のち公教育政策に専心。一般文法学・論理学・政治経済学・道徳学を含む主著『観念学要綱』(イデオロジー) 全 5 巻（1801-15）は，すべての科学の基礎には諸観念の形成と伝達がある，との思想で一貫し，そのメカニズムを平易に説く目的をもつ啓蒙的作品

である。「わたし」を感覚する原因として主体の「固有運動性」を認め，コンディヤックの感覚論を批判するとともに，カバニスの生理学との整合性を図った。
→コンディヤック，観念学
［文献］Emmet Kennedy, *A philosophe in the Age of Revolution : Destutt de Tracy and the origins of "Ideology"*, Philadelphia, 1978 ; Rose Goetz, *Destutt de Tracy : philosophie du langage et science de l'homme*, Librairie Droz, 1993. （田中大二郎）

テーゼ→定立

哲学 〔英〕philosophy〔独〕Philosophie〔仏〕philosophie
最も広い意味では，世界を合理的かつ統一的に理解しようとする知的な営みの総称。元来は「知への愛」を意味するギリシア語の「ピロソピアー」(philo-sophiā) に淵源し，それがラテン語を経てヨーロッパ諸言語にも広がった。明治維新後に西欧から入ってきた「フィロソフィー」を中江兆民は「理学」，西周は「哲学」と訳したが，最終的には後者の訳語が定着した。哲学を自称するすべての教説を過不足なくカバーするような定義はないが，さしあたり哲学とは異なるいくつかの知のあり方（特に常識と科学）との対比を通して哲学とは何かを述べる。

まず，哲学は常識と区別される。常識の内容は，その水準を規定している時代や社会によって様々であるが，いずれにせよそれは，そこに生きる諸個人がいちいちその根拠や理由を考えなくてもとりあえず生きていくことを可能にする世界了解の枠組（世界観）であり，それを充填している一群の知識である。常識は吟味された知識ではないとしても，所与の生活世界に適合した限りでの具体性・全体性・自明性を具えている。プラトンはこの常識を「ドクサ」と呼んだ。広義の哲学はこのドクサ（常識）に対する懐疑と批判に端を発する。ドクサに対する批判は次の二つの論点からなされる。一つは，ドクサにおいては深く吟味されない言葉の意味の明晰化と，概念の首尾一貫性の追求である。現代の論理実証主義や分析哲学などが哲学の課題をこれだけに限ろうとする

のは行き過ぎであるが，この仕事が哲学の重要な役割であることは古今を通して変わらない。プラトンの対話篇では「正義」「勇気」「時間」「愛」など，誰もがその意味をよく知っていると思っている言葉の意味をめぐって激しい論争がなされ，その概念的混乱を整理する中で意外な結論が立ち上がるというドラマが展開される。このように日常言語という常識の大地から自生した言葉（その底にある経験）から出発しつつ，論理的な推論を積み重ねつつ常識を踏み破るような認識を目指すことが哲学の第一の特徴である。哲学はしばしば非常識な妄想と嘲笑される。それは哲学のこうした本性に由来するものでもある。また哲学は異様に煩瑣な概念分割に陥ることがあるが，これも定義と推論の厳密さを守ろうとするあまりの行き過ぎと解すべきである。哲学が常識を批判するもう一つの論点は，常識が「いま・ここ」に現れる現象の説明に終始するのに対し，哲学がそれを超えたより広い世界を探求し，その普遍的な世界了解から遡って「いま・ここ」を新たに意味づけようとすることである。この点においては，科学と哲学は密接に関連するし，古代イオニアの自然哲学において明らかなように，その生誕期において両者は区別しがたい。ドクサに対するこうした挑戦という意味では，哲学と科学は軌を一にするのである（事実「フィロソフィー」は，近代初頭までは長らくこの両者をともに指す広義の意味で使われてきた）。

では，科学と区別される狭義の哲学とは何か。自然科学にせよ社会科学にせよ，それらの諸科学は各々，自らの固有の対象と，その対象を記述する基礎概念，そしてそこに潜む法則を発見する方法を確立することによって，順次哲学から自立していった。たとえば，世界を質量と加速度と力といった要素からのみ眺め，そこで眺められた限りでの世界の構造と法則を明らかにするのが力学であるが，そうした要素概念と観察方法を確立することによって力学という科学が成立して以降，もはや哲学者が哲学者の資格で力学的世界についての発言をすることはなくなった。ここから，コントやラッセルらのような「哲学の死滅論」が導かれる。つまり哲学とは，まだ科学が科学として自立していない段階で現れる非経験的・思弁的思考であって，当該分野の科学が成立

するにしたがって——比較的単純な要素からなる力学を先頭に，化学・生物学・社会諸科学など，対象が複雑なものほど後になって——順次消えてゆくだろうというのである。しかし，この予測は正しくない。第一に，世界は物理学的・生物学的・経済学的等の世界という相互に完結した諸世界の単なる総和ではない。諸科学の間には，相互の翻訳不可能性が横たわっていて——森羅万象を原子（遺伝子）の振舞いで説明できるという物理学（生物学）帝国主義などは，それぞれが扱う世界の階層の相対的独自性を無視している——，それらの諸科学における知を具体的な経験の場で媒介・連関させようとする知の正当な要求は，決してどれかの個別科学によって満たされることはありえないからである。これを目指す知的営みを，哲学以外の名で呼ぶことはできない。第二に，世界は科学が記述しようとする「事実的世界」だけではなく，その事実的世界に対する人間の様々な実践的態度を含む「価値的世界」でもある以上，存在への問い（何であるか）と並んで当為への問い（何をすべきか）が消滅することはありえないが，科学はこの問いを自らに禁じているからである（禁じることによってはじめて科学として成立しえた）。この「～すべきか」を問う組織的な知のあり様もまた，哲学——より固有には倫理学と呼ばれてきた——以外の名を与えることはできない。

　以上，常識や科学との対比で哲学を特徴づけようとしてきたが，ここから現代における哲学の仕事を以下のようにイメージできよう。古代においては，現代で言う科学（悟性的分析知としてのディアノイア）と哲学（直観的総合知としてのエピステーメー）が手を携えて常識（ドクサ）の批判的吟味を行うという図式が成り立っていた。ところが，17世紀以降の科学革命を通して，科学は常識と一体化していき，われわれの生活環境の自然な一部とさえなっている。しかし一方で科学は，人間の具体的・全体的な生活経験との間に分裂をもたらしたり，その科学的成果たる自然支配の技術——この「自然」には人間自体も含まれる——が，人間の生活にとっての脅威となる事態を進行させたりすることによって，様々な問題を惹起してもいる。ここにおいて哲学は，個々の経験諸科学が，その科学の理論枠組を超えてわれわれの具

体的生活世界にまで関わる有形無形のメッセージを発する場面に介入し，諸科学という多言語で様々に語られる（たとえば脳死問題における法学や医学の主張など）諸主張を，民衆的経験（ドクサ）の大地に着地しうるような仕方で整理・翻訳し，問いを立て直すという任務を課せられるのである。かつて，万学の女王として振舞った哲学の地位は，経験諸科学の自立的発展によって没落した。それは，仮説の経験的妥当性を検証しうる民主的な科学者共同体の成立のもつ歴史的意義から見て当然のことである。しかし，経験諸科学（ディアノイア）と民衆的な常識（ドクサ）との分裂の間を媒介する知的メッセンジャーとしての哲学は，その使命をますます重いものにしている。

　古来，こころとからだ，物質と意識，自由と必然（偶然），自然と人為，信仰と知，意志と欲望，理性と感覚といった問題群をめぐって，哲学者は様々な議論を積み重ねてきた。これらの問題群のなかには，現代の大脳生理学や量子力学，発生心理学や進化生物学などの諸科学の知見によって，その問いの内実を大きく変容させられたものもある。しかし，哲学がこれらの科学的な成果とは相対的に独立な議論空間を確保しえているのは，本来哲学が問題としてきたものが，個々の諸科学が抽象した要素以前の，生活世界に根ざすものであったからである（たとえば，こころとからだの関係は，心理学的対象と生理学的対象とは重なりきらないふくらみを帯びている）。こうした問題群をめぐって，唯物論と唯心論，観念論と実在論，経験論と合理論，主観主義と客観主義，相対主義と普遍主義等という対立軸が浮かび上がり，その対決こそが哲学の根本問題だとされるきらいもあった。しかし哲学的な問いの形は，人々が世界に対してもつ実践的関係の歴史的なあり様——そのことが，哲学にイデオロギー的な性格をも刻印する——によって様々に変化してきたのであって，その具体的な連関を離れてこれらの問題を抽象的に論じるのは，哲学の本来のあり方から遊離した議論と言わざるをえない。

→常識，科学，倫理学　　　　　　　　　　　　　　（古茂田宏）

哲学史　〔独〕Philosophiegeschichte〔英〕history of philosophy　一般的には過去の諸々の哲学の事実とその記述を指す。既に3世紀前半頃にディオゲネス・ラエルティオスは古代ギリシアの哲学者の学説と生涯を『哲学者列伝』に記録した。しかし，多くの事実のなかからどの哲学をどのような基準で選び，どのように記述するかに関して，暗黙裡ないし意識的に反省が伴わざるをえなかった。アリストテレスは『形而上学』第一巻において自己の「第一哲学」の講述に先立って，すべてのものの原理原因に関する，タレス以来の先行者の学説を回顧し検討した。これがタレスから叙述を始める今日の殆どの哲学史のやり方の拠り所となった。その限り，哲学史は過去の哲学の網羅的記述ではなく，哲学者が扱う問題における先行研究の検討という意味をもっていた。中世においては古代の伝統的哲学の注釈が大きな関心を占めたが，その後ルネサンスを経て18世紀まで，哲学史は主に古代ギリシア・ローマの哲学の歴史と解され，中世の哲学は積極的に取り上げられなかった。18世紀になってこの傾向が批判され，更にカントの「ア・プリオリな哲学史」によって方法論的な反省が行われた。カントによれば，哲学史は「批判哲学」の前史にすぎず，過去の事実は非時間的に，ア・プリオリな可能性に従って記述されるべきである。これに対してロマン派は哲学史を人間精神の歴史的発展との関連で考察し，シュライエルマッハーは叙述の基準を再び古代哲学に求めた。ヘーゲルはこれら二つの傾向を総合し，哲学史は一方で永遠の真理（「絶対的理念」）の前史としてその諸側面の論理的展開を意味するが，他方では世界史と関連して各民族精神の精髄の歴史を表しているとした。現代では哲学史への関心は二極に分化している。一方で分析哲学は過去の哲学の研究それ自体に積極的意味を認めようとしない。他方で解釈学は過去の哲学を客観的に理解するというよりも，むしろ現代の研究者の主体的視点から過去の哲学に光を当て，また相互に視点を「融合」させ，その限り哲学史研究を自己の哲学的思考の展開と一体をなすものと考える。
→ヘーゲル，解釈学
［文献］アリストテレス『形而上学』上・下，岩波文庫，1959・

テツガク

60：ヘーゲル『哲学史』（全集 11-14）岩波書店，1996-2001；ガダマー『真理と方法』（全 3 冊）法政大学出版局，1986-2012。

(久保陽一)

哲学的人間学 〔独〕Philosophische Anthropologie〔英〕philosophical anthropology

「人間とは何か」という自己反省は文明の発生とともに始まったはずである。それ以来，特殊な集団や時代や人物の個性が刻印された多様な人間観が生み出されてきたが，人類の「普遍的な」特徴を組織的にまとめる試みは，西洋近世の解剖学的な人間学をもって嚆矢とする。その後，経験知を総合する動向はカントの『人間学』をはじめとして，19 世紀の民族学や民俗学，20 世紀の文化人類学へと受け継がれ，今日のフランス系の総合人間学につながる。この動向にあって「哲学的人間学」は独特の思想圏を形成している。19 世紀後半以降キリスト教道徳がダーウィンの生物進化論の挑戦を受けて世界観の対立が深刻化し，とりわけ第一次世界大戦を契機にニヒリズムが広がった。このなかで M. シェーラーは自然科学の成果を踏まえつつ，人間学を哲学の基礎学とすることで人間の独自性と価値を位置づけ直した（『宇宙における人間の地位』1927）。同様の問題意識からシェーラーを批判的に乗り越えようとした哲学運動が「哲学的人間学」である。「脱中心化」に人間の本質を見た H. プレスナーや，特に「欠陥生物」から「訓育生物」を論じた A. ゲーレンがこの運動の代表者である。また，K. ローレンツは動物行動学の立場から，E. ロータッカーは慣習・文化論の総合的な視点から，ゲーレンらの強調する人間の独自性（未確定性や世界開放性）をそれぞれ批判した。今日では一般に「哲学的人間学」はもはや終焉したと見られている。しかし，W. v. ヴァイツゼッカーの「医学的人間学」にはその新たな方向が，すなわち，感じ病み欲する「パトス的存在」に定位しつつ死と生を包含することで，人間学的な医学との往復運動を通して人間の経験を「具体的に」考察する方向が開かれている。これは多様な材料を独自の味付けで料理する総合の立場とも，現象学や基礎存在論とも異なる方向である。フランス認

識論の流れを汲むG. カンギレムの生命哲学と合わせて，ヴァイツゼッカーをいかに受けとめるかに哲学的人間学の深化が懸かっている。
→人間観，人間的自然・人間性
［文献］A. ゲーレン『人間——その性質と世界の中の位置』世界思想社，2008；N. ルーマン『ポストヒューマンの人間論』東京大学出版会，2007；V. v. ヴァイツゼッカー『病いと人——医学的人間学入門』新曜社，2000；G. カンギレム『正常と異常』法政大学出版局，1987
　　　　　　　　　　　　　　　　　　　　　　　（森下直貴）

　哲学の根本問題　〔独〕Die Grundfrage der Philosophie〔英〕fundamental question of philosophy
アリストテレスは，『形而上学』において，存在とはどのようなことか，第一の原因とは何かといった問いを哲学の根本的な問題として論じた。こうした問題は，哲学の歴史のなかで，たとえば，西田幾多郎に『哲学の根本問題』と名づけられた著作があるように，世界の様々な哲学者たちによって，存在とは何か，存在と無の関係はどうかといった形で論じられてきた。
　しかしながら，固有な意味で「哲学の根本問題」とは，F. エンゲルスが『ルートヴィッヒ・フォイエルバッハとドイツ古典哲学の終結』（フォイエルバッハ論）(1888)のなかで論じて以来生まれた問題を指すと言ってよい。エンゲルスは，存在に対する思考，自然に対する精神の関係がどうであるかという問いは，すべての哲学にとって最高の根本的問題だと論じ，そのどちらが根源的なのかをめぐって，唯物論と観念論の二つの陣営に分かれたとしている。ここには，近代の科学的知識の発展，物質的生産力の増大という事態を背景に，中世ヨーロッパを強く支配していたキリスト教的な神学の世界観に強く反発して生まれたドルバックらのフランス唯物論者たちやイギリスの経験主義者たちの戦いが反映している。つまり，物質的世界を根源的現実として肯定し，承認するかどうかという問題と，われわれの思想や認識は現実の世界を認識できるのかという認識論的問題との二つを論じながら，エンゲルスは近代科学の成果を取り入れられずに躊躇する当

時の哲学的潮流を批判しようとしたのである。精神は物質の最高の産物であり，人間の精神や社会の問題も，科学的認識の発展に結びついて認識されるべきであるというエンゲルスの唯物論の主張は，当時のキリスト教的世界観には危険な主張であったとしても，今日では大半の人々にごくすんなりと受け入れられる主張である。実際には，この主張は，それ以降の革命運動を含む政治闘争や哲学的論争の中で，互いを非難する区分として利用された。とりわけ，マルクス主義者が，内外の論敵に対して観念論というレッテルを貼って争う事態は，結果的に唯物論者たちを偏狭な独断的主張によって，それ以外の人を攻撃する人々であるかのようにイメージさせることになった。とはいえ，精神の問題を脳生理学や認知心理学などの科学的研究の成果によって捉えていこうとする「唯物論」的態度の問題と，近代資本主義と深く結びついた所有欲や金銭欲，人々の共同を無視した利己的物欲主義などの「唯物論」（タダモノ論）とが，同じ言葉のなかに共存しているという状況は，精神の問題が，依然として，神学的・宗教的問題として扱われがちな根深い傾向と結びついて，今日の深刻な基本問題である。

→マルクス主義，認識論

［文献］エンゲルス『フォイエルバッハ論』大月書店，2010。

（佐藤和夫）

テニエス Ferdinand Tönnies 1855-1936

ドイツの社会学者。キール大学教授。1887年に出版した『ゲマインシャフトとゲゼルシャフト』は社会学をはじめとする人文諸科学に影響を与えた。社会は愛に基づく共同・結合を基礎とするゲマインシャフトと，利益，打算などによって意味づけられるゲゼルシャフトという結合様態に分けられる。ゲゼルシャフトに対して，ゲマインシャフトがより深層構造的であることなどを指摘し，二つは相互関連的であると把握している。共同性の存立構造についての社会学研究の重要な基礎を構築した社会学者である。

→ゲマインシャフトとゲゼルシャフト

［文献］テンニエス『ゲマインシャフトとゲゼルシャフト』上・

下,岩波文庫,1957。　　　　　　　　　　　　(中村正)

  テーヌ　　Hyppolyte Adolphe Taine 1828-1893
フランスの哲学者,歴史家,文芸批評家。スピノザやコンディヤックらの影響のもと,パリ高等師範学校で哲学を学び優秀な成績を修めるが,クーザン(Victore Cousin 1792-1867)を筆頭とする第二帝政期の保守化したアカデミーからはその感覚論的・反キリスト教的な傾向が疎まれ,哲学の教授職からは排除される。哲学研究と並行して動植物学・生理学・解剖学・精神病理学などの自然科学にも本格的に傾倒し,これが後の美学・文芸批評における自然環境決定論的な姿勢を形成することになる。『ピレネー紀行』(1858)や大著『イギリス文学史』(1863)などの地理的・歴史的著作を通して「人種・環境・時代」の三要素からなる決定論的精神文化論を展開した。19世紀フランスの科学主義・実証主義を体現した文化史家として,ルナンと双璧をなす。
→ルナン
[文献] イポリット・テーヌ『英国文学史——古典主義時代』白水社,1998。　　　　　　　　　　　　(古茂田宏)

  デボーリン　　Abram Moiseevich Deborin 1881-1963
ロシアのマルクス主義哲学者。プレハーノフの影響を受け,主に1920年代に活躍した。スターリン主義確立以前のマルクス主義哲学テキストの代表的著者。哲学史に造詣が深く,唯物論,弁証法を哲学史的に基礎づける著作が多い。F. エンゲルスの遺稿「自然の弁証法」の出版を契機に,自然認識における弁証法の意義を強調し,ヘーゲル研究に依拠しながら,自然の弁証法と唯物史観を総括する弁証法体系を主張。1930年,スターリン独裁への大転換に伴い,失脚した。彼の失脚を通じて,「弁証法的唯物論」「唯物史観」の二部門からなるスターリン主義哲学体系が確立する。
[文献] デボーリン『唯物論史』白揚社,1929;同『弁証法と自然科学』白揚社,1931。　　　　　　　　　　　　(後藤道夫)

デミウル

デミウルゴス 〔ギ〕dēmiūrgos〔英〕demiurge
「職人，製作者」を意味するギリシア語。プラトンは『ティマイオス』で神（デミウルゴス）による宇宙の製作の物語を語る。神は，まず，宇宙の魂を「有」と「同」と「異」から数比を用いて構成し，次に，無秩序に動いていた可視的な四つの物体を宇宙の身体の材料として受け取り，それらを形と数を用いて秩序づけた上で，それ自体永遠なる生きものであるイデアを範型として，魂と知性を備えた生き物である天体（神々）を製作した。続いて，天体の神々が，神により割り当てられた魂と物体から，人間を含む残りの諸生物を製作した。こうして，知性が物体的必然を制する秩序世界としての宇宙（コスモス）が完成した。プラトンの神は，キリスト教の創造神のように，世界を無から創造したわけではない。
［文献］プラトン『ティマイオス』（全集 12）岩波書店，1975。

（斉藤和也）

デモクリトス Dēmokritos 前 460 頃 -370 頃
アブデラ出身の哲学者で，レウキッポスの弟子ないし僚友として古代原子論を整備し発展させた。その著名にもかかわらず生涯は不詳。多岐に渡る論考を著したが，伝存する著作断片の大部分は倫理学的断章である。エレア学派の論理と現象との調停を目指したデモクリトスらの原子論（アトミズム）は，〈有るもの〉である〈アトム〉（〔ギ〕atoma）つまり〈原子〉と，〈有らぬもの〉である〈空虚〉の二原理のみを立てる経済的な理論で，充実体で分割不能な諸原子は，形状と配列と向きを異にし微小かつ知覚不能であり，他方，原子間の空隙と運動の場として要請された空虚は，無限に拡がる三次元的連続体であるとされる。生成消滅とは無限空間での原子の集合体（諸原子は厳密には接触せずに一定の間隔を置いている）の形成と解体にほかならず，これは，原子間の衝突を引き起こす斥力，集合体での原子相互の相対的安定性を生む引力，そして類似原子を集合させる引力の三力による。この機械的な力が必然と同定される。また集合体からはそれと類似した原子の写影像が流出し，その刺激が無媒介的にあるいは感覚器

官を通じて魂に達することで思考や知覚が生じる。倫理学では，生の目的を魂の明朗闊達さとし，幸福は有益で適度な快楽の識別と節制により達成されるという啓発的快楽主義の立場をとった。
［文献］内山勝利編『ソクラテス以前哲学者断片集』4，岩波書店，1998。　　　　　　　　　　　　　　　　　　　（三浦要）

　デューイ　John Dewey 1859-1952
デューイはプラグマティズムの中心的な推進者というだけでなく，その幅広い社会的発言と行動によって20世紀の思想潮流の一つを代表する哲学者である。デューイの哲学的鍛錬はヘーゲルの絶対的観念論との格闘から始まったが，進化論等の科学の発展とジェイムズの影響を受けて，有機体と環境の相互作用の過程そのものに実在性を発見し，二元論を廃して哲学の解体と再構成を進めることを終生の課題とした。彼は認識論では道具主義を主張し，認識活動上の仮説を作り，それを操作的に検証して確実性を探求することを提案した。また，人間学では有機体と環境の関数である「習慣」に注目し，教育学では有機体が環境に適応する活動を「成長」と捉えて，学校組織論や教授理論において独創的な議論を展開した。さらに，日本，中国，トルコ，メキシコ，ソ連を講演や調査で訪問して新しい国造りの実態を観察し，ソ連におけるトロッキー裁判やアメリカでの教員組合運動などにも積極的な発言をして，「民主主義」をキーワードとした独自の社会哲学を展開した。彼の教育哲学を基礎として運営されるデューイ学校は今日まだアメリカで存続している。
→道具主義，実験主義，プラグマティズム
［文献］Dewey, *The Early Works: 1882-1898, The Middle Works: 1899-1924; The Later Works: 1925-1952*, edited by J. A. Boydston, Southern Illinois Univ. Press；『デューイ＝ミード著作集』（全15巻）人間の科学社，1995-2003；デューイ『学校と社会／子どもとカリキュラム』講談社学術文庫，1998；同『哲学の改造』岩波文庫，1968；同『民主主義と教育』上・下，岩波文庫，1975。
（栗田充治）

デュナミス

デュナミス→エネルゲイア／デュナミス

デュルケム　Emile Durkheim 1858-1917
フランス社会学の創始者・道徳主義的社会思想家。密接な関連をもつ二つの主要課題に取り組んだ。すなわち，①社会学を哲学的思弁から独立させ，特定の研究対象と方法を備えた経験科学として樹立すること，②フランス社会の道徳的再建を果たし，近代的秩序形態としての社会的分業と有機的連帯を成立させること，である。①については，「社会的事実」の生成に対する個人心理学的および功利主義的説明を排し，超俗的なコミュニオンの客観化・象徴化作用を「社会的事実」の源泉と認め，「社会的事実」の客観的存在性の根拠とした。これに対応させて，「社会的事実」を「物」として観察する社会学的客観主義を提唱し，自殺現象の因果分析に統計的手法を駆使して社会学的実証主義を確立した。②の課題は，伝統的社会秩序の枠組を脱して急激に社会的分化が進む近代社会は本質的に無秩序化の危険性を孕むという認識に基づく。デュルケムは，近代産業社会における社会的および個人的無秩序状態を解析・批判する「アノミー」論を展開するとともに，道徳それ自体の再建を目指してその世俗化・合理化を試みた。「人格崇拝」なる世俗的集合意識の出現を主張して集合表象の近代化・抽象化を説き，その社会統合力に期待を寄せ，他方で，歴史的堆積物としての「習俗」から道徳的心性の三要素（「規律の精神」「社会集団への愛着」「意志の自律性」）を抽出し，主として学校教育を舞台にその国民的規模での教化・涵養を提唱した。
［文献］デュルケム『社会分業論』ちくま学芸文庫，2017；同『社会学的方法の規準』岩波文庫，1978；同『自殺論』中公文庫，1985；同『宗教生活の基本形態』上・下，ちくま学芸文庫，2014；同『道徳教育論』講談社学術文庫，2010。　　（景井充）

テュルゴー　Anne-Robert-Jacques Turgot（Baron de l'Aulne）1727-1781
フランス革命前夜に活躍した旧体制内改革派の政治家，経済学

者。名門の貴族の家系に生まれ，ソルボンヌ大学で神学を修めたが，それにとどまらず，有名なジョフラン夫人のサロンで多くの啓蒙主義者たちと交流をもちつつ，言語学，形而上学，歴史哲学，政治学，経済学など広範な領域での研究を続け，百科全書にも寄稿した。1761年に，その経済学的知見を買われてリモージュの知事に任命され，経済改革を成功させる。その手腕により，1774年，大蔵大臣に就任。しかし，大貴族層の利害に反する急進的な自由主義的改革を進めようとしたために，わずか2年後に失脚した。主著は『富の形成と分配に関する考察』(1766)，『価値と貨幣』(1769)。自然的秩序を信じ，重商主義的国家介入政策を拒否する点ではケネーらの重農主義（physiocracy：自然の支配）の流れを汲むが，ケネーに濃厚な予定調和的な摂理観は捨てられており，より経験主義的・実証主義的分析が精緻になされている。また，資本家と企業経営者の区別，使用価値と交換価値の区別など，経済学の基礎概念の彫琢に大きな成果を上げた。歴史哲学においては，啓蒙期に典型的な進歩史観がみられ，言語起源に関する議論においても，神学を排した経験主義的・感覚主義的議論がみられる。 　　　　　　　　　　　　　　（古茂田宏）

デリダ　Jacques Derrida 1930-2004

アルジェリアのユダヤ家系に生まれパリに渡った哲学者。ニーチェ，ハイデガーたちの影響のもと，事象の普遍的「本質」を「明らか」にすることを目指す西洋哲学をロゴス中心主義の形而上学と呼んでその脱構築を試み，西洋哲学が必然的に抱え込んでいる非哲学的要素，非形而上学的思考を解きほぐしてみせる。すなわち，文字は声の代理であり声は話者の魂の直接的表現であると考える音声＝中心主義は文字を声や魂という起源から根拠づけようとする形而上学にほかならないが，起源は実はつねに派生物に遅れてやってくるものであり（差延［différance］）――逆にいえば形而上学とは後から起源を仮構的に創設する働きである――テクストは書かれた文字の力によって新しいテクストと解釈を生み続ける（散種［dissémination］）ものとする。

　デリダは西洋哲学のテクストのみならず現代社会における

多様な事象を整除・秩序づけようとする形而上学の脱構築（déconstruction）を通して，特異性や一回性を抹消することなく「アポリア」（根拠づけや方法化された解決などの不可能性）を抱え込んだ倫理や責任を「来たるべき正義」として要請する。
→差異，脱構築，ポスト構造主義，ロゴス中心主義
［文献］デリダ『根源の彼方に グラマトロジーについて』上・下，現代思潮社，1976・72；同『散種』法政大学出版局，2013；同『アポリア』人文書院，2000；上利博規『デリダ』（CenturyBooks 人と思想）清水書院，2001。　　　（上利博規）

　　テレジオ　Bernardino Telesio 1509-1588
ブルーノ，カンパネッラら南イタリアの「自然哲学」派の先蹤者。ルネサンス期，アリストテレスはスコラ学の典拠から脱して自然哲学者として復権し，ヴェネツィアのパドヴァ大学がその研究の中心となったが，テレジオもそこで学んだ後，批判に転じる。思弁よりも感覚を重んじ，万物の自己保存を「精気」の働きとする生気論を唱えた。アリストテレス四原素論に対し，「熱」「冷」という形相と「物質」の角逐を原理とする世界像を示し，真空嫌悪説を批判して「空虚」の存在を認め，「場所」（loci）に代えて「空間」（spatium）の語の最初の使用者となった。だが，デカルトらと違い，数学に対する評価の低さに「自然哲学」一般の特徴がある。
→生気論
［文献］B. Telesio, *De rerum natura juxta propria principia*, Libri IX (1586) (Latin Edition), 2009（『固有の原理による物の本性』）.
　　　　　　　　　　　　　　　　　　　　　　　（石村多門）

　　天　（てん）
天は畏敬の対象，また公正の象徴として，中国思想史上，様々な解釈がなされてきた。殷代には人間界の主宰者上帝とされ，昇天した祖先神と同一化して崇敬の対象になった。西周初期には，有徳者を天子に任ずる天命としての天の解釈が始まり，天命は民衆の意向を通じて察知される以上，理法としての性格に傾いた。春

秋期には，天道という規律的に運行する自然としての天の見方が出現．この見方の極致が，天からの人間の独立を宣言した戦国末期の荀子である。漢代には天を人間の周囲に漂う気とし，君主の政治を監視して災異を下すものとする天人相関説が流行。宋代には天を理として，人間の道徳性の内在の根拠とする解釈が出現し，人欲の汚染と戦い天理を保持することが修養目標となった。

（後藤延子）

典型 〔英・仏〕type〔独〕Typus
Type の訳語としては，「典型」「型」「類型」「階型」などがあり，芸術，人文科学，社会科学，自然科学の領域でそれぞれ別の意味合いで用いられる。芸術論の「典型」は，主にマルクス主義的リアリズム芸術論の領域で用いられてきた。芸術においては個別の人物像や事柄が形象化されるが，この個性化された形象は同時に社会的現実の本質性，法則性，客観性が表現された典型でなければならない。F. エンゲルスは，リアリズムとは「典型的状況のもとにおける典型的人物の忠実な再現」を意味すると言い，典型概念の重要性を示した。社会的本質を普遍的かつ個別的に把握，表現することにより，芸術において形象化された「典型」は社会的諸条件の単なる受動的反映ではないとされる。
［文献］「エンゲルスからマーガレット・ハークネス宛書簡（1888 年 4 月初）」（全集 37）大月書店，1975；ルカーチ『リアリズム論』（著作集 8）白水社，1969。

（吉田正岳）

天台哲学→日本仏教

伝統 〔英〕tradition
伝統の本質的な定義は難しい。伝統は伝統論と共にあるといえる。なぜなら伝統が問題となるのは，一定の歴史的な思想状況のなかでのことだからである。伝統はさしあたり，自明の生活様式や慣習や価値といった仕方で生きられたものの尊重の姿勢である。そして伝統が伝統として正当化されるのは，この段階を超えて，何らかの正当化が必要とされる状況においてである。さらに

この正当化の段階を超えて，伝統が根本的に問い質されるのは，崩壊の危機的状況下での，新たな創造の局面においてである。ここではじめて伝統論は固有の問題次元を構成する。何よりも近代化がグローバルな過程として諸地域・諸国家を揺るがせるなか，従来の文化や社会や支配におけるあり方が，「伝統の問題」として鋭く問われることになる。伝統文化や伝統社会や伝統支配として捉えられたとき，すでに特殊な位相において現れているわけであって，そこから伝統論は一方で復古・保守の思想と結びつき，時代錯誤の固陋が批判されることにもなった。しかし他方，伝統の創造性が問われるのは，むしろ進歩と保守の表層的な対立の次元を超えたところ，啓蒙の反省においてである。現代の哲学的伝統論の潮流を作った一人であるガダマーにおいて，過去の「先入見」が歴史存在の本質をなすものとして積極的に捉え返され，対話的構造のなかでの先入見の再創造が説かれているのは，伝統の新たな評価につながるものである。また歴史的に見れば，戦後日本の保守と革新が，その政治的立場とは裏腹に，その主張の内実において役割を入れ替えていた経緯，そして，そうした転倒した構造そのものが成立しなくなった現在の状況を踏まえるならば，伝統と革新の関連が改めて問われていよう。グローバル化が急速に進展するなか，文明や宗教のあり方が，そして相互の理解が大きな課題として浮上するなかで，伝統の概念は，単に過去の遺産といったものとしてではなく，歴史的・文化的な人間存在の根底に関わるカテゴリーとして，創造的に捉え返される必要がある。
→保守主義，近代化／近代化論，啓蒙思想，ガダマー
[文献] 津田雅夫『文化と宗教——近代日本思想史序論』法律文化社，1997；辻成史他（共著）『伝統——その創出と転成』新曜社，2003。　　　　　　　　　　　　　　　　（津田雅夫）

伝統主義　〔仏〕traditionalisme〔英〕traditionalism
広い意味で解釈すれば，伝統主義は，時代の変化とは無関係に，過去から受け継がれる風習や思想をのみ尊重し，新しいものを受け入れない保守主義の意味に用いられる。西洋思想史上で用いられる「伝統主義」は，18世紀の啓蒙思想の反動として，19世

紀フランスに現れた。中世の宗教的伝統に固執し，真理は自然の理性によっては求めえず，啓示に基づく伝統のうちに求められる，とされた。メストル（J. de Maistre, 1753-1821），ボナール（L. G. A. Bonald, 1754-1840），シャトーブリアン（F. R. de Chateaubriand, 1768-1848）などがその代表者。ただし，シャトーブリアンについては，彼のうちでは啓蒙の哲学とキリスト教の精神とが断絶していない，との議論もある。　　　　　（白井健二）

伝統仏教→日本仏教

天皇制　〔英〕Emperor Systems in Japan
天皇を君主もしくは政治支配の権威の源泉とする国家政治体制。倭王として登場した君主が大王（オオキミ）を経て，天皇と称するようになるのは7世紀末（天武・持統朝）とされるが，「天皇制」は，まず明治維新以降の近代国家の君主制機構とその正当化イデオロギーを批判的に把握する用語として生まれた。明治維新で成立した国家は，その政治支配の正統性を古事記・日本書紀の神勅神話に基づく，変わることのない「万世一系」の天皇の統治に求め，天皇に統治権のすべてが帰属する政治体制を取りつつ，そのもとで文武の官僚機構が強大な力を発揮する専制的体制を採用した。この専制的体制と神話の歴史を動員したイデオロギーに対する批判として，その君主制機構を天皇制と呼び絶対主義の性格をもつとする分析が，1930年代初めに日本のマルクス主義者によって行われた。第二次世界大戦の敗戦により日本の君主制や天皇制についての研究は，はじめて全面的・全時代的に自由に展開されるようになり，研究が次々と発表されて天皇制という用語は学術用語として一般的なものとなった。前近代史にも天皇制という用語が適用されて，古代天皇制（律令国家体制のもとでの祭祀君主の性格をあわせもつ専制君主制），中世天皇制（幕府という武家政権の成立と公家政権＝朝廷の頂点としての天皇）などについての研究が積み重ねられ，さらに近世の天皇（徳川幕府支配のもとでの朝廷）についての研究も進展した。これらの研究を通じて，国家政治体制とそのなかでの天皇の存在の仕方・機能は時代とともに大

きく変化していることが、明らかにされてきた。同時に天皇の存在は、律令国家以来の日本の国制的特質の一つ（国家の権威性）を表示することも指摘されてきている。敗戦と日本国憲法の制定によって、戦後の象徴天皇制が成立した。国民主権が明記され、天皇は国民統合の「象徴」であって国政に関する権能を有しないとされている。こうして国民の「幸福と秩序」のシンボルとしての天皇像が拡大されたが、他方、国家的権威を体現する天皇を求める動向も消滅することはなかった。戦前の紀元節を建国記念日とすることが1966年に定められた。天皇の「外交君主」としての活動もこの頃から活発化し、そこでは事実上の元首としての取り扱いがなされ、国家の威厳を天皇が象徴するような状況が生じてきた。これらは、大国ナショナリズムによる国民統合のため、そのシンボルとして権威ある天皇をもとめる動向と考えられる。
[文献] 水林彪『封建制の再編と日本的社会の確立——日本通史II』山川出版社，1987；安田浩『天皇の政治史——睦仁・嘉仁・裕仁の時代』吉川弘文館，2019；渡辺治『戦後政治史の中の天皇制』青木書店，1990。　　　　　　　　　　　　（安田浩）

天賦人権論　（てんぷじんけんろん）
欧米の自然法思想，社会契約説，啓蒙思想を表す影響を受けて導入された自然権（natural right）思想の明治前半期の言葉。人は生まれながらにして自由，平等であり幸福を追求する権利があるとする。古代からの伝統である自然法思想の発展として近代には普遍の法則は理性に基づくとされるようになる。それが社会編成の原理として適用されるところから自然権の思想が生まれ，社会契約説や啓蒙思想においても主張された（イギリスのホッブズ，ロック，フランスのルソーは代表的思想家）。自然権には生存権，身体的自由，財産権，幸福追求権，思想・良心の自由，表現の自由，信仰・宗教の自由，結社の自由，抵抗権，革命権が含まれ，統治は立憲主義による。その内容はアメリカ合衆国の独立宣言，フランス革命の人権宣言に集約されている。自然権思想はわが国では，儒学・朱子学等の政治的道徳的思想伝統のなかで受容され，明治初期の啓蒙思想家，民権論者の自由主義思想（天賦人権

論)として始まった。天賦人権論は啓蒙思想家の著訳書の内容を思想的な糧として，自由民権運動の発展とともに，内容が整備されてゆき，中江兆民，植木枝盛，馬場辰猪，大井憲太郎らが活躍した。しかし，それは天賦人権論として徹底せず，国権伸長論・強力国家論や皇帝主権論によって政府に迎合，自由党は解散し自由民権運動は終焉した。その思想は明治憲法によって全面的に否定されたが，長期にわたって地下水脈として維持され，第二次世界大戦後，日本国憲法，基本的人権論に継受された。
→自由民権運動
[文献] 稲田正次『明治憲法成立史』上・下，有斐閣，1960。
(加藤恒男)

天変地異説→キュヴィエ

天理人欲 (てんりじんよく)
言葉としては『礼記』楽記篇に由来。近世の宋学，特に朱熹(朱子)によって倫理学上の中心的論点に据えられた。この場合，「天理」は「義理(本然)の性」として万人に具わるが，同時に人間の具える「気質の性」がそれを覆い，「人欲」として発現するとされる。前者は絶対善，後者は悪の根因とされ，両者は峻厳な価値対立のもとに置かれる。勿論，「人欲」は欲望一般ではなく，「天理」から逸脱した限りでの欲望を指すが，しかし支配者から見れば，民衆の切実な要求のほとんどは「天理」から外れているであろう。ゆえに反朱子学派の戴震は，自己の臆見たる「理」を楯に他者の要求を抑圧，天下に多大の禍害を与えるものとして，厳しくこれを論難した。
→朱熹，戴震
(村瀬裕也)

ドイツカ

ト

ドイツ観念論 〔独〕deutscher Idealismus〔英〕german idealism〔仏〕idéalisme allemand

【観念論の徹底】18 世紀後半から 19 世紀初頭にドイツに登場した哲学的潮流で，カント，フィヒテ，シェリング，ヘーゲルを代表者とする。ドイツ古典哲学とも呼ばれる。それは 18 世紀のドイツにおける新人文主義（ヴィンケルマン，レッシング，ヘルダー），古典文学（シラー，ゲーテ），ロマン主義文学とも関わる近代ヨーロッパの最後の有力な哲学的潮流であり，それ以後はこれを批判し，様々な現代哲学潮流が登場する。

ドイツ観念論は，それまでの観念論とは異なる特徴をもつ。〈Idea〉（〔英〕idea，〔仏〕idée）は近代哲学においてしばしば多観念（意識内容）を意味するが，もともとプラトンの「イデア」に由来し，「理想」（〔独〕Ideal，〔英〕ideal）や「理念」（〔独〕Idee，〔英〕idea）と結びついている。ドイツ観念論は〈Idea〉の包括的意味を生かそうとする。

【ドイツ観念論の理性】ドイツ観念論の基本特徴は，①理性の能動性を明確にしたことにある。合理論（ドイツではライプニッツやヴォルフ）における理性は万物の基本秩序を認識するが，ドイツ観念論における理性はさらに万物に秩序を与える点で，能動的性格がより明確にする。②合理論（rationalism）の理性（ratio）は数学をモデルにする（ラチオはもともと比例関係を意味する）が，ドイツ観念論は本来の理性はこれを超えると見なす。ヘーゲルによると，合理論の理性は悟性にすぎない。③理性の批判性を強調したこともドイツ観念論の特徴である。デカルトは，すべてを疑い批判する理性に基づいて確実な認識を得ようとした。しかし，合理論における理性はドグマという性格を残しており，カントはこれを批判した（批判哲学）。④ドイツ観念論は哲学の体系を重視し，学＝哲学は理性に基づく体系知でなければならないと

見なす。⑤ドイツ観念論は経験論や実証的科学に対抗して，理性の超越論的な能力によって形而上学を再建しようとする。

【主観的観念論から客観的観念論へ】カントとフィヒテは主観的観念論の立場に立つが，シェリングとヘーゲルはこれを客観的観念論（彼ら自身は絶対的観念論と呼ぶ）へ転換する。カントにおいては理論的理性は感覚的素材を秩序づけるが，後者を外部から与えられる。これに対して実践的理性は感覚的要素を度外視し，これから独立する。カントは実践的理性の優位性を主張するが，これを理論的理性と統一するには至らなかった。フィヒテは自我の能動性を強調し，理論的自我と実践的自我を統一しようとする。絶対的自我は完全に自分のみによって自分を定立する。有限な自我は自分以外のもの＝非我の障害に出会うが，この障害を乗り越える点で，実践的である。理論的自我の受動性は，自分に制限を課す実践的自我の能動性に基づくとされる。しかし，フィヒテにおいては非我を自我との合致は要請にとどまった。

シェリングは，主観と客観の一致が可能となるためには，理性は主観にのみ属すのでなく，客観にも内在しなければならないと見なした（ギリシア哲学においてはロゴス（理性，理法）は，事物に内在する客観的なものであった）。客観（自然）と主観（精神）を結合するのは絶対者であり，両者は絶対者が分化して現象したものである。シェリングは，絶対者は知的直観によって把握されると主張したが，ヘーゲルはこれを批判する。ヘーゲルは万物の原理を「概念」（〔独〕Begriff）と呼ぶ。事物のなかに隠された概念を摑み取る活動が「概念把握」（〔独〕Begreifen）であるとされる。

→カント，フィヒテ，シェリング，ヘーゲル

［文献］クローナー『ドイツ観念論の発展』1・2，理想社，1998・2000；古在由重「ドイツ観念論の二重性」（著作集3）勁草書房，1965；久保陽一『ドイツ観念論とは何か』ちくま学芸文庫，2012。 （高田純）

トインビー　Arnold Toynbee 1889-1975
イギリスの歴史家。オックスフォード大学でギリシア・ローマ史

を担当。一時外務省にも勤務。トゥキュディデスの『ペロポネソス戦争史』からヒントを得て文明の比較研究に没頭し，1921年頃から54年まで，第二次世界大戦による中断も含め30年以上かかって大著『歴史の研究』全12巻を公刊した。その基本思想は諸文明が発生，成長，衰退，解体していくプロセスに一定の共通性が見られるということであるが，それは外部の文明との出会い，挑戦，対応によるとする捉え方である。西ヨーロッパ文明についてはなお成長過程にあるというが，核兵器による人類絶滅の危険も指摘している。
[文献] トインビー『歴史の研究』（全25巻）経済往来社，1966-72。
〔浜林正夫〕

当為 〔英〕ought〔独〕Sollen
われわれの意志や行為が「なすべきこと」，ないし「なすべきでないこと」として拘束されていること。当為命題の特殊性を強調する議論としては，ヒュームのものが有名である。彼は，道徳的善悪の区別は事実的認識に関する真偽を区別する理性に基づくものではなく，徳と不徳に伴う特殊な快苦を感じる道徳感覚に基づくものであるとの立場から，「べきである」（ought）という形をとる当為命題を「である」（is）という形をとる存在命題から引き出すことはできないと主張した。

当為をその倫理学の中心概念としたカントの場合，われわれの意志の規定根拠が，自然法則の支配下にある自然的存在者としてのわれわれがもつ欲望（傾向性）である限りにおいては，それがいかに「べきである」という当為命題の形式を備えていたとしても，われわれの意志は実質的には自然必然性に従属しているにすぎないとされる。われわれの意志が純粋に道徳法則のみによって規定され，一切の欲望を度外視して端的に「なすべし」と命ずる定言命法に従って行為する場合にのみ，われわれの意志は自然必然性から解放された自律的意志として真の意味での「なすべきこと」へと拘束されるとカントは主張する。

この他にも，価値や妥当性の領域と事実や経験の領域を明確に区別しようとする新カント派や「快」を感じるという事実からそ

れが「善い」ものであるという価値命題を引き出す功利主義的議論を「自然主義的誤謬」として批判するムーアなど，様々な理論的立場から当為命題の位置づけがなされてきた。
→道徳法則（道徳律），定言命法
［文献］カント『実践理性批判』岩波文庫，1979；G. E. ムーア『倫理学原理』三和書籍，2010。　　　　　　　　　　（石井潔）

　統一科学　〔独〕Einheitswissenschaft〔英〕unified science
ウィーン学団の掲げた「科学的な世界把握」の一部をなす主張で，「諸科学はその使用する言語を統一することによって統一できる」とするもの。その「統一言語」に擬せられたのは，物を指し示す時空座標を使用する物理学の言語であって，まず生物学はこれを用いて構築でき，ついで心理学はこの生物学の言語で，さらに社会学はこの心理学の言語で，構築するという具合に進んでいけばよい，というのであった（物理〔学〕主義）。この一面的な還元主義的構想は，特にノイラートが提唱して熱心に主張し，カルナップも一時期これを支援したが，実現されるところまではいかなかった。
［文献］Otto Neurath, *Gesammelte philosophische und methodologische Schriften*, 2. Bde., Wien 1981；ライヘンバッハ『科学哲学の形成』みすず書房，1985。　　　　　（秋間実）

　同一性　〔英〕identity〔独〕Identität〔仏〕identité
区別，差異，非同一性などの反対概念である。もともと事物同士が同じであるという日常的意味に由来するが，哲学的に見ればいくつかの意味がある。まず，ひとつの同じものという意味での数的同一性が挙げられる。これは，たとえばある一つの同じ山に何回も登るという意味で，その山の数的同一性を指し示す。次に，たとえば羊蹄山と蝦夷富士とが異なる名称で同一のものを指すというような指示的対象としての同一性がある。また，ある山ともう一つの山が富士山のように同じ円錐形をもつという同一性，それに二つの山が同じ蛇紋岩から形成されているという意味での質的同一性もある。そして，一つの山そのものが当面は不変である

という意味での存在論的な自己同一性がある。西洋哲学においては，これらの同一性の意味がしばしば錯綜して論じられ，さらにいわゆる形式論理学の基本法則とされる同一律・矛盾律・排中律などの諸問題との関わりにおいても，様々な議論を生んできた。

事物の自己同一性という場合，自然が絶えず運動・変化する限り，それは相対的なものでしかない。永遠不滅・不動の世界の存在を主張するパルメニデスやプラトンの世界観においては，同一性は，運動変化する現象界・感覚界を越えたところに成立する形而上学的なものであった。しかし，ヘーゲルは，同一性がその反対である区別または差異性とは決して切り離されず，これらの反対概念に照らして初めて十分に把握される反照規定であるとし，同一性と差異性を彼の論理学体系の中の本質論に位置づけた。彼によれば同一性は，その反対概念とともに，決して単なる思考の法則ではなくて，存在の本質的な法則でもあって，その本質は「自己自身に関係する否定性」である。こうした否定性とは，区別・差異性・非同一性をそれ自身のうちに含んだ同一性であって，同一性と差異性との弁証法的統一こそが事態の真理にほかならない。こうしてヘーゲルは，同一性命題または同一律を単なる思考法則と解することを斥け，区別と差異を捨象して同一性を理解する立場を抽象的同一性として批判した。

→差異，同一律，弁証法

［文献］ヘーゲル『大論理学』中（全集7）岩波書店，1966。

(奥谷浩一)

同一哲学 〔独〕Identitätsphilosophie

シェリングの1801年から1806年頃の哲学的立場を指す。代表作は「私の哲学体系の叙述」(1801)，「哲学体系からの詳述」(1802/3)，「哲学と宗教」「全哲学の体系」（以上1804)，「自然哲学序論へのアフォリスメン」「自然哲学へのアフォリスメン」（以上1806)。フィヒテ的な自我哲学とシェリングの青年時代の自然哲学の体系的な対立を調停するために構想された立場である。同一哲学は，「絶対的同一性」という点的な統一に基づいて「絶対的総体」として体系的な統一をもつとされる。シェリングは，こ

の「絶対的同一性」を「絶対的認識作用」と「存在」という二つの「同一性の同一性」として捉える。すなわち主観（主観的な主観—客観）がフィヒテの立場であり，客観（客観的主観—客観）がシェリングの立場として考えられる。そしてこの「絶対的同一性」（主観—客観）は知的直観によって捉えられるとされる。

　だが，この同一性が成り立つのは「絶対的理性」の境位においてである。そのため，シェリングは，フィヒテとの書簡による論争，エッシェンマイヤーとの論争に巻き込まれた。特に後者の批判は，有限者が「量的差別」によって捉えられるために，正当に基礎づけられないということであり，この「個体性の存立根拠」問題が同一哲学の原理的弱点をなす。シェリングは，1804年の「哲学と宗教」以後この問題に取り組み，1806年頃から新しい思想展開に向かい，1809年の「自由論」において新しい立場に立った。「自由論」以後がシェリング思想の展開の中期とされている。
→シェリング

［文献］ヘーゲル「フィヒテ哲学体系とシェリング哲学体系の差異」（ヘーゲル全集 3—イェーナ期批判論稿）知泉書館，2020；長島隆「フィヒテとシェリング——「生きている自然」と思惟（知）と存在の同一性」（『叢書ドイツ観念論との対話』2）ミネルヴァ書房，1993；Bernhard Rang, *Identität und Indifferenz*, 2000；Timo Nitz, *Absolutes Identitätssystem*, 2012. 　　　　（長島隆）

　　同一律　〔英〕low of identity, principle of identity
同一の原理，自同律ともいう。矛盾律，排中律，充足理由律とともに形式論理学の基本法則とされている。ふつう「AはAである」という形で表されるが，これは，概念の対象である事物が変化していても（たとえば，「民主主義」という概念は，古代から現代までその内容は変化している），概念は一定の範囲の議論や論述においては同じ意味で用いられなければ論理が成り立たないということを意味している。
→形式論理学，矛盾律，排中律，充足理由の原理　　（中村行秀）

ドウォキ

ドウォーキン　Ronald Dworkin 1931-2013
ロールズと並ぶ現代アメリカの平等主義的自由主義の代表的思想家。法理学者。重要なのは自由一般ではなく平等のための個別的自由であり，何よりもまず「平等な配慮と尊重への権利」を確立すべきであると説く。平等への権利を「真剣に受けとめる」ことが必要であり，各人がそれぞれに善き生を実現することができるようにするためには，各人の様態に応じた，先天的・後天的に発生するハンディキャップを補填する，「資源の平等」が確保されなければならない。「仮想的オークション」という理論枠組の導入によってロールズ流の社会契約論的な方法がもつ難点の克服を試みるとともに，逆差別や「中絶」など現実の具体的で重大な諸問題に論争的に介入して，現代社会に思想的インパクトを与え続けた。
→自由主義，自由，平等
［文献］ドウォーキン『権利論』木鐸社，2003；同『平等とは何か』木鐸社，2002。　　　　　　　　　　　（吉崎祥司）

道家
「道」をその学説の宗旨とする学派の名称。先秦時代の諸子百家のなかの一派と見られ，老子および荘子の思想を奉ずるところから，老荘の学とも称される。また漢代以後，これに伝説上の人物・黄帝が結合，黄老の術とも言われる。その起源は，一説によると，『論語』に記載された「逸民」と呼ばれる人々，すなわち没落した旧貴族に属し，もはや失地回復の望みはないが，さりとて新興階級を基盤とした新たな統治に屈伏することも潔しとせず，消極的な抵抗を続けた人々の観念形態にあると言われる。この説には異論もあろうが，しかしそう見ると，『老子』や『荘子』の世界観も理解しやすいと思われる。すなわち老子によると，宇宙の根源・絶対者としての「道」は，儒教における社会規範・道徳規範としてのそれと異なり，名称によって規定できないもの，強いて「道」としか名づけようのないもの，恍惚として仄暗く，しかも綿々として尽きざるものであり，こうした「道」に面すれば，仁義・聖智・巧利・学問など文化・文明の価値はすべて無意

味に帰する。荘子にあっても,「道」は見ることはできないが,あらゆる事物に遍在する絶対者であり,そのもとでは是非善悪美醜に関する人間の価値判断は瑣末的なものとなり,「彼もまた一是非,これもまた一是非」として相対化される。かつまた人間の重大視する夢と現実,生と死の境界も本質的な意味を失う。とすれば,人間に望まれるのは,特定の価値への固執を断ち,もっぱら自然の道に従った,いわば「無為自然」の純朴な生き方しかないであろう。それはまた政治論の上では,人為を排した統治,愚民政策,小国寡民策などにつながる。歴史的に見ると,道家は,前漢時代に儒教が国教化されて以後も長く命脈を保ち,公的な表の顔とは別の,私的生活の面で人々の精神的な拠り所であり続けた。後漢末以後,特に魏晋時代になると,養生説や神仙説と結合して「道教」となり,また形而上学的に洗練されて「玄学」となった。前者は民間に広く普及し,後者は知識人の間に流行した。

→老子,荘子

[文献] 津田左右吉『道家の思想とその展開』(全集13) 岩波書店,1964;馮友蘭『中国哲学史新編』第1冊,河南人民出版社,2000;福永光司『老子』ちくま学芸文庫,2013。 (村瀬裕也)

統覚 〔独〕Apperzeption〔英〕apperception

カント哲学の基幹概念であり,悟性の活動の根底にあり,すべての悟性認識の統一作用を担う能力ないし働き。認識活動を可能にするものは不変的で根源的な主観の能力による統合作用であるが,この作用主体が「わたしは考える」(Ich denke)という表象を伴うところの統覚(超越論的統覚)と称せられるのである。カントは認識の過程を諸表象の総合的統一として捉えたが,この総合的統一を可能にする根源的な自己の同一性が統覚である。統覚という言葉を最初に用いたのはライプニッツであるが,彼は,知覚がなされる時にその知覚そのものを知覚する意識が働いていることを認め,それを統覚と名づけた。知覚には意識されない知覚(動物におけるように)と意識された知覚(人間の場合)とがあるが,後者においては統覚が働いているのである。カントはこの

ような知覚における自己意識としての経験的統覚の考え方を受け継ぎ、さらにおよそ経験的認識が可能になる根源的制約として超越論的統覚を考えた。超越論的統覚は自己の働きの同一性そのものであり、自己活動性の起点である。そのような不変不動の「われ」があって初めて認識が可能となる。認識世界が扇の絵模様であるなら超越論的統覚はその要にあたるといえよう。このような理解を踏まえて彼は「統覚の総合的統一の原則はすべての知性使用の最高原則である」とし、そのことを論じた「超越論的演繹論」を認識批判の最重要個所と見なした。　　　　　　（太田直道）

道学
宋代の新儒学、「理学」または「性理学」と称される系統の学派を指す。名称としては北宋の張載が始めて用い、程兄弟もこれを採用、南宋時代には一般的な学派名となる。中唐の韓愈によって提起された、堯から孔子・孟子に至る正統儒教の観念、つまりは「道統」の観念を承け、自らもまたかかる正統の系譜に列するとの自負を託した名称。従来の儒教においては弱体であった宇宙論、または形而上学を体系化し、それによって儒教的範疇を基礎づけたところに特徴を有する。但しこの語を広義に用い、先駆者たる韓愈・李翺(りこう)を始め、陸象山・王陽明もここに包括すべきであるとの主張もある。　　　　　　　　　　　　　　（村瀬裕也）

東学思想
朝鮮の開国前夜、水雲崔済愚（1824-1864）が説いた民族的宗教思想。「至気今至願為大降」（至気今に至り、願い大降を為す）と「侍天主造化定万事知」（侍天主、造化定まり、万事知る）という呪文と「広済蒼生、布徳天下」「輔国安民」という教説（スローガン）がこの思想の中核をなす。キーワードは「至気」と「侍天主」である。至気は天地間の最高の気のことであり、人はこの気によって生まれ、この気によって生きているという。侍天主とは人間自身のうちに宿る神のことであり、神は人間のことであり、神は人間と離れて存在するのではなく人間自身であること、すなわち「人 乃(すなわち) 天」という東学思想最大の命題を引き出し、根拠づ

ける概念である。広済蒼生は広く蒼生（民のこと）を済（すく）うという救済意識，輔国安民は西洋の侵略から自国を守らんとする民族意識の具現である。東学は西学（キリスト教）に対抗する意識の表れであり，儒教，仏教，仙教（道教）の三教にキリスト教まで取り込んでいる。崔済愚は1864年「惑誣民」の廉で41歳で処刑されるが，二代目教祖，崔時亨のとき，教祖伸冤（しんえん）運動が興り，94年には全琫準（ぜんほうじゅん）を指導者とする反封建，反侵略の甲午農民戦争を展開するに至る。三代目教祖，孫乗熙の代に至って天道教と改名し，今日に至る。多分に迷信的要素ももっていた東学の思想は1970年代に韓国の思想家，金芝河（きんしが）によって獄中で現代的解釈が施され，新しい生命思想として甦った。

［文献］呉知泳『東洋史——朝鮮民衆運動の記録』（東洋文庫）平凡社，1970；金芝河『飯・活人』御茶の水書房，1989。

（小川晴久）

同感→共感

投企　〔仏〕projet
サルトルの基本概念。「被投性」（Geworfenheit）と「企投（かど）」（Entwurf）との一対的関係のうちに人間の生の構造を捉えようとするハイデガーの観点から深い影響を受ける。人間の生とは，おのれが投げ込まれている運命的状況が孕む可能性を我が可能性として取り上げ直し，その実現に向けておのれを行動へ投げ出すことである。可能性を可能性として評価し追求することは，それ自身ある諸価値を自らの追求する価値として新たに選ぶことであり，それに自己を拘束し，賭けることである。サルトルはこの価値投企の創造性を強調したから，生の時間性における未来の優位を強調した。人間は自分が投企する未来（＝価値）から出発して，おのれの過去の何が今も意味ある現在の生の構成要素として現在化するかを決定するとされる。

（清眞人）

動機　〔英〕motive〔独〕Motiv
人が行動を起こす際に理由となり，行動を方向づける原因となる

もの。社会関係を人々の行為に即して分析しようとする場合，行為の動機を理解することが重要となる。なかでも M. ウェーバーの理解社会学は，社会的行為の意味を行為者の動機に遡及して理解し，説明することを目指した。その場合，動機とは行為の理解可能な意味連関である。A. シュッツによれば，さらにそこでは二つの意味連関が区別される。すなわち，動機は，行為者の主観的観点において，「～するため」という未来の目的（目的動機）であり，観察者の客観的観点において，「～だから」という過去の理由（理由動機）であるとされる。
[文献] ヴェーバー『社会学の根本概念』岩波文庫，1972；シュッツ『社会的現実の問題』1・2，マルジュ社，1983-85。

(豊泉周治)

動機説と結果説 〔英〕
道徳的観点から見て，人の行い（行為）をよい（善なる）ものとするのは何か。行為のもとになる動機がよいものであるとき，それがよい行為となると主張するのが動機説であり，行為がよいものであるのは，行為によって引き起こされた結果がよいときであるというのが結果説である。一方では，結果がたまたまよかっただけでは行為そのものはよいとは言えず，人のためを思ってした行為が不幸な結果に終わったとしてもそれを道徳的に悪いとは言えない場合がある。他方で，行為の結果生じた被害が重大であれば，善意に基づく行為であっても道徳的な非難や責任を免れない場合もある。このように，常識的な思考の範囲では，行為に対する判断基準に動機と結果の両方が含まれる。しかし，何が道徳的に正しいかについての哲学的学説としては，動機中心の考え方と結果中心の考え方は，しばしば異なった人間観に基づいており，鋭く対立する。動機説の代表的なものはカントの説であり，それによれば，人間は理性の見出す普遍的な法則による義務に従うべきであるとされる（このような義務中心の道徳説は義務論［deontology］と呼ばれる）。この考え方は，感覚や欲求に支配される物質的な世界の住人であることを超えた理性的存在として人間を捉えることに基づく。ただし，動機説が常に理性中心の考え

ドウキョ

方でなければならないわけではなく，生得的な道徳感情や良心に従うことに道徳の根源を求める説もありうる。これに対して，結果説を代表する功利主義によれば，行為は，その結果として人々が受け取る満足の総計が大きければ大きいほどよいものとされる（功利主義を含む結果中心の道徳説は結果主義ないし帰結主義［consequentialism］と呼ばれる）。この考え方は，人間を快苦の感覚に支配され，現実的な幸福を追求する存在とするベンサムの思想から生まれた。動機説と結果説を適切に理解し，評価するためには，それぞれの根源にある，人間そのものに対する見方，行為を導くにあたっての理性と感覚，理性と感情それぞれの役割と関係についての考え方に遡って検討してみなければならない。
→カント，ベンサム　　　　　　　　　　　　　　　（伊勢俊彦）

道教

後漢時代に萌芽し，魏晋時代に発展した中国の伝統宗教。道家との血縁は深いが，しかし宗教色から自由な本来の道家思想からは区別される。一種の多神教と延命長寿法と神仙説を特徴とする。教団としては，後漢2世紀の太平道――その頃黄河以北に反乱を起こした「黄巾の賊」の信奉した宗教――と五斗米道がその嚆矢。いずれも呪術的な医療によって広く民間に浸透した。その後，新たに伝来した仏教に触発されつつ教理が整備されていく。教理書としては魏伯陽の『周易参同契』と葛洪の『抱朴子』が有名である。『抱朴子』は，煉丹法や房中術や呼吸法などを詳述し，神仙思想を鮮明にする。教団としては，寇謙之の開いた新天師道，陶弘景の開いた茅山派が重要。北宋末期には，徽宗の庇護のもと，張君房らの手で膨大な概説書『大宋天宮宝蔵』が編纂される。この他，道士・陳摶の作成したと言われる太極図が儒教系の周敦頤に伝わって宋学の端緒となったことは，思想史的には記念すべき事件であろう。この時期にはまた，劉徳仁の開いた真大道教，蕭抱珍の開いた太一教，王重陽の開いた全真教などの新道教が勃興する。このうち，特に全真教は広く伝播し，近代に至るまで命脈を維持した。

［文献］葛洪『抱朴子』岩波文庫，1997：福井康順『道教の基礎

的研究』理想社，1952。　　　　　　　　　　　　　　（村瀬裕也）

道具主義　〔英〕instrumentalism
デューイは理論と実践の二元論を否定して，思考を環境に適応する反応の足場となるものと捉えた。その足場が確かなものであるかどうかを判断するにはテストを必要とする。彼は「概念，理論，思想体系は道具である。すべての道具の場合と同じように，その価値は，それ自身の内にあるのでなく，その使用の結果に現れる作業能力の内にある」(『哲学の改造』1920) と述べ，理論は誤りうるものという可謬主義の立場を表明するとともに，開かれた自由な探求はその道具としての有効性をテストされることを通じて無限に進んで行き，その中で指導能力を証明されたものが真理であると考えた。
→デューイ
［文献］デューイ『哲学の改造』岩波文庫，1968；魚津郁夫『プラグマティズムと現代』放送大学教育振興会，1997。
　　　　　　　　　　　　　　　　　　　　　　　　（栗田充治）

洞窟の比喩　〔英〕simile of the cave
プラトンが，イデア論を説明するために，生成界に住むわれわれを地下の洞窟に住む囚人に喩えたもの。囚人は手足を縛られ，前方の壁に投影された人形の影を見るように強制されていたが，ある時縛めを解かれ振り向くように命じられる。目が眩んで人形ははっきりとは見えなかったが，地上へ連れ出されると，段々と目が慣れてきて，やがて地上の光景や太陽さえ見えるようになる。地上の光景と太陽とは，それぞれイデア的世界と善のイデアの喩えであり，この比喩において，知性の目覚め（振り向くこと）から善のイデアの観想に至る哲学者養成の道筋が語られている。善のイデアを認識した哲学者は至福の状態にあるが，生成界の国家に戻り，支配の任にあたるよう強制される。
［文献］プラトン『国家』下　第7巻，岩波文庫，1979。
　　　　　　　　　　　　　　　　　　　　　　　　（斉藤和也）

道具的理性 〔独〕Instrumentelle Vernunft

ホルクハイマーの著書『道具的理性批判』(1967)——『理性の腐蝕』というタイトルで1947年に英語で出版され，ドイツ語訳刊行の際に書名が改められた——からとられた言葉。ホルクハイマーは近代理性の歴史を，客観的理性から主観的理性（経験主義，啓蒙主義，実証主義）へと移行する過程と考えた。この主観的理性の別名が道具的理性である。道具的理性の考え方によれば，理性的であるとは，所与の目的に対する手段が有効かどうかの判断（M. ウェーバーの目的合理性にあたる）に限定され，道徳や世界観の吟味は形而上学的であると切り捨てられ，自己保存のみが残る。ホルクハイマーは，これに対し理性の自己批判を提起している。

→合理性，大衆社会，管理社会

[文献] ホルクハイマー『理性の腐蝕』せりか書房，1987。

(福山隆夫)

道元 （どうげん）1200〔正治2〕-1253〔建長5〕

鎌倉中期の禅僧。日本曹洞宗の開祖。父は内大臣久我通親（一説には大納言通具），母は藤原基房の娘とされる。13歳で比叡山に入り，翌年天台座主公円に就いて受戒。「本来本法性，天然自性身」（人は生来仏の性質を備えている）と天台では説くが，ではなぜ修行が必要なのかという疑問を抱く比叡山を下りる。18歳の年，栄西の開いた建仁寺に投じ，栄西の弟子明全に師事して禅の修行を始める。1223（貞応2）年，24歳の年入宋。天童山景徳寺の天童如浄に学び，如浄の「身心脱落」という言葉を聞いて大悟し，印可を得る。1227（安貞1）年，帰国し，『普勧坐禅儀』を著して「只管打坐」（ただひたすら坐禅すること）を説く。1233（天福1）年，山城（京都府）深草に日本で最初の純粋な禅の修行道場である観音導利院興聖宝林寺を開く。1243（寛元1）年，俗弟子波多野義重の領地である越前（福井県）志比荘に入り翌年大仏寺を開く。これが2年後に名を改め永平寺となる。永平寺では，主著『正法眼蔵』の撰述と弟子の養成に尽力した。1253（建長6）年，54歳で示寂。道元によれば仏教の最も

ドウゴハ

正統的な修行は坐禅であり、それは釈迦以来代々の仏祖を通して伝えられてきた。人は生来悟りの世界のなかにいるが、しかし坐禅による修行がなければそれは顕現しない。したがって、坐禅は悟りに至る手段ではなく、すでに悟りの世界のなかにあっての営みである。ちょうど鳥が飛んだ分だけ、その鳥にとって空が広がるように、坐禅によって修行した分だけ悟りの世界が広がっていく。その意味で修行も、悟りも本来一体(「修証一等」)であり、それは際限のない広がりをもっている。そうした坐禅の世界においては、現在の瞬間が全存在全時間と融通無碍となる。それが「有時」(存在と時間とが一体となること)の思想である。また道元は「只管打坐」を説きながらも、言語表現を否定せず独特の詩的言語によって悟りの世界を象徴的に表現する道を探った。主著『正法眼蔵』はその成果である。
［文献］大久保道舟編『道元禅師全集』上・下，筑摩書房，1969-70；水野弥穂子校注『正法眼蔵』(全4冊)岩波文庫，1990-93；頼住光子『道元——時間・自己・世界はどのように成立するのか』日本放送出版協会，2005。　　　　　　　　　　(田中久文)

同語反復→トートロジー

統辞論→構文論

統制的原理→構成的原理／統制的原理

董仲舒　(とうちゅうじょ) Dǒng Zhòngshū 前179-前93
中国・前漢の儒者。若くして『春秋公羊伝』を研究。武帝のとき、詔問に応じて「挙賢良対策」を提出、武帝に重用される。儒教の国教化に寄与。人間を宇宙の縮図とする極端な天人相関説を提唱した。君主権を天意によるものとしつつ、災異説によって権力による失政の防止を図った。礼や性の解釈に至るまで、君主権の強化を目的として緻密に練られた政治思想に貫かれる。なお、陰陽・五行説を導入、その後の儒教のカテゴリー組織に決定的な影響を与えた点でも、儒学史上重要な位置を占める。主著『春秋

繁露』。
[文献] 重沢俊郎『周漢思想研究』大空社, 1998；日原利国『春秋繁露』明徳出版社, 1977。　　　　　　　　　　　（村瀬裕也）

　道徳感覚→モラル・センス

　道徳性（モラリテート）→適法性／道徳性

　道徳哲学　〔英〕moral philosophy
人間行動の規範に関する哲学。狭義では倫理学と同じ。17-19世紀のイギリスでは，現在の人文・社会科学に相当する広い意味で用いられた。古代のストア派は哲学を論理学・自然哲学・道徳哲学に分けたが，この三分法が近代イギリス哲学に復活する。ホッブズは，道徳哲学を自然法についての哲学と規定し，利己主義的体系を樹立。それを批判したハチスンの『道徳哲学体系』は倫理学・法学・政治学から構成され，アダム・スミスの道徳哲学講義は自然神学・倫理学・法学・経済学の四部門を含んでいた。スミスは，道徳哲学の二つの問題を区別して，道徳哲学の歴史を論じた。第一の問題は，有徳な行為の動機とは何かという徳の本性論で，①ホッブズ，プーフェンドルフ，マンデヴィルらの利己心説，②カドワース，シャフツベリ，ハチスンらの利他心説，③利己心と利他心の両者が有徳な行為の動機になりうると考えるヒュームとスミスの見解があった。第二の問題は，道徳的価値判断を行う人間の能力とは何かという道徳能力論であり，①ホッブズの利己心説，②ロック，カドワース，クラークらの理性説，③シャフツベリ，ハチスンらの道徳感覚説に分かれた。
[文献] ハチスン『道徳哲学序説』京都大学学術出版会, 2009；アダム・スミス『道徳感情論』上・下，岩波文庫, 2003。
　　　　　　　　　　　　　　　　　　　　（新村聡）

　道徳法則（道徳律）　〔英〕moral law〔独〕moralisches Gesetz
特定の社会や文化を越えた普遍的な法則が道徳の領域において存在することを初めて自覚的に自らの理論的立場として主張したの

は，ストア派の哲学者たちであった。マケドニアの支配によって独立を失ったギリシアのポリスに登場した彼らは，崩壊したポリス的秩序に代わるものとしての世界市民主義的な意識を獲得した。そしてそのような意識を背景に，個別的な共同体的原理を越えた自然の普遍的な秩序（法則）を理性によって認識し，個体としての自己の「情念」(pathos)を克服することによって，自然と一致して生きることを理想とする道徳思想を確立したのである。このような意味でのストア主義的自然法思想は，法や道徳の普遍性を強調する近代以降の思想家たちにも大きな影響を与えた。

　道徳法則の普遍性を最も純粋な形で定式化した哲学者としては，カントの名を挙げることができる。彼はわれわれが道徳的でありうるのは，われわれの意志がわれわれ自身の特殊な利害や欲望（意志の「実質」）によってではなく，道徳法則のもつ普遍的な「形式」によって規定される場合に限られると主張した。「嘘をつくことなく誠実に振舞う」という行為が道徳的でありうるのは，その行為がもたらす何らかの利害（「信用を得る」等）を一切考慮することなく，そのような行為が普遍性という形式的条件を備えていることのみを根拠として選び取られる場合だけだとするこのような主張は，道徳の領域においてその普遍性の契機を最も重視する理論的立場の意義と限界を共に示している。

→定言命法

［文献］カント『実践理性批判』岩波文庫，1979；小倉志祥『カントの倫理思想』東京大学出版会，1972。　　　　　（石井潔）

動物解放論　〔英〕animal liberation
19世紀初頭に西欧社会に芽生えた動物愛護の思想とは異なり，動物解放論は20世紀後半に登場し，その特徴はオーストラリアの哲学者ピーター・シンガー（Peter Singer）の「種差別（スピシーズィズム：人種差別や性差別と同様の差別思想が動物に対しても存在する）」批判に端的に現れている。彼の著書『動物の解放』（*Animal Liberation*, 1975）では，動物は人間と同様に「痛みや快感を経験できる」がゆえに，彼らの利益も人間の利益と同等に認

められるべきだとされている。また，動物解放論を支える急進的理念の一つは，「動物の権利」(animal right) の主張である。アメリカの哲学者トム・レーガン（Tom Regan）によれば，そもそも動物は人間の干渉を受けずに生きる権利をもっており，動物の扱い方において苦痛を与えてはいけないという配慮以前に，人間による動物の利用自体を認めないというものである。前者は人間に対する倫理的基準を動物にも押し拡げるべきだという立場，後者は人間とは独立した動物の権利を認める立場であるが，どちらも，動物と人間とを比較し，両者の類似性からの判断あるいは動物の心的能力の評価からの判断が重要な鍵である点は共通する。動物の意識や感情経験の有無についての研究は発展途上にあり，その成果を待つことも必要だが，たとえば，ニュージーランドでは，大型類人猿の権利が法廷で争われたように（1999），人々が実際，動物をどのような存在として受け容れるのかという社会的意識の構築に，動物解放論は一定の役割を果たしてきた。

→自然の権利，エコロジー

［文献］P. シンガー編『動物の権利』技術と人間，1986。

（並木美砂子）

ドゥ・モーガンの法則 〔英〕De Morgan's law

イギリスの数学者ドゥ・モーガン（1806-78）が定式化した法則であって，①選言の否定はその選言の構成命題の否定の連言であり，②連言の否定はその連言の構成命題の否定の選言であるということを意味する。今，「¬」を否定記号「…でない」とし，「∧」を連言記号（かつ）とし，「∨」を選言記号（または）とすれば，①は，$\neg(p \vee q) \equiv \neg p \wedge \neg q$，②は，$\neg(p \wedge q) \equiv \neg p \vee \neg q$ によって表現される。①において，p に $\neg p$ を q に $\neg q$ を代入し，$\neg\neg p \equiv p$ を用いると，①は $\neg(\neg p \vee \neg q) \equiv p \wedge q$ へと変換されるが，更に両辺に否定記号を付けると，②が得られる。②から①への逆の導出も可能である。

［文献］野矢茂樹『論理学』東京大学出版会，1994。（横田榮一）

道理

日本において道理という言葉がしばしば使われたのは、中世においてである。特に土地係争などをめぐって一般の文書にも頻出する。こうした時代背景のもと『貞永式目』は、「ただ道理の推すところ」によって裁くという理念を掲げている。ただしこの場合の道理とは固定的なものではなく、慣習法を踏まえたものであり、状況に応じて常に修正されるべきものであった。この考え方は中世の道理観全体に共通している。道理という言葉を多用している歴史書『愚管抄』でも、歴史の道理とは「世のため人のためよかるべきよう（様）」のことであるが、それは時々の「ならひ」「さだめ」として現れ、歴史とともに「うつ（移）りゆく」ものとされている。ただし中世の仏教においては、「仏法の道理」などというように、宇宙の根源のあり方を道理として捉えようとする姿勢もみられる。しかし、日本の仏教では「事」（具体的な事実）がそのまま「理」（普遍的な理法）を現しているとする「事即理」の考え方が強い。ここでもやはり道理は現実の状況から切り離されたものとしては考えられていない。近世になると、宇宙を貫く普遍的な理法として朱子学が説く「理」が道理として語られるようになる。しかし、近世の日本儒学はそうした朱子学的な「理」を解体させ、より現実主義的な方向に展開していくことになる。近代になると、中江兆民のように事実と道理とを区別し、事実に基づく功利主義を批判し、道理に基づく政治思想を説くような者も現れた。しかし、こうした考え方が主流となることはなく、道理を普遍的な規範としてよりも状況倫理的に捉える傾向は現代まで続いていると思われる。

［文献］相良亨『日本の思想』ぺりかん社，1989；丸山眞男『丸山眞男講義録』第五冊，東京大学出版会，1999。　（田中久文）

ドゥルーズ　Gilles Deleuze 1925-1995

現代フランスの哲学者。戦後の思想界をリードした実存主義や構造主義を批判して台頭したポスト構造主義の一翼を、デリダやフーコーと共に担った。ヒューム、ニーチェ、ベルクソン、スピノザら古典的哲学への斬新な解釈を足掛かりに、西洋哲学史にお

ける合理主義の伝統を同一性の思考と批判。それに対抗して差異の思考を主張し，その形式的システムをまとめあげた。1968年5月パリの学生運動を機に，人間社会への根源的批判を展開。精神分析家フェリックス・ガタリとの共著『アンチ・オイディプス』（1972）は思想界に衝撃を与えた。あらゆる可能性を秘めた自由な欲望が社会によって鋳型にはめられ，外から押しつけられたルールに自縄自縛になることへの告発，「異常・逸脱」行動の中に社会を真に変革する欲望の力を見ること，がそのテーマである。特に，理性を越えた異様な体験を与える芸術に，身体を解放し新たな生を創造する力を見ようとする姿勢は，その後のドゥルーズの映画論，絵画論，文学批評，哲学論にも見出すことができる。彼の理論は，大衆をある目標へ動員する既成の左翼運動に失望した若者に救いを与え，現代文化のポストモダニズムに理論的支柱を与えた。
→リゾーム／ツリー，ノマド
［文献］ドゥルーズ『差異と反復』上・下，河出文庫，2007。
（河津邦喜）

トゥールミン　Stephen Edelston Toulmin 1922-2009
イギリス出身の20世紀アメリカの哲学者。ケンブリッジ大学で数学・物理学を学び，1948年，倫理学を主題とした論文で学位取得。リーズ大学などで教えたあと，65年にアメリカへ渡り，シカゴ大学などで教授を務める。この間，69年に帰化。問題関心が広くまた鋭い。50年代，「観察の理論依存性」を重視する科学論者の一人として活躍。73年には，ウィトゲンシュタインの人と問題とをハプスブルク朝末期のウィーンの特殊な文化的環境という文脈のなかで把握する必要を力説する共著『ウィトゲンシュタインのウィーン』を公にし，ウィトゲンシュタインを論理学者フレーゲまたラッセルとだけ結びつける「公認の解釈」を激しく揺さぶった。90年には，「近代の明と暗と」を見据えた力作『近代とは何か』を上梓した。
［文献］トゥールミン／ジャニク『ウィトゲンシュタインのウィーン』平凡社ライブラリー，2001；トゥールミン『近代とは何か

ドゥンス

――その隠されたアジェンダ』法政大学出版局, 2001。

(秋間実)

ドゥンス・スコトゥス Ioannes Duns Scotus 1266/74-1308
中世後期の神学者・哲学者。スコットランドの出身。フランシスコ会士。存在のアナロギア説に対抗する「存在の一義性」説, 個体化の原理における「このもの性」, 知性に対する意志の優位などを提唱した。従来の理解では, ドミニコ会のトマス・アクィナスとの対抗関係で語られてきたが, ガンのヘンリクスがその主要な論敵であったことが知られるようになった。弟子に, ウィリアム・オッカムがいるが, オッカムはスコトゥスの特に実念論的側面を強く批判した。ドゥンス・スコトゥスは個体主義, 主意主義などの論点で近世哲学に強い影響を及ぼした。
→唯名論と実念論
[文献] ドゥンス・スコトゥス『存在の一義性――ヨーロッパ中世の形而上学』知泉学術叢書, 2019；八木雄二『スコトゥスの存在理解』創文社, 1993。

(山内志朗)

徳 〔ギ〕aretē 〔ラ〕virtus 〔英〕virtue 〔独〕Tugend 〔仏〕vertu
一般には, 悪徳(vice)と対置して美徳ともいわれ, 思いやり, 寛大さ, 正直, 勇気など, 人格に備わるべき望ましい道徳的性質や習慣, さらにはそれを生み出し支える根元的能力などを指す。ギリシア語のアレテーが卓越性と訳されるように, とりわけ魂や人格の性質や能力が一般的な状態よりも抜きん出ているとき, あるいは抜きんでて欲しいときに使われる。その場合, いかなる点で秀でているのかという尺度が厳然と存在しなければならないが, それは当該の社会によって異なってくる。こうして徳とは, 一方で社会が成員に対しより強く要求する個人の性質・能力であるとともに, 個人の側からすると自然に備わったものというよりは訓練, 努力などによって陶冶・獲得されるべき性質ということになる。古代ギリシアではプラトンが「知恵」「勇気」「節制」「正義」を四元徳(cardinal virtues)として挙げ, またアリストテ

レスは徳は過度であっても不足しても悪徳となるがゆえに中庸によって特徴づけられるとし，状況に対して適切に行為することに徳の本質を求めたが，これらは古代ギリシアが理想としたポリス的市民像によって規定されたものである。中世キリスト教においては，古代の四元徳に加えて，信仰，愛，希望などの超自然的な神学的徳（theological virtues）がつけ加えられた。近代黎明のルネサンス期では，マキァヴェッリが徳概念を脱倫理化し，個人がもつ卓越性一般を表現するものとした。彼は運命という客観的流れに逆らったり，それを利用したり，それをねじ伏せる個人の主体的力量を徳として捉えた。現代では，アリストテレスの伝統に目を向けて倫理学における徳概念の復活を力説し，共同体による徳の涵養を唱えるマッキンタイアの徳倫理学が注目されている。なお，日本語で徳という場合は儒教の徳目（身分秩序を支える間柄の論理）が重なってくるので注意が必要である。

→アレテー

[文献] A. マッキンタイア『美徳なき時代』みすず書房，1993。

（市川達人）

トクヴィル　Alexis de Tocqueville 1805-1859
フランス・ノルマンディーの貴族の家系に生まれた政治・社会思想家，歴史家，政治家。1848年二月革命の勃発など激動のフランス政治の渦中で，国会議員，外務大臣などとして活躍。同時に，1789年フランス革命以降全面的な変化を続けるヨーロッパ社会の行く末への関心から，社会科学的・哲学的研究を行う。その中でも，民主主義に対する考察はよく知られている。彼は，民主主義の歴史的進展を神の摂理として，不可逆かつ不可抗な普遍的過程として捉えつつ，その功罪両面について民主主義社会を，新天地に一から構築しつつあった〈新世界〉アメリカを対象として調査し分析した。その内容は，選挙制度や憲法といった狭義の政治制度の問題から，マスメディア（新聞）の役割，女性の地位，さらには文学の特徴にまでわたる多面的なものである。特に，〈旧体制（アンシャン・レジーム）〉の専制的権力から解放されたはずの近代民主主義社会が，今度はまさに民主化の進展によって〈多数者の専制〉

に陥る危険を内包するとの鋭い指摘は，その後の政治・社会思想に大きな影響を与えた。また，政界での活動内容や晩年のフランス史研究と合わせ，彼の一生は，封建制やカトリックの伝統を生い立ちとして背負いつつも，旧来の社会構造と価値観が崩壊し新たな社会に向かって根底から変化し続ける世界を眼前にして，その中で「自由をいかに守るか」を一貫して模索したものだったと言えよう。
→民主主義
［文献］トクヴィル『アメリカのデモクラシー』（全4冊）岩波文庫，2005-08；A. ジャルダン『トクヴィル伝』晶文社，1994。

(菊谷和宏)

独我論　〔英〕solipsism
この私に現れる世界や他者は，それぞれが私にとっての光景であり，厳密に言えば，世界も他者も私の外部にそれ自体として存在するものではない，と考える哲学上の立場。一見すると常識はずれの奇説に見えるが，デカルトの「我思うゆえに我あり」を論理的に純化すると突き当たる根本問題といえる。独我論を公然と主張した哲学者はいないが，近代哲学は棘のようにこの問題を抱えており，バークリやフッサールには独我論的な構図が見られる。また，カントの「物自体と現象」という区別にも，この問題が影を落としている。20世紀になってウィトゲンシュタインが，『青色本』において言語の観点から独我論の問題を新たに提起した。痛みのような個々人の内的体験を表現する言葉は，言葉が対象を正しく指示しているかどうかを公共的に確かめることができない。ウィトゲンシュタインは「私的言語」を否定したが，「言語ゲーム」の概念によって独我論の問題を解決したとも言えない。その後，トマス・ネーゲル（Thomas Nagel 1937-）が「視点」の考察を通じてアプローチした他，わが国の永井均が独我論の問題に深い洞察をもたらした。永井によれば，独我論の問題の所在を他者に対して言語で表現することは難しいが，しかしそれは，「なぜ，ある特定の時代に特定の両親の子として生まれ，このような性質をもった人間が，私なのか？」という疑問の中に読み取

ることができる。Aという人物がかくかくしかじかの性質をもつことは不思議ではなく，世界のあり方から因果的に説明できるが，「そのAという人物が，なぜ他ならぬこの私なのか」ということは，いかなる世界の事実からも説明できない。「Aという人物が私であること」は，世界の事実ではない。これは仮象の問題ではなく，たとえばロールズが社会契約の思考実験をする際に，「私が誰であるかを知ってはならない」という「無知のヴェール」を基準にしたこととも関係している。最近では，独我論は「意識の超難問」と呼ばれることもあるが，それを誤った仮象の問題として退ける論者も多く，議論が続いている。

［文献］ウィトゲンシュタイン『青色本』ちくま学芸文庫, 2010；同『哲学探究』(全集8)大修館書店, 1976；大森荘蔵『言語・知覚・世界』岩波書店, 1971；永井均『転校生とブラックジャック』岩波現代文庫, 2010；ネーゲル『どこでもないところからの眺め』春秋社, 2009。　　　　　　（植村恒一郎）

　ドクサ　〔ギ〕doxa
考え，見解，思惑などを意味する。クセノパネスは神と人間の峻別に基づき知識に思惑（ドコス）を対置したが，ドクサという語を主観的な臆断・思惑として真理と対立させたのはパルメニデスが最初である。彼は知覚経験や慣習妄信に基づく見解を，虚偽構成をもつドクサと呼び，実在を核とする真理との絶対的異質性を強調した。プラトンは生成界の知覚経験たるドクサを，イデアを内実とする真の知識に対置して，思惑されるものはイデアを原範型とする似像にすぎないとした。アリストテレスは，必然的前提から帰結するものを知識，偶然的前提から帰結するものをドクサと呼んだ。ストア派も知識とその欠如であるドクサを区別している。
　　　　　　　　　　　　　　　　　　　　　　　（三浦要）

トクシュ

特殊→個別／特殊／普遍

特称判断→判断

独断論→ドグマティズム

ドグマ 〔ギ〕dogma
ギリシア語の「良いと思う (dokein)」から由来した名詞。大きく，二つの意味で用いられる。一つは，哲学者の学説の意味で，たとえば，「プラトンはソクラテスやパルメニデスの仮面の下に自己の学説 (dogma) を述べた」，のような用法である。もう一つは，決まり，法規という意味で，たとえば，「パウロは，彼らに，エルサレムの使徒や長老たちによって決められた定め (dogma) を守るように伝えた」(『使徒行伝』16 の 4) のような用法である。後者の用法から，この語は，特に，哲学者の教えに対して，神の啓示に基づき，教会によって定義された宗教的信条を意味するようになった。
→ドグマティズム　　　　　　　　　　　　　　　　(岩田靖夫)

ドグマティズム 〔英〕dogmatism〔独〕Dogmatismus
独断論，教条主義。特定の理論や教説 (ドグマ) を，その根拠や事実を示すことをしないで，一方的に主張する立場や考え方を指す。ドグマティコイ (独断論者) は，元々は単に特定の教説を主張する理論家を意味したが，スケプシス (懐疑) 派のセクストゥス・エンペイリコスが他の教説を主張するあらゆる学派を批判して以来，独断論は否定的な意味をもつようになった。カントは，形而上学の議論において，人間理性を吟味しその限界を批判することのないまま，超感覚的実在 (自我，世界，神) についての教説を主張する立場 (特にライプニッツ＝ヴォルフ哲学) を独断論として退け，純粋理性の批判が形而上学の教説に先行しなければならないとし，批判哲学の立場を対置した。　　(太田直道)

匿名性 〔英〕anonimity〔独〕Anonimität
対面的関係の独自性を伴わない類型的な他者経験の特性を指す。現象学的社会学の文脈では，空間と時間を共有する「われわれ」の関係から遠ざかるにしたがって，他者たちは「あなたたち」「彼ら」となり，親密性の程度を減じ，類型化されて匿名性を高める。日常の社会的世界のリアリティは，そのような他者経験によって構成される。一方，大衆社会論の文脈では，匿名性は孤独な現代人の同調主義の行動を生み，目に見えない匿名の権威として人々を支配するものとされる。そこには消費的資本主義へと発展した20世紀社会の疎外された他者経験が反映している。
→コンフォーミズム
[文献] バーガー／ルックマン『現実の社会的構成——知識社会学論考』新曜社，2003；富田英典『インティメイト・ストレンジャー——「匿名性」と「親密性」をめぐる文化社会学的研究』関西大学出版部，2009。　　　　　　　　　　　　（豊泉周治）

戸坂潤 （とさかじゅん）1900〔明治33〕-1945〔昭和20〕
20世紀日本が生んだ傑出した唯物論哲学者。唯物論研究会のリーダー。治安維持法で検挙され，1945年8月9日獄死。第一高等学校（理科）を経て京都帝国大学哲学科に進み，田邊元のもとで数理哲学を専攻し，自然哲学者としてカントを評価した上で，空間論に取り組む。カントの空間論（直観形式論）を手がかりに，幾何学的空間，物理的空間の成立を解明し，空間を自然という存在の仕方の性格（カテゴリーでもあり直観でもある）と把握した。空間は存在が姿を現す一つのあり方であり，直観という性格をもつという，「性格としての空間」論は26年11月に成立している。それは，存在とか実在という常識概念に依拠しながらも，カントや新カント派の認識論と対話し，そこから脱却する知的な苦悩の成果であった。29年には三木清の薦めもあり岩波書店から『科学的方法論』を出版し，学問の使命は真理の獲得にあるが，それは問題の解決，批判＝方法を通して実践的に達成されること，批判的方法こそ学問性であることを鮮明に打ち出した。その批判性は自己の生活をも貫くべきで「学問は生活の方法とな

る」とまで規定づけたこの作品は戸坂を一躍有名にしたが、この処女作に以後の戸坂のすべてが込められていると言ってよい。32年には唯物論研究会の創設に参加し、戦闘的唯物論者としてこの会を率い、科学的精神を掲げ、実践的に日本ファシズムと闘っていく。学問の体系化を目指しつつ、体系よりも方法を重んじた戸坂は、技能を重視した技術論(『技術の哲学』1933)、論理は性格をもつという性格的論理によるイデオロギーの解明(『イデオロギーの論理学』1930、『日本イデオロギー論』1935)、転向現象に対処するために企てられた文学と科学の架橋作業(「道徳の観念」1936)、思想を生きた生活の場で捉える文学論、批評、風俗論、ジャーナリズム論(『思想としての文学』『思想と風俗』1936)など創造的な業績を次々とあげていった。38年11月29日所謂「唯研事件」で検挙され、旺盛な理論活動は権力によって断ち切られた。
[文献]『戸坂潤全集』(全5巻 別巻)勁草書房、1966-79;古在由重『戦時下の唯物論者たち』青木書店、1982。　(小川晴久)

　土台と上部構造　〔独〕Basis und Überbau
マルクスの唯物史観の中心部分を構成する対概念。土台も上部構造も、元々は建築学に基づく比喩的表現であり、一義的でないが、主として土台は社会の経済的構造(あるいは市民社会)のこと、上部構造は法律的政治的制度や社会的意識諸形態(道徳・宗教・哲学等)のことと解される。土台と上部構造の関係に関する定式化はマルクス『経済学批判』序言に見られる。それによれば、人間各個人は各人の生活の社会的生産において、物質的生産諸力の一定の発展段階に照応する一定の生産諸関係を取り結んでおり、そしてこの生産諸関係の総体が「社会の現実的土台たる経済的構造をなし、この土台の上に法律的政治的上部構造がそびえ立ち、かつ土台に一定の社会的意識諸形態が照応している」とされる。マルクスの「土台＝上部構造」論は、このように土台の究極的な規定性を語っているが、上部構造の相対的自立性、独自の機能を否定するものではなく、論ずる対象の範囲も限定されたものであった(科学などは対象外)。その意義は、思想史的に反省

すると明らかになる。マルクス以前の理論において社会統合の主要原理とされたのは，政治＝法律，道徳，宗教等であった。しかし，マルクスによれば，これらはすべて土台における個人のあり方——私的所有と私的権利——を超えるものではなく（たとえば近代の政治的革命は所有権を「神聖にして不可侵」としていた），それゆえに経済領域の諸問題（貧困と隷属等）を解決するために土台そのものの変革が求められる。「土台＝上部構造」論は，近代社会思想の基本構成を転換する戦略的意味を示すものであり，再生産領域としての経済領域の本質性を把握し，かつ土台たる経済的構造そのものの変革を提起する限りにおいて，通俗的な経済決定論とは異なる。今日では，経済への国家介入や，物質的生産と精神的生産の結合が進む中で，「土台＝上部構造」論の妥当性を否定的に評価する見解すら生まれているが，社会統合の次元が経済的構造を土台とするという視座の有効性は必ずしも失われないであろう。なお，土台と上部構造の概念は，すでにファーガソン『市民社会の歴史』などにも出現している。
→唯物史観，市民社会，国家，イデオロギー
［文献］マルクス／エンゲルス『ドイツ・イデオロギー』新日本出版社，1998；マルクス『経済学批判』（全集 13）大月書店，1964。　　　　　　　　　　　　　　　　　　　（渡辺憲正）

トーテミズム　〔英〕totemism〔独〕Totemismus〔仏〕totémisme
一般に初期社会や部族社会に見られる，ある社会集団が，ある特定の動植物や事物（トーテム）と自らとの特殊な結びつきについてもつ信念と，この信念に基づく社会・儀礼実践を表す。およそどのような事物もトーテムとなりえ，またトーテミズムと総称される信念や実践の性格も様々である。トーテミズム概念の人類学的解釈は多様であるが，デュルケムは，トーテム信仰を，トーテムの背後にある「力」への信仰とし，社会を象徴し，社会を結合する機能を果たすものと考えた。レヴィ＝ストロースは，人間精神が社会集団相互の関係や差違を認識する手段として，トーテミズムを捉えた。

トトロジ

[文献] デュルケム『宗教生活の基本形態』上・下，ちくま学芸文庫，2014；レヴィ＝ストロース『今日のトーテミズム』みすず書房，2000。　　　　　　　　　　　　　　　　（深澤英隆）

トートロジー　〔英〕tautology〔独〕Tautologie
ふつう「同語反復」「同義反復」と訳されるが，記号論理学では「恒真命題」（つねに真である命題）を意味する。伝統的形式論理学では，「AはAである」というように同じ概念を繰り返すことである。また「父は男親である」という命題も実質的にトートロジーである。記号論理学では，ウィトゲンシュタイン（『論理哲学論考』）に従って，論理的に真なる命題ないし論理的法則はトートロジーと命名される。つまりそれは，部分命題の真理値に関わりなくつねに真となる命題であるが，現実世界については何も語らないという点で，「AはAである」と同じ性質をもつ。
→記号論理学
[文献] ヴィトゲンシュタイン『論理哲学論考』法政大学出版局，1968。　　　　　　　　　　　　　　　　　　　　　　（島崎隆）

トドロフ　Tzvetan Todorov 1939-2017
現代フランスの思想家。ブルガリアに生まれ，ソフィア大学で学んだ後フランスに移り，ロラン・バルトの影響の下，構造主義の立場から文学における象徴作用を研究。バフチンの研究を転機に「他者」の問題に取り組み，以降，近代思想を生み出してきた西欧世界にとって「他者」とは何だったかという問題意識の下，倫理的な色彩の強い思想史の読み直しに転じる。「半周辺」に位置するブルガリアから「中心」的なパリに移ったトドロフの眼差しは，はじめから「中心」に立つ哲学者たちによる自己批判（ヨーロッパ中心主義批判）とは微妙に異なっており，中心―周辺の双方を相対化しようとする――しかも超越的な仕方ではなく――点で興味深い。
[文献] トドロフ『他者の記号学――アメリカ大陸の征服』法政大学出版局，1986；同『われわれと他者――フランス思想における他者像』法政大学出版局，2001；同『歴史のモラル』法政

大学出版局,1993 (古茂田宏)

ドブロリューボフ Nikolai Aleksandrovich Dobrolyubov 1836-1861
ロシアの文芸批評家,政論家。チェルヌイシェフスキーの影響のもとに『同時代人』誌の文芸批評の欄を担当し,農奴解放前の急進的革命派の指導者として活躍。哲学的には唯物論と無神論の立場に立ち,政治的には1860年代の非貴族層(雑階級人)を代表して,40年代の貴族知識人の自由主義を批判するとともに,農民蜂起による専制政治の打倒と農奴制の廃止を画策した。文芸批評家としてはベリンスキーの立場に立ち,作品の文学性よりも社会性を重視する「現実的批評」と呼ばれる方法を確立し,ソヴィエト時代の文学研究に影響を与えた。
［文献］『ドブロリューボフ著作選集』(18巻 別巻) 烏影社,1996-2009;ドブロリューボフ『オブローモフ主義とは何か』岩波文庫,1975。 (清水昭雄)

トポス 〔ギ〕topos〔英〕topos
弁証術や弁論術において,議論を組み立てる時に依拠すべき論拠の型や命題群を指す。弁証術では,問い手は,ある命題を確立(ないし論駁)するために,答え手から推論の前提として通念(エンドクサ)を獲得する必要があるが,トポスは,この前提を探し出し議論を組み立てることを可能にする論拠の型である。たとえば,「魂が動く」という命題を確立(ないし論駁)する時には,「類が述語となるものには,必然的にこの類の種の一つが述語となる」というトポスに基づいて,魂が運動の諸種の内のどれか(増大や生成など)によって動くかどうかを調べ,推論を組み立てる。問答の場では記憶から材料を取り出して議論する必要があるので,トポスのカタログと命題を数多く記憶しておく必要がある。弁論術では,説得推論(エンチューメーマ)における論拠の型を共通のトポス,具体的命題群を固有のトポスと呼ぶ(topicはここに由来)。議会弁論,法廷弁論,演示弁論の各々に固有のトポス(命題群)があり,他に,語り手の人柄に関する固有のト

ポス，聴き手の感情に関する固有のトポスがある。元来「場所」を意味する「トポス」という言葉が用いられたのは，既知の場所に想起すべきものを配置して随意に引きだす古代の記憶術の方法との類似性による。

［文献］アリストテレス『トピカ』（新版全集 3）岩波書店，2014；同『弁論術』岩波文庫，1992；浅野楢英『論証のレトリック』講談社現代新書，1996。　　　　　　　　　　（斉藤和也）

　トマス・アクィナス　Thomas Aquinas 1225 頃 -1274

ドミニコ会修道士，神学者，聖人。ナポリ近郊アクィノの貴族の家に生まれ，5 歳頃よりモンテ・カッシーノ修道院で初等教育を受け，次いでナポリ大学で学んだ。1244 年，ドミニコ会に入会，翌年パリに移り，アルベルトゥス・マグヌスに師事。師に同行して一時ケルンに滞在。1256-59 年，1269-72 年の二度にわたりパリ大学教授を務めたほか，イタリア各地の学院で教えた。1274 年，第 2 回リヨン公会議への途上で病にたおれ，ローマの南フォッサノーヴァで没した。アウグスティヌスなど古代の教父の伝統に根ざしつつも，当時評価が分かれていた非キリスト教圏の哲学も積極的に摂取し，神学と哲学の違いを明確にした上で，調和的に総合しようとした（「恩寵は自然を破壊せず，完成する」）。体系的著作には，教科書として書かれた未完の大著『神学大全』や神学的主題について理性によって論じることを試みた『対異教徒大全』等がある。様々な聖書註解（『黄金の鎖』『ヨハネ福音書註解』『イザヤ書註解』等）やボエティウスの神学著作の註解のほか，当時新たに翻訳されたアリストテレスの諸著作（『形而上学』『自然学』『霊魂論』『倫理学』等），また『原因論』や偽ディオニシオス・アレオパギテースの『神名論』等の新プラトン主義的著作についても注釈を著した。当時の大学の講義形式にそった「討論集」（『真理について』『能力について』等）や最初期の小論文『存在と本質について』も重要。教説の一部に異端の嫌疑をかけられたこともあり（1277），また後期スコラ学が神学と哲学を分離する傾向にあったため，その影響はさしあたりドミニコ会内部にとどまった（エックハルト，カエタヌス等）が，19 世紀末

にカトリック教会の「公式哲学」とされ，その後の新トマス主義においては，現代的諸問題にも解答を与える「永遠の哲学」として絶対視されるに至った。現在では，その価値を歴史的に相対化しつつ評価する傾向が強まっている。
→スコラ学
［文献］トマス・アクィナス『神学大全』（全45巻〔全39冊〕）創文社，1960-2012；『トマス・アクィナス――中世思想原典集成14』平凡社，1993；稲垣良典『トマス・アクィナス』講談社学術文庫，1999。　　　　　　　　　　　　　　（加藤和哉）

　富永仲基　（とみなが なかもと）1715〔正徳5〕-1746〔延享3〕
江戸中期の思想家。懐徳堂創建に関わった道明寺屋芳春を父として大坂に生まれ，懐徳堂で学んだ。15歳の頃早くも『説蔽』という書物を著し儒学に対して思想史的な方法を用いて批判を行ったとされるが，それ以外にも仏教や神道を含む諸思想を歴史的に発展してきたものと捉えて，思想の体系化と多様化の理由を法則的に明らかにした。富永のいう「加上」は後の論者が先行する論者の思想に新説を加える思想発展の内在的論理を明らかにした概念である。また言語による思想表現の多義性に注目し，思想理解に際しての当該社会の習癖の違いにも言及している。
［文献］『富永仲基・山片蟠桃――日本思想大系43』岩波書店，1973。　　　　　　　　　　　　　　　　　　　　（田平暢志）

　DV（ドメスティック・バイオレンス）　〔英〕Domestic Violence
夫・恋人・同棲相手・婚約者など，親密な関係にある（あった）男女間で発生する暴力。身体的暴力，心理的暴力，性的暴力，経済的暴力，社会的暴力など，心身への直接的な危害の他，抑圧，威嚇，自由の剥奪，恐怖を与える多様な行為が含まれる。DVは社会的・経済的な力関係および性差別と固定的なジェンダー意識のもとで生ずることから被害者は女性が圧倒的に多い。DVの歴史は性差別とともに古く，ローマ法では妻の殺害が正当化さ

れ，中世ヨーロッパでは妻に対する身体的制裁権が夫に認められていた．イギリスのコモン・ローでは19世紀に至るまで，妻は夫の動産とされ，親指の太さ以下の棒やムチで妻を叩くことが〈身体的制裁権〉として認められていた（「親指の原則」）．初めてDVを禁止する法律が制定されたのは19世紀後半の米国である．DVという言葉は，1970年代米国の女性解放運動のなかで使われたのが始まりで，その後世界各国へ広まり，1995年の北京世界女性会議を契機として，今日ではDVは女性の人権侵害であると広く認識されるようになった．日本でも2001年DV防止法が施行され，被害者の救済と自立支援，親のDVによって傷つけられた子どもへの支援，加害者男性への取り組みなど，防止と被害者支援のネットワークが広がっている．
→暴力，ジェンダー
[文献]「夫（恋人）からの暴力」調査委員会『ドメスティック・バイオレンス〔新装版〕』有斐閣選書，1998． （浅野富美枝）

トーランド　John Toland 1670-1722
アイルランド出身の宗教思想家．カトリックの生まれだが，若くしてその教義を迷信として退け，理性によって信仰を基礎づける理神論の立場に転じた．主著『秘儀なきキリスト教』（1696）によると，福音には理性に反する，あるいは理性を超えるものは何もなく，いかなるキリスト教の教説も本来神秘と言うべきではない．のちに汎神論者（pantheist）という語を作り，自らそう称したが，その内容は，宇宙全体が神であるという存在論的主張ではなく，学問と信仰の間に区別を置かない普遍的理性主義である．
→汎神論
[文献]ジョン・トーランド『秘儀なきキリスト教』法政大学出版局，2011；同『セリーナへの手紙――スピノザ駁論』法政大学出版局，2016． （伊勢俊彦）

トリアーデ　〔独〕Triade〔英〕triad〔仏〕triade
日常語では「三組のもの」という意味であるが，哲学においては「三分法」と訳される．ヘーゲルがこれを重視した．彼は，事物

やそれについての認識の発展を説明するに，ある特徴（正）に対して，これと対立した特徴（反）が現れ，さらに両者が総合され（合），止揚されると見なす。フィヒテが自我の活動における〈定立―反定立―総合〉の三段階を示したことをヘーゲルは踏まえている。トリアーデは「対立物の統一」や「否定の否定」と関連して，弁証法の重要な特徴をなす。ただし，ヘーゲル自身も戒めているように，すべての発展を〈正―反―合〉の図式に押し込むことは単純化である。
→止揚，弁証法　　　　　　　　　　　　　　　　（高田純）

度量　〔独〕Mass

ヘーゲル論理学における重要な概念の一つ。ヘーゲルは，現実には，質のない量も量のない質も存在することはないとして，質と量の統一されたあり方，質的な定量を度量と名づけた。限度，節度と訳される場合もある。量的な変化は質にも影響を与え，一定の限界を超えると質が変化する。このことを，ヘーゲルは水の温度の増減が氷（固体），水（液体），水蒸気（気体）に質的に変化する例で説明している。F. エンゲルスは，このことを量から質への転化とその逆の転化の法則として特徴づけた。
［文献］ヘーゲル『大論理学』（全集 6-8）岩波書店，1956-66。
　　　　　　　　　　　　　　　　　　　　　　　　（岩佐茂）

ドルバック　Paul Henri Thiry, Baron d'Holbach 1723-1789

フランスの啓蒙的唯物論者。ドイツに生まれ，パリで教育を受けた後オランダのライデン大学で法学を学び，1749 年パリに戻りフランスに帰化，叔父の財産と爵位を取得し通常ドルバック男爵と呼ばれた。パリの邸宅にディドロ，ダランベール，エルヴェシウスらの『百科全書』派，後に彼らと袂を分かつルソーを始め，ヒューム，アダム・スミスらの著名外国人，また彼の著作を批判する一書を物したベルジエ司祭といった人々を招き，唯物論・無神論の教説にとらわれない当代屈指の知的サロンを開いた。彼は生国ドイツの科学技術書を翻訳し，『百科全書』の出版に協力，自らも多くの項目を執筆。1761 年頃から『キリスト

教暴露』をはじめ30種に及ぶ反宗教地下出版物,『自然の体系』(1770),『良識論』(1772),『自然的政治学』(1773),『普遍的道徳』(1776) などの自著を匿名,偽名で刊行した。この活動を支えたのは「理性的存在はあらゆる行動において自分自身の幸福と同胞の幸福を目指さねばならない」との信念であり,彼はその著作で反宗教思想闘争の哲学的基礎づけを行い,宗教に代わる「信念の体系」として徹底した無神論・唯物論的世界観を提示した。『自然の体系』はその理論活動の要をなす18世紀唯物論の到達点を示す著作である。
→フランス唯物論
［文献］ドルバック『自然の体系』（全2冊）法政大学出版局,1999・2001。
(石川光一)

トレルチ　Ernst Troeltsch 1865-1923
ドイツの神学者・文化哲学者。諸大学で組織神学を担当し,最後にはベルリン大学の哲学教授になった。宗教史学派全盛時代に,信仰・歴史学・哲学・倫理学の関係を真剣に考察し,啓示と理性,教義と歴史,信仰と倫理の関係を追究し,キリスト教の絶対性の問題を軸に格闘した。主著は『信仰にとってのイエスの歴史性の意味』(1911),『歴史主義とその克服』(1924) など。近代的歴史学は必然的に相対性に至るが,誠実な信仰は歴史学を無視できない。ここからトレルチは,相対主義を信仰と倫理の「絶対性」の希求と和解させうるか,という難問に悩んだ。キリスト教の絶対性は,歴史学的立場からは成り立ちえないことを表白しつつ,しかし社会学的現実を踏まえ,ヨーロッパにおいては「相対的絶対性」という限定づけで語りうるか,という苦悶に満ちた思策を続けた。
［文献］『トレルチ著作集』（全10巻）ヨルダン社,1980-86。
(高尾利数)

トロツキー　Lev Davidovich Trotskii 1879-1940
レーニンと並ぶロシア革命の指導者。本名はレフ・ダヴィードヴィチ・ブロンシュテイン。ロシア社会民主党の分裂の際には,

トロツキー

当初メンシェヴィキに属したが，その後，独自の立場をとる。1905年の第一次ロシア革命において主導的役割を果たし，ペトログラード・ソヴィエト議長となる。第一次革命の敗北後，獄中で永続革命論を確立（『総括と展望』）。帝政打倒と農地改革を中心課題とするロシアにおける民主主義革命の勝利は，農民に支持されたプロレタリアートの独裁という形態以外には考えられない，この権力は不可避的に，民主主義的課題だけでなく，社会主義的課題を日程に乗せることになるだろうと主張し，ブルジョア革命しかありえないとしたプレハーノフや，労働者農民の民主主義独裁を唱えたレーニンと対立した。1917年には，ボリシェヴィキ党に合流。ペトログラード・ソヴィエト議長・軍事革命委員会議長として十月社会主義革命を成功させた。内戦時には，赤軍を指揮し，勝利に導いた。晩年のレーニンとともにスターリンらの官僚主義および大ロシア民族主義と闘い，党内民主主義の復活を求めたが，敗れた。トロツキーは，先進国で革命が起こらなければ社会主義社会は実現できないという立場（世界革命論）をとり，革命政権維持のため，経済政策の立案に取り組んだ。その要点は，市場経済を利用しつつ，国営企業と計画経済の比重を高めることにあった。

　トロツキーは，レーニン死後のソ連について，労働者階級とブルジョアジーが共に弱体化した中で，官僚層が独裁的権力を握った「堕落した労働者国家」であると論じ，ソ連の将来については「第二の補足的政治革命（民主化）」による再生か資本主義の復活かのどちらかしかないと予言した（『裏切られた革命』）。国外に追放された後，トロツキーは，台頭するドイツ・ファシズムとの闘争に全力をあげた。社会民主党をファシズムの同類と見なすスターリンの立場（社民主要打撃論）を批判して，トロツキーは，反ファシズムの統一戦線を組むことを呼びかけた。1940年，スターリンによってメキシコで暗殺された。
→革命
[文献] ドイッチャー『トロツキー伝 三部作』新評論，1992。

（志田昇）

ナ

内界→外界

内観→反省

内含 〔英〕implication
「含意」ともいう。記号論理学の論理定項のひとつで，$p \supset q$（pならばq〔p, qは命題を示す〕）という式における「⊃」の記号のこと。実質的内含ともいわれる。このとき命題pとqの間には，何ら内容的関係は想定されておらず，ただ前件pが真で，後件qが偽以外のとき，$p \supset q$の命題の全体は真であると決められている。これは古代メガラ学派のフィロンによって与えられたが，そうすると前件が偽で後件が真であっても（偽から真が出る）全体が真となるような事態が発生するので，ここにパラドクス（逆説）が生じているように見えることが問題とされてきた。

(島崎隆)

内在（的） 〔英〕immanence; immanent 〔独〕Immanenz; immanent
超越（的）(Transzendenz; transzendent) に対して，一般的には，内にとどまる，それ自身を超え出ていかないことを意味する。したがって，たとえば原因について内在性がいわれるとすれば，それは，原因が事物それ自身のうちに存しているということであり，何らかの原因が外から事物に作用するのではないということになる。同様に，形而上学的・神学的意味合いにおいて神の内在性がいわれるとすれば，神は，世界を超越して，世界の外に存在しているのではなく，スピノザの汎神論がそうであるように，世界の内にあるとする立場ということになる。なお，カントの場合には，とりわけ認識論的意味合いで，概念の使用が可能的経験を

超え出ることなく，その限界内にとどまる場合のことを意味している。また，ヘーゲルの場合には，対象の主観的・恣意的考察である「外的反省」あるいは単なる「理由づけ」(Rasonieren) とは異なって，「対象の内在的考察」すなわち「自己を対象の生命に委ね」「対象の内的必然性を目の前に見据え，そして言明することを要求する」対象に即した考察が，真の学的認識の要件として強調されている。逆にフッサールの場合であれば，意識の特性としての「志向性」に基づいて，意識対象が意識作用の内に存在するという主観的観念論的脈絡で内在性は語られる。
［文献］許萬元『ヘーゲル弁証法の本質』青木書店，1972。
(太田信二)

内省→反省

内包的論理学→外延的論理学／内包的論理学

内包と外延 〔英〕intension (connotation) and extension (denotation)
概念がもつ二つの論理的性質を表すことば。内包とは，概念の本質的な徴表の総体のことで，たとえば，「人間」という概念の内包とは，哺乳動物である，二足歩行する，労働する，言葉を話す，などの徴表の全体として，人間を他の事物と区別する性質のことである。他方，外延とは，概念が適用される事物の範囲のことで，「人間」という概念の外延は，日本人，アメリカ人，フランス人，ロシア人，など世界のすべての国の人々のことである（すべての白人と有色人種，と表現することもできる）。だから，ある概念の内包とは，その概念が適用される事物に共通する性質の総体であるということもできる。この概念の二つの性質の間には比喩的に「内包と外延の反比例の法則」と呼ばれる関係がある。たとえば，「動物」という概念と「人間」という概念を比べると，「人間」の内包は「動物」の内包にさらに「理性をもつ」という内包が付け加えられ増えているが，外延は「動物」に比べてはるかに狭くなっている。このように，両者の間には，「内包

が多くなるほど外延が狭くなり，外延が広くなるほど内包が少なくなる」という関係がある。「人間」→「動物」のように外延を広げることを概念の「概括」，逆に，「動物」→「人間」のように外延を狭めることを概念の「限定」という。
→概念，徴表 　　　　　　　　　　　　　　　　　　（中村行秀）

　内容→形式と内容

　中井正一　（なかい まさかず）1900〔明治33〕-1952〔昭和27〕
哲学者．戦中・戦後にかけて，主として美学分野で活躍した思想家。代表的論文である「委員会の論理」は，民主的な集団組織形成の論理を先駆的に提示したものとして，戦後にかけても大きな影響を与えた。その実践的活動として行った，雑誌『世界文化』と週刊『土曜日』の編集・執筆は，戦時下抵抗の思想活動として大きな足跡を残した。戦後は国会図書館の副館長として民主的図書館の確立にあたる一方，機能主義的視点に立った美学論の集約として『美学入門』を発刊し，多くの読者を得た。
［文献］『中井正一全集』（全4巻）美術出版社，1981；『中井正一評論集』岩波文庫，1995。　　　　　　　　　　　　（吉田千秋）

　中江兆民　（なかえ ちょうみん）1847〔弘化4〕-1901〔明治34〕
兆民は号，名は篤介。自由民権思想家・唯物論者。高知城下（現在の高知市）の足軽身分の家に生まれ，幼少から漢籍に親しむ。藩校で蘭学を学び，英学修行で派遣された長崎で仏学に触れ，江戸・横浜に出て仏学を研鑽。1871（明治4）年，司法省留学生として岩倉遣欧使節団に加わり，アメリカ周りで72年，パリ・コミューン直後のフランスに入る。〈急進共和主義〉思想の影響を受け，ルソーの思想に惹かれる。74年帰国，すぐに仏学塾を創設した。75-76年，一時東京外語学長・元老員書記官になるが，仏学塾に力を注いで多くの人材を育て，わが国最初の美学書『維氏美学』（1883）と最初の本格的辞書『仏和辞林』（1886-87）を

完成させる。81年には「自由」を冠した最初の新聞『東洋自由新聞』，88年には『東雲新聞』，90年には『自由新聞』と，主筆を歴任。また82年から雑誌『政理叢談』にルソー『社会契約論』の抄訳『民約訳解』を連載した。高揚する自由民権運動の統一的な発展に努めるとともに，その思想的な基礎づけと普及のために健筆を奮った。90年の帝国議会第一回選挙に当選，「憲法の点閲」と議会制民主主義の発展を期した（「国会論」）が，天皇制政府に屈服した議会に失望，翌年〈無血虫の陳列場〉という告発文を書いて議員を辞した。中江の理論活動の特徴は，わが国の歴史の進路を人民の立場から見定め，民主主義革命を完成するための理論的基礎を唯物論哲学に求めたことである。彼の唯物論哲学には大きく二段階が区別される。第一は80年代前半の『東洋自由新聞』の頃から『理学鈎玄』（1886）までの時期。ここではその唯物論は自然科学的唯物論にとどまるが，権威主義と不合理主義に対する批判性が際立つ。なお「哲学」を「理学」と表現する点では，三浦梅園・帆足万里など江戸期の哲学的伝統を引き継いでいる。第二はそれ以後の時期で，明治憲法の欽定を目前にして日本の歴史的進路を問うた『三酔人経綸問答』（1887）と20世紀初頭の遺稿『続一年有半』（1901）に代表される。ここでは帝国主義的大国化・軍国主義化のコースに対して自由・民主主義・アジア共存のコースが模索され，自然科学的唯物論から能動的な哲学的唯物論への理論的前進が見られる。特に鋭い実証主義批判を含んだ遺稿は，わが国の民主主義的・マルクス主義的な批判思想の先駆的遺産となっている。

[文献]『中江兆民全集』（全17巻 付録）岩波書店，1983-1986；中江兆民『三酔人経綸問答』岩波文庫，1965；同『一年有半・続一年有半』岩波文庫，1995。　　　　　　　　（福田静夫）

中江藤樹　（なかえ とうじゅ）1608〔慶長13〕-1648〔慶安1〕江戸初期の儒学者で，わが国の陽明学の祖。名は原，字は惟命。通称は与右衛門。近江国高島郡小川村（滋賀県高島郡安曇川町小川）に生まれる。日本朱子学＝羅山学が徳川権力と結合して規範主義化し，単にかたちの上で規範に従う傾向が広がったのに対し

て，自らの内面的なエートスに基づく規範の内面化を図ったのが藤樹学であり，その孝思想であった。封建的規範を内面化しようとするときそれが孝として意識されるについては，日本封建村落の家父長制的構造が考えられる。その基盤の衰退とともに藤樹思想が神秘主義的色彩を帯びるのも偶然ではない。
→陽明学，林羅山
［文献］守本順一郎『日本思想史』未来社，2009。（岩間一雄）

永田広志 （ながた ひろし）1904〔明治37〕-1947〔昭和22〕
マルクス主義哲学者。1930年，プロレタリア科学研究所に参加。32年，唯物論研究会の創設に加わり，戸坂潤とともにその中心となる。スターリン主義哲学の形成・確立期ではあったが，マルクス，エンゲルス，レーニンに直接に依拠しながら，『唯物史観講話』『現代唯物論』『唯物弁証法講話』など，自力で考え抜いた高い水準の著作を残した。36年以降の『日本唯物論史』『日本封建制イデオロギー』『日本哲学思想史』は，唯物論の立場からの体系的な日本思想史研究の先駆的業績である。
→唯物論研究会
［文献］『永田広志選集』（全7巻）白揚社，1947-48；『永田広志日本思想史研究』（全3巻）法政大学出版局，1967-69。

（後藤道夫）

中村敬宇→中村正直

中村正直 （なかむら まさなお）1832〔天保3〕-1891〔明治24〕
号は敬宇。幕臣。昌平黌出身，30歳で御儒者。師，佐藤一斎に似て朱子学を主とし学風は折衷主義。王陽明を重視，隠れて蘭学・洋学も学ぶ。幕府派遣英国留学生の取締役。明治維新後徳川家に従い静岡へ移住，私塾同人社を設立した。『西国立志編』（スマイルズ『自助論』*Self-Help*）で自主自立精勤の人生の意義を説き，『自由之理』（J. S. ミル）で近代的自由を伝え，両書ともベストセラーになった。1868（明治1）年，「敬天愛人説」を書き，

のちに「明六社」に参加。征韓論に反対し，民撰議院設立建白書に賛成した。基督教受洗，訓盲院の創立に参加した。女子教育に熱心で東京女子高等師範学校摂理嘱託，校長。文部大臣の依頼で草した教育勅語案は井上毅が峻拒。東京大学漢学教授，貴族院勅選議員。葬儀は神式。
→明六社
［文献］荻原隆『中村敬宇研究』早稲田大学出版部，1990。

(加藤恒男)

ナショナリズム 〔英〕natinalism
国民主義，国家主義，民族主義などと訳される。一般に通用する定義はないが，特定の民族を中心にネイション形成（国家統一／国家独立）を果たそうとするか，既成のネイション内部において，それを「共同体」として統合しようとする際に現れる思想および運動をいう。歴史的には，16世紀以後に形成された先進的ネイション（イングランド，フランス，オランダなど）に対抗して，18世紀末以後，ネイション形成（国家統一）を果たそうとしたドイツやイタリアの運動，あるいは旧帝国・植民地から独立を果たそうとする中南米諸国やギリシアでの運動などから成立し，のちに先進ネイション内部でも，「共同体」として社会統合を強化する運動や，それからの分離独立を目指す少数民族の運動などにおいて形成された。このために，ナショナリズムを独立前と独立後とに区分することがナショナリズム研究では一般的である。しかし，ナショナリズムが独立前で完結することはなく，あくまで独立を達成し，国家統一を果たしてこそ十全な形態をとりうることを考えれば，ナショナリズム本来の形態は独立後にこそ現れると見なければならない。

【ナショナリズムの諸類型】ナショナリズムは一様ではなく，時代により様々な類型がある。概括して言えば，①19世紀西欧のイタリア，ドイツに見られたような国家統一を目指す古典的とされる西欧型ナショナリズム，②旧帝国内部で分離独立を果たそうとする分離型ナショナリズム，③旧帝国において支配統合を強化しようとする公定ナショナリズム，④植民地独立運動に伴う反植

民地型ナショナリズム，⑤戦間期のファシズムと結びついた排外型ナショナリズム，⑥現代のネイション内部における少数民族（エスニック集団）の分離型ナショナリズム（エスニック・ナショナリズム），⑦ネイションを「共同体」として社会統合を図る統合型ナショナリズム（シヴィック・ナショナリズムなど），⑧ディアスポラ型ナショナリズム，など。独立前のものとしては，①，②，④，⑥，⑧などが該当するが，ポストコロニアルの今日注目してよいのは，独立後の統合型ナショナリズムである。ナショナリズム研究ではときに独立後のナショナリズムの衰退が語られるが，根拠がない。

【ナショナリズムの思想】国家統一，ネイション統合を政治的文化的に果たそうとする限りは，統合原理を求める必要がある。ナショナリズムはそれを，かつて中心的民族がもっていた文化や言語，民族的伝統などに求める。しかし，「共同体解体」後の時代にあって私的所有原理の下で「共同体」を立ち上げようとする限り，その根拠づけに関してナショナリズムは本質的に困難を抱える。ここから，それに包摂されない少数民族その他に対して排外的な暴力的性格を帯びる自民族中心主義的傾向も生まれる。ナショナリズム思想としては，フィヒテ『ドイツ・ネイションに告ぐ』(1806)，ルナン『知的道徳的改革』(1871)などが知られるが，いずれも各人の属するネイションの危機に際してその民族的使命を訴えたものであり，きわめてナショナルな思考に囚われたものであった。哲学もまたネイションとナショナリズムの枠組に制約されていた。近代市民社会とネイション，哲学とナショナリズムなどの捉え返しが改めて提起される。

→人民／国民，民族／ネイション，共同体／共同社会，市民社会

[文献] アンダーソン『想像の共同体——ナショナリズムの起源と流行』NTT出版，1998；ゲルナー『ネイションとナショナリズム』岩波書店，2000；ホブズボーム『ナショナリズムの歴史と現在』大月書店，2001；A. D. スミス『ネイションとエスニシティ』名古屋大学出版会，1999。　　　　　　　　（渡辺憲正）

ナチズム　〔英〕nazism〔独〕Nazismus〔仏〕nazisme
1920年に結成されて，33年に権力を掌握し，45年の第二次世界大戦敗北時までドイツを独裁的に支配した国家社会主義ドイツ労働者党（Nationalsozialistische Deutsche Arbeiterpartei：俗称ナチ［Nazi］）の思想と運動。ナチズムは，ファシズムまたは現代的政治独裁のひとつの形態であって，第一次世界大戦におけるドイツの敗北後，ヴェルサイユ条約による苛酷な賠償請求と世界恐慌による経済的危機を背景とする。それは，国内ではワイマール共和国の階級的対立と社会的混乱を，反資本主義的・疑似社会主義的スローガンによって労働者を欺瞞しつつ，政治的独裁によって強力に収束し，思想的に見れば，右翼的・好戦的なドイツ民族主義，旧ソ連を始めとする社会主義国家に対する敵対意識と反共主義，そして西洋の歴史を通じて強固に存在し続けた反ユダヤ主義などを結合させた，ひとつの思想的アマルガムである。

　ナチは，政治的には議会制民主主義・自由主義を廃棄してこれに代わる「指導者原理」に基づく政治的独裁を行うとともに，最初の大戦でのドイツの敗北が国内の革命勢力によるものだとする「背後からの一突き」説に基づいて，反社会主義・反共産主義を旨とした。経済的には，努力によらない所得の廃止や大企業の利益配当への国民参加などの反資本主義的スローガン，そして企業の国有化などの疑似社会主義的スローガンを織り込んで大衆を幻惑し，運動の初期には街頭での暴力テロなどの直接行動による反対派とユダヤ人の激しい排除とを特徴とした。34年6月にレーム派を粛清してヒトラーの覇権が確立した後は，大衆的・疑似社会主義的路線を大きく転換して，国家独占資本との癒着を強め，軍事・技術力を背景に国民を総動員して東方への生存圏拡大を目指して侵略戦争の道を歩んだ。そして，社会的混乱の原因をユダヤ人の存在に帰するその狂信的な反ユダヤ主義とアーリア人種優性思想とは，国家公民権と財産をユダヤ人から剥奪したにとどまらず，軍事的占領地域から排除したユダヤ人を絶滅収容所で大量虐殺し，その数およそ600万人と推定される恐るべきホロコーストを生んだ。ナチズムは，議会制民主主義の反対極である政治的独裁がもたらした20世紀最大の犯罪として，深刻に総括され

ナチュラ

る必要があろう。
→全体主義,ファシズム
[文献]ヒトラー『我が闘争』上・下,角川文庫,1973;ワルター・ホーファー『ナチス・ドキュメント』ぺりかん社,1960;フランツ・ノイマン『ビヒモス——ナチズムの構造と実際1933-1944』みすず書房,1963;ハンナ・アーレント『全体主義の起源』(全3冊)みすず書房,1981。　　　　　　　　　　(奥谷浩一)

ナチュラリズム→自然主義

ナトゥラ・ナトゥランスとナトゥラ・ナトゥラタ→能産的自然と所産的自然

名と体→日本仏教

ナトルプ　Paul Natorp 1854-1924
新カント派マールブルク学派を代表する哲学者の一人。彼は数学的自然科学を典型とする諸科学が客観的な学として存在するという「事実」から出発して,その根拠が経験的所与にではなく,科学的方法の根底にある思考法則の普遍的「妥当性」にあることを強調し,このような主張の思想史的起源をプラトンのイデア論に求めた点で,師のコーエンに忠実であった。またナトルプは,人格としての人間が相互に他者を手段としてではなく目的として取り扱うカント的な叡智的共同体を理想的な社会のあり方と考えた点でもコーエンを継承しており,このような立場から,「社会的教育学」(Sozialpädagogik)の提唱者となり,産業化,都市化の進行とその下での生活環境の悪化や経済的不平等を背景として,諸個人が社会の一員であるという共同体的意識を失いつつある現状を教育実践によって変革しようとした。
→コーエン
[文献]ナトルプ『社会的教育学』玉川大学出版部,1983;Gillian Rose, *Hegel Contra Sociology*, The Athlone Press, 1981。
　　　　　　　　　　　　　　　　　　　　　　　(石井潔)

ナロードニキ　〔露〕Narodniki〔英〕populists
ゲルツェン，チェルヌイシェフスキーの思想を継承し，1860年代末に成立したロシア独自の革命思想（ナロードニキ主義）の担い手たちのこと。ナロードニキ主義には多様な政治的見解が含まれるが，ロシアの農村共同体（ミール）と西欧の科学を利用して，ナロード（人民）に多大な犠牲を強いる資本主義段階を飛び越えてロシアを直接に社会主義段階に至らせようとする志向では共通していた。またこの点で資本主義段階の不可避性を主張するプレハーノフらの「合法マルクス主義」と対立した。代表的なナロードニキにはP. L. ラヴローフ，N. K. ミハイロフスキーがいる。
→ゲルツェン，チェルヌイシェフスキー
［文献］N. ミハイロフスキー『進歩とは何か』成文社，1994；佐々木照央『ラヴローフのナロードニキ主義歴史哲学』彩流社，2001。　　　　　　　　　　　　　　　　　（清水昭雄）

二

新島襄 (にいじまじょう) 1843〔天保14〕-1890〔明治23〕
安中藩下級藩士。黒船を見て日本に海軍創設と貿易の必要を覚え国禁を犯して脱出した。米国の援助者に感化されてキリスト者となりアマースト大学で学ぶうちに，軍国主義ではなくキリスト教精神に基づく教育によって立国すべきことに目覚め，宣教師となって開国後の日本へ帰り教育と伝道に挺身した。明治政府からの国家主義教育への任官を固辞し，自由を基調とした同志社大学を創設。私学の自由な教育を通して経世済民を正しく実現すると確信し実践した。大学設立の途上病に倒れたが，その志は同志社とキリスト教会に受け継がれ「自由と平和への戦略」を発信し続けている。
[文献]『新島襄全集』(全11巻) 同朋舎出版, 1983-96。

(橋本左内)

二元論 〔英〕dualism〔独〕Dualismus〔仏〕dualisme
相対立し異なる二つの原理を採用する立場。様々なものを一つの原理から説明する一元論や，これらを多数の原理から説明する多元論から区別される。古代アジアの神話においては光と闇，天と地の対立などが指摘された。古代のインド中国の哲学でも二元論が重視される。ギリシアにおいては，魂と肉体を分離したピュタゴラス（オルフェウス教と親密）の影響のもとにプラトンがイデアの世界と現象の世界を区別した。この区別は天上と地上との宗教的区別に対応する。近代においては，カントが認識論では理性（概念）と感性（直観）を，道徳論では叡智界と感性界を区別する。また，彼は必然性と自由意志，理論（認識）と実践（道徳的行為），存在（事実）と当為（義務）の関係についても二元論の立場をとる。デカルトは人間の心と身体の関係について二元論を唱えた。人間の身体は自然（物体的世界）と同じく機械的な運動

を行うが，人間の心は自由であり，両方は全く別の原理に従うと主張した。このような心身二元論はのちに心身問題をめぐる議論を引き起こした。
→一元論／多元論　　　　　　　　　　　　　　　　（高田純）

ニコラウス・クザーヌス　〔ラ〕Nicolaus Cusanus〔独〕Nicolaus von Kues 1401-1464
ドイツの聖職者，神学者。聖職者として教会改革，カトリック教会とギリシア正教の統合に尽力した。思想的には，新プラトン主義の影響を受け，無限者には反対物の一致（coincidentia oppositorum）が生じるとする見解で特に有名である。数学や自然科学にも詳しく，近世哲学を先取りしている。著書としては『知ある無知』『信仰の平和』などがある。
［文献］ニコラウス・クザーヌス『知ある無知』創文社，1966；クルト・フラッシュ『ニコラウス・クザーヌスとその時代』知泉書館，2014。　　　　　　　　　　　　　　　　（山内志朗）

西周　（にし あまね）1829〔文政12〕-97〔明治30〕
明治期の哲学者で，明六社に参加した啓蒙思想家。石見国津和野（島根県津和野町）の藩主の侍医の家に生れる。藩学で朱子学を学ぶが蘭学研究に進み，脱藩して1857年に蕃書調所の教授手伝となる。62年，津田真道らとオランダのライデン大学に留学し，フィセリングらにコントの実証主義やJ. S. ミルの功利主義を学ぶ。帰国後，日本最初の哲学書『百一新論』（1874）において，諸学を分類し哲学に総合する体系を示す。またここで，「哲学」をはじめ多くの哲学概念を考案し，西洋哲学の導入に大きな功績を残した。彼の功利主義は「人生三宝説」（1875）という道徳論に明らかで，健康・知識・富裕の三宝を促進することが「最大福祉」の実現であり，三宝の源は「私利」にあるが「公益は私利の総数」とした。だが，この功利主義は明治政府の富国強兵策と基本的に矛盾することなく，西周は明六社解散後，官界に入り，陸軍で「軍制」確立に従事し「軍人勅諭」を起草するなどした。
→明六社，功利主義

[文献]『西周全集〔復刻版〕』（全4巻）宗高書房，1961-80；大久保利謙『明六社』講談社学術文庫，2007。　　　　　（吉田傑俊）

西田幾多郎　（にしだ きたろう）1870〔明治3〕-1945〔昭和20〕

近代日本の代表的哲学者の一人。戦前に京都帝国大学教授を務め，いわゆる「西田哲学」を形成し京都学派の創始者となる。石川県河北郡宇ノ気村（石川県かほく市）の没落地主の長男として生れる。1886年に石川県専門学校（翌年，旧制第四高等学校となる）に入学したが，理想主義的立場から国家主義的文教政策に抵抗し退学する。91年，東京帝国大学哲学科選科に入学，卒業後母校第四高等学校の講師となる。その後，山口高等学校在任中の二年間をはさんだ十年余，参禅による人格と思想の統一を図って金沢で座禅生活を送る。処女作『善の研究』（1911）はその成果であった。1909年に学習院大学，翌年には京都帝国大学に招かれ，定年まで20年余教壇に立った。定年後も敗戦直前の死に至るまで，精力的な執筆生活を送り多くの著作を残した。

西田哲学の出発としての『善の研究』は，知情意合一で主・客未分化な「純粋経験」をもって「実在」とする。すなわち，実在は意識より独立するものでなく，われわれの意識対象である。ゆえに，実在は自ら分化発展するが，われわれの内面的要求や理想すなわち「善」と相即する。つまり，善とは，内面的要求に基づく無限な主客合一の追求とした。ここには，「大正デモクラシー」期における内面的自己確立の企図と観念論的哲学とが並存した。その後の西田は，この純粋経験のロゴス化による「歴史的世界」の形成に傾注した。まず「場所」の設定であり（『働くものから見るものへ』），場所とは「我と非我の対立」を内包する「意識の野」とする。意識は「述語」となって「主語」とならぬものであり，むしろ主語面が述語面に「落ち込む」とする。これは意識の「無」化・「場所」化することであり，「働くもの」すなわち対象的・主語的なものが「見るもの」すなわち意識的・述語的なものに包摂される意味であった。次に，「行為的直観」（『哲学の根本問題』正・続，『哲学論文集』）という概念において，行為と

は「物が我を限定し，我が物を限定する」こと，「主客合一的に物を創造すること」とし，「歴史的」「弁証法的」世界の形成を説く。この「絶対的」弁証法の特質は，「個物と個物の相互限定」が「過程的限定」ではなく「場所的限定」にあるとした。すなわち，西田は「生命」的有機体論に立ち，個体間や個体と環境の間の関係を融合的・共時的と捉え，ヘーゲルやマルクスにおける主体・客体の対象活動的な「過程的」「客観的」弁証法に反対した。そして，この西田の主客融合的歴史的世界構築の企図は，十五年戦争の渦中，皇室を「主体的一と個物的多との矛盾的自己同一」（「日本文化の問題」）と翼賛することにおいて論理的にも挫折したといえる。
→京都学派，近代の超克
［文献］『西田幾多郎全集〔新版〕』（全24巻）岩波書店，2002-09；竹内良知編『昭和思想史』ミネルヴァ書房，1958；小林敏明『西田幾多郎の憂鬱』岩波現代文庫，2011。　　　　（吉田傑俊）

二重真理説　〔英〕double-truth theory
矛盾対立する二つの命題を（異なる観点から）どちらも真理であるとする立場。歴史的には，13世紀にパリ大学で，アリストテレス文献をアラビアの注釈家アヴェロエス（イブン＝ルシュド）に依拠して解釈し，「聖書に基づく信仰の真理に反する事柄を真理であると主張した」として，教会によって異端宣告を受けた人々に帰せられたもの（「ラテン・アヴェロエス主義」）。ただし，近年の研究では，主唱者として断罪されたブラバンのシゲルスやダキアのボエティウスらは，実際にはこのようなことを主張したことはなく，「二重真理説」は大学内の勢力争いにおいて対立する側から攻撃理由として持ち出されたものに過ぎなかったとされている。
［文献］川添信介『水とワイン――西欧13世紀における哲学の諸概念』京都大学学術出版会，2005。　　　　（加藤和哉）

ニーチェ　Friedrich Wilhelm Nietzsche 1844-1900
ドイツの哲学者。ボン大学で神学，文献学を学び，ライプツィ

ヒ大学で文献学から哲学研究へと向かう。ライプツィヒ時代に，ショーペンハウアーの『意志と表象としての世界』に接し，音楽家ワーグナーと知り合う。1869年にバーゼル大学の文献学教授となる。『悲劇の誕生』(1872)は，芸術の条件として美的現象としてのアポロン的なもの（ショーペンハウアーの「表象」）と根元的なデュオニソス的なもの（ショーペンハウアーの「意志」）の対立を指摘し，これから絵画・彫刻的芸術と非形象的・音楽的芸術，両者の統一として悲劇の発生を説明する。ワーグナーの楽劇は，古代の「悲劇の再誕生」と位置づけられる。

『人間的な，あまりに人間的な』(1878)から『悦ばしき知恵』(1882)は，ショーペンハウアーとワーグナーの影響を脱した「実証主義的な時期」であり，哲学，形而上学，倫理学，宗教の批判がテーマとなる。この場合に，行為の道徳的性格と意志自由，さらに主観という近代哲学の基本概念が否定される。また，「力の増大」，人間にとっての究極の尺度としての「創造の充溢」「神は死んだ」のアフォリズム，永遠回帰など，その後の基本概念が現れる。

『ツァラトゥストゥラ』(1883-85)から『この人を見よ』(1889)までは，ニーチェの独自の思想である超人，永遠回帰，力への意志などの主題が述べられる。『ツァラトゥストゥラ』では，「神は死んだ」と宣言され，「超人」の主題が提示される。生は「力への意志」として常に自己を超克し，創造し，永遠回帰をも肯定するものとされる。『善悪の彼岸』(1886)，『道徳の系譜学』(1887)においては，優越性の感情，「距離の感情」から生じる支配者道徳とキリスト教のような「ルサンチマン」に根ざす奴隷道徳が区別される。『ワーグナーの場合』(1888)，『偶像の黄昏』(1889)では，デカダンスの概念を用いて，ワーグナー音楽批判，哲学批判が行われる。『アンチクリスト』(1888)では，「力の感情」の観点から「同情」とキリスト教が批判される。『この人を見よ』では「運命愛」の思想に基づいてニーチェ自身の著作が語られる。

ニーチェは，反近代，反民主主義の哲学者であるが，その徹底した批判と創意に満ちた思想は，広範な影響を後世に与えた。政

治的に否定的な意味では，ドイツの国家社会主義者によるニーチェ利用が指摘されるが，20世紀の哲学思潮，すなわち，ヤスパース，ハイデガーの実存思想，アドルノ，ホルクハイマーなどのフランクフルト学派，フーコー，ドゥルーズなどのポストモダンの運動は，独自にニーチェ思想を解釈し取り入れた。
[文献]『ニーチェ全集』（第一期 全12巻，第二期 全12巻 別巻）白水社，1979-85；『ニーチェ全集』（全19巻）ちくま学芸文庫，1994。　　　　　　　　　　　　　　　　　　　　　　（中河豊）

日常言語学派　〔英〕ordinary language school
1950年代を前後して英国のオックスフォード大学を中心に展開された哲学運動。中心人物は，ライル，オースティン，ストローソン，グライスら。論理実証主義までの分析哲学の流れでは，日常言語の形式は哲学的思考を誤った方向に導くと考えられ，論理学を土台にした正確な言語で事柄を正しく述べることによって，多くの哲学的問題は解消されるとされた。これに対して日常言語学派によれば，言語の多様な働きを，論理学を用いて一つの共通の形式にまとめようとすることこそ哲学的な錯覚であり，むしろ日常言語の多様性そのものに着目することがあるべき哲学の出発点である。たとえば，ラッセルの記述の理論によれば日常言語の主語―述語形式は命題の論理的形式ではないのに対し，ストローソンは，文法上の主語を真の主語と見なすことによって，言語の働きが文脈に依存する側面を明るみに出した。こうした考え方には後期ウィトゲンシュタインとの関係が認められるが，ウィトゲンシュタインが示すような哲学的理論一般に対する懐疑の意識は日常言語学派には比較的薄く，オースティンが，個々の事例の間の差異に対する鋭敏な感覚を斬新な理論的概念の構築と結びつけ，言語行為論において長く影響力をもつ理論的枠組を提案したのをはじめ，グライスの推理理論など，経験科学としての言語研究に結びつく積極的な成果をも生んでいる。
→ライル，オースティン，ストローソン，言語行為（論）
[文献] ライル『心の概念』みすず書房，1987；オースティン『言語と行為』講談社学術文庫，2019。　　　　　　　　　　（伊勢俊彦）

日蓮 (にちれん) 1222〔貞応 1〕-1282〔弘安 5〕

鎌倉時代の僧。日蓮宗の開祖。安房国長狭郡東条郷片海（千葉県安房郡天津小湊町小湊）に漁師の子として生まれる。12歳で生地に近い清澄寺に入り，天台宗の法華経信仰を中心に浄土教・密教をあわせて学ぶ。その後比叡山で修行。再び清澄寺に戻り，1253（建長 5）年，南無妙法蓮華経の題目を初めて唱えて立教開宗する。後鎌倉に出て松葉谷に草庵を結び布教を展開した。1260（文応 1）年，『立正安国論』を著し，前執権北条時頼に提出する。当時頻発していた天変地異の原因は仏教界の混乱にあるとし，為政者が浄土宗を禁止して法華経による政治を行い，万民がそれに帰依するならば，理想の仏国土が実現すると説いた。また，それが実現しなければ内乱が起こり，他国から侵略を受けるだろうと予言している。1271（文永 8）年，幕府に捕らえられ佐渡に流罪となる。流罪中『開目抄』と『観心本尊抄』を著し，また自らの宇宙観を文字によって表した大曼荼羅本尊を書き示した。『開目抄』では度重なる法難の意味を反省し，受難こそ逆に末法の世における法華経の行者の証であると自覚する。『観心本尊抄』では，中国天台教学の「一念三千」（自己の一瞬の心と宇宙全体との相即）の理論によって，仏とは隔絶しながらも題目を唱えることによって仏のすべての功徳が自然に凡夫に譲与されると説いた。1274（文永 11）年には流罪の赦免を得て鎌倉の地に帰り，さらに甲斐国身延山（山梨県身延町）へ隠栖する。日蓮が予言した蒙古の襲来は，その年の 10 月に現実のものとなった。1282（弘安 5）年，武蔵国千束郡（東京都大田区池上）の信者池上宗仲の屋敷で没する。

〔文献〕立正大學日蓮教學研究所編纂『昭和定本 日蓮聖人遺文〔改訂増補版〕』（全 4 巻）総本山身延久遠寺，1988；佐藤弘夫『日蓮――われ日本の柱とならむ』ミネルヴァ書房，2003。

（田中久文）

新渡戸稲造 （にとべ いなぞう）1862〔文久 2〕-1933〔昭和 8〕

南部藩（戊辰戦争では賊軍）勘定奉行の子。東京英語学校（のち

の第一高等学校)在学中に天皇制に深く影響される。卒業後,札幌農学校に入学し先輩に導かれ「イエスを信ずる者の契約」に署名,後にクエーカー教徒となる。アメリカ,ドイツに留学し農業経営学を学び,帰国後,札幌農学校教授,台湾総督府技師,京都帝国大学教授,東京女子大学長,第一高等学校校長を歴任。国際連盟事務次長,勅選貴族院議員など多方面で活躍。「太平洋のかけはし」の自覚で国際平和のために尽力した。しかし天皇制を肯定しながらのクリスチャンという矛盾,マルクス主義の誤解などの限界は問題を残している。

［文献］『新渡戸稲造全集』(全23巻 別巻2) 教文館,1969-2001。
(橋本左内)

二宮尊徳 (にのみや そんとく) 1787〔天明7〕-1856〔安政3〕

江戸時代後期の農村復興運動の指導者。通称金次郎。相模国足柄上郡栢山村(神奈川県小田原市)に生れる。疲弊した農村を独特の鋭い自然観察力と実務家的な合理主義精神に基づいた仕法によって復興させることに成功し,多くの信奉者を得た。領主の収納高を分度として厳密に定め,一定期間はそれ以上の収奪を行わないことを約束させ,農民の荒廃地開拓と生産への意欲を引き出した。勤勉と倹約を説き,農民の自発的な労働意欲を引き出すことに努めた。その勤勉さと刻苦の精神によって戦前の修身教育において模範的な人間像の一人とされた。

［文献］『二宮尊徳・大原幽学——日本思想大系52』岩波書店,1973。
(田平暢志)

ニーバー Reinhold Niebuhr 1892-1971

アメリカ・ミズーリ州生まれのドイツ系神学者。イエール大学神学部で学び,デトロイトの福音教会牧師になった。フォード社での労働者の惨状を見て,社会問題に目覚め,マルクス主義に接近した。ユニオン神学校で定年までキリスト教倫理を教え『道徳的人間と非道徳的社会』(1932)を刊行。その後マルクス主義からは離れたが,現実問題を捨象するキリスト教の流れを批判し続け

「預言者的宗教」の視点を踏まえて『人間の本性と運命』(1941・43) を発表。権力に妥協しないキリスト教的リアリズムの精神と実践を訴えた。
［文献］ニーバー『道徳的人間と非道徳的社会』白水社, 1998；同『光の子と闇の子——デモクラシーの批判と擁護』聖学院大学出版会, 1994。 (高尾利数)

ニヒリズム 〔英〕nihilism〔独〕Nihilismus〔仏〕nihilisme ラテン語の「無」(nihil) に由来する語で「虚無主義」と訳される。既成の価値観を否定する様々な立場に対して, この語が非難の意味を込めて使用されてきた。18世紀末に認識における主観の構成作用を強調したカントの批判哲学が, そしてカントの思想を受け, 主観性の働きにさらに大きな役割を与えたフィヒテの哲学がニヒリズムと呼ばれている。この場合, カントとフィヒテの哲学は主観の外に位置する絶対者, 神を否定するものとして捉えられ, その点が非難されたのであった。ロシアの作家ツルゲーネフは『父と子』(1862) において, ニヒリストについていかなる権威の前にも屈しない人間, ただ一つの原理も身上としない人間と書いた。この小説がニヒリズム, ニヒリストの語が広く使用されるきっかけを作ったといわれる。当時の帝政ロシアにおける反体制的活動家がニヒリストと呼ばれたのもこの小説の影響とされる。思想史上ではニーチェの把握が従来のニヒリズム概念を逆転させたものとして重要である。キリスト教にとって神を否定する無神論はニヒリズムであったが, ニーチェによれば, 存在しない神, あの世こそ真の存在であると信じ, それらを基準に現実の生の運動を断罪するキリスト教とその道徳こそが現実逃避の (消極的) ニヒリズムなのである。それに対して, 無意味な生と現実を直視し, ありのままに受け入れたうえで〈神の死〉以後の新たな価値創造の主体となる超人の立場が積極的なニヒリズムとされる。しかしハイデガーによれば, ニーチェの超人思想は主観性の支配という点で, 存在を忘却し存在者のみを問題にするヨーロッパの形而上学と連続しており, したがってニーチェのニヒリズム論は, 彼自身の意図に反し, 形而上学の破壊でなく完成である。

ハイデガーはこの主観性の支配の結果としての存在の忘却というニヒリズムを現代の技術のあり方にも見出す。
→ニーチェ, ハイデガー
[文献] 川原栄峰『ニヒリズム』講談社現代新書, 1977；ニーチェ『善悪の彼岸』『道徳の系譜』(全集 11) ちくま学芸文庫, 1993；ハイデッガー『ニーチェ』1・2, 平凡社ライブラリー, 1997。 (三崎和志)

日本思想史

思想を哲学や合理的・論理的観念体系と見る立場からは, 日本思想史は西欧哲学導入後の近代または江戸期の儒教哲学の学説展開から始まるとされてきた。この立場の普遍主義志向や近代合理主義偏重を離れ, 思想を生活過程のキーワードによるまとまった想念・観念連合と見るならば, 日本思想史はこの列島に人が定着した時から始まる。従来の日本精神史はこの面に光を当てたが, ナショナリズムや非合理主義の見地から, 外来の体系的思想・哲学的観念を排除して構成された非合理的想念に〈固有の日本思想〉史を見る傾向があった。だが生活キーワードは一定の地域・時代では相対的〈普遍性〉を有しそこに外来思想や普遍的観念の介在の意義があり, 他方, 哲学や観念体系は生活過程の矛盾・問題の解決思想の反省的理論化の意味をもつ。その意味で日本思想史は, 外来思想の生活キーワード化, 多様な体系的思想と生活過程の相互媒介過程の歴史として成立する。日本思想史の語が前提する空間的歴史的同一性は近代ナショナリズムの虚構の産物であり, せいぜい近代日本語に対応する列島の共通言語に一定の根拠をもつに過ぎない。しかも日本という歴史的な範囲は中央権力の政治的支配に由来し, 外来思想・共通言語も特に前近代では中央文化の周辺地域・被支配層への浸透という歴史的傾向をもった。この制約への反省抜きに日本思想史は成立しえないことに留意して, 以下古代中世は生活キーワードの思想化を中心に, 近世近代は体系的思想・哲学を中心に概観する。
【古代中世】日本列島の生活思想は先住民と渡来人との継続的融合の中で形成されてきたが, 漢字文化の伝来により文字化され,

適宜儒教・仏教・道教の用語でキーワード化した。太古の思想を残す『古事記』では，自生的な「なる」の思想，カミとアニミズム，罪・汚れ観念，霊の観念等が見られる。古代ではこれを受けて道教や修験道と融合した祟り・物忌み・霊験の思想や，仏教の浸透とともに無常観や殺生禁断・因果応報・自業自得の思想が現れた。古代末から中世前期には，荘園制社会形成過程での列島全土の内乱と災害による体制的危機・転換意識が末法思想・浄土教思想や隠遁の思想を生み，神仏習合等を通して仏教が民衆化し列島全体に定着した。それは列島人が超越的世界観と聖／俗・現世／来世の二元的世界観を獲得し，反面で在地武士等民衆が生活思想を〈普遍的〉観念で自己表現し始めたことを意味し，儒仏融合の中で平等・道理・契約・恩・選択・賢慮等の主体的合理的観念が登場した。中世仏教は外来普遍思想の民衆化と民衆思想の〈普遍化〉を総合し，鎌倉新仏教をも派生しつつ全体として，以後の日本仏教の基本枠組を確立した。この過程で仏教的弁証法を駆使した天台教学やその日本化（天台本覚思想）が実践的理論的に大きな役割を果たし，自然法爾・現象即真実等の思想を生み，そこから権現思想，和歌や俗語世界を法の顕現とする日本語観や王法仏法相依論，さらに親鸞・道元等の独自の宗教哲学的深化を生んだ。それは中世後期にかけて，一方で伊勢神道や山王神道等の体系的神道を生み，建武〈中興〉の失敗と荘園制社会崩壊の中で皇国待望思想を民衆化した。他方で五山学派等の禅の思想と相俟って，能・茶道・造園等で幽玄・わび等の芸能思想を生んだ。中世仏教は戦国時代まで，仏法領（荘園）を支配する正統的寺社と大名の連合勢力や，民衆エネルギーを結集する異端派・一揆勢力の思想原理をなしたが，西欧文化の影響も受けて独特の天の観念・天下布武の思想をもつ織田信長ら近世統一権力に屈服した。それは日本思想史上の大転回点をなし，近世仏教は幕府の支配の下で内面の信仰と世俗行為を切断して，現代の無責任思想の土壌ともなった日本型の聖俗二元論の思想が定着した。相関して，世俗論理では儒教の影響力が増した。

→日本仏教，浄土教

［文献］秋山虔他編『講座　日本思想』（全5巻）東京大学出版

会，1983-84；末木文士他編『岩波講座　日本の思想』（全8巻）岩波書店，2013-14；岩崎允胤『日本思想史序説』新日本出版社，1991。　　　　　　　　　　　　　　　　　　　　　　（亀山純生）

【徳川封建時代——幕末の思想】徳川封建期の思想は，支配思想としての儒学とそれに対する消極的抵抗としての国学の展開を主流とする。封建体制のイデオロギー支柱は儒教であり，林羅山を開祖とする林家「朱子学派」は，封建社会と人間関係を「自然的秩序」と君臣・父子・夫婦など「五倫」道徳で基礎づけた。だが，朱子学を日本朱子学として形成し垂加神道を確立したのは山崎闇斎学派であり，後の尊王攘夷論につながる。徳川体制の揺らぎのなかで勃興したのは，伊藤仁斎・荻生徂徠などの「古学派」であった。特に徂徠は，朱子学の宇宙的自然と人性的自然の統一を分離し，後者の人間（「聖人」「君子」＝将軍）による変革可能性を説いた。それは，短期的には幕府による反動的「改革」を強化するものだったが，封建イデオロギーたる儒学の崩壊を内包した。他方，本居宣長を頂点とする国学は，封建体制の矛盾の進行において，「もののあはれ」という主情的人間性の蘇生によって封建イデオロギーたる儒仏批判を敢行したが，逆に神国・皇国主義に立つ非合理主義・神秘主義に陥った。明確な反封建思想は，「直耕」する「衆人」の「自然ノ世」の「聖人」による「法世」への転換を批判した安藤昌益，「反観合一」という弁証法的自然や「経世済民」の学を現した三浦梅園の唯物論に展開されたが，その影響力は東北や九州の一地域に限定されざるをえなかった。また，蘭学として興った洋学は，18世紀後期の前野良沢，杉田玄白らの解剖書『解体新書』の翻訳を契機に西洋科学の摂取運動として発展したが，渡辺崋山や高野長英など洋学者への「蛮社の獄」という幕府の弾圧によって挫折，その後「東洋道徳，西洋芸術」という限定を被ることになった。

【近代—現代の思想】明治維新後の日本近代思想の展開は，一般に普遍的・規範的な西洋思想の摂取・受容とそれに対する絶え間ない伝統的・国家主義的思想のリアクションとの抗争を主潮とする。明治初期の明六社を中心とした福澤諭吉などの啓蒙運動は19世紀のベンサムやJ. S. ミルなどイギリス功利主義に立脚した

のに対し，その後の植木枝盛や中江兆民などの自由民権思想は逆に18世紀のルソーの革命的民主主義思想を摂取展開した。だが，それらは明治絶対主義の確立のなかで衰え，すでに明治20-30年代には三宅雪嶺の「日本人」による国粋主義，高山樗牛の「日本主義」による国家主義が登場し，帝国憲法・教育勅語路線を支持するに至った。東京帝国大学や京都帝国大学など帝国大学設立による官学アカデミー哲学は主としてカントを中心とするドイツ哲学の牙城となった。西田幾多郎の西洋哲学と東洋思想の融合を目指す「西田哲学」は，当初は「近代的自我」の確立を期すものであったが，次第に「歴史的世界」の形成に進み「近代の超克」論に道を開くものとなった。西田哲学出発の背景となったのは「大正デモクラシー」であった。その思想は吉野作造の「民本主義」が示すように，主権の所在を問わず政治の基本を民衆に置くものに限定された。第一次世界大戦後に組織的形態をとったマルクス主義は，明治の社会主義の伝統を継ぐものであり，その体系的な社会認識と反絶対主義的天皇制や反戦などの実践は知識人に大きな影響を与えたが，過酷な弾圧によって一般への影響力は限定された。大正デモクラシーやマルクス主義への反動は，昭和前期の天皇制ファシズムとして登場した。それは，1920年代の昭和恐慌期の北一輝や権藤成卿らの著作に準備され，1936年の二・二六事件を契機として，軍部と金融資本と官僚の合体による日本型「上からの」ファシズムが展開した。そして，これを思想的にバックアップしたのが，「アジアの盟主」をもって帝国主義戦争を合理化しようとした「近代の超克」論であった。戦後の日本の思想は，前近代的制度と人間を改革する民主的変革を主導する，啓蒙的な「近代主義」とマルクス主義の共同から出発した。だが，「高度経済成長」以後，近代主義は民主的立場を維持する方向と資本主義的近代化に向かう方向とに分裂した。新自由主義によるグローバル市場主義とそれを補完するナショナリズムが支配的思想である現在，民主的思想の課題は大きい。

[文献] 丸山眞男『日本政治思想史研究』東京大学出版会，1952；加藤周一『日本文学史序説』上・下，ちくま学芸文庫，1999；南原一博『近代日本精神史』大学教育出版，2006。

ニホンブ

(吉田傑俊)

日本主義 (にほんしゅぎ)
近代日本における欧化主義に対抗する思想運動としての国粋主義の流れの一つ。直接には高山樗牛の論文「日本主義を賛す」や大日本協会の機関誌『日本主義』によって広く用いられるようになった。国粋主義の主張そのものは、当初は政府の行う欧化主義と帝国主義的膨張主義に反対する国民的な性格をもっており、三宅雪嶺や志賀重昂などは雑誌『日本人』に拠って、外に向かっての国民的独立と内に向かっての国民的自由を主張した。しかし高山らの日本主義になると、日清戦争の勝利という機運に乗じて帝国主義的膨張論を唱えるようになり、その指導理念として建国の精神を強く主張するようになった。
→国粋主義
[文献] 高山樗牛「日本主義を賛す」(近代日本思想大系 31) 筑摩書房, 1977。
(田平暢志)

日本仏教
【歴史】仏教は朝鮮半島からの渡来人により次第に日本列島に導入された (公伝は 538 年)。崇仏派渡来系の蘇我氏が排仏派の物部氏らを制して大和王権を掌握すると、一族の聖徳太子 (574-622) 等により王権の仏教利用が本格化した (十七条憲法と寺院建立)。それは古代天皇制確立で強化され、奈良期聖武朝の国分寺・国分尼寺の全国配置によって国家仏教体制が成立した。

古代仏教は鎮護国家儀礼と大陸からの経論の導入・研究を行い南都六宗なる学派を形成し、大乗を強調して平安初期に導入された天台宗 (最澄) と真言宗 (空海) と合わせて八宗体制となった。民衆世界にも国家の仏教儀礼を介して間接的に殺生禁断・因果応報思想として浸透し始めた。天台宗は以後比叡山等を拠点に禅 (止観)、密教、菩薩戒、浄土教の各部門を整備し理論的実践的に中世日本仏教の総合的母胎となり、真言宗は高野山等を拠点に仏教密教化の他方の中心となった。

平安後期からの中世社会・荘園公領体制への転換過程で、八宗

体制の各寺院は自ら荘園領主化して国家から相対的に自立して次第に中世仏教化し，その下で仏教は日本化民衆化して荘園体制に民衆を統合する中世イデオロギーと化した。主な論点は，在来のカミ信仰・自然崇拝や修験道と融合して荘園経営の精神的紐帯をなす神仏習合，末法思想が示す転換期の不安解消を謳う慈悲の浄土教，悪人正機説等民衆本位思想と教義・修行法の簡易化（易行論），仏国土実現と仏教・国家の相補性（王法仏法相依論）等だった。

浄土教を軸に仏教を民衆化・日本化した中世正統仏教の中心は膨大な荘園と末端僧を擁する天台宗と真言宗であり，理論面では無名の学僧らが集団的に形成した天台本覚思想であった。仏教の中世的転換は一面では大乗仏教の万人済度精神によって民衆の願望に応えた結果であり，その延長に，中世的体制の形成過程の矛盾に対応し民衆エネルギーを独自に集約する新興分派を生んだ。江戸期になって公認された宗派（鎌倉新仏教）の開祖の法然（浄土宗）・親鸞（浄土真宗）・一遍（時宗）らの専修念仏，道元（曹洞宗）・栄西（臨済宗）らの禅，日蓮（法華宗）の唱題等が有名だが，他にも律宗系の叡尊・忍性の救貧運動等，民衆布教者（聖・上人）中心の信仰集団は多い。だがこれらも基本的には正統派仏教の民衆的展開の活力の現れであり，次第に八宗体制に回収されていった。例外的異端は，専修念仏論を立て神祇崇拝を宗教的に否定し結果的に荘園制イデオロギーと鋭く対立した法然・親鸞系だったが，八宗体制や朝廷・鎌倉幕府の政治的大弾圧を受け変質した。天台宗，真言宗等八宗を古代的・貴族的旧仏教とし法然らの鎌倉新仏教を中世的民衆的仏教とする戦後の通説は，近代主義思想と現代の宗派的勢力関係を投影した誤解である。

中世仏教はその後，鎌倉・室町幕府の禅の庇護，日蓮系や時宗系の武士・農民・交易民・芸能民への浸透等の新たな様相を見せたが，正統派は依然広大な寺領もつ自立的な寺社勢力をなし，中世末期の戦国大名の登場でそれらと対立した。他方，異端派の本願寺は蓮如により民衆の自治志向を基礎に巨大化し，後に横断的全国組織（一向一揆）を形成して大名支配を内部から脅かし，加賀では宗教王国を実現した。近世的統一権力を目指す織田信長は

比叡山焼き打ち等で中世仏教を解体し，十年戦争で一向一揆を殲滅し本願寺教団を屈服させた。以後近世仏教は幕藩体制に組み込まれて寺院はその末端機構化し（寺壇制度，寺請け制度），思想的には日本型の聖俗二元論を定着させた。

明治期の天皇教国教化と神仏分離・廃仏毀釈による危機を，仏教は本願寺らの神道非宗教（道徳）論・信教の自由論で回避したが，以後は逆に国体（国民道徳）の名による天皇制国家神道に屈服し，侵略戦争にも協力した。その中で教学・教団の近代化もなされ，一部に社会運動・反戦運動へと展開する潮流もでた。戦後，都市民・貧困層の間で日蓮宗系の新興教団（創価学会等）が活発化したが，仏教全体では死者儀礼宗教化が進み，現代的疎外の中で仏教の多様な宗教的意義が問われている。

【主な論理】日本の仏教哲学は仏教の根本原理の縁起観を日本化した天台本覚思想を背景に中世仏教の民衆化・日本化の教学的基礎づけを通して，独特の論理を生んだ。それは親鸞・道元らの独創的宗教哲学の基礎となり，以後の日本思想の論理・文化の発想の原型となって，西田幾多郎等の近代日本の哲学にも影響を与えた。

（1）即の論理：日本仏教哲学の最も普遍的な論理。華厳思想の哲学が有名だが，日本仏教展開の母胎となった天台哲学で言えば，それは三種の論理である。①二物相合の即（異なる事物が一つに合して離れない），②背面相翻の即（掌の表裏の如く別の事物が元は同一である），③当体全是の即（個物がそのまま全体である）。これらは一切の区別を絶対的同一と見る論理として展開し，事象を区別と相関の相で見る論理（「相待」）と比較を超えた同一相で見る論理（「絶待」）を発展させた。前者は，「名体」（名前・概念と実体）・「色心」（物質と精神）等の対概念や，「近遠／頓漸」「善悪／正邪」等の相反概念として，後者は名即体・色心不二の如く「即」「不二」の関係概念や円満一実の如く同一性概念として展開された。そして相待の論理（多）と絶待の論理（一）は一を開いて多となし多を合して一となす，の如く「開／合」「会通」の論理として論証された。このような「即」の論理は，一即多の論理（「一念三千」等），特殊即普遍の論理（「是心

是法」等), AはAのままでBとする異物同一の論理(「自他不二不一」等)を含む。これらは中世仏教の民衆化の中で, 神仏習合, 凡夫悪人の成仏得悟, 特殊な易行(念仏・禅等)の絶対的普遍性等を基礎づける論理として発展し, 対立物同一の論理(「煩悩即菩提」等), 反対物転化の論理(「転悪成善」等)を生んだ。

(2) 真仮偽:多様な仏典・教義の正邪判定(教相判釈)の論理だが, 真偽択一でなく, 仮を媒介する真理観を示す。真理は現実世界に「時機(時代と人間)相応」して現れるゆえに仮の形態を権る(権仮)からとする。権仮は真理へ導く「方便」として実践的意義をもち仏教的寛容の原理となり, 真理(仏)が仮に人間・神の形をとって現れたと転用されて権現信仰や神仏習合の論理となった。

(3) 因縁果:事象を因果二項でなく三項関係として, 主体に内在する必然的要因・可能性(因)と偶然的契機・外的要因(縁)との因縁合一の結果として理解する論理。生の出来事・幸不幸の解釈の場合は, 業思想とも関連して因に注目する因果応報説・自業自得論と, 縁に注目する縁成説・値遇結縁論に力点が分かれる。

(4) 自然法爾:中世仏教の中心用語で, 事象が法のままに自ずからそう現象するという意味。当初は成仏・往生への作為努力論と無作為論の双方の根拠として主張されたが, 天台本覚思想の影響もあり, 次第に現実世界を無作為の自生現象と見, そのまま法の顕現と了解する論理として一般化し(「娑婆即浄土」等), 後世の日本的自然主義の骨格となった。

(5) 平等:元来は「差別」(区別)の事象に同一性・真理を見ること。中世浄土教以来, 貧富・貴賤・善悪・有智無智の差別を超えて万人の等しい往生成仏を指す基本用語となり, 「平等施一切」等の句で民衆世界に定着した。だが階層往生論の中で機会の同一を平等と説く正統派と, 専修念仏論によって往生結果の同一を平等と説く異端派との対立を含んでいた。

→浄土教, 日本思想史, 大乗, 縁起, 因縁, 中観派, 唯識, 本覚論

［文献］速水侑他編『日本仏教史』(全4巻) 吉川弘文館, 1986-

98；黒田俊雄『日本中世の国家と宗教』岩波書店，1975；末木文美士『日本仏教史――思想史としてのアプローチ』新潮社文庫，1996；安藤俊雄『天台学――根本思想とその展開』平楽寺書店，1968；平川彰他編『講座 大乗仏教』（全10巻）春秋社，1981-85。
（亀山純生）

日本浪漫派 （にほんろまんは）
1930年代後半に『コギト』を前身とする雑誌『日本浪漫派』(1935-38)同人を中心に展開された，復古的浪漫主義的文学運動。同人として，保田與重郎，亀井勝一郎，伊藤静雄，林房雄，萩原朔太郎など約50名が参加した。その代表的存在の保田によれば，「日本浪漫派の運動」は「時代に対する絶望を生き抜くために，文芸の我国に於けるあり方を発見した」とされるが，その登場は昭和初年の天皇制ファシズムによる左翼的政治・文化運動の解体と一方における中間層の形成およびその被抑圧的疎外感を背景とした。一般に，浪漫（ロマン）主義は，18世紀末から19世紀前半の西欧において理性的古典主義や啓蒙的合理主義への反動として個人や感情の自由を唱えるものだったが，耽美主義・直接的体験の重視・主観主義的特質をもった。日本浪漫派の場合も，保田に代表されるように，日本的なものへの回帰を主張するその反近代主義は，『万葉集』研究を基礎にした国学的主情主義や，反唯物論を始めとする一切の科学的思考や政治的リアリズムの拒否を特徴とした。しかし，日本の伝統的美意識をファナティックに訴えるこの非政治主義または反政治主義は，逆説的に，その後の戦争という最大の政治的事態を完遂するうえで，最も効果的なイデオロギー的機能を果たした。
→ロマン主義
［文献］『保田與重郎全集』（全40巻 別巻5）講談社，1985-89；橋川文三『日本浪漫派批判序説』講談社文芸文庫，1998。
（吉田傑俊）

ニヤーヤ学派 〔サ〕Naiyāyika
インドのバラモン教の系統に属する学派で論理学・認識論を研究

の中心とし，後3世紀前半に成立した。空を説く仏教徒との論争の中から，ガウタマ作とされる根本教典『ニヤーヤ・スートラ』が3世紀頃まとめられた。論理項目を主体とする16の真理を知って解脱に至るとされる。実在論の立場をとり，4つの認識根拠を基盤に徹底した経験主義をとった。正しい論議（vada）の方法として，主張，理由，実例，適合，結論という，五段階の論証（五分作法）を立て，因果律を核とする前件肯定式を論理形式としている。形而上学はヴァイシェーシカ学派に依存し接近する一方，仏教との抗争を経て13世紀には新ニヤーヤ学派へと移行した。
［文献］宮元啓一／石飛道子訳解『インド新論理学派の知識論——『マニカナ』の和訳と註解』山喜房佛書林，2003；宮元啓一／石飛道子『ビックリ！インド人の頭の中——超論理思考を読む』講談社，2003。　　　　　　　　　　（石飛道子）

　ニューサイエンス　〔英〕new science
アメリカの new age science に対して日本のマスコミが付けた和製英語。素粒子論など現代物理学に基づく自然観と，東洋の世界観や東洋的神秘主義との間に一定のアナロジーが成り立つことを根拠に展開された思想。近代科学の基礎が要素還元主義や機械論にあるとして，全体論的でエコロジカルな視点から近代科学とその社会的産物に批判を加えたり，西洋心理学と東洋思想の統合によるトランスパーソナル心理学などの主張をしている。new age science の日本的受容過程ではスピリチュアリスム的主張が特に強く注目され，「気の科学」や宗教などといったものと現代科学の調和を図る方向での議論展開が多い。
［文献］F. カプラ『タオ自然学』工作舎，1979。　　（佐野正博）

　ニュートン　Isaac Newton 1642-1727
イギリスの科学者。ニュートン力学や万有引力の法則を発見するとともに，それらにより潮の満ち引きや物体の落下運動など地上界の運動と，月や惑星の運動など天上界の運動を統一的に説明した。デカルトとは異なり，〈ニュートンのバケツ実験〉の現象な

どを根拠として絶対運動の存在を信じていた。微積分法の発見，反射望遠鏡の発明，プリズムやニュートン環などを用いた光の性質の研究などの科学的業績もある。その一方で，ケインズにより「最後の魔術師」と呼ばれたように，錬金術・神学・聖書の年代記などに関する研究も熱心に行っていた。
［文献］田中一郎訳『ニュートン——光学』（科学の名著 6）朝日出版社，1981；ニュートン『プリンキピア』（世界の名著 26）中央公論社，1971。　　　　　　　　　　　　　　　（佐野正博）

　ニューレフト　〔英〕New Left
1956 年のスターリン批判以降，ソ連など現存した社会主義の官僚主義・国家主義を批判し，既成の共産主義運動や社会民主主義の超克を目指した社会運動・思想。マルクーゼ『一次元的人間』（1962）等をもとに管理社会に反発し，自由意志・参加・分権を強調した。イギリス共産党から離脱したトムソン（Edward Palmer Thompson, 1924-1993）らの『ニューリーズナー』誌とオックスフォード大学若手知識人の『ユニヴァーシティズ・アンド・レフト・レヴュー』誌が合流した 1959 年の『ニューレフト・レヴュー』誌に由来し，1970 年代まで世界的に影響力をもったが，一部は党派闘争・テロリズムで自滅し，他の一部は反核平和・女性・環境等の新しい社会運動に継承された。
→マルクス主義，マルクーゼ
［文献］リン・チュン『イギリスのニューレフト』彩流社，1999。　　　　　　　　　　　　　　　　　　　　　（加藤哲郎）

　二律背反　〔独〕Antinomie〔英〕antinomy
二つの相矛盾する命題がまったく同等の論理的正当性をもって論証されること。カントは，『純粋理性批判』の超越論的弁証論において，人間の理性はその本性からして必然的にこのような二律背反に陥らざるをえないと主張した。われわれの理論的対象となりうるのは感性的直観と悟性的なカテゴリーの結合によって与えられる現象界のみであるが，理性はそのようにして与えられた現象一般に対する諸条件の系列の絶対的総体性（absolute Totalität）

という超越論的理性概念を求めてやまないという本性をもつがゆえに，次のような自己矛盾に遭遇する。すなわち，世界には現象の系列とその経験的探究以外の何ものも存在しえないとする経験論的主張（反定立）と，そのような系列の外部になお様々な知的な端緒，たとえば不可分割的な魂，世界の創造者，意志の自由等が存在するとする独断論的主張（定立）が，絶対的総体性に関する共に正当な命題として論証されてしまうという矛盾である。

このような純粋理性の二律背反は，われわれの理論的関心を反映する反定立の側の主張も，またわれわれの実践的関心を反映する定立の側の主張のいずれも，世界の総体性についての自己完結的な説明とはなりえないことを証明している。経験的対象としての幸福の追求そのものが徳であるとするエピクロス派的主張と叡智的対象としての徳の追求そのものが幸福であるとするストア派的主張の間の実践理性の二律背反においては，実践的見地からの欠くことのできない徳と幸福の一致すなわち最高善実現の条件としての「自由」「霊魂の不死」「神の存在」を「要請」（Postulat）する特権が実践理性に与えられる（実践理性の優位）が，このような特権をもってしてもなお，経験的世界の次元での最高善の実現が保証されるものではない。経験的対象に関する理論的認識と自然法則への従属から自らを解き放つ自律的な意志に基づく道徳的実践とは，相互に無関係な独立した領域を形成するものではなく，両者の総合によってはじめて，世界をその総体性において把握することが可能になると，二律背反論全体を通じてカントは主張しているのである。

［文献］カント『純粋理性批判』上・中・下，岩波文庫，1961-62；ハイムゼート『魂・世界および神――カント『純粋理性批判』註解』Ⅰ・Ⅱ，晃洋書房，1996・99。　　　　　　（石井潔）

人間観　〔英〕view of human being
人は何らかの形で自己についての〈類意識〉をもち，それが人間関係や社会関係を問題にする場合の精神的基盤となる。「人間観」とは，人間についてのまとまった見方である。それは自生的で素朴なものから学的で理論的なものまで様々である。それは多

かれ少なかれその人の〈生活〉を反映しているが，それはまたその時代の社会制度や社会意識，人間諸科学からの影響を受ける。たとえば封建社会における身分を基盤とする社会と自立した諸個人を建前とする近代市民社会とでは人間観も異なるし，呪術的文化が支配的な原始社会と生物学や医学，人間諸科学が発達した現代社会とでは人間観の内容も大きく異なる。人間観は，人間の自己認識の集約であるが，それは単なる人間についての諸知識の集約ということではない。その中心に人間に対する基本的態度が含まれる。すなわち，①人間認識への基本視点，②人間評価の基本枠組，③対人関係への基本態度といったことが様々な形で含まれる。第一の〈人間認識への基本視点〉という点は，科学的であるか非科学的であるか，人間を神の被造物と見るのか生物進化と歴史の産物と見るのかといった点である。第二の〈人間評価の基本枠組〉という点は，たとえば人間に意識性や主体性，道徳性や超越性を認めるのか，人間は完全な被規定存在であると見るのかといった点である。第三の〈対人関係への基本態度〉という点は，自己をも含めて人間を肯定的に捉えるのか否定的なものとしてペシミスティックに捉えるのかといった点である。これらの点をめぐって歴史上さまざまな見解と議論が展開されてきた。神話的人間観や宗教的人間観や哲学的人間観，唯物論的人間把握と観念論的人間把握，現象学や解釈学，実存主義やプラグマティズムにおける人間把握，諸種の心理学や社会学を基盤として成立する人間観等々である。ときにその要点として，「人間とは……である」といったテーゼが示されたりする。21世紀を迎えたが，問題は山積みになっている。なかでも，家族や共同体の崩壊と社会の情報化が進行する中で，人間関係のあり方や人間をどう捉えるかといった問題も大きな哲学的課題となっている。
→世界観，価値意識・価値観　　　　　　　　　（岸本晴雄）

人間機械論　〔英〕theory of human machine〔仏〕théorie de homme machine
人間を一種の機械と見なす立場。17世紀，ハーヴィの血液循環論は身体の神秘的解釈を退けて，心臓をポンプとして働く一種の

機構と解する道を開き，それを受け継いだデカルトは言語と理性を用いる点で人間は異なるが，その他の動物は機械と見なしうるとした（『方法序説』第 5 部）．18 世紀にはラ・メトリが『人間機械論』（1743）を著し，生理学，比較解剖学，想像力や言語の考察を通じてこの立場をさらに押し進め，「人間は機械」であると述べ，人間精神が脳という物質の働きに過ぎないことを論証した．

20 世紀後半には，後の情報科学の先駆となるサイバネティックスを提唱したウィーナーが『人間機械論』（1950）を著して，新たな生体の機械論的モデルを提唱した．今日ではコンピュータ技術に基づくロボット工学や認知科学が急速に進む一方で，意識論，価値論などにも関わりながら「心身問題」に新たな光を投げかけている．

[文献] ラ・メトリ『人間機械論』岩波文庫，1957；ウィーナー『人間機械論——人間の人間的な利用』みすず書房，1979；坂本百大『人間機械論の哲学』勁草書房，1980．　　　　（石川光一）

人間主義→ヒューマニズム

人間性→人間的自然・人間性

人 間 中 心 主 義 ／ 自 然 中 心 主 義　〔英〕anthropocentrism / biocentrism〔仏〕anthropocentrisme / biocentrisme〔独〕Anthropozentrismus / Biozentrismus
環境倫理において「なぜ自然を守らねばならないか」の問いに答える対立する二つの考え方．人間中心主義は，倫理的配慮の対象を人間に限る近代の倫理的枠組を維持し，人間共同体の利害の観点から，環境を破壊することによってその環境に利害を有する人間の権利を侵害してはならないとする考え方で，自然に対する道徳的な義務を，人間に対する義務に遡らせて考える方向である．この立場は，従来の倫理学の理論的枠組を変えないが，近代の倫理学が問題とする人間の権利が同世代の人間の権利であったのに対し，未来世代の人々の権利にまで拡張するところに新しさがあ

る。これに対して自然中心主義は，近代の倫理学の枠組を拡張し，人間だけではなく動物，植物，山，川といった自然物そのものに，人間の目的から独立の内的価値を認めて倫理的配慮の対象とし，人間の対自然活動を，単に経済的な動機だけではなく，倫理的動機によっても規制・評価しようとする方向である。この立場はさらに大きく二つの立場に別れ，①快苦を感じる動物を倫理的配慮の対象とし，それ以外の「下等」な動物や植物，自然物を倫理的対象から除外する「動物権利論」と，②あらゆる生命の環境を守る「生態系（ecosystem）保存論」がある。カントにその典型が見られるように，近代の倫理的立場は，個々の人間に人格的存在として絶対的な価値をおき，かけがえのない尊厳ある存在として尊重する一方，人間以外の存在は，人間の目的を実現する手段と見なしてきた。自然は人間の幸福実現の手段的地位に置かれ，利用の対象とされてきた。しかし，1970年代以降の環境危機の進行とともに，このような自然の位置づけが問題視され，自然環境保護にとってのより有効な倫理が求められ，自然中心主義の考え方が生まれた。動物権利論は，個々の動物個体の生きる権利を問題にする個体主義の立場に立つのに対し，生態系保存論は，全体としての生態系の維持を問題にする全体論の立場に立つので，両者は特定の種の異常発生の際に間引きを認めるかどうかで対立する。
→動物解放論，カント
［文献］河野勝彦『環境と生命の倫理』文理閣，2000；ピーター・シンガー『動物の権利』技術と人間，1986；ナッシュ『自然の権利――環境論理の文明史』ちくま学芸文庫，1999。

（河野勝彦）

人間的自然・人間性 〔英〕human nature; humanity〔独〕menschliche Natur; Humanität〔仏〕nature humaine; humanité
一般的には，人間のうちに人間らしい生得の性質や要求が備わっていることを示す言葉。ただし実際には，人間らしさをどう考えるかにしたがって多様な意味をもつ。すでに広く世界各地域の古代文芸のうちで，美的な感受性や相愛は，人間の出自や地位を

問わない人間性の発露とされてきた。またローマ時代のストア派(理性・理法)やエピクロス派(アタラクシア・原子),アジアにおいては古代中国の儒家(仁・性・惻隠の情)や道家(道・自然)の場合には,それぞれのかたちで差別的な人間観に対抗し,人間の普遍的な生得の資質が探求されていた。ヨーロッパの15-18世紀,ルネサンス期からブルジョア革命期にかけての時期には,天文学・物理学・生物学が発展し始め,自然と人間が神々の被造物である地位から独立し,自然法思想は自然権・生存権の主張を組み込むことで,社会が人間の「第二の自然」であり,人間性はむしろ人間的自然として捉えられるようになる。そこでの人間は,社会的・政治的・文化的な身体を公共の主権者として生きる自由な自然をもつものである。人間は人間の「自己目的」(カント)と考えられ,「自由・平等・友愛」を本質とした存在として定義され,人間に固有な「自由」は世界史レベルでの検証を求められる(ヘーゲル)。

だがマルクスは,資本主義制度のもとでは,人間に固有な生産的「労働」は疎外の過程に巻き込まれ,人間の「自然からの疎外」と「類からの疎外」が不可避的であることを暴露した。そして「自然」と「人間」の「宥和」は,「各人の自由が万人の自由を促進する共同社会」(『共産党宣言』)において,はじめて可能になると考えた。

21世紀の現代に入って,人間性/人間的自然の自由実現を求める要求は,その普遍性と権利性とをさらに強める傾向にある。すでに20世紀後半から,人間の歴史を宇宙と地球の生成する自然史のなかに位置づけ,自然史と不可分に結びついて「いのち」が生まれ発展してくる歴史についての理解が急激に深まりつつある。この「第一の自然」における新しい「いのち」の歴史についての認識の発展は,「第二の自然」とそのもとで生きる人間的自然の歴史についての認識の発展といっそう深く結びついている。自然に深く支えられた人間の絶滅的な破壊を引き起こす核兵器を廃棄し,戦争を防止すること,地球環境のこれ以上の破壊を押しとどめること,階級的な搾取・人間的な抑圧と差別を廃止すること,遺伝子の商業主義的軍事的利用などバイオ技術の権力主

義的操作を阻止すること，人間の自然の人間的な全面発達を保障すること——今日の人間的自然は，いまでは個人としてよりも人類として，人類的自然に固有な一連の要求をもってその新しい姿を現し始めている。この現代の人間的自然の要求は，人類がいまや次の様な歴史的な段階に立とうとしていることを示している。すなわち「いのち」の40億年の歴史を背景にした「第一の自然」と「第二の自然」との地球史的な関係の深化が，現代資本主義の狭隘な利潤第一原理と人間の人間に対する支配からの解放をますます差し迫った課題とするラディカルな歴史的段階に。現代の人間性／人間的自然の資質は，このような新しい歴史的段階のためにたたかうことにかかっている。

［文献］カント『判断力批判』上・下，岩波文庫，1964；同『たんなる理性の限界内の宗教』（全集10）岩波書店，2000；ヘーゲル『精神哲学』上・下，岩波文庫，1965；同『歴史哲学』上・中・下，岩波文庫，1971；マルクス『経済学・哲学手稿』国民文庫，1963；マルクス／エンゲルス『ドイツ・イデオロギー』国民文庫，1965。　　　　　　　　　　　　（福田静夫）

認識　〔英〕cognition〔独〕Erkenntnis〔仏〕connaissance
広い意味で知ること，また知られた内容（知識）。知覚，記憶，想像から思考に至るまでの意識の知的作用とその成果を意味する。成果としての認識は単なる意見とは異なり，その内容や言明が真であるという信念を伴っている。アリストテレスが「すべての人間は，生まれつき知ることを欲する」（『形而上学』第1巻）と述べたように，人間は自分たちを取り巻く世界と自己とを認識しようとする強い衝動をもっている。目に見える事物や過程にとどまらず，その背後にある本質や構造や法則を捉えようとする。認識は現象から本質へ，さらにより深い本質へと接近していく無限の過程であり活動である。また，人間の認識作用は認識そのものにも向けられる。世界についての知識はどのようにして得られるのか，その知識はどれほど確実かという問いは，古代ギリシアやインドにおいても論じられ，哲学の歴史において中心的なテーマであった。特に近代においては認識主観と認識対象とをはっき

り区別したうえで人間の認識能力が批判的に吟味された。20世紀には言語や生物進化，人工知能などとの関係で人間の認識の本性や過程が探究されてきた。現代の唯物論哲学では，①人間が自然や社会に働きかけて変革する実践を認識の基礎であると考える。認識の課題は実践から生じ，認識の真理性を判定するのも基本的には実践である。②認識は客観的実在の脳髄における反映であり，同時それは認識する者の社会的存在によって制約されている。③素朴な経験論とは違って，知覚や科学的認識が個体にとってア・プリオリな認識（世界像）装置や主体の能動的な構成に媒介されると考える。したがって認識は客観に規定されながら主観によっても制約される。このような「主観―客観」の対置は現象主義の立場からしばしば批判されるが，現象を与えられるがままに「記述する」ことにとどまらず，対象の本質に不断に迫っていく認識の営みを解明するためには，この対置は避けられない。
→認識論，反映論
［文献］岩崎允胤／宮原将平『科学的認識の理論』大月書店，1976；G. フォルマー『認識の進化論』新思索社，1995。

（中島英司）

認識論〔英〕theory of knowledge, epistemology〔独〕Erkenntnistheorie, Erkenntnislehre〔仏〕épistémologie, théorie de la connaissance
【認識論とは】「認識論」とは，「認識」すなわち「知」についての理論である。そこで取り扱われる問題は，①人間にとっての認識の意義，②認識の対象と目的，③認識の種別や水準，④真理認識の可能不可能，⑤人間における認識の限界と範囲，⑥認識諸能力と認識過程，⑦真偽，正誤の基準とその点検・検証，⑧認識の技術・方法・組織・過程，等である。認識論は，これらの問題を根源にまで立ち返って，原理的総合的に検討把握するものである。
【ヨーロッパにおける科学的認識論の成立】まずギリシア哲学において〈神話的知〉とは別の〈合理的知〉への要求が生まれた。すなわち，世界を神々の情意に貫かれた世界としてではなく〈合

理的なもの〉として捉えようとする動きがそれである。認識論が〈科学的認識論〉として哲学的に主題化されたのは近代においてである。その点で先頭を切ったのは，F. ベーコン（1561-1626）とデカルト（1596-1650）である。ベーコンは，帰納法を中心に経験的方法を主張し，「イギリス経験論」の祖となったが，デカルトは合理性を機軸に据える，いわゆる「大陸合理論」を切り開くこととなった。デカルトの主張は，数学的確実性を念頭に置きながら，方法的懐疑を通しての疑う余地のない〈明晰判明性〉を基礎におき，そこから理論を演繹的に展開する。これら二つの方向のうちに，〈科学的精神〉の基本となる，〈実証〉と〈論証〉という二つの基本的契機を見てとることができる。それに続く展開としては通常カント（1724-1804）とヘーゲル（1770-1831）が挙げられる。カントは，経験論と合理論の統合を目指して，〈ア・プリオリな総合判断〉（synthetisches Urteil a priori）の条件を検討している。感性的形式としての「空間・時間」と思考形式としての「カテゴリー」の分析と両者の統合がその主内容の一つをなしている。ヘーゲルはさらにカントの見解を形式主義であると批判しながら，認識をそこに働く精神の実質に即しての発展的過程，〈弁証法〉的過程として捉えるべきことを主張した。さらにマルクス（1818-83）とマルクス主義は，ヘーゲルにおける弁証法は精神を実体とする観念論的なものであると批判し，現実に即した唯物論的視点に立った弁証法的把握が必要であるとした。その後の諸科学と知識論，情報科学の発展の中で，様々な認識に関わる問題提起がなされてきた。

【認識論への今日的課題——学問状況と〈総合的な認識論〉の必要性】(1) 学術の著しい高度化のなかで，専門分化が進行し総合性の確保に困難が生じ様々な問題が生まれている。こうした状況においては，学際的研究を含めて専門領域間の交流連携が求められるとともに，総合性確保についての認識論的検討が必要となる。

(2) 経済効率と科学技術を重視するヨーロッパ近現代文明の流れの中では，いわゆる「専門的科学技術中心主義」への傾斜が強まり，道徳的価値，芸術的価値への軽視が生じている。冒頭の

ニンシキ

【認識論とは】の③で「認識の種別」についてふれたが，認識を「科学的認識」に限定するのではなく，〈人倫道徳〉に関わる認識，〈美的芸術的〉認識，〈哲学的〉あるいは〈宗教的〉認識をも人間的認識の中に位置づけ，それぞれの特質を明らかにするとともに，それらをも含めて，精神活動全体をカバーする〈総合的な認識論〉が必要とされる。

(3) 認識論の深化にとってはまた，上記の諸学はもちろんであるが，心理学，教育学，脳生理学，認知科学，象徴・記号論，言語分析，諸種の論理学，情報理論，ジャーナリズム論等の最新の成果や問題提起から学ぶとともに，情報処理技術とその処理機器の意義をも検討すること，そうしたことを通じて，認識論を拡張・豊富化するとともに現実の認識活動にとっての有効性を確保する必要がある。

【現代認識論に向けて】問題状況が巨大化複雑化し，しかも多様で膨大な情報に取り囲まれるという今日の知的状況の中で，認識論も新しい問題に直面している。以下その若干のものを挙げる。

(1) 〈問題意識論〉の必要性。知は驚きに始まるといわれるが，「興味」「関心」等，いわゆる「問題意識」は，認識の始まりと推進力である。高度に発達した科学技術文明の中では，問題意識の内容は具体的現実的事象に限られるのではなく，最初から情報という形や，理論的な問題という性格を帯びる場合もある。問題意識論を今日的状況の中で，認識論の基本テーマの一つとして位置づける必要がある。

(2) 〈感性的なもの〉の位置。認識論において，〈感性的〉なものと〈理性的〉なものが問題とされる。対象からの原初的データとして〈感性的なもの〉は認識原論においては，原基的なものと位置づけられる。しかし現実の認識活動においては，すべて〈感性的なもの〉に立ち返り，そこから出発し「感性的なものから理性的なものへ」という単純な帰納的過程をたどるわけではない。認識の動態においては，両者はともに，諸段階や諸局面に〈契機〉ないし〈要素〉とし含まれるものであって，両者のダイナミズムをこそ分析，理論化する必要がある。

(3) 〈理論的反映〉ということ。「反映」という言葉は存在と

意識の唯物論的関係を示すものである。しかし認識が学的性格を帯びたものである場合には，そこには多かれ少なかれ〈理論的把握〉が含まれる。この理論的把握には，その直接の対象である事象についての理論ばかりでなく，それをどのように把握するかという方法論，いわば理論の理論も含まれる。さらにそこには，理論の存在形態としての言語や記号自体の批判的検討も含まれる。したがってここで反映という言葉を使うとすれば，「理論的反映」ということになるが，ここで存在と意識は，高度で複雑な媒介構造の中にあるのであり，この構造の原理的解明が認識論の重要なテーマとなる。

（4）現実的具体的知の問題，〈場合論〉の必要性。認識においてはまた，〈個別具体的なもの〉と〈普遍的・抽象的なもの〉との関連が問題となる。認識の発展過程は〈個別具体的なもの〉から〈普遍的・抽象的なもの〉への発展として捉えられる。しかしこれは一般理論の形成としてはそうだと言えるが，認識の展開過程には別の連関も存在する。すなわち現実的な個別具体的な問題の認識やそれに対する現実的対応に関わる場合がそれである。そこでは様々な理論や知識を動員しての総合的な事象分析が求められたり，技術的・臨床的対応が必要とされたりする。ここでは上記の連関はむしろ〈普遍的・抽象的なもの〉から〈個別具体的なもの〉へという過程として現れることになる。こうしたいわば，「体験知・経験知」「事例分析」「臨床的知」「演劇的知」「文学的知」といわれるものに認識論的分析把握と位置づけが必要である。

→認識，認知科学，カテゴリー　　　　　　　　　（岸本晴雄）

人情→義理と人情

認知科学　〔英〕cognitive science
人工知能の開発を背景に，人間の認知の働きを学際的に解明しようとする新しい学問領域のこと。認知の問題は心理学，人工知能，言語学，哲学，社会学，脳・神経科学など，非常に多くの領域と深く関係しており，それぞれの専門領域の壁をとりはらって

研究が推進されているところに認知科学のきわだった特徴がある。それが取り扱う主題は、知覚・記憶・学習・思考・言語・意識・注意・情動・運動制御など多岐にわたり、生き生きとした「心的」活動のすべてを研究対象としている。また、認知科学における研究方略は一様ではない。以下に主要なものを挙げよう。①情報処理的・計算論的アプローチ。一般に、人間の認知を脳の内部における情報処理過程と捉え、コンピュータ・シミュレーションによってその構造やプロセスを解明しようとする立場。1950年代の認知科学の起点となった方法である。②生態学的アプローチ。認知を生体内部の情報処理としてではなく、生体と環境との相互作用として捉える立場。知覚心理学者のJ. J. ギブソンは、人間や動物が生きて行くために必要な情報やアフォーダンスは環境のなかに存在しており、それらは直接に知覚されると主張した。③社会・文化論的アプローチ。人間の知覚や認識は文化や言語に媒介されてはじめて成立しており、社会との相互作用や文化の影響を無視しては理解できないとする立場。ヴィゴツキーの流れを汲む研究者たちによって推進されている。④コネクショニズム。神経回路網についての知見に基づき、従来の逐次的な系列処理モデルにかわって、多重多層の処理ユニットの結合とそれらの相互作用によって認知が遂行されるとする立場。1980年代の半ばから並列分散処理モデルが盛んに提言されるようになり、神経科学との結合が図られている。このように認知科学は多様な研究方略を内包し、相互に刺激し合い交流しつつ、様々な視点から認知の解明に挑んでいる。今後の研究の進展が注目される。

[文献] D. A. ノーマン『認知科学の展望』産業図書, 1984；佐伯胖『認知科学の方法』東京大学出版会, 1986；橋田浩一他『認知科学の基礎』岩波書店, 1995。　　　　　　　（中島英司）

ヌ

ヌース 〔ギ〕nous
本来，思惟や分別を意味するが，パルメニデス以後，感覚と区別される高度な知性を含意する。彼はこれに論理的推論という新たな機能を与えたが，プラトンはイデアを直知する魂の能力とし，間接知の推論思考と区別した。アリストテレスもヌースを論証知とは異なり原理を把握する直観知とし，また，思考の徳たるヌースに基づく観想活動を最高の幸福とした。神学的・宇宙論的文脈では，クセノパネスが神をヌースとし，アナクサゴラス，アポロニアのディオゲネス（前5世紀後半）はヌースを万有の秩序原理とし，アリストテレスは，不動の動者たる神の現実活動をヌースの活動とした。 (三浦要)

ヌーメノン→叡智界

ネ

ネイション→民族／ネイション

ネオテニー 〔英〕neoteny
ネオテニー（幼形成熟）とは，動物において，幼生の形質を残したまま，性的に成熟を遂げる現象のこと。たとえば，サンショウウオの一種は，鰓呼吸など幼生の形態を残したまま性的に成熟する場合がある。

ネオテニーは進化において重要な役割を果たすという説がある。なぜならネオテニーの場合，器官の特殊化がすすんでいないので，環境の変化に対して柔軟に適応する可能性があるからである。これは，個体発生は，系統発生を繰り返すというヘッケルの「反復説」に反する現象である。

人間をネオテニーの産物と見なす説もある。1926年に，オランダの解剖学者ルイス・ボルクは，人間がサルの幼体（胎児）と共有している形態上の特徴のリストを作った。たとえば，①丸い球状の頭骨，②「幼い」顔。つまり，前面の垂直な顔立ち，小さな顎と歯，③人間の直立歩行につながる大後頭孔の位置，など。

史的唯物論においても，後進国は，先進国の歴史を繰り返さず，後発の優位性をもつ場合もあるという説（トロツキーの「複合的発展」論）がある。

［文献］スティーブン・ジェイ・グールド『ダーウィン以来——進化論への招待』ハヤカワ文庫 NF，1995。　　　　（志田昇）

涅槃 〔サ〕nirvāṇa
インド思想・宗教における，輪廻を超えた悟りの境地を表す用語。ニルヴァーナ（「吹き消すこと」の意）の音訳と考えられ，寂，寂滅とも訳される。むさぼり（貪），いかり（瞋），おろかさ（癡）などすべての煩悩の火を吹き消した平安の状態をいう。解

脱した後，此岸から彼岸へわたって得られた境地が涅槃である。涅槃に入った後肉体を残余として有しているか否かの区別で有余（依）涅槃と無余（依）涅槃に分けられるようになり，仏教の開祖釈迦の歴史上の死は無余（依）涅槃の到達を意味するとされ，特に完全な涅槃（般涅槃，パリニルヴァーナ）といわれた。後代，涅槃の語は，偉人や聖者の死をも表すようになった。

［文献］Th. Stcherbatsky, *The Conception of Buddhist Nirvāṇa*, 2nd ed., Delhi, 1977；藤田宏達「涅槃」（『インド仏教2——岩波講座東洋思想9』岩波書店，1988）。　　　　　　　（石飛道子）

ノイラト

ノ

ノイラート→統一科学，論理実証主義

能産的自然と所産的自然 〔ラ〕natura naturans et natura naturata
神と被造物との関係をあらわすスピノザ哲学の重要概念である。スピノザは汎神論の立場から神即自然と考えたが，神が個々の自然物と等置されるとは考えない。そこで無限な実体としての神を能産的自然と呼び，一方で，神の本性の必然性から生まれた有限な被造物を所産的自然と呼んで両者を区別した。さらに両者をつなぐものとして，直接無限様態（無限な知性と運動，静止）と間接無限様態（全宇宙の相）という概念を導入して両者の関係を説明しようとした。しかし無限（神）から有限（被造物）がなぜ生じるかという問題は残されたままである。
→スピノザ　　　　　　　　　　　　　　　　　　　（碓井敏正）

脳死・臓器移植 〔英〕brain death; organ transplantation
移植医療といっても中身は多様である。移植される物としては人体や生物体の細胞・組織・臓器と人工物がある。提供元は脳死・心臓死した人（死体），生きている人（生体），異種動物，中絶胎児や無脳症児，組織や細胞である。移植の目的は生存それ自体生命の質（QOL）の改善である。そのうち脳死・臓器移植とは生存を目的とした脳死者からの臓器の移植を指す。臓器移植の歴史は1950年代半ばの生体間の腎臓移植に始まるが，画期をなしたのは1967年の心臓移植である。しかし当時は「遷延性昏睡」という言葉しかなかった。できるだけ新鮮な臓器を確保するとともに，移植医を法的に保護するために要請されたのが「脳死」である。日本では1968年の和田心臓移植事件をきっかけとして，1980年代にかけて移植手術に対する刑事告発が相次いだ。

脳死と臓器移植をめぐって一般社会で広範な議論が起こったのは1990年代になってからである。激しい議論の末に1997年「臓器の移植に関する法律」が制定・施行された。当初は現場で混乱が見られたが、徐々に日常化・風化している。2009年には改正されている。2013年7月現在、脳死下提供数227例、移植数994例である。脳死からの臓器移植については考察すべき問題点が多い。第一に、他人の死に依存するということは、癒しの術としての医療の本来の姿から見ると極めて異例である。第二に、「脳死」という人為的に早められた死は、個々人の身体感覚と乖離する医学的な人体部品観を象徴している。この乖離は提供をめぐる関係者に感情的な葛藤を生み出すとともに、アイデンティティや人間観、差別の問題を含んでいる。第三は身体と生命の資源化・商品化である。この点はとりわけ臓器不足への対策（承諾方式の変更、義務化、商業化など）に現れており、さらにクローン技術を利用した再生治療では部品化と合わせて純粋な形で浮かび上がる。それゆえ、脳死・臓器移植に対しては例外的な医療としての位置づけを明確にすると同時に、生命と医学をめぐる哲学的考察を通して身体感覚の内部に規準を再発見し、この原点から部品化・資源化・商品化に対する専門家集団・国家・市場の倫理を再構築する必要があろう。

→バイオテクノロジー，生命倫理

[文献] R. フォックス／J. スウェイジー『臓器交換社会』青木書店, 1999；小松美彦『死は共鳴する』勁草書房, 1996；倉持武／丸山英二『脳死・移植医療』丸善出版, 2012。　　（森下直貴）

　能動と受動　〔英〕activity and passivity〔独〕Tätigkeit und Leiden〔仏〕activité et passivité

人間の営みは能動的なものと受動的なものを含む。実践（行為）は対象に働きかけ、これを変化させるが、認識（意識）は基本的には対象によって触発され、これを受け取る。実践は、自然を加工して必要な物資を作り出す生産（労働）、社会や他の人間に働きかける社会的、道徳的実践を含む。アリストテレスは人間の営みをポイエーシス（制作・生産）、プラクシス（政治的、道徳的

行為），テオリア（理論・観照）に大別したうえで，万物の根本法則＝理法を認識するテオリアを優位においた。F. ベーコンは生産的実践（そこでの技術）の意義を重視し，理論（科学）をそれと結合しようとした。しかし，近代においても合理論は理論的理性（悟性）を基軸とした。カントは実践の優位を主張するが，これを道徳的なものに限定した。マルクスは，生産が実践の基本的形態であること，認識は生産の必要から生じ，生産を方向づけることを明らかにした。

実践と比べると認識は受動的であるが，理性的認識は感覚的な素材を加工して，それを理論（概念）に高める点で，それなりの能動性をもつ（ドイツ観念論はこの点を明確にした）。科学は様々な理論装置（仮説やモデル）を用いて，対象の深部の構造を把握する。また，構想力（想像力）も独自の能動性をもつ。それは特に芸術において重要な役割を果たすが，科学的認識においても作用する。

近代以降人間の能動性が重視されたが，その受動性を見逃すべきではない。人間の自然に対する働きかけは自然自身の連関と運動によって支えられている。特に環境問題に取り組む際に，人間が自然を基盤とし，自然によって制約されていることを考慮しなければならない。人間と自然の結合に関して重要なのは人間の身体や感性（感覚，感情）である。身体と精神のバランス，感性と理性のバランスを回復することが必要となっている。この点で示唆に富むのは青年マルクスの主張である。彼はフォイエルバッハの唯物論の受動性を批判し，ドイツ観念論（特にフィヒテ）の「活動的側面」を摂取するが，フォイエルバッハが強調した感覚，感情や身体の受動性にも目を向ける。

→心身問題

［文献］マルクス『経済学・哲学草稿』岩波文庫，1964。

（高田純）

農本主義 （のうほんしゅぎ）

人間の生の根源を農業に求め，社会や国の根本に位置づける思想を広く「農本思想」と呼び，それが反省的に自覚され，特定の政

治的・イデオロギー的役割を帯びて「農本主義」となる。荻生徂徠が「本を重んじ末を抑ゆる」という古聖人の法にならい，農を本とし，工商を末とすべきと『政談』で説いたように，商業や工業との対比の中で，農業の重視が強調される点にその特徴がある。それは，貨幣経済の進展により封建制が動揺する近世後期以降，為政者の視角から農村共同体の秩序維持による体制擁護の思想として利用されてきた。また，それとは異なる農民的性格をもつ主張もなされ，徹底して農民の立場から反権力的な主張を展開した安藤昌益や，幕末の荒村復興を農民の労働意欲を喚起することで実現した二宮尊徳の思想等がある。

　ただし，その本格的展開は，近代化による小農の経済的窮乏が深化する明治中期以降のことである。小作争議や労働運動が激化し，社会主義思想が台頭し始めると，日本資本主義の存立基盤である農村の半封建的な体制維持のため，品川弥二郎や横井時敬等が，異なる立場からの小農保護を訴えた。だが，それらの主張は何ら経済的実質を伴わず，農村を国防に必要な食糧と強兵のプールとして温存するために心情的解決を図る，国家主義的要請に応えるものでしかなかった。その体制的シンボルとして，自力更生・勤倹力行の二宮尊徳像が利用され始めるのもこの時期である。

　さらに，昭和農業恐慌期における窮乏農村の救済を一つの背景として，五・一五事件に関与した橘孝三郎や，農民道場を組織し，満州移民を勧奨した加藤完治の農本主義に典型的なように，その主張は反資本主義・反都市的傾向の心情を昇華して天皇制とも結びつき，急進的なファシズム運動の底流をなした。近年のエコロジー思潮の高まりで，「新農本主義」を標榜する声もあるが，自然志向的「農本」の主張が伝統的共同体の野放図な賛美に陥り，反リベラリズムの動きへと容易に接続する危うさには留意する必要がある。

［文献］桜井武雄『日本農本主義——その歴史的批判』青史社，1974；綱澤満昭『日本の農本主義』精選復刻紀伊國屋新書，1994。　　　　　　　　　　　　　　　　　　（穴見愼一）

ノウリョ

能力主義 〔英〕meritocracy
日本では,業績・功績（実績）にこれを生む能力も含ませることが多く,本来は業績主義と訳すべき meritocracy が能力主義として定着してきた。そして,その計測をめぐる業績と能力との難易度の相違から,能力主義は,特に企業社会の在り様と関連する大問題も惹起してきた。つまり生産物のような業績については,市場価値等の特定の計測基準が立論し易いが,多種多様な能力全般についての単純な計測基準は立論しにくい。だから能力には,たとえば比較的客観化しうる生産能力から評価者の主観に左右され易い内面的な能力までが含まれ,こうした能力の評価を核とする能力主義が企業社会での差別につながりもしてきた。

　もっとも,何らかの基準に基づけば能力の高低も特定しうる,という想定が可能なら,業績主義≒能力主義はある種自明なものでもある。何故なら能力給や職能給に典型的な,個人の業績⇒能力に基づいて個人の処遇を決定するのが能力主義だからである。ただこの能力主義的処遇には,歴史的にもまた今でも,能力主義の複雑な評価が伴っている。つまり一方では,能力主義的な能力に基づく処遇は,生存権等を侵しかねない差別だとして非難の対象となるが,他方では,能力主義的な能力に応じた処遇は,能力を正当に評価した正義に叶うもので,ある種の「平等（比例的平等）」を意味するものとして賞揚されるからである。また,能力主義が能力の自己（個人）所有論に依拠する点も改めて問うべきだろう。

　こうした能力主義については現在でも,フランス革命時の『人および市民の権利宣言』第6条後半の「能力以外の何らの差別もなく」という点が省みられてよい。この主旨は,事実上また論理的に,生まれや身分,人種や性,思想や宗教などの,能力以外の理由による差別一切を禁じており,しかも,他の差別一切の禁止の根拠として能力による差別を謳って,封建制や前近代を否定して近代の幕開けを告げている。だが他の一切の差別禁止のために能力による差別を積極的に肯定したため,能力による差別だけは,能力に応じる処遇として正当化されやすく,そうした事情が優生思想とも通底する能力主義の自明視という,深刻な現代的問

題にも接続している。
→差別，自己所有（論），正義，平等，優生思想
［文献］ヤング『メリトクラシー』至誠堂，1982；竹内章郎「能力と平等についての一視角」藤田勇編『権威的秩序と国家』東京大学出版会，1987；安藤悠「現代平等論にとってのフランス革命」『思想と現代』第18号，白石書店，1988。　　　　（竹内章郎）

　ノエシス／ノエマ　〔独〕Noesis / Noema
フッサールの現象学の中で用いられている語。フッサールは，感覚に与えられたもの（音感覚・色感覚・触感覚など）を意識が活性化しそれらに統一を与えることによって，経験が成立する，と考える。与えられた感覚的素材（ヒュレー）は，単なる質料であって，対象そのものを志向しない。経験全体に志向的性格を与えるのは，自発的な意識の意味付与作用（ノエシス）である。この志向的なノエシスの作用によって，いわゆる対象の統一が形成されるが，この非実的な成素としての対象的統一がノエマと呼ばれる。ノエマは，志向的対象であり，対象の意味内容を表す。フッサールによれば，この「ノエシス―ノエマ」の構造が，意識ないし純粋体験の一般構造であり，低次の意識段階から高次の意識段階に至るまでノエシスとノエマは不可分の対応関係にある。知覚ノエシスには知覚ノエマが対応し，判断ノエシスには判断ノエマが対応する。同時にノエシスには，ある事柄についての疑惑や確信，可能性や蓋然性の意識，つまり「信憑」性格が付随している。こうしたノエシス的な「信憑」性格にはノエマ的な「存在」性格が対応している，と見なされた。たとえば，直接的知覚の「確信」には「現実的」という存在性格が対応するのであり，逆に，ある対象が可能的・蓋然的・疑問的等のノエマ的存在性格をもつ場合には，それに対応して可能性・蓋然性・疑問性等の様相におけるノエシス的形成が存在している，というのである。
→志向性
［文献］フッサール『イデーンI』（全2冊）みすず書房，1979-84。　　　　　　　　　　　　　　　　　　（種村完司）

ノエマ

　ノエマ→ノエシス／ノエマ

　ノマド　〔仏〕nomade
ドゥルーズがガタリとの共著『ミル・プラトー』（1980）で使った用語。ピラミッド型支配構造＝国家装置の対極に，ノマド（遊牧民）が位置づけられる。前者の本質は，特定の何かを支えとして，それに繋ぎ止められたあり方。後者の本質は，特定の何かに繋ぎ止められることなく，むしろ他の何かへ移動することで刻々と変貌していくあり方。外と明確に境界づけられ閉じられた空間を，予め定めたルールにのっとってメンバーに分配するのは前者。メンバーの移動によってその都度外との境界が変わる空間の分配が，メンバーの移動そのものによってなされるのが後者。
［文献］ドゥルーズ／ガタリ『千のプラトー』（全3冊）河出文庫，2010。
　　　　　　　　　　　　　　　　　　　　　　（河津邦喜）

　ノミナリズム→唯名論と実念論

　ノモス／ピュシス　〔ギ〕nomos / physis
ノモスとは慣習，法を，ピュシスとは自然，自然本性を意味する。もともと両者は対立関係にはなく，神話的自然観のもとでは慣習や掟も神的意志の表出であり自然に根ざした絶対的なものと考えられていた。しかし，パルメニデスによる真理とドクサの峻別，「甘さ，苦さ，熱さ，冷たさ，色はノモスの上でのものとしてあり，原子と空虚は真実にある」と語るデモクリトスによる慣習の対象と実在の区別など，新たな自然研究の動向を背景に，また地理的視野の拡大で諸民族の制度的なものの相対性が知られ，戦争や政変の経験で国法等への不信感が強まることで，前5世紀頃から，人間が正しいと信じる法・慣習は，自然の内に不動の根拠をもつものではなく，時と場所で変わる相対的で恣意的なものと疑われるようになった。この疑念は同時に，自然こそが真の規範であり価値の源泉であるという自然優位の主張につながり，ソフォクレス『アンティゴネ』にみられるように，自然の法と書かれた法の乖離が明確に自覚されることになる。ノモスとピュシ

スの対立図式を鮮明にしたのがソフィストである。アンティフォンは，法の掟は人為的で自然にとって束縛だが，自然の掟は必然で，その規定は自由で有益であるから，証人がいる時は法を，いない時は自然の掟を尊重するなら，人は自分に最も有利に正義を用いることができる，と主張した。正義とは強者の利益であり法はそのために作られたとするにせよ（トラシュマコス），法は弱者が自己の利益を確保するための掟にすぎず強者の弱者支配が自然の正義だと主張するにせよ（カリクレス），自然が法の相対化のために正当化される時，それは人間の本能的な自然性を意味する。自己の本来的欲望の充足を図るのは自然的で善であり，ノモスはその利益追求に有益である限りでのみ価値があるにすぎない。このような相対主義，自然主義を強力に批判し，この対立図式の解消を図ったのがプラトンである。

［文献］F. ハイニマン『ノモスとピュシス——ギリシア思想におけるその起源と意味』みすず書房，1983。　　　　　　（三浦要）

ハ

ハイエク Friedrich August von Hayek 1899-1992

オーストリア生まれでミーゼスの弟子であり，後の政府の財政政策や福祉国家を重視したケインズとの論争や社会主義経済論争に登場した他，経済学はもとより，正義論，自由論，法制度論，認識論，知識論，情報理論など幅広く著作を残したが，その中心思想は，現代のリバタリアニズムと重なり，古典近代以上の不平等を説く新自由主義である。人為を意図によるものと意図によらないものとに峻別し，後者に依拠して自ら自生的秩序と名づけた市場モデルの秩序論を，法的制度論としても構築した。そして，この市場秩序ルールと自由との一体化，このルールの下での行為の予測不可能性の議論から，自由の擁護と人為的な計画性一切との両立不可能を主張した。それゆえ，市場がもたらす不平等を積極的に肯定し，慈善的なものを除き，福祉国家や社会保障全般を否定した。後には，貨幣非国有論を主張する場合もあったが，アナルコキャピタリズムではなく，自生的秩序形成に有用な国家介入は肯定している。その議論は，自由主義に社会進化論を接合する他，情報・知識論としての市場論を展開するにまで及び，コミュニケーション領域の独自性を否定するほどに，市場秩序以外の社会関係を認めない，いわば市場的価値一元論とも言えるものである。そのためもあり，ハイエクは，1970年以降，現在に至るまで，現代の不平等主義的な新自由主義政策や市場至上主義の大御所として「再評価」されている。

→新自由主義，市場経済，リバタリアニズム

[文献] ハイエク『隷属への道』（全集 I/ 別巻）2008；同『法と立法と自由』（全集 I/8-10）2007-08；同『自由の条件』（全集 I/5-7）2007（以上すべて，春秋社）。　　　　　（竹内章郎）

バイオエシックス→生命倫理

バイオテクノロジー　〔英〕biothechnology
生命科学を応用した生命操作技術の総称。DNA 二重らせん構造説が発表されて生命科学の革命が始まったのは 1953 年である。1966 年には遺伝暗号が解読され，翌年には染色体同定法が開発されてヒトゲノムのマッピングへの道が拓かれた。これらの一連の発見の頂点に 1973 年の組換え DNA 技術がある。この技術によって人類は生命を人為的に操作・改造する術を得た。その他の重要な基礎技術としては 1978 年の体外授精技術，ドリーの名で知られる 1997 年のクローニング技術，1998 年に樹立された ES 細胞（胚性幹細胞）を用いた再生技術がある。これらがナノテクノロジー・情報技術・認知科学と融合して（NBIC 収斂技術），いまや産学一体の巨大なバイオ産業が形成されつつある。国際市場での覇権を狙う国家もこの動きを戦略的に後押ししている。バイオテクノロジーが関わる分野は多種多様であり，遺伝子の診断・治療，遺伝改良や不妊治療，組織・臓器の再生・移植といった医療から，各種の医薬品，食品・農魚産物，美容や健康，生物兵器，司法鑑定などにまで及ぶ。しかしその結果，多方面に深刻な問題や懸念を引き起こしている。たとえば，バイオハザードや遺伝子組換え食品などの安全性，犯罪観や家族関係の揺らぎに対応しきれない法などの社会制度，文化の問題としては遺伝子特許という私物化，遺伝子差別と優生思想の蔓延，アイデンティティや人間観の揺らぎなどである。生命改造時代を迎えてバイオ産業をいかにコントロールするか。人類はいま岐路に立っている。
→生命倫理，環境倫理
［文献］寺園慎一『人体改造』日本放送出版協会，2001；玉井真理子／松田純責任編集『遺伝子と医療』丸善出版，2013；霜田求／虫明茂編『先端医療』丸善出版，2012。　　　　　（森下直貴）

媒介　〔英〕mediation〔独〕Vermittlung
「媒介」と対をなす「直接」「直接性」が，他者，他のものから独立した，そのものとして自存している状態であるとすれば，「媒

介」とは他のものに依拠し，他のものとの連関のなかで存在していること。したがって，事物を有機的連関のなかで把握する弁証法の見地にとって媒介概念は重要な位置を占めている。しかし，弁証法の見地からすれば，媒介と直接性とは，単に対立した概念であるだけではなく，ヘーゲルの次のことばに示されているように，互いに不可分の関係にある。「天上であれ，自然のなかであれ，精神のなかであれ，あるいは他のどこであれ，直接性とともに媒介を含まないようなものは，なにひとつとして存在しない。したがってこれら二つの規定は分かたれず，また分けえないものであり，その対立は空無なものとして示される」(『大論理学』)。たとえば，私は，私として直接的に，他者からは独立して存在しているにしても，その自存性は，私の両親・現在の私の家族等々に依拠したものであり，様々なものに媒介されて，初めて存在しうるものなのである。すなわち，私が私としてもつ直接性は，《媒介された直接性》であり，しかも私の私としての存在は，そうした様々な媒介を止揚されたものとして内に含む限りでのみ，直接的に，この私としての自存性をもちうるのである。

(太田信二)

排中律 〔英〕principle of excluded middle
「排中の原理」ともいう。形式論理学の思考の法則の一つ。ふつう，「AはAでも非Aでもないものではない」という形式で表現される。その意味は，「どんなものでも，それは人間であるか人間でないかのいずれかであって，そのどちらでもないということはない」ということ，Aと非Aという矛盾概念の間に，第三の概念の存在はありえないということである。伝統的形式論理学や命題論理学はこの原理なしでは成立しないが，現代の記号論理学のなかには，排中律を前提にしない多値論理学も存在する。
→同一律，矛盾律，充足理由の原理，多値論理学　(中村行秀)

ハイデガー　Martin Heidegger 1889-1976
「存在」を思索の主題とし，実存思想をはじめ現代哲学に広範な影響を与えたドイツの哲学者。南ドイツのメスキルヒに生まれ，

フライブルク大学で神学から哲学に転じ，同大学でフッサールの助手を務めた後，マールブルク大学に赴任。この時期に公刊された『存在と時間』（1927）で一躍有名となった。やがて，フッサールの後任としてフライブルク大学教授となり，終生当地に住む。ナチス時代に同大学学長を 1 年間務め，ナチスにも入党。一定の距離をおいていたとはいえナチズムに親和的なこの時期の言動が，現在もなお議論されている。戦後は，占領軍による 6 年間の教職禁止期間を経て復職し，退官後も自由講義・演習・講演などを行った。その哲学は，『存在と時間』を中心とした前期，30 年代以降の中期（『哲学への寄与』など），50 年代以降の後期に分けて解釈されることが多い。前期では，フッサール現象学を批判的に継承しながら，人間の存在（「現存在」・「実存」）に焦点を絞り，それを世界の内に有限的に存在する気づかいと分析してその意味を時間性に見出すとともに，「人」という水平化・平均化された非本来的自己と死の先取りを通じてあらわになる本来的自己を対比するなど，実存思想の礎石となる議論を展開した。やがて，存在それ自体へと思索が転回する中で，人間を主体と見なす思想を徹底的に拒否し，存在忘却の歴史として西欧形而上学総体の克服を主張するとともに（とりわけ近代哲学を主体性の形而上学として批判），存在そのものが自らを隠しつつあらわにする場という観点から芸術・詩・技術などの解釈を行った。その議論に対する賛否はともかく，西欧哲学思想が暗黙のうちに前提としてきた形而上学を明るみにして問題化した功績は大きく，実存哲学・現象学・解釈学・ネオマルクス主義・ネオプラグマティズム・ポスト構造主義など，欧米の現代哲学思想に広く影響を与えた。また，九鬼周造・三木清・和辻哲郎をはじめ日本の近現代思想も影響を受けてきた。

→現存在，世界－内－存在，存在論的／存在的

［文献］『ハイデッガー全集』（全 103 巻）（50 巻分既刊）創文社＝東京大学出版会，1985-2011 / 2021-：『ハイデッガー選集』（全 31 冊）理想社，1952-1985：ザフランスキー『ハイデガー』法政大学出版局，1996。　　　　　　　　　　　　　　　（藤谷秀）

バウアー　Bruno Bauer 1804-1872

ドイツの宗教学者，哲学者。初期は，正統派的なヘーゲル右派に属していたが，1839年以後，普遍的自己意識の哲学に立つ福音書批判，キリスト教国家批判に転じ，ヘーゲル左派の指導的メンバーとなった。41年刊の『ヘーゲルを裁く最後の審判ラッパ』は発禁処分となり，翌年にはボン大学を追われた。42-43年には『ユダヤ人問題』『暴かれたキリスト教』などを著し，啓蒙主義的な人類解放を唱えたものの，43年末には啓蒙主義をも批判するに至り，自ら「純粋批判」と称した。48年革命以後は保守派となり，反ユダヤ主義の傾向を強めた。これまでとりわけマルクスの批判により主観的観念論者として捉えられがちであったが，キリスト教研究，ユダヤ主義研究等からの見直しがなされている。
→ヘーゲル，ヘーゲル左派
［文献］良知力／廣松渉編『ヘーゲル左派論叢』（全4巻）御茶の水書房，1986-2006；マルクス／エンゲルス『聖家族』（全集2）大月書店，1959。
（渡辺憲正）

ハーヴェイ　William Harvey 1578-1657

イギリスの解剖学者・生理学者。ケンブリッジ大学で医学を学ぶが飽き足らず，パドヴァ大学に留学して医学を修め，帰国後，王室の侍医などを務めた。留学中に得た解剖学の研究方法論また静脈弁の存在など解剖学上の新知見をもとに，多数の冷血動物や温血動物の生体解剖をして心臓の動きや弁膜の機能の解剖生理学的研究を行い，1628年，血液の肺循環と体循環とを公表した。この血液循環説には賛否両論あったが，デカルトらの賛同もあり，伝統的なガレノスの説を完全に覆し，近代生理学の基盤となった。また，動物はすべて卵から発生する，という新しい見解を唱えた。
［文献］ハーヴェイ『動物の心臓ならびに血液の運動に関する解剖学的研究』岩波文庫，1961。
（渋谷一夫）

バウムガルテン　Alexander Gottlieb Baumgarten 1714-1762

ライプニッツ，ヴォルフの後を継ぐドイツの哲学者。美学を哲学

の一分野として提唱し創始した。彼は哲学を認識論と理論哲学と実践哲学とに分け，それぞれの体系化を目指したが，特に認識論を上位（知性）認識論としての論理学と下位（感性）認識論としての感性学（aesthetica）に区分し，感性の学としての美学が明瞭な原理（完全性）をもつことを立証しようとした。このために主著『美学』（1750）を著し，感性的認識の完全性が「美」によって示されることを明らかにした。カントの『判断力批判』はバウムガルテンの感性の学としての美学の考え方を受け継いでいる。
［文献］バウムガルテン『美学』講談社学術文庫，2016。

（太田直道）

パヴロフ　Ivan Petrovich Pavlov 1849-1936
ロシアの生理学者で，イヌを使った条件反射の研究で知られる。1904年には，消化腺に関する研究でノーベル生理学・医学賞を受賞した。条件反射の研究は，行動主義心理学，なかでも学習心理学の発展に影響を与えた。それは，学習心理学の分野では古典的条件づけ，あるいはレスポンデント条件づけとして分類され，行動主義心理学者スキナーのオペラント条件づけと対比される。さらに，パヴロフは感覚や知覚を第一信号系，言語を第二信号系として脳の反射活動を信号活動として研究し，また，神経系の型を分類してそれをいろいろな気質に関係づけることも試みた。
→条件反射
［文献］パヴロフ『大脳半球の働きについて』上・下，岩波文庫，1975；トーデス／ギンガリッチ『パヴロフ──脳と行動を解き明かす鍵』大月書店，2008。

（高取憲一郎）

バーク　Edmand Burke 1729-1797
イギリスの政治家，思想家。近代保守主義の祖といわれているけれども，1765年にウィッグ派の議員となり，アメリカの独立を支持し，西インドの奴隷解放を援助し，財政改革でも大きな役割をはたした。しかし議会改革運動には批判的であり，特にフランス革命に反発してから保守主義に傾いていった。処女作『自然社

会の擁護』(1756)は理神論を批判して啓示宗教の必要を主張したもの,自作『崇高と美の観念の起原』(1757)はシャフツベリなどの道徳感覚学派を批判し,美的価値を道徳的価値から切り離し,これを直観の領域に移した。これらの点ですでに啓蒙思想への反発が見られる。主著『フランス革命についての省察』(1790)では人権宣言を屑やほろや紙片のようなものといい,権利は生得的なものでなく,伝統や慣習によって認められるようになったものであり,権利を守るためには支配が必要であるとした。この支配は契約によって作り出されるものではなく,偉大な人物によって行われる。人間は本来不平等なものであり,すべての人は平等という前提に立つ民主政治は「この世でもっとも恥知らずなもの」である。この書物に対してはペインをはじめ批判がつづいたがバークはゆずらず,フランス革命干渉戦争さえ主張した。

［文献］バーク『崇高と美の観念の起原』みすず書房,1999;同『自然社会の擁護』『フランス革命についての省察』(世界の名著34)中央公論社,1969。　　　　　　　　　　　（浜林正夫）

ハクスリ　Thomas Henry Huxley 1825-1895
イギリスの動物学者。ハクスリはダーウィン説の積極的な支持者として,人間の知的能力は有機的構造とその進化に依存するという見解を擁護し,ダーウィンが明示しなかった人間の起源の問題にも言及した。しかし,ダーウィンと違って,進化そのものは反倫理的であるとさえ考えていた。あたかも人間が植物の無造作な繁殖と生存闘争を除去することによって造園するように,ハクスリにとって文化・文明,さらに倫理は進化に抗する過程であった。ちなみに,デューイは進化と倫理に関するハクスリの二元論を批判している。

［文献］ハックスレー『自然における人間の位置』(世界大思想全集 社会・宗教・科学思想篇36)河出書房,1955;J.パラディス／J.C.ウィリアムズ『進化と倫理――トマス・ハクスリーの進化思想』産業図書,1995。　　　　　　　　　　　（入江重吉）

バクティ　〔サ〕bhakti

インド宗教の重要概念。信愛，絶対的帰依などと訳される。バクティは，もとは無媒介の家族愛の意であったが，前3世紀頃から，ヒンドゥー教が盛んとなるに伴って，最高神への，無条件の愛にあふれた絶対的な帰依の意へと転じた。バクティを捧げれば，最高神も無条件に最大限の恩寵を授けるとされる。これを謳い上げたもっとも有名な文献が『バガヴァッド・ギーター』である。後7世紀，南インドでバクティ運動が爆発的に流行し，14世紀には北インドにも広まった。ヒンドゥー教は表面的には多神教であるが，その深奥にはバクティの情感があるため，きわめて純粋な一神教的な様相も併せ持っている。
［文献］M. ヘーダエートゥッラ『中世インドの神秘思想──ヒンドゥー・ムスリム交流史』刀水書房，1981。　　　（宮元啓一）

バクーニン　Mikhail Bakunin 1814-1876

ロシアのアナーキスト。青年期，プルードンとマルクスに多くを学びつつ，やがてインターナショナル内部ではマルクスと激しく対立するようになる。人民解放への過渡的手段としてプロレタリアートの独裁が必要だというマルクス主義者に対し，自由な社会は労働大衆の自由な組織によってのみ実現しうると主張した。独裁は支配・被支配の関係を永続させ，科学的社会主義の名で学識者による専制を生むだけであると批判した。
［文献］『バクーニン著作集』（全6巻）白水社，1973-74。
　　　　　　　　　　　　　　　　　　　　（斉藤悦則）

バークリ　George Berkeley 1685-1753

アイルランドの哲学者。認識論における観念論の立場を明確に定式化した。ダブリンのトリニティ・カレッジを終えて，母校のフェローとなる。研究・著述とともに，生涯にわたり情熱的な聖職者として活動した。長期のヨーロッパ滞在の他，アメリカにも渡り大学設立を試みた。1734年から18年間，アイルランドの地方都市で教会活動を行い，彼の通称「クロインの僧正」はそれに由来する。哲学上の著作は若い時に書かれ，『視覚新論』（1709），

『人知原理論』(1710),『ハイラスとフィロナスの対話』(1713)がある。その他,「自由思想家」を批判したキリスト教護教論の大著『アルシフロン』(1732), 微分学の基礎を批判した『解析学者』(1734), イギリス経済を論じた『問いただす人』(1737), タール水の医学的効能を論じた『サイリス』(1744) 等がある。バークリの哲学は, 有名なテーゼ「存在するとは知覚されることである」(esse is percipi) に代表されるように, 観念の一元論, あるいは直接知覚説の古典的形態と見なすことができる。このテーゼは, ロックの哲学への批判として生まれた。ロックは, 心の中にある観念が外部世界を表現(表象)すると考えた。しかしそうすると, 心が観念だけしかもてないならば, なぜ知ることのできないはずの外部の実在と観念とが「正しく対応する(あるいはしない)」ことが分るのかという, 認識論上の難問が生じる。この難問を回避するためにバークリは, 知覚そのものを「観念」と呼び, 観念と実在との乖離それ自体を解消した。バークリの真意は, 観念を言語記号のようなものと見なすことであり, たとえば視覚観念は触覚観念を意味的に指示すると考えた。知覚を因果的にではなく, 表現的・志向的に把握することは, フーコーが「古典主義」と呼んだ時代の「観念」のあり方としては妥当な面があり, 認識論的には観念論であるが, 知覚を記号と捉える理論によって, 科学理論を一種の道具と見なす見解など, 今日の科学哲学における「知識の道具説」の先駆となった。

[文献] バークリ『視覚新論』勁草書房, 1990;同『人知原理論』ちくま学芸文庫, 2018;同『ハイラスとフィロナスの三つの対話』岩波文庫, 2008;同『問いただす人』東京大学出版会, 1971;名越悦『バークリ研究――非物質論の課題とその本質』刀江書院, 1965。　　　　　　　　　　　　　(植村恒一郎)

恥　(はじ)

恥は中国で名(名誉)と結びついた観念で,『論語』『孟子』などで仁・義・礼・智・信などの徳を支える源泉とされた。日本では, 儒教の浸透とともに中世武士層の武勇の欠如や家名を汚す恥が指摘され, 封建時代には家や主君の恥にならないことが武士の

道徳として形成される。明治以降の〈イエ〉と〈ムラ〉が混合する独自の近代化において,恥は〈他者的・集団志向的〉な道徳として定着化する。R. ベネディクトは,このような日本人の外面的・他律的道徳を「恥の文化」として西欧の内面的・自律的道徳に基づく「罪の文化」と対比したが,〈近代〉の極点としての現代において自立的・社会的道徳の存否は内外の共通問題といえよう。

［文献］R. ベネディクト『菊と刀』講談社学術文庫,2005；森三樹三郎『「名」と「恥」の文化』講談社学術文庫,2005。

（吉田傑俊）

バシュラール　Gaston Bachelard 1884-1962

「科学が哲学をつくる」と宣言したことで知られるフランスの科学哲学者,詩論家。バシュラールの,科学的認識と感覚的認識との切断,科学的精神の形成における第一の障害としての「最初の経験」などの認識論的障害といった主張は,アルチュセールの認識論に大きな影響を与えた。「科学は実在の創造者であり存在論的機能を果たしている」と主張し,経験を認識の出発点ととる伝統的な受動的経験論に対して新しい実験に訴える能動的経験論を対置し,科学的経験を作り出すものとしての科学的実験装置の意義を強調した。

［文献］バシュラール『科学的精神の形成』平凡社ライブラリー,2012；同『否定の哲学』白水社,1978；金森修『バシュラール——科学と詩』講談社,1996。

（佐野正博）

パース　Charles Sanders Peirce 1839-1914

合衆国沿岸測量部技師として重量測定の仕事をしていたパースは,デカルト的な二元論を批判して,科学的探求の過程を論理学として定式化する努力を続け,現代記号論の基礎を築いた一人である。パースは抽象的な概念を明確にする原理として次の「プラグマティズムの格率」を1878年に定式化し,プラグマティズムの創唱者となった。「ある概念の対象が,行動の上に起こると考えられるどんな結果を引き起こすかを考えて見よ。それらの結果

についてのわれわれの概念が，その対象についてのわれわれの概念のすべてである」。しかし，彼の理解者にして庇護者であったジェイムズが，その格率を知的概念のみならず，すべての概念に適用できるものとして拡大解釈した理論活動を進めると，その路線と一線を画すために，1905年からは自らの原理を「プラグマティシズム」と呼んで区別した。晩年のパースは離婚後の女性関係などが原因となって職を失い，困窮生活に陥るが，ジェイムズの援助・紹介による書評活動をはじめ，多方面にわたって孤独な執筆活動を続け，彼の著作集が刊行された1930年代以降になってはじめてその独創的な哲学が評価されるようになった。
→アブダクション，プラグマティズム
[文献] Collected Papers of Charles Sanders Peirce, edited by Ch. Hartshorne, P. Weiss and A. W. Burks, Harvard Univ. Press, 1931-58; Writings of Charles Sanders Peirce: A Chronological Edition, edited by M. Fisch, Indiana Univ. Press, 1982- ;『パース著作集』(全3巻) 勁草書房，1985-86。　　　　　　　　　　　　　　(栗田充治)

パスカル　Blaise Pascal 1623-1662
フランスの数学者・科学者・思想家。数学では〈円錐曲線論〉，物理学では所謂〈パスカルの原理〉を発見し，後年には確率論や積分学の分野でも重要な業績をあげ，計算機を考案した(気圧の単位やコンピュータ言語に彼の名がついているのはこのため)。1654年の回心後は，カトリック教会内で当時反主流派であったジャンセニウス派の拠点ポール=ロワイヤル修道院に身を寄せ，禁欲主義の立場から主流派イエズス会の道徳的腐敗を非難した。晩年に書かれた『パンセ』の中で，人間や神などの問題を理解するには〈幾何学的精神〉による抽象的な推論の連鎖だけでは無力であって，対象を心情の深みから一挙に捉える〈繊細の精神〉もまた必要である，と強調した。また，人間は自らの弱さを自覚しつつ真理を求める〈考える葦〉である点に偉大さがあるが，同時に不正や権力欲から脱しえない卑小な存在であり，この矛盾を説明して真の救いを与えるものこそ，キリスト教だとした。モラリストの伝統と護教論の結合であるが，宗教的実存主義の先駆者と

もみられる。現代の研究としては、当時の市民層における「悲劇的世界観」の表れとする見解（ゴルトマン）などもある。
[文献]『パスカル著作集』（全7巻 別巻2）教文館，1980-84。
(仲島陽一)

　パーソナリティ　〔英〕personality
古典ラテン語の「ペルソナ」を語源とし、元来仮面を意味するが、歴史的にいろいろな意味の間を転々としてきた。個性、時に性格と訳されることもあるが、現在ではそのままパーソナリティを用いることが多い。英米ではむしろ性格（character）を使用せずにパーソナリティが使われている。心理学では観察可能な行動特性として扱う傾向が強い。代表的な考えとして心理学者 G. W. オールポートの「個人のなかにあって、その人の特徴的な行動と考えとを決定するところの、精神身体的体系の動的組織」あるいはワロンの「生理-心理的存在としての全体、行動のすべてを通して現れる人間の全体」といった定義がある。心理学者 H. J. アイゼンクはこれを測定可能なものとして量的に捉えようとした人として知られる。パーソナリティは個体に応じると同時に外的環境との関係で形成される。すなわち社会的であるので、これまでも様々な理論が提唱されてきた。G. H. ミードの役割取得の考えは社会的な側面を強調している。ワロンは子どもの姿勢や情動とつながる社会的な自我発達をパーソナリティ形成の中核において論じた。史的唯物論の立場から L. セーヴや芝田進午は歴史社会の発展なかで形成されるパーソナリティの問題を論じた。
[文献] オルポート『人格心理学』上・下，誠信書房，1968；ワロン『身体・自我・社会』ミネルヴァ書房，1983。(間宮正幸)

　パーソンズ　Talcott Parsons 1902-1979
アメリカの社会学者。社会学に構造-機能分析やシステム論の手法を導入することによって一般理論の構築に努め、1940年代末から1960年代にかけて、その影響は社会学の枠にとどまらなかった。『社会的行為の構造』では、「諸個人が功利的に行動する場合、社会的秩序はなぜ可能か」という「ホッブズ的秩序問題」

を提起し，行為者に内面化された共通の価値規範を重視する，主意主義的行為理論を確立した。さらに『社会体系論』以降，一般システム論からホメオスタシスなどの知見を取り入れ，行為の一般理論の構築に着手する。行為システムを，文化システム・社会システム・人格システムという独立した三つのシステムからなると捉え（のちに行動有機体システムを加えて四つ），その構造-機能分析を構想した。これは，全体としての構造の維持に貢献するそれぞれの機能を変数として把握するという分析方法で，のちに AGIL 図式というかたちで一応の完成をみた。すなわち，行為システムが存続する機能要件として，適応（A）・目標達成（G）・統合（I）・潜在的パターン維持（L）の四つを挙げ，それぞれの機能を担うサブシステムが生み出すアウトプットが境界相互交換されることによって，システム全体が動的均衡を保つという図式である。パーソンズの理論は，60 年代末の反体制運動とともに盛んになった新しい学派（現象学的社会学,エスノメソドロジー,シンボリックインタラクショニズム,闘争理論など）からその静態性・保守性を批判されるものの，80 年代以降，再評価の声が高まった。

→機能主義，社会システム論

［文献］パーソンズ『社会的行為の構造』（全 5 冊）木鐸社，1974-89；同『社会体系論』青木書店，1974。　　　（鈴木宗徳）

パーソン論　〔英〕person / humanhood theory

人格と訳されることの多い「パーソン」は元来「ペルソナ（仮面）」に由来し，集団のなかでの役割を原義とする。ローマ法以降，集団の正規のメンバーとしての資格保有者を指した。哲学用語としては，J. ロックが近代社会の道徳的・法的な主体を基礎づけるために，記憶の連続性を基準にパーソンの同一性を論じたのが最初である。後になると心理学的な人格や個性（パーソナリティ）を指すように意味が拡散した。今日ではフェミニズムの影響で政治的に用いられることもある（チェアパーソン）。しかし「パーソン」がとりわけ議論を呼んだのは生命倫理（バイオエシックス）の文脈である。中絶論争のなかで「人間の始まり」が

焦点となり，これをめぐって中絶容認の立場側から，生物種の一員としてのヒューマン（humannhood）と，人間社会の正規のメンバーとしてのパーソンとを区別する論理が提出された。これを一般にパーソン論と呼ぶ。この場合のパーソンたる資格は「理性的で自己意識をもつ存在」であり，この意味でのパーソンが「自己決定」の主体とされた。パーソン論の論法は中絶論争にとまらず，脳死・臓器移植から障害，優生学，安楽死，動物実験に至るまで応用されたが，感情的反発も含めて多方面から激しい批判を浴びせられている。しかし，それらの批判の論拠となると必ずしも十分とは言えない。パーソンの「資格」に関しては，自己意識はもとより，現存人類を超えて生物全体と過去・未来にまで拡張する論理が求められている。

→人格，人間中心主義／自然中心主義，生命倫理

[文献] H. T. エンゲルハート『バイオエシックスの基礎づけ』朝日出版社，1989；森下直貴『死の選択』窓社，1999；N. ルーマン『ポストヒューマンの人間論』東京大学出版会，2007。

(森下直貴)

バタイユ　Georges Bataille 1897-1962

フランスの思想家・文学者。A. コジェーヴからヘーゲルを学び，またベルクソン，ニーチェ，マルクスからも影響を受けるなかで独特の汎自然主義的思想を展開。パリ国立図書館司書を務めつつ，シュールレアリストやベンヤミンらとも交わり，1930年代にはR. カイヨワらとともにコレージュ・ド・ソシオロジーを設立。両大戦間期フランスにおける文化的サークルの中心となる。その仕事は経済学・宗教学・人類学・精神分析学など多岐にわたるが，合理的な蓄積と拡大再生産を目指す資本制社会をモデルにした近代的な経済学を限定された経済学と見なし，それに対して人間＝自然の本性的過剰性に由来する浪費・蕩尽論を組み込んだ一般的経済の構想を対置したことが注目される。消費社会論や欲望論をはじめ，多くの影響を現代に及ぼしている。

[文献] バタイユ『呪われた部分』（著作集6）二見書房，1973；同『エロティシズム』ちくま学芸文庫，2004；同『内的体験

パタナリ

――無神学大全』平凡社ライブラリー，1998。　　（古茂田宏）

パターナリズム　〔英〕paternalism
「父親的」(paternal) という言葉に由来し，家父長的な庇護・介入・支配を原義とする。隠喩の視点からいえば，家族の中の父子関係を，家族の次元を超えた社会関係一般の権威づけの隠喩的擬制とするのが，パターナリズムである。政治体制を指す場合には特に partiarchy（父権制または父権政治）といわれる。この種の隠喩の典型はキリスト教会や儒教倫理に見られる。隠喩としての家族にはその他，母子関係や同胞関係があり，男女関係の性的隠喩も重要であるが，これらの根本には動物行動学的な背景がある。この根深さを背景に，パターナリズムはあらゆる特殊な社会の権威関係に織り込まれている。もとより，近代社会では国家および世論・公衆世界が圧倒的で包括的な位置を占め，個人の水平的関係（平等）や，機能的な役割，権威の源泉としての憲法が社会編成上の理念とされる。この限りパターナリズムの余地はないはずであるが，実際には，現代の多様な社会関係はもちろん，国家でも父子関係の隠喩が消えることはない。現代の政治哲学や倫理学では，リベラリズムの文脈でパターナリズムが論じられる。その先鞭をつけた J. S. ミルは，社会の側が正当にも個人の自由を規制できる原理として，パターナリズムを斥けて「他者危害の原則」を提唱した。しかし，最近ではリベラリズムの内部でも，パターナリズムやその他の規制原理の必要性が議論されている。社会による規制原理は一般に，個々人の行動の結果もたらされるのが〈危害か利益か〉，もたらされる相手が〈他者か行為者本人か社会か〉によって，大まかに6個に分類される。すなわち，他者の危害を避ける私的危害原則，他者の利益を進める私的福祉原則，行為者本人の危害を避ける〈消極的パターナリズム〉，行為者本人の利益を進める〈積極的パターナリズム〉，社会の危害を避ける公的危害原則，社会の利益を進める公的福祉原則である。要するにパターナリズムとは，「本人のために」という理由で社会が法的・道徳的に個人を規制する原理である。ただし，パターナリズムの正当化には困難が伴う。たとえば，大人の行為者本人

の意思が明瞭である場合，それでも規制が正当化されるには，危害や，利益・人生の目的，合理性に関して少なくとも一定の実質的な共通理解が必要であろうが，この条件は現代社会で成り立つのか，それとも，そうした条件なしにも正当化される場面があるのか。これらをめぐって医療倫理の分野では真剣な議論が続いている。答はおそらく，「家族」の隠喩の根深さや「個人」の根底を直視しつつ，これらをどこまで相対視・限定視できるかにかかっていよう。

→家族，自由主義，自己決定，生命倫理，母権制／父権制

［文献］J. S. ミル『自由論』岩波文庫，2020；J. Feinberg, *Social Philosophy*, Prentice-Hall, 1973；加茂直樹『社会哲学の諸問題』晃洋書房，1991。　　　　　　　　　　　　　（森下直貴）

ハチスン　Francis Hutcheson 1694-1746
イギリスの道徳哲学者。グラスゴー大学教授。18世紀道徳哲学の基本体系を確立し，ヒューム，スミスに与えた影響から「スコットランド啓蒙の父」と呼ばれている。その思想的意義は，道徳的判断能力を理性ではなく感情に求め，快苦を知覚する人間本性に立脚した経験的な帰納的な説明にある。彼は，道徳的動機を仁愛とし，利害に無関係な人の是認感情によって道徳原理を基礎づけ，道徳的義務から自然法学を展開した。また，仁愛の対象を全人類に拡大させ，普遍的仁愛と公共善から効用を導き出し，「最大多数の最大幸福」という，功利主義の定式を最初に述べた人物でもある。

［文献］ハチスン『美と徳の観念の起原』玉川大学出版部，1983；同『道徳哲学序説』京都大学学術出版会，2009。

　　　　　　　　　　　　　　　　　　　　　　（有泉正二）

発見的原理・方法→構成的原理／統制的原理

発達（教育）　〔英〕development〔独〕Entwicklung〔仏〕développement
もともとは「包んであるものを開くこと」を意味していたが，近

代「進歩」史観や進化論などの発展パラダイムの下で，しだいに個人の発達という意味で用いられる。この発展と発達をつなぐ環として期待されたのが，子どもとその教育である。発達は主要には，子どもが身体的・精神的諸能力を開花させ完成態としての成人へと至る上昇的な過程とされ，発達段階が精緻に研究されるにつれて，教育は，この発達段階を見通して子どもの学習に意図的に介入し子どもを完成態へと導く営みとされる。しかし，発展パラダイムへの懐疑とともに，発達概念も再考を迫られている。たとえば，受胎から死に至る人間の成長や変容が検討されるにつれて，上昇志向的な発達概念が見直され，機能や能力の喪失や消失が発達においてもつ意味が重視される。また，発達論の前提である「孤立した個人」が批判され，脆弱性のゆえに他者に相互に依存し合う「関係的な個人」，しかも特定の社会・文化的状況下での関係のなかで文化的意味を主体的に再構築する個人が提起される。子どもの発達もまた，特定の状況のなかで仲間や熟練者の助けを借りながら，社会的に定義された問題に主体的に共同して取り組む学習のなかで営まれるものとして関係的に捉え返される。
［文献］教育思想史学会編『教育思想事典』勁草書房，2000；J. レイヴ／E. ウェンガー『状況に埋め込まれた学習——正統的周辺参加』産業図書，1993。　　　　　　　　　　（池谷壽夫）

発達（心理学）　〔英〕development〔仏〕dévelopement〔独〕Entwicklung
外的偶然性によってではなく，内在的必然性によって新たに出現する変化をいう。人間においては年齢に応じて，新しい形態の行動や心理機能が生じるが，それは学習の成果のようにも見えるし，神経系の成熟に起因するようにも思われる。そのため，学習説と成熟説の論争が生まれる。あるいは，新しい行動は，社会環境によって形成されるように見えるし，予め遺伝的に組み込まれているようにも思われる。そこから，経験論と生得論との対立も生まれる。しかし，問題の本質は，生物的なものと社会的なものとがどのように関係しているのか，器質的なものから精神的なものがどのようにして発生するのか（たとえば，表象の発生），と

いう点にある。こうした問題に答えるためには，事象を関係と変化の中で明らかにする必要があるが，そうした研究の仕方が発達的方法であるとも言える。したがって，発達は研究の対象であると同時に，方法でもある。

新たな行動型（たとえば言語行動）や心理機能（たとえば認識機能）はあるまとまりをもって出現する。そのまとまりは発達段階と呼ばれ，人間は生涯においていくつかの発達段階をたどる。各発達段階について命名の仕方は学者によって異なるが，生涯発達は，乳児期，幼児期，児童期，思春期・青年期，壮年期，中年期，老年期などに大きく時期区分される。　　　　　（田丸敏高）

発展　〔英〕development〔独〕Entwicklung
発展は，一般に，量的な増大や場所的移動といった単なる変化と区別されて，何らか新たなもの，新たな規定性の産出を伴いつつ，単純なものが複雑なものへとあるいは不完全なものが完全なものになること，ないし未展開という意味での抽象的なものが具体的なものになることを意味する。エンゲルスが18世紀のフランス唯物論たちがもっていた制約の一つとして「世界を一つの過程として，不断の歴史的発展のうちにある」ものとは見ることができなかったことを挙げ，その理由として自然をまさに発展するものとは捉えることができなかった「当時の自然科学の水準と，それに関連した形而上学的な，言い換えれば反弁証法的な思考」に言及していること（『フォイエルバッハ論』）からも知られるように，そしてまた，時としてカントの『天界の一般的自然史と理論』（1755）がこうした硬化した自然把握に対する最初の突破口であると評される場合があることからも知られるように，発展という概念自体は比較的新しい概念ということができるであろう。

他方，ヘーゲルにとって，発展とは，即自的なものが顕在化されることによって，多様な諸規定が有機的に連関した〈統体性〉（トタリテート）が展開されていく過程であり，主体的に捉え返せば，自己の本来あるべき姿，人間であれば理性的で自由であるといった自己の本質を，自らの活動を通して，顕在化し，現実化していく自己発展，自己実現の過程である。こうした発展観は，

一面では、すでに即自的に含まれているものを最終目標として目指す目的論的な発展観という側面をももつことにもなる。しかし、発展を自己発展として捉えるヘーゲルの発展観のうちに、発展の過程には、多様な諸規定・諸形態を産み出しつつ、したがって様々な偶然性に媒介されつつ、それらの有機的連関を形成する同一性が貫かれていること、そして〈自己〉運動ということがいわれる以上、運動・発展を引き起こすのは、決して外的な影響等ではなく、当の発展過程に内在する矛盾であるとする見地が見て取れよう。 (太田信二)

パトス 〔ギ〕pathos〔英〕emotion, passion
パトスは、物の蒙る（paschein）受動的状態や、身体の受動に連動した魂の感受的状態としての感覚、欲望、感情（情念）を意味する。さらには、人間の蒙る不幸、受難、経験なども意味する。理性の人ソクラテスは感情を軽視したが、プラトンは、魂の非理知的部分の情態（pathēma）が身体の情態変化に依存し、しばしば病的な状態に陥るとしつつも、理知的部分が気概的部分を教化し欲望的部分を監督することにより魂の徳が成立するとした。さらに、快の記憶や予期が欲望の成立する本質的要因であるとして、言論や法律による欲望の教育可能性を探った。アリストテレスも、パトス（欲望と感情）の認知的性格を指摘する。たとえば、怒りにその対象や理由があるように、パトスは対象に認知的にも関わる。したがって、感情や欲望を理知に従って陶冶することが中庸の徳を養う方法になりうる。アリストテレスは、それ自体は倫理的に中立で受動的であるパトスの心理学的概念を確立した。魂に部分は存在しないとしたストア派は、たとえば、害を被ったという表象に誤って同意を与えることにより、魂の過度の衝動（魂の惑乱）である怒りが生じるとした。正しい判断を下すことにより病的状態である感情を根絶して魂のアパテイア（動揺のない状態）を作り出すことがストア派の賢者の理想である。
［文献］廣川洋一『古代感情論』岩波書店、2000。(斉藤和也)

パトナム　Hilary Whitehall Putnam 1926-2016
現代アメリカの分析哲学，科学哲学を代表する哲学者。ライヘンバッハの弟子として論理実証主義から出発したが，クワインの実証主義批判を契機に，実在論の立場を表明する。しかし，その議論は，70年代半ばに外在的実在論の立場を形而上学として放棄し，対象の実在性は理論内部でしか主張できないとする内在的実在論の立場へと「転向」したほか，心の哲学に関しても機能主義を放棄するなど，理論的立場をしばしば変えた。「双子の地球」や「水槽中の脳」など巧みな思考実験によって，意味や指示，志向性の問題を考察したことがつとに有名。
→実在論，機能主義，分析哲学
［文献］H. パトナム『理性・真理・歴史』法政大学出版局，1994；同『実在論と理性』到草書房，1992。　　　（武田一博）

ハートリ　David Hartley 1705-1757
哲学者。聖職者の教育を受けたが転向して医師になる。心理現象を感覚的要素の結合にみる連想心理学の先駆者であり，その学説は，後にミル父子やスペンサーの修正を受けて発展した。彼の精神論の特徴は，連想の生理学的な説明にある。ロックのように観念の連合とはせず，ニュートンの振動説に依拠して脳内の継起的な振動に応じて生じる感覚的結合とした。その精神論は，徹底した唯物論ではなく心身並行論の立場をとる。また，彼の心理学は当時のイギリスの思想風土を反映し，人間の道徳的発達について論じるとともに信仰および道徳的規則の発展から将来・来世における人類の完全な幸福にも言及している。
［文献］David Hartley, *Observations on Man, his Frame, his Duty and his Expectations*, The British Library, 2010.（『人間についての観察』1749）　　　　　　　　　　　　　（有泉正二）

花田清輝　（はなだ せいき）1909〔明治42〕-1974〔昭和49〕
日本が太平洋戦争へと突き進む左右の厳しい政治的・文化的緊張の中で，独自の創造的文化評論を行い，戦後においても，総合的文化の可能性を探りながら，映画や演劇などにも多面的な評論活

動を行った文芸評論家。「前近代を否定的媒介にして近代を超える」という立場に象徴されるように、ヨーロッパ文化に対する深い理解と洞察をもちつつ、近代化のもつ罠に、時には、「韜晦」と評されるような大胆なレトリックを駆使しながら抵抗的な批判精神を提示し続けた。「新日本文学会」などの様々な文学運動などにも関わりながら、自らの生きた時代の困難を「転形期」と捉え、批判的評論をした。
［文献］花田清輝『復興期の精神』講談社文芸文庫，2008；同『アヴァンギャルド芸術』講談社文芸文庫，2013；同『日本のルネッサンス人』講談社文芸文庫，1992。　　　　　（佐藤和夫）

　ハーバーマス　Jürgen Habermas 1929-
現代ドイツの哲学者、社会学者。フランクフルト学派の第二世代を代表する理論家。ボン大学にてシェリングに関する論文で博士号取得の後、『公共性の構造転換』(1962)にて一躍有名になる。ハイデルベルク大学、フランクフルト大学教授などを歴任する。ドイツ古典哲学を批判的に摂取し、またコミュニケーション論を導入してマルクス主義の現代的可能性を追求し、史的唯物論の再構築なども試みたが、後には後期資本主義の新たな社会状況のもとで〈労働〉から〈コミュニケーション的行為〉へと基本視点を転換して、大きな影響を与えた『コミュニケーション的行為の理論』(1981)を著した。アドルノ、ホルクハイマーなどの第一世代の意識哲学的立場や合理性の狭い理解を「コミュニケーション的合理性」の主張で乗り越えるとともに、社会理論に関しても従来のマルクス主義の史的唯物論による階級闘争を中心にする考えから「システムによる生活世界の植民地化」テーゼによる現代社会の診断へと転換した。ポパーなどの批判的合理主義者との実証主義論争、ガダマーとの解釈学論争、ルーマンとのシステム論争、フーコーなどのポストモダン派との「近代」論争、ロールズとの論争など、対話を通じて常に自らの哲学・思想の発展を図ろうとする姿勢も特徴的といえる。
→コミュニケーション的行為
［文献］ハーバーマス『コミュニケーション的行為の理論』上・

中・下，未来社，1985-87；吉田／尾関／渡辺編著『ハーバマスを読む』大月書店，1995；豊泉周二『ハーバーマスの社会理論』世界思想社，2000。　　　　　　　　　　　　　　　（尾関周二）

　ハビトゥス　〔ラ〕habitus
ブルデュー社会学の中心概念。社会構造を身体化した精神構造のこと。ハビトゥスは，象徴暴力によって，社会秩序や社会空間を構成する分割原理を身体化した性向の体系であり，知覚，評価，行動および戦略の産出原理である。ブルデューは，この概念により，主観主義（自由論）と客観主義（決定論）の二者択一の超克を企図した。ハビトゥスは，社会構造を身体化した「構造化された構造」であるが，社会構造を再生産ないし変容させる行動や再生産戦略を実践感覚に基づいて産出する「構造化する構造」でもある。ハビトゥスとそれを産出する社会構造との一致が，既存の支配や秩序を自然なものとして承認＝誤認させ，正統化する象徴権力の効果を可能とする。
→ブルデュー
［文献］ブルデュー『実践感覚』（全2冊）みすず書房，1988-90；同『ディスタンクシオン――社会的判断力批判』（全2冊）藤原書店，1990。　　　　　　　　　　　　　　　（小澤浩明）

　バフチン　Mikhail Mikhailovich Bakhtin 1895-1975
旧ソ連の文芸学者，美学者。1920年代初頭より，文学・美学関係の多くの論文を書いたが，当時公刊されたのは，ドストエフスキーの作品がもつ，ただ一人の話者によって語られるのではなく，対等な何人かの話者が常に隠れており，それらのぶつかり合いによって，決して最終的な答えに至ることなく展開するという，ポリフォニー的性格を解明した『ドストエフスキーの創作の諸問題』（1929）と，数編の小論のみである。その他の著作は，主として政治的理由のために出版されなかったが，上記著書の改訂版『ドストエフスキーの詩学の諸問題』が出た1963年以降になりようやく，独自の対話論およびカーニバル論という画期的な基本概念を確立し，根底にすえた，文芸学，文学史，芸術史，民

俗学，言語学，心理学，歴史学，思想史等の，広範な知識を駆使した著作が公刊され，旧ソ連諸国内のみならず，フランス構造主義の思想家にも影響をあたえ，世界的にも高い評価を受けることになった。

主著は，上記書のほか，ラブレーに対する狭隘な近代化解釈を「民衆の笑い」論，「カーニバル論」を軸にして批判した『フランソワ・ラブレーの作品と中世・ルネッサンスの民衆文化』(1965)や，死後に出版された，小説のことば論関係の著作その他を集めた『文学と美学の諸問題』(1975)と『言語作品の美学』(1979)がある。

しかし今日，『フロイト主義』(1927)や『マルクス主義と言語哲学』(1929)をはじめとするボロシノフ名義の著作や，『文学研究における形式的方法』(1928)等のメドベジェフ名義の著作も，事実上バフチンのものであるという説が有力になっている。この説を採用すると，バフチンは「マルクス主義的記号学」の主唱者でもあり，ロシア・フォルマリズムを内在的に批判した代表的人物でもあったということになる。

［文献］『ミハイル・バフチン全著作』（全7巻 別巻〔4巻分刊行〕）水声社，1999-。　　　　　　　　　　　　（下川浩）

バブーフ　François-Noel Babeuf 1760-1797

貧農の生まれで独学。フランス革命のさい徹底した平等を唱える急進派となる。私有財産の廃止と共同の管理を実現するには，秘密組織による武装蜂起と革命的独裁が必要だと訴えた。じっさいブオナロッティらとともに組織づくりをすすめ，反乱を企てたがスパイによる密告で逮捕され，翌日死刑。この事件は「バブーフの陰謀」と呼ばれる。共産主義の革命活動のスタイル，その実現の様態について，ひとつのひな形を提供し，後のロシア革命にも影響を与えている。

［文献］柴田三千雄『バブーフの陰謀』岩波書店，1968。

（斉藤悦則）

林羅山 （はやし らざん）1583〔天正 11〕-1657〔明暦 3〕
日本朱子学の開祖。名は信勝。字は子信。道春と称す。羅山は号。京都に生まれる。建仁寺で儒学と仏教を学んだが、宋学に傾倒し仏教を排撃した。藤原惺窩に師事し、その推薦で徳川幕府に召し抱えられ、家康以下四代の将軍に仕えた。仏教の排撃は、仏教によって否定されていた日本の自然を回復することになり、それは日本的神々や天皇家の伝統を復活させることにもなる。家康も天皇家の血筋を引くものとして正当化されている。しかし、封建権力として正当化するためには血縁的なつながりだけでなく、徳治が強調されるとともに士の日常の鍛錬としての武が模索された。
→藤原惺窩、山鹿素行
［文献］守本順一郎『日本思想史の課題と方法』未来社、2009。
（岩間一雄）

パラケルスス Paracelsus 1493/94-1541
宗教改革期から 17 世紀に勢威を張った「医化学派」の開祖。アリストテレス、ガレノスなどの「書物の医学」を批判し、実験と観察を重視。病因を専ら体液不均衡に求め瀉血のみを療法とした形而上学説に抗し、特定病因に対する個別の処方として錬金術的化学による薬物療法を推進。内科医の特権に対し差別された理髪外科医や薬剤師の経験知を代表した。エラスムスの招きでバーゼル大学教授になったが一年で追放され流浪生活を送る。四原素説に対し水銀・硫黄・塩の三原質説を唱え、また月下界／天上界の区別に対し小宇宙（人体）と大宇宙の照応・共感を説いたが、新プラトン派の占星術や数学には否定的だった。
［文献］パラケルスス『奇跡の医書』工作舎、1991。（石村多門）

パラダイム論 〔英〕theory of paradigm
パラダイムは、ある一定の専門領域の科学者集団の中で共有されている普遍理論、背景的知識、価値観、規範、テクニックなどの諸要素から構成される複合的全体であり、科学的活動の中心的構成要素として科学者集団の維持＝再生産機能をもつものである。

その意味でパラダイムは科学という知的活動を他の知的活動と区別する境界設定基準でもある。ある知的活動が科学であるのか否かはその中にパラダイムが存在するかどうかによって決まる。たとえば占星術という知的活動が非科学であるのは，その活動によって産出された知識それ自体に問題があるためではなく，その活動に携わる集団を支配するパラダイムが存在しないためである。科学はパラダイムの歴史的成立とともに始まる。いったんパラダイムが確立するや，科学者集団は自らがよって立つパラダイムという土台の正当性を問題にすることを止め，パラダイムという土台の上に累積的に知を積み重ねていく「通常科学」の時代となる。変則事例の増大などによる既存パラダイムの「危機」の深刻化とともに「科学革命」による支配的パラダイムの交代が起こり，新たな「通常科学」の時代が始まる。異なるパラダイムは互いに共約不可能であるため複数のパラダイムを通じた科学の累積的発展はなく，科学の歴史的発展は不連続的である，とされる。
[文献] クーン『科学革命の構造』みすず書房，1971。

(佐野正博)

パラドクス 〔英〕paradox
パラドクスとは，ギリシア語の「ドクサ（常識）」と「パラ（外れて）」から合成された語で，常識にかなう認めざるをえない前提から，常識はずれの認めることのできない結論が導かれることを言う。あるいはまた，基本的な真理と思われるものが互いに対立する規定を受け取る「アンティノミー」も，広義のパラドクスとされることがある。パラドクスの歴史は古く，古代ギリシアにおいて「クレタ人の嘘」や「ゼノンのパラドクス」が知られていた。前者は，「すべてのクレタ人は嘘つきだ」と，あるクレタ人が言った，という話に由来する。現代風に定式化すれば，「この文は偽である」という文は，もしこの文を真であると考えれば，文の主張内容ゆえにそれは偽になり，逆に，この文を偽であると考えれば，文の主張が否定されてそれは真になる，というパラドクスである。これは現代では，文の自己言及が引き起こす意味論的パラドクスと考えられている。また後者の「ゼノンのパラドク

ス」は，エレア派のゼノンによる運動否定論として名高い。ゼノンは，飛んでいる矢は，幅のない瞬間についてみれば，どの瞬間においてもそれぞれ一定の決まった位置にありそこを動けないから，「飛ぶ矢は静止している」と言う。また俊足のアキレスが亀を後ろから追いかける場合，アキレスが亀のいた場所に来た時には亀は必ず少し先に進んでおり，このことはどこまでも繰り返されるから，アキレスは亀にいつまでも追いつかないとする。今日の物理学は，微分法の使用により，もはやゼノンのパラドクスに悩まされることはないが，このパラドクスは，時間，空間，運動といった日常的な概念のもつ原初的性格に由来するので，生活世界においてはパラドクスの根は残る。また，20世紀初頭には，B. ラッセルによって「集合論のパラドクス」が発見された。これは，「集合」に関する基本的概念に関わるもので，「自己を要素としない集合の集合」が矛盾を引き起こすという重大な発見であった。この他にも多数のパラドクスが知られているが，いずれも単なる詭弁ではなく，人間の認識と言語の基礎的な事態に根をもつと考えられている。

［文献］セインズブリー『パラドックスの哲学』勁草書房，1993；小川弘『時間と運動』御茶の水書房，1986；植村恒一郎『時間の本性』勁草書房，2002；ラッセル／ホワイトヘッド『プリンキピア・マテマティカ　序論』哲学書房，1988。

（植村恒一郎）

バラモン教　〔英〕Brahmanism
ヒンドゥー教の前身であるインドの宗教。アーリア人と自称する，インド・ヨーロッパ語族の言語をたずさえてインドに侵入した民族の宗教は，その聖典の名によってヴェーダの宗教といわれる。この宗教は，火のなかに家畜などの供物を投げ入れて神に捧げ，願い事を叶えてもらうという祭祀を中心とする。その祭祀を執行する階級であるバラモンたちが社会の頂点を占めるため，近代以降，バラモン教と通称された。ヴェーダ聖典は，非人為的で永遠のものであり，無謬であるとされる。最古の聖典は『リグ・ヴェーダ』であり，これは，祭祀の際に祭場に祭神を勧請するた

めの讃歌を集めたものである。これに，詠唱集である『サーマ・ヴェーダ』，祭祀行為規程集である『ヤジュル・ヴェーダ』，呪文集である『アタルヴァ・ヴェーダ』がつづき，まとめてサンヒター文献と称される。これにたいする解釈を施したものがブラーフマナ文献，次に祭祀神秘主義の要諦を説いたものがアーラニヤカ文献，次に祭祀行為よりも世界の真相を知的に考究することに最高の意義を認めるウパニシャッド文献と続く。バラモンたちは，自らを頂点とする社会の階級秩序（カースト制）を堅固なものにするために，法（dharma）という宗教法を整備した。ヒンドゥー教は，バラモン教に先住民族の宗教を習合させたものであるが，法の支配権はバラモンたちが守って手放すことがなかった。

［文献］辻直四郎『インド文明の曙――ヴェーダとウパニシャッド』岩波新書，1967。　　　　　　　　　　　　（宮元啓一）

バーリン　Isaiah Berlin 1909-1997

ラトヴィアのリガに，裕福なユダヤ人家族の一員として生まれたが，ロシア革命後の混乱を逃れて，家族とともに英国に移住した。30年代にはオックスフォード大学でエイヤー，オースティンらとともに哲学の研究教育にあたり，後に「日常言語学派」と呼ばれることになる思想的立場の一翼を担った。当初より，エイヤーに代表される非歴史的な論理実証主義には批判的であったが，1939年の『カール・マルクス』以降，戦時中のアメリカ，ソ連での外交官時代を経て，次第にヘルダーらのロマン主義の系譜に属する思想家やツルゲーネフ，ゲルツェンなどロシアの思想家を対象とする思想史研究に重点を移した。

最も有名な論文「自由についての二つの概念」において，彼はこのような思想史研究を踏まえて，単一の「正しい」思想的立場への還元に抗する複数主義的立場から，外的な抑圧や拘束からの解放という意味での「消極的自由」（negative freedom）と，人間，階級，民族等のもつ潜在的な可能性を実現すると称して人々を「自由たるべく強制」するジャコバン主義的ないし共産主義的，民族主義的な「積極的自由」（positive freedom）を明確に区別し，

政治の領域において目指されるべき自由はあくまで前者でなければならないと主張した。
［文献］バーリン『自由論』みすず書房，1979；M. Ignatieff, *Isaiah Berlin: A Life*, Metropolitan Books, 2000. （石井潔）

　パールシー教　〔ヒン〕Pārsī〔英〕Parsee
ゾロアスター教のインドでの通称。「パールシー」とはペルシア人のこと。8世紀，ムスリムに追われたペルシアのゾロアスター教徒の一部が，ムンバイー（ボンベイ）付近に上陸，言語や服装をインド化するという条件で定住を許される。19世紀半ばから20世紀初頭にかけ，K. R. カーマがドイツに留学して本格的な古代ペルシア語やイラン学を修得し，復古主義的な宗教改革運動を展開するとともに，イギリス支配に反発しつつも社会的には急速な近代化を図り，大成功を収めた。パールシー教徒は，今日10万人ほどしかいないにもかかわらず，インド最大のターター財閥を形成するなど，インド経済を左右する実力をもつに至った。
［文献］黒柳恒夫／土井久弥『アジア仏教史・インド編Ⅴ──インドの諸宗教』佼正出版社，1973。 （宮元啓一）

　バルト　Karl Barth 1886-1986
スイスのプロテスタント神学者で弁証法神学，ドイツ教会闘争の指導的人物，ルター以来最大の神学者として有名。近代の文化的プロテスタンティズムの行き詰まりを見抜き，「上から垂直に」告げられる「神の言葉」にのみ依拠する道に目覚め，斬新な釈義『ローマ書』を発表（1919，ただし1922年に全面改訂）して思想界に衝撃を与え，A. ハルナックらと論争する。ナチスへの不服従のゆえにボン大学を追われるが，ナチスに対する「ドイツ教会闘争」を導き，『バルメン宣言』の草稿を書く。スイスに戻ってからは，ユダヤ人救済に尽力した。第二次世界大戦中から主著『教会教義学』（13巻，未完）を書き続け，冷戦時代には共産主義台頭の神学的意義を訴え続け，西側の核武装に反対した。晩年には刑務所で説教を続けるなど絶えず実践に結びついた神学的思策を継続した。彼の一貫した思策は，神学以外の諸学の領域

でも多くの示唆を与えた。彼の神の言葉理解は複雑であるが，啓示に集中する方法論は，「啓示実証主義」だとの批判（ボンヘッファー）も起こり，アメリカなどでは「新正統主義」とされ危険視もされた。第二次世界大戦後の日本の教会では，規範的神学と重視され甚大な影響を与えた。だが歴史的・批判的研究女の方向からブルトマンらの批判も生じてきた。
［文献］E. ブッシュ『カール・バルト』新教出版社，1989。

（高尾利数）

ハルトマン　Nicolai Hartmann 1882-1950
ドイツの哲学者。新カント派の主観主義を批判し実在論を基礎に多元的存在論を唱えた。現象学的手法によって人間に不可避の各種の哲学的アポリアを徹底分析し，主観主義的観念論の非合理性を暴き，合理的仮説として客観的実在を承認する「批判的存在論」を展開した。近代哲学の「反折志向」による認識論主義的傾向を批判し「直向志向」の存在論にたつ常識の世界観の復権を図った。深い哲学史的理解を背景に精緻な哲学的「問題分析」を行い，実在世界の四層構造（無機的世界，生命世界，主観的世界，客観的精神世界）と非実在的理念的世界の複数次元をもつ世界構造論を展開している。また存在の多元階層性をもとに意志の自由の論証を行い，独自の価値論や倫理学を構想した。彼の存在論は，本体論的存在論ともハイデガー的な存在論とも全く異なっている。その哲学はあくまで合理主義的であり，宗教的神秘的な要素は皆無である。
［文献］ハルトマン『哲学入門』晃洋書房，1982；同『美学』作品社，2001；同『ドイツ観念論の哲学——第1部 フィヒテ，シェリング，ロマン主義』作品社，2004。　　　　　（佐藤春吉）

パルメニデス　Parmenidēs 前515頃-450頃
エレア学派の哲学者。イオニア学派を典型とする既存の自然哲学が自明の前提とした生成消滅，運動変化を，知覚経験や慣習の妄信による〈有る〉と〈有らぬ（非有）〉の混同だとし，矛盾律を犯すその自然学説を虚構のドクサとして退けた。〈有る〉は〈有っ

た〉でも〈有るだろう〉でもなく徹頭徹尾〈有る〉であると思惟し言表することを真理探究の基点として要請し，その核心である〈有ること（有るもの）〉の本性を，不生不滅，連続不可分，不動完結であると規定した。その実在概念が以後の自然哲学の方向性を決定づけた点で，彼の哲学は初期ギリシア哲学史の分水嶺と言える。

［文献］内山勝利編『ソクラテス以前哲学者断片集』2，岩波書店，1997。　　　　　　　　　　　　　　　　　　（三浦要）

パロール→ランガージュ／ラング／パロール

反映論　〔露〕teoriia otrazheniia
人間の認識は対象の性質や関係の何らかの模写・反映であるとする唯物論的認識論の立場に対する呼称。この呼称はレーニンの『唯物論と経験批判論』とそれに依拠するソ連型哲学教科書類によって広く普及した。認識を反映と見る立場は古くからあり，古代ギリシアのエピクロスによれば，事物はその表面からその事物の原子的な像（エイドーロン［eidōron］）を発出し，その像が感覚器官に到達することによって生じるのが感覚であるとされた。こうした主張が代表する鏡と鏡像に模される反映の特徴は，反映がもっぱら受動的な働きと捉えられていることである。それに対して，マルクス主義が代表する現代の唯物論は，反映を人間の能動的な活動と捉える。

　たとえば，同じ山を同じ地点から見る場合でも，地質学者，画家，登山家，山師では違う認識をもつだろうし，同じニワトリの鳴き声が，日本語を話す私たちと英語圏の人たちとでは違って知覚される。これらの事実は，人間の認識は，鏡像のように対象を受動的に反映するのではなく，自分が身につけている認識の「枠組」を能動的に働かせて反映することを示している。

　さらに，こうした枠組は，個人的にも社会的にも歴史的に形成されるという意味で，反映は歴史・社会的な性格をもつ（「五感の形成は全世界史の労作である」——マルクス『経済学・哲学草稿』）。同時に，人間の知覚は感覚器官にたいする刺激のすべて

を受け入れるのではなく,あるものを「地」として沈め,あるものを「図」として浮きだす「地・図文節」の働きによって成立するのであるが,この能動的な働きは対象のすべての性質・関係を一挙に反映するのではなく,それを生活・実践の対象としての限りにおいて反映するという意味で,反映は生活・実践的性格をもつ(「人間の思考が対象的真理を捉えるかどうかは,理論の問題ではなく,実践の問題である」——マルクス「フォイエルバッハにかんするテーゼ」)。現代の反映論の主要課題は,認識の枠組がどのように形成されるかの批判的解明を通して,生活の現実を変革する視点を明らかにすることである。

→認識,認識論,真理

[文献] レーニン『唯物論と経験批判論』(全集 14) 大月書店, 1956;戸坂潤「認識論とは何か」(全集 3) 勁草書房, 1966。

(中村行秀)

反観合一の法→三浦梅園

反射→条件反射

反証可能性→検証可能性

范縝 (はんしん) Fàn Zhěn 450-515 頃
字・子真。六朝時代の人。中国では王充を継ぐ唯物論者として高く評価されている思想家。修学時代より,鬼神などの迷信に反対した。現世の貧富貴賤を偶然の結果に過ぎずとして,その原因を前世の善行・悪行に求める仏教の因果応報説に反対,仏教側からの反撃に対し,「神滅論」を著して対抗。身体と精神とは不可分に結合しており,身体は精神の基礎,精神は身体の作用にほかならぬから,身体の死亡とともに精神も消滅するのは当然,と主張した。『文集』15 巻があったと言われるが,現在に伝わらない。

[文献] 重沢俊郎『中国歴史に生きる思想』日中出版, 1975。

(村瀬裕也)

汎神論 〔英〕pantheism〔独〕Pantheismus〔仏〕panthéisme
神と存在するもの（自然や世界）とは一体・同一であると考える宗教形態である。古来のインドのヴェーダやウパニシャッドの思想，中国の朱子学，ストア哲学なども汎神論だと見なされているが，汎神論という用語が最初に使われたのは，1705 年に J. トーランドによってであるといわれている。

　汎神論は，大略，神の方に世界を一体化していくものと，世界の方に一体化していくものとに分けられる。しかし両者とも，神と自然との関係を内在とみるか超越と考えるか，世界は実在か幻想か，自由と必然との問題などと絡んで決して単純ではない。汎神論のもっとも完全で体系的な考えはスピノザにみられ，彼は，神と自然は同一の実在の二つの名称であり，両者は相即しているという徹底的な一元論を展開した。総じてこのスピノザを始めとして，汎神論者は，「人格的存在としての神」の立場，自然を神と質的に異なった被造物であると考えるカトリック教会を始めとするキリスト教などの有神論の立場からは「無神論者」との疑いをかけられてきたが，世界と神との関係性への視線は，神学界のみでなく，宇宙や世界への視座（唯物論や科学的思考）にも大きな影響を与えてきた。

【汎神論論争】1785 年，晩年のレッシングがスピノザ主義者であったかをめぐって，F. H. ヤコービと M. メンデルスゾーンとの間で始まった論争であるが，やがて論争はヘルダー，ゲーテ，カントを巻き込み，スピノザの評価をめぐる論争に発展していった。そして論争の焦点は，スピノザの〈神即自然〉の哲学についての「無神論」問題に集約されていき，当時の多くの著名な思想家や作家たちによる論議によって，彼の汎神論の再評価がなされることになった。この論争は，シュライエルマッハー，シェリング，ヘーゲルなどのドイツ観念論にも大きな影響を及ぼし，後に汎神論哲学の隆盛をもたらした。
→無神論，スピノザ，レッシング
［文献］スピノザ『神学・政治論』上・下，光文社古典新訳文庫，2014；同『エチカ』上・下，岩波文庫，2006；レッシング『賢人ナータン』岩波文庫，1958。　　　　　　　　　　（河上睦子）

反省 〔ラ〕reflexio 〔英〕reflection 〔独〕Reflexion 〔仏〕réflexion

反省は，鏡や水面が光を映し反射する現象を言い表す光学用語であるが，認識の基礎を批判的に問う近代哲学の探求方法を特徴づける語として使われるようになる。感覚や幾何学的論証による客観世界の認識に対する懐疑から，主観の疑いえない自己認識（「我思う，故に我あり」）へと反転し，そこからふたたび客観世界の認識の基礎づけへと向かう R. デカルトの思索が，すでに反省的である。だが，「反省」を哲学用語として最初に使ったのは，J. ロックである。ロック『人間知性論』は，知識の二つの源泉として外的対象についての観察と私たち自身の心の作用についての観察とを挙げ，前者を「感覚」(sensation)，後者を「反省（内省）」(reflection) と呼ぶ。さらに，カントは，認識が対象によって規定されるのではなく，むしろ「対象がわれわれの認識に従って規定されねばならない」というコペルニクス的転回によって，反省的方法に立つ哲学を企図している。カントによれば，反省 (Überlegung, reflexio) とは，対象を知るために，「対象自身を問題とするのではなく，対象についての概念を得ることができるための主観的な諸条件をつきとめようとするときの心意識の状態である」。

ヘーゲルは，こうした近代哲学の反省概念を批判し，客観から主観のうちへの意識の自己反省だけでなく，現象から本質を捉え本質から現象を捉え返す認識における相互関係や言語の意味表現の連関，対立し合うものとものとの客観的な相互関係をも，反省と考える。そうしたヘーゲルの Reflexion は「反照」と訳されることもある。西田幾多郎の「作られたものから作るものへ」の論理は，ヘーゲルの客観的な反省関係の一つと見ることができる。人間は環境によって作られる。しかしまた，環境はそれと対立する人間によって作られる。つまり，人間は自分だけで自分を作ることはできないが，自然環境を作り変えその環境によって作られることを通してはじめて，人間は自分を作るものとなる。環境もまた，人間の働きを通して，変化していく。

しかし，意識の関係であれものとものとの関係であれ，反省の

論理は，主観と客観，本質と現象，人間と環境などが互いに他方の前提となり依存し合っているという関係を指摘するに止まる。そうした相互依存の関係が破れ変動するということは問題とならない。
［文献］I. カント『純粋理性批判』上，岩波文庫，1961；G. W. F. ヘーゲル『大論理学』中，岩波書店，1994；西田幾多郎『日本文化の問題』（全集 12）岩波書店，1966。　　　　（梅林誠爾）

反省的判断　〔英〕reflective judgment〔独〕reflektives Urteil
反省的判断は，人が個別的な判断対象に接して，そこに普遍的な意味や性格を読み取り，判定しようとするさいに用いられる判断形態である。ある一つの事象が判断されるとき，主語は述語の普遍的言明のもとに包摂されるが，その述語規定に客観的な根拠が認められない場合，その判断は反省的（判断者自身の中にその根拠が求められる）である。この場合，判断の妥当性は当の主観の内部にとどまる。しかしある種の反省的判断においては，人は単なる主観性を越えて普遍的一致を要求することができる。たとえば美的判断は反省的でありながら万人の賛同を求めている。その場合，判断をする者はある対象（この花）にふれて自己の内面に純粋な調和と満足を覚えたとき，単なる個人的な思惑（この花は美しいと思う）を越えて，人々との端的な一致を求め，定言的に語る（この花は美しい）。

カントは，反省的判断の問題圏を，認識と実践の世界に対して，哲学の第三領域を扱う根本課題として捉えた。その際の基礎となる原理は，「自然の合目的性の原理」である。判断が主観的レベルから普遍的一致へと上昇すべきとき，自然の諸対象が合目的的な脈絡にしたがっていると想定されれば，普遍性が担保される。この原理のもとで，彼は普遍性を有する反省的判断として，美的判断と目的論的判断とを考えた。美と目的は人間精神を反省的観照へと導く原理であるとともに，すべての人に内心の自由の依りどころを与え，究極目的へと導く根源的な理念としても考えられたのである。このことによって，カントは反省的判断論の展開によって，自然必然的な思考に対して目的論的な思考の意味と

可能性を展望しようとした。このような判断の非決定論的で普遍的な合致という思想は，歴史的社会的な場においても適用可能であり，たとえばハンナ・アーレントは政治関係的な場における判断作用の問題をカントの反省的判断力の思想から読み解こうとし，社会哲学の分野に一石を投じた。
［文献］カント『判断力批判』（全集8・9）岩波書店，1999・2000；アーレント『カント政治哲学講義録〔完訳〕』明月堂書店，2009。　　　　　　　　　　　　　　　　　　　　（太田直道）

　反省哲学　〔独〕Reflexionsphilosophie
ヘーゲルが『信仰と知』（1802）の副題で「主観性の反省哲学」としてカント，ヤコービ，フィヒテの哲学を総称して呼んだ。ヘーゲルによれば，反省哲学は人間の有限性への反省に基づき，①有限的感覚的なものを絶対化し，②有限的感覚的なものと無限的超感覚的なものとの対立に固執し，③絶対者を彼岸に置き，その要請や憧憬にとどまる。それゆえ絶対者を認識しえない。この立場はプロテスタンティズムや近代の英仏哲学に根ざしており，その限りヘーゲルの反省哲学批判は近代哲学全般への批判に及ぶと考えられる。しかし後に青年ヘーゲル派はこの言葉を，むしろヘーゲルにおける感覚的なものの抽象的思考への還元という意味で用いた。
→反省
［文献］ヘーゲル『信仰と知』（ヘーゲル全集3―イェーナ期批判論稿）知泉書館，2020。　　　　　　　　　　　　（久保陽一）

　反対概念→矛盾概念／反対概念

　判断　〔英〕judgement〔独〕Urteil
一般的には，「ある物事について自分の考えを定めること」を「判断する」といい，そうして定まった考えを「判断」という。形式論理学では，概念と並ぶ思考の基本的形式で，内容的には，「ある対象についてある徴表を主張すること」であり，形式的には，「いくつかの概念を肯定的または否定的に結合すること」と

定義される。判断を文章で表現したものを命題というが，実際的には，両者は同じ意味で用いられることが多い。特に，「SはPである」というかたちで，何らの条件なしに，「対象についてある徴表を主張する」判断を「定言判断」という。定言判断は主語，述語，繋辞の三つの要素からなっている。「人間は動物である」という判断では，「人間」が主語，「動物」が述語，「である」が繋辞である。形式論理学では，判断の主張が，主語である概念の外延の全体におよんでいるか，一部にしか及んでいないか（これを判断の「量」という）によって全称判断と特称判断を区別し，主語と述語の概念の結合が肯定的か否定的か（これを判断の「質」という）によって肯定判断と否定判断を区別する。結果として，定言判断には次の四つが区別される，①全称肯定判断（A判断），②全称否定判断（E判断），③特称肯定判断（I判断），④特称否定判断（O判断）。また，定言判断を要素にしてより複雑な判断が成立する。①二つの定言判断が「もし…ならば」で結合されてできる判断を仮言判断という。「もしSがPであるならば，S'はP'である」が仮言判断の基本的な形である。この判断で，前半の定言判断「SはPである」を前件，後半の「S'はP'である」を後件と呼ぶ。②複数の定言判断が「または」で結合されてできる判断を選言判断という。「SがPである，または，S'がP'である」が選言判断の基本的なかたちである。この判断にあらわれる二つの定言判断を選言肢という。このように，定言判断を基礎にして，複雑な判断や推理が可能となるのだが，定言判断は「SはPである」という断言を本質とする限り，その断言に関して真または偽であるという性質をもつ。これを定言判断は真理値をもつという。いくつかの定言判断で形成される複雑な判断の真偽は，論理的には，要素である定言判断の真理値によって判定できる。
→徴表，概念，推理，真と偽　　　　　　　　　　（中村行秀）

判断力　〔独〕Urteilskraft〔英〕judgement
真理と虚偽，善と悪，美と醜等を区別し見分ける能力。「分ける」こと「区別する」ことを意味するギリシア語kritikosを語源とす

る「批評（批判）」（criticism / Kritik）とは，内容的にも思想史的にも密接な関係をもっている。

　カントによれば，理論的認識の領域における真偽の判断の場合には感性的直観と結びついた悟性によって，また実践的意志規定の領域における善悪の判断の場合には理性によって，それぞれ何が真であり何が善であるかについての概念がすでに与えられており，われわれはただ個別的な対象をそのような概念の下に包摂しさえすれば常に正しい判断を下すことができる。これに対して美的判断や自然を何らかの目的原因によって規定されているものと見なす目的論的判断の場合には，何が美であるのかあるいは自然の合目的性とは何かについての概念が前もって与えられているわけではなく，個別的な対象について判断を下すその度ごとに，判断の基準となる概念をいわば判断力自身の内部から生み出さなければならないとされる。そして，前者のように前もって与えられた普遍の下に特殊を包摂するのみの他律的な判断力をカントは規定的判断力（bestimmende Urteilskraft）と呼び，後者のように逆に特殊に対して普遍を与えていくことのできる自律的能力としての反省的判断力（reflektierende Urteilskraft）から厳密に区別する。

　このような所与の概念や規則に縛られない判断力の働きにカントが注目した背景には，18世紀のヨーロッパにおいて，社会，文化，自然のあらゆる領域でのできごとに対する美的感受性としての趣味 taste が人としてそなえておくべき能力としてきわめて高く評価されたことがある。芸術作品を創造する側の芸術家の概念化，規則化されえない能力を天才（genius）と呼ぶとすれば，芸術作品や自然の風景，身辺の事象に対してやはり硬直した概念や規則に縛られることなく的確な「批評」を下す（＝美しいものとそうでないものを見分ける）柔軟で豊かな感受性をもつ人が「よき趣味の人」（a man of taste）であるとされた。判断力が，独立した能力として主題的に論じられるのは，主にこの趣味ないし批評の領域においてである。

　またアーレントも，既成の概念や認識の拘束を離れ，他者との相互性を通じてわれわれが直面する諸問題についての新たな普遍的原理を見出していく能力としてのカントの反省的判断力を高く

評価し，自らの政治哲学の基軸に据えた。
［文献］カント『判断力批判』上・下，岩波文庫，1964；F. ハチソン『美と徳の観念の起源』玉川大学出版部，1983；T. イーグルトン『批評の機能』紀伊國屋書店，1988；アーレント『カント政治哲学講義録〔完訳〕』明月堂書店，2009。　　（石井潔）

範疇→カテゴリー

ヒ

ヒ

美　〔英〕beauty〔仏〕beauté〔独〕Schönheit

美とは何かについての考察は古今東西に枚挙の暇はなく，人間の芸術的営為の存在と共に存在してきたと言える。

西洋の流れで見るならば，古代ギリシアや中世においては一体に美は善や存在，神性との関連で存在論的・目的論的に思索された。プラトンは，美しいのはその中に美のイデアがあるからだとし，美を真や善と結びつけ，「美そのもの」への上行の道は存在の体系を統括する「神性（『国家』における善のイデア）」に出会って完全になると説く。対してアリストテレスは，「現象としての美」を「存在としての美」である真や善と切り離し，美の理論の確立ではなく，『詩学』に体現されるように，芸術作品の創造と結びつけ，美すなわち芸術は，対象の模倣（ミメーシス）から生まれるとした。中世の神学では，絶対者である神から流出する「美としての光」を美の現れとする「神名論」が主流であり，トマス・アクィナスに見るように，プラトンと同様，美は善にもっとも近接したものとなるが，美の考察は「完全性」「比例」「明らかさ」といった関係論の中でより展開されている。

ルネサンス以降の近代に至るにつれて，次第に美は主観的・感性的に考察されるようになり，美学・芸術論として独立の領域を占めるようになった。1750年にバウムガルテンが「美学」（Aesthetik）という用語を初めて使ったのを嚆矢として，感性的な現れとしての「美的なるもの」はことにドイツ観念論において，科学的・哲学的な独自の考察の対象となっていく。カントは美の現象を直接にではなく，人間の美的判断の根拠と妥当性を追及して趣味的なものと位置づけたが，美しいという判断の中にはすでに客観的なものへの要請があり，科学的解明の端緒をつけた。『判断力批判』の中で，美しいと感ずるのは，利害関係のないこと，目的のないこと，から生まれるとしたのだ。ついでヘー

ゲルは，芸術を理念（イデア）の最高度に展開した絶対精神の現れとして，哲学，宗教と並んで位置づけ，壮大な『美学』の体系の中で，理念と感性的な形態の関係から，象徴的芸術，古典的芸術，浪漫的芸術の区分を掲げ，芸術は歴史的にもこの順序で展開するのだとした。古典的芸術を理想とするヘーゲルはさらに，資本主義的現実を散文性と位置づけ，芸術に敵対的なものだと見なしてもいる。

　だが 19 世紀末からの時代や社会，生活様式の根底からの変動の中で，20 世紀初頭のダダイズムなどの反芸術運動に見るように，美的なるものの考察も新たな視座や変容を要請されることとなった。とりわけハイデガーの現象学的見地からの「美学」批判や，20 年代ブレヒトの美的，調和的な芸術規範への批判と社会的矛盾の描出への要請である「醜学」（Kunst des Unschoenen）（美しくないものの学）の提唱，ガダマーの「美的差別」批判，ベンヤミンやアドルノなどのフランクフルト学派の歴史社会学的な論及，等々が，激動するドイツの状況を契機として展開していく。なかでも 30 年代に形式主義・表現主義・リアリズム論争を体験したルカーチは，ヘーゲルの『美学』をひきつぐ壮大な遺作『美学』（1961-69 年）の中で，日常的反映から美的反映と科学的反映の生まれる過程を分析し，美的反映は個別的なものと普遍的なものが特殊的なものを中心にして生まれるとした。美は，崇高，悲壮，優美，ユーモア，滑稽，醜さ，わび，さび，いきなどの上位概念としても用いられ，何より現代の人間の生における美的なるものの必要性・重要性をその考察の対象とした。対してアドルノは『美の理論』において，主体と客体の弁証法からアリストテレスのミメーシス論に依りつつ，20 世紀初頭のモダニズム的美を擁護しつつも，資本主義による美の退落を批判する。

　美あるいは芸術についての考察はそういった歴史的経緯を経つつ，様々な視座や方法が存在するのだが，哲学的方法と科学的方法を両極に，心理的・社会的な現象としてその不即不離の交互作用への視角が必要であるとともに，ことに近年においては，芸術の受容体験である「享受美学」だけでなく，生産活動としての「創作美学」をも根源的同一性において捉えようとする見方が登

場してきていることも付記しておきたい。
［文献］ルカーチ『美学』1-3，勁草書房，1968-78；アドルノ『美の理論〔新装完全版〕』河出書房新社，2007；北条元一『文学・芸術論集』本の泉社，2002。　　　　　　　　（鷲山恭彦）

　ピアジェ　Jean Piaget 1896-1980
スイスの心理学者で，一般的には児童心理学，教育心理学，幼児教育の方面で有名であるが，それにとどまらず，認識論，哲学，自然科学の分野にも大きな影響を与えた。最初は，生物学の研究から出発し，その後心理学へと転じた。心理学研究の初期は，子どもを対象にして知能の発達の研究を行った。人生後半は，ジュネーヴに発生的認識論国際センターを開設し，自然科学および社会科学を問わず，他の学問分野との認識論に関する共同研究を組織した。知能の発達を四段階に分類し，身体的行為から抽象的思考が発生するメカニズムを研究した。それらの段階は，感覚運動期（0歳〜2歳），前操作期（2〜6,7歳），具体的操作期（6,7歳〜11,12歳），形式的操作期あるいは抽象的思考期（11,12歳以降）である。この四段階のうちで，特に，第二段階と第三段階との間には大きな飛躍があり，それは操作という知能の構造ができあがることにより生ずるものである。この時期を境にして，自己中心性は脱中心化されるし，また，思考の可逆性とか保存が獲得される。保存とは，見かけの姿・形が変化しても本質は変化しないことが認識できることである。また，生物学研究から出発したことも影響しているのであるが，同化と調節という生物が環境に適応するメカニズムが知能の発達を規定していることを主張した。
→自己中心性
［文献］ピアジェ『知能の誕生』ミネルヴァ書房，1978；同『ピアジェに学ぶ認知発達の科学』北大路書房，2007。
　　　　　　　　　　　　　　　　　　　　　　　　（高取憲一郎）

　ヒエラルキー　〔英〕hierarchy〔独〕Hierarchie〔仏〕hiérarchie
ピラミッド型の上下関係もしくは等級を表し，位階制，職階制な

どと訳される。元来キリスト教の用語で，神と被造物とを結ぶ階梯秩序や，特に天使の階級を表す際に用いられた。さらに中世では，教皇を頂点とするカトリック教会の教権制組織そのもの，もしくはその原理を指して用いられるようになる。こうしたキリスト教の伝統と新プラトン主義の影響のもと，ルネサンス期には，万物の秩序を説明するさいにもヒエラルキーという言葉がたびたび用いられるようになる。しかしその後，神と被造物の間の越え難い懸隔を主張する宗教改革運動によって，ヒエラルキー的な教権制組織は批判され，むしろ否定的な意味で使われることが多くなる。さらにデカルトによる精神と物質の二元論が現れてからは，物質と非物質的なものとの間に階梯を認める思想は，次第に自然科学の中にその地位を失ってゆく。今日，ヒエラルキーはまったく世俗的な意味で用いられている。コントは数学から社会学までの六つの学問領域のヒエラルキーを論じ，ウェーバーは官僚制の特徴をヒエラルキーで説明する。さらにパーソンズは，行為システムを「サイバネティック・ヒエラルキー」として論じている。　　　　　　　　　　　　　　　　　　　　　　　（鈴木宗徳）

美学　〔独〕Ästhetik〔英〕aesthetics〔伊〕estetica（ギリシア語の aisthēsis が起源）

美学には，①（美の）哲学の部門，②哲学と芸術学の間にある独立の学問分野，③感覚知覚の理論の三つが含まれる。ヨーロッパでも日本でも，美学は大学において哲学の一分野として自律した位置を占めており，社会科学や芸術学から切り離されている。美学は対象が確定されて定義されるものではない。というのも，美的なものというのは，ものの徴表となるものを表示するのではなくて，関係，とりわけ，形式あるいは形態の感覚的知覚とその意味指示との関係をしめし，形象化された対象と主観的な能力との関係，指示と理解の関係を表すものだからである。美的なものは，相関連する両極をなすものの媒介構造なのである。

　今日，美学は，①芸術を中核に置く自律的美学，②感覚知覚としてのアイステーシスを中核に置く感覚学，③様々な領域での造形形成を中核に置く哲学的美学（機能美学）の三つに分かれてい

る。

　美的なものは，実際にも，理論的にも，美学よりもずっと古くからある。人間の身体的で感覚的な面を精神的・知性的なものとの関連で明らかにしようとする営みが美学的考察の哲学としてもっとも重要なものである。すでに古代ギリシアの時代から，プラトンのように感覚的・肉体的なものを低く評価するか，それとも，デモクリトスのように素朴に感覚主義を肯定するかといった対立的な論争があった。学問としての美学は，啓蒙思想の時代に成立したのだが，バウムガルテンは，そうした伝統を継承した形で，感官や感覚的なものの領域を，理性推論の枠内のより低次の感覚的認識に閉じ込めようとした。そのような意味では，美学は一方で哲学の内部で，感覚的なものを知性的なものと結びつける形で，しかも，知性を上位において位置づけられた。その頂点にヘーゲルの美学がある。それに対して，カントでは，美学が認識論的にではなく，心理学的ないし人類学的に基礎づけられた。

　美的なものは，カント以降，目的から自由で自己完結的なものとして位置づけられて，政治や道徳的な要求からの干渉を受けないものとして，つまり芸術の固有性と自律性を求める立場からは，自律美学が美学の核とされた。それは，ヘーゲル以後，哲学的美学の中核とされたが，そうした立場の20世紀における頂点はTh. W. アドルノの『美の理論』（1970，遺作）である。アドルノは，芸術を物象化した関係に対抗する力，社会への対抗力とした。それとは対立して，アイステーシス（感覚）に関連づけて美学を捉えるものがあり，美的なもの（感覚的なもの）は，美学の基準に従っていることだと考えられる。感覚学が，感官の真価を決めるものであって，自律的美学に代わって感覚活動の自律が現れる。芸術美学としての自律美学が，芸術の範囲と枠をしっかりと決めるように，感覚学が今や，政治的なもの，道徳的なもの，経済的なものとの対比で感覚化の形態での感覚美的なものを擁護する。感覚学は，ある意味では奢侈の美学である。機能美学という美学の第三の型は，芸術やアイステーシスを中心とするのではなくて，造形を中核としており，産出や制作に向かっている。この美学は，従来は見逃されていた意味を改変したり，解釈して，

そうした領域を強調している。今日ではとりわけエコロジカルな問題ということができる。
［文献］バウムガルテン『美学』講談社学術文庫，2016；カント『判断力批判』（カント全集8・9）岩波書店，1999・2000；ヘーゲル『美学』（全集18a-20c）岩波書店，1995-1996；アドルノ『美の理論〔新装完全版〕』河出書房新社，2007。

（カリン・ヒルディナ／佐藤和夫）

彼岸　（ひがん）
サンスクリット語で「川の向こう岸」を意味するパーラム（pāram）を漢訳したもの。「此岸」が世俗の世界を表すのに対し，「彼岸」は悟りの世界を表す。特に大乗仏教で菩薩の修行方法として強調されたパーラミター（Pāramitā〔波羅蜜〕）が「到彼岸」「度彼岸」と漢訳されたことにより，「彼岸」という言葉が一般に流布した。春分・秋分の日を中日とする「彼岸会」は，「彼岸」から祖霊を迎えるという日本独特の仏事で，平安時代に定着した。「日迎え」「日送り」などの行事が行われる所もあるので，本来は太陽信仰に基づく農耕儀礼であったものが，やがて祖霊信仰と結びつき仏事となったものと思われる。四天王寺の西門が極楽の東門につながっており，彼岸の中日に西門の落日を観想して極楽往生しようとする風習なども生まれた。
［文献］山折哲雄『仏教民俗学』講談社学術文庫，1993。

（田中久文）

非形式論理学　〔英〕informal logic
オックスフォード学派のG. ライルによって初めて用いられた用語で，人工言語を扱う従来の記号論理学に対して，日常言語を柔軟に分析し，現実ないし事実の論理を取り扱う分野。その扱う内容は多様であり，あらかじめ決まっていないが，形式論理学の狭い限界を超える性格をもつ。たとえば記号論理学と異なり，現実の脈絡を重視し，あえてヘーゲル弁証法などにも分析を加える。「言葉の論理学」（ストローソン）や「哲学的論理学」といわれるものと内容的に重なるであろう。

ヒケッテ

[文献] 市井三郎『哲学的分析』岩波書店, 1963; ストローソン『論理の基礎』上・下, 法律文化社, 1974-76。　　　(島崎隆)

非決定論→決定論

非合理主義→合理主義/非合理主義

ヒストリシズム→ポパー

必 然 性 と 偶 然 性 〔英〕necessity and contingency〔独〕Notwendigkeit und Zufälligkeit〔仏〕nécessité et contingence
必然性は他ではありえないこと,あるいはそうなること以外にはありえないことであり,偶然性は他でありうること,あるいはたまたまそうなるということである。両概念は相関的な概念であるが,哲学史上しばしば対立し,和解しえないものとして捉えられてきた。必然性には,論理的必然性と事物の因果的な必然性とがある。論理的必然性は,帰結が根拠(理由)から矛盾なく導かれることである。大陸合理論では,幾何学の諸命題は,論理的に必然的であると見なされてきた。事物の因果的な必然性に関しては,哲学史上,それが客観的なものであるかどうか,必然性と偶然性との関係や必然性と自由意志との関係,あるいは歴史的必然性をめぐって議論が行われてきた。必然性は,唯物論の立場からは,自然に内在する客観的なものとして捉えられる。ギリシア哲学では,デモクリトスが原子の運動による必然性という徹底した機械論的決定論を主張したが,アリストテレスは,自然の運動には,必然性のほかに,自然の事象がそうである原因を定めることのできない付帯的・偶然的なものがあることを認めた。近代の機械論的唯物論は,人間を含め自然の諸事象を因果的な必然性によって説明し,偶然性とみられるのは,その因果的連関が捉えられていないからであると見なした。それに対して,ヒュームは,因果性という必然的結合を,自然事象に内在する客観的なものとみることに反対して,心の働きによるものと見なしたが,カントは,必然性や因果性は,思考にそなわっているア・プリオリな主

観的な形式としながらも，普遍的に妥当する客観的なものとして捉えた。ヘーゲルは，因果的連関は作用・反作用として相互に連関し合っている現実の必然的連関の一面しか捉えていないと見なし，必然性を，偶然性を媒介としながらも，可能性が現実性へと転化され，実現されていく過程として捉えた。ヘーゲルでは，必然性と偶然性とは現実性の一側面をなすものとして，媒介され，統一されている。必然性は，必ずそうなるという意味では，諸々の条件のもとにあっても自己の本質が実現されうる可能性であり，自己のうちに現実化の根拠をもっている。それに対して，偶然性は，抽象的な可能性がたまたま実現されたものとして，現実化の根拠を他のもののうちにもっているにすぎないが，可能性が必然的に現実化するための諸条件をなす。こうしたヘーゲルの考えを唯物論の立場から継承した弁証法的唯物論は，必然性を諸物・諸事象・諸現象・諸過程の本質・内的連関から不可避性をもって合法則的に生じるものとして，偶然性をそれらの本質・内的連関のうちにではなく，他のもののうちに根拠をもつものとして捉える。必然性と偶然性とは媒介し合い，弁証法的に統一されている。必然性は，諸々の偶然性を諸条件として貫徹されるが，両者の関係は硬直的に捉えられてはならない。諸物・諸事象・諸現象・諸過程においては，その本質・内的連関と外的な諸条件・諸状況とが密接に相互連関している以上，両者は相互に移行し合うからである。たとえば，封建制のもとでは自給自足的な生活が必然的で，商品生産は偶然的であるが，資本主義的生産が行われ，商品生産が拡大するもとで，商品交換に基づく社会的分業が必然的となり，自給自足的な生活は偶然的となった。弁証法的唯物論は，自然だけではなく社会の歴史にも，幾多の偶然性を媒介しながらも，必然性が貫徹されていると見なす。

→可能性と現実性

[文献] ヘーゲル『大論理学』（全集 6-8）岩波書店，1956-66。

（岩佐茂）

ヒッピアス　Hippias 前 483 頃 - ?
ヒッピアスはエリス出身のソフィストで，プラトン『ヒッピアス

大』(281a-282e) では,外交使節としての多忙と稼ぎの多さを自慢している。博識でも知られるが思想的に重要なのは,プラトン『プロタゴラス』(337d) における発言に見られるように,自然(ピュシス)を規範視して,人為的な法律や価値観(ノモス)による差別を批判していることである。その点では彼もまたソフィストのアンティポンと並ぶピュシス派の論客の一人と見なされうるが,しかし身体的・生理的な共通性に基づいて民族的偏見を批判している後者と比べると,ヒッピアスには能力主義的な側面があり,その限りにおいてプラトン『ゴルギアス』に登場するカリクレスの思想に通じる点もあるように思われる。

[文献] 納富信留『ソフィストとは誰か?』ちくま学芸文庫,2015;G. B. Kerferd, *The Sophistic Movement*, Cambridge, 1981.

(三嶋輝夫)

必要条件/十分条件 〔英〕necessary condition / sufficient condition

ある事柄 A から別の事柄 B が導かれる場合,B であるためにはかならず A でなければならない。このとき A は B の必要条件という。たとえば「天気がよい」ということの必要条件は「晴天である」ということである。少なくとも晴天でなければ,よい天気とはいえない。だが晴天はよい天気の十分条件ではない。たとえば,強風が吹いていればよい天気とはいえない。晴天,無風などのいくつかの条件がそろえば,よい天気の十分条件といえる。これは逆に,B(よい天気)からかならず A(晴天,無風など)が導かれることを意味する。

(島崎隆)

否定 〔英〕negation〔独〕Negation

形式論理学的には,否定はある命題ないし判断の真偽を反転させる操作である。「S は P である」という肯定判断に対し,「S は P でない」は否定判断である。弁証法的否定は,事物それ自身の運動による,古い状況の消滅から新しい状況への再生を意味する。記号論理学では,命題 p に対し,「$\sim p$」は「p でない」と読まれ,「$\sim$」が否定の論理的演算子となる。特に上記の「$\sim$」が命

題の全体に働く否定として「外的否定」といわれるのに対し，述語と主語の区別を前提にして，ある述語が主語に帰属することを否定することが，「内的否定」といわれる場合がある。この意味で，否定は事物や思想自身の内部からの否定であり，外部から否定されたり，破壊されたりすることは，二次的なことである。また，否定の否定という弁証法的法則は，否定を媒介にした，事物の高次元での復帰である。たとえば，人間の歴史でいうと，マルクスは，原始共産制が階級社会によって否定されるが，それがさらに否定されて，高次元で豊かな共産主義が復活すると想定した。 　　　　　　　　　　　　　　　　　　　　　　　（島崎隆）

否定の否定→弁証法

否定弁証法 〔独〕negative Dialektik〔英〕negative dialectics
「否定の否定は肯定である」とするヘーゲル弁証法に対し，思考の否定性の中に普遍へと止揚・和解しえないものを浮かび上がらせようとするのが否定弁証法である。『否定弁証法』(1966)はアドルノが若き日から蓄えてきた思考の集大成の書であり，序論で今日の哲学の使命を，第一部でハイデガーの存在論への批判を，第二部で否定弁証法の基本的枠組を，第三部でカントの定言命法，ヘーゲルの『法哲学』，アウシュヴィッツを取り上げ普遍性への同一化がもたらす抑圧・暴力について述べる。その思想的核心は第二部にあり，ベンヤミンやアルバン・ベルクとの結びつきが強い「崩壊の論理」を，唯物論的な「客観の優位」という立場からヘーゲル弁証法を捉え直しつつ論理的に補完したものである。
→アドルノ
［文献］アドルノ『否定弁証法』作品社，1996；同『アルバン・ベルク――極微なる移行の巨匠』法政大学出版局，1983；同『美の理論〔新装完全版〕』河出書房新社，2007；小牧治『アドルノ』(CenturyBooks 人と思想) 清水書院，1997。　　　（上利規規）

人に訴える論証 〔ラ〕argumentum ad hominem

「アインシュタインは立派な人物だから，彼の相対性原理は真理である」のように，ある人の主張や理論を支持または論駁するために，その人の人柄や地位などを根拠にする論法のこと。これは論理的には論点相違の虚偽の一種である。しかし，マルクスは，理論が現実的な力をもつのはその理論が大衆を摑むときであり，理論が大衆をつかむのはそれが「人に訴えるように（ad hominem）」論証を行うときであり，それは，理論がラディカルになるときであるとし，さらに，ラディカルであるとは，物事を根本から摑むことであり，人間にとっての根本は人間そのものであると述べて，この論証を別の観点から評価している。
[文献] マルクス「ヘーゲル法哲学批判序説」(全集1) 大月書店，1959。 (中村行秀)

批判 〔英〕criticism〔独〕Kritik

カントが『純粋理性批判』で「われわれの時代は真に批判の時代であり，一切のものが批判を受けねばならない」と述べているように，近代的な都市を中心とした，コーヒーハウスやクラブに象徴される公共圏の成立にともなって，18世紀以降のヨーロッパにおいては，伝統的権威や力ではなく，市民間の相互「批判＝批評」を通じて形成される社会的評価が真と偽，善と悪，美と醜を区別する新たな基準として機能するようになった。

名誉革命後に確立した英国の立憲君主制の下で，シャフツベリは，社交的交際のなかでの相互「批判＝批評」によって培われる良き「趣味」と「礼節」がわれわれの徳と美的判断の基礎となると主張したが，同時代にアディソンとスティールによって刊行された雑誌『スペクテイター』に代表されるジャーナリズムは，このような「批判＝批評」に具体的な場を与えることとなった。

シャフツベリの思想は，ハチソンやバークを介してカントにも影響を与え，人間の理性や判断力が理論的認識，道徳的実践，趣味判断等においてどのような能力をもち，また逆にどのような限界をもっているのかを，自らの能力「批判」という形で明らかにしようとする彼の「批判」哲学およびこれらの「批判」の根底に

ある市民的「常識」の分析としての「共通感覚論」に継承された。

19世紀以降，資本主義的なシステムが社会全体に拡大するようになると，それによって生み出される経済的搾取及び技術的合理性や消費主義的大衆文化を通じた支配と抑圧に対抗しようとする様々な立場からの「批判」的理論が登場した。

代表的な例としては，経済学「批判」という形で展開されたマルクスの階級社会論，「道具的理性」や「消費主義的文化」の浸透による「受動的大衆」の形成を阻止しうる「批判」的認識の確立を目指すホルクハイマー，アドルノら「フランクフルト学派」の「批判理論」，経験主義，技術主義等のイデオロギーや家族，学校等の「国家のイデオロギー装置」を媒介とした資本主義的支配を打破するために不可欠となる科学的認識とイデオロギー的認識の間に「境界線を引く＝分ける」理論的作業をカントの「批判」哲学を引き継ぐものとして位置づけたアルチュセールの仕事，あるいは同様の立場から科学的認識に基づく文化「批判」，イデオロギー「批判」を展開した戸坂潤の「クリティシズムとしての哲学」等を挙げることができる。

［文献］T. イーグルトン『批評の機能』紀伊國屋書店，1988；戸坂潤『日本イデオロギー論』岩波文庫，1977；T. W. アドルノ／M. ホルクハイマー『啓蒙の弁証法』岩波文庫，2007。（石井潔）

批判的合理主義→ポパー

批判的実在論（1）　〔英〕critical realism
20世紀の初頭にイギリスのA. セスやアメリカのR. W. セラーズなどが論じた，各種の観念論や実証主義，特に同時代の新実在論に対抗する哲学として始まった。この段階での議論は，世界の実在性を認めるが，世界そのものを人間は直接には認識できず（直接実在論の否定），感覚・知覚を通じて間接的に知りうるのみとして，世界の認識依存性に基づく実在性を主張した。同時にこの立場は，意識の働きの世界からの独自性を認めたが（認識論的二元論），意識は実体的存在ではなく，かつ，その作用や内容（観

念,表象)はわれわれに直接与えられた確実なものではなく(感覚所与性・客観性の否定),実在世界に還元不可能であり(世界の表象性の否定),推論によって構成され解釈された,抽象の産物でしかない,と見なした。
→実在論,新実在論
［文献］A. O. ラヴジョイ『人間本性考』名古屋大学出版会,1998。　　　　　　　　　　　　　　　　　　　　　（武田一博）

批判的実在論（2）　〔英〕critical realism
R. バスカーが創始した哲学と共同研究の総称である。セラーズらの同名の哲学と直接の関係はない。バスカーは「科学が可能であるためには世界はどのようであらねばならないか？」という問いから出発し,存在問題を認識問題と混同する「認識論的誤謬」を批判する実在論哲学（超越論的実在論）を展開した。それは,世界の多層性を,特に経験的（empirical）,現実的（actual）,実在的（real）という三つのドメイン（domain）の存在を主張する。科学は実在的ドメインにある生成メカニズムの発見を目的とする。経験的規則性の発見とする経験主義の科学論は誤りである。生成メカニズムは,開放系世界ではそのまま発現せずとも実在し,観察（経験）されずとも実在する。このような深部のメカニズムの存在を推定する推論は帰納ではなく「リトロダクション」と呼ばれる。主に『科学と実在論』（1975）で多面的に展開された「超越論的実在論」は,『自然主義の可能性』（1979）で実践に媒介された社会関係の実在性を解き明かす社会科学論（「批判的自然主義」）へと発展せられ,社会科学者らの共同研究を刺激している。バスカーは K. マルクスの継承発展を目指した。
［文献］ロイ・バスカー『科学と実在論——超越論的実在論と経験主義批判』法政大学出版局,2009；同『自然主義の可能性——現代社会科学批判』晃洋書房,2006。　　（佐藤春吉）

批判理論→フランクフルト学派

批評→批判

非物質論→バークリ

非暴力主義 〔英〕non-violence（非暴力），non-violent resistance（非暴力抵抗）
権力の暴力に対する抵抗において暴力の使用を拒否する理念・活動の全体を指す。非暴力主義は無抵抗主義ではなく積極的に非暴力的方法——スト，デモ，ボイコットなど多様——で抵抗を試みるのである。マハトマ・ガンディーのインド独立運動における非協力不服従や M. L. キング牧師の公民権運動は有名。いずれもその根本に宗教的動機——ヒンドゥー教的「サチャグラハ」（真理把持）とキリスト教的「愛敵」の思想——がある。暴力が遍在する今日，その意義は増しているといえる。
→ガンディー，平和主義
［文献］ガンジー『自叙伝』（世界の名著 63）中央公論社，1967；M. L. キング『自由への大いなる歩み——非暴力で闘った黒人たち』岩波新書，1959。　　　　　　　　（両角英郎）

ヒポクラテス　Hippokratēs 前 460 頃 -375 頃
医神アスクレピオスの流れを汲むコス島のコス医学派の家系に生まれ，コスのみならずギリシア本土や小アジアで活動し才名を馳せた。『ヒポクラテス文書』はコス派の思想を核としつつも同時代そして後代の他者の（時には他派の）手になる論考の集成で，彼に確実に帰されうる論考はないが，そこから窺えるのは，彼が自然哲学の方法論を医学に持ち込むのを拒否して両者を切り離すとともに，合理的な診断，病因説明，治療を通じ経験科学的医学の礎を築いたことである。なお，ガレノスは，ヒポクラテスの生理学と病理学が血液，粘液，黄胆汁，黒胆汁の四体液理論に基づくと報告している。
［文献］大槻真一郎編訳『ヒポクラテス全集〔新訂〕』（全 3 巻）

エンタプライズ,1997。　　　　　　　　　　　　（三浦要）

百科全書派（アンシクロペディスト）　〔仏〕encyclopédiste〔英〕encyclopedist〔独〕Enzyklopädist
狭義には、ディドロとダランベールが編集した『百科全書』（1751-1772）に寄稿した200人程度の人々を指すが、広義には、F.ベーコン由来の『百科全書』の思想運動——学問と技芸によって人類の役に立とうとし、それを妨げる宗教や旧制度を批判する——に協力した人々全体を指す。その場合、啓蒙思想家と同義的な広がりを有する。この運動をリードしたのは刃物師の息子ディドロで、その周囲には、彼と同様高等教育を受けながら、旧制度には批判的で、カフェや劇場といった「市民的公共圏」に出入りしていた若き文筆家たち——エドゥ、マレ、トゥサン、イヴォンなど——がいた。彼らやルソー（ディドロの友人として参加）が百科全書派の中核であるが、さらにその周りに、百科全書精神を体現した貴族たち——無神論者で化学者のドルバック、勤勉なカルヴァン派の医者ジョクールなど——がいた。さらには、ダランベールやブルジュラ、ル・ロワのようなアカデミー会員、ヴネル、メニュレ、フーケらモンペリエ医学部出身者も百科全書派の重要な一角を形成した。彼らの多くは、科学によって社会に貢献しようという使命感に燃えて『百科全書』に協力した。また、機械技術を重視した『百科全書』には、グシエのような多くの職人たちも協力した。これらの人物に加えて、モンテスキュー、ヴォルテール、ケネーなどの著名な啓蒙思想家も、百科全書派として挙げることができる。ただし、彼らの協力の程度は僅かであり、百科全書派としては周辺に位置する。いずれにせよ、『百科全書』出版を契機に、平民出身の文筆家を中心に、開明的貴族、アカデミー会員、職人などが、共通の理念の下、出版者や読者とともに、王権も無視できないほどの強大な「自由で開かれた結社」を構成していった。それが百科全書派である。彼らはそのネットワークを背景に、出版禁止などの迫害にもめげず、この巨大な民間の出版事業を完成させ、旧制度下の知のあり方を根底的に変えていった。なお、世紀の変わり目にデジタル版

の『百科全書』（先駆的なものに The ARTFL Encyclopédie (http://encyclopedie.uchicago.edu，2014 年 11 月 3 日最終取得）がある）が登場し，内容的にも改善が進んだことで，現在猛烈な勢いで，デジタル版を使った『百科全書』の典拠や他の辞典などとの比較研究が，個人・集団（国内・国際）レベルで進行し，百科全書派研究も深化している。
→啓蒙思想

［文献］ディドロ／ダランベール編『百科全書──序論および代表項目』岩波文庫，1971（ただし執筆者同定に誤りあり）；J. プルースト『百科全書』岩波書店，1979；寺田元一『「編集知」の世紀──一八世紀フランスにおける「市民的公共圏」と『百科全書』』日本評論社，2003。　　　　　　　　　　（寺田元一）

比喩　〔英〕metaphor〔仏〕metaphore〔独〕Metapher
metaphor の語源であるラテン語の metaphor は，もとはギリシア語の meta-（変化を表す接頭辞，〜を越えて）と phrein（運ぶ，移動する［to bear, to transfer］）という要素から由来する言葉である。メタファーは一般的には修辞学（レトリック）の「比喩」（隠喩，暗喩）として理解されてきた。メタファーとは，あるものがそれとは別の共通の性質をもったものを使って「〜として」表現されることである。まず，比喩は「〜のような」というように譬えるものが示される「直喩」と，「勇者」を「獅子」に置き換えて譬えるような「暗喩」に分けられる。アリストテレスは『詩学』（1457b）において，四種類の metaphora（転用語＝比喩）を数えている。修辞学ではこのような手法を「転義法」（trepo［trope=to turn］；語の意味をひねる：転義的文彩）と呼んでいる。「転義法」は大きくは四つに分類される（四大転義法）。メタファー（metaphor；比喩，暗喩，隠喩），メトニミー（metonymy；換喩：物事の隣接性に基づく比喩），シネクドキ（synecdoche；提喩：全体を部分で置き換える），アイロニー（irony；反語，皮肉：うわべと実像を並置）がそれである。このなかからローマン・ヤコブソンはメタファーとメトニミーを中心に据え，レトリックの理論を前進させた。また転義法と転形法（figure）を区

別する試みもあったが、最近ではこの試みも疑問視されている。言語はそもそも比喩的なものであるという理由からである。伝統的な考え方では、比喩が修辞の基本的なものとされてきた。なぜなら、比喩は本来の意味を別のものに移動させる能力よって、言葉を飾ったり、受け手に理解を容易にさせたり、見方を教えたりする効果をもつからである。他方では、元の意味をひねり、ずらすことによって、意味を逸脱させたり、曖昧にしたりする言語上の効果ももつ。ところで、この別の何かとして見ることは、認識方法のひとつである。比喩概念の領域を言語のみならず、言語的記号にまで広げると、見立て、モデルの移送、借用、引用というような認識作用も説明することができる。この見方は比喩の妥当領域を言語から記号にまで広げているが、アリストテレスが『弁論術』のなかで比喩はかけ離れたものの中に類似を見て取る能力を要すると述べている考えに沿うものでもある。

[文献] アリストテレース『詩学』(『アリストテレース 詩学・ホラーティウス 詩論』) 岩波文庫, 1997；同『弁論術』岩波文庫, 1992；R. ヤーコブソン『一般言語学』みすず書房, 1973；ジョナサン・カラー『文学理論』岩波書店, 2003。　　　　(吉田正岳)

非有 〔ギ〕mē on (mē eon)
〈非有(有らぬもの)〉を初めて哲学の問題としたのはパルメニデスである。既存の自然哲学は、知覚経験に基づき生滅と変化の相において万有を考察する限りで「非有の有」を含意し、矛盾律に違反しており、非有は思考と言表の対象とならず、真理の核心は絶対的な有より他にはない、と主張。弟子メリッソスも非有を運動の前提条件たる〈空虚〉と同定して運動そのものを否定。これに対してレウキッポスは〈原子〉の運動のため空虚の存在を主張。プラトンは、〈有らぬ〉から〈で有らぬ〉(否定述定ないし同一性否定)を析出し、非有が有の反対でなく異なりである限りで、「非有の有」は矛盾ではなく、よって虚偽の言表や判断は可能だとした。
　　　　　　　　　　　　　　　　　　　　　　　(三浦要)

ピュシス→ノモス／ピュシス

ピュタゴラス　Pȳthagorās 前 570 頃 -490 頃
サモス島出身の哲学者で宗教家。40 歳頃に南イタリアのクロトンに移り排他的な宗教的共同体を組織した。神々や宗教儀式に関する該博な知識に基づいて，魂の輪廻転生と浄めによる救済を唱え，豆食の忌避，菜食主義，犠牲の禁止等を含む戒律や，沈黙，友愛を初めとする徳目を規定し，輪廻からの魂の離脱のために現世をいかに生きるべきかを説いた。彼が万物の数的構造を洞察した自然哲学者であり，幾何学定理や協和音程の整数比を発見した数学者だとする明確な根拠はなく，自然学や哲学でのピュタゴラス主義の貢献は前 5 世紀以後のピュタゴラス派のものであろう。［文献］内山勝利編『ソクラテス以前哲学者断片集』1・3，岩波書店，1996・97；B. チェントローネ『ピュタゴラス派——その生と哲学』岩波書店，2000。　　　　　　　　　（三浦要）

ヒュパティア　Hypatia of Alexandria ?-415
エジプトのアレクサンドリアで活躍した女性哲学者であり，同時に数学，天文学などの科学者としても活躍した。同じく哲学者・科学者であったテオンの娘として生まれ，アレクサンドリアの新プラトン派のリーダーとして，プラトンやプロティノスをはじめとする哲学や天文学を教えた。当時，アレクサンドリアに様々な思想潮流が存在したなかで，断固たる科学的精神による哲学的思考をすすめて，深い尊敬を受けていた。しかし，当時，ユダヤ人とキリスト教徒の反目の広がる中，キリスト教徒の群衆によって，ヒュパティアは誘拐され，裸にされて貝殻で肉を切り落としながら殺害された。彼女の殺害によって，古代ギリシアの哲学伝統は終焉に至ったと言われた。そして，当時は珍しくなかった女性の哲学者たちも歴史の中から消え去っていった。（佐藤和夫）

ビュフォン　Georges-Louis Leclerc, Comte de Buffon 1707-1788
フランスの博物学者。パリ王立植物園長を務めたが，これは後に

国立自然史博物館となった。初期には数学や物理学の論文などもあるが、主な研究は『博物誌』全36巻（1749-88）にまとめられている。地球の歴史や動物を中心とした博物学の領域のものである。地球の歴史は、『聖書』によるとされた六千年よりもずっと長いとする彼の説は、教会との間で問題を起こした。リンネの生物分類を批判し、生物の種が実在するかどうかについて唯名論的な解釈を行った。また種が変化する可能性を示唆して進化論の先駆者とされる。こうしたことは、彼が自然発生説を支持したこととともに、ディドロなど当時の啓蒙思想家の自然観をめぐる議論に大きな影響を与えたが、それは彼が当時のサロン文化の中心的人物の一人だったからでもある。
→進化（論），自然史／自然誌，ディドロ
［文献］ロジェ『大博物学者ビュフォン』工作舎，1992。

(横山輝雄)

ヒュポケイメノン→基体

ヒューマニズム 〔英〕humanism〔独〕Humanismus〔仏〕humanisme
【ヒューマニズムの多様性】ヒューマニズムとは、一般に、人間の生命や価値、人間性を尊重するとともに、これらを不当に踏みにじったり抑圧したりするものに反対する態度や思想である。しかし、人間観や人間性の捉え方が時代と社会の変遷によって異なる限り、ヒューマニズムの現れかたも歴史的、地域的に多種多様である。西欧的ヒューマニズムに対して東洋的ヒューマニズムが唱えられ、日本語としても人文主義、人道主義、人間主義、博愛主義等、様々な受けとりかたで表現されてきた。
【ヒューマニズムの源泉】ヒューマニズムが思想として明瞭に登場したのは、15世紀イタリアにおけるルネサンスであった。当初、ギリシア・ローマ期の古典を修めたフマニスト（人文主義者；humanist）の教養的精神態度として登場したこの流れは、詩人ペトラルカを皮切りに、ダンテ、ボッカチオ、ピコ・デラ・ミランドラ、ラブレー等によって受け継がれる中で、封建的な人間

束縛と宗教的禁欲主義に対して，個人の自由や欲望を開花する人間性の発露として主張されるようになった。さらに，モンテーニュ，エラスムス，トマス・モア等によって，無益な宗教戦争や過酷な資本蓄積に対する批判が行われ，良心や寛容の精神を軸にした近代ヒューマニズムの源となった。個性の尊重，人間性の全面開花という意味での人文主義としてのこのヒューマニズムは，19世紀末のドイツにおいて再興した。シラー，レッシング，ゲーテ等に担われたロマン主義的文学運動やフンボルト等による全人的教育理念がそれである。

【近代市民主義的ヒューマニズム】しかし，近代的ヒューマニズム思想の核心は，個々人の自由を束縛し，不平等を強いる封建的社会体制からの解放を目指した市民革命に担われたといえる。その集約的表現が自由・平等・友愛のスローガンであり，人間性の尊重というヒューマニズムの内容は，近代国家の市民としての個々人の自由で平等な権利を有する人権思想として主張されたのである。この市民主義的ヒューマニズムのその後の展開過程は一様ではなかった。巨大な資本主義体制下において個人の無力化が深まるにつれ，ヒューマンな態度を個人的に発揮する場面はあっても，思想としてのヒューマニズムの主張はますます抽象的な人間賛美に陥りがちであった。だが，20世紀に入って，特に2度の世界大戦中には，人間の生命をあまりにも軽んじる戦争反対の声がヒューマニズムの核心として唱えられるようになった。ロマン・ロラン，シュテファン・ツヴァイク等の主張に代表される他，敵味方論や民族排外主義を越えた人道的行為もその一環として捉えられる。

【現代ヒューマニズムの展開】大戦後も，主体的自由を人間性の核心においた実存主義者サルトルがヒューマニズムを主張し，国際連合によるヒューマニズムのシンポジウムが開催され，人間疎外の解放としての社会主義ヒューマニズムも盛んに論じられた。だが，20世紀後半には，人間の尊厳を踏みにじり，人間の生存条件をも危うくさせる重大な課題がより顕著となるにつれ，ヒューマニズム論の無力さも指摘されるようになった。未解決のまま21世紀に引き継がれた戦争や環境破壊，人工生命，食糧危

機,様々な差別など,これらを解決するにあたって,人間性尊重を声高に唱え,個々人の主体性や良心に訴えるだけのヒューマニズムでは,たしかに無力である。人間性を根底から踏みにじる戦争や環境破壊等に対する怒りを,根本原因としての社会システムの追求にまで結びつけ,民族や国家や性などの様々な枠を越えた連帯を深める,力強い思想として再構築されることが求められている。

→人間的自然・人間性,価値,ルネサンス

[文献] E. ガレン『イタリアのヒューマニズム』創文社,1960;サルトル『実存主義とは何か〔増補新装〕』人文書院,1996;務台理作『現代のヒューマニズム』岩波新書,1961;フロム編『社会主義ヒューマニズム』上・下,紀伊國屋書店,1967。

(吉田千秋)

ヒューム　David Hume 1711-1776

スコットランド出身のイギリスの哲学者・歴史家。彼は哲学や歴史だけでなく,宗教・政治・経済などの分野でも多くの著書を発表して,ロックからバークリへと継承された経験論をその論理的帰結まで推し進め,人間の諸活動と文化・社会・政治・歴史などを解明した。ヒュームは12歳のときエディンバラ大学に入学し,14歳のときに学位を取得しないで大学を去った。最初は法律家になろうと思ったが,18歳のとき「思想の新しい情景」に出会い,哲学に転じた。新しい情景とは「人間本性学の構想」であったとか「因果性の分析」であったとか推測されている。彼の主著『人間本性論』(第1巻,第2巻)は1739年に匿名で刊行された。彼はこの著書で「経験」と「観察」に基づいて人間の知性や情念を解明して,伝統的に確実なものとされてきた物体・自我・因果律などの考え方を根底から破壊した。とりわけヒュームの因果性の分析は,カントの「独断のまどろみを破った」ことで知られる。また彼は自我を「絶えず変化する知覚の束にほかならない」とし,記憶を人格の同一性の源泉と見なした。ところが,ヒュームの期待は無残にも破られた。そこで彼は,この著書の失敗を内容よりも文体にあったと考え,翌年にはその概要を述べた『人間

本性論摘要』を公刊するとともに，『人間本性論』（第 3 巻）を刊行した。1741 年に『道徳政治論集』（第 1 巻）が刊行された。この著書はエッセイの形をとったことから好評で売れ行きもよかった。1752 年に刊行された『政治経済論集』は，出版直後から好評で，彼の名がヨーロッパ諸国の人々に知られることになった。1754 年に刊行された『イングランド史』（第 1 巻）は，最初様々な批判を受けたが，まもなく大変な傑作と評価され，彼は同時代の人々に歴史家として高く評価された。宗教論では冷静な解剖学者の立場から宗教現象を解明し，奇蹟や啓示宗教に対して終始批判的であった。
［文献］ヒューム『人間本性論』（全 3 巻）法政大学出版局，2004-12。
（泉谷周三郎）

ピューリタニズム 〔英〕Puritanism〔独〕Puritanismus
イングランドにおける宗教改革はローマ・カトリック体制からのイングランド教会の分離（英国教会の設立）という形をとった。特に大陸のプロテスタント諸派から影響を受けた勢力はより「純粋な」教会を求め，徹底した改革とカトリック色の排除とを要求した。これが「ピューリタン」の起源とされる。したがって「ピューリタン」は，国教会内の改革派から非国教徒までを含む幅広い概念である。

ピューリタンはその信仰ゆえに世俗的な権威に批判的であり，かつ信仰の自由を強く求めることから，近代の個人主義・民主主義の源流の一つと位置づけられている。またマックス・ウェーバーによれば，ピューリタンたちは職業労働に禁欲的に専念することにより「資本主義の精神」の宗教的基礎を提供したことをはじめ，生活全般の合理化・規律化を強く押し進めた。ピューリタン革命において確固たる信念と厳格な規律によって国王の軍隊を圧倒したクロムウェルの「鉄騎兵」はその最たる例とされる。

しかし近年のピューリタン研究では，千年王国論を唱えたり信者の霊感を重視したりするなどの急進的・熱狂的な側面に焦点が絞られており，禁欲的で冷静・合理的というこれまでのピューリタン像は大きく変わりつつある。

ビュリダ

→カトリシズム，プロテスタンティズム，エートス
［文献］ヴェーバー『プロテスタンティズムの倫理と資本主義の精神』岩波文庫，1989；大西晴樹『イギリス革命のセクト運動〔増補改訂版〕』御茶の水書房，2000。　　　　　（橋本直人）

　ビュリダンのロバ　〔英〕Buridan's ass〔ラ〕Buridani asinus
左右の等距離のところに，等しい大きさの干し草を置かれたロバは，どちらの干し草を選ぶべきか決める理由がなく，その結果，選ぶことができずに，飢え死にする寓話を指す。ビュリダンの論理学書には「このロバはあなたの父である」といった例文は多数登場するが，「ビュリダンのロバ」の話は見出されていない。「ロバ」は，記号論理学における変項に対応するもので，13世紀の論理学書にはしばしば登場し，ビュリダンに特有のものではない。スピノザが『エチカ』で使用して普及した。この寓話は，スコラ論理学の空虚さを嘲笑するルネサンスの人文主義者の捏造と考えられる。　　　　　　　　　　　　　　　　　（山内志朗）

　ピュロン　Pyrrhon 前365頃-275頃
エリス（ギリシアのペロポネソス半島北部）出身の哲学者。西洋古代の懐疑主義の一つの形態が「ピュロン主義」とも称されるように，懐疑主義の祖とされる。そのユニークな言行によって伝説的な人物となるが，ピュロン自身が書き残したものは現存しないので，その思想は弟子のティモンの伝える情報などから推測するしかなく，すでに古代から彼の基本思想の理解は多様で一定していない。ティモンが伝える言葉に従うなら，ピュロンは，事物のあり方は無差別で不確定であることから，われわれはそれについて特定の判断をおこなうべきではなく，むしろ判断を差し控えるとによって心の煩わされない状態（アタラクシア）が得られると主張したとされる。したがって，そもそもわれわれの判断が十分に信頼できるものではないから事物の本性についてすべての判断を差し控えるべきとする懐疑主義とは，かなり異なる思想を保持していた可能性もある。
［文献］セクストス・エンペイリコス『ピュロン主義哲学の概要』

京都大学学術出版会，1998。　　　　　　　　　　（中畑正志）

表現　〔英・仏〕expression〔独〕Ausdruck
表現は，人間の芸術や言語的振舞に見られる作用である。俳優 A 氏は舞台の上では実人物 A 氏であることを止め，記号やシンボルとして物語世界の登場人物を観客に対して表現する。

　プラトン『国家』は，詩や絵画などの芸術表現を対象の単なる模倣（ミメーシス）と見なすが，アリストテレス『詩学』は，悲劇を筋立てによる創造的制作と見なす。S. K. ランガーは，芸術表現を外部世界の模写と内部世界の法則による創作との総合として捉えている。ディルタイは，人間の社会的行為や制度も表現と見なし，体験・表現・理解という連関を通して人間の社会的生を捉える。社会的生は混沌とした生の体験として与えられ，その分節的表現によって，精神的なものが「意識が照らすことのない深みから引き上げ」られ，感覚的・共同的なものとなる。共同体による表現の理解・鑑賞は，作者や鑑賞者に反映し，彼らを新たな創造者に作り変える。後期西田哲学も，マルクス主義との格闘を通して，人間社会を表現的世界として捉え，人間は表現的世界を作るものであり，しかもその表現的世界によって作られるものであると言う（『日本文化の問題』）。しかし，人間の社会的行為や制作物は，実人物や実物であることを止めなければ表現的世界の一員となることがない。ディルタイや西田は，人間社会を記号やシンボルから成る文化的世界という側面から捉えているのである。
〔文献〕S. K. ランガー『芸術とは何か』岩波新書，1967；W. C. L. ディルタイ『精神科学における歴史的世界の構成』以文社，1981。　　　　　　　　　　　　　　　　　　　（梅林誠爾）

表象　〔独〕Vorstellung〔英〕idea, image, representation〔仏〕représentation
「表象」は，ドイツ語 "Vorstellung" の訳語として使われ，物事を心に思い浮かべる働き，あるいは思い浮かべられている事柄を指す。英語の "idea"（観念）にほぼ対応するが，意味が広く多

義的である。カントは,個々の経験的直観,因果性などの一般概念,経験を越えた理念,さらには行為の目的や動機も,表象と呼び,また判断も主語表象についての表象,つまり間接的表象と見なすなど,「表象」を多用している。他方,ヘーゲルは,認識が個別的な感覚的直観から普遍的な思考へと高まる過程の中間の段階に表象を位置づけ,「想起」(Erinnerung),「構想力」(Einbildungskraft),「記憶」(Gedächtnis)の三つを表象の働きとして挙げている。つまり,表象は,一方では,現存する対象からの刺激によって生み出される感覚とは違って,現存しない対象をも思い浮かべる心の自発的な働きであるが,他方では,概念の意味を規定する思考とは異なって,事柄を与えられたものとして対象的に思い浮かべる認識であり,芸術的形象化の能力でもある。

　このように,表象は主観的な自発性と対象的な現実性の二面をもち,この二面をいかに関係づけるかをめぐって意見が分かれてくる。「ものの存在するとは知覚されることである」(G. バークリ)や「世界は私の表象である」(A. ショーペンハウアー)という主張は,表象の主観的な自発性にその対象的現実性を還元する主観主義である。また,フッサールも,表象の対象的現実性を,主観の表象作用が「対象性へと向う」こととして,つまり志向的対象性(die intentionale Gegenständlichkeit)として説明する。他方,三木清『構想力の論理』は,像やイメージを対象的に作り出す構想力の働きに注目して,その社会的歴史的現実との関りを強調する。

［文献］G. W. F. ヘーゲル『精神哲学』上・下,岩波文庫,1965;E. フッサール『論理学研究』3,みすず書房,1974;三木清『構想力の論理』(全集 8)岩波書店,1967。　　　　　（梅林誠爾）

平等　〔英〕equality〔仏〕égalité〔独〕Gleichheit
【基本的な問題】平等概念は,自由及び友愛(共同)と並び,フランス革命の旗印として周知であり,ピューリタン革命期の水平派やルソーの『人間不平等起源論』など,差別の克服を目指す変革思想・運動の中軸を占めてきた。また世界的な貧富の格差拡大や新自由主義による不平等が甚だしい現代でも,平等への希求

は多々ある。だが、自由論や友愛論に比べると、平等論や平等思想は今なお不活性である。上記の新自由主義の跋扈など、この不活性の原因は多々あるが、平等とは〈同じ〉という単純なことだ、としがちな一般常識にも問題がある。案に相違して、実際には平等概念はかなり複雑だからである。

　平等概念を理解するには、少なくとも相互に連関する以下の三点を踏まえる必要がある。第一に、確かに、平等は〈同じ〉（同一性）を意味するが、同時に〈違い〉（差異性）を含む意味での平等もありうる。だが多くの場合、この両者の区別と関連が未整理で、平等の強調は画一性に至り、差異性の強調は不平等に至る、といった単純な理解に陥ってきた。

　第二に、平等が成立する基盤（エレメント）が何であるか、またこの基盤の広狭といったことが案外無視されてきた。たとえば、法の前の平等と言われても、平等の基盤が職業選択の自由などを定める市民法（権）でしかなければ、所得保障などの社会法（権）という基盤上での平等は無視される。また、同じ給与体系の平等な適用も、女を排除した狭い基盤に基づくなら、すべての勤労者という広い基盤上では不平等なことになる。

　第三に、平等の形式（名目）性と実質性との対立が放置されてきた。たとえば「先進国」に限れば、私有財産権がすべての人に保障されている点では、市民法（権）的平等が実現してはいる。だが、一定の所得や生活資料自体が社会法（権）的に保障されなければ、平等な私有財産権という市民法（権）の行使は、実質的には不可能である。持てる者にしか該当しない私有財産権を、持たざる者に認めても、それは名目に留るからである。これら三点の問題にはまた、平等が反差別・反抑圧の中枢の意味を担う点が、つまりは平等概念の思想性が現代では看過されがちだという論点も絡んでいる。

【伝統的な平等概念】上記の難点を抱えつつも、アリストテレス以来、古典近代市民社会を経て20世紀後半までに提起され、ある程度の不平等克服の契機にもなった伝統的平等概念は、未実現のものも含むが次の三つ観点から整理される。第一は、誰が平等かという平等主体論である。これは更に、①血縁および身分・財

産にかかわらず平等，②人種や民族にかかわらず平等，③宗教・門地にかかわらず平等，④思想信条にかかわらず平等，⑤性にかかわらず平等，⑥階級・権力にかかわらず平等，⑦能力にかかわらず平等，に区分される。

第二は，何の平等かという平等配分グッズ（平等客体）論である。これには，①市民的（権利の）平等，②政治的（権利の）平等，③社会的（権利の）平等，④経済的（権利の）平等，⑤能力の平等，⑥階級・権力の平等，⑦権威，尊厳を典型とする価値評価の平等，が含まれる。なお，権利に集約されことが多い平等配分グッズも，平等の豊穣化を意図するならば，現時点で実現している権利に限定する必要はない。

第三は，平等主体と平等配分グッズとの関係を視野に納め，平等という事柄全体を規定する議論である。これには，①完全同一としての絶対的平等とこれへの接近を示す相対的平等，②名目に留まる形式的平等と現実化したものとしての実質的平等，③不平等一切を平等に戻す匡正的平等，④労働能力に比例した給与などに典型的な比例的平等，⑤入学試験受験資格（機会）をすべての人に与えつつ，その合否（結果）を個人の能力次第の不平等とすることに典型的な，機会の平等と結果の（不）平等，がある。

これら伝統的平等概念の若干は，差異ある労働能力に応じた差異ある給与配分を「平等」とする――これだけでは不平等にもなる――など，差異性を重視したが，多くは同一性としての平等に依拠していた。また，狭い基盤上での平等に終始しがちな上，平等の実質化という点でも不十分であり，差別・抑圧（不平等）の克服の契機にはなったが，反差別・反抑圧としての真の平等の実現には，いまだ相応しい平等概念ではなかった。

【20世紀後半以降の新たな現代的な平等概念】1971年にロールズの『正義論』が，「最も恵まれない人々の便益を最大化する」ための「不平等」のみを強調する平等概念（格差原理の平等，基本的社会財の平等）を主張した。これ自体は，マルクス思想からも辿りうるものでもあったが，この主張を契機に，英米系の福祉国家を重視するリベラリズム，分析的マルクス主義，コミュニタリアニズムにより，伝統的平等論を凌駕する新たな現代平等概

念が提起され始めた。

　もちろん他方では，不平等を自明視する新自由主義やリバタリアニズムが隆盛である。これらは，「平等」を市場秩序ルールなどの同一ルールのすべての人への同一適用として，平等の名の下に，ルール（規則）をルール（支配）ともし，貧富の格差拡大などの不平等を事実上推進している。これら新自由主義やリバタリアニズムに対抗してもいる新たな現代的平等概念には，論者により，〈ドウォーキンの資源の平等〉，〈センの基本的潜在能力の平等〉，〈コーエンの有利さへのアクセスの平等〉，〈ウォルツァーの複合的平等〉等々があるが，それらの相互に連関する特徴であると共に，今後の平等論の構想にとって留意すべきは，以下の六点にまとめられよう。

　第一に，特に新自由主義的な市場秩序の唱揚に対抗して，その改変も含む福祉国家などの平等配分機関を伝統的平等論以上に重視する〈平等の配分志向〉がある。

　第二は，配分機関と平等主体との関係，平等主体相互の関係，平等主体と平等配分グッズとの関係によって平等が大きく左右される点を重視する〈平等の関係志向〉である。

　第三は，これまで以上に拡張した平等の基盤や平等配分グッズすべてを，同一に等しく重視する〈平等指標の平準化〉である。これは，実質的な平等に含まれるべき配分グッズの平等を名目化しがちで，不平等を許容してきた伝統的平等概念の欠陥を是正しもする。

　第四の〈平等の機会化〉は，諸個人の価値観や欲求等々との関連では，能力自体をも機会概念に含むほどに機会概念を拡大し，機会の使用という点での個人の自由の余地を大きく残しつつ，同時に，伝統的平等論の結果の平等に限りなく近い機会の平等論を提示する。

　第五の〈平等の様態化〉は，グッズ配分を量的に同一なものとせず，また財貨などの客体に限らず，諸個人の能力・欲求等々の様態に相応しいグッズ配分を平等とする議論である。

　第六の〈平等の責任概念化〉は，個人の行為や嗜好等々にも当該個人の自己責任には帰せられない部分があるとし，これらにつ

ヒラガゲ

いても平等配分グッズを保障しようとする。

その他，レイによって，同一の配分グッズについても720通りの平等概念が提示されるなど，平等概念は精緻化されつつあるが，これらを含めて，貧富の差や差別・抑圧を真に克服しうる新たな21世紀平等思想の構築は，ようやくその緒についたばかりである。

→公正，正義，自由

[文献] リース『平等』福村出版，1975；D. Rae, *Equalities*, Havard University Press, 1981；ロールズ『正義論〔改訂版〕』紀伊國屋書店，2010；竹内章郎『平等の哲学』大月書店，2011。

(竹内章郎)

平賀源内 （ひらが げんない）1728〔享保13〕-1779〔安永12〕

江戸時代中期，田沼意次が権勢を誇る時代の本草学者，戯作者。高松藩士であったが，浪人となる。長崎，江戸で蘭学や本草学など，幅広く自然科学的知識を習得。杉田玄白らと交友。薬用植物学であった本草学が薬用植物以外の物産をも研究するようになってきた中，源内も，多方面の自然科学的知識を用い，鉱山開発，新作物の導入など様々な農工上の利用，発明工夫を図った。しかし，その多くは失敗。日本で始めて電気を起こしたエレキテルは，長崎からのものの模造で，世人を驚かしたが，実用性はなかった。哲学的立場は，火を万物の本体と考えた古代ギリシア風の唯物論である。江戸滑稽文学の先駆的な戯作も多い。誤って殺人を犯し，獄死。

[文献] 桜田常久「探求者」(『平賀源内』) 東邦出版社，1976。

(稲生勝)

平田篤胤 （ひらた あつたね）1776〔安永5〕-1843〔天保14〕

江戸後期の国学者。出羽国秋田郡久保田（秋田市）で生れる。本居宣長の門人を名乗り，宣長学の正統を継ぐものと自ら任じていた。しかし宣長が主要な関心を向けなかった幽冥界や心霊的存在，怪異現象に強い関心をもち，死後の霊魂の行方を記紀やその

他の古典に独自の解釈を施して明らかにしようとした。その際,彼は記紀において語られるわが国の神々がこの宇宙を生み出したのであり,それゆえにわが国は万国のもとであり,天皇は万国の大君であると主張した。このことが尊王攘夷論のイデオロギーと結びつくとともに,その後の排外思想の形成にも影響を与えた。
[文献]『平田篤胤・伴信友・大国隆正——日本思想大系50』岩波書店,1973。 (田平暢志)

平塚らいてう (ひらつからいちょう) 1886〔明治19〕-1971〔昭和46〕
日本で最初の女性自身による女性のための雑誌『青鞜』を発刊し,日本の女性解放運動に大きな貢献をした女性運動家,平和運動家,思想家。本名は明という。1911年,「元始,女性は太陽であった」という宣言によって有名な,雑誌『青鞜』を発刊し,公然たるフェミニズムの先駆となった。当初の禅や哲学への関心の中から自我の確立を軸に据えた女性としての生き方の模索が大胆な活動を生み,奥村博との結婚を拒否しての共同生活に象徴される新しい生き方の実践的な模索は大きな反響を呼んだ。らいてうのみならず,『青鞜』を中心に活動する女性たちは,貞操,中絶,売春問題などについての積極的な議論を行い,「新しい女」と言われた。

らいてうを特徴づけるものとしては,エレン・ケイの思想に影響されながら,人間としての権利の要求と女性としての様々な困難を積極的に社会や国家との関連の中で考えようとする母性主義がある。また,アナーキズム運動にも共感を示し,生活を軸に権力主義的な社会のあり方に対しても批判を加え,高群逸枝らの雑誌『婦人戦線』に参加するとともに,消費組合活動なども組織した。

戦後,平和運動に積極的に関わり,女性運動と結びついて様々な運動に大きく貢献した。
→フェミニズム
[文献]小林登美枝／米田佐代子編『平塚らいてう評論集』岩波文庫,1987。 (佐藤和夫)

ヒンドゥ

ヒンドゥー教　〔英〕Hinduism

前4世紀頃に興ったインドの民族宗教。ヒンドゥー教徒は,今日,インドの人口の八割を占めている。特定できる開祖はいない。アーリア人がインドに持ち込んだヴェーダの宗教（バラモン教）を中心的に担っていたバラモンたちは,新興都市型宗教である仏教やジャイナ教などに富裕な信者を奪われ,危機感を抱いた。そこで彼らは,それまで野蛮人扱いしていた多くの先住民族を自らの社会の成員として取り込もうとした。そのとき彼らは,先住民族の宗教的諸要素を,ヴェーダの宗教と習合させた。こうして生まれたのがヒンドゥー教である。習合のさせ方は大別して二つのパターンがある。ひとつは,獣主,ヨーガの帝王として先住民族が古くから信奉していた神をヴェーダのルドラ神と合体させた神であるシヴァ神の妃として,先住農耕民族の地母神を配するパターンである。こうして成立したのがシヴァ教で,土俗的雰囲気が強く,神学的には二元論との親近性をもつ。もうひとつは,先住民族の男神や伝説的英雄（ラーマやクリシュナ）を,ヴェーダの太陽神ヴィシュヌの化身とするパターンである。ヴィシュヌは,世界が不義に覆われたとき,正義を回復するために,そのときどきに適合した姿を取って現れるというのである。こうして成立したのがヴィシュヌ教で,強烈な民衆救済の思想に貫かれ,神学的には一元論との親近性をもつ。ヒンドゥー教の最古の文献は,二大叙事詩『マハーバーラタ』と『ラーマーヤナ』で,神話の宝庫である。ヒンドゥー教には数多くの宗派があるが,互いに対立することがほとんどなく,きわめて宥和的である。その宥和性を端的に示すのが三神一体（トリムールティ）説である。これは,単一の最高神が,世界を創造するときにはブラフマー神（梵天）として,世界を維持するときにはヴィシュヌ神として,世界を破壊するときにはシヴァ神として顕現するとするものである。ヒンドゥー教の救済主義は,仏教に影響を与え,救済主義を旗印とする大乗仏教の興起を促した。また,東南アジアにも一時,広く受け容れられたが,今日では,インドネシアのバリ島にその痕跡を留めている。

［文献］中村元『インド思想史〔第2版〕』岩波全書,1968；早

島鏡正ほか『インド思想史』東京大学出版会，1982。

(宮元啓一)

フ

ファーガソン Adam Ferguson 1723-1816
牧師を勤めた後,エディンバラ大学で教える。ヒューム,アダム・スミスと並ぶスコットランド啓蒙学派の一人で,未開から文明に至る社会発展史を研究し,スミスに先立って市民社会の構造理解に努めた。特に社会発展の要因としての分業の役割に注目し,それが私有財産分配の不平等を拡大すること,そこから生じる矛盾を統制するために法律や国家が生まれることを見抜いた。また社会を上部構造と下部構造に分けて捉える視点は,史的唯物論の観点に近い。しかし社会的結合の根拠を同胞感情に求めたファーガソンは,個人主義的ブルジョア社会の将来には悲観的であった。
［文献］ファーガスン『市民社会史』上・下,白日書院,1948。
（碓井敏正）

ファシズム 〔伊〕fascismo〔独〕Faschismus〔英〕fascism
一次世界大戦後から第二次世界大戦に至る戦間期の,議会制を否定して一党制と指導者原理の政治体制の樹立を目指し,イデオロギー的には,共産主義・社会主義・自由主義・国際主義を否認,「国民共同体の敵」を迫害・排除してその一体性を回復しようとする急進的なナショナリズムを特徴とした運動と,その運動の支配的影響の下につくられた政治体制。1919 年,イタリアのムッソリーニによる「戦闘者ファッシ」の結成と,1922 年のローマ進軍によるムッソリーニ政権の成立によって,この概念はまず生じる。その後,1929 年からの世界大恐慌を背景に,ドイツのナチズム運動の急激な発展,1933 年のヒトラー政権の成立という事態,またイタリアファシズムやナチズムと類似の政治的急進主義の動きが広範な国に生じる下で,広義のファシズム概念が成立した。運動としてのファシズムの特徴は,①指導者原理に基づ

く，②暴力的な直接行動主義による新しいタイプの大衆政治運動（典型的にはナチス突撃隊のような，制服を着用した行動隊の存在とそれによる暴力の行使，行進と集会による示威）で，③その大衆運動の主要な基盤を，巨大資本と社会主義的労働運動に挟撃された中間層に見出している，などの点にもとめられる。支配体制としてのファシズムの特徴は，①一党制とその下での「強制的同質化」と呼ばれる社会の画一的強制的な組織化，②自由主義的な諸権利への抑圧と政治警察を中核とする暴力的支配の制度化，③ファシズム思想（社会ダーウィニズム）を体現した「秩序」と「人間」の形成に向けての大衆の動員，④財界・軍・官僚など既成支配層の反動化した部分と，中間層を基盤とする急進的大衆運動の指導者層やそれに代替する勢力との政治的同盟，⑤支配民族たる使命をはたしうる「生存圏」確保のための軍事的侵略の基本政策化，などにある。ファシズムが支配的な動向になったのは，イタリア，ドイツ，日本など当時の後発資本主義国であり，これらはファシズムが，上からの資本主義的近代化の矛盾の蓄積のうえに，第一次世界大戦・ロシア革命・世界恐慌という危機の重層によって生じた現象であることを示している。これらの国は，イタリア・ドイツなどのファシズム運動が政権を掌握してファシズム体制が成立したもの（「下からのファシズム」）と，日本や東欧諸国などのようにファシズム政党の政権掌握という事態が成立せず，ファシズム運動の影響を受け既成支配層主導で支配体制のなしくずし的ファッショ化が進行したもの（「上からのファシズム」）とに分かれる。この「上からのファシズム」については，ファシズム運動の弱体と政権掌握の不在を理由にファシズム支配体制の成立を否定し，戦時体制と理解する見解があるが，日本などを戦時体制一般として理解することにも問題が多い。

[文献] 山口定『ファシズム』岩波現代文庫，2006；須崎慎一『日本ファシズムとその時代』大月書店，1998。　　　（安田浩）

ファノン　Frantz Fanon 1925-1961
1925年，仏領マルチニック諸島で黒人として生まれる。フランス本国で精神科医となる。1957年以降アルジェリア民族解放戦

線に参加し，そのスポークスマン的存在となる。1961年に白血病で死す。『黒い皮膚・白い仮面』(1952)を書き，ヨーロッパによる長き植民地化を通して白人文明への激しい劣等コンプレックスを内面化させられ，深い自己分裂に陥った黒人の実存的内面を自己切開的に分析し，そこからの解放の展望を探求した。この著作はサルトルとの激しくも深い対決＝対話を背景にして誕生したことでも知られる。この著作は，黒人における革命的暴力の問題を論じた『地に呪われたる者』(1961) とともに第三世界や黒人の解放思想に深い影響を与えた。　　　　　　　　　（清眞人）

ファーラービー　〔ア〕Abū Naṣr Muḥammad ibn Muḥammad al-Fārābī〔ラ〕Alfarabius 870 頃 - 950
ラテン名アルファラビウス。イスラームの哲学者。トルキスタンに生まれ，主にバグダードで活躍。アリストテレスに次ぐ「第二の師」と呼ばれている。論理学ではアリストテレスの著作に優れた註釈書を著し，言語と論理や哲学との関係について多面的に考察した。政治哲学ではプラトンの影響の下に，哲学者を王とする理想国家の見取り図を提示した。また宗教的言説は民衆教化のために哲学的真理を修辞的に表現したものであるとした。さらに知性論や流出論など，彼の思想の多くは後のイスラーム哲学に取り込まれ，その影響はユダヤ・キリスト教世界にも及んでいる。
［文献］ファーラービー『有徳都市の住民がもつ見解の諸原理』（中世思想原典集成11）平凡社，2000。　　　　　　（小林春夫）

ファランド→花郎道

ファルサファ　〔ア〕falsafa
哲学を意味するアラビア語で，ギリシア語のフィロソフィアに由来。狭義には，ギリシア哲学の移入によってイスラーム世界で成立した哲学を言う。この意味におけるファルサファは論理学・自然学・数学・形而上学・倫理学などを含む学問分野であり，イスラーム固有の諸学問と対比して「外来の学問」または「知性的学問」とも呼ばれる。ギリシア語文献の翻訳が本格化するのはアッ

バース朝カリフのマアムーンの時代（813-833）からであり，自然科学や技術の専門書と並んで数多くの哲学書がアラビア語に訳された。とりわけアリストテレスについては，ほぼすべての著作とその註釈書が翻訳された。これに対してプラトンは，主要な対話篇の概要が伝えられたにすぎない。またプロティノスの著作が『アリストテレスの神学』という偽名で翻訳され，広範囲に影響を及ぼした。つまりイスラーム世界が継受したギリシア哲学は，新プラトン主義的に解釈されたアリストテレス哲学であったと言える。イスラーム哲学はこうしたギリシアの伝統を継承すると同時に，クルアーンに示された世界観や人間観との融合を模索した。また神学（カラーム）やスーフィズムなどとの対話により，独自の存在論や神秘主義思想を展開した。その過程では，世界の永遠性や，肉体の復活の否定，宗教に対する哲学の優位性の主張など，神学者や法学者から厳しい批判を受けることもあったが，やがてそれらの学問の中にも哲学の成果が取り込まれるようになった。とりわけシーア派のイランでは，モッラー・サドラーなど優れた哲学者が輩出し，他の学問や思想との統合を推し進めた結果，ヒクマと呼ばれる哲学がイスラーム諸学の一部として今日に至るまで広く学ばれている。イスラーム圏以外への影響について言えば，12世紀までの主要な哲学書はヘブライ語やラテン語に翻訳され，ユダヤ思想やスコラ学の発展に大きく寄与した。特に，医学者としても有名なイブン＝スィーナーや中世最大のアリストテレス註釈者であるイブン＝ルシュドは西欧におけるアリストテレス受容に決定的な役割を果たしたばかりでなく，ルネサンス以降の哲学や自然科学にも影響を及ぼしている。

［文献］井筒俊彦『イスラーム思想史』中公文庫，2005；H. コルバン『イスラーム哲学史』岩波書店，1974。　　　　　（小林春夫）

不安　〔独〕Angst〔仏〕angoisse〔英〕anxiety
不安は恐れと似た気分だが，「漠然とした」・「何があるかわからない」などの形容句に示されるように，その対象が不確定な点に特徴がある。不安は未来の不確定性（あるいは無としての未来）と関係しており，個人や社会の歴史において多くの場合，それま

で自分を支えていたもの(社会的には伝統や共同体の支え)がもはや通用しなくなるという一種の危機的状況を背景にしていると言える。こうした不安を，人間の根本的な存在構造に関係づけて重視したのが，実存思想である。キルケゴールは不安を，精神が自らの可能性に直面して感じる「自由のめまい」・「自由の可能性」と捉え，不安を回避せず引き受けることによってはじめて真の倫理的・信仰的生が可能になるとした。また，ハイデガーにおいて不安とは，個々の存在者に対して生じるものではなく，私たち一人ひとりが単独にこの世界の内に投げ出されていて，しかも可能性に向かって自由であるという事実そのものをあらわにする気分である。さらに，サルトルは，人間存在を未来に向けて自らを否定しつつ選んでいかざるをえない自由な存在と捉え，それが不安において意識されるとした。こうした実存思想に共通しているのは，一回的な自己存在のかけがえのなさ(本来の自己)や個人の自由を自覚する契機として不安を位置づけている点である。これに対しては，資本主義社会の中で孤独な個人であることを強いられている小市民の感情にすぎないという批判がありうるが，個人のかけがえのなさを社会理論に還元することはできないという面も見ておく必要があろう。また，ボルノーなどは，何か(あるいは誰か)に守られているという気分を重視して実存思想を批判したが，守られているという安心(その中核は信頼に基づく共同性)をどのような仕方で確保していくのかは，現代において重要な問題であると言えよう。

[文献] キルケゴール『不安の概念』(世界の名著40) 中央公論社，1966；ハイデガー『存在と時間』(全4冊) 岩波文庫，2013；ボルノー『実存主義克服の問題——新しい被護性』未来社，1969。 (藤谷秀)

ファンダメンタリズム→原理主義

フィジオクラシー→重農主義

　フィードバック　〔英〕feedback
出力に応じて入力を変えること。目標値からのズレに応じた適切な入力を加えてシステムを目標に近づけることをフィードバック制御と呼ぶ。生命体におけるホメオスタシス現象などもその一例として理解できる。ウィーナーがサイバネティックスの中心的概念としてこれを用いた。センサーやコンピュータなどの発達によって，ズレの検出とそれに対応する適切な入力値の算出が柔軟かつ素早く実行できるようになり，フィードバックを利用した自動制御やオートメーションの高度化が可能になった。技術論者の一部は，フィードバック制御を人間労働の特有性と主張している。
［文献］S. ベネット『制御工学の歴史』コロナ社，1998。
　　　　　　　　　　　　　　　　　　　　（佐野正博）

　フィヒテ　Johann Gottlieb Fichte 1762-1814
ドイツの哲学者。1780 年，イェーナ大学神学部に入学，翌年ライプツィヒ大学に移り，法学と哲学を学ぶ。1790 年，カント哲学との出会いは決定論から脱出し，「自由の体系」を構築していく契機となる。自由の体系とは，自我（人間）が歴史的社会的現実の中で新たなものを創造し自由を実践的に実現していく企図の表現である。フィヒテ哲学は初期から最晩年まで一貫して，知識学とその他の諸著作（政治・国家論，歴史論，宗教論，道徳論，教育論など）との密接な連関のうちに成立している。その際，原理論にあたる知識学は 1794/95 年の『全知識学の基礎』だけでなく，現実の推移に応じて生涯に 20 回余り書き改められている。フィヒテ哲学は三期に区分される。初期は，1799 年までで，無神論論争によってイェーナ大学教授を辞し，ベルリンへ去るまでである。この時期の特徴は，フランス革命のもつ思想的意味を重視しながら，『思想の自由論』『フランス革命論』（1793）などの

フウゾク

政治論文の公刊，それと連関して知識学の確定，知識学の原理（「自我」の端的な能動性）の法・社会論（1796）や道徳論（1798）における具体的展開というつながりにある。中期は1800年から1806年までのベルリン時代である。この時期には，1801/02年および1804年における知識学の新たな展開（「絶対知」から「絶対者の現象」へ）と連関しながら，『人間の使命』（1800）で宗教的世界観を確立し，『封鎖商業国家』（1800）や『現代の基本特徴』（1804/05）によって「現象」の改造として新たな国家像，社会経済体制像を明確にする。そして，現代に生きる人間の目的や使命（『浄福な生への指教』1806）を提示している。後期は1807年から翌年にかけて，ベルリンで講演「ドイツ国民に告ぐ」を行って以降，1814年1月の死去までである。この時期は，ナポレオンによるドイツ支配体制の確立という，新たな歴史的現実を背景にしている。この時期の知識学，国家論，国民教育論の相互連関を貫く主要な関心は，自国の近代化を志向しつつ，対フランス＝ナポレオンからのドイツの解放と統一のための様々な理論化と，同胞への呼びかけにある。
［文献］『フィヒテ全集』（全23巻 補巻1）哲書房，1995-2016。
（福吉勝男）

風俗→習俗

風土（論）　〔英〕climate〔独〕Klima〔仏〕climat
風土は英語ではclimateであるが，各土地がもつ気候，気象，地質，地味などの地理的な自然環境を表す言葉である。しかし，日本語で風土というときはこれとの微妙な違いを考えなければならない。風土とは『風土記』などに見られるように，地理的生態学的環境を踏まえたうえで，それにつながった地域の文化的内容に注目し，両者を一体のものとして捉える概念であるといえる。文化的内容には二つある。一つは気候や地理がそこに住む人々に与える影響，すなわち作物，食物，衣装，住居など生活のスタイルに与える影響である。第二に，気候や植生，風景などに人々が与える意味（宗教的，美的，情感的な）である。もちろんこの二つ

は密接に関連している。しかもこの二つは，地域に生活する人々の生活を通した歴史的形成物として存在する。したがって，風土は地理的空間に沈殿した社会集団の文化的歴史性ということもできる。

　こうした風土の概念を哲学的概念として仕上げたのが和辻哲郎である。和辻は，ヘルダーが試みた「精神の風土学」からの影響のもと，風土とそこにおける生活様式を人間存在の空間的時間的構造として捉え，文明をモンスーン，砂漠，牧場の三つの類型に分けた。風土という言葉を使うかいなかは別として，環境問題が深刻化するなかで，こうした文化の風土論的な理解は広がっている。たとえば，地域生態主義と呼ばれるエコロジーの立場などはその一つである。ただし，風土の主要な規定要因を自然環境に求め環境決定論的な方向をとるのか，それとも文化的な伝統や活動を重視するのかに常に問題となる。近年フランスのA. ベルクは和辻を踏まえながら，風土を象徴的・文化的なものと生態学的・自然的なものとの交流のなかで捉える論理を探求している。

[文献] 和辻哲郎『風土』岩波文庫，1979；A. ベルク『風土の日本』ちくま学芸文庫，1992；鈴木秀夫『森林の思考・砂漠の思考』日本放送出版協会，1978。　　　　　　　　　（市川達人）

　馮友蘭　（ふう ゆうらん）Féng Yǒulán 1895〔光緒 21〕-1990〔民国 79〕

現代中国の哲学者。1918年，北京大学卒業。20-23年，コロンビア大学でデューイに師事し，プラグマティズム，新実在論を学び，博士号を得て帰国。清華大学教授に就任。1937年の日本の中国侵略に抗して西南連合大学文学院長。39年，『新理学』刊行。この下に5冊の各論を次々に刊行して，「新理学」体系を完成。宋代の理学（朱子学）に，西洋哲学の方法で論理的分析を加え，精密化とともに近代化を図り，中華民族復興の確信を宣言。49年の中華人民共和国成立後はあえて大陸に残り，北京大学に移る。哲学遺産継承における「抽象継承法」の提唱，理論と実践の関係をめぐる論争中の，学術研究の重要性の主張などにより，つねに批判の的となり，「懺悔」を繰り返すことになった。

フェティ

［文献］『馮友蘭自伝』1・2（東洋文庫）平凡社，2007；馮友蘭『中国哲学史 成立篇』冨山房，1995。　　　　　　（後藤延子）

フェティシズム→物神崇拝

フェノメノン→叡智界

フェビアン主義　〔英〕Fabianism
ローマの将軍ファビウスの名をとり漸進的に社会主義を実現していこうという思想で，1884年にイギリスの知識人F. ボドモアらが創立し，バーナード・ショウやシドニー・ウェッブらが加わったフェビアン協会がその中心。のち労働党の結成にも貢献。まとまった理論体系はないが，マルクスの搾取理論には反対し，不労所得としての地代に批判の焦点を合わせ，自由放任政策が生み出した弊害を改めるため国家による規制の必要を強調する。最終的には生産手段の社会化を目指すが，あくまで議会主義を貫く。「フェビアン・トラクト」という小冊子を発行し啓蒙活動を続けている。
［文献］関嘉彦『英国社会主義——イギリス労働との理論家達』弘文堂，1952；E. J. ホブズボーム「フェイビアン主義者の再検討」（『イギリス労働史研究』ミネルヴァ書房，1968）。

（浜林正夫）

フェミニズム　〔英〕feminism〔独〕Feminismus〔仏〕féminisme
女性に対する差別や抑圧をなくしていこうとする思想と，それを目指す社会運動をいう。

女性が男性に比して差別されて，平等でないことを問題にした思想は，古くから様々な形で存在した。たとえば，フランスでは，14世紀後半から15世紀にかけて活躍したクリスティーヌ・デ・ピザンをはじめ，男性でも17世紀のフランソワ・プーラン・ド・ラ・バールが『両性平等論』（1673）を書いて大胆な男女平等論を展開した。日本でも，安藤昌益は，18世紀に男女平等思

想と大胆に掲げたし，食行身禄も素朴ながら男女平等思想を唱えており，洋の東西を問わず，人間の平等を問題にする様々な思想家や宗教者がいる。

固有にフェミニズムといわれる思想が問題になってきたのは，フランス革命期以降であった。イギリスのメアリ・ウルストンクラーフトは，ルソーに反対して『女性の権利の擁護』(1792)を書き，フランス革命期には，オランプ・ド・グージュが，人権宣言の「人」(homme)は男性であって，女性が排除されていると抗議して，homme（男）の代わりに femme（女）を入れた女権宣言を発表してギロチン台にたつことになった。とはいえ，大きな社会運動としてフェミニズムが注目を浴びるようになったのは，19世紀以降であった。

第一の波は，近代的平等思想に基づいて，女性が政治的・経済的な不平等に置かれている状態を改善しようという運動であった。イギリスやアメリカ合衆国を中心に，女性が様々な市民的権利，とりわけ，参政権を中心とする政治的権利を奪われていることに対しての活発な抗議運動が行われた。合衆国における1848年のセネカ・フォールズ大会以降の女性運動の発展や，イギリスにおける J. S. ミルの『女性の隷従』(1869)に代表されるように，主として中産階級以上の女性たちの政治活動の自由や参政権獲得運動が行われ，リベラル・フェミニズムと今日言われる運動となった。

他方では，資本主義による深刻な環境破壊や労働者の貧困に抗議する社会主義運動は，同時に，男女平等思想を急速に発展させ，C. フーリエや R. オーウェンらは男女関係や家族関係の大胆な改革をも目指した。さらに，労働者階級の解放を基軸に据えてはいたが，マルクス主義者たちの女性解放思想と運動がフェミニズムの重要な歴史的要素であることは疑いなく，エンゲルスの『家族・私有財産・国家の起源』(1884)，A. ベーベル『女性と社会主義』(1879, 邦題『婦人論』)や C. ツェトキンをはじめとする多くの女性社会主義者，ロシア革命期にはクルプスカヤ，コロンタイ等の運動家，理論家を生み出した。これらの運動は資本主義による搾取と疎外を克服することを第一義的に重視したた

めに，結果的に，労働者運動の内部に存在する男女差別の問題が軽視されがちになることも少なくなかった。しかし，後に，マルクス主義フェミニズムと呼ばれる流れにつながっていくこの運動は，女性たちの労働条件の改善や社会進出に大きな影響を与えた。

今日，一般にフェミニズムが論じられるときには，フェミニズムの運動の波を二期（二波）に分けて論じることが多い（1990年以降の運動を第三波と区分する場合もある）。以上述べたようなこれまでのフェミニズムの運動は第一波と呼ばれるが，これらの運動が，政治的参政権や職業分野での差別への批判を中心に置いていたからであった。それに対して，現代フェミニズムを，第二波として，従来のものと区別するのは，なによりも，女性の差別や抑圧が，単に政治や労働の場で行われるだけでなく，社会と文化の全体と深く結びついていることへの認識が進んでいったからであった。そのような意味での，女性差別に対するもっとも重要な著作は，フランスの S. ボーヴォワールであって，戦後，1949 年に発刊された『第二の性』は，女性という存在が全体として文化によって作られるものだという（「女に生まれるのではない，女になるのだ」）指摘によって，第二波フェミニズムの創始者にふさわしい。

しかしながら，この波が本格的に大きな流れになっていったのは，1960 年代以降のアメリカ合衆国であったということは象徴的と言ってよい。というのも，アメリカは，戦後，「豊かな社会」を実現して，中産階級以上の女性たちにとっては，何の文句も不満もない幸せな家庭生活を送っているかのように思えたからである。ところが，彼女たちの少なからずが，その「豊か」と思った生活のなかで「名前のない問題」を感じ，無力感や意味喪失感に悩んだ。B. フリーダンの『女らしさの神話』（1963）は，当時の専業主婦のライフスタイルから心理状況全体までを吟味し直して，それを見事に表現した。1966 年の NOW（全米女性機構）の成立に代表される第二波フェミニズムの運動が，それにつながって，大きく広がった。ハニッシュの「個人的なことは政治的」というスローガンに見られるように，孤立した女性たちが，

ミスコンテストやブラジャーの問題のような，従来個人の内面で好きで選んでいると思っていたようなセクシュアルな問題から男女の性関係に至るまで，そこに『性の政治学』（K. ミレット）が働いていることを指摘した。ちょうど，ほとんど同じ時期に，ヴェトナム戦争の激化と反戦運動，フランスの五月革命をはじめとする全世界的規模での学生運動の爆発的展開と結びついて，先進諸国の「豊かさ」の中に含まれている社会的・文化的問題が，個人や家族生活も含めた形で批判的に吟味されていった。

　日本は 11 世紀頃までは，世界のなかでも比較的女性に対する差別が少ない社会であったが，武士社会の拡大，とりわけ，江戸後期以降の儒教道徳の意識的導入による女性の社会的地位の低下は著しかった。明治近代国家の形成過程のなかで，一方で，ヨーロッパの男女平等思想の導入も行われ，巌本善治の『女学雑誌』の発刊（1918）や，植木枝盛らの民権思想家の女性解放思想の影響も受けて，岸田俊子，福田英子などの積極的な政治活動も現れた。しかし，日清，日露戦争体制へと向かう軍国主義的体制構築のなかで，女性はそれを支える家族制度の中に強く束縛されていった。それに強く抗議して，与謝野晶子が「君死にたまふことなかれ」を発表して戦争に反対したのに続いて，1911 年には，平塚らいてうらによる雑誌『青鞜』が発刊された。それ以降，伊藤野枝，山川菊栄，高群逸枝，市川房枝など多くの女性たちが，自らの性や家族の問題，国家の問題などを，女の自立の問題と結びつけて議論したという点で，日本の女性運動は，欧米に比しても，大胆で根源的な問題提起と議論を行った。

　しかし，太平洋戦争の開始以降，女性運動は強く総力戦体制の中に組み込まれ，戦争に協力していく女性たちも少なくなかった。戦後の女性運動は，そのような反省にたって，母親運動，反戦平和運動と結びついて広がったが，日本の高度経済成長が，「男は仕事，女は家庭」という固定的性別役割分業に支えられるという構造によって進行するなかで，女性の経済的自立を求める運動以上の流れを形成することは難しく，日本の女性たちは「女らしさ」の強い規範の中に生きざるをえなかった。やがて，70 年前後の学生運動の高揚と結びついて，女性たちは，欧米の運動

に刺激されながら、ウーマン・リブ運動へと突き進んだ。「産む産まないの選択は女性の権利」と訴え、中絶とピルの権利を主張した中ピ連へのマスメディアの対応はむしろ見せ物見物(けんぶつ)のようであったが、女性たち自身は、このウーマン・リブ運動を通じて、自分の性意識や身体感覚に至るまでの自己吟味を始め、コンシャスネス・レイジング（CR）等によって、大きく男女関係とそれを取り巻く社会的条件の変革へと研究を進め、運動を広げた。

1980年代以降、男女の区別が文化的・政治的・社会的に作られてきたことを強調して、男女の生物的二分を批判的に捉えるジェンダー研究が急速に進展した。それは、同性愛などの性的マイノリティへの差別を明確にしたり、男性自身が「男らしさ」の呪縛から解放されるべきだとする「男性学」（Men's studies）の形成と結びついた。これは、女性に対する抑圧や差別の撤廃が、男性や様々なマイノリティの参加も含んだ社会全体の変革を要求するものであることを示していると言えよう。1999年男女共同参画社会基本法の成立以降、大きく行政や法律面での女性差別の改善は進んだが、ジェンダー・フリー・バッシングの大きなバックラッシュも作られ、フェミニズムは、新しい段階への模索が求められている。

→ジェンダー

［文献］ウルストンクラーフト『女性の権利の擁護』未来社，1980；フリーダン『新しい女性の創造』大和書房，2004；ボーヴォワール『第二の性〔決定版〕』（全3冊）新潮文庫，2001。

（佐藤和夫）

フォイエルバッハ Ludwig Andreas Feuerbach 1804-1872
ドイツの哲学者。ヘーゲル左派に属し、キリスト教批判を基礎とする「現実的な人間学」の哲学者として知られる。
【生涯と著作】刑法学者 P. J. A. v. フォイエルバッハの子として生まれた。1823年、ハイデルベルク大学入学。翌年ベルリン大学に移り、ヘーゲル哲学に傾倒した。30年『死と不死に関する考察』を出版したことによりアカデミーを追われた。39年、ルーゲ編集の『ハレ年誌』に「ヘーゲル哲学批判のために」を発表。

ヘーゲル左派との交渉は45年頃まで続いた。41年に主著『キリスト教の本質』を公刊し,「新しい哲学」たる独自の人間学を基礎づけた。43年には主著の第2版を刊行する一方,『将来の哲学の根本命題』を公表し,新しい哲学の綱要を示した。46年には個人全集の刊行を開始した。1848年革命では民主主義派に属したが,革命の敗北後はブルックベルクにて著作活動に従事した。
【キリスト教批判と新しい哲学】フォイエルバッハによれば,対象の意識は人間の自己意識である。この論理は,神という対象に関しても妥当するのであり,神の述語たる全知,全能,愛等は,人間の類的本質（理性,意志,愛＝共同）にほかならず,神は人間の類的本質の対象化である。しかも述語は主語の真理態であり,真の主語であるのだから,むしろ人間の類的本質こそ人間にとって,神,すなわち最高存在とされなければならない［主語と述語の転倒］。もちろん,キリスト教はこのことを意識せず,むしろ神を人間から疎外する。だから,キリスト教批判を通して「人間が人間にとって神である」ことを告白し,愛＝類的共同を形成することこそ最高の実践的原則であり,世界史的転回点をなすとされた。新しい哲学は,以上のキリスト教批判と,理性を神格化するヘーゲル哲学・近代哲学の批判とに基づいて,人間の真の現実的本質に相応する哲学として成立する。それは,現実的なもの,感性的なものを真の存在と認め,自然と人間そのものを哲学の本質的かつ最高の対象と捉え,人間と人間の共同性を究極原理とする行為の哲学として構想された。フォイエルバッハ哲学は,感性的唯物論あるいは現実的人間主義と規定することができる。
→類的存在・類的本質,疎外,真正社会主義,マルクス
［文献］L. Feuerbach Gesammelte Werke, hrsg. v. W. Schuffenhauer, 1967-96；船山信一訳『フォイエルバッハ全集』（全18巻）福村出版,1973-76。　　　　　　　　　　　　　　　（渡辺憲正）

フォーディズム　〔英〕Fordism
元来は,コンベアー・ラインを用いて自動車を大量生産するフォード社の生産システムと,その創設者であるH.フォードの

フォント

経営方式・経営理念（生産の高度な標準化，生産システム全体の同期化，労働の単純化，単一目的機械の多用，低コスト・高賃金など）を指した。1930年代初期，A. グラムシは，極度に合理化されたフォーディズムの生産システムとそれを担う労働者類型の大量創出が，社会諸領域にあたえる巨大な影響を考察した。1970年代後半以降，フランスのレギュラシオン学派は，この言葉を，第二次世界大戦後の先進諸国の長期好景気を支えた「蓄積体制」（耐久消費財の「大量生産＝大量消費」サイクル，その長期安定を支える，生産性上昇と実質賃金上昇のリンク，およびそれを可能とする階級妥協体制の制度化）を表す概念へと拡張した。D. M. ゴードンら1980年代のSSA学派（「蓄積の社会的構造（social structure of accumulation）」学派）も，耐久消費財の大量生産＝大量消費と長期経済成長を可能とする社会制度・慣行との強い相互作用を理論化し，両者ともに，70年代からの世界的な長期不況の要因として，制度化された実質賃金の上昇においつかない生産性の停滞を指摘した。80年代には，日本の耐久消費財生産システムの特異な「柔軟性」への関心が高まり，そこに労働の単純化や指令のトップダウンをこえる「ポスト・フォーディズム」を見る議論も出されたが，定着していない。
[文献] 藻利重隆『経営管理総論〔新訂版〕』千倉書房，1956；A. グラムシ「アメリカニズムとフォード主義」（選集3）合同出版，1962；M. アグリエッタ『資本主義のレギュラシオン理論〔増補新版〕』大村書店，2000。　　　　　　　　　　（後藤道夫）

　フォントネル　Bernard le Bovier de Fontenelle 1657-1757
フランスの文学者・思想家。哲学的にはデカルト主義で反宗教の立場をとった。デカルトの方法的懐疑を学問・政治・宗教に及ぼし，非合理な要素を容赦なく批判した。主著ではコペルニクスの地動説とデカルトの渦動論とを平易に紹介。古代の作家と当代の作家との優劣を問う「古代派と近代派との論争」では，人類と学芸の進歩を力強く主張して近代派を支持。1699年に王立科学アカデミーの終身書紀となり，同時代の錚々たる科学者・哲学者の死去に際して科学アカデミーを代表して「頌辞」を書いた。18

不快→快/不快

不確定性原理 〔英〕uncertainty principle
古典力学では粒子の位置と運動量が同時に確定した値をもつが,量子力学ではそうはならない。不確定性原理によれば,x方向の位置とx方向の運動量のように正準共役関係にある二つの物理量は,それぞれの値の標準偏差の積が$h/4\pi$以上になる。そのため一方の物理量の値をある一定の狭い範囲内に確定すれば,それと正準共役関係にある他方の物理量の値は逆にその分だけ不確定になり広い範囲に拡散する。たとえば位置の値を誤差ゼロで測定すると運動量の値はまったく不確定となる。こうした不確定性関係は,正準共役関係にある二つの物理量の標準偏差に関する量子力学的な理論的計算の結果として導出される派生的な統計的関係である。それゆえハイゼンベルクがそうであったように不確定性「原理」ではなく,不確定性「関係」と表記されることも多い。標準偏差は統計学的には平均誤差に等しいが,不確定性原理を多数の測定の平均誤差に関するものと解釈するのは正しくない。不確定性原理は量子力学の対象の独自性の否定的表現,すなわち,粒子像や波動像といった古典論的モデルの根本的な適用限界の表現である。古典力学では位置と運動量が基本的物理量であったが,量子力学ではそれらは状態ベクトルからの派生的な物理量である。粒子の連続的軌道といった古典物理学的描像は量子力学的には成立しないのである。
[文献] 並木美喜雄『不確定性原理』共立出版,1981;M.ヤンマー『量子力学の哲学』上・下,紀伊國屋書店,1983-84。
(佐野正博)

不可知論 〔英〕agnosticism
この用語は,19世紀イギリスの生物学者トマス・H・ハクスリ

が，人間は経験を超越した絶対者，神について認識することは不可能だという意味で，初めて使用したとされるが，このような考え方の歴史は古い。古代ギリシアでもすでに，人間は神に関して確実で真なる知識をもってはいない（a gnosis=without knowledge）という考え方が提出されている。たとえばプロタゴラスの「万物の尺度は人間」，ソクラテスの「無知の知」，ピュロンの「無判断」によるアタラクシア（魂の平静さ）などをその例と見なすことができる（ただし，これらは多分に懐疑論的でもあった）。近代以降は，こうした考え方は神だけでなく，外的世界の存在や真理，道徳的善，美などに関しても唱えられた。不可知論は，神の非存在を積極的・肯定的に主張する無神論（atheism）と重なる面をもつが，同義ではない。また，確実な知識をもっているかどうかを確証する方法はないと見なす懐疑論（skepticism）は，弱い形の不可知論と言える。近代になって初めて不可知論は本格的に論じられるようになったが，その代表者は何といってもD. ヒュームとI. カントであろう。ヒュームは，知覚的経験の中でわれわれが知りうるのは印象や観念のみであり，それを超えたところで想定される物体や精神（自我）の実体性や実在性，およびそれらの時間的連続性や同一性，因果の法則性などは，われわれの単なる想像の産物，虚構でしかないと主張した。ヒュームのこうした議論によって「独断のまどろみ」を破られたカントは，われわれが経験的に知ることができるのは，時空という直観的形式に与えられた多様性に対して，われわれの悟性（判断能力）にア・プリオリに備わるカテゴリー（純粋悟性概念）が適用されて，直観と概念が総合的統一（ア・プリオリな総合判断）されることによって成立する経験的対象のみである，とした。すなわち，経験的対象のみが実在性をもち，かつ認識可能なのであり，それを超越したところで推測するしかない物自体（世界，霊魂，神）は経験不可能な無制約者・可想体（ヌーメナ）でしかなく，理論や認識の対象とはなりえないとした。カントのこうした思想は，従来の形而上学や合理主義的独断論を退け，批判哲学を説くものとなった。カント以後では，キルケゴールが有神論的実存主義の立場から，B. ラッセルが論理分析と無神論の立場から，神

に関する不可知論を提出している。
→実在論，真理，懐疑論・懐疑主義
［文献］D. ヒューム『人間本性論』（全 3 巻）法政大学出版局，2011-12；I. カント『純粋理性批判』（世界の大思想 10）河出書房新社，1965；T. H. ハックスリ『自由教育・科学教育』明治図書，2000。 （武田一博）

不完全性定理 〔独〕Unvollständigkeitssatz〔英〕incompleteness theorem
集合論に矛盾が出現したことを受けて，ヒルベルトは数学を形式化し，その無矛盾性を証明して数学を救おうとしたが，ゲーデルの不完全性定理（1931 年発表）はこのヒルベルトのプログラムがそのままの形では実行不可能であることを示した。第一不完全性定理は，古典述語論理によって形式化され，自然数論が展開できるようなどんな体系のうちにも，その公理系によっては証明できずまたその否定も証明できない式が必ず存在する，という定理である。ゲーデルは，形式的体系の記号や式にゲーデル数を割り当てて算術化し，体系に関するメタ数学的言明を体系内の式へと変換する。これによって形式的体系はある意味でそれ自身について語る式（たとえば，当該の形式的体系が無矛盾であることを意味すると解釈できる式）を含むことになる。これは決定不能命題を生み出す。第一不完全性定理から，もし体系が無矛盾（ω 無矛盾）であれば，この体系が無矛盾であることを意味する命題はこの体系においては証明できない，という第二不完全性定理が導かれる。ゲーデルの不完全性定理はしかし自然数論の無矛盾性証明が全く不可能だということを意味していない。ゲンツェンは，最初の ε 数までの超限帰納法を用いて純粋な自然数論の無矛盾性証明を与えた。
［文献］前原昭二／竹内外史『数学基礎論入門』ちくま学芸文庫，2017；ゲーデル『ゲーデル 不完全性定理』岩波文庫，2006。
（横田榮一）

フクゴウ

複合観念→単純観念

複雑系　〔英〕complex systems
構成諸要素の間の相互作用により複雑で不規則な運動をする系。系のランダムで予測困難な運動を説明するカオス理論，自然界の事物など複雑な形をもつ図形を自己相似性で説明するフラクタル理論，複雑でランダムな状態から一定の相対的に安定な動きや構造が自然に生成する自己組織化現象に関わるプリゴジンらの非平衡系熱力学理論など，複雑系に関わる諸理論の発展や，コンピュータの技術進歩による劇的な性能向上などにともなって，複雑系が物理学・生命科学・脳科学といった自然科学の分野に止まらず，経済学など社会科学の分野でも注目を集めるようになっている。
［文献］M. M. ワールドロップ『複雑系』新潮文庫，2000。

(佐野正博)

福澤諭吉　（ふくざわ ゆきち）1835〔天保5〕-1901〔明治34〕
日本の代表的啓蒙主義者。中津藩の下級武士の家に生まれ，母子家庭に育つ。1854年，長崎に遊学，翌年大坂の緒方洪庵の適塾で蘭学を学ぶ。58年，密命によって江戸に出て，英学に転ずる。60年，咸臨丸によるアメリカ行きの機会をえた後，61年から67年まで幕府外国方に出仕。この間，三度の欧米視察による知見を『西洋事情』（1866-70）などで紹介する。維新後は新政府への出仕を辞し，68年に慶應義塾を創設し民間に留まった。73年に明六社の設立に参加し啓蒙活動を開始。その後も〈文明〉を頑強に志向する多くの時論を展開し，日本の近代化のオピニオン・リーダーとなる。ベストセラーとなった『学問のすすめ』（1872-76）は，西欧的文明化の観点から人間の平等と自立の必要性を強く説いた。だがその際，「一身独立・一国独立」と主張は並列化しつつも，文明を達成するうえで政府と人民，官と民の予定調和的立場をとった。この観点はまもなく，代表作『文明論之概略』（1875）でいっそう国家主義に傾斜する。ここでは，「古習の惑溺」を排し西洋の「文明の精神」を摂取する方向が，国家の

対外的独立の課題に収斂される。すなわち，結局は「国の独立は目的なり，国民の文明は此目的に達するの術なり」として，一身独立は一国独立の手段と化された。その後，福澤は，自由民権運動の高まりにはこれを排撃するとともに（『通俗民権論』『通俗国権論』1878），『時事小言』(1881) では「我輩は権道に従ふ者なり」として国権論の立場から富国強兵路線を明確にした。さらに，「脱亜論」(1885) では，朝鮮や中国への侵略を説く帝国主義的方向を主張するに至った。

福澤の思想は一般に，絶対主義に対抗する西欧の啓蒙主義ではなく，逆に絶対主義形成に寄与する日本的啓蒙主義を代表するといえるが，彼には多くの毀誉褒貶の評価がある。代表的には，福澤を一貫して「絶対主義的」とするもの（服部之総），その思想方法の特質を人間精神の「主体的能動性」におくもの（丸山眞男），「ブルジョア自由思想」の転回と捉えるもの（遠山茂樹）などである。

→啓蒙思想，近代化／近代化論，脱亜論

［文献］慶應義塾編『福澤諭吉全集』（全21巻 別巻）岩波書店，1969-71；遠山茂樹『福沢諭吉』東京大学出版会，1976；丸山眞男『福沢諭吉の哲学』岩波文庫，2001。　　　　　　（吉田傑俊）

複製　〔英〕reproduction

活字印刷や版画，写真や映像などの技術によって，一回しか存在しないもの，あるいは情報を複製することは，文化の民主化にとって大きな役割を果たしたが，西洋近代の芸術論において「模造」と同一視され，重量創性を特徴とする芸術作品と綿密に区別された。「単なるコピー」対「芸術的創造」という図式は，すでに「複製技術時代の芸術」（W. ベンヤミン，1936）において相対化されたとは言え，近年，たとえば，教育制度によるマンガの模写などの否定的取り扱いに存続している。西洋近代の再検討という観点から，芸術作品の「アウラ喪失」だけでなく，西洋とは相違する文化伝統や，複製をめぐる「アウラの復活」も注目されている。

［文献］多木浩二『ベンヤミン「複製技術時代の芸術作品」精読』

ブクチン

岩波現代文庫，2000。　　　　　　　（ジャクリーヌ・ベルント）

ブクチン　Murray Bookchin 1921-2006

米国のアナーキスト思想家・環境哲学者。鋳物工場・自動車工場の労働者として労働運動に参加し，正統マルクス主義からトロツキー派を経てアナーキズムに移る。独学の知識人で，1952年の論文「食品中の化学物質の問題」で環境への関心を示す。『ポスト稀少性のアナーキズム』(1971)でソーシャル・エコロジーを提唱。1974年にバーモント州にソーシャル・エコロジー研究所を共同で設立し，同時にラマポ大学で教鞭を執る。後に同大学名誉教授。主著は『自由のエコロジー』(1982)。自己の立場をヘーゲル，マルクス，フランクフルト学派の観点を生かした「弁証法的自然主義」と定義する。アルネ・ネス（ディープエコロジーの創始者）との論争は有名。

→ソーシャル・エコロジー，アナーキズム

［文献］ブクチン『エコロジーと社会』白水社，1996；小原秀雄監修『環境思想の系譜』（全3巻）東海大学出版会，1995。

（戸田清）

父権制→母権制／父権制

フーコー　Michel Foucault 1926-1984

フランスの医者の家系に生まれた哲学者。フーコーは，ソシュール言語学が構成的主観に依拠した現象学的な意味の説明の限界を示していることを知り，ニーチェを手掛かりとしてその限界を乗り越えようとした。すなわち，非連続的歴史観に立つフーコーは，主観性・主体性の歴史を「自己の自己に対する関わり」と「真理を語ること」とを結びつけているそれぞれの時代に特徴的な知の系譜学として捉え直し，それぞれの時代を支えている知がいかなる言説と権力によって与えられてきたか，またそれは前後の時代の知とどのように切断されているかを問うのである。

『狂気の歴史』(1961)では狂気に関する精神医学の言説を現れることのない狂人の沈黙との関連で論じ，『言葉と物』(1966)

では19世紀の人間主義の時代が終焉し新しいエピステーメーの時代に入ったことを論じ,構造主義者として一躍脚光を浴びた。『知の考古学』(1969)でそれまでの著作の方法論的総括を行った後,『監獄の誕生』(1975)では,ベンサムのパノプティコンなどの監視システムのほかに,身体の訓練を通じての矯正プログラムという視点を導入し,『知への意志』(1976,性の歴史Ⅰ)にもそれは継承される。各時代の知一般を個人における「主体化」のプロセスから捉え直すという視点を徹底するために当初の『性の歴史』のプログラムは変更され,ギリシアにおける性について述べた『快楽の活用』(1984,性の歴史Ⅱ),ローマにおける性について述べた『自己への配慮』(1984,性の歴史Ⅲ)を著す。これらギリシア・ローマ時代との比較を通じて,性を道徳的罪との関連において言語化し道徳的主体へと導くキリスト教の「告解」というシステムの重要性を明らかにしようとした。

　こうして,患者が「語り」精神科医がそれを「聴く」というシステムとしての臨床医学に対する初期フーコーの関心は,自己の罪を「語らせ」司教がそれを「聴く」というキリスト教の「告解」システムの成立を問う西洋史の系譜学へと拡がった。そして,権力は一般に思われているような性を抑圧するシステムなのではなく,逆に性の舞台においてその統治性によって主体化を促すものであり,「権力からの解放」という言説自身がキリスト教の「抑圧的権力からの解放」の言説に由来するものにほかならないことが明らかにされてゆくのである。フーコーは,自律へと向かうカントの問いを,「人は何故に真理を意志するのか」と問うニーチェに倣って「主体性の系譜学」としてやり直したのである。

[文献]『ミシェル・フーコー思考集成』(全10巻)筑摩書房,1998-2002；フーコー『同性愛と生存の美学』哲学書房,1987；ドゥルーズ『フーコー』河出文庫,2007；H. L. ドレイファス／P. ラビノウ『ミシェル・フーコー——構造主義と解釈学を超えて』筑摩書房,1996。　　　　　　　　　　　　（上利博規）

ブシドウ

武士道 (ぶしどう)

鎌倉時代以降，支配的位置についた武士階層の道徳規範。武士道は，鎌倉時代の情誼的な主従関係における，献身奉公という武士たちの身の処し方として形成された。江戸時代の幕藩体制の確立後，武士道は，実践倫理としてではなく支配階層としての武士の日常倫理として，儒教的教義と結びついた「士道」となった。それは，山鹿素行の「士道編」における，人倫の道を天下に示す武士の心術と道義の強調にみられる。一方で，佐賀藩士山本常朝の『葉隠』の「武士道といふは死ぬ事と見付けたり」という主情的規定は，安定した封建社会における武士階層の非実用性と非適応性を逆説的に示すものであった。明治維新後，武士道は，西欧文明に対峙する知的エリート（内村鑑三，新渡戸稲造など）の精神的支柱として継承され，現在もその傾向は一部に残存する。
[文献] 新渡戸稲造（矢内原忠雄訳）『武士道』岩波文庫，1974；丸山眞男「武士のエートスとその展開」（『丸山眞男講義録』第五冊）東京大学出版会，1999。　　　　　　　　　　（吉田傑俊）

プシュケー 〔ギ〕psȳchē〔英〕soul

ホメロスでは，死に際に吐き出される息，冥界で意識なく漂う亡霊として描かれる。イオニア自然学では，動物にも宇宙全体にも満ちている，生命と動きの原理として理解された。輪廻転生する不死なる魂の概念は，オルペウス教やピュタゴラス派から始まり，エンペドクレスやプラトンに引き継がれる。ソクラテスは魂を倫理的自己として捉えた。プラトンは魂の「三部分（理知的・気概的・欲望的)」説により魂の倫理学的分析の端緒を開くと共に，知性を得て宇宙を秩序正しく運行させる原理として，自ら動いて他を動かす宇宙の魂を措定した。アリストテレスは，魂を倫理学的に分析すると共に，自然学的にも，生殖・栄養・感覚・思考を司る生命原理として，これを研究した。
[文献] 藤澤令夫「知るもの，生きるもの，動くもの」（『イデアと世界』藤澤令夫著作集2）岩波書店，2000。　　（斉藤和也）

不条理 〔仏〕absurdité〔英〕absurdity
アルベール・カミュの思想の中心に置かれた概念。生きることに意味を見出し，希望を見出そうとする人間の根源的欲求を打ち砕く様々な不条理がわれわれを襲う。不条理こそは人生の根本条件である。それは克服不可能なものだ。だが，人間はそれを克服するという不可能な努力を棄てることができない。古代ギリシアのシーシュポスの神話に似て，繰り返し試み，繰り返し挫折するという永遠の刑罰を与えられているかのように。カミュは，この点こそ人生の最も根本的な不条理であると考える。こうした不条理の鋭い感情と，その果てに人生の無意味性をあえて引き受ける決断のなかにこそ生きるパトスの支柱を据える精神態度は，キリスト教の弁神論を背景に，ドストエフスキーやニーチェにおいてまず鋭い形象をもって描き出された。 （清眞人）

藤原惺窩 （ふじわら せいか）1561〔永禄 4〕-1619〔元和 5〕
江戸初期の儒者。藤原定家 11 世の孫で，京都相国寺で禅学に励んだ。戦国末の統一の時期，朝鮮の朱子学者・姜沆との出会い等を経て儒学の立場に立つようになり還俗，武将たちと交わって政治の道を説いた。1600 年，儒服で家康に謁したとされ，近世儒学の始まりを象徴する人物として描かれる。ただし，惺窩自身は，幕府等に仕官することなく，文人的交遊と門下の薫陶に従事した。その思想は，仏教の出世間的「虚」への志向を否定して，自己・社会の「実」を形成しようとするものだが，朱子学専一ではなく，明代の心学の流れを汲み，詩文・和歌をよくする。儒宗と目されたため，のち惺窩に仮託された仮名書きの儒学啓蒙書なども出版された。
［文献］『藤原惺窩集〔復刊〕』上・下，思文閣出版，1978；『藤原惺窩・林羅山――日本思想大系 28』岩波書店，1975；猪口篤志／俣野太郎『藤原惺窩・松永尺五』明徳出版社，1982；太田青丘『藤原惺窩』吉川弘文館，1985。 （黒住真）

フス Jan Hus 1370 頃 -1415
チェコの宗教改革先駆者。ウィクリフに共感し，プラハ大学教授

に就任してから,その著書をチェコ語に翻訳し,特に民族主義的改革を唱えた。ウィクリフが弾劾された後も聖職者批判を続け,教皇庁の大シスマ（教会大分裂）を機に,民衆に支持されプラハ大学総長となった。それ以後さらに批判を聖職者制度そのものに向け,聖職者の土地所有や贖宥状に反対し,そのため教皇から破門された（1412）。しかし国王や民衆に熱烈に支持され続け,その間に南ボヘミアに逃れて『反贖宥状論』や『教会について』などの著作を書き続けた。彼は聖書のみが信仰の唯一の基準であるとし,教皇から説教禁止を命じられたが,それを無視した。コンスタンツ公会議でも自説を撤回せず,そのため異端と断定され火刑に処された。彼の批判は,ルターなどにも大きな影響を与えた。

［文献］フス『教会論』（『宗教改革著作集1——宗教改革の先駆者たち』）教文館,2001。

(高尾利数)

ブダペスト学派 〔ハ〕Budapesti iskola〔独〕Budapester Schule
後期のG.ルカーチの思想的影響下にハンガリーのブダペストで形成された学派であり,A.ヘラー,F.フェヘール,G.マールクシュなどが知られている。第二次世界大戦後のハンガリー事件,チェコ侵攻事件には反体制の立場をとり,また市場経済化した社会主義ハンガリーにも反対し,資本主義社会批判とともに新たな社会主義社会を模索した。国際的注目を浴びたが,政治的圧力により彼らは亡命し,豪,米,英で理論的活動を続けた。A.ヘラーはマルクスの欲求概念論,日常生活論による現代社会批判を行い,近年は倫理学などを通じて「救済の政治」のための論陣を張っている。

［文献］A.ヘラー『マルクスの欲求理論』法政大学出版局,1982；同『個人と共同体』法政大学出版局,1976；G.マールクシュ『マルクス主義と人間学』法政大学出版局,1976。

(吉田正岳)

物化→物象化

物活論　〔英〕hylozoism〔仏〕hylozoïsme〔独〕Hylozoismus
あらゆる物質（〔ギ〕hȳlē）が生命（〔ギ〕zōē）を有するとする考え方。生命が物質に内在するという立場（ディドロなど）と，生命は外部からもたらされるとする立場（ストア派など）がある。ストア派では，世界霊魂を分有して個物は生命となるが，ディドロはこのような二元論的な立場はとらず，物質と運動を同一視し，さらには，生命を運動の一形態とすることで，モンペリエ学派の生気論などを吸収し，物活論を唯物論的方向に転回した。こうしてこの近代的物活論は，19世紀以降に展開される進化論的な統一的自然観を，哲学的に準備した。
→生気論，進化（論），自然の弁証法
［文献］ディドロ『ダランベールの夢』岩波文庫，1958。

（寺田元一）

仏教　（ぶっきょう）〔英〕Buddhism
ゴータマ・ブッダ（釈迦，前560-480頃あるいは前460-380頃）を開祖としてインドで興り，アジア全域に広まった宗教。「ブッダ」とは，目覚めた人の意で，覚者，仏と漢訳された。ゴータマ・ブッダの仏教は，輪廻思想を前提とし，輪廻的生存が苦そのものであると見据えることから出発する。彼は，その苦である輪廻的生存が拠って起こる窮極の原因が，ほとんど自覚しえない根本的生存欲（渇愛，無明）であることを発見し，それを滅ぼすものは，この世の事実を事実として受け容れるところから生ずる不動の智慧であるとした。そこで，彼は，修行の体系を戒定慧の三学としてまとめ上げた。すなわち，出家修行者は，まず悪を止めるために厳しい戒律を遵守し，それによって浄められて安定した心をもって，苦，無常，非我（無我）などというこの世の事実を徹底的に観察，考察する禅定（瞑想）を遂行し，その果てに不動の智慧を得るというしだいである。そして，この修行体系こそは，世俗の楽からも，いたずらに身体を苛む苦行の苦からも離れた中道であるとした。禅定における観察，考察の対象としてもっ

とも重視されたのが四諦(苦と苦の原因と苦の滅とそのための方途とについての真実)である。在家信者の仏教徒としての最低条件は,仏とその教え(法)と出家集団サンガ(僧伽,僧)との三つの宝(三宝)に帰依すること(三帰)と,不殺生,不偸盗,不妄語,不邪婬,不飲酒の五つの徳目を常に心がけること(五戒)とであるとされる。ゴータマ・ブッダが入滅した直後に,弟子たちが集まって仏典編纂の会合がもたれ,のちの経蔵と律蔵の原型が確定された。これを第一結集という。一枚岩であったサンガは,仏滅後100年ほどして,戒律の解釈をめぐって分裂し,最終的には20の部派を数えるに至ったという。分裂以前の仏教を初期仏教あるいは原始仏教といい,分裂後の仏教を部派仏教という。初期仏教も部派仏教も,奉ずる教えはゴータマ・ブッダその人にまで遡る。ところが,ゴータマ・ブッダが神格化され,彼を讃歎するためにゴータマ・ブッダの前生物語(ジャータカ)や奇跡的な伝記(仏伝)が作成され,その遺骨を納めた仏塔崇拝が盛んになっていった果てに,さらに民衆宗教として成功の道を歩んでいたヒンドゥー教の影響を受け,主として在家信者の間から,伝統的な仏教を批判する新しい仏教を創る運動が沸き起こった。彼らは,強烈なインスピレーションによって,ゴータマ・ブッダに仮託した新しい経典を精力的に創作した。こうして出来上がった新仏教が大乗仏教である。それが理想とする菩薩は自利(仏となること)と利他(万民救済)との二つの行に邁進するが,それは,古来の戒定慧の三学によるのではなく,立てた誓いのことばをいかなる困難があっても守り抜き,そうして真実となった誓いことばの力によって,自利利他の大願を成就させようとするものである。波羅蜜(パーラミター)も,誓願(プラニダーナ)による行も,そうした趣旨のものである。また,大乗仏教は,古くは心を乱さないための手段であった慈悲という修行徳目を肥大化させ,超越的な多くの仏や菩薩の無限の慈悲による救済を容易に得ようとして,神秘主義色を強めた。後7世紀にこの極みに金剛乗としての密教が成立するが,それは,ヒンドゥー教に秘教主義(タントリズム)に同調するものであった。独自色を失い,またごく一握りの富豪,権力者に頼りすぎたため,仏教は衰退して

いき，後13世紀初頭，ムスリムの遠征軍に最後の拠点を破壊されたときをもって，サンガのレベルでの仏教はインドから消失した。
(宮元啓一)

　フッサール　Edmund Gustav Albrecht Husserl 1859-1938
現象学を創始したドイツの哲学者。ライプツィヒ，ベルリン，ウィーンの各大学で，数学や哲学を学び，ゲッティンゲン，フライブルクの両大学で教授生活を送り，数多くの著作や年報の刊行を通じて現象学運動の中心を担い続けた。晩年はユダヤ人ゆえにナチスの迫害を受けながら，著述や講演活動に専心し，膨大な草稿を残しフライブルクにて没した。
　彼は，初期の著作『算術の哲学』(1891)で数学の諸概念の心理学的な分析を試みたが，他の研究者から批判されて次第に反心理主義の立場に移行していく。1900-01年に出版した『論理学研究』において，意識現象への還帰および心的諸体験の記述的研究という現象学の基本的立場を宣言した。純粋論理学が扱うイデア的な対象（概念，命題，真理など）と認識作用との相関関係が詳細に吟味され，意識の根本特性としての「志向性」や「範疇的直観」による本質認識の考えが提起されたことが特徴であった。1907年の『現象学の理念』や1911年の『厳密な学としての哲学』の中で，合理論の伝統を受け継ぐ厳密な普遍学を構想し，1913年の『純粋現象学と現象学的哲学の諸構想』(『イデーン』)第一巻においては，自然的態度の遮断および意味としての現象の開示を可能にする「現象学的還元」の操作，対象の本質的意味を直観的に認識しうるという「本質直観」の考えなどを通じて，現象学の方法論と体系の基礎を提示した。さらにこの書で，科学的に規定される前の人間の原初的な体験についての分析が試みられ，志向する作用と志向される対象，すなわち「ノエシス―ノエマ」並行論を基礎に，どのように対象の意味が形成され，体験の明証性がどう展開されるか，が綿密に論じられた。後期の著作『デカルト的省察』(1931)や『ヨーロッパ諸学の危機と超越論的現象学』(1936)では，自我の経験を支え，自我も他我も同じく直接的に経験しうる明証的な「生活世界」が重要なテーマと

された。これらの書の中で，これまで意味統一を付与されるだけであった感覚的諸契機があらためて重視され，さらに，この生活世界を多数の共同的意識を通して同一の世界と捉える「共同主観性」(Intersubjektivität) の理論や，数式や記号などの論理的構築物によって生活世界を隠蔽してしまうと彼が考える近代科学への批判が，精力的に展開された。生前からフッサールの影響力は強く，弟子たちによってゲッティンゲン学派やフライブルク学派が形成され，ドイツの実存哲学やフランスの実存主義の発展にもつながっている。

→現象学，現象学的還元，実存主義

［文献］フッサール『現象学の理念』みすず書房，1965；同『イデーン』（全5冊）みすず書房，1979-2010；同『ヨーロッパ諸学の危機と超越論的現象学』中公文庫，1995。　　　（種村完司）

物質　〔英〕matter〔独〕Materie〔仏〕matière
物質という概念は，世界の存在の根底をなすものとして古代ギリシア以来活発に論じられてきた。ギリシアのイオニア学派においては，物質は人間や社会（ノモス）に依存しない自然（ピュシス）を成り立たせている実体的な存在を指し，その具体的な姿が，論者によって様々に想定された。タレスの水，アナクシメネスの空気，ヘラクライトスの火，あるいはこれらに土を加えたエンペドクレスの四元素説などがある。いずれの説も，物質は自然諸現象の根底にある自律的存在そのものであり，それ自体が運動，変化する実体であると考えられた。この派の考え方が，自然主義的であり，多元主義的で変化運動を強調するものであったのに対して，パルメニデスに代表されるエレア派は，物質的存在を唯一存在する一者であるとし，一元主義的で不動不変の実体と考え，変化や運動を否定した。このような自然の根源的構成要素としての物質概念の不変性と変化の現象とを結びつけるものとして，デモクリトスや後のエピクロスの原子論の考えが生まれた。この立場によれば，原子はこれ以上分割不可能な元素であり，永遠に不変であるが，空間の中を運動し，結合し分離することで，運動と変化を生み出すと考えられた。このような自然哲学的な志

向に対して，アテナイのプラトンは，観念的で超越的で永遠不変のイデアの概念を打ち出し，イデア説をもとに，物質をイデアによってはじめて形を与えられる無規定的で受動的な質料と考えた。この考えでは，物質的な現象世界は，変化と運動変転常ない真の実在をもたない影の世界であり，精神的なイデアの世界こそが真実の世界であることになる。ここで，いわゆる観念論と唯物論が明確で鋭い対立の形態をもつようになったと言える。これに対してアリストテレスは，自然学的志向性を回復し，イデアは現実世界の内部の形相であり，世界は質料と結合することではじめて実在性を獲得すると考えた。こうして形相はプラトンのイデア説がもっていた超越的性格を減じ，質料もイデアの影ではなく実在性の根拠としての地位を回復した。物質をめぐるこのような議論は，中世スコラ哲学においても様々な形で引き継がれた。近代においては，物質概念は，デカルトにおいて，プラトン的な二元論を下敷きにした精神的実体に対立する延長実体の概念において再現される。その後，スピノザの一元論やライプニッツのモナド論などのなかで物質概念は，自然概念や実体概念と切り離しがたく結びついて論じられてきた。フランスの唯物論においては，近代自然科学の発展を背景に，物質概念が現実世界の根源をなすものとしての位置を再び獲得する。カントにおいては，形相を担う純粋悟性概念や理性概念と対比される経験的質料としての位置を与えられ，最終的には感官を触発する存在（物自体）Xとしての無規定的概念となる。これに対して，ヘーゲルは，アリストテレスの分有概念をもとに，スピノザ的一元論とカント的二元論を巧みに総合するなかで，自然弁証法を主張し，イオニア自然学の運動する物質・自然概念の回復を果たした。ただ，ヘーゲルは，究極的には，プラトン主義的な観念論（精神的実体による統一）において体系を完結させる傾向があった。

　マルクス主義においては，ヘーゲルの弁証法的自然哲学と運動する物質という考えを引き継ぎながら，ヘーゲル主義的観念論を克服して唯物論の立場を主張した。この立場では，物質は，世界を統一する根源的存在として，空間時間や粒子や波動などの存在形態の如何に関わらず，それ自体が変化し運動する実体としての

物質概念であると理解され，現代物理学の発展においても，その物質概念は存立しうるものと考えられている。ところで，唯物論を主張する限り，存在論的な物質概念が根幹に座ることは当然であるが，果たして人間の精神活動や社会的な諸活動，諸関係とその所産をも含めてこの世界において一切の存在するものを「物質」という概念に総括することが適切かどうかについては，大いに疑問の余地がある。世界には，物質と区別されるべき精神的なものが現に存在するからであり，物質概念は，精神的なものとの対比無くしては定義不能である。逆に言えば，物質と区別される別の存在領域を承認しないでは定義できないのである。この矛盾は，レーニンの世界の実在の一切を包含する「意識から独立の客観的実在」という物質の認識論的規定において明白に現れている。この定義は存在論の問題を認識論的問題と混同する意味でも，甚だしいミスリーディングであった。なぜなら，この定義にある意識は実在しないのか，実在するとしたらそれは物質なのかどうか，そうでないとするといかなる存在なのか，不明のままだからである。世界は物質を根底においてそこから派生した諸事物によって存立しているが，物質の諸関係や人間の活動によって派生的に生み出されながらも，独自の創発的諸性質をもち，したがって独自の存在性格をもつ諸次元によって多元的に構成されている。この点を明確にすることがマルクス主義の「唯物論」には，求められているであろう。

［文献］梯明秀『物質の哲学的概念』青木書店，1958；山本建郎『初期ギリシア哲学における物質概念の展開』無明舎出版，1981；T. S. ホール『生命と物質』平凡社，1990；レーニン「唯物論と経験批判論」（全集14）大月書店，1956；モーリス・ゴドリエ『観念と物質』法政大学出版局，1986；中野徹三「唯物論の現代的再生のために」（季刊『現代と思想』No.40）柏書房，1995。　　　　　　　　　　　　　　　　　　（佐藤春吉）

物質代謝　〔独〕Stoffwechsel〔英〕metabolism, metabolic change

物質代謝（Stoffwechsel）は，1800年代前半，主にドイツの化学，

生理学の研究で使用されるようになり，同40年代にドイツの生理化学者リービッヒらの研究によって深められ，定着していった概念である。生命体の基本的な活動が有機化学的な物質的反応メカニズムの研究が進んできたことによって，呼吸，エネルギー，栄養，排泄などの生命体の外的環境との物質の交換，代謝のメカニズム，その条件などが科学的に解明され，生命体の存立の本質的メカニズムが，「物質代謝」として総体的に把握されるようになった。この概念は，生体内部の化学的な物質変換のメカニズムにも，それを基礎にした生命体の外的環境との物質的な同化・異化（摂取・排泄）の活動にも，さらには，このような生物個体の物質代謝を前提に，各種生命体全体の環境によるエコロジカルな物質循環（食物連鎖，分解）などにも適応され，それらの相互関連のなかで考察される概念となっている。とりわけ，現代では，環境破壊の深刻化に伴うエコロジカルな危機に直面し，その意味を解明し，分析する重要な概念として，大きな注目を集めるようになってきた。そのような大きな視野でこの概念を考える際には，リービッヒ研究を踏まえて，マルクスが人間と自然の相互関係の解明のために「物質代謝」概念を「社会的物質代謝」概念へと拡張し，中核的概念として応用したことが特別の関心を集めている。マルクスは，初期から一貫して，人間をも自然的存在と見なし，人間の社会的活動を人間と自然の相互関係において見，それを大きくは自然と人間の間の物質的な交換関係と見る視点を据えている。人類の社会的諸活動を自然史的に捉えるこのような観方から，「物質代謝」概念が採用され，『資本論』では，労働過程論や地代論，商品交換論に応用されただけでなく，農業と工業の関係，都市と農村の分裂，農業をめぐる物質循環の攪乱，健康破壊や自然環境破壊の発生メカニズムに遡って解明する視点に深められている。その際に，「物質代謝」概念は，大きくは，人間と自然環境の物質循環を，そして社会内の流通による物質循環をも，自然的素材（Stoff）と社会的経済的形態（Form）との複合的転換による媒介過程として解明する方法的概念を基礎づけるものとなっている。マルクスの，この観点は，最終的には，資本主義的経済活動による人間と自然の分裂，物質代謝の亀裂，攪乱，

破壊についての批判的解明を踏まえ，人間と自然の融和的関係の回復，都市と農村の分裂の克服，諸個人の連合による物質代謝の意識的合理的統御による持続的社会の形成を展望する思想として，彼の思想の骨格に位置づけられているとみることができる。この思想はまた，彼の実践的唯物論，自然主義と人間主義の統一の理念，物質的自然を基底に置く実在論的哲学に基づいているものと捉えることができる。物質代謝の概念は，非有機的物質と生命との，生命と社会との存在論的存在位相の多次元を媒介する論理として理解することも可能である。

[文献] マルクス『経済学・哲学手稿』（国民文庫）大月書店，1963；『資本論』（全5冊）大月書店，1968；椎名重明『農学の思想——マルクスとリービッヒ』東京大学出版会，1976；吉田文和『環境と技術の経済学——人間と自然の物質代謝の理論』青木書店 1980；韓立新『エコロジーとマルクス』時潮社，2001；ジョン・ベラミー・フォスター『マルクスのエコロジー』こぶし書房，2004；島崎隆「マルクス唯物論における"Stoffwechsel"概念の検討」（『唯物論研究年誌』第9号）青木書店，2004。　　　　　　　　　　　　　　　　　　　　　（佐藤春吉）

物象化　〔独〕Versachlichung, Verdinglichung〔英〕reification〔仏〕réification, chosification

人間の労働力さえも商品化され社会的生産の諸要素がすべて市場を媒介として配分される資本主義社会においては，生産において結ばれる人と人との関係はモノとモノとの関係として現象する。これに端を発して近代社会においては，組織の編制から文化的諸価値に関わる事柄に至るまで，人間の織りなす社会であるにもかかわらず，人間的諸性格が消失し，システムやモノが人間の頭越しに自立した自働機械のように機能する世界が現出する。このような現象をマルクスは物象化と呼び，『資本論』第1巻第1章第4節「商品の物神的性格とその秘密」および第3巻第7編「三位一体的定式」などにおいてこれを詳細に分析している。彼は，ドイツ語には「物」を表現するのに〈Sache〉（物象，物件）と〈Ding〉（物）の二語があることを生かして，物象化にも「物象

化」(Versachlichung) と「物化」(Verdinglichung) の二語を使い分けている。「物象化」とは主体的人格 (Person) と人格との社会的関連が物象と物象との社会的関係へと転倒する過程である。ある対象は物象的な社会的関係の担い手として観念されるとき物象と呼ばれる。「物化」とは，物象がもつ社会的関係の諸契機が自然物としての物そのものに内属する自然的諸属性へと転倒する過程である。「物化」の結果，資本主義的生産諸関係によって生み出される歴史的諸規定はすべて人とモノの自然的諸属性に由来すると観念する日常的意識が生まれる。資本主義的生産様式のこの神秘化は土地，資本＝生産手段，労働が地代，利潤，労賃を生み出すというブルジョア経済学の三位一体的定式においてその極地に達し，資本主義に固有の歴史性は忘却される。

近代資本主義社会を分析するための主要概念として物象化に新しい意義づけを与えたのはウェーバーであった。彼は近代資本主義を生み出した西洋社会の歴史を一貫した「合理化」過程と捉え，その内実は，社会制度，社会関係，法，宗教，諸個人の行動様式が「個人的・人格的なもの」(Persönliches) から「事象に即したもの」(Sachliches) へと転換することと把握し，これを「物象化＝即事象化」と呼んで，合理的経営としての官僚制論，資本主義のエートス論をこの観点から分析した。さらにルカーチは，マルクス主義の立場からマルクス，ウェーバーの物象化理論を総合して主著『歴史と階級意識』(1923) において資本主義社会における経済・政治制度から思考様式に至るトータルな「物象化」(Verdinglichung) と「ブルジョア的意識の二律背反」を批判的に考察すると同時に，トータルな「物象化」の中で社会革命の変革主体はいかにして形成されるかという問題を初めて提起した。マルクス，ウェーバー，ルカーチらの「物象化」理論は，20世紀における哲学・社会思想・社会科学の展開に大きな影響を与えた。

→ウェーバー，階級意識，仮象，管理社会，官僚制，合理性，市場経済，疎外，物神崇拝，ルカーチ

［文献］マルクス『資本論』(全5冊) 大月書店，1968；ウェーバー『社会学論集——方法・宗教・政治』青木書店，1971；ル

ブッシン

カーチ『歴史と階級意識』白水社，1975。　　　　　　（平子友長）

物神崇拝　〔英〕fetishism〔独〕Fetischismus〔仏〕fétichisme
「呪物崇拝」または「フェティシズム」とも呼ばれる。18世紀フランスの啓蒙思想家シャルル・ド・ブロス（1709-77）は『フェティッシュ諸神の崇拝』（1760）において「物神崇拝」を学術用語として初めて用いた。「物神＝フェティッシュ」という用語自体は，「人工・人造的」（artficial）を意味する形容詞〔ラ〕facticiusに由来し〔ポ〕feitiço（1555）を経由して17世紀にすでに〔仏〕fétiche（1669）として定着していた。アフリカおよびアメリカ大陸の住民たちの信仰・崇拝の対象となった自然物が「フェティッシュ」と呼ばれていた。この信仰（タブー・祭祀の体系）を詳細に分析したド・ブロスはこれを「フェティシズム」と定義し，これまで宗教の最古形態と見なされていた古代エジプト・ペルシアなどの動物崇拝や偶像崇拝を伴う古代宗教よりもより原初的な信仰として把握した。宗教の原初形態を物神崇拝として捉える考え方は，カント，ヘーゲル，コントなどに引き継がれてゆく。

『資本論』においてマルクスは，市場経済の全面的展開を伴う資本主義的生産様式において不可避的に進行する物象化過程に対応して資本家，労働者など経済当事者の意識の側で成立する倒錯した意識を物神崇拝と呼んだ。商品貨幣経済システムにおいては，社会的分業における諸個人の社会的貢献度は彼らの生産した商品の市場における価値によって評価されるから，人々の意識にはモノは人間の労働が投与されなくてもそれ自体として価値と使用価値を有するという観念が発展する（商品物神）。貨幣商品である金は地中から掘り出された瞬間にすべての商品を購買する経済的力をもつが，人々は金の金属としての自然的特性が金にそのような特権を与えると観念する（貨幣物神）。こうした意識の倒錯は資本主義的生産様式においてさらに発展し，貨幣は自動的に利潤・利子を生み．土地は自動的に地代を産み，他方労働者の労働は（それが利潤・地代部分の価値をも生産しているにもかかわらず）賃金として支払われる価値しか生み出さないという観念を

生み出す(「経済的三位一体定式」)。これが資本主義社会の構成員の「日常生活の宗教」であり，これによって資本主義もまた特殊歴史的な限定を帯びた生産様式であることは忘却され，資本主義が人間の本性に最適の最も合理的な経済システムであるという信念が生み出されると，マルクスは考えた。

19世紀末以降，精神病理学において性的倒錯としてのフェティシズム(性的快感やオルガスムが異性の性器官以外の対象，たとえば衣服や性器以外の身体部分によって達成されること)の概念が登場した。フロイトは性的倒錯への傾向を「異常な」症状としてではなく人間の性欲動の正常な要素として認め，これを無意識の構造を分析するための基礎概念として重視し(「性欲論三篇」)，「フェティシズム」(1927)においてフェティッシュを「男児が女性(母)にも陰茎があると信じ，かつ断念しようとしない女性(母)の陰茎に対する代理物」と定義した。

→物象化，偶像崇拝，自然宗教，シャーマニズム，呪術，精神分析，トーテミズム，フロイト

[文献] マルクス『資本論』(全5冊) 大月書店，1968；フロイト「性欲論三篇」「呪物崇拝」(著作集5) 人文書院，1969；石塚正英『フェティシズムの思想圏』世界書院，1991。(平子友長)

仏性→日本仏教

ブッダ→釈迦

物体 〔ギ〕sōma 〔ラ〕corpus 〔仏〕corps 〔英〕body 〔独〕Körper

物体を表すヨーロッパの言語はすべて身体の意味をもつのに対し，日本語は身体と物体を区別しているのは興味深い。日常言語のレベルでは，物体とは，物理的対象(physical object)の意味で用いられ，植物や動物を物体ということには抵抗がある。身体を魂の牢獄と捉えたプラトンに見られるように，西洋哲学では，受肉を堕落と説くキリスト教とともに，物体(身体)は貶めて捉えられてきた。アリストテレスは，自然物であれ人工物であれ，

物体は受動的な原理である質料と能動的な原理である形相から成り立っているとしたが、デカルトでは物体から精神的な原理である形相が排除され、精神と物体を分離する二元論が唱えられ、物体とは三次元に広がる空間的な延長体にほかならない。石や木、川や家などの感覚や想像力によって知覚される個別的な物体は、延長としての一般的な物体的世界の一部を構成するものでしかない。エピクロスの原子論は物体としてのアトムとそのなかで運動する空間とを区別したが、デカルトでは自然的世界は延長としての物体でしかなく、空間と物体は同一であり、何もない空虚は存在しない。スピノザは神のみが唯一存在する実体であるとの一元論を唱えたが、思惟と延長を神の属性、精神と物体を神の様態とし、神即自然、自然即神の汎神論を展開した。スピノザの物体は、一種の力を想定しているとはいえ、デカルトのものと基本的に異ならないが、ライプニッツは、アリストテレスの実体形相を復活して、物体は精神的な生きた力であるモナドによって構成されていると見る。物体の空間的な広がりがそれに内在する力によって成立していると見る。

→物質, デカルト, 空間 　　　　　　　　　　　　　　(河野勝彦)

　ブーバー　Martin Buber 1878-1965

ウィーン生まれのユダヤ人思想家。ドイツ在住期は大学でユダヤ哲学を講じ、ユダヤ教思想の発展、聖書のドイツ語訳に貢献。ユダヤ神秘思想（ハシディズム）やフォイエルバッハの影響を受けて、世界を対象として経験する主体という近代的人間像を批判し、〈私―あなた〉という関係性、他者との〈出会い〉や〈対話〉を人間の本質的なあり方と捉え、ユダヤ宗教思想という範囲をこえて現代思想に影響を与えた。ナチス時代にパレスチナに移住し、ヘブライ大学で社会哲学を講じる一方、成人教育にも力を入れた。

[文献] ブーバー『我と汝・対話』岩波文庫, 1979；『ブーバー著作集』（全10巻）みすず書房, 1967-70。　　　　(藤谷秀)

ブハーリン　Nikolai Ivonovich Bukharin 1888-1938
1920年代までソ連の政治的中枢で活躍した社会主義理論家，政治家。市場経済に依拠した20年代の「新経済政策」（ネップ）の理論的支柱。ネップは「社会主義への過渡期」であり，「市場関係を通じてこそ社会主義へ至る」のであり，その期間は「技術的および経済的後進性のために非常に長い」と主張した。1929年末からの，農業強制的集団化とスターリン独裁政治への「大転換」により失脚。その後，科学研究・技術開発の計画化を先駆的に試み，バナールなどに大きな影響を与えた。政治的陰謀の汚名をきせられ38年処刑。1970年代以降，市場社会主義の先駆者として再評価されている。
［文献］ブハーリン『社会主義への道』改造文庫，1932；S. コーエン『ブハーリンとボリシェヴィキ革命――政治的伝記・1888-1938年』未来社，1979。　　　　　　　　　（後藤道夫）

普遍→個別／特殊／普遍

普遍論争→唯名論と実念論

プラクシス→実践

プラクシス派　〔英〕Praxis School
プラクシス派は，ユーゴスラヴィアにおいて，1950年以降，自主管理社会主義が試みられたなかで企てられたマルクス主義革新の興味深い哲学グループであった。その最も大きな特徴は，マルクスの哲学における労働の概念と実践の概念を区別して，「実践」というのは，レーニンが言ったような，主観・客観関係という枠組のなかでの認識論的なカテゴリーではなく，人間世界を作り上げる存在論的行為だと考えたことにある。その場合，マルクス主義は，単に一種の唯物論ではなく，「実践」としては，社会的・実践的レベルでのイデオロギー批判となる。しかし，ユーゴスラヴィアでは，マルクス主義もまた，スターリン主義とともに，イデオロギーと化してしまった。「プラクシス」派は，自主管理の

プラグマ

名目のなかで進行していったあらゆる形での政治疎外と物神崇拝的意識に反対して戦おうとした。この哲学グループは，大半は，ザグレブからの哲学者（ペトロヴィッチ，ブラニツキーなど）とベオグラードからの哲学者（マルコヴィッチ，ストヤノヴィッチなど）からなっていた。ユーゴスラヴィア内戦の過程で，「プラスクシス」派の哲学者，とりわけ，ベオグラードのグループがナショナリズムに変貌したという事実は留意すべき興味深い問題である。　　　　　　　　　　　（ミロスラフ・ミロヴィッチ／佐藤和夫）

プラグマティクス→語用論

プラグマティズム　〔英〕pragmatism
プラグマティズムは新大陸アメリカに誕生した初めての大きな影響力をもった哲学思想である。日本では「実用主義」と訳されたことがあるが，批判を前提とした不正確な訳語であるので，今日では用いられない。

　プラグマティズムの生みの親パースは，合衆国沿岸測量部で仕事をしていたが，論理学の課題の一つは概念を明確にすることだと考え，1878年に「プラグマティズムの格率」を次のように定式化した。「ある概念の対象が，行動の上に起こると考えられるどんな結果を引き起こすかを考えて見よ。それらの結果についてのわれわれの概念が，その対象についてのわれわれの概念のすべてである」。パースは，思考は疑念という刺激によって生じ，信念が得られれば停止する，だから，思考の働きは信念を固めることだと考えた。信念は行動のための規則である。こうした，思考のあり方を行動との結びつきにおいて考える姿勢がパースの特徴であり，プラグマティズムの共通の姿勢となった。プラグマティズムという用語は，カントが『純粋理性批判』で行為を規定するpraktisch（実践的）な法則の中にpragmatisch（実用的）な法則とmoralisch（道徳的）な法則の二つががあることを区別したことに由来する。若い頃の三年間カント研究に打ち込んだパースは，ア・プリオリに認識できるとされるmoralischな法則の影を引きずるpraktischという用語を選ばず，経験的な諸原理を基礎

とする pragmatisch という用語を選んだ。

しかし、実際にプラグマティズムの宣伝役を担い、代表者として啓蒙活動を行ったのは、パースの研究仲間であったジェイムズであった。ハーバード大学哲学教授として『心理学原理』(1890)、『信じる意志』(1897) 等の出版によって名声を得たジェイムズは1898年「哲学の概念と実際の結果」という講演をカリフォルニア大学で行い、初めて世間にパースとプラグマティズムを紹介し、さらに1907年講演集『プラグマティズム』を出版した。ジェイムズは、「プラグマティズムの格率」を知的概念のみならず、すべての概念に適用できるものとして拡大解釈した理論活動を進めた。ジェイムズによれば、実在との一致としての真理とは、「まっすぐに実在あるいはその周辺まで誘導される」その過程を意味し、「実在ないし実在と結びついた何ものかをよりよく扱えるような実在との作業的な接触に至る」という実際的結果をもたらすものである。つまり、真理とは究極的な実体ではなく、「真理になる」動的な過程であり、検証の過程である。こうしたジェイムズ流プラグマティズムがプラグマティズムとして通用したため、パースはそれと一線を画すために、1905年からは自らの原理を「プラグマティシズム」と呼んで区別した。

デューイはジェイムズの影響を受けてヘーゲル主義からプラグマティズムへと立場を転換させたが、彼は道具主義の立場を鮮明にし、パース的なプラグマティズムを復活させようとした。デューイは進化論の影響を強く受け、有機体と環境との間の相互作用という自然の過程を常に視野に入れて、思考を環境に適応する有機体の反応の足場となるものと捉えた。その足場が確かなものであるかどうかを判断するにはテストを必要とする。彼は、概念は道具であり、すべての道具の場合と同じように、その価値は、それ自身の内にあるのでなく、その使用の結果に現れる作業能力の内にある、と述べ、理論は誤りうるものという可謬主義の立場を表明した。

プラグマティズムは20世紀後半にはいると分析哲学などに引き継がれていくが、現代記号論ではパース再評価が行われており、また、教育学では依然としてデューイの思想は新しいヒント

を与え続けている。日本では1956年に日本デューイ学会が設立されプラグマティスト，英米教育思想に関する幅広い研究活動が行われている。
［文献］ウィリアム・ジェイムズ『プラグマティズム』岩波文庫，1957；『理想 第669号 特集・プラグマティズムの現在』理想社，2002；魚津郁夫『プラグマティズムの思想』ちくま学芸文庫，2006。　　　　　　　　　　　　　　　　　　　　　（栗田充治）

ブラッドリー　Francis Herbert Bradley 1846-1924
オックスフォード理想主義に属するイギリスの哲学者。倫理学では功利主義や個人主義に反対した。論理的分析にすぐれ，経験論的帰納法を論駁しながら伝統的論理学の欠陥を指摘した主著『現象と実在』（1893）で，通常の事物や性質，時間，空間，自我等は，それらを構成する「関係」が自己矛盾を含むため「現象」にすぎず，真の「実在」は「現象」すべてを調和的に包含した唯一の絶対者であり，「感知する経験」，直接経験に等しいと主張して，ラッセルやムーアの攻撃対象となった。　　　（池田成一）

プラトン　Platōn 前427-347
【生涯】母方の家系はソロンに遡る。青年時代に30人僭主政の独裁政治に遭遇したプラトンは，失望して政治家の道を断念する。この体制の指導者クリティアスやカルミデスは母方の親類であった。民主制回復期におけるソクラテスの刑死に衝撃を受け，当時の政治・社会の荒廃を治癒するには哲学による根本的改革しかないとの確信をもつ。40才頃までに，哲学者が王となって統治するか，現在の権力者が真に哲学を学ぶのでない限り，人類の不幸はやむことがないという哲人王思想に到達した。僭主の教育を目的としたシチリア訪問はこの思想の実践であった。前387年，学問研究を進め有為な人材を養成するためにアテナイ郊外に学校（アカデメイア）を開設し，ここを拠点に生涯に渉る研究・著作活動を行った。
【哲学】著作はすべて残っている。これらは，後期対話篇の一部を除き，ソクラテスを主人公とする対話篇の形式で書かれてお

り，大きく，初期，中期，後期に区分される。プラトンは，ソクラテスの愛知の活動を受け継ぎ，これを認識論的，存在論的に深め，それに基づいて国家論や宇宙論を構築した。初期対話篇（『プロタゴラス』『ラケス』『カルミデス』等）では，徳の「何であるか」やその教授可能性などについて探求したソクラテスの問答法を描いている。ソクラテスは，「何であるか」を問う場合，すべての事例に共通する本質的特徴を厳密に語ることを求めたが，対話相手の解答は常に反駁され，対話は答えのない袋小路（アポリア）の状態で終了する。中期対話篇（『パイドン』『国家』等）では，この「何であるか」の問いに厳密に対応する対象としてイデアの存在を仮説し，同時にこの仮説と同じ必然性をもつものとして魂の不死を捉え，イデア想起説を唱えると共に，死後の裁きと魂の運命に関するミュートスを展開した。また，欲望への迎合とその理論化に対抗して真の道徳を基礎づけるために，魂の三部分説を立て，理知に導かれた魂の徳（正義）こそが幸福の源泉であるとした。さらに，国家の幸福を実現するには，イデア的真実在を認識した哲学者の導きが必要だとして，予備学としての数学的諸学科から哲学的問答法（ディアレクティケー）に至る，哲学者養成の教育プログラムを提示した。後期対話篇（『テアイテトス』『ソピステス』『法律』等）では，中期対話篇で展開されたイデア論の論理的不備を反省し，感覚と知識の概念について根源的な再検討を行うと共に，快楽や欲望に関する分析も深化させた。また分割法による定義，イデア相互の結合関係などによってイデア論を理論的に深めたが，特に，偽の意味での「あらぬ」が「〜と異なる」を意味することを発見したことは重要である。さらに，無神論的自然観に対抗して，知性を備えた魂が宇宙全体を導くとする目的論的自然観とそれに基づく宇宙論を構築した。晩年には，法の支配に基づく実現可能な次善の国制を構想した。伝統的解釈では，プラトンは生涯イデア論を堅持したことになるが，後期においてイデア論が放棄されたとして，範型イデアを語る『ティマイオス』を中期対話篇（『国家』の次）に編入する解釈もある。プラトンは，存在と価値の超越的な根拠としてのイデアを指定したことによって，西洋の哲学的思考の大きな伝統の基礎を作り出

すことになった。その思想は，主に新プラトン主義的解釈を通じて，中世キリスト教神学に影響を与え，さらに，フィチーノによる全訳が達成されたルネサンス時代を経て近代に至るまで大きな影響力を持ち続けた。現代においても，それは，哲学的問題を考察するにあたって，哲学的思索の原点として，常に参照されるべき存在となっている。

［文献］『プラトン全集』（全15巻 別巻）岩波書店，1974-78；内山勝利編『哲学の歴史1 哲学誕生―古代1』中央公論社，2008；藤沢令夫『プラトンの哲学』岩波新書，1998；加藤信朗『ギリシア哲学』東京大学出版会，1996；R. S. ブラック『プラトン入門』岩波文庫，1992；ジュリア・アナス『プラトン』岩波書店，2008；内山勝利編『プラトンを学ぶ人のために』世界思想社，2014。　　　　　　　　　　　　　　　　　　（斉藤和也）

プラトン主義　〔英〕Platonism
プラトンとその後継者たちの哲学，さらに，それらに類似する思想を指す。プラトンの哲学を確定することは難しいが，一般的には次の五つに要約される。①理想国家の支配者は哲学者。②個物が構成する感覚世界とイデアの非感覚世界（思惟世界）の二元論。知識は思惟世界にのみ成立する。③魂の不死と輪廻転生。④この世の魂の真の知とは，すべて，すでに知っていることを思い出すことによって成立するという想起説。⑤愛・恋の目的を不死におき，本当の不死を得るためには，肉体への恋から始めて，感覚世界を超えた美そのものへの恋に至るべきだという説。「プラトニックラブ」である。歴史的に言えば，彼の死後，彼の作ったアカデメイアでは，ヘレニズム哲学の独断論に反対して，まず懐疑主義が台頭。のちに，彼の思想の形而上学的な面の復活が図られ，これが中期プラトニズムと呼ばれるものとなる。医者のガレノス，作家のアプレイウス，プルタルコスもこの派とされる。こののち，プロティノスをはじめとするネオ（新）プラトニズムが誕生。完全な一者からまずヌース，次に魂，さらに自然が，流れ出すように生まれ出るのだが，生まれ出たものは，この順に不完全であり，一者に戻ることこそ大事だという説を展開する。この

神秘的な考えは，中世からルネサンスにかけて，キリスト教に影響を与えた。近世では，ケンブリッジプラトン学派がある。20世紀ホワイトヘッドは「ヨーロッパのすべての哲学はプラトン哲学への脚注」と言った。

［文献］H. Dorrie und M. Baltes, *Der Platonismus in der Antike: Grundlagen, System, Entwicklung*, Stuttgart-Bad Cannstatt, 1987- ; Merlan, P., "Greek Philosophy from Plato to Plotinus", A. H. Armstrong (ed.), *The Cambridge History of Later Greek and Early Medieval Philosophy*, Cambridge University Press, Cambridge, 1967, pp.64-73 ; J. Dillon, *The Middle Platonists*, London, 1977, Revised, 1996.

（左近司祥子）

プラハ学派　〔英〕Prague school
プラーグ学派とも。ボードゥアン・ド・クルトネとファルディナン・ド・ソシュールを理論的先駆者とし，1926年，V. マテジウスが結成した学者集団を母体とする構造主義学派。39年のナチス侵攻で活動を抑圧されるまで，チェコおよび周辺諸国の学者が定期的に会合，研究討議を重ね，機関誌『プラハ言語学団論集』および『言葉と文学』を発行し，内外に影響を与えた。N. S. トルベツコイとR. ヤコブソンの業績が特に有名である。第二次世界大戦後，新時代に入り，64年に『プラハ言語学論集』を創刊し，現在に至る。

　クルトネの機能，ソシュールの構造という概念を受け入れ，言語理論ばかりでなく，文芸理論その他の分野で，この二つの基本概念から分析を行い，今日でも依然として価値のある業績を残している。この学派が残した功績は1920-30年代の音韻論，30-40年代の構造美学，40-50年代の記号芸術論などと，その適応領域は広く，文の分析を言語外現実との関連で捉えるテーマ・レーマ理論は30年代から80年代まで発展を続けている。この学派の基本的特色は，言語を機能的観点から構造的に分析するいわゆる機能主義であり，言語のもつ潜在的性質や言語外の現実との関係を重視するが，ソシュールの学説などと並び構造言語学の一派とされる。音韻論のほか言語の通時的・共時的様態の広範囲に及ぶ

ブラフマ

優れた研究があり，上記の者のほか，J. ムカジョフスキーが高く評価され，J. バヘク，F. ダネシュ，J. フィルバス，P. スガルらが，言語学，文芸学の諸分野で，伝統を継いで活躍している。

(下川浩)

ブラフマン 〔サ〕brahman
インドにおける宗教・哲学概念。「拡大する」「膨張する」を意味する動詞語根 bṛh- からの派生語で，「拡大・膨張するもの・力」を原義とし，もとは「ヴェーダ聖典のことば」あるいは「ヴェーダの祭式を執行する祭官」を意味した。特に，ヴェーダ聖典のことばは，絶対に誤りのないものであり，祭式でそのことばを用いるということは，そのことば通りの世界を創り上げることにほかならないとされた。ここに，強烈な言霊信仰を見ることができる。その後，ブラフマンは，それをもととして世界が流出し，またそこへ帰っていくところのもの，つまり宇宙の根本原理と考えられるに至る。前8世紀頃のシャーンディリヤは，神秘的同置を目指す瞑想のなかで，自己の本体であるアートマンとブラフマンとは同一であるとの認識を得た。この瞑想知が重要なきっかけとなり，前8-7世紀にウッダーラカ・アールニが，ブラフマンを唯一の根本的実在（有）と言い換え，そこから世界が自己流出する過程を体系的に説いた。これがインド最初の哲学体系としての「有の哲学」である。この構想は，紀元前後に成立したヴェーダーンタ学派に受け継がれたが，その際，ヒンドゥー教の哲学らしく，ブラフマンは最高主宰神と同一視された。5世紀に文法学派のバルトリハリが，語＝ブラフマン説を展開したが，これはブラフマンの原義に立ち返った説だといえる。
[文献] 宮元啓一『インド哲学七つの難問』講談社選書メチエ，2002。

(宮元啓一)

ブランキ　Louis Auguste Blanqui 1805-1881
フランスの社会主義者。王政復古期の共和主義的反政府組織であるフランス・カルボナリ運動に加わり，1830年の七月革命の戦闘に参加。その後1839年に武装蜂起を企てて弾圧された「季節

社」をはじめ，政府の打倒を目指す秘密結社を設立，指導した。フランス革命期のバブーフの影響のもとで少数の精鋭部隊の武装蜂起による政府の転覆と労働者階級による直接的な権力掌握という革命方式を主張し，一般にそれがブランキ主義と呼ばれることになった。二月革命，パリ・コミューンにも関与して逮捕・投獄を繰り返し，生涯のうちの30数年を獄中で過ごし，19世紀の革命運動の一つの象徴的存在となる。

→バブーフ

［文献］ブランキ『革命論集』彩流社，1991：同『天体による永遠』岩波文庫，2012。 （岩本吉弘）

　フランクフルト学派　〔独〕Frankfurter Schule
1923年，フランクフルト大学の付属機関として設立された「社会研究所」に所属する思想家達が形成した学派の名称。初期のメンバーは，1931年に所長となり，以後指導的な地位にあったホルクハイマーをはじめとして，アドルノ，ベンヤミン，フロム，マルクーゼなど。彼らは第一世代と呼ばれる。研究所のプログラムは「批判理論」と呼ばれたが，それは，史的唯物論や物象化論だけでなく，精神分析，歴史学，社会学，経済学，芸術理論などを総合した，科学と哲学の総合をはかる試みであり，「学際的唯物論」（ホルクハイマー）であった。メンバーの大部分はユダヤ系だったのでナチスの迫害を受け，研究所はアメリカに亡命，第二次世界大戦後の1949年にドイツに復帰した。ただしフロムとマルクーゼはアメリカに残った。これ以後，アドルノ，ホルクハイマーが中心となるが，彼らは次第にペシミズムに陥ってゆく。この時期までに刊行された主な業績には次のようなものがある。ホルクハイマー「伝統的理論と批判的理論」（1937），フロム『家族と権威』（1938），アドルノとホルクハイマーの共著『啓蒙の弁証法』（1947）など。その後，学派は第二世代のハーバーマスの下に大きく変化してゆく。ハーバーマスは『コミュニケーション的行為の理論』（1981）において，それまでの第一世代の物象化論の行き詰まりを指摘し，英米系の言語哲学の成果を用いた，労働と区別されたコミュニケーション理論を提起した。これによ

りハーバーマスは，経済と政治の物象化されたシステムに対し，支配から自由なコミュニケーションに支えられた生活世界からの批判を対置してゆくという方向を示した。この理論は「新しい社会運動」などに示される70年代以降の市民運動に理論的な基礎づけを与えるものとして大きな反響を呼んだ。その後『事実性と妥当性』（1992）では市民的公共性を基礎づける民主主義的法治国家論を提起。現在はいわゆる第三世代と呼ばれるフランクフルト大学のアクセル・ホネット，ほかにヴェルマー，メンケなどが活動している。
→ホルクハイマー，アドルノ，ハーバーマス
［文献］ホルクハイマー『哲学の社会的機能』晶文社，1974；マーティン・ジェイ『弁証法的想像力——フランクフルト学派と社会研究所の歴史 1923-1950』みすず書房，1975；豊泉周治『ハーバーマスの社会理論』世界思想社，2000；徳永恂『フランクフルト学派の展開』新曜社，2002。　　　　　　（福山隆夫）

フランス唯物論　〔仏〕matérialisme français〔英〕French materialism〔独〕französischer Materialismus
19世紀のマルクスの唯物論などに対して，18世紀フランスに現れた唯物論を表す。その大胆な宗教批判が評価される一方で，自然観においては機械論的唯物論，社会観においては「意見が環境を変える」とする観念論と見なされて，マルクスの唯物論の引き立て役とされてきた。しかし現在では，そうした類型的解釈を離れて，その意義を捉え直す動きが始まっている。まず，ラ・メトリだが，彼の基盤はブールハーウェの医学で，そこには機械論的傾向とともに，身体を外部の環境との関係や諸器官相互の関係で捉える，相互依存的視点がある。ディドロの基盤は，古代原子論，近世化学，モンペリエ学派やハラーの生理学などで，そこから無生物，植物，動物を階層化する自然観を展開した。その唯物論は生気論を取り入れつつも，物質の関係性や構造性に定位している。異質な要素の対立から新たな形態の産出を見る点には，自己組織性や創発の視点すらある。ドルバックの基盤は，ニュートンの力学，トーランドの物質運動観，シュタールの化学などであ

り，そこから因果の必然によって万物が生成消滅するとする自然観を展開した。そこには還元主義も見られるが，同時に，世界全体を自己保存を目指す個体同士の作用反作用から説明するスピノザ的な全体論も見られる。エルヴェシウスは前三者と異なり，自然科学的な議論に依拠しない一風変わった唯物論を展開した。彼はコンディヤックの感覚論に依拠して，人間をひたすら快苦原則に従って行動する存在と捉え，その個人的快楽追求が教育や名誉心を媒介にして社会善の実現をもたらすと考えた。名誉心は世論の評価であり，この点においてエルヴェシウスの問題系は「市民的公共圏」に通じている。このようにフランス唯物論には，従来の解釈では見えなかった多様性，構造性，現代的可能性があり，そのさらなる掘り下げが期待される。

→機械論的唯物論，啓蒙思想

［文献］杉捷夫訳『フランス唯物論哲學』中央公論社，1931；ディドロ『ダランベールの夢』岩波文庫，1958；ドルバック『自然の体系』上・下，法政大学出版局，1999-2001。（寺田元一）

プーラン・ド・ラ・バール　François Poulain de la Barre 1647-1723

17世紀フランスで徹底した男女平等を唱えた男性の思想家。デカルトの思想に強く影響され，「精神には性の違いはない」という主張を基礎に，その当時流布していた男女平等を否定しようとする議論を，聖書の記述への批判的吟味を一つの軸にしながら，徹底して批判した。これまでの通俗的な男女の区別と差別に対して，男女の違いが出てくるとすれば，それは慣習と教育の差に起因するのだとし，女性が公的活動においても教育においても男性と平等でなくてはならないとし，夫婦関係での支配隷属関係をも否定した。『両性の平等について』（1673）は，その意味での問題提起の書であったが，プーランの挑発を社会が受け取ることにならず，彼自身が，擬似的な反論の書，『男の優秀さについて』を書いたりした。その後，この思想家については，次第に忘れ去られることになったが，20世紀に再発見され，ボーヴォワールは，『第二の性』の冒頭にプーランの言葉を引用している。

フリエ

[文献] プーラン・ド・ラ・バール『両性平等論』法政大学出版局，1997。　　　　　　　　　　　　　　　　　　（佐藤和夫）

　フーリエ　François Marie Charles Fourier 1772-1837
フランスのユートピア社会主義者。ブザンソンの裕福な商家に生まれ，商店員などをした後，1808年の『四運動の理論』で著作活動に入った。「ファランジュ」という1800人程度の人間から成る独自の協同社会の建設を主張した。社会的結合を，人間の情念と情念の結びつきと見る「情念引力」の理論によって説明し，その理論は宇宙を物理的に構成する万有引力の法則のごとく神の摂理に適った法則であると見なした。その協同体では人間のあらゆる活動・労働が各人の情念に基づいて行われるようになり，その諸情念がうまく調和するように数学的に計算して配置することによって普遍的な調和社会が建設されるという。現在の社会では苦役・強制である生産労働は人間の内発的欲求に変わり，欲望を越えて溢れ出すような生産のゆえに人間はもはや飢えることも分業に縛りづけられることもなく，協同体の中で様々な活動・労働を蝶が花々を舞い渡るように移っていくことができ，各人の内なる情念がそのまま社会調和の原理となるため，個人と全体社会との間のいかなる矛盾もなくなる。彼の提唱した協同体の建設は，コンシデランを指導者とするフーリエ派によってヨーロッパやアメリカの各地で試みられた。
→ユートピア社会主義，コンシデラン
[文献] フーリエ『四運動の理論』(全2巻) 現代思潮社，1970；『オウエン　サン・シモン　フーリエ—世界の名著42』中央公論社，1967。　　　　　　　　　　　　　　　　　　（岩本吉弘）

　プリゴジン　Ilya Prigogine 1917-2003
「非平衡の熱力学，とくに散逸構造の研究」で1977年にノーベル化学賞を受けたベルギーの物理化学者。プリゴジンは，散逸構造に関する科学的理論が物理や化学の対象範囲を超えて生物・宇宙・社会に至るまで広く拡大適用できるとしている。たとえば，生物は物質代謝を行い熱力学的に非平衡状態にあるが，一定の構

造を保って生命を維持し成長するという意味で散逸構造論的モデルにより解釈できる。熱力学的な不可逆性がすべてのレベルで秩序の源泉であるとし，散逸構造の形成や複雑化に関する理論を系の自己組織化や秩序形成の問題に拡大適用できるとするプリゴジン的考えは思想界に大きな波紋を呼んだ。
［文献］プリゴジン『確実性の終焉』みすず書房，1997；同『混沌からの秩序』みすず書房，1987。　　　　　　　　（佐野正博）

プリーストリ　Joseph Priestley 1733-1804
イギリスの化学者・神学者・哲学者。本職は長老派教会の牧師であるが酸素の発見で知られる。ビール醸造所で発生する炭酸ガスに興味をもったことから，一酸化窒素，塩化水素，アンモニアなど十数種類の気体を発見し，気体の水への溶解性などの実験を行った。この過程でソーダ水を発明。酸素ガスの発見は，ラボアジエの燃焼理論構築のきっかけになった。また，植物がこの気体を放出することも発見して光合成研究の端緒を開いた。フランス革命に好意的であったことなどから暴徒に襲われ，アメリカに移住。最後までフロギストン説を支持し，ラボアジエの新しい化学体系に対抗した。
［文献］島尾永康『物質理論の探求』岩波新書，1976。
　　　　　　　　　　　　　　　　　　　　　（渋谷一夫）

ブール　George Boole 1815-1864
イギリスの論理学者・数学者。現代論理学の創始者の一人。コーク大学・カレッジ教授。フレーゲが算術の諸概念と諸命題を厳密かつ論理的に表現しうる言語を意図して論理学を建設したのに対し，ブールは記号操作の内容的解釈からの独立性を認識しながら，『論理の数学的分析』（1847）において思考作用を代数的関係として研究した。彼が導入した論理計算の体系はブール代数（Boolean Algebra）と呼ばれる。彼はこの論理計算を『思考の法則』（1854）において確率計算に適用している。ブール代数の一例を挙げると，位相空間論において正則開集合をとった場合，それはブール代数（正則開集合のブール代数）となる。これは様相

論理学や直観主義論理学と関連を有する。
［文献］ブール『論理の数学的分析——演繹的推論の計算に関する試論』公論社, 1977；竹内外史『現代集合論入門〔増補版〕』日本評論社, 1989。 （横田榮一）

ブルジョアジー／プロレタリアート 〔仏〕bourgeoisie / prolétariat
近代資本主義社会における特定階級を表す言葉。語源的には，ブルジョアジーは 12 世紀頃のフランスの中世都市市民層を，プロレタリアートは古代ローマ時代の最下層民を意味した。18 世紀から 19 世紀にかけて，とりわけ社会主義思想の発展とともに，ブルジョアジーは貴族と区別される近代的中間階級を，プロレタリアートは近代的下層階級を意味するようになった。マルクスとエンゲルスは，これらの階級闘争の必然性を論じた。彼らによれば，両階級間の関係は本質的には資本主義社会における生産手段の所有のあり方（生産関係）に基づくのであり，ブルジョアジーは資本家階級，プロレタリアートは労働者階級である。前者は，長期にわたる生産様式の変革の産物であり，人格化された資本として資本蓄積を促進し，自由競争社会を確立するが，自ら創出した生産力を制御できない。他方，後者は，生産手段を所有せず労働力のみを販売し，資本の蓄積過程によって再生産され，ブルジョアジーに敵対するとともに，将来的には社会的な労働の生産力の担い手になる。近年の研究では，歴史的実体としての両階級の解明が，マルクスの記述の再検討や実証的歴史研究を通して，試みられている。たとえば，産業革命やフランス革命におけるブルジョアジーのヘゲモニーへの疑問と再解釈，「社会的危険分子」としてのプロレタリアート像の発掘などがある。
→階級・階級闘争，資本主義，生産力／生産関係
［文献］『マルクス＝エンゲルス全集』（全 41 巻 補巻 4 巻別巻 4 巻）大月書店, 1959-91；渡辺雅男『階級！——社会認識の概念装置』彩流社, 2004。 （大屋定晴）

プルタルコス（カイロネイアの）　Ploutarchos 45 頃 -120 頃
古代ギリシアの著述家。4 世紀のプラトン主義者であるアテナイのプルタルコスと区別して，生地の名称からカイロネイア（アテナイより北方の都市）のプルタルコスと呼ばれる。アテナイでアカデメイアのアンモニオスに学び，ローマにも何度か旅しているが，カイロネイアに居住し小さな知的サークル（小アカデメイア）を形成した。膨大な著作のうち現在まで伝承された作品では『対比列伝』（通称『英雄伝』）が最もよく知られているが，『モラリア（倫理論集）』として一括されている作品群に彼の哲学的考察が含まれている。そこにはアリストテレス，ストア派などの様々な影響が見られるが，基本的な立場は，その当時のプラトン理解やプルタルコスにとってプラトンの教説と思われたものを継承しているという意味で，プラトン主義であり，たとえば二元論的な宇宙論を構想した。倫理学においては，感情（パトス）からの脱却を目指すストア派に比較して，感情の制御や陶冶を重要視するアリストテレス的見解を擁護している。その思考のスタイルは，モンテーニュやベーコンに大きな影響を与えた。
［文献］プルタルコス『モラリア』（全 14 冊）京都大学学術出版会，1997-2018。　　　　　　　　　　　　　　（中畑正志）

ブルデュー　Pierre Bourdieu 1930-2002
現代フランスを代表した社会学者。社会科学高等研究院やコレージュ・ド・フランスの教授を勤めた。その研究はアルジェリア研究や農村研究から始まり，その後，「総合的人間学」構想から，ハビトゥス，文化資本，社会空間，界（champ）などの概念を駆使し，文学，絵画などの文化生産の界，趣味などの文化使用の界，教育・大学などの文化再生産の界，さらに住宅問題や国家分析までに及んだ。日本では，学校を通じた文化資本の不平等な配分による社会階級関係の再生産を解明した「文化的再生産論」として受容され，強い影響を与えた。しかし，総合的にみれば，ブルデューは社会階級に基づいた支配関係や社会秩序を正統化する象徴権力の解明を企図したといえよう。つまり，ブルデュー社会学は，ハビトゥスを形成する象徴暴力やハビトゥスが産出する知

覚，評価，行動を等級づける象徴闘争によって既存の社会秩序をあたかも自然なものとして承認＝誤認させ，正統化する象徴権力のメカニズムを解明した「支配と正統性」の社会学だといえる。また，ブルデューはハビトゥス概念の導入によって，主観主義と客観主義の方法論的対立の超克を企図し，「客観化を客観化」するという「社会学的認識論」を確立した。1990年代以降は，現代の新しい支配形態としての新自由主義を批判し，「トランスナショナルな社会国家」を創出することを目指して，「集団的知識人」として国際的な対抗運動の組織活動に尽力した。
→ハビトゥス
［文献］ブルデュー／パスロン『再生産――教育・社会・文化』藤原書店，1991；ブルデュー『パスカル的省察』藤原書店，2009。　　　　　　　　　　　　　　　　　　　　（小澤浩明）

　ブルトマン　Rudolf Karl Bultmann 1884-1976
ドイツのプロテスタント神学者・新約聖書学者。新約聖書はヘレニズム時代の天・地・黄泉から成る三層の神話的世界像のなかで書かれたものであり，史実として読まれるべきではなく，その様式を踏まえてイエスの「使信」（メッセージ＝ケリュグマ）。の本来的・実存的意味を探るべきだとし，「非神話化論」（Entmythologisierung）を提唱した。神話とは客観化できない事柄を客観化された。形で表現する文学形式であり，そこに潜む「本来的」（eigentlich）な自己理解と対峙しつつ，己の自己理解の真っ当さを検討することが課題であると主張し，その作業を「実存論的解釈」と呼び，それが現代人の課題であると主張した。具体的にはハイデガーの実存分析を踏まえて新しい解釈を展開した。イエスによる奇跡や復活の史実性が問題の中心ではなく，彼が新しい「生き方」の使信を宣言したということ（daß）が中心問題だと訴えた。この問題提起は，第二次世界大戦後に大きな反響を呼び，賛否両論が飛び交い，「ブルトマン以前か以後か」という表現すら生まれた。
［文献］『ブルトマン著作集』（全15巻〔7, 10, 12, 13, 15巻は未刊〕）新教出版社，1980-；熊沢義宣『ブルトマン〔増補改訂新

版〕』日本キリスト教団出版局，1987。　　　　　（高尾利数）

　プルードン　Pierre-Joseph Proudhon 1809-1865
フランスの社会主義思想家。フーリエと同郷（ブザンソン）だが，プルードンは貧しい生まれ。印刷職人として修業し，友人と印刷所を開くが倒産。この職人・経営者という経験が彼の思想に陰影とふくらみをもたらす。30歳をすぎて書いた『所有とは何か』（1840）で衝撃的な論壇デビューをはたす。所有を擁護する側の論法で所有権の存立不可能を証明し，若いマルクスもその鋭さに魅了された。パリで接近してきたマルクスに対し，プルードンはこの野心家の冷酷さを好まなかった。すると一転してマルクスはプルードンを激しく攻撃し始める。プルードンの『貧困の哲学』（1846）を曲解してマルクスは『哲学の貧困』（1847）という批判の書を著す。当時はほとんど売れず無視された本だが，後世プルードンが得ている悪評の元はここにある。プルードン自身は『貧困の哲学』以後も経済学の体系構築に励もうとするが，1848年革命を境に理論から実践への移行を必然のこと観念する。「相互主義」の理念に基づく人民銀行の企てはその段階では失敗するが，起業意欲のある労働者を助ける相互信用金庫などのアイデアはやがて当たり前のものとして実現している。人間は労働を通して成長する，そして生き生きとした楽しい労働が生産性を向上させる，この思想を彼はアナーキズムと名づけた。
［文献］プルードン『貧困の哲学』上・下，平凡社ライブラリー，2014；陸井四郎ほか訳『プルードン』（全3冊）（アナキズム叢書）三一書房，1971-72。　　　　　　　　　（斉藤悦則）

　ブルーノ　Giordano Bruno 1548-1600
ナポリ近郊のノラに生まれ，ドミニコ会の修道士となったが，ルルスの記憶術，クザーヌスの無限論，テレジオの自然哲学に傾倒し，異端の告発を受けたためナポリを出奔（1576）。以後，ヨーロッパ各地を遍歴しながら活躍したが，92年に逮捕され，1600年，ローマの広場で火刑に処される。コペルニクスの太陽中心説の限界を突き破り，太陽系のような世界が複数存在すること，宇

宙は無限であること，世界霊魂が宇宙を主宰する一方，第一質料も無限で神的であることを主張した。古代原子論への傾斜も見せたが，離散的な原子と質料の連続性との総合に難が残る。地球の相対化はキリストの福音の相対化を招き，古代異教への共感に向かった。

［文献］ブルーノ『無限・宇宙と諸世界について』岩波文庫，1982；『ジョルダーノ・ブルーノ著作集』（全10巻 別巻2）東信堂，2003-；F. イエーツ『ジョルダーノ・ブルーノとヘルメス主義の伝統』工作舎，2010。　　　　　　　　　　　　（石村多門）

　フレーゲ　Friedrich Ludwig Gottlob Frege 1849-1925
ドイツの論理学者・哲学者。1879年，イェーナ大学員外教授，1896年，名誉正教授。記号論理学の創始者，分析哲学の祖と称される。数学の論理学への還元という論理主義のプログラムを抱き，『概念記法』（1879）で概念記法を提出したが，これは記号論理学の最初の体系となった。ここでのフレーゲの重要な革新は，変項と量化子の導入，言明の主語・述語分析を関数と項による分析によって置換したことである。彼は『算術の基礎』（1884）後，表現の意味（Bedeutung）と意義（Sinn）を区別し，関数概念の拡大を行い，値域の概念を導入し『算術の基本法則』（1893, 1903）で論理学からの算術の導出を試みたが，彼の体系に矛盾が発見され，これを機縁に数学基礎論が誕生することになった。

［文献］『フレーゲ著作集』（全6巻）勁草書房，1999-2002；野本和幸『フレーゲ哲学の全貌——論理主義と意味論の原型』勁草書房，2012。　　　　　　　　　　　　　　　　（横田榮一）

　プレハーノフ　Georgij Valentinovich Plekhanov 1856-1918
ロシアの社会主義者。ロシア・マルクス主義の父。初めはナロードニキだったが，亡命先でマルクス主義に転向。1883年にロシア最初のマルクス主義組織「労農解放団」を結成した。89年の第二インターナショナルの創立に参加し，1900年にはレーニンとともに『イスクラ』を創刊。1903年のロシア社会民主労働党の分裂の際には，レーニンに味方するが，まもなく，メンシェ

ヴィキに加わった。ロシアは社会主義に進む前に，資本主義的発展を経過しなければならず，来るべき革命はブルジョア革命であると考えた。第一次世界大戦中は，帝国主義戦争を支持し，十月革命には反対した。哲学・芸術論などの分野での業績には，啓蒙的意義がある。ナロードニキ批判やマッハ主義哲学との論争でも積極的な役割を果たした。
［文献］プレハーノフ『史的一元論』上・下，岩波文庫，1963。
(志田昇)

ブレンターノ　Franz Brentano 1838-1917
オーストリアの哲学者。カトリックの司祭，ヴュルツブルク大学の教員を経て，ウィーン大学教授となるが，6年後に辞職し，その後，大学私講師や著述活動に専念。自然科学の方法に基づく「記述的心理学」を唱えたが，その中身は，ふつうの経験論とは異なり，内部知覚で捉えられる直接経験の記述を通して，論理学や倫理学の原理としての先天的認識を解明しようとするものであった。また，ある対象・内容への関係をもっていることを心的現象の最大特徴と見なし，それを「志向性」と呼び，表象・判断・情動それぞれの心的現象に固有の志向性を明らかにした。現象学の創始者フッサールの意識論や世界論の源泉の一つとなっている。
［文献］ブレンターノ『精神現象の分類に就て』(世界大思想全集43) 春秋社，1929；同『道徳的認識の源泉について』(世界の名著61) 中央公論社，1980。
(種村完司)

フロイト　Sigmund Freud 1856-1939
オーストリア人の医者であり，精神分析の創始者。1856年に，ユダヤ人を父として，当時のオーストリア＝ハンガリー帝国のフライベルク（現チェコ共和国）に生まれた。幼児の頃に，ウィーンへと移住し，ウィーンで人生のほとんどを過ごした。1938年に，ナチスのウィーン侵攻にともない，イギリスへ亡命し，翌年ロンドンでなくなった。ヒステリーの研究を通じて無意識の重要性を発見し，また同時に幼児期の特に両親との間の性的関係の意

味の重要性を主張した。フロイトによれば，神経症などの心の病気は，幼児期の性的関係に由来する何らかのトラウマ（心的外傷体験）を無意識の世界に抑圧することから生ずる。この抑圧された無意識のトラウマを意識化してやれば，症状は消失することになる。初めの頃は，無意識へアプローチするための方法として，催眠を用いたが，後には自由連想や言い間違いの分析，夢分析，転移（過去の重要な人物との関係がセラピストとの関係に移されること）などを手がかりに無意識の解明を試みた。このような方法は，自己分析にも用いられ，幼児期の自分と父親との葛藤体験の夢分析から，エディプス・コンプレックスを発見した。やがて，フロイトのもとには彼の理論に賛同する人たちが参集したが，その後，性欲動の重要性を主張するフロイトの立場に反対して，アドラーやユングが離反していった。そのような状況にも耐えて，フロイトは，さらなる自己の理論の発展を目指した。たとえば，心の構造をエス（快楽原則により支配されており，無意識的であり，本能的性欲動の源泉），自我（エスの本能的衝動を抑制し，超自我からの圧力を緩和して現実への適応を図る），超自我（幼児期にしつけ等を通じて形成される道徳律，あるいは良心。道徳的禁止機能をもつ）より成るとする見解を展開したり，生の本能（その中心はセックス）と死の本能（人間の破壊的，攻撃的傾向）という二大本能説を唱えた。さらに，宗教や神話，芸術，文学などにも研究分野を広げ，文化的・哲学的諸問題へも言及した。このことにより，彼の理論は，20世紀の人間論，文化論に対して大きな影響を与えた。

→精神分析，抑圧，エス，現実原則／快楽原則

[文献] ブロイアー／フロイト『ヒステリー研究〈初版〉』中公クラシックス，2013；フロイト『精神分析学入門』（全2冊）中公クラシックス，2001；マッケンハウプト／ギンガリッチ『フロイト——無意識の世界への探検』大月書店，2008。

（高取憲一郎）

プロタゴラス　Prōtagorās 前490頃-420頃
アブデラ出身でソフィストの第一人者。アテナイで活動し不敬

神で追放されたが,彼の所論は不敬神ではなく,「神々の存在も形姿も私は知りえない」とする不可知論だった。「人間はすべてのものの尺度である——有るものについては有るということの,有らぬものについては有らぬということの」という相対主義的な〈人間尺度説〉で有名。何についても相反する両論があり,そのいずれの現れも真だが,一方がよりよい主張であれば弱論であってもそれを強化すべきで,教師たるソフィストの役割はそれを示すことだとした。これは彼の方法が弱論の強弁だとする評価につながった。

［文献］内山勝利編『ソクラテス以前哲学者断片集』5,岩波書店,1997。　　　　　　　　　　　　　　　　　　（三浦要）

　ブロッホ　Erunst Bloch 1885-1977
ユートピアと希望の哲学を構築したマルクス主義の哲学者。ドイツに生まれ,ファシズムと冷戦下で三度の亡命を重ねた。『希望の原理』を主著とするその思想は,経済主義的に硬直化した正統派マルクス主義を批判して,主体的な存在としての人間の復権を企てるものであった。すなわち「希望」とは,〈いま・ここ〉に在る現実を〈未だ成らざるもの〉としての未来の地平へと啓く原理であり,哲学による硬直した必然性の把握を批判するものである。「背筋を伸ばして歩く」という彼の言葉は,いまもフランクフルト学派の批判理論の標語として受け継がれている。

［文献］ブロッホ『希望の原理』（全6巻）白水社,2012-13。
　　　　　　　　　　　　　　　　　　　　　　（豊泉周治）

　プロティノス　Plotinos 204/5-270
西洋古代後期において支配的な哲学の一つになった「新プラトン主義」の創始者。28歳になって本格的な哲学の研究を志しアレクサンドリアにおいてアンモニオス・サッカスのもとで学び,ペルシアやインドの哲学を摂取するため東方に旅するが挫折,のちにローマに居住して学園を開設し,死の直前までの生涯をローマで送った。プロティノスの著作は,弟子のポルピュリオスによって主題別に編集されて,それぞれが九つの論考（エンネアス）を

含む6篇から構成される『エンネアデス』に集約されている。

プロティノスは自らの思想をプラトンの哲学を正しく継承するものと考えていたが、実際には中期プラトニズムとアリストテレスやストア派からの影響も大きく、「新プラトン主義」という別の名称が後世に与えられたのは適切である。彼によれば、〈一者〉（ト・ヘン）あるいは〈善〉が万有の究極原因であり、そこからの流出によって下位の存在である知性、魂（世界魂と個別魂）という階層が構成され、流出の最終項となる素材（質料）に至るまでの存在論的・価値的序列が成立する。〈一者〉はまったく単純なもので知性によっても把握できないものであるが、哲学とはこの一者へと還帰する運動であり、最終的には脱我としての一者との合一が目指される。ポルピュリオスによれば、プロティノス自身がこの神秘的合一を何度か経験しているとされる。プロティノスの壮大な世界体系と神秘主義的思想は、新プラトン主義の思想的伝統の核を形成し、アウグスティヌスなどキリスト教思想家やイスラム思想家たちにも深刻な影響を与え、西欧思想の一つの重要な源泉となっている。

→新プラトン主義

［文献］水地宗明／田之頭安彦訳『プロティノス全集』（全4巻別巻）中央公論社，1986-88。　　　　　　　　（中畑正志）

プロテスタンティズム　〔英〕Protestantism〔独〕Protestantismus

「プロテスタント」という呼称は、1526年に一度は容認されたルター派の信仰が1529年に再び異端として排斥されたことに対しルター派が抗議（プロテスト）したことに由来する。しかし一般には広く宗教改革以降の反カトリック的な諸宗派を指し、ルター派のみならずカルヴァン派（改革派）やクェーカー派、バプテスト、さらにはイギリス国教会などをも含む概念である。

プロテスタントの諸宗派は神の言葉である聖書にのみ権威を認め、信仰のみによる救済を主張することで、ローマ教皇を頂点に統一的な教会組織の権威を主張するカトリックと厳しく対立した。そしてこの「聖書のみ」「信仰のみ」の原則を掲げたプロテ

スタントは，神と人間との直接的な関係を重視する新しい形の信仰を生み出し，当時の社会に多大な影響を与えることとなった。ドイツ農民戦争や三十年戦争，またイギリスのピューリタン革命などはその顕著な例であるが，これら顕在的な変動以外にも，思想・文化などに関わる広範な影響が指摘されている。

　たとえば M. ウェーバーによれば，プロテスタンティズムが神と人とを媒介する教会などの存在を批判し，信仰を徹底して個人化したことにより，当時の人々の間に救済への不安が生じた。そしてこの不安を解消し自己の救済を確証する手段として，日常生活全般の倫理的な規律化・体系化，とりわけ規律正しい労働と節制とが動機づけられた結果として，「資本主義の精神」が形成されるに至ったという。またイェリネクは，近代的な人権理念の起源がプロテスタンティズムにおける信仰の自由の擁護にあることを指摘している。さらにマートンは，17 世紀以降のイギリスにおける自然科学興隆の背景として，神による世界創造の神秘の探求というプロテスタント的な動機づけがあるとした。
→カトリシズム，ピューリタニズム，エートス
［文献］ヴェーバー『プロテスタンティズムの倫理と資本主義の精神』岩波文庫，1989；イェリネク『人権宣言論争』みすず書房，1995；マートン『社会理論と社会構造』みすず書房，1961。

（橋本直人）

　プロトコル命題　〔独〕Protokollsatz〔英〕protocol sentence
「記録命題」とも言う。論理実証主義の特に初期の文献に多く見られる用語で，じかに経験できる事柄についての観察の内容を述べた命題のことである。論者は，プロトコル命題およびこれから命題論理の操作で作り出された命題だけを意味のある命題であるとし，これによって哲学から形而上学を追放しよう（また，追放できる），としたのであった。しかし，観察者個人の感覚与件について述べた命題をプロトコル命題とするか，時空座標を用いて物理学の言葉で述べた事実命題をそれとするかでは，意見が分かれたし，さらに，科学の法則を表す全称文をプロトコル命題から導出することはできないことも明らかになったために，この議論

はしぼんだ。
［文献］大森荘蔵「論理実証主義」，碧海純一ほか編『科学時代の哲学』I，培風館，1964。　　　　　　　　　　　　　（秋間実）

　プロネーシス　〔ギ〕phronēsis〔英〕prudence
プラトンでは，プロネーシスは，エピステーメーとともに，イデアの知を意味し，理論的であるとともに実践的でもある知を意味する。アリストテレスでは，エピステーメーは必然的なものに関わる学問的理性（論証能力）を，プロネーシスは他の仕方でもありうる選択可能なものに関わる実践的理性（賢慮）を意味する。賢慮とは，よく生きることの全体を見据え，具体的な状況において何をしたらよいかを思案することができる思考の卓越性を意味する。思案とは，自分の力の範囲内にある目的達成のための手段を発見することである。それ自体としては善悪に関して中立的な思案の能力は，善への志向があってはじめて賢慮となる。善への志向をもつには，まっとうな欲求をもつ善き人でなければならない。目的を達成する能力の巧みさは「才覚」と呼ばれるが，それ自体は目的の正しさの把握を含まないので，邪悪な目的に奉仕する場合がある。賢慮には目的の正しさの把握が不可欠なのである。個別的状況に関わる賢慮は「実践的推論」を通じて働く。そのもっとも単純な形態では，「すべての甘いものは食べるべきではない」という大前提と「このケーキは甘い」という小前提から，「このケーキを食べない」行為を帰結する。
［文献］アリストテレス『ニコマコス倫理学』（全集 13・新版全集 15）岩波書店，1973・2014；同『ニコマコス倫理学』上・下，岩波文庫，1971・73；岩田靖夫『アリストテレスの倫理思想』岩波書店，1985。　　　　　　　　　　　　　　　（斉藤和也）

　フロム　Erich Fromm 1900-1980
フロイト左派に属する社会心理学者。フランクフルトの正統派ユダヤ系の家庭に生まれた。生涯をかけてフロイトの精神分析とマルクス主義との結合を試みた。ベルリンでライヒの影響を受けた後，1932 年にフランクフルト社会研究所で正式の社会心理部門

の責任者となり，ホルクハイマーとともに30年代のフランクフルト学派の中心メンバーとなった。その成果は36年の『権威と家族』であり，そこではドイツ労働者の意識調査をもとに，家族のなかで形成される無意識的パーソナリティが意識的イデオロギーと結合することを分析した。33年にアメリカに亡命し，30年代末にはアドルノとの対立を機縁に同学派を離脱，以後新フロイト派へと傾斜し，またヒューマニスティックな倫理の確立を訴える時代批判を展開していった。40年にアメリカに帰化し，メキシコ国立大学とニューヨーク大学で教鞭を執った。41年の代表的著作『自由からの逃走』では，近代人の自由を，個人の自立性の確立とその重荷に耐えかねてそれを放棄しようとすることとの両面から捉え，ナチズムの成立を，大衆が自発的に自由を放棄し支配者と共棲するサド＝マゾヒズム的性格傾向から説明した。戦後日本では幅広い読者層を獲得し，89年にはドイツ語全集も刊行されフランクフルト学派との関連で世界的に再読されている。

［文献］フロム『自由からの逃走』東京創元社，1965；同『愛するということ〔改訳〕』紀伊國屋書店，2020。　　　（日暮雅夫）

プロレタリアート→ブルジョアジー／プロレタリアート

文化　〔英・仏〕culture〔独〕Kultur
文化という言葉のヨーロッパにおける語源は，ラテン語のculturaであり，colore（耕す）に起源がある。したがって，文化は自然と対比して，人間の手によって作られ発展させられる活動と結びつけられて理解される。さらにそれが人間の成長や社会の発展という使い方へと広がり，18世紀に自然状態からの脱却を唱えた啓蒙思想と結びついて，人間の迷妄状態から抜け出るものとしての文明状態，文明化という意味として使われるようになった。したがって，文化は，フランスやドイツなどで，結果的に，野蛮や未開に対立して文明化された状態を表し，自分の生活の仕方を優秀なものとして正当化する言葉として使われた。日本語の文化という言葉も，ヨーロッパの文明を受け入れるという文明開

化との関連が深いことは，文化鍋，文化住宅といった言葉に象徴され，近代のヨーロッパ文化文明をどのように受け入れていくかという過程と結びついてきた。しかも，近代国家のナショナリズムとも結びついて，多くの非ヨーロッパ諸国においては，ヨーロッパ文化に対して，どのような態度をとるのかをめぐって深刻な対立や葛藤が存在した。

とはいえ，ヨーロッパ思想においても，ヨーロッパ文化を歴史の進歩の頂点と見なすような思想に対して批判的な流れは様々な形で存在し，モンテーニュやディドロはヨーロッパ文明の普遍性を相対化して批判し，18世紀後半には，すでにヘルダーが，直線的な発展としての文明の発展をみる考えを批判して，文化の多様性を大胆に主張した。

文化という言葉には，精神的・知的に「耕し」，創造する活動的側面が存在し，それと対比的な意味で，物質的生活に至るまで作り上げられ発達した状態を示すために文明という言葉を使って，文化と文明を対立的に捉えることもある。とりわけ，フランスとドイツの間には，前者の「文明」と後者の「文化」が対比的に使われて，互いに争う論争が強かった。しかし，文明には物質的な発展を示すものとして「文明化」という過程を表すこともあって，文化と文明の関係は一義的ではない。

さらに，文化については，芸術や言語などの知的で精神的な活動を強調する使われ方が存在し，それとは対比的に，人間の生活全体が人間によって作り上げられたものであり，その中に人々の様々な生活や価値観が表明されているものとして，文化を生活の仕方，生活様式として捉える考えもつねに存在する。

第二次世界大戦後は，アメリカを中心に文化人類学が発展して，ヨーロッパ以外の民族や部族などの生活様式について価値評価をしないで記述的に探求するという流れが強まったが，そこでは，家族や親族関係，社会関係についての調査のみならず，言語や象徴体系を含む様々な次元での研究が文化の研究として行われる。

とはいえ，文化には，生活様式と，それについての知的象徴的理解と表現が存在している以上，様々な社会階層，とりわけ，そ

の社会に支配的集団の文化と，それに支配されたり，反発したりする集団の間には，文化的な亀裂や対立が存在してきた。ヨーロッパの文化を基準にする文化観は，それ以外の地域の文化を低く見たり，逆に神秘化して美化したりすることもしばしば起きる。オリエンタリズムやジャポニズムというのはその代表である。

また，20世紀になって，マスメディアの発達とも深く関わって，これまでの知的精神的文化の担い手であった知識人や芸術家とは異なる大衆の生活様式とその象徴的表現が明確になり，支配文化に対する対抗文化たるサブカルチャーの対立，高級文化と低級文化，ブルジョア文化対大衆文化といった対立が大きくなってきた。今日では，大衆社会の深化と共にそうした文化そのものが流動化され，国境や階層を超えた文化がグローバル規模で登場して，各国の民族音楽からワールド・ミュージックへの移行にあるような変貌が地球的規模で生まれつつある。
→文明
［文献］エリアス『文明化の過程』上・下，法政大学出版局，1977-78；ベンヤミン『複製技術時代の芸術』晶文社，1999；R. ウィリアムズ『文化とは』晶文社，1985。　　　（佐藤和夫）

文化科学　〔独〕Kulturwissenschaft
新カント派西南ドイツ学派の哲学者たち，特にリッケルトは，個別的出来事を一般法則の実例としてのみ取り扱う「自然科学」と，普遍的「妥当性」をもつ客観的「価値」との関係において，個々の歴史的事象それ自体に学的価値を認める歴史学を典型とする「文化科学」とを対置した。

これは「自然科学」と「精神科学」というディルタイ的区別と類似しているが，「生」との関係において対象の「全体」を解釈学的に「了解」することが可能な場合にのみ「精神科学」が可能となると考えるディルタイとは異なって，真理価値，道徳的価値，美的価値等，学の根底にあるそれぞれの価値が固有の領域をもつと考えるリッケルトは，このような「全体」性を「文化科学」の前提とはしていない。

[文献] リッケルト『文化科学と自然科学』岩波文庫,1939；九鬼一人『新カント学派の価値哲学』弘文堂,1989。　（石井潔）

　文化記号学　〔英〕semiotics of culture
記号学（記号論）は,最も記号らしい記号,つまり言語に関する科学（言語学）をモデルにして発達してきた。しかし,未開社会における複雑なトーテム組織や婚姻規則や儀礼といった非言語的な文化現象も,広義の記号体系と見なされうるし,また本来は記号でないものも,一定の社会的文脈においては記号性を帯びることがある。文化記号学とは,このように広く解された記号の一般的構造,様々なレベルにおける記号の類型論,高次記号と低次記号の重層的関係などを分析することを目指す拡張された記号学である。
　文化記号学は,1950年代以降,急速に研究がすすめられたが,そこに二つの潮流がある。一つはソシュールの共時的・構造主義的言語学の影響下に出発したレヴィ＝ストロース,ロラン・バルト,フーコーら,フランス構造主義の潮流であり,もう一つは,動的な意味論を展開したヤコブソンの詩学と,それに密接に関連するロシア・フォルマリズムの流れを汲むロートマン,イワーノフらのモスクワ・タルトゥ学派の潮流である。それらの成果は広範囲にわたるが,共通しているのは,記号の意味作用の重層的な構造に対する注目である。通常,記号は一定の対象（観念）を意味すると考えられるが,この意味されるもの（所記）が,二次的な能記（意味するもの）に転化して,新たな対象（観念）を意味するようになるといったことは,日常的な言語使用においても広くみられる。（たとえば〈ha-to〉という分節音が能記となって鳩という対象あるいはその観念——所記を——意味し,この鳩が二次的な能記となって平和を意味する,など。）このように,言語的記号と非言語的記号とは連続しており,それゆえある記号が何を意味するかという問いは,その記号が解読される文化的コード（解釈規則）の重層性を踏まえなければ解きえないというのが,文化記号学の共通した前提をなしている。現在のところ,文化記号学的な研究の成果は,未開民族の親族構造（レヴィ

=ストロース）や神話の構造（イワーノフ）といった異文化の研究に生かされているが，現代社会における文化構造を批判的に分析しうる概念装置を鍛え上げることによって，さらに実りある成果も期待される。
→記号，記号論　　　　　　　　　　　　　　　　（古茂田宏）

文化人類学　〔英〕cultural anthropology
19世紀半ばイギリスの論壇を中心に成立した学問で，人間のもつ文化の側面に注目して人間のあり方を探究する。文化とは，オックスフォード大学で最初の人類学教授になったE. B. タイラー（Edward Burnett Tylor 1832-1917）の定義によれば「ひとつの社会に属する成員が共有する知識，信仰，技術，道徳，法律，慣習の複合体」（『未開文化』1871年初版）である。

19世紀には，近代社会に移行しつつあった西洋以外の社会を，近代以前のいわゆる「未開社会」と捉え，人間の進歩の発展段階の初期に位置づけようとする社会進化論的な議論が主流だった。親族名称分類から社会の発展段階説を唱えたL. H. モーガン（Lewis Henry Morgan 1818-1881），宗教の前段階としてアニミズムを提唱したタイラー，呪術を科学と対比してトーテミズムや王殺などの習俗を分析したJ. フレイザー（James George Frazer 1854-1941）などがその代表である。

20世紀に入ると，それまでの思弁的，空想的な議論への反省から，B. マリノフスキー（Bronisław Kasper Malinowski 1884-1942）が第一次世界大戦中に西太平洋の島で行った長期滞在調査をモデルにしたフィールドワークが方法論の根幹に据えられると同時に，「未開社会」を近代の前段階でなく，一個の完結したシステムと捉え，親族制度や社会組織，祭礼などをそのシステム維持のための特定の機能を果たすものとして説明しようとする機能主義的分析が主流になった。1960年代には構造主義の影響やアメリカでの認知科学の発達などにより，人類学の関心も制度や組織から意味や象徴といった領域に広まり，レヴィ＝ストロースの神話研究やV. ターナー（Victor Witter Turner 1920-1983）の儀礼研究などをもたらした。

一方，第二次世界大戦後それまでの植民地が次々と独立して近代的な政治経済システムに参入するようになり，孤立し完結した「未開社会」という前提が成り立たなくなると同時に，その前提が歴史的視野を軽視してきたという反省や，植民地支配下での科学的研究を大義名分に研究者が現地人の主張を封殺してきたのではないかという批判が向けられるようになった。

現在，地球上のあらゆる地域が政治，経済，情報などの分野でますます密接につながる一方，地域固有の文化は民族的アイデンティティと結びついて紛争の火種にすらなっている。そのなかで文化人類学は，植民地主義批判，フェミニズム批判，テクストとしての民族誌批判などを取り入れつつ，あくまでもフィールドワークを基盤に現地の人々の日常生活を目の当たりにすることから出発し，それが周りの世界とどのようにつながり，その文化を維持することが彼らにとってどのような意味をもつのかを明らかにすることを目指している。

[文献] B. マリノフスキ『西太平洋の遠洋航海者』講談社学術文庫，2010；C. ギアツ『文化の解釈学』I・II, 岩波現代選書，1987；ジェイムズ・クリフォード&ジョージ・マーカス編『文化を書く』紀伊國屋書店，1996。　　　　　　　（鏡味治也）

文化多元主義→多文化主義

分業／分業の廃棄〔英〕division of labor / abolition of the division of labor〔独〕Teilung der Arbeit / Aufhebung der Arbeitsteilung

生産部面においてなされる労働諸過程の分離・分割を分業という。性別役割分業，物質的労働と精神的労働の分業，都市と農村の分離・対立，狩猟・牧畜・農耕・商工業などの産業の分離等の諸過程を含む。これらの分業は，一方では生産諸力を増大させる。アダム・スミスは国富を増進させる手段として分業を捉え，マルクスもまた，資本主義的生産様式における社会的分業と工場内分業とを区分し，いずれもが労働の生産力を高めることを指摘している。しかし他方，分業は各個人を分業システムに従属

させ，かつ部分労働に固定的に従事させることによって，個人の一面的発達を余儀なくさせる。分業の廃棄をマルクスが提起したのも，今日的な分業がブルジョア的私的所有および無所有と結びつき，各個人を固定的分業に包摂するからである。マルクスの場合，分業の廃棄は私的所有の廃棄による共同制的生産を基礎に構想され，人間の個体性のトータルな発展と結びつけて論じられているが，労働諸過程の分割を消失させるものではない。それは，哲学が理念として掲げた普遍的自由の実現や個体性の理念を現実化する構想である。今日では，直接的労働がコンピュータ制御の労働に取って代わられ，「労働の終焉」さえ唱えられるような状況が出現しているとはいえ，世界規模で見た場合には，なお国際的分業が存在し，したがって分業の廃棄はなお歴史的課題として提起されていると言いうる。

→労働，精神的労働と物質的労働

[文献] アダム・スミス『国富論』（全3巻）中公文庫，1978；マルクス『資本論』（全集 23-25）大月書店，1965-66；デュルケム『社会分業論』上・下，講談社学術文庫，1989：サスキア・サッセン『労働と資本の国際移動』岩波書店，1992。

（渡辺憲正）

分析的マルクス主義 〔英〕analytical Marxism

1970年代後半から台頭してきたマルクス主義学派。G. コーエン，J. エルスター，J. ローマーを中心とする「九月グループ」が代表的な論者を輩出した。方法論，史的唯物論，搾取・階級論，国家・革命論，社会主義論，倫理学の領域で理論活動を繰り広げる。その特徴の第一は，分析哲学，方法論的個人主義，合理的選択理論，新古典派経済学など主流派社会科学の手法を正面から取り入れ，マルクス主義特有の課題に適用していることである。第二は，J. ロールズらによる規範哲学または正義論の影響を受けつつ，マルクス主義における平等主義的正義のあり方について積極的に提案していることである。第三は，福祉国家資本主義に取って代わる社会主義社会の青写真として，国家の役割を縮小して個人の自由を最大限に尊重するとともに，市場経済の機能を適切に

制御した，リベラルな社会主義または市場社会主義を構想している点である。ただし現在，この学派は自由主義左派に極度に接近しており，マルクス主義学派の中に数えてよいかどうかは議論の分かれるところである。
→正義，自由主義，個人主義
［文献］J. Roemer, ed. *Analytical Marxism*, Cambridge UP, 1986；高増明／松井暁編『アナリティカル・マルキシズム』ナカニシヤ出版，1999。　　　　　　　　　　　　　　　　　　　（松井暁）

分析哲学　〔英〕analytic philosophy
言語分析や論理分析を主要な内容とする，英米を中心とした現代哲学の一般的呼称。広義には，19世紀後半に記号論理学を創始したドイツの数学者 F. L. G. フレーゲに始まるとされる。フレーゲは数学も論理学の一部とする論理主義をとり，論理法則と定義だけから証明される分析的命題として論理学の諸命題を取り扱った。その後20世紀初頭に，フレーゲの立場を広く数学の基礎づけや存在論・認識論に応用した B. ラッセルや，数学的論理学によって伝統的哲学や言語論の諸命題を批判的に分析した L. ウィトゲンシュタインの議論も，分析哲学の発展に大きく寄与した。狭義の分析哲学は，前期ウィトゲンシュタインの影響を受けたウィーン学団の論理実証主義から発する，科学的命題の真理性をもっぱら分析の対象とする方向と，後期ウィトゲンシュタインの「言語ゲーム」理論から始まる，日常言語の論理や意味を分析の対象とする方向と，二つの面から理論展開されたものを指す。

論理実証主義の立場では，哲学の仕事は論理分析による科学的概念や命題の明晰化のみに限定される。経験科学の命題はすべて，論理的手続きによって要素命題に分析され，一定の方法に基づいてテストされ，その真／偽が直接検証されなければならない。テストによる検証が不可能な命題は，無意味な形而上学として排除される。R. カルナップに代表されるこうした還元主義的検証主義は，W. V. O. クワインによって「経験主義の二つのドグマ」と批判された。クワインは，分析的命題と総合的命題は峻別できず，また要素命題の検証結果によって総合的命題（経験命

題)の真／偽は単純に判定できないという考えを，ホーリズム（全体論）として主張した。この主張は「理論の決定不全性」や「指示の不可測性」をもたらし，その後，T. クーンのパラダイム論や P. K. ファイヤアーベントの共約不可能性などの議論につながった。しかし，こうした議論は，科学的命題の客観性や対象の実在性を危うくさせ，分析哲学の実在論的立場を後退させるものとなった。たとえば H. パトナムは，クワインの影響から初期の外在的実在論の立場を放棄し，実在性や真理性は理論内部でしか主張できないという「内在的実在論」へと転向した。こうした傾向は分析哲学全体に広がり，今日では M. ダメットの議論に典型的に見られるように，言明が指示する対象の存在論的身分を問うことは無意味であるとする反実在論が主流となったが，P. M. チャーチランドのように，あくまで科学的実在論を擁護しようとする論者もいる。

　他方，日常言語の論理分析を通じて分析哲学を展開しようとする議論は，大戦後オックスフォードの日常言語学派によって活発になされた。G. ライルは特に「心の概念」を主題に，伝統的な心身問題は日常言語のカテゴリー錯誤（ミステイク）によって起こる疑似問題にすぎず，心的存在や状態を観察可能な身体的行動で記述すれば解決できると，行動主義を主張した。また，J. L. オースティンや P. F. ストローソンは，論理実証主義の意味論を科学主義，形式主義と批判し，言語意味はすべて発語内的・発語媒介的に遂行される適／不適の行為的側面をもつこと，文（言明）の真理性も受容や同意などの態度表明を表す行為遂行的なものとした。だが，このような日常言語を論理の前提とする立場は，J. サールに見られるように，最近では認知科学や心の唯物論を否定する議論となることが多い。

→論理実証主義，科学哲学，日常言語学派

［文献］坂本百大編『現代哲学基本論文集』(1・2) 勁草書房，1987；G. H. フォン・ヴリクト『論理分析哲学』講談社学術文庫，2000；飯田隆『言語哲学大全』(I-IV) 勁草書房，1987-2002。

（武田一博）

ブンセキ

分析と総合 〔英〕analysis and syntesis 〔独〕Analyse und Synthese

一般に，分析とは対象，表象等々の全体を，それを構成している諸部分に分けることであり，総合とは，逆に分けられた諸要素を一つの全体へまとめることである。かかるものとして分析と総合は，認識の方法として基本的な役割を果たすものとなっている。

ところで，分析に関して，構成している諸部分に分けるという場合，文字通りの部分に限らず，当のものにとって本質的なもの，本質的側面である場合もある。ヘーゲルが『論理学』において，本来の分析を，概念を基礎とした認識活動であるとし，一般的には，眼前に見出される対象から本質的なものを抽象すること，すなわち個別的なものから普遍的なものを析出する活動としているのは，分析のこうしたあり方を踏まえてのものである。他方，マルクスが「人口」を例として自己の方法を説明している個所に基づいていえば（『経済学批判への序説』），総合は，「混沌した表象」を分析する道とは逆の方向をとりつつ，しかし単純にもとの「混沌とした表象としての人口ではなく，多くの諸規定と諸関連からなる豊かな総体としての人口に到達する」道，つまり〈下向法〉としての分析的方法に対する〈上向法〉と特徴づけられる方法と一致しているといえよう。このように，総合は分析を前提した活動であり，逆に分析も，単に無目的に分解していく活動なのではなく，あくまで思惟における具体的なものの観念的再生産としての総合を前提した活動であるということができよう。なお，ヘーゲルとマルクスにおける分析・総合と弁証法との関係についての研究としては，「分析的方法を基礎とする弁証法的方法」という視点からの見田石介のものがある。また，分析・総合を判断に結びつけ，述語Bが主語Aのうちに含まれているか否かによって両者を区別するカントの見解もある。

→分析と総合，全体と部分

［文献］岩崎允胤／宮原将平『科学的認識の理論』大月書店，1976；見田石介『ヘーゲル論理学と社会科学』（著作集1）大月書店，1976。　　　　　　　　　　　　　　　　（太田信二）

分析判断→総合判断／分析判断

フンボルト　Karl Wilhelm von Humboldt 1767-1835
ドイツの人文主義者，言語学者，政治家。外交官・内務官僚を歴任。プロイセンの学制改革やベルリン大学の創設（1810）に寄与する。その後大臣となるが，保守派の推進する反動政策（学生運動の禁止・大学への監理強化・出版物への検閲強化）に反対して罷免され，以後，隠棲して学問研究に専念。言語学者としては，東洋のそれを含む広汎な言語を研究，大著『ジャワ島におけるカヴィ語について』を執筆。思想家としては，あらゆる分野の収斂する「最も高貴な目的の統一」として「人間性の概念」を掲げ，ヘルダーやゲーテと並んでドイツ的教養理念の確立に貢献した。
［文献］泉井久之助『言語研究とフンボルト』弘文堂，1976；ユルゲン・トラバント『フンボルトの言語思想』平凡社，2001。
　　　　　　　　　　　　　　　　　　　　　（村瀬裕也）

文明　〔英〕civilization〔独〕Zivilisation〔仏〕civilisation
「文明」は多岐にわたる意味を有するが，一般的には理知が開け科学・技術が発達するなかで形成される合理的な政治制度や都市的生活様式の総称で，エンゲルスのように野蛮，未開に対立し，それを越えた歴史的発展段階とされることもある。語源的には都市や国家意味し，またそこに生きる市民の地位や権利を表現するラテン語の civitas，civis といったことばに由来し市民社会の成立と関連するが，他方でその人為性は同じラテン語で土地の耕作を意味する「文化」（culture）に対比される。この差異は特に近代において物質文明と精神文化の対立として顕著になった。後者は 18 世紀ドイツに代表されるが，前者は 17 世紀から 18 世紀のフランスやイギリスなどのヨーロッパ「先進国」を象徴した。たとえばベーコンやデカルトは合理的，実験的方法に基づく科学・技術の発展が人類による自然支配の地歩を固めるとしたが，その成果が歴史とともに都市を中心として華美な生活様式に具現され，アダム・スミスのいう「文明化社会」として産業化と資本主

義に不可分に結合しながら世界的規模で拡大する。だが，文明は本質的に闘争的で非文明に対する優位性と支配を指向する。このことからルソーによる自然主義的批判，マルクスの資本主義批判など，多様な文明批判が起こり，それらの批判は19世紀以降に一層の真実性を帯びるようになった。大規模に富を創出しながら，飢餓と貧困，暴力や戦争，自然・人間性の破壊，伝統の全面解体を引き起こす疎外は，「西洋の没落」「近代の超克」論の契機となるばかりか，ニーチェ，フロイト，フランクフルト学派，文化人類学，エコロジーの諸思想などによって文明の野蛮や抑圧性として告発される。近年ハンチントンの宗教，民族単位の文明闘争論も著名であるが，いずれにせよ文明がもたらす疎外の止揚が現代思想の最大の課題である。日本では明治期の「文明開化」以来西欧と重ね合わせにイメージされ，福澤諭吉や田口卯吉などによって文明論議の端緒が開かれたが，これらの思想にも批判的な考察が求められている。

→近代化／近代化論，疎外，文化

［文献］エンゲルス『家族・私有財産および国家の起源』（国民文庫）大月書店，1954；N. エリアス『文明化の過程』上・下，法政大学出版局，1977-78；ホルクハイマー／アドルノ『啓蒙の弁証法』岩波文庫，2007；福沢諭吉『文明論之概略』岩波文庫，1962；S. ハンチントン『文明の衝突』集英社，1998。

（小池直人）

分類 〔英〕classification

多くの事物・事象を共通の性質によって種類別にまとめて整理する手続きのこと。分類は，動植物の分類のように，事物に共通する本質的属性に依拠してなされる「自然的分類」と，辞書や名簿作りのように事物の非本質的属性に基づく「人為的分類」に区別される。自然的分類は，人間の科学的認識の成果であるとともに，さらに深い認識獲得のための方法でもある。形式論理的には，分類は個々の事物を集めて種概念をつくり，さらにそれらを集めてより広い種（類概念）にまとめていく手続きであり，その意味で，類概念をそれに属する種概念に分ける「区分」とは逆の

手続きである。
→類概念／種概念　　　　　　　　　　　　　　　　（中村行秀）

へ

ペアノ　Giuseppe Peano 1858-1932
イタリアの数学者，論理学者。解析上の仕事の補助手段として1888年に数学的論理学を展開，論理的諸法則の間の演繹的連関を研究する。こうした研究は論理学や数学の部分学科の公理的構築を促した。彼は1889年に自然数論の公理体系を与えたが，これは「0」「自然数」「後者」という概念に基づいていた。今日，ペアノの公理系と呼ばれものは，最初デデキントによって定式化されたものであるが，次の五つの公理からなる。①1は自然数，②xが自然数なら，xの後者x'は自然数，③$1 \neq x$'，④x'$=y$'ならば$x=y$，⑤先の①と②によって形成されたものだけが自然数。この公理系は実際には自然数全体を特徴づけるものではなく，非標準モデルが存在する。
［文献］ペアノ『数の概念について』共立出版，1969；足立恒雄『フレーゲ・デデキント・ペアノを読む——現代における自然数論の成立』日本評論社，2013。　　　　　　　　　　（横田榮一）

並行論　〔英〕parallelism〔仏〕parallélisme
心身問題の困難を解決するための考え方の一つである。並行論では精神と身体（物質）との根本的性質の違いを理由として，心身間の相互作用が否定される。精神的現象は精神的現象の系列において，また身体的現象は身体的現象の系列においてのみ生起し，両者は相互に原因となり結果となることはなく，絶えず並行的な関係にある。そして両者の同時並行を可能とさせているのが全能の神である。マルブランシュの機会原因論やライプニッツの予定調和説，あるいは精神を「身体の観念」とするスピノザの心身同一説的学説などを全体として並行論と理解することができる。
→心身問題　　　　　　　　　　　　　　　　　　（碓井敏正）

ペイド・ワーク／アンペイド・ワーク→家事労働

平和 〔英〕peace〔独〕Frieden〔仏〕paix
古来，平和はつねに戦争とともに語られてきた。平和とは，さしあたり戦争の反対概念で，戦争のない状態——〈戦争の不在〉——を指す。歴史を通じて，平和は人類の普遍的な願いであった。しかし，戦争に明け暮れ，平和への道筋がまだ闇に覆われていた古代・中世においては，平和は戦争の止んだ〈楽土〉や〈桃源郷〉または〈神の国〉として，往々宗教のなかで希求されてきた。平和が哲学思想にとって一つの主題となってくるのは，近代の国民国家成立時，18世紀以降のことである。フランスの聖職者サン＝ピエールが『永久平和の草案』（1713）を書き，ルソーがそれに『永久平和論批判』（1761）で応答し，カントが有名な『永久平和のために』（1795）を書いた。だが，これらの啓蒙的理性に基づく普遍的な世界平和樹立の試みは，カントの国際連盟の構想にもかかわらず，まだ理念的なものにすぎなかった。平和の現実的な実現が，大多数の諸国民にとって，また哲学にとって，切実かつ緊急な課題となるのは20世紀，しかも第一次・第二次世界大戦の勃発と，大量殺戮兵器——核兵器——の出現によってである。今日，人類は新たな戦争によって絶滅の危機の時代を迎えているのである。マルクス主義者やキリスト者ばかりでなくラッセル，アインシュタイン，サルトル，ネールなどの人々もこの緊急課題に正面から取り組んだ。そして1970年代以降，世界的に〈平和学〉の発展は目覚しい（1973，日本平和学会設立）。〈戦争の不在〉という〈消極的平和〉の概念のほかに，豊かさ，安全，正義，自由，平等などの要素を含む〈積極的平和〉の概念が明らかにされ，パクス・アトミカ（核抑止による平和）やパクス・エコノミカ（経済主義による平和）の欺瞞が暴露され，戦争防止の具体策が提案されている。つまり今日求められているのは，従来型の理念的な〈戦争絶滅の平和論〉ではなく，現実的・具体的な〈戦争防止の平和論〉なのである。
→戦争
［文献］カント『永遠平和のために』岩波文庫，1985；J. M. サ

ヘイワシ

マァヴィル『平和の哲学』岩波書店，1953；日本平和学会編集委員会編『平和の思想』（講座平和学2）早稲田大学出版部，1984；ヨハン・ガルトゥング『ガルトゥングの平和理論』法律文化社，2006。
(両角英郎)

平和主義 〔英〕pacifism
一般的には平和を求め，平和を確立するための理念や活動に関心をもつ考え方を指すが，平和主義が特に問題となるのは，宗教的立場やヒューマニズムの立場から，平和確立のために一切の暴力の使用を否定し，戦争を拒否する考え方をとる場合である。この場合，平和主義は非暴力主義や無抵抗主義とも重なっている。東洋の伝統にも西洋の伝統にも非暴力主義に通じる平和主義の系譜がある。インド思想で平和を表す〈アサンヒー〉はもとは〈不殺生〉を意味し，それが仏教でも受け継がれ，また後の20世紀最大の平和主義者ガンディーの思想の源泉でもあった。一方，西洋のキリスト教的伝統には，〈山上の垂訓〉におけるイエスの〈愛敵の思想〉が一貫しており，イエスの平和主義はその後，再洗礼派や今日ではメノナイトやクエーカーにおいて見られる。平和主義は必ずしも即無抵抗主義ではないが，問題点としては，自衛のための暴力・戦争も含めて一切の暴力・戦争を拒否することにより，戦争勢力と平和擁護勢力の区別を曖昧にし，前者を利する危険があることである。だが今日，暴力の遍在と現代兵器の破壊力の増大は倫理的・人道的立場の平和主義を台頭させており，またクエーカーなどの運動から始まった〈良心的兵役拒否〉の法的承認がヨーロッパ諸国で進むなど，平和主義の意義と評価は高まってきている。
→非暴力主義
[文献] 阿部知二『良心的兵役拒否の思想』岩波新書，1969；R. H. ベイントン『戦争・平和・キリスト者』新教出版社，1963。
(両角英郎)

ペイン Thomas Paine 1737-1808
イギリスの評論家。イギリスで様々な職についたのち，ベンジャ

ミン・フランクリンの知遇をえてアメリカに渡り，植民地の独立を主張する『コモン・センス』(1776)を発表。1787年，フランスへ渡り，フランス革命を支持し，エドマンド・バークを批判した『人間の権利』(1791-92)を出版，ロベスピエールと対立して投獄され，釈放後『理性の時代』(1794-95)を出版，アメリカで死去。社会は自然につくられるが政府（国家）は人為的なもので「必要悪」である，君主制の起源は強盗団にあるといって共和制を主張し，また土地私有の不合理性をも批判し地代の一部は社会に還元すべきだと主張した。
[文献] ペイン『人間の権利』岩波文庫，1971；同『コモン・センス 他三篇』岩波文庫，1976。 (浜林正夫)

ヘゲモニー 〔伊〕egemonia 〔ラ〕hegemonia
ヘゲモニーの語源はギリシア語のヘーゲスタイ（先導する）であり，特にポリス（都市国家）間の関係における覇権の意味で使用された。ロシア革命の指導者レーニンは，労働者階級と農民層，特に貧農層との階級的同盟（労農同盟）実現のための政治的指導力の意味でヘゲモニーを使用した。グラムシは，近代国家統治のためには支配階級の政治的強制力による「支配」だけでなく，指導階級として国民から自発的合意を調達するための「知的道徳的指導」が不可欠であることを強調した。彼はヘゲモニーの政治的側面だけでなく，国民の合意形成を促進するその知的文化的側面を重視した。グラムシにとって近代国家とは「政治社会プラス市民社会，すなわち強制の鎧を着けたヘゲモニー」であり，特に知的・文化的ヘゲモニーは市民社会（教会，学校，組合，結社，政党，マスメディアなど）の領域での日常的合意形成つまりコモン・センス（常識）などと密接に関連している。またグラムシはヘゲモニーの創出，普及と関連する知識人論の役割を重視した。さらにグラムシのヘゲモニー概念は，彼の「実践の哲学」構想と深く関連している。それは「実践の哲学」が「哲学内部の改革」だけにとどまらず客観的現実の変革，特に民衆の日常意識たるコモンセンス（常識）の変革を追究する哲学であるからである。その意味でこの哲学は「ヘゲモニーの哲学」「常識変革の哲学」と

いうこともできる。
［文献］松田博『グラムシ思想の探究』新泉社，2007；松田博編訳『歴史の周辺にて 『サバルタンノート』注解』明石書店，2011；松田博編訳『知識人とヘゲモニー「知識人論ノート」注解』明石書店，2013。　　　　　　　　　　　　　　（松田博）

　ヘーゲル　Georg Wilhelm Friedrich Hegel 1770-1831
ドイツ観念論の哲学者。彼の思想は宗教および国家における人間と自然との対話的連関（「生」）の洞察に基づき，この連関を哲学的に一般化して，「理念」と呼ばれる絶対者に関する哲学体系を築こうとした。その際，先行したフィヒテの主観的観念論とシェリングの客観的観念論を批判的に総合した。総じて，近代哲学の最後に位置づけられ，ヘーゲル批判から現代哲学が始まったとされる。
【経歴と著書】南ドイツのシュトゥットガルトで生れ，当地のギムナジウムに通った後，チュービンゲン大学に進み，そこで哲学と神学を学んだ。同窓にはシェリングやヘルダーリンがおり，ルソーを好み，フランス革命を賛美した。卒業後，スイスのベルンまたフランクフルトで家庭教師となり，「民族宗教とキリスト教」「キリスト教の実定性」「キリスト教の精神」等の草稿を書いた。1801年秋にイェーナに移り，「差異論文」「信仰と知」「自然法論文」等を著すとともに，イェーナ大学の私講師として論理学と形而上学，自然哲学，精神哲学などの講義を行った。『精神現象学』（1807）の公刊の直前にバンベルクに移り，当地の新聞の編集者となった。1808年にニュルンベルクのギムナジウムの校長となり，哲学予備学の講義を行うかたわら，『論理学』を刊行した。1816年よりハイデルベルク大学教授に就任し，『エンツュクロペディー』を公刊した。1818年からベルリン大学に移り，歴史哲学，宗教哲学など様々な分野の講義を行い，『法哲学』を著した。1831年に病没した。
【思想の発展】（1）青年期：彼は，キリスト教の教義や儀式が権威者によって強制される，当時の宗教のあり方を批判することから思想形成を始めた。批判の基準は当初はカントの「理性の自

律」とヘルダーの「想像力」に置かれた。しかし理性の自律の立場には理性と感性との敵対関係が潜んでいることに気づき，ヘルダーリンの影響のもと「愛」さらに「生」（人間と自然との対話的連関において成り立ち，合一・分裂・再合一と展開する）の立場に転じた。

（2）イェーナ期：彼はイェーナで「生」を哲学の境地で再構成すべく，一方でカント，フィヒテ等，有限的人間の立場に基づく「反省哲学」を批判すると共に，他方でシェリングの同一哲学に与し，「絶対者の自己認識」を体系的に示そうとした。この反省哲学批判から「弁証法」も形成された。反省によって切り離された諸規定は実は本質的に関係しているのであり，それゆえ当初の規定が否定されていくが，その否定の道筋が弁証法と呼ばれる。『精神現象学』では弁証法が「意識の経験」において示される。同時にそれを介して最終的に「絶対知」において「学」の境地が開示される。

（3）体系期：「学」は論理学，自然哲学，精神哲学において展開される。論理学は形式論理学ではなく，一種の存在論であり，「存在」，「本質」に関する存在論的カテゴリー，概念・判断，推論，客観性，理念を，弁証法的-思弁的に叙述する。同時にこの叙述は「絶対者の定義」をも意味する。自然哲学では無機的自然から有機体に至る自然の諸形態が考察され，精神哲学では心や意識などの心的諸機能，法，道徳，人倫，芸術，宗教，哲学が扱われる。とりわけ人倫においてヘーゲル独自の道徳・制度論が展開される。ここで彼は初めて国家から独立な領域として「市民社会」を認めるとともに，市民が中間団体を通して国家と結びつく，多元的な国家論を構築している。近年，法哲学，美学，宗教哲学，哲学史などの講義録の解明が進み，ヘーゲル像の見直しが行われつつある。

［文献］『ヘーゲル全集』（全20巻〔全32冊〕）岩波書店，1954-2001；加藤尚武編『ヘーゲル哲学への新視角』創文社，1999；久保陽一『生と認識——超越論的観念論の展開』知泉書館，2011；W. イェシュケ『ヘーゲルハンドブック——生涯・作品・学派』知泉書館，2016。　　　　　　　　　　　　　（久保陽一）

ヘーゲル左派　〔独〕Hegelsche Linke

ヘーゲルの死後，特に D. F. シュトラウス『イエスの生涯』刊行（初版 1835）から起こった論争により形成されたヘーゲル学派の一つ。青年ヘーゲル派とも称される。代表的論者は，シュトラウスのほか，ルーゲ，ヘス，チェシコフスキ，フォイエルバッハ，B. バウアー，シュティルナー等。初期のマルクス，エンゲルスも一時これに属した。彼らは『ハレ年誌』(38年創刊，エヒターマイヤーとルーゲの編集，のちに『ドイツ年誌』)や『ライン新聞』(42年創刊)等を中心に文筆活動を行った。理論的に一様でないとしても，ヘーゲル左派は，「理性的なものは現実的であり，現実的なものは理性的である」というヘーゲル『法哲学』の言説前半に依拠し，自由な理性に基づいて既成の宗教や国家を批判したと，総括的に言うことができる。宗教哲学分野では，啓示宗教と現実との和解を説いたと見られるヘーゲルを否定し，聖書研究その他を通して既成のキリスト教に対する徹底した批判をも業績として残しただけでなく，無神論的人間主義的傾向をもつ哲学を提起した（フォイエルバッハ，B. バウアー等）。政治分野では，ヘーゲルの「人倫的共同体」論を理念的に前提して現存のプロイセン国家を批判し，「普遍的自由の現実態」としての国家を構想した（ルーゲ，B. バウアー等）。ヘスらはフォイエルバッハ哲学に従ってドイツ社会主義（真正社会主義）の先鞭を付けた。こうしてヘーゲル左派は一般に，ヘーゲル哲学の原理に拠りながら，「哲学の実現」をテーマとする「行為の哲学」を提起する（上記のほか，ヘス，チェシコフスキら）。43年になると，『ドイツ年誌』も『ライン新聞』も発禁となり，ヘーゲル左派は内部論争によって解体過程に入っていく。マルクスやエンゲルスは44年以後，独自に共産主義を打ち出すことによってヘーゲル左派と袂を分かつ。ヘーゲル左派の解体は，歴史的には三月革命前期ドイツにおける社会運動のあり方と密接に絡み合って進行した。

→ヘーゲル，バウアー，フォイエルバッハ

［文献］マルクス／エンゲルス『ドイツ・イデオロギー』新日本出版社，1998；良知力編『資料ドイツ初期社会主義』平凡社，1974；良知力／廣松渉編『ヘーゲル左派論叢』（全4巻）御茶の

水書房，1986-2006；石塚正英編『ヘーゲル左派』法政大学出版局，1992。 （渡辺憲正）

　ベーコン　Francis Bacon (Baron Verulam, Viscount St. Albans) 1561-1626
イギリス・ルネサンスの時代，エリザベス女王のもとで最高権力者である国璽尚書を務めていた父にならい，政治家としての栄達を願ったが，女王の意に添わず冷遇された。次のジェームズ1世になって大法官に任じられたが，収賄のかどで政界を失脚，以後，著述に専念した。大陸合理論の父，デカルトと並んで，近代哲学のもう一つの流れであるイギリス経験論の祖である。人間が陥りがちな誤謬のイドラをしりぞけ，学問の革新を果たそうとした。これが『ノヴム・オルガヌム（新機関）』（1620）で展開された実験的方法による自然の解明である。自然の解明によって自然の技術的支配が可能となり，人間に幸福と生活の改善をもたらし，人間の限りない進歩を約束すると考えた。科学と産業の結合である。「知は力である」という言葉がベーコンの立場をよく表している。少数のアルファベット文字から無数の単語ができるように，自然現象は熱や光，重さなどの少数の単純本質である形相の組み合わせからなっており，したがってこの形相を解明することによって，自由に新しい性質を生み出すことが可能となり，無限の活用が図れると見た。その際，ベーコンは経験と実験を区別する。真の知識獲得の方法は，アリのようにただ経験を集めるだけではなく，またクモのようにただ思考の糸を張りめぐらすのでもなく，ハチのように材料を集めながら加工することであるとする。自然を拷問にかける「光をもたらす実験」である。少数の個別的な事例の観察から自然の第一原理を導き出す「単純枚挙による帰納法」ではなく，実験によって「経験を解体し，しかるべき除外と排除を加えることによって，その結論が必然的であるような帰納法」（『ノヴム・オルガヌム』）である。自然探求においてベーコンは，アリストテレスの四原因のうち目的因は認めない点はデカルトなど機械論の立場と同じであるが，作用因・質料因だけではなく，形相因をも探求対象と認め，ルネサンス的な質的自

然観の名残をとどめた。ベーコンは形相を法則と呼んだりするが、数学的定式や運動法則のようなものではない。マルクスはしかし、このようなベーコンをホッブズの「人間嫌いの唯物論」に対して「人間にほほえみかけている唯物論」(『聖家族』1844)と評した。

［文献］ベーコン『ノヴム・オルガヌム』岩波文庫、1978；『ベーコン——世界の名著20』中央公論社、1970。　　　　（河野勝彦）

　ベーコン　Roger Bacon　1219頃-1292頃
中世イギリスの哲学者。経験論的な発想を近代に先んじてもっていた。オックスフォードで学んだ後、パリで神学と哲学を学び、アリストテレスの著作を研究した。その後当時のスコラ哲学に疑問を抱き、オックスフォードに戻る。フランシスコ会修道士になり、経験科学的な研究を精力的に行った。師であったグローステストの科学方法論や自然学を発展させ、後の経験科学につながる経験学の理念を説いた。そうした発想から当時の学問のあり方を批判し、新たな学問の再編成を構想し、『大著作』『小著作』『第三著作』などの著作をあらわした。当時異端の疑いを受けて批判されたが、彼の議論はあくまでキリスト教神学の立場を前提とするものであり、近代の経験論と同一視することはできない。

→経験論

［文献］高橋憲一訳『ロジャー・ベイコン——大著作』（科学の名著3）朝日出版社、1980。　　　　（横山輝雄）

　ベーシック・インカム　［英］basic income　［独］bedingsungloses Grundeinkommen　［仏］revenu de base
ベーシック・インカム（無条件基本所得。以下BIと略記）とは、すべての人間に、労働収入にも資産その他による収入にも関係なく〈無条件に〉、生存と社会参加を可能にする基本所得を、個人の権利として与える制度モデルである。このモデルは、Th. ペインの『土地配分の正義』*Agrarian Justice*（1797）が起源とされ、その後もCh. フーリエのファランジュ（農業アソシアシオン）思想、P. ラファルグの『怠ける権利』、B. ラッセルの『怠惰への讃

歌』，E. フロムの「保障所得の心理学」などにおいて多様な形態で受け継がれてきた。ところが 20 世紀に普及・発展してきた最低賃金制度，失業保険制度，生活保護制度などの社会福祉制度には，BI モデルの決定的要素が欠けていた。それは BI の「無条件性」である。従来の社会保障制度の根底には，労働によって所得を得て生活することが本来の人間の姿である，つまり〈働かざる者，食うべからず〉という考えがあった。そのため失業保険や生活保護には陰に陽に労働市場への復帰を強制する装置が組み込まれていた。これに対して BI は，労働への強制を含まない無条件の所得給付であり，基本的人権の一部であると考えられている。BI の無条件性とは，(基本)所得を労働から分離し，人権の現実的基礎として組み込む画期的な思想である。BI 導入によって現行社会は大きく変わることになろう。まず，労働が，失業の恐怖から行われる強制労働であることを止め，自発的な労働，自己実現としての人間活動となる。追加の貨幣所得を得るための労働市場は存在し続けるが，膨大な人間活動が労働市場の〈外部で〉社会的労働として組織化されるだろう。こうして，経済システムの圧力に拮抗しうる生活世界が活性化され，ラディカルな民主主義の基礎となる。生産性上昇の必然的帰結である失業の増大は完全雇用という前提を消し去り，また地球環境の限界が無限の経済成長という幻想を打ち砕いている現代において，新たな未来社会へのパラダイム転換を促すものがベーシック・インカムである。

[文献] 小沢修司『福祉社会と社会保障改革——ベーシック・インカム構想の新地平』高菅出版，2002；山森亮『ベーシック・インカム入門』光文社新書，2009；P. v. パリース，『ベーシック・インカムの哲学』勁草書房，2009；G. ヴェルナー『すべての人にベーシック・インカムを——基本的人権としての所得保障について』現代書館，2009。　　　　　　　　　　　（別所良美）

ペシミズム→オプティミズム／ペシミズム

ヘッケル　Ernst Haeckel 1834-1919
ドイツの動物学者，哲学者。彼はいちはやくダーウィンの進化論

をドイツに導入し普及させた。また，進化論の立場から，精神と物質の二元論，物質から独立した精神的実体を唱える観念論を批判し，一元論の哲学，唯物論的世界観を提唱した。生物学の理論では，高等脊椎動物の発達過程（個体発生）は，祖先の成体が進化の過程で経てきた形態変化（系統発生）を短縮したかたちで繰り返すという「生物発生原則」を唱え，後世に大きな影響を与えた。しかし，生物学の理論を社会に適用して，ドイツの社会ダーウィニズムの先駆となり，ナチズムとの関連も取り沙汰されている。

[文献] ヘッケル『生命の不可思議』上・下，岩波文庫，1928；同『生物の驚異的な形』河出書房新社，2009。　　　（入江重吉）

ヘドニズム→快楽主義

ベーベル　August Bebel 1840-1913

ドイツのマルクス主義者。ドイツ社会主義労党（社会民主党）を創設・指導。また，マルクス主義の立場から女性解放論を体系化し，その後の女性労働運動に大きな影響を与えた。1879年に著した『婦人論』（原題『女性と社会主義』）では，女性は男性への性的従属と資本家への経済的従属という二重の従属を受けており，前者は全女性に共通の利害であるとして，男性労働者と利害を共にする後者との違いを指摘したが，最終的には社会主義社会が建設され，私有財産制の廃止，女性の公的な労働力への統合，家事育児の社会化・共同化が女性の従属を消滅させると主張した。

[文献] ベーベル『婦人論』上・下，岩波文庫，1979。

（浅野富美枝）

ベーメ　Jokob Böhme 1575-1624

シレジアの神秘思想家。ルター派の超越神論とは対極的に，神を「無底」として捉え，我意を捨てた無心において神との直接的合一（いわば「涅槃」）が可能になるとする神智学を説いた。靴屋の徒弟であった25歳のとき受けた啓示で，創造以前に，「無

底の意志」の顕現として世界が形成されたというヴィジョンを抱き，パラケルススの錬金術哲学を援用しながらそれを書き記した。この汎神論的世界に悪が生じたのは，創世記以前に生まれた天使ルチフェロの我意によるとされ，その混乱した世界に再び光を与えたのが創世記の創造であるから，第二の創造において天使に代わって生まれた人間の倫理も我意の「放念」にあるとされる。

［文献］ベーメ『アウローラ』創文社，2000。　　　（石村多門）

ヘラクレイトス　Hērakleitos 前540頃-480頃

エフェソス出身のイオニア学派の哲学者。その著作はアフォリズム風の晦渋な散文体で，すでに古代から「暗い人」「謎かける人」等のあだ名で呼ばれていた。プラトン以来，〈万物流転〉思想をヘラクレイトスの主要教説とする見方があるが，彼は万物を不断の生成変化の相においてのみ捉えていたのではない。「世界は，定量だけ燃え，定量だけ消えながら，いつも生きている火として，いつでも有ったし，現に有り，また有り続けるであろう」と彼が語るとき，世界はつねに，火と火ならざるもの（水，土，空気）との間の回帰的相互転換の過程にあり，一定の比率に則って互いに増耗を繰り返しながら全体として統一体を保っているものと考えられている。火はまさに過程としての世界そのものの内在的かつ本来的な変移性と統一性を象徴しており，そこに火を中心とした一種の保存則的な考え方を見取することもできる。諸事物が互いにせめぎ合い拮抗し合いながら均衡することで，過程的世界は全体として安息し秩序をなし調和しており，その意味で万物は一である。万物の一性をこのように語る限り，彼は〈始源（アルケー）〉からの万物の生成とそれへの消滅を語る他のイオニア学派とは一線を画する。この運動性と転換性を含みもつ対立的調和関係を規定する普遍的原理を，彼は〈ロゴス〉（〔ギ〕logos）と呼んだ。ロゴスとはヘラクレイトスの語る〈言葉〉であると同時にそれを通じて世界が自ら開示する構造であり本性であり理法であって，これに聴従し真理を把握することが叡智にほかならない。ただ，このロゴスは顕わならざるものであり，その叡智を得

る契機は自己探究すなわち魂のロゴス（理）の把握にある。火的存在である魂も世界と同一構造をもち，異質な要素間の対立・葛藤という内的緊張の上に成立している。魂のロゴスの探究は世界のロゴスの探究と通底している。そして魂は探究の対象であると同時に主体でもある以上，魂と世界の本性を把握するには，絶えず魂自身の火性を保つ倫理的努力が必要とされる。
［文献］内山勝利編『ソクラテス以前哲学者断片集』1，岩波書店，1996。　　　　　　　　　　　　　　　　　（三浦要）

　ペリパトス派　〔ギ〕peripatētikoi〔英〕peripatetic school
アリストテレスが開いた学派。共同研究により 158 編の国制誌をはじめ，自然学，医学，幾何学，音楽などの学説誌を編纂した。学派の名称は学校に附属する屋根付きの散歩道（peripatos）に由来する。第 2 代学頭のテオプラストス（前 288/285 没）は，自然研究における目的論の適用に制限を設けた。また諸学を広範に研究し，植物学を体系化した。第 3 代のストラトン（前 268 没）は実験的要素を含む自然学の研究に優れていたが，彼の死後，学派は学問的には衰退した。だが，アンドロニコスによるアリストテレス講義草稿の編集（前 1 世紀半ば）とアレクサンドロス（200 頃）らの註釈によって，その哲学は復興を遂げる。
［文献］内山勝利編『哲学の歴史 1　哲学誕生―古代 1』中央公論社，2008；丸野稔『テオフラストスの形而上学』創文社，1988。　　　　　　　　　　　　　　　　　（斉藤和也）

　ベリンスキー　Vissarion Grigorievich Belinskii 1811-1848
19 世紀ロシア最大の文芸評論家。一時期保守主義的立場をとったが，ゲルツェンの影響などからそれを脱し，西欧主義者として，専制，農奴制，正教会の激烈な批判者となった。以後は文壇を指導し，ドストエフスキーら多くの作家を見出した。作家に高度な社会性を要求する立場はチェルヌイシェフスキー，ドブロリューボフなどに継承され，ロシアの文芸批評，さらにはソヴィエトの文芸学の基盤になった。晩年に資本主義による生産力向上の意義を認め，ロシアの資本主義的発展を不可避と考え，ロシア

の当面の課題を社会主義的ではない，民主主義的な変革とした。
[文献] ベリンスキイ「文学という言葉の一般的意義」(世界文学大系 96 文学理論) 筑摩書房，1965；藤井一行『反逆と真実の魂——ベリンスキーの生涯と思想』青木書店，1980。(清水昭雄)

ベール　Pierre Bayle 1647-1706
フランスの哲学者。ピレネー山麓の農村に生まれた牧師の子で，若い頃カトリックに改宗し，すぐまたプロテスタントに再改宗した。ジュネーヴ大学で学び，1675 年にセダンのプロテスタント大学の哲学の教授となったが，1681 年に同校が閉鎖されたためロッテルダムへ亡命，そこの高等学院の歴史と哲学の教授を 1693 年まで務めた。無神論者の社会も存立しうるとして自立的道徳の宣言的な書とされた『彗星雑考』(1682)，全欧的名声を博した月刊の学芸新聞『文芸共和国便り』(1684-87)，ナント勅令廃止前後のプロテスタント迫害を弾劾して〈良心の自由〉を主張し，宗教的寛容論の最大の古典の一つとされる『〈強いて入らしめよ〉というイエス・キリストの言葉に関する哲学的註解』(1686-87) などが初期の代表作だが，とりわけ，在来の歴史記述の批判的検討に大胆な哲学的・神学的論議をまじえた大作『歴史批評辞典』(1696) は 18 世紀に広く読まれ，全欧的規模で啓蒙思想の最大の武器庫の役を果たした。〈啓蒙〉の先駆者として最も重要な思想家で，「形而上学の死の歴史を書いた」人というマルクスの評言は有名だが，ベール解釈には〈批判的懐疑論者〉とするものと，デカルト主義とカルヴァン派神学をその思想の根底に見るものと二つの潮流があり，最近では後者が主流となっている。
[文献]『ピエール・ベール著作集』(全 8 巻 補巻) 法政大学出版局，1978-2004；『ピエール・ベール関連資料集 1　抵抗と服従』法政大学出版局，2010；『ピエール・ベール関連資料集 2　寛容論集成』(全 2 巻) 法政大学出版局，2013-14。　　　(野沢協)

ベルクソン　Henri Bergson 1859-1941
ユダヤ系ポーランド人の父とユダヤ系イギリス人の母から生まれ

る。コレージュ・ド・フランスの哲学教授，アカデミー・フランセーズ会員であり，ノーベル文学賞受賞，レジオン・ドヌール最高勲章を受ける。ベルクソンは〈持続の相のもとに〉実在を記述することによって哲学的諸問題の解体に取り組んだ。主著は以下4点。『意識に直接与えられたものについての詩論』(1889)では「空間化」された時間から「持続」(durée)，すなわち「意識に直接与えられる」真の時間を区別する。後者を内的に生きる行為こそが自由であるとし，前者を前提する非決定論も決定論と同様自由を取り逃がしているゆえ，いわゆる自由と決定論の問題は疑似問題であるとされる。『物質と記憶』(1896)ではものと表象とを連続させる「イマージュ」論によって心身問題の解消，観念論と実在論を統一する。『創造的進化』(1907)では機械論と目的論を乗り越えて「生命の跳躍」(élan vital)による進化の非決定的な創造性を描く。『道徳と宗教の二源泉』(1932)では「閉じた社会」と「開いた社会」のそれぞれの道徳と宗教のタイプを記述し，閉じた社会の静的な宗教から脱した開いた社会の動的な宗教においては道徳が「生命の跳躍」と合致することを説く。ベルクソンは一般に生の哲学の提唱者の一人であり，また19世紀以来のフランスのスピリチュアリスムを継いでいると言われるが，ドゥルーズは差異の存在論の観点から新しい読解を試みた。
→時間，持続，生の哲学
[文献]『ベルグソン全集』(全9巻)白水社，1965-66；『新訳ベルクソン全集』(全7巻+別巻)白水社，2010-。(北野安寿子)

ベルジャーエフ　Nikolai Aleksandrovich Berdyaev 1874-1948
ロシアの哲学者。初めカント哲学によるマルクス主義の修正を目指したが，その後，観念論に転向。ロシア革命を西欧の人間主義とロシア人民の宗教性の特殊な結合による産物と見なした。1922年，ソヴィエト政府によって国外追放。その後西欧思想界で活躍。ベーメの「無底」(Ungrund)概念から影響を受け，神の根源はそこにあり，そこから世界と人間が創造されたと主張し，人間の自由を何物にも制限されない善悪両方に向かいうる創造的な力と見なした。そして，善（キリスト）に向かう人類の共

同的で創造的な力によって宗教の変革も可能と考え，人間の主体性を強調した。この点で実存主義に接近した。
［文献］『ベルジャーエフ著作集』（全8巻）白水社，1960-66；ベルジャーエフ『ロシア思想史』ぺりかん社，1974。（清水昭雄）

　ヘルダー　　Johann Gottfried Herder 1744-1803
ヘルダーは，ドイツの疾風怒濤（Sturm und Drang）運動，および，ワイマール古典文学期の文学理論家，詩人ならびに歴史哲学者として，最も重要な作家の一人である。自身は，神学者，哲学者ならびに美学者として考えており，自分の師であったインマヌエル・カントの批判理論の批判者だとも考えていた。ヘルダーは，近代言語理論の基礎づけとも言うべき『言語起源論』（1772）のなかで，言語の起源を神に求める神学的正統派の主張にも，さらに，社会契約によって言語が形成されたという理論にも反対した。言語と詩文芸は真に人間的で，個人を個人たらしめる創造的な能力だとされる。ヘルダーは，『人間性形成のための歴史哲学異説』（1774）という著作を書いて，啓蒙主義思想に対して距離をとる批判を行ったが，そのなかで，素朴な歴史に対する楽天主義や直線的な進歩思想を攻撃した。彼は，悟性によって分断化された文明による成果を攻撃し，これまでの時代に比較して啓蒙化された時代は優れているかのような独りよがりな見せかけに対して弾劾した。主著『人類歴史哲学考』（1784-91）には，自然理論，人類学，民族学，地理学の考察が含まれているが，そのなかで，ヘルダーは，歴史哲学的な考察を引き続いて深めた。有機的に進む発展過程には，人類性の増大が孕まれていると考え，その際に，社会全体の状態よりも，個々人の人格の発展や責任ということをより強調した（『人間性促進のための書簡』（1793-97）をも参照のこと）。1800年頃のロマン主義的な文化批判には，合理主義に対してだけでなく，絶対主義国家と理性を当然の前提にして組織された市民社会との間に流れる機械的で硬直的な傾向に対しても，批判的発言が全作品を通じて散りばめられている。これは，社会がもってきた全体的なつながりが失われ，人間能力の統一的な性格が失われていることを主題的に批判しているものであ

る。　　　　　　　　　（マルティン・フェルケル／佐藤和夫）

　ヘルバルト　Johann Friedrich Herbart 1776-1841
オルデンブルクに生まれる。カント，フィヒテに傾倒。1800年，ブルクドルフのペスタロッチを訪問，教育に目覚める。1809年，カントの後継者としてケーニヒスベルク大学で哲学，教育学を講じる。後にゲッティンゲン大学教授。近代教育学を興し，最初の教育学教授となる。ライプニッツのモナド論に基づいて人格的な自己をいかに確立するかという人間形成論を展開した。その際，超越的なものを排し，経験的現実的な知識に徹すること，とりわけ美的な表象に注目してそこから完成された表象を導き出すことが，彼のいう人格的統一と道徳的品性の形成のための方法である。そのために彼は「専心」と「総合」という知的探求が教育において求められることを説いた。この観点から，彼は教授学を構想し，教育学を体系化した。　　　　　　　　　（太田直道）

　ヘルムホルツ　Hermann Ludwig Ferdinand von Helmholtz 1821-1894
ドイツの物理学者・生理学者。エネルギー保存則の発見者の一人。この法則をマイヤーやジュールなどよりも数学的にまとめあげ，物理学全般にあてはまることを明らかにした（1847）。また，自由エネルギー概念を導入して化学反応を熱力学的に扱う方法を確立した。生理学では，神経における興奮伝達速度の測定，目の調節機構の解明，検眼鏡の発明，色覚の理論，音の伝達機構の解明など生理音響学における研究がある。1887年，自ら設立に尽力し，日本の理化学研究所が模範にした国立物理工学研究所の所長になり，亡くなるまで務めた。認識論では初期の新カント派に属している。
［文献］ヘルムホルツ『力の保存について』（世界の名著65）中央公論社，1973。　　　　　　　　　　　　（渋谷一夫）

　ベルンシュタイン　Eduard Bernstein 1850-1932
ドイツ第二帝政期の社会民主党を代表する理論家，ユダヤ系ド

イツ人。1872年, 社会民主労働党に入党。1878年, 社会主義者鎮圧法制定後スイスに亡命。1881年から1890年まで社会民主党の非合法機関誌『ゾツィアール・デモクラート』の編集長。1888年から1901年までイギリスに亡命, フェビアン主義者らイギリスの社会主義者との親交を深める。1895年エンゲルス死去後, マルクス, エンゲルスの遺稿の管理を委ねられる。1896-98年『ノイエ・ツァイト』誌に「社会主義の諸問題」を連載, 1899年『社会主義の諸前提と社会民主主義の任務』を公刊し, 資本主義における恐慌と貧困化がプロレタリアートの革命を惹起するという当時のマルクス主義の正統理論（カウツキー）に対する全面的批判を開始し, ここにいわゆる修正主義論争が引き起こされた。20世紀における共産主義と社会民主主義の対立はここに淵源する。
→アドラー（M.）, オーストリア・マルクス主義, カウツキー, 修正主義
［文献］ベルンシュタイン『社会主義の諸前提と社会民主主義の任務』ダイヤモンド社, 1974。　　　　　　　　　（平子友長）

ヘレニズム　〔英〕Hellenism〔独〕Hellenismus
アレクサンドロス大王の死（前323）に始まり, アクチウムの戦い（前31）で便宜上終わるとされる時代のギリシア文明を言う。この時代は世界史的な転換期で, 古典期ギリシアの文化は衰微し, 戦乱と安定したポリス社会の喪失により, 人々は, 広漠とした宇宙の中で, ひたすら個人の魂の救済を求めた。これに応じて現れたのが, エピクロス派とストア派である。
　エピクロス（Epikouros 前341-270）は, 悩める魂を救済するのが哲学の任務である, と説いた。すなわち, 人間の最大の悩みは死と神々の処罰への恐怖である。この二つを, 彼は原子論によって払拭する。宇宙は, 無限の空虚中での無数の微小原子の乱舞である。これらの原子の衝突, 結合, 分離により諸存在者が生成し消滅する。死とは, 原子の塊の分解である。神々もまた, 人間と同じく, 原子の塊であるから, 彼らを恐れる理由がない。では, 人間の幸福とは何か。快楽（hēdonē）である。快楽とは肉体

の無痛（aponia）と魂の平安（ataraxiā）である。快楽は，酒色の享楽の中にではなく，むしろ，パンと水の生に満足することの中にある。魂の平安は，真実の認識と，節度ある生と，友情の中にある。

ストア派は，ゼノン（Zēnōn 前 333/2-262/1）が学派の基礎を築いてからローマ時代にエピクテトス（Epiktētos 後 55-135）やマルクス・アウレリウス（Marcus Aurelius 121-180）が活動するまで存続した巨大な学派である。ストア哲学では，宇宙全体は，自然，神，霊（pneuma），火（pūr）などの異なる名前で呼ばれる。すなわち，ストア哲学は汎神論かつ唯物論である。宇宙全体を統括しているプネウマの支配下にあって，万物は必然の相互連関のうちにあり，何事が起ころうとも，それは永遠の昔から定められた帰結である。幸福とはこの運命の連鎖を洞察し，それに同意すること，不幸とは泣き叫びながら運命に引きずられることなのである。

［文献］ロング『ヘレニズム哲学——ストア派，エピクロス派，懐疑派』京都大学学術出版会，2003。　　　　　　（岩田靖夫）

変化　〔英〕change〔独〕Veränderung
一般的には，何ものかにおいて，何かが何かへと変わること。アリストテレスが変化（metabole）を，実体に関する変化，つまり端的な意味での生成・消滅，量に関する変化，つまり量の増大と減少，性質に関する変化，さらに，いわゆる移動を意味する場所に関する変化と分けているように（『自然学』），哲学的概念としての変化は，何らかのものに関わる様々な移り変わりについての最広義の概念である。くわえて，弁証法の見地からは，有限性と可変性を，一定の質・規定性をもった存在である〈或るもの〉に固有の性質と捉え，「生あるものは死ぬ。しかもそれは，単純に生あるものが生あるものとして自己自身のうちに死の萌芽を担っているからにほかならない」，「有限なものは単に外部から制限されているのではなく，自己自身の本性によって自己を止揚し，自己自身によって自己に反対のものへ移行するのである」（『小論理学』）とするヘーゲルの指摘が重要である。存在は，単に変わり

うるもの、つまり変化という性質を一つの可能性としてもっているものにすぎないのではなく、必然的に変化せざるをえないものなのであり、しかもその変化の原因は自らに内在する否定性、自己に内在する矛盾だからであり、かかるものとして、およそ存在は可変的であり、有限なものなのである。　　　　（太田信二）

変形推理　〔英〕eduction
形式論理学の直接推理の一つ。前提である原判断の形式を変えることによって新しい判断を導く推理法。その形式の変え方によって、換質法と換位法が区別される。換質法は、原判断の質を変えることによって同じ内容をもつ新判断を導く方法である。それには、まず述語をその矛盾概念に変え、次にその質（肯定または否定）を変えるという規則がある。「SはPである」を「Sは非Pでない」に、また、「SはPでない」を「Sは非Pである」に換質することができる。換位法は、原判断の主語と述語の位置を交換して、同じ内容をもつ新判断を導く方法である。これには、判断の質を変えない、原判断で周延されていない概念を新判断で周延してはならないという規則がある。「すべてのSはPでない」を「すべてのPはSでない」に換位することは可能であるが、「すべてのSはPである」を「すべてのPはSである」に換位することはできない（原判断で不周延のPが、新判断では周延されているから）ので、新判断が成立するためには「すべてのP」を「あるP」に「限量」（全称を特称に変える）し、「あるPはSである」としなければならない。これを「限量換位」と呼び、前者のように限量を必要としないものを「単純換位」と呼ぶ。この換質法と換位法を組み合わせることによってより複雑な変形推理も可能になる。
→判断, 推理, 対当関係, 周延　　　　　　　　　　（中村行秀）

ベンサム　Jeremy Bentham 1748-1832
ベンタムとも。イギリス経験論における功利主義的伝統に明確な表現を与え、法実証主義を理論づけたイギリスの哲学者、近代法学の父。12歳でオックスフォード大学に入学して弁護士を目指

すが，自分には向いていないと断念して執筆に専念し，匿名で出版した『統治論断片』(1776)によって名声を博する。のちに〈哲学急進派〉と呼ばれる学派を形成し，法制改革運動を推進し，南北アメリカ諸国の立法アドバイザーとして知られた。ベンサムのいう功利主義とは，人間は理性的主体ではなく，快を求め苦を避ける感性的存在であるとし，快苦の計算ないし幸福計算（快楽計算は後代の表現）によって，社会における最大多数の最大幸福（諸個人の快の総和から諸個人の苦の総和を差し引いた量の極大値）を可能にする法体系を構築しようとする立場である。その場合，法は，自然法という普遍的理念に基づく規範ではなく，〈サンクション〉という，快苦が媒介する人間行動の誘導・制止の枠組のひとつとして捉えられる。弟子の J. S. ミルによって，精神的快楽を解さない量的功利主義と批判されたこともあって一旦忘れられたが，近年，その独創的な言語哲学や存在論，同性愛や堕胎の擁護といったラディカルな発想が知られるようになった。なかんずく，フーコーによって取り上げられたパノプティコン（一望監視装置）という刑務所構想は，視覚と道徳の関わりを近代主義的に追求したものとして注目を集めた。
→快／不快，快楽主義，法
［文献］ベンサム『道徳および立法の諸原理序説』（世界の名著38）中央公論社，1967；永井義男『ベンサム——人類の知的遺産44』講談社，1982；船木亨『ランド・オブ・フィクション——ベンタムにおける功利性と合理性』木鐸社，1998。　（船木亨）

弁証法　〔英〕dialectic〔独〕Dialektik〔仏〕dialectique
【概念】弁証法は大別して，対話や議論の方法という意味で語られる場合と，世界や人間のあり方の論理，ないしそれを捉える認識論や方法論という意味をもつ場合がある。哲学史的には，古典ギリシア語では，dialektikē は前者の意味で，対話や問答の方法ないし技術だった。後者の弁証法は，近代でヘーゲルにおいて体系化されたが，現代まで多くの議論の的になった。全体として哲学史的には，前者の主観的弁証法から世界観としての客観的弁証法へと展開してきたが，それでも議論法・対話法としての弁証法

を復権する傾向は現代でも根強い。

【哲学史的変遷】古代ギリシアのソクラテスの弁証法は，市民との対話のなかで相手の偏見を批判しながら，ともに真理を追求するという意味での問答法として考えられた。プラトンにおいて，こうした弁証法は問答法でありながら，同時に存在の構造を捉える学問的方法へと変化した。それよりさき，ヘラクレイトスの矛盾を孕んだ生々流転の世界観はまさに弁証法的であるが，当時それは「弁証法」とはいわれなかった。この弁証法は世界を貫く論理という意味で，客観的弁証法と見られる。中世では弁証法はむしろ，神学的論争の装置としての形式論理学のことを意味した。近代に入り，カントは，『純粋理性批判』の「弁証論」で意図的に弁証法を取り上げた。特にそこでのアンチノミー論（二律背反論）は，世界の有限・無限，神の存在，自由の有無などの形而上学的問題については，肯定と否定の両方が果てしない論争を繰り広げる事実に注目した。この提起は，議論に関わる主観的弁証法からヘーゲル的な客観的弁証法への過渡期にあたるといえる。

【ヘーゲルの弁証法からマルクスの弁証法へ】ヘーゲルは，世界の根源が精神的なものであるという観念論的主張と弁証法を一体化させて考えた。「矛盾はすべての運動と生命性の根本である」（『大論理学』）と見なすヘーゲルの弁証法は，基本的に，〈統一→分裂→再統一〉，〈肯定→否定→否定の否定〉などの三段階の運動としてダイナミックに描かれる（『大論理学』）。通例，弁証法は〈正→反→合〉の図式で説明されるが，ヘーゲル自身はこうした図式化はしていない。結局，宗教的な和解を目指したヘーゲルは，批判的変革よりも現実を深く洞察することを意図したが，弁証法もそのための方法となった。若きマルクスはヘーゲルの哲学と弁証法を妥協的・保守的と批判した。だがそれは唯物論的立場からの批判の摂取でもあり，「神秘的外皮のうちに合理的核心を発見する」（『資本論』）ものであった。近代資本制社会の批判を中心に，マルクス弁証法は事物の肯定的存立のなかにその没落の展望を実践的に把握しようとした。

【弁証法と現代】弁証法はエンゲルスによって，自然・社会・思考を貫く一般的法則の科学として定式化され（『反デューリング

論』),レーニンによって「対立物の統一に関する学説」(『哲学ノート』)と説明された。だがさらに弁証法は,必然的な法則性のみならず,人間的な自由の論理もまた追究するものである。弁証法に対しては,それが物理的自然にも妥当するのか(ルカーチ,サルトルら),矛盾律を侵す非合理的論理ではないか(トレンデレンブルク,ポパーら),歴史法則の独断的把握ではないか(ポパー)など批判も多い。ソ連・東欧の社会主義崩壊後,弁証法はイデオロギー装置から解放され,ようやく自由に探究されることとなった。
→弁証法的論理学,矛盾
[文献]ヘーゲル『大論理学』(全3冊)以文社,1977-99;マルクス『パリ手稿——経済学・哲学・社会主義』御茶の水書房,2005;エンゲルス『反デューリング論』(全2冊)大月書店,1970;レーニン『哲学ノート』1・2,岩波文庫,1975;サルトル『弁証法的理性批判』(全3冊)人文書院,1962-73。

(島崎隆)

弁証法神学→バルト

弁証法的唯物論 〔独〕dialektischer Materialismus〔英〕dialectical materialism〔露〕dialekticheskii materializm
マルクス主義的唯物論の総称あるいはその一般理論部分を指す言葉として用いられた。マルクス,エンゲルス自身は「新しい唯物論」「実践的唯物論」「共産主義的唯物論」「現代的唯物論」などを用いたが,自らの唯物論の特徴を弁証法的であることに求めた発言も少なからずあるため,この呼称は無理がない。プレハーノフがこの語を普及し,レーニンもそれにしたがった。他方,プレハーノフと同時代のA. ラブリオーラはマルクス,エンゲルスの唯物論全体を「唯物史観」と呼んだ。その後,1930年代以降のスターリン主義哲学の形成・確立にともない,「弁証法的唯物論」は,唯物史観をあらかじめ基礎づける一般理論という位置づけをあたえられ,唯物史観の展開に先立って,主として自然と政治過程を材料として「ものの見方」を分厚く叙述する哲学領域の名称

となった。スターリンは，弁証法的唯物論を「自然」を取り扱う理論とし，「史的唯物論は，弁証法的唯物論の諸命題を社会生活の研究におし拡げたもの」と規定した。マルクス，エンゲルスの唯物論理解に比較すると，著しく非歴史主義的，自然主義的な理解である。

弁証法的唯物論と唯物史観からなるという「マルクス主義哲学」は，共産主義政党のイデオロギーと規定され，その真理性はロシア革命によって試されずみであると主張された。ソ連共産党は「マルクス主義哲学」の解釈権を独占し，そこで獲得された「真理」を国家権力を用いて実現する役割を負うとされ，「法則性」と「真理」の名による独裁が正当化された。マルクス，エンゲルスは，「理性の独裁」を主張する観念論とブルジョア的な「旧い唯物論」の両者を同時に批判できる枠組として「実践的唯物論」を成立させたが，スターリン主義哲学は，彼らが批判を集中した当のものへと逆行した。「弁証法的唯物論」はそうした歴史を背負う言葉となっている。
→唯物史観，実践的唯物論，スターリン主義
［文献］プレハノフ『史的一元論』上・下，岩波文庫，1963；スターリン『弁証法的唯物論と史的唯物論』大月書店，1968；後藤道夫／中村行秀／中西新太郎「マルクス主義哲学教科書の再検討」（東京唯物論研究会編『マルクス主義思想　どこからどこへ』時潮社，1992）。　　　　　　　　　　　　　　　（後藤道夫）

弁証法的論理学　〔独〕dialektische Logik〔英〕dialectical logic
形式論理学と対比され，世界を相互連関・相互作用，運動と変化・発展という視点から，できる限りダイナミックに捉えようとする論理学。弁証法は大別して，世界観・存在論の側面，批判的に真理を捉えようとする認識論の側面，従来の形式論理学などの批判的改作としての論理学の側面をもっている。レーニンがヘーゲル論理学に即して弁証法と論理学と認識論の三者の統一を強調したように（『哲学ノート』），この三側面は密接に関連し合っている。弁証法的論理学は以上の捉え方を前提として，弁証法の論理学的部分を対象としている。ヘーゲルがはじめて『大論理学』

において，大規模にこの論理学を体系化した。その際，弁証法的論理学には，質・量，本質・現象，法則，矛盾・対立，可能性・現実性，個別・特殊・普遍など，従来の形而上学的カテゴリー（哲学的基礎概念）が大幅に導入されるとともに，概念・判断・推理論，演繹・帰納論，定義，分析・総合論など方法的に重要な概念が，「化石化していた素材」（形式論理学）の批判的改作としてそのなかで展開された。主体と客体，また認識と実践の関係なども，その前提として扱われる。ヘーゲル論理学は体系的には，存在論（有論）→本質論→概念論という認識の深まりにおいて，世界と人間のあり方をダイナミックに捉えようとする。それは事物を，基本的に，緊密な有機体的な性格をもつものとして「具体的普遍」と見る。

ヘーゲル論理学は，初期フォイエルバッハ，エルトマンをはじめとして，多様に継承されてきたが，強い影響力のあったのは，マルクス，エンゲルス，レーニンら，マルクス主義的唯物論の立場からの弁証法的論理学形成の試みであった。その際のイデオロギー的転換点となったのは，市民社会・資本主義社会に対する批判的認識であり，そのなかでヘーゲルを，フォイエルバッハらのドイツ哲学やスミスらの古典派経済学とともに批判的に位置づけることであった。個別的には，エンゲルスによる三法則の唯物論的提起（量的変化から質的変化への転化，対立物の相互浸透，否定の否定），マルクスによる下向・上向の方法などがよく知られている。

→弁証法，矛盾

[文献] 寺沢恒信『弁証法的論理学試論』大月書店，1957；岩崎允胤／宮原将平『科学的認識の理論』大月書店，1976；『見田石介著作集』（全6巻 補巻）大月書店，1976-77；牧野広義『弁証法的矛盾の論理構造』文理閣，1992。　　　　　　（島崎隆）

弁神論　〔仏〕théodicée
神（theos）と正義（dikē）とから成るライプニッツの造語で，神義論とも訳される。全知全能至善の神なら悪のない世界を創造できたはずなのに，現実には悪人が跋扈し善人が虐げられ自然災害

も絶えない。神は悪の原因ではないのか，神は不正義を放置するのか。こうした疑義に対し神を弁護し正義を弁じるのが弁神論である。問いは旧約聖書のヨブ記で先鋭化し，キリスト教神学では悪を〈存在の欠如〉と捉えて神を悪の原因とすることから擁護した。ライプニッツはより大きな善のために容認される悪があるとしてオプティミズムの中で論じた。ウェーバーは人間の救済願望に有意味な秩序を与える合理化の試みとして弁神論を捉えた。
→悪，正義，ライプニッツ
［文献］ライプニッツ『弁神論』（著作集6・7）工作舎，1990・91。　　　　　　　　　　　　　　　　　（佐々木能章）

　ベンヤミン　Walter Benjamin 1892-1940
ドイツのユダヤ人思想家，批評家。ベルリンのギムナジウム在学中よりグスタフ・ヴィネケンの影響下で青年運動の一翼を担う中で理論活動を開始。大学生活の始まりとなるフライブルク大学でヘルマン・コーヘンに学ぶ。第一次世界大戦開戦直後の親友の自死とヴィネケンの大戦への態度に対する反発を機縁として青年運動から離れる。1917年，スイスのベルンに移り，エルンスト・ブロッホと親交を結び，学位論文『ドイツロマン主義における芸術批評の概念』を執筆（1919出版）。エッセイ『ゲーテの「親和力」』（1924）はホフマンスタールに評価され，彼の主催する雑誌に抄録される。『ドイツ悲劇の根源』（1928）によってフランクフルト大学で教授資格取得を目指すが叶わず，以後，自由な文筆家として評論，翻訳，ラジオ講演など行う。友人アーシャ・ラツィスを通じてマルクス主義に触れ，アフォリズム集『一方通行路』（1928）以降その影響がみられる。
　33年にベルリンを離れパリに亡命。34年よりフランクフルト社会研究所の一員として研究所紀要に寄稿。ボードレール論などライフ・ワーク『パリのパサージュ論』の一部，『複製技術時代の芸術作品』などを寄稿。40年，ドイツ軍のパリ侵攻後，米国への亡命を企て，ピレネー山脈を越えたが，スペイン国境でフランスへの送還を告げられ自死を選ぶ。絶筆『歴史の概念について』はハンナ・アーレントの手でアドルノに届けられた。

生前の知名度は限定的であったが，第二次世界大戦後，友人ゲルショム・ショーレムとベンヤミンに多大な影響を受けたテオドール・アドルノの編集による選集が出版され，広く読まれるようになった。

ベンヤミンの思索は，美学・批評理論，プルースト，カフカ，ブレヒト，カール・クラウスなど同時代文学，ベルリン，ナポリなどの都市論，写真・映画などのメディア論，歴史・記憶論に及び，その影響は広範囲にわたり現代も議論を呼び続けている。多岐にわたる彼の仕事を貫くモチーフは，青年期より思索の対象であったユダヤ教にみられる救済の思想のアクチュアリティの模索，神学の世俗化の試みだといえる。

[文献]『ベンヤミン・コレクション』（全7巻）ちくま学芸文庫，1995-2014；Burkhardt Lindner(Hg.) *Benjamin Handbuch. Leben-Werk-Wirkung* Stuttgart/Weimar (J. B. Metzler) 2006；Uwe Steiner, *Walter Benjamin*, Stuttgart/Weimar (J. B. Metzler) 2004.（三崎和志）

ホ

ポアンカレ Jules Henri Poincaré 1854-1912

フランスの数学者・物理学者・哲学者。数学における業績は解析学を中心にほとんどすべての分野にわたり，保形関数論の創始者の一人に数えられ，トポロジー概念の基本を作り上げた。天文学では，三体問題などを研究し，『天体力学の新方法』全3巻（1892-99）にまとめた。物理学では，ローレンツ理論を数学的に整備し，ベクレルの放射能発見に示唆を与えた。科学方法論にも関心を寄せ，コンベンショナリズム（約束説）を唱えた。また，科学の実用主義的傾向を批判して「科学のための科学」を主張し，数学をラッセルの論理主義やヒルベルトらの形式主義と見ず，いわゆる「直観主義」の立場に立った。

[文献] ポアンカレ『科学と仮説』岩波文庫, 1959；同『科学の価値』岩波文庫, 1977；同『科学と方法』岩波文庫, 1953。

（渋谷一夫）

ポイエーシス 〔ギ〕poiēsis

プラトンやアリストテレスなどの古代ギリシア哲学者たちは，理論（テオリア）と実践（プラクシス）を区分したが，さらに，制作（ポイエーシス）を実践から厳密に区別した。その際の制作＝ポイエーシスとは，一定の目的を設定して，それを実現するために技術を使って行う手段的な活動のことである。それに対して，実践＝プラクシスとはそれ自体が目的であるような営みであり，古代ギリシアのポリスでは，人々が協同でコミュニケーションし合う活動がそれである。

　近代社会になると，人間の営みはほとんどの場合，富を蓄積したり，消費するためのものを作る手段的行為となってしまい，プラクシスという観念が消失していく。近代経済の中では，人間の必要のためにする労働の営みも，ものを制作する営みもともに，

商品を生産するための手段化の営みになっていく。そのために，直接に消費物を生産する営みでない芸術的制作の営みは，とりわけ，ポイエーシスという性格を強調されて，商品生産のための労働から区別された。元来，アリストテレスが詩作をポイエーシスと位置づけたこととも関わって，芸術創作行為はポイエーシスの代表のように考えられた。

　しかしながら，ポイエーシス的原理が，人間関係や社会に適用されるやいなや，目的のために他の人々の活動や存在を手段化することになり，それによって，全体主義社会のように，異なる人々の共存を破壊しかねない。アーレントは，近代において高く評価された仕事＝ポイエーシスのなかに，他者を手段化する危険性を見て取って，人々が協同で活動する自己目的活動としてのプラクシス＝活動（アクション）の重要性を強調した。
→芸術
［文献］アリストテレス『ニコマコス倫理学』上・下，岩波文庫，1971・73；同『形而上学』上・下，岩波文庫，1959・60；アーレント『人間の条件』ちくま学芸文庫，1994。　　　（佐藤和夫）

　ホイジンガ　Johan Huizinga 1872-1945
オランダの文化史家。フロニンヘン大学で比較言語学や古代インド演劇を研究し，のちに母校およびライデン大学の歴史学の教授となる。文化史の代表作『中世の秋』(1919) のほかに，哲学的には『ホモ・ルーデンス』(1938) が注目され，ここでは人間の生や文化が〈遊びの相のもとに〉考察される。遊びとは人間生活の他の目的に仕えるものではなく，人間を夢中にさせる〈おもしろさ〉そのものを本質とする。遊びのおもしろさは分析や解釈をゆるさず，他の観念に還元されない。遊びは利害や欲求から離れており，むしろ祭祀との共通点が多いが，この遊びのなかにこそ文化がはじまるとされる。
［文献］『ホイジンガ選集〔新装版〕』（全6巻）河出書房新社，1989-91。　　　（水野邦彦）

法 〔ラ〕ius〔英〕law〔仏〕droit〔独〕Recht

国家によって制定され強行される規範，およびそれを通じて規制される社会関係。商品生産社会においては人間が商品所有者として脱個性化・抽象化されることに照応して，法においては抽象的な権利・義務・責任の担い手として人間が抽象化され（これを「法人格」ないし「権利能力」という），人間たちの取り結ぶ関係が，権利義務関係として構成される点が特徴的である。すなわち，権利義務関係とは，①法人格という抽象的な資格において対等・平等な主体が，②相互にそれぞれの利益範囲を明確に確定し合い，③万一そこにおいて生じた紛争を裁判という第三者的な判定プロセスによって解決する，という特有な姿をした社会関係である。また，それを媒介する規範（規範としての「法」）も，近代社会の成熟した法システムにおいては，国民代表が定立する，国民の権利義務に関する一般的抽象的な規範である「法律」という特有の形態をとり，各国民は法律を踏まえて社会関係を自ら形成し（これを「私的自治」という），行政は法律に従って「公益」を実現する責任を負い，裁判所は持ち込まれた法的紛争を法律に従って解決する。

法と権利は一体であり，多くの西欧語において両者は同じ単語で表現される（英語は例外）。そして，両者をことさら区別する必要のあるときは，「法」は「客観的な意味における」Recht（ドイツ語の場合），「権利」は「主観的な意味における」Recht（同）と表現する。

法の理論的把握はながらく主として自然法思想によって担われてきたが，近代社会契約説の自然法思想が，自然「法」に対する各人の自己保存の自然「権」を優位せしめたのは，欧米の法思想における権利概念の重要性を示している。

マルクス主義においては，資本主義社会において成熟する商品流通の形態を写し取った抽象的人格者間の権利義務関係という社会関係の特有な形態を機軸として法を把握し，その疎外された「物神的性格」のイデオロギー批判を重視する考え方と，国家機構を通じて支配階級の意思が貫徹されるときの道具として法を分析する考え方とがある。

国家的強制と対等当事者間の権利義務関係という，この二つのファクターを統一的に把握することが重要である。歴史的には，法的なものが具体的に形成されていくときに，このいずれかが前面に出る場合があり，法の「類型論」の基本的着眼点となる。たとえば，日本の律令国家体制や江戸期の幕藩体制においては，法の「国家的強制」の面が前面に出ており，西欧中世においては法の対等当事者の権利義務関係という面が前面に出ている。前者の場合は，法の主観的側面（「権利」）が否定された形態であり，後者は，極端な場合には法の客観的な側面（規範的なルールとしての「法」）が否定されて法システムが各法主体のもつ個別的権利（「特権」）の束に解消している。

　法がこのように歴史的に形成され成熟してきた存在であるとすれば，その現代的変容についても語りうる。現代においては国家の政策的計画行政的な介入が常態化しており，法がその道具となり，「権利」もその操作の対象として単なる「地位」として把握される傾向が出てくる。

　それに照応して，こうした傾向に対しては，法の価値論的（axiological）なアプローチが様々に登場する。たとえば近年の正義論などは，とりわけ基本的人権という権利の価値を重視し，国家すなわち民主的多数派の抑圧への少数者の対抗権（「切り札」としての権利）として構成する考え方が有力である。

→権利

[文献]『マルクス主義法学講座』（全8巻）日本評論社，1976-80；藤田勇『法と経済の一般理論』日本評論社，1974；『ソビエト法理論史研究1917-1938』岩波書店，1968；フリッツ・ケルン『中世の法と国制』創文社，1968；ノネ／セルズニック『法と社会の変動理論』岩波書店，1981；ドゥウォーキン『権利論』木鐸社，2003。　　　　　　　　　　　　　　（名和田是彦）

方以智　（ほう いち）Fāng Yǐzhī 1611〔光海君3〕-1671〔顕宗12〕
中国明末清初の思想家。字は密之，号は浮山愚者ほか多数。桐城の名門に生まれ，家学の象数易を受け継ぐ。生涯は三期に分ける

ことができる。1644 年の明滅亡まで，亡命政権参加の時期，仏門に入る晩年期である。第一期の 33 歳までは天文暦象から医学，動植物，金石に至るまで，あらゆる物理に関心を寄せた時期で，その成果は『物理小識』や『通雅』といった作品に結実し，第二期，第三期に完成した。門に入ってからは哲学中心の学問になり，三教合一の立場からの哲学書『東西均』が完成する。彼は徹底した懐疑精神の持ち主であり，「窮理極物の僻」が質測の学に結実するが，家学の象数易が哲学＝通幾(つうき)の学となり，質測と通幾が相互に補い合う壮大な学を構築した。

［文献］『物理小識』（全 2 冊）臺灣商務印書館；龐樸注釋『東西均注釋』中華書局，2001；坂出祥伸「方以智」（日原利国編『中国思想史』下）ぺりかん社，1987。　　　　　　　（小川晴久）

　ボーヴォワール　Simone de Beauvoir 1908-1986
フランスのフェミニスト文学者・哲学者。20 世紀フェミニズムの古典著作『第二の性』（1949）で，公私ともに同志的関係にあったサルトルと近い実存主義に基づき，宿命論的な性別本性論を排し，性別による差異のない実存の行使とそれを妨げる社会的文化的な障害について論じた。60 年代後半に階級抑圧とは別個な女性抑圧を問題化する第二波フェミニズムが広がり，その中で『第二の性』は有力な先行的参照点となった。70 年代から，中絶問題をきっかけとしてボーヴォワールは，より若い世代のフェミニズム運動に積極的に参加していった。
→実存主義，サルトル
［文献］ボーヴォワール『第二の性』（全 3 冊）新潮文庫，2001；同『或る戦後』上・下，紀伊國屋書店，1965。　　　　　（細谷実）

　法家(りかい)
諸子百家の一つ。実定法の厳格な実施による支配を主張する一派。春秋時代末期の管仲や子産に萌芽。李悝による中国最初の成文法「法経」（『晋書』刑法志），商鞅の法治主義，慎到の権勢主義，申不害の術治主義（君主が己れの心中を隠し，独断的に支配する手法）などが知られている。戦国時代末期の思想家・韓非

は，これら初期法家の見解を批判的に摂取，法・術・勢を基本とし賞罰を厳格にした国家統治を主張。その説は同門の李斯を通して秦帝国の支柱となった。
［文献］『韓非子』（全4冊）岩波文庫，1994；木村英一『法家思想の研究』大空社，2006。 　　　　　　　　　　（村瀬裕也）

鮑敬言 （ほうけいげん）Bào Jìngyán 生没年不詳
4世紀の思想家。『抱朴子』詰鮑篇にその言説を残す。徹底した君主制否定論者。すなわち彼によれば，儒教流の君権天命説（一種の君権神授説）はまったくの虚偽に過ぎない。君主制の起源は，強者が弱者を抑圧し，智者が愚者を誑(たぶら)かすところにあり，天とは何の関わりもない。君主制とは，民衆の財貨を略奪しながら，厳刑をもってこれを陥れる制度であり，一切の反乱や災禍の根因である。――鮑敬言は現状をこのように捉え，君主も臣下もなく，勢利の争いもない平等社会を要求する。ここに共産主義思想の源流を認める人もいる。
［文献］蔵原惟人『歴史のなかの弁証法』新日本出版社，1984；重沢俊郎『中国歴史に生きる思想』日中出版，1973。

　　　　　　　　　　　　　　　　　　　　　　（村瀬裕也）

法則 〔英〕law〔独〕Gesetz〔仏〕loi
事物や人間の行動，社会や歴史の運動を貫く必然的な連関を表現した概念であり，その把握は将来の予測を可能とさせるため，合理的な生活を送る上で不可欠である。科学的営みの最大の課題は，研究の対象を支配する法則性を認識することであると言ってよい。法則はいきなり認識されるものではなく，経験的なデータを整理，分析することから始まり，仮説の設定，その検証という作業を通して確立するのが一般的である。個別的な法則の連関が明確になり，それらが体系化されたものが理論である。法則は客観的世界の必然性が認識されたものであるが，ヒュームやバークリなどイギリス経験論の影響を受けたマッハは，主観的観念論の立場から，法則は事物と事物の関係ではなく，感覚と感覚の連関の法則を追究することであるとして法則の客観性を否定した。カ

ルナップなど論理実証主義の法則観にも同様の理解が見られる。自然，人間，社会など問題となる領域によって，法則の性格や確実性に異なりがあり，規則的な繰り返しである物理現象では法則は数式で表現されるが，自由意志を有する人間が関わる社会科学の分野では法則の発見は難しく，自然科学に比べると法則の確立に遅れをとったという経過がある。加えて社会法則には社会的，階級的利害が係わるというイデオロギー的制約があるため，その認識や承認が自然科学のようにはいかないという問題がある。社会科学における法則を考える際に，忘れてはならないのがマルクスの功績である。マルクスは商品の分析から始めて資本主義の運動法則を解明したが，その条件となったのが人間を経済的範疇の人格化として把握することを可能とさせる，資本主義に特有の物象化の現象である。かくして人間の一見自由で偶然的な行動を貫いて支配する資本主義の運動法則を解明する道が開かれた。さらにマルクスは資本主義を含め，社会構成体の発展の要因を経済的土台に求める史的唯物論の理論を確立することによって，社会発展に関する基本法則の認識の基礎を築いた。
→理論，唯物史観，科学，マッハ　　　　　　　　（碓井敏正）

法則定立的　〔独〕nomothetisch〔英〕nomothetic
新カント派西南ドイツ学派の哲学者ヴィンデルバントは，物理学，化学等の自然科学を典型とする，対象を普遍的な法則の実例として把握しようとする「法則定立的」科学と，歴史学や芸術学のように個別的で一回的な出来事に固有の価値を認める「個性記述的」（idiographisch）科学とを方法論的に区別した。

　このような方法論的区別は，弟子のリッケルトの「自然科学」と「文化科学」という対置にも受け継がれ，また自然科学とは異なって社会科学の場合には，研究者の側の価値選択に基づく概念構成としての「理念型」（Idealtypus）が前提されるとするウェーバーの主張にも影響を与えている。
［文献］ヴィンデルバント『歴史と自然科学・道徳の原理に就て・聖――『プレルーディエン』より』岩波文庫，1936；九鬼一人『新カント学派の価値哲学』弘文堂，1989。　　　　（石井潔）

ホウネン

法然 (ほうねん) 1133〔長承2〕-1212〔建暦2〕
法然房源空。美作武士漆間氏の出身。比叡山で叡空(?-1179)等に師事し天台教学・南都仏教等正統派浄土教を極め「智慧第一の法然房」と評されたが，下山して民衆救済の視点から，弥陀の本願を根拠に称名念仏のみを往生要件とする専修念仏論を説いた。唐の善導に依るとはいえ，典拠の浄土経典とも矛盾する解釈を行い，念仏行の自立（浄土宗独立）を創唱した日本仏教史上の意義は画期的である。主著『選択本願念仏集』は，貧富貴賎・善悪を問わず万人平等往生の道として唯一称名念仏を正定業とし，造像起塔等正統派浄土教が説く自力往生行を助業・雑行として排斥した。法然は高徳の念仏聖として，末法時代の民衆・女性や熊谷直実等の在地下級武士だけでなく，九条兼実や北条政子等貴族や上級武士，聖覚や重源等正統派浄土教の高僧からも，幅広く尊崇された。だが正統派浄土教勢力は法然の専修念仏論の〈危険〉な思想的質を見抜き，明恵等が激しい理論的批判を浴びせ，さらに朝廷の力で法然教団を国家的に弾圧し，法然自身も流罪となった。その理由は念仏の勧めや悪人・民衆往生論でなく，専修念仏論の「偏執の勧進」（経典無視・諸行否定）と「造悪無碍」，即ち荘園制の精神的紐帯（神仏習合）の宗教的否定とその結果の荘園秩序破壊にあった（貞慶『興福寺奏状』）。この矛盾の解決をめぐって以後法然教団は証空(1177-1247)ら体制融合的浄土宗系と神仏習合否定の親鸞に分解していった。
→浄土教，親鸞，一遍
〔文献〕『法然・一遍——日本思想大系10』岩波書店，1971；田村円澄『法然』吉川弘文館，1988。　　　　　　　　（亀山純生）

方法(論)〔英〕method; methodology〔仏〕méthode; méthodologie〔独〕Methode; Methodologie
方法という言葉は「道に沿って」という意味を表すギリシア語のmeta + hodos に由来する。一般的な意味では，学問的な目的を達成するために従うべき一定の手続きまたは手順であり，こうした方法的な手続きまたは手順を学問的に考察することが方法論である。アリストテレスの体系においては，あらゆる学問の探求に

先立って学習されるべき分析論または広義の論理学が方法または方法論の役割を担っており，これらが後の時代に認識の道具としてオルガノン（機関）と呼ばれた。科学の方法または方法論が強く意識されたのは近世哲学においてであり，F. ベーコンが科学的発見の方法としてアリストテレス以来の帰納法をさらに精密なものにしようとした。これは J. S. ミルによって継承される。デカルトの『方法序説』も，自らの思想的発展と学問の改革の必要を説きつつ，明晰判明なものだけを受け入れること，そして分析，総合，枚挙に関する規則という，方法の四つの準則を展開した。

　方法または方法論の考察にあたってひとつの分岐点となったのは，認識主体にとって方法が単に主観的な手続きなのか，それともこれを事物そのものに内在しこれに対応するものと見なすかどうかである。前者はア・プリオリズムや構成主義など各種の主観的観念論によって主張されて，その影響は今日の分析哲学やパラダイム論にまで及んでおり，後者は唯物論的な立場によって主張された。ヘーゲルの方法概念は，これら両者の交差点に立っており，認識識主体と認識対象と方法とが同一の概念から構成されているものと見なす。彼にあっては，論理学体系の結語としての絶対的理念の内容が「理念の諸モメントの価値に関する明確な知識」であって，端緒，進展，終結の三つの契機にすぎないから，方法概念が「事物そのものの方法」として，事物の歴史的・弁証法的な発展の論理そのものと実質的に同一視される。

　マルクスは，ヘーゲルの方法概念を批判的に継承しながら，経済学研究を基本的に分析によって内的紐帯を見出すこと（下向）としながらも，その叙述としての体系的展開を，抽象的な諸カテゴリーからより具体的なそれらへの総合的な進展と見なし（上向），この論理的展開が歴史的過程と一致するかどうかは「事情による」とした。また，『資本論』の価値形態論では，後続の展開を含蓄した萌芽的で単純な形態からより具体的で複雑な諸形態への必然的発展という展開方法をも併用した。

→分析と総合，上向／下向

［文献］アリストテレス『分析論前書』『分析論後書』（全集 1）岩波書店，1971；デカルト『方法序説』ちくま学芸文庫，2010；

ヘーゲル『小論理学』上・下, 岩波文庫, 1978；マルクス『経済学批判』(序説) 岩波文庫, 1956。　　　　(奥谷浩一)

方法的懐疑　〔仏〕doute méthodique 〔英〕methodical doubt 〔独〕methodischer Zweifel

デカルトが少しでも疑いうるものを偽として退け, 絶対確実な真理を探究するためにとった懐疑の方法のこと。日常的な疑いではなく, 目覚めているときの自分の身体の存在や 2 + 3 = 5 といった数学的真理をも, 夢を見ているかもしれないとか, 自分を造った神によって欺かれているかもしれないといった誇張的懐疑, 形而上学的懐疑である。しかしこの懐疑は, 疑うために疑う懐疑論者の懐疑ではなく, あくまで絶対的な真理に到達するための懐疑である点で, 積極的な懐疑である。デカルトは, もし学問を志そうとするならば, 一生に一度は, すべてを根こそぎ覆し, 最初の土台から新たに始めるべきであるといい, コギト・エルゴ・スム (わたしは考える, ゆえに私は存在する) という哲学の第一原理に到達し, ここから彼のすべての学問体系を構築した。
→デカルト, コギト・エルゴ・スム　　　　(河野勝彦)

暴力　〔英〕violence 〔独〕Gewalt 〔仏〕violence

「自分の生命を維持するためにはあらゆるものを自由にしてよい」という自然から与えられた平等な権利＝自然権を行使しようとする限り, 人々は「各人の各人に対する戦争の状態」としての自然状態の下に置かれざるをえず, そこでは他者からの絶えざる暴力の脅威にさらされることになる。このような「いつ殺されるかもわからない」という「死の恐怖」に耐えかねて, 人々が自らの自然権を主権者に譲渡したことから, 国家の権力が生まれ, 法とそれに基づく政治が行われるようになった。これが政治の起源には暴力があったとするホッブズの古典的見解である。

ナチスやスターリンによるむきだしの暴力を目の当たりにしたアーレントやエリアスにとっては, ホッブズ的見解のうちでも, 政治は何よりもまず公然たる暴力が恣意的にふるわれている状態の克服からはじまったとされていることが重要な意味をもつ。公

共的な場で「行為」(action) の主体としての人間がお互いに自らを表現し，ことばを交わすなかから集団的な合意形成がはかられるポリス的政治を理想化するアーレントも，中央集権的な政治権力の成立とともに登場した宮廷文化を背景とする「礼儀作法」(civilitas) とその下で形成された非暴力的な「穏やかで自制的な態度」を特徴とする宮廷人的主体による「文明化」(civilization) された政治に展望を見出そうとするエリアスも，暴力が公共的な空間における対等な議論に基づく意思決定という意味での政治を破壊するものであるという点では，完全に意見が一致している。

これとは反対に，ベルクソンの「生の哲学」の影響を強く受けたソレルにとっては，法による支配や民主主義的な手続きを通じた政治的意思決定は，「生産者」としての労働者の生き生きとした自発性を抑圧するものでしかない。ゼネストや戦争のような暴力的直接行動だけが，利害や妥協を越えた崇高な未来に向かって人々を駆り立てる「神話」と「形象」を与えることができるというのが彼の主張である。暴力と死への恐怖から，自らの生の充実を犠牲にすることによって獲得されるようなホッブズ的「政治」を彼は断固として拒否する。

暴力と政治を相容れないものとしてではなく，相互に結合しうる連続的なものとして位置づけるのが，レーニンと毛沢東をはじめとするマルクス主義者たちの立場である。クラウゼヴィッツの「戦争は別の手段による政治の継続である」というテーゼに基づいて，レーニンは，マルクス主義者は戦争や暴力一般に無条件に反対する平和主義者，非暴力主義者であってはならず，階級闘争や民族解放闘争において，暴力の行使が進歩的，民族解放的な政治の継続と見なされる限りにおいては，これを政治闘争の一形態として積極的に肯定すべきであると主張する。このような主張の背後には，階級支配それ自体が本質的に暴力的なものであり，また国家は軍や警察等の暴力装置をその不可欠の一部とする階級支配の道具であるとする基本認識がある。

これに対して，全面的核戦争の脅威の下では，戦争＝暴力と政治の連続性を主張することは危険であり，核戦争そのものを人類に対する犯罪行為として告発すべきであるとする「ラッセル＝

アインシュタイン宣言」に代表される見解や，戦争，テロなどの直接的暴力に限定されない，政治的抑圧，経済的搾取，文化的差別等の「構造的暴力」(structural violence) を含む広い意味での暴力とそれに基づく紛争を，あくまで対話に基づく平和的手段によって解決することを提唱している平和学者ガルトゥングの一連の仕事も注目に値する。
［文献］アレント『暴力について』みすず書房，2000；N. エリアス『文明化の過程』上・下，法政大学出版局，1977・78；G. ソレル『暴力論』上・下，岩波文庫，2007；J. ガルトゥング『平和的手段による紛争の転換』平和文化，2000。　　　　（石井潔）

ボエティウス　Anicius Manlius Severinus Boethius 480 頃-524/5
政治家，哲学者。ローマの名家に生まれ，東ゴート王テオドリクスの下で執政官，宰相を務めるが，陰謀の嫌疑により処刑。彼によるアリストテレスやポルフュリオスの論理学書のラテン語訳と注解，これらに基づく論理学著作，さらに算術，音楽など自由学芸関係の著作は，12 世紀頃まで主要な教科書であった。また『三位一体論』等の神学的小品も後のスコラ学に影響を与えた。獄中で書かれた『哲学の慰め』は，擬人化された「哲学」が不当に苦しむ著者を訪れて対話するもので，ラテン文学の一大傑作。
［文献］ボエティウス『哲学の慰め』筑摩叢書，1969；『後期ラテン教父──中世思想原典集成 5』平凡社，1993。（加藤和哉）

墨家　（ぼくか）

墨翟（墨子）創始の学派。墨翟が守城術を練り，弟子，禽滑釐ら三百人の応戦集団を組織していたことは，『墨子』の「公論」篇に見える。墨翟の死後，墨家は三，四派に分裂，各々「鉅史」という統率者の下，厳しい規律に服し，防禦戦闘集団として城を墨守した。この時の土木施設が，「備城門」や「備梯」篇などに，また戦闘配置や軍規が，「号令」篇などに見える。墨家特有の物作りの経験から光学・力学・数学などへの定理集が編まれたり，墨翟の論理学的関心（「三表」の基準）を継承した，用語の定義

集も作られた(「経」「経説」の諸篇)。戦国末期には儒家と並んで「顕学」と称されたが、秦の全国統一に伴う弾圧のせいもあり、歴史の表面から姿を消した。
[文献] 森三樹三郎訳『墨子』ちくま学芸文庫、2012；浅野裕一『墨子』講談社学術文庫、1998。 (後藤延子)

墨子 (ぼくし) Mòzǐ 前470頃‐前390頃
墨家の開祖、墨翟の尊称。儒家の本場、魯国の人で、儒家に入門したが、不満なため自ら一派を創始。儒家への対抗を意図。現存の『墨子』53篇には、後の墨家の言論も混入。清末までテキストの整理がされず、長く忘れ去られた思想家となる。墨翟の思想は十大主張に代表される。それは、儒家の親疎の差別愛に対置した「兼愛」、贅沢や虚礼に反対した「非楽」・「節用」・「節葬」、大国の小国への不義の戦争を糾弾した「非攻」、宿命論を批判した「非命」、鬼神と天の人格性を説く「明鬼」・「天志」、天の意志に従う国家体制を主張した「同」、世襲身分制の打破を掲げた「尚賢」である。十大主張の目的は、「国家・百姓の利」にあり、諸侯への遊説に駆け回るとともに、実践に当たった。
[文献] 森三樹三郎訳『墨子』ちくま学芸文庫、2012；浅野裕一『墨子』講談社学術文庫、1998。 (後藤延子)

朴趾源 (ぼく しげん) Pak Jiwon 1737〔英祖13〕‐1805〔純祖5〕
李朝後期を代表する実学者で、文学者。字は中美、号は燕巖。洪大容と共に北学派のリーダー。司馬遷の史記の影響を受け、若い頃に書いた短篇の漢文小説(両班伝、許生伝、穢徳先生伝などの9篇)は、実在の人物をモデルにしたもので、短篇ながらリアルな観察眼と彼の経世思想がよく表れている。1780年、王朝使節の一員として中国の北京と熱河を旅行した記録『熱河日記』はそれ自体が彼ら北学派の実学思想を展開したような大作で、中国の「壮観」さを瓦礫や糞壌の利用の中に見る、民の生活向上を目指す視点に貫かれていた。『課農小抄』という農書も自ら実践しての作品である。

[文献] 朴趾源『燕巌集』韓国景仁文化社，2000；同『熱河日記』（全2冊）（東洋文庫）平凡社，1978。　　　　　　　（小川晴久）

ボグダーノフ　Aleksandr Aleksandrovich Bogdanov 1873-1928
本名マリノフスキー。ロシア，ソヴィエトの革命家，哲学者，自然科学者。ナロードニキとして出発するが，後にボリシェヴィキとなり，レーニンの片腕として活躍する。しかしその後 E. マッハの解釈や革命家の合法的組織への参加問題などをめぐってレーニンと対立，指導部から追放された。革命後はレーニンらの批判を受けながらも「プロレタリア文化運動」の中心的組織「プロレトクリト」の理論的指導者として活躍。マッハとマルクスの独自な解釈によって導かれた組織概念から，全体的に組織化された科学の創設を企図した。『赤い星』などの SF 小説も執筆。自らの身体を血液交換実験に捧げ，死亡した。
[文献] ボグダーノフ『信仰と科学』未来社，2004；佐藤正則『ボリシェヴィズムと〈新しい人間〉』水声社，2000。

（清水昭雄）

母権制／父権制　〔独〕Matriarchat / Patriarchat
「母権制」とは，スイスのローマ法学者バッハオーフェン（J. J. Bachhofen）が 1861 年に刊行した『母権論』（*Das Mutterrecht*）において始めて使用した造語である。当時のヨーロッパでは一夫一婦制による父系（出自を父子関係から辿る）の家父長的家族（父ないし夫が家族成員に様々な権力を行使する）が人類の普通的で自然な家族であると考えられていた。それに対してバッハオーフェンはギリシア神話の解読を通して父系の一夫一婦制家族以前に乱婚からゆるやかな一夫一婦制の婚姻制度（対偶婚）をとった時代があり，この時期の社会編成は母子関係を通して出自をたどる母系制社会であり，地位や財産もまた母子関係を通じて継承され，かつ女性，母が所有する権利は男性が所有する権利よりも優位である母権制社会であると，人類史の基層に母権制社会を設定した。

　この理論はモルガンの『古代社会』（1867）によって一部実証

され，エンゲルスはこれらの理論を土台に『家族・私有財産・国家の起源』(1871)において，私有財産と国家が成立する以前の人類社会は母系の血縁紐帯によって編成された氏族制社会であり，この社会は男女がともにほぼ平等な氏族成員権（政治運営，財産相続など）を所有していた共同体社会であるとした。この後，家父長制家族の成立によって，女性は社会の成員権を失っていくが，これをエンゲルスは「女性の世界史的敗北」と表現した。

バッハオーフェンの母権論は，母系制社会においても社会運営や相続は母方の叔父から姉妹の子へと継承されていることの発見など，民族学や文化人類学，また歴史学の進展により現在ではほぼ否定されてきている。しかしながら，日本史においては少なくとも8世紀はじめ父系・父権制社会が確立されている中国から律令制を導入するまでは出自を母方と父方からたどる双系制社会であり，天皇のレベルを含めて男女が社会の運営に関わり，財産を所有し経営していた。家父長権が成立していない時代がながく存続していたのである。

[文献] バッハオーフェン『母権制』上・下，白水社，1992-93；エンゲルス『家族・私有財産・国家の起源』岩波文庫，1965；江守五夫『母権と父権』弘文堂，1973；須藤健一『母系社会の構造』紀伊國屋書店，1989；比較家族史学会『比較家族史研究』6，9，22，27号。　　　　　　　　　　　　　　　　（早川紀代）

菩薩→仏教

保守主義　〔英〕conservatism〔独〕Konservatismus〔仏〕conservatisme
【概念と起源】「保守主義」という言葉は，日常生活における古くからの慣習や生活様式に執着し，変化に消極的な態度を意味することもあるが，狭義には政治に関して用いられ，現存する政治的社会的秩序の変化や変革に反対し，それの維持を願う政治的な態度，行動，そして思想を意味する。

保守主義の思想が最初に登場したのは，フランス革命（1789）

の頃で，一般に，イギリスの政治家エドマンド・バークの『フランス革命についての省察』（1790）が，保守主義の出発点の書物だと言われている。しかし，「保守主義」という言葉の最初の使用例は，1818 年，フランスのシャトーブリアンが出した雑誌のタイトルが『保守主義者』（*Le Conservateur*）であったことに求められている。

【近代と保守】前近代社会では，長期にわたって変化に乏しい時代が続いたが，近代に入ると急激な変化が連続し，進歩的な政治思想が政治的実践において大きな役割を演じるようになった。保守主義は，こうした動きに対するリアクションとして登場し，フランス革命以後 200 年以上にわたって，自由主義や社会主義などの進歩的な思想とともに，近代の主要な政治イデオロギーのひとつになった。

個々の保守主義者の具体的な思想内容には，守るべき伝統や制度や秩序が，国や時代にによって大きく異なるため，きわめて大きなバリエーションがある。しかしそれでも，時代や国を超えて，一定の共通性が見られないわけでもない。たとえば，人間の不完全性や可謬性を強調する性悪説的な人間観，より良い状態への変革に懐疑的な歴史的悲観主義，社会生活における権威主義的秩序の擁護，そして理性や理論よりも歴史的な経験や慣習を重んじる態度などがそれである。

【後退と適応】これまで保守勢力は，歴史のそれぞれの時点で，進歩勢力の変革の努力に反対し，既成秩序を守ろうとしてきた。しかし，長期的な視点で見るならば，これまで擁護してきたものを次々に失い，反対してきたものを次々に受け容れてきたといえる。たとえば，もともと保守派は民主主義や男女平等に反対であったが，それらが不可避的な歴史的趨勢だということがわかると次第に受け容れるようになった。しかし，保守派は，さらなる民主化や男女平等には反対もしくは消極的な態度をとっており，受容されたそれらもエリート主義的な民主主義や男性優位の男女平等でしかない。

21 世紀初頭の今日，多くの先進国において保守政党は，社会民主主義（穏健社会主義）やリベラリズム（進歩的自由主義）の

政党と並んで，政党政治の世界において有力な一角を占めている。しばしば多くの国で，後二者が穏健左翼から中道左派の位置を占めるのに対して，保守政党は中道右派から穏健右翼の位置を占めている。また，先進国ではかって自由主義勢力が掲げていた目標がすでに実現されているという判断から，自由主義的な秩序を含んだ現存秩序の保守を目指すという，保守的な自由主義者（ないしは自由主義的な保守主義者）が広範に存在している。しばしば彼らは単に保守主義者と呼ばれ，自由主義的（リベラル）な改革をさらに追求しようとする進歩的な自由主義者と区別される。

【新保守主義】1980年代，イギリス，アメリカを中心に「新保守主義」が台頭し，国際的な影響力をもったが，新保守主義とは，保守主義と「新自由主義」（ネオ・リベラリズム）とが節合した複合的な思想である。しかし，伝統や既存秩序の維持を志向する保守主義と「自由な市場経済」の力を礼賛する新自由主義とはたがいに対立するはずであり，このため新保守主義は，保守主義の一種だとしてもかなり変則的な思想であると言わなければならない。とはいえ新保守主義は，思想的にはともかく政治的には，1970年代後半以来の「福祉国家」の危機状況のなかで，これまで貧困との闘いや福祉の拡大に取り組んできたリベラル政党や社会民主主義政党に対する批判と攻撃の武器として，一部の保守勢力によって効果的に利用された。

　保守勢力内部における，これまでとは異なる新しい変化を指して「新保守主義」という言葉が使用される場合がある。たとえば，1980年代，それまでの保守派が戦後「福祉国家」への正面攻撃を推進したイギリスのサッチャー保守党政権，アメリカのレーガン共和党政権が「新保守主義」として特徴づけられることがある。しかしこの変化は「福祉国家」以前の状態への回帰を目指す点で，本質的には保守ないしは反動的な性格を内包している。また2000年代初め，アメリカの共和党G. W. ブッシュ政権とその周辺に，軍事力を使用してでも自由と民主主義を世界に拡大すべきだと考える人々が登場し，「新保守主義」「ネオコン」と呼ばれ，国際的に注目を集めた。しかし理念の現実を目指して世界を

ポストコ

ラディカルに変革しようとする彼らの態度は,現実主義や歴史的悲観主義を特徴とする従来の保守派のあり方とは相容れない。
→バーク,自由主義,社会主義／共産主義,社会民主主義,新保守主義
[文献] E. バーク『フランス革命の省察』みすず書房,1997；K. マンハイム『保守主義的思考』ちくま学芸文庫,1997；A. ギデンズ『左派右派を超えて』而立書房,2002；A. ギャンブル『自由経済と強い国家』みすず書房,1990。　　　　(捧堅二)

ポスト構造主義 〔英〕poststructuralism〔仏〕poststructuralisme
一般には1960年代後半以降現れた構造主義を批判的に継承するフランスの思想を外部からポスト構造主義と呼ぶ。ポスト構造主義者の一人と目されているデリダは1966年アメリカでの講演において構造主義者レヴィ＝ストロースを批判したが,そこに構造主義の限界を超える可能性を見たイェール学派などのアメリカ文学批評もポスト構造主義と呼ばれる。

フーコー,ドゥルーズ,デリダたちが構造主義的精神分析家ラカンを批判していることも構造主義とポスト構造主義を分かつ一つの指標にはなるが,構造主義とポスト構造主義の始まりの時期は近接しており,両者を区別することはそれほど単純ではない。両者を隔てているものとして特筆に値するのは,バタイユたちの影響下における戦後フランスでのニーチェの受容であろう。ポスト構造主義者は,ニーチェを通して構造主義的解釈には真理と起源を求める志向が残っていることを見出し,構造の内部読みと同時にいかなる「外」からの読みによって新しい解釈が生成するかを試みた。すなわち,フーコーは狂気から歴史を,バルトは快楽からテクストを読み,ドゥルーズは横断的に,デリダは脱構築的にテクストを読む。アメリカではこうした脱構築という考えが,文芸批評は単に作品に寄生するのではなく,新しい解釈を創り出すという生産的意義をもっているのだということを保証しているように受け取られたのである。
→脱構築,デリダ

［文献］デリダ「人間科学の言説における構造，記号，遊び」（『エクリチュールと差異〈新訳〉』）法政大学出版局，2013；上利博規『デリダ』（CenturyBooks 人と思想）清水書院，2001。

（上利博規）

ポストコロニアル 〔英〕postcolonial
一般的には，宗主国言語による独立後の植民地文学について言われるが，（ネオ）コロニアリズムは多国籍資本の下で激しく進行中であるから，「ポスト」は単純に「植民地主義が終わった後」を意味しない。この用語はむしろ，植民地支配による暴力的原蓄という過去を隠蔽して自生的でクリーンな文化の立ち上がりを唄う西洋文化が無意識のうちに抑圧してきた過去と同時に，いまなお進行している現在の植民地主義支配の構図を暴くという理論的立場を指す。それゆえポストコロニアル批評は理論をコアにもつ。出発点となったO.マノーニ『植民地化の心理学——プロスペローとキャリバン』（1950），F.ファノン『黒い皮膚・白い仮面』（1952）はラカン派の精神分析，E.サイード『オリエンタリズム』（1978）はフーコーの言説秩序(ディスクール)のイデオロギー分析の力を借りて，理論的な切開を行わない限り見えてこない無意識の隠蔽部分を照射する。またアジアからみれば，日本の近代とは，欧米にならって，蝦夷地，琉球，台湾，韓国，満州を植民地化して失敗した過程であり，戦後史は，最初の二つを含めた「日本」への自閉であるが，侵略者としての過去を保守政治家が否認しつづけるのは，単なる認識不足ではなく，根深い無意識メカニズムが作動しているからで，この分析にポストコロニアル批評の視点は不可欠である。

→オリエンタリズム，近代化／近代化論，サイード

［文献］P.ヒューム『征服の修辞学——ヨーロッパとカリブ海先住民1492-1797年』法政大出版局，1995。

（岩尾龍太郎）

ポストモダニズム 〔英〕postmodernism〔仏〕postmodernisme
1970年頃からアメリカを中心として使われ始めたポストモダンという言葉は，一般には三つのレベルで理解されている。一つ

は建築をはじめとする芸術文化の領域において第二次産業革命によってもたらされた20世紀初期の機能主義的モダニズムからの離脱として（ジェンクス『ポストモダニズムの建築言語』1977）。ここから、モダニズムを工業化社会に対応させ、ポストモダニズムを工業化が飽和状態に達した次の時代の脱工業化社会・情報化社会に対応させる考えが出てくる。

二つ目は、ポストモダンという言葉を定着させたリオタールの近代の「大きな物語」への不信を表明する思想として（『ポストモダンの条件』1979）。「大きな物語」とは解放のための実践を導くような知のことであり、「大きな物語」（〔仏〕histoire）への不信は、その前提としての近代の啓蒙的な歴史（histoire）的発展という考えの拒否でもある。

そして三つ目が、ポスト構造主義と呼ばれる現代フランスの思想と同義のものとしてである。なお、構造主義も近代の人間主義・主観主義を批判したためにポストモダンに数えられることがあるが、全体性概念や科学を維持する構造主義はリオタールの思想と相容れない部分が多く、構造主義をポストモダンに入れるには無理がある。

ポストモダニズムに関する以上三つのアスペクトは同じものではないが、相互に連関し合っている。たとえば、リオタールは、社会がポスト工業化時代に入ることによって文化もポストモダン時代に入り、知の位置づけに変化が生じると考える。また、知の放棄やカオスに陥ることのないよう、「大きな物語」や知の統一を目指す「ホモロジー」に替えてリオタールが提起する「パラロジー」は、和解において忘れられようとしているものがあることに異議を唱えるような「抗争」（différend）である。これは、近代の表象的＝再現前的（représentatif）な知を脱構築し、表象化から逃れるような「痕跡」の思考（不）可能性を探るデリダと類似している。

このような抗争的思考は、ニーチェの系譜学やベンヤミンの「逆撫で」する思考にすでに見ることができる。そして、アドルノ／ホルクハイマーの『啓蒙の弁証法』（1947）がアウシュヴィッツを止揚することを拒否し、アドルノの否定弁証法が止揚におい

て黙殺される「非同一性」に表現を与えようとして芸術に希望を託したように，リオタールも古典的表象的芸術の調和や既存のコードを打ち破るような芸術のもつ特異性を高く評価する。芸術作品を鑑賞することは作品をわかってしまうことではなく，むしろ作品がいかに複雑に構成されているかその襞の一つひとつを丁寧に追跡することであるように，ポストモダンの知とは普遍的規定から逃れてゆくような特異的なものを掬い取ろうとすることにほかならないのである。

　「モダン」(modern) という言葉は近代あるいは現代と訳されるが，これは単なる時代区分ではなく，伝統よりも新しいものにより価値を置くような時代を意味している（流行としてのmode）。したがって，ポストモダニズムをモダンの次に来る「新しい」思想と理解するのはなおモダン的である。「ポスト」が意味しているのは，決して時間的・歴史的な「後」ではなく，モダン的な価値が潜在的に抱えてきた問題をモダンの内部から告発することを通して「モダン」に対して意識的に取ろうとする距離のことなのである。

→差異，デリダ，ロゴス中心主義
［文献］リオタール『子どもたちに語るポストモダン』ちくま学芸文庫，1998。　　　　　　　　　　　　　　　（上利博規）

母性保護論争

女性が，妊娠，出産，育児などの生命再生産に関わる役割を多くになってきたということを現代社会や国家のなかでどう位置づけるかは，現代の最も重要な議論すべき課題の一つということができる。しかし，母性保護論争とは，雑誌『青鞜』の発刊（1911）に代表される女性運動の拡大と大正デモクラシーの流れのなかで，与謝野晶子と平塚らいてうの論争を軸に，国家と母性保護とはどのような関係であるべきかをめぐって行われたものを指す。

　論争は1915年頃から始まった。平塚らいてうは，北欧の女性主義の主張者，エレン・ケイを紹介しながら，「「女性」から解放されるのではなくて，真の「女性」として解放されねばならない」として，女性が人間として自由と独立を得る存在とならなけ

ればならないと主張した。そこには，一方で「良妻賢母」を理想とする社会の流れを批判しつつ，他方で，女性運動が経済的独立や法律上の権利獲得にだけ傾きがちな状況への批判を目指していた。これに対して，与謝野晶子は，「女性が世の中に生きていくのに，なぜ母になることばかりを中心要素とせねばならないか」と，母性中心の議論に疑問を呈した。女性といっても無限にいろいろな個性と境遇をもっているのだから，女性の生き方を母性中心の型に押し込めるのは肯定できないとした。そして，「妊娠分娩などの時期にある婦人が国家に向かって経済上の特殊な保護を」求めるのは「国家に寄食する」「依頼主義」だと批判した。らいてうは，国家が母性を保護して，子どもを産み育てることがなければ，女性の経済的独立を図ることなど空論であるとして「母性保護の主張は依頼主義」という晶子の批判を退けた。この論争においては，山田わかのように，家庭を「国力」増強のための単位として捉えて「家庭を心身の休息所」とすることに貢献できるのが女性の役割とする主張や，山川菊栄に代表されるように，「家庭生活と職業生活との間に起きる避けがたき矛盾葛藤」は，根本的には，そのような問題を引き起こした経済的関係そのものの変革，さらには，国家のあり方そのものの変革を求めなければ解決されないというマルクス主義的な論争などが提起された。

　今日，ワーク・ライフ・バランスという形で，実践的にもっとも大きな課題となっている問題は，この論争によってほとんど必要な論点を提起されたと言ってよいが，男性自身のライフスタイルの変革も含めた論議は，まだ，射程に入っていなかった。
→再生産（生命の），家父長制
［文献］香内信子編『資料　母性保護論争』ドメス出版，1987。
　　　　　　　　　　　　　　　　　　　　　　（佐藤和夫）

ボダン　Jean Bodin 1530-1596
中世的な共通善の理念に代えて，「近代」的な国家主権の絶対性を主張した。当時のフランスは，中世以来の封建諸侯／王権派，教皇至上主義／フランス教会主義の対立に加え，新教／旧教の対

立が激化し，これらが複雑に絡む政治情勢にあった。ボダンは当初，王権派の人文主義法学を学ぶが，メディチ家から嫁した女王によるサン=バルテルミの虐殺（王権＝旧教＝ローマ）の後，ユグノー（新教徒）が暴君放伐論や反ローマ主義（反マキァヴェリズム，フランコガリア論）などの人文主義的抵抗権理論を超えて祭政一致（セヴェルス火刑）に傾斜する中，宗教と政治を峻別し，国民国家単位での世俗王権による政治的収束を図るポリティークの立場を領導した。後年は，旧教貴族（リーグ）の反乱に加担し，無神論の弾圧を目的として魔女裁判を擁護した。

［文献］Jean Bodin, *Les Six livres République*, Editions Classiques Garnier, 2013〔『国家論』〕；佐々木毅『主権・抵抗権・寛容――ジャン・ボダンの国家哲学』岩波書店，1973。　　（石村多門）

ホッブズ　Thomas Hobbes 1588-1679
イギリスの唯物論者で政治思想家。イギリス国教会の牧師の子として生まれ，オックスフォードのカレッジを卒業した後，貴族（デヴォンジャ伯）の家庭教師として生涯を過ごすが，ピューリタン革命時，王党派の一人であったため議会派の迫害を恐れパリに逃れる。パリの亡命宮廷で後のチャールズ二世に数学を教えたりするが，無神論者と疑われて王党派にも好まれず，また本国への帰還を希望していたホッブズは，共和国に忠誠を誓って帰国する。名誉革命後の王政復古時も，彼の学説の唯物論的性格のため様々な攻撃を受けた。

　ホッブズ哲学の特徴は，イギリス経験論を唯物論へと一歩すすめたところにある。世界に存在するのは物体（corpus）とその運動だけであり，すべての現象はその機械的，必然的運動の結果であるとする。彼によれば，すべての認識は外部の物体の運動によって生じる感覚から始まる。また想像は感覚の希薄化したあり方であり，想像の連結作用が思惟の働きであるとする。人間に固有の精神の能力としてはこれ以外存在しない。快苦や欲求も生理的に説明され，善は自己が欲求したものとされる。さらに人間の意志は外的物体から必然的に生じた最後の欲求であり，したがって意志は自由ではなく決定されているとし，自由は行動に際して

外的障害がないことであるとされる。またホッブズでは唯名論的立場から名前の記号性が強調され、普遍の実在性が否定される。そして大陸合理論の影響を受けて学問は幾何学を範としなければならず、推理は計算（分析・総合）であると考え、その対象とならない神や無限者を思考の対象から除外した。

ホッブズの『リヴァイアサン』(1651) における政治理論は、自然状態や自然権の概念、また社会契約思想がみられる点で近代政治学説の一つのルーツとなっている。出発点となる彼の人間観は、徹底して自己利益を追求する社会性を欠いた自然人であり、しかも彼らが平等な存在であるため、自然状態は「万人に対する万人の争い」となる。この想定には、初期ブルジョアジーの人間像が反映されていると見ることができる。自然状態における暴力と死の恐怖から逃れるために人々は、自然法の掟に従って自己の権利（自然権）を放棄し、契約を結んで社会状態に入り、主権に服することになる。自然状態が戦争状態であることから、この主権は分割不能で絶対的なものでなければならず、このような考えから絶対主義における専制君主の権力がこれにもっとも適う権力のあり方とされた。国家権力なしには市民社会はありえず、国家の定める法なしには正義や善はありえない。臣民の自由はしたがって主権者が黙過した事柄にのみ存する。

しかしホッブズにおいて主権の絶対性が求められるのは、もともと自然権保障のためであり、国家に諸個人の利害を超越した独自の存在意義があるわけではない。国家はそれを構成する個人がその存在を自らの権利のために認めた点で、道具的存在と見なされており、この点に権力の正当性の根拠を民衆の同意に求める、民主主義的政治理論（社会契約説）の原型を見て取ることができる。このように彼の政治学説は、絶対王政から市民革命の時代への移行期の過渡的性格を現していると評価することができる。

→社会契約説

[文献] ホッブズ『リヴァイアサン』(全4冊) 岩波文庫, 1954-85；同『哲学原論——自然法および国家法の原理』柏書房, 2012。

（碓井敏正）

ボードリヤール　Jean Baudrillard 1929-2007

フランス現代の社会学者，哲学者，詩人。リセのドイツ語講師を経て，1966 年からパリ第十大学で教鞭を執る。マルクス主義者としてマルクスを翻訳しつつ，ベンヤミンやアドルノ，またソシュール構造主義の影響を受けて，マルクス思想を乗り越える独特の社会理論を構築しようとした。彼によると，現代はマルクスのいうような実在の生産によってではなく，シミュラークルのシミュレーションによって成り立つ消費社会であり，人が消費しているものは相互の差異にほかならないという。フーコー，デリダ，ドゥルーズ，リオタール等の仕事からは距離をとりつつ，バーチャル・リアリティや湾岸戦争やニューヨーク・テロについて，暗黒化しつつある現代文明の批判を続けた。
［文献］ボードリヤール『物の体系』法政大学出版局，1980；同『象徴交換と死』ちくま学芸文庫，1992。　　　　　（船木亨）

ボナヴェントゥラ　Bonaventura 1217 頃 -1274

本名フィダンツァのヨハネス。フランシスコ会修道士，神学者。イタリアのトスカナ地方に生まれ，パリで自由学芸・神学を修め，1253 年神学教授の資格を得て教鞭を執る。1257 年，フランシスコ会総長に選出され，教授職を断念。1273 年，枢機卿となり，翌年第 2 回リヨン公会議参加中に没した。アウグスティヌス的伝統を尊重し，アラビア註釈に依拠する急進的アリストテレス主義に反対した。『命題集註解』『神学綱要』等の体系的著作の他に，人間精神が神の照らしを受けて神へと上昇する六段階を描いた『精神の神への歴程』が有名。
［文献］ボナヴェントゥラ『神学綱要』エンデルレ書店，1994；『盛期スコラ学──中世思想原典集成 13』平凡社，1993。
　　　　　　　　　　　　　　　　　　　　　　（加藤和哉）

ポパー　Karl Raimund Popper 1902-1994

「批判的合理主義」の哲学を展開し，合理主義思想を押し進めた 20 世紀を代表する哲学者。ウィーンで生まれ育ち，戦時中ニュージーランドに渡り，戦後はロンドン大学で研究教育に従事した。

青年時代の一時期マルクス主義グループに加わった経験をもつ。マルクス主義（特に「歴史法則主義」）への批判は彼の思想展開の重要な要素となっているが，その批判は，鋭く深い哲学的考察を伴っており，学ぶ価値は大きい。

ポパーの哲学の出発点は，帰納法の論理の妥当性を否定したヒュームの問題提起の徹底的推考であった。彼は，カルナップらの論理実証主義者をはじめとして多くの人々が素朴に信じていた観察命題によって科学的知識を基礎づけることができるとする帰納主義的な思考様式の徹底的な批判を行い，その思考法に潜む多くの重大な誤りを指摘した。代わって彼が提唱するのは，大胆な推論による仮説構成の自由と，観察を含む批判による反証テストである。知識を真理に近づけるのは，厳しい反証テストであり，誤謬を発見し，改良していく営みである。科学的な知識とは，反証可能な知識である。人間の知識は，仮説的要素を保持しており，誤りを含んでいる可能性を常にもっている。ポパーは，誤りの可能性の自覚と批判に開かれた知の立場を堅持し，ソクラテス的な無知の自覚の重要性，誤りから学ぶ姿勢を強調し，「可謬主義」の重要性を説く。この立場は，開かれた討議と開かれた社会，自由主義と民主主義を擁護する「批判的合理主義」の立場となる。彼は，同じ見地からマルクス主義を批判し，歴史法則主義的思考様式が自由な討論を否定することを指摘した。なお，ポパーは，科学知を超える形而上学の必要性を承認し，実在論を擁護し，真理対応説に立ち，相対主義的主張を徹底的に批判している。その議論は鋭く非常に明晰である。また，彼は決定論的世界観を批判し，詳細な議論によって非決定論を擁護し，人間の意志の自由，世界の進化的創発性の可能性を明らかにしている。さらに，彼は，実在論を徹底し，物質世界（世界1），主観的世界（世界2），精神的世界（世界3）という三世界からなる多元的実在論を構想し，心身間の相互作用，人間の主観的活動（世界2）を介する客観的精神と他の二つの世界との相互作用について論じていることでも注目される。

［文献］K. R. ポパー『果てしなき探求——知的自伝』上・下，岩波現代文庫，2004；同『科学的発見の論理』上・下，恒星社

厚生閣, 1971・72；同『歴史主義の貧困』中央公論社, 1961；同『開かれた社会とその敵』（全 2 冊）未来社, 1980；同『客観的知識』木鐸社, 1974；ポパー／ナッターノ『フレームワークの神話——科学と合理性の擁護』未来社, 1998；小河原誠『ポパー——批判的合理主義』講談社, 1997。　　　　　（佐藤春吉）

ポピュリズム　〔英〕populism〔仏〕populisme〔独〕Populismus
近代民主主義が制度として何らかの機能不全を起こし，主権者とされる庶民から不信や不満を感じられるようになった時に，生じてきた危機や腐敗に対して，民衆・庶民の権利や利益を守るとして彼らに訴える運動や思想をいう。これまでは，議会制度や既存の政治の枠組では包摂できない民衆の要求を表現するという形で，ナチスやファシズム運動のような極右からの民衆迎合的な運動として組織され，排外主義的ナショナリズムとも結びついてきた。しかし，グローバル化による国民国家の政治経済構造の変容過程の中で，ベネズエラやボリヴィア，エクアドルなどの左派政権の登場に結びついてポピュリズムの必要性を訴えるラクラウのような左派理論家たちの運動も生まれている。
［文献］吉田徹『ポピュリズムを考える——民主主義への再入門』NHK 出版, 2011。　　　　　　　　　　　　　（佐藤和夫）

ホメオスタシス　〔英〕homeostasis
生体が，外的な環境および内的な生理的条件の変化にもかかわらず，その状態を一定の範囲に保つ性質。アメリカの生理学者キャノン（W. B. Cannon, 1871-1945）が提唱した考え方で，恒常性とも訳される。例として，体液の各成分の濃度・pH 値・浸透圧・血圧，そして（恒温動物の場合）体温が一定に保たれる性質が挙げられる。これらの調節は，一般に神経系・内分泌系・免疫系における指令とフィードバックによって行われる。たとえば血糖値が，インシュリンとグルカゴンおよびエピネフリン（アドレナリン）によって調節されるのがこれにあたる。ホメオスタシスは，様々な場面での平衡状態を表す用語として，システム論，特に社

会工学に広く受容された。
→システム（論）
［文献］キャノン『人体の叡智』創元社，1959。　　（鈴木宗徳）

　ホモ・エコノミクス　〔ラ〕homo oeconomicus〔英〕homo economics
経済人。自分の利益または満足の最大化を唯一の目的として合理的に行動する人間。ホッブズの利己的人間観を継承したマンデヴィル，ヒューム，アダム・スミスらによって経済理論の基本前提とされ，古典派経済学と新古典派経済学に継承された。経済学者たちは，利己心が現実の人間の唯一の動機であると考えたわけではなかったが，経済生活において利己心が大部分の人間のもっとも主要な動機であるから，経済理論を組み立てるときには，人間があたかも利己心だけを唯一の動機として合理的に行動するかのように仮定することが現実をもっともよく説明できると考えた。
［文献］アダム・スミス『国富論』（全3冊）中公文庫，1978；K.ポラニー『［新訳］大転換——市場社会の形成と崩壊』東洋経済新報社，2009。　　（新村聡）

　ホモ・ファーベル　〔ラ〕homo faber
「工作人」。ホモ・サピエンス（英知人）に対して，人間の本質を「ものを作る」ところから特色づけた言葉。歴史的に，生産的生活を作ることに人間の類的性格があると捉えたのはマルクスである。ベルクソンは「人為的なものを作る能力」に着目し，人間をhomo faberと定義した。マックス・シェーラーは，人間類型の一つとしてホモ・ファーベルを取り上げ，この類型が，イギリスの経験論，スペンサーらの進化論，マルクスの唯物史観など，近代の諸思想に現れていることを指摘した。人間が工作人であることそれ自体は否定できないとしても，それは近代以降の生産諸力の発展と富の蓄積を肯定することに直結するものでなく，ホモ・ファーベル観も反省を迫られよう。
→ベルクソン

[文献] ベルクソン『創造的進化』岩波文庫, 1979；マックス・シェーラー「人間と歴史」（著作集 13）白水社, 1977；ティルゲル『ホモ・ファーベル——西欧文明における労働観の歴史』社会評論社, 2009。　　　　　　　　　　　　　　　（渡辺憲正）

ホモ・ルーデンス→ホイジンガ

ポランニー　Karl Polanyi 1886-1964
ハンガリー出身のユダヤ系社会科学者。ブダペスト大学法学部で学位を取得し、その後ウィーンに亡命し、ウィーン大学で哲学の学位を取得、ジャーナリストとして活躍した。ナチス台頭後は渡英して、1940 年からは米ベニントン大学の招きで客員研究員として赴き、1944 年に名著『大転換』を書き上げた。

彼の理論は、市場社会の崩壊とファシズムの出現、世界戦争という 20 世紀の受難の起源を解明する思想的格闘のなかで培われ、資本主義的市場経済が人類史上きわめて特殊で粗暴なシステムであるという市場社会批判に特徴がある。なぜなら「自己調整的市場」なるものは本来商品化にそぐわない人間労働や土地（自然）をも市場メカニズムに従属させ、破壊的帰結を招きうるからである。そうした市場経済の拡大への反動として、社会は自己防衛によって対抗するという「二重運動」が市場社会の崩壊をもたらす必然性を彼は説明するとともに、民主主義を通して市場社会を超えるため、突出した経済をふたたび社会に「埋め込む」という論理を提示する。それは利潤追求活動と成り果てた経済を互酬、再分配、交換という基本的な社会的文脈の中で捉え直すことである。

ポランニーは非市場経済の初期社会における交易や貨幣、市場の分析に力点を置く経済人類学者というイメージが強かったが、1980 年代後半以降、その中心的テーゼが台頭してきた新自由主義への対抗軸の観点から注目を集めている。

[文献] K. ポランニー『[新訳] 大転換——市場社会の形成と崩壊』東洋経済新報社, 2009〔*The Great Transition : The Political and Economic Origins of Our Time*, Beacon Press, Paperback edition,

ポランニ

1957 [1944]〕。　　　　　　　　　　　　　　　　（尾崎寛直）

　ポランニー　Michael Polanyi 1891-1976
ブダペスト生まれ。物理化学者として名をなすが，哲学に転じ，主にイギリスで活躍。知識の成立は，技を用いて諸細目を包括的存在へと統合するわれわれの人格的な活動的参加によるという暗黙知理論で知られる。言語，自然科学，社会科学，技術，芸術，宗教，道徳といった，認識と意味に関わる広範な領域を暗黙知理論で説明し，さらに意味の成立と，実在の階層性との関係について存在論的洞察を展開した。科学の進歩，すなわち実在への接近を可能にするのは，自由な〈探究者たちの社会〉だとし，実証主義や，科学を社会目的に従属させるスターリン主義を批判した。
〔文献〕M. ポランニー『暗黙知の次元』ちくま学芸文庫，2003；佐藤光『マイケル・ポランニー「暗黙知」と自由の哲学』講談社選書メチエ，2010。　　　　　　　　　　　　　　　　（田中昌弥）

　ホーリズム（全体論）　〔英〕holism, wholism〔独〕Holismus〔仏〕holisme
幾つかの部分の集まりとしての全体は，それらの部分の単なる総和以上の働き，現象を生み出す。ゆえに，部分の分析のみによっては全体を把握することはできず，まず全体の認識から部分を理解すべきであるとする。生物学における C. L. モーガンの創発的進化論，および心理学におけるゲシュタルト心理学の発展を経て，現在ではエコロジー思想の重要な基礎を形成している。
→ベーメ，クワイン　　　　　　　　　　　　　　（福永真弓）

　ホルクハイマー　Max Horkheimer 1895-1973
フランクフルト学派第一世代の代表者の一人。ユダヤ人の大工場主の家に生まれ，若き日にルカーチらの西欧マルクス主義の影響を受けた。1931 年，フランクフルト大学社会研究所の所長となり以後 10 年間，最先端の人文社会科学と社会哲学とを接合する学際的唯物論のプログラムを組織して実現し，機関紙『社会研究』を編集する。33 年にナチスによって教職を剥奪され，翌年

研究所とともにアメリカに亡命した。亡命中にアドルノとの共著『啓蒙の弁証法』を執筆し，啓蒙的理性が道具的理性に堕落することが現代文明の悲惨をもたらしたと考えた。1949年，フランクフルト大学に復帰し翌年には研究所を再建した。
［文献］ホルクハイマー『哲学の社会的機能』晶文社，1974；ホルクハイマー／アドルノ『啓蒙の弁証法』岩波文庫，2007。

（日暮雅夫）

ポルピュリオス　Porphyrius Malchus 232頃-305頃
新プラトン主義者の哲学者で，プロティノスの著作の編纂者。ポイニキア（フェニキア）のテュロス出身でアテナイで学び263年からローマでプロティノスに師事する。プロティノスの伝記を執筆するとともに，その著作を主題別にまとめた『エンネアデス』を編纂した。ポルピュリオスの知的関心は広く，著作もホメロスの解釈からキリスト教への批判，菜食主義の勧めまでを含むが，「プラトンとアリストテレスとの調和」という立場から書かれた両者の著作に対する註釈は，その後の新プラトン主義の思想にプラトンとアリストテレスとを体系的に関係づけることを促した。また，その註釈のラテン語訳はラテン教父たちやイスラム哲学に対して大きな影響を与え，なかでもアリストテレスの『カテゴリー論』の概説として書かれた「エイスアゴーゲー」（「入門」の意味）は，新プラトン主義者たちの基本テキストとなり，さらにボエティウスによってラテン語訳されて，西欧中世のいわゆる「普遍論争」の下地を作った。
［文献］田中美知太郎編『プロティノス　ポルピュリオス　プロクロス——世界の名著 続2』中央公論社，1976。　（中畑正志）

ホワイトヘッド　Alfred North Whitehead 1861-1947
ロンドン大学応用数学教授（1914）を経て，ハーバード大学哲学教授（1924）という経歴が示すように，初期（イギリス）には数学で，後期（アメリカ）は哲学で英米哲学をリードした異色の学者。イギリス時代は，いろいろな代数学を一つの体系にまとめあげる『普遍代数学』（1898），『射影幾何学の公理』（1906）

などの後，ラッセルとともに有名な『プリンキピア・マテマティカ』（全3巻，1910-13）を仕上げ，相対性理論後の新しい物理学の哲学的基礎づけの試みである科学哲学三部作といわれる『自然哲学の認識論的原理』（1919），『自然の概念』（1919），『相対性の原理』（1922）を公刊した。アメリカへの移住後は，『科学と近代世界』（1925），『過程と実在』（1929），『観念の冒険』（1933）の一般哲学三部作などを書いた。彼の哲学の特質は，近代の機械論的自然観を批判し，それに代わる有機体論的自然観を展開するところにある。世界は伝統的に考えられてきたような「実体」（substance）からなるのではなく，時・空のなかに広がる「できごと」として有機的に相互連関し生成発展する「現実的実在」（actual entities）からなるとされる。これは，イギリス経験論の原子論的自然観とは対立する考えであり，ヘーゲル的でもあるが，ラッセルは，カントとベルクソンの影響を受けていると評し，「彼は，世界をゼリー状のものと考え，私は弾丸の山のようなものだと考えた」といっている。ホワイトヘッドはこの立場から神を論じ，伝統的な啓示神学に代わる自然と神と人間のダイナミズムと調和に基づく自然神学を提唱したが，それはプロセス神学として継承されている。

[文献]『ホワイトヘッド著作集』（全15巻）松籟社，1981-89。

(中村行秀)

本覚論 （ほんかくろん）

本覚とは本来的な悟りを意味する。そこから，衆生がもともと悟りを得ている，悟っているという説が本覚論である。本覚は英語で "original enlightenment" とか "enlightenment a priori" などと訳される。しかし，本覚がどのようなサンスクリット語をもとにして訳された言葉であるかは不明である。本覚の語を始めて用いた仏典は『大乗起信論』であるが，この論書は二回訳されたにもかかわらず，サンスクリット語原典を知りえない。この論書がインドでつくられたのか，それとも中国でつくられたものなのか，それさえまだよくわからないのである。かつて鈴木大拙はこれを大乗仏教の優れた綱要書と見なし，アメリカで英訳し出版した。

"enlightenment a priori" の訳語は彼のつくったものである。

　本覚は,衆生に内在する悟り,あるいは悟りのよりどころを指している から,如来蔵思想や仏性思想にきわめて近い概念である。しかし,これが次第に絶対的原理と見なされるに至り,この段階では悟りは,内在的・潜在的な可能性というよりは,すでに顕在化し,仏化 (buddhatā〔仏陀たること〕) が完全に実現しているとされた。悟りの果が万人にすでに実現しているのであるから,いかなる修行ももはや必要ないという極端な考えを抱く者も現れた。修行無用論によって仏教が堕落したという非難がこの思想にあびせられたこともある。

　中世の日本では天台宗を中心にこの思想が流行したので「天台本覚思想」と呼ばれた。これは狭義の本覚思想である。主として口伝（くでん）によって伝承されたので,天台の口伝法門と呼ばれた。口伝は後代になって文献にまとめられたが,先人の名に仮託して権威づけを図った場合が少なくない。伝源信作『真如観』,伝最澄作『修禅寺決』伝忠尋作『漢光類聚（かんこうるいじゅう）』などが,その主な文献である。慧心僧都（えしんそうず）源信に由来すると称する「慧心流」と檀那院覚運に由来すると称する「檀那流（だんなりゅう）」があり,二つの流派を形成する。あるがままの現象世界をそのまま仏の悟りの世界と見なす点では慧檀の二流は共通している。草木国土も成仏するという思想も本覚思想に基づく。比叡山に学び,それを超克して新しい仏教を開いた鎌倉新仏教の思想家たちも,陰に陽にこの思想を受け継いでいると思われる。それのみならず中世の文学・芸能・神道理論など広い領域にも強い影響を与えた。

→日本仏教, 日本思想史

［文献］多田厚隆他『天台本覚論』（日本思想大系 9）岩波書店, 1973：田村芳朗『本覚思想論』（田村芳朗仏教学論集 1）春秋社, 1990：末木文美士『日本仏教思想史論考』大蔵出版, 1993。

（岡部和雄）

本地垂迹 （ほんじすいじゃく）

インドを本源の地とする仏・菩薩本体が日本において神々として迹を垂れるという意味。中世仏教の民衆化・日本化の核心をなす

ホンシツ

神仏習合の論理。淵源は4世紀中国・僧肇の『注維摩』等とされるが，仏教民衆化の際に神祇信仰と融合させるために，大乗仏教の応身論（形而上的な法・真理が人間世界に応じた仏の形態をとる）や権現思想（本来の仏・菩薩が救いの対象に身近な人間等の姿をとって権仮・化身として現れる）を，天台本覚思想によって和光同塵思想（俗塵に同化して真理の光の直射を和らげる）を介して日本的に展開した論理。奈良時代に八幡神に大菩薩の称号が贈られて神仏習合が始まったが，平安中期以後の荘園体制確立・寺院の荘園拡大と仏教民衆化の相関の中で本格化し，室町時代末期にかけて全国各地に多様に展開した。八幡神や熊野権現は阿弥陀仏，伊勢大神は大日如来を本地とするのが典型的だが，本地の仏・菩薩と垂迹の神の組み合わせは荘園展開と各寺院の本尊と土地神・氏神の融合の多様さにより，変幻自在に展開された。その中で和光同塵思想の一環として，和歌・説話等のやまと言葉こそ仏の真言であり土着日本的なものこそ仏教の根本だとする慈円・西行等の思想や，日本では神々抜きに仏法なしとする思想を生んだ。それは鎌倉期以後神道の体系化の中で神本仏迹説（反本地垂迹説）を生み，本地の天照大神・垂迹の在地神等のように神々大系化（〈神々習合〉）の論理とも接続した。
→神仏習合，日本仏教，神道
［文献］村山修一『本地垂迹』吉川弘文館，1994。（亀山純生）

本質→現象／本質

本質直観→フッサール

本体論的証明→神の存在の証明

本多利明 （ほんだ としあき）1743/44〔寛保3/4〕-1820〔文政3〕
江戸後期の経世学者。浪人本多伊兵衛を父とし，越後国（新潟県）蒲原郡の農村に生まれる。通称三郎右衛門，号は北夷・魯鈍斎。算学・天文・地理・測量など蘭学を学ぶ。1787（天明7）

1150

年，飢饉の奥州を視察，1801（享和1）年，東蝦夷へ渡航，緊迫する北方問題を体験するなど時勢を直接に受けとめ，『経世秘策』『西域物語』などを著し，万国交易を行う重商主義を唱えた。その際，単に流通過程だけでなく交易対象たる商品の生産過程にまで「奇器」という限りではあるが，目が行き届いている点は注目に値する。
→佐藤信淵
［文献］『本多利明・海保青陵――日本思想大系44』岩波書店，1970。
　　　　　　　　　　　　　　　　　　　　　　（岩間一雄）

本能　〔英・仏〕instinct〔独〕Instinkt
ある特定の動物種に生まれつき組み込まれたところの，複雑な行動パターン。換言すれば，ある刺激をある仕方で知覚し，ある行動によって反応するという動物の生得的な傾向である。このことによって，動物は，自然界の様々な状況に対して適切に対応することが可能となる。本能行動は，食餌行動，配偶行動，養育行動，攻撃行動などにおいて種独特の行動パターンとして出現する。本能行動と見なされるものは，進化の過程で自然選択の結果としてその種に獲得されてきたものとも考えられる。その意味では，長い進化の過程における種としての学習の結果であるとも言える。
［文献］ヴケティツ『進化と知識――生物進化と文化的進化』法政出版，1994；フォルマー『認識の進化論』新思索社，1995。
　　　　　　　　　　　　　　　　　　　　　　（高取憲一郎）

本有観念→生得観念

マ

マイノリティ 〔英〕minority
近代国家において，民族，人種，言語，宗教，身分，出自，性別などのために市民的権利の十全の享受を妨げられている少数派の人々。多くの社会における女性のように，数の上では少数派と言えないものを含みうる。マイノリティの存在は，成員の平等と人権を建前としない社会では問題となりえず，歴史上，マイノリティ問題は近代国民国家の形成とともに，まず民族問題として出現した。国民の民族的同質性を理想とする国家において，少数民族は形式的には完全な市民でありながら，たとえば「国語」の制定により支配的民族への同化を強いられ不利益を蒙るように，実質的には差別された地位に置かれた。「少数民族問題」や「人種問題」にとどまらない少数者の問題を括るものとして「マイノリティ」概念が積極的に使われるようになったのは，近代国民国家が必然的に少数者を生み差別を構造化することに対する原理的な批判が盛んになる1980年代以降である。その中で，各種のマイノリティに対するアファーマティヴ・アクション（積極的差別是正措置）や多文化主義の政策を導入し，平等の実質化を試みる国もでてきた。今日では，先住民，障害者，婚外子，ゲイ／レズビアンなど多様なマイノリティが自己を主張するようになっているが，一方で，「マイノリティの権利」が差別や抑圧，排外主義を正当化する方便とされる例もあり，マイノリティを権力との位置関係で捉える視点が不可欠である。　　　　　　（永原陽子）

マイモニデス　Maimonides（Rabbi Moses ben Maimonの頭文字をとってRambamとも）1138-1204
中世ユダヤ教世界で最も重要なラビ・哲学者の一人。スペインのコルドバに生まれ，迫害を避けてモロッコのフェズに移住，さらにパレスティナをへてフスタート（カイロ近郊）に定住。アイ

ユーブ朝で医師およびユダヤ教指導者として活躍。主著はユダヤ法の集大成『ミシュネー・トーラー』(1178) と，啓示の哲学を論じた『迷える者たちの導き』(1190)。後者は神の超越性，世界の創造，預言者，神の正義，律法と道徳などについてアリストテレス哲学を基に詳述しており，ユダヤ教圏を越えて中世の神学・哲学に大きな影響を与えた。
[文献] A. J. ヘッシェル『マイモニデス伝』教文館，2006。

(小林春夫)

マキァヴェッリ　Niccolò Machiavelli 1469-1527
フィレンツェ出身の政治思想家，官僚，文筆家。フィレンツェ共和国書記官として活躍するが，メディチ家復権のため失職し，以後執筆活動に専念。政治を善悪という道徳的・宗教的価値基準から分離させた点で，近代政治学の祖と見なされる。代表作は政治論文『君主論』，『ディスコルシ（ローマ史論）』，喜劇『マンドラゴーラ』，歴史書『フィレンツェ史』。彼は〈運〉(fortuna) と人間の〈力量〉(virtù) の関係に関して，理性・力量という人間の能力が人智を超えた運に拮抗すると考えた。彼の考えは，世の中が一定の秩序・法則に従って推移する一方，生来邪悪である人間の本質は不変であるとの認識を前提とし，過去の人間の営みについての研究と彼の経験を基に現実世界へと積極的に関わるための普遍的規範を発見しようとして導き出されたものである。したがって，彼の思想は，マキァヴェッリズムと呼ばれる権謀術数ではない。彼の著書は教皇庁の禁書目録に登録されたが (1559)，一方ではベーコン，ホッブズ，ルソー，ヘーゲル，マルクスらに影響を与え，その流れからグラムシの『現代の君主』も生まれた。現在，彼の著作の校訂・翻訳は盛んであるが，彼の書簡・政府報告書を駆使した研究は緒についたばかりである。
[文献]『マキァヴェッリ全集』(全7巻) 筑摩書房，1998-2002；R. リドルフィ『マキァヴェッリの生涯』岩波書店，2009。

(柏渕直明)

真下信一　（ました しんいち）1905〔明治39〕-1985〔昭和

哲学者。戦前,唯物論研究会の一員として弁証法の実践的把握に関して注目すべき論文を発表するとともに,雑誌『美・批評』および『世界文化』の編集に携わり,日本における反ファシズム文化戦線の一翼を担った。戦後はマルクス主義的唯物論の客観主義的理解や実存主義との融合を批判し,主体的・実践的な唯物論を展開するとともに,理性とヒューマニズムの観点から,人間論,幸福論,教育論等多様な分野で発言し,平和と民主主義の運動に広範な影響を与えた。

［文献］『真下信一著作集』(全5巻)青木書店,1979-80；真下信一『思想の現代的条件』岩波新書,1972；同『君たちは人間だ』新日本出版社,1992。　　　　　　　　　　　(吉田千秋)

マゾヒズム→サディズム／マゾヒズム

マッハ　Ernst Mach 1838-1916

オーストリアの物理学者,科学史家,哲学者。哲学的には,物質と精神を実体と見なす考え方を誤りとし,両者はともに,直接に経験される感覚を要素とする関数的な複合体にすぎないという「要素一元論」を主張した。レーニンは,この立場をアヴェナリウスの経験批判論とともに「マッハ主義」と名づけ,それがバークリの主観的観念論の一変種であると批判したが,マッハの思想は,ウィーン学団の論理実証主義や統一科学運動がはじめ「マッハ協会」を名乗ったように,現代の分析哲学,科学哲学の形成に大きな影響を与えた。
→論理実証主義,統一科学,経験批判論
［文献］マッハ『感覚の分析』法政大学出版局,1971。

(中村行秀)

末法思想　(まっぽうしそう)

釈迦の死後,正法・像法・末法の三時を経て仏教が衰微し時代が悪化するという思想。正法とは教(釈迦の教説)・行(正しい実践／修行／戒律)・証(悟り)のすべてがある時代,像法(形だ

けの法）とは教・行はあるが証のない時代，末法は教のみがあって行も証も無くなった時代。6世紀中国仏教において本格的に説かれ，経典や解釈によって正法五百年／像法千年説と正法千年／像法千年説があったが，日本では後者が普及し1052年が末法時代の到来とされた。最澄が末法の近いことを予測して仏教の危機を指摘し，末法の時機（時代と人間）に相応しい布教の必要を説いたとされて（『末法灯明記』），天台浄土教確立の正統化の根拠となった。中世への転換期の混乱・秩序不安と災害の頻発は末法思想に歴史的リアリティをもたせ，浄土教と連動して全階層に広がって時代思想となり，末世・澆季等の語と共に独特の歴史意識を形成した。末法意識は一面では貴族等没落階層では諦観的無常観とも連動して厭世的宿業観や隠遁の思想を生んだが，他方では武士等上昇階層では開運の思想とも連動して無常を主体的に生きる現世主義的運命観を生んだ。また，親鸞・日蓮・一遍らのように末法の時機相応の教を基準として時代を主体的に受け止める中世仏教の多様な展開の機軸となった。それは慈円のように落ち行く世をもち起こす道理観とも通底している。末法思想は中世的社会が確立した鎌倉時代以後は希薄化した。

→浄土教，源信，慈円

［文献］仏教思想研究会『悪――仏教思想2』平楽寺書店，1976；数江教一『日本の末法思想』弘文堂，1961。（亀山純生）

　マホメット→ムハンマド

　マルクス　Karl Marx 1818-1883
ドイツの経済学者，共産主義の理論家。
【生涯と著作】トリーアのユダヤ人の家系に生まれた。ボン大学，ベルリン大学で法学を学ぶ一方，ヘーゲル哲学に接近し，初期はヘーゲル左派に属した。1842年に『ライン新聞』主筆（43年春まで）。プロイセンの反動支配の下で，「普遍的自由の現実態」というヘーゲル法哲学の国家理念に基づいて現状批判を行った。43年に，ヘーゲル法哲学の批判的検討を通して独自の理論形成を成し遂げ，パリに移住したのち44年にはルーゲらと『独仏年

誌』を発行。経済学研究の成果を疎外論の視座から『経済学・哲学草稿』にまとめ，はじめて共産主義を自らの理論として打ち立てた。以後ヘーゲル左派の哲学と決別し，ブリュッセルに移った45-46年には，エンゲルスらと『ドイツ・イデオロギー』を著した。この頃から共産主義の運動に関わり，48年，ドイツ三月革命の直前に『共産党宣言』を執筆，革命に参画した。48-49年革命の挫折後，ロンドンに亡命。50年代は，『フランスにおける階級闘争』などの執筆活動と経済学研究を続けた。57-58年には草稿『経済学批判要綱』を執筆。こののち，59年に『経済学批判』を，67年に『資本論』第1巻を公刊するとともに，『剰余価値学説史』などの膨大な草稿類を残した。64年には第一インターナショナル（国際労働者協会）の創設に参加し，共産主義運動の指導的地位を占めた。1871年のパリ・コミューンが敗北したときには『フランスの内乱』を著した。以後も『ゴータ綱領批判』など多数の政治論文を執筆するとともに，共同体の歴史等に関する膨大なノートを残している。

【マルクスと哲学】マルクスと哲学との関わりにはいくつかの部面がある。第一は「土台＝上部構造」論の視座を形成したことである。共産主義理論を形成する過程においてマルクスは，近代の哲学，道徳，宗教等の社会的意識諸形態を，いずれも経済的構造を土台とする観念的上部構造であり，それ自体の自立性は失われると把握し，哲学等の止揚を提起した。これは近代の哲学・社会思想全体に対するイデオロギー批判という意味をもつ。第二は，「理論と実践」の伝統的了解を転換したことである。これまでは，特定の抽象的理念に基づいて理論から実践を導くという了解が基本であったとすれば，マルクスは私的所有に基づく近代社会を実践的に変革する運動として共産主義を捉え，理論を運動の表現と把握した。それは実践的唯物論とも規定され，理論の根拠を近代社会に生成する現実的欲求に求めるものであった。第三は，「土台＝上部構造」論を基本として，歴史を経済的社会構成の諸段階として捉える唯物史観の構想を提示したことである。マルクスは歴史観の構想をいくつか残しているが，いずれも再生産領域を土台として歴史を捉える視座を示している。

【マルクスと現代】正統的マルクス主義の形成された 1920 年代以後に，マルクス理論の理解に関わる草稿類——『経哲草稿』『ドイツ・イデオロギー』『経済学批判要綱』等——が公表された。マルクスはようやく 20 世紀に発見されたという歴史的事情のゆえに，特に戦後，マルクス理論とマルクス主義の性格づけに関して，様々な論争が続けられた。今日ではマルクスそのものに対する批判も，フェミニズムやエコロジーなどの分野から多数提起されているが，マルクス理論は，今日なお課題である近代批判，資本主義批判の脈絡で読み直しが続けられている。
→マルクス主義，唯物史観，実践的唯物論，理論，土台と上部構造，社会構成（体）
[文献]『マルクス＝エンゲルス全集』(全 41 巻 補巻 4 巻 別巻 4 巻) 大月書店，1959-91；Marx Engels Gesamtausgabe [MEGA], Berlin 1975f.　　　　　　　　　　　　　　　　（渡辺憲正）

マルクス・アウレリウス　Marcus Aurelius Antonius 121-180 ローマ皇帝（在位 161-180）。ハドリアヌス帝の命により次帝アントニウス・ピウスの養子となり，ピウスの死後その跡を継ぐ。ゲルマン系のマルコマンニ族の侵入に対する遠征中に没す。彼は何よりも『自省録』(表題は写本の冒頭の言葉である「自分自身に向けて」から採られている) によって思想史に名を刻んでいる。その後年，遠征中に記されたこの書は，精神的な忘備録といった性格の著作で，自らへの反省とともに，宇宙のあり方や人の生き方についての考察がつづられている。ストア哲学への傾倒は明らかで，とりわけエピクテトスの影響が顕著である。神的な宇宙の摂理による世界の支配と，神の摂理に従うことや他人に対して寛容であることの必要性が主張され，怒りや野心などの感情を一掃することなど克己的精神の必要性が説かれている。同時代人にはあまり知られていなかったこの書が重要視されたのは近代になってからであるが，ゲーテをはじめとして，多くの思想家に刺激と慰めを与えた。
[文献] マルクス・アウレリウス『自省録』京都大学学術出版会，1998；荻野弘之『マルクス・アウレリウス『自省録』——精神

マルクス

の城塞』岩波書店，2009。　　　　　　　　　　（中畑正志）

マルクス主義　〔英〕Marxism〔独〕Marxismus〔仏〕marxisme
マルクス主義とは，K. マルクスと F. エンゲルスの思想・理論，およびその後継を主張して後の時代に展開された思想・理論の総称である。マルクス，エンゲルスは，唯物史観を中核とする実践的唯物論の思想，商品＝貨幣関係の物象化論的理解と価値・剰余価値論および資本蓄積論を軸とした経済学，さらに，労働者階級の政治的階級への形成と国家権力奪取を通じた資本主義社会の変革，国家・政治とイデオロギー諸形態の唯物論的理解などをその主な構成部分とした大規模な社会主義思想・理論を構築した。その影響は社会運動のみならず，哲学，経済学，歴史学，社会学，政治学，種々の芸術活動など，それ以降の広汎な知的営為諸領域に及んでいる。

【マルクス，エンゲルスの思想・理論】彼らの思想の基本枠組は 1848 年革命に向かう政治的激動期に形成されている。この時期の著作において（『哲学の貧困』〔1847〕，『共産党宣言』〔1848〕等）彼らは，政治革命のみを念頭に置くブルジョア革命の思想枠組を根本的に批判し，近代資本主義社会そのものを超える共産主義革命を提唱した。彼らの共産主義革命論は，資本主義社会を生成・発展・消滅において捉える唯物史観に基礎づけられている。唯物史観によれば，共産主義は，資本主義的生産様式の内部で成立・発展する高度な生産力の諸要素を，資本主義経済の制限（商品＝貨幣関係と賃労働＝資本関係）から解放する運動であり，また，そうして形成される新たな社会を意味する。

彼らによれば，理念や規範の啓蒙が社会変革の本質的原動力だとする，ブルジョア革命型の社会変革論は誤りであり，これまでの歴史を作ってきた物質的生産の領域の担い手たちの能動的な歴史形成行為によってはじめて社会は大きく変わりうる。人々にそうした行為の必要を自覚させる環境は，物質的生産の領域に蓄積された矛盾の増大によって歴史的に作られる。唯物史観を中核とする彼らの唯物論は，「物質」を人間の能動的歴史形成において捉えた「実践的唯物論」であり，それ以前の「古い唯物論」が歴

史形成の能動性を観念論に委ねてきた状況を一変させた。実践的唯物論の成立と新たな共産主義思想の形成，さらに近代批判の思想枠組の創出が，同時に行われた。

彼らはラディカルな形で，当時の先端諸思想の批判と作り替え・総合を行っている。主なものを挙げれば，彼らは，バブーフ等の系譜をひくそれまでの共産主義運動から，私的所有と分業の廃棄という根本理念，被支配階級を社会変革の主体とする見地，および，国家権力奪取と国家を用いた社会変革という戦略を受け入れ，イギリス，フランスのユートピア社会主義から，資本主義的生産力を踏まえた開放的・発展的な将来社会像・人間像と合理的計画思想を吸収し，近代市民社会思想が資本主義社会の矛盾と対峙しながら進んだ当時の最先端たるヘーゲルおよびフォイエルバッハの主体—客体哲学を吸収・批判し，アダム・スミスの経済学を産業資本主義経済の表現として対象化した。

マルクスは，1848年革命後，本格的成長を開始した産業資本主義の研究に没頭し，『資本論』第1巻を1867年に発表した。『資本論』（第2巻〜第4巻は後にマルクスのノートをエンゲルスが編集）は，その後のマルクス主義経済学の源泉となった。

同時代の社会過程・政治過程を階級闘争論，唯物史観の見地から分析した代表的著作としては，マルクスのフランス三部作（『フランスにおける階級闘争』〔1850〕，『ルイ・ボナパルトのブリューメル十八日』〔1852〕，『フランスの内乱』〔1871〕）がある。産業革命期の労働者の状態に関する詳細な調査・分析であるエンゲルスの『イギリスにおける労働者階級の状態』（1845）は，資本主義的貧困分析の古典となった。また，女性の男性への従属と家族制度に関する分析を含むエンゲルスの『家族，私有財産，国家の起源』（1884）および『反デューリンク論』（1878），『フォイエルバッハ論』（1888）はマルクス主義の体系的理解のためのテキストとして，20世紀には世界的に普及した。

『資本論』第1巻以降のマルクスらの理論的・思想的展開として重要なのは，一つが資本主義文明への共同体論的批判の視点がとりわけマルクスにおいて明確になっていくことであり（農業論，「資本の文明化作用」への疑義，残存する共同体的社会関

係の社会変革論的再評価など），もう一つは，パリ・コミューン（1871）以降の先進諸国において，議会や選挙権を「解放の道具」へと変える戦略を彼らが政治変革の中心においたことである。1880年代以降の「社会主義の復活」の時代には，社会主義的労働者政党が各国で無視できない政治勢力として登場し，エンゲルスの提唱になる「国際社会主義者会議」（「第二インターナショナル」）では，マルクス主義がもっとも強い影響力をもった。

【マルクス，エンゲルス以後のマルクス主義】マルクス，エンゲルス没後のマルクス主義は，多様に展開・分化した。

①列強帝国主義の始まりとともに，先進諸国では，社会改良を含む「大衆社会統合」が進みだし，労働者階級は「市民社会」の内側に位置する「国民」となる。マルクスらが想定していなかった状況の出現である。

先進諸国の社会主義運動は，社会改良の促進とひきかえに「国民」の一部として帝国主義戦争に協力するか（右派：社会民主主義派）か，それとも，植民地獲得のための戦争協力を拒否し，社会改良ではなく革命的変革を目指すのか（左派：共産主義派），をめぐり大規模に分裂する。第一次世界大戦とともに第二インターナショナルは崩壊した。

大衆社会統合を行わずに帝国主義戦争の当事者となったロシアでは，左派のリードにより，ロシア革命が成功する（1917）。他方，先進諸国では大衆社会統合が大きな力を発揮し，左派の運動は抑え込まれた。マルクス主義はソ連共産党が圧倒的な影響力を行使する思想となり，この状態は1950年代まで続いた。

だが，「ソ連社会主義」の実態は，晩年のレーニンが指摘したように，社会主義志向の開発独裁体制とでもいうべきものであったため，一党独裁と哲学の国定哲学化を含むその体制を擁護する1930年代以降の主流マルクス主義（「マルクス＝レーニン主義」）は，マルクスらが批判したブルジョア革命型の思想に酷似した思想体系となった。社会発展における「自然必然性」の異様な強調（＝受動的唯物論），および，〈正しく歴史を認識した共産党による「独裁」〉の主張（＝能動的観念論）は，マルクス＝レーニン主義の特徴である。ソ連は第三世界の開発独裁国家の一つの原型

となった。

　他方，先進諸国の左派では，A. グラムシに代表される，大衆社会統合の状況に内在したマルクス主義形成の努力が行われ，1960 年代以降に大きな影響力をもった。その特徴は，議会と自由民主主義に即した漸進的社会変革，「文化的・道徳的ヘゲモニー」闘争による社会的合意獲得，拡大する国家機構を用いた資本規制と国民の生活保障の重視などである。

　②マルクス主義は，20 世紀初頭の列強帝国主義を分析した諸著作（レーニン，ヒルファディング）に加え，植民地解放闘争，および，第二次世界大戦後の非植民地型支配・収奪への闘争の理論としても独自の展開をみせた。S. アミンなどの「新従属理論」や I. ウォーラーステインらの「世界システム論」もその一部である。21 世紀初頭からの「反グローバリズム」運動は，マルクス主義のこうした展開の影響を，直接・間接に受けている。

　③先進資本主義諸国における「1968 年」前後の文化的変容を受けて，エコロジー思想を取り入れ，フォード主義的大工業文明およびそれに従属したライフスタイルの批判を，マルクス主義的な資本主義批判・変革と結合する努力も行われた（A. ゴルツなど）。現在では，マルクス主義の影響を受けた社会運動の多くが，多かれ少なかれエコロジカルな感性を共有している。

　④マルクス，エンゲルスは女性の従属を所有論および〈生産と消費の分裂〉の見地から分析したが，性分業批判の視点はもっていなかった。この視点を新たに加え，マルクス主義による市場批判と搾取批判を女性の従属批判に用いるマルクス主義フェミニズムが，20 世紀には形成されている（ヴェールホフ，竹中恵美子など）。

→マルクス，エンゲルス，唯物史観，家族，グラムシ

[文献] マルクス『資本論』（全集 23-25）大月書店，1965-66；エンゲルス『イギリスにおける労働者階級の状態』上・下，新日本出版社，2000；V. レーニン『帝国主義』岩波文庫，1956；A. ゴルツ『エコロジスト宣言』緑風出版，1983；I. ウォーラーステイン『近代世界システム』I-IV，名古屋大学出版会，2013；B. ドゥーデン／C. ヴェールホフ『家事労働と資本主義』岩波現

代選書,1986。 (後藤道夫)

マルクス＝レーニン主義→マルクス主義

マルクーゼ　Herbert Marcuse 1898-1979
ドイツ・ベルリン生まれ。ユダヤ系。1928年から32年までフライブルク大学でハイデガーに学ぶ。1932年,『初期マルクス研究』を刊行。現象学的方法によるマルクス研究としてはサルトルより早い。1933年からフランクフルトの社会研究所に所属。ナチスの政権奪取のため1934年アメリカに亡命（40年に帰化）。1951年『エロスと文明』。フロイドの精神分析理論とマルクス理論との結合を独自に提起。1964年『一次元的人間』。先進工業社会の管理社会化を批判。1965年「抑圧的寛容」。1960年代の新左翼運動や学生の異議申し立て運動の指導的理論家とされた。しかしハーバーマスらの批判を受け入れた点もあり,評価は単純ではない。
→抑圧的寛容
［文献］ユルゲン・ハーバーマス『哲学的・政治的プロフィール』下（13章「ヘルベルト・マルクーゼ」）未来社,1986；マルクーゼ『ユートピアの終焉』合同出版,1968。 (福山隆夫)

マルサス　Thomas Robert Malthus 1766-1834
D. リカードの論敵でイギリス古典派経済学者。フランス革命的な平等論的社会理論に強固に反対し,コンドルセなどを論駁する自由放任思想を説いた。生産よりも需要に関心を寄せた点で,ケインズの有効需要創出論の先駆と言われるが,現代の福祉政策につながる内容を主張したわけではなく,総じて地主階級を擁護する保守派だった。

　生産力の拡大や生産関係を重視しなかったこととも関連して,人口の幾何級数的増大に食料の算術級数的増加は追いつかないという主張を根拠に,貧困層に対して婚姻抑制を道徳主義的に説き,貧困層の人口抑制を通じて,資本主義社会での貧富の格差やこれがもたらす犯罪等の害悪の解決を図った。これは,世にマル

サスの人口論として知られるが，往時の自然科学的合理思想一般の陥穽に追随した面もある思想である。そこには，経済学の根幹を商品や資本など社会的諸関係的に把握されうる概念ではなく，実体的な人口数や食料といった個別実体的な数値に安易に依拠して社会問題を解決しようとした点で，実証主義的＝現実肯定主義的な姿勢もある。また，社会における適者生存・弱者排除という優生思想につながる内容を主張しており，これは生物界におけるダーウィンの進化論の社会版と言え，そこには19世紀のブルジョア思想の差別論的特徴も伺える。
→人口論，保守主義
［文献］マルサス『初版 人口論』岩波文庫，1962；同『経済学原理』上・下，岩波文庫，1968。　　　　　　　　　　（竹内章郎）

　マルセル　Gabriel Marcel 1889-1973
フランスの実存主義思想家・劇作家。パリに生まれ哲学教授資格(アグレガシオン)を得たが，健康上の理由からもっぱら著述生活を送った。39歳でカトリックの洗礼を受け，サルトルからは「キリスト教実存主義」と評された。実存の神秘・受肉としての「私」自体の身体性（所有関係を超えた存在性）・共に存在の神秘に参与している関係としての我汝関係などを思索テーマとし，日記・エッセイ・劇作を通してその思想を表現。戦中から戦後にかけて社会的関心を強め，産業と技術が支配する現代文明を批判した。
［文献］マルセル『存在と所有』(世界の名著 続13)中央公論社，1976；『マルセル著作集』(全8巻 別巻)春秋社，1966-77。
　　　　　　　　　　　　　　　　　　　　　　　　（藤谷秀）

　マルチカルチュラリズム→多文化主義

　マルブランシュ　Nicolas Malebranche 1638-1715
アウグスティヌス宗教思想の影響の強いフランスのカトリック教団オラトワール会の神父で，デカルト哲学の影響の下に機会原因論の体系を築いた。マルブランシュは性質の異なる精神と身体が相互作用することはできないとして，デカルトが原始的事実とし

て認めた心身合一を否定した。心身が相互作用しているように見えるのは，それぞれに生じる変化を機会として，真の作用者である神が心身における変化を生み出しているからである。また精神への真の作用者が神であるということから，精神と神との結合を重視する神中心的道徳論を説いた。
→機会原因論
[文献] マルブランシュ『形而上学と宗教についての対話』晃洋書房，2005；F. アルキエ『マルブランシュ——マルブランシュとキリスト教的合理主義』理想社，2006。　　　　（碓井敏正）

マールブルク学派→新カント派

丸山眞男　（まるやま まさお）1914〔大正3〕-1996〔平成8〕政治学者，日本政治思想史家で戦後の代表的思想家の一人。東京帝国大学法学部卒業後，同助手を経て，1940年から同助教授，1950年，教授（71年退職）。戦前の天皇制ファシズム下に主として徂徠学を中心とした日本の儒教の史的展開を研究し，戦後に『日本政治思想史研究』（1952）として刊行した。そこでは，封建イデオロギーとしての「儒教思想構造の自己分解過程」が，朱子学的「自然的秩序」の論理から徂徠学による「主体的作為」の論理への転回として捉えられ，「中世的な社会＝国家制度観と近代的市民的なそれとの対立という世界史的な課題」が摘出された。戦時下に培われたこの前近代的なものから近代的な制度・思想への強烈な希求を原点として，戦後には「永久革命としての民主主義」者としてアクティブな理論的・実践的活動を行った。戦後初期の理論的成果は『現代政治の思想と行動』（1957，増補版1964）に集成されるが，そこでは，天皇制ファシズムの精神構造を鮮やかに分析した「超国家主義の論理と心理」を始めとし，ナチスや戦後の反共主義的ファシズム，さらにスターリン型マルクス主義を鋭く批判するものであった。実践的にも，知識人を中心とする「平和問題談話会」や「憲法問題研究会」に属し，全面講和論，再軍備反対論（「三たび平和について」1950）の理論的中心となるほか，60年安保闘争では議会制民主主義擁護など

を軸とする市民運動のオピニオン・リーダーとなった。しかし，70年以降，日本思想史の研究に戻った丸山は，日本思想史を，土着的な「古層」による外来思想の絶え間ない日本的変容の過程として捉え直した（『歴史意識の『古層』』1972）。これは，かつての「自然」から「作為」へという主体的哲学からの「自然的生成」の立場への転換を意味したが，反面で，日本の諸思想を規制する「古層」は「天皇制」イデオロギーであり，これと日本的「シヴィック・ヴァリュウ」（公共的思想）との相克を解明するものでもあった。丸山の死後，彼の民主主義論を日本の植民地を無視した国民主義的ナショナリズムでもあるとの批判も現れているが，その思想の全体的解明は今後の思想状況に関わる必須の課題でもある。

→戦後民主主義

［文献］『丸山眞男集』（全16巻 別巻）岩波書店，1995-97；『丸山眞男講義録』（全7冊）東京大学出版会，1998-2000；吉田傑俊『丸山眞男と戦後思想』大月書店，2013。　　　（吉田傑俊）

マンハイム　Karl Manheim 1893-1947

ユダヤ系ハンガリー人。社会学者，社会理論家。知識社会学の提唱者の一人。初期には，ジンメルやルカーチに学び，認識論の研究に傾倒した。1919年のハンガリー革命敗北ののち，ドイツに亡命。ルカーチ等のマルクス主義に対抗して，分解や知識に対する社会学的分析や歴史主義の傾向を強めた。29年には主著『イデオロギーとユートピア』を公刊し，マルクスのイデオロギー概念を特定の階級に限定されたものにすぎないと批判し，あらゆる観念・思想体系の存在被拘束性という視座から，知識社会学を展開した。マンハイムは，価値自由なイデオロギー概念によって，各思想を相関関係の中に置き（相関主義），それらを総合する可能性（動的総合）を探った。同年，マンハイムはフランクフルト大学に招かれたものの，ナチスの台頭により33年イギリスに亡命。これ以後，マンハイムは数々のいわゆる「時代診断学」を試みた。主要著作は，『変革期における人間と社会』（1935）と『民主的計画論』（遺稿）である。前者は機能的合理性の高度化と実

マンハイ

質的合理性の剥奪という現代社会の不均衡による非合理性の蓄積から，民主主義がかえってナチス等の「否定的民主化」を生み出すことを示した（マンハイムの大衆社会論）。後者では，マンハイムは社会的不均衡を回復する「自由のための計画」を構想した。
→知識社会学，合理性，大衆社会
［文献］樺俊雄監修『マンハイム全集』（全6巻）潮出版社，1975-76。　　　　　　　　　　　　　　　　　　（渡辺憲正）

ミ

三浦梅園（みうら ばいえん）1723〔享保8〕-1789〔寛政1〕
江戸時代中期の自然哲学者。豊後（大分）国東の人。医を家業とし宮仕えしなかった。名は晋，字は安貞，号は二子山人，洞仙ほか。梅を愛し，多く梅を栽えて梅園と称す。先祖は相模三浦の人。代々里正の家柄。幼い頃から自然のしくみに関心を向け，二子山に懐かれて生涯それを探求した。23歳のとき長崎に旅行し西洋天文学（ティコ・ブラーエ段階）に触れ，大地が球体であること，および形態把握（計測）に優れていることに感銘を受けたが，天のしくみは解明できていないとしてなお探求を続け，30歳の頃「気に見るあり，天地に条理あるを知る」として，〈一即一一，一一即一〉という条理を発見した。この条理に基づき天地（自然）を『玄語』という書物に書き続け，23年かけ，23回も換稿の上，53歳のときに安永本『玄語』を脱稿する。大変強靭な思索力と探求精神の持ち主であったことがわかる。彼はすべての存在は一元の気からできていて，その気は自らを陰陽という相反する2つの要素に表すと考える気の哲学者であったが，陰陽の本質を一一と規定し，その間に同一性と対立性と同等性を見，陰陽観念にまとわりついていた封建性を払拭した。彼は陰陽という文字の代わりに阝偏をとった「会昜」という古字を採用して，陰陽の本質を自分が史上初めて解明したことを表し，〈混粂食吐〉〈剖対反比〉という条理語に集約した。注目すべきは，会昜は声（名），一一は主（実）とし，一一をより本質的な規定，本質的存在としたことである。

幼い頃からの懐疑探求精神は，「うたがひあやしむべきは変にあらずして常の事也」と言う，当たり前のことを疑う哲学の精神に結晶した。また「人造則理先（この理は設計図の意），天造則理先」という命題で人間の能動性を宣言しつつ，人間はこの人道（学問，教育，科学，技術，芸術など）を発揮して人間となるだ

けでなく，天道（誠，実）に順って人間となる，両者の統一であるとした。後者の側面は植物がモデルになっており，古今東西を問わず同一の，人間の基本的営みを誠実に果たす側面とした。今後はこの側面が評価されていくであろう。彼の経世済民論『価原』も貨幣を流通手段という本来の役割に戻す上で古典である。
［文献］『梅園全集〔復刻版〕』上・下，名著刊行会，1970；田口正治『三浦梅園』吉川弘文館，1967；三枝博音編『三浦梅園集』岩波文庫，1953；『梅園学会報』梅園学会，1976-。（小川晴久）

見えざる手　〔英〕invisible hand
アダム・スミスの言葉で，各個人の自己愛による私的利益の追求が，意図せずに社会全体の便益につながることを，「見えざる手」によって操られているとみるものであるが，経済的自由主義の根本思想を端的に表す言葉として引用される。実際には，「見えざる手」という言葉が使われているのは『国富論』『道徳感情論』それぞれ一回ずつであるが，特に『国富論』第四編第二章で，国家が海外貿易を統制する重商主義に反対して自由貿易を主張する文脈の中で，より一般化されて「他の多くの場合と同じく，見えざる手に導かれて，自分では意図してもいなかった一目的を促進する」ことになると言われており，これが，近代経済学における「厚生経済学の基本定理」（完全競争市場において「パレート最適」が達成される）にあたるものと解釈されている。

この思想の背景としては，「私悪は公益なり」と説いたマンデヴィル，ニュートンの物理学（二物体間の引力によって太陽系という秩序が達成される），神は人間に見えない自然のデザインを通じて目的を達成するとするケイムズらの自然神学などが指摘される（ただし，スミスには「神の見えざる手」という表現はない）。

「見えざる手」は，各個人の主観的な意図に基づく行為が，結果として意図しなかった秩序をもたらすことを意味するとみれば，社会科学的な法則認識を可能にした思想とみられるが，背後で操る主体の存在を想定すれば一種の摂理観となり，ヘーゲルの「理性の狡智」に基づく歴史哲学などに展開したともみられる。

また，極めて楽観的な社会観となっている側面を強調すれば，産業革命が本格的に進行して階級対立や恐慌等が深刻化する前の時代の産物とも考えられる。

なお，『道徳感情論』（初版第四部第一編）においては，ケイムズを継承した「自然の欺瞞」論を前提しつつ，貧富の差があっても，富者が生活必需品を独占的に消費することは不可能で，富者の「生まれつきの利己性と貪欲にもかかわらず」，貧者にも分配されざるをえないという文脈で「見えざる手」が使われるが，これはルソーの『人間不平等起源論』に対する反駁ともみられる。
［文献］アダム・スミス『国富論』（全4冊）岩波文庫，2000；同『道徳感情論』講談社学術文庫，2013；田中正司『アダム・スミスの自然神学』御茶の水書房，1993。　　　　　（池田成一）

未開／野蛮　〔英〕savagery / barbarism
文明史観において，文明（civilization）と対比して非文明を性格づけるときに使われる表現。大航海時代を経て，18世紀の西洋に，歴史の四発展段階説が生まれた。モンテスキュー，ファーガソン，アダム・スミス，コンドルセらに示されるこの文明史観によれば，歴史は，狩猟段階から牧畜段階，農耕段階を経て，今日の商業段階に達するという進歩を遂げてきたのであり，狩猟段階が主に未開，牧畜段階が野蛮，農耕段階以後が文明と性格づけられた。未開人は，狩猟，漁労等で生活しており，定住せず，所有を未だ知らず，統治もほとんど見られない，野蛮人は動産の所有を発達させ，貧富の差を生み，それゆえ統治／国家の形成をなし，植民と戦争を事とした，とされる。18世紀には，未開人を〈高貴な未開人〉として崇敬する傾向を西洋社会に生み出したが，同時に未開／野蛮は植民地化と戦争の対象となった。所有関係が法的に存在しない未開／野蛮の土地は無主地と見なされ，また未開／野蛮は法的統治を欠いており，西欧文明の了解からは植民地化と戦争を正当化できたからである。近代日本もまた文明化を図る過程で，「文明と野蛮」図式に囚われ，ついには植民地化と戦争を正当化するに至った。ポストコロニアルの今日にあっては，未開／野蛮に対して植民地化と戦争を正当化してきた西洋の文明

史観的言説——これは，哲学では，ロック以来，ベンサム，J. S. ミル，スペンサーに至る自由主義の系譜の中にも見られる——は，根本から批判的検討が求められる。
→文明，自由主義

[文献] アダム・スミス『法学講義』岩波文庫，2005；コンドルセ『人間精神進歩史』上・下，岩波文庫，1951；ギゾー『ヨーロッパ文明史』上・下，日本評論社，1948；福沢諭吉『文明論之概略』岩波文庫，1995。　　　　　　　　　　（渡辺憲正）

三木清　（みき きよし）1897〔明治30〕-1945〔昭和20〕
哲学者。兵庫県生まれ。哲学を志し，京都帝国大学で西田幾多郎の下に学ぶ。卒業後，ドイツを中心に留学，リッケルト，ハイデガーのもとで現象学・解釈学・実存哲学等，第一次世界大戦後の西欧の新思潮を吸収する。パリから書き送った『パスカルに於ける人間の研究』(1926) によって注目を浴びる。さらに現象学的解釈学に基づき，マルクス主義の人間学的基礎づけを試み（『唯物史観と現代の意識』1928)，また，雑誌『新興科学の旗の下に』を羽仁五郎らと創刊 (1928)，マルクス主義をめぐる論争の中心的役割を果たす。しかし，その宗教論が観念論的偏向と批判され，1930年には日本共産党への資金提供の嫌疑で検挙・拘留されるなか，プロレタリア科学研究所から除名され，マルクス主義の思想運動から離れる。同時に，大学の教職も奪われ，以後，在野の思想家として活動を続ける。1930年代のファシズムの進展のなか，「新しいヒューマニズム」を提唱し，時代の変革を担う主体の形成を問い続ける。さらに，日中戦争以後の軍国主義と言論統制の深まるなか，昭和研究会の理論的中心となり，協同主義に基づく諸民族の連帯した東亜協同体の構想を打ち出し，政治体制の内部変革を志向するも挫折。戦争末期，治安維持法容疑者を庇護した嫌疑で拘留され，敗戦直後に獄死。

　三木の思想は，時代状況に密接して展開され，昭和前期の危機的時代を鮮やかに照らし出す性格をもった。そして時代を打開する思想を求めて，マルクス主義から新しいヒューマニズムの主張へと形を変えつつ，一貫して歴史世界の形成の論理，歴史におけ

る主体の解明に取り組んだ。主体形成の問題への集中は，近代の崩壊という時代認識によるとともに，国民文化の形成という課題に応えるものであった。さらに三木において，この主体形成の課題は，宗教批判の達成と不可分の関係に置かれ，宗教への持続的関心を構成することになった。三木が遺稿として親鸞論を書き残したのは，こうした点からも評価されるべきであろう。

［文献］『三木清全集』（全20巻）岩波書店，1966-86；津田雅夫『人為と自然——三木清の思想史的研究』文理閣，2007；清眞人他（共著）『遺産としての三木清』同時代社，2008。（津田雅夫）

道 （みち）

中国思想の基本的カテゴリーの一つ。元来は道路の意味であるが，転じて道理，規範，原理，法則，本体などの意味を担う。儒教では，「朝に道を聞けば，夕べに死すとも可なり」「君子は道を憂えて貧しきを憂えず」（『論語』）と語られるように，主として「人の道」としての実践道徳の意味に解される。孟子の掲げる仁義礼智はその内実をなすものであろう。これに対して，道家の場合は，「道の道とす可きは常道に非ず」「物有りて混成し，天地に先だちて生ず。寂たり寥たり，独立して改まらず，周行して殆（おこた）らず，以て天地の母と為す可し。吾その名を知らず，これを字して道と言う」（『老子』）などの言葉が示すように，道は儒教的な道徳規範を意味せず，事物の存在に先立つ混沌・寂寥・玄妙なる宇宙の根源を指す。しかし近世になると，儒教もまた宇宙の根源たる道の概念を導入，むしろこれによって儒教的規範を基礎づけようとする。すなわち程頤（ていい）は「道」を物質の運動（一陰一陽）から峻別，それの根拠（所以）としての「形而上」の存在とし，「理」の範疇と同一化する。朱熹（朱子）の「理なるものは，形而上の道なり。物を生ずるの本なり」という言葉も，形而上学的実体としての「理」と「道」との同一性を謳ったものにほかならない。これに対して，日本の伊藤仁斎などは，「気」一元論の立場から，「天道」を単なる自然の運動状態とし，これに対する「人道」の独立性を強調した。

（村瀬裕也）

ミッキョ

密教 （みっきょう）

密教は秘密の仏教という意味で，顕教（一般の仏教）と区別していう。言葉を用いないわけではないが，短い呪句や呪文（真言・陀羅尼）が多く，それらは梵音の音写語だけから成る。見たり聞いたりしても意味は伝わらない。だから意味そのものより，梵字の形や音声に特別の神秘的な力が宿っていると見るのである。哲学や宗教学での神秘主義を問題にする場合，仏教の中では密教こそがそれに該当すると思われる。

密教の教主は大日如来である。7世紀頃インドで成立した『大日経』と『金剛頂経』が密教の二大根本聖典である。8世紀に『大日経』は善無畏によって，『金剛頂経』は不空によって漢訳された。この二経に基づいて描かれたマンダラをそれぞれ胎蔵界曼荼羅（理のマンダラ），金剛界曼荼羅（智のマンダラ）という。中国で密教を体系化したのは一行（683-727）であり，その著『大日経疏』は空海の密教思想にも大きな影響を与えた。密教は自ら金剛乗（Vajra-yāna）を名のる。大乗小乗を包摂・超克した最高の仏教であることを標榜している。特定の師（guru または ācārya〔阿闍梨〕）に就いて学び，その教えを受けて頭に水を浴びる灌頂（abhiṣeka）の儀礼を行い，種々の法具を使った秘儀を通して究極の奥義が師から弟子へ伝えられる。三密の加持によって大日如来の身・口・意の三密と修行者のそれとがぴったりと一致する。そのとき修行者は手指で大日如来の印を結び，口では大日如来の真言を唱え，意では大日如来を観ずる。かくして修行者はその身そのままで大日如来となる（即身成仏）。

【密教の特色】①如来蔵思想や仏性思想を前提としている点では顕教の華厳宗などと共通であるが，それをより積極的に表明し，もはや成仏の可能性ではなく，成仏がいまこの身体に実現しているとなす。②数多くの諸仏・諸尊・明王・諸天などを祀り，それらをことごとく大日如来の顕現（avatāra〔権化〕）とする。それをマンダラによって具体的に示す。③顕教のように，理論的・抽象的方法で教義を明らかにするのではなく，象徴的な表現を使ってそれを行う。すなわち絵画や図像，あるいは音楽を用いる。密教芸術の多彩な展開はこれに由来する。④チベットやモンゴルに

も独自の密教が発達し，中国・日本の密教とは異なった様相を示している。
→日本仏教，空海，最澄
［文献］松長有慶『密教の歴史』平楽寺書店，1969；田中公明『チベット仏教』春秋社，1993；宮坂宥勝『密教世界の構造――空海「秘蔵宝鑰」』ちくま学芸文庫，1994。　　　　（岡部和雄）

　ミード　George Herbert Mead 1863-1931
プラグマティスト，社会哲学者。1894年から没年までシカゴ大学哲学部で教鞭をとるかたわら，学校等をめぐる社会改良運動にも加わった。ミードは知覚と行為，知性と道徳，パースペクティヴと創発性，自然哲学，科学的方法と社会的世界，等々に関する100篇前後の論文・書評を残しているが，彼が社会学的思潮に大きな足跡を残すに至ったのは，主にその講義「社会心理学」（死後，『精神・自己・社会』として編集・出版）とその出席者たちを介してだった。ミードをシンボリック・インタラクショニズムの祖の一人としたのも彼らである。ミード理論の評価については見解が分かれているが，何より注目されるべきは内省的行為（思考／精神）の社会的組織化という着想だろう。音声身振り，役割取得，一般化された他者，社会的自己といった発想を駆使して内省的行為の社会的組織化過程を思索したミードは，それをもって人々の内的営みや経験の構成／再編過程と，現実の社会的世界の編成／再編過程との連動的記述を試行したといえる。この指向はミードの社会問題解決指向と重なり，「科学的方法」の敷衍による社会的知性と社会の再編という課題に収斂していった。またそれは，リアリティの生成・編成を社会過程の再構成との関わりで焦点化する「パースペクティヴの客観的実在」という論点提示に連なり，時間の社会的構成論という理論的帰結を生んでいる。
［文献］『デューイ＝ミード著作集』（全15巻）人間の科学社，1995-2003；ミード『精神・自我・社会』青木書店，1973；加藤一己・宝月誠編訳『G. H. ミード プラグマティズムの展開』ミネルヴァ書房，2004。　　　　　　　　　　　　　　（安川一）

ミトガク

水戸学 （みとがく）

水戸藩二代藩主徳川光圀の『大日本史』編纂事業の過程で基礎がおかれ，幕末の政治的混乱期に実践に強く傾斜してゆくこととなった，水戸藩で行われた学問の傾向をいう。前期と後期に分けて理解されるが，特に後期のみを指していう場合もある。編史事業の目的は「皇統を正閏し，人臣を是非」することにおかれたが，その思想を受け継いだ藤田幽谷は『正名論』を著わして，君臣上下の名と分を厳格に守ることが幕藩体制を整え社会秩序を維持するための基本であると唱えた。その主張は幕末の尊王攘夷論（思想）に理論的根拠を与えた。
［文献］『水戸学――日本思想大系 53』岩波書店，1973。

(田平暢志)

南方熊楠 （みなかた くまぐす）1867〔慶応 3〕-1941〔昭和 16〕

生物学者，民族学者。和歌山の生まれ。大学予備門を退学，20歳で渡米，英国に移り，大英博物館を中心に独学。帰国後，紀州田辺に住み，在野の研究者として国内外で活躍。その研究は菌類・粘菌類を中心とした博物誌の研究と，民俗比較の人文学的な研究とに大きく分かれるが，しかし彼の特徴は，そうした区分を超えて，森羅万象に対する細密かつ徹底した観察と記述の方法に裏打ちされた独自の世界観にある。また，神社合祀反対運動において，人文・歴史と自然・生態との有機的統一の見地から環境破壊に反対したことは，先駆的意義をもつ。
［文献］『南方熊楠全集』（全 10 巻 別巻 2）平凡社，1971-75；武内善信『闘う南方熊楠』勉誠出版，2012。　　　(津田雅夫)

皆川淇園 （みながわ きえん）1734〔享保 19〕-1807〔文化 12〕

江戸中期の儒者。従来の経典解釈にあきたらず，文字（「名」）に結びつく意味（「物」）やその文脈の構成を，直接に解読しようとする「開物」学を展開した。自然的な論理・カテゴリー，音韻，文法，歴史社会的理解等を動員する言語解釈学ともいうべきもの

を体系化し,『易学開物』『易学階梯』ほかの多くの経書解釈書,言語・文法論,カテゴリー論(『名疇』)など多数の著作をあらわした。その弟である国学者・富士谷成章,成章の子・御杖などへの影響も指摘されている。

[文献]『淇園詩文集』(近世儒家文集集成 9) ぺりかん社, 1986;『問学挙要』(日本思想大系 47) 岩波書店, 1972;加地伸行・中村春作『皆川淇園・大田錦城』明徳出版社, 1986;竹岡正夫「言語観とその源流——皆川淇園の漢学との関係」『富士谷成章全集』下, 風間書房, 1962;浜田秀「皆川淇園の開物学の方法について」(『国文学研究ノート』27) 1993。　　　(黒住真)

ミーマーンサー学派　〔サ〕Mīmāṃsaka

ヴェーダ聖典の絶対的権威を認める,インドのバラモン教の系統に属する学派。「ミーマーンサー」とは「考究」の意でヴェーダ聖典の解釈学に関する考究を指し,この派は特に祭式の規定や意義などを扱う祭事部の考究を行った。開祖ジャイミニ(前 2 世紀)が根本聖典『ミーマーンサー・スートラ』を著したとされるが,現存の形態をとるのは後 100 年頃である。ヴェーダは永遠で誤りなく,ヴェーダの教令は絶対的であるとし,祭祀の実行により新たに得た力(アプールヴァ)によって祭主には生天などの果報が生ずるとする。7 世紀,クマーリラ派とプラバーカラ派に分かれ,独自に認識論を展開し言語哲学の分野にも大きく貢献した。

[文献]黒田泰司「祭事哲学の体系(ミーマーンサー)」(『インド思想 1——岩波講座東洋思想 5』岩波書店, 1988);中村元『ミーマンサーと文法学の思想——インド六派哲学 III』(選集 26) 春秋社, 1995。　　　(石飛道子)

ミメーシス　〔ギ〕mimēsis〔ラ〕imitatio〔英〕representation/mimesis

「模倣」もしくは「模写」と訳される。プラトンの提起を受け,基本的にはそれに対する批判として,アリストテレスの『詩学』において,その芸術・文学論の中心的な概念の一つとして展開さ

れたもの。

　芸術の対象としての世界が，それ自体，優美にして陶酔的なもの，晴れやかにして壮麗なものを備えているとともに，腐敗と汚辱と残虐な非人間性とに浸蝕されて腐臭を放つものでもあるとすれば，アリストテレスの『詩学』において展開される「模倣されたもの」は，それが世界に内属する諸相を正確に「模倣」するものであればあるほど，与えられた歴史的な諸条件のなかで，それら双方の属性を，日常性とは異質な芸術の場に甦らせ，再現する性格のものとなる。そうした模倣＝再現は，美的感性によって裏打ちされた思想性の高さを支えとして，それぞれのジャンルにおける固有の表現技法の完全性を獰猛に追求しつつ，究極においては，人間存在の劇的な性格を表現することを意図するものである。

　アリストテレスにあって，「模倣されたもの」としての芸術（文学）の最高の位置を獲得するのは悲劇であった。所詮は打ち克つことの叶わぬ運命との間に絶望的な一戦を交え，やがて苦闘の果てに没落していく高貴な心情を備えた人間たちへの限りない共感と哀惜の念とを，悲劇は観る者の胸に湧き上がらせるのであり，魂を震撼させる，そのような感動こそが，「カタルシス」にほかならない。芸術が自らの生命を維持するのは，「模倣」の対象の如何に関わらず，それを美的感性に内在する批判的な力によって幾重にもデフォルメしつつ美的形象を創造し，高貴な精神性を世界に向かって投げ返すことによってである。

［文献］アリストテレース『詩学』岩波文庫，1997；アドルノ『美の理論〔新装完全版〕』河出書房新社，2007；アウエルバッハ『ミメーシス——ヨーロッパ文学における現実描写』上・下，ちくま学芸文庫，1994。　　　　　　　　　　　（照井日出喜）

　宮沢賢治　（みやざわ けんじ）1896〔明治29〕-1933〔昭和8〕日本の詩人，童話作家。生まれ育った岩手県の風土，岩手高等農林学校で学んだ自然科学・農学の知識，法華経に対する傾倒，農学校での教育活動や自ら組織した「羅須地人協会」での農民との共同活動などの社会的活動を背景として，独特な発想や語彙を駆

使し，求道的態度で，詩集『春と修羅』などの詩（本人は「詩」ではなく「心象スケッチ」と称した）や『銀河鉄道の夜』『グスコーブドリの伝記』などの童話を生み出した。自身はまとまった思想的文章を「農民芸術概論」関係の短いものしか残していないが，その文学の特異性，活動の多面性から，哲学的思想的解釈の対象としてしばしば取り上げられている。その解釈も，「雨ニモマケズ風ニモマケズ」農民に尽くそうとする自己没却的実践家とするもの，自然科学の影響を強調して宇宙論的思想家とするもの，仏教思想家として法華経や天台本覚思想から解釈するもの，大正時代の「生命主義」の一部とするもの，あるいはその複合などがある。ただ，田中智学の国柱会への加入や労農党への支援などの社会的関わりの実情，さらに賢治の作品に同時代の社会的コンテクストの反映が色濃くみられることなど，賢治の思想を考える際の基本的な事柄について，未だ解明されていない部分が多い。

［文献］『宮澤賢治全集〔新校本〕』筑摩書房，1995-2009；天沢退二郎／金子務／鈴木貞美編『宮澤賢治イーハトヴ学事典』弘文堂，2010。　　　　　　　　　　　　　　　（池田成一）

明恵　（みょうえ）1173〔承安3〕-1232〔寛喜4〕
鎌倉初期の華厳宗の僧。諱は高弁。紀州（和歌山県）有田郡の生まれ。平重国の子。幼くして両親を失い，高尾の神護寺に入り16歳で出家。その後東大寺戒壇院で受戒し，華厳や密教を学ぶ。1195（建久6）年，紀州白上の峰にこもる。島自体に手紙を出すなど強いアニミステックな志向がみられる。釈尊を慕い仏跡参拝のための渡印を計画，1205（元久2）年には『大唐天竺里程記』まで作ったが果たせなかった。1206（建永1）年，後鳥羽院から栂尾の地を賜り高山寺を創建。華厳と密教とを統合した華厳密教の教義と実践法を創始した。また法然の専修念仏が菩提心を否定するものだとして批判し『摧邪輪』（1212）を著した。幼児からの夢想を記録した『夢の記』があり，母性思慕の思想とも関わって精神分析学的関心の対象ともなっている。名利を離れた高潔な行状により北条泰時はじめ多くの人々から尊崇された。

ミライガ

[文献] 奥田勲『明恵——遍歴と夢』東京大学出版会,1978;河合隼雄『明恵——夢を生きる』講談社プラスアルファ文庫,1995。　　　　　　　　　　　　　　　　　　　　　　(田中久文)

未来学　〔英〕futurology
1960年代に現れた現代社会論の一種。産業社会論や脱工業社会論の延長戦上に,未来予測をもとに政策的な処方箋を提起する。未来学は一般に,問題を技術的な次元に還元し,技術革新が貧困等の社会問題を解決するとして,未来をバラ色に描く一方,テクノクラシー(技術官僚支配)を要請する理論であり,優生思想の傾向を帯びるものもある。1970年代以後でも,たとえばローマ・クラブの「成長の限界」論などに未来学的手法は継続されており,現存する社会システムを前提として様々な社会予測と方策が生み出された。
→テクノクラシー,優生思想
[文献] ゲイバー『未来を発明する』竹内書店,1966;香山健一『未来学入門』潮出版社,1967;メドウズ『成長の限界——ローマ・クラブ「人類の危機」レポート』ダイヤモンド社,1972。
　　　　　　　　　　　　　　　　　　　　　　　　　　　　(渡辺憲正)

ミル　John Stuart Mill 1806-1873
超早期英才教育を施した父J.ミル(James Mill 1773-1836)とベンサムとの影響下で育ち,東インド会社に務めもしたミルは,知的能力に応じた割増し投票制度を主張するなどのエリート主義者ではあったが,代表的な自由主義者・功利主義者として,論理学から自由論,社会主義論にまで至る多数の業績を残した他,下院議員になり,先駆的に婦人参政権を主張しもした。

　19世紀中葉の英国のチャーティズムや階級対立の激化を背景に,ミルは,ベンサムのように法的な外的裁可を通じて社会の安定を志向するのではなく,人間の内面からのブルジョア社会の安定化を目ろみ,精神的個性や良心などの内的裁可による改革を重視した。そのため,肉体的な量的快苦原則以上に,精神的な質的快苦原則を重視し,道徳的利他主義をも最大多数の最大幸福論に

含めて，ベンサムの功利主義を修正した。

　精神的個性の重視は，庶民の力の内に多数者の専制を見出すほどの庶民蔑視に連なってはいたが，同時に，制度改革論も伴っていた。この点でミルは，一切の外的抑圧を排して諸個人の言論・思想・宗教の自由を強力に擁護しただけでなく，利己主義などの社会制度的克服をも提起した。現代でもミルの自由主義は，新自由主義者も含む多くの人々によって個人主義の権化として評価されるが，単なる個人還元主義ではなく，19世紀末のホブハウス（Leonard Hobhouse 1864-1929）などの社会法（権）を重視する社会的自由主義に接続する要素もあり，また，知的エリート主義と庶民への共感との矛盾にみちたものでもある。

　さらにミルは，生産における私的所有と自由競争を前提にしつつも，分配を制度的に規制して不平等を是正しようとした経済学や，私的所有をある程度認めるユートピア社会主義を受容して，協同組合化や労資協調路線を重視する社会主義論も展開している。その他，枚挙推理の蓋然性を高めて実験的方法を体系化した帰納論理学や，多くの事柄の作用・反作用に基づく法則定立を重視する演繹的論理学を構想した。単一の前提から法則を演繹するベンサムの幾何学的方法を批判して，第一次原理としての功利主義に多数の根本原理からなる第二次原理を付加し，多くの前提の合成に基づいて社会現象を説明する性格学的心理学的法則とこれに基づく学問方法論も提示した。

→社会的自由主義，ベンサム，功利主義

［文献］J. S. ミル『自由論』岩波文庫，2020；同『経済学原理』（全5冊）岩波文庫，1959-63。　　　　　　　　（竹内章郎）

　ミルズ　Charles Wright Mills 1916-1962
アメリカの社会学者。冷戦下，アメリカの独善的な無責任を，真摯に反省・批判し，アメリカ民主主義の再生を訴え，公民権運動，ベトナム反戦運動に大きな影響を与えた。主著『パワー・エリート』（1956）は，多元的な民主社会として自画自賛されていたアメリカ社会を，一元的に権力が集中した大衆社会であると批判した。動機の社会心理学理論や，途上国を視野に入れた国際比

較社会学の構想は，相互行為論や批判理論の発展に一定貢献した。9.11 以降の反グローバリズム，公共社会学の展開のなかで，その公衆論，平和思想は再び注目を集めている。
［文献］ミルズ『権力政治民衆』みすず書房，1971；伊奈正人『C. W. ミルズとアメリカ公共社会』彩流社，2013。（伊奈正人）

ミレトス派→イオニア学派

民主主義 〔英〕democracy〔独〕Demokratie〔仏〕démocratie 古代ギリシアの dēmokratia に淵源する政治体制で，一般に「民衆（デモス）の支配または権力（クラティア）」を意味する。古来，民主主義は君主制・貴族制・独裁制などと区別され，「無階級ないし一階級」の思想を機軸として展開し，思想・制度・運動の三側面を伴って発展してきた。
【古典古代】民主主義が最初に実現されたのは，古代ギリシアの都市国家アテネにおけるペリクレス時代（B. C. 4 世紀中期）であった。ここでは，20 歳以上の市民が民会（エクレイシア）で治世の意思決定を行い，各種の官職を抽選で決める直接民主主義をとった。だが，それは女性・奴隷・在留外国人などが排除された不完全な民主主義であった。スパルタとのペロポネソス戦争敗戦後アテネには政治的・道徳的混乱が起こったが，プラトンやアリストテレスたちはそれを民主主義の「衆愚政治」化と捉え，「無知で無能な貧しい人々による支配」などと批判し，以後民主主義は衰退した。
【近代】民主主義は近代ブルジョア的諸個人と資本主義の形成とともに再興する。17 世紀イギリスのホッブズ，ロックなど社会契約説論者は，自然状態における自由・平等・所有などを「人間本性」に基づく「自然権」として位置づけ，これらブルジョア的権利を擁護する「市民政府」の確立を要求した。この古典的自由主義もしくは近代ブルジョア的民主主義思想はイギリスの名誉革命やアメリカ独立宣言の理念となった。また，ルソーはブルボン朝絶対主義を，アテネの直接民主主義を志向する人民主権的一般意志という理念によって批判し，フランス革命の理論となった。

しかし，19世紀末以後，ブルジョア的民主主義は「資本主義的市場社会」の理論たる自由主義と結合し，「階級分割社会を受容・承認」する自由民主主義となった。それは，基本的に労働者階級を体制内化する普通選挙権と代議制議会をもって構成された。これに対し，マルクスの社会主義は，近代ブルジョア的民主主義を定式化したフランス「人権宣言」批判から開始された。それは，ブルジョア的自由や平等が「私的所有の人権」であることを批判し，私的所有の止揚すなわち「生産手段の社会的所有」に媒介された真なる自由と平等，個人と社会の結節を方向づけた。それはロック的自由主義とルソー的共同体主義を結節する「協同体(アソシアシオン)」を志向する意味で，近代ブルジョア的民主主義の批判的継承と発展を企図するものであった。だが，その後のマルクス主義は，ロシア革命における「ソヴィエト」の権力化などにより，少数者革命による強権的国家の樹立形態を一般化することになった。

【現代的状況】20世紀前半のファシズムとの闘いで社会主義を民主主義と結節したのはグラムシであり，多数者による変革を「陣地戦」「知的・道徳的ヘゲモニー」などによる「政治社会の市民社会への再吸収」路線を提起した。だが，第二次世界大戦とその後の冷戦期，さらにソ連・東欧社会主義の崩壊を経て，今日の世界を席捲するのは新自由主義による「グローバル市場化」である。このなかで，アーレントやハーバーマスの公共性論やロールズの正義論など多様な民主主義論が展開される一方，NGO（非政府組織）やNPO（非営利団体）などを含めた人権・環境問題などに関わる，ラディカル・デモクラシーや参加民主主義型の「新しい社会運動」も世界的に高揚しつつある。労働運動と市民運動の結節を含む今後の民主主義理論の形成と展開の課題は大きい。

→自由，平等，正義，自由主義，社会主義／共産主義，公共性
［文献］K. マルクス「ユダヤ人問題のために」（『ヘーゲル法哲学批判序論』大月書店，1970）；福田歓一『近代民主主義とその展望』岩波新書，1977；C. B. マクファーソン『自由民主主義は生き残れるか』岩波新書，1978。　　　　　　　　　　（吉田傑俊）

ミンゾク

　民族／ネイション　〔英〕folk, ethnic groups, nation, nationality〔　仏　〕gens, ethnie, nation, nationalité〔　独　〕Volk, Nation, Nationalität〔露〕narod, narodnosti, natciia, natcionalnosti〔ギ〕ethnos〔ラ〕gens, natio
概括的にいえば，生活様式・言語・宗教などを共有し，歴史的に国家形成の土台をなした人間集団を「民族」という。たとえばローマ民族，ゲルマン民族，など。しかし，上掲の通り，「民族」と訳されるヨーロッパ諸語は多数に及ぶだけに「民族」も多義的であり，一義的な定義は困難である。しかも，特にローマ起源のnatio（異民族）が近代に至って語義変化（下記の「概念革命」）を起こし，近代以降に形成された「ネイション」を表すようになり，これが「民族」とも「国民」とも訳されるようになって，曖昧さが増幅された。

　ヨーロッパ諸国が世界に拡大した近代，特に18世紀に，各国家・社会を，狩猟採集，牧畜，農耕，商業の四段階に対応させて把握する文明史観が形成された（モンテスキュー，ファーガソン，アダム・スミス，コンドルセら）。ここではネイションは生活様式等に対応させてやはり四段階に，狩猟のネイション等として理解された（この場合は日本語の「民族」に近い）。しかし同時に，近代の文明化したネイション（イングランド，フランスなど）は，特定の民族を基礎としながら，周辺の少数民族を征服し，また植民地に多くの民族を抑圧統合する集合体として，形成された。こうしてネイションは本来のnationの語義を超えて，多民族からなる政治的経済的集合体（≒「国民」）を意味することになり（概念革命），このネイションが，古代以来，万民法（jus gentum）の対象とされてきたゲンス（gens）とともに，国際法の主たる対象とされるに至った。こうしてネイションは本質的に二義的となった。この二義性が「民族」にはつきまとう。

　他方，近代的ネイション形成とともに，ロシア，オーストリア，オスマンなど，内部に少数民族を抱えた旧帝国も，帝国の統合と少数民族の分離独立に対応を迫られた。ここでは帰属する少数諸民族（たとえばオーストリア帝国内に帰属していたマジャール人，ポーランド人など）は，ナショナリティズ（nationalities

/ Nationalitäten）で表現され，オットー・バウアーらの民族理論において文化的自治の単位とされた。多民族を基本とする国家形成ではナショナリティズの問題は不可避である。この点からすると，ロシア語のナーツィヤ（natciia）とナツィオナーリノスチ（natcionalnosti）の関連は，特殊である。「民族」（natciia）の定義で知られるスターリンは，旧ソ連の構成単位（ウクライナなど）をナーツィヤとし，これを「言語，領土，経済生活，文化の共通性に現れる心理的性格，という共通性を基礎として成立する」人々の共同体と規定し，ナツィオナーリノスチをナーツィヤに先行する旧帝国の下位形態として捉えたが，ここでナーツィヤに本来認められるべき自己決定権［主権］を制限し，上位に「ソヴィエトのナロード（国民）」を設定するなど，様々な問題を残した。

今日，ナショナリズム研究においては，近代的ネイションに先行する歴史的人間集団をエトニあるいは民族集団（ethnic groups）と表すことがある。これは，A. D. スミスがネイション形成に関する原初主義を主張するときに基礎とした集団であるが，現実には各近代的ネイションが不可避的に抱え込むマイノリティ集団への眼差しを表すものでもある。哲学的にも，近代的ネイションによる征服戦争，植民地化に対する見直しとともに，それから排除されてきた「民族的なもの」への反省が求められている。

→国民国家，ナショナリズム，文明，エスニシティ

［文献］モンテスキュー『法の精神』上・中・下，岩波文庫，1989；ファーガスン『市民社会史』上・下，白日書院，1948；アダム・スミス『法学講義』岩波文庫，2005；シィエス『第三身分とは何か』岩波文庫，1950；O. バウアー『民族問題と社会民主主義』御茶の水書房，2001；スターリン『マルクス主義と民族問題』大月書店，1953；A. D. スミス『ネイションとエスニシティ』名古屋大学出版会，1999。　　　　　　　　（渡辺憲正）

ミンゾク

民族主義→ナショナリズム

民族精神 〔独〕Volksgeist
今日では国民性と呼ばれる。日本，ドイツなどそれぞれの民族の風土，宗教，習俗，言語，芸術，衣食住の様式などによって規定され，またそれらに表現される民族に特有な考え方と行動様式を指す。個々の国民は多少ともそれを共有していると考えられる。モンテスキューは民族の一般的精神をもとに政体の盛衰を説明し，ヘルダーは近代西欧中心の啓蒙主義を批判し各民族精神の独自性を評価する歴史哲学を説いた。それを受け，ヘーゲルも初期に民族精神を宗教，政治，歴史，美術との関係で捉えて，キリスト教の民族宗教としての可能性を説き，後年の歴史哲学でも各民族精神の盛衰を通した世界精神の展開を述べた。
［文献］ヘルダー『人間性形成のための歴史哲学異説』（世界の名著 続 7）中央公論社，1975；ヘーゲル『初期神学論集 I』以文社，1973。　　　　　　　　　　　　　　　　　　　（久保陽一）

ム

無 〔英〕nothingness〔独〕Nichts〔仏〕néant

西洋思想にとって無の思想はキリスト教の「無からの創造」というテーゼを通して引き起こされるといってよいであろう。ギリシア的−ヘレニズム的宇宙観において世界は「まだ形態をとってない質量」から生じるのであって、無からではなかった。この無は神以外のすべての実体の完全なる否定としての無、「非−存在」としての絶対的な無であって、形態をまだもってない、まだ規定されていないという意味での、相対的な意味での無ではなかった。

ところで初期仏教や道教の宇宙観における無ないしは「空」の概念はこうしたキリスト教的な無の概念とはまったく異なる。あらゆる存在者・事象は無限の諸関係のある独特な邂逅・交差によってそこに形作られるものであって、他に依存することなきそれ自体の根拠をもって自存するもの（実体的存在）では決してないという宇宙観を基礎に、一見事物がもっているかに見える固定的な実体性がいかに虚妄なものであるか（無常）を示すことでそれを否定して、そうした実体主義的に固着した意識をいわば無限な関係性の海原へと解き放つ働きにおいて考えられた無であり、空である。したがってその否定作用の究極的な先はある絶対的な肯定、全一的なものへの完璧な自己融解と考えられている。

こうした二つの形而上学的背景をもった無の問題があらためて——独特な形で関係づけられながら——思想の焦点的なテーマとして押し出されたのは、「神は死せり」と叫んだニーチェを嚆矢として西洋近代思想のなかでニヒリズムの問題が主題となり、それに連動して実存哲学の思潮が20世紀思想の重要な一翼を形作ることによってである。ハイデガーはキルケゴールを引き継いで人間の「根本気分」として「不安」を発見し、この気分の働きの意味を「無」を無として人間の意識の前に露呈せしめることのうちに見た。またサルトルは『存在と無』のなかで人間の意識の

働きを存在に対する「無化的後退」の作用として捉え，それは存在を意識に対して存在化する働きであると同時に無に面前させる働きでもあるとした。いずれの場合もそこに浮かび上がっているのは，従来自分を繋ぎ止めていたはずの意味世界の外へ出てしまい，おのれの生をこれまでとは全然別な仕方で肯定する論理を獲得しなければならなくなった現代人の姿である。　　　（清眞人）

ムーア　George Edward Moore 1873-1958
イギリスの哲学者，倫理学者。ラッセル，ウィトゲンシュタインらとの交友を通して，20世紀前半のイギリス哲学会において指導的役割を果たした。彼の哲学の特徴は，体系的・思弁的哲学を排するための言語分析的手法にあり，それによって，現代の英米分析哲学に影響を与えた。「存在することは知覚されること」というバークリの観念論に対し，知覚と知覚の対象を分析して，後者は前者から独立して存在することを主張した観念論批判，また，「善」は単純な性質であるがゆえに定義できないのであって，これを定義しようとする試みは「自然主義的誤謬」を犯すという主張で知られる。
[文献] G. E. ムーア『観念論の論駁』勁草書房，1960。
（中村行秀）

無意識　〔独〕Unbewußte〔英〕unconscious
フロイトは臨床心理学および精神医学において無意識は鍵概念であると考えた。彼によれば，心は意識，前意識，無意識の三領域から構成される。意識は直接に自覚できる状態，前意識は直接には自覚できないが，努力すれば自覚できる状態，無意識は抑圧というメカニズムに妨げられて自覚できない状態である。しかし，抑圧されている無意識の内容は，夢，言い間違い，症状などというかたちをとって絶えず現れようとする。また，ユングはフロイトの無意識説を発展させて，無意識を個人的無意識と集合的無意識に区分した。集合的無意識とは，個人の過去の無意識的記憶の集積ではなくて，個人の属する集団（たとえば民族とか，人類全体）の祖先の記憶の集積であると考えた。この集合的無意識の内

容（元型）が共通しているために，様々な民族の神話などが類似しているると考えたのである。
→抑圧，精神分析，フロイト，ユング
［文献］小此木啓吾『フロイト』講談社学術文庫，1989：河合隼雄『ユング心理学入門』岩波現代文庫，2009。　（高取憲一郎）

無我　〔サ〕anātman, nirātman〔パーリ〕anattan
仏教の用語。常住不変の自分の本体，自己であるアートマンは存在しないとの意。仏教の開祖ゴータマ・ブッダ（釈迦）は五蘊が非我（アートマンではない）とのみ説いた。すなわち，われわれはえてして身心（これを五要素に分析したのが五蘊説）を自己だと思い，無常であることを忘れがちである。そこで，身心のいずれもじつは常住の自己ではない，といったのである。ゴータマ・ブッダは，アートマンに日常的に言及しているが，それをめぐる形而上学的な議論に関わるなとした。ところが，後世の仏教徒たちは，どこにも自己なるものは存在しないという，端的に形而上学的な無我説を展開してしまった。前2世紀に成立の出発点をもつ『ミリンダ王の問い』に，そのもっとも初期の理論が見られる。論点は二つある。ひとつは，名称（概念）は全体に対して適用されるが，あるのは部分だけであって全体はない，つまり，「太郎」という名称に対応する人格的主体，つまり自己はないとする，唯名論的な論点である。もうひとつは，すべてのものは縁起したものであり，常住不変の独立した中身，つまり自己をもたないとする論点である。しかし，こうした無我説は，輪廻の主体，責任の担い手として当然要請される自己を否定するため，他学派から厳しく論難された。無我説は，我執（がしゅう）を払う実践的な面では評価できるが，理論的には困難が多い。
［文献］宮元啓一『インド哲学七つの難問』講談社選書メチエ，2002。　（宮元啓一）

無限と有限　〔英〕infinity and finity〔独〕Unendlichkeit und Endlichkeit
西洋哲学史上初めて無限の概念を自覚的に提起したのは，古代

ギリシアのアナクシマンドロスである。彼によれば、火・空気・水・土の四元素は、これらの根源であるト・アペイロン（無限定なもの）からの派生物であり、万物の根源としてのこのト・アペイロンこそは、ペラス（限定）のないもの、宇宙のうちに量的に無限に存在し、また乾湿熱冷などの質によっては限定されないものでもあった。無限宇宙を主張するこの自然観は、イオニア自然哲学の伝統を形成し、現代唯物論にまで継承されている。また、数学的な無限の概念は、エレア派のゼノンが不変不動の純粋有を説くパルメニデスを擁護して、空虚・運動・変化・多を前提すれば矛盾に陥ることをもってこれらを論駁しようと試みたパラドクスのなかに、無限小分割として登場する。さらにアリストテレスは、現実的無限と可能的無限とを区別し、端的な無限な存在を否定して、時間・空間・数などの自然的対象が現実にはつねに制約された範囲内に成立する有限な存在であり、われわれがつねに、より大きいもの想定しうるという意味で可能的無限の存在のみを主張した。こうした主張は、宇宙は無限かそれとも有限かという科学上の議論に影響を及ぼすとともに、有限な存在としての人間および一切の被造物と無限で完全な最高の存在としての神とを対立させるキリスト教的な世界観の図式をも準備することになった。

ところで、ヘーゲルは悪無限と真無限に関する独自の議論を展開した。彼によれば、あるものは質をもつことで有限であるとともに可変的であり、この質はたえず他のものとなりゆくが、こうした直線的な無限進行は、揚棄されることのない悪しき無限または否定的な無限である。時間・空間をこうした無限進行と見るのも、宇宙の根本原因を原因の無限遡及によって捉えようとするのも、真理に対して努力によって無限に接近しようとするのも、反省または悟性によって捉えられた悪無限にすぎない。これに対して、自己意識、概念、絶対者などはおのれの他者のうちに入り込み、他者を操りながら自己を実現する、「他者のうちにあって自分自身に関係する」否定の否定としての弁証法的円環関係をもつが、これが真の無限であり、理性によって初めて捉えられる無限でもあるとされる。

→弁証法
［文献］『ソクラテス以前哲学者断片集』1・2，岩波書店，1996-97；ヘーゲル『小論理学』上，岩波文庫，1978。　　（奥谷浩一）

矛盾　〔英・仏〕contradiction〔独〕Widerspruch
「矛盾はすべての運動と生命性の根本である。或るものは，自己自身の中に矛盾をもつ限りにおいて，自己を運動させ，衝動と活動性をもつ」とヘーゲルが指摘しているように，矛盾概念は，運動・発展の論理としての弁証法にとって核心的な意味をもっている。一般的に規定すれば，対立が，一定の事物や過程における内在的契機の相互前提，相互媒介と相互否定，相互排斥という二つの側面の統一であるのに対して，矛盾は，この二側面のうち，相互否定，相互排斥が基本的な側面をなしているものということができる。その意味では，〈闘争〉という特徴が前面に出てくる対立が矛盾であるといえよう。

　矛盾概念をめぐっては，過去日本でも数度にわたって論争が行われてきた。その場合大きな論点の一つをなしていたのは，上記のような性格をもつ矛盾概念と矛盾律に基づく矛盾概念との関係の問題であった。すなわち，弁証法的矛盾とも呼ばれる運動の原理であり，発展の源泉である矛盾が，矛盾律，すなわちアリストテレスの定式に従えば「同じものが同時に，また同じ関係において，同じものに属しかつ属さないということは不可能である」を犯しているのか否かという問題である。犯していないという立場からすれば，弁証法的矛盾は〈論理的矛盾〉を犯してはいないが，実際の運動の原理として〈現実的な矛盾〉であることになるし，他方，犯すという立場からすれば，弁証法的矛盾は現実的な矛盾であると同時に論理的矛盾でもあることになるのである。あわせて論争過程では，矛盾律は現実のどのような側面を反映したものなのか等の問題が，形式論理学の性格規定，形式論理学と記号論理学ないし数学的論理学との関係，さらに形式論理学と弁証法との関係等を含めて取り上げられてきた。こうした諸問題の引き続いての検討と併せて，矛盾と様々な運動のあり方との関係をめぐった理論的整備も必要となろう。

ムジュン

[文献] 岩崎允胤／宮原将平『科学的認識の理論』大月書店, 1976；牧野広義『弁証法的矛盾の論理構造』文理閣, 1992。

(太田信二)

矛盾概念／反対概念 〔英〕contradictory concept / contrary concept

形式論理学の用語。「白」と「非白」のように互いに他を否定しあいその中間の状態を示す概念が存在しない関係にある概念を矛盾概念という。「有」と「無」,「運動」と「静止」なども矛盾概念である。これに対して,「白」と「黒」のようにある共通の類において互いに両極端にありながら, その中間に「灰色」のような概念が存在する関係にある概念を反対概念という。「大」と「小」,「賢」と「愚」なども反対概念である。

→矛盾, 対立

(中村行秀)

矛盾律 〔英〕principle of contradiction

「矛盾の原理」ともいう。形式論理学の原理の一つで,「A は非 A ではない」とか,「同じものが, 同時に, かつ同じ関係において, ある同じものに属しもし, 属しもしないということは不可能である」(アリストテレス) という形式で表現される。現実的には, 同一の討論や言及の脈絡において, 概念の内容を変えては論理が成立しないことを示している。

→同一律, 排中律, 充足理由の原理

(中村行秀)

無常 (むじょう)〔サ〕anitya

インド哲学, 特に仏教で重要視される術語。常住でないとの意。仏教では,「作られたものは無常である」(諸行無常) は,〈一切皆苦〉,〈諸法無我〉,〈涅槃寂静〉と合わせて, 四法印, つまり仏教の四つの基本命題だとされる。ゴータマ・ブッダは, 人生は苦にほかならないとして四苦八苦と述べたが, 苦は, われわれが無常なものを常住であると錯覚するところに由来すると説き, 寿命のはかないことを強調した。つまり, 仏教の出発点である苦観という瞑想法を補助するものとして無常観が重視されたのである。

ムジョウ

また彼は，人生が無常であるからこそ，寸暇を惜しんで修行に邁進すべきであるとも説いた。このように，無常という概念は，初期の仏教では人生観の枠のなかで捉えられたが，紀元前後に成立した説一切有部という部派仏教の一派は，心は刹那滅であるとする形而上学を樹立した。すなわち，われわれの心は，生じた一瞬後に滅し，滅した一瞬後にまた生ずる，これを繰り返すのだという。しかし，一貫した主体がなければ，因果応報は成り立たず，輪廻の説明がつかない。この疑問に対して，彼らは，後の心は前の心がなした業を継承し，その心の連続体（相続）が，いわゆる輪廻の主体の役割を果たすのだとした。しかし，業（カルマン）が作られるための要件である世界を構成する原子的単位である法は常住だとしたため，他派から無常説に反すると批判された。
［文献］水野弘元『仏教要語の基礎知識』春秋社，1972。
(宮元啓一)

無常観 （むじょうかん）
サンスクリット語の anitya の訳。万物を有為転変から逃れられない，はかない存在と捉えるのが無常観である。仏教の縁起の説によれば，あらゆる存在は他の存在に依存して存在しており，独立に存在しうる固定的実体はない。すべての存在は常に変化し，やがては滅びる（諸行無常）。これは人にとって，死を免れることができないということを意味し，このことが大いなる苦しみである。こうして無常はさしあたり，否定的なものとして受け取られる。しかし，縁起の法は同時に，苦しみの主体たる我が独立の実体ではないことを説く（諸法無我）。我とよべるような確かなものがそもそも存在しないことが悟られれば，同時に我が失われることの恐れ，死への苦しみは乗り越えられる。つまり無常を真理として受け止めることは，苦しみの根源となる我執の滅却を意味し，無常観の体得は，無常に由来するとされた苦しみからの解放に通じる。日本において無常観は以上の説明の前半部分，つまり死すべき有限な存在である我と有為転変を免れない世間のはかなさに対する嘆きというかたちで（無常〈感〉として）情緒的に受け止められ，広まったといわれる。『平家物語』『方丈記』の冒

頭に典型的にみられるように，無常観は日本人の世界観，人生観，美意識に大きな位置を占めることとなった。その中で吉田兼好は『徒然草』において「世は定めなきこそいみじけれ」と書き，存在のはかなさを嘆くのでなく，むしろ美の重要な契機としてはかなさを肯定的に受けとめようとの姿勢を示している。
→縁起
［文献］高崎直道『仏教入門』東京大学出版会，1983；『講座東洋思想9——インド仏教2』岩波書店，1988。　　　（三崎和志）

無神論　〔英〕atheism〔独〕Atheismus〔仏〕athéisme
神の存在を否定する哲学的立場や宗教的立場を指す。端的には有神論と対立する立場であるが，対応する神概念の多義性に応じて，無神論の意味内容も多義的である（一神教的神概念の否定の見解では，仏教や儒教も無神論とされる）。

　広義では，既成宗教（国家宗教や有神論を含む）に対する否定の立場と考えられ，近代以前では，これは非難されるべき見解と見なされた。無神論の烙印は，社会的な差別や断罪の対象となることを意味した。こうした事例はすでにギリシア時代からみることができ，アナクサゴラス（太陽の物質存在の主張）やプロタゴラス（神の存在への懐疑論）やソクラテスは，無神論の容疑で裁判にかけられた。キリスト教成立後においては，無神論はキリスト教の否認の立場として徹底的な社会的断罪の対象となった。

　しかし近代以降になると独自の哲学的見解にたった様々な無神論が展開されるようになる。唯物論的無神論といわれるものには，懐疑論，感覚論，機械論的唯物論，実証主義などがあり，フランス唯物論，自然科学的唯物論などが代表的である。19-20世紀には人間主義的無神論が隆盛になり，これにはマルクス主義的無神論，ニーチェの無神論，ハイデガーやサルトルなどの実存主義的無神論などが挙げられる。なかでも注目されるのは，フォイエルバッハの人間学的無神論である。彼は，神とは人間の類的本質（願望を含む）が対象化されたものであり自己疎外の状態にある，それゆえ神学は人間学に還元されるべきであると主張した。彼の宗教批判はマルクスの社会的経済的政治的批判の無神論や

ニーチェによる「神の死」へと広げられた。20世紀後半以降では，厳密な経験主義，新実証主義，科学主義，客観主義，不可知論などの立場からの超越的な神への明確な否定論や，有神論的宗教による政教一致への反対運動論などとしても展開されている。
→汎神論，有神論，フォイエルバッハ，唯物論
［文献］アンリ・アルヴォン『無神論』（文庫クセジュ）白水社，1970；石塚／河上／柴田編『神の再読・自然の再読――いまなぜフォイエルバッハか』理想社，1995；ドーキンス『神は妄想である』早川書房，2007。
（河上睦子）

無政府主義→アナーキズム

務台理作　（むたい りさく）1890〔明治23〕-1974〔昭和49〕哲学者。京都帝国大学哲学科で西田幾多郎に学び1918年に卒業。22年第三高等学校講師を経て，26年から2年間ドイツに留学しフッサールに現象学を学ぶ。台北大学教授を経て，35-51年，東京文理大学（後の東京教育大学）教授を務め，45-48年同学長。定年後51-61年は慶應義塾大学教授。戦後，教育刷新委員会や大学設置委員会の委員としても活躍し，さらに49年に創設された日本哲学会初代委員長なども歴任した。務台は，戦前には西田哲学の影響下に『ヘーゲル研究』（35），『社会存在論』（39），『場所の論理学』（44）などを著したが，戦後には「ソ連のスパイ」との汚名を着せられた教え子の菅季治の自殺事件を契機として，近代ヒューマニズムとマルクス主義・社会主義の結節を図る『現代のヒューマニズム』（61）思想に到着し，反安保闘争や平和・反核などの実践活動にも積極的に参加した。
［文献］『務台理作著作集』（全9巻）こぶし書房，2000-02。
（吉田傑俊）

無知の知　〔英〕recognition of ignorance
ソクラテスは「彼よりも賢い人間はいない」とのデルポイの神託に困惑したが，知恵で評判の高い人々を遍歴してみて，彼らが，勇気や正義など，人間が生きる上で考えなければならない肝心な

ムハンマ

善美なる事柄について，何も知らないのに知っていると思い込んでいることに気が付く。ソクラテスは，知らない通りに知らないと思うことが人間としての賢さであることを悟り，以後，人々に無知の自覚を促すことを自らの使命とし，これを反駁的な問答法により実践した。一般に，無知の自覚は認知活動において一時的な困惑を引き起こすが，これが逆に知性を刺激して，知らないから知りたいという真剣な探求心を生み出す。
［文献］プラトン『ソクラテスの弁明・クリトン』講談社学術文庫，1998；同『メノン』岩波文庫，1994。　　　　（斉藤和也）

ムハンマド　Muḥammad 570-632

アラビア半島の町マッカで生まれ育った。マッカはアブラハムが立てたと伝えられるカーバ神殿のある聖地であり，毎年アラビアの各地から巡礼が集まる門前町として栄えていた。

　ムハンマドは当時のマッカの名門クライシュ族のハーシム家に生まれたが，生前に父を失い幼時に母も失い，孤児として祖父やおじに育てられた。少年時代から羊飼をするかたわら隊商にも加わり，25歳の頃，商人としての才覚を見出され，富裕な未亡人ハディージャと結婚した。平穏で安定した生活を送るなか，マッカ郊外のヒラー山で瞑想を行っていたが，40歳の頃に，天使ガブリエルから「誦め」との啓示を受ける。以後，啓示は彼が死を迎えるまでの二十数年間にわたって断続的に下されたが，その啓示の総体が聖典クルアーンである。

　預言者の召命を受けたムハンマドが偶像崇拝の否定と社会正義の教えを説き始めると，巡礼によって栄えていたマッカの経済的基盤を脅かされるとの危機感を抱いたクライシュ族の有力者たちは，彼と信徒たちに激しい迫害を加えた。おりからの内戦に悩むマディーナからの招聘に応じ，622年，ムハンマドは70余名の信徒とともに，マッカを棄ててマディーナに移住した。これが聖遷（ヒジュラ）であり，後にイスラーム暦の紀元とされた。その際の契約がマディーナ憲章であり，それに基づいてマディーナには彼を長とする共同体が成立した。マディーナ移住後もマッカのクライシュ族との抗争は続いたが，630年にはマッカを無血征服

した。632年，ムハンマド はマッカに最初で最後の巡礼を行い，マディーナに帰って間もなく没したが，その時には彼の影響力はアラビア半島の全土に及ぶにいたっていた。

　アッラーの使徒としてのムハンマドはムスリムの従うべき模範であり，彼の言行を集めたハディース集はクルアーンに次ぐ第二の聖典の位置を占める。また後期神秘主義の宇宙論の中ではムハンマドは6，7世紀のアラビア半島に生きた歴史的存在にとどまらず，人類の創造に先立って存在し，時空を超えて信徒のアッラーへの執成しの祈願に応える超越的救済者として位置づけられている。
(中田考)

　ムハンマド・アブドゥフ　Muḥammad ʿAbduh 1849-1905
エジプト出身のウラマーで，近代イスラーム世界を代表する思想家。ナイル・デルタの農村に生まれ，アズハル大学に学んだ。在学中，アフガーニーに出会い，その高弟となった。アズハル卒業後，ダール・アル゠ウルーム教官や官報編集長を務めたが，アラービー運動への連座により1882年に国外追放処分を受けた。パリへ移った彼はアフガーニーとともに『固き絆』(1884)を刊行した。88年のエジプト帰国後は，裁判官やアズハル運営機構委員を歴任し，99年に最高ムフティーに就任した。改革的なイスラーム思想を主張し，サラフの時代の純粋なイスラームに回帰するならば，啓示の信仰と人間の理性は調和するとし，イスラームと近代文明は矛盾しないと述べた。
[文献] 小杉泰『イスラームとは何か——その宗教・社会・文化』講談社，1994；飯塚正人『現代イスラーム思想の源流』山川出版社，2008。
(横田貴之)

　室鳩巣　(むろ きゅうそう) 1658〔万治1〕-1734〔享保19〕
江戸時代の儒者。木下順庵の塾に学んだ朱子学者。同門の新井白石の推輓により将軍吉宗に登用されるが，武士階級のあり方には生涯批判的であった。その著作のなかでも，特に『駿台雑話』はエスプリに富み，その独自性を示す。なかでも，「我」の自律性を認めつつ，その良知の作用を事物に即した格物窮理に置く客観

的姿勢が特徴的。また朝鮮征伐を非難，武威・勇力を嘲笑している点も，同門の雨森芳州の朝鮮外交と併せて注目に値する。さらに『不亡鈔』では，人間の貴賤を否定して社会契約説を謳い，また技術者の社会的地位の向上を主張した。
［文献］室鳩巣『駿台雑話』岩波文庫，1936；石川松太郎校注『貝原益軒・室鳩巣集』（世界教育宝典 7）玉川大学出版部，1978。　　　　　　　　　　　　　　　　　　（村瀬裕也）

メ

名家
諸子百家の一つ。活躍当時には「刑(形)名家」または「弁者」と称され,後に「名家」と呼ばれる。「名」と「実」との関係を考察の対象とする学者たちの総称で,鄧析,恵施,公孫竜などが代表的。逆説的な論法で「卵に毛有り」「鶏は三足なり」「馬に卵有り」(恵施),「白馬は馬に非ず」「堅は未だ石とともに堅たらず」(公孫竜)のような一見奇抜な結論を導くので,荀子によって「好んで怪説を治め,琦辞を弄ぶ」と非難されたが,しかし個別と一般,抽象と具体,有限と無限などの関係を問題にした点で論理学史上重要。また後期墨家の論理学・認識論を見る上でも無視できない。 (村瀬裕也)

名辞 〔英〕term
概念が伝達可能になるように言語として表現されたもので,概念の記号のこと。したがって,名辞はいわば「概念の乗物」として,概念そのものとは区別されなければならない(たとえば,「人が生活する建物」にあたる概念を日本語では「家」,英語ではhouseという名辞で表現する)が,概念は言語として表現されるから,名辞は概念と同じ意味で用いられることが多い。また,名辞と文法用語の名詞は区別されねばならない。名辞は名詞だけでなく,形容詞や動詞などでも表現される概念の記号でもあるからである。
→概念 (中村行秀)

明証 〔英〕evidence
判断の真偽が問題になる場合に,その判断の真理性が,主観的にも論理的にも,直接的に確実で疑いえないことであり,直証ともいう。デカルトは,判断が明晰・判明であることが明証の保証で

メイセキ

あると考えている。
→真理　　　　　　　　　　　　　　　　　　　（中村行秀）

　明晰・判明　〔ラ〕clara et distincta〔仏〕clair et distinct〔英〕clear and distinct〔独〕klar und distinkt
デカルトの真理の基準。「われわれがきわめて明晰に判明に理解するところのものはすべて真である」という一般的規則によって，真理を探究できると考えた。われわれが誤るのは，明晰・判明に認識していない事柄にも，判断を先行させてしまうからであり，もしこの規則を守るなら，誤謬に陥ることはないとデカルトは言う。明晰な認知とは，「注意している精神に現前し明示されている認知」であり，判明な認知とは，明晰であることに加え，他のすべてのものから区別されて「明晰なもの以外のなにものも含まない認知」である。明晰に対立する概念は「不明瞭」（obscura）であり，判明のそれは「混乱」（confusa）である。デカルトの明晰・判明は「明証性の規則」とも言われ，直接的な心理的確証を述べたものであり，真理認識の心の作用である直観（intuitio）に依存するが，ライプニッツは論理的な根拠を与えようとした。
→デカルト，観念　　　　　　　　　　　　　　（河野勝彦）

　命題　〔英〕proposition〔独〕Satz
「言明」とほぼ同じ表現である。真か偽かを論ずることのできる認識表現（文）のもつ意味内容を命題という。あるいはその文そのものを命題と同一視するときもある。したがって，「富士山は日本一高い山である」「日本はアフリカに存在する」という命題では，前者が真，後者が偽と確定できる。だから平叙文の場合に命題が成立しうるが，感嘆文，疑問文などは命題とはならない。文から独立した意味内容としての「命題自体」（B. ボルツァーノ）という観念的なものがいかなる意味で存在しうるかは，問題のあるところである。命題に即して展開される記号論理学は，命題論理学といわれる。
→記号論理学，命題関数　　　　　　　　　　　（島崎隆）

命題関数 〔英〕propositional function〔独〕Satzfunktion
数学における変数を含む関数表現と同様に，記号論理学においても，「x は男である」というような形で関数的な表現が用いられる。変項 x に実際の個体が代入されると，全体の値が真か偽かと決まる。命題関数自身は，まだ真偽の確定された命題ではない。たとえば，変項 x に「太郎」が代入されると真なる命題となり，「花子」が代入されると偽なる命題となる。こうして記号論理学は，判断のあり方や真偽の問題を関数的に捉えようとする。
→記号論理学，命題 (島崎隆)

命題論理学 〔英〕propositional logic〔独〕Satzlogik
「言明論理学」ともいわれる。真か偽の値をもつ命題間の論理的規則性を追究する形式論理学であり，記号論理学の第一の部門。命題変項として $p, q, r\cdots$ を選び，論理定項には通例，「～（否定，でない）」「∨（選言，または）」「∧（連言，および）」「⊃（内含・含意，ならば）」「≡（等値・同値）」がある（記号表現はひとによって異なる場合がある）。これら論理定項の規則は，真理値表によって定義される。こうして要素命題のそれぞれの真偽の値が決定されれば，どんな複合的な論理式であってもその全体の値は決定される。その場合，式はつねに真（トートロジー），真・偽いずれの場合もあるか（経験命題），つねに偽か（矛盾命題）となる。命題論理学の大きな課題はトートロジーの式をできる限り発見することである。この論理学はホワイトヘッド／ラッセル『プリンキピア・マテマティカ』とヒルベルト／アッケルマンによってはじめて体系化された。つまり基本記号を確定し，四つの公理を選び，変形規則を定めれば，残りのすべてのトートロジーが厳密な論理的変形によって定理として導出される（ラッセル＝ヒルベルト系）。この公理系では，すべてのトートロジーの範囲と定理の範囲が同じであり（完全性），体系的に整合であり（無矛盾性），有限回の操作で定理を証明できる（決定可能性）。
→記号論理学，述語論理学
［文献］ヒルベルト／アッケルマン『記号論理学の基礎』大阪教育図書，1974：坂本百大／酒井秀寿『現代論理学〔新版〕』東海

メイロク

大学出版会，1971。　　　　　　　　　　　　　　　（島崎隆）

明六社　（めいろくしゃ）

1873（明治6）年に結成された日本の啓蒙思想の運動母体となった団体。結社の主旨は，会員の一人西村茂樹によれば「卓識高論ヲ以テ，愚蒙ノ眼ヲ覚シ，天下ノ模範ヲ立テ（ル）」（『明六雑誌』第一号）ことにあった。創立時の会員は，発起者の森有礼のほか津田真道，西周，加藤弘之，福澤諭吉など十名であった。彼らはいずれも，儒教的教養の上に英・独・仏学などを修め西欧留学の経験をもつエリート洋学者であり，維新後は福澤と箕作以外は新政府に出仕していた。明六社は月二回の定例集会をもち，後にこれは公開の演説会となった。また，『明六雑誌』を1874（明治7）年3月から毎月2号または3号，43号まで刊行し，毎号三千部程度販売された。

西欧近代思想の導入を元にした『明六雑誌』の諸論考は，哲学・思想・宗教論から政治・法律・経済論，国語や婦人論まで文明開化の万端に及び，一般民衆や後の自由民権運動へ大きな影響を与えた。しかし，この運動は全体としては新政府の「富国強兵・殖産興業」策を基本的に容認し，その方向に国民を育成するものであった。それは，『明六雑誌』での「学者職分論」や「民選議院設立」をめぐる論争にみられる。前者では，学者の「官」からの「私立」論に，「官民一体論」に立った多くが反対し，後者は，時期尚早論や愚民論において否定された。だが，明六社は，自由民権運動の高揚の弾圧のために制定された言論弾圧法「讒謗律」や「新聞紙条例」（1875）のもとに自ら解散した。明六社は一般に，絶対主義に抗した西欧啓蒙主義に対し，絶対主義に向かって展開した日本の啓蒙主義の限界性を示す。

［文献］『明六雑誌』上・中・下，岩波文庫，1999-2009；大久保利謙『明六社』講談社学術文庫，2007。　　　　（吉田傑俊）

メタ言語 → 対象言語とメタ言語

メタファー → 比喩

メタ倫理学 〔英〕metaethics
分析哲学における倫理学であり，言語分析を道徳に適用したもの。「メタ」は理論的に一段高い次元を指す。従来の倫理学が善や義務の内容を直接に扱うのに対して，メタ倫理学はそれらの内容を度外視し，それらについての言明の論理的形式を価値中立的に分析する。

メタ倫理学にはいくつかの潮流がある。①価値判断（評価）を事実判断（認識）に還元できると見なす立場は自然主義と呼ばれる。②メタ倫理学の先駆者の G. E. ムーアは，自然的性質から良さ（善）を導出することを「自然主義的誤謬」と批判し，良さは独特の直観によって把握される非自然的性質であると見なした（直観主義）。①と②は，評価が自然的あるいは非自然的性質の認識に由来すると見なすので，「認知主義」（cognitivism）に分類される。「非認知主義」としては，③価値言語（道徳の言語を含む）は個人の情動（情緒）の表明であるという A. J. エイヤーの説がある。スティーヴンソンは極端な「情動主義」（emotivism）を緩和して，価値言語は個人の態度を他人に推奨するものであると見なす。④ヘアは，価値言語は記述的意味と評価的意味をもつが，基本的なのは後者であると主張する。彼によると，命令文に示される義務や当為は指令的・指図的（prescriptiv）意味を中核とする。価値言語の評価の部分も記述的部分と同様に論理的分析が可能であり，普遍的性格をもつ。ヘアはのちに，カントがいう普遍妥当性を念頭におき，道徳的判断について「普遍化可能性」という概念を導入する。同様の状態において誰にも妥当するような判断を彼は求める。
［文献］フランケナ『倫理学』培風館，1975；岩崎武雄『現代英米哲学入門』講談社学術文庫，1976。　　　　　　（高田純）

メディア

メディア 〔英〕media

何らかの情報を伝達するために二者間を介在するもの。ラテン語 medium の複数形から来ており，中世においては広義に「性質や程度の中間にあるもの」を意味していた。マクルーハンは技術の観点からメディア史を話し言葉，文字，電気技術の三時代に区分し，それらの時代区分に属するメディアは，それぞれに人間の特有の能力を拡張するものであると考えた。彼はメディアそれ自体もまたメッセージをもつとして「メディアはメッセージである」と主張した。またオングは，文字以前の文化を「一次的な声の文化」と呼び，記号化された言葉がその場における対話から切り離された内省的な思考を促すのに対し，人間の共同性を強めるものであったとした上で，電子的メディアが内省的な文字の文化を踏まえた新たな声の文化をもたらすと考えた。電気技術が話し言葉時代の部族的共同体を地球規模にまで拡大する（グローバル・ヴィレッジ）と考えたマクルーハンと同じく，電子的メディアが再び人間の共同性を可能にするというオングの期待には一面的であることへの批判もある。また現代の情報技術を過度に特権化することは，メディアが人間の歴史とともにつねに在り続けたという事実を覆い隠してしまう危険性がある。マクルーハン以外の重要な議論として，ベンヤミンは，「人間の知覚が形成される方式」として知覚のメディアを定義し，それが自然的制約だけではなく歴史的制約も受けるとした上で，現代における知覚メディアの変化を複製技術によってアウラが消滅することの結果であると考えた。またパーソンズは，AGIL の四機能図式に基づき，それぞれの間を媒介する交換のシンボリック・メディア（貨幣，政治的権力，影響力，価値コミットメント）が発達するとした。さらにマスメディアの観点からすると，インターネット以来の情報技術の発達は，少数の特権的発信者から大衆へという一方的な情報の流れを独占していた既存のメディア権力に対抗し，諸個人が世界に向けて情報を発信し，連帯することへの可能性ももたらした。ただしこれがグローバルな民主主義を生み出すかどうかについては慎重な検討が必要であろう。
→コミュニケーション

[文献] オング『声の文化と文字の文化』藤原書店, 1991；ベンヤミン『複製技術時代の芸術』晶文社, 1999；マクルーハン『メディア論――人間の拡張の諸相』, みすず書房, 1987；パーソンズ『政治と社会構造』上, 誠信書房, 1973。　　　（吉田健彦）

　メーヌ・ド・ビラン　François-Pierre Gontier Maine de Biran 1766-1824
仏南西ベルジュラックに医師の息子として生まれ, 青年期よりパリに出てフランス革命後の政界において穏健な立憲君主制の立場で生涯活動する一方, 哲学者としては, 1801年にフランス学士院課題「習慣が人間の精神に及ぼす影響」に関する受賞論文『習慣論』を出版して注目され, デステュット・ド・トラシやカバニスなどのイデオローグと交わることになるが, 独自の内的な意志の哲学を展開した。「私は考える, ゆえに私はある」というデカルトとは違って, 「私は意志する, ゆえに私はある」というのがビランの立場で, 身体運動の際に感じられる「意志的な努力」の感覚によって自我とそれに抵抗する身体の存在が確証され, さらに身体運動に対する抵抗によって外的物体の存在も確証されるとする。ビランは, 原因, 実体などの概念（カテゴリー）の起源を自我の内的努力の内奥感に見る。
[文献] 北明子『メーヌ・ド・ビランの世界』勁草書房, 1997。
　　　　　　　　　　　　　　　　　　　　　（河野勝彦）

　メランヒトン　Philipp Melanchthon 1497-1560
ドイツの人文主義的宗教改革者。本名は Schwarzerd（黒い大地）であったが, そのギリシア語訳メランヒトンを自称したほどに, ギリシア的な論理の明断性を愛した。大伯父ロイヒリンにギリシア語を習い, ヴィッテンベルク大学のギリシア語教師となった。そこでルターの宗教改革に触れ, 自らも改革者になり, ルターに認められた。体系的・理性的なメランヒトンは, ルターの思想を体系的に展開する役割を担い, プロテスタント最初の体系的教義学書『ロキ・コンムーネス（神学要覧）』（1521）や,『アウグスブルク信仰告白書弁明』（1530）を書いた。しかし, 義認会と行

為に関して協調的になり,「フィリップ派」を生み出した。彼の解釈はルター派の正統理論となった。
[文献] マルティン・H・ユング『メランヒトンとその時代——ドイツの教師の生涯』知泉書館, 2012。　　　　　　　　(高尾利数)

メリエ　Jean Meslier 1664-1729
フランスの司祭, 思想家。20歳でランスの神学校に入学。卒業後アルデンヌの片田舎, エトレピニーとヴァレーブの司祭となり, 生涯を同地で過ごす。死後に発見された『覚え書』と題された遺著でメリエは旧体制下の社会的不平等や支配者の圧政を告発して民衆にその打倒を呼びかけ, その精神的支柱であったキリスト教を批判し, これに無神論, 唯物論を対置し, その急進的な思想はドルバックなどの宗教批判や唯物論の素地ともなった。メリエは無神論を体系的に, デカルト派の自然学を基礎とした唯物論と結合させて展開したが, その『覚え書』は無神論と唯物論の論理的な結合を歴史的に明示した最初のテキストとなった。
[文献]『ジャン・メリエ遺言書』法政大学出版局, 2006。
　　　　　　　　　　　　　　　　　　　　　　(石川光一)

メルロ＝ポンティ　Maurice Merleau-Ponty 1908-1961
フランスの現象学哲学者。パリ大学やコレージュ・ド・フランスの教授を務め, 現代フランスにおける現象学運動の指導的理論家として活躍したが, 53歳で急逝した。

メルロ＝ポンティの現象学は, ベルクソンの生の哲学やハイデガーの解釈学的現象学などを土台とし, 生理学・心理学・言語学・文化人類学等の経験諸科学の成果をも取り入れつつ, 後期フッサールの生活世界の現象学を個性的に展開したものということができる。しかし彼にあっては, フッサールが掲げた普遍的で理性的な厳密学の樹立は断念されており, 哲学体系ではなく, つねに人間の原初的経験を問い直すための哲学的方法としての現象学が標榜された。『行動の構造』(1942) や『知覚の現象学』(1945) では, 世界の中にあって身体をもつ人間存在が, 科学による世界の説明に先立っていかに具体的な根源的経験を所有して

いるか，従来の哲学説や実証的科学が知覚経験や身体行為をいかに歪めて理解しているか，を綿密に論述している．経験論による原子論的説明や科学による計量的・因果的な概念規定に抗して，彼は，知覚や実存的身体に内在する個性的人間的な意味や文化的な特性を擁護しようとし，後期フッサールの現象主義・体験主義の方向への純化を図った．知覚や言語，文化や歴史のうちに孕まれる意味の解読は彼の一貫したモチーフであったが，中期以降はさらに，人間と世界との関係のうちに見出されるシンボル構造の探究，身体と自然，ロゴスと自然の関係を問う新しい存在論の追求へと進んだ．

他方メルロ＝ポンティは，サルトルとともに雑誌『現代』（*Les Temps modernes*）を主宰し，実存主義の立場から社会的思想的発言を続けた．『意味と無意味』（1948）において，マルクス主義の哲学的意義を問い，科学主義や経済決定論に支配されず，歴史のうちにあって未来の前に立っている人々の創造的な営為を理論化する，主体的なマルクス主義の必要性を主張した．52年には，哲学的政治的立場の違いからサルトルと決裂して『現代』誌を去り，『弁証法の冒険』（1955）では，ルカーチに代表される西欧マルクス主義を再評価して，ソ連型マルクス主義を厳しく批判するとともに，非共産主義的左翼の政治的立場を提唱するに至った．

→実存主義，マルクス主義

［文献］メルロ＝ポンティ『知覚の現象学』（全2冊）みすず書房 1967-74；同『意味と無意味』みすず書房，1983；同『弁証法の冒険』みすず書房，1972． （種村完司）

モ

モア Sir Thomas More 1478-1535

ルネサンスを代表するイギリスのヒューマニスト。ラテン語で書かれた理想世界『ユートピア』(1516)の著者。オックスフォード大学に学び,人文主義を先鋭に標榜するエラスムスに若くから接して宗教と世俗の中庸を行く人文主義の見識を広めた。後にヘンリー8世に重用され大法官となるも,主君の離婚問題に際してカトリックの立場を守り辞職。しかし反逆罪に問われロンドン塔幽閉後,処刑された。ヨーロッパ全土を席巻していたルネサンスと宗教改革の最中にあって彼の死はヒューマニストとキリスト教徒の双方にとって衝撃となった。政治と宗教との懸案を負わされた人生であったが,『ユートピア』に溌剌とした思想が結実している。その内容は当時のイギリスの社会批判を下敷きにした農業労働を中心とした協同社会を理想政体として構想し,ユートピアとその住民を理想体として現実世界を汚濁の反ユートピアとして浮かび上がらせた。ここでは奴隷制や戦争行為の容認など時代的制約を残すものの,ユートピア人にことよせて宗教的自由と寛容を積極的に説き,物欲に支配されない学問探求の知的生活を魅力溢れる筆致で描いている。こうした系譜は同国人スウィフトやマンデヴィルの社会風刺へと受け継がれた。

[文献] モア『ユートピア〔改版〕』中公文庫,1993。

(鯨岡勝成)

孟子 (もうし) Mèngzǐ 前372頃-前289頃

名・軻。戦国時代の儒家思想家。幼少時代に関して,「孟母三遷」や「孟母断機」など,教育熱心な母親にまつわる逸話は有名。学問が成就した後は徳治政治の理想を掲げて諸国を遊説した。その学説の基本は,子思派の天人合一説を継承,これを哲学的に洗練したところにある。すなわち,孔子が稀にしか語らなかった

「天」と「性」の観念を復活，「性」を天与のものとして「性善説」を提唱，これを「四端説」によって論証した。その趣旨は，人間には惻隠・羞悪・辞譲・是非の四つの感情が先天的に具わっており，これに「拡充」を加えることによって仁・義・礼・智の徳が完成する，というものである。要するに道徳に関する一種の自然法的見地と言うべきであろう。政治論の上では，「王道」と「覇道」とを峻別，「人に忍びざるの心」による「人に忍びざるの政」としての「王道」を掲げる一方，「心を労する者」（精神労働に従う者）と「力を労する者」（肉体労働に従う者）との階級的差別を強調，前者にる後者への階級支配を合理化した。その学説の観念論的性格のゆえに長く封建的支配哲学としての地位を誇ったが，しかし「人を殺すことを嗜む者」は為政者の資格を欠くとして平和統治の理想を訴えるなど，大思想家の見識を発揮した側面も少なくない。

［文献］『孟子』（全 2 冊）岩波文庫，1968・72；重沢俊郎『原始儒家思想と経学』岩波書店，1949。　　　　　　　　（村瀬裕也）

毛沢東　（もう たくとう）Máo Zédōng 1893〔光緒 19〕-1976〔民国 65〕

中華人民共和国を建国した革命家。湖南省の農家に出生。学生時代，修身の教師楊昌済の影響を受け，宇宙の真理を摑みたいと熱望。パウルゼンの『倫理学原理』を批判的に検討し，意志の力に注目。卒業後，省自治運動に参加したが，根本的解決の道は社会主義しかないと悟り，中国共産党の創立に参加。農民の力量に目覚め，「鉄砲から政権が生まれる」と確信。農民軍を率いて根拠地を作り，遊撃戦法を駆使して国民党軍と戦い，「農村から都市を包囲する」人民戦争理論を編み出した。1934 年，国民党軍の包囲攻撃に敗れ，満一年あまりの「長征」の末，陳西省延安に到着。その途上，抗日民族統一戦線を呼びかけ，党内の指導権を確立。延安でマルクス＝レーニン主義の唯一正統な解釈権の持ち主としての威信を高めるため，レーニン的段階の哲学を，ソ連のミーチンなどの本から猛勉強し，抗日軍政大学で講義。その一部が，『実践論』と『矛盾論』である。二冊ともかなりの修正の上，

モクテキ

1950年代の初めに一般に公開。プロレタリアートの世界観による思想改造のため,全国的学習運動が組織された。1950年代末の「思惟と存在の同一性」論争や,1964年に始まった「一が分かれて二になるか,二が合して一になるか」の論争は,上の二冊の解釈をめぐる論争である。前者の論争の結果,主意主義の側が勝利した。1966年,毛沢東は文化大革命を発動し,中国人民に彼の死去までの10年間にわたる大災厄をもたらした。
［文献］スチュアート・R・シュラム『毛沢東の思想——〜一九四九年／一九四九〜七六年』蒼蒼社,1989；ジョナサン・スペンス『毛沢東』（ペンギン評伝双書）岩波書店,2002。

(後藤延子)

目的合理性 →合理性

目的の国 〔独〕Reich der Zwecke
カント道徳哲学の用語。カントによれば人間には感性的客観的な感性界と理性的精神の領域である叡智界とがあり,人間は両方の世界の住人である。「目的の国」は『道徳形而上学の基礎づけ』で用いられた言葉であり,そこでは自己の自律によって行われた行為が普遍的立法に合致することが求められ,同時に各人が相互に目的として尊重されることが前提となる。したがって「目的の国」は人間相互の理性的な道徳的関係,相互承認関係を示した比喩的な表現である。「目的の国」において人間は絶対的価値をもつものと見なされ,尊厳の主体として評価される。道徳性を備えた人間が尊厳をもつ存在として見られなければならないとするこの思想は今日再び焦点的な課題となっている。 (太田直道)

目的論 〔英〕teleology〔独〕Teleologie〔仏〕téléologie
世界の秩序に対する根本的な見方の一つで,機械論に対立する。機械論は物事の秩序が原因と結果,作用と効果の働きによると考えるのに対し,目的論は世界の根底にはある一つの目的,目標,究極的なものが存在し,秩序を与えていると考え,万物はそれに向かって動いていると理解する。人間の行為,行動,営為は意識

的であり、目的を有し、それに導かれるが、それを自然や世界全体に押し拡げ、その営みが究極目的によって貫かれていると考えるのが目的論の特徴である。哲学的目的論を最初に確立したのはアリストテレスである。彼は事物の原因に四つの種類（質料因、形相因、作用因、目的因）を挙げ、この最後のものを一番根本的とした。また運動論において、万物の生成をエネルゲイア（現実態）に向かうものとし（したがって一定の目的性をもつ）、さらにエンテレケイア（目的が実現された状態）によって導かれなければならないと主張したが、そこには目的論が明瞭に主張されている。さらに彼は、万物の究極目的として「不動の動者」（神）を考え、自らは不動でありながら世界の一切がそれに向かって運動するところのものがそれだと説いた。

　近世の自然科学と合理的思考の芽生えとともに、アリストテレスの目的論は激しい攻撃の的となった。ガリレオ、デカルト、ベーコンたちは実証と因果的説明を重視し、目的論を学問の進歩を妨げる考え方として退けた。彼ら以降、事実と必然性が近代的世界観の説明原理となった。実証科学は事象関係の記述のみを妥当なものとし、一切の目的論的説明を拒否する。一切を機械的な運動によって説明しようとしたホッブズやフランス唯物論はこの考え方を極端にまで進めたケースといえる。他方で、近代においても目的論の意味を考えた思想家たちがいる。ライプニッツは最善説を唱え、自然世界における目的論的原理を擁護した。カントは目的論の新たな定位を試み、統制的原理という説明方式（あるものが究極的原理によって導かれるという考え方）を導入し、自然界の運動に「目的なき合目的性」が見られることを主張し、さらに世界の根底に究極目的の存在を想定することを要請した。ヘーゲルは世界の運動が目的論によってではなく、弁証法的運動法則に従っていることを主張したが、運動の根源には精神的・論理的な原理が働いており、この原理は自由の自己実現に向かうことを認めたという意味で、目的論への傾斜を伴っている。現代の科学思想においても、有機的な世界観や進化論的な生物学の中に目的論の復活が見られる。また環境倫理において生態系の合目的性や生命の尊厳が主張され、目的論が新たな脚光を浴びている。

モクテキ

[文献] アリストテレス『自然学』(全集 3) 岩波書店, 1968 ; K. Düsing, *Die Teleologie in Kants Weltbegriff*, KSEH, Bouvier, 1968.
(太田直道)

目的論的証明→神の存在証明

模写説→反映論

モース　Marcel Mauss 1872-1950
フランスの社会学者・人類学者。デュルケム社会学の主要後継者の一人として, その集合表象論を人類学方面へ継承・発展させるなかで,「社会的事実」に対する個人主義的・功利的な説明を排し,「社会的事実」を文化的総体において捉えることを主張した。代表的著作である『贈与論』で, 功利的動機に基づく経済現象として説明されてきた財の交換が, 実は相互の贈与を義務とする道徳的規範に基づく社会的互酬行為であることを解明した。ここに, 法・道徳・経済・宗教など諸領域に分割できない文化総体的な現象として「社会的事実」を捉える,「全体的社会的事実」(faits sociaux totaux) の概念が確立した。この概念は, レヴィ=ストロースの構造人類学へ大きな影響を与えた。
[文献] モース『贈与論』ちくま学芸文庫, 2009 ; 同『社会学と人類学』1・2, 弘文堂, 1973・76。
(景井充)

モダニズム　〔英〕modernism〔独〕Modernismus(ラテン語の modo (今, 今すぐ) から)
1880 年から 1945/50 年の間に, ヨーロッパ, 南北アメリカで, 前進的で自ら近代的だと称していた美学的潮流の総称である。その中には, 印象主義, 象徴主義, 自然主義, 表現主義, 未来主義, 構成主義, 超現実主義といった互いにひどく異なる様々な運動がある。より広範には, この概念は, 芸術の枠を超えて, 1850 年から 1970 年の間の工業化社会のなかでの社会・文化的な時代状況を特徴づけるものとしても使われた。

　近代 (モダン, モデルネ) という観念の根底には, ある一つの

歴史意識がある。この観念はすでに古代から中世に移行する際にも見られたものであって，新たなものを古いものあるいは古びたものから際立たせようとして使われた。美学的な概念として「近代」というものが形成されるに至った決定的な一歩は，フランスでの「新旧論争（古代派・近代派論争）」（Querelle des anciens et des modernes）によって踏み出された。そこでは，当時の同時代芸術が古代の模範に匹敵するものかどうかが争われた。この論争は，当初はフランスだけのものであったが，他のヨーロッパ芸術にまで広がった。この議論の重要な成果は，そのモデルが，直線的に上昇する歴史の流れのモデルを近代の主動因として，初めて輪郭づけたということにある。進歩の観念が啓蒙運動のなかで普遍的な歴史概念の特徴として作り上げられ，そのなかで，芸術には人間形成的な機能があるがゆえに，「人間の美的教育」（シラー）において特別な位置をもつことになった。個人化と大衆化と並んで，伝統の断絶，宗教的救済信仰の喪失が，合理化と工業化によって「脱魔術化された世界」（M. ウェーバー）の構成物となった。とはいえ，近代社会は，加速度的な発展に巻き込まれるだけでなかった。それは，一方では，人間の自己実現を可能にする解放的性格をもつが，他方では，個々人を疎外する歴史的関係が破壊的性格をもつということとの緊張関係のなかで，絶えず，反省と批判にさらされることになった。

　近代的なものが様々に分化していく過程のなかで，（文学を含めて）芸術は，固有の領域を形成するに至った。芸術の自律性は，かつて I. カントが要請した芸術作品の目的自由な性格に基づいており，芸術的制作過程が経済や政治圧力から独立しているがゆえに可能になるものである。芸術家に綱領のように求められる「無条件に近代的であるべきだ（il faut absolument étre moderne）」（A. ランボー）ということの中には，古典主義的な伝統への拒絶が含まれており，美は，醜や人工的なものによって，美学的な価値の中心的な位置から押しのけられてしまった。ボードレールや「呪われた詩人」は印象主義者たちと並んで，近代の経験の矛盾的性格に反抗したから，様々な理論が相互に競合して現れた。技術革新と美的形式への集中によって，モダニズ

ムのなかで提起された「抽象への道」(W. カンディンスキー) が際立ち，芸術的な主観性が重視されるようになった。現実の複合的な姿はもはや，全体的なつながりによって生き生きと有機的に示されることはなくなっており，その結果，芸術は主観的な知覚形式と，夢の無意識なものや「無意識の流れ (stream of consciousness)」(J. ジョイス) といった人間の内面生活過程に集中していくことになった。しかしながら，ブルジョア的芸術のあり方を乗り越えようとするアヴァンギャルドの政治的衝動が，モダニズムの運動全体に内在しているというわけではない。それゆえ，アヴァンギャルドとモダニズムという二つの観念は，交錯しているとはいえ，相互に区別されうる。

1945 年以降，第二次世界大戦とナチスの絶滅収容所という経験によって，進歩の観念には疑問が投げかけられた。そのうえ，モダニズムは，革新を続けなければという強迫にすでに飽き飽きしているので，大衆文化の発展や新たなメディアもまた終焉に追いやられた。モダニズムは，今や過去の歴史的現象のように回顧的に見える。モダニズムの観念の強調は，神話と近代的なものが交錯しているのではないかという疑問を引き起こしている。

(ホルガー・ブローム／佐藤和夫)

モッラー・サドラー 〔ア〕Ṣadr al-Dīn Muḥammad ibn Ibrāhīm al-Shirazī Mullā Ṣadrā 1571-1640

サファヴィー朝イランで活躍したシーア派を代表する哲学者。イブン＝スィーナー，スフラワルディー，イブン＝アラビーらの思想を統合した「超越哲学」を構想し，それを大著『知性的な四つの旅』の中で展開した。その根源には，純粋存在である絶対者が自己を様々に限定して顕現したものが世界であるとする存在直観がある。彼はまたクルアーンやシーア派ハディースに対する註釈書も著しており，宗教的真理と哲学的真理の一致を目指した。その影響は 19 世紀のサブザヴァーリーを経て，今日のイランにまで及んでいる。

[文献] モッラー・サドラー『存在認識の道——存在と本質について』岩波書店，1978。

(小林春夫)

本居宣長　（もとおり のりなが）1730〔享保15〕-1801〔享和1〕

江戸の代表的国学者で国学の大成者。歌学や物語（『源氏物語』）論から出発し、「もののあはれ」概念を構築し、儒教・仏教など「唐心」に対する「大和心」を定式化した。後半生は『古事記』の膨大な実証的研究『古事記伝』を完成させ、神道思想に新しい礎石を据えた。「もののあはれ」論では江戸後期の町人層の非体制的な意識が反映されている反面、彼は神国尊王思想の提唱者でもあった。伊勢松坂に木綿商人の家に生まれ、23歳から5年間京都に遊学し、医学・漢学を学んだ。この間、堀景山から荻生徂徠らの儒学の古文辞学や契沖の古典研究の実証学的方法を学んだ。松坂に帰り小児科医を開業するかたわら、門人に『古今集』『源氏物語』などを講義した。34歳のとき「松阪の一夜」で知られる賀茂真淵との出会い後、『古事記』の研究に没頭し35年の歳月をかけて『古事記伝』全44巻を完成した。

宣長は、晩年の著作『宇比山踏』(1798)で学問の例として「歌の学」と「道の学」を挙げるが、彼の学問はまさにその方向を歩んだ。最初の著作である歌論『排蘆小船』(1756)は、歌を「ただ心の動くところ」にしたがって詠むこととし、源氏物語を論じた『紫文要領』(1763)では、「もののあはれ」を何事にしろ「感ずべきことに出会って感ず」ることとした。それは、歌や物語が「儒仏の道」のような「勧善懲悪」に関わらず「人情」に適うことを意味した。『古事記伝』ではこの観点がさらに飛躍され、『古事記』は「その意も事も言も相称で、皆上ツ代の実なり」として、ここに書かれたもの（言）は古代人のこころ（意）を表す限り事実（事）であり、すべて真実（実）とした。これにより、「天地の道理」は万物が「産霊」の神によって生じたものであり、「皇国の神の道」は皇祖神が創始し維持してきた道であり、「下なるもの」はただ「上の命」に従うことが「道」とされた（『直毘霊』）。概して、宣長の「もののあはれ」的人間は、「主情的」「受動的」かつ「非政治的」である点で儒教的封建道徳を「空洞化」する側面をもったが、すべての社会事象を「神の御所為」とする点で基本的に体制「服従的」とされる。

モナドロ

→国学,大和心
［文献］『本居宣長全集』（全20巻 別巻3）筑摩書房, 1968-93；村岡典嗣『本居宣長〔増補〕』1・2（東洋文庫）平凡社, 2006；丸山眞男『日本政治思想史研究』東京大学出版会, 1952。

(吉田傑俊)

モナド論 〔仏〕monadologie
広義には自足的実在単位としての不可分のモナド（単子とも訳される）を中心とした形而上学説を指すが,狭義にはライプニッツの形而上学説もしくはその主要著作としての『モナドロジー』(1714)を指す。ライプニッツにとってモナドは実在の究極単位であるが,それは物理的な原子とは異なり質的な多様性をもち,宇宙全体をそれ自身の内に映し込んでいる表象と,その表象の変化の原理である欲求とを本質的契機としている。「モナドには窓がない」という有名な句は,各モナドがそれ自身の内からの自律的な原理によって生成変化していくことを述べたものであって,モナド相互の実在的な関係性を否定したものではない。その意味において,モナド論は予定調和説とともに理解されなければならない。
→ライプニッツ,予定調和説
［文献］ライプニッツ『モナドロジー』（著作集9）工作舎, 1989。

(佐々木能章)

物→物体

物自体 〔独〕Ding an sich〔英〕thing in itself
カントは,認識主体としてのわれわれから独立に存在する客観的実在を物自体と呼ぶ。彼は,われわれの理論的認識の範囲を感性的直観と悟性的カテゴリーの結合によって与えられる経験的対象すなわち現象界に限定し,悟性のみに基づく概念的認識という意味での知的直観の存在を否定した。しかしこのことは,彼にとって,決して客観的実在としての世界全体が単なる現象の総体に還元できるということを意味しない。感性的直観の形式としての時

間,空間は,あくまで認識主体としてのわれわれの側の超越論的条件であって,客観的実在そのものとしての物自体の性質ではないと彼は考える。彼が,時空的な現象の経験的実在性を主張する一方で,その超越論的観念性(transzendentale Idealität)を強調しているのも,このためである。

『純粋理性批判』の超越論的弁証論に見られるように,常に世界全体についての絶対的総体性という理念を求めてやまないわれわれの理性は,その本性からして自足的な現象的世界という概念と矛盾するというのはカントの理論哲学,実践哲学を貫く基本的立場である。しかしそのなかでもわれわれが,自己完結的な世界としての現象界にとどまりえない存在者であることを最も明白に示しているのは,実践的な場面において,道徳的な実践主体としてのわれわれが,現象界におけるあらゆる出来事を支配する自然必然性に拘束されることなく,道徳法則のみに基づいて自律的に自らの意志を規定する能力としての実践理性を有するという事実である。現象と区別された物自体という概念は,彼のことばを借りれば「感性の不遜を制限するための限界概念(Grenzbegriff)」として,このような現象界の法則を越えた実践的主体に実在的根拠を与えるものとされる。

［文献］カント『純粋理性批判』上・中・下,岩波文庫,1961-62;H. ハイムゼート『魂・世界および神――カント『純粋理性批判』註解』I・II. 晃洋書房,1996・99。　　　　　（石井潔）

模倣→ミメーシス

モメント→契機

モラリスト 〔仏〕moraliste〔英〕moralist
人間の習俗(モラル)および一般に人間の本性や条件に関して考察する者,の意味。体系的理論的というより,直観的に,または折りに触れての随想として思索し,警句や格言などの文芸手法を巧みに使って表現する者が多い。古代のプルタルコスに先駆を求めることもできるが,近世のフランスで確立したものであり,代

モラルセ

表者としてはモンテーニュ，パスカル，ラ・ロシュフコー，ラ・ブリュイエール，ヴォーヴナルグなどが挙げられ，現代ではアランなども加えられよう。日本のものでは三木清の『人生論ノート』(1947) などがモラリスト的な著作と言える。優れたモラリストは，体系性や理論性の欠如を文飾で覆い隠すのでなく，理論や体系を硬直させない柔軟な知性で，具体的な問題や感情に即して，自分自身の直観と思想を提示し，読者をも自ら考えさせることに誘う。
［文献］竹田篤司『モラリスト——生き続ける人間学』中公新書, 1978。
(仲島陽一)

モラル・センス 〔英〕moral sense

18世紀イギリスの道徳哲学者たち，特にシャフツベリとハチスンによって唱えられた，道徳的な善悪を感覚的，直感的に判断できる能力。美的感覚の場合，あるものが美しいと感じられるのは，そのものの中に部分と全体との調和があるからである。同じように，ある行為が善いと感じられるのは，その行為が社会と個人の関係に調和をもたらしたときである。だから人間は，公共善を指し示す感覚に基づき，他者との共同関係を形成する行為ができると彼らは説いた。また，行為の動機と手段の関係からすると，行為の動機を与えるのが道徳感覚であり，手段の合理性に関わるのが理性的論証であるとして，理性に対する感覚の優位を主張した（ハチスン）。ただし，功利主義者からは，道徳感覚は主観的に過ぎると批判された。道徳感覚論は，ヒュームとアダム・スミスの道徳感情（moral sentiments）論に受け継がれた。後者の特徴は，共感が，行為の評価に際して，その行為が満足を与えるかどうかではなく，その行為を観察する人が共感するかどうかに基準を移し，それによって，知性との共同も含めて感性の評価に客観性を与えようとしたことである。イギリス道徳哲学のこうした伝統は，道徳に関するそれまでの宗教的権威からの説明を排除するとともに，デカルト主義とは異なり，感性をも含めて人間を全体的に把握する視点を与えた。
→シャフツベリ，ハチスン，スミス
(福山隆夫)

モリス　Charles William Morris 1901-1978

アメリカの哲学者。シカゴ大学で社会学者ミードに学んだが，ナチスの迫害を逃れてアメリカに移住したウィーン学団の論理実証主義の影響を受けて，論理実証主義とプラグマティズムを結びつける新しい記号論を主唱した。モリスは，記号論を，記号の意味の研究である意味論，記号と記号の関係の構文論，そして「記号が解釈者に対してもつ関係の研究」である語用論に分けたが，これはその後の言語哲学に引き継がれている。また，彼は記号論の他に，広く人間の生き方，価値，芸術に対しても関心をもち，記号論，価値論，美学，行動論の関連について解明を試みている。
→記号論
［文献］モリス『記号と言語と行動』三省堂，1960。（中村行秀）

モリス　William Morris 1834-1896

イギリスの工芸家，詩人，社会主義思想家。工芸家としては，ラファエル前派の影響を受け，バーン・ジョーンズらとともに，デザイン，建築，詩作などの分野で多彩な活動を繰り広げた。Lesser art の価値を唱え，アーツ・アンド・クラフツ運動の思想的支柱となる。1883年以降，マルクス思想を支持し社会主義者として講演，評論活動を開始する。近代の国家機構および産業化の双方を，人間的な活動を抑圧する「機械」として批判したモリスは，マルクス思想におけるコミュニズムの側面に共感を寄せた。産業化と結ぶ軍隊的な将来社会を描写したベラミ『顧みれば』に反論した代表作『ユートピア便り』にモリスのユートピアが凝縮されている。同書で「文明国」による開発を搾取として弾劾したモリス思想の射程内には，帝国主義批判もみることができる。
→ユートピア，柳宗悦，ラスキン
［文献］E. P. Thompson, *William. Morris: Romantic to Revolutionary*, PM Press, 2011；小野二郎『ウィリアム・モリス研究』（小野二郎著作集1）晶文社，1986。　　　（中西新太郎）

モンテスキュー　Charles-Louis de Secondat, Baron de La Brède

モンテスキュー Charles-Louis de Secondat, Baron de La Brède et de Montesquieu 1689-1755

フランス啓蒙時代の思想家。彼の思想はフランス革命の指導者たちに多大の影響を与える。また，いくつもの社会の構成要素の相関関係を探求したことで，「社会学の祖」「人類学の祖」と呼ばれている。彼の主著『法の精神』(1748)にみられる「三権分立」論を提示した人物としても有名である。非常な好評を博した『ペルシア人の手紙』(1721)では，パリに滞在するペルシア人の旅行者たちの明敏な視線を通じてフランスの社会を風刺して，フランス社会の常識のもつ滑稽さを浮かび上がらせ，同時にこのペルシア人たちが故郷に残した後宮の破滅を描くことによって，旅行者として明敏である人間が，自分の属する社会に対しては盲目であることを示す。ここには，観察者として対象からできる限り離れようとするモンテスキューの態度が見て取れる。この相対主義的な態度は『法の精神』においても顕著に現れる。モンテスキューはその冒頭で「法とは最も広い意味においては，事物の本性に由来する必然的諸関係である」と述べて，法が，風土，社会の習俗，生活様式などとの関わりによってよい法にも悪い法にもなりうることを示した。モンテスキューが相対主義者と呼ばれる所以でもあるが，しかし，一方で，奴隷制批判に見られるように，絶対的な価値基準としての「正義」の観念を保持し続けている点をも見逃してはならない。

[文献] モンテスキュー『法の精神』上・中・下，岩波文庫，1989；同『ペルシア人の手紙』講談社学術文庫，2020。

(白井健二)

モンテーニュ Michel Eyquem de Montaigne 1533-1592

ルネサンス期のフランスの思想家・著作家。ボルドーの市長も務めた貴族であるが，有名な『エセー』(1580)を著したモラリストとして知られる。思想的には，ストア派の合理主義・禁欲主義から出発したが，懐疑主義を経て，晩年はエピクロス派の自然主義・快楽主義に傾いた。「私は何を知っているか」(Que sais-je?)という言葉で表現される懐疑論がもっとも有名であるが，これは独断的なスコラ学や教会の教義，激しい内乱をもたらした新旧両

派の狂信などに対して，人間理性の，また個々の人間の限界と相対性を自覚させ，批判的反省と寛容の精神を促したものである。キリスト教を表向きは擁護するが，宗教的救済よりも現世的快楽に導く彼の倫理思想はパスカルの敵意を呼び，他方啓蒙思想には好意的に受容された。認識論的にはデカルトの「方法的懐疑」によって乗り越えられたと言えようが，宗教的および文明論的な寛容思想と自己批判の精神は，哲学と民主主義に本質的なものとして，今日でも意義を失わない。

［文献］モンテーニュ『エセー』（全7冊）白水社，2005-16；『モンテーニュ全集』（全9冊）白水社，1982-83。　　（仲島陽一）

問答法　〔ギ〕dialektikē〔英〕dialectic

エレアのゼノンが，パルメニデスの論理を擁護するために，論敵の前提を帰謬法により反駁したのが始まりである。ソクラテスでは，一問一答方式によって善美なる事柄を探求していく方法となる。対話相手が同意を与えた言明間の不整合を指摘して反駁するという対人論法を用いるが，それは，言明間の矛盾が対話相手の魂の混乱状況（無知）を反映していることを自覚させ，本来の探求へと向かわせるためである。ソクラテスは，自分では何も考えを生むことはないが，若い人の精神に胚胎している考えを取り出して調べ，間違ったものは廃棄していくという精神の産婆の役割を自らに与えた。プラトンはこの方法をイデアの認識に関わる哲学の方法論として洗練した。

［文献］岩田靖夫『ソクラテス〔増補〕』ちくま学芸文庫，2014。
　　　　　　　　　　　　　　　　　　　　　　　（斉藤和也）

ヤ

約束主義→コンヴェンショナリズム

役割理論 〔英〕role theory
人々の行為様式を,社会的位置(地位)に附される規範的期待(役割)との関わりにおいて記述・理解しようとする,社会学の基本的パースペクティヴのひとつ。主に二つのアプローチがあり,一方で社会構造論的なアプローチは,規範的期待の社会的配置図を描き,社会の組織化様態の分析を促す。たとえば社会を,人々の担う役割群が相互矛盾を含みうる点で,葛藤・緊張を孕んだ組織化という観点から考察できる。他方,相互行為論的アプローチは,規範的期待が行為に具体化する実相の記述を目指す。つまり人々は,相手の役割を想定し,自分の役割に距離をとり,遂行者にふさわしい印象管理に努め,時に一方的に相手に配役する,とされる。
［文献］R. ダーレンドルフ『ホモ・ソシオロジクス——役割と自由』ミネルヴァ書房, 1973；E. ゴッフマン『出会い——相互行為の社会学』誠信書房, 1985。 (安川一)

ヤコービ Friedrich Heinrich Jacobi 1743-1819
啓蒙期ドイツの哲学者。実業家,財務官として活躍し,晩年になってミュンヘンで学者としての地位を得た。カント哲学の批判者として知られる。彼は啓蒙の流れに抗して信仰哲学と感情哲学とを唱え,一切を知的対象としてではなく,信仰の対象として捉え,直接知と感情信仰のみが実在を捉えることができると主張した。またスピノザの合理主義的な決定論の思想を攻撃し,メンデルスゾーンとの論争を通じてドイツにスピノザを普及する結果を招いた(『スピノザ学説についての書簡』1785)。カントの批判哲学に対しては,その「物自体」説を批判し,不可知な物自体に

よって表象が得られ，認識が成立するという考え方には矛盾があり，自家撞着に陥っていると揶揄した。
［文献］ヤコービ『スピノザの学説に関する書簡』知泉書館，2018。　　　　　　　　　　　　　　　　　　　（太田直道）

　ヤスパース　Karl Theodor Jaspers 1883-1969
実存思想を代表するドイツの哲学者。北西ドイツのオルデンブルクに生まれ，ベルリン・ゲッティンゲン・ハイデルベルグ大学で主に医学を学んだ後，精神医学者・心理学者としてハイデルベルク大学の教壇に立ち，やがて哲学の教授となる。ウェーバーを尊敬し，その評価をめぐって当時の著名な哲学者リッケルトと確執。ナチス時代には，妻がユダヤ系であったことなどから免職となり冷遇された。戦後復職し，まもなくスイスのバーゼル大学に移った。彼の思想の主題は，歴史的に一回的な自己存在としての実存であり，大衆社会状況における自己喪失や無責任を批判し，死や苦悩といった〈限界状況〉に直面することで本来の実存に覚醒する道を提示。ハイデガーとともに，その後の実存主義思想の先がけとなる議論を展開した。同時に，有限な実存を超える全体的な存在（包越者）への志向・他者との〈実存的交わり〉の重視・すべてのものとの交わりへと開かれた根本的意志（ないし気分）としての理性の強調などに特徴があり，「実存理性の哲学」とも評される。戦後，西ドイツの政治社会のあり方について，特に戦争責任・核兵器・再統一の問題をめぐって平和と自由を擁護する立場から積極的に発言。また，戦前彼のもとで学んだアーレントは終生の友人でもあった。
→限界状況
［文献］『ヤスパース選集』（全35冊）理想社，1958-1999；林田新二『ヤスパースの実存哲学』弘文堂，1971。　　　（藤谷秀）

　耶蘇教　（やそきょう）
キリスト教の別表現。ギリシア語 Jesus［イエス］の近代中国音訳「耶蘇」を日本字音で発音したもの。また Christos の中国語音訳「基督」を日本字音で「キリスト」と発音した。17世紀に日

本へ伝来したカトリック教はポルトガル語の Christao から吉利支丹／切支丹と音訳された。教義の内容からの名称は「天主教」，伝来の方位と日本中心主義からは「南蛮宗」，Padre（神父）の音訳から「伴天連・破天連」とも称された。明治の開教後はメシア（救世主）の意味をもつ「基督教」の方が主流となったが人間イエスを表すである耶蘇の方が 21 世紀には重要性を増すであろう。
〔文献〕J. D. クロッサン『イエス――あるユダヤ人貧農の革命的生涯』新教出版社。
(橋本左内)

柳田国男 （やなぎた くにお）1875〔明治 8〕-1962〔昭和 37〕
民俗学者。日本民俗学の創設者。兵庫県生まれ。文学に志しながらも，農政学を学び農政官僚の道を歩むが，農村調査旅行のなかから民俗の研究へと転進する。文書に記録されない民間伝承の調査・集積を踏まえ，比較民俗的な志向から進んで，〈常民の学〉としての一国民俗学の創設へと向かう。後年，民間信仰の研究に傾注し，日本人の〈固有信仰〉を見きわめようとする。それはさらに日本民族の起源論へと展開することになったが，その試みは壮大な仮説として持ち越されている。
〔文献〕『柳田國男全集』（全 32 巻）ちくま文庫，1989-1991；藤井隆至『柳田国男――『産業組合』と『遠野物語』のあいだ』（評伝・日本の経済思想 6）日本経済評論社，2008。(津田雅夫)

柳宗悦 （やなぎ むねよし）1889〔明治 22〕-1961〔昭和 36〕
学習院在学中に雑誌『白樺』を武者小路実篤，志賀直哉らと発刊。東京帝国大学卒業後は宗教学者として注目された。浅川伯教，巧兄弟との縁もあり，朝鮮の美に惹かれ，後に「朝鮮民族美術館」を開設した。朝鮮 3.1 独立闘争（1919）に際しては「朝鮮人を想ふ」を発表した。1926 年，濱田庄司，河井寛次郎，富本憲吉とともに「日本民藝館設立趣意」書を発表し，民藝運動を創始，その理論的な支柱であった。民藝という言葉は，柳宗悦が中心となって「民衆的工藝」から創った造語である。民衆の造る美に開眼した後は，雑誌『工藝』を発刊，各地の工芸品の膨大な蒐集を行い，「日本民藝館」を設立した。民藝運動を推し進めると

ともに，民藝美の理論としての仏教美学を展開した。民藝美の範疇の確立は柳宗悦の功績である。
［文献］『柳宗悦全集』（全22巻〔全25冊〕図録5巻）筑摩書房，1981-92。
（吉田正岳）

　山鹿素行　（やまが そこう）1622〔元和8〕-1685〔貞享2〕
江戸前期の儒者，兵学者。名は高興，字は子敬，素行は号。林羅山に儒学を，小幡景憲，北条氏長に兵学を学ぶ。素行は，朱子学が日常から遊離した思弁や修養に重きを置くことを批判した（『聖教要録』）。これが幕府の禁に触れ赤穂に流される。素行は，本然の性を悟るというのでなく，農工商の日常活動こそが自ずから天地自然の道に叶うことだと考えたが，同時に農工商は聖人の道を知らぬ蒙昧の中にあり，秩序を乱す危険がある。こうした農工商を秩序化することこそ三民を導く士の職分だとして武士の日常の鍛錬を強調した。その『中朝事実』は儒教的中華主義を批判する日本主義の始点をなす。
→朱子学，古学
［文献］『山鹿素行──日本思想大系32』岩波書店，1970。
（岩間一雄）

　山片蟠桃　（やまがた ばんとう）1748〔寛永1〕-1821〔文政4〕
江戸後期，商都大阪の町人思想家。儒学を懐徳堂の中井竹山・履軒兄弟の下で学び，麻田剛立について天文学を修めるとともに，蘭学にも深い関心を示している。『夢の代』はその生涯をかけた主著であり，迷信や鬼神を否定するとともに地動説を積極的に主張するなど西洋の科学を高く評価して，科学的合理的な見解を積極的に展開した。しかし彼は単なる書斎の人ではなく，当時の大阪を代表する豪商升屋の番頭として商才を振るい，傾きかけた主家の経営を立て直すなど，商人としても実利的，合理的な才能を発揮した。彼の合理的・科学的精神の基礎はこのような商人としての実生活の体験を通して形成されたものと思われる。「凡鬼神ノコトハ人心ノ推量ナリ」と死者の霊魂の存在を敢然と否定する

「無鬼」論は，『夢の代』全巻の中でももっとも重要な位置を占めているとともに，合理主義者としての彼の思想の面目を端的に示すものである。そのような立場から神道・仏教の批判にとどまらず，記紀の神代伝説の不合理さなどについても徹底的に批判した。それは日本の近代に先行する思想の中で，もっとも優れた無神論・唯物論としての意義をもっている。しかしその批判が社会に向けられることはなく，封建体制を肯定するとともに，封建的な人倫を説く儒教の信奉者であることから離脱することはなかった。
［文献］『富永仲基・山片蟠桃——日本思想大系 43』岩波書店，1973。
(田平暢志)

山川菊栄 （やまかわ きくえ）1890〔明治 23〕-1980〔昭和 55〕
平塚らいてう達の『青鞜』運動の頃から戦後に至るまで，日本の女性解放運動の代表的な評論家として活躍した人物。女子英学塾（現・津田塾大学）に在学中，見学した紡績工場の女性労働者の悲惨な現実を目の当たりにしたことから，社会主義への関心をもった。堺利彦，大杉栄などの組織する運動にも参加したなかで理論的な研究を深め，社会主義運動家の山川均と結婚した（旧姓は青山）。『青鞜』誌上で，伊藤野枝の廃娼運動に関する論文を批判して登場するやいなや，鋭利な分析力で一躍注目を集め，以降，良妻賢母思想批判，社会主義論争，産児制限論争などで活発な評論活動を行った。なかでも，らいてう，与謝野晶子を軸として行われた「母性保護論争」では，晶子が女性の経済的自立を強調し，らいてうが，「母性保護の主張は依頼主義か」と論じて，母親が子どもを産み育てることは社会的な役割があるので国家に保護を求めるのは当然としたのに対し，山川は，母性保護も，経済的自立もともに必要だが，そのためには，労働条件の改善や「経済的関係」そのものの変革に向かわなければならいとして，資本主義下での差別構造を見事に描いて，マルクス主義的な女性解放論を展開した。その後も，「赤瀾会」をはじめ，様々な運動に参加し，軍部批判なども行った。戦後は，1947 年に初代労働

省婦人少年局長となって活躍し，婦人問題懇話会の設立に関わるなど，女性解放のために社会運動を組織し続けた。さらに，『武家の女性』などで日本の女性の置かれた状況を描く著作活動でも活躍した。
[文献] 鈴木裕子編『山川菊栄評論集』岩波文庫，1990。
（佐藤和夫）

山川均 （やまかわ ひとし）1880〔明治13〕-1958〔昭和33〕
労農派マルクス主義の理論家。1906年，日本社会党に入党，『平民新聞』編集に従事し，幸徳秋水の直接行動論を支持した。19年に堺利彦らと雑誌『社会主義研究』を創刊，22年に日本共産党結成に参加し，論文「無産階級運動の方向転換」で，「少数の先党者」が「はるか後方に残されている大衆の中に，ふたたび，ひきかえしてくること」を訴え論争を呼んだ。23年の第一次共産党事件での起訴後，協同戦線党綱を提起したが，「解党主義」と批判された。その後共産党を離れ27年に雑誌『労農』を創刊し，論文「政治的統一戦線へ！」では闘争の主敵を「帝国主義的ブルジョアの政治権力」と規定，これは労農派の中心テーゼとなった。37年には人民戦線事件で検挙。敗戦後，民主人民戦線結成を提唱，47年には日本社会党に入党した。51年に社会主義協会を結成し左派社会党を支持した。
[文献] 『山川均全集』（全20巻）勁草書房，1966-2003；川口武彦『山川均の生涯』戦前編・戦後編，社会主義協会出版局，1986・87。
（山本公徳）

山崎闇斎 （やまざき あんさい）1618〔元和4〕-1682〔天和2〕
江戸前期の朱子学者，神道家。京都に生まれ，はじめ仏教を学んで僧となったが，住した土佐で，野中兼山らに交わって儒に転じた。のち京に帰って朱子学を講じた。仏教を異端として排撃して儒学を貴ぶ『闢異』を著し，朱子学を，厳格に主体化するとともに，その註を尊信，人倫とりわけ君臣関係における絶対的な忠誠を重んじた。またその理が日本にあって神道として顕現するとし

て，日本書紀・神代巻に独自の解釈を加えた独自の神道説（垂加神道）を提唱した。提唱した朱子学は，浅見絅斎，佐藤直方，三宅尚斎のいわゆる崎門三傑らに継承された。その神儒両面をもつ原理主義的な倫理的政治説は，以後大きな影響をもち，近世後期の政治変革に寄与した。

［文献］『山崎闇斎全集〔復刻版〕』（全5巻）ぺりかん社，1977；『山崎闇斎学派』（日本思想大系31）岩波書店，1980；岡田武彦『山崎闇斎』明徳出版社，1985；近藤啓吾『山崎闇斎の研究』正・続・続々，臨川書店，1986-95；高島元洋『山崎闇斎——日本朱子学と垂加神道』ぺりかん社，1992。　　　　　　（黒住真）

大和心　（やまとごころ）
大和魂とも言い，日本人に独自な尊王愛国・武勇の精神を表すものとされてきた。平安時代には，儒教や仏教など中国の理性的な学問やそれに通じる漢才に対して，日本の古典などに通じることやその実用的な才能を示すものを意味した。それは，主として男性が書いた中国哲学・仏教などの漢文学に対する，女性が「かな」で書いた物語（『源氏物語』）や歴史物語（『大鏡』など）との区別に通じる。江戸時代には，本居宣長など国学者たちが，勧善懲悪的な儒教や仏教などの「唐心」に対して「もののあはれ」的な「大和心」を対置することによって，その日本的特性をいっそう明確化した。そして，国学の主情主義や尊王愛国の精神は近代統一国家の形成につながる側面をもつとともに，その後の皇国体制による排外的軍国主義・ファシズムの精神的拠点ともなった。

［文献］丸山眞男『日本政治思想史研究』東京大学出版会，1952。　　　　　　　　　　　　　　　　　　　（吉田傑俊）

大和魂→大和心

山本宣治　（やまもと　せんじ）1889〔明治22〕-1929〔昭和4〕
生物学者，産児制限運動の社会運動家，政治家でもあった。京都生まれで，東京帝国大学動物学科卒業後，同志社大学・京都帝国

大学の講師となる。性現象と進化論を柱とする新しい生物教育法を考案し,「人生生物学」として教育する。1922年,アメリカの産児制限論者サンガー夫人来日の際,通訳を務めたのを機に,産制論に共鳴し貧民層への普及活動を展開する。その過程で,無産者運動に近づき政治活動に入る。24年,京都労働学校長,27年,労農党京都府委員長などをへて,1928年の第一回普通選挙に労農党から京都二区で衆議院議員に当選する。政治反動化のなかで「山宣ひとり孤塁を守る」として奮闘するが,翌年の議会で治安維持法改悪に反対し右翼団員に暗殺された。
［文献］『山本宣治全集』（全7巻）汐文社,1979；佐々木敏二『山本宣治』上・下,汐文社,1974。　　　　　（吉田傑俊）

ユイガロ

ユ

唯我論→独我論

唯識　（ゆいしき）〔サ〕vijñaptimātratā
大乗仏教の学派のひとつで、後4-5世紀に形成された瑜伽行派（Yogācāra）が用いた基本術語。彼らによれば、まず、認識対象となっている世界は自らの表象（ことばが創り出したもの）を誤って対象化したものにすぎず、夢や幻と同じであり、あるのは表象のみである。こうした意味での唯識を〈境無識有〉（対象は実在せず、実在するのは識である）という。つぎに、彼らは、認識対象がないならば、必然的に、対象に対峙する主体としての識もないともいう。こうした意味での唯識を〈境識倶泯〉（対象も識も実在しない）という。また、彼らは「識」を認識主体としての心（vijñāna）の意味でも用いる。あるのは心としての識のみということである。そして、完成された唯識説では、識には表層から深層まで八種類あるとする。すなわち、眼識、耳識、鼻識、舌識、身識という前五識があり、その下にそれらの自己反省としての意識があり、その下に我執としての末那識があり、さらにその下に、すべての記憶の貯蔵庫としての阿頼耶（アーラヤ）識があり、生命活動の本体であるが、誤って常住不変の自己（アートマン）と見なされるという。そして、前五識で得て阿頼耶識に貯蔵された記憶としての表象（種子）が発現して幻の対象世界を造り出すとされる。さらに瑜伽行派は、心としての識のあり方を三性説で説明する。第一のあり方を遍計所執性といい、実在しない幻の外界を実在すると見誤っている心のあり方であるとする。そして、これは認識主体と認識対象とを区別する妄分別のなせる錯覚だとする。第二のあり方は依他起性といい、妄分別を離れ、すべての事象（＝識）が互いに他に依存して起きている（縁起）、つまり空だと見る心のあり方であるとする。第三のあり方

を円成実性(えんじょうじっしょう)といい,妄分別を離れた識が,依他起でありつつしかもそれがそうしたものであることを確実に認識し,しかもそれがすべての事象の真のあり方(諸法実相)を実現している,そのような識のあり方のことをいう。これは,仏の心のあり方であり,人は,穢れた阿頼耶識という拠り所を浄化する,つまり転依(てんね)することでそこに到達するとされる。

[文献] 平川彰『インド仏教史』上・下,春秋社,1974・79。

(宮元啓一)

唯 心 論 〔英〕spiritualism 〔仏〕spiritualisme 〔独〕Spiritualismus

物質に対する心や精神の自立性を主張する世界観的存在論的立場。唯物論に対立する。唯心論は,本来認識論的立場を表した観念論と異なるが,近代以降は同一化される傾向にある。フォイエルバッハは『唯心論と唯物論』(1866)において,人間の精神活動,すなわち思考および意欲を,人間の身体から本質的に区別し,かつそれから独立した非感性的存在としての精神または心に根拠をもつとする学説を,唯心論と定義している。唯心論の主張は,歴史とともに古く,哲学ではプラトンの心身分離説に典型的に表される。近代哲学ではデカルトの物心二元論,マルブランシュらの機会原因論,カントの「心の不死」論,ヘーゲルの観念論等にも見出されうる。いずれも精神または心を物質・身体と区別して実体化し,世界を構成するところに基本があるが,二元論的構成により,必ず精神・心と物質・身体との結合問題が生じる。19世紀には,フランスでもメーヌ・ド・ビラン以後,スピリチュアリスムが現れた。ビランもまた,心的活動,とりわけ意志を,身体的機能に還元されない自我の内的自発性に基づく実体として捉える心身二元論の立場をとった。今日,霊魂(心)の不死に基づくスピリチュアリスムは,哲学よりも新興宗教,オカルトなどと結合した主張として普及している。

→観念論,二元論,機会原因論

[文献] フォイエルバッハ『唯心論と唯物論』岩波文庫,1955;増永洋三『フランス・スピリチュアリスムの哲学』創文社,

1984。　　　　　　　　　　　　　　　　　（渡辺憲正）

　唯物史観　〔独〕Materialistische Geschichtsauffassung 〔英〕materialistic view of history

「唯物論的歴史観」の通称。「史的唯物論」ともいう。K. マルクスと F. エンゲルスが創始したマルクス主義思想全体の中核たる，社会と歴史についての一般理論である。マルクス自身，これを自分の膨大な理論作業をリードする「導きの糸」と呼んだ。

【新しい唯物論】一般に，唯物論の立場に立つ思想は，精神に対して物質を一次的・根源的なものと見なしており，人間の歴史と社会を，こうした唯物論の立場から理解しようとする試みは，マルクス以前にも存在した。人間を，外的環境によって決定される存在と見なすエルヴェシウスの議論や，地理的決定論などがそうであり，さらに，人間を，本来，物質的財の追求によって動機づけられる「経済人」と見なす，古典派経済学の思想もその一部である。古典派経済学など，マルクス，エンゲルス以前のブルジョア革命期の諸思想の多くは，貨幣追求・利潤追求などの近代資本主義の現実を，不変の「人間の本性」の現れと見なした。そうした「本性」に照応するように社会が変化し続けてきたのが人類史であり，こうした「本性」を積極的に評価するか，ペシミスティックに眺めるかの違いはあれ，そうした「人間の本性」自体は人間理解と社会理解の自明の前提とされていた。

　唯物史観がこれらの思想群と大きく異なるのは，近代資本主義社会とそこで生活する人間が，「歴史的存在」であるという理解を徹底させ，近代資本主義社会に対するラディカルな道徳的・人間的批判を唯物論的，社会科学的に基礎づけることを目指した点にある。マルクス，エンゲルスが自分たちの思想を，ブルジョア革命期のこうした「旧い唯物論」と区別して，「新しい唯物論」と呼び始めたのは，唯物史観の成立と同時期であった（『フォイエルバッハに関するテーゼ』）。

【基本的主張】唯物史観のもっとも基本的な主張は，マルクス自身の表現にしたがえば「物質的生活の生産様式が，社会的，政治的および精神的生活過程一般を制約する」（『経済学批判』序言）

というものである。「物質的生活の生産様式」は、人間の物質的実践（物質的財貨の生産，子孫の再生産）の仕方を指すが、その仕方自身も，人間の物質的実践の歴史的蓄積の産物である。したがって，人間はそれを絶えず作り替え，変動させ続ける。この作り替えは，一方で，日々の生産活動による，社会的生産力の変化の歴史的蓄積というかたちで行われ，他方で，その下で生産が行われてきた経済制度（生産関係）が，こうした生産力変動に耐えられずに（生産力と生産関係の衝突）新たなものへと交代する，というかたちで行われる。

　生産様式の変動およびその大きな交代とともに，国家・政治・法・思想・文化など，社会の「上部構造」も緩やかにあるいは急激に変化し，新たな生産様式に照応した上部構造が成立する。さらに階級社会では，生産力上昇と一体になった社会変動も，生産力と生産関係の衝突も，既存の階級関係の内部で生じ，同時に階級関係の具体的なあり様の絶えざる変容を呼び起こすため，生産様式と上部構造のこうした変化は，階級闘争によって表現される場合が多い。唯物史観のこうした捉え方によると，たとえば近代の「自由・平等」の思想は，成長する市場経済構造のイデオロギー的反映と捉えられ，国家一般の暴力性の根源は，諸階級同士の強い敵対関係を必然化する，当該社会の生産様式に求められる。

　マルクスはこれまでの生産様式の，したがって，それに規定された社会構造全体（「社会構成体」）の大まかな歴史的区分として，原始共同体，奴隷制，封建制，資本制の四つを挙げ，さらに，資本制的生産様式が，「社会的生産過程の最後の敵対的形態」となり，「この社会構成で人間社会の前史は終わる」と述べている。

→実践的唯物論，生産力／生産関係，土台と上部構造

［文献］K. マルクス『経済学批判』（全集 13）大月書店，1964；久留間鮫造編『唯物史観』1・2（マルクス経済学レキシコン 4・5）大月書店，1971。

（後藤道夫）

ユイブツ

唯物弁証法→弁証法的唯物論

唯 物 論 〔英〕materialism 〔独〕Materialismus 〔仏〕matérialisme

世界の成り立ち・根拠に関する世界観的問いに対して，物質的なものが本質的に世界の究極根拠をなすとする立場をいう。何らかの観念的なものを究極根拠とする観念論ないし唯心論に対立する。世界観的問いが世界に対する各個人の態度決定に関わるものである限り，唯物論はつねに本質的に個人のあり方に関わる。
【唯物論の歴史】世界の成り立ち・根拠に関する世界観的問いは，哲学とともに古い。イオニア学派の哲学もこの問いから発しており，この問いに対して何らかの物質的なものを根拠として説明する限りにおいて，それは唯物論的傾向をもつものであった。西洋古代では，デモクリトスやエピクロスの原子論が唯物論を代表する。中世では，神学に覆われているものの，普遍論争における唯名論と実在論の対立を通して，唯物論／観念論が問われていたと言いうる。近代に至って自然科学が発展し現世的な活動（世界商業と大航海時代）が大規模に現れるに及んで，世界の超越的原理を否定し，現世的なものを本質的に肯定する啓蒙主義，経験論，唯物論が現れた。認識論では，フランシス・ベーコン『大革新（ノヴム・オルガヌム）』の帰納法，ロック『人間知性論』の経験論，コンディヤック『人間認識起源論』の感覚主義などに唯物論的傾向が示される。世界観として明確に唯物論を唱えたのは，ドルバック，ラ・メトリ，ディドロらのフランス唯物論である。ドルバックは『自然の体系』で，「宇宙，現存する一切のこの広大な集合体が至るところで供するものは，物質と運動にほかならない」と述べた。このことは，人間をも物質的な存在として把握することと相即する。だからラ・メトリは『人間機械論』で，「人間は機械である，全世界には種々雑多な様相化を与えられた唯一つの物質が存在するのみである」と結論づけた。またディドロも「魂を偉大な事柄にまで高められるのは，情念，それも偉大な情念しかない」と述べて，それまで「精神の攪乱」とされてきた情念を称揚した。唯物論は，それまでは二次的なものとされてき

た現世的かつ感性的なもの(欲求,情念等)を人間の本質と関連づけて把握したと言いうる。もちろん,これは,超越的な理性や精神を否定するとしても,人間の理性や精神を否定するものではない。むしろ反対に近代の唯物論は,理性や精神を感性的物質の高度の発展として捉え,法律,道徳,諸科学などの精神的所産を基礎に,身分制に基づく旧体制を批判し,社会と歴史を現実的に構成しようとした。これらは,ホッブズやロックらの社会契約説や,ファーガソン,アダム・スミスらの分業論に基づく歴史の四発展段階説,コンドルセの歴史観などに表現された。また宗教的には近代は,様々なキリスト教批判を通して理神論,汎神論,さらには無神論さえも生み出した。これも唯物論と無関係ではない。フォイエルバッハは,近代の汎神論が神を現実化するものと捉え,「神の現実化は,現実的なものの神的性格,すなわち真理性と本質性を前提する。現実的なものの,つまり物質的に現存するものの神格化——唯物論,経験論,実在論,人間主義——神学の否定は,しかし近代の本質である」と述べた。総じて言えば,近代の唯物論は,宗教的世界観を批判し,現実的な世界(人間をも含む)をそれ自体が自己のうちに根拠のある存在として捉えたと言いうる。唯物論は,様々に形態を変えてきた。上記の機械論的唯物論のほか,フォイエルバッハの人間主義的唯物論,フォークト,モレスコットらの生理学的唯物論,マルクスの唯物史観ないし実践的唯物論,マルクス主義の弁証法的唯物論,など。今日,唯物論と言えば,特にマルクス以後の唯物論を指すことが多い。

【マルクスと唯物論】マルクスの唯物論は,近代市民社会の批判において成立する。近代市民社会は,人間の権利に基づく法的統治と資本主義的私的所有による普遍的富裕を原理として成立しており,それ自体が基本的に唯物論的傾向をもつ。そして近代の唯物論は,宗教批判や旧体制批判を通して現世の現実に立ち返ったとき,この社会を本質的に受容したのである。しかし,マルクスによれば,近代市民社会は一方の極に富を蓄積しながら,他方の極に貧困と隷属を生み出す。近代の唯物論は,現実に存在するこの分裂・矛盾を実践的に解決しようとすることなく,むしろ道徳

や法律等による社会統合を提起するに終った。それゆえマルクスは近代の唯物論に対して二つの批判を行った。第一は，その観照的ないし直観的性格である。マルクスが『フォイエルバッハ・テーゼ』（1845）において，「これまでのあらゆる唯物論（フォイエルバッハの唯物論を含めて）の主要な欠陥は，対象，現実性，感性が客体あるいは直観の形式の下にだけ捉えられ，感性的人間的な活動，実践として，主体的に捉えられていない，ということにある」とし，直観的唯物論が「至り着くのはせいぜいのところ，個別的な各個人とブルジョア社会の直観である」と批判したのも，この脈絡においてのことである。唯物論は現実を本質的に受容するという「観照的」な性格を廃棄しなければならない。第二に指摘したのは，道徳や法律等が市民社会を土台とする観念論的上部構造であるということである。道徳や法律等によっては市民社会の現実を超えることはできない。こうしてマルクスの到達するのが現実（近代市民社会）そのものを変革する「新しい唯物論」であった。「古い唯物論の立場はブルジョア社会であり，新しい唯物論の立場は，人間的社会，あるいは社会的人類である」。問題は，ブルジョア社会を超える現実的根拠がどこにあるか，である。マルクスはそれを，ブルジョア社会の私的所有原理では否定される人間的諸要素，欲求や能力に求め，これによって近代市民社会を現実的に変革する実践を提起した。この意味で新しい唯物論は本質的に現実の批判的実践的である。この唯物論では，現実が現実なるがゆえに肯定されるということはない。ただし，原理的に私的所有が廃棄されるべきであるとされるにせよ，一般に何が否認されるのか原則があるわけではない。つねに経験的な反省に委ねられるのであり，問いはつねに歴史に開かれているといってよい。

【唯物論と現代】今日，政治にせよ経済にせよ文化にせよ世俗化された限りにおいて唯物論的傾向は根強く存在する。しかし他方，政治の保守化，経済の分極化の進行により，道徳，宗教への傾倒，あるいはナショナリズム，保守主義への回帰，新自由主義の称揚が著しい。これらは，観念的原理に基づいて社会を統合しようとする限り，イデオロギーあるいは観念論的傾向をもつ。た

とえば道徳は文明社会の私利私欲を批判するが、私的所有原理を廃棄することなく、観念において良心的共同性に訴える。ナショナリズムは、やはり現実の私的原理を前提して、国家的共同性を立ち上げ、諸個人を統合しようとする。新自由主義は、独立した個人の不可侵、排他的な自己所有権の原理を主張し、自己責任論により社会統合を果たそうとする。いずれにせよ基礎づけは何らかの理念によるのであり、観念論的傾向を免れがたい。現代の唯物論は、これらのイデオロギーとの対立において人間的社会の実現を実践的に提起することを課題としている。

→世界観、観念論、唯心論、唯物史観、実践的唯物論

［文献］フォイエルバッハ『将来の哲学の根本命題』岩波文庫、1967；マルクス／エンゲルス『ドイツ・イデオロギー』新日本出版社、1998；ランゲ『唯物論史』春秋社、1929-30；カッシーラー『啓蒙主義の哲学』紀伊國屋書店、1997。　　（渡辺憲正）

唯物論研究会

戦前の唯物論研究団体で、当時の天皇制ファシズムに対抗する文化的拠点として活動し、大きな成果を残した。岡邦雄、三枝博音、戸坂潤などを中心として、1932年10月に創立され、38年2月に弾圧により解散する。唯研は、当初「現実的な諸課題より遊離することなく、自然科学、社会科学、及び哲学に於ける唯物論を研究し、且つ啓蒙に資するを目的」（規約第一条）とする「学術啓蒙団体」として発足し、哲学のみならず広範な分野から参加者を集めた。一貫して、研究（各部門別、総合、年会など）、啓蒙（公開研究会、講演会など）、出版（機関誌、ニュース、単行本など）活動を行い、会員は発足時には120-130人程度だったが盛時には250名を超えた。毎年20回余の積極的な研究会活動を中心に、機関誌『唯物論研究』（後に改題して『学芸』）は併せて73号まで毎号およそ三千部を刊行し、双書『唯物論全書』『三笠全書』は66冊出版された。この双書は、哲学から社会・自然科学分野も網羅する「一種の包括的な百科全書」をなした。

　唯研はファシズムの亢進とともに次第に唯物論者の団体となったが、その歴史的状況に内在した主要な活動成果は、マルクス主

義哲学の理論的解明，当時の日本の反動思想の批判，日本思想史の進歩的伝統の解明であった。マルクス主義哲学の解明では，当時のスターリン主義下の「哲学のレーニン的段階」を超える理論的主体性が示された。それは，弁証法的唯物論の自然弁証法や史的唯物論へのいわゆる「適用説」批判を行った戸坂潤の『科学論』や，永田広志の「実践的唯物論」の観点に立った史的唯物論研究（『唯物史観講話』）などにみられる。その他，「党派性論争」「弁証法・論理学・認識論の同一性」をめぐる論争，「技術論論争」などに高い水準の議論が展開された。また，日本の当時の反動的思想の批判では戸坂潤『日本イデオロギー論』，古在由重『現代哲学』などが代表的であり，日本思想史の研究では永田広志や鳥居博郎などの貴重な成果がある。現在も，これらの成果を継承発展する課題と意義は大きい。
→マルクス主義，戸坂潤

［文献］『唯物論研究〔復刻版〕』（全16巻 別巻）青木書店，1972-75；『唯物論全書〔復刻版〕』（全18巻 別巻）久山社，1990-91；古在由重「日本におけるマルクス主義哲学の研究と普及」（著作集3）勁草書房，1965。　　　　　　　　（吉田傑俊）

唯名論と実念論　〔英〕nominalism and realism
普遍の問題は，既に古代ギリシアにおいて論じられ，プラトンが個物から離れて存在する普遍としてのイデアを提唱し，普遍を実在と見なす実念論を主張した。それに対して，アリストテレスは，イデア論に含まれる論理的困難を指摘し，プラトンを批判した。アリストテレスの立場は，個物の内に形相が存在し，知性の作用を介して，多なるものの述語となった場合に普遍が生じるとするものである。普遍論争が明確な姿をとるのは，ポルピュリオスとボエティウスにおいてであるが，普遍に関する議論が盛んになるのは中世に入ってからであり，特に11-12世紀にかけて，様々な見解が現れた。中世の普遍論争については，実念論，概念論，唯名論の三つの立場があると整理されてきた。「実念論」によれば，類や種という普遍は，精神の中に存在するのと同じ仕方で，精神の外にある対象の中に実在する（シャンポーのウィリア

ム）。これに対して，普遍は「名称」にすぎず，実在するのは個物だけであるとする説が「唯名論」で，ロスケリヌスは，普遍は「音声の気息」（flatus vocis）にすぎないと主張したと伝えられる。このように普遍を「事物（res）」と見なすか，「名称」（nomen）と見なすかによって実念論と唯名論が区分される。上記の二説に対して，普遍は名称でも事物でもなく，普遍を概念と捉える説は概念論と呼ばれる。12世紀のアベラールは，ロスケリヌスとウィリアムの双方を批判して独自の説を立て，普遍事物でも音声でもなく，「名辞」（sermo）であるとした。13世紀の普遍論争をめぐる見解はほとんど「穏健な実念論」として分類されるが，述語としての普遍に関する論理的分析ではなく，述語としての普遍を成立させる存在論的基盤が問題とされた。アヴィセンナやドゥンス・スコトゥスの共通本性がそれにあたる。14世紀に入って，ウィリアム・オッカムは当初，普遍は虚像（fictum）でしかないと捉えていたが，後に，精神の外の事物を自然的に表示する心的機能，即ち理解作用（intellectio）であると考えるようになった。彼の立場は，革新的な見解として受けとめられた。その後，この唯名論の立場は主流を構成することとなり，イギリス経験論に継承されることになった。

［文献］山内志朗『普遍論争——近代の源流としての』平凡社ライブラリー，2008。　　　　　　　　　　　　　　（山内志朗）

友愛　〔ギ〕philia〔英〕fraternity, friendship〔仏〕fraternité, amitié

友愛とは，親しさを感じる人々の間の相互的で情緒的な関係である。古代ギリシアにおいて最も友愛（ピリア）を論じたアリストテレスによれば，友愛には，利益による愛と，快楽による愛，それに善の愛があるという。前二者は，自分に利益や快楽を与えてくれる限りにおいて生まれるものであるが，善による愛の場合には，人間それ自体を愛しており，「相手方にとっての善を相手方のために願う」ような関係において存在する。アウグスティヌスのものとされ，アーレントがしばしば引用する，愛とは「あなたが存在することを欲する」（volo ut sis）ことだという表現は，上

記のアリストテレスの概念に一番近いと思われるが、ここには、しばしば恋愛や性愛との微妙な関係が含まれる。性愛において、友愛的関係が含まれることはあるが、性愛においては相手を所有したり、相手の自立性を抹消していく傾向も強いために、しばしば、性愛と友愛とは区別され、対立的にも語られる。

友愛については、キケロやモンテーニュなどの論述も重要だが、ヨーロッパ思想の中で注目すべきは、キリスト教の修道院的生活に典型的に示された「兄弟愛」と訳すのがふさわしい関係である。フランス革命の「自由、平等、友愛（fraternité）」のスローガンにおける「友愛」も「兄弟愛」の意味であって、女性を排除したものである。これは、フリーメイソンに代表されるように、男性の間の特定の秘密的な約束の結びつきによる結社的関係であって、ヨーロッパの伝統においては友愛のなかに含まれてきた。

［文献］アリストテレス『ニコマコス倫理学』上・下、岩波文庫、1971-73；デリダ『友愛のポリティックス』I・II、みすず書房、2003。　　　　　　　　　　　　　　　　　　　（佐藤和夫）

有機体説　〔独〕Organizismus〔英〕organicism
生命体のあり方を諸組織が有機的に連関し合う全体として把握し、そのような有機体をモデルにして自然や社会を理解しようとする理論。全体を部分要素に還元できるとする機械論と対照をなす。古代ギリシアにおいては、自然を原子に還元するデモクリトス等の機械論的な原子論と、自然のうちに原子には還元できない生命力を認める生気論が対立し、アリストテレスは生命体に内発的な力としての霊魂（psychē）を認める有機体論の立場にあった。近代の機械論はデカルトの自然学に見られるように、人間身体も含めて物質を延長物体（粒子）の機械的な因果関係に還元できるとする。社会理論ではホッブズが、国家を独立した諸個人によって構成される巨大機械と見なした（『リヴァイアサン』1651）。このような機械論に対してライプニッツは、宇宙を構成するモナド（単子）に自発的な力を認めるモナド論を提唱した（『モナドロジー』1720）。18世紀末ドイツに形成されたロマン主義的な自

然哲学は，機械論を批判して有機体論を展開し，有機体のうちに力学的な因果律には還元できない内発的な力を認めた。シェリングは自然と精神の二元論に対して，自然と精神を合一する有機体を想定し（『自然哲学考案』1797），さらにヘーゲルは有機体に自然から精神への発展の媒介的役割を与えた。ロマン主義的な社会理論は，A. ミュラー（Adam Heinrich von Müller 1779-1829）のように個人を単位とする社会契約説に対して国家を有機体と捉え，そこに諸個人の有機的で人格的なつながりを見ようとした。19世紀後半から20世紀前半にかけて有機体説は，有機体を閉じたシステムとしてではなく，スペンサーの社会有機体説のように〈社会進化〉として，またH. ベルクソンのように流動する生命の〈創造的進化〉として理解する。現代でも有機体説は，L. ベルタランフィ（Ludwig von Bertalanffy 1901-72）の「一般システム理論」における〈開放的システム〉論やI. プリゴジンの散逸構造における〈自己組織化〉論などにも応用され，生命体や地球生態系の理解，さらには新たな社会システムの構築にとっても有効な理論的枠組を提供している。
→社会有機体説，シェリング，スペンサー，ベルクソン，プリゴジン
［文献］ベルタランフィ『生命——有機体論の考察』みすず書房，1974；エリッヒ・ヤンツ『自己組織化する宇宙——自然・生命・社会の創発的パラダイム』工作舎，1986；松山／加國編『シェリング自然哲学への誘い』（シェリング論集4）晃洋書房，2004。
（伊坂青司）

幽玄 （ゆうげん）

幽も玄も暗く奥深いという意味であり，中国では，幽冥の国，あるいは，老荘・禅の哲理の深遠なことなどを表していたが，日本においては，中古から中世にかけて，壬生忠岑・藤原俊成らによって，余情ある優雅さとして美的に理念化された。鴨長明『無名抄』では，「詞に現れぬ余情，姿に見えぬ景気」と端的に定義されている。言葉にこれこれと言い切れない余情であり，姿にくっきりと顕わにされていない雰囲気，としての美である。長明

は具体例として，ある山が紅葉しているときに，それをそのまま見るよりも，霧が出てそれを覆ってしまい，その霧の合間よりわずかに見えたときの方が，どんなにこの山は紅葉しているだろうかと無限に想像されてわれわれの心を打つ，それが幽玄の美だと説明している。主に和歌において重視されたが，世阿弥の能楽論においても優雅高雅な情趣として，また連歌においては枯淡な余情美として解され重視されている。世阿弥の「秘すれば花」という考えや，また簡素・質素なものにかえって豊かな美を見出そうとした「わび」「さび」という考えにも通ずる，日本的な無常感を背景に成立してきた美的理念である。
［文献］大西克禮『幽玄とあはれ』岩波書店，1939。（竹内整一）

有限 →無限と有限

有神論 〔英〕theism〔独〕Theismus〔仏〕théisme
人間および自然の存在と区別された独立の存在としての超自然的で人格的な神を認める立場。この立場はまず神を認めるという点において，無神論と反立的である。他方，ここで認められる神は，理性の外部にあり，しかも人間の外部にある人格的で意志的な存在者であり，また世界創造的で世界支配的な超自然的な存在者である限りで，汎神論や理神論とも区別されている。宗教学的用法における有神論には，多くの神々の存在を認める多神教も含まれるが，本源的には唯一の最高の超越的人格神を認める一神教が基軸をなす。ユダヤ・キリスト教がその典型である。
→無神論，汎神論，宗教哲学
［文献］大貫隆他編『一神教とは何か──公共哲学からの問い』東京大学出版会，2006；『宗教学辞典』丸善，2010。（河上睦子）

優生思想 〔英〕eugenics
プラトン以来，人間社会に連綿と続く差別・抑圧を自明視する不平等思想。19世紀後半に，ダーウィンの従兄弟ゴールトンが優生学という名称を与えて体系化し，その後，日本を含む諸国の優生学委員会や社会政策を通じて様々な差別的な政策・運動の基礎

になった。ユダヤ人大量虐殺や重度障害者の安楽死などは，ナチスに重ねて理解されがちだが，そこにはナチス以前のドイツ民族衛生学を支配し，現代でも克服されてない優生思想が作動していた。

優生思想の根幹は，社会的条件や人間の共同性を無視する個人還元主義的人間観に依拠した生物的決定論（遺伝決定論），ある一定の基準に基づいた人間の資質や能力の序列化，および，優秀さを目指す（積極的優生学）と同時に劣等さを排除する（消極的優生学）施策の肯定にある。この人間の序列化に際しては，人種や民族，性別，宗教，身分・階級などが用いられるが，優生思想は，何が優秀で何が劣生かが，政治・経済・文化など社会的条件に規定されることを忘却し，社会の支配的あり方に追随することが多い。

現代では，出生前診断後の選択的人工妊娠中絶による障害胎児の排除や，「脳死」状態と臓器移植の場合の治療対象と死の対象との選別など，生命倫理分野で人間の生死に直結した差別問題の根底にある優生思想が，能力主義や健康至上主義を伴って全社会的に浸透しつつある。さらに，優生思想は，新自由主義とも結びつき，市場での有用性や商品価値を基準にした個人還元主義的な人間類型論と一体となって，社会保障の削減を伴う弱者（劣等者）排除の強化の一端を担ってもいる。

→差別，生命の質，プラトン

［文献］リフキン『バイテク・センチュリー』集英社，1999；アップルヤード『優生学の復活？——遺伝子中心主義の行方』毎日新聞社，1999。　　　　　　　　　　　　（竹内章郎）

ユクスキュル　Jacob Johann von Üxküll 1864-1944
ドイツの理論生物学者。ドルパト大学で動物学を学び，さらにハイデルベルク大学のキューネのもとで比較生理学を研究したが，公職は得られず，在野で比較行動学の研究を継続した。1925年に，ハイデルベルク大学名誉教授として環世界研究所の所長となった。彼は当時の生物学における機械論と人間中心主義の見方を排し，独自の「環世界」（Umwelt）という概念によって生物

中心の世界観と認識論をリアルに展開した。彼の環世界概念は，シェーラーらの哲学的人間学に影響を与え，ローレンツなどの先駆となった。
［文献］ユクスキュル『生物から見た世界』岩波文庫，2005；同『生命の劇場』講談社学術文庫，2012。　　　　　　（入江重吉）

　ユークリッド　〔英〕Euclid〔ギ〕Eukleides 前300頃
古代ギリシアの数学者，アレクサンドリアで活躍した。その生涯は不明であるが，その著とされる『原論』は，かつて『幾何学原本』という題で中国や日本で知られていた。『原論』全13巻は，定義，公理，公準といったものを最初に掲げ，それからの論証によって定理を証明していくという形に幾何学など知識を体系化したものであり，現在の公理主義につながるものである。このやり方はヨーロッパでは19世紀の終わりまで，ほぼ同じ形で学校教育における幾何の証明として教えられてきた。ただし『原論』の内容には幾何学以外のものも含まれており，また全巻の構成が，正多面体が五つに限られることの証明に向けてなされている点でピュタゴラス主義の数神秘学の影響があるとされる。『原論』の公理的な知識の論理的編成は，厳密な学問の理想とされ，ニュートンの『自然哲学の数学的原理（プリンキピア）』や，スピノザの『エチカ』などは，『原論』を模した形式で叙述されている。しかし，カントは『原論』型のやり方は哲学には妥当しないとしてこうした発想に批判的であった。『原論』型のやり方は，すでに完成した知識には適当であっても，すべての学問に妥当するわけではない。科学では新たな発見により知識が拡張，革新されていく。数学でも，新たな発見がある。ユークリッドも別の著作ではそうした問題を扱い，他に光学，音楽理論などについての著作を残している。
→公理，幾何学的精神，ピュタゴラス
［文献］『エウクレイデス全集』（全5巻）東京大学出版会，2008-。　　　　　　　　　　　　　　　　　（横山輝雄）

ユダヤ教 〔英〕Judaism〔独〕Judentum

古代イスラエル民族が歴史に登場するのは，前13世紀頃モーセに率いられてエジプトから脱出してからである。彼らは，「約束の地」カナン（現在のパレスティナ）に向かうが，荒野を40年間も彷徨した。その間にシナイ山でモーセを介して律法（トーラー）を与えられた。その後250年ほどの連合共同体時代に，その宗教的理念が形成され，ダビデ王とソロモン王の下で統一国家として栄え，エルサレムに第一神殿を建造したが，北王国イスラエルと南王国ユダに分裂した。前者は前722年にアッシリアに滅ぼされ，12部族のうち10部族が消滅した。後者は前586年にバビロニアに滅ぼされ捕囚の民となり，残ったユダ族に因んでユダの民と呼ばれた。この頃に，亡国の憂き目に遭ったのは，律法を遵守しなかったからだとの解釈に基づき，その遵守が祝福の前提だとする固有の意味でのユダヤ教が始まった。前537年にペルシア王キュロスによる「解放令」を受けて，民の一部はエルサレムに戻り第二神殿を建て，厳しい律法遵守を柱とするユダヤ教が成立した。

　ギリシアの支配に対してマカベアの反乱もあったが，最後にはローマに支配され，1-2世紀にかけての二度の反乱（第一次・第二次ユダヤ戦争）で，神殿も祭司も消滅し，ディアスポラ（離散の民）となり，正典化されたヘブライ語聖書（キリスト教会の旧約聖書）・ラビ・会堂（シナゴーグ）を中心とする宗教となってヨーロッパや中東に広がった。その後，律法解釈をめぐって種々の論が起こったが，前5世紀から1200年をかけて討議し分析してきたものが『タルムード』である。パレスティナ・タルムード（5世紀）とバビロニア・タルムード（6世紀）があるが，後者がより精緻で代表的。聖書と並んでユダヤ教徒の内面を支える膨大な文書である。安息日，割礼，食物規定など厳しい定めがあるが，改革派ではかなり緩和されている。現在でもかなりの数の改宗者がいる。民族宗教と規定されるが，きわめて普遍的な諸要素をも含んでいて，世界の思想界に大きな影響を与え続けている。

（高尾利数）

ユトピア

ユートピア 〔英〕utopia〔独〕Utopie〔仏〕utopie
ギリシア語の ou（無）と topos（所）の合成語で「どこにもない場所」を意味し，モアの著書『ユートピア』(1516) から発した言葉。転じて理想世界を表す。モアは素朴にであれ資本主義段階にあったイギリス社会の贅沢を極めた富裕民と大半の貧困民衆の現実を前に，私有財産の廃絶と牧歌的な共産協同社会を描いてみせた。プラトンのイデア論以来，カンパネルラや F. ベーコン等を経て 19 世紀の社会・共産主義に至るまで，20 世紀の動乱に先駆けて E. ブロッホが評価したように，理想世界の追求は人類の営みとして，その精神は潜在する現状否定の風穴から新世界への渇望を司る時代精神を担う。
［文献］ブロッホ『ユートピアの精神』白水社，1997。

（鯨岡勝成）

ユートピア社会主義 〔独〕utopistischer Sozialismus〔仏〕socialisme utopique〔英〕utopian socialism
F. エンゲルスの著作『空想（Utopie）から科学への社会主義の発展』の発展に由来する言葉。マルクス主義では，このエンゲルスの著作にならって，19 世紀の社会主義思想をマルクス以前のユートピア社会主義と，それを超えて発展した科学的社会主義たるマルクス主義とに区別して捉える見方が定着してきた。エンゲルスによると，オーウェン，サン＝シモン，フーリエが「三人の偉大なユートピア社会主義者」とされ，彼らは新しく生まれたブルジョア社会の矛盾を感知しつつも，それを経済学的に解明することができず，また 18 世紀の啓蒙思想家たちと同様に普遍的な理性や一部の人々の善意や教育やで社会主義的な社会が実現するかのように考えたという。つまり資本主義的生産と階級闘争の発展の未熟な段階を反映して，ブルジョア社会を止揚するプロレタリアートの歴史的役割を理解せずに「いきなり全人類を解放しようと思った」点でユートピアにとどまり，マルクスによる科学的社会主義に道を譲ったとされる。ただしマルクスやエンゲルスは，このような批判はしつつも，たとえばサン＝シモンに由来する政治的国家の消滅，フーリエに由来する自己実現としての労働と

いった，彼らの描いた未来の社会主義社会や人間解放の理念・イメージを強く継承した。また現在ではこのような科学以前のユートピアというイメージで一括りにするよりも，英仏各国の歴史的社会的文脈の中で現れた相互に独立した思想家として個別に研究されるようになっている。
→オーウェン，サン＝シモン，フーリエ
［文献］エンゲルス『空想から科学へ』大月書店，2009。
（岩本吉弘）

　ユマニスム　〔仏〕humanisme
ヨーロッパにおいて，14-15世紀以降，これまでのキリスト教会の宗教的・イデオロギー的専横やスコラ哲学と言われるような抽象的な神学議論に没頭するあり方を批判して，ギリシア・ローマの知的伝統を文献に即して研究しようとする流れが生まれた。それは，イタリアにおけるダンテを先駆とし，ペトラルカやボッカチオらによって神学的世界とは違う人間生活への関心を深める文学的運動ともなり，人文主義（ヒューマニズム）といわれて，ルネサンスの文化運動となった。この流れは，エラスムスや，フランスのモンテーニュやラブレーといった思想家において，人間のあるがままの生活を全体として見つめ，そこから「より人間らしい」(humanior) ものを求めて，教会や権威の堕落を痛烈に批判し，人間であることを肯定しようとする思想的・文化的立場や知的運動ともなっているが，このようなフランスを中心とする流れを特にユマニスムと表すことがある。
→ヒューマニズム
［文献］渡辺一夫『フランス・ユマニスムの成立』岩波全書，1976。
（佐藤和夫）

　ユング　Carl Gustav Jung 1875-1961
スイスの精神科医で，分析心理学（ユング心理学）の創始者。初めは，フロイトの賛同者であったが，後に，フロイト理論の生物学的側面，性欲動説を批判して，離反していく。言語連想テストを行うと，刺激語と患者の関係によっては連想時間に遅延が生ず

ユング

ることから、無意識内のコンプレックスの存在を考えた。無意識の重要性を主張する点では、フロイトと共通しているが、ユングは、フロイトと異なり、無意識を二つに分けた。個人的無意識と集合的無意識である。個人の生活史の中で形成される個人的無意識を、フロイトは快楽原則に支配された反理性的なものと考えたのに対して、ユングは抑圧された、性的なものだけではなく、創造的なエネルギーとしても捉えた。また、集合的無意識は、人類が普遍的に太古から引き継ぐ感情、思考、記憶などであるが、それは元型（アーキタイプ）から成り、宗教や神話、おとぎ話、夢などとして現れるとされる。代表的な元型としては、ペルソナ、影、アニマ（Anima）、アニムス（Animus）、老賢者、自己、マンダラなどが挙げられる。このように、集合的無意識を強調する点に、ユング心理学の特徴がある。個人的無意識と集合的無意識を統合することにより、患者は個人として自立し、自己の全体性を獲得する。ユング心理学は、わが国では河合隼雄の紹介によって大いに普及し、臨床心理学ブームのきっかけをつくることになった。

→精神分析、無意識、フロイト

［文献］河合俊雄『ユング──魂の現実性』講談社、1998；河合隼雄『ユング心理学入門』岩波現代文庫、2009。（高取憲一郎）

ヨ

洋学 （ようがく）

洋学は「西洋学術」の略語で，鎖国以後の江戸時代に移植・研究された西洋学術を意味する。洋学は当初蘭学であったが，幕末の開港以後オランダ以外の英・仏系の学術も移植されることにより，洋学と総称された。洋学は，後に福澤諭吉が「虚学」たる漢学に対し「実学」と規定したように，「実用の学」であり同時に「実理の学」を意味した。それゆえ，洋学は，医学・天文学・化学などの自然科学，暦法・測量術・砲術などの技術だけではなく，洋学者による海防論や封建制度批判論などまでを含む。

洋学すなわち近代西洋学術の本格的移植は，オランダの解剖書『ターヘル・アナトミア』の『解体新書』への訳述をもって始まる。同書を携え千住骨ケ原の死刑囚の腑分けを見学した前野良沢，杉田玄白，中川淳庵らは直ちにその翻訳を開始，三年の辛苦の努力の末，1774年に『解体新書』五巻（図一巻，本文四巻）を刊行した。彼らが開拓した医学は，大槻玄沢や宇田川玄隨によって発展させられ，シーボルトの来日（1823）によって一挙に飛躍，幕末には大阪の緒方洪庵の「適々塾」などから医家だけでなく多くの洋学者が輩出した。さらに洋学は天文・地理学に及び，地動説たる『暦象新書』を訳した志筑忠男や，実地測量によって日本地図を作成した伊能忠敬が現れた。こうした科学的実証的精神は市民層に広がり，画家の司馬江漢による身分制批判（「春波楼筆記」）や大阪の商人山片蟠桃による神道・仏教批判（『夢の世』）などの反封建的思想を生んだ。それゆえ，幕府による洋学弾圧は厳しさを増し，1829年の「シーボルト事件」による彼の国外追放に続き，39年には渡辺崋山や高野長英ら「尚歯会」への「蛮社の獄」の大弾圧がなされた。崋山の「慎機論」や長英の「夢物語」が攘夷の不可を論じ，「御政事」を批判したと断じられたのである。その後，幕府は，洋学摂取を兵学・工学な

ヨウキ

ど内政改革や国防的方向に特定するとともに,洋学者を武士層出身者に限定した。それが,「蕃所調所」の設置（1856）にみられる「東洋道徳,西洋芸術」の方向であったが,洋学はもとよりその意図を超え明治の啓蒙思想や自由民権思想に受け継がれ日本の近代化・民主化に寄与した。
[文献]『洋学』上・下（日本思想大系64・65）岩波書店,1972・76；高橋礦一『洋学思想史論』新日本出版社,1972。

（吉田傑俊）

揚棄→止揚

様式〔独〕Stil〔英〕style
古代ヨーロッパの修辞学に由来し,芸術学において頻繁に使われるようになったこの語は,表象内容・主題よりも,表現の仕方あるいは形式に焦点を合わせる。その際,共有された規範に従う表現を重視するか,それとも,規範から外れる個性を評価するかは,時代によって変わるが,たとえば近世ヨーロッパでは,双方のバランス,つまり特定の枠内の選択（型）が求められた。18世紀後半以降,「様式」は,表現形式の発達史および国民性を追求したり,美術・文学・音楽などの研究を初めて学問として成立させたりする手段となったが,現在では,歴史的類別概念よりも,たとえば「スタイルとしてのサブカルチャー」のように,ある文脈における選択肢の明確化およびそれがもたらす行為・表現パターンの再生を指す。　　　　（ジャクリーヌ・ベルント）

楊朱（ようしゅ）Yáng Zhū 前400頃 - 前340頃
戦国前半期の思想家。出身・経歴不明。孟子が墨翟と並列して批判したことで有名。孟子は楊朱が天下の利益のために一本の毛を抜くことすらも拒否する,「我が為にする」強烈な自己尊重主義者だとし,君臣上下関係を否定する危険思想の持ち主と攻撃した。思想的影響力の大きさについては疑問視する向きもある。春秋戦国期の下克上の争乱の中,振り落とされた知識人が,自己一身の生命・肉体の保持を最優先して,隠者として生きる例は『論

語』にも散見される。彼らの思想は，道家に結晶していく。楊朱もその流れの一つの代弁者と言える。楊朱の思想は，『呂氏春秋』の「重己」等の諸篇，『淮南子』，「氾論訓」などにもうかがえる。『列子』の「楊朱篇」は魏晋時代の仮託である。　　（後藤延子）

様相　〔英〕modality〔独〕Modalität〔仏〕modalité
日常的な意味では，事物の姿，あり様，状態を指すが，西洋哲学においては，文や命題で叙述される物事が可能か不可能か，現実的か非現実的か，必然的か偶然的かという区別に関連して，事態の確実さの度合いや認識主体の評価などに関わる限定された意味をもち，アリストテレスの『命題論』から現代の様相論理学に至るまでの長い歴史がある。

　アリストテレスは判断と推論に関する理論のなかで主として，あることが「必然である」ことを主張する必然様相とあることが「必然でも不可能でもない」ことを主張する許容様相について論じ，真と偽からなる二値論理を超えた多値論理としての様相論理学への道を切り開いた。カントは，いわゆるカテゴリーの質・量・関係・様相の四部門のうち，様相のなかに可能性と不可能性，現実性と非存在，必然性と偶然性を位置づけ，これらの様相概念が認識主観と対象との関係の仕方，つまり経験が主観にとっていかに確実であるかという視点から見た区別であるとした。これに対してヘーゲルは，カントの区分を踏まえつつも，論理学の判断論において様相概念を「概念の判断」に位置づけ，たとえば「この家はこれこれの性状をもつから善い」（確然判断）を，主語となる事物とその類・普遍，すなわち概念との関係を表すものとし，諸カテゴリーと判断諸形式，様相概念の主観主義的解釈を排して，様相さえも判断対象となる実在そのものの規定と見なしている。

→カテゴリー，様相論理学，概念
［文献］アリストテレス『命題論』（全集 1）岩波書店，1971；カント『純粋理性批判』上（全集 4）岩波書店，2001；ヘーゲル『小論理学』下，岩波文庫，1978。　　（奥谷浩一）

ヨウソウ

様相論理学 〔英〕modal logic
必然性，可能性，偶然性といった様相を扱う論理学の部門。C. I. ルイスらによって基礎が作られた。様相論理学では，□（必然性を表す）と◇（可能性を表す）という二つの演算子が導入され，「p は必然的である」は「□p」によって，「p は可能である」は「◇p」によって表される。様相論理学の体系は複数ある。通常の命題論理に，公理□p⊃p と□（p⊃q）⊃（□p⊃□q）を加えた体系は T 体系，T 体系に公理□p⊃□□p を加えた体系は S4 体系，S4 体系に公理◇p⊃□◇p を加えた体系は S5 体系と呼ばれる。クリプキによるモデル（クリプキモデル）がある。
〔文献〕ヒューズ／クレスウェル『様相論理入門』恒星社厚生閣，1981；小野寛晰『情報科学における論理』，日本評論社，1994。

（横田榮一）

様態 〔ラ〕modus〔英〕mode〔独〕Modus
日常語としては方法，方式，仕方，流儀，流行などの意味があるが，言語学では話法，叙法，論理学では推論の格式，音楽では旋法などというように，各分野で様々な意味内容で用いられる概念である。これが西洋哲学において「様態」と訳される場合には，いっそう限定された哲学的概念として特殊な意味と歴史をもつ。

スピノザは『エチカ』のなかで，事物の内在的原因としての唯一の無限実体＝神がもつ無限に多くの属性のうち，人間が認識しうる二つの属性が思考と延長とであるとし，思考の具体的形態である観念，欲望，意志，感情など，そして延長の具体的形態である位置，形状，運動，さらに個物などを「様態」と名づけて，実体の変様したもの，すなわち実体が，その本質を構成するとされる属性との関わりにおいて一定の仕方でかたちを変え，有限な仕方で表現されたものと見なした。したがって，われわれとわれわれの周囲の具体的なあり方は，唯一の無限な実体＝神に対して，直接的に関係するのではなくて，この実体の変様としての様態によって媒介されて間接的に関係することになる。ヘーゲルにおいても，実体—属性—様態の基本的な区別は踏襲されているが，しかし彼のいう実体は，すべての個物を飲み込む奈落のような空

無なものではなくて，自己を定立しながら自己の前提を産出していく絶対的な否定性の発展的活動たる概念へと高まりゆくべきものとして理解されている。
→実体，属性
［文献］スピノザ『エチカ』上・下，岩波文庫，1975；ヘーゲル『大論理学』（全集 6-8）岩書店，1956-66。　　　　（奥谷浩一）

陽明学　（ようめいがく）
中国明代の王陽明（守仁）の学術思想をいう。学術思想界の正統の座を占めた朱子学が次第に形骸化し科挙合格の手段となっていったのに対して，陽明学は，聖賢に至るという学本来の目的を回復し，学問方法・内容を簡略化・実践化して，万人が聖賢に至る道を敷設した。「心即理」は，理は事事物物を検討した結果ようやく理解体得されるというものでなく，万人の心に備わっているものであり，日常活動のなかでそれを体認すればよいということを表現している。学問（知）は実践（行）を離れた特別の修行でなく日常の不可分の過程であること（知行合一），人間の知（良知）は，人間が一瞬のうちに己の心の是非善悪を知り，悪を克ち去る能力であるから，これを作動させる（致良知）工夫が大切であること，などがその学説の主たるポイントである。この場合王陽明の想定する「心」の内容が「父子兄弟の愛」であり，善悪とはこれに背くことであること，王陽明にとっての理想社会の内容が個々の家族相互の取り結ぶ士農工商という職分的世界であることなどを考えるならば，陽明学が封建的思惟としての朱子学の補強であることは明らかである。家族的愛が強調されるのは，中国封建社会の家父長制的特質に基づく。その生涯を彩る叛乱鎮圧の武断的行動が学説の儒教的徳治主義を補完していることも，この学説の歴史的性格を雄弁に物語っている。
→王陽明，陽明学派
［文献］岩間一雄『中国政治思想史研究』未来社，1968。
　　　　　　　　　　　　　　　　　　　　　（岩間一雄）

ヨウメイ

陽明学派 （ようめいがくは）
王陽明の学問思想を継承する学派。王陽明の学説の中に，人間の善性（良知）の実現度に関する曖昧さがあったがため，後継者は二つのグループに分かれた。いわゆる良知現成論グループ（王畿・王艮，羅汝芳＝王学左派）とその批判者たち（欧陽崇一，銭徳洪，鄒守益，羅洪先，聶双江）とである。両派は激しい論争を展開したが，最も深刻な影響を与えたのは良知現成論である。良知現成論は普通の人間を聖人と見るという常識的には受け入れがたい意見であるが，人を善たらしめずにはおかないという強烈な意志をもつリーダーによって導かれる情熱的な講学運動を想定してみれば，人間は中立的静的存在というよりは絶えず悪を克ち去り善に向かって前進する能動的主体性において現れるだろう。実際に良知現成派は，多く地域活動や講学活動など王朝権力から比較的距離を置いた狭いグループ内で活動した人々が多い。またその活動は地域の仏教・道教とも結びついて三教一致論が唱えられる場合もある。そうした方向の極限が李卓吾であるが，この場合でも人間の自然で自由な活動は王朝権力の不正や欺瞞と衝突するとしてもその枠組自体を本質的に越えるものではない。ただし，その枠組が王朝権力の許容する枠組を越えると見られた場合は，弾圧の対象となった。清朝考証学のもとで陽明学派は勢力を失うが，清朝末期において譚嗣同らの万物一体論として復活され，革命運動に一定の影響を与えた。
→王陽明，陽明学，李卓吾
［文献］島田虔次『中国における近代思惟の挫折』（全2冊）（東洋文庫）平凡社，2003；岩間一雄『中国の封建的世界像』未来社，1982。　　　　　　　　　　　　　　　　　（岩間一雄）

揚雄 （ようゆう）Yáng Xióng 前53-後18
漢代の思想家。字は子雲。若年より貧困のなかで勉学，博覧と文才を謳われる。哲学上の主著は『易』に倣った『太玄経』と『論語』に倣った『法言』。「玄」を宇宙の根源とし，そこからの段階的な発出として世界を説明する限り，老子の影響は明瞭であるが，倫理上は孔子を道への門戸とし，五経を尊重するなど，基

本的に儒教の見地に立つ。人間の「性」に関しては，善悪混在説をとり，「修」による後天的可変性を主張。さらに天を「無為の為」としてその意志性を否定，讖緯説の迷信を退けるなど，総じて合理的傾向が強く，この点は桓譚や王充に継承される。
［文献］鈴木由次郎『太玄易の研究』明徳出版社，1964；王栄宝『法言義疏』上・下，中華書局，1987。　　　　　　（村瀬裕也）

ヨーガ　〔サ〕yoga
インドで古代から行われていた精神集中や瞑想に関する宗教的行法。その起源をインダス文明に求める説もあり，非アーリア的なインド土着の要素から生いでたことは明らかである。前6世紀頃にはヨーガは苦行とは異なる精神的行法として体系化されていたと推定される。中核となる行法は，最終的にヨーガ学派の説く八実修法（禁戒，勧戒，座法，調気，制感，疑念，静慮，三昧）にまとめられる。最初の五つはヨーガの外的部門で外的条件を整えるもので，倫理徳目と修定規則である〈禁戒〉と〈勧戒〉を修めたあと，静寂な場所で結跏趺坐などの座法に従って呼吸を調制（〈調気〉）し五官を制御（〈制感〉）して，次に心集中と瞑想からなる〈凝念〉，〈静慮〉，〈三昧〉に進む。これらはヨーガの核心部であり，綜制（サンヤマ）といわれる。凝念によって心を一点に縛りつけ，その一点から想念が不断に伸びていくのが静慮であって，その静慮において観念がただ対象のみとなり，その本質が空無のようであるのが三昧である。これは後にラージャ（＝王）・ヨーガと称され，心理的な側面が追求された。これに対し，13世紀の初め，タントリズムの中からゴーラクシャ・ナータを開祖としてハタ（＝力）・ヨーガが生まれた。元来はラージャ・ヨーガの予備段階であったものらしい。ここでは，肉体的，生理的な側面が強調され肉体の修練法（アーサナやバンダ）や呼吸の修練法（クンバカ），両者を併せたムドラーと呼ばれる修練法が発達した。思想的にはシヴァ神とシャクティ女神の二大原理を取り入れており，脊柱の下部で眠るシャクティであるクンダリニーと呼ばれる力を目覚めさせ，頭頂に位置するシヴァと合一させることがこのヨーガの目的とされた。現代行われているヨーガはほとん

どハタ・ヨーガである。この他には，ヒンドゥー教でもっとも親しまれている古い聖典『バガヴァッド・ギーター』には，解脱に至る宗教的実践の道として，サーンキヤ学派の哲学的知識によって解脱に至る「ジュニャーナ・ヨーガ（知識の道）」，行為の結果を度外視して本務を遂行する「カルマ・ヨーガ（行為の道）」，神への絶対的帰依による「バクティ・ヨーガ（信愛の道）」の三種が説かれている。

［文献］立川武藏『ヨーガの哲学』講談社現代新書，1988；番場裕之『実践「ヨーガ・スートラ」入門』春秋社，2008；伊藤武『図説 ヨーガ大全』佼成出版社，2011。　　　　　　（石飛道子）

　ヨーガ学派　〔サ〕Yoga
インド六派哲学中で精神集中や瞑想に関する行法を扱う学派。理論的根拠をサーンキヤ学派の二元論に求めるが，最高神を認めるか否かで相違が見られる。仏教の思想の影響も受けた。根本教典『ヨーガ・スートラ』は，パタンジャリの作とされるが，実際はいくつかのスートラを編集したもので4-5世紀に現存の形になったとされる。『スートラ』では，ヨーガとは心作用の止滅であると定義づけ，煩悩，カルマン（業），解脱を説き，禁戒，勧戒，座法，調気，制感，凝念，静慮，三昧という八実修法を解説する。13世紀タントリズムの中から生じた生理学的要素の強いハタ・ヨーガに対し，『スートラ』のヨーガはラージャ・ヨーガと呼ばれる。

［文献］佐保田鶴治『ヨーガ根本教典』正・続，平河出版社，1983・86。　　　　　　　　　　　　　　　　（石飛道子）

　抑圧　〔独〕Verdrängung〔英〕repression
精神分析で言うところの防衛機制の中の一つであり，好ましくない考えや，感情，欲望を，意識の中から排除して，無意識の中へと押し込めることである。この働きは，無意識的に行われ，その点で，同じく防衛機制の一つであるが意識的に行われる抑制とは異なる。抑圧により無意識の領域へと閉じ込められた内容は，夢や言い間違い，白昼夢などとして現れる。抑圧の例として，ヒス

テリー性健忘があるが，その場合，患者は好ましくない行為を経験したり見たりしたにもかかわらず，その行為そのものやその状況を完全に忘却してしまうのである。
→無意識
［文献］小此木啓吾『フロイト』講談社学術文庫，1989；ブロイアー／フロイト『ヒステリー研究〈初版〉』中公クラシックス，2013。　　　　　　　　　　　　　　　　　　　　（高取憲一郎）

　抑圧的寛容　〔英〕repressive tolerance
マルクーゼが同名の論文（1965）で提起した概念。寛容（tolerance）概念に関してはもともと「自分の権利を侵害する者に対しても寛容でいるべきか？」という問題が提起されてきた。寛容の美名のもとに，パターナリズムのように，実際には力関係による不当な抑圧や差別が行われていると告発したのが「抑圧的寛容」概念。これを解決するには，当事者達による具体的状況の認知と民主的な手続きによる合意・決定が必要である。しかしマルクーゼは，この論文では民主主義的手続きは抑圧的寛容の道具でしかないと否定，また抑圧には暴力を行使しても非寛容を貫くべきだとした。だが，運動の中で1967年には民主主義の肯定と暴力の否定へと自説を改めた。
［文献］マルクーゼ「抑圧的寛容」（マルクーゼ他著『純粋寛容批判』せりか書房，1968）；ユルゲン・ハーバーマス「宗教的寛容——文化的諸権利のペースメーカー」（『自然主義と宗教の間』法政大学出版局，2014）。　　　　　　　　　　（福山隆夫）

　欲望→欲求／要求／欲望

　与件　〔英〕data
「所与」とほぼ同じ。一般に，問題の前提となるもの，認識に先立ち直接与えられているものを指す。たとえば，認識や意識の条件として与えられる感覚や印象（ヒューム）は与件である。カントでいえば，物自体は与件であり，そこから認識が始まる。ラッセルやカルナップは，感覚与件（sense-data）を認識の出発点と

考えた。ラッセルによれば，テーブルというまとまりのある物体が知られるためには，まず色，固さ，滑らかさなどの断片的な感覚が別々に知られなければならない。
［文献］ラッセル『哲学入門』ちくま学芸文庫，2005。（島崎隆）

吉田松陰 （よしだ しょういん）1830〔天保1〕-1859〔安政6〕
長州萩藩松本村（山口県萩市）に生れる。山鹿流兵学師範吉田大助の養子となり兵学者の道を歩み始めるが，長崎・平戸への遊学の体験によって西洋兵学を学ぶ必要を痛感し，江戸において佐久間象山に入門。きわめて行動的性格で，藩の許可を得ないままに東北を遊歴しては士籍を奪われ，万国の形勢を視察するためロシア軍艦での渡航を企てて果たせず，象山の勧めに従い再来航したペリーの艦隊に便乗して渡航を試みるも失敗して捕囚の身となった。東北遊歴の際に水戸学に触れて自得するに至り，強烈な皇国意識に導かれて天皇を絶対化し，幕府の違勅を厳しく批判するとともに幕藩体制を超える挙国的な政治体制を構想したが，幕府に捕らえられ死罪に処せられた。松下村塾において高杉晋作，久坂玄瑞など多くの俊才を育てた。
［文献］『吉田松陰全集〔大衆版〕』（全11巻 別巻）大和書房，1972-74。　　　　　　　　　　　　　　　　　　（田平暢志）

吉野作造 （よしの さくぞう）1878〔明治11〕-1933〔昭和8〕
政治学者。1904年，東京帝国大学法科を卒業し，早くに中国（袁世凱家の家庭教師）とヨーロッパに各三年間滞在・留学し，14年に同大学教授。その後10年代後半に「護憲」「普選」「軍縮」などを唱えた大正デモクラシーの理論としての「民本主義」を『中央公論』などに展開した。ただし民本主義は，「国権の所在」は「君主国体」にあり，その主権の行使において「一般民衆の利福ならびに意向を重んずるを方針とすべし」という方向に限定されていた。他方，民本主義の対外的適用として，知識人集団「黎明会」を結成し，当時の中国侵略政策や朝鮮同化政策を批判する評論活動も活発に行った。さらに晩年には，日本の民本主義の発

展を歴史的に証明するため幕末と明治自由文化の研究に努め，主宰した「明治文化研究会」によって『明治文化全集』全24巻の出版に尽力した。
［文献］『吉野作造選集』（全15巻 別巻1）新紀元社，1995-96；松本三之介『吉野作造』東京大学出版会，2008。　（吉田傑俊）

欲求／要求／欲望　〔英〕desire / need〔独〕Bedürfnis / Begierde / Verlangen〔仏〕désir / besoin
餓えや渇き，性欲などの動物的生理的な現象のみならず，富や名誉や権力を欲しがる人間的社会的な心情も含み，一般的にはある不足を感じてそれを満たそうと思う心的な働きである。それは行動の動機となる限り，認識や感情と区別される。欲求と欲望は概して違いが認められないが，ヘーゲルにおいては欲求（Bedürfnis）が欠乏の状態を指すのに対して，欲望（Begierde）は欠乏を満たそうとする方向を示している。欲求と欲望は主体の心理的な現象という意味が強いが，要求においては主体と環境との平衡関係の回復のために必要な行動という客観的要素も含まれている。元来，老壮思想や仏教は無欲の境地を理想としたが，西洋思想においては欲望に対して否定的な評価と肯定的な評価とが併存していた。プラトンの場合，欲望は知性と意志の支配下に立つべき心の部分であるものの，「エロス」は性欲のみならず，永遠に存在する美のイデアに与ろうとする欲求として名誉欲や哲学の原動力をも意味した。アリストテレスは欲望を，心を行動に駆り立てるものと見なしたが，ストア派は欲望にとらわれない「無感動」の境地を理想とし，デカルトも欲望の制御を道徳の要諦と考えた。しかし快楽主義者は快，すなわち欲望の対象を善と見なした。また古代のエピクロス派が名誉欲など空虚な欲望を否認したのに対して，ホッブズは欲求の無限な追求を是認した。ヘーゲルも欲求の無限な多様化や洗練化の傾向と，他人から承認されたいという「社会的欲求」を，人間に特有な欲求の特徴として認め，市民社会を「欲求の体系」と規定した。そして，分裂を克服する「哲学の欲求」のうちに哲学の歴史的使命を認めた。マルクスは欲求の産出を歴史の一つの条件と見なし，欲求の歴史的発展を認めた。

心理学においても欲求概念は重要であり，フロイトの精神分析では性欲が中心を占めた。ブントの心理学において欲求は不随意的な衝動と異なり，意識や目的観念を伴った衝動とされるが，外界と接する限り努力や意欲に移行するものと見なされた。現代の心理学では機能的分析が現れ，欲求よりも「動機づけ」が語られる傾向にある。

［文献］プラトン『饗宴』岩波文庫，1965；山本光雄／戸塚七郎編訳『後期ギリシア哲学者資料集』岩波書店，1985；ヘーゲル『法哲学』上・下，岩波文庫，2021。　　　　　　　（久保陽一）

予定説　〔ラ〕praedestinatio〔英〕predestination
「前もって決められている」という意味では，天命，摂理，先見，自由意志などに関連し，諸宗教・諸思想にも見られるが，先鋭な展開としては，古代イスラエルの「選び」の理念の独特性に発する。そこでの唯一の根拠は，「弱小で取るに足りない民」への神の自由な愛による選びである（『申命記』4-7章）。キリスト教においては，この伝統を踏まえて，イエス・キリストにおける救いに万民が無償で招かれていることが神の自由な選びによると捉えられた（『ローマ書』9章）。アウグスティヌスもこの理解を深め，カルヴァンが強調したことは有名。後者は「二重予定説」という決定論に近づいたが，本来は神の自由な恵みへの信頼と確信の表現であり，抽象的論理ではなく救済の招きへの自由な応答において会得される神の主権への自由な委ねの表現であった。
→カルヴァン　　　　　　　　　　　　　　　　　　（高尾利数）

予定調和説　〔仏〕système de l'harmonie préétablie
あらゆる存在についてそれに生起する事柄はすべてうまく調和するように予め決められていたとする考え方で，ライプニッツの哲学の全体像を表す概念である。ライプニッツはこれにより，①各存在者相互の有機的な連関，②精神の自発的な働きと物体的の機械論的な作用との間の連関，③自然の世界の秩序と道徳的世界の秩序の間の調和を図ろうとした。この説は〈予定〉という点では決定論の側面をもち，人間の自由や神の恩寵というあり方から批

判を受けた。他方，〈調和〉という点ではオプティミズムの思想でもあり，これはこれでその楽観的姿勢が批判の的ともなった。
→ライプニッツ
［文献］ライプニッツ『モナドロジー』（著作集9）工作舎，1989。
（佐々木能章）

ヨナス　Hans Jonas 1903-1993
ドイツ生まれのアメリカなどで活動したユダヤ系哲学者。ヨナスの説いたのは，現在と未来にわたる人間相互の関係を，さらに，現在の人間と未来の自然との関係をも含む新しい倫理である。そうした文脈で「責任」とは何かを問うた彼の議論は，現在の環境倫理学ないし生態学的倫理学に引き継がれている。ただし，彼の哲学的立場は存在論的かつ目的論的であり，いわば乳飲み子が要請する責任というものを原型にして，存在が当為を含むことを説くものである。しかし，責任の倫理をリアルに考えるには，現実社会の構造的問題，その矛盾ないし歪みとの対決が必要であろう。
［文献］ヨナス『責任という原理——科学技術文明のための倫理学の試み』東信堂，2000；同『グノーシスと古代末期の精神』（全2冊）ぷねうま舎，2015。
（入江重吉）

ラ

頼山陽（らい さんよう）1780〔安永9〕-1832〔天保3〕
江戸後期の儒学者，詩人。昌平黌教授で朱子学者の頼春水の長男として大坂に生まれる。幼少より詩文の才を認められたが神経症を病み20歳を過ぎたときに脱藩，連れ戻されて幽閉された。その後廃嫡され自由の身となって京に塾を開き，多くの文人と交わるとともに各地を遊歴。詩文とともに歴史を志して，『日本外史』や彼の政論を交えて書かれた『日本政記』などを著した。その史論は武家政権の盛衰の理由を論じて，天皇をなおざりにし権力をほしいままにするものが盛衰を繰り返すのだという尊王思想に中心があり，幕末の志士たちの精神的な支柱の一つとなった。
[文献]『頼山陽——日本思想大系49』岩波書店，1977。

（田平暢志）

ライプニッツ Gottfried Wilhelm Leibniz 1646-1716
ドイツの哲学者，数学者。ライプツィヒに生まれ，幼少時から神童ぶりを発揮し，論理学，数学，神学，哲学を学び，法学で学位を取ったあと，マインツの宮廷顧問となる。外交活動でパリに赴き，数学を究めるとともに各界の学者と交流する。その後ハノーファーの宮廷に仕え，終生，宮廷顧問，王立図書館長を務めながら，多くの学問に手を染め，歴史調査，法典編纂，言語調査，中国研究も手がけ，政治や外交，鉱山開発，計算機作製，教会合同，アカデミー建設などの実践的課題にも取り組んだ。こうした多面的な活動を支えた姿勢が普遍学である。あらゆる学問や実践的な活動が全体として人間の幸福に寄与すべきだという学問理念は若い頃から抱いていたもので，諸活動はこのプログラムの中で評価されるべきである。この理念を支える論理学を築き上げようとしたライプニッツは，『結合法論』(1666)で諸観念を結合させて世界全体を把握しようとする〈人間思想のアルファベット〉

の構想を提起し，終生にわたりその完成を目指していた．その哲学の特徴は，個体の自発性に基礎を置きながらも全体の調和を目指すところにある．これを表したのが，〈モナド〉と〈予定調和〉であり，この二つの概念に支えられて動的な全体的世界像が築かれる．質的に異なる無数の実体〈モナド〉からなる世界は統一的原理に支えられることによって調和ある全体をなす．それはさらに，機械論と目的論，自由と決定，信仰と理性など，両立しがたいレベルを統合する階層的な調和へと展開する．ライプニッツの哲学は，アルノー，スピノザ，マルブランシュ，ベール，ロック，クラークなどの同時代の学者たちとの論争を通じて洗練化されたが，その思想は内容の豊かさゆえに様々に受けとめられ，称揚・批判・揶揄の対象にもなった．ライプニッツにまとまった著作は少なく，多くは雑誌掲載の論文と約1100人の各界の人々と交わした書簡類，それと膨大なメモ類であり，活動の全貌をまとめた完全な全集の完成は当分先のことであろう．

→モナド論，予定調和説

[文献]『ライプニッツ著作集』(全10巻 第II期全3巻) 工作舎，1988-99, 2015-2018；エイトン『ライプニッツの普遍計画』工作舎，1990；酒井潔／佐々木能章編『ライプニッツを学ぶ人のために』世界思想社，2009． (佐々木能章)

ライヘンバッハ　Hans Reichenbach 1891-1953
ドイツはハンブルク生まれのアメリカの哲学者．いわゆる科学哲学の発展に大きな役割を果たした．1926-33年，ベルリン大学員外教授（「理論物理学」）．経験哲学協会を創設し，ウィーン学団と密接に協力する．33年，ユダヤ系ゆえに追放されて，38年までイスタンブール大学で教鞭を執る．38-53年，カリフォルニア大学教授．業績は多岐にわたるが，とりわけ，特殊相対性理論の「時空」を哲学的に解明し量子力学の哲学的基礎に取り組んだこと，および，確率を相対頻度の極限と解釈することによって帰納法の基礎づけに努めたこと，などが著しい．

[文献] ライヘンバッハ『科学哲学の形成』みすず書房，1985；Reichenbach, *Philosophische Grundlagen der Quantenmechanik*,

Birkhäuser, 1949。　　　　　　　　　　　　　　　　　（秋間実）

　ライル　Gilbert Ryle 1900-1976
イギリスの哲学者。オックスフォード日常言語学派の代表的人物。哲学の仕事は，日常言語の使用法に由来する混乱を，その論理構造を明らかにすることによって取り除くことにあると主張し，ウィトゲンシュタイン，オースティンと並ぶ現代英米哲学のリーダーと見なされている。主著『心の概念』(1949) で，デカルトの二元論も，唯物論と観念論の対立も，言語の使用に関するカテゴリー錯誤から生じる疑似問題にすぎないと主張した。心の問題に関しては，論理的行動主義の立場をとる。
→カテゴリー錯誤
[文献] G. ライル『心の概念』みすず書房，1987。（中村行秀）

　ラカン　Jacques-Marie-Émile Lacan 1901-1981
フランスの精神科医・精神分析家。メタ精神分析的言説により学派を形成したものの，対立・分裂を繰り返した。人は他者関係の中で象徴界に参入し「語る主体」となると考えたため，一般に構造主義者に数えられる。しかしラカンは，私は「私に対する他者の欲望」を自己の欲望として同一視することを通して「語る主体」になると考えるのであるから，ラカンのいう「構造」とは単に「言語という差異の体系」なのではなく，「語る」ことの内に「他者により語られた私」を引きうけつつ語るという「語る主体」の真実が証しされてゆくことが含まれるものである。ラカンはそれを「クラインの壺」のトポロジーに基づく動的なものとして示そうとした。
[文献] コフマン編『フロイト & ラカン事典』弘文堂，1997；向井雅明『ラカン入門』ちくま学芸文庫，2016。　　　　（上利博規）

　ラサール　Ferdinand Lassalle 1825-1864
ドイツの労働者政党の指導者。ヘーゲル主義で基礎づけた社会主義を思想的立脚点とするが，ナショナリズムの傾向も強い。『公開返書』(1863) で普通選挙権を，労働者の状態改善のための国

家援助による生産アソシエーションの実現手段として提起した。これがドイツ社会民主党の前身，全ドイツ労働者協会の結成につながり，自ら指導者となってドイツ統一の達成を目論んだ。国家重視の社会主義思想はラサール主義として 19 世紀末まで運動に影響を残した。『ヘラクレイトスの哲学』(1857) のような学術的著作もある。
[文献] ラサール『労働者綱領』岩波文庫, 1949；同『学問と労働者』(世界古典文庫) 日本評論社, 1949。　　　　(篠原敏昭)

ラスキ　Harold Joseph Laski 1893-1950
イギリスの政治学者，ロンドン大学教授，1945-46 年には労働党委員長。国家は多くの団体のうちの一つであるが強制力をもつ点に特徴があるとする多元的国家論を展開。しかし 1930 年代のファシズムの台頭に危機感を抱き，マルクス主義的な階級国家論へ接近し，ソ連の一党独裁体制を批判しつつも，この体制はしだいに緩和されていくであろうと予測した。戦後は福祉国家政策を支持し，「同意による革命」を主張した。ラスキはルソーやヘーゲルのような理想主義的自由概念に反対し，「強制の欠如」として自由を捉えるが，しかしその実現のためには平等が不可欠であるとした。
[文献] ラスキ『近代国家における自由』岩波文庫, 1974；同『危機にたつ民主主義』ミネルヴァ書房, 1957。　　　　(浜林正夫)

ラスキン　John Ruskin 1819-1900
英国ヴィクトリア朝を代表する批評家，社会思想家。『近大画家論』(全 5 巻) 等で，独自の視覚論，シンボリズム解釈を展開，美術批評家の地位を確立する。ラファエル前派をはじめプルースト等，その影響は広範に及ぶ。産業資本主義を謳歌する英国社会への批評 (『この後の者にも』1861, 他) では，リカード, J. S. ミルらの古典派経済学を商業経済学と難じ，正義と情愛 (affection) の結合する政治経済学に拠って富の不平等や苛酷な労働・貧困を解消すべきと主張した。その社会批評は激しい非難を浴び，後年自ら試みた共同体実験 (聖ジョージギルド) も失

敗に終わったが，資本主義批判，再分配論，国家による教育・職業訓練保障などの主張は，モリス，ケア・ハーディ等の社会主義思想，ホブソン等の社会的自由主義に受け継がれた。
→教養，モリス（W.）
［文献］ジョージ・P・ランドウ『ラスキン――眼差しの哲学者』日本経済評論社，2010；大熊信行『社会思想家としてのラスキンとモリス』論創社，2004；Gill G. Cockram, *Ruskin and Social Reform*, Tauris Academic Studies, 2007. （中西新太郎）

ラーダークリシュナン　Sarvepalli Rādhākrishnan 1888-1975
インドの哲学者にして政治家。現アーンドラ・プラデーシュ州のティルッタニに生まれる。カルカッタ大学の哲学教授など，学者生活を送る一方，1946年にユネスコのインド代表団長になったのを皮切りに政治の世界に入り，1962-67年にはインド大統領という要職を務め，対立する中国，アメリカを見据え，ソ連から多大の軍事援助を取り付けた。主著は浩瀚な『インド哲学史』であり学術性は高いが，これは，ヴェーダーンタ学派の有力な一派である不二一元論（幻影論）に最高の価値を置くものであった。しかし彼はなお，洋の東西を超えた人間としての心の鼓動なるものを求め続けた。
［文献］ラーダークリシュナン『インド仏教思想史』大蔵出版，1985；同『霊の理想主義の人間観――比較思想から思想対決へ』知泉学術叢書，2020；中村元『インド思想史〔第2版〕』岩波全書，1968。 （宮元啓一）

楽観主義→オプティミズム／ペシミズム

ラッセル　Bertrand Arthur William Russell 1872-1970
イギリスの数学・論理学者，哲学者，社会評論・平和運動家。はじめ，ケンブリッジ大学の数学者として出発した。数学基礎論の領域で，純粋数学の基礎概念はすべて論理学の概念に還元可能であると主張する論理主義の立場から，ホワイトヘッドと共同で現代数学の金字塔といわれる『プリンキピア・マテマティカ』（全

3巻,1910-13)を発表し,記号論理学の基礎を築いた。この方面では集合論における「ラッセルのパラドクス」の発見と,その解決のための「タイプ理論」の提唱で知られている。その後,研究対象を哲学に転じ,伝統的イギリス経験論の継承者と評される学説を展開した。それは,物体(外界)を知覚(感覚,印象)の集合とする経験論の主張を論理的に精緻化して,物理的対象は感覚与件の論理的構成であるという主張に置き換える試みであった(『哲学の諸問題』1912,『外界の認識』1914)。感覚与件は物的でも心的でもない両者に中立的な存在だとされる点で,かれの主張はマッハの中性的一元論の系列に属するものであったが,後には,この主張を含めて経験論の基本的主張を論理的な根拠を欠くものとして放棄した(『人間の知識』1948)。彼の処女作が『ドイツ社会民主主義』(1896)であったように,生涯を通して国家とその権力の問題に強い関心をよせ多くの著作を残した。資本主義の搾取と抑圧に反対したが,革命直後のロシア訪問の際の否定的な印象もあって共産主義(特にその階級闘争理論)にも否定的であった。第一次世界大戦は彼の生涯を前後二つの時期に分けることになった。以後97歳の死を迎えるまで,反戦・平和のための思想と運動に献身することになる。すでに第一次世界大戦時に,イギリスの参戦に反対し「徴兵反対同盟」の中心メンバーとして有罪判決を受け,ケンブリッジ大学の職を解任されるなどの扱いを受けていたが,広島・長崎への原爆投下以後,反戦・原水爆反対運動の指導者として世界的な注目を受けることになった。なかでも,科学者の平和運動であるパグウォシュ会議のきっかけとなった「ラッセル＝アインシュタイン宣言」(1955)やサルトルらとともに開催したアメリカのヴェトナム侵略戦争を糾弾する「ラッセル国際法廷」(1967)は,国際的平和運動における彼の記念碑的業績である。

[文献] ラッセル『哲学入門』ちくま学芸文庫,2005;同『現代哲学』ちくま学芸文庫,2014;『バートランド・ラッセル著作集』(全14巻 別巻)みすず書房,1959-1960;エイヤー『ラッセル』岩波現代選書,1980。　　　　　　　　　　　(中村行秀)

ラファル

ラファルグ　Paul Lafargue 1842-1911

キューバ生まれのフランス人。帰国して学生運動に加わり，プルードン主義者として労働運動に関わる。20代半ばにはマルクス主義者となる。マルクスの次女ラウラと結婚。1880年，ジュール・ゲードとともにフランス労働党を創設した。同年執筆した『怠ける権利』で，労働賛美は資本家の仕かけた思想的な罠にすぎないと警告する。常識とされた「労働の権利」に反駁し，労働への憎悪を説く逆説的な風刺はマルクスにすら通じなかった。70歳の直前「他人の重荷にならぬうちに」妻とともに自殺。
[文献] ラファルグ『怠ける権利』平凡社ライブラリー，2008。

（斉藤悦則）

ラプラス　Pierre-Simon de Laplace 1749-1827

フランスの数学者・天文学者。解析学に長じ，これを天文学や確率論に応用して多くの業績を上げた。天文学では，特に，太陽系惑星の運行の変則性を摂動によって取り扱い，太陽系の安定性を論じた。また，太陽系の起源に関する考察は，カント=ラプラスの星雲説として知られている。数学では，確率論の問題を最初に体系的に考察し，『確率についての哲学的試論』(1814)では，確率論が必要となるのは人間の認識が不十分であるからであるとし，いわゆる「ラプラスの魔」を導入して，決定論的，機械論的自然観を主張した。なお，ナポレオン1世のもとで内務大臣を短期間務めたほか，メートル法制定にも参与した。
[文献] ラプラス『確率についての哲学的試論』岩波文庫，1997。

（渋谷一夫）

ラブリオーラ　Antonio Labriola 1843-1904

イタリアのマルクス主義哲学の創始者，ローマ大学教授。ヘーゲル哲学を学び，新カント派的な道徳論の批判に取り組む。1880年代に社会主義に近づくなかで，クローチェに影響を与える。87年，ローマ大学教授の就任講義では歴史哲学を取り上げる。急進的な政治活動に参加し，90年からエンゲルスと文通を開始する。92年，イタリア社会党の創設に参加。『『共産党宣言』を記念し

て』(1895),『史的唯物論について』(1896)。『社会主義および哲学を論ずる』(1898) を出版するが,喉頭ガンに倒れる。実践の重要性を強調したそのマルクス主義理解には,自然史や植民地問題の認識は弱い。
［文　献］Guido Oldrini, *La cultura filosofica Napolitana dell'Ottocento*, Editori Laterza, 1973；Eugenio Garin, *Storia della filosofia Italiana*, Vol.3, Einaudi, 1966；上村忠男監修『イタリア版「マルクス主義の危機」論争——ラブリオーラ,クローチェ,ジェンティーレ,ソレル』未来社,2013。　　　　（福田静夫）

　　ラ・ブリュイエール　Jean de La Bruyère 1645-1696
フランスのモラリスト。弁護士・収税官・貴族の家庭教師を務めた。その著『カラクテール』(1688) は,テオプラストスの同名の書『人さまざま』(*Charaktēres*) の想を継いだ性格論であり,フランス的心理分析を生かした当世風俗誌でもある。モラリストとしてはラ・ロシュフコーより人間味があり,鋭さはより少ないとしても健全な良識に富む。貧しい農民に同情し,貴族や僧侶,宮廷や社交界を風刺して啓蒙思想につながる要素ももつ。静寂主義 (Quietism) 論争ではボシュエに味方した。
［文献］ラ・ブリュイエール『カラクテール——当世風俗誌』上・中・下,岩波文庫,1952-53。　　　　（仲島陽一）

　　ラマルク　Jean Baptiste Lamarck 1744-1829
フランスの生物学者,進化論者。無脊椎動物の研究を通じて進化論に至り,キュヴィエの天変地異説を批判した。しかし,学界の主流を歩んだキュヴィエの攻撃を受け,晩年は失明し不遇の生涯を閉じた。彼は飼育や栽培が生物の変化を引き起こすという事実に注目し,生物には元もとそうした変化を起こす力が備わっていると考えた（前進的発達説）。また,ある器官を使用すると発達し,そうでないものは衰退するという「用不用説」,個体が一生の間に外界の影響や器官の使用,不使用によって獲得した形質が次世代に遺伝するという「獲得形質遺伝説」を唱えた。
［文献］ラマルク『動物哲学』岩波文庫,1954；バルテルミ＝マ

ドール『ラマルクと進化論』朝日新聞社, 1993。 (入江重吉)

　ラ・メトリ　Julien Offroy de La Mettrie 1709-1751
フランスの唯物論哲学者, 医師。サン＝マロの生まれ。カーン, パリで医学を学び博士号を取得後, オランダのブールハーフェに師事, 師の著作を翻訳。帰国後軍医となる。フライブルク滞在中瀕死の熱病にかかり, その体験を元に『霊魂の自然史』(1745) を出版。同書や風刺文書の発行がもとでオランダに逃れ, 『人間機械論』(1747) を出版。同書はディドロの『哲学断想』とともにパリ高等法院から発禁処分を受ける。その後フリードリヒ大王の宮廷へ迎えられ, ベルリンで『反セネカ論あるいは幸福論』(1748),『エピクロスの体系』(1750) などを書いたが, 食中毒で死去。ラ・メトリは, その著作を『哲学論集』(1751) にまとめ, 序論で「哲学者としてものを書くとは, 唯物論を教えることだ」と述べているように, 医師としての知識や経験, またこの時期の反宗教地下文書を基礎に, 人間の精神活動は物質としての身体の特殊な働きにすぎないとする急進的な唯物論, それに基づく快楽説を中心とする道徳論を展開し, 18世紀フランス唯物論の代表者の一人となる。先鋭な主張は終始旧勢力の攻撃にさらされ, その死は「有徳なる無神論者」というベール以来の論争課題の格好の反証とされた。またそのため他の啓蒙思想家からも反感を受け, とりわけその非道徳主義はディドロやドルバックから批判された。
[文献] ラ・メトリ『人間機械論』岩波文庫, 1957。(石川光一)

　ラ・ロシュフコー　François VI, duc de La Rochefoucauld 1613-1680
フランスのモラリスト。大貴族の出身。軍務については封建貴族の夢を追い, 絶対王権にすすむリシュリューやマザランに対抗して陰謀やフロンドの乱に関係したが, 裏切られ敗北し, 心身に傷を負って中央政界から退いた。サロンの文人たちに触発されて書いた『箴言集』(1665) はジャンセニスム（当時の非主流派カトリック）と悲観的人間観において共通するものがある。ストア的

な美徳を偽善と決めつけ，人間の行動原理を「自己愛」に還元した辛口の言辞を連ね，ルソーやサルトルなど多くの読者を苛立たせニーチェらには好まれた，あくの強い考察を展開した。
［文献］『ラ・ロシュフコー箴言集』岩波文庫，1989。

（仲島陽一）

蘭学→洋学

ランガージュ／ラング／パロール 〔仏〕langage / langue / parole
ソシュールは，まず人間のもつ普遍的な言語能力をランガージュと呼び，これを社会的側面であるラング（＝社会制度としての言語）と個人的側面であるパロール（＝現実に行われる発話行為）とに分けた。ソシュールはデュルケムの影響を受け，ラングを集団的表象としているが，ラングは，むしろ一定の集団の成員の言語活動の中に客観的に実在する，言語使用を規制する規則体系と理解されるべきものであり，パロールは，それら成員の個別的な場面での言語運用と見なされるべきであろう。ソシュールにおいては，この両者はランガージュという全体の二つの部分として説明されている。

このような，ソシュールによるランガージュのラングとパロールへの二分法を批判して，N. チョムスキーは，理想的な母語話者の知識としての言語能力と個別的な話者の具体的な発話としての言語運用との対立概念を提起しているが，言語習得能力の生得説に見られるように，両者の間の関係づけは明らかではない。むしろラングを，個々人のパロール（事柄）の根底に潜在する法則（条件）というように，対立的でありながら，相互依存的な，ランガージュ（言語活動）の二側面であると，ソシュールの考え方を弁証法的に捉え直すべきであろう。

ソシュールはさらに，言語の動態面の研究を通時言語学，静態面の研究を共時言語学と呼んで，この二つの方法論上の混同をいましめた。また，プラトン以来のいわゆる「唯名論対唯物論」論争に終止符を打ち，言語記号と指示対象の間には，因果関係や類

ラング

似関係などはほとんどないこと（言語記号の恣意性）を明らかにした。恣意的ということは個人の恣意に任されるということではない。言語が自然的・因果的に決定されたものではなく，歴史的・社会的に形成され，変化するということである。

　ソシュールは，言語記号を能記（シニフィアン）と所記（シニフィエ）の二側面をもつものとし，この二側面は1枚の紙の裏表のように切り離せないものであり，言語記号の価値は，それが記号体系に占める座標によって決まると説明している。すなわち，ある語とその意味は，語彙体系の中でその語の占める位置によって決まるということである。このようなソシュールの学説は，言語学の領域にとどまらず，記号論の分野で発展させられている。

（下川浩）

　ラング→ランガージュ／ラング／パロール

リ

リアリズム 〔英〕realism〔仏〕realisme〔独〕Realismus
事物や事象,事実を意味するラテン語の res とその形容詞 realis に由来する概念で,知覚する認識主体から独立した事物・事象の存在を認める立場であり,哲学上の用語としては〈唯名論〉の対立概念としての〈実在論(実念論)〉,芸術上の用語としては〈写実主義〉と訳されるが,本来的にはヨーロッパでは同義語で,古代ギリシア哲学の形相と質量の問題という大きな思想の流れまで遡る。広義にとれば主観を排して対象のあるがままの姿を冷静に把握・描出する立場・方法であり,あらゆる時代のあらゆる国にその傾向を認めることができようが,狭義の歴史的・地域的に限定されたリアリズムは,1850 年頃からフランスを中心にヨーロッパ全体で顕著な展開を見せて,19 世紀末の自然主義に行きつくまでの文学・芸術潮流を指している。主観的なロマン主義への反措定という色合いを帯びつつ,背景には 1848 年の革命の挫折と 50 年代から以降の急速な産業革命および科学技術の発展,ヘーゲル左派の哲学やフォイエルバッハによるキリスト教批判,市民階級や労働者階級の台頭などがあり,実証的・客観的な思考と批判意識に裏打ちされている。

フランスでは写実主義は絵画におけるドーミエやクールベに始まり,スタンダールを先駆者に,バルザックやフロベール,ゾラの自然主義に至るまで,市井や社会の底辺に生きる人物をリアルに描き出し,小説の時代ともいうべきものを招来させた。バルザックの小説を例に,「リアリズムとは,ディテールの真実とともに,典型的状況における典型的人物の忠実な再生産を含む」とした F. エンゲルスの定義は,その後のリアリズムをめぐる論議の核ともなっていく。同時代のイギリスではディケンズ,サッカレー,ゴールズワージーらが重厚な作品群でリアリズム小説の一時期を画したし,ドイツ語圏でも 1830 年頃を境に後期ロマン派

が急速に衰微してリアリズムの潮流が全面に現れ，シュトルムやメーリケ，ケラー，シュティフター，フォンターネといった作家たちを生み出していった。またロシアではプーシキンやゴーゴリ，トルストイ，ツルゲーネフ，ドストエフスキーなどが，さらにはチェーホフ，ゴーリキーへと続いて，19世紀リアリズム文学の歴史に大きな足跡を残した。こうした流れは出版企業の登場と相俟って，作者と作品と読者の関係にも構造変化を呼び起こし，ルポルタージュ文学や新聞雑誌小説，探偵小説といった大衆文学の新しいジャンルにも，道を拓く機縁となった。また日本でも明治期以降まずはそういったリアリズム文学の受容によって，坪内逍遥や二葉亭四迷を嚆矢に，いわゆる「近代文学」の歴史が始まったと言える。

　第一次世界大戦を挟んだ20世紀初頭の時代の激変はしかし感覚変容とともに様々な「アヴァンギャルド」芸術の潮流を生み出し，19世紀リアリズム文学およびリアリズム一般の定義の再検討を迫ることとなる。1930年代にはロシアで「社会主義リアリズム」が定式化される一方で，リアリズムのあり方をめぐってルカーチやE. ブロッホ，ゼーガース，ブレヒトなどによる〈表現主義／リアリズム論争〉も展開したが，それに関連しての「リアリスティックに書くということは形式上の問題ではない」というブレヒトの発言は，現代のリアリズムのあり方をめぐる問題や模索の核心を突いていよう。

［文献］リフリッツ編『マルクス・エンゲルス芸術論』上・下，岩波文庫，1957-62；ルカーチ『リアリズム論』（著作集8）白水社，1969；池田浩士編訳『表現主義論争』れんが書房新社，1988。　　　　　　　　　　　　　　　　　　（鷲山恭彦）

リオタール　Jean-Francois Lyotard 1924-1998
現代フランスの哲学者。ソルボンヌで哲学を学んで，1950年，アルジェリアのコンスタンティーヌでリセの哲学教師となる。クセジュ文庫『現象学』（1954）を著したのち，アルジェリア独立運動の左翼急進主義グループ「社会主義か野蛮か」（Socialisme ou barbarie）に身を投じた。1966年に帰国し，五月革命に参加

したのち，1971 年，『ディスクール，フィギュール』という美学的著作によって教授資格を得てパリ第八大学教授，国際哲学学院の創設に関わり，その院長を務めた。マルクス主義から出発し，メルロ＝ポンティの影響を受けながら，フロイトの欲動論をもとに感性的，受動的なものと社会との関わりを探求し，現代を「大きな物語」が消えたポストモダン（脱近代）の社会として解説したことで知られる。

→ポストモダニズム

［文献］リオタール『言説，形象（ディスクール フィギュール）』法政大学出版局，2011；同『ポスト・モダンの条件』水声社，1989。　　　　　　（船木亨）

理解→了解

リカード　David Ricardo 1772-1823

古典派経済学の代表者の一人。ロンドンで証券仲買人の子として生まれ，自らも証券仲買業に従事して巨富を築いた。穀物法をめぐる論争の中で刊行された『利潤論』(1815)で穀物法に反対し，主著『経済学および課税の原理』(1817)で労働価値論に基づく分配論によって自由貿易政策を支持。穀物法のもとで人口が増加して穀物需要が増加すると，生産性の低い劣等地が耕作されて穀物価格が騰貴し，地代と賃金が上昇して利潤が低下するので，穀物法の撤廃が必要であると主張した。哲学的にはベンサムや J. ミルの功利主義の影響下にあった。

［文献］リカードウ『経済学および課税の原理』上・下，岩波文庫，1987；『デイヴィド・リカードウ全集』（全 11 巻）雄松堂書店，1969-99。　　　　　　　　　　　　　　　　（新村聡）

理気説

「理」も「気」も古くから哲学文献に現れるが，両者が対概念として哲学上の最高範疇とされるのは宋学に始まる。すなわち，北宋の程頤は「一陰一陽」としての物質の運動と，そのものを然らしめる「所以」としての「道」とを峻別，前者を「気」に，後者を「理」に該当させた。この場合，「理」は事物の意味・価値を

規定する理念的原理,「気」は事物に形象を与える物質的原理と解されよう。こうした理気二元論は,南宋の朱熹(朱子)に継承され,一層精緻に理論化される。すなわち朱熹は,「天地の間,理有り気有り。理なるものは形而上の道なり,物を生ずるの本なり。気なるものは形而下の器(具体的事物)なり,物を生ずるの具なり」と定義した上で,両者は事物においては不可分の統一をなし,別個に存在するわけではないが,意義上・論理上においては截然と区別され,「理」は「気」に優先する,と見なした。これに対して,北宋の張載は気一元論の立場を採用し,「太虚」に充溢する「気」の聚散によって世界を説明した。これは一種の唯物論と見られよう。この立場は,明の王廷相,呉廷翰を経,王夫之において弁証法と結合して壮大に展開され,戴震において精緻に体系化される。この系譜では,「理」は一般に「条理」(法則)と解されるが,戴震は「分理」と「条理」の二面からこれを捉えた。日本では伊藤仁斎,貝原益軒,三浦梅園らが「気」一元論者として有名である。

→宋学,朱熹 (村瀬裕也)

陸九淵→陸象山

陸象山 (りく しょうざん) Lù Xiàngshān 1139〔紹興9〕-1192〔紹熙3〕

中国,南宋の思想家。江西省金渓の人。名は九淵,字は子静,号は存斎,象山先生と称された。彼は心即理を唱えて陽明学の先駆者となった。その修養法も,朱熹(朱子)の読書などのような煩瑣な手続きを必要としない簡明なものであった。象山における心もしくは道心の内容も結局孝弟に帰着しているが,それは旧い血縁関係を意味するのでない。陸家は代々の地主であり,個別地主家族としての自己の主体的なエートスを孝弟に見出しているのである。と同時に地主佃戸間に共同体的紐帯感を作興して自力で地主佃戸関係を確保する実践躬行論にも連続している。

→朱子学,陽明学 (岩間一雄)

リコシュ

リクール　Paul Ricœur 1913-2005
現代フランスの哲学者。当初現象学から出発，解釈学，精神分析，聖書解釈学と，研究領域は多岐に渡っている。本国以外，シカゴ大学でも教鞭を執り，その間分析哲学，言語哲学との対話を深めた。大著『時間と物語』以降，〈自己の解釈学〉を展開。リクールはコギトへの批判を一貫して遂行することで，話し手，動作主，物語の語り手となるような，生きた主体の構築を目指している。この試みは，〈物語的自己同一性〉概念に結実。デカルト以来の〈私〉をめぐる問題の後継者である。
[文献] リクール『意志的なものと非意志的なもの』1-3，紀伊國屋書店，1993-95；同『時間と物語』I-III，新曜社，1987-90。
（中山時勇）

李覯　（りこう）Lǐ Gòu 1009〔大中祥符2〕-1059〔嘉祐4〕
字・泰伯。北宋の思想家。少年時代に家庭環境は崩壊，困難ななかで勉学に精進。一時官途に就くが，生涯のほとんどを自ら創設した書院での教育に費やす。哲学上では，万物を「陰陽二気」の現象として説明し，また認識に関しては思惟の前提に感覚を置いているから，唯物論の傾斜をもつと言えよう。倫理学上では，「仁義」と「利欲」との密接な関連を主張，他方では「仁・義・智・信」を「礼の別名」とする特異な見解を示した。しかし彼の立論の真骨頂は，「平土」（均田）による農民の保護を初めとした政策論にあり，その筆鋒は政治・経済・法律・軍事に及んでいる。
[文献]『李覯集』中華書局，1981。
（村瀬裕也）

李滉→李退渓

利己主義と利他主義　〔英〕egoism and altruism〔独〕Egoismus und Altruismus〔仏〕egoisme et altruisme
利己主義は，自己の利益を他者の利益に優先させ追求することであり，自分の幸福を第一に考えることである。これに対し，利他主義は，他者の利益を自己の利益に優先させ追求することであ

り，他人の幸福を行為の目的とすることである。利己主義の主張は，古くから個人主義的な快楽説にみられるが，17世紀にホッブズは，人間の自己保存の衝動を挙げて，人間は本性上利己的であるとした。18世紀にB. M. マンデヴィルは，自己の利益の追求は万人の公益に通ずるという主張を掲げ，利己心を人間の本性とするフランス啓蒙主義に影響を与えた。とはいえ，利己主義をそのまま行為の原理とすることには様々な批判が提起された。C. C. シャフツベリ，F. ハチスン，アダム・スミスなどは，利己主義を人間行為の決定的な動機とせず，むしろモラル・センスもしくは道徳感情（moral sentiment）という利他的側面を重要な契機とした。スミスは，「想像上の立場の交換」という同感の原理を人間行為のモチーフとし，利己心の発現に利他的側面を媒介させた。ルソーは，利己心（amour propre）を文明化された本性として退け，それと区別された「自己愛」（amour de soi）こそが「憐れみの情（pitié）」によって発揮されると説いた。ショーペンハウアーも，利己主義を人間と動物に共通する自然の根源的な動機としたが，同時に道徳的な利他的動機ももっていると説いている。また個人主義的な快楽説も，古代から近代にかけて社会倫理的な側面が強調されたことによって，公益を重視する功利主義に至っている。ところで利他主義という用語そのものは，利己主義の対立概念として，19世紀のコントが定式化したものであるが，彼は人間精神が発展する中で，心と悟性の決定的な分離が起こるが，社会化・文明化のなかで利他主義が次第に定着化すると説いた。利他主義の考え方は，古くからアリストテレスの親切といった「徳」の概念やキリスト教の「隣人愛」などにもみられるが，現代においては，承認論や多文化共生などにみられるように，利己主義と利他主義をいかに接合させていくかということが重要な問いになっている。

［文献］ホッブズ『リヴァイアサン』（全4冊）岩波文庫，1992；スミス『道徳情操論』上・下，未来社，1969-70。　（片山善博）

リゴリズム　〔英〕rigorism〔独〕Rigorismus
規則や法の最も厳格な解釈を主張する思想的立場。典型的な道徳

的リゴリズムの実例はカントである.彼によれば,われわれが道徳的に善であるのは,意志の規定根拠として道徳法則以外の動機を一切認めない場合だけである.したがって自己の幸福や快といった非道徳的な原理が行為の動機として持ち込まれるなら,その帰結がどうであれ,われわれは単に「道徳的でない」というだけではなく,積極的な意味で「道徳的に悪である」ということになる.道徳的行為のもつ美的側面にも同時に目を向けるべきであると主張しこのような厳格な立場を緩和しようするシラーの有名な批判に対しても,カントはあえてリゴリズムを積極的に擁護することを通じてこれを明確に退けている.
［文献］カント『たんなる理性の限界内における宗教』（全集9）理想社,1979. (石井潔)

李贄→李卓吾

李珥→李栗谷

理神論 〔英〕deism〔独〕Deismus〔仏〕déisme
ラテン語の deus（神）から派生した語であり,ギリシア語の theos に由来する有神論（theism）と同義的な意味をもつが,有神論との違いは,理神論においては,人間が知ることが必要な,あるいは知ることが望まれる真理を表す神学的主張は,理性によってのみ可能であると考えられていることにある.基本的見解としては,以下のことが認められる.①一神論であること.②神は知性的諸徳をもっているが,それ自体は非擬人的である.③神は世界の創造神ではあるが,創造後は世界に介入せず,世界は自らに内在する法で統治され,秩序化される.④人間は理性的本性を与えられており,この本性によってのみ真理を知り義務を果たしうる.⑤神は人間に不死の霊魂を付与していると考える.⑥合理主義的自然主義的な有神論である.

理神論は,17世紀のヨーロッパにおいて近代合理主義のもとで発生し,その後17-18世紀のイギリスの自由思想家や独仏の啓蒙思想家によって支持され,またそれらに影響を及ぼした.その

意味で理神論は，近代ヨーロッパに現れた独自の宗教であるとの見方もできる。理神論は，宗教をあくまで理性と調和させ，非合理な要素を宗教から排しようとするので，教義の固定化や迷信への批判のみでなく，宗教の世俗体制への融和的護教的なイデオロギーに対して明確な批判を打ち出すことが多い。ディドロ，シャフツベリ，ヴォルテールなどのアンシャン・レジーム体制批判者の多くは理神論者であった。

歴史的に，理神論を最初に定式化したのは，イギリスのチャーベリーのハーバート（Herbert of Cherbury 1583-1648）であるといわれている。しかし理神論が注目されるようになったのは，17世紀末の理神論論争によってである。これは，トーランドの「キリスト教は神秘的ではない」との見解に対する国教会側の反論を契機に起こった論争であるが，ティンダルやコリンズやボリングブルックなどの理神論者が加わり，教会の本質や教義をめぐって激しい論争が繰り広げられた。

→汎神論，有神論，ディドロ

[文献]『西洋思想大事典』4，平凡社，1990；鎌井敏和ほか『イギリス思想の流れ』北樹出版，1998。　　　　　　　（河上睦子）

リースマン　David Riesman 1909-2002

大衆社会における「他人指向型」の人間類型を論じたアメリカの社会学者。人間の社会的性格は，近代化とともに伝統指向型から内部指向型へと変化し，さらに高度な工業化を遂げた戦後アメリカ社会において，他人指向型へと変化しつつあるとした。内面の理想に生きる内部指向型に対して，人間関係のなかで他者に同調して生きようとする「孤独な群衆」たちの登場である。彼の主張は，一般に大衆社会における人間疎外の批判として読まれるが，同時にそれは，大衆消費社会に生きる新たな人間類型の可能性についての先駆的な分析でもあった。

→大衆社会

[文献] リースマン『孤独な群衆』上・下，みすず書房，2013。

　　　　　　　　　　　　　　　　　　　　　　　（豊泉周治）

理性 〔英〕reason〔独〕Vernunft〔仏〕raison

感性から区別される心の能力。原理に従って真偽や善悪について判断するもので，思考によって遂行される。人間の活動は認識（知）と実践（行為）に大別され，理性もそれぞれで異なった作用をする。アリストテレスは理論的理性と実践的理性を区別したが，この区別はその後も継承された。理論的理性は事物の法則や真理を把握するが，実践的理性は善や悪について判断し，規範や規則に従って行為を制御するもので，意志と結合する。

近代において，経験論が感性や経験を認識の基礎におくのに対して，合理論は理性をその基礎におく。ドイツ観念論は本来の理性（〔独〕Vernunft）を悟性（〔独〕Verstand）から区別する。カントによると，感覚的素材に形式や秩序を与えるのは悟性であるが，さらに悟性の様々な作用を統合するのは理性である。カントは理論的理性と実践的理性の区別を強調した。ヘーゲルは理性を悟性からより明確に区別する。物事の運動を固定し，全体を部分に分析するのが悟性であるのに対して，物事の運動と全体を捉えるのが理性とされる。ヘーゲルは理論的理性と実践的理性の統一を目指すが，結局はアリストテレスに類似して，理論（テオリア）の優位の立場に立つ。中世においても理性と悟性の相違が問題とされた。理性に当たるギリシア語は「ヌース」（nous）と「ロゴス」（logos）であるが，これらがラテン語でそれぞれ「インテレクトゥス」（intellectus）と「ラチオ」（ratio）と訳された。ロゴスやラチオが比例関係を捉え，計算する能力であるのに対して，ヌースやインテレクトゥスはこれを越えると考えられた。古代ギリシアではヌースやロゴスは単に人間の能力ではなく，万物の基本法則（理法）を意味していた。ヘーゲルは，現実の発展を貫く理性＝理法を把握することを理性的認識の課題とし，このことを，「現実的なものは理性的であり，理性的なものは現実的である」と表現した。

中世においては，神の恩寵と人間の理性の関係をめぐって論争があり，スコラ学では理性が「自然の光」に由来し，恩寵から相対的に独立すると見なされた。しかし，理性はキリスト教と封建社会の秩序を擁護する役割を果たした。これに対して，近代にお

いては，理性の批判的役割が重視される（デカルトから啓蒙思想へ）。しかし，20世紀になると，理性が批判的機能を失い，人間に対して抑圧的となっているという批判が出される。理性による自然の支配は，人間自身の内的自然（感性や身体）の抑圧につながり，さらに理性は社会的テクノロジーと結合し，社会機構による人間の管理や抑圧の道具に転化しているというのである。このような批判の典型はフランクフルト学派にみられる。ハーバーマスは，対象の支配のための「戦略的合理性」から，他人との対話を目指す「コミュニケーション的合理性」を区別し，後者のなかに理性の機能回復を求めようとする。
→形式と内容
［文献］生松敬三／木田元『現代哲学の岐路』講談社学術文庫，1996。　　　　　　　　　　　　　　　　　　　　　　（高田純）

理性の狡智　〔独〕List der Vernunft〔英〕trick of reason〔仏〕ruse de la raison
ヘーゲルの用語。理性の詭計とも訳される。ヘーゲルは，自らの目的を実現するために，他のものを手段として用いる媒介性の論理のことを理性の狡知と呼んだ。労働などの目的意識的な活動のように，主観的目的が手段を媒介にして自らの目的を達成すること，歴史の主体と見なされている世界精神が，自らの手を染めることなく，個々人の情熱や利害・関心を手段として，歴史における自らの理念を実現していくことが，理性の狡知と呼ばれている。媒介性という弁証法の論理を表現したものである。
［文献］ヘーゲル『歴史哲学講義』上・下，岩波文庫，1994。
　　　　　　　　　　　　　　　　　　　　　　（岩佐茂）

理想　〔英〕ideal〔独〕Ideal〔仏〕idea
人間の努力や追求の目標となる最高の完全さをもつ事物あるいは状態をいう。知的，道徳的，美的，社会的等の理想がある。理想は，現実にはないものであるが，実現可能なものであり，人間の追求の目的として行動を導く現実的な意味をもつから，単なる空想とは区別される。理想を，相対的理想と絶対的理想（プラトン

の最高善のごとき)とに分離する見方がある。しかし唯物論的には理想はやはり現実の反映であるから,超現実的・超歴史的な絶対的理想は認められない。むしろ絶対と相対,理想と現実の関係はヘーゲルのように弁証法的に捉えられるべきだろう。
［文献］プラトン『国家』上・下,岩波文庫,1979；ヘーゲル『小論理学』上・下,岩波文庫,1978。　　　　　(両角英郎)

理想主義　〔独〕Idealismus〔英〕idealism
人格の完成,人類社会の理想状態などを究極的な目的とし,その実現へと個人や集団の実践を能動的に方向づけていこうとする世界観や人生態度を指す。理想や理念を重視する理想主義的態度は,自然や社会のあるがままの状態を受容し肯定する現実主義や自然主義の態度と対立し,理性や道徳的理想を重視する限りでは,感覚主義や快楽主義とも対立する。西洋の思想的伝統の中では,理想主義の先駆として,イデア論を提示したプラトンが挙げられる。彼にあっては,純粋なイデアの世界が真実在であり,変転極まりないこの現世は仮想的意義しかもたず,真・美・善のイデアを観想することが人間の究極的な目的とされた。ルネサンス期には,トマス・モアやカンパネッラなどのユートピア主義が理想主義を代表し,その思想の理想的内容のゆえに当時の社会に対する優れた現実批判の意義をもっていた。18-19世紀のカントからヘーゲルに至るドイツ古典哲学において,理想主義は思想史上いわば頂点に達した。彼らの哲学は,近代的個人の知的道徳的完成,高度な倫理的社会的諸制度の実現,歴史の無限の進歩を唱える理想主義であるとともに,意識・精神・理性を自然や物質に優越させる観念論であったため,Idealismusは理想主義と観念論の両義性を帯びることになった。しかし,理想主義は観念論の占有物ではなく,現実への的確な分析と批判をもとに理想社会の実現を目指す種々の唯物論思想の特質でもあった。18世紀のフランス唯物論や現代のマルクス主義も強烈な理想主義的性格をもっていることに注意が必要であろう。
→観念論,唯物論
［文献］プラトン『国家』(全2冊)岩波文庫,1979；カント『永

遠平和のために』(世界の大思想 11) 河出書房新社, 1969；エンゲルス『フォイエルバッハ論』(国民文庫) 大月書店, 1954。
(種村完司)

リゾーム／ツリー 〔仏〕rhizome / arbre〔英〕rhizome / tree
ドゥルーズがガタリとの共著『ミル・プラトー』(1980) の序文で提唱した対立概念。西洋の思考は, 上位から下位の原理への演繹体系や進化の系統樹の如く, 樹状構造 (ツリー) をモデルとしてきた。それに代わるべき新しいモデルがリゾーム (根状の茎) である。そこでは縦の上下関係を逆転したり, 横の境界をまたぎ越したり, 異質なものを結合するなど, ツリー式思考では禁じられることが許される。予期せぬ新しさの創造はそれによってこそ可能になるから, 真の現実や生命・人間の創造性を理解するには, リゾーム的思考が不可欠になる, とされる。
［文献］ドゥルーズ／ガタリ『千のプラトー』(全3冊) 河出文庫, 2010。
(河津邦喜)

李退渓 (り たいけい) (R) I T'oegye 1501〔燕山君7〕-1570〔宣祖4〕
李朝中期の哲学者。「朝鮮の朱子」と言われる。本名は李滉（りこう）, 字は景浩, 退渓は号。両班（ヤンバン）の家の末っ子として生れ, 生後7ヶ月で父を失い, 母が農業と養蚕で六人の子を育てあげる姿を見て育った。母は子供たちに, 父のない子は人の百倍も勉強をし, また自制心をもち, 行いに気をつけねばならぬと常に諭した。退渓はよくそれを守り, 思慮深く温厚な学者に成長した。彼の故郷 (現在の安東, 河回付近) は自然の美しい所であり, 元々山野を愛する資質の物主であったから, 50歳で官を辞して, 郷里で学問専一の生活に入った。朱子の手紙を丁寧に読み整理した『朱子書節要』, 晩年宣祖に進講した『聖学十図』, 自分の手紙を自ら編纂した『自省録』などが代表作。心学と理を重んじた儒学が彼の特徴である。日本の朱子学に大きな影響を与えた。
→李栗谷, 主理派／主気派
［文献］阿部吉雄編『日本刻版李退渓全集』上・下, 退溪學研究

院，1975；『増補 退溪全書』（全5巻）成均館大學校大東文化研究院，1997；阿部吉雄『日本朱子学と朝鮮』東京大学出版会，1965。 （小川晴久）

李卓吾 （り たくご）Lǐ Zhuówú 1527〔嘉靖6〕-1602〔万暦30〕

中国，明末の陽明学者。名は贄，初名載贄，号は卓吾，別号温陵。福建省泉州府晋江県の人。著書『焚書』『蔵書』など。陽明学左派は，多く王朝権力と一定の距離を保ちつつもその補完を試みたが，これを極限まで推し進めたのが李卓吾である。彼は，純粋で原初的な心を童心と呼び，それを基準として形骸化した偽善的な道徳意識を批判し，経典や聖人にまで批判を加えた。心の真実の発露である限り，儒仏道三教は一致するとされ俗文学も顕彰された。しかし，この童心も孝を越えるものでなく，また新たな体制への展望をもつものではなかった。

→王陽明，陽明学，陽明学派 （岩間一雄）

利他主義→利己主義と利他主義

リッケルト Heinrich Rickert 1863-1936

新カント派西南ドイツ学派を代表する哲学者の一人。認識主体は単に対象を受動的に反映するのではなく，対象に対して何らかの立場をとり判断する主体であり，そのような判断の根底には，つねにその根拠になる客観的な価値が存在すると主張するところに彼の理論的特徴がある。その際，個別的な事象に一般法則の実例以上の固有の価値を認める「文化科学」の分野では，このような「価値関係」的な視点が特に重要であるとされる。

彼は真善美それぞれの価値の固有性，多様性を強調し，ウェーバーの価値合理性，「理念型」（Idealtypus）といった概念に大きな影響を与えたが，他方「生」の「全体」的連関をその「精神科学」の根底に置くディルタイとは立場を異にした。

［文献］リッケルト『文化科学と自然科学』岩波文庫，1939；九鬼一人『新カント学派の価値哲学』弘文堂，1989。 （石井潔）

リド

　リード　Thomas Reid 1710-1796
イギリスの哲学者。グラスゴー大学教授，スコットランド常識学派（common sense school）の創始者。デカルト，ロック以来の近代の哲学では認識の対象は観念とされ対象そのものとなっていないと批判し，また確実な知が得られないとするヒュームの懐疑論的学説とも対決して，常識の立場に基づく哲学を構築しようとした。〈常識〉には日常人が抱く健全な確信という意味と，諸感覚を統合する〈共通感覚〉という意味とがあるが，リードはこの二義をもとに知覚による認識対象の実在性を主張した。20世紀になりローティなどによって再評価された。
→常識，常識哲学
［文献］リード『心の哲学』知泉書館，2004〔原題『常識の原理に基づく人間精神の探求』(1764)〕；長尾伸一『トマス・リード——実在論・幾何学・ユートピア』名古屋大学出版会，2004。
（佐々木能章）

　理念型　〔独〕Idealtypus
M. ウェーバーが，社会科学において用いられる概念や抽象理論の性格について論じる際に，これらを指して用いた名称。理想型とも訳される。研究者は理念型を，現実には存在しない無矛盾な（すなわちidealな）かたちで定義しなければならない。理念型とは，繰り返しそれが発生するという意味での「類概念」ではなく，研究者がその価値関心にしたがって恣意的かつ一面的に構成するという意味で，「価値関係性」（リッケルト）を前提としたものである。また理念型とは，それが現実には存在しないがゆえに，現実を観察する際に索出的に用いることを可能とし，現実のうちに観察された結果を，理念型を軸にそこからの偏差として位置づけることを可能とするものである。
［文献］ヴェーバー『社会科学と社会政策にかかわる認識の「客観性」』岩波文庫，1998。
（鈴木宗徳）

　リバタリアニズム　〔英〕libertarianism
自由尊重主義あるいは自由至上主義などと訳され，ロック＝リバ

タリアン的自由主義などと称されることもある。また，経済的なものや精神的なものを含めて個人の自由すべてを尊重する思想だと自称されもする。そのため，リバタリアニズムは，しばしば，自由主義（リベラリズム）以上に諸個人すべての自由を重視する思想だ，という誤解も生じている。さらに国家や権力の否定をはじめ，種々の思想に基づくあらゆる社会構想の自由を担保する「ユートピアの枠」を担保する思想などとして唱揚されることもある。

しかし，リバタリアニズムの提起する「自由」は，自己所有論をその最終根拠にしており，また市場秩序に全面依存しているため，基本的には社会法（権）などによって確保されるべき広義の社会保障的内容一切を無視ないし積極的に否定しており，平等を否定した自由の主張でしかない。したがってリバタリアニズムは，市場での強者に対しては自由を保証するが，市場に適合しない種々の弱者の自由を否定する自由観しかもっていない。また，市場秩序の規制・制限を許さない強固な思想である点では，決して「ユートピアの枠」などではなく，「規制緩和」による市場化・民営化を進める現代帝国主義国家＝「先進諸国」の不平等な新自由主義的政策と親和的な思想である。

代表的論者には，1970-80 年代の R. ノージックの他，P. ルミュー，G. ソルマンなどがいるが，彼らは，国家による徴税一般を強制労働と同一視し，行為の前提となる経済的諸条件などを個人の自己責任として，諸個人の時々の行為の自由が阻害されなければ，またそのための市場秩序を確保する超最小国家さえ実現されれば，「平等な自由」が実現すると主張する。しかしこの「平等な自由」論は，社会法（権）を無視した市民法（権）的平等でしかなく，また社会問題の解決をゲームのルールに委ねるきわめて乱暴な発想に基づいており，実際には不平等を昂進し，各種の差別を温存する議論でもある。

新自由主義と同義とされる場合があるが，区別する場合には，市場秩序などの制度的枠組よりも，不平等を前提にした諸個人の「自由」を主題とし，自らの立論を道徳的直観に依拠して主張する思想として，新自由主義の構成部分に位置づけて，リバタリア

リビド

ニズムを把握するのが妥当であろう。
→新自由主義,平等,自由
[文献]ノージック『アナーキー・国家・ユートピア』木鐸社,1992；森村進『自由はどこまで可能か——リバタリアニズム入門』講談社現代新書,2001。　　　　　　　　（竹内章郎）

　リビドー→フロイト

　リベラリズム→自由主義

　劉禹錫　（りゅう うしゃく）Liú Yǔxī 772〔大暦7〕-842〔会昌2〕
字・夢得。唐代の文人・思想家。若くして官途に就くが,友人の柳宗元らとともに,宦官の牛耳る腐敗した政治の改革を目指したため左遷され,長期にわたり地方役人の生活を続ける。晩年は高位に昇進。思想家としては柳宗元とともに当時の合理主義的見地を代表する。有名な「天論」は,韓愈の天人相関説を批判した柳宗元の「天説」を承け,これを深化したもの。すなわち,天と人との区別を明確化,万物を生成する点では天は人に優越するが,是非・法制などの社会的能力において人は天に優越するとして「天人交相勝」の説を掲げた。
[文献]『劉禹錫集箋證』（全3冊）上海古籍出版社,1989。
（村瀬裕也）

　劉勰　（りゅう きょう）Liú Xié 466頃-520頃
六朝時代の文芸理論家・美学者。幼少にして孤児となり,家は極貧であったが,学問への志は篤く,ある僧侶のもとに身を寄せて勉学,中国最初の文芸美学の書『文心雕竜（ちょうりゅう）』を完成した。この書は,文学本質論・創作理論・修辞学などを含む壮大整美な体系であり,かつて魯迅はアリストテレスの『詩学』と並べてこれを称賛した。「道」の美的顕現として「天の文」「地の文」「人の文」を捉え,「人の文」の極致としての「言の文」に絶大な文化価値を認める。同時に文学の有する政治上・教化上の有用性を主張し

たのもその特徴である。
［文献］戸田浩暁『文心雕竜』上・下（新釈漢文大系 64・65）明治書院，1974・78；目加田誠（編）『文学芸術論集』（中国古典文学大系 54）平凡社，1973。　　　　　　　　　　　　（村瀬裕也）

　流出説　〔英〕emanationism
新プラトン主義のプロティノスが世界の成立を体系化して語るとき使うのはギリシア語 approia（動詞 apporoe「流れ出る」の名詞）である。彼の体系は完全なもの to henn（一者）を頂点におき，すべてはそこから流出して成立するが，一者の近くでとどまったものほど完成度が高いものとなる。この流出に際しては，アリストテレスの表現したギリシア哲学の基本，完全なもの（神）は「動かずして動かすもの」を踏まえて，一者自身はどんな意味でも手を出さない。一者のこの無関心さは，キリスト教の批判を受けるが，流出説は，アウグスティヌス等を経てキリスト教も採用。その際，神からの光によって神の真理を知るとする認識論的傾向が強くなる。アウグスティヌスは「流出」(emanation) より「照明」(illumination) を使用した。
［文献］加藤信朗『ギリシア哲学史』東京大学出版会，1996；プロティノス「善なるもの一なるもの」九（全集 1）中央公論社，1986；アウグスティヌス『ソリロクィア』（著作集 1）教文館，1997。　　　　　　　　　　　　　　　　　　　（左近司祥子）

　柳宗元　（りゅう そうげん）Liǔ Zōngyuán 773〔大暦 8〕-819〔元和 14〕
字・子厚，また河東とも称される。唐代の詩人・文人・思想家。気鋭の少壮官僚として政治の改革に参加するが挫折，永州司馬に左遷され，次いで柳州に転任，当地にて病没する。文人としては韓愈らと古文運動を興すが，哲学的には韓愈の天人相関説と対立，「天説」を著して天の意志性を否定し，「天対」を著して「元気」説を提示，造物主の存在を否認した。その他，「封建論」「非国語」など，その見識を示す論文も少なくない。また「捕蛇者説」「梓人伝」「種樹郭橐駝伝」などの寓意的な文章に優れ，詩人

としても中唐を代表する。
［文献］『唐宋八家文読本』第2巻（新釈漢文体系70）明治書院，1976；『柳河東集』上・下，中華書局，1960。　　　　　（村瀬裕也）

劉知幾　（りゅうちき）Liú Zhījī 661〔龍朔1〕-721〔開元9〕
唐代の歴史家。則天武后の頃，史官に就任，唐史や実録の編纂に従事。しかしこうした仕事には多くの拘束があることを痛感して，歴史家としての信念を託した理論書『史通』を執筆。事実重視，史料批判，天人相関説の排除などにその合理精神が窺われる。史書編纂のあり方としては，従来の歴史書を六家・二体（編年体・紀伝体）に分類，その得失を吟味しつつ，通史的認識と断代的把握との両面に着目して歴史学のあり方を追求した。また歴史認識（史料収集と批判的識別）とともに，文体論を含む歴史叙述の問題を論じたことも注目される。
［文献］劉知幾『史通』研文出版，1981；稲葉一郎『中国の歴史思想—紀伝体考』創文社，1999。　　　　　（村瀬裕也）

量→質と量

了解　〔独〕Verstehen〔英〕understanding
人間の言葉や行為の〈意味〉を捉えることを指し，解釈学の中心的な概念である。理解とも訳される。了解の概念は，19世紀における歴史意識の成立とともに，自然科学との対比において歴史科学の方法的な特質を明らかにするために，ドロイゼンによって〈説明と了解〉という対立概念のかたちで提起された。ディルタイは「生」という現実の連関を体験・表現・了解として捉え，歴史的世界に客観化された表現を手がかりに，体験の意味を明らかにする働きのうちに了解を見た。20世紀に入りハイデガーは，単に認識の一つの働きとしてではなく，人間存在のあり方の根底に了解を置き，先行的な了解構造からの存在意味の解明を目指した。さらにガダマーは，了解の営みの歴史性を重視し，過去と現在との対話の構造の核心のなかに了解を位置づけ，伝統の創造に関連づけた。了解の概念は解釈学の展開とともに，意味を求

める人間および相互の関係行為の解明の基礎に置かれることになり，人文・社会科学の中心的な方法論的カテゴリーとして確立・浸透していく。すでにディルタイが「記述的分析的心理学」において，意識の事実から出発しながら，心的生の構造の全体的連関の解明を目指すことにより，シュプランガー等の了解心理学の成立を告げていた。また M. ウェーバーは，人間の行為の特質が，その動機・意図の了解可能性にあることに着目し，自然現象の解明とは異なり，社会的行為の了解によって，「その経過と結果を因果的に説明する一つの学［＝社会学］」が可能となることを主張した。同様にヤスパースは，精神医学における了解連関の限界をめぐって，フロイトの精神分析との区別を打ち出した。さらにウィトゲンシュタインの言語ゲーム論では，その規則の適用のうちに了解の働きが捉えられている。了解の概念は，近代認識論の枠組を超えて，人間の知的営為を，広く文化や伝統のもとに全体的に捉え直し，より包括的な地平において捉えることを可能にする基軸的な概念となっている。

→解釈学，説明

［文献］リーデル『解釈学と実践哲学』以文社，1984：J. ハーバーマス『道徳行為とコミュニケーション行為』岩波書店，2000：津田雅夫『「もの」の思想——その思想史的考察』文理閣，2011。　　　　　　　　　　　　　　　　　　　　　（津田雅夫）

梁啓超　（りょう けいちょう）Liáng Qǐchāo 1873〔同治 12〕-1929〔民国 18〕

広東省新会県の人。字は卓如，号は任公，飲冰室主人。清末民初の思想家，政治家。康有為とともに変法自強運動を指導し，清朝の専制君主制を立憲君主制に改革することを唱えた。初めは社会進化論の影響を受けて国民国家を担うことのできる「新民」の創出を説いたが，やがて国家有機体説の立場に変化して，清朝の立憲君主制の準備段階としての「開明専制」を唱え，革命に反対した。西洋近代思想の紹介や中国の社会や思想についてのジャーナリスティックな批評は，「新民体」と呼ばれる清新な文体と相俟って，政治的立場を超えて大きな影響を与えた。古典学の立場

としては，公羊学派に属する。晩年は中国の歴史研究に力を入れた。

→公羊学派，康有為

［文献］梁啓超『清代学術概論――中国のルネッサンス』（東洋文庫）平凡社，1974；狭間直樹編『梁啓超――西洋近代思想受容と明治日本　共同研究』，みすず書房，1999。　　（小林武）

良識　〔仏〕bon sens

日常的な使い方では「健全な判断力」を意味し，「良識を兼ね備えた人」という言い方をするが，この語の起源は，デカルト『方法序説』冒頭の「良識はこの世で最も公平に配分されている」という言葉にある。この良識の意味は，「良く判断し，真なるものを偽なるものから分かつ能力」で，理性のことである。この真理を見分ける能力である良識＝理性は，人間ならすべての人に平等に配分されているが，子どものときからの教育や環境によってねじ曲げられ，偏見や先入見によって曇らされる。人間の認識能力に差異が生じるのは，この能力の使い方，方法に差異があるからであり，したがって真理を認識するためには正しい思考方法が大切だということになる。「行動において明らかに見，確信をもってこの世の生を歩むために」（『方法序説』）は，この真なるものを偽なるものから分かつ良識＝理性の正しい使用が求められるのである。

→方法（論），デカルト　　　　　　　　　　　（河野勝彦）

量質転化の法則→弁証法

量子論　〔英〕quantum theory〔仏〕théorie des quanta, théorie quantique〔独〕Quantentheorie

プランクの1900年の黒体輻射論におけるエネルギー量子仮説の提唱を出発点として展開された理論の総称で，ニュートン力学やマックスウェル電磁気学などの古典論に対置される。古典論と量子論はそれらが示唆する自然像や自然観において鋭く対立しているが，数学的にはエーレンフェストの定理が端的に示している

ように，量子論のマクロ的レベルでの統計的理論・近似的理論として古典論を導出することができる．歴史的には，量子力学の基本的運動方程式が発見される以前の前期量子論（古典量子論），シュレディンガーの波動方程式やハイゼンベルクの行列力学，ディラック＝ヨルダンの変換理論などの非相対論的量子力学，量子力学を相対論化した相対論的量子力学（場の量子論）という三つの時期に区分される．量子論が示す自然像や自然観をめぐって物理学者たちや哲学者たちの間でこれまで様々な論争が展開されてきた．たとえば量子力学の解釈問題に関し，ボーアやハイゼンベルクらのコペンハーゲン解釈が主流的解釈であるが，それに対してアインシュタインらが〈EPRのパラドクス〉で現行の量子力学の不完全性を主張し，ボームらが「隠れた変数の理論」で反対した．

［文献］ヤンマー『量子力学史』（全2冊）東京図書，1974；同『量子力学の哲学』上・下，紀伊國屋書店，1983-84。

（佐野正博）

良心 〔ギ〕syneidēsis〔ラ〕conscientia〔英〕conscience〔独〕Gewissen〔仏〕conscience moral

善悪を知る道徳意識，あるいは道徳的であろうとする意識を指す．「良心に相談せよ」というときが前者であり，「良心の呵責」すなわち悪い行為をしたときの罪責感，自分を責める苦しみのなかに顔を現す意識が後者である．良心はまた「内面の法廷」とか「内奥の声」ともいわれるように，個人の心の奥底に生得的に備わり個人の道徳性を支え，余程のことがない限り失われることのない道徳意識であるとも考えられている．しかし良心はいかに生得的なものに見えようとも，畢竟は歴史性をもつ社会的・共同的感情を基礎にした道徳感情ないし道徳意識である．このことはギリシア語のsyneidēsis，ラテン語のconscientiaの原意に示されている．すなわち，それらはともに共－知という意味で知の共同性，あるいはその内化としての「知る意識」と「知られる意識」への二重化を表しているのである．つまり善悪に関する意識や感情は，善悪に関する共通の知，さらには善悪の意識への自覚に由来

するということである。良心のこの歴史的社会的出自に注目し，ニーチェは自己に向けられた攻撃性に，またフロイトは内面化された父権（超自我）に良心の起源を求めた。とはいえ，「人としての良心」という言い方があるように，良心は特定の身分とか，職業とか，民族とか，文化に結びつくのではなく，あくまで人類の一員としての単なる個人，人間の本性に宿っていると考えられるところに特徴をもつ。こうして，人間としての本来の姿に立った証言が必要なとき「良心にかけて真実を述べる」という宣誓が要求されるのである。

良心は各人にとって人間であることの拠り所であるがゆえに，国家権力などによって奪われたり迫害されたりしてはならない（良心の自由）。ルターの「良心＝神の言葉」による信仰の内面化，それに続く宗教戦争の惨劇への反省を経て，思想信条の自由と並ぶ権利としてうち立てられた（日本国憲法第19条参照）。アムネスティ・インターナショナルによる「良心の囚人」への支援活動，また「良心的兵役拒否」の思想などは，この思想に立脚している。

［文献］ビュアリ『思想の自由の歴史』岩波新書，1983。

（市川達人）

両性具有　〔英〕androgyny

男性的イメージと女性的イメージとが組み合わされたイメージを，人間は古代の神話以来作り出してきた。プラトンの『饗宴』でアリストファネスによって語られる話の中にもアンドロギュノス（Androgynos）としてそのイメージが登場している。ユングは，夢判断と神話からアニマ（女性イメージ）／アニムス（男性イメージ）という原型を取り出し，個人における両者の具有を論じた。第二波フェミニズムが男らしさ／女らしさを自然の所与性から切り離す中で，E.バダンテールは，両性具有的な主体を，男女平等社会のモデル的主体として語った。

→性（セックス）

［文献］プラトン『饗宴』光文社古典新訳文庫，2014；バダンテール『男は女 女は男』筑摩書房，1992。　　　　（細谷実）

李栗谷　（りりっこく）(R) I Yulgok 1536〔中宗 31〕-1584〔宣祖 17〕

李朝中期の哲学者。本名は李珥, 字は叔献, 栗谷は号。母親は女流書画家の申師任堂。16 歳で母を亡くした悲しみから 19 歳のとき一年間金剛山に入り, 仏教に親しむが, 20 歳のとき聖人となる大志を立て, 儒教の勉強に戻った。23 歳のとき, 大儒学者李退渓を訪ね, 退渓をして「後生畏るべし」と感嘆せしめた。栗谷の哲学面での貢献は理気説において,〈気発理乗一途説〉と〈理通気局説〉を打ち出したことである。四端は理発, 七情は気発という李退渓の理重視の〈理気互発説〉に対して, 理は作用力・発用力がなく, 気のそれに理が乗る形で理の力を発揮するという〈気発理乗説〉を対置した。しかし気の千差万別さにどこまでも対応する理の流行性は〈理通気局〉と規定された。40 歳のときにまとめた帝王学の書『聖学輯要』も名高い。

→主理派／主気派

[文献]『栗谷全書』（全 2 巻）成均館大學校大東文化研究院, 1971；安炳周「栗谷李珥」（申一澈ほか著『韓國の思想家 十二人』）玄岩社, 1975。　　　　　　　　　　　（小川晴久）

理論　〔英〕theory〔独〕Theorie

語源は, 実践から離れて真理を直観する観想という意味のギリシア語, テオリア [theoria]）からきている。しかし, プラトンの哲人政治の理想にみられるように, 当時から, 理論的知識が実践を導き, 実践が理論的考察を要請する人間知識本来の関係を截然と切り離すことはできなかった。近代以降, 科学的知識が実践に応用され, 理論と実践との関係は密接になった。現在では, 理論は, 単なる個別現象の記述ではなく, 現象を貫く普遍的な構造的法則的な連関を解き明かし, 事象の成り立ちについて簡明な理解を与える論理的で体系化された知識を意味している。理論は, 認識対象の特性や普遍的な構造連関を把握するために抽象化され一義的に定義された諸概念によって構成される。現在では, 科学的理論の性格をめぐる議論は, 主として科学哲学の分野でなされている。経験主義的科学論（論理実証主義）では, 理論は, 個別の

観察命題に基礎づけられるが，理論そのものは観察命題を超える理論命題によって構成されている．そこで，観察言語と理論言語を結びつける対応規則の存在が想定されている．理論は，理論的な命題間の演繹的な体系であり，個別の経験的観察事例を包摂しているとされる．特に，ヘンペルは，理論を普遍的な法則命題と見なし，初期条件によって，必然的にある事象の発生を論証（説明・予測）できる形式的知識と考える．しかし，観察言語と理論言語およびそれらの対応規則が明確に確定できず，初期条件から演繹的に予測を導く法則命題という考え方の狭隘性が指摘されている．このような弱点を克服するために，理論を実在的な因果的生成メカニズムを解明する知識と見なす実在論的な科学観がこれに対抗して提唱されている．マルクス主義は実在論的科学論に与する．マルクス主義では，理論と実践の関係は特別の意味を与えられてきた．そこでは，理論的知識の生産を社会的実践の一部と見なす．したがって，真理は実験も含む広い意味の社会的実践で検証され改良されていくことになる．また，理論は社会批判と社会問題の克服を志向する社会的実践に根ざし，したがって実践を導くものとされ，理論と実践の統一が志向されている．

［文献］藤沢令夫「実践と観想」（『新岩波講座 哲学 10――行為・他我・自由』）岩波書店, 1985；A. F. チャルマーズ『科学論の展開〔改装新版〕』恒星社厚生閣, 2013；ロイ・バスカー『科学と実在論――超越的実在論と経験主義批判』法政大学出版局, 2009；K. マルクス「法哲学批判序説」（マルクス＝エンゲルス全集 1）大月書店, 1971。　　　　　　　　　　　　（佐藤春吉）

理論負荷性　〔英〕theory ladenness
人間の経験は，理論を離れてはありえないということ．単純な知覚や，科学研究の基礎にある経験的データなどは，通常特定の理論から独立した中立的なものであると思われている．しかし 20 世紀の英米哲学で，経験の基礎となる中立的なものを，感覚与件などとして取り出そうとした試みが失敗したことを受けて，ハンソンなどが理論負荷性を強調し，それが後にクーンのパラダイム論などの相対主義的議論と結びついたりした．しかし，そうし

た発想自体はカントをはじめ以前からみられたものであり、また「理論」という場合にも、そこには様々な水準のものがあり、理論負荷性の概念にどのような意義を認めるかを考える必要がある。
→パラダイム論，感覚与件
［文献］ハンソン『知覚と発見——科学的探究の論理』上・下，紀伊國屋書店，1982。　　　　　　　　　　　　　　（横山輝雄）

リンネ　Carl von Linné 1707-1778
スウェーデンの博物学者。牧師の家に生まれる。幼時から植物に興味をもつ。ルンド大学で医学を，ウプサラ大学で植物学を，勉強する。1735年，医学博士。42年，ウプサラ大学植物学教授。58年までに動植物の分類体系を整備した。①生物分類の基本的単位として〈種〉概念を確立した。はじめ種の不変を固執したが，のちには雑種による新種形成を認めた。②学名の二名方式（属名と限定する言葉〔一般的には形容詞〕とで種名を表す。たとえば，viola canina, homo sapiens など）を採用した。彼にとってすべての自然物は，人間が造物主の仕事を研究してその栄光を表すためにあるのであった。
［文献］リンネ『自然の体系——鳥類編』山階鳥類研究所，1982。　　　　　　　　　　　　　　　　　　　　（秋間実）

輪廻　〔サ〕saṃsāra
インドにおける再生思想を示す用語。sam-sṛ-（共に–流れる）の「接頭辞＋語根」から派生した語で，生きとし生けるものが，死んだ後生存形態を変えて次の世に生まれ変わることをいい，こうして生死を際限なく繰り返してさまよう様を表す。「生死」とも訳される。ウパニシャッド哲学には輪廻思想の萌芽が見られる。輪廻する生物の範囲は植物にまで及び，五火・二道説として知られる思想では，人は死んだ後，天道と祖道のうち，祖道といわれる道を行くと再び下界に戻って米麦・草木・胡麻・大豆などとなって生まれ，何ものかがこれを食べ物として食べるに至ってようやくそのものと同種のものに生まれうるとする。このよう

な様々な境涯に再生させうるのはカルマン（業）である。たとえば，振舞いの立派な人は僧侶階級（バラモン），王族階級（クシャトリヤ）の胎に入り，振舞いの悪いものは犬・豚・賤民などの胎に入るというように，カルマンの思想との関連も見られる。仏教でも，輪廻は詳細に論じられ，迷いの生存の間は善と悪のカルマンの結果として，善なる行為を行ったものは天（神）や人間に生まれて福楽を受け，悪しき行為を行ったものは地獄・餓鬼・畜生などに生まれて痛苦にさいなまれるという五道の輪廻を，あるいは阿修羅を加えた六道の輪廻を，説いている。この思想は仏教だけでなく今日インド一般に広く行われている。
［文献］中村元「死後の問題」（『ウパニシャッドの思想』選集9）春秋社，1990；アルボムッレ・スマナサーラ／藤本晃『ブッダの実践心理学——業（カルマ）と輪廻の分析』（アビダンマ講義シリーズ第五巻）サンガ，2009。　　　　　　　　（石飛道子）

倫理学　〔英〕ethics〔独〕Ethik〔仏〕éthique
正義・善悪・義務などの道徳規範や，自由や幸福といった人間的価値を問う哲学の主要な部門。古代においては論理学・自然学・倫理学という学の三分法が見られたが，そこでいう倫理学は現在の経済学や法学などの学問領域をも含むものであり，こういう捉え方はカントの時代まで継承された。「人はいかに生きるべきか」という規範を問う狭義の倫理学（ēthika）は，「いかに生きているか」（習俗［ēthos]）という事実に関する学と密接な関連をもっていたし，いまでももっている。しかし一方，狭義の倫理学が問うのはあくまでも当為（must）であって事実（be）ではなく，この意味で両者は異なる水準にある。臓器移植の是非のような複雑な問題はもちろん，「殺すべからず」というようなもっとも基本的な規範でさえ，なぜそうなのかを「立証」する「倫理的事実」なるものは，地球が丸いことを立証するデータのような形では見つかりそうにないからだ。あれこれの「自然的事実」から何らかの道徳的判断を直接導出しようとするのは「自然主義的誤謬」だというムーアの主張は，「勝てば官軍」式の現実追認主義を批判する文脈を含めて正当であろう。では経験的事実の蒐集から規範

を導けないとすれば、どこからそれは導けるのだろうか。ムーア自身は理性的な道徳的直観からとしたが、近代における最も典型的な倫理学を構築したカントは、理性的存在者としての人間のもつア・プリオリな実践理性の自己立法＝自己統治というモデルで普遍的な定言命令を導いた。このタイプの合理論的＝反自然主義的倫理学は、感覚的経験の世界を越えた叡智界を想定し、そこから道徳の絶対的な基準を導こうとする。しかしこの議論には、経験的な偶然性に左右されない道徳を語りうるという強みがある反面、純粋に形式的な結論しか導けず、具体的な「義務と義務との争い」の現場では無力であるという弱みもある。これに対して、あくまでも経験論＝自然主義の見地から普遍的倫理学を立ち上げようとするのが、人間の道徳的本性や道徳感覚に依拠するシャフツベリら道徳感情学派（性悪説的な人間本性論を仮定するホッブズも含め）であり、その延長線にある功利主義倫理学である。快苦という経験対象に着目し、ある行為選択は快＝幸福の最大化に寄与すればするほど正義・善に適っているのだというベンサムの議論は、ムーアをはじめとする無数の批判を浴びつつも、個人の処世訓から国家の政策立案に至るまで具体的な道徳的指令を下しうるという強みをもっている。今日では、以上のカント主義（義務論）と功利主義（帰結主義）の新バージョンがもっとも有力な倫理学として――前者はたとえばロールズの正義論の形で、後者は環境倫理学・生命倫理学などの様々な応用倫理学の基本公理として――争っているが、それはこの両者がともに「自由・平等・友愛」という近代市民社会（資本制社会）という習俗（生活様式）内部の道徳意識の典型的表現だからなのであろう。

　だが上の議論は、客観的な道徳規範が存在するというプラトン以来の伝統的倫理学という枠内の争いである。これに対して、そのような普遍的で超歴史的な道徳は存在しないというソフィスト的な立場もある。ここからはニーチェとつながる道徳的ニヒリズムや、道徳的相対主義が主張され、あるいは道徳的価値命題の言語分析を通して、道徳的命題を主観の感情の記述や表出に還元したり（情緒説・表出説）、真理値をもたない命令文に解消させたりする（指令説）メタ倫理学的な議論が盛んになされている。ま

た，道徳を支配階級のイデオロギーと見なすマルクス主義の議論や，実証主義の流れを汲むレヴィ＝ブリュールらの習俗科学も，カントに典型的な道徳のア・プリオリ性を否定し，時代や環境に制約されたモーレスの事実性から超越したモラルの存在を否認するという意味では，伝統的倫理学の枠組そのものを外から批判する点で軌を一にする。こうした道徳批判のなかには，伝統的倫理学が陥りやすい独善性に対する解毒効果が確かにある。しかしながら，倫理というものが元もと人と人との交わりや関係性を律するものである以上，そして現代がますますひとつの地球社会として人々を結びつけつつある以上，倫理や道徳の規則をめぐる争いを決裁する何らかの普遍的根拠——カント的な叡智界ではないにしても——を求め続ける姿勢を放棄することはできないであろう。

［文献］ラファエル『道徳哲学』紀伊國屋書店，1984。

（古茂田宏）

ル

類概念／種概念 〔英〕generic concept / specific concept
たとえば,「動物」と「人間」という二つの概念において,「人間」という概念の外延は「動物」という概念の外延に含まれている。つまり,「動物」の方が外延が広い。このように,ある二つの概念の関係において,外延の広いほうを他方に対して類概念（または「上位概念」),狭い方を他方に対して種概念（または「下位概念」）と呼ぶ。この例でも分かるように,類概念と種概念の区別は相対的である。「動物」は「生物」との関係では種概念であるし,「人間」は「日本人」との関係では類概念である。
→定義,カテゴリー,内包と外延 　　　　　　　　　　（中村行秀）

ルイス　Clarence Irving Lewis 1883-1964
アメリカの論理学者・哲学者。ルイスの哲学的立場は,経験から得られた所与は絶対的に確実性であるとし,ア・プリオリな判断に関してプラグマティズムを採用するものである。つまり,カテゴリーの採用は経験との比較適合によって行われ,複数のカテゴリー体系が可能であるとともに,歴史的に変換可能であるとされる。ルイスの論理学上の功績は,様相論理学を建設した点にある。含意のパラドクスの問題に導かれて,彼は厳密含意を導入した。厳密含意 [A は B を厳密に含意する] は,$\Box(A \rightarrow B)$ [A ならば B は必然的である] の妥当性によって説明される。
[文献] G. Murphey, *C. I. Lewis: The Last Great Pragmatist*, State Univ of New York Pr, 2005；ヒューズ／クレスウェル『様相論理入門』恒星社厚生閣, 1981。　　　　　　　　　　（横田榮一）

ルイスイ

類推 → アナロジー

類的存在・類的本質 〔独〕Gattungswesen
フォイエルバッハ哲学の基本概念。類とは，生きている個体が属する種（spieces）の普遍性を表す。ヘーゲル『精神現象学』（1806）によれば，各生物（動物）の類は個体の存在の基礎をなすと同時に個体の営みによって再生産される。この場合，動物にあっては類そのものが各個体の対象にならず，人間だけが共同社会を形成し，類全体の営みとの関わりをもって生存するところから，人間こそ優れた意味で類的存在であるとされ，この存在を成立させる規定が類的本質と言われた。この理解に基づいてフォイエルバッハは，『キリスト教の本質』（初版1841；改訂第二版1843）において神の本質を分析し，神的存在（本質）が人間の類的本質の対象化されたものであることを論じた。ここに明らかにされた類的本質は，理性と意志と愛であり，特に愛において成立するのが人間と人間の共同性であった。フォイエルバッハは，神として疎外されたこれらの類的本質を返還させ，人間が新たな共同社会を形成し，真の類的存在となるべき課題を提起した。初期マルクスは『経済学・哲学草稿』（1844）で，フォイエルバッハの類的存在概念を基礎としながら，それを生産的生活と結びつけ，人間が類的存在であることは対象的世界の創造（生産）の中で現実に実証されていると論じ，類的存在であるがゆえに生じる疎外を問題とした。マルクスの類的存在概念とフォイエルバッハのそれとの異同に関しては解釈が分かれる。
→フォイエルバッハ，疎外，マルクス
〔文献〕フォイエルバッハ『キリスト教の本質』上・下，岩波文庫，1965；マルクス『経済学・哲学草稿』岩波文庫，1964。

（渡辺憲正）

ルカシェーヴィッチ Jan Łukasiewicz 1878-1956
ポーランドの論理学者・哲学者。ルヴォフ大学，ワルシャワ大学教授。第二次世界大戦後，1946年，ダブリンのRoyal Irish Academyの数学的論理学の教授。ルカシェーヴィッチは，トヴァ

ルドフスキーに学び、論理実証主義に影響を与えたポーランド学派の代表者となった。論理学上の業績として、多値論理学の開拓、基礎様相論理学の研究が挙げられる。彼はまた古典的な二値言明計算の研究も行い、ポーランドの記法を用いて、次の公理系を提出した。① $CCpqCCqrCCpr$、② $CCNppp$、③ $CpCNpq$。論理学史上の業績としては、ストア派の論理学の研究がある。

［文献］ルカシェーヴィッチ「命題論理の多値の体系についての哲学的諸考察」「命題論理学の歴史について」（『論理思想の革命──理性の分析』）東海大学出版会、1972：志賀浩二『無限からの光芒──ポーランド学派の数学者たち』日本評論社、1988。

（横田榮一）

ルカーチ　Lukács György 1885-1971

ハンガリーの哲学者、美学者。10代の頃から「ターリア劇場」という演劇運動に参加。その後『魂と形式』（1910）、『小説の理論』（1916）によって名を知られるようになる。ハイデルベルグ滞在中（1912-1915）はM.ウェーバーの日曜サークルに参加。1919年のハンガリー革命では、共産党に参加、ハンガリー評議会共和国の教育人民委員となる。23年には代表作『歴史と階級意識』を刊行するが、コミンテルン5回大会（1924）で極左的と批判される。29年以降、政治活動の第一線からは退く。その後56年、いわゆるハンガリー動乱の際にイムレ・ナジ政権の人民教育相となるが、ソ連の介入により政権は崩壊、以後は美学、社会的存在の存在論などの執筆に専念した。生涯にわたり、スターリン主義に対して、政治的、理論的に批判を加えたことで知られる。

『歴史と階級意識』は、エンゲルスを単純化して引き継いだ第二インターナショナルの社会主義と新カント派を批判し、マルクスの『資本論』から物象化論を取り出して展開したことにより、ロシア型のマルクス＝レーニン主義哲学とは異なる「西欧マルクス主義」の哲学的出発点となった。ただし、分業によって分断されたブルジョア社会を否定して、全体性を意識する可能性を与えられたプロレタリアートという規定は、新ヘーゲル主義的決断

主義の傾向も孕んでいた（ハーバーマスはこれに関して「唯物論の歴史的弁証法は本質的には階級意識の弁証法ではない」と批判している）。しかし他方でルカーチはカントの形式主義を踏まえた倫理思想をもっていたし，ブルム・テーゼ（1929）においては統一戦線論を提起するなど，多面的な視点を備えていた。

ルカーチの芸術論としては「（批判的）リアリズム論」が有名であるが，それは，近代ブルジョアジーがまだ革命的だった時代（1848年まで）の文学作品に示されるように，典型的な個人の活動を通じ，社会と歴史の有機的全体を描く方法を規範としていた。これに対し，当時の新しい芸術運動であるモダニズム，特に表現主義はファシズムの神秘的非合理主義への屈服であるとして否定した（表現主義論争）。ブレヒト，ベンヤミン，アドルノらはモダニズム擁護の立場からルカーチを批判している。

→物象化，階級意識，スターリン主義

［文献］『ルカーチ著作集』（全13巻 別巻）白水社, 1968-87；『ルカーチ初期著作集』（全4巻）三一書房, 1975-76；ユージン・ラン『モダニズム・瓦礫と星座——ルカーチ, ブレヒト, ベンヤミン, アドルノの史的研究』勁草出版サービスセンター, 1991。　　　　　　　　　　　　　　　　　　（福山隆夫）

ルクレティウス　Titus Lucretius Carus　前90年代-50年代
ローマの詩人にして哲学者。ルクレティウスの伝記的事実について確実に知りうることは，ほとんど皆無に等しい。しかしその著『事物の本性について』は，ラテン文学の傑作の一つであるとともに，エピクロスの思想，とりわけ彼の失われた著作『自然について』の重要な情報源である。全6巻約7400行からなるこの書は，まず，無限の虚空間のなかに不可分で永久不滅の原子が無限数存在するという自然像を提示する。この自然像に基づいて，魂の本性とその可滅性が論証され，また原子の逸れが人間の自由を保障することが論じられる。さらに原子論に基づく感覚知覚や思考，消化や睡眠などの心理的・生理的現象の解明，世界の誕生から人間社会の形成，文明の発展の物語，そして天界と地上の諸現象の物理的な説明を，叙事詩的韻律ヘクサメトロス（六脚韻）で

イメージ豊かな詩へと織り上げている。内容は主としてエピクロスの自然学的理論の展開であるが，著作全体の目的は，原子論的立場から，人々を宗教的迷妄から解放し死に対する恐怖を払拭するという倫理的なものであったと考えられ，とりわけ死を恐れることの不合理性の論証は，現代に至るまで生死の意味を考えるためのよい手がかりである。

［文献］ルクレティウス『事物の本性について』（古典世界文学全集 21）筑摩書房，1976。　　　　　　　　　　　　（中畑正志）

ルサンチマン　〔独〕Ressentiment〔英〕ressentiment〔仏〕ressentiment

公刊された著作では『道徳の系譜学』（1887）で初めて現れるニーチェの後期哲学の中心概念。ニーチェは，「主人道徳」「奴隷道徳」という対概念によって自律的な道徳と非自律的な道徳とを区別した。「主人」という言葉で概念化される強い高貴な人々は，道徳法則を創造する力をもつが，「奴隷」という言葉で理解される大衆はこれに関して無力である。奴隷道徳は，ルサンチマンに根ざし，本質的に功利主義的であり，有用性を善悪の基礎とする。ルサンチマンは，創造性に敵対し，これを罪と見なす感情である。具体的には，憎しみ，嫉妬，ねたみ，猜疑心，復讐など否定的な感情の総体である。ルサンチマンの概念は，超人，永遠回帰，力への意志などとともに，ニーチェの思想を形作る。

（中河豊）

ルソー　Jean-Jacques Rousseau 1712-1778

ジュネーヴ共和国に生まれ，主にフランスで活躍した思想家。この時代を代表する思想家とは必ずしも言えないが，多方面に与えた影響の大きさでは最大の存在。ルネサンス以降の近代を文明の堕落の歴史と断罪する『学問芸術論』（1750）でデビューした後，『人間不平等起源論』（1755），『社会契約論』（1762），『エミール』（1781）など，現実の社会と人間のあり方を批判する主著を発表。また『告白』（1770）をはじめとする自伝的作品など，膨大な著作を残した。「人間は自由なものとして生まれたが，至ると

ルソ

ころ鉄鎖につながれている」(『社会契約論』)。「造物主の手を離れたときすべては善であったが、人間の手に移るとすべてが悪くなる」(『エミール』)。ルソーの全著作を貫いているのは、人間の自然的善性と文明社会における隷従堕落というこの鋭い対照と切断の論理である。ルソーがキリスト教の原罪の教義を退け、自然（欲望）を肯定したこと自体は、ロック以降の自然権論とも、封建レジームと闘ったフランス啓蒙全般とも共鳴するものであったが、ルソーによる社会批判の特異性は、その射程が単に旧制度にとどまらず、新たな市民（ブルジョア）社会にまで届いていたことである。啓蒙主義が擁護した社会と人間は、ルソーの目には転倒した反自然と映った。ホッブズ以降の「自然人」に仮構された「無限の欲望」とは自然的で自足的な「自己愛」ではなく、幾重にも社会的に媒介され昂進せしめられた「自尊心」であって、他人の羨望と臆見の中にしか己の満足を見出せないという意味で自己疎外的な欲望と把握されたのだ。だが、人が「自然」と見なす欲望の中にすでに存在している社会的な刻印を見出すこのルソーの慧眼は、ではそのような社会はどこから来たのかという深刻な反問に晒される。卵（個人）が先か鶏（社会）が先かというこの問いに対するルソーの答えは、社会が先であるというものであった。ルソーは自然から社会へと移行する人類史の決定的瞬間を「偶然」と見なすことによって両者を切断し、社会を自然から宙吊りにしたが、このことはルソーが社会起源論の構築に失敗したというより、社会を「自然的」個人の算術的総和と見なす社会唯名論を退け、個人に還元できない実体として社会を把握する立場を鮮明にしたと理解すべきであろう。「社会の責任」という発想はルソーに遡るのである。この立場に立つことによって、来るべき社会の形成もまた再び鋭い切断の論理で語られざるをえなかった。つまり、自己疎外的なエゴイズム（特殊意志）を孕んだ私有財産と自然権のすべてを、諸個人が全員、新たに形成される共同体へと譲渡し、それを通して形成される共同体の意志――特殊意志の算術的総和たる全体意志とは区別された一般意志――の統制に進んで従うことによって新たな道徳的自由と自律の主体を確立するという、『社会契約論』の矯激な主張がそれである。こ

れは，カントの自己立法による自律的自由の思想的原型をなすという意味できわめて重要であるが，同時にヘーゲルやアーレントが批判するように，ジャコバン派による「自由の専制（テロル）」の理論的原型をなしたという側面をももつ。だがこの面だけを誇張するのは，『社会契約論』と対をなす教育学書『エミール』において，エミール少年が現存社会からの影響を遮断した無菌室の中で孤独に育てられるという不自然さの非をあげつらうことにも似ている。元々転倒した社会と人間から正立した社会と人間を作り出すことは——ルソーのみならず——論理的跳躍なしには不可能なのである。現実に到来しつつあった市民社会の転倒性をいちはやく見抜いていたルソーにとって，己を軟着陸させる場所を現実世界に見出すことはつねに困難であった。理論的な仕事以外でも，ルソーはこうした魂の分裂を典型的に表現した様々な小説（『新エロイーズ』1761）や自伝的作品を通して後世に大きな影響を残したが，その著作群にみられる大きな矛盾の振り幅は，そのまま現代人のものでもあり続けている。

→啓蒙思想，自然，自由，社会契約説，一般意志

［文献］『ルソー全集』（全14巻・別巻2）白水社，1979-84；ルソー『学問芸術論』岩波文庫，1968；同『人間不平等起源論』岩波文庫，1972；同『社会契約論』岩波文庫，1954；同『エミール』上・中・下，岩波文庫，1964；トドロフ『はかない幸福——ルソー』法政大学出版局，1988。　　　　　（古茂田宏）

ルター　Martin Luther 1483-1546

宗教改革の火付け役となった神学者。元々は法学を学んでいたが，落雷に遭遇し修道会に入り神学を学ぶ。彼は『ローマ書』1:17の「神の義は福音のうちに啓示される」の真義を探り，人は全的罪人であるままキリストの贖罪の業によってのみ義と認められる（義認）という「福音の再発見」に到達。法王権，ミサ，修道院，告解，贖宥状，マリア崇拝などが新約聖書に基づかないと解し，1517年『九十五ヵ条の提題』として公然と問題提起をした。いくつかの審問を経て，破門された（1521）。ローマ教会のミサは，叙任された司祭の司式によるパンとぶどう酒が実体的に

キリストの肉と血になり（化体説），それによって人が義なる者になる（成義論）と解していたが，ルターは，神の恵みによってのみ「義と認められる」（義認）と主張した。この理解に基づいて彼は，「恵みによってのみ」「信仰によってのみ」「聖書によってのみ」というプロテスタント原則を展開した。そこから，人間の業による自由ではない神の自由という『キリスト者の自由』（1520）が書かれた。それはエラスムスとの論争を生み出した。さらに信仰義認論の視点から民衆が読める新しい聖書のドイツ語訳を完成し，近代ドイツ語の発展に深く寄与した。そうした背景から，「正しく」福音を信じる者すべてが「司祭」であるという「万人祭司説」や，すべての信徒が神の召命に従って従事する職業（Beruf）は聖なるものだという主張も展開された。彼にはまた豊かな音楽の才能があり，多くの優れた讃美歌を作成し，甚大な影響を与えた。他方，農民戦争にまでに展開してしまったミュンツァーを熱狂主義者と批判し，農民からの支持を失った。またスイスの宗教改革者ツヴィングリとの聖餐論においては，ミサとは違ってはいるが，聖餐にはキリストがリアルに臨在するとの神秘主義的解釈にこだわり，プロテスタントの一致を形成することはできなかった。

〔高尾利数〕

ルナン　Joseph-Ernest Renan 1823-1892

フランスの文献学者，思想家。ドイツ聖書解釈学，ヘルダーの歴史哲学などの影響下，ヘブライ語・アラビア語・シリア語などの古代東洋言語を深く学び，セム語族の研究でデビュー。ユダヤ教→キリスト教→科学という進歩の図式のもと，ことにイエス・キリストにおける旧約聖書から新約聖書への転換の意味を，実証的精神に基づく文献批判を通して解明しようとした。大著『キリスト教の起源』（全7巻，1863-81）の第1巻『イエスの生涯』（1863）は，イエスを「比類なき人間」と描いたため，直ちにカトリック教会から禁書指定を受けたが，全ヨーロッパに大きな影響を与えた。やがてドレフュス事件（1894）につながってゆくフランスの反ユダヤ主義に対するルナンの寄与は微妙であって，アーリア人優位主義を肯定するかにみえる一方，曖昧な人

種（race）概念を批判し、フィクショナルな国民概念をもってこれに置き換えた。このことは、フランス共和制の暗黙のイデオロギーとして現在まで影響を及ぼしている。
→テーヌ
［文献］ルナン『イエス伝』岩波文庫，1941。　　　（古茂田宏）

　ルネサンス　〔英・仏〕Renaissance
14-16 世紀の西欧思潮を特徴づける「文芸復興」運動。絶対神を前にした人間の無価値を説く中世神学の文化支配に抗して，人間の自由と尊厳を称揚する新しい美的理念がレオナルド・ダ・ヴィンチをはじめとする〈万能人〉の手によって造形され，文学・絵画・彫刻・建築・科学技術・政治・宮廷儀礼など幅広い分野で彫琢を見た。それは，中世自然法に対してもう一つの世俗的個人的自然を発見する試みであるとともに，自らの才覚（virtù）によって運命（fortuna）を組み伏せ名誉（onestà）ある地位を求めようとする作為の論理の登場でもあり，以後の近代精神はこの「自然と作為」の両義性の中で揺れ動く。ピコ・デラ・ミランドラは，人間は神と自然の中間にあって本性が不確定であり，自由意志（liberum arbitrium）次第で神にも野獣にもなりうると唱え，宿命的占星術を排す一方で魔術や詩的象徴知を人間的な「完全理性」として推奨したが，ここには近代の確定的な人間本性論や形式主義的理性理念との違和がある。両義性は，近代思想の模索が古典古代の復権の形で行われた点でも指摘できる。キリスト教以前のギリシア・ローマの文献研究（studia humanitatis）は，既に 12 世紀にアリストテレスのアラビア語文献の翻訳を通して（「12 世紀ルネサンス」）スコラ学の隆盛を促したが，15 世紀中葉にはビザンティンの崩壊を機にプラトン・新プラトン主義が移入され，同世紀末にイベリア半島を追われたユダヤ人の渡来によってカバラ研究やヘブライ語熱が高まり，さらにエピクロス・ストア哲学，新アカデメイアの懐疑論，アルキメデス数学などの復権へと広がる。同時にヘレニズムの神話宗教やヘルメス主義，ゾロアスター教などが信仰を集め，フィチーノの「プラトン神学」に結晶するなど，これら異教・異端思想がキリスト教神学と習合

(syncretism)・対立・拮抗する多重的な緊張関係が生まれた。こうした人文主義（umanesimo）は，権威的な神学部の弁証法（論証術）よりも，予備門たる学芸学部や在野のアカデミーで培われた蓋然的な言葉の知（弁論術・詩学・歴史）を方法理念とした。ただし，エラスムスとルターの論争にも見られるように，宗教改革や反動宗教改革が神への奴隷的服従や予定説的宿命論を説いたのに対し，人文主義は自由意志と神の摂理の調和を説く点でむしろアウグスティヌス以来のカトリック神学に近しく，中世から近代へという単線的把握はこの点でも修正を迫られる。
→ブルーノ，マキァヴェッリ

［文献］ピコ・デッラ・ミランドラ『人間の尊厳について』国文社，1985；ガレン『イタリアのヒューマニズム』創文社，1960；伊藤博明『ルネサンスの神秘思想』講談社学術文庫，2012；佐藤三夫『イタリア・ルネサンスにおける人間の尊厳』有信堂，1981；村上陽一郎『科学史の逆遠近法』講談社学術文庫，1995。

(石村多門)

ルフェーヴル　Henri Lefebvre 1901-1991

フランスの哲学者・社会学者。1920-80年代に20世紀の主要な芸術・思想・政治の運動（ダダイズム，シュルレアリスム，マルクス主義，共産党，実存主義，構造主義，シチュアシオニズム，五月革命）に積極的に介入して，近代社会の疎外・物象化の現象を批判し，生きられる経験（vécu）の解放を希求した。日常生活，都市，空間，時間，社会的欲求，身体のリズムといった視座から多様な学問分野やアプローチを包括する総合的な認識を提示する。ヘーゲル，マルクス，ニーチェを総合する近代批判の視点は，カルチュラル・スタディーズ，ポストマルクス主義などで再評価されつつある。

［文献］ルフェーヴル『日常生活批判』（全3冊）現代思潮社，1968-70；同『総和と余剰』（全7冊）現代思潮社，1959-70；同『空間の生産』青木書店，2000。

(斉藤日出治)

ルーマン　　Niklas Luhmann 1927-1998

ドイツの社会学者で，現代における社会システム論の主唱者。パーソンズの社会システム論からダブル・コンティンジェンシーや複雑性の発想を学び，「自己準拠性（自己言及性）」を中心概念とする理論体系を打ち立てた。自らと「環境」との「境界」を，維持するばかりか再編し続けることを社会システムの特徴と見なし，この発想を用いて，全体社会，組織，相互行為，コミュニケーションを社会システムとして説明する。さらに 1980 年代以降は，オートポイエーシス概念を導入し，社会システムの「要素」たるコミュニケーションが，自ら繰り返し自己産出し続けることを説明し，境界維持的・均衡的・静態的な従来の社会システム論を塗り替えた。

→システム（論），社会システム論，自己言及，哲学的人間学，ハーバーマス

［文献］ルーマン『社会システム理論』上・下，恒星社厚生閣，1993・95；同『社会の社会』（全 2 冊）法政大学出版局，2009。

（鈴木宗徳）

　ルルス　　Raimundus Lullus 1232 以降 -1316

スペインの神秘主義的哲学者。フランシスコ会士。マジョルカ島の貴族の家に生まれ，1272 年頃，神秘体験をし，キリスト教伝道，特にイスラーム教徒の改宗のための布教活動に尽力した。チュニジアで殉教した。複数の円盤と板の上に基本概念を記号で記し，板に記された組合せの表と円盤の回転とによって種々の命題を導出できる工夫をしたことで有名。この工夫は「大いなる術」（Ars Magna）と呼ばれ，ライプニッツなどに大きな影響を与えた。

［文献］ルルス『愛する者と愛された者についての書』（中世思想原典集成精選 7）平凡社ライブラリー，2019。　　（山内志朗）

レイ

レ

霊 〔ギ〕Psychē 〔ラ〕anima 〔英〕soul 〔独〕Seele 〔仏〕âme
漢字の「霊」は雨乞いの巫女を原義とし，霊は一般には，見えない神秘的威力をもつ存在を指す。広義には，身体から遊離する雲気を原義とする「魂」とともに霊魂ともいう。西欧哲学では霊魂は，身体から独立の不滅の存在と見なされ，人間の善の原理（ソクラテス），理性・士気・欲求の霊魂の三部分説（プラトン），人間精神だけでなく，動物の活動原理，植物の生命も霊魂と見る説（アリストテレス）等へと哲学的に展開された。中世キリスト教哲学では，人間固有の理性的霊魂を神由来に求め，自由な精神力および身体・物質への能動作用として展開された。近代哲学ではデカルトの二元論により，理性はもっぱら人間内在の合理的能力とされ，他方で霊魂は専ら非合理的な神秘的存在として蒙昧な宗教的幻想・迷信の対象と見なされ，あるいは動物の活動原理（アニマ）に還元される傾向を生んだ。鈴木大拙など現代では理性の限界を超える霊性（spirituality）の再評価もある。日本では，死後身体から遊離し遺族を訪れるとする古来のタマ観念が，古代に中国の魂魄観念と結合し生者に祟る死霊・生霊の観念を生んだ。その後中世に，本来は霊魂を認めない仏教が中国経由で日本化する中で地獄・極楽観念と結合し，生者の供養次第で現世に禍福をもたらす霊の観念が定着した。霊の観念は現代社会でも根強いが，近代思想見直しの中で意味論的分析も求められる。
→アリストテレス，デカルト，柳田国男，鈴木大拙
[文献] アリストテレス『霊魂論』（全集 6）岩波書店，1968；柳田國男『先祖の話』（全集 13）ちくま文庫，1990。（亀山純生）

礼
礼儀作法や行事に伴う儀礼など，社会秩序の維持に関わる規範や制度の総称。儒教では宗法的秩序の基本として特に重視される。

孔子は礼を楽とともに重要な教化手段とし，孟子はこれを仁・義・智と並ぶ基本的徳目とした。さらに荀子は礼を，欲望規制と社会秩序維持のための原理とし，宋の蘇洵は尊者の支配を安定させる拝起坐立の規則と見なした。しかし同時に，李覯，顔元，凌廷堪らの礼重視に鑑みれば，そこには封建道徳に還元できない意義があったと思われる。一般的に見れば，非礼・無礼は相手の人格の尊厳を汚すものであり，また礼は法と異なって文飾・表現の意義を有するから，倫理学や美学の考察対象としては決して軽視できない。
(村瀬裕也)

戻換法→変形推理

霊魂→プシュケー

霊魂の不滅 〔英〕immortality (of the soul)〔独〕Unsterblichkeit (der Seele)〔仏〕immortalité (de l'âme)
霊魂は身体とは別の実体をもつものであり，生前も死後も身体を離れて存在し，不死であるという，この（不滅の）観念は歴史的には古くから，主として古代において流布したが，今日もなお一部の宗教や民間信仰などにみられる。思想史的には，古代ギリシアの哲学者の教説に典型化されているように，人間の霊魂のあり方との関わりで不滅論が展開されてきた。霊魂は人間のみのものではないが，人間の霊魂にあっては有限性を乗り越え，精神性や人格性へと上昇することを志向するところから生まれてきた教説であるといえる。特にプラトンでは，永遠の真理を認識するために理性的な霊魂は不滅であるとの教説が展開された。
→霊，プラトン
［文献］プラトン『パイドン』岩波文庫，1998。 (河上睦子)

レヴィ＝ストロース Claude Lévi-Strauss 1908-2009
パリ大学で哲学を学んだのち，博士論文『親族の基本構造』(1949) によって構造主義文化人類学を創始した。ブラジルでの調査研究 (1935-39) を経て，大戦中に亡命 (1941-49) していた

レヴィッ

アメリカから帰国してのち，1958年，メルロ゠ポンティの推挙によりコレージュ・ド・フランス社会人類学講座の初代教授となる。彼のいう構造主義とは，ソシュール言語学において明らかにされた語相互の示差的体系を親族呼称による氏族形成の論理に適用したものであり，彼はそこに人類知性の出現と文化の普遍的構造を見出した。その後もこの同じ主題に沿ってトーテミズムや神話の研究を進め，未開（野生）社会の知性が近代西欧の知性と遜色ないものであるばかりか，むしろ学ぶべきものであることを主張した。
→多文化主義，分類，合理性
［文献］レヴィ゠ストロース『親族の基本構造』青弓社，2000；同『野生の思考』みすず書房，1976；吉田禎吾／板橋作美／浜本満『レヴィ゠ストロース』（CenturyBooks 人と思想）清水書院，1991。　　　　　　　　　　　　　　　　　　　（船木亨）

　レーヴィット　Karl Löwith 1897-1973
20世紀ドイツの哲学者。ミュンヘン生まれ。1928年，ハイデガーの〈現存在〉分析の手法を〈共同存在〉分析に適用した論文によって，彼のもとで大学教員資格を取得し，マールブルク大学私講師となる。35年，ユダヤ系ゆえに解任される。36-41年，東北帝国大学外国人講師，41-52年，アメリカ合州国で活動する。52-64年，ハイデルベルク大学教授。ヨーロッパ精神史におけるキリスト教的神学の伝統を懐疑的批判的に分析する作業に主に従事して，広く国際的に注目され評価される成果を上げた。その懐疑主義は現代の哲学また神学にも容赦なく向けられ，師ハイデガーの後期の思想もそれを免れなかった。しかし，晩年には，自ずから存在しているものの全体としての古代ギリシア的自然（コスモス）を称揚し強調した。
［文献］レーヴィット『共同存在の現象学』岩波文庫，2008；同『ヘーゲルからニーチェへ――十九世紀思想における革命的断絶』上・下，岩波文庫，2015-16；同『ナチズムと私の生活――仙台からの告発』法政大学出版局，1990。　　　（秋間実）

レヴィナス　　Emanuel Levinas 1906-1995

リトアニアに生まれたユダヤ人で，後にフランスに帰化し，フランス語で著述する。第二次世界大戦中は，フランス軍の兵士として従軍し，ドイツ軍の捕虜収容所に終戦まで収容された。その間，故郷の親兄弟は全員ナチスの絶滅収容所で殺された。第二次世界大戦の暴露した荒廃した世界，この野蛮，不条理，悲惨な世界において，なお，人間とは何者であり，いかにして生きることが可能なのか。それが，レヴィナスの思索である。

　人間とは，この世界に存在する諸存在者とは異質の何者か，理性による把握によっては理解しえない「超越を宿したもの」である。この自覚を失ったとき，人間の事物化，道具化，奴隷化が始まる。西欧の哲学は，理性（認識）の哲学である限り，その初端から人間を事物化する暴力の哲学であり，その必然の帰結が人間を薪の束として処理するファシズムであった。では，人間が認識を超えているとは何か。人間を自分（同）の中に取り込めないということだ。だから，人間は絶対の他者，無限に高い何ものか，なのである。このようなものに対するとき，われわれの取りうる態度はひたすら相手に仕える，ということしかない。他者のこの高さとは，不在の神（無限）が通過した痕跡なのである。

［文献］レヴィナス『全体性と無限』講談社学術文庫，2020；同『存在の彼方へ』講談社学術文庫，1999。　　　　　（岩田靖夫）

　レヴィ＝ブリュール　　Lucien Lévi-Bruhl 1857-1939

「未開」社会の心性研究において独特の見解を提起したフランスの哲学史家・人類学者。彼は，主著『未開社会の思惟』(1910)の中で，「未開人」の心性は本質的に近代西欧人の心性とは異なると論じた。南米ボロロ族の人々が自分たちを金剛インコと同一視するのに接した彼は，「未開人」は西欧近代的な論理的・分析的思考とは質の異なる思考と心性を生きていると見なし，これを「前論理的心性」と名づけた。彼は，そこでは西欧的論理の基本である矛盾律や因果律が成立せず，感情的色彩を帯びた独特の思考様式が支配しているとし，「融即の法則」(loi de participation)と呼んだ。批判を浴びて本人により撤回されたが，文化人類学や

レウキッ

精神分析学の中に再評価の動きがある。
［文献］レヴィ・ブリュル『未開社会の思惟』上・下，岩波文庫，1953。
　　　　　　　　　　　　　　　　　　　　　　　　　（景井充）

　レウキッポス　Leukippos　前435頃盛年
エレア，ミレトスあるいはアブデラ出身の哲学者。その生涯は不詳で実在を疑われたこともあったが，アリストテレスはデモクリトスの師ないし僚友で古代原子論の創始者と認定。説明原理として，不可分の〈原子〉と，多数性・運動の条件である空間的間隔と拡がりとしての〈空虚〉を措定，「有るもの（原子）は有らぬもの（空虚）と比べてよりいっそう有るわけではない」「有らぬものである空虚は有るものに比していささかも有らぬものならず」と主張したとされる。「全てがロゴス（理路）に基づき必然によって生ずる」という一節が『知性について』からの唯一の伝存断片である。
［文献］内山勝利編『ソクラテス以前哲学者断片集』4，岩波書店，1998。
　　　　　　　　　　　　　　　　　　　　　　　　　（三浦要）

　レオナルド・ダ・ヴィンチ　Leonardo da Vinci　1452-1519
イタリアの盛期ルネサンスを代表する画家。公証人の私生児として生を享け，十代の半ばにヴェロッキオの工房に弟子入りする。当時の画家は，一介の職人として扱われるのが普通であり，彼は，古典主義的な完成度の高い名作を描く一方で，雇われた宮廷では，他の芸術家たちと同様，音楽家，デザイナー，軍事顧問，都市計画や土木工事の監督者といった何でも屋であり，さらには，無神論者という説もある通り，異端の思想家にして科学研究にも傑出していた。権謀術数の渦巻く宮廷で，私生児という出自をもつ天才の批判精神は，次の一句に如実に現れている——「権威を引いて論ずるものは才能を用いるにあらず，ただ記憶を用いるにすぎぬ」。
［文献］『レオナルド・ダ・ヴィンチの手記』上・下，岩波文庫，1954・58。
　　　　　　　　　　　　　　　　　　　　　　　　（照井日出喜）

歴史観 〔英〕view on histoty

歴史の見方。大別すれば観念史観と唯物史観とに二分される。あるいは歴史発展の法則性を認める立場と歴史法則を否定し史実の確証に徹する実証主義の立場というように二分することもできる。観念史観の一つはキリスト教の歴史観であって，人類の原罪・堕落・救済という形で神の意志が人類史を貫いていると見る。観念史観の典型をなすヘーゲルは，アジア的・ローマ的・ゲルマン的という三段階を通って絶対的理念が実現されていくと見る。これに対して唯物史観はあらゆる人間的存在の前提は物質的生活そのものの生産であり，観念はその反映にすぎないと主張する。実証主義の立場はこのいずれにも反対し，歴史には進歩も発展も法則もなく，あるのは事実だけであるから史料を発掘して事実を明らかにすることだけが歴史研究の課題であるとする。しかし，事実を明らかにするといっても人類史上のすべての事実を網羅することは不可能であり，かつ無意味であって，そこには当然，事実の取捨選択と整序が行われなければならない。これを行う基準は歴史家の価値視点だと主張したのはM.ウェーバーである。ただウェーバーは歴史家の価値視点は時代の制約を受けつつも多様であると考えるので，その描く歴史像も多様であって，どの歴史像が正しく，どれが誤っているかというような断定はできない。こういうウェーバーのような立場を歴史相対主義という。相対主義は現実の政治や社会に対しても是々非々の立場に立ち，ときには現実に対する無関心ともなるので，ニーチェはこれを「生をむしばむ歴史主義の病気」と呼んだ。

相対主義を超えて現実に対して変革の立場に立つとき，無限に多様な事実のなかに歴史を貫いている法則的な方向性を見出すことができるのであり，さらに変革の主体的客体的条件を求めていくなかで，科学的な歴史観である唯物史観が確立されてくるのである。

〔文献〕カー『歴史とは何か』岩波新書，1962；ウェーバー『社会科学方法論』岩波文庫，1936；マルクス『経済学批判・序言』（全集13）大月書店，1964。　　　　　　　　　　（浜林正夫）

レキシシ

歴史主義 〔独〕Historismus〔英〕historism〔仏〕historisme
広義には，人間生活は根本において歴史的であり，それぞれの時代の特徴を帯びると見なす立場。狭義には，歴史的な事象が個性的一回的なものであることを強調する立場。後者の立場は，自然をモデルに社会や文化のなかに普遍的法則を見出す自然主義への批判，歴史を人類の直線的進歩の過程と見なす啓蒙思想への批判，歴史を精神の展開の過程と見なすヘーゲルの歴史哲学への批判に基づく。

狭義の歴史主義の原型はヴィーコ，ヘルダーに見られるが，本格的には18世紀末から19世紀にドイツで登場した。当時法学（サヴィニー），経済学（リスト）などの分野で歴史学派が誕生したが，哲学の分野ではディルタイがヘーゲルの影響を受け，人間の生の客観的形態を歴史的なものと捉えながらも，ヘーゲルと異なり歴史の発展を普遍的法則に従うと見なすことを批判し，歴史的事象の個性を重視した。歴史主義は，それぞれの時代には異なった事象があるという相対主義へ傾斜しがちであるが，20世紀に入り，宗教哲学者のトレルチはこのような傾向を克服しようとした。彼によると，歴史は個性化に向かって普遍的に発展するのであり，歴史においては普遍性と個性が結合しているとされる。歴史家のマイネッケも類似の見解を主張した。ポパーは第二次世界大戦後特にヘーゲルやマルクスの歴史観を念頭におき，歴史の普遍的発展法則の認識に基づいて未来を予言しようする立場を「歴史法則主義」（〔英〕historicism）と呼び，これを批判した。
〔文献〕茅野良男『歴史のみかた』紀伊國屋新書，1980。

(高田純)

歴史哲学 〔英〕philosophy of history〔独〕Philosophie der Geschichte〔仏〕philosophie de l'histoire
歴史哲学は単なる歴史記述とは異なり，歴史を体系的に捉え，その意味を明らかにしようとする。近代における歴史哲学の先駆はヴィーコである。彼は，人類史を未開で野蛮な状態から洗練された状態への進展と捉える。近代の啓蒙思想の多くは歴史を人類の進歩，「完全化」の過程と理解する（その典型はコンドルセに見

られる)が,ヴィーコは直線的な進歩観を取らず,歴史は〈勃興—成熟—没落〉という反復を含み,螺旋的に進展すると見なす。おそらく歴史哲学という用語を最初に用いたのはヴォルテールである。彼によると,民族の間には風習の相違があるが,共通の理性もあり,これがきわめて緩慢に実現されて,人類は完全化に向かっていく。ヘルダーは,理性は諸民族における文化の伝達を通じて形成されると見なす。人間の生活は人類史における形成・陶冶の連鎖の一環をなすことによって個性を得る。

　カントも歴史哲学を素描している。彼は人類史を野蛮な状態から洗練された状態への進展と見なしつつも,ルソーによる文明批判を踏まえて,歴史を対立や不和を含む過程と捉える。歴史哲学を最も体系的に展開したのはヘーゲルである。彼によると,世界史は,自由の理念が実現される場である。巨視的に見ると,個々の民族,集団,個人はこの実現のための道具にすぎず,時代が与えた使命をたいていは無意識のまま遂行する。
[文献] コリングウッド『歴史哲学の本質と目的』未来社,1986;茅野良男『歴史のみかた』紀伊國屋書店,1980;渡邊二郎『歴史の哲学』講談社学術文庫,1999;シュネーデルバッハ『ヘーゲル以後の歴史哲学』法政大学出版局,1994。　(高田純)

　歴史法則　〔英〕historical law〔独〕geschichtliches Gesetz
人間の歴史にも一定の法則性が見出せるとする考えに基づいて主張される,歴史についての法則を指す用語。ドイツ歴史学派,M.ウェーバー,K.ポパーなどは歴史法則の存在を否定し,キリスト教の原罪・堕落・救済の歴史観,歴史を人間精神の進歩の歴史とみる啓蒙史観,マルクスとエンゲルスの唯物史観などは,歴史法則を肯定する。歴史法則を主張する代表的位置にあるのはマルクスらである。彼らによれば,文明以降の人間の歴史は,諸階級の闘争を主な直接的の動因として変化を遂げてきたが,これらの階級の存在と相互の衝突は,それ自体,彼らの経済的状態の発展過程によって条件づけられる。他方,その時代の経済状態は,人々が何をどのように,どのような相互関係の下で生産するかによって決まる。こうした「歴史の運動の大法則」(エンゲルス)を叙

述したものが彼らの唯物史観である。エンゲルスは，この歴史法則の発見を，自然科学におけるエネルギー保存則の発見になぞらえた。歴史法則を承認するか否かと，眼前の現代社会の運動の合法則性を承認するか否かは，同じではないが，密接な関連をもつ。マルクスは「価値法則」「資本蓄積の一般的法則」などを「資本主義的生産の自然諸法則」と呼び，そうした諸法則に従って資本主義的生産の矛盾が発展し，その矛盾を自覚した人々の意識的行動によって，次の社会形態が生まれると主張した。

［文献］マルクス／エンゲルス『ドイツ・イデオロギー』新日本出版社，1998；ポパー『歴史主義の貧困——社会科学の方法と実践』中央公論社，1961。 （後藤道夫）

歴史法則主義→ポパー

レギュラシオン理論 〔仏〕théorie de la régulation
資本主義社会は，資本市場の自動調節機能の限界を示した1929年の大恐慌以来，構造的な危機に陥っているとして，新たに「調整」概念を基礎にした社会経済理論たるレギュラシオン理論が1970年代半ばにフランスで登場した。M.アグリエッタ，R.ボワイエ，A.リピエッツを中心とするパリ派が有名である。この理論は新古典派の均衡論的な捉え方の限界を指摘し，市場による均衡あるいは調整ではない新たな制度への革新の必要を説く。つまり，これまでのフォーディズムによる蓄積様式での生産—消費の拡大的循環の社会的限界から，市民・労働者・消費者の新たな参加によって民主的調整を試みる理論である。この「調整」はポスト・フォーディズムの新たな制度革新とその下での蓄積様式の変更を意味する。

→市場経済，生産様式

［文献］アグリエッタ『資本主義のレギュラシオン理論〔増補新版〕』大村書店，2000；ボワイエ『レギュラシオン理論——危機に挑む経済学』新評論，1989；リピエッツ『勇気ある選択』藤原書店，1990。 （重本直利）

レッシング　　Gotthold Ephraim Lessing 1729-1781
レッシングは近代市民悲劇の劇作家の創始者であり，抒情詩人である。同時に，ドイツ啓蒙期を代表するもっとも重要な文芸理論家，ジャーナリスト，翻訳家であり，哲学者でもある。美学理論家としては，レッシングは，『ラオコーン――絵画と詩の境界について』（1766）という未完成の著作のなかで，造形芸術と詩を区別する本質的な指標を提起した。『賢者ナータン』（1779）では，当時の哲学的議論の中核をなす主題であった宗教的な寛容について，芸術による一つの解釈を示した。彼の歴史理論的な著作である『人類の教育』（1790）では，神の啓示と人間の理性の発展との関係が，人類宗教と個人の倫理的な完成を展望した啓蒙思想の計画に結びつけながら，論じられている。
［文献］安酸敏眞『レッシングとドイツ啓蒙――レッシング宗教哲学の研究』創文社，1998。

（マルティン・フェルケル／佐藤和夫）

レッセ・フェール　〔仏〕laissez-faire (laisser-faire)
「自由放任」の意味を表すフランス語。経済活動に対する政府の規制や干渉を撤廃して営業の自由を実現すること。経済的自由主義の政策目標を示す標語。17世紀に政府の規制に反対するフランス商人によって用いられ，18世紀にミラボーやテュルゴーらによって重農主義の標語とされて普及した。その後，アダム・スミスやリカードらイギリス古典派経済学の経済的自由主義の政策理念を意味するようになり，20世紀になると「自由放任の終焉」を唱えるケインズによって批判された。
［文献］アダム・スミス『国富論』（全3冊）中公文庫，1978；ケインズ「自由放任の終焉」，『貨幣改革論／若き日の信条』中央公クラシックス，2005。　　　　　　　　　　　　　（新村聡）

レトリック　〔ギ〕rēhtorikē〔英〕rhetoric〔仏〕rhetorique〔独〕Rhetorik
「レトリック」は，ことばの表現を工夫して，聴衆・読者の説得や感動を効果的に生み出す技術である。レトリックの主な訳語と

しては,「弁論術」と「修辞学」がある。この二種の訳語が示すようにレトリックは異なる見方を含んでいる。弁論術は古代ギリシアのポリスにおける民主制政治と結びついていた。ポリス政治においては聴衆に訴えかける政治的弁論が重視された。ソフィストたちの活躍は弁論術の発展を促し,白を黒と言いくるめるような詭弁術と批判されるまでになった。このようにレトリックはポリス政治で有効だったからこそ批判もされた。他方で有効な弁論のためには,言葉の効果を最大限に発揮させる修辞についても様々な工夫や整理がなされた（イソクラテスの修辞学校）。古代ギリシアのレトリックはアリストテレスの『弁論術』に集大成されている。アリストテレスはレトリックを説得の方法に関わるものとして,議会・演説・法廷用に弁論技術を三分し,分析した。レトリックはさらに古代ローマに受け継がれ,発展した（キケロ,クインティリアヌス）。キケロ『弁論家について』,クインティリアヌス『弁論術教程』には,レトリックを発想（inventio）,配置（dispositio）,修辞（elocutio）,記憶（memoria）,発表（pronuntiatio）の五分科に分ける見方が示されている。この五分科は,演論法＝弁論術としての体系を示すものである。このうち「修辞」が実質上レトリックの中心部分として発展していった。レトリックは,中世には聖職者教育,世俗的教育のための自由七科の一つとされた。西欧の近代世界の始まりとともにレトリックは批判されるようになる。ホッブズ,デカルト,ロックなど合理主義,経験主義的思想を展開した哲学者たちは,レトリック的思考を批判した。ロックは『人間知性論』において言語は経験を真実に捉えうるものか否かという問題を立てる。レトリックはその際,詐欺的な役割,欺瞞的な役割を果たすものとされた。近代哲学における科学主義的思考にとって,レトリックは認識の客観性・必然性を保証するものではなく,むしろ虚偽をもたらすものであった。論理的言語の一義性を重視する思考は,多義性,転義,譬喩を許容するレトリック（修辞法）を極力遠ざける方向に向かった。かくして19世紀にはレトリックの伝統は忘れられた。20世紀の後半に至り,ローマン・ヤコブソンが言語学へ修辞学の概念を導入して新境地を開いたこともあり,ようやく修辞学へ

の注目が集まる。さらに修辞学は，現代の大衆社会における操作可能性（マスコミ，広告）への関心と結びつけて記号論的に議論されるようになった。

　西欧の伝統的レトリックの日本への導入は，尾崎行雄，菊地大麓，黒岩大の訳述書を先駆として，高田早苗が体系化し，五十嵐力へと受け継がれた。しかし，その後ほとんど忘れ去られた。戦前期のレトリックへの着目は，パトスの重要性を強調した三木清「レトリックの精神」に見られる。戦後の日本では，佐藤信夫がレトリックの「説得する表現の技術」「芸術的あるいは文学的表現の技術」の他に，「発見的認識の造形」の意義を唱えた。また中村雄二郎が共通感覚論との関連で「レトリックの知」の重要性を唱えた。それは，概念的，分析理性的な知ではなくて，感性，イメージ，想像力を取り入れた言語的・共通感覚的な知を指している。

[文献] アリストテレス『弁論術』岩波文庫，1992；キケロ『弁論家について』上・下，岩波文庫，2005；三木清「レトリックの精神」『哲学ノート』中公文庫，2010；佐藤信夫『レトリック感覚』講談社学術文庫，1992。　　　　　　　　　　（吉田正岳）

　レーニン　　Vladimir Il'ich Lenin 1870-1924
ボリシェヴィキの創設者で，ロシア十月革命の指導者，ソヴィエト政権の初代首班（人民委員会議議長）。本名はウラジーミル・イリイチ・ウリヤノフ。学生時代から革命運動に参加し，1895年，マルトフらとともに『労働者階級解放闘争同盟』を結成。シベリヤ流刑の後，1900年に亡命し，プレハーノフらとともに『イスクラ』を創刊。1902年に『何をなすべきか』の中で社会主義は労働運動の自然発生的成長から独立に「外部から」意識的に持ち込まれなければならないと主張（外部注入論）。1903年のロシア社会民主労働党第二回大会で，イスクラ派は組織論をめぐってボリシェヴィキ（多数派）とメンシェヴィキ（少数派）に分裂。レーニンと多数派は，中央集権的な党の必要性を説いた。

　メンシェヴィキが自由主義的なブルジョアジーの指導するブルジョア革命を当面の課題と見なしていたのに対して，レーニン

は，1905 年に『民主主義革命における社会民主党の二つの戦術』の中で，労働者と農民の「革命的民主主義的独裁」というスローガンを掲げた。1914 年に始まった第一次世界大戦の際には，自国政府の敗北を主張（革命的祖国敗北主義）。1916 年には『帝国主義論』で，資本主義が自由競争の段階から独占の段階へと転化し，植民地の争奪が激化していることなどを指摘した。1917 年に二月革命が起きると，ロシアに帰国し『四月テーゼ』を公表し，革命をブルジョア革命の枠を超えて発展させることを主張した。十月革命の直前に『国家と革命』を書き，国家とは階級支配の機関であり，できあいの国家機構を奪い取るだけでなく粉砕しなければならない，と主張した。十月社会主義革命が成功すると，ソヴィエト政権は，無併合・無賠償の講和を提案。同時に地主の土地を没収して，農民に開放した。1919 年にコミンテルンを創設した。また，民族や植民地の解放と社会主義革命の結合を図った。革命後の干渉戦争や内戦により，ボリシェヴィキ政権は戦時体制を余儀なくされた（戦時共産主義）。内戦終了後，レーニンは新経済政策（ネップ）と呼ばれる政策を打ち出し，市場経済の要素の導入を認めた。晩年，スターリンらの官僚主義，大ロシア民族主義との闘争に取り組んだが，病気の悪化のため，目的を果たせぬまま死去した。

　哲学の分野では，レーニンはボグダーノフらのマッハ主義哲学を批判した『唯物論と経験批判論』を著した。その内容は，①主観的観念論に対する批判と唯物論的反映論の擁護，②物質の哲学的概念の明確化などである。また，死後に公表された『哲学ノート』のなかでは，弁証法的の核心を「対立物の統一」と規定した。

[文献] トロツキー『レーニン』光文社古典新訳文庫，2006；中野徹三／高岡健次郎『レーニン』（Century Books 人と思想）清水書院，1970。　　　　　　　　　　　　　　　（志田昇）

連関→関係・関連

連想 〔英・仏〕association〔独〕Assoziation
連想とは，人間の意識のなかで観念と観念が結びついてある思想内容を形成することで，観念連合（association of ideas）とも言われる。観念連合の役割を強調し，経験がその働きによって形成されると主張したのは近代イギリスの思想家たちである。ロックは，感覚と内省がすべての観念の源であるとし，観念の誤った結合を説明するために「観念連合」という言葉を使用した。ヒュームは，心を一つの観念から他の観念へと移らせる性質に三つのもの，すなわち類似，接近，原因と結果を挙げ，因果関係の観念が生じるのは想像力によるとし，連想をすべての人に影響する普遍的原理であると主張した。観念連合説は，ハートリ（1705-57）によって体系的に完成された。彼は，ニュートンとロックの影響を受け，精神生活の究極的源である感覚を大脳中の粒子の振動に対応するものとし，振動の理論に基づいて連想の生理学的法則を明らかにしようとした。それまで連想といえば，観念の連合に限られていたが，彼は，感覚，観念，運動のすべてに連合を適用した。J. ミル（1773-1836）は，ハートリの影響を受けたが，生理学説はほとんど取り入れなかった。彼によると精神現象は感覚と観念という要素から成り，それらの連合によって記憶，抽象，信念，快苦などのすべてが説明されるとした。　　　　（泉谷周三郎）

蓮如　（れんにょ）1415〔応永22〕-1499〔明応8〕
親鸞血統系の本願寺教団第八代宗主。本願寺は親鸞曾孫の覚如（1270-1351）により親鸞墓所を基に創設されたが，親鸞系は法然系浄土教団の中では少数派で，しかも親鸞系でも東国門弟の教団が圧倒的に優勢であり，本願寺教団は弱小だった。蓮如は親鸞の悪人本位の専修念仏往生論を民衆に平易に説き，「御文」（書簡）による文書指導を軸に水運業・馬借等の交易民に依拠して急速に教線を延ばし，農民等民衆の自治エネルギーを巧みに組み込んで各地に念仏共同体（講）を組織した。これにより特に近江・越前等を中心に他の親鸞系や時宗等の念仏系を吸収して，新タイ

プの寺領なきネットワーク的巨大教団を形成した。それは，各地で自治的宗教都市（寺内町）や一向一揆を生み，加賀では大名を追放して「百姓の持ちたる国」を実現した。反面蓮如は，比叡山等正統派仏教の激しい攻撃の中で妥協してラディカルな『歎異抄』を封印し，「信心は心中奥深く，額には王法を」と指導して近世以後現代に至る日本型の聖俗二元論の枠組を作り，親鸞の現世主義的教義を来世主義の「後生頼み」に変質させた。ネットワーク的教団は大名領国制を脅かす民衆の自治エネルギー表出でもあったが，蓮如後の本願寺教団は，畿内・北陸・東海・西国の門徒を総結集した対織田信長10年戦争に敗北し，徳川家康の介入で東西本願寺に分裂して，近世大名体制に従属し社会的エネルギーを失った（『歎異抄』封印は明治の再発見まで続いた）。
→親鸞，清沢満之
［文献］大谷暢順編『蓮如上人全集』（全5巻）中央公論社，1998-2001；森竜吉『蓮如』講談社現代新書，1979。（亀山純生）

老子 (ろうし) Lǎozǐ

老子は中国古代の道家の思想家。老子という人物が実際いたかどうかについては諸説がある。いま『老子』と呼ばれる書物は，1993年，中国の戦国時代中期の楚墓から今本『老子』の三分の一ほどの量の竹簡（郭店楚簡『老子』・1998年全文公表）が，「太一生水」という道家系の書や子思系の儒家書とともに発見されたことにより，少なくともその一部は戦国時代中期に成立していたことが確実となった。郭店本は原『老子』というべきものである。『老子』の成立時期の問題については，諸説がある。『老子』については馬王堆の帛書『老子』に「万乗之王」の語があり，郭店本にも「仁義」の語があって，戦国時代に形成されたことは否定されないと思われる。『老子』が戦国末に改変されたことは明白であって，章の配列を変更し，「絶仁棄義」といった反儒家的文言も挿入された。この改変ののち道篇・徳篇の並び方に違いがあるが，馬王堆帛書『老子』甲乙本や2009年出現の漢簡『老子』も含めた今本に近いテキストが最終的に成立することになる。郭店楚簡『老子』で思想的に注意されるのは，今本のような反儒家的文言が少ないことである。儒家の書とともに出土したことも原『老子』が儒家と近接していたことを示している。宇宙の本体としての「道」という汎神論的観念が原『老子』に存在したことも明らかになった。儒家などの「天地之道」に似る宇宙の本体としての「道」の観念の出現は興味深い思想史的現象である。戦国末漢初以後，思想的影響を及ぼして来たのは今本系の『老子』である。『老子』は五斗米道の革命運動の経典にもなった。その後，王弼の魏晋玄学的注や河上公注があって広く普及した。『老子』は従来とかく儒家や法家思想に対抗する反文明論の書と見なされて来たが，こうした『老子』の読み方も見直される必要がある。『老子』は「天下」という用語が頻用されているよ

うに，明らかに『荘子』よりも政治的である。なお馬王堆帛書以後の出土文物は従来偽書視されていた『文子』などの道家の文献の信頼性を高め，漢初黄老思想に関わる『黄帝四経』も出土している。道家思想というと『老子』『荘子』を代表とするような認識があるが，道家思想の範囲は非常に広いものである。
[文献]『郭店楚墓竹簡』荊門市博物館，文物出版社，1998；『北京大学蔵西漢竹書（貳）』北京大学出土文献研究所編，上海古籍出版社，2012；蜂屋邦夫訳注『老子』岩波文庫，2008。

(向井哲夫)

労働 〔英〕labour〔独〕Arbeit〔仏〕travail
【労働の規定と労働過程】人間は，他の動物と異なって外的自然に目的意識的に働きかけながら自らに必要な生活手段を様々な形態で生産し，それを通じて自分自身のもつ多様な潜在能力を発揮させ，自己を形成してきた。労働はこうした人間にとって必要な生産活動の総体である。労働過程は，①人間の目的をもつ活動，つまり労働そのもの，②労働にとっての対象，③人間が対象に働きかける手段（道具など）の三つの要素から構成され，労働対象と労働手段，すなわち生産手段の領有の形態が様々な社会構成の基礎となっている。この労働による物的人間的な富の創出メカニズムと社会構成の歴史的変化を学問的かつ包括的に把握したのがマルクスである。彼は資本主義的生産のもとでの労働の基本的性格を，人間の労働と労働対象および労働手段（生産手段）との分離，疎外と捉え，そこから派生する多様な人間疎外を批判するとともに，そこでなされる剰余価値の搾取が資本の自己増殖の秘密であることを解明した。他方マルクスは，労働自体は自然と人間との物質代謝の人為的，目的意識的統御としても，また社会関係の結節点としても人間的な生活の積極的基礎をなすと考え，高次の共産主義社会において労働が疎外から解放されて「第一の生活要求」になることを指摘した。
【労働観の歴史】とはいえ，こうした積極的な労働観はブルジョアジーの文化が形成される近代以降の時代に固有なものである。閑暇の有意義な活動が有閑階級に独占された前近代社会では，労

働はむしろ非人間的な意味合いをもった。アーレントは古代ギリシアにおける人間の生活を「労働」「仕事」「活動」と三つに類型化したが，その際「労働」は私的な生物的過程に対応し，永続する生産物をもたらさない低次の活動力として，制作技術によって永続的な人為世界の創出を指向する「仕事」からも区別された。ヘーゲルはいわゆる「主と奴の弁証法」によって歴史的に固定化された階級支配の転換力を労働に求めたが，この転換力は労働と仕事との区別が不分明となり，有閑階級とブルジョアジーを含む勤労階級との対立が先鋭化した近代市民革命の時代に典型的に発揮された。ただブルジョアジーと民衆の労働観は同一ではない。M. ウェーバーが指摘するように，ブルジョアジーは経済的富を労働に還元し，人間性を合理的メカニズムと同一視する。これに対して，民衆世界には身体性に結合した快楽的な労働観があり，それがフーリエによる労働の遊戯化論やラファルグの「怠ける権利」論のように社会主義諸思想にも反映されている。こうした近代および前近代の多様な労働観を総合したのがマルクスである。彼は産業化を前提としながらも富の本質を自然と人間の労働との二つの源泉に求め，人間の発達を両者の相互作用のなかに捉えるとともに，労働の外部の自由時間において独自な「自己目的としての人間的諸力の展開」を指摘し，伝統的な閑暇の積極性をも継承しようとした。

【労働観をめぐる現代的問題】19 世紀以降の急速な産業化過程においては，資本主義と社会主義とを問わず生産力主義の思想が優位を占め，それとともに労働の人間的なあり方を奪うブルジョア思想が拡大する。そこから労働は経済的富の創出とともに人間疎外を先鋭化させ，さらに地球規模での環境破壊さえもたらすに至った。こうして，労働とコミュニケーション的行為とを鋭く対置するハーバーマスや，マルクスを含む積極的労働観自体の抑圧性を主張するボードリヤールのように，労働への批判的論調が強まることになった。だが，これらの議論は非人間的な産業労働を唯一の労働モデルとする点で一面性を伴う。ここから現在では，職人，生業，シャドウ・ワーク，アンペイド・ワークなどの諸概念で「非効率」な労働や非商品的労働，生態系の保全に寄与する

ロウドウ

労働の意義が議論されており，労働と生活やコミュニケーションとの再統合も課題となっている。いずれにせよ，人間的かつ積極的な労働観の構築が求められているのである。

→生産力／生産関係，精神的労働と物質的労働，シャドウ・ワーク

[文献] マルクス『経済学・哲学手稿』大月書店，1963；マルクス『資本論』（全3巻）大月書店，1968；ヴェーバー『プロテスタンティズムの倫理と資本主義の精神』岩波文庫，1989；アレント『人間の条件』ちくま学芸文庫，1994；ボードリヤール『生産の鏡』法政大学出版局，1981；尾関周二『労働とコミュニケーションの弁証法』大月書店，2002。 （小池直人）

労働価値説 〔独〕Arbeitswerttheorie〔英〕labour theory of value

広義では労働を商品価値の源泉・実体または尺度とする理論，狭義では相対的投下労働量によって商品の交換比率が決定されるとする理論。労働価値説の思想的・理論的源流の一つはJ.ロックの労働所有論であり，労働を所有権の源泉とするロックの見解が，労働を商品価値の唯一の源泉と見なす労働価値論と結びついた。労働価値説のもう一つの源流は不変の価値尺度説であり，17-19世紀の経済学者たちが異時点間の価値比較を行うための不変の価値尺度として労働を選んだことから，商品と交換される労働を不変の価値尺度とする支配労働価値説と投下労働を価値の源泉とする投下労働価値説が生まれた。アダム・スミスは，商品交換を社会的分業として捉え，商品と商品の交換，価値と価値の交換を労働と労働の交換に還元し，そこから商品価値の源泉を投下労働に求める投下労働価値説と，商品価値の尺度を支配労働に求める支配労働価値説を主張した。スミスは，初期未開の社会では商品の自然価格が投下労働量によって決定され，土地占有と資本蓄積以後の文明社会では自然価格が自然率の賃金・利潤・地代の合計によって決定されるという歴史的二段階論を示した。リカードはスミスの支配労働価値説を退けるとともに，投下労働量による商品価値と価格の決定が資本蓄積以後の社会にも妥当すると主

張。マルクスは，商品の価値と価格を質的量的に区別し，価値はつねに投下労働量によって決定されるが，生産価格は社会的総計だけが投下労働量によって決定され，個々の商品の生産価格は費用と平均利潤の合計によって決定されると考えた。ここから総価値＝総生産価格，および総剰余価値＝総利潤という総計一致の二命題が導出された。その後，ボルトケビッチによって総計一致の二命題が同時には成立しないことが論証され，この点をめぐって現在まで論争が続いている。
［文献］アダム・スミス『国富論』（全3冊）中公文庫，1978；リカードウ『経済学および課税の原理』上・下，岩波文庫，1987；マルクス『資本論』（全3巻）大月書店，1968。（新村聡）

労働力 〔英〕labour power, working power〔独〕Arbeitskraft〔仏〕force de travail
生産活動のなかで，生産手段と結合して発揮される生きた人間の身体的（脳，骨格，筋肉など），精神的（技能，熟練，知識など）な諸能力の総体をいう。労働力は生産の能動的要因であり，これと生産手段とが結合して生産力が構成される。資本主義のもとでは労働者は労働力を商品に形成して資本賃労働関係を取り結ぶが，労働力がたえず開発や再生産を必要とするところから，単に賃金のみならず，社会サービスや保障など間接的な社会的賃金との交換が必要になる。こうした労働自体とは区別される商品としての労働力を剰余価値の源泉として発見し，資本主義的生産の論理を解明したのがK.マルクスであった。だが他方で，労働力は広い意味では非商品のかたちでも発揮され，家事や育児，地域保全の活動など，私的であれ社会的であれ，直接的に個人および社会のための財の生産やサービス提供の形態をとる。今日ではこの種の広義の労働力とその再生産も重要度を増している。
→生産力／生産関係，剰余価値，マルクス，労働　（小池直人）

ロウノウ

労農派→講座派と労農派

ロゴス 〔ギ〕logos
諸現象における本質的なものを集約することを意味し，言葉，論理，理性，比例などと訳されるロゴスとは，ピラミッドの高さを，比例を用いて計測するタレスの「エジプト経験」やプラトンの「線分の比喩」に見られるように，比例 $a:b=c:x$ において x を導出する際の知覚によらない論理性であり，広く世界の合理性を支える根拠である。(形式的) 論理学（〔英〕logic ＜〔ギ〕logos）とは，三段論法において二つの前提から結論を経験に依存せず正しく推論する方法についての学にほかならない。このように，ロゴスとは経験や偶然に左右されることのない必然性であり，古代ギリシアにおいてロゴスによる普遍的・非知覚的真理を把握する理論的知（theoria）が実践的知（praxis）や制作的知（poiesis）に対して優位を与えられたことが西欧の学問−科学の性格を決定づけた。

新約聖書がギリシア語によって記述される際，旧約聖書における「言葉」という語の訳としてロゴスが充てられたためにヘブライ的意味も付加され，ギリシアの万物の合理的な統合根拠が神学化された。中世哲学においてロゴスは ratio へとラテン語化されるが，他方「言葉」という意味では verbum へと分化する。

近代に入るとロゴスは主観的能力としての理性と考えられるようになったが，他方では世界の客観的合理性として自然法則が考えられるようになり自然科学の発達をみた。また，普遍性をもつ理性は経験的受動性において生じる情念（〔英〕passion ＜〔ギ〕pathos）に対して優位に立つと考えられたが，やがてはニーチェ，フロイト，マルクスらによって自律的な理性的人間像は批判され，ルネサンス以降の人間主義の時代は終焉した。

ニーチェは，ソクラテス以来西洋哲学は肉体・仮象・偶然などを排除する「真理への意志」に支配されているとしたが，ハイデガーはそれを「存在忘却」と呼び，ロゴスは計算し根拠づける理性ではなく原初的には存在の開けを護る言葉だとした。さらにデリダは西洋哲学の歴史は，裁判における論証のように明白に語る

ことを目指すロゴス中心主義だとし，西洋哲学を貫いてきた「真理とロゴスの共犯関係」を俎上に載せる。
→ポストモダニズム，ロゴス中心主義
［文献］ニーチェ『善悪の彼岸』（全集第2期2）白水社，1983；ハイデッガー『ロゴス・モイラ・アレーテイア』（選集33）理想社，1983；デリダ『根源の彼方に　グラマトロジーについて』上・下，現代思潮社，1976・72。　　　　　　（上利博規）

　ロゴス中心主義　〔仏〕logocentrisme〔英〕logocentrism
デリダは形而上学としての西洋哲学をロゴス中心主義と呼ぶ。真理の純粋な現前を望むフッサールがエクリチュール（書くこと）に「媒体」という消極的意義しか認めていないとみたデリダは，『グラマトロジーについて』（1967，邦題『根源の彼方に』）でそのような「現前の形而上学」は西洋哲学全体が陥っているロゴス中心主義であるとし，自らは非ロゴス中心主義的な書き方や読解の試みの開始を宣言する。

　ロゴス中心主義は音声中心主義との共犯関係のために音声中心主義でもある。なぜなら，ロゴスによって現象の根源（〔ギ〕archē）へと遡行しようとする形而上学にとって，書かれた文字は話者の魂という真理の根源から発せられた声の代理（re-présentation〔再-現前〕）であり，真理の現前においては消え去るべきものだからである。逆にデリダは哲学的書物がいかに非哲学的要素によって「汚染」されているかを読み解く。たとえばプラトンの『パイドロス』は正しき言葉としてのロゴスを説明する際に「文字の発明」のミュートスを援用し，ロゴスは父の正しい血筋を引く「正嫡子」であるという比喩を呼び込んでいる，と指摘する。

　また，精神分析家ラカンは，人が言語（ロゴス）を獲得し象徴界へと「人間化」される際に男根（phallus）をめぐる性差を与えた超越的意志としての「父」が「語る私」の存在に意味を与えるとして，男根が超越的真理を示す特権的シニフィアンと見なすが，デリダはそこにも「(超越的) 真理と父との共犯関係」を見て，そのようなロゴス中心主義と性との結びつきを男根-ロゴス

ロシアシ

中心主義 (phallogocentrisme) と呼ぶ。

さらに，ドイツ語の「性」(Geschlecht) は「(血による) 絆」「共同体」をも意味することから，ヘーゲルやハイデガーにおける「共同体と性との結びつき」の読解を通して，公共性，民主主義における代理制（＝再現前性），ファシズムにおける「民族」などに隠された現代のロゴス中心主義を告発する。

→脱構築，デリダ，ラカン，ロゴス

［文献］デリダ『根源の彼方　グラマトロジーについて』上・下，現代思潮社，1976・72；同「真実の配達人」(『現代思想デリダ読本』) 青土社，1982；同「ハイデガーの手（ゲシュレヒトⅡ）」(『現代思想　ハイデガーの思想』) 青土社，1999；上利博規『デリダ』(CenturyBooks 人と思想) 清水書院，2001。

（上利博規）

ロシア思想　〔露〕russkaia ideia〔英〕Russian Ideas

ピョートル大帝による西欧化政策の導入後，啓蒙思想を中心とする西欧思想が盛んに流入し，模倣や哲学的語彙の整備の過程を経て，ロシアで思想記述の基盤が形成されたのは18世後半であった。ラジーシチェフは啓蒙思想の影響のもとに専制を激しく批判し，その後のロシア革命思想の先駆者となった。19世紀になり，ナポレオン戦争の勝利による民族精神の高揚や，シェリング哲学を中心とする西欧ロマン主義思想の影響のもとに，ロシアとは何かが反省的に問われると，ロシアの未来の基盤をロシア固有の原理に求めるスラヴ主義と未来の基盤を西欧文化に求める西欧主義とが成立した。スラヴ主義はロシアの優位性を特にロシアの正教精神と農村共同体原理に求めたが，この問題はその後のロシア思想の重要な論点となった。正教精神はその内容の様々な解釈を伴いつつ，スラヴ主義から汎スラヴ主義，保守主義や反動主義，ドストエフスキーやトルストイ，V. ソロヴィヨフや20世紀初頭のロシア宗教ルネサンス，さらにロシア・コスミズム（ロシアの宇宙精神）などの思想に幅広く影響を及ぼし，その影響は現在のロシアにまで及んでいる。

ラジーシチェフ以後の革命思想も，デカブリスト蜂起 (1825)

を経て、農奴解放を中心とする「大改革」時代の体制的性格が明らかになる1870年代に、共同体原理と民衆（ナロード）の問題を独自に反映した革命思想（ナロードニキ主義）として登場することになった。プレハーノフ、レーニンらのマルクス主義はこれと対抗することになり、マルクス主義の特殊形態であるレーニンの思想は社会主義革命（1917年10月）実現の重要な契機となった。ソヴィエト政権の成立と崩壊はロシアが世界に与えたもっとも大きな衝撃であった。

　ロシア思想は、西欧思想がロシアという独自の土壌においていかに発展したかを示すものでもあった。そこでは西欧思想や西欧近代が正教精神や共同体原理の観点から深く問われ、批判されるとともに、様々に変形されながら受容されたのである。
→スラヴ主義と西欧主義、ナロードニキ
［　文　献　］A. Walicki, *A History of Russian Thought,* Stanford, 1979；Leather-barrow and Offord, *A History of Russian Thought,* Cambridge, 2010；S. レヴィツキ『ロシア精神史』早稲田大学出版部、1994。　　　　　　　　　　　　　　　　（清水昭雄）

　魯迅　（ろじん）Lǔxùn 1881〔清光緒6〕-1936
本名・周樹人。中国近代の文学者・思想家。浙江省紹興の旧家に生まれ、幼少より伝統的な古典教育を受けるが、封建的因襲に反発、21歳にして厳復の『天演論』（ハクスリ著『進化と倫理』の漢訳）を読み、西洋近代の科学的精神に触発される。1902年、日本に留学、仙台医学専門学校（現・東北大学医学部）に入学するが、在学中、中国人の屈辱的な姿を写した幻灯を見て悲憤、精神の変革こそ優先的な課題であると悟り、医学を離れて文学を志した。その後、東京に戻り、革命結社「光復会」に参加する一方、精力的に海外文学（域外小説）の翻訳を行う。帰国後、暫く教職に従事するが、辛亥革命によって成立した南京の臨時政府に招かれて教育部員となり、政府の北京移転に伴って北上、北京において教育部官吏に就任し、後に北京大学や北京高等師範学校などで教鞭を執る。18年以後、短編「狂人日記」を皮切りに創作活動を開始。一連の珠玉の短編・中編小説を収録した作品

集『吶喊』『彷徨』によって中国近代小説の基礎を築いた。なかでも，人々の奴隷根性を摘発，精神の覚醒を促した『阿Q正伝』は有名。そのほか難解な散文詩集『野草』において苦渋の内面と深遠な思索を表現した。しかしこうした創作作品は分量的には決して多くはなく，むしろその全著作の大半を占めるのは魯迅自身「雑文」と称した評論文である。彼はそれら捻りの効いた独自の文章によって鋭い文化批評・文明批評・社会批評を展開，特に中国の保守的因襲，軍閥による反動政策，それに追随する文化人の言動などと厳しく対決した。29年以後，きわめて個性的な仕方でマルクス主義に接近，中国左翼作家連盟や中国自由運動大同盟（国民党の言論弾圧に対抗した組織）に参加，抗日戦線はじめ各種の社会運動において代表を務めるなど，実践面でも進歩と革命の立場を貫いた。またドイツの女流画家ケーテ・コルヴィッツの版画を中国に紹介するとともに，中国における版画運動を指導，革命運動の一助とした。なお『嵆康集』校勘や『中国小説史略』のような学術的業績も貴重。36年，全面的な日中戦争前夜に病没。
［文献］『魯迅文集』（全6巻）ちくま文庫, 1991；『魯迅全集』（全20巻）学習研究社, 1986。　　　　　　　（村瀬裕也）

ロスケリヌス　Roscelinus 1045頃-1120頃
西洋中世の哲学者，神学者。唯名論の創始者として知られる。フランスのコンピエーニュの生まれ。コンピエーニュとランスに学び，ランスとブザンソンなどの神学校で教えた。当時，普遍の理解については，実念論的傾向が強かったが，ロスケリヌスは，普遍は「音声の風」(flatus vocis) にすぎず，実在するのは個物のみであると主張し，弟子であるアベラールに影響を与えた。唯名論を三位一体論にも適用したが，その結果，三神論に陥ったとして，1092年のソアソン宗教会議で異端審問を受けた。彼の立場は，唯名論 (nominalism) として整理されるが，最近は音声主義 (vocalism) として整理されるのが普通である。
［文献］ライネルス『中世初期の普遍問題』創文社, 1983。
　　　　　　　　　　　　　　　　　　　　（山内志朗）

ロック　John Locke 1632-1704

イギリスの哲学者。すべての観念の起源を経験に置く経験論的認識論者。社会契約論による自由主義政治論の創始者。

【生涯】イギリス，ジェントリのピューリタンの家庭に生まれ，15歳でロンドンのウェストミンスター校に入学，オックスフォード大学クライスト・チャーチへ進み，医学と哲学を学ぶ。ピューリタン革命において国王チャールズ1世が処刑された1649年には，ウェストミンスター校の生徒であった。35歳とき，後のシャフツベリ伯，アシュリと出会い，以後，彼の助言者として政治の舞台でも活躍するが，チャールズ2世のカトリック国教化政策を機に王と対立，1682年，オランダへ亡命，『人間知性論』『統治二論』『寛容についての書簡』を完成，1688年の名誉革命後に帰国して，相次いで出版（1689）する。

【認識論】デカルトの影響を受けるが，その論敵であったガッサンディの方に共感を示し，生得観念を否定し，生まれたときの心は白紙（タブラ・ラサ）であるとした。主著『人間知性論』は全4巻からなり，「人間の知識の起源，確実性，範囲を探究し，あわせて，信念，意見，同意の根拠や程度を探究すること」を目的とし，これを「事象記述の平易な方法」という内観の方法によって行っている。知性の対象であり知識の素材をなしている観念のすべての起源が経験，すなわち感覚と反省にあり，どの複雑観念もそれを知性が複合，抽象，関係づけたものであるという観念のアトミズム説を展開した。またボイルの影響を受け，物体の観念に，物質粒子のもつ大きさ，形，運動，固体性などの「第一性質」の観念と，これらの第一性質の働きによって人間の精神に生じさせられる色，音，匂い，味などの「第二性質」の観念とを区別した。知識が言語による命題形式をとることから，認識論に言語の考察を不可欠とし，言語の意味をそれを使用する人の心にある観念であるという「意味＝観念説」をとり，「人間」「金属」などの一般名辞の意味を，個物から共通部分を抽象した一般観念とした。また，知識を「観念の一致・不一致の知覚」とし，数学と道徳，法学の領域では，観念の定義そのものが事柄の本質をなしているので，それらの観念間の一致，不一致を確実に知覚でき，

普遍的な知識（たとえば「所有権のないところにいかなる不正義もない」）が可能であるが，自然科学的認識は，自然的事物の観念がその事物を成り立たせている「実在的本質」ではなく，単なる心に抱かれた抽象観念にすぎず，その観念間に必然的な一致・不一致の知覚は得られないので，確実な普遍的認識には到達できないとした。信念や同意は，観念間の一致・不一致の知覚がないにもかかわらず判断する場合であるが，自然については確実性ではなく経験的な蓋然性しかえられないとした。

【社会理論】ホッブズと同様，社会契約説を唱えたが，自然状態は，ホッブズと違って，はじめは自然法が守られた各個人の自由で平等な平和状態である。自然の恵みは，所有権を有する個人の身体を働かせる労働（labour）の付加によって，他人の共有権を排除しその人の「所有権」の対象となるが，やがて貨幣の出現によって所有の格差の出現とともに，所有権が侵害される危険性が生じ，不安定な戦争状態へと移行することになり，政治権力樹立の必要が生じる。したがって政治社会＝市民社会樹立の目的は，所有物（生命，自由，資産）の保全である。ロックの政治思想は，個人の自由を基礎にした所有的個人主義と言える。政府がもし所有物の保全という使命を果たさない場合は，その政府を転覆させる権利，抵抗権，革命権を国民はもつことになる。また寛容論を説き，政治と宗教の役割の分離を唱えた。国家は，各人の生命，自由，健康，身体の安全，財産の所有に関係する社会的利益を守り促進するための組織であり，魂への配慮は為政者が口を出す問題ではないこと，他方，教会は，魂の救済の問題，永遠の生命の獲得を目的としている自由で自発的な結社であって，その力は社会の現世的な所有に関わるべきではなく，その力の範囲も教会メンバーにしか及ばない私的な性格をもつこと，とした。

→経験論，社会契約説，自由主義

［文献］ロック『人間知性論』（全4冊）岩波文庫，1972-77；同『統治二論』岩波文庫，2010。　　　　　　　　　　（河野勝彦）

六派哲学　〔サ〕ṣaḍdarśana

インド哲学諸派を六つにまとめて総称したもの。インドでは六

派の列挙はそれほど古いものではなく，またどの学派を挙げるか必ずしも定説があるわけではない。9世紀，ハリバドラの著した『六派哲学集』のように，バラモン教と異端の派も含めた一般思想界から，仏教，ニヤーヤ学派，サーンキヤ学派，ジャイナ教，ヴァイシェーシカ学派，ミーマーンサー学派の六つを取り上げている例もある。しかし今日，六派哲学としては，正統バラモン教に属するサーンキヤ，ヨーガ，ヴァイシェーシカ，ニヤーヤ，ミーマーンサー，ヴェーダーンタの各学派を挙げるのが一般的である。「哲学」に相当するのは「ダルシャナ」で，dṛś-（見る）から派生し「見解」「教説」などの意をもつ語だが，ここでは「学説体系」を意味すると同時に宗教的な「解脱の知識」の意も表す点に特徴がある。これらの学派は，いずれも紀元前後1-2世紀のうちに成立し，何らかの意味で『ヴェーダ』の権威を認めバラモン階級の優越性を承認するという点で正統派とされている。必ずしも『ヴェーダ』に一致した説を説くというわけではない。六派はそれぞれ二派ずつ密接に関係をもち姉妹学派と称される。六派のうち，ミーマーンサー学派とヴェーダーンタ学派は『ヴェーダ』の祭事部と知識部をそれぞれ専門に考究するもので，それぞれカルマ・ミーマーンサー，ブラフマ・ミーマーンサーの名で呼ばれた。また，前ミーマーンサー，後ミーマーンサーと呼ばれることもある。ヴェーダーンタ学派は六派中で最も重要視され，唯一なるブラフマンを立てる一元論を説く。サーンキヤ学派とヨーガ学派は精神原理と物質原理の二元論の立場をとり，もとは非バラモンの系統からでたと考えられるが，後にバラモン教に組み入れられた。両者は，形而上学的に共通の基盤をもち，前者は理論中心であり，後者は実践である行法中心という特徴をもつ。ヴァイシェーシカ学派とニヤーヤ学派も元来は，多元的な機械論を展開する。前者は形而上学を専門とし，後者は論理学・認識論を専門にする。後代，混合学派といわれるほど融合を見せた。

［文献］木村泰賢『印度六派哲学』（全集2）大法輪閣，1968：立川武蔵「バラモン哲学の成立」（『はじめてのインド哲学』講談社現代新書，1992）。 （石飛道子）

ロティ

　ローティ　Richard McKay Rorty 1931-2007
現代アメリカの哲学者。「哲学に対する民主主義の優位」を主張し，相対主義と普遍主義という対立軸を支える非共拒な諸公理系という厳格なモデルを乗り越える。自然の鏡という実在の反映モデルに立つ真理観をプラトン以来の哲学的真理観とした上で，それを否定。私的なこだわりの世界と，公共的な正義を求める世界との両者を，後者から統一しようとするプラトン主義にも反対し，前者から統一しようとするニーチェやハイデガーに対しても反対して，プラグマティスト的な立場をとる。スタンスとしては，リベラリスト，社会民主主義者であり，哲学を超越的真理の降臨としてではなく，喧騒に満ちた民主主義的合意であるとする点で，アーレントの政治的アクション論と近似している。
［文献］ローティ『哲学と自然の鏡』産業図書，1993；同『プラグマティズムの帰結』ちくま学芸文庫，2014。　　　（古茂田宏）

　ロビネ　Jean-Baptiste-René Robinet 1735-1820
主著『自然について』（1761-66）で，ライプニッツ，モーペルチュイ，ディドロの自然観を折衷するような世界観を展開した。それは，デカルト以来の心身分離の二元論的見方に反対し，「存在の連鎖」の観念によって物質性，動物性，精神性を統一することを目指す連続的世界観であった。しかし，ディドロが物質の組織の違いにも留意しながら，鉱物→植物→動物→人間と，段階的に統一を構想したのに対し，ロビネは「存在の連鎖」の観念から思弁的に万物の連続を説き，唯物論的方向ではなく，ライプニッツのモナド論を俗化したような汎心論的自然哲学へと向かった。
→物活論，フランス唯物論
［文献］Jean-Baptiste-René Robinet, *De la nature*, 2 vol., Paris : Honoré Champion 2009（初版はアムステルダムで四巻本として匿名出版）；ラヴジョイ『存在の大いなる連鎖』ちくま学芸文庫，2013。　　　（寺田元一）

　ロマン主義　〔英〕romanticism〔仏〕romantisme〔独〕Romantik

狭義には 18 世紀末から 19 世紀半ばにヨーロッパ中に広がった文学・芸術・思想上の運動や思潮を指す。語源は 12 世紀頃から南欧を中心に公用語のラテン語が世俗化した俗語で書かれた物語〈ロマンス〉に由来し、前史としてそのように成立した自国語の文学が、すでに 18 世紀後半に古典主義や啓蒙主義の理性主義に対抗して、感性や心情、直感、自然体験などを掲げる前ロマン主義ともいいうる文学運動を生み出していた。たとえばスコットランド生まれのイギリス詩人マクファーソンが古代ケルト族詩人オシアンの英雄叙事詩の英訳版と称して 1765 年に出版した『オシアン作品集』や、フランスの思想家ルソーの『新エロイーズ』(1761) がヨーロッパ中にブームを巻き起こし、ギリシア・ローマの古代文化を範とする古典主義的な文学よりもシェイクスピアが熱狂的に受容され、ドイツでは若きゲーテやシラーを擁した疾風怒涛の文学運動が起こっている。

　だが意識的な運動として決定的な影響を全ヨーロッパに及ぼしたのは、ドイツ・ロマン派であろう。その理論的な主導者 F. シュレーゲルは、生の統一と調和を歌いえた古代ギリシアに対して近代は分裂と意識の時代だとし、主体の無限の自己反省の意識をアイロニーと名づけ、古典的なものにロマン的なものを対比させて、1798 年以降イェーナで雑誌『アテネーウム』を刊行し、ドイツ・ロマン派の思想的な支柱となった。彼が時代の三つの傾向としてフランス革命と、フィヒテの自我の思想や「知識学」、ゲーテの教養小説『ヴィルヘルム・マイスター』(1796) を挙げるのも、近代性を意識した断絶と内面志向、メタ次元での芸術実践のゆえであり、一方で論理的にアイロニー的観念を論じつつ、他方で太古の歌謡、自然詩、民話の世界の復権を目指す叙情的態度をとるという二面性は、近代的自我の内的矛盾を原理としている。シュレーゲル兄弟やノヴァーリス、ティーク、ヴァッケンローダー、アイヒェンドルフ、シェリングのようなロマン派の思想家や詩人の多くが中世的な復古主義体制の支持者となったのも、失われた実体的な文化に依拠しようしたためであり、その遥かな異質な世界への憧憬はドイツ歴史主義の土壌となるととも

に，グリム兄弟に見るように，民話収集や古代神話研究への道を拓く契機となった。

　対してフランス語圏では古典主義の伝統が強かったが，1814年のスタール夫人の『ドイツ論』によってドイツ・ロマン派が紹介され，それがフランスやイタリアのロマン主義運動に影響を与えることとなる。新時代を体現するロマン主義演劇の実現を夢見るユゴーやスタンダールなどがそれに参加し，20年代にはシェイクスピアの評価が高まるとともに，30年のユゴーの『エルナニ』上演は古典派に対するロマン派の勝利を決定づける一大事件となった。また，七月革命の影響を受けて自由主義にも歩み寄る動きや，さらにはボードレールやフランスにおけるワーグナーの受容までロマン主義的心性の射程に入れることもできよう。逆にシェイクスピアをもつイギリスでは，18世紀末の『オシアン作品集』などによってロマン主義的心性が準備されていたが，キーツやドイツ詩の影響のもとに『叙情バラード集』を書いたワーズワース，シュリの『詩の擁護』（1821）などに明瞭なロマン主義的な主張と心性を見てとることができる。そういった意味でロマン主義は，一時期は政治的な反動や非現実的な夢想と見なされがちだったが，矛盾を孕みつつ近代的自我の意識の分裂が生み出す思考や芸術への衝動において，最近では現代芸術や思想への起源とも見なされるに至っている。

（鷲山恭彦）

ロールズ　John Bordley Rawls 1921-2002
現代アメリカの代表的思想家。政治哲学者。現代における平等主義的自由主義の定礎者であり，新自由主義者（ネオ・リベラリスト）や自由至上主義者（リバタリアン）にとっては最大の論敵。主著『正義論』（1971）は英語圏諸国を中心に国際思想界に大きな影響を与えた。この書の背景には，自由な社会であるはずのアメリカに，公民権やベトナム反戦，フェミニズムなどの大きな運動を惹き起こすような，少数者・弱者に対する抑圧や差別が現存していることへの強い抗議があり，またその主要な要因として，アメリカの正統な政治・社会イデオロギーとされる自由主義がじつは優勝劣敗の市場・競争至上主義的な功利主義（「コーポレー

ト・リベラリズム」）に堕してしまっていることへの厳しい批判があった。かくして『正義論』の主題は，自由主義のそうした歪曲をもたらしながら，いまや時代の支配的思想原理として君臨している功利主義（効率）に代わる正義（公正）の理論を構築することである。ロールズによれば，効用の最大化を最高の善と見なす功利主義は個人の複数性や個人間の差異を軽視し，欲求充足の源泉や質を問うことがないため，「他人を犠牲にしての効用」もカウントするなど，人間の尊厳の尊重という命題の原理的考察と，尊厳の確保の基礎にある基本的な必要についての適正な分配原理を欠いている。功利主義のこのような枠組では個人の自由が平等に確保されることにならず，それは万人の平等な自由という自由主義の基本見地に背馳するものである。それゆえ個人の自由を確保するとともに，各人の自由な自己実現が可能になるような社会制度が構築されなければならない。この課題に応えようとするのが「公正としての正義」の構想（「正義二原理」）である。すなわち，自身の置かれている状況・利害が分からない状態（「無知のヴェール」のもとにある「原初状態」）を仮定して，自分がもっとも恵まれない境遇に置かれている場合を想定するなら，自身の自由な人格的生存に必要な基礎（「社会的基本財」）が平等に確保されるべきであるという合意（第一原理）が，人々の間で成立するであろう。同時また（第二原理），公正な機会均等を保障するとともに，生まれや育ちなどの自然的・社会的偶然に基づく不利益は補填されなければならない（「格差原理」），とされるのである。ロールズ正義論は，福祉国家の擁護論としても強いインパクトをもち，「福祉国家論的リベラリズム」として特徴づけられることも多いが，A. センらはその分配原理の物資源への偏重を批判している。

→自由主義，正義，公正

［文献］ロールズ『正義論〔改訂版〕』紀伊國屋書店，2010；ロールズ『公正としての正義』木鐸社，1979；川本隆史『現代倫理学の冒険』創文社，1995。　　　　　　　　（吉崎祥司）

ロンショ

論証　〔英〕proof〔独〕Beweis

「証明」「立証」などとほぼ同じ意味。一般に，「実証」が経験的にデータを集めるのに対して，「論証」はすでに獲得した認識を理論的に正当化することを意味する。数学，記号論理学，理論物理学などにおける厳密なものから，社会科学や法廷での立証まで幅広い意味をもつ。厳密な論証は，たとえば公理的体系によって，無証明の公理を前提にして，使用される記号をすべて規定し，厳密で飛躍や密輸入のない推理過程によって，ある命題を導出するような場合である。数学基礎論ないし証明論という分野は，数学などで用いられる証明形式を対象とする。だが内容的な認識では，その論証は必ずしもそうした形式的厳密性をもたない。

（島崎隆）

論理（学）　〔英〕logic〔独〕Logik〔仏〕logique

【概念】「論理」という表現はギリシア語のlogosに由来する。その意味は多義的であり，論理，言葉，理性，言論，議論，計算などの意味をもつ。古代では，ロゴスは単に人間の理性や思考に存在するものであるだけではなく，世界のなかに内在して働く論理や理法を意味した。現代でも論理は，法則的な意味で「自然の論理」といわれたり，「政治の論理」などという表現がなされることもある。論理学はこのロゴスについての学問・科学である。論理学の多様な歴史を考慮に入れて定義すると，論理学は，対象の本質や構造を認識し，その認識の真理性と推理の正当性を論証し理論的に体系化する際の（広義の）思考法則・思考形式の科学と見なされる。ただし論理学の法則は，抽象的な意味においてではあるが，世界の構造や法則性を，つまり一種の世界観ないし存在論を含む点を忘れるべきではない。この意味で，必ずしも論理学＝形式論理学ではない。

【論理学の形態】論理学は形式論理学と内容論理学ないし対象論理学とに区分して考えることができる。形式論理学は具体的な思考内容を捨象して論理的形式を扱う。内容論理学は思考形式が現実の構造に対応しており，認識論的に現実の真偽に関わると考える。「すべてのBがCであり，すべてのAがBであるならば，

すべてのAはCである」という三段論法は，内容如何にかかわらず，つねに真の思考形式である。だが内容論理学の立場は，形式論理学の思考形式も実在との関わりで捉え直そうとする。「すべてのAはBである」という判断形式も，「対象Aが性質Bをもつ」という現実を一般的に反映していると見なし，先の三段論法も，世界がそうした構造をもっていることの一般化と見なすのである。ベーコン，J. S. ミルらの帰納法は，真理発見のための一種の認識論的論理学，カントの超越論的論理学は，現実を構成する認識論的論理学である。ヘーゲルの弁証法的論理学やマルクスらの唯物論的な弁証法的論理学も，内部に世界観を内包する，一種の内容論理学であり，また真理把握のための認識論的論理学であると見られる。

【形式論理学と弁証法的論理学】アリストテレスらの論理学を継承して近代に成立した伝統的論理学を起点として，それを徹底して形式化・精密化した記号論理学と，論理形式の「形式内容」（形式自身の孕む内容〔マルクス〕）を追究した弁証法的論理学が現代において存在する。伝統的論理学はすでにデカルトの方法論やJ. S. ミルの帰納法の議論を含んでおり，その内容は種々雑多である。この論理学は記号論理学からも弁証法的論理学からも批判された。弁証法的論理学は形式論理学の規則をどう守るのか，記号論理学は完全に伝統的論理学を克服したのか，弁証法的論理学は記号化できるのかなど，この三者の関係をめぐっては，複雑な問題群が生じている。

→弁証法的論理学，記号論理学

［文献］野矢茂樹『論理学』東京大学出版会，1994；仲本章夫『論理学入門』創風社，2001；カルナップ「古い論理学と新しい論理学」（石本新訳編『論理思想の革命』）東海大学出版会，1972；原佑『論理学』東京大学出版会，1963。　　　（島崎隆）

論理実証主義　〔英〕logical positivism〔独〕logischer Positivismus

ウィーン大学教授M. シュリックを中心としカルナップやノイラートらを有力メンバーとして1924年頃に形成され29年に公

式に名乗りを上げたウィーン学団（Der Wiener Kreis），並びに，これと近い立場をとり密接に交流したベルリン経験哲学協会のライヘンバッハら，および，若い時にウィーンに留学してこの学団の活動から強い影響を受けたイギリスの A. J. エイヤーなど，伝統的な哲学に反逆して「科学的な世界把握」を目指して奮闘した国際的な哲学者／科学者グループの立場・方法を特徴づけた名称。

　この人たちは，思弁によって築かれたヘーゲルの巨大な哲学体系（さしあたり，その自然哲学）に特に激しく反発し，「哲学は明晰化という知的活動であり，その成果は，一連の命題を立てることではなくて，命題の意味が明確になることである」とする，前期ウィトゲンシュタインの哲学観（『論理哲学論考』〔1921〕など）に共鳴し，この観点からおもに哲学・自然科学の概念・命題・理論を取り上げた。その狙いは，ラッセルらのいわゆる論理分析によって，それの真の意味を明るみに出すとともに，そこに混入している可能性がある無意味な非経験的な要素を摘発して除去する，ということであった。では，経験的に意味のある命題とはどのような命題か？　有意味な経験的命題と無意味な形而上学的命題とを分ける基準——いわゆる有意味性の基準——とは何か？　これをめぐって何年ものあいだ熱心な討論が交わされた。認識者個人の直接体験への還元の可能性という極端な実証主義的基準に始まって，様々な度合いの検証可能性を定式化する試みが提案されたが，どれも十分なものでないことが明らかになり，初めは威勢がよかった〈科学と形而上学との峻別〉というプログラムが実行できないものであることが確認されるに及んで，この討論はしぼんだ。そして，論理実証主義は，「論理的経験主義」さらには「分析哲学」という名のもっと緩やかな形へ移っていくことになる。もちろん，この流派が世界・人生について語るのではなく，その語りかたについて語る一種独特で，かなり技術的な〈哲学〉である，というその性格は，一貫している。

［文献］大森荘蔵「論理実証主義」（碧海純一ほか編『科学時代の哲学』I 所収）培風館，1964；ライヘンバッハ『科学哲学の形成』みすず書房，1985；ヴィクトル・クラーフト『ウィーン

学団——論理実証主義の起源・現代哲学史への一章』勁草書房，1990。 (秋間実)

論理主義 〔英〕logicism〔独〕Logizismus
広く認識論的には，心理的なものに対して論理的なものを重視する立場。W. ヴント，ブレンターノ，J. S. ミルらの心理主義（psycho-logism）は，認識の根拠を心理的なものに求め，論理学も心理学の一分野と見なした。それに反対しフレーゲは，数を心的構成物ではなく論理的実在と見なし，フッサールも論理学を心理学的に基礎づける立場を批判した。さらにフレーゲ，ラッセルらによって，数学基礎論のひとつの立場として論理主義がいわれたことがある。それは，数学を論理学の一分野と見なし，後者から前者の命題を厳密に論理学的法則によって導出しようとする考えである。ホワイトヘッド／ラッセル『プリンキピア・マテマティカ』は論理主義からの体系的試みである。
〔文献〕ラッセル『数理哲学序説』岩波文庫，1954。 (島崎隆)

論理定項／論理変項 〔英〕logical constant / logical variable
定項，変項は記号論理学上の用語だが，数学における定数，変数から採用された。論理定項は論理語（logical word），論理的演算子（logical operator），論理的結合子（logical connective）などとも呼ばれる。記号論理学の命題論理学でいえば，論理定項には「～（否定，でない）」「∨（選言，または）」「∧（連言，および）」「⊃（内含・含意，ならば）」「≡（等値・同値）」がある。述語論理学の論理定項には，「∀（全称記号，すべての）」「∃（存在記号，存在する）」がある。論理変項には，命題変項（$p, q, r\cdots$），述語変項（$P, Q, R\cdots$），個体変項（$x, y, z\cdots$）が属する。 (島崎隆)

論理的原子論 〔英〕logical atomism〔独〕logischer Atomismus
物質は原子から合成されているという物理学的な立場を記号論理学の世界観に適用した考え。ウィトゲンシュタインから影響を受けたラッセルが主に唱える。この説は，複雑なはずのあらゆる事実ないし出来事は，単純なものからの合成として捉えられると見

なす。記号論理学の立場からすると，あらゆる複合的な命題は，単純な要素命題の外的結合として解明され，このことはたとえば記号論理学のなかの命題論理学によって展開されており，世界はそれに対応して，原子的事実の集合体と見なされるのである。ウィトゲンシュタインはこの原子的事実の具体例を出しておらず，曖昧であるが，それはあえていえば，直接に感覚される個々の出来事のようなものと見られよう。
［文献］ラッセル『論理的原子論の哲学』ちくま学芸文庫，2007。　　　　　　　　　　　　　　　　　　（島崎隆）

論理的なものと歴史的なもの　〔英〕the logical and the historical〔独〕Logisches und Historisches〔仏〕le logique et le l'historique
「論理的なもの」とは，近代資本主義社会を経済学的に分析するために，商品（使用価値および価値）というもっとも単純で抽象的な範疇から出発して，貨幣，資本というより複雑かつ具体的な範疇へと上向する「抽象的思考の歩み」（マルクス）のことである。「歴史的なもの」とは，経済学的諸範疇が歴史的に生成した順序のことである。マルクスは「『経済学批判要綱』への序説」「3. 経済学の方法」において次のように述べた。より抽象的な範疇（たとえば貨幣）は，より具体的な範疇（たとえば資本）が支配的な社会に先行する諸社会における支配的な諸関係を表現することがありえ，その限りでは抽象から具体へと上向する「思考の行程は現実的歴史的過程に照応する」。しかし他方で，労働，商品など太古以来存在してきた諸範疇でさえもそれが範疇として一般的抽象的形態で現れるのは近代社会においてのみであること，経済学的諸範疇の展開順序はあくまでも成熟した資本主義体制を前提としてその内部編成を上向的に展開するものであり，それは資本主義の歴史的形成の論理とは原理的に異なること，「論理的なもの」と「歴史的なもの」との対応は事例として「事と次第により」見られるものの，これを経済学の原理的方法と見なすことはできない。こうして，マルクスはむしろ近代資本主義体制を概念的に把握することが，それ以前の諸社会を理解する鍵を提供す

ると考えた（「人間の解剖は猿の解剖のための鍵である」）。

　他方エンゲルスは書評「カール・マルクス『経済学批判』」において，両範疇を経済学批判の二つの方法として捉え，「論理的方法」（die logische Behandlungsweise）は，「歴史的な形態と攪乱な偶然事を取り除いた歴史的方法」にほかならず，「思考過程」は「理論的に首尾一貫した形態における歴史的経過の映像」であると述べている。エンゲルスは，『資本論』における「価値の生産価格への転化」も単純商品生産から資本主義的商品生産への歴史的変化に対応する論理と理解するなど，「論理」と「歴史」の照応は彼にとってマルクス経済学の重要な方法的原理であった。マルクス・レーニン主義においては，これがマルクス主義的弁証法の基本命題の一つとされた。

→アルチュセール，上向／下向，構造主義

［文献］マルクス「『経済学批判要綱』への序説」（『資本論草稿集』1）大月書店，1981；エンゲルス「カール・マルクス『経済学批判』」（全集13）大月書店，1964；同「『資本論』第3部への補遺」（全集25）大月書店，1967；久留間鮫造編『マルクス経済学レキシコン 2——方法I』大月書店，1980。　　　　（平子友長）

　論理的矛盾→矛盾

　論理変項→論理定項／論理変項

ワ

和魂洋才　（わこんようさい）

幕末の思想家, 佐久間象山の「東洋道徳, 西洋芸術」や橋本佐内の「器械芸術取於彼, 仁義忠孝在於我」に示されるように, 一般には西洋からの学芸（洋学）の受容を, 思想・道徳は東洋や日本の儒教・仏教などに基づき, 世界観を排除した科学・技術などに限定する方向とされる。徳川幕藩体制は,「享保の改革」以降洋学を導入したがそれを技術学に限定し, 体制自体やその政策批判を伴う洋学研究は厳しく弾圧した。その端的な例が, 渡辺崋山や高野長英などに対する幕末の「蛮社の獄」であった。これ以後, 洋学は封建体制の要求と庇護に基づくものとなり,「蕃書調所」の創設へとつながる。明治維新後も, この「和魂洋才」的方向が偏狭なナショナリズムと結合しつつ, 日本の近代化過程を大きく歪曲する要素となった。だが, こうした外的限界にあっても, たとえば佐久間象山は先の「道徳芸術」が一つにならなければ「完全」でないとしたのであり（「小林又兵衛宛書簡」), 横井小楠も西洋の「経綸窮理の学」が「民生日用」に利すると捉えた（「沼山対話」)。それゆえ, 佐久間と横井は尊王攘夷派に斬殺された。この事実は, 洋学を始めとする日本の思想展開が, 単なる外国学芸の受容にとどまるものでなく自主的摂取の歴史であり, それを阻止するものとの抗争の歴史であることを示す。

[文献] 佐久間象山「小林又兵衛宛書簡」, 横井小楠「沼山対話」他（日本思想大系 55）岩波書店, 1971；古在由重『和魂論ノート』岩波書店, 1984。

(吉田傑俊)

渡辺崋山　（わたなべかざん） 1793〔寛政 5〕-1841〔天保 12〕

江戸時代末期の洋学者, 画家。三河田原藩士の長男として生まれ, 20 代後半から藩政刷新に関わる。1832 年, 年寄役（家老）末席に進み藩政に参与し, 失敗に終わったが家禄制の格高制（職

務制）への改革などを実施した。同時に，崋山は幕末海防力の強化の意図から蘭学を学び，高野長英らと「尚歯会」で活動した。1837 年米船モリソン号渡来とその「打払」の際，崋山は『慎機論』において西洋諸国の優れた海軍力や文明認識をもとに鎖国政策の改定と幕府批判を唱えた。その後も崋山は『西洋事情書』『外国事情諸書』（1939）などで同趣旨を幕府に上申したため，39 年 5 月の「蛮社の獄」で幕政批判の罪で藩内蟄居を命じられ，幕府の圧力が藩に強化するのを恐れ 1841 年自殺した。崋山はまた若くから画業に勤しみ，西洋画法を取り入れた優れた人物画などを残した。

［文献］鈴木清節編『崋山全集（全）』華山叢書出版會，1941；吉澤忠『渡辺崋山』東京大学出版会，1956。　　　　（吉田傑俊）

　和辻哲郎　（わつじ　てつろう）1889〔明治 22〕-1960〔昭和 35〕

文化史家，倫理学者。第一高等学校を経て東京帝国大学哲学科卒業（1912）。大正リベラリズムの教養主義・人格主義の影響を受けつつ，『ニイチェ研究』『ゼエレン・キエルケゴオル』など実存主義研究から始め，『古寺巡礼』『日本古代文化』など日本文化の根源性を探る研究に進んだ。1925 年，京都帝国大学に招かれ，1934 年，東京帝国大学教授に転じて以後，日本的人倫世界を根拠づける独自の倫理学を展開した。『人間の学としての倫理学』（1934）では，「人間」という日本語の語義的解釈によって，それが西欧語と異なり「世の中」「世間」と「人」の二つの意味をもつこと，すなわち「全体と部分の弁証法的関係」を現すこと，また「世の中」「世間」という言葉が，「社会」以上に「歴史的・風土的・社会的性格」を現すとした。そのいっそうの展開が，ドイツ留学への船旅の経験をもとにした『風土』（1935）である。風土は単に自然現象ではなく「間柄としての『われわれ』」の「存在論的認識」であるとし，モンスーン的風土における「しめやかな激情，戦闘的な恬淡」が「日本の国民的性格」となり，「家」を中心とした「個人の自覚を必要としない感情融合的な共同態」を成立するとした。主著『倫理学』（1937-49）では，家

族から国家に至る「人倫的世界」の同心円的発展論を展開し，国家を「『私』をことごとく超克して徹頭徹尾『公』であるところの共同体」と捉えた。戦後も天皇制護持の立場をとるなど，和辻は，教育勅語的国体論や尊皇思想において，日本的ゲマインシャフト社会の積極的肯定者として一貫したといえる。

［文献］『和辻哲郎全集〔増補改版〕』（全25巻 別巻2）岩波書店，1989-92。湯浅泰雄編『人と思想　和辻哲郎』三一書房，1973；同『和辻哲郎　近代日本哲学の運命』ミネルヴァ書房，1981。

(吉田傑俊)

わびとさび→幽玄

笑い　〔英〕laughter〔仏〕rire〔独〕Lachen

真理を所有していると思い込んでいる相手の内的矛盾を対話を通じて露わにし，世界についての完結した一元的な真理なるものが存在するというドグマを揺るがすソクラテスのイメージが，西欧的伝統における笑いを考える上では重要な位置を占めている。知者に対する無知者を装うことによって，逆に相手の無知者ぶりを暴き，嘲笑する「ソクラテス的アイロニー」は，キュニコス派のメニッポスに始まり，ルキアノスを経てラブレー，エラスムス，セルバンテス，スウィフト，スターン，ディドロらへと引き継がれていったメニッペア（メニッポス風の）と呼ばれる一連の風刺的作品の精神的起源ともなった。

バフチンは，中世のキリスト教的な公式文化の生真面目さを風刺し，相対化する役割を果たした民衆の生活に根ざした笑いを，その祝祭空間との緊密な結びつきから「カーニバル的なもの」と呼び，メニッペア的伝統の生命力をそこに求めた。彼によれば，このような民衆的な笑いの特徴は，『ドンキホーテ』のサンチョ・パンサ像にその典型が見られるように，高貴なもの，精神的なもの，抽象的なものとそれを背景とする儀礼的な行為やことばを，飲み食い，排泄，性交等の肉体的なもののイメージとの結合や道化的な戯画的模倣によって格下げ，下落させる「グロテスクリアリズム」であった。

笑いについての古典的名著であるベルクソンの『笑い』(1900)も、形式化し自動機械化して、本来の生と社交性を失ったわれわれの精神やことばや身振りを、その肉体的側面の強調や単調な繰り返しへの注目によって滑稽化することによって、そのこわばりを解き、生き生きとした社交の場へと連れ戻すところに笑いの本質を見出そうとした。一元的な真理や儀式化した生真面目さを挑発し、その内的矛盾を突くことによって相対化、流動化し、われわれの現実の汲み尽くしがたい多様性と豊かさに再び目を向けさせるこのような生産的役割の一方で、笑いは、P. スローターダイクが指摘しているように、現実に対する批評性を失い単なる主観的な否定性に還元されるなら、虚偽や不正義に満ちた現実を宿命論的な諦観をもって受容する冷笑主義（cynicism〔キュニコス派を語源とする〕）へと堕落する可能性をつねに含んでいる。
［文献］バフチン『フランソワ・ラブレーの作品と中世・ルネサンスの民衆文化』（全著作集7）水声社，2007；ベルクソン『笑い』岩波文庫，1976；スローターダイク『シニカル理性批判』ミネルヴァ書房，1996。　　　　　　　　　　　（石井潔）

　　ワロン　　Henri Wallon 1879-1962
フランスの心理学者。哲学教授資格の取得（1902）後、医学博士論文「迫害妄想」（1908）で学位を得て、文学博士論文「騒乱児」（1925）を出版し、児童精神生物学研究室を創設する。心理的事象をそれ自体として抽象的に論じるのではなく、からだと社会とに開かれた系として具体的に明らかにしようとした。心理的事象を変化と関係のなかで明らかにする発達という方法論を用いて子どもの心理研究を精力的に行い、表象や自我の発達における情動の役割を示したり、思考の起源を追究する中で「対による思考」の特徴を明らかにした。
［文献］ワロン『児童における性格の起源――人格意識が成立するまで』明治図書，1965；同『子どもの思考の起源――子どもは何を考えるか』上・中・下，明治図書，1971。　（田丸敏高）

事項索引

ア

愛 1, 8, 122, 614, 1237
間柄→和辻哲郎
アイデアリズム→観念論
アイデンティティ（自我同一性） 2, 119, 669
アイロニー 3, 278, 999, 1339, 1350
アヴァンギャルド 4, 312, 1212
アウラ 7, 1035
アカデミズム 8
アカデメイア派 274, 707
アガペー 1, 8
悪 9, 306, 373, 549, 647, 668, 695, 716, 746, 793, 1114, 1216
アジア的生産様式 10, 685
アソシエイティヴ・デモクラシー 13
アソシエーション 12, 352
遊び 13, 1118
アタラクシア 14, 115, 707, 1006, 1108
新しい社会運動 923, 1062
アートマン 15, 75, 89, 95, 286, 454, 1060, 1187, 1228
アトミズム 16, 114, 188, 848
アナーキズム 19, 22, 136, 298, 403, 443, 1013, 1069
アナ・ボル論争 21, 22, 136
アナムネーシス 23, 57
アナール学派 24, 25
アナロジー 25
アニミズム 26, 1081
アノミー 27, 850
アパテイア 661
アファマティヴ・アクション→差別

アフォーダンス 28, 934
アブダクション 28
ア・プリオリ／ア・ポステリオリ 29
ア・プリオリな総合判断 589, 727
ア・ポステリオリ→ア・プリオリ／ア・ポステリオリ
アポリア 30
アポロン的 908
阿弥陀浄土 598
アルケー 34, 44, 273, 475
アルゴリズム 35
アレテー 37
アンガジュマン 38
アンチノミー→二律背反
暗黙知→ポランニー, M.
安楽死・尊厳死 42

イ

イオニア学派 44, 1044
異化 45
いき（粋） 45
異教 697
イギリス経験論→経験論
イコノロジー 46
意志 47, 55, 253, 320, 322, 500, 545, 549, 610, 613, 717, 793
意識 48, 153, 185, 302, 337, 381, 459, 461, 536, 594, 689, 719, 865, 943, 1186
意志の自由→意志
イスラーム 12, 51, 62, 177, 197, 662, 706, 809, 1018, 1194
異端→正統／異端
一元論／多元論 52, 75, 336, 904
一次性質と二次性質→第一性質と第二性質

一と多　53
一向一揆　918, 1324
一者　54, 1058, 1074, 1287
一般意志　55, 525, 1304
イデー　189
イデア　24, 56, 116, 122, 224, 226, 274, 336, 716, 848, 870, 1045, 1057
イデアール・テュプス→理念型
イデオロギー　35, 58, 60, 536, 795, 796, 1165
イデオロギー装置　36
イデオローグ　60, 225
イド→エス
イドラ説　61
意味　67, 68, 239, 327, 338, 403, 509, 645, 551, 637, 729, 990, 1004
意味論　68, 334, 764, 1080, 1217
イメージ→表象
意欲→意志
イロニー　4
因果応報説→日本仏教
因果性（因果関係）　70, 78, 326, 551, 637, 729, 990, 1004
インド哲学　73, 1190, 1336
インド論理学　73, 76
隠遁の思想　77
因縁　78, 124, 289
因縁果→日本仏教
インフォームド・コンセント　79, 463, 702
インペトゥス理論　169
陰陽　79, 382, 574, 756

ウ

ヴァイシェーシカ学派　75, 81, 289, 1337
ヴァーチャル・リアリティ　81
ヴァナキュラー　69, 82
ヴァルネラビリティ　82
ウィーン学団→論理実証主義
ヴェーダーンタ学派　15, 76, 89, 395, 1060, 1337

嘘つきのパラドクス→パラドクス
宇宙論→コスモロジー
宇宙論的証明→神の存在証明
ウパニシャッド哲学　94
運動　33, 96, 113, 235, 462, 484, 1044, 1189
運命論　97

エ

エアランゲン学派　99
永遠　57, 99, 100
永遠回帰　100, 814, 908, 1303
永遠真理　100
永遠の相の下に→スピノザ
AGIL 図式　958
永続革命論→革命
叡智界　102, 1208
易　103
易経　103
エクスタシス→神秘主義
エクリチュール　104, 777
エゴイズム→利己主義と利他主義
エコ社会主義　741
エコフェミニズム　105, 107
エコロジー　106, 107, 127, 145, 260, 414, 742, 831
エコロジー的近代化論　107
エス　108, 335, 1072
SSA 学派　1030
エスニシティ　109, 396
エスニック集団　109, 782
エスノメソドロジー　109
エディプス・コンプレックス　110, 121, 1072
エートス　110
淮南子　111
エネルギー　112, 127, 145, 1290
エネルギー保存則　127
エネルゲイア／デュナミス　113, 194, 1209
エピキュリアン→エピクロスとエピクロス派
エピステーメー　115, 1076

エポケー 15, 117, 707
エラン・ヴィタール→ベルクソン
エレア学派 54, 121, 974
エレクトラ・コンプレックス 121
エロス 1, 8, 122
演繹 123, 249, 442
縁起 78, 123, 289, 318, 800, 1191
演算子 126, 1345
厭世主義→オプティミズム／ペシミズム
延長 126, 504, 631, 740, 836
エンテレケイア→エネルゲイア／デュナミス
エントロピー 127, 466
エントロピー増大則 127

オ

老い 129
黄金律 131
黄檗宗 71
王法仏法相依論 918
オカルト 138
オーストリア・マルクス主義 140
オートポイエーシス 142, 473, 1309
オートマトン 606, 812
オプティミズム／ペシミズム 142, 610, 1115, 1259
オリエンタリズム 143, 428, 1079, 1135
オルガノン 144, 249, 1125
オルターナティヴ・テクノロジー 144
オルペウス教 23, 146, 1038
恩 146
恩寵の光→自然の光／恩寵の光

カ

快／不快 148

ガイア仮説 149
外延→内包と外延
外延的論理学／内包的論理学 149
外界 150, 224
懐疑主義派 274
階級・階級闘争 59, 151, 153, 174, 282, 328, 398, 425, 427, 528, 608, 682, 683, 687, 1066, 1231
階級意識 58, 153
階級社会→階級・階級闘争
懐疑論・懐疑主義 153, 707, 733, 1006, 1032
快苦原則 373, 1063
階型 155
解釈→解釈学
解釈学 156, 690, 700, 833, 1288
解釈学的現象学 1204
回心 157
蓋然性 157
階層→階級・階級闘争
懐徳堂 158
概念 33, 159, 190, 248, 806, 823, 859, 895, 1086, 1299
概念実在論→唯名論と実念論
概念把握 859
概念論 1236
解放の神学 160
快楽 32, 115, 120, 148, 162, 368, 369
快楽計算→ベンサム
快楽原則→現実原則／快楽原則
快楽主義 32, 120, 162, 369, 374
カウンターカルチャー 163, 435
カオス／コスモス 164, 467, 674
カオス理論 1034
科学 165, 169, 170, 171, 180, 252, 302, 477, 523, 690, 840, 930, 970, 996, 1079, 1122
科学革命 169, 970
科学技術 168, 310, 702
科学主義 170, 495
科学的社会主義→社会主義／共産主義

科学哲学　170, 171, 202, 1261, 1293
科学論　99, 171, 270, 1293
科学論理学　203
格→三段論法
格差原理　357, 1341
確実性→蓋然性
格物致知　173
革命　169, 174, 243, 440, 686
革命権　175, 646, 1336
学問→哲学
格率（格律）　176, 222, 825
確率　177, 203, 1266
仮言判断→判断
仮言命法　500, 825
下向→上向／下向
仮象　178
家事労働　178, 196, 542, 584
仮説　28, 166, 179, 416, 492, 1142
家族　180, 426, 651, 673, 960, 1130
家族国家観　384
家族的類似性→ウィトゲンシュタイン
カタルシス　183, 456, 1176
価値　115, 183, 185, 186, 187, 233, 252, 410, 449, 469, 620, 716, 864, 912, 1283
価値意識・価値観　183, 185, 705
価値合理性→合理性
価値自由→ウェーバー
価値哲学　87, 186, 620
価値転換→ニーチェ
価値判断　186
価値倫理学　187, 449
価値論→価値
学校化→イリイチ
過程　127, 189, 280, 406
カテゴリー　33, 190, 194, 222, 310, 620, 747, 931
カテゴリー錯誤　191, 1085, 1262
カトリシズム　192, 276

カトリック　160, 193, 257, 276, 320, 637, 697, 889
カーニバル論　967
可能性と現実性　193, 991, 1249
可能態→エネルゲイア／デュナミス
可謬主義　870, 1142
家父長制　182, 195, 426, 452, 1131
貨幣　471, 682, 1050
鎌倉新仏教　914, 918
カミ→神
神　15, 51, 197, 198, 201, 256, 275, 306, 320, 504, 505, 555, 568, 622, 635, 710, 731, 785, 848, 866, 977, 1014, 1029, 1060, 1114, 1192, 1277
神即自然→スピノザ
神の国→キリスト教
神の死　814, 908, 912, 1193
神の存在証明　198
カリスマ　199
カルチュラル・スタディーズ　202, 1308
カルト　202
カルマン　203, 319, 716, 1191, 1296
花郎道　204
含意→内含
換位法→変形推理
感覚　162, 206, 262, 304, 363, 418, 755, 791, 1216
感覚主義→感覚論
感覚与件　207, 1075, 1265
感覚論　120, 195, 207
感官→感覚
環境　209, 1022, 1047
環境決定論　209, 817, 1023
環境思想　107, 210
環境プラグマティズム→環境思想
環境倫理学・環境哲学　211
関係・関連　213
関係論理学　214
還元主義　861, 922, 1063

カンシ　　　　　　　　　事項索引

換質法→変形推理
慣習　551, 563, 944
間主観性→共同主観性
観照（テオリア）→理論
感情　1, 72, **215**, 216, 218, 258, 576, 597, 600, 797, 964
感情移入　45, 216
感情道徳説　216
関心　217, 932
関数　250
感性　218, 222, 394, 815, 940, 984, 1233, 1279
感性学　951
環世界→ユクスキュル
間接推理→推理
観想　33, 496, 498, 671, 1293
カント＝ラプラス星雲説　223
観念　49, 58, 72, 207, **224**, 225, 234, 305, 378, 418, 637, 698, 755, 781, 787, 954, 1007, 1323, 1335
観念学　58, **225**, 838
観念史観　1315
観念連合→連想
観念論　53, **225**, 255, 344, 748, 845, 858, 1045, 1229, 1281
寛容　229, 1103, 1219, 1255, 1336
管理社会　230, 547, 1162
官僚制　90, **231**, 377

キ

気→理気説
偽→真と偽
義　233, 413, 1207
記憶　234, 1008, 1246
機会原因論　234, 632, 1163
機械論　235, 476, 724, 926, 1238
機械論的自然観（機械論の世界観）　16, 70, 169, 393, 835
機械論的唯物論　235, 1062, 1233
幾何学の精神　236, 956
記号　237, 239, 327, 509, 1080
記号消費　603

記号論　**238**, **239**, 1080, 1217, 1270
記号論理学　126, **240**, 310, 580, 649, 779, 886, 1070, 1084, 1199, 1265, 1343, 1345
技術・技術論　145, 167, **241**, 243, 702, 838, 947, 1202
技術革命　243
記述の理論　**244**, 333, 909
擬人観（擬人法）　244
基礎的存在論　245, 750
基体　245, 315, 570
キッチュ　247
規定　248, 500, 795, 982
機能→構造／機能
帰納・帰納法　123, 203, **249**, 302, 483, 931, 1261
機能主義　250, 359, 1081
規範　27, 30, 91, 233, **252**, 413, 480, 1119, 1296
帰謬法　252, 800, 1219
詭弁　253, 272, 834
義務（論）　**253**, 306, 838, 868, 1119, 1297
規約主義　415
逆説→パラドクス
客体→主体／客体
客体化　690, 762
客観→主観／客観
客観性　184, 226, **255**, 264, 620, 996
QOL　673, 702, 938
救済　161, 192, 197, **256**, 276, 307, 568, 762, 1014, 1042, 1107
キュニコス派　**257**, 822, 1351
キュレネ派　32, **258**
共感　**258**, 665, 1216
狂気　259
共苦　8
共産主義→社会主義／共産主義
共時言語学→通時言語学／共時言語学
教条主義→ドグマティズム
共生　**260**, 412, 483

1356

教相判釈 261, 920
共通感覚 262, 363
協同組合 131, 265
共同主観性 263, 338, 1044
共同性 264, 265, 398, 563, 687, 1029
共同体／共同社会 34, 55, 266, 322, 410, 412, 515, 516, 650, 687, 737, 899, 902
京都学派 268, 283, 700, 906
教父 6, 269, 382
共約不可能性 270
教養 270, 352, 763, 1087
虚偽 271, 587, 994
虚偽意識 58
虚偽論法 272
虚無主義→ニヒリズム
ギリシア正教 276
ギリシア哲学 34, 273
キリスト教 6, 160, 192, 197, **275**, 277, 320, 382, 555, 622, 656, 697, 706, 908, 1258
キリスト教社会主義 277
キリスト教批判 1028, 1233
義理と人情 277
儀礼 279, 552, 651, 789, 885, 1310
近思録 280
近代 10, 91, 280, 282, 377, 390, 396, 412, 452, 486, 516, 524, 546, 558, 609, 871, 925, 1091, 1180
近代化／近代化論 37, 280, 282, 283, 708, 718
近代社会 27, 280, 515, 1048
近代主義 282, 578, 718
近代の超克 268, 283
禁欲主義 285

ク

苦 124, 143, **286**, 490, 511, 1041, 1190
空 124, 289, 800, 1185, 1228
空間 97, 126, **288**, 429, 709, 815, 1052
空思想 124, 289, 800
偶然性→必然性と偶然性
偶像崇拝 290
偶有性 291, 336
苦行 291, 519, 810
具体的概念→抽象的概念／具体的概念
グノーシス主義 292
公羊学派 293
クルアーン 51, 197, 1194
群衆 300, 759
群集心理 300, 533

ケ

経学 301, 572, 802
契機 301, 725
経験 301, 304, 677, 700, 757, 906, 943, 1335
敬虔主義 303
経験主義→経験論
経験的実在論 494
経験批判論 6, 304, 588, 1154
経験論 207, 304, 448, 787, 1004, 1265, 1335
傾向性 306, 614, 824
経済人→ホモ・エコノミクス
経済的社会構成体→社会構成(体)
啓示 197, 306, 484
繋辞 307, 981
形式合理性／実質合理性→合理性
形式社会学→ジンメル
形式主義 308, 375, 449, 931
形式と内容 308
形式論理学 309, 442, 767, 980, 992, 1109, 1190, 1199, 1342
形而上学 33, 310, 495, 750, 851, 949, 1075, 1331, 1344
芸術 4, 7, 46, 241, 311, 313, 314, 834, 984, 987, 1007, 1175, 1210, 1271, 1339
芸術至上主義 313
形象 313, 363, 657

ケイソ　　　　　　　　　　事項索引

形相的還元　340
形相と質料　33, 308, **314**, 1045
敬天愛人説　898
啓蒙（啓蒙思想）　298, **315**, 433, 557, 629, 851, 854, 998, 1077, 1103, 1218, 1277, 1304, 1316, 1339
ケガレ→霊
華厳思想　**318**
華厳宗　318
華厳密教　1177
ゲシュタルト心理学　**318**, 792
解脱　286, **319**, 519, 520, 1254
結果説→動機説と結果説
決疑論　**320**
決定論　16, 47, 209, **320**, 662, 1142, 1241
ゲマインシャフトとゲゼルシャフト　267, 281, **322**, 846
ゲーム理論　**323**
権威　**325**, 347, 708, 960
原因と結果　70, 78, **326**, 731
限界概念　1215
限界状況　**327**, 1221
玄学　865
言語　67, 239, **327**, 328, 329, 330, 331, 333, 403, 434, 509, 623, 645, 764, 1269
言語起源（論）　**329**, 331
言語ゲーム　86, **330**, 333
言語行為（論）　68, 140, **330**
言語相対主義（言語相対性論）　**328**, 434
言語哲学　**331**, 334
言語分析　**333**, 1084, 1201
言語論的転回　**333**
原罪　**334**
原始共同体→共同体／共同社会
原始儒家思想　572
現実原則／快原則　**335**
現実性→可能性と現実性
現実態→エネルゲイア／デュナミス
顕示的消費　91, 602

原子命題　**335**
厳粛主義／厳格主義→リゴリズム
現象／本質　16, 194, **336**, 340, 461, 978
現象一元論　632
現象学　263, **337**, 339, 472, 581, 677, 700, 750, 943, 1043, 1204
現象学的還元　117, **338**, 339, 462, 1043
現象学的社会学→シュッツ
検証可能性　170, **340**, 1344
現象主義　**341**, 930
原子論→アトミズム
言説→ディスクール
現存在　245, **342**, 828, 949
限定→規定
ケンブリッジ・プラトン学派　**343**
権利　175, **343**, 483, 486, 525, 559, 621, 875, 1119, 1180
原理　35, 53, 116, 310, **344**, 395, 455, 689, 785, 935, 1038, 1060, 1274
原理主義　**345**
権利問題／事実問題　**346**
権力　195, 325, **347**, 396, 451, 524, 686
権力関係説　**347**
権力実体説　**347**

コ

孝→忠孝
講　1323
業→カルマ
行為　203, 216, 331, **349**, 408, 409, 630, 728, 837, 868, 958, 1288
合意　357, 524, 1093
合意説　649
行為的直観→西田幾多郎
高級文化　760
公共圏　**351**, 994
工業社会　**350**
公共性　**351**

皇国史観　246, 384
工作人→ホモ・ファーベル
講座派と労農派　353
公衆　351
公準　356, 375
恒真式→トートロジー
公正　356, 1341
構成主義　99, 318, 357
構成的原理／統制的原理　358
構造／機能　251, 359, 957, 1059, 1081
構造言語学　361, 1059
構造主義　35, 361, 403, 509, 1080, 1134, 1312
構造的暴力　362, 722, 1128
構想力　363, 657, 731, 1008
構築主義　216, 587
交通（マルクスの）　365, 409
後天的→ア・プリオリ／ア・ポステリオリ
行動主義（行動主義心理学）　216, 319, 366, 533, 951
幸福　33, 117, 148, 162, 368, 369, 373, 660, 1107, 1275, 1296
幸福主義　369
構文論　370, 694, 818, 1217
公民　515, 758
合目的性　223, 370, 430, 979, 1209
公理　74, 356, 372, 374, 415, 483, 557, 580, 832, 1090, 1199, 1242
合理化　90, 376, 1049
功利主義　148, 162, 369, 373, 427, 559, 717, 869, 905, 961, 1109, 1179, 1297
公理主義　374
合理主義／非合理主義　375, 1141, 1277
合理性　18, 376, 409, 871, 966, 1330
合理論　302, 378, 858
五蘊　379, 1187
古学派　61, 380, 915
コギト　381, 836

コギト・エルゴ・スム　381, 836, 1126
五経　103, 301
五行　41, 79, 381, 574
護教論　269, 382
国学　382, 915, 1213, 1226
国学的尊王論　752
国粋主義　383, 917
国体思想（國體思想）　384
国民→人民／国民
国民国家　280, 385, 397, 621
国民道徳論　386
心　47, 48, 335, 363, 379, 387, 631, 638
心の哲学　387, 822
五山学派　388
互酬性　389, 736
五常　413, 572
個人　268, 281, 390, 391, 393, 410
個人主義　390, 415, 560, 612, 1179
個人的所有　507
コスモス→カオス／コスモス
コスモポリタニズム　392
コスモロジー　165, 393
個性　391, 393, 396, 957, 1179
悟性　116, 218, 222, 394, 841, 1279
個性記述的　1123
古層　1165
五大　394, 440
個体化の原理　395
個体性　396, 700
国家　20, 91, 152, 267, 347, 385, 396, 516, 524, 646, 651, 686, 709, 826, 1093, 1182, 1263
国家社会主義　399
国家主義→ナショナリズム
国家神道　384, 400, 635
古典主義　313, 401, 1339
コード　238, 328, 402, 605, 1080
コナトゥス　404
コネクショニズム　404, 626, 934

1359

コプラ→繋辞
個別／特殊／普遍 405, 1114
コペルニクス的転回 407
コミュニケーション 328, 351, 366, 403, 407, 767, 1062
コミュニケーション的行為 409, 676, 728, 966
コミュニタリアニズム 267, 410
コミューン→共同体／共同社会
コモンズ 412
コモン・センス→常識
語用論 30, 413, 1217
五倫五常 413
コレクテヴィズム（集団主義） 414
コンヴェンショナリズム 415
根拠 71, 76, 116, 148, 154, 273, 346, 416, 564
根源悪 10
金剛乗 395, 417, 762, 1172
コンフォーミズム 420
コンプレックス 110, 122, 420, 1246

サ

差異 104, 239, 361, 422, 509, 877
最高善 368, 370, 500
再生産（社会／文化の） 267, 389, 425, 425, 496, 567, 681, 1067
再生産（生命の） 178, 181, 426, 681
最大多数の最大幸福 148, 369, 370, 373, 427, 1110, 1178
サイバー・スペース 429
サイバネティックス 86, 429, 473, 926, 1021
作為 139, 381, 1164
搾取→階級・階級闘争
坐禅 719, 871
錯覚 431
錯覚論法 432
サディズム／マゾヒズム 432, 433
サピア＝ウォーフの仮説 434
サブカルチャー 164, 435, 1079
サブシステンス 105, 179
差別 179, 436, 451, 609, 629, 939, 942, 1008, 1024, 1152, 1240
左翼→ニューレフト
散逸構造 1064
山岳信仰 573
参加民主主義→民主主義
サーンキヤ学派 76, 439, 1337
産業革命 241, 243, 440
産業社会→工業社会
産業主義 441
三段論法 116, 123, 309, 442, 1343
サンディカリズム 443, 745
産婆術→ソクラテス
三宝 444, 785, 1042
三位一体 7, 197, 617
三民主義 444, 753

シ

死 23, 42, 115, 273, 286, 327, 446, 670, 938, 1072, 1311
恣意 47
ジェンダー 195, 451, 669, 889
シオニズム 453
自我・自己 2, 15, 49, 108, 227, 263, 338, 411, 454, 459, 501, 769, 774, 1021, 1036, 1187
詩学 456, 1175
自覚→自己意識
止観 457
時間 457, 489, 709, 815
識 124, 379, 458, 1228
自給自足 48, 115, 131
シク教 459
自己→自我・自己
自己意識 455, 459, 589, 710, 866, 1029
思考 57, 116, 460, 631, 740, 806, 1076, 1279, 1342

志向性　461, 1043, 1071
自己運動　462
自己決定　79, 463, 547, 701, 703, 959
自己原因　464
自己言及　465, 527, 1309
自己準拠性　1309
自己所有（論）　465, 559, 612, 1285
自己疎外→疎外
自己組織化　466, 1034, 1239
自己組織性　466, 473
自己中心性　467, 986
視座構造　795
事実　252, 335, 346, 468, 481, 850, 1296, 1315
事実問題→権利問題／事実問題
自主管理　470, 1053
市場経済　389, 471, 512, 736, 1145
市場社会主義　1084
事象そのものへ　472
四色党争→主理派／主気派
システム（論）　142, 250, 358, 430, 465, 466, 473, 527, 957, 1021, 1143, 1239, 1309
自生的秩序　946
自然　40, 44, 475, 481, 483, 484, 836, 865, 938
自然科学→科学
自然学　33, 44, 478, 482, 836
自然権→自然法・自然権
自然言語　327, 623
自然史／自然誌　478
自然宗教　479
自然主義　184, 480, 1201, 1271
自然主義の誤謬　184, 481, 861, 1201
自然状態→社会契約説
自然中心主義→人間中心主義／自然中心主義
自然的態度　339, 677
自然哲学　34, 393, 449, 478, 481
自然の国　102

自然の権利　483
自然の斉一性　483
自然の光／恩寵の光　484
自然の弁証法　484
自然法・自然権　175, 485, 1119, 1140, 1336
自然法思想　176, 486, 856, 1119
自然法則→法則
思想　210, 315, 487
持続　489, 732, 1104
持続可能な発展　107, 489
四諦　124, 286, 490, 1042
時代精神　491
実学　491, 1247
実験　407, 492, 955, 1097
実験主義　492
実在　15, 57, 121, 440, 493, 627, 648, 1045, 1214
実在論　76, 494, 745, 995, 996, 1142
実証主義　304, 419, 495, 1315, 1344
実践　166, 294, 496, 498, 676, 939, 1053, 1093, 1117, 1156, 1293
実践の唯物論　498, 1113, 1233
実践理性　499, 924
実存　278, 327, 500, 502, 1221
実存主義　339, 438, 502, 1020, 1205, 1221
実存の精神分析　438
実存の事実性　469
実体　33, 245, 291, 314, 455, 462, 504, 740, 938, 1044, 1191, 1250
質的弁証法　505
質と量　505, 891
実念論→唯名論と実念論
実用主義→プラグマティズム
実用説　649
質料→形相と質料
質料転換→物質代謝
私的所有（私有財産）　131, 151, 266, 398, 426, 465, 507, 513, 529, 559, 610, 612, 683, 1083, 1304
史的唯物論→唯物史観

シニュ　　　　　　　　　　　　　事項索引

シーニュ／シニフィアン／シニ
フィエ　239, 509
自然（じねん）→自然（しぜん）
自然法爾　920
支配→国家
慈悲　511, 762
至福千年説→千年王国論
思弁　512
資本　471, 826
資本主義　90, 91, 230, 397, 471,
512, 521, 528, 565, 602, 608, 683,
826, 1048, 1050, 1066, 1119, 1230
シミュラークル　514, 1141
市民　55, 316, 351, 514, 621, 737,
758
市民社会　352, 397, 516, 758,
1016, 1093, 1095
市民的公共性　351
市民法　1009
ジャイナ教　74, 519, 1014
社会（学）　90, 264, 266, 349,
419, 516, 521, 523, 526, 527, 536,
537, 541, 850, 884, 957
社会科学　92, 166, 349, 523,
1123, 1284
社会革命　174, 686
社会契約説　176, 517, 524, 646,
1140, 1336
社会工学　526, 1143
社会構成（体）　526, 685, 1231
社会システム論　360, 527, 958,
1309
社会主義／共産主義　174, 265,
277, 398, 507, 528, 539, 562, 1024,
1158, 1244, 1263, 1264
社会主義リアリズム　532
社会進化論　246, 535, 542, 665
社会心理　532
社会成層論　533
社会生物学　534
社会ダーウィニズム　535, 542,
1100
社会的意識／社会的存在　58,
536, 884

社会的関係　537, 1049
社会的行為　349, 409, 630
社会的事実　850, 1210
社会的自由主義　538, 560
社会的所有　507, 683
社会的存在→社会的意識／社会的
存在
社会的動物→ゾーオン・ポリティ
コン
社会的物質代謝　1047
社会的分化　850
社会統合　27, 389, 556, 688, 758
社会法　628, 1009, 1285
社会民主主義　528, 539, 1107,
1160
社会有機体説　541, 665, 1239
捨象→抽象
シャドウ・ワーク　69, 179, 542
ジャーナリズム　8
シャーマニズム　544
シャーマン　544
シャリーア　51
主意主義　47, 545, 579
自由　47, 546, 549, 558, 592, 628,
972, 1179, 1285
自由意志　47, 320, 549, 990,
1307
周延　443, 550, 1109
周縁→中心と周縁（周辺）
習慣　71, 550, 878
宗教　26, 51, 479, 519, 551, 554,
555, 622, 674, 706, 805, 1014
宗教改革　200, 229, 411, 553,
1005, 1039, 1074, 1305
宗教的複合性　554
宗教哲学　480, 552, 555, 674
集合的無意識　1186, 1246
集合表象　556, 850
集合論　556, 654
修辞学→レトリック
自由時間　151, 681
自由思想家　557, 1277
自由主義　296, 374, 391, 538,
558, 612, 628, 666, 864, 946, 1178,

1285, 1319, 1335, 1340
重商主義　666
囚人のジレンマ　323
修正主義　540, 562, 698, 1107
重層的決定→アルチュセール
習俗　111, 563, 1081
充足理由律　417, 564, 749
従属理論　565, 807
集団　12, 109, 151, 180, 390, 415, 566, 1182
集団主義→コレクテヴィズム（集団主義）
重農主義　567, 851, 1319
十分条件→必要条件／十分条件
自由貿易　1168, 1273
自由貿易帝国主義　827
自由放任→レッセ・フェール
自由放任主義　560, 612
終末論　568
自由民権運動　135, 569, 857, 1200
自由民権思想　88, 569, 779, 896, 916
自由民主主義　560, 758
種概念→類概念／種概念
主観／客観　570, 577
主観的観念論　227, 573, 803, 859, 895
主気派→主理派／主気派
修行　291, 719, 810, 1041
儒教・儒家　79, 354, 413, 572, 668, 725, 755, 802, 1310
主権　396, 646
修験道　573
主語と述語　245, 574, 580
朱子学　134, 571, 574, 586, 726, 876
朱子学派　575, 915
呪術　544, 575, 778
主情主義　576
主人道徳　1303
主体／客体　576, 761
主体思想→チュチェ思想
主体性論争　578

主知主義　576, 579
述語→主語と述語
述語論理学　240, 580
受動→能動と受動
主と奴の弁証法　582, 600
呪物崇拝→物神崇拝
主婦論争　583
主理派／主気派　586
循環論法　587
準拠枠　587, 733
純粋有　54
純粋経験　304, 448, 588, 906
純粋直観　815
純粋理性　589
止揚　590, 739, 833
昇華　590
浄化　183, 273, 456
松下村塾　1256
使用価値　591, 1050
状況　38, 327, 592
条件　589, 592, 812
条件反射　592, 951
上向／下向　593
常識　262, 594, 839, 1284
常識哲学　262, 595
小乗（小乗仏教）　596, 761
少数文化　435
情緒→情動
象徴→シンボル
浄土　597
情動　215, 462, 597
浄土教　56, 342, 597, 647, 914, 917, 1124, 1155, 1323
承認　30, 507, 582, 599
情念　215, 600, 837, 964, 1064, 1232
消費　248, 601, 603
消費社会　603, 1141
商品　471, 601, 1048, 1050
上部構造→土台と上部構造
小ブルジョアジー　604
小ブルジョア社会主義→社会主義／共産主義
情報（理論）　86, 230, 405, 408,

1363

ジョウ　　　　　　　　　　　事項索引

429, 603, **605**, 607, 932, 934, 1202
情報化社会　300, 408, **607**
常民　1222
証明　1342
消滅　34, 315, 693, 1108
剰余価値　512, **608**, 1329
昭和研究会　1170
植民地主義　143, **609**, 630, 1135
所産的自然→能産的自然と所産的自然
諸子百家　802, 805
所有　151, 266, 412, 465, 507, 513, 528, **610**, 612, 679, 683, 685, 738, 1069, 1159, 1336
所有権　465, 517, 561, **611**, 1336
所有的個人主義　**612**, 1336
所与→与件
自律　223, **613**, 1208
仁　233, 355, **614**, 695
仁愛　961
進化（論）　466, 535, 542, **614**, 619, 630, 664, 732, 768, 962
神学　6, 39, 52, 160, 198, 585, **615**, 635, 639, 809, 888, 973
心学　50, **616**, 726, 803
人格　102, 393, **617**, 676, 958, 1049, 1119
人格主義　**618**
人格の同一性→アイデンティティ
進化論的認識論　**619**
新カント派　87, 186, 379, **619**, 690, 902, 974, 1079, 1283
新カント派社会主義　**620**
新旧論争　643, 1211
仁義礼智信　414, 572
神義論→弁神論
真仮邪偽→日本仏教
人権　344, **621**, 856, 1181
信仰　26, 157, 552, 554, **622**, 788, 790, 1074
人工言語　**623**
新興宗教　**624**
人工知能　606, **625**
人口論　**626**, 1163

真言宗　287, 917
新実在論　494, **627**
新宗教→新興宗教
新自由主義　465, 540, 561, **628**, 644, 946, 1011, 1133, 1285
新儒教　573, 726
人種主義　609, **629**
心情倫理／責任倫理　**630**
新新宗教→新興宗教
心身二元論　150, **631**, 905
心身問題　234, 387, **631**, 926, 1090
真正社会主義　**633**, 1096
心像→表象
身体論　**633**
シンタクス→構文論
神智学　**635**, 1100
人智学　579
神道　383, 400, **635**
真と偽　**636**, 1249
新トマス主義　**636**, 889
真如　**637**
信念　271, **637**
心脳同一説　632, **638**
心脳問題　387
神秘主義　110, 138, 202, **639**, 653, 663, 1172, 1309
神仏習合　56, 555, **640**, 914, 918, 1150
新プラトン主義　63, 275, **641**, 1019, 1073, 1287
人文主義→ヒューマニズム
新ヘーゲル主義　**642**
進歩　315, 420, 495, **643**, 1081, 1105, 1169, 1211, 1315
新保守主義　**644**, 1133
シンボル　189, **645**
シンボル形式→カッシーラー
人本主義→ヒューマニズム
神本仏迹説　1150
人民／国民　175, 385, 397, **646**, 1182
人民憲章　799
人民主権　175, 525, **646**

真理　3, 100, 154, 448, 648
真理関数　649
心理主義　650, 1345
人倫　650
人類教　419
神話　84, 244, 400, 636, 651, 732, 1014, 1068

ス

随伴現象論　632
推理　25, 123, 249, 442, 461, 653, 1109
数学基礎論　654, 1264
崇高　654
スケプティシズム→懐疑論・懐疑主義
スコットランド啓蒙　316, 961, 1016
スコラ学（スコラ哲学）　29, 34, 39, 64, 406, 484, 493, 494, 506, 656, 749, 809, 888, 1019, 1307
図式　358, 657
スターリン主義　5, 398, 659, 1053, 1112
ストア派　113, 274, 295, 392, 486, 601, 660, 714, 874, 964, 1108
スピリチュアリスム　922, 1229
スーフィズム　662
スラヴ主義と西欧主義　666, 1102, 1332

セ

性　588, 668, 695, 1207
性（セックス）　451, 669
生／生命／生活　129, 142, 181, 409, 412, 426, 446, 670, 677, 678, 681, 699, 701, 702, 1077
聖／俗　674, 914
性愛　110
性悪説→性善説と性悪説
西欧主義→スラヴ主義と西欧主義
西欧中心主義　362, 783
西欧マルクス主義　675, 1301
性格　676, 957
生活→生／生命／生活
生活圏　798
生活世界　263, 338, 409, 677, 966
生活の質　673
生活様式　563, 678, 1078, 1087
正義　356, 679, 716, 1341
生気論　670, 680, 1041
整合説　649
制作→ポイエーシス
生産　426, 496, 507, 681, 684, 939, 1326
生産関係→生産力／生産関係
生産手段　151, 683, 684, 1326
生産の社会化　508, 683
生産様式　11, 243, 512, 526, 684, 685, 1050, 1230
生産力／生産関係　685, 1231
生産力主義→生産力／生産関係
政治　686, 758, 1126
性自認→性（セックス）
政治社会　516, 524, 1336
政治的動物→ゾーオン・ポリティコン
聖書主義　201, 554
精神　53, 225, 235, 236, 440, 491, 631, 689, 690, 691, 835, 845, 1045, 1184, 1229
精神科学　690, 833
精神的労働と物質的労働　691
精神分析　108, 692, 1071, 1262
生成　34, 315, 693, 1101, 1108
生成文法　694, 816
性善説と性悪説　588, 668, 695, 716, 1207
生態学　106
生態学的知覚論　28, 792
聖体示現　674
制度　69, 195, 231, 360, 485, 556, 696
正統／異端　697
生得観念　224, 302, 698, 782

セイナ　　　　　　　　　事項索引

西南ドイツ学派→新カント派
青年ヘーゲル派→ヘーゲル左派
性の自己決定権→性（セックス）
生の哲学　156, 303, 672, 690, 699, 732, 833, 1104
生物多様性→エコロジー
生への意志　47
生命→生／生命／生活
生命地域主義　107, 700
生命哲学→生命倫理
生命の質　701, 938
生命倫理　463, 702, 958
制約　592
性理学　866
生理学的唯物論　704
世界観　226, 704, 839, 1232
世界市場　280, 513
世界システム論　91, 565, 807
世界市民主義→コスモポリタニズム
世界宗教　552, 705
世界精神→時代精神
世界像→世界観
世界−内−存在　303, 706
責任　320, 630, 774, 868, 1259
責任倫理→心情倫理／責任倫理
セクシュアリティ→性（セックス）
ゼクテ　202
セクト→カルト
世俗化　708
積極的自由／消極的自由→自由
絶対空間／絶対時間　96, 288, 709
絶対主義　709, 1140
絶対精神→ヘーゲル
絶対知　710
絶対的観念論　227, 642, 859
絶対的他者性　710
絶対と相対　711
折衷主義　712
説明　713, 1288, 1294
摂理　98, 713
ゼノンのパラドックス→パラドックス

セマンティクス→意味論
善　9, 116, 162, 368, 661, 668, 695, 715, 741, 865, 906, 924, 1074, 1216, 1291
禅　658
先験的→超越論的
選言判断→判断
戦後民主主義　718
潜在意識　719
禅宗　101, 719
専修念仏　56, 598, 647, 1124
全称判断→判断
全真教　721
戦争　721, 826, 1091, 1127, 1140, 1169
全体主義　37, 722, 759
全体と部分　250, 301, 318, 359, 473, 527, 724, 1146
全体論→ホーリズム（全体論）
先天的→ア・プリオリ／ア・ポステリオリ
千年王国論　568, 725
占有→所有

ソ

創価学会　625
宋学　173, 571, 574, 726, 857, 1273
相関主義　795, 1165
臓器移植→脳死・臓器移植
想起説→アナムネーシス
総合→分析と総合
総合判断／分析判断　727
相互行為　408, 728
相互作用　326, 728
相互主観性→共同主観性
相互扶助　264, 298
操作主義　729
想像　234, 730
創造説　731
創造的進化　732, 1104
想像力→構想力
相対→絶対と相対

1366

事項索引　　　　　　　　　　　　　　　　　　　　　タガモ

相対主義　416, 733, 783
相対性理論　97, 458, 734
曹洞宗　720, 871
創発的唯物論　632, 735
贈与と交換　389, 735, 1210
ゾーオン・ポリティコン　671, 736
疎外　672, 737, 763, 1300, 1326
俗→聖／俗
即自／対自／即且つ対自　738
即自存在　438
属性　291, 631, 739, 1250
即の論理→日本仏教
俗流唯物論→生理学的唯物論
素材→形式と内容
組織　231, 566
ソーシャリスト・エコロジー　741, 742
ソーシャル・エコロジー　742, 1036
措定→定立
ソフィスト　414, 743, 945, 1072
素朴実在論　744
ソリプシズム→独我論
ゾレン→当為
ゾロアスター教　746, 973
尊厳　618, 1208
尊厳死→安楽死・尊厳死
存在　52, 53, 63, 64, 121, 150, 156, 245, 310, 336, 339, 342, 493, 500, 504, 706, 747, 974, 1338
存在被拘束性　59, 748, 795, 1165
存在欲望　438
存在論　198, 245, 310, 749, 750, 974, 1095, 1342
存在論的／存在的　751
存在論的証明→神の存在証明
尊王思想　1213
尊王攘夷論　384, 752, 1174
ゾンビ（精神）　752

タ

多→一と多

第一次集団と第二次集団→集団
第一性質と第二性質　305, 755
対応説　648
大概念→三段論法
大逆事件　368, 430
太極　80, 567, 755
太極図　566, 869
対偶　756
体系　33, 75, 473, 756, 858
体験　156, 303, 338, 462, 700, 757, 833, 943
対抗文化→カウンターカルチャー
第三世界　106, 161, 565
対自→即自／対自／即且つ対自
対自存在　438
大衆　145, 758
大衆社会　145, 602, 603, 758, 1278
大衆消費　602
大衆文化　760, 1079, 1212
対象　217, 338, 358, 570, 576, 761, 762, 943
大乗（大乗仏教）　124, 289, 458, 511, 596, 761, 800, 810, 1014, 1042, 1228
対象化　738, 762, 1029
大正教養主義　763
対象言語とメタ言語　764
大正デモクラシー思想　764, 906, 1256
大前提→三段論法
代替技術　144
大東亜共栄圏　283
対当関係　765
大日如来　1172
退廃→デカダンス
大陸合理論→合理論
対立　766, 1112, 1189
対立物の一致　767, 905
対立物の統一→弁証法
対話　157, 767, 1052, 1110
タウトロギー→トートロジー
他我　263, 769, 774
他我問題　769

1367

多元論→一元論/多元論
他在 773
他者 83, 263, 265, 302, 433, 546, 599, 773, 880, 883, 1275, 1313
他者経験 263, 883
タタリ→霊
多値論理学 775, 1301
脱亜入欧 776
脱亜論 776, 1035
脱工業化社会→工業社会
脱構築 776, 851, 1134
脱呪術化 778
妥当 309, 443, 636, 778
他人指向型 1278
タブー 674, 781
タブラ・ラサ 302, 698, 781, 1335
ダブルバインド 782
多文化主義 782, 1152
タマ観念 1310
魂 1038, 1310
ダルマ（法） 78, 785
タルムード 786, 1243
単純観念 72, 224, 787
単称判断→判断
単子論→モナド論
単独概念→概念
単独者 788
タントリズム 789, 1253

チ

知（知識） 116, 166, 241, 302, 304, 378, 648, 698, 710, 790, 794, 929, 930, 1032, 1142, 1293, 1335
知覚 49, 72, 234, 262, 319, 459, 791, 865, 954, 1004, 1205
力への意志 792, 908, 1303
知行合一 793, 1251
知識→知（知識）
知識学 794, 1021
知識社会学 449, 795, 1165
知識人 294, 796
知性 224, 579, 787, 797, 935, 1335
地政学 798, 817
秩序 165, 542, 785, 957, 1131
知的直観→直観
知能 799, 986
チャーチ→カルト
チャーティズム 799
忠→忠孝
中概念→三段論法
中間階級 604
中観派 124, 289, 800, 810
忠孝 801
中国哲学 801
中国仏教 805
抽象 806
抽象的概念／具体的概念 806
中心と周縁（周辺） 91, 565, 807
中心文化 435
中性一元論 632, 808
中世哲学 808
中道 290, 810
中庸 601, 811, 964
チュチェ思想 811
チューリング・マシーン 812
超越／超越的→超越論的
超越論的 49, 227, 263, 338, 460, 589, 812, 865
超越論的還元 340
超越論的実在論 996
超国家主義 383
超自我 108, 335, 1072
超人 100, 260, 814, 908, 912, 1303
超絶主義→エマソン
徴表 814, 823, 895
直接推理→推理
直接性 947
直接知覚説 792
直覚→直観
直覚主義→直観主義
直観 183, 340, 700, 710, 814
直観形式 29, 222, 657, 812, 815
直観主義 183, 358, 816

地理的唯物論　817

ツ

通時言語学／共時言語学　818, 1269
通常科学　970
ツリー→リゾーム／ツリー

テ

ディアレクティク→弁証法
ディアレクティケー→問答法
定位　821
低開発性　565
定義　823
定言判断→判断
定言命法　223, 500, 614, 824, 860
抵抗権→革命権
帝国主義　826, 1322
定在　828
ディスクール　828
ディープ・エコロジー　107, 149, 212, 742, 831
定有　828
定理　832
定立　833, 891, 924
ディレンマ　834
テオリア→理論
デカダンス　834
適者生存→進化（論）
適法性／道徳性　254, 837
テクノクラシー　838, 1178
テーゼ→定立
哲学　4, 33, 73, 221, 259, 273, 337, 487, 656, 705, 808, 835, 839, 905, 1018, 1056, 1094, 1107, 1296, 1331
哲学史　422, 454, 843
哲学的人間学　324, 844
哲学の根本問題　125, 842, 845
テーマ・レーマ理論　1059
デミウルゴス　848

デュオニソス的　908
デュナミス→エネルゲイア／デュナミス
天　852, 1286, 1287
典型　853
天才　982
天人相関説　853, 872, 1287
天人分離説　588
天台宗　428, 793, 917, 1149
天台浄土教　598, 1155
天台哲学→日本仏教
天台本覚思想　918, 1149, 1150
伝統　199, 322, 853, 1211, 1288
伝統主義　854
伝統仏教→日本仏教
天皇制　353, 384, 400, 855
天賦人権論　856
天変地異説→キュヴィエ
天理人欲　857

ト

ト・アペイロン　22, 288, 1188
ドイツ観念論　221, 449, 460, 599, 710, 858, 1094
当為　184, 860, 1296
統一科学　495, 861
同一性　2, 15, 422, 617, 638, 861, 862, 865, 877
同一哲学　862
同一律　862, 863
道家　112, 475, 864, 1171
統覚　222, 407, 459, 865
道学　866
東学思想　279, 866
同感→共感
投企　867
動機　90, 837, 867, 868, 873, 1276
動機説と結果説　868
道教　721, 865, 869
討議倫理学　30
道具主義　849, 870, 1055
洞窟の比喩　870

道具的理性　377, **871**, 1147
同語反復→トートロジー
統辞論→構文論
統制的原理→構成的原理／統制的原理
統体性　301, **963**
道徳感覚→モラル・センス
道徳感覚学派　665
道徳感情　1216, 1276
道徳性（モラリテート）→適法性／道徳性
道徳哲学　543, 665, **873**, 961, 1216
道徳法則（道徳律）　176, 223, 500, **873**
動物解放論　**874**
動物の権利　**875**, 927
ドゥ・モーガンの法則　**875**
道理　451, **876**, 1171
徳　33, 37, 80, 368, 413, 500, 679, 695, 716, 741, 785, 811, **878**, 1042
独我論　341, **880**
ドクサ　116, 839, **881**, 970
徳治主義　572
特殊→個別／特殊／普遍
特称判断→判断
独断論→ドグマティズム
ドグマ　**882**
ドグマティズム　154, **882**
匿名性　**883**
都市と農村　515, 691, 807, 1047, 1082
土台と上部構造　397, 516, **884**, 1156, 1231
トーテミズム　**885**, 1312
トートロジー　**886**, 1199
トポス　288, **887**
DV（ドメスティック・バイオレンス）　**889**
トラウマ　1072
トランスパーソナル心理学　922
トリアーデ　**890**
度量　506, **891**
奴隷道徳　1303

ナ

内界→外界
内観→反省
内含　**894**
内在（的）　301, 314, **894**, 977
内省→反省
内包的論理学→外延的論理学／内包的論理学
内包と外延　159, 823, **895**
内容→形式と内容
内容論理学　1342
ナショナリズム　268, 453, 629, **899**, 1016, 1183
ナチズム　722, **901**
ナチュラリズム→自然主義
ナトゥラ・ナトゥランスとナトゥラ・ナトゥラタ→能産的自然と所産的自然
名と体→日本仏教
ナロードニキ　324, 791, **903**, 1333

ニ

二元論　53, 105, 336, 746, **904**, 1058, 1274
二重真理説　**907**
日常言語学派　140, 306, 333, 413, 661, **909**, 1085
日蓮宗　**910**
ニヒリズム　100, **912**, 1185
日本思想史　**913**
日本主義　384, 771, **917**
日本仏教　**917**
日本浪漫派　**921**
ニヤーヤ学派　76, 286, 800, **921**, 1337
ニューサイエンス　**922**
ニューラル・ネットワーク理論　404
ニューレフト　**923**
二律背反　222, 833, **923**

ニルヴァーナ　936
人間観　844, 924, 928, 1002
人間機械論　235, 925, 1268
人間主義→ヒューマニズム
人間性→人間的自然・人間性
人間中心主義／自然中心主義　184, 211, 831, 926
人間的自然・人間性　927, 1002
認識　116, 165, 207, 222, 358, 378, 394, 790, 929, 1032, 1086, 1122
認識論　76, 115, 206, 222, 226, 263, 302, 304, 347, 359, 407, 480, 619, 660, 930, 954, 975, 1113, 1335
認識論中心主義　700
認識論的切断　36
人情→義理と人情
認知　404, 735, 933
認知科学　625, 933

ヌ

ヌース　935, 1279
ヌミノーゼ　674
ヌーメノン→叡智界

ネ

ネイション→民族／ネイション
ネオテニー　936
熱力学第二法則　127
涅槃　319, 936

ノ

能産的自然と所産的自然　482, 938
脳死・臓器移植　703, 938, 959, 1241
農村共同体　666, 903, 1332
能動と受動　939
農本主義　940
能力　37, 38, 113, 218, 394, 799, 942, 1279
能力主義　942
ノエシス／ノエマ　338, 943, 1043
ノエマ→ノエシス／ノエマ
ノマド　944
ノミナリズム→唯名論と実念論
ノモス／ピュシス　252, 485, 944, 992

ハ

バイオエシックス→生命倫理
バイオテクノロジー　947
媒介　947, 1189
排外主義　752, 1143, 1152
排中律　948
バクティ　459, 953
恥　954
場所　210, 268, 288, 906
パーソナリティ　676, 957
パーソン論　618, 958
パターナリズム　960, 1255
発見的原理・方法→構成的原理／統制的原理
発達（教育）　579, 961
発達（心理学）　2, 467, 692, 962, 986
発展　590, 766, 963, 1189
パトス　32, 258, 600, 964
パノプティコン　1037, 1110
ハビトゥス　967, 1067
パラダイム論　169, 270, 299, 733, 969
パラドクス　465, 654, 970, 1188
バラモン教　73, 439, 746, 971, 1014
パールシー教　973
パロール→ランガージュ／ラング／パロール
反映　594, 649, 930, 932, 985
反映論　499, 975, 1322
反観合一の法→三浦梅園
反射→条件反射

蛮社の獄 1247
反照 862, 978
反証可能性→検証可能性
汎神論 661, 890, 938, **977**
汎スラヴ主義 666
反省 224, 459, **978**, 979
反省的判断 979
反省的判断力 223, **982**
反哲学 980
反対概念→矛盾概念／反対概念
判断 157, 186, 223, 442, 550, 574, 589, 727, 766, 979, **980**, 982
判断力 223, **981**, 1290
範疇→カテゴリー
万有引力の法則 482, 922

ヒ

美 56, 981, **984**, 987, 1176
非有 121, 974
ヒエラルキー 986
美学 252, 654, 950, 984, **987**, 1210
彼岸 937, **989**
非形式論理学 989
非決定論→決定論
非合理主義→合理主義／非合理主義
ヒストリシズム→ポパー
必然性と偶然性 70, 194, **990**, 1249
必要条件／十分条件 992
否定 422, 767, 777, **992**, 1000, 1111, 1189
否定性 278, 862, **993**, 1109
否定の否定→弁証法
否定弁証法 **993**, 1136
人に訴える論証 **994**
批判 20, 222, 315, 377, 675, 858, 871, **994**, 1028, 1061, 1088, 1094, 1096, 1142
批判主義 346
批判的合理主義→ポパー
批判的自然主義 996

批判的実在論 **995**, 996
批判的存在論 974
批判哲学 222, 812, 858, 912
批判理論→フランクフルト学派
批評→批判
非物質論→バークリ
非暴力主義 **997**, 1092
百科全書派（アンシクロペディスト） **998**
比喩 999
非有 **1000**
ピュシス→ノモス／ピュシス
ピュタゴラス派 45, 146, 273, **1001**, 1038
ヒュポケイメノン→基体
ヒューマニズム **1002**, 1245
ピューリタニズム **1005**
ピューリタン **1005**, 1075
ビュリダンのロバ **1006**
表現 105, 156, 237, 314, 690, 757, 851, **1007**
表現主義 1302
表象 224, 458, 461, 462, 556, 815, 865, 1007, 1214, 1228
平等 356, 524, 715, 864, 920, **1008**, 1024
ピリア 1, 8, 1237
ヒンドゥー教 75, 459, 953, **1014**, 1042, 1060

フ

ファシズム 5, 18, 722, 901, **1016**, 1313
ファランド→花郎道
ファルサファ 52, 663, **1018**
不安 278, 438, 692, **1019**, 1185
ファンダメンタリズム→原理主義
フィジオクラシー→重農主義
フィードバック 86, 429, **1021**
風俗→習俗
風土（論） **1022**, 1349
フェティシズム→物神崇拝
フェノメノン→叡智界

フェビアン協会　89
フェビアン主義　1024
フェミニズム　105, 179, 181, 195, 426, 452, 584, 669, 1013, 1024
フォーディズム　1029, 1318
不快→快／不快
不確定性原理　1031
不可知論　150, 336, 378, 761, 1031
不完全性定理　654, 1033
複合観念→単純観念
複雑系　467, 1034
福祉国家　318, 385, 530, 539, 1263
複製　7, 1035
複製芸術　7
父権制→母権制／父権制
武士道　1038
プシュケー　1038, 1311
不条理　199, 1039
ブダペスト学派　1040
物化→物象化
物活論　1041
仏教　74, 123, 146, 260, 286, 379, 417, 458, 490, 520, 596, 706, 761, 785, 805, 917, 1014, 1041, 1187, 1190, 1296
物件　618, 1048
物質　16, 235, 493, 1044, 1062, 1232, 1273
物質代謝　1046
仏性→日本仏教
物象化（論）　675, 738, 1048, 1050, 1061, 1301
物神崇拝　290, 1050
物体　126, 755, 836, 1051
プネウマ　204, 1108
普遍→個別／特殊／普遍
普遍宗教　706
普遍妥当性　346, 727
普遍論争→唯名論と実念論
プラクシス→実践
プラクシス派　1053

フラクタル理論　1034
プラグマティクス→語用論
プラグマティズム　239, 481, 649, 849, 955, 1054
プラトン主義　343, 1058
プラハ学派　1059
ブラフマン　15, 89, 95, 1060
フランクフルト学派　377, 675, 966, 1061, 1077, 1146
フランス革命　563, 951, 1093, 1180
フランス唯物論　680, 845, 1062, 1232, 1268
ブルジョアジー／プロレタリアート　604, 1066
プロテスタンティズム　111, 1074
プロトコル命題　1075
プロネーシス　33, 1076
プロレタリアート→ブルジョアジー／プロレタリアート
文化　163, 271, 425, 435, 678, 760, 782, 1077, 1087
文化科学　1079, 1283
文化記号学　1080
文化人類学　434, 1078, 1081, 1311
文化相対主義　87, 733
文化多元主義→多文化主義
文化帝国主義　783
分業／分業の廃棄　529, 691, 1082
分析的マルクス主義　1083
分析哲学　304, 333, 750, 1084, 1201, 1344
分析と総合　593, 1086
分析判断→総合判断／分析判断
分配的正義　679
文明　119, 144, 281, 860, 1016, 1034, 1077, 1087, 1169, 1182, 1304
分類　1088, 1295

ヘ

並行論 632, 1090
ペイド・ワーク／アンペイド・ワーク→家事労働
平和 362, 721, 1091
平和主義 1092
ヘゲモニー 294, 399, 1093
ヘーゲル左派 581, 950, 1028, 1096
ヘーゲル弁証法 465, 993
ベーシック・インカム 1098
ペシミズム→オプティミズム／ペシミズム
ヘドニズム→快楽主義
ペリパトス派 1102
ペルソナ 617
ヘレニズム 14, 114, 274, 660, 1107
変化 96, 99, 121, 245, 326, 462, 484, 614, 693, 962, 963, 1108, 1191
変形推理 1109
弁証法 337, 484, 505, 582, 590, 694, 739, 763, 891, 948, 993, 1086, 1108, 1110, 1113, 1189
弁証法神学→バルト
弁証法的自然主義 1036
弁証法的矛盾 1189
弁証法的唯物論 463, 659, 1112, 1233
弁証法的論理学 1113, 1343
弁証論 222, 923
弁神論 143, 1114
弁論術 887, 1320

ホ

ポイエーシス 496, 939, 1117
法 343, 485, 507, 679, 687, 785, 944, 1119, 1121
法家 228, 1121
封建国家 710
法則 70, 96, 112, 127, 166, 253, 419, 485, 523, 620, 713, 735, 873, 1122, 1123, 1142, 1279, 1317
法則定立的 1123
方法（論） 156, 240, 249, 593, 690, 835, 1043, 1110, 1123, 1124, 1179
方法的懐疑 155, 381, 836, 1126
暴力 220, 362, 889, 997, 1126, 1255, 1313
墨家 1128, 1129
母権制／父権制 1130
菩薩→仏教
保守主義 644, 854, 951, 1131
ポスト構造主義 423, 876, 1134, 1136
ポストコロニアル 144, 202, 429, 1135, 1169
ポスト産業社会論 414
ポストモダニズム 1135
母性保護論争 1137, 1224
ポピュリズム 1143
ホメオスタシス 473, 1021, 1143
ホモ・エコノミクス 1144
ホモ・ファーベル 13, 1144
ホモ・ルーデンス→ホイジンガ
ポリス 515, 737
ホーリズム（全体論） 212, 299, 1085, 1146
本覚論 1148
本地垂迹 640, 1149
本質→現象／本質
本質直観→フッサール
本体論的証明→神の存在の証明
本能 1072, 1151
本有観念→生得観念

マ

マイノリティ 3, 164, 609, 783, 1152
マゾヒズム→サディズム／マゾヒズム
マッハ主義 1154

末法思想 914, 918, **1154**
マルクス主義 124, 141, 347, 518, 562, 675, 698, 1083, 1112, **1158**, 1230, 1301, 1333
マルクス＝レーニン主義→マルクス主義
マルチカルチュラリズム→多文化主義
マールブルク学派→新カント派

ミ

見えざる手 **1168**
未開／野蛮 144, 1087, **1169**, 1316
未開社会 360, 1081, 1312
未開人 **1169**, 1313
道 765, 864, **1171**, 1325
密教 287, 395, 417, **1172**, 1177
水戸学 384, **1174**
ミーマーンサー学派 76, **1175**, 1337
ミーメーシス 456, **1175**
ミュートス 652
未来学 **1178**
ミレトス派→イオニア学派
民藝 **1222**
民習 437
民主主義 390, 525, 539, 559, 718, 879, **1180**, 1255
民族／ネイション 109, 385, 396, 609, 646, 659, 782, 899, 1152, **1182**
民族宗教 706, 1014, 1243
民族主義→ナショナリズム
民族精神 491, **1184**
民本主義 764, **1256**

ム

無 110, 133, 269, 503, 906, 912, **1185**
無意識 108, 420, 692, 719, 1072, **1186**, 1246

無為自然 865
無我 286, 379, 455, 1041, **1187**, 1191
無限と有限 **1187**
矛盾 97, 121, 463, 521, 685, 766, 923, 964, 1109, 1111, **1189**, 1190
矛盾概念／反対概念 **1189**, 1190
矛盾律 974, **1189**, 1190
無常 286, 289, 1041, **1190**, 1191
無常観 286, **1155**, 1191
無神論 830, 891, 998, **1192**, 1204, 1240
無政府主義→アナーキズム
無知のヴェール 357, **1341**
無知の知 741, **1193**

メ

名家 **1197**
名辞 159, **1197**
明証 648, **1197**, 1198
明証説 648
明晰・判明 **1198**
命題 833, **1198**, 1199
命題関数 **1199**
命題論理（学） 149, 240, 580, 1075, **1199**, 1346
明六社 **1200**
メガラ派 103
メシア 192, 257, 275, 568
メタ言語→対象言語とメタ言語
メタファー→比喩
メタ倫理学 **1201**, 1297
メディア **1202**
メトニミー 999

モ

目的合理性→合理性
目的の国 102, 825, **1208**
目的論 223, 475, **1208**
目的論的自然観 204, 1057
目的論的証明→神の存在証明
目的論的判断 223, 982

模写説→反映論
モダニズム 282, 312, **1210**, 1302
モナド論 **1214**, 1261, 1338
物→物体
物自体 610, **1214**
もののあはれ 382, 1213, **1226**
模倣→ミメーシス
モメント→契機
モラリスト 31, **1215**, 1218, 1267
モラル・センス（道徳感覚） 217, 316, 543, **1216**
問答法 116, 767, 1057, **1219**

ヤ

約束主義→コンヴェンショナリズム
役割理論 **1220**
耶蘇教 **1221**
ヤハウェ 197, 257
大和心 383, 1213, **1226**
大和魂→大和心

ユ

唯我論→独我論
唯識 458, **1228**
唯心論 226, **1229**
唯物史観（唯物論的歴史観） 125, 151, 398, 536, 685, 884, 1112, 1156, 1158, **1230**, 1315, 1317
唯物弁証法→弁証法的唯物論
唯物論 120, 235, 494, 498, 638, 704, 735, 748, 817, 1045, 1062, 1112, 1192, 1230, **1232**
唯物論研究会 883, 898, **1235**
唯名論と実念論 29, 142, 493, 878, **1236**
友愛 1, 264, 1003, **1237**
有機体説 541, **1238**
有機的知識人 797
有機的連関 948
有機的連帯 850
幽玄 **1239**
有限→無限と有限
有神論 977, **1240**, 1277
優生思想 437, 942, 947, **1240**
有と無 694
ユークリッド幾何学 288, 832
ユダヤ教 197, 257, 568, 786, **1243**
ユダヤ人 453, 901
ユートピア 666, 1073, 1206, 1217, **1244**
ユートピア社会主義 131, 417, 441, 528, 1064, 1179, **1244**
ユマニスム **1245**
夢分析 692, 1072

ヨ

洋学 **1247**, 1348
揚棄→止揚
様式 **1248**
要請 356, 500
様相 203, **1249**, **1250**
様相論理学 240, **1250**, 1299, 1301
様態 740, **1250**
陽明学 793, **1251**
陽明学派 803, **1252**
ヨーガ 291, 789, 1014, **1253**, 1254
ヨーガ学派 76, **1254**, 1337
抑圧 1072, 1186, **1254**, **1255**
抑圧の寛容 1162, **1255**
欲望→欲求／要求／欲望
与件 **1255**
欲求／要求／欲望 860, **1257**
予定説 90, 201, **1258**
予定調和説 1214, **1258**

ラ

楽観主義→オプティミズム／ペシミズム

蘭学→洋学
ランガージュ／ラング／パロール 1269
ラング→ランガージュ／ラング／パロール

リ

リアリズム 481, 532, 853, 1271, 1302
利益社会 322
理解→了解
理学 573, 866
理気説 1273
利己主義と利他主義 534, 873, 1275
リゴリズム 1276
理神論 890, 1277
理性 218, 222, 223, 259, 274, 302, 316, 375, 378, 394, 484, 499, 589, 810, 836, 858, 871, 923, 1233, 1277, 1279, 1280, 1290, 1330
理性の狡智 1280
理想 369, 874, 1244, 1280, 1281
理想主義 296, 1281
リゾーム／ツリー 1282
利他主義→利己主義と利他主義
律法 257, 786
リトロダクション 996
理念型 90, 630, 1284
リバタリアニズム 465, 628, 946, 1284
リビドー→フロイト
リベラリズム→自由主義
流出 15, 54, 75, 440, 1074, 1287
流出説 1287
量→質と量
了解 156, 189, 409, 700, 713, 757, 1288
良識 836, 1290
量質転化の法則→弁証法
量子力学 177, 1031, 1291
量子論 1290
良心 108, 869, 1291

両性具有 1292
理論 170, 527, 713, 940, 995, 1061, 1158, 1293
理論の反人間主義 36
理論負荷性 469, 1294
臨済宗 101, 388, 720
輪廻 15, 124, 203, 286, 519, 520, 810, 1041, 1191, 1295
輪廻転生 23, 146, 1001, 1058
倫理学 33, 115, 148, 187, 481, 661, 662, 679, 860, 873, 1201, 1296

ル

類概念／種概念 159, 823, 1299
類推→アナロジー
類的存在・類的本質 738, 1029, 1300
ルサンチマン 908, 1303
ルネサンス 808, 1002, 1245, 1307

レ

霊 26, 519, 544, 1038, 1310, 1311
礼 354, 695, 1207, 1310
戻換法→変形推理
礼儀作法 1127, 1310
霊魂→プシュケー
霊魂の不滅 500, 1311
冷笑主義 1351
霊性 658
歴史観 25, 1315, 1316, 1317
歴史修正主義 563
歴史主義 1316
歴史相対主義 1315
歴史哲学 643, 1105, 1316
歴史法則 1317
歴史法則主義→ポパー
レギュラシオン理論 1030, 1318
レッセ・フェール 567, 1319
レトリック 314, 999, 1319

連関→関係・関連
連想　12, 692, 965, **1323**

ロ

老荘思想　77
労働　13, 38, 41, 366, 426, 496, 542, 691, 738, 1049, 1064, 1082, 1266, **1326**, 1329
労働価値説　**1328**
労働力　178, 611, 612, 1048, **1329**
労農派→講座派と労農派
ロゴス　274, 376, 652, 660, 1101, **1330**, **1331**, 1342
ロゴス中心主義　777, 851, **1331**
ロシア思想　**1332**
六派哲学　75, **1336**
ローマ・クラブ　106
ロマン主義　312, 313, 391, 402, 1003, 1238, 1271, **1338**

論証　76, 116, 272, 994, **1342**
論理（学）　33, 76, 144, 149, 190, 214, 240, 248, 310, 580, 660, 775, 989, 1095, 1110, 1113, 1199, 1250, **1342**, 1346
論理実証主義　102, 305, 340, 416, 750, 1075, 1084, 1293, **1343**
論理主義　654, 1070, 1084, **1345**
論理定項／論理変項　126, **1345**
論理的原子論　17, 335, **1345**
論理的なものと歴史的なもの　**1346**
論理的矛盾→矛盾
論理変項→論理定項／論理変項

ワ

ワイマール憲法　621
和魂洋才　**1348**
わびとさび→幽玄
笑い　**1350**

人名索引

ア

アインシュタイン 97, 734, 1291
アヴィセンナ→イブン＝スィーナー
アヴェナリウス 6, 304, 495, 588
アヴェロエス→イブン＝ルシュド
アウグスティヌス 6, 9, 549, 1258, 1287
アガンベン 673
浅見絅斎 575
アジタ・ケーサカンバリン 11
アシュアリー 12
アドラー, A. 17, 693
アドラー, M. 17, 140
アドルノ 18, 248, 377, 675, 985, 988, 993, 995, 1061
アナクサゴラス 21
アナクシマンドロス 22, 288, 1188
アナクシメネス 22
アブーバケル→イブン＝トゥファイル
阿部次郎 618
アベラール 29, 1237
アーペル 30
アミン 565
雨森芳洲 575
新井白石 31, 575
アラン 31
アリエス→アナール学派
アリスティッポス 32, 258
アリストテレス 1, 32, 70, 116, 123, 144, 190, 245, 262, 274, 288, 310, 314, 326, 336, 363, 405, 456, 464, 496, 504, 601, 679, 737, 739, 747, 843, 964, 1076, 1102, 1124, 1175, 1188, 1209, 1310, 1320
アルガゼル→ガザーリー
アルキンドゥス→キンディー
アルチュセール 35, 425
アルド・レオポルド→環境倫理学・環境哲学
アルファラビウス→ファーラービー
アルベルトゥス・マグヌス 36
アレグザンダー 627
アーレント 37, 55, 100, 325, 420, 497, 548, 671, 723, 759, 982, 1118, 1126, 1221, 1237, 1327
アロン 350
アンスコム 39
アンセルムス（カンタベリーの） 39, 198
アンティステネス 39, 257
アンティポン 992
安藤昌益 40, 193, 915, 1024

イ

イエス・キリスト→キリスト教
石川三四郎 21, 48
石田梅岩 50, 616
イソクラテス 1320
一遍 56, 918
出隆 60
伊藤仁斎 61, 380
井上円了 62
井上哲次郎 62
イブン＝アラビー 62
イブン＝スィーナー 63
イブン＝タイミーヤ 64
イブン＝トゥファイル 65
イブン＝ハズム 65
イブン＝ハルドゥーン 66
イブン＝ルシュド 66, 907

今西錦司 66
イリイチ 69, 82, 542
イリガライ 774
隠元 71

ウ

ヴィヴェーカーナンダ 83
ヴィーコ 83, 1316
ヴィゴツキー 84
ヴィットフォーゲル 84
ウィトゲンシュタイン 39, 85, 87, 305, 330, 334, 335, 416, 650, 877, 880, 886, 1084, 1344
ウィーナー 86, 429, 1021
ウィリス 425
ウィルソン 534
ウィンチ 87, 733
ヴィンデルバント 87, 186, 620, 1123
ヴェイユ 21, 88
植木枝盛 88
ウェッブ夫妻 89
ウェーバー 90, 111, 199, 231, 349, 377, 522, 630, 778, 1005, 1284, 1315
ヴェブレン 91
ヴェルマー 1062
ウォーラーステイン 91, 799, 807
ウォルツァー 1011
ヴォルテール 92, 229, 316, 797, 1317
ヴォルフ 93, 749
内村鑑三 93
ウッディヨータカラ 77
ウナムノ 94
梅本克己 578
ウルストンクラーフト 95, 1025
ヴント 96

エ

栄西 101, 918

エイヤー 102, 183, 1201, 1344
エウクレイデス（アレクサンドリアの）→ユークリッド
エウクレイデス（メガラの）103
エックハルト 110
慧能 720, 803
エピクテトス 113
エピクロスとエピクロス派 9, 14, 16, 114, 148, 162, 446, 1107, 1302
エマソン 117
エラスムス 118, 1245
エリアス 118, 1127
エリアーデ 674
エリウゲナ 119
エリクソン 2, 119
エルヴェシウス 120, 369, 1063
エンゲルス 124, 181, 426, 484, 845, 963, 1112, 1131, 1158, 1230, 1244, 1271
エンペドクレス 128

オ

王安石 130, 726, 803
オーウェル 130, 547
オーウェン 131, 1025, 1244
王充 132, 802
王守仁→王陽明
王船山→王夫之
王廷相 132
王弼 133
王符 133
王夫之 134, 1274
王陽明 134, 173, 794, 1251, 1252
大井憲太郎 135
大塩平八郎 136
大杉栄 21, 22, 136, 298
大塚久雄 282, 518
大西祝 137
岡邦雄 1235
岡倉天心 137

緒方洪庵　1247
荻生徂徠　138, 381, 941
オースティン　69, 140, 330, 408, 413, 909, 1085
オッカム　141, 1237
オットー　674
オルテガ・イ・ガセット　145
オールポート　957
オレム　478
オング　1202

カ

貝原益軒　160
カイヨワ→遊び
カウツキー　163, 562
賀川豊彦　172
郭沫若　173
ガザーリー　177
カーソン　106
荷田春満　383
ガダマー　156, 182, 854, 1288
ガッサンディ　188, 208
カッシーラー　188, 645
加藤完治　941
加藤弘之　191, 1200
カドワース　343
狩野亨吉　193
カバニス　194, 225
カピラ　439
ガーフィンケル　109
鎌田柳泓　196
カミュ　199, 1039
鴨長明　1239
賀茂真淵　383
ガリレオ　200
カルヴァン　200, 554, 1074, 1258
カルダーノ　201
ガルトゥング　362, 721, 1128
カルナップ　202, 416, 764, 1084, 1343
ガレノス　204
河合隼雄　1246

河上肇　205
カンギレム　212
顔元　214
桓譚　220
ガンディー　20, 220, 997
カント　10, 29, 49, 71, 190, 218, 219, 221, 226, 288, 316, 336, 363, 392, 455, 499, 555, 571, 589, 655, 657, 727, 812, 815, 824, 837, 843, 858, 860, 874, 912, 923, 931, 978, 980, 982, 1054, 1091
カンパネッラ　227, 1281
韓非　228, 1121
韓愈　228, 866

キ

キケロ　236, 1238, 1320
魏源　237
北一輝　245
北畠親房　246
北村透谷　247
木下尚江　251
ギブソン　28, 934
キャノン　1143
ギュイヨー　255
キュヴィエ　256
清沢満之　273
キルケゴール　278, 501, 505, 711, 788, 1020
キング　997
金芝河　279
キンディー　284

ク

空海　287, 917
九鬼周造　45
草間直方　158
グージュ　1025
クセノパネス　291
クセノポン　292
熊沢蕃山　293
グライス　68, 413, 909

クラウ　　　　　　　　　　　人名索引

クラウゼヴィッツ　721
クラーゲス　676
グラムシ　294, 399, 518, 675, 797, 1093, 1181
クリスタラー　807
クリステヴァ　295
クリュシッポス　295, 660
グリーン　296, 538
クルトネ　1059
グルントヴィ　296
クローチェ　294, 297, 642
グロティウス　297
クロポトキン　20, 298
クワイン　207, 298, 306, 416, 1084
桑木厳翼　299
クーン　169, 270, 299

ケ

契沖　382
ケインズ　317
ゲーテ　271, 321, 402, 1339
ゲーデル→不完全性定理
ケネー　567
ケプラー　322
ゲーリンクス　235, 323
ゲルツェン　324, 666, 903
ゲーレン　324, 844
源空→法然
玄奘　337
源信　342, 1149

コ

孔子　354, 572, 1311
洪秀全　355
黄宗羲　361
公孫竜　364
洪大容　365
幸徳秋水　21, 22, 136, 298, 367, 430
高山岩男　268, 283, 386
康有為　293, 372

コーエン　379, 620
顧炎武　380
古在由重　387
ゴッフマン　279, 587
呉廷翰　401
胡適　401
ゴドウィン　20, 403
コペルニクス　406, 407
コメニウス　411
ゴルギアス　414
ゴルツ　414
ゴールトン　1240
コンシデラン　417
コンディヤック　208, 234, 329, 418, 1063
コント　419, 495, 542, 1276
コンドルセ　419, 643, 1316

サ

崔漢綺　423
三枝博音　424
蔡元培　424
最澄　428, 917, 1155
サイード　143, 428, 1135
堺利彦　430
佐久間象山　431, 492, 1348
サド　432, 433
佐藤直方　575
佐藤信夫　1321
佐藤信淵　434
サムナー　437
サール　69, 330, 437, 626
サルトル　38, 361, 432, 438, 501, 502, 548, 592, 796, 867, 1018, 1185
サン＝シモン　419, 441, 495, 1244
サンタヤナ　442
サンデル　410
サン＝ピエール　1091

シ

慈雲　447
ジェイムズ　448, 480, 649, 808, 1055
シェストフ　447
シェーラー　187, 303, 449, 699, 795, 844
シェリング　449, 482, 710, 815, 858, 862, 1239
慈円　450
ジェンティーレ　453
志賀重昂　383, 917
子思　467
シジウィック　468
シスモンディ　474
品川弥二郎　941
司馬光　510
司馬遷　510
芝田進午　511
釈迦　124, 286, 291, 379, 444, 490, 520, 596, 716, 761, 810, 1041, 1187
シャノン　403, 605
シャーフィイー　543
シャフツベリ　543, 873, 952, 994, 1216, 1276
シャルダン　544
周敦頤　280, 566, 573, 726
周濂渓→周敦頤
朱熹　173, 280, 571, 573, 574, 668, 695, 726, 803, 857, 1274
朱子→朱熹
シュタイナー　579
シュッツ　349, 581, 677, 868
シュティルナー　581, 1096
シュトラウス，D. F.　583, 1096
シュトラウス，L.　487, 583
シュペングラー　585
シュミット　723
シュライエルマッハー　555, 585, 690
シュリック　585, 1343
シュレディンガー　1291
荀子　588, 668, 695
章学誠　591
邵康節→邵雍
聖徳太子　599
章炳麟　604, 804
邵雍　608, 726
徐敬徳　609
ショーペンハウアー　47, 98, 142, 545, 610, 1008
シラー，F. C. S.　612
シラー，J. Ch. F. von　14, 402, 613, 1339
シンガー　874
ジンメル　303, 647, 699
親鸞　598, 647, 914, 918

ス

スウェーデンボリ　653
鄒韜奮　655
杉田玄白　1247
スキナー　367
鈴木正三　657
鈴木大拙　658, 720
スターリン　328, 659, 698, 1113, 1183
スティーヴンソン　1201
ストローソン　413, 661, 909, 1085
ストーン　483
スピノザ　53, 248, 302, 320, 404, 464, 504, 546, 661, 740, 815, 938, 977, 1250
スフラワルディー　663
スペンサー　192, 522, 535, 542, 664, 1239
スミス　259, 316, 559, 665, 679, 873, 1082, 1168, 1169, 1216, 1276, 1328
スローターダイク　1351

セ

世阿弥 1240
セクストス・エンペイリコス 154, 707
セス 995
セネカ 482, 714
ゼノン（エレアの） 121, 714, 971, 1188
ゼノン（キティオンの） 660, 1108
セラーズ 995
セール 212
セン 363, 673, 715, 1011

ソ

荘子 730, 864
ソクラテス 274, 454, 740, 1056, 1193, 1219
ソシュール 104, 239, 332, 361, 403, 509, 742, 818, 1059, 1269
蘇洵 1311
蘇軾 726
ソレル 443, 745, 1127
ソロー 107
ソロヴィヨフ 746
ゾンバルト 752
孫文 444, 753

タ

大アルベルトゥス→アルベルトゥス・マグヌス
戴震 765, 857, 1274
タイラー 26, 1081
ダーウィン 106, 298, 371, 535, 615, 768
タオ 329
高野長英 770, 1247, 1349
高群逸枝 21, 23, 770, 1013, 1027
高山樗牛 771, 917
田口卯吉 772
タゴール 772
太宰春台 381, 773
ダスマン 700
橘孝三郎 941
田中王堂 779
田中正造 779
田中智学 780
田邊元 268, 781
ダメット 1085
ダランベール 783, 998
ダール 347
タルスキー 649, 764, 784
達磨 720
タレス 35, 44, 273, 786
ダーレンドルフ 350
譚嗣同 787

チ

チェルヌイシェフスキー 791, 903
智顗 793
チザム 794
チャーチランド 1085
チューリング 625, 812
張横渠→張載
張載 280, 726, 803, 813, 1274
チョムスキー 21, 694, 816, 1269

ツ

ツヴァイク 1003
津田左右吉 819
津田真道 819

テ

程顥 280, 726, 821, 1273
程伊川→程頤
デイヴィドソン 822
ディオゲネス（シノペの） 257, 822
ディオゲネス・ラエルティオス

823
ディグナーガ 77
程顥 280, 726, 825
丁若鏞 828
ディーツゲン 830
ディドロ 235, 241, 480, 670, 712, 797, 830, 998, 1041, 1062, 1078, 1232, 1338
程明道→程顥
ディルタイ 156, 642, 672, 690, 699, 757, 833, 1007, 1283, 1288, 1316
テオドロス 258
デカルト 49, 53, 70, 117, 126, 155, 198, 224, 235, 288, 302, 375, 378, 381, 455, 460, 476, 504, 570, 631, 649, 670, 680, 698, 740, 835, 926, 931, 1052, 1125, 1126, 1198, 1290, 1338
デステュット・ド・トラシ 58, 225, 838
テニエス 267, 322, 846
テーヌ 847
デネット 462
デボーリン 847
デモクリトス 16, 114, 235, 288, 314, 848
デューイ 492, 849, 870, 1055
デュルケム 27, 281, 359, 522, 556, 674, 850, 885
テュルゴー 567, 850
デリダ 19, 104, 422, 776, 851, 1134, 1330
テレジオ 852

ト

トインビー 859
ドウォーキン 864, 1011
道元 914, 918
董仲舒 293, 802, 872
ドゥ・モーガン 214, 875
ドゥルーズ 82, 148, 403, 422, 876, 944, 1134, 1282

トゥールミン 877
ドゥンス・スコトゥス 395, 545, 878, 1237
ドーキンス 534
トクヴィル 13, 879
戸坂潤 268, 883, 1235
ドストエフスキー 502, 967
トドロフ 886
ド・ブロス 1050
ドブロリューボフ 887
トマス・アクィナス 198, 395, 486, 636, 656, 790, 809, 888
富永仲基 889
ドラッカー 470
トーランド 890, 977, 1278
ドルバック 235, 891, 998, 1062
トルベツコイ 1059
ドレイファス 625
トレルチ 892, 1316
トレンデレンブルク 1112
トロツキー 892

ナ

中井正一 896
中江兆民 549, 896, 916
中江藤樹 897
永田広志 898, 1236
中村敬宇→中村正直
中村正直 549, 898
ナトルプ 620, 902

ニ

新島襄 904
ニコラウス・クザーヌス 767, 905
西周 905, 1199
西田幾多郎 268, 845, 906, 916
ニーチェ 10, 98, 100, 259, 303, 422, 502, 672, 699, 793, 814, 835, 907, 912, 1134, 1185, 1303, 1330
日蓮 910, 918
新渡戸稲造 910, 1038

二宮尊徳 911
ニーバー 911
ニュートン 96, 180, 288, 393, 457, 476, 484, 709, 922

ネ

ネス 212, 831

ノ

ノイマン 323, 606
ノイラート→統一科学, 論理実証主義
ノージック 561, 1285
ノーマン 42

ハ

ハイエク 561, 628, 946
ハイゼンベルク 1291
ハイデガー 156, 245, 303, 339, 342, 438, 472, 502, 592, 706, 747, 750, 867, 912, 948, 1020, 1185, 1312, 1330
バウアー, B. 950, 1096
バウアー, O. 140, 1183
ハーヴェイ 950
ハウスホーファー 798
バウムガルテン 749, 950, 984, 988
パウロ 192, 257, 276
パヴロフ 592, 951
バーガー 674
バーク 654, 951, 1132
バーグ 700
ハクスリ 952
バクーニン 20, 298, 953
バークリ 208, 226, 302, 304, 880, 953
バシュラール 955
パース 28, 239, 955, 1054
パスカー 996
パスカル 177, 236, 455, 956

パーソンズ 251, 349, 359, 527, 957, 987, 1202
バタイユ 959, 1134
ハチスン 217, 873, 961, 1216, 1276
ハーディン 412
パトナム 469, 639, 965, 1085
ハートリ 965, 1323
花田清輝 965
ハーバード 480
ハーバーマス 218, 325, 351, 377, 409, 518, 673, 675, 677, 728, 779, 966, 1061
バフチン 967, 1350
バブーフ 968
林羅山 575, 969
パラケルスス 189, 969
バーリン 546, 972
バルト, K. 616, 623, 973
バルト, R. 362, 743, 1080, 1134
ハルトマン 974
パルメニデス 54, 121, 694, 881, 974, 1000
范縝 976
ハンソン 469, 1294
ハンチントン 1088

ヒ

ピアジェ 467, 986
ピコ・デラ・ミランドラ 549, 1307
ヒッピアス 991
ヒトラー 723
ヒポクラテス 209, 997
ピュタゴラス 45, 1001
ヒュパティア 712, 1001
ビュフォン 478, 1001
ヒュブナー 652
ヒューム 71, 72, 217, 234, 259, 302, 304, 551, 637, 731, 860, 1004, 1032, 1216, 1323
ビュリダン 478, 1006
ピュロン 117, 1006

平賀源内　1012
平田篤胤　383, **1012**
平田清明　518
平塚らいてう　21, **1013**, 1027, 1137, 1224
ヒルファディング　140, 826
ヒルベルト　308, 375, 1199
ビンスワンガー　339

フ

ファイヤアーベント　172, 270, 638
ファーガソン　**1016**
ファノン　**1017**
ファーラービー　**1018**
フィチーノ　642, 1307
フィヒテ　227, 455, 460, 545, 599, 710, 790, 794, 833, 858, 862, 980, **1021**
馮友蘭　**1023**
フェノロサ　137
フォイエルバッハ　633, 738, 768, **1028**, 1096, 1192, 1233, 1300
フォレット　470
フォントネル　**1030**
福澤諭吉　548, 776, 915, **1034**, 1200
ブクチン　742, **1036**
フーコー　260, 325, 348, 547, 669, 673, 829, **1036**, 1134
藤田幽谷　1174
藤原惺窩　575, **1039**
フス　**1039**
フッサール　117, 263, 337, 339, 462, 472, 677, 750, 880, 895, **943**, **1043**, 1331
ブッダ→釈迦
ブーバー　768, **1052**
ブハーリン　**1053**
ブラッドリー　**1056**
プラトン　1, 9, 23, 56, 115, 122, 226, 259, 274, 336, 514, 601, 641, 716, 741, 767, 839, 848, 870, 984, 1038, **1056**, 1058, 1076, 1219, 1311
ブランキ　**1060**
フランク　565, 807
プランク　1290
プーラン・ド・ラ・バール　1024, **1063**
フーリエ　13, 417, 1025, **1064**, 1244
プリゴジン　467, 1034, **1064**
プリーストリ　**1065**
プリニウス　478
ブール　**1065**
プルタルコス（カイロネイアの）　**1067**
ブルデュー　425, 551, 967, **1067**
ブルトマン　**1068**
プルードン　20, 443, **1069**
ブルーノ　16, 476, **1069**
フレイザー　576, **1081**
フレーゲ　67, 241, 469, **1070**, 1345
プレハーノフ　**1070**, 1112, 1333
ブレヒト　45, 985, **1272**
ブレンターノ　461, **1071**
フロイト　17, 108, 110, 119, 148, 335, 432, 692, 719, 1051, **1071**, 1186
プロタゴラス　154, 733, **1072**
ブロック　24
ブロッホ　**1073**
プロティノス　54, 100, 275, 641, 1058, **1073**, 1287
ブローデル　24, 807
フロム　420, 759, 1061, **1076**
ブンゲ　639, 735
ブント　1258
フンボルト　271, 332, **1087**

ヘ

ヘア　184, 1201
ペアノ　**1090**

ベイトソン　782
ペイン　952, 1092
ヘーゲル　227, 337, 491, 582, 601, 650, 710, 724, 828, 858, 891, 931, 963, 978, 980, 991, 1086, 1094, 1111, 1113, 1184, 1188, 1257, 1280
ベーコン，F.　61, 167, 249, 272, 476, 931, 1097
ベーコン，R.　1098
ベッカー　202, 708
ヘッケル　106, 936, 1099
ベネディクト　955
ベーベル　1025, 1100
ベーメ　635, 1100
ヘラー　1040
ヘラクレイトス　44, 273, 484, 694, 1101
ベリンスキー　666, 1102
ベル　59, 350
ベール　229, 1103, 1268
ベルクソン　489, 615, 672, 699, 732, 816, 1103, 1144, 1239, 1351
ベルジャーエフ　1104
ヘルダー　270, 329, 1078, 1105, 1184, 1317
ベルタランフィ　473, 482, 1239
ヘルバルト　1106
ヘルムホルツ　1106
ベルンシュタイン　539, 562, 1106
ベンサム　148, 369, 373, 427, 869, 1109, 1297
ヘンペル　713, 1294
ベンヤミン　7, 18, 98, 644, 985, 1035, 1061, 1115, 1202

ホ

ボーア　1291
ポアンカレ　415, 1117
ホイジンガ　13, 1118
ボイル　16
方以智　1120

ボーヴォワール　1026, 1121
鮑敬言　1122
法然　598, 918, 1124
ボエティウス　1128
墨子　233, 1128, 1129
朴趾源　1129
ボグダーノフ　1130
ボダン　1138
ホッブズ　404, 486, 524, 1139
ボードリヤール　82, 514, 603, 1141
ボナヴェントゥラ　656, 1141
ホネット　1062
ポパー　526, 619, 1141, 1316
ホブソン　538, 560
ホブハウス　538, 560
ボーム　1291
ポランニー，K.　389, 736, 1145
ポランニー，M.　1146
ホルクハイマー　18, 675, 871, 995, 1061, 1146
ボルツァーノ　1198
ボルノー　1020
ポルピュリオス　641, 1073, 1147
ホワイトヘッド　190, 482, 627, 1147, 1199
本多利明　1150

マ

マイネッケ　487
マイノング　627
マイモニデス　1152
マキァヴェッリ　396, 1153
マクファーソン　612
マクルーハン　1202
真下信一　1153
マッキンタイア　254, 410
マッハ　304, 495, 588, 1154
マートン　231, 359, 796
マホメット→ムハンマド
マリノフスキー　360, 1081
マルクス　10, 58, 151, 153, 174, 267, 365, 397, 496, 498, 513, 526,

528, 593, 683, 684, 685, 884, 1047, 1048, 1086, 1112, **1155**, 1158, 1230, 1233, 1329, 1346
マルクス・アウレリウス　114, 1157
マルクーゼ　923, 1061, **1162**, 1255
マルサス　626, 768, **1162**
マルセル　**1163**
マルブランシュ　235, 632, **1163**
丸山眞男　282, 518, 718, **1164**
マンデヴィル　601, **1168**, 1276
マンハイム　59, 748, 758, 795, **1165**

ミ

三浦梅園　915, **1167**
三木清　268, **1170**
ミード　408, 957, **1173**
南方熊楠　**1174**
皆川淇園　**1174**
ミハイロフスキー　903
三宅尚斎　575
三宅雪嶺　917
宮沢賢治　**1176**
ミューア　118
ミュラー　541, 1239
ミュンツァー　554
明恵　**1177**
ミル, J. S.　162, 249, 373, 483, 546, 560, 1025, **1178**
ミルズ　**1179**
ミンコフスキー　339

ム

ムーア　183, 207, 333, 481, 816, **1186**, 1201, 1296
夢窓疎石　388
務台理作　**1193**
ムハンマド　51, **1194**
ムハンマド・アブドゥフ　**1195**
室鳩巣　575, **1195**

メ

メニッポス　1350
メーヌ・ド・ビラン　**1203**
メランヒトン　**1203**
メリエ　**1204**
メルロ゠ポンティ　339, 634, 677, **1204**
メンケ　1062
メンデルスゾーン　977, **1220**

モ

モア　1206, 1244, 1281
孟子　233, 668, 695, **1206**, 1311
毛沢東　**1207**
モーガン　1081
モース　389, 736, **1210**
モーセ　256, 1243
モッラー・サドラー　1019, **1212**
本居宣長　383, **1213**
モリス, C. W.　68, 265, 370, 413, **1217**
モリス, W.　265, 692, **1217**
モンテスキュー　210, 1184, **1217**
モンテーニュ　155, 1078, 1216, **1218**, 1238, 1245

ヤ

ヤコービ　816, 977, **1220**
ヤコブソン　361, 999, 1059, 1320
保田與重郎　921
ヤスパース　327, 408, 438, 821, **1221**
柳田国男　**1222**
柳宗悦　**1222**
山鹿素行　380, 1038, **1223**
山片蟠桃　158, **1223**
山川菊栄　23, 1027, 1138, **1224**
山川均　**1225**
山崎闇斎　575, **1225**
山本宣治　**1226**

ユ

ユクスキュル 1241
ユークリッド 356, 372, 375, 1242
ユング 121, 420, 693, 1186, 1245, 1292

ヨ

楊朱 1248
揚雄 1252
横井時敬 941
吉田松陰 1256
吉野作造 764, 916, 1256
ヨナス 1259

ラ

頼山陽 1260
ライヒ 1076
ライプニッツ 142, 226, 240, 288, 378, 457, 504, 564, 865, 1114, 1214, 1238, 1258, 1260
ライヘンバッハ 1261, 1344
ライル 191, 909, 989, 1085, 1262
ラヴロック 149
ラヴローフ 903
ラカトシュ 171, 172
ラカン 195, 362, 433, 1262, 1331
ラサール 399, 1262
ラスウェル 347
ラスキ 1263
ラスキン 1263
ラーダークリシュナン 1264
ラッセル 21, 67, 155, 207, 241, 244, 305, 333, 335, 623, 654, 840, 971, 1199, 1255, **1264**, 1344, 1345
ラドクリフ゠ブラウン 250, 360
ラファルグ **1266**, 1327
ラプラス 16, 223, **1266**

ラブリオーラ 1266
ラ・ブリュイエール 1216, **1267**
ラマルク 209, 615, **1267**
ラ・メトリ 235, 926, 1062, **1268**
ラ・ロシュフコー 1216, **1268**
ランガー 645, 1007

リ

リオタール 422, 643, 1136, **1272**
李贄 1121
リカード **1273**, 1319, 1328
陸九淵→陸象山
陸象山 726, **1274**
リクール **1275**
李滉→李退渓
李覯 **1275**
李贄→李卓吾
李珥→李栗谷
リースマン 759, **1278**
李退渓 586, **1282**
李卓吾 **1283**
リッケルト 620, 1079, **1283**
リップス 216
リード 262, 595, **1284**
リービッヒ 1047
劉禹錫 1286
劉勰 1286
柳宗元 **1287**
劉知幾 **1288**
梁啓超 **1289**
呂祖謙 280
李栗谷 586, **1293**
リンネ 478, 484, **1295**

ル

ルイス 1250, **1299**
ルカシェーヴィッチ 775, **1300**
ルカーチ 675, 835, 985, 1040, 1049, **1301**
ルクレティウス 514, **1302**

ルソー　55, 329, 524, 611, 1025, 1088, 1091, 1276, 1303
ルター　550, 553, 1074, 1203, 1305
ルナン　1306
ルフェーヴル　1308
ル・ボン　300
ルーマン　142, 360, 474, 527, 1309
ルルス　1309

レ

レヴィ＝ストロース　360, 361, 885, 1080, 1311
レーヴィット　1312
レヴィナス　83, 423, 774, 1313
レヴィ＝ブリュール　1313
レヴィン　319
レウキッポス　1314
レオナルド・ダ・ヴィンチ　311, 1307, 1314
レーガン　875
レッシング　316, 977, 1319
レーニン　826, 975, 1112, 1113, 1127, 1321

蓮如　918, 1323

ロ

老子　475, 864, 1325
魯迅　1333
ロスケリヌス　1237, 1334
ローダン　172
ロック　175, 224, 304, 316, 465, 486, 524, 612, 755, 782, 787, 1335
ロッツェ　778
ローティ　334, 1338
ロビネ　1338
ロラン　1003
ロールズ　357, 560, 679, 1010, 1340
ロレンツェン　99, 358
ロンギノス　654

ワ

ワーグナー　908
渡辺崋山　1247, 1348
和辻哲郎　268, 1023, 1349
ワトソン　366
ワロン　769, 957, 1351

〔哲学中辞典〕　　　　　　　　　　　　　ISBN978-4-86285-244-1
2016 年 11 月 30 日　第 1 刷発行
2021 年 10 月 25 日　第 2 刷発行

|編者| 尾関周二　後藤道夫　古茂田宏　佐藤和夫　中村行秀　吉田傑俊　渡辺憲正 |

発行者　小　山　光　夫
印刷者　藤　原　愛　子

発行所　〒 113-0033 東京都文京区本郷 1-13-2
電話 03 (3814) 6161 振替 00120-6-117170
http://www.chisen.co.jp
株式会社 知泉書館

Printed in Japan　　　　　　　　　　印刷・製本／藤原印刷

《知泉学術叢書》

哲学的人間学
B. グレトゥイゼン／金子晴勇・菱刈晃夫訳　　422p/5400 円

キリスト教と古典文化
アウグストゥスからアウグスティヌスに至る思想と活動の研究
C.N. コックレン／金子晴勇訳　　926p/7200 円

パイデイア(上) ギリシアにおける人間形成
W. イェーガー／曽田長人訳　　864p/6500 円

対話集
D. エラスムス／金子晴勇訳　　456p/5000 円

ゲーテとドイツ精神史 講義・講演集より
E. カッシーラー／田中亮平・森淑仁編訳　　472p/5000 円

能動的綜合 講義・超越論的論理学 1920-21
E. フッサール／山口一郎・中山純一訳　　316p/3600 円

スコラ学の方法と歴史 上 教父時代から12世紀初めまで
M. グラープマン／保井亮人訳　　576p/5400 円

トマス・アクィナス 人と著作
J.-P. トレル／保井亮人訳　　760p/6500 円

トマス・アクィナス 霊性の教師
J.-P. トレル／保井亮人訳　　708p/6500 円

トマス・アクィナスの自己認識論
F. X. ピュタラ／保井亮人訳　　616p/6500 円

神学提要
トマス・アクィナス／山口隆介訳　　522p/6000 円

『ガラテア書』註解
トマス・アクィナス／磯部昭子訳　　380p/4500 円

存在の一義性 ヨーロッパ中世の形而上学
ドゥンス・スコトゥス／八木雄二訳註　　816p/7000 円

東方教会の精髄 人間の神化論攷
聖なるヘシュカストたちのための弁護
G. パラマス／大森正樹訳　　576p/6200 円

後期スコラ神学批判文書集
M. ルター／金子晴勇訳　　402p/5000 円

霊的理想主義の人間観 比較思想から思想対決へ
S. ラーダークリシュナン／山口泰司訳　　504p/6000 円

(本体価格、税友表示)

人文学概論〔増補改訂版〕 人文知の新たな構築をめざして
安酸敏眞　　　　　　　　　　　　　　四六/312p/2500 円

人文学の学び方 探究と発見の喜び
金子晴勇　　　　　　　　　　　　　　四六/216p/2600 円

人文学の可能性 言語・歴史・形象
村井則夫　　　　　　　　　　　　　　四六/488p/4500 円

人文学の論理 五つの論考
E. カッシーラー/齊藤伸訳　　　　　　四六/246p/3200 円

知恵の探求とは何か 哲学的思索への手引き
金子晴勇　　　　　　　　　　　　　　四六/168p/1600 円

欧米留学の原風景 福沢諭吉から鶴見俊輔へ
安酸敏眞　　　　　　　　　　　　　　四六/520p/3700 円

「学問の府」の起源 知のネットワークと「大学」の形成
安原義仁・ロイ・ロウ　　　　　　　　A5/370p/4500 円

学問の共和国
H. ボーツ・F. ヴァケ/池端次郎・田村滋男訳　A5/304p/5000 円

徳倫理学について
R. ハーストハウス/土橋茂樹訳　　　　菊/432p/5200 円

人格 応用倫理学の基礎概念
M. クヴァンテ/後藤弘志訳　　　　　　A5/360p/4800 円

フェミニスト倫理学は可能か？
A. ピーパー/岡野治子・後藤弘志監訳　四六/256p/2400 円

コモンズのドラマ 持続可能な資源管理論の15年
全米研究評議会編/茂木愛一郎・三俣学・泉留維監訳　菊/694p/9000 円

中国思想史
A. チャン/志野好伸・中島隆博・廣瀬玲子訳　菊/712p/7500 円

魂について 治癒の書 自然学第六篇
イブン・シーナー/木下雄介訳　　　　　A5/386p/6500 円

キリスト教とイスラーム 対話への歩み
L. ハーゲマン/八巻和彦・矢内義顕訳　四六/274p/3000 円

中東近現代史
若林啓史　　　　　　　　　新書/820p+口絵/5400 円

(本体価格，税抜表示)

ソクラテスの哲学　プラトン『ソクラテスの弁明』の研究
甲斐博見　　　　　　　　　　　　　A5/358p/6000 円

善く生きることの地平　プラトン・アリストテレス哲学論集
土橋茂樹　　　　　　　　　　　　　菊/416p/7000 円

アウグスティヌスの知恵（ラテン語原文・解説付）
金子晴勇　　　　　　　　　　　　　四六/164p/2200 円

中世における理性と霊性
K. リーゼンフーバー　　　　　　　　A5/688p/9500 円

エラスムスの人間学　キリスト教人文主義の巨匠
金子晴勇　　　　　　　　　　　　　菊/312p/5000 円

宗教改革的認識とは何か　ルター『ローマ書講義』を読む
金子晴勇　　　　　　　　　　　　　四六/340p/3500 円

デカルト哲学の根本問題
山田弘明　　　　　　　　　　　　　A5/536p/8500 円

ライプニッツのモナド論とその射程
酒井　潔　　　　　　　　　　　　　A5/408p/6000 円

カント哲学試論
福谷　茂　　　　　　　　　　　　　A5/352p/5200 円

フィヒテ哲学の行路　絶対者の見照をめざして
山口祐弘　　　　　　　　　　　　　菊/444p/6700 円

生と認識　超越論的観念論の展開
久保陽一　　　　　　　　　　　　　A5/352p/5800 円

ニーチェ　仮象の文献学
村井則夫　　　　　　　　　　　　　四六/346p/3200 円

存在から生成へ　フッサール発生的現象学研究
山口一郎　　　　　　　　　　　　　A5/524p/6800 円

判断と崇高　カント美学のポリティクス
宮﨑裕助　　　　　　　　　　　　　A5/328p/5500 円

存在と差異　ドゥルーズの超越論的経験論
江川隆男　　　　　　　　　　　　　A5/274p/5500 円

実在論的転回と人新世　ポスト・シェリング哲学の行方
菅原　潤　　　　　　　　　　　　　四六/252p/2600 円

(本体価格、税友表示)

ヘーゲル全集 〔全19巻・24冊,刊行中〕

第3巻 イェーナ期批判論稿
責任編集 田端信廣 　　　　　　　　菊/844p/12000円

第8巻1 精神現象学I
責任編集 山口誠一 　　　　　　　　菊/460p/6300円

第10巻1 『論理学』客観的論理学：存在論(第1版1812)
責任編集 久保陽一 　　　　　　　　菊/436p/6000円

第11巻 ハイデルベルク・エンツュクロペディー (1817) 付：補遺
責任編集 山口誠一 　　　　　　　　菊/688p/9000円

第14巻 評論・草稿II (1826-31)
責任編集 海老澤善一 　　　　　　　菊/704p/10000円

第15巻 自筆講義録I (1816-31)
責任編集 小林亜津子／山口誠一 　　菊/648p/9500円

ヘーゲルハンドブック 生涯・作品・学派
W. イェシュケ／神山伸弘・久保陽一・座小田豊・島崎隆・高山守・山口誠一監訳 　　B5/750p/16000円

中世哲学講義 〔全5巻,刊行中〕

第一巻 昭和41年-44年度
山田晶著,川添信介編 　　　　　　　A5/458p/4000円

第二巻 昭和45年-49年度
山田晶著,水田英実編 　　　　　　　(近刊)

第三巻 昭和50年-52年度
山田晶著,小浜善信編 　　　　　　　(近刊)

デカルト全書簡集 〔全8巻〕
山田弘明他訳 　　　　　　　　　　菊/346〜450p/6000〜7000円

デカルトと哲学書簡
山田弘明 　　　　　　　　　　　　菊/276p/5000円

オッカム『七巻本自由討論集』註解 〔既刊3巻〕
渋谷克美訳註 　　　　　　　I〜III巻 菊/256〜288p/各5000円

エックハルト ラテン語著作集 〔全5巻〕
中山善樹訳 　　　　　　　　　　　A5/384〜690p/6000〜9500円

クラウス・リーゼンフーバー小著作集 〔全6巻〕
K. リーゼンフーバー 　　　　　　　四六/288〜628p/2600〜5000円

ヨハネ福音書注解 〔全3巻〕
伊吹雄 　　　　　　　　　　　　　菊/288〜512p/5000〜7600円

(本体価格,税抜表示)